Beck-Rechtsberater:
Mietrecht von A–Z

Beck-Rechtsberater:
Mietrecht von A–Z

Von Hubert Blank, Richter am
LG Mannheim

14., neubearbeitete und ergänzte Auflage
Stand: 1. Januar 1994

Deutscher
Taschenbuch
Verlag

dtv

Redaktionelle Verantwortung: Verlag C. H. Beck, München
Umschlaggestaltung: Celestino Piatti
Umschlagbild: Klaus Bäulke
Gesamtherstellung: C. H. Beck'sche Buchdruckerei Nördlingen
ISBN 3 423 05044 6 (dtv)
ISBN 3 406 36286 9 (C. H. Beck)

Stichwortübersicht

(Die im folgenden angeführten Begriffe sind in der alphabetischen Reihenfolge erläutert. Wenn bei einem Stichwort durch → auf ein anderes verwiesen wird, findet sich die Erläuterung unter diesem Stichwort.)

Stichwortübersicht

Stichwortübersicht

Abkürzungsverzeichnis

a. A.	anderer Ansicht
a. a. O.	am angegebenen Ort
AG	Amtsgericht
AGBG	Gesetz zur Regelung des Rechts der Allgemeinen Geschäftsbedingungen
AIZ	Allgemeine Immobilien-Zeitung
Art.	Artikel
Barthelmess	Zweites Wohnraumkündigungs-Schutzgesetz/Miethöhengesetz – Kommentar
BauGB	Baugesetzbuch
BayObLG	Bayerisches Oberstes Landesgericht
BB	Der Betriebs-Berater
BBBl.	Bundesbaublatt
bes.	besonders
Betr.	Der Betrieb
BetrVG	Betriebsverfassungsgesetz
Beuermann	Miete und Mieterhöhung bei preisfreiem Wohnraum – Kommentar, Berlin 1985
BGB	Bürgerliches Gesetzbuch
BGBl.	Bundesgesetzblatt
BGH	Bundesgerichtshof
BGHZ	Entscheidungen des Bundesgerichtshofs in Zivilsachen (Band, Seite)
BlGBW	Blätter für Grundstücks-, Bau- und Wohnungsrecht
BT-Drucks	Bundestags-Drucksache
Bub/Treier	Handbuch der Geschäfts- und Wohnraummiete
II. BV	Verordnung über wohnungswirtschaftliche Berechnungen (Zweite Berechnungsverordnung)
BVerfG	Bundesverfassungsgericht
BVerwG	Bundesverwaltungsgericht
BVO	s. II. BV.
DGVZ	Deutsche Gerichtsvollzieher-Zeitung
Die Wohnungswirtschaft	Die Wohnungswirtschaft (Zeitschrift des Gesamtverbands der Wohnungswirtschaft)
DNotZ	Deutsche Notarzeitschrift
DÖV	Die öffentliche Verwaltung

Abkürzungen

DVO	Durchführungsverordnung
DWW	Deutsche Wohnungswirtschaft
1. EheRG	Erstes Gesetz zur Reform des Ehe- und Familienrechts
Emmerich-Sonnenschein	Mietrecht, Kommentar zu den mietrechtlichen Vorschriften des BGB und zum II. WKSchG
FamRZ	Zeitschrift für das gesamte Familienrecht
Fischer-Dieskau . .	Fischer-Dieskau/Pergande/Schwendes, Wohnungsbaurecht, Kommentar
FWW	Die freie Wohnungswirtschaft
GG	Grundgesetz für die Bundesrepublik Deutschland
GKG	Gerichtskostengesetz
Gramlich	Gramlich, Mietrecht
GrundE	Das Grundeigentum
grunds.	grundsätzlich
GVG	Gerichtsverfassungsgesetz
GWW	Gemeinnütziges Wohnungswesen
Hans	Das neue Mietrecht in den weißen Kreisen – Loseblatt-Kommentar
HansOLG	Hanseatisches Oberlandesgericht
HausrVO	Verordnung über die Behandlung der Ehewohnung und des Hausrats – 6. DVO zum Ehegesetz
HeimG	Gesetz über Altenheime, Altenwohnheime und Pflegeheime für Volljährige
Herpers	Wohnraummietrecht
h. M.	herrschende Meinung
i. d. F.	in der Fassung
i. d. R.	in der Regel
JR	Juristische Rundschau
Jur. Büro	Das juristische Büro
JuS	Juristische Schulung
JZ	Juristenzeitung
i. V. m.	in Verbindung mit
i. Zw.	im Zweifel
KG	Kammergericht Berlin
KO	Konkursordnung
Köhler	Handbuch der Wohnraummiete
LAG	Gesetz über den Lastenausgleich
LG	Landgericht
LM	Nachschlagewerk des Bundesgerichtshofs in Zivilsachen, herausgegeben von Lindenmaier

u. Möhring (Gesetzesstelle und Entscheidungsnummer)
M . . . . Miete, Mieter
MM . . . . Mietrechtliche Mitteilungen – Beilage des Berliner Mietermagazins –
MDR . . . . Monatsschrift für Deutsches Recht
MHG . . . . Gesetz zur Regelung der Miethöhe
Mittelstein . . . . . Die Miete nach dem Recht des Deutschen Reiches
ModEnG . . . . . . Gesetz zur Förderung der Modernisierung von Wohnungen und von Maßnahmen zur Einsparung von Heizenergie
Münchener Kommentar . . . . Münchener Kommentar zum Bürgerlichen Gesetzbuch
Münchener Vertragshandbuch . . . Münchener Vertragshandbuch Band 4; Bürgerliches Recht, 1. Halbband
Mv. . . . . Mietvertrag, Mietverhältnis
NJW . . . . Neue Juristische Wochenschrift
NJW-RR . . . . . . Neue Juristische Wochenschrift, Rechtsprechungsreport Zivilrecht
NMV70 . . . . Verordnung über die Ermittlung der zulässigen Miete für preisgebundene Wohnungen (Neubaumietenverordnung 1970 – NMV 70)
NZA . . . . Neue Zeitschrift für Arbeits- und Sozialrecht
OLG . . . . Oberlandesgericht
OWiG . . . . Gesetz über Ordnungswidrigkeiten
OVG . . . . Oberverwaltungsgericht
Palandt . . . . Bürgerliches Gesetzbuch, Kommentar
Pergande . . . . . . Wohnraummietrecht, Loseblatt-Kommentar
PiG . . . . Partner im Gespräch – Schriftenreihe des Evangelischen Siedlungswerks in Deutschland –
Rdn . . . . Randnummer
RE . . . . Rechtsentscheid
RG . . . . Reichsgericht
RGRK . . . . Das Bürgerliche Gesetzbuch mit besonderer Berücksichtigung der Rechtsprechung des Reichsgerichts und des Bundesgerichtshofs
RGZ . . . . Entscheidungen des Reichsgerichts in Zivilsachen (Band, Seite)
Roquette . . . . . . Das Mietrecht des Bürgerlichen Gesetzbuches, Systematischer Kommentar
Rpfl. . . . . Der Deutsche Rechtspfleger

Abkürzungen

Rspr.	Rechtsprechung
S.	Satz
s.	siehe
Schmidt-Futterer/ Blank, Komm.	Schmidt-Futterer/Blank, Wohnraumschutzgesetze, Kündigung, Mieterhöhung, Mietwucher, Zweckentfremdung. Kommentar.
SGB	Sozialgesetzbuch – Allgemeiner Teil
Sternel	Sternel, Wohnraummietrecht. Vertragsgestaltung, Mieterhöhung, Kündigung
StGB	Strafgesetzbuch
str.	streitig
UÄndG	Gesetz zur Änderung unterhaltsrechtlicher, verfahrensrechtlicher und anderer Vorschriften
V	Vermieter
VersR	Versicherungsrecht
VG	Verwaltungsgericht
VGH	Verwaltungsgerichtshof
vgl.	vergleiche
VO	Verordnung
VwGO	Verwaltungsgerichtsordnung
WE	Wohnungseigentum
WEG	Gesetz über das Wohnungseigentum und das Dauer-Wohnrecht (Wohnungseigentumsgesetz)
WiStG	Wirtschaftsstrafgesetz
WKSchG	Gesetz über den Kündigungsschutz für Mietverhältnisse über Wohnraum
2. WKSchG	Zweites Gesetz über den Kündigungsschutz für Mietverhältnisse über Wohnraum
WM	Wohnungswirtschaft und Mietrecht
WoBauG	Wohnungsbaugesetz
WoBindG	Gesetz zur Sicherung der Zweckbestimmung von Sozialwohnungen (Wohnungsbindungsgesetz)
Wohnen	Wohnen, Zeitschrift der Wohnungswirtschaft Bayern
WPM	Wertpapier-Mitteilungen
2. WoGG	Wohngeldgesetz
WuB	Entscheidungssammlung zum Wirtschafts- und Bankrecht
WuW	Wirtschaft und Wettbewerb
ZfGemWBay	Zeitschrift für das gemeinnützige Wohnungswesen in Bayern

ZfgG . . . . Zeitschrift für das gesamte Genossenschaftswesen
ZIP . . . . Zeitschrift für Wirtschaftsrecht
ZMR . . . . Zeitschrift für Miet- und Raumrecht
ZPO . . . . Zivilprozeßordnung
ZRP . . . . Zeitschrift für Rechtspolitik
ZVG . . . . Gesetz über die Zwangsversteigerung und die Zwangsverwaltung

A

Abmahnung (A.) ist die mündliche oder schriftliche Aufforderung des V. an den M., einen *bestimmten* vertragswidrigen Gebrauch der M.sache künftig zu *unterlassen*. Die A. ist zwingend in §§ 550, 553 BGB als Voraussetzung einer Unterlassungsklage oder einer fristlosen Kündigung wegen vertragswidrigen Gebrauchs vom Gesetz vorgeschrieben. Es handelt sich um eine rechtsgeschäftliche, dem Schutz des M. dienende Erklärung; sie muß inhaltlich erkennen lassen, welche Vertragswidrigkeiten der V. beanstandet und künftig abgestellt wissen will (LG Gießen WM 81, 232). Umstritten ist dabei, ob in der Abmahnung die Kündigung angedroht werden muß (so LG Hamburg WM 86, 338) oder ob es genügt, daß sich aus der Abmahnung ergibt, welche konkreten Vertragsverletzungen der Vermieter beanstandet und künftig abgestellt wissen will (so Sternel, Rdn IV 394; Mittelstein, Die Miete, S. 374). Die letztgenannte Ansicht ist vorzuziehen, weil der Vermieter oft erst nach der Abmahnung entscheiden kann, ob er Unterlassungsklage erheben muß oder kündigen darf. Dies hängt in erster Linie davon ab, ob die Rechte des Vermieters durch die Fortsetzung des vertragswidrigen Gebrauchs in erheblichem Maße verletzt werden. Liegt das Erheblichkeitskriterium vor, besteht das Recht zur Kündigung; im anderen Fall ist der Vermieter auf die Unterlassungsklage beschränkt. Auch bei Störungen durch andere Personen (Untermieter, Haushaltsangehörige) muß die A. an den M. gerichtet werden, der dann seinerseits auf die Beseitigung der Beanstandung durch den Dritten hinzuwirken hat. Sind mehrere Personen Mieter, so muß die Abmahnung allen Mietern zugehen, und zwar auch dann, wenn nur einem von mehreren Mietern ein vertragswidriges Verhalten zur Last fällt. Dies folgt aus dem Sinn und Zweck der Abmahnung, durch die alle Mieter vor möglichen Rechtsnachteilen gewarnt werden sollen. Der nicht störende Mieter erhält auf diese Weise Gelegenheit, auf den störenden Mieter einzuwirken und so die Kündigungsgefahr zu beseitigen oder der Erhebung der Unterlassungsklage entgegenzuwirken. Eine ordnungsmäßige A. liegt *nicht* vor, wenn der V. den M. nur in allgemein gehaltenen Worten an die Erfüllung seiner Pflichten erinnert oder die Unzufriedenheit mit seinem Verhalten zum Ausdruck gebracht wird. Gleiches gilt, wenn z. B. ein Hausmeister darauf hinweist, daß der V. bei weiteren Vertragsverletzungen kündigen werde (LG Gießen a. a. O.). Wird die Abmahnung durch einen Bevollmächtigten des V. erklärt (z. B. Hausverwalter, Rechtsanwalt), so ist die Beifügung einer Vollmachtsurkunde zu empfehlen. Bei fehlender Vollmachtsurkunde ist die Abmahnung zwar nicht unwirksam; der M. kann die Abmahnung aber unter Hinweis auf die fehlende Vollmacht zurückweisen (OLG Celle WM 82, 206 = MDR 82, 410), weil § 174 BGB auf geschäftsähnliche Handlungen entsprechend anzuwenden ist (BGHZ 47, 352; MDR 83, 381). Eine ordnungsgemäß zurückgewiesene Abmahnung wird unwirksam und muß unter Vorlage der Vollmachtsurkunde wiederholt werden. Die Abmahnung soll dem Mieter Gelegenheit geben, den vertragswidrigen Gebrauch zu beenden. Deshalb muß zwischen der Abmahnung und dem Ausspruch der Kündigung oder der Erhebung der Unterlassungsklage eine gewisse Zeitspanne liegen. Wird die Abmahnung zusammen mit der Kündigung erklärt, so ist die gesamte Erklärung wirkungslos. Der zwischen Abmahnung und Kündigung liegende Zeitraum muß angemessen sein. Die Dauer des Zeitraums richtet sich dabei nach der Art der Vertragsverletzung. Kann der Mieter das beanstandete Verhalten sofort einstellen (z. B.: ruhestörender Lärm), so kann in der Regel anläßlich der nächsten nach der Abmahnung auftretenden Ruhestörung die Unterlassungsklage erhoben oder gekündigt werden. Sind – wie beispielsweise bei störender Tierhaltung – dazu gewisse Vorbereitungen erforderlich, so muß zwischen Abmahnung und Kündigung bzw. Klagerhebung ein Zeitraum liegen, den der Mieter üblicherweise zur anderweitigen Unterbringung des Tiers benötigt. Muß der Mieter im Falle unberechtigter Untervermietung seinerseits eine Kündigung aussprechen, so muß zwischen Abmahnung und Kündigung in der Regel ein Zeitraum liegen, der einer bei der Kündigung des Untermietverhältnisses zu beachtenden Kündigungsfrist entspricht. Es ist nicht erforderlich, daß dem Mieter in der Abmahnung eine bestimmte Frist zur Abstellung des vertragswidrigen Gebrauchs gesetzt wird. Der Vermieter muß lediglich mit der Kündigung oder der Erhebung der Unterlassungsklage so lange zuwarten, bis ein angemessener Abhilfezeitraum verstrichen ist. Ist die Abhilfefrist verstrichen und setzt der M. trotz einer berechtigten A. das beanstandete Verhalten fort, so liegt darin eine schuldhafte Verletzung seiner Vertragspflichten, die der V. zum Anlaß einer Unterlassungsklage oder einer fristlosen Kündigung nehmen kann. Diese A. erübrigt sich nur dann, wenn der M. die unzulässige Überschreitung seines Gebrauchsrechts eindeutig, auch ohne Beanstandung erkennen mußte, wenn die Vertragsverletzung so schwer ist, daß dem V. eine weitere Vertragsfortsetzung nicht mehr zugemutet werden kann oder wenn eine Beseitigung unter keinen Umständen zu erwarten ist etwa weil der M. schon vollendete Tatsachen geschaffen hat (BGH NJW 80, 777). Gleiches kann gelten, wenn feststeht, daß die Abmahnung nicht geeignet ist, den Mieter künftig zu einem vertragsgemäßen Verhalten zu veranlassen (OLG Düsseldorf DWW 91, 15) oder wenn der M. die Abhilfe endgültig und ernsthaft verweigert (BGH LM Nr. 13 zu § 553 BGB).

Abnutzung und Obhutspflicht. *Abnutzungen* (A.) oder sonstige Veränderungen der M.-sache, die auf einen normalen *vertragsgemäßen* Gebrauch zurückzuführen sind, hat der M. *nicht* zu vertreten (§ 548 BGB). Hierzu zählen insbesondere die Abnutzung der Fußböden, die Verfleckung der Tapeten, kleinere Risse im Verputz, das Verblassen der Anstriche, altersbedingte Verformungen von Fenstern, Türen und Rolläden, brüchige Wasserschläuche in Bädern und Duschen sowie gebrauchstypische Defekte an den Sanitärgegenständen usw. Für solche Verschlechterungen kann der Vermieter keinen Ersatz verlangen. Zum vertragsgemäßen Gebrauch gehört außerdem: das Anbringen von Dübeln zur Befestigung von Vorhangschienen (AG Friedberg WM 77, 201); das Waschen von Kleinwäsche in der Wohnung; das Halten von Kleintieren (Hund, Katze) – str., vgl. Tierhaltung; das Anbringen einer → *Außenantenne,* eines Namensschildes u. eines Briefkastens (LG Mannheim WM 76, 231); die Installation üblicher Haushaltsgeräte wie Herd, Waschmaschine, Geschirrspülautomat nebst den dazugehörigen elektrischen u. sanitären Anschlüssen. Die dadurch bedingten Abnützungen und Beschädigungen werden grunds. durch den Mzins abgegolten. Gleiches gilt selbstverständlich für solche A. die durch den Wohngebrauch im engeren Sinne bedingt sind und zwar auch dann, wenn der M. die M.sache besonders intensiv abgenutzt hat (starker Raucher; häufiger Besuch); für die Geschäftsraummiete s. OLG Düsseldorf MDR 89, 262, wonach der Mieter nicht zum Ersatz des Schadens verpflichtet ist, der dadurch entsteht, daß er das gemietete Grundstück vertragsgemäß mit schweren Fahrzeugen befahren hat). Die Regelung des § 548 BGB kann – in bestimmten Grenzen – vertraglich abweichend geregelt werden (s. Instandhaltung und Instandsetzung VII, Schönheitsreparaturen).

I. Dagegen ist der M. in jedem Falle für solche A. *schadensersatzpflichtig,* die durch eine *vorsätzliche* oder *fahrlässige* Verletzung seiner M.pflichten entstanden sind. Den M. *trifft die Obhutspflicht:* er hat die M.sache pfleglich zu behandeln und Schäden von ihr fernzuhalten, soweit es in seiner Macht steht. Für Zufall und höhere Gewalt haftet der M. nicht. Die Rechtsprechung hat eine Haftung des Mieters in folgenden Fällen *verneint:* wenn das Haus abbrennt, weil das Fernsehgerät des Mieters in Brand geraten ist; dies gilt auch dann, wenn der Mieter vor dem Gerät eingeschlafen ist (OLG Köln MDR 89, 543); wenn das minderjährige Kind eines Besuchers unbemerkt zur Nachtzeit einen Wasserhahn öffnet, und wenn dadurch ein Schaden in den darunter liegenden Räumen eintritt (OLG Bremen WM 88, 161);

wenn der Ehemann einer in Trennung lebenden Mieterin die Wohnungstür eintritt, um gegen den Willen der Mieterin die Wohnung zu betreten (AG Frankfurt WM 88, 12); wenn ein Einbruchschaden entsteht, weil der Mieter seine Codekarte für die Tiefgarage in seinem Kraftfahrzeug und nicht in seiner Wohnung aufbewahrt hat (AG Köln WM 89, 169). Der Umstand, daß die mangelhafte Beschaffenheit der M.sache für den Eintritt des Schadens mitursächlich geworden ist, schließt die Haftung nicht schlechthin aus; es kommt aber je nach der Art des Mangels und dem Grad des Verschuldens des M. eine Haftungsminderung nach § 254 BGB in Betracht (abw. AG Ludwigshafen WM 81, 12, wonach in solchen Fällen die Geltendmachung des Schadens gegen § 242 BGB verstoßen soll. Wird die Wohnung durch Hausstandsangehörige schuldhaft beschädigt, so haftet der Mieter auch dann, wenn ihn selbst kein Verschulden trifft (§ 278 BGB). Dieselbe Haftung trifft den Mieter von Geschäftsräumen, wenn dessen Angestellte die Räume beschädigen. Für das Verhalten eines Untermieters hat der Mieter stets einzustehen (s. Untermiete). Für das Verhalten seiner Besucher haftet der Mieter nicht; er ist allerdings nach § 545 BGB zur Anzeige verpflichtet, wenn das Mietobjekt durch einen Besucher beschädigt wird. Die Obhutspflicht des M. beschränkt sich nicht auf die Wohnung, sondern besteht für *alle Räume* des Hauses, an denen ihm ein Benutzungs- oder Mitbenutzungsrecht zusteht (Flur, Waschküche, Hof usw.). Die Obhutspflicht beginnt nicht mit dem Abschluß des Mv., sondern mit dem Beginn der Mietzeit; sie besteht solange der M. die Räume in Besitz hat. Gibt der M. die Mietsache vorzeitig zurück, wozu er mangels entgegenstehender Absprachen grundsätzlich berechtigt ist (→ Rückgabepflicht), so endet damit zugleich die Obhutspflicht. Denn die Obhutspflicht begründet keine Besitzpflicht, sondern folgt umgekehrt aus dem Besitz (LG Mannheim WM 82, 298). Nutzt der M. die Räume über das Ende der Mietzeit hinaus, so dauert die Obhutspflicht bis zur tatsächlichen Rückgabe fort (BGH NJW 83, 1049 = MDR 83, 345 = ZMR 83, 198). Gleiches gilt, wenn der Mieter zwar ausgezogen ist, aber noch die Schlüssel in Besitz hat (AG Bad Schwalbach WM 85, 256). Der M. einer Wohnung ist verpflichtet, die Räume zu lüften und zu reinigen, die Fenster und Türen bei Unwetter und Frost zu schließen, mit Elektrizität und Gas sorgfältig umzugehen, die sanitären Anlagen schonend zu benutzen und bei längerer Abwesenheit für die Betreuung der Wohnung zu sorgen. Zu zumutbaren eigenen *Vorkehrungen* ist der M. verpflichtet, um in seinen M.räumen einen Schaden abzuwenden oder Gefahren zu beseitigen (z. B. Umhüllung von Wasser-Versorgungs-Leitungen mit Schutzmaterial oder zusätzliche Beheizung im Winter) Den M. trifft jedoch i. d. R. keine Pflicht, die Räume im Winter ständig zu beheizen, wenn er dafür Vorsorge trifft, daß die Heizanlagen durch die Stillegung nicht beschädigt werden. Bei einem leerstehenden Mietobjekt ist der Mieter grundsätzlich verpflichtet, die Wasserleitungsanlagen abzusperren, zu entleeren und entleert zu halten. Hier genügt es nicht, wenn die Wasserleitung bei strengem und länger andauerndem Frost lediglich mit Zeitungspapier umhüllt wird (OLG Frankfurt WM 88, 175). Die Obhutspflicht kann aber nicht dadurch erfüllt werden, daß der M. dem V. mitteilt, dieser möge selbst die zur Abwendung der Gefahr erforderlichen Maßnahmen treffen, weil es sich insoweit um eine dem M. obliegende Vertragspflicht handelt (BGH a. a. O.). Aus der Obhutspflicht folgt ferner, daß der Mieter den Betrieb von Spül- oder Waschmaschinen sorgfältig überwachen muß. An die Sorgfalts- und Überwachungspflicht sind hohe Anforderungen zu stellen, um der auch bei nur geringem Aufsichtsverschulden drohenden Gefahr erheblicher Schäden zu begegnen (OLG Hamm WM 85, 253). Allerdings ist der Mieter nicht verpflichtet, die Mietsache auf Schadensanfälligkeit zu untersuchen. Ist dem Mieter von Geschäftsräumen unbekannt, daß ein Wasserleitungsrohr frostgefährdet ist, weil er erst eine Woche im Besitz der Räume ist, so kann ein Fahrlässigkeitsvorwurf nicht gemacht werden, wenn das Wasserrohr einfriert und dadurch ein Schaden eintritt (OLG München ZMR 89, 17). Unter Umständen kann der M. verpflichtet sein, rechtswidrige Angriffe Dritter auf die Msache abzuwehren (vgl. dazu OLG Celle VersR 79, 264). Tritt durch die Verletzung der Obhutspflicht eines M. ein Schaden bei einem anderen M. ein, besteht für den Verletzten kein vertraglicher Schadensersatzanspruch gegen den Schädiger, sondern allenfalls gegen den V. Der M. haftet aber auch gegenüber einem *Mitmieter* aus dem Gesichtspunkt der unerlaubten Handlung (§ 823 BGB) *unmittelbar,* wenn er es unterlassen hat, durch zumutbare Maßnahmen die einem Mitmieter drohenden vorhersehbaren Schäden zu vermeiden, z. B. drohender Wasserrohrbruch als Frostschaden bei Betriebsferien im Winter (BGH NJW 69,41; WM 72,25 = MDR 72, 139); Wasserschaden eines geplatzten Wasserschlauchs (OLG Hamburg WM 85, 252). Eine Auswirkung der Obhutspflicht ist auch die Pflicht des M., den V. von Gefahren oder Mängeln rechtzeitig zu *benachrichtigen* (545 BGB; s. Anzeige). Verstößt eine zum Hausstand des M. gehörende Person oder ein von ihm beauftragter Dritter (§ 278 BGB) schuldhaft gegen diese Obhutspflichten, kann der V. ebenfalls den Ersatz des dadurch entstandenen Schadens verlangen. Ist der Schadensersatz nur auf die Weise möglich, daß statt der beschädigten Sache ein völlig neues Ersatzstück angeschafft werden muß, so vermindert sich der Ersatzbetrag nach den Grundsätzen Neu für Alt entsprechend der üblichen Gebrauchstauglichkeit des ausgewechselten Gegenstandes und der dadurch erzielten Vorteile für den V. (z. B. vorzeitige Auswechslung beschädigter Badewanne, Gasboiler, Fußbodenbeläge). Fordert der Vermieter Schadenersatz wegen der Beschädigung eines Teppichbodens, so muß er darlegen, welcher Abzug neu für alt zu machen ist. Hierzu gehören Angaben zum Alter und zur normalen Lebensdauer des Teppichbodens (LG Köln WM 88, 302). Ist ein Leitungswasserschaden eingetreten, so soll sich der Ersatzanspruch des Vermieters nach der Ansicht des LG Duisburg (ZMR 84, 58) nicht auf den Prämiennachteil erstrecken, den der Vermieter dadurch erleidet, daß die Gebäudeversicherung den bisherigen Versicherungsvertrag kündigt und mit dem Vermieter einen neuen Versicherungsvertrag zu ungünstigeren Prämienbedingungen schließt (zweifelhaft). Zu der Frage, ob die Sachversicherung des Vermieters für einen vom Mieter verursachten Schaden eintreten muß, s. BGH WM 90, 257; OLG Karlsruhe Justiz 86, 323, betreffend einen vom Mieter verursachten Brandschaden; BGH WM 91, 206, betreffend einen Wasserschaden; vgl. auch Stürmer WM 85, 253.

Die *Beweislast* dafür, daß die Beschädigung oder Zerstörung vom M. verursacht und verschuldet worden ist, trifft im Streitfall grunds. den V. Das gilt uneingeschränkt für solche Schäden, die an den gemeinschaftlich benutzten Hausteilen eingetreten sind (Treppenhaus, Speicher, sonstige Gemeinschaftsräume). Hier muß der Vermieter beweisen, daß der Schaden von einem bestimmten Mieter verursacht und verschuldet worden ist. Eine mietvertragliche Klausel, wonach alle Mieter anteilig für Schäden an den gemeinschaftlichen Hausteilen aufkommen müssen, wenn der Verursacher nicht ermittelt werden kann, verstößt gegen § 9 AGBG und ist unwirksam (OLG Hamm RE vom 19. 5. 1982, WM 82, 201). Ist der Schaden in den Mieträumen selbst aufgetreten, so muß der Vermieter zunächst beweisen, daß der Schaden vom Mieter verursacht worden ist. Dieser Beweis ist geführt, wenn der Vermieter nachweisen kann, daß der Schaden bei Mietbeginn nicht vorhanden war (OLG Düsseldorf DWW 88, 251; OLG Hamm ZMR 88, 300). Es ist dann Sache des Mieters, sich dahingehend zu entlasten, daß er den Schaden nicht verursacht und nicht verschuldet hat. An den Entlastungsbeweis werden geringe Anforderungen gestellt, wenn das Schadensbild auf eine typische, gebrauchsbedingte Abnutzungs- oder Verschleißerscheinung hinweist (z. B. brüchige Rolladengurte nach längerer Gebrauchsdauer). Anders ist es, wenn ein Verschleißschaden von vornherein ausscheidet (z. B.: Getränkeflecken auf dem Teppichboden). Hier trifft den Mieter die volle Beweislast, daß die Verschlechterung der Mietsache nicht von ihm verursacht oder verschuldet worden ist (OLG Karlsruhe RE vom 9. 8. 1984, WM 84, 267; s. auch BGH NJW 76, 1315). Steht ein Wasserschaden in zeitlichem und örtlichem

Zusammenhang mit Installations- und Renovierungsarbeiten, die der Vermieter hat durchführen lassen, und kommen als Schadensursache sowohl Manpipulationen des Mieters als auch nicht mehr aufklärbare Fehlleistungen der Handwerker in Betracht, dann ist der Vermieter beweispflichtig, daß der Mieter den Schaden zu vertreten hat (LG Berlin ZMR 89, 22).

II. Verletzt der M. seine Sorgfaltspflichten so schwer, daß dadurch eine erhebliche *Gefährung des M.objekts* eintritt, ist der V. nach erfolgloser → Abmahnung zur *fristlosen Kündigung* des Mv. berechtigt (§ 553 BGB). Ein derartiges vertragswidriges Verhalten des M. kann in der Verletzung der Obhutspflicht, der Pflicht zur → Anzeige von Mängeln oder nicht vorhersehbarer Gefahren und der Nichterfüllung der vertraglich übernommenen Mängelbeseitigungspflicht liegen.

Abstands- und Ablösevereinbarungen

I. Abstandsvereinbarungen

Unter einer Abstandsvereinbarung versteht man einen Vertrag mit einem Wohnungssuchenden über eine Zahlung, die als Gegenleistung für die Besitzaufgabe gedacht ist. Die Wirksamkeit eines solchen Vertrags richtet sich nach § 4a Abs. 1 Satz 1 Wohnungsvermittlungsgesetz (WoVermittG). Danach ist eine Vereinbarung unwirksam „die den Wohnungssuchenden oder für ihn einen Dritten verpflichtet, ein Entgelt dafür zu leisten, daß der bisherige Mieter die gemieteten Wohnräume räumt". Gleichgültig ist, ob die Vereinbarung mit dem bisherigen Mieter oder mit dem Vermieter oder mit einem sonstigen Dritten getroffen wird. Es kommt auch nicht darauf an, wem das Entgelt wirtschaftlich zugute kommt; maßgeblich ist nur, daß der Wohnungssuchende für die Besitzaufgabe etwas bezahlen muß. Vereinbarungen zwischen dem Vermieter und dem bisherigen Mieter, die im Rahmen eines Mietaufhebungsvertrags geschlossen werden, sind dagegen wirksam. Dies gilt auch für solche Zahlungen, die dem bisherigen Mieter als Gegenleistung für die Besitzaufgabe gezahlt werden. Der Vermieter kann mit dem Wohnungssuchenden allerdings nicht vereinbaren, daß dieser jene Zahlungen übernehmen soll; eine derartige Vereinbarung verstößt gegen § 4a Abs. 1 Satz 1 WoVermittG. Unter den Begriff des Entgelts fallen vermögenswerte Leistungen aller Art, beispielsweise auch die Übernahme bestehender Mietschulden. Nach dem Gesetzeszweck greift die Verbotsvorschrift auch dann, wenn der bisherige Mieter zwar bereits geräumt hat, aber die Besitzaufgabe von der Zahlung eines Entgelts abhängig machen will; der Gesetzeswortlaut („räumt") ist im Hinblick auf den Gesetzeszweck weit auszulegen.

Zulässig ist die „Erstattung von Kosten, die dem bisherigen Mieter nachweislich für den Umzug entstehen" (§ 4a Abs. 1 Satz 2 Wo-

VermittG). Auf diese Weise soll insbesondere solchen Mietern der Umzug erleichtert werden, deren bisherige Wohnung durch den Auszug von Familienangehörigen zu groß geworden ist. Entsprechend diesem Gesetzeszweck gehören zu den Umzugskosten nicht nur die Kosten für den Transport der Möbel und Einrichtungsgegenstände sondern alle umzugsbedingten Aufwendungen. Deshalb ist es beispielsweise zulässig, wenn sich der Wohnungssuchende gegenüber dem bisherigen Mieter zur Renovierung der bisherigen oder der neuen Wohnung verpflichtet. Die Abgrenzung der zulässigen von den unzulässigen Zahlungen muß im Hinblick auf den Gesetzeszweck erfolgen: Die Vorschrift des § 4a WoVermittG will verhindern, daß der bisherige Mieter mit der Mietwohnung ein Geschäft macht; Hilfestellungen zur Erleichterung des Wohnungswechsels sollen dagegen möglich sein.

II. Ablösevereinbarungen

Unter einer Ablösevereinbarung versteht man einen Vertrag, „durch den der Wohnungssuchende sich im Zusammenhang mit dem Abschluß eines Mietvertrages über Wohnräume verpflichtet, von dem Vermieter oder dem bisherigen Mieter eine Einrichtung oder ein Inventarstück zu erwerben". Da solche Verträge für den Wohnungssuchenden nur dann einen wirtschaftlichen Sinn haben, wenn er die Wohnung tatsächlich erhält, bestimmt § 4a Abs. 2 Satz 1 WoVermittG, daß der Vertrag „im Zweifel unter der aufschiebenden Bedingung geschlossen (wird) daß der Mietvertrag zustande kommt". Die Vermutung für den aufschiebend bedingten Vertragsschluß kann widerlegt werden; beweispflichtig für das Gegenteil ist diejenige Partei, die aus dem Vertrag Rechte für sich herleiten will. Da manche Ablösevereinbarungen in Wirklichkeit versteckte Abstandszahlungen enthalten (z. B. wenn Einrichtungen oder Inventarstücke zu einem überhöhten Preis verkauft werden), bestimmt § 4a Abs. 2 Satz 2 WoVermittG, daß die „Vereinbarung über das Entgelt ... unwirksam (ist), soweit dieses in einem auffälligen Mißverhältnis zum Wert der Einrichtung oder des Inventarstücks steht". Der Begriff des auffälligen Mißverhältnisses ist dem gleichlautenden Begriff in § 138 Abs. 2 BGB, § 5 Abs. 2 Satz 2 Nr. 1 WiStG n. F., § 302a Abs. 1 StGB nachgebildet und in derselben Art und Weise zu verstehen → *Mietpreisüberhöhung*. Dies erscheint sachgerecht, weil es sich bei den hier fraglichen Entgelten um eine Sonderform des Wuchers handelt, der im übrigen nach § 302a Abs. 1 Satz 1 Nr. 3 StGB strafbar sein kann, wenn die weiteren dort genannten Tatbestandsmerkmale vorliegen. Zur Feststellung des Mißverhältnisses ist der objektive Zeitwert des betreffenden Gegenstands zu ermitteln und zu dem vereinbarten Preis in Beziehung zu setzen. Es dürfte sachgerecht sein, wenn die Wuchergrenze bei einer 50%igen Überschreitung des objektiven

Zeitwertes angenommen wird. In diesem Fall bleibt die Preisvereinbarung in Höhe von 150% des Zeitwertes aufrechterhalten; im übrigen ist sie unwirksam.

Abstellen von Fahrzeugen des Mieters. *Fahrräder* muß der M. in seinem Keller oder einem dafür vorgesehenen gemeinschaftlichen Abstellraum unterbringen. Sie gehören grundsätzlich nicht in die Wohnung. *Mopeds* und andere benzinbetriebene Kleinfahrzeuge dürfen in der Wohnung und im Keller nur dann abgestellt werden, wenn dort keine leicht brennbaren Stoffe lagern und keine nahegelegene Feuerstelle vorhanden ist. Der V. braucht *nicht* das Abstellen solcher Fahrzeuge im Flur, den Kellergängen, in gemeinschaftlich benutzten Räumen (Waschküche) oder auf Dauer im Hof zu dulden (AG Berlin-Wedding GrundE 86, 509; a. A.: AG Heidelberg Urt. vom 17. 12. 74 – 26 C 163/74 – wonach der Mieter sein Fahrrad auf dem Hof abstellen darf, wenn kein anderweitiger Abstellraum vorhanden ist und die übrigen Hausbewohner dadurch nicht in unzumutbarer Weise belästigt werden). Ob der Mieter einen Kinderwagen im Hausflur abstellen darf, richtet sich – soweit hierüber keine Vereinbarung getroffen ist – nach den Umständen des Einzelfalles (AG Hannover WM 87, 118). Dabei kommt es maßgeblich darauf an, ob im Hausflur genügend Platz ist (dann ist das Abstellen zulässig: LG Berlin GrundE 85, 735; AG Friedberg WM 80, 85 bei Nische unter der Treppe) und ob der Mietgebrauch anderer Mieter des Hauses dadurch nicht übermäßig beeinträchtigt wird. Liegen diese Voraussetzungen vor, so kommt es nicht darauf an, ob in der → Hausordnung ein entgegenstehendes Verbot vereinbart ist (AG Hagen WM 84, 80; AG Charlottenburg WM 84, 80; AG Landau WM 88, 52). Zum Abstellen eines Krankenfahrstuhls ist der Mieter dann berechtigt, wenn die Möglichkeit der Aufstellung des Fahrstuhls auf dem Grundstück besteht und die Aufstellung für den Vermieter auch zumutbar ist (LG Darmstadt WM 85, 256). Dies folgt aus der Erwägung, daß auf alte und kranke Mieter in gesteigertem Maße Rücksicht zu nehmen ist. Unzulässig ist das Abstellen von PKw's der M. *im Hof* oder auf den Zufahrtswegen, selbst wenn der V. das bereits einige Zeit duldete (LG Offenburg MDR 55, 740; LG Berlin ZMR 64, 271). Auch hier kann etwas anderes gelten, wenn der Mieter gehbehindert ist und auf das Abstellen des Fahrzeugs im Hof angewiesen ist. Die vom LG Darmstadt (WM 85, 256) bezüglich des Krankenfahrstuhls aufgestellten Grundsätze gelten hier sinngemäß. Unzulässig ist auch das kurzfristige Abstellen eines Motorfahrzeugs im Hof, um es dort zu waschen oder zu reparieren (LG Dortmund DWW 60, 27). Unterläßt der M. trotz → Abmahnung einen derart vertragswidrigen Gebrauch der M.sache nicht, kann der V. gegen ihn → Unterlassungsklage erheben (§ 550 BGB). Die Gleichbehandlung aller Mieter eines Mehrfam.-Hauses durch den V. ist geboten. Ist der Mieter nicht zugleich der Halter des Fahrzeugs, so kann der Vermieter neben dem Mieter auch den Halter (als Zustandsstörer) auf Entfernung des Fahrzeugs in Anspruch nehmen (LG München II WM 84, 301). Das Dauerparken *(Laternengarage)* auf öffentlichen Straßen ohne Parkverbot ist dem M. aber gestattet (BVerfG ZMR 67, 247). Stellt der M. sein Fahrzeug vor dem Haus ab, darf er zur Nachtzeit jedoch nicht den Motor warmlaufen oder bei längerem Anhalten im Leerlauf weiterlaufen lassen oder sich durch Hupsignale gegenüber seinen Haushaltsangehörigen bemerkbar machen, weil diese Verhaltensweisen gegen die Straßenverkehrsordnung verstoßen und Verletzungen seiner M.pflichten darstellen (s. Garage).

Abwesenheit des Mieters (Abw.). Die Abw. des M. für längere Zeit (Auslandsaufenthalt, auswärtige Arbeitsverpflichtung) verstößt nicht gegen seine Pflichten aus dem Mv. Er hat ein Gebrauchsrecht, keine Gebrauchspflicht (Ausnahmen: Hausmeisterwohnung o. ä. funktionsgebundene Werkwohnungen und Geschäftsräume mit Umsatzmiete). Der M. muß aber für die Dauer der Abw. seiner → Obhutspflicht nachkommen und voraussehbare Schäden der Wohnung (Einfrieren der Wasserleitung) fernhalten. Dieser Obhutspflicht kann nicht dadurch Rechnung getragen werden, daß der M. dem V. mitteilt, dieser möge selbst die zur Abwendung der Gefahr erforderlichen Maßnahmen treffen (BGH NJW 83, 1049 = MDR 83, 345 = ZMR 83, 198). Vertragspflichten können nämlich nicht dadurch erfüllt werden, daß der Verpflichtete die von ihm geschuldete Leistung dem Vertragspartner aufbürdet. Dem M. ist es allerdings gestattet, die Obhutspflicht während seiner Abwesenheit auf zuverlässige Dritte zu übertragen. Dafür reicht es aus, wenn Nachbarn oder Freunde den Wohnungsschlüssel ausgehändigt erhalten und in angemessenen Zeitabständen (bei mehrmonatiger Abw.) nach dem Rechten sehen. Die Abstände richten sich nach den Umständen des Einzelfalls; eine Überprüfung in kurzen Abständen (unter Umständen mehrmals täglich) ist erforderlich, wenn der Mietsache besondere Gefahren drohen (z. B. bei großer Kälte; AG Hersbruck WM 86, 307). Bei Abw. im Winter (z. B. Betriebsferien) kann der M. verpflichtet sein, eine nicht unter Putz verlegte Wasserleitung durch zumutbare Vorkehrungen oder Kontrollen so zu schützen, daß einem Mitmieter keine Schäden erwachsen. Der M. kann sich hinsichtlich seiner Sicherungspflicht gegenüber einem Dritten nicht durch die Verweisung darauf entlasten, daß der V. seinerseits insoweit den Vertragspflichten nicht gebührend nachgekommen ist, z. B. durch ordnungsmäßige Verlegung der Wasserleitung oder von ihm zu bewirkende Schutzmaßnahmen (BGH NJW 69, 42). Wenn der M. zur Betreuung der Wohnung einen Verwandten oder Bekannten aufnimmt, ist darin keine erlaubnispflichtige → Untermiete zu erblicken (s. Besuch); einen Wohnungstausch als Ferienwohnung darf dagegen der M. nur mit ausdrücklichem Einverständnis des V. vornehmen. Kommt der M. während längerer Abw. seiner Pflicht zur Reinigung des Treppenhauses nicht nach, kann der V. einen Dritten (z. B. einen anderen M.) mit diesen Arbeiten beauftragen und dafür vom M. den Ersatz der erforderlichen Aufwendungen verlangen (§§ 677, 683, 670 BGB). Für die rechtzeitige Abbestellung von täglich zugehenden Waren (Milch, Brötchen, Zeitungen) muß der M. vor einer längeren Abw. sorgen, um die vertragswidrige Lagerung derartiger Gegenstände und die damit verbundene Störung der übrigen M. zu verhindern (Weimar ZMR 69, 291).

Zur Beseitigung plötzlich auftretender erheblicher Schäden in den M.räumen darf sich der V. auch während der Abwesenheit des M. zu den Räumen Zutritt verschaffen. Der M. ist nicht verpflichtet, dem V. oder dem Hauswart die Wohnungsschlüssel zu übergeben; er genügt seiner Obhutspflicht, wenn er die Schlüssel vertrauenswürdigen Mitmietern oder in der Nähe wohnenden Bekannten aushändigt und dies dem V. mitteilt, selbst wenn im Mv. abweichende Bestimmungen getroffen wurden. Hat der M. den Wohnungsschlüssel dem V., dem Hauswart oder bekanntermaßen einem vertrauenswürdigen Mitbewohner abgegeben, muß der V. dazu diesen Schlüssel benutzen. In eiligen Fällen ist der V. aber nicht verpflichtet, sich erst den bei einem entfernt wohnenden Bekannten des M. abgegebenen Schlüssel zu besorgen. Der V. kann die Abschlußtür entweder selbst öffnen oder zweckmäßigerweise von einem Schlosser öffnen lassen. Die dafür erforderlichen Aufwendungen kann er vom M. nach dessen Rückkehr ersetzt verlangen (§§ 677, 683 BGB). Diese Grundsätze gelten auch für die Miete eines *Einfamilienhauses.* Das AG Mönchengladbach (ZMR 81, 210) hat zwar die Ansicht vertreten, daß sich aufgrund der Besonderheiten dieser Wohnungsart aus der allgemeinen Obhutspflicht eine Gebrauchspflicht ergebe und daß der V. bei unregelmäßiger oder seltener Nutzung sogar ein Recht zur fristlosen Kündigung habe. Diese Auffassung ist indes abzulehnen. Zwar kann die Verletzung der Obhutspflicht zur Kündigung berechtigen. Dies gilt aber nur dann, wenn hierdurch eine konkrete Gefährdung der M.sache eintritt (§ 553 BGB); die bloß abstrakte Befürchtung, daß die M.sache Schaden nehmen könnte, reicht hierzu nicht aus.

I. Der Anspruch des V. auf Zahlung des → *M.zinses* wird dadurch *nicht berührt,* daß der M. die ihm überlassene M.sache aus Gründen, die in seiner Person liegen, nicht benutzen kann oder will (§ 552 S. 1 BGB). Es spielt keine Rolle, ob die Gründe, die den M. an der

Benutzung der M.sache hindern, von ihm verschuldet sind oder nicht. Deshalb muß der M. z. B. im Falle einer Freiheitsstrafe, des Wehrdienstes, eines längeren Auslandsaufenthaltes, eines Krankenhausaufenthaltes, der Versagung einer Konzession und ähnlichen Verhinderungsgründen den M.zins weiterzahlen. Auch wenn der M. wegen Krankheit oder anderen nicht vorhergesehenen Gründen an der Benutzung eines bestellten Hotelzimmers oder einer Ferienwohnung verhindert ist, bleibt er zur Zahlung des M.zinses verpflichtet. Im Gegensatz dazu entfällt die Pflicht des M. zur Zahlung des M.zinses, wenn er aus Gründen an der Benutzung der M.sache gehindert wird, die im Risikobereich des V. liegen (z. B. nicht rechtzeitiger Auszug des Vorm.). Der Anspruch des V. auf Zahlung des M.zinses (§ 535 BGB) besteht bis zu einer anderweitigen Weitervermietung auch dann fort, wenn der M. die Räume ohne wirksame Kündigung oder vor dem Ablauf der Kündigungsfrist verlassen hat; widerspricht der V. aber nicht der vorzeitigen Rückgabe, kann darin eine vertragl. Aufhebung des Mv. liegen (s. Rückgabepflicht I 4).

II. Nur dann, wenn der V. durch die Verhinderung des M. dadurch Vorteile erlangt, daß er sonst zu erbringende Aufwendungen erspart oder Nutzen aus einer anderweitigen Verwertung des Gebrauchs zieht, muß er sich diese *Vorteile* auf den M.zins *anrechnen* lassen (§ 552 S. 2 BGB). Ist der V. zur Beheizung der Wohnung verpflichtet, muß er sich z. B. die ersparten Heizkosten vom M.zins in Abzug bringen lassen. Eine anderweitige Verwertung der M.sache ist nur mit *Einwilligung* des M. statthaft und nur dann auf den M.zins anzurechnen, wenn der V. daraus *tatsächlich* einen Vorteil zieht (z. B. Überlassung an einen vom M. benannten Dritten, Durchführung langwieriger Instandsetzungsarbeiten).

III. Solange der V. infolge der Überlassung des Gebrauchs an einen Dritten außerstande ist, dem M. den Gebrauch wieder zu gewähren, entfällt die Pflicht des M. zur Entrichtung des M.zinses (§ 552 S. 3 BGB). Auch wenn das Gebrauchsrecht des M. vorübergehend durch eine Selbstbenutzung des V. oder langwierigere Renovierungs- und Umbauarbeiten ausgeschlossen wird, entfällt die Pflicht zur Zahlung des M.zinses (BGHZ 38, 295). Die Durchführung üblicher → *Schönheitsreparaturen* reicht hierfür allerdings nicht aus. Denn in einem solchen Fall ist der V. in der Lage, die Wohnung kurzfristig zur Verfügung zu stellen. Wendet der M. gegen den Zahlungsanspruch des V. ein, daß dieser in der fraglichen Zeit die Wohnung selbst bewohnt hat, so trägt der M. hierfür die Beweislast (OLG Oldenburg (RE) ZMR 81, 91). Die Befreiung des M. von seiner Zahlungspflicht gilt *nicht,* wenn er sich weigert, die Räume zu beziehen oder weiter zu benutzen, während der V. erfüllungsbereit ist. Zu einer *Weitervermietung* ist der V. in diesen Fällen grundsätzlich nicht verpflichtet, erst recht nicht zur Suche eines → Ersatzm. Ausnahmsweise kann der Anspruch des V. auf den M.zins dann entfallen, wenn ihm vom M. ein zumutbarer → Ersatzm. benannt wird, der die geforderten Verpflichtungen zu übernehmen bereit ist und gegen den der V. billigerweise keine Ablehnungsgründe geltend machen kann. Vermietet der V. zur Vermeidung eines höheren Schadens die Räume anderweitig zu einem geringeren M.zins, so ist der Mieter zur Zahlung der Differenz zwischen der ursprünglichen und der jetzigen Miete verpflichtet; die Berufung des Mieters auf § 552 S. 3 BGB ist nach der Auffassung des BGH (WM 93, 346 = ZMR 93, 317) grundsätzlich rechtsmißbräuchlich. Hiervon gelten folgende Ausnahmen: (1) Wenn der Mieter auf Grund der unklaren Sach- und Rechtslage begründete Zweifel am Fortbestand des Mietvertrags haben durfte; (2) wenn der Vermieter im Vertrauen darauf, daß der Mieter die Mietzinsdifferenz zahlen müsse, die Mietsache ohne hinreichenden Grund unter dem erzielbaren Marktpreis weitervermietet hat; (3) wenn aus der Sicht des Vermieters Zweifel bestehen, ob der Mieter entgültig ausgezogen ist oder ob der Mieter mit nachvollziehbaren Gründen annehmen konnte, das Mietverhältnis sei beendet. In diesen Ausnahmefällen darf der Vermieter nach der Auffassung des BGH nicht ohne weiteres weitervermieten. Vielmehr muß er dem Mieter zuvor mitteilen, er werde versuchen, die Mietsache im beiderseitigen Interesse weiterzuvermieten um dann nur noch eine eventuelle Mietzinsdifferenz geltend zu machen. Schweigt der Mieter auf eine solche Erklärung, so kann er sich später nicht darauf berufen, daß er das Mietobjekt nur vorübergehend nicht genutzt habe. Die frühere – teilweise abweichende – Rechtsprechung der Oberlandesgerichte zu dieser Frage (vgl. OLG Hamm, RE v. 13. 3. 1986, WM 86, 201; OLG Düsseldorf, NJW-RR 86, 507) ist durch die Entscheidung des BGH überholt.

Anzeige (A.) muß der M. dem V. unverzüglich von → *Mängeln* oder nicht vorhergesehenen *Gefahren* für die M.sache machen. Dadurch soll dem V., der oft nicht in seinem Haus wohnt oder eine behebbare Gefährdung übersieht, die Gelegenheit zur Abhilfe gegeben werden (s. Instandhaltung). Unterläßt der M. die A., können ihm daraus schwerwiegende Nachteile entstehen.

I. Die Pflicht zur A. besteht für den M. in drei Fällen (§ 545 BGB).

1. bei *jedem* (auch kleineren) *Fehler* der M.sache. Hierunter fallen nicht nur Fehler i. S. des § 537 BGB (s. → Mängel) sondern hierunter fällt auch jede nicht unerhebliche Verschlechterung der M.sache (BGH NJW 77, 1236). Bei der Raumm. gilt das nicht nur für die vom M. benutzten Räume, sondern auch für solche, an denen ihm ein Mitbenutzungsrecht zusteht (Treppen, Hauszugang, Waschküche).

2. Wenn der M.sache eine unvorhergesehene *Gefahr droht* (z. B. Sturmschaden am Dach, Wassereinbruch, undichter Öltank). Nicht erforderlich ist, daß durch diese Gefahr der M. in seinem M.gebrauch unmittelbar gestört wird.

3. Wenn ein Dritter ein Recht an der M.sache geltend macht (z. B. behördliche Anordnungen, Reklame an der Außenwand, Veränderung der Einfriedung). Es bleibt dann dem V. überlassen, die Berechtigung des Dritten nachzuprüfen und gegen ihn vorzugehen.

II. Erlangt der M. von einem dieser drei Tatbestände auf irgendeine Weise *Kenntnis,* muß er *unverzüglich* schriftlich oder mündlich eine A. an den V. richten. Erhält der V. die ordnungsmäßige A. des M. nicht (Brief, telefonische Benachrichtigung), geht das nicht zu Lasten des M. Zur Erlangung der Kenntnis ist der M. nicht verpflichtet, neben dem V. (s. Instandhaltung) die M.sache ständig zu überprüfen. Er hat auch keine Nachforschungspflicht hinsichtlich der Funktionssicherheit solcher Einrichtungen, die dem Schutz der M.sache vor Schäden dienen (z. B. eines Abwasserschiebers bei angekündigtem Hochwasser); diese Erhaltungspflicht trifft den V. (BGH WM 76, 152). Entsprechend der Eilbedürftigkeit muß der M. nach Kenntniserlangung *ohne schuldhafte Verzögerung* die A. abgeben. Eine A. kann daher im Einzelfall noch nach 1 Woche rechtzeitig (z. B. schadhaftes Gartentor), aber auch schon nach 2 Tagen verspätet sein (z. B. Einsturzgefahr). Dem M. obliegt eine Prüfungspflicht hinsichtlich der Dringlichkeit der A.; sie muß gegenüber dem V. oder seinem Bevollmächtigten abgegeben werden, so daß die Benachrichtigung eines häufig vom V. beauftragten Handwerkers grunds. nicht genügt (AG Köln MDR 74, 47 = WM 74, 27). Abweichend von der hier vertretenen Ansicht meint der BGH, daß der M. zur A. nicht nur bei positiver Kenntnis des Fehlers, sondern auch dann verpflichtet ist, wenn der Fehler objektiv erkennbar war; auszunehmen sind jedoch auch nach dem BGH solche Fälle, „in denen zwar einem besonnenen und gewissenhaften M. ein Mangel auffallen mag, dessen Erkennbarkeit sich aber nicht unbedingt jedem M. aufdrängen muß, wenn also der M. nicht ganz naheliegende Feststellungen unterläßt." Im Ergebnis bedeutet dies, daß der M. für Kenntnis und grob fahrlässige Unkenntnis einzustehen hat. Ob dem M. grobe Fahrlässigkeit zur Last fällt, ist nach Ansicht des BGH anhand der konkreten Umstände des Einzelfalls zu ermitteln (BGH NJW 77, 1236 = MDR 77, 743 = WM 78, 88 = ZMR 78, 50).

III. *Unterläßt* der M. bewußt, nachlässig oder leichtfertig die A. oder gibt er sie verspätet ab, entstehen ihm erhebliche Nachteile.

1. Der M. hat den daraus ursächlich entstandenen *Schaden* zu *ersetzen.* Ein Schaden ist dem V. aber in solchen Fällen nur dann durch das Verhalten des M. entstanden, wenn er *nachweisen* kann, daß er im

Falle rechtzeitiger A. den Schaden verhindert hätte. Fällt dem V. an der Entstehung des Schadens ein Mitverschulden zur Last, so wird dessen Ersatzanspruch entsprechend gemindert (§ 254 BGB; BGH a.a.O.).

2. Wegen der nicht angezeigten Mängel oder Gefahren darf sich der M. *nicht* auf eine *M.minderung* (§ 537 BGB) berufen oder *Schadensersatz* wegen Nichterfüllung (§ 538 BGB) verlangen (s. Mängel II 1, 2). Dieser Rechtsverlust setzt aber voraus, daß der V. wegen der unterlassenen A. außerstande war, gebührende Abhilfe zu schaffen. Der Vermieter muß darlegen und beweisen, daß die Abhilfe ursprünglich möglich war, wegen der verspäteten Mängelanzeige aber unausführbar geworden ist (BGH WM 87, 215). Wäre der Schaden auch trotz der A. eingetreten, ist die Pflichtverletzung des M. ohne Folgen; der M. kann also trotz der unterlassenen A. seine Gewährleistungsansprüche nach den §§ 537, 538 BGB geltend machen (z.B. wenn ihm durch das Eindringen von Hochwasser über das Abwassernetz ein Schaden entsteht, den der V. auch im Falle einer sofortigen Benachrichtigung nicht mehr durch geeignete Maßnahmen hätte verhindern können; BGH WM 76, 152 = MDR 76, 753). Gleiches gilt, wenn dem V. die Mängel bereits bekannt waren.

Nach dem erfolglosen Ablauf einer Abhilfefrist kann der M. den Mv. nach § 542 BGB trotz der unterlassenen A. auch fristlos kündigen, wenn ihm durch den Fortbestand des Mangels der vertragsmäßige Gebrauch entzogen wird (s. Mängel V, 1).

IV. Die in § 545 BGB normierte Pflicht des M., dem V. auftretende Mängel anzuzeigen, macht den M. nicht zum Erfüllungsgehilfen des V. (§ 278 BGB) in Ausübung der diesem allen M. gegenüber obliegenden Fürsorgepflicht. Die A.pflicht hat vielmehr den Sinn, den V. selbst vor Schaden zu bewahren und ihm Gelegenheit zu geben, den Mangel im beiderseitigen Interesse rechtzeitig zu beheben. Die Ausübung der Fürsorgepflicht (s. Instandhaltung I), die dem V. gegenüber allen M. des Hauses obliegt, nimmt der M. dem V. damit nicht ab (BGH ZMR 69, 271). S. auch → Mangel.

Aufrechnung (A.). Der M. ist grundsätzlich berechtigt, gegen fällige M.zinsbeträge mit fälligen Gegenforderungen aufzurechnen. Es gelten die allgem. Vorschriften der §§ 387ff. BGB. Danach ist der M. auch uneingeschränkt zur A. berechtigt, wenn seine Gegenforderung sich nicht aus dem Mv., sondern aus einem anderen Rechtsverhältnis mit dem V. ergibt (Warenlieferung, Dienstvertrag, unerlaubte Handlung).

I. Im Mv. wird aber häufig das Recht des M. zur A. *ausgeschlossen* oder *beschränkt*. Das kann zu Unbilligkeiten führen, wenn der V. vom M. die Erfüllung seiner Verpflichtungen aus dem Mv. einerseits verlangt, er ihn aber andererseits mit seinen Gegenforderungen auf den Klageweg verweist. Totzdem sind vertragl. A.verbote bei der *Geschäftsraum-* und *Fahrnism. unbegrenzt zulässig.* Sieht der Mv. ein A.verbot vor, muß der M. trotz fälliger Gegenforderungen uneingeschränkt seine Verpflichtungen aus dem Mv. erfüllen und davon *getrennt* notfalls klageweise seine Ansprüche gegen den V. geltend machen. In besonders gelagerten Fällen kann die Berufung auf ein vertragliches A.verbot aber rechtsmißbräuchlich und daher unzulässig sein (LG Berlin WM 60, 40). Ein solcher Fall kann vorliegen, wenn über das Vermögen des durch das Aufrechnungsverbot Begünstigten das Konkurs- oder Vergleichsverfahren eröffnet worden ist (BGH NJW 84, 357) oder wenn sonst ein nachträglicher Vermögensverfall eintritt. Der Umstand, daß sich der Vermieter in zurückliegender Zeit bereit erklärt hat, Gegenansprüche des Mieters zu prüfen und im Falle der Begründetheit zu verrechnen, schließt die spätere Berufung auf das Aufrechnungsverbot nicht aus (OLG Karlsruhe ZMR 87, 261). Ein vertragliches A.verbot verliert seine Wirkung nach der Beendigung des Mv. mit der Rückgabe der M.sache (BGH NJW-RR 88, 329; a. A.: OLG Karlsruhe ZMR 87, 261; AG Bremerhaven WM 87, 152). Das A.verbot kann auch die Berufung des M. auf ein Zurückbehaltungsrecht vertragl. ausschließen, wenn die Ausübung dieses Rechts wirtschaftlich zum selben Ergebnis wie die A. führen würde (OLG Nürnberg MDR 77, 231).

II. Für Mv. über *Wohnraum* läßt § 552a BGB auch *bei entgegenstehender Vereinbarung* die A. des M. begrenzt unter folgenden Voraussetzungen zu:

1. Die Forderung des V., gegen die der M. aufrechnen will, muß eine *M.zinsforderung* sein (s. M.zins). Zum M.zins gehören auch die Nebenkosten (a. A. AG Bochum WM 77, 28 u. die Vorauflage).

2. Die *Gegenforderung* des M. muß sich aus § 538 BGB ergeben, also auf *Schadensersatz* wegen eines Mangels der M.sache oder auf *Aufwendungsersatz* wegen Verzugs des V. mit der Beseitigung eines Mangels gerichtet sein (s. Mängel II). Andere Gegenforderungen des M. berechtigen ihn nicht zur A., auch wenn sie sich aus dem Mv. ergeben (z. B. Verwendungsersatz, § 547 BGB).

3. der M. muß dem V. seine Absicht zur A. mindestens *1 Monat* vor der Fälligkeit des M.zinses *schriftlich* anzeigen (s. Schriftform). Aus der Vorankündigung des M. muß sich ergeben, aus welchem Grund und in welcher Höhe er aufzurechnen beabsichtigt. Rechtzeitig ist die Ankündigung nur, wenn sie bei monatlicher Zahlungsweise spätestens am 1. des Vormonats beim V. eingeht. Die Monatsfrist ist eine Mindestfrist. Eine verspätete Vorankündigung kann für den nächsten zulässigen Termin wirksam sein. Unterläßt der M. die Vorankündigung, ist eine dennoch erklärte A. unwirksam.

4. Nach Ablauf der Monatsfrist muß der M. dem V. gegenüber endgültig die A. erklären (§ 388 BGB). Das kann formlos (mündlich) oder auch durch Vermerk auf einem Überweisungsabschnitt erfolgen.

5. Bei entsprechend hoher Gegenforderung des M. wird der M.zins in voller Höhe getilgt. Da § 552a BGB *keine Begrenzung* des aufrechenbaren M.zinses vorsieht, ist die frühere Rspr. für Altbauwohnungen nicht mehr anwendbar, wonach die A. nur bis zur Hälfte des jeweiligen M.zinses zugelassen wurde.

6. Liegen die Voraussetzungen II, 1–5 nicht vor, ist ein *vertragl. A.verbot* auch bei der Wohnraumm. voll wirksam. Das Recht des M. zur Minderung des M.zinses wegen Mängeln wird aber durch ein vertragliches A.verbot nicht berührt (s. Mängel II, 1). Hat der V. wegen → M.rückständen gekündigt und wird Räumungsklage erhoben, kann der M., wenn ein vertragliches A.verbot besteht, die Unwirksamkeit der Kündigung nach § 554 BGB durch eine A. nur unter den eingeschränkten Voraussetzungen des § 552a BGB herbeiführen.

III. Anstelle der A. kann der M. auch ein *Zurückbehaltungsrecht* am fälligen M.zins geltend machen, wenn ihm Gegenansprüche aus dem Mv. zustehen (§ 273 BGB). Ist die Ausübung des Zurückbehaltungsrechts vertraglich ausgeschlossen, steht es dem M. von Wohnraum kraft Gesetzes dennoch zu, wenn die unter II dargelegten Voraussetzungen vorliegen (§ 552a BGB). *Nach der Beendigung* des Mv. ist die Ausübung des Zurückbehaltungsrechts gegenüber dem Herausgabeanspruch nach § 556 II BGB jedoch grundsätzlich ausgeschlossen (s. Rückgabepflicht II).

IV. Umstritten ist, welche Anforderungen an eine *formularmäßig vereinbarte Aufrechnungsbeschränkung* zu stellen sind. Für → Formularverträge gelten nämlich die Vorschriften des AGB-Gesetzes: Nach § 11 Ziff. 3 AGBG kann die Aufrechnung mit rechtskräftig festgestellten oder unstreitigen Forderungen nicht ausgeschlossen werden. In derselben Weise kann auch das Zurückbehaltungsrecht eingeschränkt werden (BGH, ZMR 93, 320). Die Möglichkeit zur Aufrechnung mit unstreitigen oder rechtskräftig festgestellten Forderungen muß nicht besonders erwähnt werden; sie darf nur nicht ausgeschlossen werden (BGH, a. a. O.). Eine Formularklausel, die diesen Vorschriften nicht Rechnung trägt, ist unwirksam. Eine geltungserhaltende Reduktion solcher Klauseln auf den zulässigen Teil lehnt die Rechtsprechung ab (BGH NJW 82, 2309; NJW 85, 319). Eine Ausnahme gilt nur dann, wenn die wirksamen und unwirksamen Teile der Klausel sprachlich trennbar sind. Die in den üblichen Formularverträgen verwendeten Klauseln sind der Vorschrift des § 552a BGB nachgebildet. Die Klauseln unterscheiden bezüglich der Aufrechnung in der Regel nicht zwischen rechtskräftig festgestellten oder unstreitigen Forderungen einerseits und sonstigen Forderungen andererseits; vielmehr soll jede Aufrechnung anzeigepflichtig sein. Auch die Ausübung des Zurückbehaltungsrechts soll oftmals von einer vorherigen Anzeige abhängen (vgl. z. B. § 9 des → Mustermietvertrags). Damit verstoßen diese Klauseln gegen § 11 Ziff. 2, 3 AGBG. Allerdings ist zweifelhaft, ob diese Vorschriften überhaupt anwendbar sind. Dabei ist zu bedenken, daß § 552a BGB eine mietrechtliche Sondervorschrift darstellt, durch die der Gesetzgeber die Interessen des Mieters an der Einstellung seiner Mietzahlungen mit den Interessen des Vermieters am regelmäßigen Mieteingang (z. B. wegen einer Fremdfinanzierung) zum Ausgleich bringen wollte. Anlaß zur gesetzgeberischen Tätigkeit war dabei der in den Mietvertragsformularen übliche uneingeschränkte Ausschluß der Aufrechnung und des Zurückbehaltungsrechts (s. BT-Drucks. IV 2195, S. 4). Diese Umstände legen die Annahme nahe, daß § 552a BGB eine für das Wohnraummietrecht geltende Sondervorschrift ist, durch die die allgemeinen Regelungen des AGB-Gesetzes ausgeschlossen werden (a. A. die hM: OLG Frankfurt WM 87, 142 = NJW 87, 1650; LG Düsseldorf WM 87, 150; LG Mannheim WM 87, 317; von Westfalen, Wohnraummiete und AGB-Gesetz, Beilage 8/84 zu: Der Betrieb vom 9. 3. 84; Sternel III 135). Folgt man der herrschenden Meinung, so sind alle Formularvereinbarungen unwirksam, die keinen Vorbehalt bezüglich der rechtskräftig festgestellten oder unstreitigen Forderungen enthalten. Nach der weitergehenden Ansicht des OLG Celle (WM 90, 103) müssen auch die entscheidungsreifen Forderungen vom Aufrechnungsverbot ausgenommen werden; außerdem darf die Aufrechnungsmöglichkeit nicht auf Forderungen aus dem Mietverhältnis beschränkt werden. Allerdings gilt diese Rechtsfolge nur für Mietverträge, die nach dem 31. 3. 1977 abgeschlossen worden sind (§ 28 Abs. 1 AGBG; OLG Frankfurt a. a. O.). Nach der hier vertretenen Ansicht gilt, daß eine formularmäßig vereinbarte Aufrechnungsbeschränkung insoweit wirksam ist, als der Wortlaut der Formularklausel mit der gesetzlichen Regelung in § 552a BGB übereinstimmt. Soll durch die Klausel eine weitergehende Beschränkung bewirkt werden, so ist sie insgesamt unwirksam (AG Bonn WM 87, 220).

Aufwendungen (A.), die der M. freiwillig zu Gunsten der M.sache macht, kann er vom V. ersetzt verlangen, wenn sie *notwendig* oder *nützlich* waren (§ 547 BGB). Die A. für die *Erhaltung* der M.sache werden vom Ges. als notwendig, die für ihre *Verbesserung* als nützlich angesehen. Aufwendungen des Mieters zur Herstellung des vertragsgemäßen Zustands der Mietsache sind keine notwendigen Verwendungen im Sinne des § 547 BGB (BGH WPM 58, 1420, 1423). Als Anspruchsgrundlage für den Aufwendungsersatz des Mieters kommt lediglich § 538 Abs. 2 BGB in Betracht (Verzug mit Mängelbeseitigung (BGH MDR 83, 1018; s. → Mangel).

I. Die *notwendigen A.* (Verwendungen) müssen darauf abzielen, *den* Bestand der M.sache zu erhalten oder ihren bisherigen Zustand wiederherzustellen, um *drohende Gefahren* abzuwenden (BGH NJW 53, 1466). Beispielsfälle: Maßnahmen zur Verhinderung einer zunehmenden Baufälligkeit, zur Beseitigung eines Wasserrohrbruchs, zur Beseitigung der Verstopfung eines Ablaufrohrs, Erneuerung der vom Hagel zerstörten Fensterscheiben. Solche notwendigen A. muß der V. dem M. *voll ersetzen;* der aufgewendete Geldbetrag ist zu erstatten und zu verzinsen, aufgewendete Gegenstände sind wertmäßig zu ersetzen (§§ 256, 257 BGB). Hat der M. einen Handwerker beigezogen, kann er vom V. verlangen, daß dieser die Rechnung bezahlt und erforderliches Material von ihm beim Lieferanten beglichen wird. Da grunds. der V. allein zu entscheiden hat, ob eine → Instandsetzung notwendig ist und die damit verbundenen A. gemacht werden müssen, darf sie der M. nur dann *selbständig* vornehmen, wenn *Gefahr im Verzug* ist. Sonst muß er sich auf eine → Anzeige des Mangels oder der Gefahr beschränken. Das Recht des M., einen Mangel selbst zu beseitigen und dafür Schadensersatz zu verlangen, wenn der V. damit in Verzug kommt (s. Mängel II, 3), bleibt neben seinem Recht auf Ersatz der A. bestehen (538 BGB; LG Bamberg WM 74, 71).

II. *Nützliche A.* (z. B. Kosten für → Schönheitsreparaturen) sind grunds. vom V. nur dann zu ersetzen, wenn sie dessen *Interesse* und *mutmaßlichem Willen* entsprechen (§§ 547, 677 BGB). Nur dann kommt es auf diese Voraussetzungen nicht an, wenn die A. der Erfüllung einer im *öffentl. Interesse* liegenden Pflicht des V. dient (§ 679 BGB, z. B. Zahlung der Wassergebühren durch den M., um drohende Sperrung zu verhindern). Da der mutmaßliche Wille des V. schwer zu ergründen und zu beweisen ist, wird der M. in Fällen dieser Art i. Zw. dem V. eine Frist zur Beseitigung des Mangels setzen und für die Kosten der Selbstbeseitigung nach § 538 BGB Ersatz verlangen (s. Mängel II, 3). Auch vom M. vorgenommene → *Einrichtungen* der M.sache können nützliche A. sein und den V. zum Kostenersatz verpflichten. Baut der M. die ihm überlassenen Räume mit Zustimmung des V. aus, so kann er die dafür erforderlichen A. grunds. nicht ersetzt verlangen (OLG Karlsruhe ZMR 74, 45; zum Bereicherungsanspruch vgl. BGH WM 90, 248; OLG Hamm ZMR 71, 17; OLG Hamburg MDR 74, 584). Haben die Parteien aber vereinbart, daß die für den Ausbau entstehenden Kosten in monatlichen Raten mit dem M.zins verrechnet werden sollen, so sind diese

Leistungen wie eine → *M.vorauszahlung* zu behandeln. Im Falle der vorzeitigen Beendigung des Mv. sind die noch nicht abgewohnten Beträge vom V. zurückzuzahlen (§ 557a BGB). Dieser Anspruch verjährt – anders als der Verwendungsersatzanspruch (s. u. V) – erst in 30 Jahren nach seiner Entstehung (§§ 195, 198 BGB; BGHZ 54, 347).

III. Hat der V. seine *Zustimmung* zu der A. erteilt, kann der M. den Ersatz verlangen, falls er nicht vertragl. die Kosten übernommen hat. Wird dann das Mv. vorzeitig beendet, kann der M. trotz vertragl. Kostenübernahme vom V. teilweise den Ersatz der Werterhöhung verlangen. Auch wenn der V. *nachträglich* die A. *genehmigt,* kann der M. von ihm Ersatz verlangen (§ 684 S. 2 BGB).

IV. Hatte der M. bei der A. *nicht die Absicht,* dafür vom V. Ersatz zu verlangen, oder glaubte er, eine eigene Angelegenheit zu erledigen kann er später *keinen* Ersatz mehr fordern. Auch die A., die der M. ausschließlich in seinem persönlichen Interesse macht (zusätzliche Lichtleitungen oder sanitäre Einrichtungen, Blumen und Sträucher in Vorgärten usw.), braucht der V. grundsätzlich nicht zu ersetzen (AG Bergisch Gladbach WM 78, 192; s. Einrichtungen). Ein Erstattungsanspruch scheidet aus, wenn der M. lediglich zu *seinem Vorteil* handelte und dabei unterstellt, der V. werde dagegen nichts einzuwenden haben (BGH NJW 55, 747). Auch bei werterhöhenden A. kann nicht ohne weiteres unterstellt werden, daß der V. daran ein Interesse hatte (BGH NJW 63, 1299).

V. Der Anspruch des M. auf Ersatz der A. *verjährt* 6 Monate nach Beendigung des Mv. (§ 558 BGB). Veräußert der V. das Grundstück, so endigt damit das Mv. mit ihm, so daß der M. binnen 6 Monaten an ihn (und nicht an den Erwerber) herantreten muß. *Vor der Beendigung* des Mv. ist die Geltendmachung des Ersatzanspruchs *unbefristet* zulässig. Wartet der M. damit aber zu lange, kann sein Anspruch im Einzelfall als verwirkt angesehen werden (s. Verjährung II).

VI. Die A.ersatzansprüche für notwendige und nützliche Verwendungen können vertragl. ausgeschlossen oder eingeschränkt werden (s. dazu BGH ZMR 90, 54; LG Mannheim DWW 75, 244). Das Selbstbeseitigungsrecht des M. nach § 538 II BGB bleibt davon unberührt (s. Mängel II 4).

Außenantennen I. Hat das Haus *keine Gemeinschaftsantenne,* so darf der Mieter eine eigene Antenne auf eigene Kosten auf dem Dach des Hauses anbringen. Die Absicht zur Installation der Antenne muß dem Vermieter angezeigt werden. Der Vermieter muß zustimmen. Der Vermieter kann dabei verlangen, daß die Antenne durch einen Fachmann angebracht wird. Der Vermieter kann außerdem bestimmen, an welcher geeigneten Stelle die Antenne angebracht werden soll. Die Kosten der Installation, die Kosten der Wartung sowie alle Reparaturen hat der Mieter zu tragen. Bei Beendigung des Mietverhältnisses muß der Mieter die Antenne auf eigene Kosten entfernen; der Vermieter kann allerdings von seinem Recht aus § 547a Abs. 2 BGB Gebrauch machen (s. Einrichtungen).

II. Ist eine *Gemeinschaftsantenne vorhanden,* so kann der Mieter gleichwohl einen Anspruch gegen den Vermieter auf Zustimmung zur Anbringung einer eigenen Antenne haben. Dies gilt auch für Parabolantennen.

1. Der Vermieter muß die Entscheidung über die Zustimmung auf Grund einer Interessenabwägung treffen, bei der das Recht des Mieters sich aus allgemein zugänglichen Informationsquellen zu unterrichten (Art. 5 Abs. 1 GG) gebührend zu berücksichtigen ist. Das BVerfG hat hierzu durch Beschluß vom 15. 10. 1991 (WM 91, 573 = ZMR 92, 15) entschieden, daß der Vermieter die Zustimmung nur versagen darf, wenn er hierfür triftige, sachbezogene Gründe hat. Die vom BVerfG offengelassenen Einzelheiten werden durch den Rechtsentscheid des OLG Frankfurt vom 22. 7. 1992 (NJW 92, 2490) konkretisiert. Nach dieser Entscheidung liegt kein sachbezogener Versagungsgrund vor, wenn folgende Voraussetzungen gegeben sind: (1) Das Haus hat weder eine Gemeinschaftsparabolantenne noch einen Breitbandkabelanschluß und es ist ungewiß, ob ein solcher Anschluß verlegt wird. (2) Der Mieter stellt den Vermieter von allen im Zusammenhang mit der Installation der Antenne entstehenden Kosten und Gebühren frei. Der Freistellungsanspruch muß auch die Folgekosten umfassen: der Mieter ist nämlich verpflichtet, die Antenne bei Mietende, bei späterer Einrichtung einer Gemeinschaftsparabolantenne oder beim Anschluß an das Breitbandkabelnetz zu entfernen; außerdem haftet der Mieter für alle Schäden, die durch die Antenne verursacht werden. (3) Die Antenne wird von einem Fachmann angebracht. (4) Der Mieter beachtet beim Anbringen etwa bestehende baurechtliche Vorschriften. (5) Der Vermieter ist berechtigt, den Ort zu bestimmen, an dem die Antenne installiert wird und am wenigsten stört. In bestimmten Ausnahmefällen kann sich ergeben, daß die Antenne an jedem denkbaren Ort störend wirkt (freistehender Bungalow, Jugendstilvilla); in diesem Fall besteht kein Anspruch auf Erteilung einer Genehmigung. (6) Bei einer vermieteten Eigentumswohnung muß der Vermieter einen Anspruch gegen die übrigen Wohnungseigentümer auf Zustimmung zum Anbringen einer Parabolantenne haben.

2. Ist das Haus an das *Breitbandkabelnetz* der Deutschen Bundespost angeschlossen, so kommt ein Anspruch des Mieters auf Anbringung einer Parabolantenne im allgemeinen nicht in Betracht. Aller-

dings sind Sonderfälle denkbar, in denen der Mieter ein besonders gewichtiges Interesse an der Anbringung einer Parabolantenne hat (BVerfG, WM 93, 229; 93, 231). Hierfür ist der Rechtsentscheid des OLG Karlsruhe vom 24. 8. 1993 (WM 93, 525) von Bedeutung. Danach hat ein ausländischer Mieter einen Anspruch auf Duldung einer Parabolantenne, wenn folgende Voraussetzungen gegeben sind: (1) Der Breitbandkabelanschluß befriedigt das Bedürfnis des Mieters auf Empfang von Fernsehprogrammen aus dessen Heimatland derzeit und in absehbarer Zukunft nicht. Eine Parabolantenne kann diesem Mangel abhelfen. (2) Dem Anbringen der Antennenanlage stehen Vorschriften des Baurechts und des Denkmalschutzes ebensowenig entgegen wie vom Vermieter zu beachtende Rechte Dritter. (3) Der Mieter folgt bei der Wahl des Aufstellungsortes der Bestimmung des Vermieters, der sie unter Beachtung der empfangstechnischen Eignung danach trifft, wo ihm die Anlage am wenigsten störend erscheint. Eine auch nach allgemeiner Verkehrsanschauung erhebliche Verunzierung durch die Antennenanlage tritt nicht ein. (4) Die Antenne wird zur weitgehenden Sicherung vor denkbaren Schäden durch einen Fachmann angebracht. (5) Erhebliche nachteilige Eingriffe in die Bausubstanz sind ausgeschlossen. (6) Der Mieter stellt den Vermieter von allen im Zusammenhang mit der Installation entstehenden Kosten und Gebühren frei. Gleiches gilt hinsichtlich der Haftung für durch die Antenne verursachte Schäden und den Aufwand für die Beseitigung der gesamten Antennenanlage nach Beendigung des Mietverhältnisses. (7) Auf Verlangen des Vermieters hat der Mieter das Haftungsrisiko durch Abschluß einer Versicherung, den Beseitigungsaufwand in sonstiger Weise (z. B. Kaution) abzusichern. (8) Im Falle mehrerer berechtigter Einzelbegehren auf Duldung von Parabolantennen folgt die Maßnahme der Bestimmung des Vermieters, der mehrere Mieter im Rahmen der technischen Möglichkeiten auf die Nutzung einer gemeinsam anzubringenden und zu finanzierenden Parabolantenne verweisen darf.

3. Hat der Mieter eine Parabolantenne ohne Einwilligung des Vermieters angebracht, so hängt der Anspruch auf Beseitigung davon ab, ob der Vermieter die Erlaubnis zur Installation der Antenne hätte erteilen müssen.

III. Eine Funkantenne darf der Mieter innerhalb der gemieteten Räume oder auf dem Balkon installieren. Umstritten ist, ob der V. verpflichtet ist, die Anbringung einer *Funkantenne* auf dem Dach zu dulden. Teilweise wird insoweit vertreten, daß der V. die Erlaubnis zur Installation der A. erteilen muß, wenn dadurch der Radio- und Fernsehempfang der übrigen M. nicht beeinträchtigt wird (AG Düren WM 79, 103; Simon ZMR 86, 1 u. 37). Hierbei wird verkannt, daß der M. den außerhalb seiner Wohnung liegenden Bereich nur insoweit nutzen kann, als dies zur Ausübung des üblichen Wohngebrauchs erforderlich ist. Zum üblichen Wohngebrauch gehört zwar die Möglichkeit zum ungestörten Rundfunk und Fernsehempfang, nicht aber der Betrieb von Funkgeräten. Der M. hat deshalb im Regelfall keinen Rechtsanspruch zur Installation einer Funkantenne (i. Erg. ebenso LG Mainz FWW 75, 73; AG Dortmund WM 79, 86; AG Köln ZMR 79, 116 m. zust. Anm. Weimar; LG Berlin MDR 81, 57). Hiervon geht auch das BayObLG in seinem RE vom 19. 1. 1981 aus. Ausnahmsweise kann der V. aber aus dem Gesichtspunkt von Treu und Glauben (§ 242 BGB) zur Erteilung der Erlaubnis verpflichtet sein. Dieser Grundsatz gebietet es, daß der V. nicht ohne triftigen Grund dem M. Einrichtungen versagt, die ihm das Leben in der Mietwohnung erheblich angenehmer gestalten können, durch die er als V. nur unerheblich beeinträchtigt und durch die die M.sache nicht verschlechtert wird. Als triftige Gründe können nur sachbezogene Gründe gelten (Beeinträchtigung und Störung des Rundfunk und Fernsehempfangs der übrigen M. und der Nachbarschaft; Tauglichkeit des Daches zum Anbringen der A.; keine Verunstaltung des äußeren Erscheinungsbildes des Gebäudes; Vermeidung unterschiedlicher Behandlung; öffentlich-rechtliche Zulässigkeit der A.; fachmännische Errichtung der A. und Nachweis einer ausreichenden Schadenshaftpflichtversicherung). Ob der V. eine verlangte Zustimmung erteilen muß, ist für jeden Einzelfall unter Berücksichtigung dieser Umstände und einer den Belangen der Vertragsparteien gerecht werdenden und sorgfältigen Interessenabwägung zu entscheiden (BayObLG (RE) WM 81, 80 = NJW 81, 1275 = MDR 81, 583 = ZMR 82, 84; ähnl. Kleffmann ZMR 81, 36, 326; AG Hamburg WM 80, 176; vgl. auch Blaser ZMR 81, 193; s. auch LG Essen NJW-RR 90, 782, wonach die Installation einer CB-Funkantenne im Vorgarten zulässig ist, wenn sie dort weder aus optischen noch sonstigen Gründen stört). Bei der Interessenabwägung können auch die Regelungen des Gesetzes über Fernmeldeanlagen vom 14. Januar 1928 (BGBl. III 9020 – 1), des Gesetzes über den Amateurfunk vom 14. März 1949 (BGBl. III 9022 – 1) sowie die dazu ergangene Durchführungsverordnung vom 13. 3. 1967 (BGBl. I S. 284) herangezogen werden. Aus § 16 der DVO zum Gesetz über den Amateurfunk kann sich ergeben, daß der Funkamateur den Funkbetrieb völlig unterlassen muß, wenn er auch nach Durchführung aller Maßnahmen nicht ohne die Störung anderer Empfangsfunkanlagen abgewickelt werden kann. Nach § 16 Abs. 3 der Verordnung muß der Funkamateur seinen Betrieb nämlich so einrichten, daß der Empfang anderer Betreiber von Funkanlagen nicht gestört wird. Der Amateurfunker kann sich auch nicht darauf berufen, daß der Besitzer eines Fernsehapparates oder einer Stereoanlage nicht sämtliche Möglichkeiten zur

Verbesserung der Störfestigkeit seiner Empfangsanlagen ausgeschöpft hat. Vielmehr hat der Eigentümer der gestörten Anlage gemäß § 23 des Gesetzes über Fernmeldeanlagen einen Anspruch darauf, daß der Eigentümer der Funkanlage die Kosten für die Maßnahmen zur Störungsbeseitigung übernimmt (vgl. dazu LG Konstanz MDR 83, 316 und ausführlich Simon ZMR 86, 1 und 37 mit Beispielen aus unveröffentlichter Rechtsprechung).

B

Bauliche Veränderungen der Substanz der M.sache (Zwischenwand, Etagenheizung, Türdurchbruch) darf der M. grunds. *nur mit Einwilligung* des V. vornehmen. Anders als bei den → Einrichtungen, die ihrer Natur nach nur zu einem vorübergehenden Zweck eingefügt werden, handelt es sich hier um wesentliche Eingriffe in die Beschaffenheit und Substanz der M.sache, zu denen der M. auf Grund seines Gebrauchsrechts nicht befugt ist. Fehlt die Einwilligung, kann der V. die *Wiederherstellung des früheren Zustandes* auf Kosten des M. verlangen. Verkehrsübliche und geringfügige Einwirkungen des M. (z. B. Steckdosen, Dübel) bedürfen nicht der Einwilligung des V. Eine entgegenstehende Formularvereinbarung verstößt gegen § 9 Abs. 2 Nr. 1 AGBG und ist unwirksam (LG München WM 89, 556). Der V. darf die Einwilligung *nicht willkürlich* verweigern, wenn der M. solche Änderungen vornehmen will, die durch den techn. Fortschritt und die damit zusammenhängenden Veränderungen der Lebensgewohnheiten *gebräuchlich* geworden sind (AG Lübeck DWW 88, 143: Einbau einer Gasetagenheizung; LG Konstanz WM 89, 67: Einbauküche; LG Berlin WM 90, 421: transportable Duschkabine). Gleiches gilt für solche Maßnahmen, die der M. zur besseren Sicherung der M.sache vornehmen will, z. B. den Einbau eines sogenannten „Türspions" (AG Hamburg WM 80, 197); Anbringung einer Klingel, die von den Kindern erreicht werden kann (AG Münster WM 83, 176). Diese Veränderungen darf der V. nur untersagen, wenn sie eine dauernde Beeinträchtigung der M.sache mit sich bringen, seinen berechtigten Interessen zuwiderlaufen und ihm daher aus vernünftigen Gründen *unzumutbar* sind (Bettermann ZMR 60, 360). Andernfalls ist der V. zur *Duldung* oder auch zur Erteilung einer *schriftlichen Einwilligung* (Genehmigung, Zustimmung) verpflichtet, falls diese im Mv. für solche Veränderungen vorausgesetzt wird, auch wenn bauliche Veränderungen ausdrücklich untersagt sind (z. B. Aufstellen einer Duschkabine LG Berlin ZMR 75, 271). Ist der V., zur Erteilung der Genehmigung verpflichtet, kann er nicht die Beseitigung solcher Änderungen verlangen, mit denen der M. ihn vor vollendete Tatsachen stellte (BGH NJW 74, 1463 = MDR 74, 1014).

Wenn der Einwilligung oder Genehmigung des V. zur baulichen Veränderung der M.sache nicht eindeutig zu entnehmen ist, ob sie nur für die Vertragsdauer oder auch für die nachfolgende Zeit gelten soll, muß diese Erklärung nach den jeweiligen Umständen des Einzelfalles ausgelegt werden (§ 133 BGB; s. Rückgabepflicht II 1).

Eine Beseitigung der baul. Veränderung kann der V. nicht verlangen, wenn er zur Erteilung der Genehmigung verpflichtet gewesen wäre (LG Hamburg WM 74, 145; BGH MDR 74, 1014).

I. Nach der *Beendigung* des Mv. muß der Mieter Einbauten, die er während des Mietverhältnisses vorgenommen hat, auf seine Kosten entfernen. Dies gilt auch dann, wenn der Vermieter der Maßnahme zugestimmt hat (OLG Düsseldorf DWW 90, 119 = ZMR 90, 218). Eine Ausnahme gilt, wenn der Vermieter zugestimmt hat *und* außerdem Grund zu der Annahme besteht, daß der Vermieter auf die Entfernung bei Vertragsende verzichtet hat (OLG Düsseldorf a. a. O.). Eine weitere Ausnahme gilt, wenn bauliche Änderungen durchgeführt worden sind, durch die die Mietsache erst in einen vertragsgemäßen Zustand versetzt worden ist (OLG Düsseldorf a. a. O.). Dabei ist allerdings zu beachten, daß in der Vereinbarung eines bestimmten Mietzwecks nicht zugleich eine Vereinbarung über den vertragsgemäßen Zustand der Mietsache gesehen werden kann. Hat der Mieter beispielsweise Räumlichkeiten zum Betrieb einer Wäscherei und Reinigung angemietet und zu diesem Zweck bestimmte bauliche Änderungen vorgenommen, so kann er sich nicht darauf berufen, daß er hierdurch erst den vertragsgemäßen Zustand der Mietsache hergestellt habe (OLG Hamburg ZMR 90, 341 = DWW 90, 202). Schließlich gilt eine Ausnahme von der Beseitigungspflicht, wenn die Parteien spezielle vertragliche Regelungen getroffen haben. Ist das Wegnahmerecht ausgeschlossen worden, so müssen die Einbauten nicht entfernt werden (OLG Düsseldorf a. a. O.).

Gibt der Mieter die Mietsache im unveränderten Zustand zurück, obwohl er zur Beseitigung der Einbauten verpflichtet gewesen wäre, so liegt hierin eine Vertragsverletzung. Da die Pflicht zur Entfernung der Einbauten in der Regel eine vertragliche Hauptpflicht darstellt, hat der Vermieter nur dann einen Anspruch auf Schadenersatz, wenn er den Mieter zuvor unter Fristsetzung mit Ablehnungsandrohung zur Entfernung der Einbauten aufgefordert hat (BGH NJW 88, 1778; WM 89, 376).

II. Ob der M. für die → *Aufwendungen,* die er für bauliche Veränderungen machte, vom V. angemessenen Ersatz verlangen kann, ist nach § 547 BGB zu entscheiden, falls dafür keine besondere Vereinbarung getroffen wird. Aus der Einwilligung des V. allein kann noch nicht gefolgert werden, daß solche Veränderungen in seinem Interesse oder mutmaßlichen Willen liegen. Ist der M. nach dem Mv. verpflichtet, durch die Veränderung erst die Eignung zum vertragsmäßigen Gebrauch herzustellen (z. B. Inneneinrichtung einer Gastwirtschaft), liegt beim vorzeitigen Auszug eine ersatzpflichtige Bereicherung des V. (§ 812 BGB) nur dann vor, wenn er die M.sache zu einem höheren M.zins an den M.nachfolger weitervermietet oder wenn er durch die Veränderungen sonstige Vermögensvorteile zieht (st. Rspr., zul. BGH ZMR 90, 330 = WM 90, 248). Eine ausdrückliche Regelung über die Kosten solcher Einbauten und Veränderungen ist daher am Platze. Andernfalls wird der M. dafür oft keinen Ersatz vom V. verlangen können.

III. Bestimmt der Mv., daß Einbauten oder Veränderungen bei Beendigung des Vertrags dem V. *entschädigungslos* zufallen, verstößt diese Regelung auch bei der Wohnungsmiete *nicht* gegen § 547 a III BGB, da sich diese Vorschrift nur auf Einrichtungen bezieht, die jederzeit wieder entfernt werden können, ohne die Sache selbst oder das Gebäude zu zerstören oder zu beschädigen.

IV. Zur Frage, unter welchen Voraussetzungen der V. gegen den Willen des M. bauliche Veränderungen vornehmen darf → *Verbesserungsmaßnahmen*.

Beamte sowie Soldaten, Geistliche und Lehrer können nach § 570 BGB im Falle ihrer *Versetzung* an einen anderen Dienstort das Mv. binnen der gesetzl. Kündigungsfrist von 3 Monaten *vorzeitig kündigen*. Die Vorschrift beruht auf dem Gedanken, im öffentl. Interesse den Aufwand für Behörden und Beamte einzuschränken und somit Versetzungen zu erleichtern. Auf Arbeitsverhältnisse des privaten Rechts ist § 570 BGB weder unmittelbar noch analog anwendbar (BayObLG RE v. 12. 3. 85 WM 85, 140).

I. Privilegiert werden folgende Personengruppen:

1. Militärpersonen: das sind alle Soldaten und Beamte der Bundeswehr ohne Rücksicht auf ihren Rang.

2. Beamte: das sind alle Bediensteten des Bundes, der Länder und der Gemeinden, denen nach den Beamtenges. die Beamteneigenschaft zuerkannt ist. Gleiches gilt für Beamte sonstiger öffentlichrechtl. Körperschaften, Anstalten und Stiftungen sowie für die Berufsrichter.

3. Geistliche: das sind alle Religionsdiener, die hauptberuflich in einer Religionsgemeinschaft tätig sind.

4. Lehrer an öffentl. Unterrichtsanstalten, soweit sie nicht Beamte sind, sondern nur im Angestelltenverhältnis stehen.

Eine analoge Anwendung der Vorschrift auf andere Arbeitnehmer ist nicht möglich (BGH, WM 92, 73 = ZMR 92, 98 für Rheinische Notare).

II. Das Kündigungsrecht setzt die Versetzung an einen *anderen Dienstort* voraus. Es ist unbeachtlich, aus welchem Grund die Versetzung erfolgt (z. B. Beförderung, Strafversetzung) oder ob sie durch einen Wechsel des Dienstherrn bedingt ist. Versetzung i. S. des § 570 BGB ist auch der freiwillige Wechsel eines Beamten an einen anderen Dienstort oder zu einem anderen Dienstherrn (z. B. Berufung eines Hochschullehrers). Keine Versetzungen sind die Erstberufung (OLG Hamm RE v. 22. 4. 84 WM 85, 214 = ZMR 85, 267) und der Eintritt in den Ruhestand, wenn damit ein Wohnsitzwechsel verbunden ist (s. dazu: Günther, ZMR 93, 249).

III. Die Kündigung des Mv. ist nur wirksam, wenn sie der M. nach Erhalt des Versetzungsbescheids *spätestens bis zum 3. des folgenden Monats* schriftlich (§ 564a BGB) ausspricht. Wird ein M. zum Professor an einer Universität ernannt, so muß die Kündigung sogleich nach dem Wirksamwerden eines Rufes an eine andere Hochschule ausgesprochen werden (LG Hamburg ZMR 82, 114). Das Kündigungsrecht besteht nur für die Wohnräume und die mitgemieteten Gegenstände (Garage), nicht dagegen für eine Zweitwohnung, Sommerwohnung usw. Es wird nicht dadurch ausgeschlossen, daß der Beamte und seine Ehefrau gemeinsam als Mitmieter verpflichtet sind.

IV. Das Kündigungsprivileg des § 570 BGB ist zwingendes Recht und daher vertragl. *nicht abdingbar* (s. Bundes- und Landesbedienstetenwohnungen).

Belästigungen. Vermieter und Mieter sind zur *fristlosen* Kündigung des Mv. berechtigt, wenn der andere Vertragspartner seine Vertragspflichten schuldhaft derart grob verletzt, daß dem Kündigenden die Fortsetzung des Vertrags *unzumutbar* ist (§ 554a BGB). Diese Voraussetzungen liegen vor allem bei schwerwiegenden Belästigungen und sonstigen Störungen des Hausfriedens vor. Liegen die strengen Voraussetzungen für eine fristlose Kündigung nach § 554a BGB nicht vor, obwohl erhebliche schuldhafte Pflichtverletzungen des M. gegeben sind, kann der V. deshalb zur *ordentlichen befristeten Kündigung* eines Mv. über Wohnraum nach § 564b II Ziff. 1 BGB berechtigt sein (s. Kündigungsschutz I).

I. Dem vertragstreuen V. oder M. steht das Recht zur Kündigung ohne Einhaltung einer Kündigungsfrist nur im Falle *schwerwiegender* und *schuldhafter* Verletzungen der Vertragspflichten des anderen Vertragsteils unter folgenden Voraussetzungen zu.

1. Es müssen *erhebliche* Verstöße gegen die Pflichten aus dem Mv. durch den Vertragspartner vorliegen.

a) Das kann durch Belästigungen *jeder Art* erfolgen. Sie setzen einen unangemessenen Angriff auf die Persönlichkeit oder Interessensphäre des Partners voraus, z. B. Beleidigungen, Verleumdungen, üble Nachrede (auch im Falle des Wahrheitsbeweises), falsche Anschuldigungen, Strafanzeigen (wenn sie sachlich richtig sind, nur beim Hinzutreten weiterer Umstände), streitsüchtiges Verhalten, Tätlichkeiten. Haben der V. oder die Mitmieter zu dem beanstandeten Verhalten Anlaß gegeben, so ist auch dies mitzuberücksichtigen (LG Mannheim WM 81, 17). Die Vertrauensbasis des Mv. kann auch durch Handlungen eines Vertragsteils entfallen, die seine Ehrenhaftigkeit und Vertrauenswürdigkeit ernsthaft in Frage stellen, z. B. eine entehrende Straftat, Prostitution oder deren Förderung oder grob unsittliches Verhalten. Fortgesetzte kleinere → Mietrückstände, die nach § 554 BGB keinen Kündigungsgrund darstellen, können bei vergeblicher Abmahnung durch den V. eine erhebliche Belästigung sein (BGH NJW-RR 88, 77; s. Kündigungsschutz für Wohnräume I 1 a–aa). Keine B. liegt dagegen vor, wenn der M. irrtümlich Mängel rügt und deren Beseitigung verlangt, obwohl die M.sache in Wahrheit mangelfrei ist (AG Köln WM 74, 219; LG Mannheim ZMR 76, 182 = WM 76, 232).

b) Ein Kündigungsgrund liegt insbesondere in der fortgesetzten *Störung des Hausfriedens*. Wohnen mehrere M. in einem Haus, ist ein Mindestmaß gegenseitiger Rücksichtnahme beim Gebrauch der eigenen Wohnung und der gemeinschaftl. benutzten Hausteile unumgänglich (s. Lärm, Musikausübung, Reinigung, gewerbliche Nutzung). Der Sicherung dieses Hausfriedens dient die → Hausordnung, soweit in ihr bestimmte Pflichten der gegenseitigen Rücksichtnahme ausdrücklich festgelegt werden (z. B. Musikausübung, Teppichklopfen, Flurreinigung). Selbst wenn eine verbindliche Regelung durch eine Hausordnung fehlt, sind erhebliche Verstöße gegen die üblichen Pflichten zur gegenseitigen Rücksichtnahme eine Verletzung des Hausfriedens. Das gilt auch für M. von Geschäftsräumen und den V., selbst wenn er nicht in seinem Haus wohnt (z. B. Störungen durch aufschiebbare Reparaturen zur Nachtzeit). Im allgemeinen gelten folgende Verhaltenspflichten:

aa) Ruhe: Auszugehen ist von dem Grundsatz, daß der Mieter aufgrund des Mietvertrags zum vertragsgemäßen Gebrauch der Mietsache berechtigt ist. Vertragsgemäß sind alle sozialüblichen Tätigkeiten, die in der Wohnung ausgeübt zu werden pflegen. Soweit hierdurch Lärm entsteht, ist er als unvermeidbar hinzunehmen. Störungen durch streitende Eheleute oder Paare braucht der Vermieter nicht hinzunehmen (AG Helmstedt WM 87, 63; AG Friedberg WM 78, 30). *Radios* und *Fernsehgeräte* müssen auf Zimmerlautstärke eingestellt werden; weitergehende Rücksichtnahme ist erforderlich, wenn das Haus besonders hellhörig ist. Der Mieter darf in seiner Wohnung mit denjenigen Instrumenten *musizieren,* die üblicherweise in der

Wohnung gespielt werden (Klavier, Flöte, Gitarre, Violine etc; nicht aber Trompete oder Schlagzeug). Allerdings sind die *allgemeinen Ruhezeiten* einzuhalten (LG Oldenburg WM 77, 172 betr. Violinenspiel; LG Köln ZMR 67, 273 betr. Cellospiel; zu der vergleichbaren Rechtslage in Eigentumswohnungen vgl. OLG Frankfurt WM 84, 303; BayObLG WM 86, 148; OLG Hamm NJW 81, 465; DWW 86, 78). Hierzu zählt jedenfalls die Zeit zwischen 13.00 und 15.00 Uhr und die Zeit von 23.00 bis 7.00 Uhr. Je nach Ortsgepflogenheit kann die Ruhezeit auch länger sein. Gelegentliches *geselliges Zusammensein* mit Familienangehörigen oder Freunden ist sozialüblich und deshalb hinzunehmen (AG Köln MDR 61, 852). Der Bewohner muß allerdings dafür sorgen, daß sich seine Gäste möglichst ruhig verhalten, und zwar nicht erst ab 22.00 Uhr. Verursachen die Besucher dennoch Lärm, so kann dies dem Mieter nicht ohne weiteres zugerechnet werden, weil die Besucher keine Erfüllungsgehilfen des Mieters nach § 278 BGB sind (a. A. AG Köln WM 87, 21). Dem Mieter fällt aber eigenes Verschulden zur Last, wenn er gegen störende Besucher nichts unternimmt oder solche Besucher in die Wohnung läßt, von denen er weiß, daß sie den Hausfrieden stören. Ein „Recht auf Lärm" gibt es selbstverständlich nicht. Ebensowenig hat ein Mieter einen klagbaren Anspruch darauf, daß er seine Wohnung von Zeit zu Zeit lärmintensiv nutzen darf (vgl. zum Problem des Lärms insgesamt: Pfeifer, Lärmstörungen – Musiklärm und Nachbarschaft – (Materialien des Zentralverbands der deutschen Haus-, Wohnungs- und Grundeigentümer e. V. Nr. 3); ders. DWW 85, 12 und 40 sowie ZMR 87, 361). *Baden und Duschen* bis 23.00 Uhr ist grundsätzlich zulässig; nach 23.00 Uhr nur dann, wenn dadurch die übrigen Mitbewohner nicht übermäßig gestört werden. *Baulärm* ist tagsüber hinzunehmen (etwa bis 17.00 Uhr), wenn Handwerker in der Wohnung tätig sind oder der Mieter oder Vermieter Reparaturen oder Umbauten ausführen. Das Weinen und Schreien von *Kleinkindern* ist von den Mitbewohnern hinzunehmen (AG Bergisch Gladbach WM 83, 236; AG Aachen ZMR 65, 75), es sei denn, daß der Lärm durch unvernünftige „Erziehungs"-Maßnahmen der Eltern hervorgerufen wird. Daß größere Kinder gelegentlich Lärm in der Wohnung, im Treppenhaus oder im Hof verursachen, ist unvermeidlich. Insgesamt gilt, daß bei Störungen durch Kinderlärm ein großzügiger Maßstab anzulegen ist (LG Lübeck WM 89, 627; AG Kiel WM 89, 570; AG Dortmund DWW 90, 55). Das gelegentliche Bellen eines Hundes ist ebenfalls hinzunehmen. Anders ist es, wenn die Hausbewohner durch das Bellen nachhaltig belästigt werden (AG Frankfurt WM 78, 127). Eine kleinliche und engherzige Betrachtungsweise ist hier unangebracht: Der Hausfrieden wird nicht durch die Unterdrückung aller Lebensäußerungen, sondern durch gegenseitige Toleranz, durch Verständnis und durch Rücksichtnahme hergestellt.

Im Streitfall muß das Gericht auf der Basis einer *Interessenabwägung* entscheiden, wobei auch die Belange der Hausbewohner mitzuberücksichtigen sind; eine solche Interessenabwägung kann nur aufgrund einer umfassenden Tatsachenkenntnis erfolgen. Sind Ruhestörungen eines Mieters darauf zurückzuführen, daß der Mieter mit seiner Familie auf zu engem Raum zusammenlebt, daß es sich bei der Wohnung um eine solche mit sehr niedrigem Komfort handelt und gehören die Mieter einem anderen Kulturkreis an als die meisten anderen Mieter im Hause, so können nicht die gleichen Anforderungen gestellt werden wie an Mieter, die alleine oder nur zu zweit in komfortablen Wohnungen leben. Im Ergebnis kann dies dazu führen, daß auch nächtliche Lärmbelästigungen nicht als schuldhafte erhebliche Pflichtverletzungen im Sinne von § 554a BGB angesehen werden können (LG Oldenburg GW 86, 331 m. Anm. Riebandt-Korfmacher). Das Ruhebedürfnis der Bewohner hat im Zweifel Vorrang vor den Interessen einzelner an einer geräuschintensiven Nutzung; dies gilt heute mehr denn je, weil die Wohnung angesichts der allgemein starken Lärmbelastung ein besonders lärmgeschützter Ort der Erholung sein soll.

bb) Allgemeine Ordnung: Der Mieter darf seine Wohnung nur dergestalt nutzen, daß die Nachbarn nicht mehr als unvermeidbar beeinträchtigt oder gefährdet werden. Innerhalb der Wohnung dürfen grundsätzlich keine Tätigkeiten ausgeübt werden, durch die das Haus beschädigt werden könnte. Der Mieter muß seine Wohnung sauber und geruchsfrei halten; deshalb kann ein Kündigungsgrund vorliegen, wenn ein Mieter aufgrund seines Alters nicht mehr in der Lage ist, seine Wohnung zu pflegen, so daß von dort ein für die Nachbarn unzumutbarer Gestank ausgeht (LG Hamburg WM 88, 18; AG Münster WM 88, 19). Der Mieter muß dafür Sorge tragen, daß sich kein Ungeziefer in der Wohnung ausbreitet und in die Nachbarwohnungen gelangen kann. Er muß Waschmaschinen, Spülmaschinen und ähnliche Geräte so instandhalten und betreiben, daß hiervon keine Gefahr für die übrigen Bewohner des Hauses ausgeht. Bei der Nutzung und Ausgestaltung seiner Wohnung hat der Mieter grundsätzlich einen weiten Spielraum. Es ist seine Sache, ob er an den Fensterscheiben Gardinen anbringt oder ob er den Balkon mit Blumen bepflanzt. Grundsätzlich kann er dort auch ein Gitter anbringen (AG Schöneberg MM 85, 277), etwa um seine Kinder vor dem Hinunterfallen zu beschützen. Zum Trocknen der Wäsche auf dem Balkon ist der Mieter berechtigt, wenn dies in der Umgebung allgemein üblich ist; ansonsten darf Kleinwäsche nur in Brüstungshöhe aufgehängt werden. Das Grillen von Fleisch oder Gemüsen auf dem Balkon wird im allgemeinen nicht zulässig sein, weil dies i. d. R. mit Geruchsbeeinträchtigungen verbunden ist (AG Hamburg MDR

73, 853). Etwas anderes kann gelten, wenn wegen der Konstruktion des Grills oder der Art des Grillguts solche Belästigungen ausgeschlossen oder nur gering sind.

Zur Wahrung der allgemeinen Ordnung gehört weiter, daß die Mitbewohner die gemeinschaftlichen Hausteile nur im Rahmen des Zulässigen in Anspruch nehmen. Im allgemeinen haben die Mieter keine Mitbenutzungsrechte im *Hof* eines Mietshauses. Deshalb dürfen dort weder Fahrzeuge abgestellt noch gewaschen werden. Ob der Hof von den Kindern der Mieter zum Spielen benutzt werden darf, hängt von den Besonderheiten des Einzelfalls ab (vgl. LG Berlin WM 87, 212; AG Darmstadt WM 86, 211). Die Frage ist dann ohne weiteres zu bejahen, wenn der Hof mit entsprechenden Einrichtungen ausgestattet ist; sie ist zu verneinen, wenn sich das Gelände – etwa wegen des dort herrschenden Verkehrs – als zum Spielen objektiv ungeeignet erweist. Der Umstand, daß sich im Hof Mülltonnen und Kellerschächte befinden reicht für diese Annahme nicht aus (LG Berlin a. a. O.). Das Fehlen eines Sandplatzes ist unerheblich. Der Vermieter kann das Spielen auch nicht mit der Begründung untersagen, daß er wegen des damit verbundenen Lärms eine Mietzinsminderung befürchten müsse. Den von einem Spielplatz ausgehenden Lärm müssen die Mieter grundsätzlich hinnehmen (LG München I WM 87, 121).

In manchen Fällen wird sich aus einer ständigen nicht beanstandeten tatsächlichen Benutzung ergeben, daß der Hof vertragsgemäß zum Spielen benutzt werden darf (AG Solingen WM 80, 112). Das Abstellen von Kinderwagen im Hausflur hängt im Einzelfall von einer Interessenabwägung ab, wobei die bauordnungsrechtliche Zulässigkeit, feuerpolizeiliche Vorschriften, die Größenverhältnisse im Hausflur und das Vorhandensein anderweitiger Abstellmöglichkeiten eine Rolle spielen kann (AG Hannover WM 87, 118). Ein Teil der Rechtsprechung hält das Abstellen des Kinderwagens allerdings bereits dann für zulässig, wenn hierdurch niemand beeinträchtigt wird (LG Berlin GrundE 85, 735; AG Friedberg WM 80, 85; AG Charlottenburg WM 84, 80; AG Berlin-Wedding MM 86, 366 wonach der Vermieter auch das Anbringen eines Metallrings zu Sicherungszwekken dulden muß; AG Hagen WM 84, 80, wonach dem Mieter dieses Recht auch dann zusteht, wenn in der Hausordnung gegenteiliges geregelt ist). Entsprechende Grundsätze gelten für Krankenfahrstühle (LG Darmstadt WM 85, 256), nicht aber für Fahrräder (AG Berlin-Wedding GrundE 86, 509) oder sonstige Gegenstände (AG Köln WM 80, 86 betr. Schuhregal; AG Köln WM 80, 41 betr. Abfalltüten). Ein Recht zur Benutzung des Hofes zum Trocknen der Wäsche wird man heute im Gegensatz zur früheren Auffassung nicht mehr bejahen können, weil sich die Gepflogenheiten insoweit verändert haben. Befinden sich in einem Mietshaus *Waschküchen, Trockenräume* oder sonstige *Gemeinschaftseinrichtungen,* so muß jeder Bewohner die Benutzungsordnung beachten. Werden die Kosten für die Unterhaltung und den Betrieb jener Räume vom Vermieter oder den Hausbewohnern gemeinsam getragen, so ist jeder Benutzer zu sparsamem und wirtschaftlichem Verhalten verpflichtet (Licht, Heizung, Wasser). Die *Hauseingangstüren* müssen ab einer bestimmten Zeit geschlossen werden. Üblich ist hierbei die Zeit nach 22.00 Uhr, falls nicht aufgrund besonderer Vorkommnisse frühere Schließungszeiten erforderlich sind. Einer besonderen vertraglichen Vereinbarung über das Schließen der Haustüre bedarf es nicht. Vielmehr führt bereits eine an Treu und Glauben orientierte Vertragsauslegung zu dem Ergebnis, daß der Mieter das Erforderliche tun muß, um Gefahren von dem Haus und den Mitbewohnern abzuwenden. Sind die Bewohner zur *Reinigung der gemeinschaftlichen Hausteile* verpflichtet (Treppen, Hausflure), so müssen sie die Reinigung turnusmäßig und ordentlich durchführen. Fehlt eine ausdrückliche vertragliche Regelung hierüber, kann sich eine entsprechende Verpflichtung aber nur aus der Ortssitte ergeben, die im Gegensatz zu früheren Zeiten heute nicht mehr einheitlich ist. Vielmehr ist im großstädtischen Bereich vermehrt festzustellen, daß die Reinigung der gemeinsamen Hausteile jedenfalls in größeren modernen Wohnanlagen nicht mehr durch die Mieter erfolgt. Wenn überhaupt von einer Üblichkeit gesprochen werden kann, so dahingehend, daß die Reinigung durch eine vom Vermieter angestellte Reinigungskraft durchgeführt wird (LG Bonn WM 86, 182).

cc) Sonstiges Verhalten: Straftaten eines Vertragspartners gegenüber dem anderen Teil, gegenüber dem Hausverwalter (LG Berlin WM 87, 56), oder gegenüber den Mitbewohnern (LG Kassel WM 83, 2) sind zugleich Vertragsverletzungen im Sinne von § 554a BGB (Beleidigungen, tätliche Angriffe, Diebstähle, Geiselnahmen, Hausfriedensbruch). Sachbeschädigungen fallen i.d.R. unter § 553 BGB. Aber auch aggressives und *böswilliges Verhalten* unterhalb der Grenze des Strafbaren kann den Tatbestand des § 554a BGB erfüllen (vgl. dazu: LG Köln MDR 74, 232; LG Kaiserslautern WM 83, 263: massive Vorwürfe einer Mietpartei gegen einen Mitbewohner, die objektiv falsch sind und die den Mitbewohner in dessen Ehre beeinträchtigen; AG Köln WM 75, 37: Beleidigungen des Vermieters durch den Mieter; LG Mannheim DWW 76, 237 = WM 78, 60: Bedrohung des Vermieters mit Geiselnahme; AG Charlottenburg MM 86, 436: Ein Kündigungsgrund nach § 554a liegt vor, wenn der Mieter wegen eines Bagatellbetrags von ca 50.– DM die Zwangsvollstreckung in das Hausgrundstück betrieben und dabei die Eintragung eines Zwangsversteigerungsvermerks im Grundbuch erreicht hat; LG

Berlin BlnGrdE 84, 83: Eintreten der Wohnungstür eines Mitmieters; LG Berlin WM 87, 56: „Götz-Zitat“ gegenüber dem Hausverwalter; LG Mannheim WM 85, 264: Behauptung des Mieters gegenüber einem Handwerker, der Vermieter sei zahlungsunfähig, um damit eine Modernisierung zu verhindern; LG Mannheim WM 85, 264: Drohung gegenüber dem Vermieter, ihn in der Nachbarschaft wegen angeblicher sittlicher Verfehlungen anzuschwärzen, um damit vermeintliche Rechte durchzusetzen; AG Schwelm WM 85, 265: öffentliche Behauptung eines Mieters, der Ehemann der Vermieterin habe einen Meineid geschworen; a. A. insoweit AG Dortmund WM 85, 286, wonach die Behauptung eines Mieters, die Ehefrau des Vermieters habe eine Unterschlagung begangen, keine Verletzung mietvertraglicher Pflichten, sondern nur ein Verstoß gegen ein „allgemein gültiges Verhaltensgebot“ sein soll, der nicht zur Kündigung berechtigt; AG Steinfurt WM 87, 260: unberechtigte Benutzung eines Gartens, Störung der Mitmieter durch geräuschvolles Begehen der Treppe, Zuschlagen der Wohnungstür und Benutzung eines Staubsaugers zur Mittagszeit). Andererseits sind die Vertragsteile aber durchaus berechtigt, ihre Interessen mit der nötigen Effizienz durchzusetzen. So kann ein Mieter ohne weiteres das Bauaufsichtsamt informieren, wenn Anhaltspunkte dafür ersichtlich sind, daß ein bauordnungswidriger Zustand im Haus besteht (AG Bergisch Gladbach WM 83, 236). Ob eine *Strafanzeige des Mieters* gegen den Vermieter zur fristlosen Kündigung berechtigt, hängt von den Umständen des Einzelfalls ab. Hat der Mieter vorsätzlich oder leichtfertig eine Falschanzeige erstattet, so rechtfertigt dies i. d. R. die fristlose Kündigung (AG Friedberg WM 86, 338). Eine sachlich richtige Strafanzeige kann beim Vorliegen besonderer Umstände eine Vertragsverletzung darstellen. Umgekehrt muß eine nicht leichtfertig erstattete Anzeige selbst dann, wenn der Angeklagte freigesprochen oder das Verfahren wegen mangelnder Beweise eingestellt wird, nicht notwendig als eine schuldhafte, schwere Vertragsverletzung gewertet werden. Das Verhalten des Angezeigten ist mitzuberücksichtigen, insbesondere dann, wenn dieser selbst Strafanzeigen gegen den anderen Teil gestellt hat (BGH LM Nr. 6 zu § 553 BGB; AG Friedberg WM 86, 338). Das besondere Engagement eines Mieters im Zusammenhang mit der Interessenwahrung der Bewohner (Tätigkeit als „Mietersprecher“ u. s. w. rechtfertigt eine Kündigung nicht (AG Neukölln MM 86, 405). Modernisierungsmaßnahmen des Vermieters, der beabsichtigte Verkauf des Mietshauses an Wohnungsspekulanten, die Umwandlung von Miet- in Eigentumswohnungen, oder rechtlich zweifelhafte Mieterhöhungen muß der Mieter weder widerspruchslos hinnehmen noch ist er gehalten, sich auf die reine Rechtswahrung zu beschränken. Vielmehr darf er zur *Wahrneh-*

mung seiner Interessen auch praktische Maßnahmen ergreifen und etwa Mieterinitiativen gründen und fördern, die Öffentlichkeit informieren (AG Nürnberg WM 83, 261 betr. Zeitungsinterview) und mögliche Erwerbsinteressenten darauf hinweisen, daß er an der Wohnung festhalten wolle (AG Nürnberg a. a. O.). Zu diesem Zweck ist es auch zulässig, daß der Mieter entsprechende *Plakate* oder schriftliche Hinweise am Fenster seiner Wohnung oder am Balkon anbringt (AG Hamburg WM 79, 76; WM 80, 175). Außerhalb seiner Wohnung darf der Mieter keine Plakate oder Aushänge anbringen (AG Neukölln WM 83, 257 betr. Hausflur).

2. Die fristlose Kündigung wegen einer erheblichen Pflichtverletzung der oben erörterten Art ist nur berechtigt, wenn der Störende *schuldhaft* (vorsätzlich oder fahrlässig) handelte. In böswilliger Absicht braucht er dagegen nicht gehandelt zu haben. Glaubt der Störende ernsthaft, zu seinem Handeln berechtigt zu sein, kann ein Verschulden trotzdem vorliegen, wenn er keinen rechtskundigen Rat eingeholt hat. Geisteskranke und Kinder unter 7 Jahren sind nicht schuldfähig. Die Parteien können insoweit aber aus dem Gesichtspunkt der Aufsichtspflicht haften. Kommen die Eltern ihrer Aufsichts- und Erziehungspflicht gegenüber ihren Kindern gebührend nach, können ihnen dennoch geschehene Ungezogenheiten oder Lärmbelästigungen nicht zum Vorwurf gemacht werden. Daneben müssen sich V. und M. ein Verschulden ihrer Erfüllungsgehilfen zurechnen lassen (§ 278 BGB). Soweit es um die Aufrechterhaltung des Hausfriedens geht, gehören dazu auch die in der Wohnung lebenden Familienangehörigen (bezügl. der Besucher s. unten 3). Bei einer Beeinträchtigung des Hausfriedens durch diese Personen kann sich der M. nicht darauf berufen, daß er auf deren Verhalten keinen Einfluß habe (LG Köln ZMR 77, 332; a. A: AG Lübeck U. v. 31. 8. 1981 – 13 C 316/81 –). Rechtfertigungs- und Schuldausschließungsgründe können die Vorwerfbarkeit des Verhaltens beseitigen (z. B. Notwehr oder Selbsthilfe, §§ 227ff. BGB). Die Kündigung gegenüber einem *geisteskranken M.* ist nur in ganz besonderen Ausnahmefällen aus dem Gesichtspunkt des § 564b Abs. 1 BGB möglich, so z. B. bei schwerwiegenden Störungen des Hausfriedens durch heftiges Schreien und Brüllen zur Nachtzeit (LG Mannheim NJW 76, 1407 = MDR 76, 757 = ZMR 77, 28). In einem solchen Fall muß die Kündigung aber an den gesetzlichen Vertreter des Geschäftsunfähigen gerichtet werden; anderenfalls ist sie unwirksam. Die bloße Kenntnisnahme des gesetzlichen Vertreters von der Kündigung reicht insoweit nicht aus (LG Berlin MDR 82, 321).

3. Eine wirksame fristlose Kündigung setzt ferner voraus, daß die Verletzung der Pflichten so schwerwiegend ist, daß dem anderen Vertragsteil die Fortsetzung des Mv. *nicht zugemutet* werden kann.

Vereinzelte und leichtere Vertragsverletzungen rechtfertigen die Kündigung nach § 554a BGB nicht (AG Friedberg/Hessen WM 86, 231); insoweit kann der Vermieter die Unterlassungsklage erheben. Trotz einer Pflichtverletzung kann die Fortdauer des Mv. zumutbar sein, wenn die Beendigung durch Ablauf der Vertragsdauer oder unter Einhaltung der → Kündigungsfrist ohnehin alsbald eintritt (LG Mannheim WM 74, 175). Gleiches gilt, wenn einer von mehreren Mietern, der allein für die fraglichen Hausordnungsstörungen in Betracht kommt, auszieht. In diesem Fall ist das Mietverhältnis zwar mit allen Mietern fortzusetzen; Störungen sind aber für die Zukunft gleichwohl nicht zu befürchten, da der störende Mieter nicht mehr in der Wohnung wohnt (LG Frankfurt WM 87, 21). Bei der Bewertung der Zumutbarkeit kommt es nicht auf die persönlichen, sondern auf allgemein gültige Maßstäbe an. Alle bes. Umstände des Einzelfalles sind aber maßgebend zu berücksichtigen (z. B. Krankheit, Alter, Beruf). Wenn der Kündigende durch sein eigenes schuldhaftes Verhalten die Pflichtverletzung des anderen Teils veranlaßt hat, kann er sich i. d. R. nicht auf die Unzumutbarkeit berufen. Dabei muß sich der Kündigende auch ein schuldhaftes Verhalten der Personen, die zu seinem Einflußbereich gehören, anrechnen lassen (z. B. Angehörige, Betriebsmitglieder, Untermieter, sonstige Beauftragte des Kündigenden). Für das Verhalten seiner Besucher haftet der Mieter nur dann, wenn er sie zu sich in die Wohnung einlädt und dabei weiß, oder damit rechnen muß, daß sie sich störend verhalten. Für nicht vorhersehbares Fehlverhalten haftet der Mieter nicht (vgl. dazu: AG Köln WM 87, 21). Das *provozierende Verhalten* des einen Vertragsteils muß die Ursache für die Pflichtverletzung des anderen sein. Ein zeitliches Zusammentreffen beider Handlungen ist nicht erforderlich. Ein geringfügiges Fehlverhalten des Kündigenden kann aber i. d. R. keine grobe Pflichtverletzung des anderen Teils rechtfertigen. Die vom M. zu fordernde Rücksichtnahme findet dort ihre Grenzen, wo der eigene Rechtskreis betroffen wird. Deshalb ist der M. auch berechtigt, beispielsweise die Presse oder die Öffentlichkeit zu informieren, wenn begründete Anhaltspunkte dafür vorliegen, daß ein V. die M. mit unlauteren Mitteln aus dem Haus drängen will (OLG Frankfurt WM 83, 84; LG Düsseldorf ZMR 81, 116). Besteht der Verdacht, daß der V. eine Straftat begangen hat, so kann der M. auch Strafanzeige erstatten. In einem solchen Fall ist die Kündigung auch dann nicht berechtigt, wenn der Vorwurf letztlich nicht nachgewiesen werden kann. Stets ist aber erforderlich, daß die Information wahrheitsgemäß nach bestem Wissen erstattet wird. Dem M. darf bei der Informationsbeschaffung keine Fahrlässigkeit zur Last fallen und er muß die Information in sachlicher Form erteilen.

Der Umstand, daß durch ein derartiges Verhalten das Vertrauensverhältnis zwischen den Mv.parteien zerrüttet wird, rechtfertigt grundsätzlich keine Kündigung aus wichtigem Grund (a. A.: AG Köln WM 86, 94; s. unten II).

4. Unter den genannten Voraussetzungen steht *sowohl dem V.* als auch *gleichermaßen dem M.* das Recht zu, die fristlose Kündigung auszusprechen (s. Kündigung II). Der Kündigende kann dem anderen Teil auch eine angemessene kurze Frist bis zum Auszug setzen. Daraus kann aber entnommen werden, daß die Fortsetzung des Mv. für ihn nicht unzumutbar ist, wenn der verlangte Auszugstermin nahe an die ordentliche Beendigung des Mv. heranrückt. Die fristlose Kündigung muß alsbald nach dem Bekanntwerden des Kündigungsgrundes erklärt werden, weil sonst die Annahme gerechtfertigt ist, daß die Vertragsfortsetzung trotz des Kündigungsgrundes zumutbar gewesen ist (BGH, NJW 51, 836; WPM 67, 517; NJW 82, 2432; WPM 83, 660; NJW 85, 1894). Von einem Teil der Rechtsprechung und Literatur wird darüberhinaus die Auffassung vertreten, daß die Frage der Rechtzeitigkeit der Kündigung in Anlehnung an die 2-Wochenfrist des § 626 Abs. 2 BGB zu beantworten ist (OLG Frankfurt, WM 91, 475 = ZMR 91, 382; Sternel, Mietrecht aktuell 2. Aufl. Rdn. 509). Der BGH hat diese Auffassung aber bereits mit Urteil vom 27. 1. 1982 (NJW 82, 2432) zurückgewiesen und zur Begründung ausgeführt, daß § 626 Abs. 2 BGB keinen allgemeinen Rechtsgedanken enthalte, sondern eine auf das Arbeitsrecht zugeschnittene Sonderregelung sei. Daraus folgt, daß die Frage der Rechtzeitigkeit auf Grund der Besonderheiten des Einzelfalls zu beantworten ist. Wird wegen einer Vertragswidrigkeit gekündigt, die der Mieter schon wiederholt begangen hat, so ist auch das frühere Verhalten zu berücksichtigen. Eine wirksame Kündigung nach § 554a BGB erfordert, daß die Voraussetzungen oben I 1–3 im Zeitpunkt der Abgabe der Kündigungserklärung vorliegen; ein späteres Wohlverhalten des Gekündigten hat nicht die Unwirksamkeit der Kündigung zur Folge (BGH NJW-RR 88, 77). Zu beachten ist allerdings, daß der Tatbestand des § 554a BGB die Unzumutbarkeit der Vertragsfortsetzung verlangt: insoweit muß eine zukunftsorientierte Prognose getroffen werden, die sich unter Zugrundelegung der Erkenntnisse im Zeitpunkt des Kündigungsausspruchs einerseits und der Erkenntnisse zum Zeitpunkt der gerichtlichen Bewertung der Wirksamkeit der Kündigung andererseits unterschiedlich darstellen kann. Die Rechtsprechung geht in solchen Fällen gelegentlich davon aus, daß das Festhalten an der Kündigung eine unzulässige Rechtsausübung darstellt, wenn der Kündigungsgrund nach Ausspruch der Kündigungserklärung entfällt (LG Frankfurt WM 87, 21; AG Köln WM 88, 57; AG Bochum WM 90, 296).

5. Der *vertragliche Ausschluß* oder die Erschwerung des Kündi-

gungsrechts ist *unzulässig* (§ 554a II BGB). Es ist auch unzulässig, durch die Ausübung eines vertragl. vereinbarten oder gesetzl. Rücktrittsrechts (§ 326 BGB) der fristlosen Kündigung ähnliche Wirkungen herbeizuführen.

6. *Beispiele aus der Rspr.:* Kündigung durch den V. bejaht: Ständig unpünktliche Mietzahlung trotz vorausgegangener Abmahnung (LG Hamburg MDR 83, 319 = ZMR 83, 200; schwere Beleidigung des V. durch den M. (AG Köln WM 75, 37; AG Gießen ZMR 82, 240); Beleidigung des Hausverwalters durch den Mieter (LG Berlin WM 87, 56); Bedrohung des V. mit Geiselnahme (LG Mannheim DWW 76, 237 = ZMR 77, 80 = WM 78, 50); Massive Vorwürfe eines M. gegen eine andere Mietpartei in einem Mehrfamilienhaus, die objektiv falsch sind und als vorsätzliche, rechtswidrige Angriffe ernsthaft gegen die Ehre der anderen Mietpartei gerichtet sind (LG Kaiserslautern WM 83, 263); Aushängen eines Transparentes, auf dem der V. „angeprangert" wird (LG München I WM 83, 263); „Anschwärzen" des V. in der Nachbarschaft wegen angeblicher Verfehlungen (LG Mannheim WM 85, 264); Beteiligung an Mieterinitiative-Aufruf zum „Kampf gegen Vermieterwillkür" (LG Koblenz WM 76, 98; vgl. hierzu auch AG Wedding, AG Frankfurt, LG Kassel, sämtlich: WM 81, 210f.); Beschädigung der M.sache durch Anzünden des Mobiliars (LG Mannheim DWW 76, 33); Verunreinigung des Treppenhauses durch die Kinder der Mieter, wenn eine Verletzung der Aufsichtspflicht vorliegt (LG Hamburg WM 83, 27); lautstarker Ehekrach (AG Friedberg WM 78, 30); nächtlicher Lärm (AG Helmstedt WM 87, 63); ungenehmigte Tierhaltung bei Belästigung der Hausbewohner durch den bellenden Hund (AG Frankfurt WM 78, 127); wahrheitswidrige Erklärungen des M. über seinen Familienstand anläßlich der Verhandlungen über den Abschluß des Mv. (AG Hannover WM 83, 142; AG München ZMR 86, 245); Betreibung der Zwangsversteigerung eines Grundstücks wegen eines Bagatellbetrags (AG Charlottenburg MM 86, 436). Zur Kündigung des V. beim Zusammenleben des M. mit einer Person des anderen Geschlechts → eheähnliche Gemeinschaft. Kündigung durch den V. verneint: Verletzung des V. durch den M. nachdem sich der V. unberechtigt den Zutritt zur Wohnung verschaffen wollte (LG Mannheim ZMR 77, 306 = WM 78, 68); einmalige Beleidigung des V. (LG Köln WM 77, 56; LG Mannheim ZMR 77, 306; LG Offenburg WM 86, 250); einmalige Beleidigung des Vermieters, wenn die Gefahr von Wiederholung nicht besteht und der Vermieter nicht im selben Haus wie der Mieter wohnt (AG Köln WM 88, 126); Beleidigung eines Mitmieters, wenn die beiden Mieter in der Folgezeit vor einem Schiedsmann einen Vergleich geschlossen haben, wonach der eine Mieter den Vorfall bedauert und sich entschuldigt (AG Köln

WM 88, 57); Beleidigung von Mitmietern, wenn diese sich ebenfalls unkorrekt verhalten haben (LG Mannheim WM 81, 17) oder wenn das inkriminierte Verhalten für die beteiligten Kreise typisch ist (LG Aachen U. vom 3. 12. 1980 – 3 S. 296/80; LG Oldenburg WM 83, 317); Aushängen von Plakaten zum Zwecke der politischen Meinungsäußerung (LG Darmstadt ZMR 83, 13; AG Nürnberg WM 83, 261; AG Freiburg WM 87, 144); Information der Öffentlichkeit über ein unlauteres Verhalten des V. unter Namensnennung (OLG Frankfurt WM 83, 84; Beteiligung des M. an Mieterinitiative durch Aufruf an die Mitmieter einer M.erhöhung nicht zuzustimmen, sondern die gesetzl. Mittel auszuschöpfen (LG Hamburg MDR 78, 494 = WM 78, 239; ähnl. AG Spandau MM 12/ 82, 18); Tätigkeit als Mietersprecher (AG Neukölln MM 86, 405); unerlaubte Hundehaltung durch den M. (LG Gießen ZMR 76, 147); Strafanzeige eines M. gegen den V. wegen Körperverletzung, wenn der der Anzeige zugrunde liegende Vorfall nicht restlos aufgeklärt werden konnte (AG Gelsenkirchen-Buer ZMR 82, 56; ähnl. AG Friedberg WM 86, 338); Abstellen v. Gerümpel auf dem Dachboden (AG Köln WM 86, 94).

Kündigung durch den M. bejaht: nächtl. Lärmbelästigungen (AG Kerpen WM 78, 68); Belästigung durch Mitmieter (LG Frankfurt ZMR 70, 201); unrichtige Angaben des V. über die Höhe der zu erwartenden Nebenkosten (LG Frankfurt WM 79, 24); unerlaubtes Eindringen des V. in die Wohnung mittels eines Universalschlüssels (AG Heidelberg WM 78, 69); Durchführung von Reparaturarbeiten seitens des Vermieters in der Wohnung des Mieters ohne dessen Zustimmung und in dessen Abwesenheit (LG Duisburg WM 88, 17); hartnäckige Weigerung des V. zur Mängelbeseitigung (LG Heidelberg WM 77, 200; LG Köln WM 77, 200); mehrmaliger Heizungsausfall wegen Ölmangels (AG Waldbröhl WM 86, 337); Vorenthaltung eines Teils der M.sache (AG Darmstadt WM 78, 29).

7. Die von der Rechtsprechung entschiedenen Fälle lassen sich nicht ohne weiteres verallgemeinern, weil sie von zahlreichen *Besonderheiten des Einzelfalls* geprägt sind. Deshalb hat zum Beispiel das BayObLG (WM 83, 129 = ZMR 83, 352) den Erlaß eines Rechtsentscheids über die Frage abgelehnt, ob der V. zur fristlosen Kündigung berechtigt ist, wenn der M. ein Transparent mit gesellschaftspolitischer Aufschrift an der Straßenfassade des Hauses anbringt. Stets ist zu beachten, daß die Kündigung eines Mv. regelmäßig einen so schwerwiegenden Eingriff in den persönlichen Lebensbereich des Benutzers darstellt, daß an deren Voraussetzungen ganz besondere Maßstäbe angelegt werden müssen (BayObLG a. a. O.). Nicht jede Vertragsverletzung rechtfertigt deshalb die Kündigung des Mv. (LG Essen ZMR 82, 53; AG Nürnberg WM 83, 261). So kann z. B. der V. wegen einer unberechtigten Minderung nur dann nach § 554a BGB

kündigen, wenn daneben zusätzliche eigenständige Umstände von besonderem Gewicht die Unzumutbarkeit der Vertragsfortsetzung begründen (Kamphausen ZMR 83, 113). Gewisse Vertragsverletzungen erhalten erst dadurch ihr besonderes Gewicht, daß sie der M. trotz Abmahnung durch den V. nicht unterläßt. Hierzu gehören die Fälle der ständig unpünktlichen Mietzahlung (BGH NJW-RR 88, 77). Hier ist die Kündigung nach § 554a BGB grundsätzlich nur gerechtfertigt, wenn zuvor eine → *Abmahnung* vorausgegangen ist (LG Hamburg MDR 83, 319 = ZMR 83, 200), obwohl der Tatbestand dieser Vorschrift an sich keine Abmahnung voraussetzt. Unter ganz besonderen Umständen kann die Durchsetzung einer an sich berechtigten Kündigung auch gegen Treu und Glauben verstoßen (im Ergebnis ebenso LG Dortmund WM 89, 178, wonach der Rechtsgedanke des § 554 Abs. 2 Nr. 2 Satz 1 BGB entsprechend anwendbar sein soll; s. auch oben 4 a. E.).

II. Die h. M. läßt neben den gesetzl. bestimmten Fällen einer außerordentlichen fristlosen Kündigung (§§ 553–554a BGB) unter weniger strengen Voraussetzungen („gesteigerte Unzumutbarkeit"; OLG Düsseldorf ZMR 90, 57) aus dem Rechtsgedanken von Treu und Glauben (§ 242 BGB) die sog. *fristlose Kündigung aus wichtigem Grund* zu. Sie wird für alle längerfristigen Mv. für zulässig gehalten, wenn die Durchführung des Vertrages durch irgendein Ereignis *erheblich gefährdet* und deshalb dem Kündigenden die Fortsetzung *nicht mehr zuzumuten* ist. Ein wichtiger Grund liegt vor, wenn das gegenseitige Vertrauensverhältnis so nachhaltig zerrüttet ist, daß ein gedeihliches Zusammenwirken der Vertragspartner nicht mehr zu erwarten ist (BGH Betr. 78, 1120 = ZMR 78, 207). Es ist unerheblich, ob dieses Ereignis von einer Vertragspartei *verschuldet* herbeigeführt worden ist und der Gekündigte die Zerrüttung des Vertrauensverhältnisses *überwiegend verursacht* hat (BGH LM, § 581, Nr. 24). Ein etwaiges Verschulden kann aber bei der erforderlichen Interessenabwägung von Bedeutung sein. Bei einem überwiegenden Verschulden des M. wird i. d. R. das Kündigungsrecht des V. zu bejahen sein, während bei einem überwiegenden Verschulden des V. an der Zerrüttung diesem die Fortsetzung des Mv. grundsätzlich nach Treu und Glauben zuzumuten ist. Die fristlose Kündigung des Mv. ist auch dann nicht ausgeschlossen, wenn *beide* Vertragsteile in gleichem Maße das Vertrauensverhältnis zerrüttet haben, oder eine überwiegende Verursachung der Zerrüttung durch den M. nicht festzustellen ist (BGH aaO). Ereignisse, die im Machtbereich einer Partei auftraten, dürfen von ihr selbst nicht als wichtiger Grund angeführt werden. Über die Zumutbarkeit ist unter Abwägung der beiderseitigen Interessen nach den Grundsätzen von Treu und Glauben zu entscheiden. Als ein Ereignis, das die Durchführung des Vertrags gefährdet, ist insbes. die Störung des guten Einvernehmens zwischen V. und M. durch gehässige, feindselige Gesinnung anzusehen, wenn das Mv. ein ungestörtes Vertrauen und ein persönliches Zusammenarbeiten erfordert (BGH Warn 65, Nr. 183). Der M. von Geschäftsräumen kann dann zur außerordentlichen Kündigung aus wichtigem Grund berechtigt sein, wenn das Vertrauensverhältnis der Vertragsparteien durch ungerechtfertigte und kategorisch verlangte M.zinserhöhungen so belastet ist, daß dem M. eine Fortsetzung des Mv. unzumutbar ist (OLG Düsseldorf DWW 69, 205). Auch die fortgesetzte mangelnde Zahlungsmoral des M. kann die Kündigung des V. rechtfertigen (BGH FWW 69, 369).

Ob im Einzelfall ein wichtiger Grund anzuerkennen ist, muß unter strengen Maßstäben geprüft werden. Läßt die vorauszusehende weitere Entwicklung der Verhältnisse die Folgerung zu, daß wichtige Gründe künftig beseitigt werden, liegt keine Unzumutbarkeit vor. Haben beide Vertragsteile eines Mv. durch ihr Verhalten schuldhaft das Vertrauensverhältnis so zerrüttet, daß dem einen Vertragsteil die Fortsetzung des Vertrages nicht zumutbar ist und er deshalb berechtigterweise den Vertrag fristlos kündigt, so kann dem anderen Vertragsteil ein Schadensersatzanspruch unter Anwendung des § 254 Abs. 1 BGB (mitwirkendes Verschulden) zustehen (BGH ZMR 69, 302).

Die Zulässigkeit einer Kündigung aus wichtigem Grund kann vertraglich nicht völlig ausgeschlossen, aber eingeschränkt werden (z. B. nur bei grobem Verschulden des anderen Vertragsteils). Nach der gesetzl. Neuregelung der §§ 553–554b BGB wird dieses übergesetzl. Kündigungsrecht zumindest für Mv. über *Wohnraum* dem V. *nicht* mehr *zustehen* (LG Mannheim WM 69, 57), wohl aber dem M. (LG Frankfurt ZMR 70, 210). Deshalb kann einem Geisteskranken und somit schuldunfähigen M. im Falle erheblicher Störungen das Mv. nur in entsprechender Anwendung des § 553 BGB fristlos gekündigt werden, wenn der Pfleger oder sonstige Betreuungspersonen trotz Abmahnung des V. keine wirksame Abhilfe schaffen (LG Bielefeld ZMR 68, 172; a. A. LG Hannover MDR 68, 51; bestr.).

III. Entsteht dem Kündigenden (V. oder M.) durch die fristlose Kündigung ein *Schaden,* kann er diesen i. d. R. vom gekündigten Vertragspartner ersetzt verlangen (Schmidt-Futterer ZMR 68, 163). Das gilt auch dann, wenn die zur Kündigung führenden Ereignisse und der Kündigungsausspruch die Ursache eines erst später als Folge eingetretenen Schadens sind (z. B. Maklerkosten, s. Mietausfall; Kündigungsfolgeschaden LG Mannheim DWW 69, 41). Zur Kündigung nach § 553 BGB s. Vetragswidriger Gebrauch; zur Kündigung nach § 554 BGB s. Mietrückstände.

Bergarbeiterwohnungen (Bw.) sind die mit den Mitteln der Kohlenabgabe geförderten Wohnungen, die für Wohnungsberechtigte des Kohlenbergwerks geschaffen werden. Nach dem Ges. zur Förderung des Bergarbeiterwohnungsbaues im Kohlenbergbau i. d. F. vom 4. 5. 1957 (BGBl. I 418) m. Änd. vom 23. 8. 1976 (BGBl. I 2429) wird der Bau dieser Wohnungen mit Darlehen aus den Mitteln des Treuhandvermögens der Kohlenabgabe zur nachstelligen Finanzierung gefördert. Die Bw. sind zweckgebundene Betriebswohnungen, dürfen deshalb nur den gesetzl. bestimmten *Wohnberechtigten* des Kohlenbergwerks überlassen werden, wobei der Mv. nicht vom Bestehen eines Arbeitsverhältnisses mit einem bestimmten Arbeitgeber abhängig gemacht werden kann. Obwohl es sich um → *Werkwohnungen* handelt, sind die dafür geschaffenen Sonderbestimmungen der §§ 565b–e BGB unanwendbar, solange die Wohnung von einem Wohnberechtigten benutzt wird. Es gelten im übrigen für die → Kündigung die allgem. Vorschriften (s. Kündigungsschutz, Kündigungsfrist, Sozialklausel). Als Wohnberechtigte der Bw. sind sowohl diejenigen Personen, die als Arbeitnehmer gegen Entgelt in einem knappschaftlichen Betrieb beschäftigt sind, als auch solche Arbeitnehmer, die mit knappschaftlichen Arbeiten eines Spezialunternehmens für den Bergbau tätig sind (z. B. Schachtunternehmen) anzusehen (BGH MDR 71, 286; vgl. ferner BGH MDR 72, 312 zum Anspruch des M. eines Eigenheims auf Eigentumserwerb). Zur behördl. Freistellung von der Belegungsbindung nach §§ 7, 22 WoBindG vgl. OVG Münster ZMR 75, 126.

Nach § 22 III WoBindG darf der V. eine Bw. einem Berechtigten oder Nichtberechtigten vermieten, wenn die zuständige Stelle eine Bescheinigung über die Wohnberechtigung erteilt hat oder wenn die Bw. von der Zweckbindung freigestellt wurde.

Der V. darf nur die zulässige *Kostenmiete* verlangen, weil die Bw. mit öffentl. Mitteln gefördert wurden und daher als → Sozialwohnungen anzusehen sind (§ 22 WoBindG).

Eine *Sonderregelung* für M.erhöhungen sieht § 7 MHG ab 1. 1. 1975 für die etwa 80000 Bergmannswohnungen vor, die von der *Ruhrkohle AG* bewirtschaftet werden. Entsprechend der bisher für diese Wohnungen geltenden Sonderregelung darf eine M.erhöhung nur wegen der Erhöhung der Verwaltungs-, Betriebs- und Instandhaltungskosten erfolgen, wobei die Vorschriften der II. BerechnungsVO zugrundezulegen sind (s. Wirtschaftlichkeitsberechnung). Zulässig ist ferner eine M.erhöhung wegen baulichen Änderungen nach § 3 MHG und gestiegenen Kapitalkosten nach § 5 MHG (s. M.erhöhung I, II). Eine Erhöhung der Grundmiete nach § 2 MHG ist dagegen nicht statthaft, auch nicht bis zur ortsüblichen Vergleichsmiete. Dadurch soll das Mietenniveau zur Sicherung des sozialen Ausgleichs für die M. dieser Wohnungen – die oft frühzeitig aus dem Arbeitsprozeß ausgeschieden sind – in tragbarer Höhe gehalten werden. Soweit dem V. ein Anspruch auf Erhöhung zusteht, muß er ihn durch schriftliche Erklärung gegenüber dem M. geltend machen; die Erhöhung ist nur wirksam, wenn sie in der Erklärung berechnet und erläutert wird (§ 7 II MHG). Die wirksame Erklärung hat die Wirkung, daß ab dem 1. des auf den Zugang der Erklärung folgenden Monats der erhöhte M.zins an Stelle des bisher entrichteten Entgelts tritt; wird die Erklärung erst nach dem 15. eines Monats abgegeben, so tritt diese Wirkung erst ab dem 1. des übernächsten Monats ein (§ 7 II MHG; zum ganzen vgl. Schopp ZMR 82, 23).

Besichtigungsrecht des Vermieters (Br.). Der V. hat grundsätzlich kein Recht, die dem M. überlassenen Räume zu betreten. Der M. kann das Betreten gegen seinen Willen mit Gewalt verhindern (§ 227 BGB). Wenn im Mv. ein Br. zugunsten des V. *vereinbart* ist, muß ihm der M. zu den üblichen Tageszeiten nach vorheriger Anmeldung des Besuches den Zutritt gestatten. Eine Vereinbarung, die dem Vermieter ein jederzeitiges Betretungsrecht einräumt, verstößt gegen Art. 13 Abs. 1 GG, § 138 Abs. 1 BGB und ist unwirksam (vgl. BVerfG, WM 93, 377 = ZMR 93, 405). Verweigert der M. trotz vertraglicher Verpflichtung den Zutritt, darf ihn sich der V. nicht mit Gewalt verschaffen, sondern muß die Verurteilung des M. zur Duldung (erforderlichenfalls in Eilfällen durch einstweilige Verfügung) erwirken. Zur Kündigung des Mietverhältnisses ist der Vermieter im allgemeinen nicht berechtigt (AG Erkelenz WM 86, 251). Etwas anderes kann gelten, wenn die Pflicht zur Duldung der Besichtigung gerichtlich festgestellt ist und sich der Mieter gleichwohl weigert, die Besichtigung zu dulden. Dabei kommt es nicht entscheidend darauf an, ob die gerichtliche Entscheidung bereits rechtskräftig ist; maßgeblich ist vielmehr, daß im allgemeinen eine besonders gewichtige Vertragsverletzung vorliegt, wenn der Mieter solchen Verpflichtungen zuwiderhandelt, an deren Bestand keine vernünftigen Zweifel bestehen können. Betritt der V. ohne Einwilligung des M. dessen Räume, kann er bei Wiederholungsgefahr auf Klage des M. zur Unterlassung solcher Besitzstörungen verurteilt werden. In der Regel ist der Mieter in einem solchen Fall auch zur fristlosen Kündigung nach § 554a BGB berechtigt, weil das unbefugte Betreten einer Wohnung eine besonders schwere Vertragsverletzung darstellt. Zur dabei beachtlichen Problematik des Hausfriedensbruchs nach § 123 StGB vgl. Lau ZMR 77, 194; OLG Köln WM 77, 173.

In folgenden Fällen ist ein Br. des V. allgemein anerkannt, auch wenn es im Mv. *nicht* ausdrücklich *vereinbart* worden ist.

I. Der V. darf die Wohnung des M. betreten, um die Notwendigkeit unaufschiebbarer Instandsetzungsarbeiten festzustellen. Gleiches gilt, wenn der V. ohne besonderen Anlaß zur Feststellung von Schäden und der Prüfung der damit zusammenhängenden Fragen die Wohnung besichtigen will, weil er nur auf diese Weise seiner → Instandhaltungspflicht und seiner → Verkehrssicherungspflicht gebührend nachkommen kann. Aus diesem Gesichtspunkt ist es nicht gerechtfertigt, das Br. nur beim Vorliegen eines besonderen Anlasses zu gewähren (z. B. Wasserrohrbuch, Frostschäden, vom M. geltend gemachter Instandsetzungsanspruch). Ein hinreichend gewichtiger Grund muß allerdings vorliegen. Deshalb besteht ein Besichtigungsrecht des Vermieters zum Zwecke der Begutachtung, ob Schönheitsreparaturen durchgeführt worden sind, nur dann, wenn bei Nichtdurchführung der Schönheitsreparaturen eine akute Gefahr für die angemieteten Räumlichkeiten besteht (AG Gelsenkirchen DWW 89, 114). Der V. darf in Begleitung eines Fachmanns erscheinen, um sich sofort fachkundig beraten zu lassen. Da der V. aber das Br. nicht mißbräuchlich ausüben darf und der M. zur → Anzeige von Mängeln verpflichtet ist, wird eine *allgemeine* Besichtigung nur *in Abständen von etwa 2 Jahren* als zulässig angesehen (BGH VersR 66, 82).

II. Ist der Mv. gekündigt oder ist der M. darüber unterrichtet, daß der V. sein Haus verkaufen will, muß der M. dafür Sorge tragen, daß seine M.räume während der üblichen Tagesstunden vom V. und den *Kauf- oder Mietinteressenten* besichtigt werden können. Ist der M. vorübergehend abwesend (Urlaub, Reise), muß er die Schlüssel dem V., dem Hausverwalter oder einem Mitbewohner, der sein Vertrauen genießt, zurücklassen. Der M. braucht einem Interessenten nur dann Zutritt zu gewähren, wenn er *in Begleitung* des V. erscheint oder wenn er nach vorheriger Benachrichtigung durch den V. einen *Ausweis* vorzeigt. Der V. hat in jedem Falle das Recht, bei einer Besichtigung eines Interessenten anwesend zu sein, auch wenn zwischen ihm und dem M. gespannte Verhältnisse bestehen. Weigert sich der M. unberechtigt, dem V. und den Interessenten den gewünschten Zutritt zu gewähren, so daß infolge dieses Verhaltens die Räume nicht rechtzeitig weitervermietet werden können, kann dem V. ein Schadensersatzanspruch wegen des entgangenen Gewinns zustehen; dieser setzt aber nicht nur die Vereitelung des Br., sondern im Streitfall den Beweis des V. darüber voraus, daß der Interessent infolge des Verhaltens des M. vom Vertragsabschluß Abstand genommen hat (AG Bergisch Gladbach WM 77, 27). Das hier erörterte Besichtigungsrecht setzt stets voraus, daß ein konkreter Kauf- oder Mietinteressent vorhanden ist, der die Wohnung besichtigen will. Der Mieter ist dagegen nicht verpflichtet, an Verkaufsveranstaltungen mitzuwirken und sich zu bestimmten Zeiten bereitzuhalten, damit der Vermieter möglichen Interessenten (die sich auf eine Zeitungsanzeige hin melden sollen) die Wohnung zeigen kann.

III. Hat der M. gekündigt und bestehen erhebliche *Mietrückstände,* darf der V. in Begleitung eines Zeugen vor dem Auszug den Zutritt zu den Räumen verlangen, um von seinem → Pfandrecht Gebrauch machen zu können (§§ 559ff. BGB). Auch wenn keine Mietrückstände vorliegen, wird dem V. kurz vor dem Auszug des M. ein Br. zustehen müssen, um den ordnungsmäßigen Zustand der Räume überprüfen und den M. zur rechtzeitigen Erfüllung seiner Pflichten anhalten zu können (s. Rückgabe II).

IV. Das Br. darf nur während den *ortsüblichen Besuchszeiten* (i. d. R. wochentags, 10.00–13.00 und 15.00–18.00 Uhr, ausnahmsweise auch an Sonn- und Feiertagen zwischen 11.00–13.00 Uhr) ausgeübt werden. Da der M. nicht verpflichtet ist, sich jederzeit auf die Besichtigung des V. einzurichten, wird er angemessene Zeit vorher (ca. 24 Std. vor dem Besichtigungstermin; AG Neustadt/Rbge WM 75, 143; AG Köln WM 86, 86; vgl auch AG Aachen WM 86, 87) zu verständigen sein.

V. Der V. kann in eilbedürftigen Fällen sein Br. auch im Wege einer *einstweiligen Verfügung* bei Gericht durchsetzen. Handelt der M. seiner rechtskräftig festgestellten Duldungsverpflichtung zuwider, so kann er durch die gerichtliche Festsetzung eines *Ordnungsgeldes* (auch wiederholt) dazu gezwungen werden, selbst wenn er persönlich durch längere Aufenthalte an seinem Zweitwohnsitz an der Erfüllung verhindert ist; sind weitere Zuwiderhandlungen und ein dadurch entstehender Schaden (z. B. durch Verhinderung der Weitervermietung) zu befürchten, kann der M. auch zur Bestellung einer Sicherheit verurteilt werden (§ 890 I, III ZPO; LG Mannheim DWW 76, 261). Außerdem liegt in solchen Fällen ein Kündigungsgrund vor. Zum ganzen s. auch: Fuchs-Wissemann ZMR 86, 341.

Besucher (Be.) darf der M. grunds. in beliebiger Zahl und auch zu beliebiger Zeit empfangen. Der V. hat kein Recht, dem M. darüber irgendwelche Vorschriften zu machen. In der M.wohnung hat allein der M. das → Hausrecht, und dies erstreckt sich auch auf die Zugänge zur Wohnung. Deshalb darf der V. in Ausübung seines Hausrechts einem Besucher auch nicht das Betreten des Hauses verbieten, selbst wenn dieser ihm nicht genehm ist (AG München WM 86, 307; Schröder NJW 66, 233 mit ablehnender Anm. zu OLG Braunschweig; OLG Köln NJW 66, 265). Für ein eventuelles Fehlverhalten seiner Besucher haftet der Mieter im allgemeinen nicht, weil die Besucher nicht zu den Erfüllungsgehilfen im Sinne von § 278 BGB gehören (a. A.: AG Köln WM 87, 21). Liegen bes. *schwerwiegende*

Gründe vor, kann der V. bestimmten Be. jedoch das Betreten des Hauses *verbieten,* z. B. wenn sie Streit verursachen (LG Wuppertal ZMR 60, 172; LG Karlsruhe NJW 61, 1166). Empfängt der M. einen Besucher, dem der V. das Haus verboten hat, liegt darin allein keine zur Kündigung berechtigende → Belästigung, so lange dadurch der Hausfrieden nicht gestört wird (LG Mannheim WM 71, 116). Ein *allgemeines Besuchsverbot* ist dagegen unzulässig, selbst wenn es im Mv. vereinbart worden ist. Eine mißbräuchliche Benutzung der Wohnung zu unsittlichen oder strafbaren Zwecken braucht der V. ebenfalls nicht zu dulden (Dirne, Zusammenkunft verbotener politischer Parteien). *Herrenbesuche* bei einer alleinstehenden Dame (und umgekehrt) sind dagegen auch bis spät in die Nacht ohne Rücksicht auf sittliche Bedenken des V. oder der Hausbewohner zulässig (AG Kiel JZ 51, 91 = WM 50, 4; LG Bochum WM 71, 164 m. krit. Anm. Schopp; LG Aachen ZMR 73, 330; AG Wiesbaden WM 72, 46 = ZMR 72, 350; AG Hannover WM 72, 47 = ZMR 72, 350; LG Duisburg WM 75, 123; Weimar WM 71, 90; Schneider ZMR 73, 131 u. ZMR 73, 325; AG Tübingen WM 79, 77). Der M. ist auch berechtigt, häufigen Besuchern einen Wohnungs- und Hausschlüssel auszuhändigen (AG Dortmund WM 82, 86). Etwas anderes kann allerdings dann in Betracht kommen, wenn eine mißbräuchliche Benutzung des Hausschlüssels durch den Besucher zu befürchten ist. Zur Frage, ob die Be. einer Mitmieterin zum Zwecke der Beweissicherung zum Nachweis für ein vertragswidriges Verhalten (Prostitution) fotografiert werden dürfen, vgl. OLG Frankfurt MDR 81, 316.

Betriebskosten. Betriebskosten sind diejenigen Kosten, die der Vermieter einer Wohnung neben der Grundmiete gesondert auf den Mieter umlegen darf. Die → *Umlage* der Betriebskosten setzt stets eine Vereinbarung im Mietvertrag voraus. Dies gilt sowohl bei frei finanziertem als auch bei preisgebundenem Wohnraum.

I. Der *Begriff der Betriebskosten* wird in § 27 Abs. 1 der II. BV gesetzlich definiert. Danach sind unter den Betriebskosten diejenigen Kosten zu verstehen, die dem Eigentümer durch das Eigentum am Grundstück oder durch den bestimmungsmäßigen Gebrauch des Gebäudes oder der Wirtschaftseinheit, der Nebengebäude, Anlagen, Einrichtungen und des Grundstücks laufend entstehen. Da nur die Kosten des bestimmungsmäßigen Gebrauchs umlagefähig sind, gehören Schadensbeseitigungskosten, die infolge einer Beschädigung entstanden sind, nicht zu den Betriebskosten. Wenn § 27 Abs. 1 der II. BV bestimmt, daß nur die laufenden Kosten umlagefähig sein sollen, so bedeutet dies nicht, daß die Kostenbelastung jährlich oder mehrmals jährlich anfallen muß. Es genügt jede wiederkehrende Belastung, auch wenn die Abstände unregelmäßig sind und zwischen den Belastungen mehrere Jahre liegen (z. B. Tankreinigungskosten; Eichkosten); (a. A.: Wichard ZMR 80, 2).

Aus der Systematik der II. BV ergibt sich weiter, daß *Verwaltungskosten* und *Instandhaltungskosten* nicht zu den Betriebskosten gehören. Eine gesonderte Umlage dieser Kosten auf den Mieter ist deshalb unzulässig (OLG Koblenz RE vom 7. 1. 86 WM 86, 50 = NJW 86, 995; OLG Karlsruhe RE vom 6. 5. 88 WM 88, 204).

II. Welche Kosten im einzelnen zu den Betriebskosten gehören, ergibt sich aus der *amtlichen Anlage 3 zu § 27 der II. BV,* in der die Betriebskosten in 17 Einzelposten aufgegliedert werden. Betriebskosten sind danach:

Nr. 1: Die laufenden öffentlichen Lasten des Grundstücks. Hierzu gehören sämtliche periodisch wiederkehrenden Verbindlichkeiten, die sich aus öffentlichem Recht ergeben und auf dem Grundstück als solchem ruhen. Wichtigster Umlageposten ist hier die Grundsteuer, die in der Vorschrift ausdrücklich genannt ist. Soweit dem Vermieter eine Grundsteuervergünstigung gewährt wird, ist nur die aufgrund der Vergünstigung zu zahlende niedrigere Grundsteuer umlagefähig. Zur Aufteilung der Grundsteuer bei gemischt genutzten Grundstükken s. Laug, WM 93, 171.

Nicht umlagefähig sind diejenigen Steuern, Gebühren und Beiträge, die den Vermieter persönlich treffen, wie z. B. die Vermögenssteuer oder die Einkommensteuer. Gleiches gilt für die Realsteuern, wie z. B. die Gewerbesteuer, die auch dann nicht umlagefähig ist, wenn das Grundstück zum Betriebsvermögen gehört. Nicht umlagefähig ist schließlich die Hypothekengewinnabgabe, die nach der Vorstellung des Gesetzgebers eine besondere Form der Vermögensabgabe ist und vom Vermieter selbst getragen werden muß.

Nr. 2: Die Kosten der Wasserversorgung. Hierzu gehören zunächst die Kosten des Wasserverbrauchs (Wassergeld), wobei unerheblich ist, ob diese Kosten aus öffentlichem oder privatem Recht geschuldet werden. Unter Verbrauch ist nur die reguläre Wasserentnahme zu verstehen. Mehrkosten, die durch einen Wasserrohrbruch entstehen, sind nicht als Betriebskosten umlagefähig, weil diese Kosten nicht durch den bestimmungsmäßigen Gebrauch des Gebäudes verursacht werden (AG Bergisch Gladbach WM 84, 230). Ein unnötiger oder verschwenderischer Wasserverbrauch durch den Vermieter oder einen der Mitmieter steht der Umlage grundsätzlich nicht entgegen; einem extrem abweichenden Nutzerverhalten muß durch die Wahl eines geeigneten Umlageschlüssels Rechnung getragen werden.

Zu den Kosten der Wasserversorgung gehören weiter die Grundgebühren und die Zählermiete (s. dazu auch *Betriebskostenumgestaltung V*).

Kosten des Betriebs einer hauseigenen Wasserversorgungsanlage entstehen dann, wenn das Gebäude nicht an die öffentliche Frischwasserversorgung angeschlossen ist, sondern mittels eines hauseigenen Brunnens, einer Pumpanlage oder eines Wasserwerks versorgt wird. In diesem Fall sind Wartungs- und Eichkosten, nicht aber Reparaturkosten umlagefähig. Umlagefähig sind auch die Wartungskosten für Wasseraufbereitungsanlagen einschließlich der Kosten für die Aufbereitungsstoffe.

Wasseraufbereitungsanlagen sind solche Einrichtungen, durch die das Frischwasser in irgendeiner Weise verbessert wird, also insbesondere Filteranlagen und Entkalkungsgeräte. Es kommt insoweit nicht darauf an, ob die Anlage zwingend erforderlich ist, um das Wasser in einen genuß- und gebrauchsfähigen Zustand zu versetzen. Es genügt, wenn die Anlage zu einer besseren Wasserqualität führt. Nicht umlagefähig sind auch hier Reparaturkosten.

Entstehen besondere Wasserkosten durch den Betrieb von maschinellen Wascheinrichtungen, oder im Rahmen der Gartenpflege, so müssen diese Kosten bei den Ziffern 10 und 16 der Anlage 3 berücksichtigt werden. Eine Erfassung dieser Kosten unter der Ziff. 2 ist ausnahmsweise dann möglich, wenn nach dem Inhalt der jeweiligen Mietverträge die Kostenpositionen 2, 10 und 16 von allen Mietern anteilig nach einem einheitlichen Umlageschlüssel zu tragen sind. Gleiches gilt, wenn diese Kosten nicht wesentlich ins Gewicht fallen.

Nr. 3: Die Kosten der Entwässerung. Hierzu gehören die Gebühren für die Benutzung einer öffentlichen Entwässerungsanlage (Kanalisationssystem). Unter Gebühr ist dabei das gesamte Entgelt zu verstehen, das der Hauseigentümer an die Gemeinde bezahlen muß. Dies gilt auch dann, wenn in der Gebühr Beträge für die Unterhaltung der Anlage oder Abschreibungsbeträge enthalten sind (a. A. AG Neustadt/Wstr. WM 89, 399).

Ist das Gebäude nicht an das öffentliche Kanalisationssystem angeschlossen, so können die Betriebskosten einer entsprechenden nicht öffentlichen Anlage umgelegt werden. Gemeint sind diejenigen privaten Anlagen, die zur Beseitigung des Schmutz- und Regenwassers dienen, also Sickergruben und Kläranlagen. Die zum Betrieb einer solchen Anlage erforderlichen Kosten sind umlagefähig, also Bedienungskosten, Kosten für die Reinigung der Anlage, Kosten für die Abfuhr der Sickerstoffe (AG Bergisch Gladbach WM 85, 369 betr. vollbiologische Kläranlagen), Kosten der Grubenentleerung (a. A. AG Friedberg WM 83, 182), Wartungskosten, Kosten für chemische oder biologische Zusatzstoffe, sowie Kosten der Überwachung und Kontrolle, Reparaturkosten gehören auch hier nicht zu den Betriebskosten.

Nr. 4a: Die Kosten des Betriebs der zentralen Heizungsanlage einschließlich der Abgasanlage. Begriff: Eine zentrale Heizungsanlage liegt vor, wenn die einzelnen Räume von einem oder mehreren Wärmeerzeugern mit Wärme versorgt werden, wobei der Ort der Wärmeerzeugung vom Ort der Wärmeabgabe verschieden sein muß.

Sind einzelne Wohnungen eines Mehrfamilienhauses nicht an die Zentralheizung angeschlossen, so führt dies lediglich dazu, daß auf die Mieter dieser Wohnungen keine Heizkosten (und zwar auch keine Grundkosten) umgelegt werden dürfen. Anders ist es, wenn die betreffende Wohnung zwar angeschlossen ist, der Mieter aber keine Wärme abnimmt. Hier wirkt sich das Verhalten des Mieters nur im Hinblick auf die verbrauchsabhängigen Kosten aus. Eine zentrale Heizungsanlage liegt selbst dann vor, wenn in einem Mehrfamilienhaus nur eine einzige Wohnung von einem im Keller befindlichen Wärmeerzeuger mit Wärme versorgt wird, während die übrigen Wohnungen mit Einzelöfen beheizt werden. Hier kann nichts anderes gelten als bei der Miete eines zentral beheizten Einfamilienhauses: Die Kosten der Zentralheizung müssen dann vom Mieter der beheizten Wohnung allein getragen werden. Unerheblich ist auch, ob sämtliche Räume der einzelnen Wohnungen mit Wärmeabgabestellen versehen sind. Eine Zentralheizung liegt auch dann vor, wenn in der Wohnung nur ein einziger Raum beheizbar ist. Ist der Ort der Wärmeerzeugung und der Wärmeabgabe identisch, so liegt keine Zentralheizung vor, wie zum Beispiel bei der Beheizung einer Wohnung durch einzelne bedienungsfreie Nachtspeicheröfen oder bei einer elektrischen Fußbodenheizung.

Umlagefähig sind zunächst die *Kosten der verbrauchten Brennstoffe* (Öl, Gas, Koks, Kohle) einschließlich der Kosten der Anlieferung. Zu den Brennstoffen gehören auch die üblichen Zusatzstoffe wie Reinigungsadditive usw. sowie die Kosten für das Anfeuerungsmaterial. Zu den Kosten der Anlieferung gehört auch das am Ort übliche Trinkgeld. Für den Einkauf der Brennstoffe gilt der Wirtschaftlichkeitsgrundsatz, der allerdings nicht überspannt werden darf. Der Vermieter darf nur diejenigen Brennstoffkosten ansetzen, die ihm tatsächlich entstanden sind. War beispielsweise zu Beginn der Heizperiode ein billig eingekaufter Restbestand vorhanden und haben sich während der Heizperiode die Preise erhöht, so kann der Vermieter den Verbrauch nicht ausschließlich mit den höheren Kosten der zugekauften Brennstoffe berechnen. Vielmehr setzt sich der Verbrauch in einem solchen Fall zusammen aus dem billigen Restbestand und dem teuren Zukauf (OLG Koblenz WM 86, 282 = MDR 86, 59). Bankzinsen und Kontoführungsgebühren, die in Zusammenhang mit der Heizölbeschaffung anfallen, sind keine Betriebskosten, sondern Verwaltungskosten (AG Siegburg WM 85, 345).

Der Mieter hat grundsätzlich keinen Anspruch darauf, daß eine *wirtschaftlich ungünstige Heizungsart* gegen eine vermeintlich günstigere ausgetauscht werde (z. B. Austausch der Zentralheizung gegen Fernheizung; vgl. OLG Düsseldorf WM 86, 16). Arbeitet eine Heizungsanlage aber deshalb unwirtschaftlich, weil sie reparaturbedürftig oder erneuerungsbedürftig ist, oder hat das Haus eine ungenügende Wärmedämmung, oder kann die Wärmeabgabe infolge fehlerhafter Heizkörperventile nicht hinreichend gesteuert werden (AG Ahrensburg WM 86, 213), so stellt dies einen Mangel der Mietsache dar, der den Mieter zur Minderung berechtigt (unzutreffend AG Charlottenburg MM 86, 439 (LS), wonach die Abrechnung in einem solchen Fall nicht fällig werden soll, und LG Darmstadt DWW 87, 18 wonach d. Mieter Anspruch auf Schadenersatz hat). Entstehen erhöhte Heizkosten dadurch, daß das Gebäude noch nicht ausgetrocknet ist *(Trockenheizen)*, so sind die Mehrkosten vom Vermieter zu tragen.

Der Umstand, daß einem einzelnen Mieter deshalb erhöhte Heizkosten entstehen, weil seine Wohnung infolge der *Lage im Haus* (Dachgeschoßwohnung, Eckwohnung, Parterrewohnung) intensiver beheizt werden muß als andere Wohnungen, ist beim Kostenansatz und bei der Umlage nach gegenwärtiger Rechtslage unbeachtlich (LG Berlin GrundE 86, 1173; s. dazu: Philipps GW 86, 373).

Umlagefähig sind weiter die *Kosten des Betriebsstroms*. Dazu gehört der gesamte Strom, der zum Betrieb der Zentralheizung erforderlich ist, also der Strom für die Beleuchtung des Heizraums sowie für den Betrieb der Pumpen und Brenner. Weiter kann hier derjenige Strom erfaßt werden, der für die Überwachung, Pflege und Reinigung der Anlage erforderlich ist.

Zu den *Kosten der Bedienung, Überwachung und Pflege* der Anlage gehören die insoweit entstehenden Personal- und Sachkosten. Personalkosten entstehen insbesondere bei Kokszentralheizungen (Anfeuerung, laufende Versorgung mit Koks, Entfernen der Asche und der Schlacke.

Bei automatisch arbeitenden Ölzentralheizungen können in der Regel keine Personalkosten angesetzt werden, weil der insoweit entstehende Aufwand im allgemeinen nur gering ist (AG Hamburg WM 86, 323, 346; AG Lüneburg MDR 80, 937; AG Butzbach WM 86, 323 – „Heizungsbetreuung" –; a. A. Fischer-Diskau/Pergande/Schwender § 27 der II. BV Anm. 3). Eine Ausnahme gilt, wenn der Vermieter nicht selbst im Haus wohnt und er deshalb einen Dritten gegen Entgelt mit der Bedienung, Überwachung und Pflege der Anlage betraut hat (AG Mannheim DWW 79, 68) oder wenn durch Gesetz ein besonderer Bedienungsaufwand vorgeschrieben ist.

Unter den *Kosten der regelmäßigen Prüfung der Betriebsbereitschaft und Betriebssicherheit einschließlich der Einstellung durch einen Fachmann* sind die Wartungskosten zu verstehen. Von den Wartungskosten sind die

Instandhaltungskosten zu unterscheiden. Die Instandhaltungskosten gehören nicht zu den Betriebskosten und sind deshalb nicht umlagefähig. Zur Wartung der Heizungsanlage gehört: Überprüfung der Feuerungsanlage; Zerlegung und Reinigung des Brenners einschließlich der Kosten neuer Dichtungen und Zerstäuberdüsen; Funktionsprüfungen; Probeläufe; Messungen der Abgaswerte; Einstellen von Zeituhren und Zeitprogrammen (Nachtabsenkung).

Zu den nicht umlagefähigen Instandhaltungs- und Instandsetzungskosten gehören: Reparaturen aufgrund fehlerhafter Bedienung der Heizungsanlage, Beseitigungsmaßnahmen aufgrund fahrlässiger oder vorsätzlicher Beschädigung, sonstige Schadensbeseitigungsmaßnahmen wie etwa der Einbau einer neuen Ölpumpe (AG Waldbrühl WM 80, 206), eines neuen Brenners, Kosten der Öltankbeschichtung (LG Frankenthal ZMR 85, 302).

Hat der Vermieter einen sogenannten Wartungsvertrag abgeschlossen, nach dem das Wartungsunternehmen im Zuge der Wartungsarbeiten auch sonstige Reparaturen durchzuführen hat, so müssen die für die Reparaturen anfallenden Kosten aus der Gesamtrechnung herausgenommen werden; ist eine genaue Bezifferung nicht möglich, so ist dieser Kostenanteil zu schätzen.

Zu den *Kosten der Reinigung der Anlage und des Betriebsraums* gehören zunächst die Kosten der Kesselreinigung. Der Begriff der Reinigung ist in einem umfassenden Sinn zu verstehen, er umfaßt die Entfernung von Verbrennungsrückständen, die Entkalkung sowie die Säuberung von Schmutz. Streitig ist, ob die Kosten der Tankreinigung zu den umlagefähigen Reinigungskosten oder zu den nicht umlagefähigen Instandhaltungskosten gehören (Wichardt ZMR 80, 1; AG Pinneberg, WM 85, 345). Die Frage ist im erstgenannten Sinne zu beantworten, was sich bereits aus dem Wortlaut der Nr. 4a ergibt. Zu den Instandhaltungskosten gehören allerdings die Kosten der Erneuerung der Beschichtung des Öltanks (LG Frankenthal ZMR 85, 302) sowie die Kosten eines neuen Anstrichs. Soweit für die Sauberhaltung des Zubehörs (Pumpen, Ventile, Klappen, Schieber, Lüftungseinrichtungen und Steuerungsgeräte) und der Verbindungsleitungen besondere Kosten entstehen, sind auch dies Reinigungskosten. Schließlich gehören zu den Reinigungskosten auch die Kosten der Sauberhaltung des Betriebsraums. Die Reinigung der in den einzelnen Wohnungen befindlichen Heizkörper und der Leitungen ist nach der Verkehrssitte dagegen Sache der jeweiligen Mieter.

Nach dem Bundesimmissionsschutzgesetz vom 15. 3. 74 (BGBl. I, S. 721) und der dazu ergangenen ersten Verordnung zur Durchführung dieses Gesetzes vom 22. 9. 78 (BGBl. I, 1574) ist der Betreiber einer zentralen Heizungsanlage zu jährlichen Messungen verpflichtet, die von dem Bezirksschornsteinfegermeister durchzuführen sind. Für die Messungen entstehen Gebühren, die als Betriebskosten umlagefähig sind. Bei Beanstandungen ist in der Regel eine ebenfalls gebührenpflichtige Nachmessung erforderlich. Diese Kosten sind ebenfalls umlagefähig, es sei denn, der Betreiber hätte die Wiederholungsmessung zu vertreten.

Die Kosten der Schornsteinreinigung werden unter Ziff. 12 erfaßt.

Umlagefähig sind schließlich die *Kosten der Anmietung oder anderer Arten der Gebrauchsüberlassung einer Ausstattung zur Verbrauchserfassung sowie die Kosten der Verwendung einer Ausstattung zur Verbrauchserfassung einschließlich der Kosten der Berechnung und Aufteilung.*

Unter einer Ausstattung zur Verbrauchserfassung versteht der Gesetzgeber Wärmezähler und Heizkostenverteiler im Sinne von § 5 Abs. 1 der Heizkostenverordnung. Nach § 5 Abs. 1 S. 2 Heizkostenverordnung dürfen dabei, soweit nicht eichrechtliche Bestimmungen zur Anwendung kommen, nur solche Ausstattungen zur Verbrauchserfassung verwendet werden, hinsichtlich derer sachverständige Stellen bestätigt haben, daß sie den anerkannten Regeln der Technik entsprechen oder daß ihre Eignung auf andere Weise nachgewiesen wurde. Gegenwärtig gehören dazu: *mechanische und elektrische Wärmezähler nach DIN 4713 Teil 4; Heizkostenverteiler nach dem Verdunstungsprinzip* und *Heizkostenverteiler mit elektrischer Meßgrößenerfassung.*

Der Vermieter kann die Ausstattung zur Verbrauchserfassung mieten oder kaufen. Die Mietkosten sind als Betriebskosten umlagefähig. Der Kaufpreis kann gemäß § 3 MHG auf die Mieter umgelegt werden. Die Folgekosten, wie etwa die Kosten der Nacheichung oder die anstelle der Nacheichung anfallenden Austauschkosten, sind als Betriebskosten umlagefähig (AG Neuss DWW 88, 284). Zur Anmietung ist der Vermieter nur bei Beachtung der in § 4 Abs. 2 Heizkostenverordnung geregelten Voraussetzung berechtigt. Danach muß der Vermieter seine Mietabsicht den Nutzern vorher unter Angabe der dadurch entstehenden Kosten mitteilen. Die Anmietung ist unzulässig, wenn die Mehrheit der Nutzer innerhalb eines Monats nach Zugang der Mitteilung widerspricht. Liegt eine rechtlich relevante Mehrheitsentscheidung gegen die Anmietung vor, so ist der Vermieter zwar nicht gehindert, dennoch einen Mietvertrag abzuschließen; er kann die dadurch entstehenden Kosten aber nicht auf die Mieter umlegen (LG Köln WM 90, 562). Ein Widerspruch der Nutzer gegen die Anmietung hindert den Vermieter nicht am Kauf. Diese Maßnahme können die Nutzer nicht verhindern. Der Vermieter soll die Nutzer vor dem Kauf auf die voraussichtliche Höhe der entstehenden Kosten und die sich daraus ergebende Mieterhöhung hinweisen (§ 3 Abs. 2 MHG). Ein unterlassener Hinweis hat allerdings nur zur Folge, daß die Mieterhöhung erst mit 3monatiger Verzögerung eintritt.

Die Kosten „andere Arten der Gebrauchsüberlassung" sind der Miete ausdrücklich gleichgestellt. Gemeint sind hier mietähnliche Vertragsformen, bei denen das Eigentum zunächst nicht auf den Vermieter übergeht (z. B. Leasing). Wird ein Leasingvertrag abgeschlossen, so sind die während der Grundmietzeit zu zahlenden Leasingraten als Betriebskosten umlagefähig. Gehen die Meßgeräte im Anschluß hieran gegen Zahlung eines Restkaufpreises in das Eigentum des Vermieters über, so kann dieser Kaufpreis nach § 3 MHG auf die Mieter umgelegt werden. Nach dem Eigentumserwerb können selbstverständlich keine Mietkosten mehr geltend gemacht werden.

Soll ein vorhandenes Meßsystem gegen ein besseres ausgetauscht werden, so gilt folgendes: Der Vermieter kann die Mietkosten für das bessere Meßsystem auf die Mieter als Betriebskosten umlegen, wenn bereits für das vorhandene Meßsystem Mietkosten umlagefähig waren und die Kosten für das neue System nicht höher als bisher sind. Entstehen durch die Anmietung des besseren Systems höhere Kosten, so ist der Mehrbetrag nur umlagefähig, wenn die Voraussetzungen des § 4 Abs. 2 S. 2 Heizkostenverordnung vorliegen. Dies setzt voraus, daß der Vermieter den beabsichtigten Austausch unter Angabe der durch die Neuanschaffung entstehenden Mehrkosten mitgeteilt hat und kein rechtlich relevanter Widerspruch eingelegt wird.

Der Kaufpreis für das bessere Meßsystem ist nicht nach § 3 MHG umlagefähig (str.).

Die *Kosten der Berechnung und Aufteilung der Heizkosten* sind nach Nr. 4a ebenfalls umlagefähig.

Werden die Heizkosten mittels Kostenverteilern nach dem Verdunstungsprinzip abgerechnet, so sind diejenigen Kosten umlagefähig, die der Vermieter an den Meßdienst für die laufende Überwachung, die Ermittlung der Verbrauchswerte, den Austausch der Röhrchen, die Aufteilung der Heizkosten auf die einzelnen Nutzer und die Erstellung der Heizkostenabrechnung (Gesamtabrechnung und Einzelabrechnung) bezahlen muß. Besorgt der Meßdienst zugleich die Abrechnung der übrigen Betriebskosten, so sind die darauf entfallenden Mehrkosten nicht umlagefähig. Für den Arbeits- und Zeitaufwand, der dem Vermieter im Zusammenhang mit der Heizkostenabrechnung entsteht (Zusammenstellung der Daten, Information des Meßdienstes, Versendung der Heizkostenabrechnung), kann nichts angesetzt werden, da es sich insoweit um Verwaltungskosten handelt. Gleiches gilt für Porti und Versandkosten.

Nr. 4b: Die Kosten der zentralen Brennstoffversorgungsanlage. Diese

Kosten entstehen dann, wenn die Wärmeversorgung der einzelnen Wohnungen nicht durch eine Zentralheizung (dann gilt Nr. 4a), sondern durch Einzelöfen erfolgt, die über Pumpen durch einen zentralen Öltank mit Brennstoff beschickt werden. Hier sind umlagefähig die Brennstoffkosten, die Stromkosten (für die Pumpen) die Überwachungs- und die Reinigungskosten. Wegen der Kostenansätze im einzelnen wird auf die Ausführungen zu Nr. 4a verwiesen.

Nr. 4c: Die Kosten der eigenständig gewerblichen Lieferung von Wärme. Hierunter fällt zunächst die Fernwärmeversorgung, von der herkömmlicherweise dann gesprochen wird, wenn ein Wärmelieferant durch die von ihm betriebene Heizzentrale Gebäude oder ganze Stadtteile über ein eigenes Versorgungsnetz mit Wärme versorgt. Nichts anderes gilt, wenn eine größere Wirtschaftseinheit durch einen Dritten von einem außerhalb der Wohngebäude befindlichen Heizwerk mit Wärme versorgt wird. Eine eigenständige gewerbliche Lieferung von Wärme liegt schließlich auch dann vor, wenn die Heizanlage integrierter Bestandteil des Gebäudes ist, zu dessen ausschließlicher Wärmeversorgung die Anlage errichtet und nach wie vor bestimmt ist und die Anlage nicht vom Vermieter, sondern von einem Dritten im eigenen Namen und auf eigene Rechnung betrieben wird. Die hiervon abweichende Rechtsprechung des BGH (WM 86, 214) ist durch die Neufassung der Heizkostenverordnung vom 20. 1. 1989 (BGBl I S. 116) gegenstandlos.

Besteht der Wärmelieferungsvertrag zwischen dem Wärmeproduzenten und dem Vermieter, so kann der Produzent dem Vermieter die Kosten der Wärmelieferung in Rechnung stellen. Der Vermieter kann diese Kosten in voller Höhe auf die Mieter umlegen. Denkbar ist allerdings auch, daß der Wärmeproduzent unmittelbar mit den Wohnungsnutzern Wärmelieferungsverträge abschließt. In diesem Fall kann der Produzent mit den Nutzern nach der Verordnung über allgemeine Bedingungen für die Versorgung mit Fernwärme abrechnen.

Neben den Kosten der Wärmelieferung sind auch die Kosten des Betriebs der zugehörigen Hausanlagen umlagefähig. Dazu gehören die unter Nr. 4a erörterten Kosten, soweit sie auch bei der Fernwärmeversorgung entstehen.

Nr. 4d: Die Kosten der Reinigung und Wartung von Etagenheizungen. Hierunter sind Heizanlagen zu verstehen, durch die eine einzelne Wohnung mit Wärme versorgt wird. Der Verordnungsgeber geht davon aus, daß der Betrieb solcher Heizanlagen aufgrund der mietvertraglichen Vereinbarungen unmittelbar durch den Mieter und auf dessen Kosten erfolgt. Deshalb muß der Mieter den Brennstoff beschaffen und die Anlage auf eigene Kosten betreiben. Die Bezahlung der Stromkosten, die Pflege, die Bedienung und die Reinigung der

Anlage sind deshalb Sache des Mieters. Insoweit gilt nichts anderes als bei der Vermietung einer Wohnung, die mit vermietereigenen Einzelöfen ausgestattet ist. Für die Beseitigung von Wasserablagerungen (Entkalkung) und Verbrennungsrückständen, für die Durchführung einer regelmäßigen Prüfung der Betriebsbereitschaft und Betriebssicherheit und der damit zusammenhängenden Einstellung durch einen Fachmann sowie die Kosten der Messungen nach dem Bundesimmissionsschutzgesetz soll dagegen nach § 536 BGB der Vermieter zuständig sein. Die insoweit entstehenden Kosten sind umlagefähig (a. A. für Immissionsmessung bei einer Gasetagenheizung: AG Köln WM 85, 370). Allerdings setzt die Umlage eine hinreichend klare Vereinbarung voraus (AG Braunschweig WM 85, 345). Wegen der Einzelheiten wird auf Nr. 4a verwiesen.

Nr. 5a: Die Kosten des Betriebs der zentralen Warmwasserversorgungsanlage. Hierzu gehören zunächst die Kosten des Frischwassers. Der Vermieter hat dabei die Wahl: er kann zum einen die gesamten Frischwasserkosten unter Nr. 2 erfassen und nach einem mietvertraglich vereinbarten oder billigen Verteilungsschlüssel (nach Kopfteilen, nach dem Verhältnis der Wohnfläche, nach dem Verhältnis der Zapfstellen usw.) umlegen. Werden die für die Erzeugung des Warmwassers entstehenden Frischwasserkosten gesondert über Wasserzähler erfaßt, so müssen diese Kosten gemäß § 8 Heizkostenverordnung verbrauchsabhängig umgelegt werden. Der Umfang der ansatzfähigen Kosten richtet sich in beiden Fällen nach Nr. 2.

Weiter sind umlagefähig die Kosten der Wassererwärmung. Hierzu gehören die unter Nr. 4a behandelten Kosten.

Nr. 5b: Die Kosten der eigenständig gewerblichen Lieferung von Warmwasser. Siehe dazu die Erläuterungen zu Nr. 4c.

Nr. 5c: Die Kosten der Reinigung und Wartung von Warmwassergeräten. Eine zentrale Warmwasserversorgungsanlage im Sinne der Nr. 5a liegt nur dann vor, wenn durch den Warmwassererzeuger mehrere Wohnungen mit Warmwasser versorgt werden. Geschieht die Versorgung dezentral mit Einzelgeräten, so geht der Verordnungsgeber davon aus, daß die Frischwasserkosten über Nr. 2 erfaßt und umgelegt werden, weiter: daß die Strom- oder Gaskosten, die zum Betrieb der Geräte erforderlich sind, aufgrund der mietvertraglichen Vereinbarungen von den Mietern selbst getragen werden und schließlich: daß auch die Pflege und Reinigung des äußeren Geräts Sache der Mieter ist. Die Kosten der Beseitigung von Wasserablagerungen und Verbrennungsrückständen im Innern der Geräte sowie die Kosten der regelmäßigen Prüfung der Betriebsbereitschaft und Betriebssicherheit und der damit zusammenhängenden Einstellung durch einen Fachmann fallen dagegen zunächst dem Vermieter zur Last. Dieser muß die betreffenden Arbeiten veranlassen und kann dann die Kosten als Betriebskosten an den Mieter weitergeben.

Nr. 6: Die Kosten verbundener Heizungs- und Warmwasserversorgungsanlagen. Damit sind solche Anlagen gemeint, durch die sowohl Heizwärme als auch Warmwasser erzeugt wird, ohne daß der jeweilige Kostenaufwand genau ermittelt und entsprechend den Nr. 4 und 5 aufgeteilt werden könnte. Bei solchen Anlagen sind die Gesamtkosten entsprechend Nr. 4 und 5 zu ermitteln und umzulegen.

Nr. 7: Die Kosten des maschinellen Personen- oder Lastenaufzugs. Hierzu gehören die Kosten des Betriebsstroms, wozu auch der Strom für die Beleuchtung zählt. Weiter gehören dazu die Kosten der Beaufsichtigung des Aufzugs.

Zur Überwachung und Pflege der Anlage gehört das regelmäßige Abschmieren der mechanischen Teile und das Säubern der elektrischen Kontakte. Der Ersatz schadhafter Teile (Kontakte, Kontrolllampen, Schalter usw.) ist Instandhaltung oder Instandsetzung; die hierfür entstehenden Kosten sind nicht umlagefähig.

Kosten der regelmäßigen Prüfung der Betriebsbereitschaft einschließlich der Einstellung durch einen Fachmann entstehen, weil jede Aufzugsanlage von Zeit zu Zeit überprüft werden muß. Die Überprüfung umfaßt eine Sicherheits- und Funktionskontrolle. Weiter gehören dazu die Kosten gesetzlich vorgeschriebener TÜV-Untersuchungen.

Schließlich sind umlagefähig die Kosten der regelmäßigen Reinigung des technischen Teils der Anlage (also des Motorraums, des Fahrstuhlschachtes und der äußeren Teile des Fahrstuhlkorbs).

Hat der Vermieter mit einer Fachfirma einen Wartungsvertrag zu einem Preis abgeschlossen, in dem auch die Durchführung von Instandhaltungen und Instandsetzungen enthalten sind, so muß der Gesamtpreis aufgegliedert werden in einen Betriebskostenanteil und einen Instandhaltungsanteil, weil nur die erstgenannte Kostengruppe umlagefähig ist. Ist eine exakte Aufgliederung nicht möglich, so muß der Betriebskostenanteil geschätzt werden (vgl. dazu AG München WM 78, 87, wonach der Betriebskostenanteil 50% betragen soll; LG Berlin GrundE 88, 523 wonach 80% umlagefähig sein sollen u. LG Berlin GrundE 88, 463 wonach d. umlagefähige Teil 65% beträgt); s. im übrigen → Fahrstuhl.

Nr. 8: Die Kosten der Straßenreinigung und Müllabfuhr. Unter den *Begriff der Straßenreinigung* fällt die Streupflicht bei Glätte, die Beseitigung von Schnee (AG Schöneberg GrundE 85, 1035) und die allgemeine Säuberung der öffentlichen Fußgängerwege und der Straßen, die an das Grundstück angrenzen. Die Straßen- oder Wegereinigungspflicht wird unterschiedlich in den einzelnen Straßengesetzen der Länder geregelt (Horst ZMR 67, 67). Wird sie von der Gemeinde durchgeführt, so ist regelmäßig durch kommunale Satzung ein Benutzungszwang vorgeschrieben. Die nach der Gebührensatzung zu entrichtenden Gebühren können als Betriebskosten auf die Mieter umgelegt werden. Wird die Straßenreinigungspflicht ganz oder teilweise auf die Anlieger übertragen, so ist es Sache des Vermieters für die Erfüllung dieser Pflicht zu sorgen. Häufig ist insbesondere eine Übertragung der Streupflicht (wegen der Einzelheiten s. *Wegereinigungspflicht*).

Der Vermieter kann die Streupflicht auf einen oder auf alle Mieter übertragen. Die Übertragung dieser Pflichten bedarf jedoch einer ausdrücklichen und eindeutigen Vereinbarung; es besteht keine allgemeine Verkehrssitte, daß die Mieter, oder daß der Mieter der Erdgeschoßwohnung ausnahmslos ohne vertragliche Abmachung den Gehweg vor dem Haus zu reinigen verpflichtet ist. Erfolgt die Übertragung auf einen Mieter gegen Entgelt (das auch in einem Mietnachlaß bestehen kann), so kann der Vermieter diese Kosten als Betriebskosten auf die übrigen Mieter umlegen. Sind alle Mieter turnusmäßig zur Durchführung des Winterdienstes verpflichtet, so entstehen insoweit keine umlagefähigen Betriebskosten. Gleiches gilt, wenn einem Teil der Mieter die Streupflicht und einem anderen Teil die Hausreinigungspflicht übertragen wird.

Wird die Streupflicht einem Dritten übertragen, so sind dessen Kosten umlagefähig.

Neben den Arbeits- oder Personalkosten sind auch die für die Straßenreinigung entstehenden Sachkosten umsatzfähig. Dazu gehören die Kosten für Reinigungs- und Streumittel, nicht aber die Anschaffungskosten für Reinigungsgeräte.

Zu den *Kosten der Müllabfuhr* gehören diejenigen Kosten, die zur Beseitigung des regelmäßig anfallenden Mülls entstehen. Dazu zählt nicht nur die Beseitigung des sogenannten Hausmülls, sondern auch die Abfuhr von Gartenabfällen und der Verbrennungsrückstände von koksbetriebenen Zentralheizungen. Weiterhin zählen hierzu regelmäßig durchgeführte Sperrmüllaktionen, gleichgültig ob sie gegen Entgelt von der Gemeinde oder vom Wohnungsunternehmen durchgeführt werden (AG Schöneberg Grund E 89, 251). Sondermüll, wie Bauschutt, fällt nicht regelmäßig an; deshalb handelt es sich bei den insoweit entstehenden Beseitigungskosten nicht um Betriebskosten. Soweit die Müllabfuhr von der Gemeinde betrieben wird, sind die hierfür zu zahlenden Gebühren umlagefähig. Trinkgelder für die Mülleute sind üblich und deshalb ebenfalls ansatzfähig. Soweit der Müll vom Vermieter abgefahren wird (Gartenmüll, Schlacke) können die insoweit entstehenden Kosten (Personal- und Betriebskosten für das Fahrzeug) angesetzt werden.

Die Betriebskosten eines Müllschluckers oder einer maschinellen Müllbeseitigungsanlage fallen nicht unter Nr. 8, sondern unter Nr. 17.

Nr. 9: Die Kosten der Hausreinigung und Ungezieferbekämpfung. Unter dem *Begriff der Hausreinigung* im Sinne der Nr. 9 ist nur die regelmäßige Reinigung zu verstehen. Besondere Reinigungsmaßnahmen im Anschluß an Bauarbeiten oder im Zusammenhang mit einem Wohnungsumzug sind keine Betriebskosten. Insoweit fehlt es am Merkmal der laufenden Entstehung. Gleiches gilt für die Kosten der Beseitigung einer unüblichen Verschmutzung (verschüttete Flüssigkeiten, Schmierereien, Erbrochenes).

Gegenstand der Hausreinigung sind die in Nr. 9 ausdrücklich genannten Gebäudeteile. Die Aufzählung ist allerdings nicht abschließend.

Unter Reinigung im Sinne von Nr. 9 sind nur die haushaltsüblichen Säuberungsmaßnahmen zu verstehen, also das Putzen, Staubwischen, Kehren, Fegen, Fenster-Reinigen, Wachsen, Bohnern usw. Nicht zur Reinigung gehören Maler- und Tapezierarbeiten oder das Abbeizen von Holztüren. Dies gilt auch dann, wenn diese Arbeiten nur wegen einer starken Verschmutzung erforderlich sind. Gleiches gilt für das Spänen von Holzböden oder -treppen und für die Behandlung von Wandflächen mit Sandstrahlern. Hierbei handelt es sich um Instandhaltungsarbeiten.

Zu den Hausreinigungskosten gehören die Personalkosten (Reinigungspersonal) und die Sachkosten (Putzmittel, Kosten für Streugut, Betriebskosten für Reinigungsgeräte). Die Anschaffungskosten für Reinigungsgeräte sind nicht ansatzfähig. Wird ein Reinigungsunternehmen mit der Hausreinigung beauftragt, so sind die hierfür entstehenden Kosten ansatzfähig.

Kosten der Ungezieferbekämpfung (Bekämpfung von Mäusen, Ratten, Ameisen, Schaben usw.) sind dann ansatzfähig, wenn solche Maßnahmen wegen der Lage des Hauses oder der Eigenart der dort untergebrachten Gewerbebetriebe oder aus sonstigen Gründen laufend entstehen. Mehrkosten infolge einer behördlichen Ersatzvornahme sind nicht umlagefähig (AG Frankfurt WM 89, 171).

Nr. 10: Die Kosten der Gartenpflege. Hierunter fallen zunächst die Kosten der Pflege gärtnerisch angelegter Flächen. Hierzu gehören Parks, Ziergärten, Vorgärten, Rasenstücke, Blumenrabatte und Hecken. Es ist nicht erforderlich, daß die Mieter ein Benutzungsrecht am Garten haben (a. A. AG Köln WM 85, 344). Die Kosten eines vom Eigentümer allein genutzten Ziergartens sind auch dann umlagefähig, wenn dieser Garten zur Verschönerung des Gesamtanwesens dient und so auch den Mietern zugute kommt. Nicht umlagefähig sind dagegen die Kosten eines dem Eigentümer vorbehaltenen Nutzgartens.

Zu den Gartenpflegekosten gehören die Kosten der Grundreinigung und Grundkultivierung sowie die Kosten der Neuanlage des Rasens (LG Hamburg WM 89, 191). Zur Pflege gehört weiter das Rasen-Mähen, das Beschneiden der Hecken, der Büsche und Bäume, das Ausbringen von Saatgut, das Düngen, die Beseitigung des Unkrauts, die Reinigung und Pflege der Gartenwege usw. Die Kosten der Erneuerung von Pflanzen und Gehölzen sind dann umlagefähig, wenn dies aus gärtnerischen Gründen erforderlich ist. Werden Pflanzen durch Menschen oder Tiere beschädigt, und ist im Zuge der Schadensbeseitigung ein Austausch der beschädigten Pflanze erforderlich, so handelt es sich insoweit um nicht umlagefähige Instandhaltungs- oder Instandsetzungskosten. Nicht umlagefähige Kosten entstehen auch, wenn eine gesunde Pflanze aus nachbarrechtlichen (AG Hamburg-Wandsbeck WM 86, 123) oder straßenverkehrsrechtlichen Gründen entfernt werden muß. Die Beseitigung von Pflanzen, die ohne unmittelbare Einwirkung Dritter abgestorben sind, fällt dagegen auch dann unter Nr. 10, wenn der Eigentümer hierzu durch eine Behörde aufgefordert wird (a. A. AG Oberhausen WM 90, 556).

Die Kosten der Bewässerung können wahlweise unter Nr. 2 oder unter Nr. 10 erfaßt werden. Die Kosten der Abfuhr von Gartenabfall gehören zu Nr. 8.

Die Kosten für den Ankauf von Kies für das Erneuern der Wege und die Kosten für das Ausbessern der Wege sind keine Betriebs-, sondern Instandhaltungskosten. Die Kosten der Ernte der Gartenfrüchte sind zwar Betriebskosten; eine Umlage dieser Kosten auf die Mieter kommt indessen nur in Betracht, wenn diese auch in den Genuß der Früchte kommen.

Ansatzfähig sind die Personal- und die Sachkosten. Bezüglich der Kosten der Pflegegeräte (Rasenmäher etc.) s. die Ausführungen zu Nr. 8, die auch hier gelten.

Unter Nr. 10 fallen weiter die Kosten der Pflege von Spielplätzen. Gemeint sind Kinderspielplätze mit üblicher Ausstattung (Sandkästen, Schaukeln, Karussells, Kletteranlagen, Rutschen etc.). Umlagefähig sind die Pflegekosten einschließlich der Erneuerung von Sand in üblichen Abständen. Wird der Sandkasten mutwillig verunreinigt, entstehen Schadensbeseitigungskosten, die nicht als Betriebskosten umlagefähig sind. Gleiches gilt bei einer Verunreinigung durch Hunde oder ungewöhnliche Ereignisse.

Umlagefähig sind weiter die Kosten der Pflege von Plätzen, Zugängen und Zufahrten, die nicht dem öffentlichen Verkehr dienen.

Zu den Plätzen im Sinne von Nr. 10 gehören auch Kraftfahrzeugabstellplätze. Die hierfür entstehenden Pflegekosten können auf alle Mieter des Hauses anteilig umgelegt werden, wenn die Plätze von allen Bewohnern kostenlos benutzt werden dürfen. Sind die Abstellplätze an einzelne Bewohner vermietet, so dürfen die hierfür entstehenden Pflegekosten nur auf die Mieter der Plätze umgelegt werden.

Die Pflegekosten sind nur dann umlagefähig, wenn die betreffenden Flächen nicht dem öffentlichen Verkehr dienen. Maßgeblich ist die öffentlich-rechtliche Widmung. Privatwege, die kraft Duldung des Eigentümers von einer nicht feststehenden Vielzahl von Personen benutzt werden dürfen, fallen unter Nr. 10.

Nr. 11: Die Kosten der Beleuchtung. Diese Betriebskostengruppe betrifft ausschließlich die Stromkosten für die Beleuchtung. Zu den Stromkosten gehören die Grundgebühr, die Verbrauchskosten, die Zählermiete und die auf die Stromkosten entfallende Umsatzsteuer. Der Ersatz defekter Glühbirnen ist Instandhaltung.

Nr. 12: Die Kosten der Schornsteinreinigung. Durch Rechtsverordnung der Länder ist geregelt, daß Schornsteine und Feuerstätten in regelmäßigen Abständen gereinigt und überprüft werden müssen. Hierfür entstehen Gebühren, die der Vermieter auf die Mieter umlegen kann. Die Kosten der Immissionsmessung fallen nicht unter Nr. 12, sondern unter Nr. 4.

Nr. 13: Die Kosten der Sach- und Haftpflichtversicherung. Zur Sachversicherung gehören die Feuerversicherung, die Versicherung gegen Strom- und Wasserschäden, die Versicherung für die Starkstromleitung des Fahrstuhls, die Schwamm- und Hausbockversicherung und die Glasversicherung. Die Aufzählung ist nicht abschließend, wie die Verwendung des Begriffs „namentlich" zeigt. Umlagefähig sind deshalb auch die Kosten für die Versicherung einer Wechselsprechanlage und die Versicherung für eine Aufzugssignalanlage (a. A. LG Berlin GrundE 86, 959) und ähnliches. Erforderlich ist nur, daß sich die Versicherung auf Gebäudeschäden bezieht. Nicht umlagefähig sind also Prämien für eine Schadensversicherung, die der Vermieter zur Absicherung privater Risiken abgeschlossen hat (z. B. private Hausratsversicherung). Nicht umlagefähig ist auch eine Vollkaskoversicherung für ein hauseigenes Fahrzeug, auch wenn es ausschließlich für betriebliche Zwecke (z. B. Müllabfuhr) verwendet wird. Insoweit handelt es sich nicht um eine Versicherung des Gebäudes. Nicht umlagefähig sind die Kosten einer Reparaturversicherung (AG Köln WM 90, 556), weil hierdurch das Instandhaltungsrisiko abgesichert wird und dieses Risiko nicht auf den Mieter übertragen werden darf.

Zur Haftpflichtversicherung gehört die Gebäudehaftpflicht, die Öltankversicherung und die Aufzugsversicherung. Versichert sind die Risiken, die dem Vermieter entstehen, wenn Mieter oder Dritte durch die Beschaffenheit des Gebäudes oder durch den Aufzug oder durch einen undichten Öltank Schaden erleiden. Die Kosten für eine private Haftpflichtversicherung sind nicht umlagefähig.

Nr. 14: Die Kosten für den Hauswart. Hauswart ist derjenige dem die Verrichtung solcher Arbeiten übertragen worden ist, die weniger verwaltender als praktisch technischer Art sind; dazu gehören die Haus-, Treppen- und Straßenreinigung, die Gartenpflege, die Bedienung und Überwachung der Sammelheizung, der Warmwasserversorgungsanlage und des Fahrstuhls, sowie die Behebung kleinerer Schäden (Schmidt-Futterer DWW 71, 289). Dem Hauswart kann auch die Annahme, Weiterleitung oder sonstige Erledigung von Schadensanzeigen und von Reparaturwünschen der Mieter übertragen sein (LG Bonn NJW 71, 809 = ZMR 71, 226). Hausverwalter ist dagegen, wer auf Grund vertraglicher Verpflichtung für einen anderen die zur Bewirtschaftung des Hausbesitzes notwendigen Verwaltungsleistungen entweder insgesamt oder doch zu einem überwiegenden Teil erledigt (s. → *Hausverwalter;* → *Hauswart*). Umlagefähig sind nur die Kosten des Hauswarts. Dazu gehören die Vergütung, die Sozialbeiträge und alle geldwerten Leistungen, die der Eigentümer dem Hauswart für seine Arbeit gewährt, soweit diese nicht die Instandhaltung, Instandsetzung, Erneuerung, Schönheitsreperaturen oder die Hausverwaltung betrifft. Der Eigentümer muß ermitteln, welcher Teil der Hauswartsarbeit auf diese Tätigkeiten entfällt; der Umlagebetrag ist entsprechend zu kürzen. Soweit der Hauswart Tätigkeiten verrichtet, die unter den Nr. 2–10 der Anlage 3 zu § 27 der II. BV aufgeführt sind, muß dies bei den Betriebskostenpositionen Nr. 2–10 berücksichtigt werden; ein doppelter Kostenansatz ist unzulässig.

Nr. 15a: Die Kosten des Betriebs der Gemeinschaftsantennenanlage. Diese Betriebskostengruppe betrifft Antennen für den Rundfunk- und Fernsehempfang. Eine Gemeinschaftsantenne liegt vor, wenn durch eine Antennenanlage mindestens zwei Teilnehmer versorgt werden. Nr. 15a unterscheidet zwischen der vermietereigenen Antennenanlage und Antennenanlagen, die nicht zur Wirtschaftseinheit gehören. Bei den vermietereigenen Anlagen können die Kosten für den Betriebsstrom (Strom für die Verstärkeranlage) und die Kosten der regelmäßigen Prüfung durch einen Fachmann (Sicherheits- und Funktionskontrolle einschließlich der Einstellung der Antenne) umgelegt werden. Reparaturen gehören zu den Instandhaltungen und sind nicht umlagefähig. Bestehen umfassende Wartungsverträge, so gelten die Ausführungen zu Nr. 7.

Unter einer nicht zur Wirtschaftseinheit gehörenden Antennenanlage sind zum einen solche Anlagen zu verstehen, die der Vermieter von einem Dritten gemietet hat. Hier sind die Mietkosten umlagefähig. Entstehen außer den Mietkosten auch Stromkosten und Prüfungskosten, so sind auch diese Kosten umlegbar, weil es sich insoweit zweifelsfrei auch um Betriebskosten handelt.

Nr. 15b: Die Kosten des Betriebs der mit einem Breitbandkabelnetz ver-

bundenen privaten Verteilanlage. Sind die einzelnen Wohnungen an das Breitbandnetz der Deutschen Bundespost angeschlossen, so entstehen auch hierdurch gewisse Betriebskosten. Nach dem Wortlaut der Nr. 15 können diese Kosten anstelle („oder“) der für eine Gemeinschaftsantenne entstehenden Betriebskosten (Nr. 15a) umgelegt werden.

Zu den Betriebskosten der Verteilanlage gehören wie bei Nr. 15a die Stromkosten und die Wartungskosten, ferner die laufenden monatlichen Grundgebühren für die Breitbandanschlüsse, die der Vermieter an die Bundespost zu zahlen hat. Die einmalig zu zahlende Anschlußgebühr gehört nicht zu den Betriebskosten; sie ist nach der hier vertretenen Ansicht auch nicht nach § 3 MHG umlegbar (s. Verbesserungsmaßnahmen).

Bei der Wahl des Umlageschlüssels ist zu beachten, daß Kosten für die Gemeinschaftsantenne an den Breitbandkabelanschluß nur auf diejenigen Mieter umgelegt werden dürfen, die an die Geräte angeschlossen sind. Werden die Wohnungen nach Abschluß des Mietvertrags an das Kabel angeschlossen und wurden bisher Kosten nach Nr. 15a umgelegt, so sind nach dem Anschluß die Kosten nach Nr. 15b umlagefähig (AG Münster WM 89, 190).

Nr. 16: Die Kosten des Betriebs der maschinellen Wascheinrichtung. Diese Betriebskostenposition umfaßt nur solche Wascheinrichtungen, die von allen Mietern des Hauses benutzt werden können. Umlagefähig sind die Betriebskosten der vorhandenen Maschinen (Waschmaschinen, Trockenmaschinen, Schleudern, Bügelautomaten), während die Betriebskosten der sonstigen Geräte (Waschkessel etc.) nicht umlagefähig sind; diese Kosten dürften allerdings unter Nr. 17 fallen.

Zu den Betriebskosten gehören die Stromkosten (Grundgebühr, Verbrauchskosten, Zählermiete). Die Wartungskosten, die Prüfungskosten und die Wasserkosten entsprechen Nr. 2.

Nr. 17: Sonstige Betriebskosten: Zu den sonstigen Betriebskosten gehören diejenigen, die in den Nr. 1–16 nicht namentlich aufgeführt sind, z. B. Kosten für Müllschlucker oder maschinelle Müllbeseitigungsanlagen, Kosten für die Wartung von Feuerlöschgeräten, Blitzschutzeinrichtungen (AG Bremervörde WM 87, 198 betr. TÜV-Gebühren), Kosten für das Reinigen von Dachrinnen, falls dies wegen der Lage des Hauses in regelmäßigen Abständen erforderlich ist, Kosten einer Dachrinnenheizung (a. A.: AG Lüdenscheid WM 87, 87; AG Freiburg WM 89, 28, wonach diese Kosten allerdings nur dann umlagefähig sein sollen, wenn dies im Mietvertrag ausdrücklich vereinbart ist; Eisenhuth WM 87, 88: Instandhaltungskosten), Betriebskosten eines Schwimmbads oder einer Sauna (s. hierzu auch Rudolph, ZMR 91, 208; Pfeifer, ZMR 93, 354).

III. Zur Erhöhung der Betriebskosten s. Mieterhöhung für nicht preisgebundenen Wohnraum II; zur Umlagevereinbarung und zu Fragen der Abrechnung s. Umlage. Zu den Heizkosten s. auch: Zentralheizung. Zu den Besonderheiten bei Sozialwohnungen s. Wirtschaftlichkeitsberechnung III und Mieterhöhung bei Sozialwohnungen.

Betriebskostenumgestaltung. Der Vermieter ist bei der Umlage von Betriebskosten grundsätzlich an einen vertraglich vereinbarten oder gem. §§ 315, 316 BGB bestimmten Umlagemaßstab gebunden; eine Änderung des Umlagemaßstabs ist nur im Ausnahmefall möglich (Blank DWW 92, 65, 68). Für einige Betriebskostengruppen hat der Vermieter seit dem 1. 1. 1993 allerdings ein Umgestaltungsrecht (Änderungsrecht). Das Änderungsrecht ergibt sich aus § 4 Abs. 5 Satz 1 Nr. 1 MHG und besteht für 3 Kostengruppen, nämlich für die Kosten der Wasserversorgung (Anlage 3 zu § 27 der II. BV Nr. 2), die Kosten der Entwässerung (Anlage 3 zu § 27 der II. BV Nr. 3) und die Kosten der Müllabfuhr (Anlage 3 zu § 27 der II. BV Nr. 8). Das Änderungsrecht ist zeitlich nicht befristet und gilt für alle Mietverträge, unabhängig ob sie vor oder nach dem Inkrafttreten des vierten Mietrechtsänderungsgesetzes am 1. 9. 1993 abgeschlossen worden sind oder werden.

I. Verbrauchsabhängige Abrechnung über Wasser und Müll

Für die beiden erstgenannten Kostengruppen besteht das Änderungsrecht, wenn der Vermieter die Wasser- und/oder Abwasserkosten „ganz oder teilweise nach dem erfaßten unterschiedlichen Wasserverbrauch der Mieter" umlegen will. Die Ausübung dieses Änderungsrechts setzt also voraus, daß Wohnungswasserzähler (Zwischenzähler) vorhanden sind, oder angeschafft werden. Es genügt nicht, wenn der Vermieter einen anderen verbrauchsorientierten Maßstab (z. B. nach Kopfteilen) einführen will. Der Wortlaut des § 4 Abs. 5 MHG, wonach der Verbrauch erfaßt – also gemessen – werden muß, ist eindeutig; auch in der Gesetzesbegründung ist nur von einer Verbrauchserfassung durch Wasserzähler die Rede (BR-Drucks 396/93). Nach der Gesetzesfassung („ganz oder teilweise") ist es aber zulässig, wenn die Wasser- und Abwasserkosten nach einem gemischten Maßstab umgelegt werden, etwa zur Hälfte nach der Wohnfläche und zur Hälfte nach dem gemessenen Verbrauch; der verbrauchsabhängige Teil muß aber in jedem Fall so groß sein, daß hierdurch Spareffekte ausgelöst werden. Die Umlage nach einem gemischten Maßstab erscheint allerdings nicht empfehlenswert. Sie muß auch dort nicht gewählt werden, wo die Abwasserkosten von der Gemeinde teilweise nach der Grundstücksfläche („Niederschlagsgebühr") berechnet werden.

Bei den Kosten der Müllabfuhr besteht das Änderungsrecht, wenn diese Kosten zukünftig nach einem Maßstab umgelegt werden sollen, „der der unterschiedlichen Müllverursachung Rechnung trägt". Da es gegenwärtig nicht möglich ist, die auf den einzelnen Mieter entfallende Müllmenge exakt zu erfassen, genügt hier ein verbrauchsorientierter Maßstab. Nach gegenwärtiger Praxis ist dies die Umlage nach Kopfteilen. Denkbar und zulässig ist auch hier ein gemischter Maßstab etwa dergestalt, daß die Müllkosten zur Hälfte nach der Wohnfläche und zur Hälfte nach Kopfteilen umgelegt werden; empfehlenswert ist dies nicht. Es ist allerdings fraglich, ob die Praxis von der Möglichkeit der verbrauchsorientierten Umlage der Müllkosten in nennenswertem Umfang Gebrauch machen wird, weil sich der gegenwärtig in Betracht kommende Umlagemaßstab nach Kopfteilen in vielen Fällen als unpraktikabel erwiesen hat. Eine denkbare Alternative könnte darin gesehen werden, daß einzelnen Mietern oder Mietergruppen abschließbare, separate Müllgefäße zur Verfügung gestellt und berechnet werden.

II. Option für die Direktabrechnung

Die Neuregelung in § 4 Abs. 5 Satz 1 Nr. 2 MHG gibt dem Vermieter die Möglichkeit, durch einseitige Erklärung zu bestimmen, daß die Kosten für Wasser, Abwasser oder Müll in Zukunft unmittelbar zwischen dem Mieter und dem Leistungserbringer (Stadtwerke, Wasserwerke) abgerechnet werden. Die Regelung hat in erster Linie die verbrauchsabhängige Abrechnung der Wasserkosten im Auge. In der Gesetzesbegründung (a.a.O., S. 11) ist hierzu ausgeführt, der Vermieter könne sich durch die Option für die Direktabrechnung einer Haftung für die mit der üblichen Benutzung der Wohnungen einhergehenden Wasserkosten seiner Mieter entledigen; auf diese Weise werde ein Anreiz für die Anschaffung von Wasserzählern geschaffen. Die Option für die Direktabrechnung besteht allerdings auch bezüglich der Müllkosten; hier sind die Leistungserbringer gefordert, ein möglichst verbrauchsnahes Abrechnungssystem zu entwickeln.

Das Gestaltungsrecht wirkt nur gegenüber dem Mieter, nicht gegenüber dem Leistungserbringer. Dies bedeutet, daß das Gestaltungsrecht nicht besteht, wenn der Leistungserbringer zu einer Einzelabrechnung nicht bereit ist. Aus dem Wortlaut der Gesetzesbestimmung ergibt sich nicht eindeutig, ob das Gestaltungsrecht auch dann ausgeübt werden kann, wenn der Leistungserbringer mit dem Mieter verbrauchsunabhängig abrechnen will. Nach dem Gesetzeszweck (Einsparung von Wasser, Reduzierung der Müllmenge) und nach dem Willen des Gesetzgebers ist dies zu verneinen. Deshalb kann der Vermieter nicht für die Direktabrechnung optieren, wenn der Leistungserbringer keine verbrauchsgerechte Einzelabrechnung erstellen kann, weil die für eine solche Abrechnung erforderlichen Erfassungssysteme (Wohnungswasserzähler, verbrauchsnahe Berechnung der Müllbeseitigungskosten) nicht vorhanden sind.

Hat der Vermieter von seinem Gestaltungsrecht zulässigerweise Gebrauch gemacht, so werden die jeweiligen Leistungsbeziehungen hierdurch abgeändert. Hat sich der Leistungserbringer gegenüber dem Vermieter zur Direktabrechnung bereit erklärt, so liegt hierin zugleich eine vertragliche Regelung über die Beendigung seiner Rechtsbeziehungen zum Vermieter. Es ist dann Sache des Leistungserbringers mit den jeweiligen Mietern vertragliche Regelungen über die Wasserversorgung und Müllentsorgung zu treffen. Dies gilt auch für die Frage des Entgelts und die Vorauszahlungen.

Wurden die Wasser-, Abwasser- und Müllgebühren bisher nach § 4 Abs. 1 MHG auf den Mieter umgelegt, so stellt sich die Frage, ob die monatlichen Vorauszahlungen nach der Option für die Direktabrechnung zu kürzen sind. Nach der hier vertretenen Auffassung umfaßt § 4 Abs. 5 Satz 3 MHG auch diesen Fall, weil die Betriebskostenvorauszahlungen zum „Mietzins" i. S. dieser Vorschrift gehören; jedenfalls ist die Vorschrift aber analog anzuwenden. Eine Verpflichtung zur Reduzierung der Betriebskostenvorauszahlungen ergibt sich aus § 4 Abs. 1 MHG, wenn diese bislang kostendeckend gewesen sind. Die unveränderte Fortgeltung der Vorauszahlungsvereinbarung hätte nämlich zur Folge, daß die Vorauszahlung nicht mehr „angemessen" i. S. von § 4 Abs. 1 MHG wäre. Bei einer bislang nicht kostendeckenden Vorauszahlung müßte die unveränderte Fortgeltung der Vorauszahlungsvereinbarung als verdeckte Erhöhung der Vorauszahlungen bewertet werden, die nach der gesetzlichen Regelung nicht möglich ist. Ist der Vermieter nach dem Mietvertrag berechtigt, die Vorauszahlungen zu erhöhen, so müssen die vertraglich vereinbarten Erhöhungsvoraussetzungen beachtet werden.

Sind in dem Mietvertrag für Wasser- Abwasser- und Müllgebühren gesonderte Vorauszahlungsbeträge ausgewiesen, so kommen diese Beträge in Wegfall. Ist lediglich eine Gesamtvorauszahlung vereinbart, so ist auf der Grundlage der letzten Abrechnung festzustellen, in welchem Verhältnis die Gesamtbetriebskosten zu den Kosten für Wasser- Abwasser- und/oder Müll stehen. In diesem Verhältnis sind die Vorauszahlungen zu kürzen.

III. Pauschalmiete/Teilpauschalmiete

Der Vermieter kann sich auch dann für die verbrauchsabhängige Abrechnung oder für die Direktabrechnung entscheiden, wenn der Mieter nach den mietvertraglichen Vereinbarungen die betreffende Kostenart nicht zu tragen hat. Für diese Fälle der Pauschalmiete und Teilpauschalmiete bestimmt § 4 Abs. 5 Satz 3 MHG, daß der Mietzins *„entsprechend herabzusetzen"* ist. Maßgeblich für die Bemessung der Herabsetzung sind die zukünftigen (nach der Umstellung) entstehenden Beträge für die betreffende Kostenart. Bei den Müllgebühren ist die Berechnung nicht problematisch, weil die konkret anfallende Müllmenge und die darauf beruhende Gebührenhöhe bisher i. d. R. keinen wesentlichen verbrauchsbedingten Schwankungen unterliegt. Hier können – ausgehend von dem zum Zeitpunkt der Optionserklärung geltenden Gebührensatz – die für den Zeitraum eines Jahres pro qm Wohnfläche entstehenden künftigen Müllgebühren errechnet und von der Jahresmiete in Abzug gebracht werden. Bei den verbrauchsabhängigen Wasserkosten ist dies nicht möglich. Hier können die zukünftigen Wasserkosten nur geschätzt werden, indem auf den bisherigen Wasserverbrauch zurückgegriffen wird. Man wird zu hinreichend gerechten Ergebnissen gelangen, wenn der Wasserverbrauch eines Jahres zugrundegelegt und in der oben (für die Müllgebühren) beschriebenen Art und Weise umgerechnet wird.

Eine Nachberechnung – etwa weil die tatsächlich entstehenden Wasser-, Abwasser- und Müllgebühren höher oder niedriger als angenommen sind, ist nicht möglich.

Die Frage, ob der Vermieter im Falle einer Pauschalmiete bei einer Option für die verbrauchsabhängige Abrechnung nach § 4 Abs. 5 Satz 1 Nr. 1 MHG den herabgesetzten Betrag als Vorschuß verlangen kann, wird vom Gesetz nicht ausdrücklich geregelt. Sie ist aber ohne weiteres zu bejahen, weil der Mieter hierdurch nicht benachteiligt wird.

IV. Die Änderungserklärung

1. Form, Frist. Nach § 4 Abs. 5 Satz 1 erfolgt die Ausübung des Änderungsrechts durch „schriftliche Erklärung". Die Vorschrift des § 8 MHG gilt auch hierfür, so daß der Vermieter nicht eigenhändig unterschreiben muß, wenn die Erklärung mit Hilfe automatischer Einrichtungen gefertigt worden ist. Es handelt sich um eine einseitige, empfangsbedürftige Willenserklärung. Sie wird wirksam, wenn sie dem Mieter zugeht.

In § 4 Abs. 5 Satz 2 ist geregelt, daß die Erklärung nur „für künftige Abrechnungszeiträume" abgegeben werden kann. Bei einer vereinbarten Betriebskostenumlage ist dies der vereinbarte oder tatsächlich praktizierte Zeitraum. Bei einer Pauschalmiete oder einer Betriebskostenpauschale gibt es keinen Abrechnungszeitraum. Hier kann der Vermieter einen in der Zukunft liegenden Zeitpunkt bestimmen. Bei einer Option für die verbrauchsabhängige Abrechnung nach § 4 Abs. 5 Satz 1 Nr. 1 MHG empfiehlt sich derjenige Zeitpunkt zu dem der Leistungserbringer gegenüber dem Vermieter abrechnet. Bei einer Option für die Direktabrechnung nach § 4 Abs. 5 Satz 1 Nr. 2 MHG muß dieser Zeitpunkt mit dem Leistungserbringer abgestimmt werden. Auch hierbei haben die Beteiligten freie

Hand; es muß sich nur um einen zukünftigen Zeitpunkt handeln. Eine bestimmte Frist besteht nicht; es genügt, wenn die Erklärung dem Mieter am Tag vor dem Beginn des neuen Abrechnungszeitraums zugeht.

In § 4 Abs. 5 Satz 2 MHG ist weiter geregelt, daß die Umstellung „nur zu Beginn eines Abrechnungszeitraums" zulässig ist. Bei einem Mieterwechsel während der Abrechnungsperiode kann in dem neuen Mietvertrag vereinbart werden, daß die restliche Abrechnungsperiode nach dem herkömmlichen Maßstab abgerechnet wird und mit Beginn der nächsten Abrechnungspriode ein verbrauchsabhängiger Maßstab gelten soll; dann ist eine Optionserklärung entbehrlich.

Entscheidet sich der Vermieter für die verbrauchsabhängige Abrechnung nach § 4 Abs. 5 Satz 1 Nr. 1 MHG, so hat er auch zukünftig die Regelung des § 4 Abs. 1 Satz 2 MHG zu beachten. Danach ist über die Vorauszahlungen jährlich abzurechnen. Bei einer Option für die Direktabrechnung nach § 4 Abs. 5 Satz 1 Nr. 2 MHG richtet sich die künftige Abrechnungsperiode nach den Vereinbarungen zwischen dem Mieter und dem Leistungserbringer. Die Vorschrift des § 4 Abs. 1 Satz 1 MHG gilt nicht, weil der Leistungserbringer nicht Vermieter ist.

2. Inhalt. Eine Begründung und Erläuterung der Optionserklärung ist im Gesetz nicht ausdrücklich vorgesehen. Dennoch ergibt sich aus der Rechtsnatur der Optionserklärung, daß bestimmte Mindestanforderungen beachtet werden müssen. Mit dem Zugang einer wirksamen Optionserklärung wird der Mietvertrag abgeändert. Hieraus folgt, daß das für Willenserklärungen geltende Bestimmtheitsgebot beachtet werden muß: die Optionserklärung muß so abgefaßt sein, daß der Mieter den Umfang der Vertragsänderung erkennen kann.

Bei einer Option für die verbrauchsabhängige Abrechnung gilt insoweit folgendes: hatte der Mieter schon bisher die Betriebskosten für Wasser, Abwasser und die Müllabfuhr zu tragen, so genügt es, wenn sich aus der Erklärung ergibt, welche Kosten künftig verbrauchsabhängig abgerechnet werden und welcher Umlageschlüssel gilt. Waren die genannten Betriebskosten dagegen bisher im Mietzins oder in einer Betriebskostenpauschale enthalten, so bewirkt die Option für die verbrauchsabhängige Abrechnung eine Änderung der Mietzinsstruktur, weil ein Teil der bisherigen Miete oder Betriebskostenpauschale nunmehr als Vorauszahlung auf die betreffenden Betriebskosten geschuldet wird. Die Aufspaltung des Gesamtentgelts in Mietzins und Betriebskostenvorauszahlungen ist für die Vertragsänderung wesentlich. Deshalb muß sich aus der Optionserklärung ergeben, welcher Betrag nunmehr als Vorauszahlung geschuldet wird; andernfalls ist die Erklärung mangels hinreichender Bestimmtheit unwirksam.

Bei einer Option für die Direktabrechnung muß angegeben werden, welche Kosten künftig unmittelbar vom Leistungserbringer abgerechnet werden. Außerdem muß mitgeteilt werden, um welchen Betrag die Betriebskostenvorauszahlung/-pauschale oder der Mietzins herabgesetzt wird. Anderenfalls wird der Umfang der Vertragsänderung nicht erkennbar; die Erklärung ist dann mangels hinreichender Bestimmtheit unwirksam.

Ist dem Mieter eine wirksame Option zugegangen, so muß der Vermieter ab der künftigen Abrechnungsperiode nach dem neuen Modus abrechnen; andernfalls entspricht die Abrechnung nicht den vertraglichen Vereinbarungen. Ist die Option aus formellen oder materiellrechtlichen Gründen unwirksam, so hat die Abrechnung wie bisher zu erfolgen. Denkbar ist allerdings auch, daß trotz unwirksamer Optionserklärung eine Vertragsänderung durch schlüssiges Verhalten zustandekommt. Ein solcher Fall wird etwa anzunehmen sein, wenn der Mieter den Einbau der Wasserzähler geduldet hat; in einem solchen Verhalten kommt i. d. R. zum Ausdruck, daß der Mieter auch mit der verbrauchsabhängigen Abrechnung der Wasserkosten einverstanden ist.

V. Anspruch des Mieters auf Änderung des Umlagemaßstabs?

Es kommt in der Praxis immer wieder vor, daß einzelne Mieter eine verbrauchsabhängige Erfassung und Abrechnung der Wasserkosten fordern, insbesondere wenn die Wohnungen unterschiedlich belegt sind. Ein solcher Anspruch auf Änderung des vereinbarten oder gem. §§ 315, 316 BGB bestimmten Umlagemaßstabs kann in Betracht kommen, wenn drei Voraussetzungen gegeben sind: Zum einen muß der unterschiedliche Anteil der Nutzer an einer bestimmten Kostenposition für den Vermieter evident sein. Zum zweiten ist erforderlich, daß die Unterschiede erheblich sind. Drittens ist zu prüfen, ob ein Wechsel des Umlageschlüssels möglich und dem Vermieter zumutbar ist (Blank, DWW 92, 65, 69). Die Zumutbarkeit war nach dem bis zum 31. 8. 1993 geltenden Recht regelmäßig zu verneinen, weil eine Änderung des Umlagemaßstabs nur sinnvoll ist, wenn alle Mieter in den geänderten Abrechnungsmodus einbezogen werden; eine solche Einbeziehung war bislang nur auf freiwilliger Basis oder – im Ausnahmefall – nach § 242 BGB möglich (Blank, a. a. O.). Nunmehr ist die Zumutbarkeit im Regelfall zu bejahen, weil der Gesetzgeber ein Instrumentarium geschaffen hat, mit dessen Hilfe der Vermieter die verbrauchsabhängige Umlage der Wasserkosten problemlos und kostengünstig durchsetzen kann: Werden die Wasserzähler gemietet, so gehört der Mietpreis zu den Betriebskosten (§ 4 Abs. 1 MHG i. V. m. § 27 der II. BV Anlage 3 Nr. 2). Werden die Zähler gekauft, so kann der Kaufpreis bei der freifinanzierten Wohnung nach § 3 MHG auf die Mieter umgelegt werden; bei den preisgebundenen Wohnungen ergibt sich das Recht zur Mieterhöhung aus § 6 I NMV in Verbindung mit § 11 VI der II. BV; allerdings muß der Vermieter von preisgebundenem Wohnraum die Zustimmung der Bewilligungsstelle zum Einbau der Wasserzähler einholen. Die Kosten der Ablesung und verbrauchsabhängigen Umlage können als Betriebskosten auf den Mieter umgelegt werden; umlagefähig sind auch die Kosten der Einschaltung einer Abrechnungsfirma.

Beweissicherung. Das Beweissicherungsverfahren (jetzt: Selbständiges Beweisverfahren) nach §§ 485ff. ZPO ist ein besonderes gerichtliches Verfahren zur Feststellung beweiserheblicher Tatsachen durch Einnahme eines gerichtlichen Augenscheins, Vernehmung von Zeugen oder Einholung eines Sachverständigengutachtens. Das Beweissicherungsverfahren ist nach § 485 Abs. 1 ZPO zulässig, wenn der Gegner zustimmt, wenn zu besorgen ist, daß das Beweismittel verloren oder seine Benutzung erschwert wird oder wenn der gegenwärtige Zustand einer Sache festgestellt werden soll und der Antragsteller ein rechtliches Interesse an dieser Feststellung hat. (*Beispiele:* Feststellung des Wohnungszustands durch einen Sachverständigen nach Beendigung des Mietverhältnisses, wenn die Räume weitervermietet werden sollen und die Kenntnis des Wohnungszustands für die Geltendmachung von Schadensersatzansprüchen von Bedeutung ist; Durchführung eines gerichtlichen Augenscheins über einen Mangel der Mietsache, wenn sich der Vermieter mit der Mangelbeseitigung in Verzug befindet, der Mieter von seinem Selbstbeseitigungsrecht Gebrauch machen will und die Kenntnis der Mangelhaftigkeit für den Anspruch auf Aufwendungsersatz wesentlich ist; Vernehmung eines Zeugen zum Beweis für eine bestimmte Tatsache, wenn sich der Zeuge für längere Zeit ins Ausland begibt und die zu bezeugende Tatsache für die Ansprüche der einen oder anderen Partei von Bedeutung sein kann.)

Durch das Rechtspflegevereinfachungsgesetz vom 17. 12. 1990 (BGBl. I S. 2847) sind die Verfahrensvoraussetzungen mit Wirkung ab 1. 4. 1991 erleichtert worden. Nach der neu eingefügten Vorschrift des § 485 Abs. 2 ZPO kann eine Partei die schriftliche Begutachtung durch einen Sachverständigen beantragen, wenn sie ein rechtliches Interesse daran hat, daß der Zustand einer Person oder der Zustand oder Wert einer Sache, die Ursache eines Personenschadens, Sachschadens oder Sachmangels oder der Aufwand für die Beseitigung eines Personenschadens, Sachschadens oder Sachmangels festgestellt wird. Nach dem ausdrücklichen Wortlaut des § 485 Abs. 2

Satz 2 ZPO ist ein rechtliches Interesse anzunehmen, wenn die Feststellung der Vermeidung eines Rechtsstreits dienen kann. Damit haben die Parteien die Möglichkeit zur Durchführung eines selbständigen Beweisverfahrens. Ein solches Verfahren ist insbesondere dort angezeigt, wo der Ausgang eines Rechtsstreits im wesentlichen von bestimmten Tatsachen abhängt. (Beispiel: Zustand der Wohnung bei Mietende, wenn nur die Höhe der Renovierungs- und Schadensbeseitigungskosten streitig ist; Ursache eines Feuchtigkeitsschadens, wenn hiervon die Minderungsbefugnis des Mieters abhängt.)

II. Das Beweissicherungsverfahren setzt einen besonderen Antrag voraus, der an das zuständige Gericht adressiert werden muß. Ist zwischen den Parteien bereits ein Rechtsstreit anhängig, in dem die zu sichernde Tatsache von Bedeutung ist, so ist jenes Gericht auch für das Beweissicherungsverfahren zuständig. Ist – wie im Regelfall – noch kein Rechtsstreit anhängig, so ist das Amtsgericht zuständig, in dessen Bezirk sich die Mieträume befinden oder der zu vernehmende Zeuge sich aufhält.

Aus dem Antrag muß sich ergeben, gegen wen sich das Beweisverfahren richtet und über welche Tatsachen Beweis erhoben werden soll. Außerdem ist das rechtliche Interesse an der Beweissicherung darzustellen. Die diesbezüglichen Tatsachen sind glaubhaft zu machen, wobei als Mittel der Glaubhaftmachung insbesondere Urkunden und die eidesstattliche Versicherung der Partei oder von Zeugen in Betracht kommen (§ 294 ZPO). Nach der Neufassung der §§ 485 ff. ZPO wird der Sachverständige vom Gericht ausgewählt (§§ 492, 404 ZPO); die Benennung des Sachverständigen ist deshalb entbehrlich.

III. Jede Partei hat das Recht, das im Beweissicherungsverfahren eingeholte Gutachten, das Protokoll über den Augenschein oder die Zeugenaussage in einem späteren Prozeß als Beweismittel zu benutzen. Die Kosten für die Beweissicherung hat diejenige Partei zu tragen, die im späteren Prozeß unterliegt. Erhebt der Antragsteller keine Klage, so hat der Antragsgegner nach Abschluß des Beweissicherungsverfahrens die Möglichkeit zur Herbeiführung einer Kostenentscheidung. Der Antragsgegner kann beantragen, daß der Antragsteller binnen einer zu bestimmenden Frist Klage zu erheben hat. Wird die Klage erhoben, so gelten die Beweissicherungskosten als Kosten des Hauptsacheprozesses: kosten- und erstattungspflichtig ist diejenige Partei, die nach der Kostenentscheidung des Hauptsacheprozesses die Verfahrenskosten zu tragen hat. Wird die Klage nicht erhoben, so werden dem Antragsteller durch Beschluß die Kosten des Beweissicherungsverfahrens auferlegt (§ 494a Abs. 2 ZPO).

Bei Streitigkeiten über Kauf- und Werkverträge bewirkt das Beweissicherungsverfahren eine Unterbrechung der → *Verjährung*

(§§ 477 Abs. 2 S. 1, 480 S. 1, 490 Abs. 1 S. 2, 493, 639 Abs. 1 BGB). Auf den Mietvertrag sind diese Vorschriften nach der Rechtsprechung nicht anwendbar (OLG Düsseldorf, DWW 90, 269 = ZMR 90, 340; a. A. Michalski, WM 93, 439, der eine analoge Anwendung der genannten Vorschriften befürwortet).

Blumen darf der M. vor seinen Wohnungsfenstern oder dem Balkon *ohne Einwilligung* des V. halten, soweit dadurch nicht das Haus verschandelt oder die Sicherheit Dritter gefährdet wird. Ein weitergehendes Verbot des V. ist schikanös und unbeachtlich. Der M. muß aber aufgrund seiner Obhutspflicht Vorsorge treffen, daß auch während seiner Urlaubsabwesenheit die Balkonabflüsse nicht durch abfallende Blätter verstopft werden und daß das Regenwasser abfließen kann. Für die Erfüllung der Obhutspflicht reicht es nicht aus, daß einem Dritten die Wohnungsschlüssel übergeben werden. Vielmehr muß der Dritte tatsächlich die Wohnung in regelmäßigen Abständen kontrollieren. Unterläßt er dies, so haftet der M. gemäß § 278 BGB für die Unterlassung des Dritten.

Briefkästen (Bk.) muß der V. für jeden M. seines Hauses zur Verfügung stellen und im gebrauchsfähigen Zustand erhalten, um den sicheren Zugang von Postsendungen unter Wahrung des Briefgeheimnisses zu gewährleisten. Deshalb kann auch der Mieter einer Einliegerwohnung in einem Zweifamilienhaus nicht darauf verwiesen werden, daß er den Briefkasten des Hauseigentümers mitbenutzen könne (a. A. AG München ZMR 89, 25). Das Vorhandensein eines Bk. gehört auch dann zum vertragsgemäßen Gebrauch der M.räume (§ 536 BGB), wenn er beim Vertragsbeginn nicht vorhanden war und der M. nur eine kleinere Mansarde im Obergeschoß bewohnt (LG Mannheim WM 76, 231). Nach der DIN-Norm 32617 soll ein Hausbriefkasten grundsätzlich von außen zugänglich sein. Der Einwurfschlitz sollte in günstiger Griffhöhe (mindestens 50 cm, höchstens 180 cm über dem Boden) liegen. Der Briefkasten soll eine Breite von 325 mm und eine Tiefe von 100 mm haben. Außerdem muß der Briefkasten nach der DIN-Norm ein Namensschild mit gut lesbaren Buchstaben aufweisen. Schließlich muß der Kasten verschließbar sein. Die DIN-Norm 32617 ist für die Vertragsparteien allerdings nicht bindend. Deshalb hat auch der Mieter keinen Anspruch auf einen Briefkasten, der der DIN-Norm entspricht. Es genügt, wenn das Haus mit handelsüblichen Briefkästen ausgestattet ist (AG Münster WM 87, 53). Mangels einer vertraglichen Vereinbarung ist ein Mieter berechtigt, an dem zur Wohnung gehörenden Briefkasten einen Aufkleber mit der Aufschrift „keine Werbung einwerfen“ anzubringen (AG München WM 89, 231). In diesem Fall ist die Post nicht berechtigt, sogenannte Wurfsendungen in den Briefkasten einzuwerfen (VG Stuttgart NJW 89, 1050). Die Sperrvermerke müssen auch von Werbetreibenden beachtet werden; sie gelten auch für Anzeigenblätter und politische Parteien (Kunz, GE 93, 10).

D

Dienstwohnungen (Dw.) sind solche Wohnungen oder einzelne Wohnräume, die *Beamten* als Inhaber bestimmter Dienstposten unter ausdrücklicher Bezeichnung als Dienstwohnung *ohne Abschluß eines Mv.,* zugewiesen werden. Der Beamte ist zum Beziehen der ihm zugewiesenen Dw. verpflichtet. Das Benutzungsrecht beruht nicht auf einem Mv., sondern auf der öffentlich-rechtlichen Zuweisung. Für die Benutzung hat der Beamte eine festgesetzte *Dienst-Wohnungsvergütung* zu entrichten, die von seinem Gehalt einbehalten wird. Ihre Höhe richtet sich nach dem örtlichen Mietwert, wobei ein Höchstsatz nicht überschritten werden darf, der sich nach dem Grundgehalt des Beamten und der Ortsklasse des Dienstortes bemißt. Bei den Höchstsätzen werden keine Unterschiede zwischen Alt- und Neubauwohnungen gemacht. Eine Dw. darf nur für den Inhaber solcher Dienstposten eingerichtet werden, dessen Anwesenheit an der Dienststelle auch außerhalb der Dienststunden aus dienstlichen Gründen sichergestellt sein muß, um ihn leicht erreichen zu können. Die Räume müssen sich in einem Gebäude befinden, das im Eigentum oder der Benutzung des Dienstherrn steht.

Dingliches Wohnrecht. Nach § 1093 BGB kann zugunsten des Berechtigten durch *Eintragung im Grundbuch* ein dingliches Wohnrecht des Inhalts begründet werden, daß dieser unter Ausschluß des Eigentümers bestimmte Gebäudeteile (Wohnung, Praxisräume) entgeltlich oder unentgeltlich zu nutzen befugt ist. An einer Garage oder einem Tiefgaragenstellplatz kann kein Recht nach § 1093 BGB bestellt werden (BayObLG WM 88, 165). Soll der Berechtigte das Recht zur Benutzung einer Eigentumswohnung und das Recht zur Benutzung der Garage erwerben, so verbleibt den Beteiligten deshalb nur die Möglichkeit das Wohnungseigentum und das Teileigentum zu vereinigen (BayObLG a. a. O.). Der Ausschluß des Eigentümers gehört zu den wesentlichen Merkmalen des dinglichen Wohnrechts. Deshalb ist die gleichzeitige Bestellung eines dinglichen Wohnrechts sowohl für die Eigentümer als auch für einen Dritten gesetzlich ausgeschlossen, ohne daß es darauf ankommt, ob der Eigentümer ein schutzwürdiges Interesse an einer solchen Bestellung hat (KG MDR 85, 499). Daraus folgt, daß beispielsweise ein Ehegatte der Alleineigentümer einer Wohnung ist, dem anderen Ehegatten kein dingliches Wohnrecht einräumen kann, wenn die Räume als Familienwohnung benutzt werden sollen. Die Höhe des Entgelts bestimmt sich nach den Vereinbarungen zwischen den Beteiligten. Streitig ist in diesem Zusammenhang, ob der Berechtigte die → Betriebskosten zu zahlen hat, wenn hierüber keine ausdrückliche Regelung getroffen worden ist. Teilweise wird aus §§ 1093, 1041 BGB, wonach der Berechtigte für die Erhaltung der Sache zu sorgen hat, gefolgert, daß dieser auch sämtliche Betriebskosten tragen muß (LG Köln WM 88, 166). Nach anderer Ansicht hat der Berechtigte nur die verbrauchsbedingten Betriebskosten zu tragen (AG Bochum WM 84, 301: Wasser, Strom, Heizung; AG Rendsburg WM 89, 185: Wasser, Heizung, Müll; LG Duisburg: Wasser, Abwasser, Heizung, Müll und Schornsteinfegergebühren, nicht aber Straßenreinigung und Gebäudeversicherung). Darüber hinaus können im Vertrag weitergehende finanzielle Verpflichtungen des Berechtigten (z. B.: Verzicht auf Entschädigungsansprüche für geschaffene Einrichtungen und Wertverbesserungsmaßnahmen) vereinbart werden (OLG Hamburg ZMR 83, 60). Der Berechtigte kann sich auch verpflichten, über den in §§ 1093 Abs. 1 S. 2, 1041 S. 2 BGB bestimmten Rahmen hinaus Ausbesserungen und Erneuerungen auch dann durchführen zu lassen und die Kosten hierfür zu tragen, wenn sie nicht zur gewöhnlichen Unterhaltung der Sache gehören (BayObLG MDR 85, 495; LG Gießen Rechtspfleger 86, 174). Ist eine solche Vereinbarung nicht getroffen, so ist die Durchführung von Modernisierungsmaßnahmen Sache des Eigentümers. Der Berechtigte hat keinen Anspruch auf Durchführung solcher Maßnahmen. Umgekehrt ist der Berechtigte grundsätzlich auch nicht zur Duldung von Modernisierungsmaßnahmen verpflichtet, weil § 541 b BGB im Verhältnis zwischen dem Eigentümer und dem Berechtigten nicht gilt. Ein Duldungsanspruch des Eigentümers kann sich lediglich aus § 242 BGB ergeben, wenn die Interessenabwägung ergibt, daß die Weigerung der Duldung rechtsmißbräuchlich ist (LG Düsseldorf WM 88, 166). Die Bestellung eines dinglichen Wohnrechts *schließt* die beim Mv. gegebene *Kündigungsmöglichkeit* des Eigentümers für die Zeit ihres Bestehens *aus*. Ein Wohnrecht wird vor allem bei der Eigentumsübertragung des Hausgrundstücks zugunsten des früheren Eigentümers (Altenteil), seiner Angehörigen oder sonstiger ihm nahestehender Personen bestellt, kann aber auch dem M. zur Sicherung seines Gebrauchsrechts vom V. bewilligt werden, wenn der M. z. B. größere finanzielle oder sonstige Aufbauleistungen erbringt. Bestellt ein Eigentümer an der von ihm vermieteten Wohnung ein dingliches Wohnrecht zugunsten eines Dritten, so tritt der Berechtigte gemäß § 577 BGB auf der Vermieterseite in das Mietverhältnis ein. Überträgt ein Vermieter das Eigentum an einer vermieteten Wohnung auf einen Dritten unter gleichzeitiger Bestellung eines dinglichen Wohnrechts zu seinen Gunsten, so bleibt das Mietverhältnis hiervon unberührt (§ 577 BGB). Bestellt der Vermieter dem Mieter an der bisherigen Wohnung ein dingliches Wohnrecht, so werden die schuldrechtlichen Ansprüche nicht Inhalt des dinglichen Rechts. Vielmehr hat die Bestellung des dinglichen Wohnrechts zur Folge, daß der bisherige Mieter von nun an anstelle seiner bislang mietvertraglichen Rechte das dingliche Wohnungsrecht erwirbt und dafür als Entgelt künftig monatlich wiederkehrende Geldleistungen erbringt, die er zuvor als Miete gezahlt hatte. Der Sache nach ist dies ein Rechtskauf im Sinne von § 433 Abs. 1 Satz 2 BGB. Dabei kann die Auslegung der Entgeltabrede ergeben, daß der Besteller des Wohnrechts das Recht haben soll, eine Erhöhung des Entgelts, künftig unter den gleichen Voraussetzungen zu verlangen, unter denen das Gesetz zur Regelung der Miethöhe einem Vermieter gestattet, den Mieter auf Zustimmung zur Mieterhöhung in Anspruch zu nehmen (s. Mieterhöhung; OLG Frankfurt WM 89, 147). (Zur Eintragungsfähigkeit im Grundbuch vgl. LG Mannheim DNotZ 72, 617; Haegele Rpfl. 73, 349; OLG Hamm MDR 76, 46; zur Eintragung einer Vormerkung BayObLG WM 86, 90 = NJW RR 86, 568). Ein dingliches Wohnrecht kann auch auflösend bedingt bis zum Eintritt eines bestimmten Ereignisses (z. B. bis zur Verheiratung des Berechtigten) bestellt werden (BayObLG MDR 83, 227). Dingliche Wohnrechte mehrerer Berechtigter an denselben Räumen können rechtlich selbständig nebeneinander bestehen. Werden sie von vornherein gleichzeitig mit diesem Inhalt bestellt, so bedarf es hierfür nicht auch der Zustimmung des jeweils anderen Berechtigten (BayObLG Rpfl. 80, 151).

Der Berechtigte ist befugt, auch seine engeren Familienangehörigen, seinen Verlobten oder Lebensgefährten (BGH FamRZ 82, 774; AG Ahrensburg MDR 80, 936) sowie die zur standesmäßigen Bedienung oder Pflege erforderlichen Personen in den Räumen aufzunehmen. Zur *Überlassung* der Räume an sonstige *Dritte* z. B. als M. ist der Berechtigte nach § 1092 BGB nur dann befugt, wenn der Eigentümer das gestattet. Die Gestattung kann auch schlüssig erklärt werden. Sie schließt ohne weiteres auch das Recht des Wohnungsberechtigten ein, den M.zins vom M. zu verlangen (BGH WPM 72, 886). Sie muß vom jeweiligen Eigentümer erteilt werden und ist gegenüber *Eigentumsnachfolgern* nur wirksam, wenn sie im Grundbuch eingetragen worden ist. Eine Ausnahme gilt dann, wenn das Eigentum im Wege der Gesamtrechtsnachfolge (Erbfolge) übergegangen ist, weil der Erbe kraft Gesetzes für alle Verbindlichkeiten des Erblassers haftet. Eine einmal erteilte Gestattung kann nur beim Vorliegen *wichtiger Gründe widerrufen* werden (Schmidt-Futterer ZMR 67, 163).

Verlangt der Eigentümer mit Recht die Entfernung eines bestimmten Mieters (weil dieser ihn etwa beleidigte, kriminelle Neigungen hat, vertragswidrig einen Hund hält etc.), so kann er gegenüber dem Berechtigten nach fruchtlosem Fristablauf die Gestattung widerrufen, wenn dieser den unliebsamen Mieter trotzdem bei sich wohnen läßt und erforderlichenfalls auf Unterlassung oder Entfernung des störenden Dritten klagen. Liegt eine wirksame Gestattung überhaupt *nicht* vor, so steht dem Eigentümer nach § 1004 BGB das Recht zu, vom Berechtigten die Entfernung des Mieters zu verlangen. Der Eigentümer kann vom Berechtigten auch beim Fehlen der Erlaubnis nicht die Erstattung des M.zinses verlangen (BGH aaO.). Gegen den Wohnberechtigten stehen dem M. die *Schadenersatzansprüche* aus §§ 541, 537, 538 BGB zu, wenn er die vermieteten Räume wegen des Fehlens der Gestattung auf Verlangen des Eigentümers herausgeben muß. Der Wohnberechtigte hat einen Anspruch auf *Mitbenutzung der Gemeinschaftsanlagen,* z. B. Zentralheizung (§ 1093 III BGB); der Eigentümer muß diese Anlagen auf seine Kosten in einem gebrauchsfähigen Zustand erhalten (BGH NJW 69, 1847; anders f. Schönheitsrep. LG Kassel WM 75, 77). Eine vertragliche Vereinbarung zwischen dem Grundstückseigentümer und dem Berechtigten über die Zahlung eines Nutzungsentgelts und die Verteilung von Nebenkosten kann zulässigerweise dinglicher Inhalt eines Wohnungsrechts sein (BayObLG Jur. Büro 80, 1568). Ist ein Nutzungsentgelt vereinbart, so richtet sich dessen Erhöhung nicht nach den gesetzl. Voraussetzungen des MHG, sondern nach dem Überlassungsvertrag (LG Mannheim WM 75, 170, DWW 75, 214). In bestimmten Ausnahmefällen kann jedoch die Auslegung des Überlassungsvertrags ergeben, daß der Eigentümer bei der Erhöhung des Entgelts die Voraussetzungen des MHG einhalten muß (s. oben; OLG Frankfurt WM 89, 147). Eine Preisklausel, wonach das Entgelt für den Fall einer grundlegenden Veränderung der wirtschaftlichen Verhältnisse neu festgesetzt werden soll, hat das OLG Hamburg (NJW RR 87, 467) nach dem Preisindex für die Lebenshaltung aller privaten Haushalte des Statistischen Bundesamtes ausgelegt. Darüber hinaus kann die Mitbenutzung anderer, unbebauter Grundstücke (z. B. Garten) vertraglich vereinbart und im Grundbuch als Nebenbefugnis mit eingetragen werden (OLG Frankfurt MDR 83, 131). Die Eintragung eines selbständigen dinglichen Wohnrechts an einem unbebauten Grundstück ist dagegen ausgeschlossen (BayObLG Rpfl. 76, 14). Zur Umgestaltung der Mietsache ist der Berechtigte ohne Zustimmung des Eigentümers nicht befugt. Von einer Umgestaltung kann dann gesprochen werden, wenn durch die Veränderung die Zweckbestimmung der Sache oder die Gestalt der Sache in einschneidender Weise geändert würde. Dies unterscheidet die Umgestaltung von den Verwaltungsmaßnahmen, die der Eigentümer nach billigem Ermessen dulden muß (vgl. BGH NJW 83, 932, wo die Aufteilung einer etwa 160 qm großen Wohnung in drei kleinere Wohnungen als Verwaltungsmaßnahme beurteilt wurde).

Eine noch stärkere Sicherung seines Gebrauchsrechts kann der Berechtigte durch die Grundbucheintragung eines vererblichen und veräußerbaren *Dauerwohnrechts* nach § 31 WohnungseigentumsGes. erzielen. Eine uneingeschränkte Nutzungs- u. Verfügungsbefugnis über eine Wohnung erlangt der Wohnungseigentümer einer im Grundbuch eingetragenen → *Eigentumswohnung*. Darüber hinaus sind die Rechte und Pflichten, die sich nur aus einem Mv. ergeben, im Grundbuch *nicht eintragungsfähig*, so daß ihr Bestand auf diese Weise nicht wirksam gesichert werden kann. Die Aufhebung der Wohnungszwangswirtschaft und die darauf beruhende freie Kündbarkeit und M.preisbildung führte zu einer erhöhten Nachfrage nach Eigentumswohnungen. Dieser Entwicklung wird teilweise durch die *Umwandlung von M.wohnungen in Eigentumswohnungen* Rechnung getragen. Die Umwandlung kann nach §§ 3, 8 WohnungseigentumsG an einer *abgeschlossenen* Wohnung durch *vertragl. Einräumung von Sondereigentum* oder durch *Teilen* unter gleichzeitiger Einräumung des Sondereigentums *an dem Miteigentumsanteil* vollzogen werden (Giese FWW 69, 70). Erwirbt der M. auf diesem Wege eine Eigentumswohnung, wird er *Miteigentümer* des Hauses, so daß er insbes. nicht mehr gekündigt werden kann und der Mv. erlischt. Kann oder will der M. im Falle einer solchen Umwandlung das Wohnungseigentum nicht erwerben, bringt die Umwandlung für ihn infolge des erhöhten persönlichen oder wirtschaftlichen Interesses des neuen Wohnungseigentümers erhöhte Kündigungsgefahr mit sich, der jetzt aber durch ein gesetzl. Kündigungsverbot nach § 564b II Ziff. 2 S. 2, Ziff. 3 S. 3 BGB hinreichend begegnet wird.

Vom dinglichen Wohnrecht i. S. des § 1093 BGB ist die beschränkte persönliche Dienstbarkeit nach § 1090 BGB und die Reallast gem. § 1105 I BGB zu unterscheiden. Eine *beschränkte persönliche Dienstbarkeit* liegt vor, wenn dem Berechtigten lediglich ein Mitbenutzungsrecht eingeräumt wird. Im Unterschied zum dinglichen Wohnrecht darf die Wohnung im Falle einer beschränkten persönlichen Dienstbarkeit gemäß § 1090 BGB vom Berechtigten nur in eigener Person genutzt werden.

Die Aufnahme von Familienangehörigen oder sonstiger Personen ist unzulässig. Eine entsprechende Anwendung des § 1093 Abs. 2 BGB ist nicht möglich (AG Lörrach WM 83, 55). Bei der *Reallast* hat der Berechtigte nicht nur die alleinige Nutzungsbefugnis; der Eigentümer ist vielmehr darüber hinaus verpflichtet, die Sache in einem gebrauchsfähigen Zustand zu erhalten, insbesondere die → *Schön-*

heitsreparaturen zu tragen (zur Abgrenzung vgl. OLG Hamm MDR 76, 46; LG Aachen WM 79, 9; BayObLG MDR 81, 759). Anders als die Dienstbarkeit gewährt die Reallast kein unmittelbares Nutzungsrecht. Vielmehr ist der Eigentümer weiterhin Besitzer des Grundstücks; er ist lediglich verpflichtet, die Benutzung durch den Berechtigten zu dulden. Deshalb kann eine Reallast nicht darauf gerichtet sein, dem Berechtigten ein bestimmtes auf dem Grundstück errichtetes Gebäude unter Ausschluß des Eigentümers zur Verfügung zu stellen (BGHZ 58, 57).

Doppelvermietung liegt vor, wenn der V. ein und dieselbe M.sache (z. B. Wohnung) an *mehrere* M. durch *wirksame* Mv. vermietet. Die Wirksamkeit solcher Mv. wird dadurch nicht berührt, daß dann an sich jeder M. einen Anspruch auf die Überlassung der M.sache hat, einer von ihnen aber nur ihren ungestörten Gebrauch ausüben kann. Geschützt wird derjenige M., der sich *zuerst* im rechtmäßigen *Besitz* der M.sache befindet. Er hat Anspruch darauf, in dem ungestörten M.besitz zu bleiben, der ihm weder vom V. noch von dem anderen M. gegen seinen Willen wieder entzogen werden darf. Die übrigen M., die deshalb nicht in den Besitz der M.sache kommen können, haben gegen den V. einen Anspruch auf Schadensersatz wegen Nichterfüllung (z. B. Maklerkosten, höherer M.zins der Ersatzwohnung), auch wenn den V. kein *Verschulden* trifft (BGH DNotZ 69, 672; LG Berlin WM 75, 116; LG Mannheim WM 74, 240 zum Ersatz höherer Fahrtkosten und Freizeitverlust eines Gastarbeiters).

E

Eheähnliche Gemeinschaft. I. Eine eheähnliche Gemeinschaft liegt vor, wenn zwei Personen, die nicht miteinander verheiratet sind, wie Eheleute zusammenleben. Haben beide Partner den Mv. unterzeichnet, so ist dieser Vertrag nach heute einhelliger Meinung wirksam. In diesem Fall steht gleichzeitig fest, daß die Wohnung von beiden Partnern benutzt werden darf. Wird der Mv. lediglich mit einem der Partner abgeschlossen, so richtet sich das Recht des Mieters zur Aufnahme des anderen Partners nach den mietvertraglichen Vereinbarungen. Ist im Mietvertrag geregelt, daß die Wohnung nur vom Mieter benutzt werden darf, so ist dieser zur Aufnahme des Partners nicht berechtigt. Der Vermieter ist auch nicht verpflichtet, die Zustimmung zur Aufnahme des Partners zu erteilen. Die gleichen Grundsätze gelten, wenn der Mietvertrag über die Zahl der Wohnungsnutzer keine Regelung enthält. Das Recht zur Aufnahme des Partners muß also stets ausdrücklich vereinbart werden (zu Fragen der Vertragsgestaltung s. auch Bartels, NJW 92, 2006).

II. Entsteht das Interesse des Mieters zur Aufnahme eines Partners erst *nach Abschluß des Mv.*, so hat der Mieter gegen den Vermieter einen Anspruch auf Erteilung der Erlaubnis entsprechend § 549 II BGB. Es gelten die für die Untermiete maßgeblichen Grundsätze (BGH RE v. 3. 10. 1984 WM 85, 7; s. Untermiete II 6). Nach dem RE des OLG Hamm v. 17. 8. 1982 (WM 82, 318 = NJW 82, 2876) hat der M.bereits dann ein berechtigtes Interesse an der Aufnahme eines Dritten in die Mietwohnung, wenn er im Rahmen seiner Lebensgestaltung aus persönlichen oder wirtschaftlichen Gründen mit dem Dritten eine auf Dauer angelegte Wohngemeinschaft begründen will, gleichviel ob es sich bei dem Dritten um eine Person des gleichen oder des anderen Geschlechts handelt. Unberührt bleiben etwaige Einwendungen des V. aus dem Gesichtspunkt der Unzumutbarkeit (§ 549 Abs. 2 BGB; s. – Untermieter II 6b), die aber nicht schon dann gegeben ist, wenn der Mieter unverheiratet in einem eheähnlichen Verhältnis leben will. Nach der Auffassung des OLG Hamm (a. a. O.) ist die Annahme einer sittlichen Verwerflichkeit nach heutiger Moralauffassung nicht mehr haltbar. Allerdings sei es nicht ausgeschlossen, daß der V. einwenden könne, daß ihm die Duldung aus moralischen oder ethischen Gründen unzumutbar sei. Dies bedeutet, daß das Zusammenleben nicht verheirateter Personen nur ausnahmsweise untersagt werden kann, so z. B., wenn in der Person des Dritten ein wichtiger Grund vorliegt, der Wohnraum übermäßig belegt würde oder sonst dem V. die Überlassung nicht zugemutet werden kann. Der Umstand, daß die zusammenlebenden Personen nicht verheiratet sind, bildet für sich allein also keinen Ablehnungsgrund. Vgl. zum ganzen auch: Strätz FamRZ 80, 301, 434; Leenen MDR 80, 353; Schwab FamRZ 81, 314; Scholz NJW 82, 1070; Langohr ZMR 83, 222; Schmid DWW 83, 214; Singer WM 82, 257; Schwab ZMR 83, 184.

Soweit der V. nach diesen Grundsätzen verpflichtet ist, das Zusammenleben nicht verheirateter Personen zu dulden, kann er aus diesem Grund auch dann nicht kündigen, wenn der M. den Dritten ohne Zustimmung des V. in die Wohnung aufgenommen hat. Zwar stellt die Aufnahme des Partners in diesem Fall eine Vertragsverletzung dar, mit der Folge daß die Voraussetzungen des § 553 BGB gegeben sind. Hat der M. aber einen Anspruch auf Erteilung der Erlaubnis, so kann er gegenüber dem Räumungsanspruch i. d. R. den Einwand der unzulässigen Rechtsausübung erheben (OLG Hamburg RE v. 17. 12. 1981 WM 82, 41 = ZMR 82, 186; BayObLG RE v. 29. 10. 1990 WM 91, 18). Dies bedeutet im Ergebnis, daß eine auf § 553 BGB oder § 564b Abs. 2 Nr. 1 BGB gestützte Kündigung nur dann zum Erfolg führt, wenn es auf Grund des Zusammenlebens zu → *Belästigungen* kommt (z. B. häufige lautstarke Eifersuchtsszenen) oder wenn der in die Wohnung Aufgenommene durch sein Verhalten den Hausfrieden stört.

Die hier dargelegten Grundsätze gelten auch dann, wenn die Parteien im Mv. vereinbart haben, daß die Aufnahme Dritter auf Dauer ausgeschlossen sein soll. Eine solche Vereinbarung ist nämlich unwirksam, LG Mannheim DWW 81, 176. Die Gegenansicht (Schmid DWW 83, 214) kann nach dem Rechtsentscheid des OLG Hamm vom 17. 8. 1982 (a. a. O.) nicht mehr aufrechterhalten werden. Zwar hat sich das OLG Hamm mit der Frage der Wirksamkeit derartiger Verbotsklauseln nicht ausdrücklich befaßt. Aus der Anwendung der für die Untermiete geltenden Vorschriften auf Fälle der vorliegenden Art folgt aber zugleich die Unwirksamkeit abweichender Vereinbarungen (§ 549 Abs. 2 S. 3 BGB; s. – Untermiete II 6f).

III. Im Falle der *Beendigung* der eheähnlichen Gemeinschaft ist zwischen folgenden Fallgestaltungen zu unterscheiden:

1. Haben beide Partner den Mv. unterzeichnet, so sind sie beide Mieter und haben demgemäß ein Besitzrecht an der Wohnung. Keiner der Partner kann vom anderen die Räumung der Wohnung verlangen. Zieht einer der Partner freiwillig aus, so haftet er gegenüber dem V. weiter für den Mietzins, und zwar in voller Höhe (§ 421 BGB). Aus dem zwischen den Partnern bestehenden Innenverhältnis kann sich allerdings ergeben, daß diese verpflichtet sind, eine gemeinsame Kündigungserklärung abzugeben. Dies gilt unabhängig davon, ob man die Partnerschaft als bürgerlich-rechtliche Gesellschaft (so OLG Hamm BB 76, 529; a. A. OLG Frankfurt FamRZ 84, 1013) oder als Gemeinschaft (so LG Heidelberg WM 77, 31) ansieht. Hinsichtlich des Auflösungsanspruchs führen beide Ansichten zu dem selben Ergebnis: Nach § 723 BGB kann grundsätzlich jeder Gesellschafter die Gesellschaft kündigen, nach § 749 BGB kann jeder Teilhaber die Auflösung der Gemeinschaft verlangen. Ist die Personengemeinschaft aufgelöst, so sind deren ehemalige Mitglieder also untereinander schuldrechtlich zum Ausspruch der Kündigung verpflichtet. Eine Verweigerung der Abgabe einer Kündigungserklärung führt dann zur Schadensersatzpflicht in Form eines Freistellungsanspruchs. Im Ergebnis führt dies dazu, daß der sich weigernde M. den M.zins allein zu tragen hat (s. zum Ganzen auch Finger, WM 93, 581).

2. Ist nur einer der beiden Partner Mieter und besteht zwischen beiden ein Untermietverhältnis, so kann der Hauptmieter dem Untermieter kündigen. Die Kündigungsschutzvorschriften des § 564b BGB kommen in Fällen dieser Art wegen § 564b VII BGB meist nicht zur Anwendung (vgl. → *Kündigungssschutz für Wohnraum VII*). Der Untermieter kann sich i. d. R. auch nicht auf die Sozialklausel berufen (§ 556a VIII; s. → *Sozialklausel I 1f*). Der Hauptmieter muß

lediglich die i.d.R. sehr kurze Kündigungsfrist des § 565 III BGB einhalten (→ *Kündigungsfristen I 3*). Zieht der Untermieter nicht freiwillig aus, so muß der Hauptmieter auf Räumung klagen. Eine einstweilige Verfügung, wonach dem Untermieter untersagt werden soll, die Wohnung zu betreten, ist grundsätzlich unzulässig (§ 940a ZPO). Eine Ausnahme kommt nur dort in Betracht, wo zu befürchten ist, daß der Untermieter gegen den Hauptmieter tätlich wird. Hier genießt der Schutz des im Besitz stärkeren Hauptmieters Vorrang vor den Interessen des Untermieters.

In keinem Fall darf der Hauptmieter den Untermieter mit Gewalt aus den Räumen entfernen. Ein solches Verhalten stellt verbotene Eigenmacht dar. Der außer Besitz gesetzte Untermieter kann im Wege der einstweiligen Verfügung Wiedereinräumung des Besitzes verlangen. Es kommt dabei nicht darauf an, ob der Untermieter ein Besitzrecht hat. An die Annahme eines Untermietverhältnisses sind im übrigen strenge Anforderungen zu stellen. Voraussetzung ist, daß der Untermieter einen Teil der Wohnung zu seiner ausschließlichen Verfügung hat und daß er hierfür einen bestimmten Mietzins zahlt. Diese Voraussetzungen muß der Untermieter im Streitfall beweisen.

Will der Hauptvermieter (Eigentümer) das Mietverhältnis mit dem Hauptmieter beenden und zugleich erreichen, daß auch der Untermieter die Wohnung räumt, so muß er dem Hauptmieter kündigen und beide Wohnungsnutzer auf Räumung in Anspruch nehmen. Der Herausgabeanspruch gegen den Hauptmieter ergibt sich in diesem Fall aus § 556 Abs. 1 BGB; den Anspruch gegen den Untermieter kann der Vermieter auf § 556 Abs. 3 BGB stützen. Eine Kündigung gegenüber dem Untermieter ist nicht erforderlich. Wesentlich ist, daß der Untermieter nur dann zur Räumung verpflichtet ist, wenn gegen ihn ein Räumungstitel vorliegt.

3. Weitgehend ungeklärt ist die Rechtslage, wenn nur einer der beiden Partner Mieter ist und zwischen den Partnern auch kein Untermietverhältnis besteht. Mangels besonderer vertraglicher Beziehungen ist der nichtmietende Partner oft rechtlos gestellt und schutzlos dem Räumungsverlangen des anderen Partners ausgeliefert. Kündigungsschutzvorschriften sind zwischen den Partnern nämlich nicht anwendbar (Singer WM 82, 257). Beim Vorliegen besonderer Umstände kann ein solches Räumungsverlangen allerdings rechtsmißbräuchlich (§ 242 BGB) sein (Räumung zur Unzeit; Verlangen nach sofortiger Räumung). Verbotene Eigenmacht ist im übrigen auch hier unzulässig, so daß der ausgesperrte Partner im Wege der einstweiligen Verfügung grundsätzlich Wiedereinräumung des Besitzes verlangen kann (vgl. aber auch AG Bruchsal FamRZ 81, 447, wonach ein solches Verlangen in bestimmten Fällen rechtsmißbräuchlich sein kann).

Eheähnliche Gemeinschaft

In der Rechtsprechung ist umstritten, ob der Lebensgefährte des Mieters auch dann ein selbständiges Besitzrecht hat, wenn er nicht Partei des Mietvertrags geworden ist (verneinend: LG Darmstadt WM 81, 113; LG Kiel WM 82, 304; LG Berlin WM 90, 38). Nach der Entscheidung des OLG Hamburg vom 19. 8. 1992 (WM 92, 548 = ZMR 93, 16 = DWW 92, 365) muß der Lebensgefährte grundsätzlich als selbständiger Besitzer angesehen werden, mit der Folge, daß zur Zwangsräumung ein Titel gegen den Lebensgefährten benötigt wird. Weder der Mieter noch dessen Lebensgefährte können sich aber gegenüber dem Vermieter auf ein Besitzrecht berufen, wenn der Lebensgefährte den Besitz an der Wohnung ohne Wissen und Wollen des Vermieters erlangt hat.

4. Zur Frage, ob und unter welchen Voraussetzungen die Partner gegenseitige Ausgleichsansprüche wegen gemeinsam angeschaffter Gegenstände, wegen der Haushaltsführung oder wegen sonstiger Leistungen haben, vgl.: BGH FamRZ 65, 368; NJW 80, 1520 = MDR 80, 736; NJW 81, 1502 = MDR 81, 733; NJW 83, 2375; OLG München FamRZ 80, 239; OLG Frankfurt FamRZ 81, 253; FamRZ 84, 1013 – betr. Rückzahlung eines Bankkredits –; NJW 82, 1885; OLG Celle FamRZ 82, 63; NJW 83, 1063; KG NJW 82, 1886; Battes JZ 88, 908.

5. Nach dem RE des BGH vom 13. 1. 1993 (WM 93, 254 = ZMR 93, 261) tritt der Partner beim Tod des Mieters in das Mv ein, wenn die weiteren Voraussetzungen des § 569a BGB vorliegen (s. – Tod des Mieters I 2). Nach der Rechtsprechung des BGH setzt „eine eheähnliche Gemeinschaft eine Lebensgemeinschaft zwischen Mann und Frau voraus, die auf Dauer angelegt ist, daneben keine weitere Lebensgemeinschaft gleicher Art zuläßt und sich durch innere Bindungen auszeichnet, die ein gegenseitiges Einstehen der Partner füreinander begründen, also über die Beziehungen einer reinen Haushalts- und Wirtschaftsgemeinschaft hinausgeht. Gleichgeschlechtliche und ihrer Art nach nur vorübergehend angelegte Partnerschaften scheiden danach von vorneherein aus“ (ähnlich BVerfG, WM 93, 240). Ob diese Voraussetzungen gegeben sind, muß anhand von Indizien festgestellt werden, wobei vor allem die lange Dauer des Zusammenlebens, die Versorgung von Kindern und Angehörigen im gemeinsamen Haushalt und die Befugnis über Einkommen- und Vermögensgegenstände des Partners zu verfügen von Bedeutung sind. Der BGH weist in diesem Zusammenhang darauf hin, daß der Eintrittsberechtigte (also der überlebende Partner) die für die Annahme einer eheähnlichen Gemeinschaft erforderlichen Tatsachen darlegen und beweisen muß. Unerträgliche Nachforschungen, die die Intimsphäre berühren, sind dabei allerdings nicht veranlaßt (s. dazu auch Lützenkirchen, WM 93, 373).

Zur Frage der Zulässigkeit von Besuchen und Übernachtungen von Personen des anderen Geschlechts vgl. → *Besucher*.

6. Wird gegen einen der Partner die Zwangsvollstreckung betrieben, so ist zu beachten, daß die in der Wohnung befindlichen Gegenstände, die nicht eindeutig dem einen oder anderen Partner zugeordnet werden können, im Zweifel im Mitgewahrsam beider Partner stehen. Diese Gegenstände dürfen nur mit Zustimmung desjenigen Partners gepfändet werden, der nicht Partei des Vollstreckungsverfahrens ist. Die Ehegattenvermutung der §§ 1362 BGB, 739 ZPO gilt in diesen Fällen nicht (LG Frankfurt NJW 86, 729). Bezüglich der Zulässigkeit der Wohnungsdurchsuchung in diesen Fällen s. → *Unverletzlichkeit der Wohnung*.

Eheleute können den Mv. entweder gemeinschaftlich als M. abschließen oder aber nur einer von ihnen wird Vertragspartner des V.

I. Sind *beide* M., haftet jeder von ihnen für die Zahlung des M.zinses, und das → Pfandrecht des V. entsteht an den von beiden eingebrachten Sachen. Die Rechte aus dem Mv. müssen beide Eheleute *gemeinschaftlich ausüben,* so daß eine Kündigung nur wirksam ist, wenn sie von beiden ausgeht. Etwas anderes gilt, wenn im Mv. eine Vollmachtsklausel enthalten ist. Eine Erklärungsvollmacht, wonach die von einem der beiden M. abgegebene Erklärung grundsätzlich auch für und gegen den anderen M. wirken soll, ist allerdings einschränkend dahingehend auszulegen, daß sie nicht für die Beendigung des Mv., also für Kündigungen und Mietaufhebungsverträge gilt (OLG Hamburg BlGBW 61, 334; LG Hamburg WM 77, 184; AG Hamburg MDR 71, 845; AG Mannheim WM 76, 184; LG Berlin GrundE 90, 763). Kündigt der V., muß er das beiden Eheleuten gegenüber tun. Eine Ausnahme gilt wiederum dann, wenn der Mv. eine Empfangsvollmacht enthält; derartige Empfangsvollmachten sind auch in Formularverträgen wirksam, weil hierdurch die M. im Ergebnis nicht benachteiligt werden (vgl. Schmidt-Futterer/Blank Kommentar Rdn. B 44). Von der Empfangsvollmacht sind aber jene Klauseln zu unterscheiden, wonach eine gegenüber einem der M. abgegebene Erklärung auch gegenüber dem anderen M. wirksam sein soll (Erklärungsfiktion), oder wonach eine Erklärung, die einem der M. zugeht, auch gegenüber dem anderen M. als zugegangen gelten soll (Zugangsfiktion). Solche Vereinbarungen verstoßen gegen § 10 Nr. 6 AGBG und sind in Formularverträgen unwirksam. Die Rechtsprechung neigt allerdings dazu, diese Vereinbarungen in wirksame Empfangsvollmachten umzudeuten (so z. B. OLG Schleswig RE vom 22. 3. 1983, NJW 83, 1862 = WM 83, 130 = ZMR 83, 249 = MDR 83, 670; OLG Koblenz RE v. 13. 10. 83 NJW 84, 244 = WM 84, 18 = ZMR 84, 30 = DWW 84, 19; vgl. auch KG RE v.

25. 10. 84, WM 85, 12 = DWW 85, 149, 211). Eine derartige Praxis ist nicht unbedenklich, weil durch die Klausel bewußt weitergehende Rechtsfolgen herbeigeführt werden sollen als nach der Vollmachtsklausel (vgl. Schmidt-Futterer/Blank a. a. O.). Teilweise wird die Auffassung vertreten, daß auch die Zustimmung eines Mieters zu einer Mieterhöhung von der Erklärungsvollmacht nicht gedeckt wird (Bub in: Bub/Treier, Handbuch Rdn. II 563) und daß sogar Erklärungen eines Mieters im Zusammenhang mit Schönheitsreparaturen und andere weitreichende Erklärungen von der Vollmacht ausgenommen sein sollen (OLG Celle WM 90, 103). Nach der Auffassung des OLG Celle ist eine Vollmachtsklausel nur wirksam, wenn die genannten Ausnahmen durch den Wortlaut der Klausel für den Mieter erkennbar deutlich genannt werden. Nach der Ansicht des LG Frankfurt WM 90, 271, sollen nur Empfangsvollmachten wirksam formularmäßig vereinbart werden können, nicht aber Erklärungsvollmachten (ebenso: OLG Nürnberg NJW 88, 1220); bei Empfangsvollmachten müssen zudem diejenigen Erklärungen ausgenommen werden, die auf eine Beendigung des Mietverhältnisses abzielen. Nach dieser Ansicht können sich die Mieter formularmäßig weder zur Abgabe von Erklärungen (jeder Art) noch zur Entgegennahme einer Kündigungserklärung oder eines Angebots zum Abschluß eines Mietaufhebungsvertrags bevollmächtigen. Fehlt eine wirksame Empfangsvollmacht und hat der V. die Kündigung nur gegenüber einem der Ehegatten erklärt, so hat dies nicht zur Folge, daß dieser Ehegatte die Wohnung räumen muß, während das Mv. mit dem anderen Ehegatten weiterbesteht. Vielmehr ist die Kündigung insgesamt unwirksam. Eine Ausnahme kann gelten, wenn der ausgezogene Mieter mit der Wohnung ersichtlich nichts mehr zu tun haben will (OLG Frankfurt, WM 91, 76 = ZMR 91, 103; S. dazu auch Kündigung II 5.) Gleiches gilt für die Wirksamkeit von Merhöhungserklärungen. Soll die Merhöhungserklärung gegenüber beiden Ehegatten wirksam sein, so muß sie auch gegenüber beiden Eheleuten abgegeben werden (LG Köln ZMR 78, 309). Dementsprechend müssen beide Ehegatten einer Merhöhung zustimmen, damit eine gegenüber beiden Ehegatten wirksame Vertragsänderung zustandekommt (LG Hamburg ZMR 78, 311). Hat der V. nur gegenüber einem der Ehegatten eine wirksame Merhöhungserklärung abgegeben und hat dieser allein zugestimmt, so verbleibt es für beide M. beim ursprünglichen Mzins, da die Erhöhungserklärung insgesamt unwirksam ist (LG Hamburg a. a. O.). Will ein Ehegatte getrennt leben und ausziehen, kann er aus dem Mv. nur dann wirksam ausscheiden, wenn der andere Ehegatte damit einverstanden ist und der V. zustimmt (BayObLG WM 83, 107 = DWW 83, 71 = ZMR 83, 247; LG Mannheim DWW 73, 19). Aus dem Auszug eines Ehegatten

aus der gemeinsamen ehelichen Wohnung und aus der jahrelangen Trennung der Eheleute allein kann ein derartiges Einverständnis mit der Entlassung aus den Verpflichtungen des Mv. nicht hergeleitet werden (BayObLG a. a. O.). Zur Räumungsklage gegen den bereits umgezogenen geschiedenen Ehegatten vgl. → *Rückgabepflicht II.* Die Klage des getrennt lebenden Ehemannes gegen seine an der Ehe festhaltenden Frau auf Erteilung der Zustimmung zur Kündigung der von ihr benutzten Ehewohnung ist rechtsmißbräuchlich (LG Detmold MDR 69, 576). Eine *Räumungsklage* muß der V. gegen beide Eheleute richten, sonst kann sich der nichtverklagte M. gegen die Zwangsvollstreckung mit Erfolg zur Wehr setzen.

Da beide Eheleute aus dem Mv. als Mitmieter und Gesamtschuldner dem V. grunds. bis zur Vertragsbeendigung den vollen M.zins schulden, kann der darauf in Anspruch genommene vom anderen nach §§ 426, 427 BGB im Innenverhältnis einen hälftigen *Ausgleich* verlangen, soweit nichts Abweichendes bestimmt ist oder nach den Umständen als vereinbart gilt. Solange beide Eheleute die Ehewohnung gemeinsam benutzen, haben sie somit den M.zins bei beiderseitigem Einkommen intern hälftig zu tragen, während ihn der Alleinverdiener bei Haushaltsführung des anderen ohne Ausgleichungsrecht aufbringen muß (§§ 1360ff. BGB). Das gilt grunds. auch dann, wenn ein Ehegatte die Ehewohnung räumt; bei Getrenntleben und → Ehescheidung endet die Haftung des umgezogenen Ehegatten dann, wenn das Familiengericht auf Antrag den anderen durch rechtsgestaltende Entscheidung die Ehewohnung allein zuteilt, unbeschadet einer abweichenden Unterhaltsverpflichtung.

II. Schließt nur *einer* der Eheleute den Mv. ab, entstehen nur ihm gegenüber die Rechte und Pflichten aus diesem Vertrag (so auch bei bloßer *Mitunterschrift,* OLG Frankfurt MDR 69, 852). Der andere Ehegatte ist nur *Mitbesitzer* der Wohnung; er hat ein selbständiges Recht, sich gegen Besitzstörungen zu wehren. An seinen Sachen entsteht kein → Pfandrecht des V., und er haftet auch nicht für den M.zins. Für schuldhafte Vertragsverletzungen des anderen Ehegatten und der Kinder (z. B. Beschädigungen der Wohnung oder von Gemeinschaftseinrichtungen) haftet aber der M. gegenüber dem V. wie für eigenes Verschulden (s. Abnutzungen I, II). Den in der Wohnung des M. lebenden Familienmitgliedern steht für Schäden, die ihnen durch Mängel der M.sache entstehen, ein *selbständiger* Schadensersatzanspruch gegen den V. zu (s. Mängel I, 3). Eine Kündigung muß nur gegenüber dem M. erklärt werden. Die Räumungsklage muß sich allerdings gegen beide Eheleute richten, weil das Besitzrecht des anderen Ehegatten nur durch einen Räumungstitel beseitigt werden kann (OLG Hamburg MDR 70, 769; LG Mannheim, ZMR 92, 253; LG Hamburg, WM 92, 549; Emmerich PiG 10, 94; Sternel Rdn. VI

8; a. A. LG Darmstadt WM 81, 113; LG Kiel WM 82, 304; AG Neuss NJW 85, 2427; Köhler § 194 Rdn. 1; Schneider DGVZ 86, 4). Die hier bis zur 10. Auflage vertretene abweichende Ansicht wurde aufgegeben.

Eine Ausnahme gilt für Mietverträge, die vor dem 3. 10. 1990 in der ehemaligen DDR abgeschlossen worden sind. Hier sind die Vertragsverhältnisse nach wie vor nach dem „Zivilgesetzbuch der Deutschen Demokratischen Republik" (ZGB) zu beurteilen. In § 105 Abs. 3 ZGB war geregelt, daß der Mietvertrag über eine Ehewohnung auch dann mit beiden Ehegatten zustandekommt, wenn der schriftliche Mietvertrag nur von einem der Eheleute unterzeichnet wird. Dies bedeutet, daß eine Kündigung, eine Mieterhöhungserklärung oder eine andere wichtige Erklärung stets gegenüber beiden Eheleuten ausgesprochen werden muß (abweichend: Quarch, WM 93, 224). Für Mietverhältnisse, die nach dem 2. 10. 1990 begründet worden sind, gelten die allgemeinen Vorschriften des BGB.

Wird im schriftlichen Mv. nur einer der Eheleute als M. genannt, obwohl bei den Vertragsverhandlungen und beim mündlichen Vertragsabschluß beide anwesend waren, so ist M. nur der Genannte geworden. Dies gilt auch dann, wenn das Vertragsformular von beiden Eheleuten unterzeichnet worden ist (LG Frankfurt WM 81, 183). Sind im Kopf des Mv. beide Eheleute als Mieter aufgeführt und wird der Vertrag nur von einem der Eheleute unterschrieben, so wird nur der Unterzeichnende Mieter, wenn dieser nicht zugleich mit Vollmacht für den anderen mitunterschrieben hat. Allerdings muß sich aus dem schriftlichen Mietvertrag ergeben, daß der Unterzeichnende zugleich für den anderen Ehegatten mit unterzeichnen wollte; anderenfalls ist die Schriftform nicht gewahrt (RGZ 96, 286, 289). Es wird allerdings auch die Ansicht vertreten, im Zweifel sei davon auszugehen, daß der unterschreibende Teil in Fällen dieser Art zugleich den anderen vertrete (OLG Düsseldorf, WM 89, 362). Das OLG Schleswig (Rechtsentscheid vom 17. 11. 1992, ZMR 93, 69) ist der Auffassung, daß ein Anschein für die Vertretungsbefugnis spreche, wenn „bei den Vertragsverhandlungen deutlich wird, daß beide Ehegatten/Partner Mieter werden sollen und wenn insbesondere auch der nicht unterzeichnende Teil an den Vertragsverhandlungen beteiligt worden ist" (a. A. LG Mannheim, ZMR 93, 415). Wird ein mündlicher Mv. in Gegenwart von zwei M.interessenten abgeschlossen, die entweder Eheleute sind oder für solche gehalten werden, so kommt es auf die Umstände des Einzelfalles bei der Beurteilung an. Entscheidend ist, ob der V. und die Interessenten den Vertragsabschluß zwischen allen oder nur zwei Beteiligten wollten und dieser Wille hinreichend erkennbar war; aus der bloßen Tatsache, daß die Interessenten Eheleute sind oder vom V. als verheiratet angesehen werden, kann der Vertragsabschluß mit beiden Interessenten nicht hergeleitet werden. (LG Mannheim DWW 76, 308 = WM 77, 114; z. Ganzen s. auch Scholz WM 86, 5).

III. Ist unklar, wer von den Eheleuten Vertragspartei geworden ist (z. B. weil nur einer der Eheleute den Mietvertrag unterzeichnet hat, so ist der Rechtsentscheid des OLG Schleswig vom 17. 11. 1992 (ZMR 93, 69) zu beachten. Danach können stets beide Eheleute auf Räumung in Anspruch genommen werden, ohne daß es auf die Vertragsverhältnisse ankommt. Sind beide Eheleute Mieter geworden, so ergibt sich der Räumungsanspruch insgesamt aus § 556 Abs. 1 BGB. Ist nur einer der Eheleute als Mieter anzusehen, so ergibt sich der Räumungsanspruch gegen den Mieter aus § 556 Abs. 1 BGB und der Anspruch gegen den anderen Ehegatten aus §§ 556 Abs. 3, 985 BGB. Die von einem Teil der Rechtsprechung vertretene Meinung, wonach die Klage gegen den anderen Ehegatten mangels Rechtsschutzbedürfnisses unzulässig sei, weil der Räumungstitel gegen den Mieter auch gegen dessen Ehegatten wirke, kann nach der Entscheidung des OLG Schleswig nicht aufrechterhalten werden. Für alle anderen Ansprüche (auf Zustimmung zur Mieterhöhung, auf Schadensersatz, auf Zahlung rückständiger Miete, etc) kommt es dagegen auf die wirklichen Vertragsverhältnisse an. Eine Ausnahme gilt auch hier für die Mietverhältnisse in der ehemaligen DDR, die vor dem 3. 10. 1990 begründet worden sind (s. oben II).

IV. Wenn ein M. *nach* Abschluß des Mv. heiratet, darf er den anderen Ehegatten und dessen Kinder ohne besondere Erlaubnis des V. in seine Wohnung aufnehmen (LG Köln m. w. Nachw.; s. auch Tod des M., Untermiete vor I). Dies gilt auch dann, wenn im Mietvertrag etwas Abweichendes vereinbart ist. Eine Vertragsklausel, wonach „Ausländer . . . im Haus nicht erwünscht und nicht gestattet“ sind, ist unwirksam (AG Nürnberg WM 84, 295), so daß der Mieter auch in diesem Fall einen ausländischen Ehegatten in die Wohnung aufnehmen darf. Die Aufnahme ist dem V. mitzuteilen. Zweifelhaft ist, ob der V. den Eintritt des aufgenommenen Ehegatten in den Mv. als M. verlangen kann (so Hummel ZMR 75, 291; a. A.: AG Köln NJW 82, 239; LG Aachen NJW RR 87, 1373). Eine Ausnahme von diesen Grundsätzen gilt dann, wenn durch die Aufnahme des Ehegatten und der Kinder eine Überbelegung eintreten würde (BGH, RE v. 14. 7. 1993, WM 93, 529 = ZMR 93, 508; BayObLG RE vom 14. 9. 1983, WM 83, 309; vgl. auch OLG Hamm RE vom 6. 10. 1982, WM 82, 323 = DWW 82, 335; OLG Karlsruhe RE v. 16. 3. 87 WM 87, 180). Eine Überbelegung scheidet aus, wenn die Anzahl der Wohnungsbenutzer und der verfügbaren Räume sich decken. Ist dies nicht der Fall, so darf dennoch nicht ohne weiteres eine Überbelegung angenommen werden. Vielmehr ist im Einzelfall auf die örtlichen und familiären Verhältnisse abzustellen. Dabei kommt es entscheidend darauf an, ob die konkreten Wohnverhältnisse noch als sozial üblich angesehen werden können. Soweit die Wohnungsaufsichtsgesetze der Länder entsprechende Regelungen über die Belegung von Wohnraum enthalten, kann hierauf zurückgegriffen werden.

Ehescheidung I. Die Scheidung einer Ehe nach §§ 1564–1568 BGB hat (wie die Aufhebung oder Nichtigerklärung einer Ehe nach dem EheG) zur Folge, daß die Ehegatten von ihrer wechselseitigen Verpflichtung zur ehelichen Lebensgemeinschaft (§ 1353 I BGB) enthoben sind. Können sich die Ehegatten anläßlich der Ehescheidung nicht einigen, wer von ihnen künftig die frühere Ehewohnung alleine weiterbewohnen darf, so entscheidet hierüber das Familiengericht (§ 23b I Nr. 8 GVG; § 621 I Nr. 7 ZPO) in einem Verfahren der freiwilligen Gerichtsbarkeit nach den Vorschriften der „Verordnung über die Behandlung der Ehewohnung und des Hausrats" – 6. DVO zum EheG vom 21. 10. 1944 (RGBl. I 256, zuletzt geändert am 20. 9. 1986, BGBl. I 301) – HausrVO –. Gleiches gilt, wenn sich die Ehegatten zwar einig sind, der V. aber nicht zustimmt (Dörr NJW 89, 810).

Durch das 1. EheRG wurde ab 1. 7. 1977 ermöglicht, die Regelung der Rechtsverhältnisse an der Ehewohnung (und am Hausrat) mit dem Scheidungsverfahren in der Weise zu verbinden, daß die Entscheidung über die Ehewohnung zusammen mit dem Scheidungsausspruch ergeht (§§ 623, 629 ZPO).

1. Die Entscheidung in dieser Familiensache, für die verfahrensrechtlich die §§ 621–621f. ZPO (im Verbundverfahren zusätzlich die §§ 622–630 ZPO) gelten, trifft das Familiengericht nach billigem Ermessen unter Berücksichtigung der folgenden Kriterien nach freier Würdigung der Umstände des Einzelfalles i. d. R. aufgrund mündlicher (nicht öffentlicher) Verhandlung. Wie in § 2 DVO ausdrücklich hervorgehoben wird, ist hierbei insbesondere das Wohl der Kinder zu berücksichtigen, weil sich Spannungen zwischen den Eltern dann erst recht negativ auf die Kinder auswirken, wenn die Ehegatten noch längere Zeit zusammen leben, obwohl ihre Ehe am Zerbrechen ist und sich die Auseinandersetzungen zwischen den Ehegatten intensivieren (OLG Karlsruhe FamRZ 78, 132 u. 712; OLG Koblenz FamRZ 87, 852). Haben sich die Kinder für ein Verbleiben bei einem Elternteil in der Wohnung ausgesprochen und wird diesem Elternteil auch die elterliche Sorge für die Kinder übertragen, wird grundsätzlich diesem Ehegatten die Wohnung zur alleinigen Nutzung zusammen mit den Kindern zugewiesen (vgl. AG Viechtach FamRZ 85, 708). Für den Ehegatten, bei dem die Kinder nicht verbleiben wol-

len, ist es als Alleinstehendem zudem einfacher, auf dem Wohnungsmarkt eine Ersatzwohnung zu finden (OLG Karlsruhe FamRZ 81, 1097).

Ist der Gesichtspunkt des Kindeswohls nicht ausschlaggebend, kommt es vor allem auf die Lebensverhältnisse der Ehegatten wie Alter und Gesundheitszustand sowie ihre Einkommens- und Vermögensverhältnisse an (AG Mannheim, ZMR 83, 353/355; BayObLG FamRZ 64, 306/308). Dem wirtschaftlich stärkeren und gesundheitlich stabileren Ehegatten ist es i. d. R. eher zuzumuten, sich um eine Ersatzwohnung zu kümmern. Auch die Nähe der Wohnung zum Arbeitsplatz eines Ehegatten kann hier von Bedeutung sein. Die Ursachen der Ehescheidung und die Schuld am Scheitern der Ehe sind nach Einführung des 1. EheRG grundsätzlich nicht mehr zu berücksichtigen; allerdings sind Einzelfälle denkbar, in denen das Fehlverhalten eines Ehegatten derart ins Gewicht fällt, daß eine Außerachtlassung dieses Umstandes unbillig erscheint (vgl. KG FamRZ 88, 182; NJW-RR 89, 711; für das Unterhaltsrecht: BGH FamRZ 79, 569/570 u. 571/573; 80, 66/667).

Aus der Sicht der zum Zeitpunkt des Erlasses der DVO (1944) kriegsbedingten Notlage auf dem Wohnungsmarkt schreibt § 2 DVO vor, daß neben dem Kindeswohl den „Erfordernissen des Gemeinschaftslebens" besonders Rechnung zu tragen ist (OLG Hamburg NJW 54, 1892). Allgemein ist hieraus auch für die heutige Zeit abzuleiten, daß – zumal bei beengten Wohnverhältnissen – zu bedenken ist, welcher Ehegatte sich besser in die übrige Hausgemeinschaft einpaßt.

Besonderheiten ergeben sich nach § 3 I DVO für die Zuweisung einer → *Eigentumswohnung,* die im Alleineigentum eines Ehegatten oder im Miteigentum mit dem anderen Ehegatten bzw. einem Dritten steht. Die Zuweisung an den Ehegatten, der nicht Eigentümer oder dinglich Berechtigter ist, soll nur dann erfolgen, wenn dies notwendig ist, um eine unbillige Härte zu vermeiden. In welchen Fällen eine unbillige Härte vorliegt, ist nach richterlichem Ermessen (§ 2 DVO) zu entscheiden (z. B. OLG Stuttgart NJW 68, 126: Siedlungshaus wurde mit öffentlichem Zuschuß für Kinderreiche erworben, Nichteigentümer-Ehegatte hat das Sorgerecht für die Kinder). Die Zweckbindung durch die Gewährung öffentlicher Mittel (Wohnungsaufbau, Mieterdarlehen u. a.) ist unerheblich (BayObLG MDR 64, 506; KG WM 68, 103).

Sind die Ehegatten Miteigentümer der Wohnung oder in gleichem Umfang dinglich Berechtigte, kommen uneingeschränkt Billigkeitsgesichtspunkte zum Tragen. Der Familienrichter entscheidet in diesen Fällen ausschließlich nach billigem Ermessen, welchem Ehegatten er die Wohnung zur alleinigen Nutzung zuweist. In die Eigentumsverhältnisse kann er nicht gestaltend eingreifen (KG FamRZ 86, 72). Ein Ausgleich für den weichenden Ehegatten kann nur dadurch erfolgen, daß dem verbleibenden Ehegatten die Zahlung eines Entgeltes für die nunmehr alleinige Nutzung der Wohnung an den weichenden Ehegatten auferlegt wird (dazu ausführlich Brudermüller FamRZ 87, 116ff. mit weiteren Nachweisen).

Besonderheiten sieht § 4 DVO auch für die Zuweisung einer Wohnung, die aufgrund eines weiterbestehenden Dienst- oder Arbeitsverhältnisses überlassen ist, vor. Für die Fälle der Zuweisung einer Dienst- oder → *Werkswohnung* soll die richterliche Entscheidung – anders als bei der Mietwohnung – von der Zustimmung des Dienstherrn bzw. Arbeitgebers abhängig sein, wenn beabsichtigt ist, die Wohnung dem Ehegatten zuzuweisen, mit dem kein Dienst- bzw. Arbeitsverhältnis besteht. Fehlt dieses Einverständnis, darf die Zuweisung der Wohnung an einen betriebsfremden Ehegatten nur dann erfolgen, wenn es dem betriebsangehörigen Ehegatten ohne Beeinträchtigung seines Arbeitsverhältnisses zur Vermeidung einer außergewöhnlichen Härte für den anderen Ehegatten zumutbar ist, einen Wohnungswechsel vorzunehmen und die Gewährung einer →Räumungsfrist nicht ausreicht (BayObLG MDR 72, 328; NJW 72, 2041); vgl. aber OLG Hamm FamRZ 81, 183 für Bergarbeiterwohnung).

2. Schon *vor rechtskräftiger Scheidung* der Ehe kann bei einer aufgrund der Spannungen und Auseinandersetzungen zwischen den Ehegatten unerträglichen Wohnsituation eine Regelung der Benutzungsverhältnisse an der Ehewohnung erforderlich werden. Diesem Bedürfnis hat der Gesetzgeber nach umfangreichen Beratungen (vgl. BT-Drucks. 10/2888, weiter s. 5/16 und s. 22 sowie 10/4514, s. 5/22) durch die Einführung der Vorschrift des § 1361b BGB durch das UÄndG vom 20. 2. 1986 Rechnung getragen (vgl. zur Entstehungsgeschichte Brudermüller FamRZ 87, 109f./113; Finger NJW 87, 1001). Leben die (noch nicht geschiedenen) Ehegatten getrennt oder beabsichtigt ein Ehegatte, die Trennung herbeizuführen, und können sich die Ehegatten nicht einigen, wer von ihnen die Ehewohnung allein weiterbewohnen darf, besteht nach § 1361b BGB die Möglichkeit einer richterlichen Zuweisung (oder Aufteilung; s. unten 6) der Ehewohnung bereits vor Einleitung eines Scheidungsverfahrens.

Im Verlauf des Gesetzgebungsverfahrens wurde mehrfach hervorgehoben, daß sich die Neuregelung nicht dahin auswirken dürfe, eine Scheidung vorzubereiten oder zu erleichtern (BT-Drucks. 10/2888, S. 16, 42, 50 und BT-Drucks. 10/4514 S. 22). Ein Ehegatte kann von dem anderen die Überlassung der Ehewohnung zur alleinigen Benutzung deshalb nur verlangen, wenn auf andere Weise (etwa durch Aufteilung) eine Befriedung des Spannungszustandes zwischen den Ehegatten nicht zu erreichen ist und ein Zusammenleben unter einem Dach den auf die Beibehaltung der Ehewohnung stärker angewiesenen Ehegatten unzumutbar belasten würde (OLG Frankfurt FamRZ 87, 159).

Um ehefeindlichen Tendenzen entgegenzuwirken und einem Mißbrauch durch verfrühte Inanspruchnahme der Gerichte bei jedweder Ehekrise vorzubeugen, ist eine gerichtliche Wohnungszuweisung vor Anhängigkeit eines Scheidungsverfahrens nur unter engen Voraussetzungen zulässig: nur im Falle „schwerer" und nicht bloß „unbilliger" Härte, wie noch die ursprüngliche Formulierung im Gesetzesentwurf der Bundesregierung gelautet hatte (BT-Drucks. 10/2888, S. 16), soll die Zuweisung an einen Ehegatten allein in Betracht kommen (BT-Drucks. 10/2888, S. 22). Durch die Wahl der strengeren Formulierung will der Gesetzgeber zum Ausdruck bringen, daß die Zuweisung der Ehewohnung vor Scheidung der Ehe, insbesondere vor Einleitung eines Scheidungsverfahrens, unter wesentlich engeren Voraussetzungen möglich ist als nach der Scheidung gemäß den Vorschriften der DVO; nach § 3 I DVO reicht für die Zuweisung nämlich aus, wenn eine unbillige Härte vermieden werden soll. Sinn der hoch angesetzten Voraussetzungen für eine Zuweisung der Wohnung an einen Ehegatten allein ist zu vermeiden, daß durch räumliche Trennung der Ehegatten im Frühstadium ihres ehelichen Konfliktes vollendete Tatsachen geschaffen werden, die dann einer Versöhnung und Wiederannäherung der Ehegatten im Wege stehen (OLG Köln FamRZ 87, 77/78). Dementsprechend ist im Verfahren nach § 1361 b I BGB nur eine Zuweisung der Ehewohnung zur vorläufigen Benutzung und keine endgültige Regelung der Rechtsverhältnisse an der Ehewohnung möglich.

Für die Anforderungen, die an eine schwere Härte zu stellen sind, ist zu unterscheiden, ob eine Trennung bereits freiwillig vollzogen wurde oder ob die Ehegatten noch nicht getrennt leben bzw. ein Ehepartner den Auszug des anderen erzwungen hatte. Die Anforderungen sind geringer, wenn ein Ehegatte zunächst freiwillig ausgezogen ist, weiter eine andere Wohnung unterhält und die Mitbenutzung der Ehewohnung nicht mit dem Ziel der Wiederherstellung der ehelichen Lebensgemeinschaft, sondern aus anderen Motiven begehrt, zumal wenn sich das räumliche Zusammenleben ersichtlich nachteilig auf das Wohl der Kinder auswirken und zur weiteren Verschärfung der ehelichen Streitigkeiten beitragen würde (OLG Köln FamRZ 87, 77/78; OLG Koblenz FamRZ 87, 852).

Nach dem Sinn der gesetzlichen Regelung reichen weder bloße Unbequemlichkeiten noch die Gründe, die das Scheitern der Ehe materiell-rechtlich begründen können (§ 1565 ff. BGB), für eine Alleinzuweisung oder Teilzuweisung der Ehewohnung während des

Getrenntlebens aus. Die Benutzungsregelung nach § 1361b I BGB darf vorrangig nicht dazu dienen, den Lauf der Trennungsfristen in Gang zu setzen, sondern erfordert einen Sachverhalt, bei dem von einem Ehegatten das Zusammenleben mit dem anderen Ehegatten nicht mehr verlangt werden kann, weil anderenfalls jegliche gegenseitige Achtung und damit die Grundlage der ehelichen Lebensgemeinschaft angesichts der sich verschärfenden Konflikte zwischen den Ehegatten zerstört würde (Brudermüller FamRZ 87, 113). Eine schwere Härte im Sinne der Vorschrift liegt somit dann vor, wenn aufgrund außergewöhnlicher Umstände ausnahmsweise die Wohnungszuweisung – unter Berücksichtigung auch der Belange des anderen Ehegatten – dringend erforderlich ist, um eine unerträgliche Belastung des die Zuteilung begehrenden Ehegatten abzuwenden (KG FamRZ 87, 850/851). Eine unmittelbare Gefahr für Leib und Leben ist nicht erforderlich (Diederichsen NJW 86, 1283, 1284; Brudermüller FamRZ 87, 113f.). Da Ehe und Familie unter dem besonderen Schutz des Staates stehen (Art. 6 I GG) und nach der Normvorstellung des Gesetzgebers grundsätzlich jegliche gerichtliche Maßnahme, die eine Chance zur Versöhnung der Ehegatten vereiteln könnte, zu unterlassen ist, soll ein Ehegatte bei Bestehen der Ehe durch Richterspruch nur ausnahmsweise – bei Vorliegen außergewöhnlicher Umstände – aus der Ehewohnung ausgewiesen werden. Auf die Dauer der Ehe kommt es hierbei nicht an (OLG Frankfurt FamRZ 87, 159).

3. In dringenden Fällen kann das Familiengericht eine *einstweilige Anordnung* zur vorläufigen Regelung der Benutzungsverhältnisse an der Ehewohnung treffen (vgl. die Nachweise bei Brudermüller NJW 84, 2560 Vn. 6; Kalthoener FamRZ 84, 437 Fn. 1 u. 2). Rechtsgrundlage für den Erlaß einer einstweiligen Anordnung ist bis zur Anhängigkeit eines Scheidungsverfahrens und nach Rechtskraft der Ehescheidung § 13 IV DVO; während der Anhängigkeit einer Ehesache ergeht die einstweilige Anordnung aufgrund § 620 S. 1 Nr. 7 ZPO. Erforderlich ist in jedem Fall, daß ein Hauptverfahren anhängig ist. Hauptverfahren ist entweder ein selbständiges Wohnungszuweisungsverfahren nach der DVO bzw. nach § 1361 b I BGB (i. V. m. § 18a DVO) oder ein Verfahren auf Scheidung der Ehe (§ 606 I ZPO).

Da die einstweilige Anordnung aufgrund eines Eilverfahrens ergeht, in dem der Sachverhalt nur in groben Zügen aufgeklärt wird, darf das Gericht nur vorläufig die Benutzung der Wohnung im Verhältnis der Ehegatten untereinander regeln. Bevor gerichtlich festgestellt ist, daß die Ehe endgültig gescheitert ist – und erst recht vor Anhängigkeit eines Scheidungsverfahrens –, kommt der Erlaß einer einstweiligen Anordnung nur in Fällen in Betracht, in denen ohne die gerichtliche Maßnahme (psychischer oder physischer) Schaden für einen Ehegatten oder die Kinder droht (OLG Schleswig FamRZ 90, 546). Voraussetzung für eine Wohnungszuweisung an einen Ehegatten allein ist nicht, daß eine unmittelbare Gefahr für Leib oder Leben eines Haushaltsmitglieds besteht; es gelten auch im Falle einer einstweiligen Anordnung die unter I. dargestellten Grundsätze mit der Maßgabe, daß im Hinblick auf die Vorläufigkeit der Regelung eine Vorwegnahme der Endentscheidung vermieden werden soll. Eine Befristung der Regelung kommt deshalb in Betracht (Brudermüller FamRZ 87, 119).

Der Familienrichter hat im Rahmen eines Wohnungszuweisungsverfahrens weitreichende Regelungsbefugnisse. Er kann zugleich mit seiner (auch vorläufigen) Entscheidung all die Regelungen treffen, die zur Durchführung seiner Maßnahmen erforderlich sind. Insbesondere kann er ein Belästigungs-, Bedrohungs- und Mißhandlungsverbot aussprechen (OLG Karlsruhe FamRZ 84, 184; OLG Hamm NJW 82, 1108; OLG Saarbrücken FamRZ 81, 64; OLG Hamburg MDR 69, 927; MDR 70, 50; FamRZ 78, 804; a. A. OLG Köln MDR 61, 242; OLG Düsseldorf MDR 74, 582).

Dem aus der Wohnung gewiesenen Ehegatten kann das weitere Betreten der Wohnung verboten werden; andererseits kann angeordnet werden, daß der eine Ehegatte dem anderen den Zutritt zur Wohnung zu gestatten hat. Zulässig ist auch, demjenigen Ehegatten eines im Miteigentum beider Eheleute stehenden Einfamilienhauses das Betreten der Räume unter Androhung von Ordnungsgeld zu verbieten, wenn er nach seinem Auszug das Recht in Anspruch nimmt und praktiziert, jederzeit eindringen zu dürfen (OLG Frankfurt MDR 77, 145). Zur vorläufigen Sicherung des Rechts eines Ehegatten die dem anderen Ehegatten gehörende Ehewohnung zu benutzen, kann nach § 5 II HausrVO (ggf. im Wege der einstweiligen Anordnung) ein Mietverhältnis zwischen den Ehegatten begründet werden (OLG Düsseldorf FamRZ 85, 1153 = NJW RR 86, 231). Die einstweilige Anordnung kann auch den Zweck haben, die Veräußerung bzw. Beiseiteschaffung von Hausrat zu verbieten (OLG Düsseldorf FamRZ 79, 154/155; OLG Nürnberg WM 69, 147; FamRZ 59, 169) oder das Zurückbringen eigenmächtig entfernter Hausratsgegenstände zu gebieten (OLG Düsseldorf FamRZ 79, 154/155; OLG Frankfurt FamRZ 78, 53/54; KG MDR 70, 237; OLG Nürnberg FamRZ 59, 169).

Ist eine einstweilige Anordnung nach § 13 IV DVO oder § 620 ZPO zulässig, ist eine einstweilige Verfügung gemäß §§ 935ff. ZPO ausgeschlossen (KG FamRZ 82, 272 m. w. N.). Eine einstweilige Verfügung ist nur zulässig, wenn sie den ungestörten Besitz an der Ehewohnung sichern und nicht der Trennung dienen soll und ein Scheidungsverfahren noch nicht anhängig ist (OLG Düsseldorf

FamRZ 85, 1061; OLG Hamm MDR 77, 58). Zuständig für den Erlaß der einstweiligen Verfügung ist nicht das Familiengericht, sondern das allgemeine Prozeßgericht.

4. Im Zusammenhang mit der (End-)Entscheidung über die Wohnungszuweisung sind von Amts wegen die Anordnungen zu treffen, die zur Durchführung der Regelung nötig sind (§ 15 DVO). Hierzu gehört im Falle der endgültigen Zuweisung der Wohnung an einen der Ehegatten die Anordnung über die Räumung (die aufgrund einer im Eilverfahren ergangenen einstweiligen Anordnung i. d. R. nicht angeordnet werden kann) und über die Herausgabe der Wohnung an den anderen Ehegatten.

Das Familiengericht kann nach §§ 2, 15 DVO – in dringenden Fällen im Wege einer einstweiligen Anordnung – eine Räumungsfrist bewilligen (Schmidt-Futterer NJW 67, 1308; LG Mannheim ZMR 67, 142; OLG München FamRZ 78, 196; OLG Stuttgart FamRZ 80, 467 = Justiz 80, 203; OLG Karlsruhe Justiz 79, 438/439; OLG München NJW 78, 548 = FamRZ 78, 196). Die Gewährung einer Räumungsfrist kommt jedoch nur in Betracht, wenn dem Räumungspflichtigen trotz Erfüllung der → Ersatzraumbeschaffungspflicht kein zumutbarer Ersatzraum zur Verfügung steht (keine Räumungsfrist bis zur Beendigung der noch schwebenden Auseinandersetzung über das Vermögen; BayObLG MDR 75, 492 = ZMR 75, 219). Über einen Antrag auf Verlängerung der Räumungsfrist ist gemäß §§ 17, 15 DVO zu entscheiden (Schmidt-Futterer NJW 67, 1308/1309f.; Brudermüller FamRZ 87, 122 m. w. N.). Auch bei einer außergerichtlichen Vereinbarung kann das Gericht auf Antrag eines Ehegatten eine Fristverlängerung gewähren (OLG Hamm WM 69, 81; BayObLG MDR 75, 492).

5. Der Familienrichter hat nicht nur Regelungs-, sondern bei endgültigen Entscheidungen auch weitreichende Gestaltungsbefugnisse im Hinblick auf ein bestehendes oder neu zu begründendes Mietverhältnis. Hat ein Ehegatte allein oder haben beide zusammen die Ehewohnung gemietet, kann der Familienrichter nach billigem Ermessen bestimmen, daß ein von beiden Ehegatten eingegangenes Mietverhältnis von einem Ehegatten allein fortgesetzt wird oder daß ein Ehegatte anstelle des anderen in ein von diesem eingegangenes Mietverhältnis eintritt (§ 5 I S. 1 DVO). Ist der Ehegatte, dem die Wohnung zugewiesen werden soll, nicht Partei des Mietvertrags, kann der Familienrichter zugunsten dieses Ehegatten ein Mietverhältnis an der Wohnung begründen (§ 5 II DVO). Ein Mietverhältnis kann auch mit rückwirkender Kraft begründet werden, wenn es durch die wirksame Kündigung eines Ehegatten oder durch Vereinbarung mit dem Vermieter vorzeitig beendet wurde (OLG Hamburg FamRZ 82, 939/940 m. w. N.).

Im Falle der Fortsetzung eines Mietverhältnisses im Verfahren nach § 5 DVO muß sich eine etwaige Entscheidung des Familienrichters über die Höhe des Mietzinses an die Obergrenze des MHG halten (Sternel WM 73, 1). Bei der Begründung eines Mietverhältnisses hat der Familienrichter den Mietzins unter Berücksichtigung der wirtschaftlichen Verhältnisse der Ehegatten festzusetzen (§ 5 II S. 2 DVO; vgl. BayObLG FamRZ 77, 467/472).

Mit der Rechtskraft der Entscheidung gilt der Mietvertrag in der vom Gericht bestimmten Weise zwischen dem Vermieter und dem obsiegenden Ehegatten weiter. Der gesetzliche → Kündigungsschutz für Wohnräume wirkt auch für diesen gerichtlich begründeten Mietvertrag, soweit er vom Gericht nicht bewußt nur für vorübergehende Zeit angeordnet wird (BayObLG NJW 73, 2295 = MDR 74, 48; NJW 73, 2299 = WM 74, 930). Um eine Verschlechterung der Stellung des Vermieters infolge der ungünstigeren wirtschaftlichen Verhältnisse des neuen Mieters zu verhindern, kann das Familiengericht gegenüber beiden Ehegatten solche Anordnungen treffen, welche die Ansprüche des Vermieters sichern, z. B. Mithaftung des ausziehenden, unterhaltspflichtigen Ehegatten für den Mietzins oder Sicherheitsleistung des verbleibenden Ehegatten. Diese Anordnungen werden Bestandteil des alten Mietvertrages, in den der verbleibende Ehegatte eintritt und den das Gericht im übrigen nur mit Zustimmung der Beteiligten ändern kann. Die Gestaltungsmöglichkeiten des Familiengerichts beschränken sich in jedem Fall auf den Erlaß von Anordnungen über die Weiterbenutzung der Ehewohnung. Das Familiengericht kann nicht anordnen, daß einer der Eheleute berechtigt sein soll, das Mietverhältnis mit Wirkung für den anderen Ehegatten zu beenden (OLG Hamburg FamRZ 83, 621). Der Ehegatte, der nach der Scheidung aus der bisherigen Ehewohnung ausgezogen ist, hat gegen den in der Ehewohnung verbliebenen geschiedenen Ehegatten keinen Anspruch auf gemeinschaftliche Kündigung und auch keinen Anspruch auf Zustimmung zur Kündigung des Mietvertrags über die bisherige Ehewohnung (AG Charlottenburg FamRZ 90, 532).

Die Zustimmung des Vermieters zu der rechtsgestaltenden Entscheidung des Gerichts ist nicht erforderlich. Hat sich der Vermieter für die Fortsetzung des Mietverhältnisses mit einem Ehegatten entschieden oder aber beide abgelehnt, kann er durch die Gerichtsentscheidung zu einer anderen Regelung gezwungen werden (LG Mannheim MDR 66, 846); die Einigung der Ehegatten steht dem Verfahren dann nicht entgegen, wenn der Vermieter ihr nicht zustimmt, weil die Vereinbarung sonst mit rechtlichem Bestand nicht zu verwirklichen wäre (BayObLG NJW 53, 1914). Eine Ausnahme gilt nur dann, wenn der Antrag auf Zuteilung der früheren Ehewohnung nicht binnen einem Jahr nach Rechtskraft des Scheidungsurteils gestellt wird: dann ist die Bestimmung des Vermieters für das Gericht verbindlich (§ 12 DVO). Obwohl das Gericht nach Ablauf der Jahresfrist nicht mehr in die Rechte des Vermieters oder eines Drittbeteiligten eingreifen darf, schließt das nicht aus, daß die Rechte der (geschiedenen) Ehegatten im Innenverhältnis geregelt werden, wenn deren Rechtsstellung zu Dritten dadurch nicht berührt wird (KG NJW 61, 78 = FamRZ 60, 443).

Bei einer Wohnungszuweisung nach § 1361b I BGB kommt eine Umgestaltung oder Neubegründung eines Mietvertrages im Verhältnis zum Vermieter nicht in Betracht. Denn bei Getrenntleben der Ehegatten ist nur eine vorläufige Benutzungsregelung möglich; endgültige Rechtsverhältnisse dürfen nicht geschaffen werden (Brudermüller FamRZ 87, 116).

6. Statt der Zuweisung an einen Ehegatten kann das Gericht auch die Teilung der bisherigen Wohnung anordnen, wenn die Umstände es gestatten (§ 6 DVO). Ob eine Teilung in Betracht kommt, hängt im wesentlichen von dem Zuschnitt der Wohnung und dem Grad der Zerstrittenheit der Eheleute ab (OLG Frankfurt FamRZ 87, 159; OLG Hamburg FamRZ 83, 1151; OLG Düsseldorf FamRZ 80, 50). Das Gericht kann hierbei bestimmen, welcher Ehegatte die Kosten der Teilung und einer etwaigen Wiederbeseitigung zu tragen hat. Im Fall der Wohnungsaufteilung ist es dringend geboten, daß das Gericht klare Rechtsverhältnisse sowohl zwischen den (geschiedenen) Eheleuten als auch im Verhältnis zum Vermieter schafft und neue Mietverträge begründet, die anstelle des früheren Mietvertrages treten. Ergänzende Anordnungen zur Nutzungsregelung z. B. für bestimmte gemeinschaftlich genutzte Räume (OLG Celle FamRZ 77, 203) oder hinsichtlich der Benutzung des Telefons (KG NJW 71, 1414 = FamRZ 71, 651) oder des Fernsehers (OLG Düsseldorf MDR 60, 840) sind möglich. Es kann auch das Gebot ausgesprochen werden, dem anderen Ehegatten den Zutritt zu bestimmten Räumen zu gestatten und von ihm angebrachte Steckschlösser zu entfernen (LG Essen FamRZ 69, 328).

7. Der Ehegatte, dem die Wohnung zur alleinigen Nutzung zugewiesen wird, kann verpflichtet werden, einen *wirtschaftlichen Ausgleich* an den weichenden Ehegatten zu zahlen (dazu: Brudermüller FamRZ 89, 7). Streitig ist, ob in entsprechender Anwendung der §§ 8 III S. 2, 9 II S. 2 DVO dem verbleibenden Ehegatten eine Ausgleichszahlung im Sinne eines „Abstandsgeldes" in den Fällen auferlegt werden kann, in denen der weichende Ehegatte die Kosten für die Beschaffung einer neuen Wohnung (z. B. Umzugskosten, Mietvorauszahlungen, Kaution) nicht aufbringen kann oder Ausgleich dafür verlangt, daß er Geldmittel und Arbeit zum Ausbau der Woh-

nung des verbleibenden Ehegatten aufgewandt hat und seine Erwartung, die Wohnung zu nutzen, enttäuscht sieht (bejahend: BayObLG BayObLGZ 59, 337/338; FamRZ 65, 513/514; FamRZ 70, 33/35 u. 36/38; FamRZ 84, 22/24; OLG Hamm JMBl. NRW 51, 214 u. 58, 103; OLG Schleswig SchlHA 55, 25; ablehnend: OLG Hamburg FamRZ 88, 80f.).

Für das Wohnungszuweisungsverfahren bei Getrenntleben der Ehegatten nach dem neu eingeführten § 1361b BGB sieht Absatz 2 einen Anspruch auf Vergütung aus Billigkeitsgründen ausdrücklich vor. Bereits vor Inkrafttreten des UÄndG gewährte die Rechtsprechung einen solchen Vergütungsanspruch teilweise aus § 3 DVO oder § 5 DVO, teilweise aus Gemeinschaftsrecht gemäß §§ 741f. BGB (vgl. Graba FamRZ 85, 657; Brudermüller FamRZ 87, 116f. m. w. N. u. NJW 87, 1721, 1723f.). Gehört die Ehewohnung einem Ehegatten allein oder gemeinsam mit einem Dritten, so entspricht es – wie aus dem in der Begründung des Regierungsentwurfs angeführten Beispielsfall hervorgeht (BT-Drucks. 10/2888, S. 16) – i. d. R. der Billigkeit, im Falle der Zuweisung der Wohnung an den anderen Ehegatten eine Vergütung festzusetzen.

In der Praxis kommt die Auferlegung einer Ausgleichszahlung nur in Betracht, wenn der Nutzungswert einer Wohnung nicht bereits bei der Unterhaltsregelung berücksichtigt wurde (sonst müßte der Unterhalt neu festgesetzt werden, § 323 ZPO) und der Ausgleichspflichtige nicht nur Einkünfte aus den Unterhaltsleistungen des Anspruchsberechtigten bezieht (vgl. OLG Düsseldorf FamRZ 84, 1098; OLG Hamm FamRZ 84, 1016; OLG Schleswig FamRZ 84, 1228; LG Frankfurt FamRZ 85, 390; vgl. auch OLG Zweibrücken FamRZ 84, 448: Freistellungsanspruch bezüglich der Miete; zu Fragen der Anrechnung des Nutzungswertes einer Wohnung auf seiten des Unterhaltsberechtigten und Verpflichteten: Graba FamRZ 85, 657).

II. 1. *Ehewohnung* im Sinne der Vorschriften der DVO und des § 1361b BGB ist nur die Wohnung, die den gemeinsamen Mittelpunkt der Lebensverhältnisse der Eheleute darstellt. Dementsprechend gehört dazu nicht das Wochenendhaus bei nur zeitweiser Nutzung zusätzlich zur Ehewohnung (KG FamRZ 86, 1010; OLG Zweibrücken FamRZ 81, 259; vgl. aber OLG Frankfurt FamRZ 82, 398), andererseits aber kann als Ehewohnung die zum ständigen zeitweiligen Aufenthalt bestimmte Ferienwohnung gelten (KG FamRZ 74, 198). Zu der Ehewohnung zählen die Nebenräume wie Keller, Dachboden, Garage (und der zum Haus gehörige Garten, nicht dagegen ausschließlich zum Zwecke der Berufsausübung genutzte Räume z. B. Praxis). Auf die Eigentumsverhältnisse oder eine genossenschaftliche Bindung (KG FamRZ 84, 1242) kommt es nicht an. Für den Begriff Ehewohnung ist auch unerheblich, wie lange ein Ehegatte die Wohnung bereits alleine genutzt hat (OLG München FamRZ 86, 1019: 13 Jahre).

2. Ein Verfahren nach der DVO und nach § 1361b BGB ist nur zulässig, soweit sich die Ehegatten nicht geeinigt haben (BGH NJW 55, 1355; zu den Voraussetzungen einer Einigung: OLG München FamRZ 86, 1019/1020; OLG Hamm FamRZ 80, 901 u. 83, 911/912; OLG Frankfurt FamRZ 80, 170/171). Ein Regelungsbedürfnis fehlt, wenn der Antrag auf Wohnungszuweisung nur dazu dienen soll, den Ehegatten, der die Wohnung nicht beansprucht, für den Mietzins haftbar zu machen (OLG Celle FamRZ 81, 958). Auch wenn die Ehegatten eine Einigung über die Weiterbenutzung der Ehewohnung durch einen von ihnen erzielt haben, kann ein Rechtsschutzbedürfnis für eine gesonderte gerichtliche Gestaltung des Mietverhältnisses nach § 5 DVO mit Wirkung gegenüber dem Vermieter bestehen (OLG Karlsruhe FamRZ 81, 182; vgl. OLG Hamm FamRZ 84, 1016/1017). Ein Regelungsbedürfnis entfällt jedoch dann, wenn der für längere Zeit auswärts lebende Ehegatte dem die Alleinbenutzung der Ehewohnung begehrenden Ehegatten diese nicht streitig macht (OLG Köln FamRZ 85, 498).

3. Während der Dauer des Scheidungsverfahrens ist die von einem Ehegatten auf § 985 BGB gestützte Klage auf Herausgabe der Ehewohnung unzulässig (BGH NJW 77, 43 = MDR 77, 210 = FamRZ 76, 691; BGHZ 71, 216/222 = NJW 78, 1529 = FamRZ 78, 496; NJW 86, 1339 = FamRZ 86, 436); denn der andere Ehegatte hat ein aus dem Gebot der ehelichen Lebensgemeinschaft (§ 1353 I 2 BGB) folgendes Besitzrecht an der Wohnung. Eigentumsherausgabeklagen und Besitzschutz- oder Besitzstörungsklagen nach §§ 985, 861 BGB sind für die Dauer des Getrenntlebens der Ehegatten zwischen ihnen generell ausgeschlossen (OLG Köln FamRZ 87, 77/78). Für diesen Zeitraum sind die Besitzverhältnisse an der Ehewohnung ausschließlich durch Anordnungen des Gerichts der Ehesache – seit 1. 7. 77 (1. EheRG: des Familiengerichts) – zu regeln (BGHZ 72, 223 = NJW 78, 1530 = FamRZ 78, 497).

4. *Örtlich zuständig* für die Entscheidungen über die Ehewohnung ist im Falle der Anhängigkeit einer Ehescheidung das mit dieser Ehesache (§ 606 ZPO) im ersten Rechtszug befaßte Gericht (§ 621 II ZPO); anderenfalls ist das Amtsgericht – Familiengericht – örtlich zuständig, in dessen Bezirk sich die Ehewohnung befindet (§ 11 II DVO). Zuständig für den Erlaß einer einstweiligen Anordnung ist das mit der Hauptsache befaßte Familiengericht.

Endet die Anhängigkeit einer Ehesache, bleibt die Zuständigkeit des Gerichts hiervon unberührt (BGH FamRZ 86, 454; NJW 81, 126 = FamRZ 81, 23). Nach Rechtshängigkeit der Ehesache wird das zuvor eingeleitete gesondert durchgeführte Verfahren von Amts wegen (§ 11 III DVO) an das Gericht der Ehesache nach § 621 III ZPO abgegeben (vgl. OLG Hamburg FamRZ 82, 941; OLG Zweibrücken FamRZ 80, 252).

Ein Verfahren im Zusammenhang mit der Ehewohnung kommt vor den allgemeinen Zivilgerichten nur in Betracht, wenn es nicht um Streitigkeiten bezüglich der Nutzung durch Familienmitglieder geht (z. B. LG Flensburg FamRZ 83, 1025: Zustimmung des bereits ausgezogenen Ehegatten zur Kündigung gegenüber dem Vermieter).

5. Das Verfahren auf Zuweisung der Ehewohnung bei Getrenntleben der Ehegatten nach § 1361b I BGB (i. V. m. § 18a DVO) ist stets selbständige Familiensache (§ 621 I Nr. 7 ZPO). Eine Entscheidung im Verbund ist ausgeschlossen, denn Folgesachen können nach § 623 I ZPO nur die in § 621 I ZPO aufgezählten Familiensachen sein, zu denen nur das Verfahren gehört, in dem die endgültige Wohnungszuweisung für die Zeit ab Rechtskraft der Ehescheidung, nicht schon bei Getrenntleben der Ehegatten, begehrt wird.

6. Die Wohnungszuweisungsverfahren sind nur als selbständig betriebene Verfahren Feriensachen (§ 200 II Nr. 5b GVG); als Folgesachen im Verbund (§ 623 ZPO) bleiben sie Nichtferiensachen, d. h. während der Gerichtsferien vom 15. 7. – 15. 9. (§ 199 GVG) werden – vorbehaltlich eines Antrags auf Bezeichnung als Feriensache (§ 200 III GVG) – Termine nicht abgehalten und Entscheidungen nicht erlassen.

7. Die Entscheidung wird vom Gericht in einem besonderen Verfahren nach dem Gesetz über die Angelegenheiten der freiwilligen Gerichtsbarkeit getroffen (§ 13 DVO). Es gelten hier nicht die allgemeinen Verfahrensregeln des Räumungsprozesses. Der Richter soll i. d. R. mit den Beteiligten mit dem Ziel einer gütlichen Einigung (§ 13 II DVO) mündlich verhandeln (AG Schwetzingen FamRZ 83, 590). Die Ermittlungen zur Sachaufklärung und erforderliche Beweisaufnahmen sind von Amts wegen anzuordnen.

Der Vermieter ist im Verfahren „anläßlich der Scheidung" (§ 1 DVO) zur endgültigen Regelung der Rechtsverhältnisse an der Wohnung als Beteiligter schriftlich oder mündlich zu den Anträgen zu hören (§ 7 DVO). Denn die Rechtsposition des Vermieters kann im Fall der Umgestaltung eines bestehenden oder der Begründung eines neuen Mietverhältnisses (§ 5 II DVO) oder durch besondere Anordnung (§ 5 I 2 DVO) betroffen sein (vgl. KG NJW 61, 78 = MDR 61, 64; BayObLG NJW 70, 329). Geht es um die Zuweisung der Ehewohnung bei Getrenntleben der Ehegatten (§ 1361b BGB), ist der Vermieter am Verfahren nicht zu beteiligen; seine Beteiligung am Verfahren ist nicht notwendig, da sich die gerichtliche Regelung auf das Innenverhältnis der Ehegatten beschränkt und das Mietverhältnis unberührt bleibt (KG FamRZ 87, 850/852; vgl. OLG Hamm FamRZ

87, 1277 zu § 620 S. 1 Nr. 7 ZPO). Rechtsnachteile für den Vermieter sind nicht zu befürchten, zumal die Eheleute die Nutzung durch einen von ihnen auch ohne Mitwirkung des Vermieters vereinbaren können (OLG Hamm FamRZ 87, 1277 zu § 620 I Nr. 7 ZPO; Bergerfurth FamRZ 85, 545, 549; Finger NJW 87, 1001, 1002, Brudermüller FamRZ 87, 120; a. A. OLG Koblenz NJW 87, 1559 = FamRZ 87, 406 m. abl. Anm. Gottwald; das Interesse des Vermieters sei tangiert, weil bei alleiniger Benutzung durch einen der Ehegatten die Gefahr insbesondere der Vernachlässigung bzw. Verwahrlosung stärker sein könne als bei der ursprünglich vereinbarten gemeinsamen Nutzung). Diese Ansicht entspricht auch der Vorstellung des Gesetzgebers, wonach im Verfahren nach § 1361b BGB eine Verrechtlichung insbesondere mit erkennbarer Außenwirkung gegenüber Dritten, soweit wie möglich vermieden werden soll (BT-Drucks. 10/2888, S. 16). Damit ist allerdings die Möglichkeit einer Anhörung (keine förmliche Beteiligung i. S. d. § 6 DVO) nicht ausgeschlossen und kann unter Umständen sogar angezeigt sein, wenn der Sachverhalt auf andere Weise nicht aufgeklärt werden kann.

8. Anwaltszwang besteht nur im Verbundverfahren nach §§ 621 I Nr. 7, 623 I, 621a I, 78 II ZPO und für das Eilverfahren auf Erlaß einer einstweiligen Anordnung nach § 620 S. 1 Nr. 7 ZPO (außer für die Verfahrenseinleitung, § 620a II S. 2 ZPO). Der Vermieter als Drittbeteiligter unterliegt dem Anwaltszwang nur in dem Umfang, wie bei einem gesondert durchgeführten Verfahren Anwaltszwang für die Parteien bestehen würde.

9. Die gerichtliche Entscheidung ergeht durch Beschluß bzw. im Falle des Verhandlungs- und Entscheidungsverbundes mit der Ehescheidung (§§ 623, 629 ZPO) einheitlich durch Urteil (vgl. § 1564 BGB).

Bei einer wesentlichen Änderung der tatsächlichen Verhältnisse kann das Familiengericht die Entscheidung auf Antrag ändern, wenn sich die getroffene Regelung nunmehr als unbillige Härte für den zur Räumung verpflichteten Ehegatten darstellt (§ 17 I S. 1 DVO). Beruht die Zuweisung der früheren Ehewohnung auf einem gerichtlichen oder außergerichtlichen Vergleich, so kann dieser aufgehoben und eine neue Entscheidung getroffen werden, wenn die Änderung aus Gründen der Billigkeit zur Abwendung eines Härtefalles erforderlich erscheint (BayObLG FamRZ 75, 582).

III. 1. Die abschließenden Entscheidungen des Familiengerichts im Hauptverfahren sind mit der Beschwerde anfechtbar (§ 621e I ZPO). Die Beschwerde ist binnen der Notfrist von einem Monat (§ 516 ZPO) schriftlich beim Oberlandesgericht (§ 119 I Nr. 2 GVG) einzulegen und fristgemäß zu begründen (§ 519 I, II ZPO).

Die weitere Beschwerde zum BGH ist nicht zulässig (vgl. § 621e II ZPO). Einen Rechtsentscheid wie bei Mietprozessen gibt es hier nicht.

2. Bei den Rechtsbehelfen gegen die einstweiligen Anordnungen ist zu unterscheiden:

a) Eine im Rahmen des Scheidungsverfahrens gemäß § 620 S. 1 Nr. 7 ZPO nach mündlicher Verhandlung ergangene einstweilige Anordnung ist nur dann anfechtbar, wenn die Wohnung einem Ehegatten zur alleinigen Benutzung insgesamt und nicht nur zum Teil zugewiesen wurde (§ 620c ZPO). Die sofortige Beschwerde ist innerhalb von zwei Wochen (§ 577 II ZPO) beim Familiengericht oder OLG schriftlich einzulegen (§§ 569 I, 577 II S. 2 ZPO, § 119 I Nr. 2 GVG) und innerhalb der Beschwerdefrist zu begründen (§ 620d S. 1 2. Hs. ZPO). Die sofortige Beschwerde hat – wie die befristete Beschwerde nach § 621e ZPO – keine aufschiebende Wirkung (§ 572 I ZPO; vgl. § 24 I FGG). Das OLG kann die Vollziehung aussetzen (§ 572 II ZPO).

Ist die einstweilige Anordnung ohne mündliche Verhandlung ergangen bzw. geändert worden oder ist die eingelegte Beschwerde nicht zulässig (§§ 127a II S. 1, 620c S. 2 ZPO), ist zunächst beim Familiengericht mündlich zu verhandeln (§ 620b II ZPO).

b) Ob eine gemäß § 13 IV DVO erlassene einstweilige Anordnung anfechtbar ist, wurde durch das UÄndG nicht geregelt; da auch der BGH hierzu keine Entscheidung getroffen hat, bleibt die Frage streitig. Eine im Vordringen befindliche Meinung (OLG Schleswig FamRZ 86, 1128; OLG Koblenz FamRZ 85, 500; OLG Düsseldorf FamRZ 81, 872; FamRZ 85, 1153; OLG Bamberg FamRZ 81, 1094; OLG Oldenburg FamRZ 82, 273; KG FamRZ 82, 272; OLG Karlsruhe FamRZ 80, 902; OLG Celle FamRZ 90, 545; AG Schwetzingen FamRZ 83, 589 – a. A. OLG Zweibrücken FamRZ 83, 518; OLG Hamm FamRZ 82, 274, FamRZ 78, 257 u. 361; OLG Stuttgart FamRZ 77, 816 – vom BGH in NJW 79, 39 offengelassen) hält die (unbefristete) Beschwerde nach § 19 FGG für zulässig, sofern in der Hauptsache die Wertgrenze des § 14 HausrVO erreicht ist (OLG Düsseldorf FamRZ 88, 313). Im Hinblick auf die Schwere des Eingriffs in die persönliche Lebenssphäre des Betroffenen erscheint es bei einer wenn auch nur vorläufigen, womöglich aber vollendete Tatsachen vorbereitenden Entscheidung notwendig, die Möglichkeit einer gerichtlichen Überprüfung zu eröffnen (abweichend bis zur 11. Auflage II. 9.). Es wäre auch nicht gerechtfertigt, einem Ehegatten im selbständigen Verfahren nach § 13 IV DVO einen Rechtsbehelf gegen eine einstweilige Anordnung auf Wohnungszuweisung zu versagen, wohingegen ihm bei einer gemäß § 620 ZPO erlassenen einstweiligen Anordnung ein Beschwerderecht gewährt wird (Brudermüller FamRZ 87, 122 m. w. N.).

3. Die Bewilligung, Verlängerung oder Versagung einer Räumungsfrist kann mit der befristeten Beschwerde nach § 621e I, III ZPO angefochten werden (OLG Karlsruhe Justiz 79, 438; OLG München NJW 79, 548).

IV. 1. Die *Kostenentscheidung* im selbständigen Wohnungszuweisungsverfahren ergeht nach § 20 DVO, im Rahmen der Verbundentscheidung mit der Ehescheidung nach § 93a I, II ZPO. Die Kosten für das Eilverfahren auf Erlaß einer einstweiligen Anordnung sind Teil der Kosten der Hauptsache. Die Entscheidung über die Kosten richtet sich nach Billigkeitsgesichtspunkten.

Zu den Gerichts- und Rechtsanwaltsgebühren sowie zur Bemessung des Geschäftswertes: vgl. Brudermüller FamRZ 87, 123.

2. Die Zwangsvollstreckung aus einem mit der Entscheidung über die Wohnungszuweisung (auch im Wege der einstweiligen Anordnung) ergangenen Räumungstitel findet nach den Vorschriften der ZPO statt (vgl. § 16 II DVO). Die bloße Zuweisung der Ehewohnung zur alleinigen Nutzung bildet ohne zusätzlichen Ausspruch über die Räumung keine Grundlage für eine Räumungsvollstreckung (LG Itzehoe FamRZ 87, 176). Verpflichtet sich ein Ehegatte gegenüber dem anderen in einem Prozeßvergleich für die Zeit vor Rechtskraft der Scheidung zur „Räumung der Ehewohnung" so bezieht sich der Titel im Zweifel nur auf die Entfernung des Schuldners in Person aus den Räumen (§ 885 ZPO; KG FamRZ 87, 1290).

Eigentumswohnung (Ew.) I. Gemäß § 13 WEG steht es jedem Wohnungseigentümer (WE) grunds. frei, ob er seine Wohnung selbst bewohnt, oder ob er sie an einen Dritten weitervermietet.

1. Während der Dauer der M.zeit gelten für das Verhältnis zwischen dem WE (Vermieter) und dem M. grunds. die *allgemeinen Vorschriften* des M.rechts.

a) Ist die Wohnung mangelhaft, so kann der Mieter den Vermieter auf Mangelbeseitigung in Anspruch nehmen oder Gewährleistungsrechte geltend machen (s. Mängel). Dabei kommt es nicht darauf an, ob der Mangel am Sondereigentum oder am Gemeinschaftseigentum aufgetreten ist. Der Vermieter ist verpflichtet, auf die Gemeinschaft einzuwirken, damit er seine mietrechtlichen Verpflichtungen erfüllen kann; gegebenenfalls muß der Vermieter die Instandsetzung des Gemeinschaftseigentums vor dem Wohnungseigentumsgericht durchsetzen. Beabsichtigt die Gemeinschaft aus Geldmangel, mit der Reparatur noch etwas zuzuwarten, so kann der Vermieter verpflichtet sein, der Gemeinschaft das Geld vorzuschießen (KG RE vom 25. 6. 1990 WM 90, 376 = ZMR 90, 336 = DWW 90, 232).

b) Die Gebrauchsrechte und -pflichten des Mieters richten sich ebenfalls nicht nach den Vereinbarungen oder Beschlüssen der Wohnungseigentümer, sondern ausschließlich nach mietvertraglichen Regelungen. Deshalb muß der vermietende Eigentümer dafür Sorge tragen, daß der Mv. hinsichtlich dieser Punkte mit der Teilungserklärung und den rechtsgültigen Beschlüssen der Wohnungseigentümer in Einklang steht.

An das Gemeinschaftsrecht ist der Eigentümer nämlich gebunden. Denn der einzelne Eigentümer darf seinem M. keine weitergehenden Befugnisse einräumen als ihm selber zustehen. Daraus folgt die Verpflichtung des einzelnen Eigentümers, den Mv. so auszugestalten, daß dessen Vorschriften nicht im Widerspruch zur Gemeinschaftsordnung und zu den Wohnungseigentümerbeschlüssen stehen.

Wird in einem → *Formularmv.* vereinbart, daß die Gemeinschaftsordnung und die Beschlüsse der Wohnungseigentümer auch für den M. verbindlich sein sollen, so ist eine solche Vereinbarung nach dem Grundsatz des § 2 AGBG nur dann wirksam, wenn dem M. zugleich die Möglichkeit verschafft wird, von der Gemeinschaftsordnung und den in Betracht kommenden Eigentümerbeschlüssen in zumutbarer Weise Kenntnis zu nehmen. Diejenigen Eigentümerbeschlüsse, deren Inhalt Vertragsbestandteil werden soll, müssen genau bezeichnet werden; Unklarheiten gehen gemäß § 5 AGBG zu Lasten des V. Außerordentlich problematisch ist dabei die Frage, wie sich im Falle der Verwendung einer solchen Klausel spätere – also nach Abschluß des Mv. gefaßte – Wohnungseigentümerbeschlüsse auf das Mv. auswirken. Der Sache nach handelt es sich um einen vereinbarten Änderungsvorbehalt zugunsten des V. Denn der V. will sich vorbehalten, die Modalitäten seiner Leistung dann zu ändern, wenn die Wohnungseigentümergemeinschaft dies verlangt. Bei Formularvereinbarungen hängt die Wirksamkeit eines Änderungsvorbehalts gemäß § 10 Nr. 4 AGBG davon ab, ob die Änderung unter Berücksichtigung der Interessen des V. für den M. zumutbar ist. Insoweit kommt es immer auf den Einzelfall an. Änderungen der Hausordnung, durch die bereits bestehende Verpflichtungen lediglich näher konkretisiert werden (z. B. Regelungen über das Schließen der Haustür, über die Benutzungszeiten eines Müllschluckers oder die Einhaltung bestimmter Ruhezeiten) sind grundsätzlich zumutbar.

Unzumutbar sind dagegen solche Änderungen, durch die neue, den M. belastende Verpflichtungen begründet werden sollen (z. B. die Verpflichtung zur Schneebeseitigung im Winter) oder die in eine vertraglich gesicherte wesentliche Rechtsposition des M. eingreifen (z. B. Erlaubnis zur Anbringung einer Funkantenne auf dem Balkon der Wohnung). Vertraglich begründete Rechte können nachträglich nicht wieder beseitigt werden.

In Individualvereinbarungen sind Änderungsvorbehalte in einem weitergehenden Umfang möglich. Hier trägt der M. das nahezu uneingeschränkte Risiko dafür, daß er bestimmte Rechte auch in Zukunft weiter ausüben kann. Wie alle Vereinbarungen unterliegen aber auch Regelungen der hier fraglichen Art dem Prinzip von Treu und Glauben (§ 242 BGB), aus dem sich unter anderem ergibt, daß die Möglichkeit des Wegfalls eines vertraglichen Rechts und das damit verbundene Risiko hinreichend erkennbar sein muß.

Entspricht der Mv. den hier dargelegten Grundsätzen, so ist der M. wie jeder andere Bewohner an die in der Gemeinschaftsordnung und den Eigentümerbeschlüssen festgelegten Verhaltens- und Ordnungsvorschriften gebunden. Da zwischen dem M. und den übrigen Wohnungseigentümern aber keine schuldrechtlichen Beziehungen bestehen, kann die Wohnungseigentümergemeinschaft einen M. nicht zur Erfüllung dieser Verpflichtungen anhalten; dies ist allein Sache des V. Ist z. B. der M. aufgrund des Mv. zur Instandhaltung einer im gemeinschaftlichen Eigentum stehenden Rasenfläche verpflichtet, so kann er nur von seinem V. (WE) auf Erfüllung dieser Pflichten in Anspruch genommen werden; die übrigen Miteigentümer haben daneben einen selbständigen Anspruch gegen den V. (WE) gemäß § 14 WEG, der im Verfahren der freiwilligen Gerichtsbarkeit durchsetzbar ist. Etwas anderes gilt, wenn der Mieter gegen dinglich gesicherte (im Grundbuch eingetragene) Eigentumsrechte verstößt; in einem solchen Fall können die Eigentümer unmittelbar gegen den Mieter vorgehen (OLG Stuttgart, WM 92, 639 = ZMR 92, 553).

c) Die finanziellen Verpflichtungen des M. richten sich ausschließlich nach den Vereinbarungen im Mv.; das gilt auch für die Zahlung von Nebenkosten. Hat z. B. eine Wohnungseigentümergemeinschaft beschlossen, daß neu entstehende Betriebskosten (z. B. für einen Hausmeister) auf die einzelnen Wohnungseigentümer umgelegt werden sollen oder wurde der Umlageschlüssel für Betriebskosten geändert, so hat dies keine unmittelbaren Auswirkungen auf einen zwischen einem Eigentümer und einem M. geschlossenen Mv. (AG Dortmund WM 81, 229). Etwas anderes gilt nur dann, wenn im Mv. vereinbart worden ist, daß der M. die dem Wohnungseigentümer obliegenden Betriebskosten zu tragen hat.

d) Nach den Rechtsentscheiden des OLG Koblenz vom 7. 1. 1986 (WM 86, 50) und des OLG Karlsruhe vom 6. 5. 1988 (WM 88, 204) sind nur die Betriebskosten im Sinne des § 27 der II. BV (s. Betriebskosten) umlagefähig. Die sonstigen Nebenkosten (Instandhaltungskosten, Instandhaltungsrücklage, Verwaltungskosten, Bankgebühren) können nicht im Wege der gleitenden Kostenumlage an den Mieter weitergegeben werden. Denkbar ist allerdings, daß jene Kosten in Form eines festen Betrages neben der Grundmiete im Mietvertrag ausgewiesen werden (LG Bonn WM 88, 398; AG Elmshorn WM 88, 398; Sternel Rdn. III 335a; a.A. LG Bremen WM 88, 397; LG Göttingen ZMR 89, 95). Die sonstigen Nebenkosten sind dann rechtlich als Bestandteil der Grundmiete anzusehen.

2. Nach herrschender Meinung gelten bei der Abrechnung der Betriebskosten einer vermieteten Eigentumswohnung durch den Vermieter die allgemein maßgeblichen Grundsätze (BGH NJW 82, 573; LG Düsseldorf DWW 90, 207). Die Gesamtbetriebskosten sind nach dieser Ansicht identisch mit denjenigen Betriebskosten, die bei der Eigentümergemeinschaft insgesamt anfallen. Von diesen Kosten kann der Vermieter entsprechend den mietvertraglichen Vereinbarungen einen Teil auf den Mieter umlegen. Auf dieser Basis ist die Betriebskostenabrechnung zu erstellen. Die Belege der Gemeinschaft sind zwar nicht Bestandteil der Betriebskostenabrechnung; jedoch soll der Mieter die Zahlung der restlichen Betriebskosten so lange verweigern dürfen, bis ihm der Vermieter Gelegenheit zur Einsichtnahme in die Abrechnungsunterlagen der Gemeinschaft verschafft hat (LG Düsseldorf a.a.O.).

Nach der hier vertretenen Ansicht ist im Ansatz zu unterscheiden zwischen den Betriebskosten des Sondereigentums und den Betriebskosten des Gemeinschaftseigentums. Zu den Betriebskosten des Sondereigentums gehören beispielsweise die Grundsteuer, die Betriebskosten einer im Sondereigentum stehenden Etagenheizung, die Kosten der Reinigung und Wartung von vermietereigenen Warmwassergeräten oder Wartungskosten für eine vermietereigene Antenne. Diese Kosten entstehen unmittelbar beim Eigentümer und ausschließlich für die vermietete Wohnung. Der Eigentümer kann diese Kosten an den Mieter weitergeben, falls der Mietvertrag eine solche Regelung enthält. Das Problem der Kostenverteilung stellt sich nicht: Eine Kostenverteilung kommt nur in Betracht, wo Gesamtkosten zwischen mehreren Nutzern verteilt werden müssen. Die Betriebskosten des Gemeinschaftseigentums bestehen in dem Anteil des Eigentümers an den Lasten und Kosten im Sinne von § 16 Abs. 2 WEG. Dies gilt allerdings nur, soweit es sich dabei um Kosten handelt, die vom Betriebskostenbegriff des § 27 Abs. 1 der II. BV erfaßt werden (s. Betriebskosten). Für diese Kosten ist kennzeichnend, daß sie erst durch den Beschluß der Wohnungseigentümer über die Gesamt- und Einzelabrechnung entstehen. Wird die Einzelabrechnung bestandskräftig, so steht fest, daß der Eigentümer den dort ausgewiesenen Betrag an die Gemeinschaft zu zahlen hat. Dieser Betrag ist identisch mit den Betriebskosten des Vermieters. Das Problem der Kostenverteilung stellt sich auch hier nicht, weil der Vermieter nur die ihm in Rechnung gestellten Kosten an den Mieter weitergibt.

Aus der Abrechnung des Vermieters muß sich demgemäß zunächst ergeben, welche Betriebskosten für das Sondereigentum entstanden sind. Diese Kosten kann der Vermieter in dieser Höhe an den Mieter weitergeben, falls nach den mietvertraglichen Vereinbarungen die betreffende Betriebskostenposition als umlagefähig vereinbart ist. Weiter muß sich aus der Abrechnung ergeben, welche Betriebskosten für das gemeinschaftliche Eigentum entstanden sind. Die Höhe der effektiven Kostenbelastung ergibt sich aus der Einzelabrechnung, die der Vermieter vom Verwalter der Wohnungseigentumsanlage erhalten hat. Insoweit ist darauf zu achten, daß in der Verwalterabrechnung die Betriebskosten im Sinne von § 27 der II. BV und die sonstigen Nebenkosten (Verwaltungskosten, Instandhaltungskosten, Instandhaltungsrücklage, Bankgebühren) gesondert ausgewiesen sind. Die Betriebskosten kann der Vermieter an den Mieter weitergeben, falls nach den Vereinbarungen des Mietvertrags die betreffenden Betriebskostenpositionen als umlagefähig vereinbart sind.

Auch bei der vermieteten Eigentumswohnung hat der Mieter ein Recht zur Einsichtnahme in die Belege. Die Belege für die Betriebskosten des Sondereigentums bestehen – wie beim herkömmlichen Mietshaus – aus den Lieferscheinen, Rechnungen und Gebührenbescheiden, mit denen der Vermieter die jeweils zugrunde liegende Lieferung oder Leistung nachweisen kann. Der Beleg für die Betriebskosten des Gemeinschaftseigentums ist die Einzelabrechnung des Verwalters, weil sich daraus ergibt, welche Kosten der Eigentümer an die Gemeinschaft zu zahlen hat. Nur auf diese Weise können diese Kosten nachgewiesen werden. Dementsprechend kann der Mieter nur in diese Abrechnung Einsicht nehmen. Ein Recht zur Einsichtnahme in die Belege der Gemeinschaft hat der Mieter grundsätzlich nicht. Durch jene Belege werden nur die Kosten und Lasten der Gemeinschaft ausgewiesen, die aber – wie dargelegt – mit den Betriebskosten des Eigentümers nicht identisch sind.

3. Zwischen dem M. und den übrigen WE bestehen *keine schuldrechtlichen Beziehungen*. Deshalb können die Miteigentümer einen M. auch nicht zur Erfüllung seiner allgemeinen, aus dem Mv. folgenden Verpflichtungen (z. B. Einhaltung der → Reinigungspflicht) anhalten. Auch insoweit besitzen sie nur einen Anspruch gegen den V. Wird die Gemeinschaft der Eigentümer durch das Verhalten des Mieters gestört, so ist der vermietende Eigentümer gegenüber der Gemeinschaft verpflichtet, für die Beseitigung der Störung zu sorgen (OLG Oldenburg MDR 90, 552). Grundsätzlich können die Eigentümer verlangen, daß der Vermieter alles unternimmt, um die vertragswidrige Nutzung zu unterbinden. Es kommt nicht darauf an, ob der Eigentümer das Mietverhältnis kündigen kann. Denkbar ist

auch, daß der Vermieter den Mieter durch Angebot einer Abstandszahlung zur Aufgabe seiner Mieterrechte bewegt. Der Rahmen des Zumutbaren ist dabei weit auszudehnen (OLG Hamm MDR 90, 156). Soweit der M. eine Verpflichtung nicht erfüllt, die an sich dem WE obliegt (z. B. Instandhaltungspflicht) haftet der V. gegenüber den Miteigentümern für den M. als Erfüllungsgehilfen gemäß § 278 BGB; im übrigen richtet sich dessen Haftung nach § 831 BGB. Die Verhängung von Zwangsmitteln gegen den Wohnungseigentümer nach § 888 ZPO ist jedoch nur dann zulässig, wenn der Wohnungseigentümer erfolglos alle zumutbaren Maßnahmen einschließlich eines gerichtlichen Vorgehens unternommen hat, um den Mieter zur Erfüllung seiner Verpflichtungen zu veranlassen (BayObLG NJW-RR 89, 462).

4. Dieser Haftung für den M. entspricht der Anspruch des V. gegen die Miteigentümer auf *ungestörte Ausübung des Besitzrechts* durch den M. Da der V. nach § 13 WEG zur Vermietung berechtigt ist, ist die Beeinträchtigung des Mietbesitzes nämlich zugleich eine unzulässige Beschränkung des dem Eigentümer zustehenden Nutzungsrechts (KG WM 88, 28; OLG Frankfurt NJW 61, 324). Wird ein Mietshaus in Eigentumswohnungen aufgeteilt und werden die einzelnen Wohnungen an verschiedene Erwerber veräußert, so hat der Veräußerer und Eigentümer einer vermieteten Wohnung nach wie vor eine Schutzpflicht gegenüber seinem Mieter. Diese Schutzpflicht hat zum Inhalt, Störungen und Immissionen aus dem Zusammenleben der Bewohner abzuwehren und zu verhindern (LG Hamburg WM 88, 262).

5. Auch für die → *Kündigung* einer vermieteten Ew. gelten grunds. die allgemeinen Vorschriften (vgl. Kündigungsfristen, Kündigungsschutz). Als Kündigungsgrund kommt hierbei insbesondere Eigenbedarf in Betracht. Zu beachten ist insoweit, daß der Eigenbedarf nach Abschluß des Mv. entstanden sein muß. Kommt es durch die Vermietung der Wohnung zu einer → Belästigung der übrigen WE, so wird hierin regelmäßig zugleich eine Vertragsverletzung des M. liegen, die den V. zur Kündigung berechtigt (vgl. dazu BayObLG ZMR 86, 100: keine Prostitution in der Wohnung; KG WM 86, 286: Kein bordellähnlicher Betrieb; die Unterbringung einer größeren Familie ist dagegen wohnungseigentumsrechtlich zulässig, wenn die Personenzahl nicht erheblich größer ist als das doppelte der Anzahl der Zimmer, OLG Stuttgart, WE 93, 25). Die Kündigung kann unter Umständen auch durch die übrigen WE im Wege der Klage nach §§ 14, 43 Abs. 1 Nr. 1 WEG erzwungen werden, soweit der M. gegen § 14 Nr. 1 WEG verstößt. Dies ist dann der Fall, wenn den anderen WE durch das Verhalten des M. ein Nachteil entsteht, der das bei einem geordneten Zusammenleben unvermeidliche Maß

überschreitet. Da der V. im Hinblick auf die ihm nach § 14 Nr. 1 WEG obliegenden Pflichten für den M. als Erfüllungsgehilfen gemäß § 278 BGB haftet, muß er geeignete Maßnahmen treffen, um das gemeinschaftsstörende Verhalten des M. zu unterbinden. Hierzu gehört – als äußerstes Mittel – auch die Kündigung (zur Kündigung bei Vermietung trotz vereinbartem Vermietungsverbot vgl. unten II). In diesem Zusammenhang ist streitig, ob das Wohnungseigentumsgericht dem Eigentümer aufgeben darf, das Mietverhältnis zu kündigen (so KG WM 86, 286) oder ob der Eigentümer lediglich zu verpflichten ist, diejenigen Maßnahmen zu treffen, die zur Entfernung des störenden Mieters erforderlich sind (so BayObLG WE 81, 58, 60). Die letztgenannte Ansicht ist vorzuziehen, weil es der Gemeinschaft nicht auf den Kündigungsausspruch, sondern nur auf die Entfernung des Mieters ankommen kann; auf welche Weise dieses Ziel erreicht wird, ist grundsätzlich Sache des Vermieters. Der Umstand, daß der Mietvertrag mit der Gemeinschaftsordnung nicht im Einklang steht, berechtigt für sich allein nicht zur Kündigung (LG Bonn WM 90, 503).

Wird eine Ew. veräußert, so kann der Erwerber erst kündigen, wenn er als Eigentümer im Grundbuch eingetragen ist (LG Hamburg WM 77, 260; AG Lennestadt WM 78, 175; LG München I WM 79, 124; AG Mannheim WM 79, 218); eine vorherige – isolierte – Übertragung des Kündigungsrechts ist nicht möglich. Andererseits braucht der Erwerber aber auch keine allgemeine Wartefrist einzuhalten, wie dies früher von dem Erwerber eines Grundstücks verlangt worden ist.

6. Eine Sonderregelung für die Eigenbedarfskündigung gilt dann, wenn die Wohnung erst nach der Überlassung an den M. in eine Ew. *umgewandelt und veräußert* wird. In diesem Fall sind folgende Kündigungsregelungen zu beachten:

(1) in Gebieten, in denen die Landesregierung eine Rechtsverordnung nach § 564b Abs. 2 Nr. 2 S 3, 4 BGB erlassen hat: Der Umwandler kann wegen Eigenbedarfs kündigen; eine Sperrfrist besteht nicht. Mit einer Kündigung wegen beabsichtigter wirtschaftlicher Verwertung (Verkauf der Eigentumswohnung) ist der Umwandler zeitlich unbegrenzt ausgeschlossen. Der Erwerber ist mit der Eigenbedarfskündigung und mit der Verwertungskündigung für die Dauer von 5 Jahren ausgeschlossen. Die Frist beginnt an dem Tag an dem der Erwerber als neuer Eigentümer ins Grundbuch eingetragen wird. Die 5 jährige Sperrfrist gilt nur dann, wenn der Kaufvertrag nach dem 31. 7. 1990 abgeschlossen worden ist; sonst gilt die Regelung zu (2)

(2) in Gebieten in denen die Landesregierung eine Rechtsverordnung nach Art. 14 des Investitionserleichterungs- und Wohnbau-

landgesetzes vom 28. 4. 1993 (BGBl I 466) erlassen hat: Der Umwandler kann wegen Eigenbedarfs kündigen; eine Sperrfrist besteht nicht. Mit einer Kündigung wegen beabsichtigter wirtschaftlicher Verwertung (Verkauf der Eigentumswohnung) ist der Umwandler ebenfalls nicht ausgeschlossen (!) Der Erwerber ist mit der Eigenbedarfskündigung und der Verwertungskündigung für die Dauer von 10 Jahren ausgeschlossen. Die Frist beginnt an dem Tag an dem der Erwerber als neuer Eigentümer ins Grundbuch eingetragen wird. Die 10jährige Sperrfrist gilt auch dann, wenn der Kaufvertrag vor dem Inkrafttreten des Gesetzes am 1. 5. 1993 abgeschlossen worden ist. Nach Ablauf der 10Jahresfrist kann der Vermieter nicht wegen Eigenbedarfs und beabsichtigter wirtschaftlicher Verwertung kündigen, wenn die Vertragsbeendigung (wegen fehlendem Ersatzraum) für den Mieter eine Härte bedeutet; diesen Kündigungsausschluß kann der Vermieter vermeiden, wenn er dem Mieter „angemessenen Ersatzraum zu zumutbaren Bedingungen" nachweist (wegen der Einzelheiten s. → Sozialklauselgesetz).

(3) in Gebieten in denen die Landesregierung keine Rechtsverordnung erlassen hat: Der Umwandler kann wegen Eigenbedarfs kündigen; eine Sperrfrist besteht nicht. Mit einer Kündigung wegen beabsichtigter wirtschaftlicher Verwertung (Verkauf der Eigentumswohnung) ist der Umwandler ebenfalls nicht ausgeschlossen. Der Erwerber ist mit der Eigenbedarfskündigung für die Dauer von 3 Jahren ausgeschlossen (§ 564b Abs. 2 Nr. 2 S. 2 BGB). Die Frist beginnt mit dem Tag an dem der Erwerber als neuer Eigentümer ins Grundbuch eingetragen wird. Die 3-jährige Sperrfrist gilt nur dann, wenn der Kaufvertrag nach dem 31. 7. 1990 abgeschlossen worden ist. Mit der Verwertungskündigung ist der Erwerber nicht ausgeschlossen.

Eine Veräußerung im Sinn des § 564b Abs. 2 Nr. 2 BGB liegt auch dann vor, wenn das Eigentum im Wege der Zwangsversteigerung erworben wird; in diesem Fall ist die jeweilige Kündigungssperre auch dann zu beachten, wenn der Erwerber von dem Sonderkündigungsrecht nach § 57a ZVG Gebrauch macht (BayObLG, RE vom 10. 6. 1992, WM 92, 424). Ebenso ist eine Veräußerung gegeben, wenn die Bruchteilseigentümer eines Grundstücks, die zugleich dessen Vermieter sind, das Eigentum an dem Grundstück durch Begründung von Wohnungseigentum teilen und sodann einem Miteigentümer durch Auflassung und Eintragung in das Wohnungsgrundbuch das alleinige Wohnungseigentum an einer bestimmten vermieteten Wohnung übertragen (BayObLG (RE) WM 82, 46 = ZMR 82, 88 = NJW 82, 451 = MDR 82, 322; Schmid ZMR 82, 129) auch in einem solchen Fall kann sich der Erwerber gemäß § 564b Abs. 2 Nr. 2 BGB nicht vor dem Ablauf der jeweiligen Sperrfrist seit der Veräußerung auf den Kündigungsgrund des Eigenbedarfs berufen. Dagegen ist die Vorschrift des § 564b Abs. 2 Nr. 2 BGB unanwendbar, wenn ein Mehrfamilienhaus von einer Gesellschaft des bürgerlichen Rechts zum Zwecke der Eigennutzung durch die Gesellschaft erworben wird, ohne daß eine Aufteilung in Wohnungseigentum erfolgt. Dies gilt auch dann, wenn die Gesellschafter ähnliche Ziele verfolgen, wie sie üblicherweise mit der Aufteilung in Wohnungseigentum verfolgt werden, so zum Beispiel wenn im Gesellschaftsvertrag vereinbart ist, daß jedem Gesellschafter an je einer Wohnheinheit ein ausschließliches Nutzungsrecht zustehen soll (OLG Karlsruhe RE vom 22. 5. 1990 WM 90, 330 = ZMR 90, 338 = DWW 90, 231). Auch bei „Erwerbermodellen" dieser Art gilt allerdings eine Ausnahme, wenn durch die Wahl der Vertragskonstruktion ausschließlich die Vorschrift des § 564b Abs. 2 Nr. 2 Satz 2 BGB umgangen werden soll. Ein solcher Fall lag dem Rechtsentscheid des OLG Karlsruhe vom 10. 7. 1992 (WM 92, 519) zugrunde: Dieses Erwerbermodell war dem echten Wohnungseigentum weitgehend nachgebildet: – jedem Miteigentümer war durch Vertrag eine bestimmte Wohnung zur ausschließlichen Nutzung zugewiesen; diese Nutzungsregelung sowie der dauernde Ausschluß des Aufhebungsverlangens nach § 1010 BGB war im Grundbuch eingetragen; im Kaufvertrag war vereinbart, daß innerhalb von drei Jahren Wohnungseigentum nach § 3 WEG gebildet werden soll; für die einzelnen Wohnungen lag bereits beim Abschluß des Kaufvertrags eine Abgeschlossenheitsbescheinigung vor –. In Fällen dieser Art gilt die Kündigungssperre! Nach dem Rechtsentscheid des Kammergerichts vom 26. 3. 1987 (WM 87, 138) soll die Wartefrist nicht gelten, wenn ein Hausgrundstück von mehreren erworben und sodann nach § 3 WEG Wohnungseigentum gebildet wird. Diese Rechtsprechung ist allerdings umstritten (a. A. Sternel WM 87, 339; Karl, ZMR 91, 288). Der Lauf der jeweiligen Frist beginnt mit der Vollendung des ersten Eigentumserwerbs. Wird die Wohnung während des Laufs der Frist weiterveräußert, so tritt der Erwerber in die laufende Frist ein. Die Frist beginnt also nicht bei jeder weiteren Veräußerung neu zu laufen (BayObLG a. a. O.; Sternel IV, 146; Schmid ZMR 82, 129). Die Frist muß zum Zeitpunkt des Zugangs der Kündigungserklärung bereits abgelaufen sein (OLG Hamm RE WM 81, 35 = ZMR 81, 115 = DWW 81, 47 = NJW 81, 584 = MDR 81, 319). Eine Kündigung zum Ablauf der Frist ist unwirksam.

Eine Liste der Gemeinden, in denen eine 5jährige Sperrfrist gilt, findet sich in „MietG" – Beck-Texte im dtv 5013, 27. Aufl. Zwischenzeitlich gilt allerdings in einer Reihe von Gemeinden auf Grund des Sozialklauselgesetzes (Art. 14 des Gesetzes zur Erleichterung von Investitionen und der Ausweisung und Bereitstellung von Wohnbauland (Investitionserleichterungs- und Wohnbaulandgesetz vom

22. 4. 1993 – BGBl. I S. 466, 487 –) eine zehnjährige Sperre. Gegenwärtig haben folgende Länder von der Verordnungsermächtigung Gebrauch gemacht: *Baden-Württemberg* betreffend die Gemeinden Asperg, Backnang, Bad Friedrichshall, Besigheim, Bietigheim-Bissingen, Böblingen, Denkendorf, Denzlingen, Ditzingen, Dossenheim, Ebersbach an der Fils, Eislingen/Fils, Emmendingen, Eppelheim, Esslingen am Neckar, Ettlingen, Fellbach, Filderstadt, Freiberg am Neckar, Freiburg im Breisgau, Gärtringen, Geislingen an der Steige, Göppingen, Grenzach-Wyhlen, Heidelberg, Heilbronn, Herrenberg, Holzgerlingen, Karlsruhe, Kernen im Remstal, Kirchheim unter Teck, Konstanz, Korntal-Münchingen, Lauffen am Neckar, Leimen, Leonberg, Lörrach, Ludwigsburg, Mannheim, Marbach am Neckar, Markgröningen, Metzingen, Möglingen, Mühlacker, Neckargemünd, Neckarsulm, Niefern-Öschelbronn, Nürtingen, Ostfildern, Pfinztal, Pforzheim, Pfullingen, Plochingen, Ravensburg, Remchingen, Remseck am Neckar, Renningen, Reutlingen, Rheinfelden (Baden), Schorndorf, Schwetzingen, Sindelfingen, Steinheim an der Murr, Stuttgart, Tübingen, Uhingen, Ulm, Villingen-Schwenningen, Waiblingen, Walldorf, Weil am Rhein, Weingarten, Weinsberg, Wendlingen am Neckar, Winnenden; *Bayern* betreffend *a) die kreisfreien Städte* Amberg, Aschaffenburg, Augsburg, Bamberg, Bayreuth, Coburg, Erlangen, Fürth, Hof, Ingolstadt, Kempten (Allgäu), Landshut, Memmingen, München, Nürnberg, Passau, Regensburg, Rosenheim, Schwabach, Schweinfurth, Straubing, Würzburg, *b) die Gemeinden* des Kreises Aichach-Friedberg: Friedberg, Kissing, Mering; des Kreises Amberg-Sulzbach: Kümmersbruck, Sulzbach-Rosenberg; des Kreises Aschaffenburg: Alzenau i. UFr., Goldbach, Kleinostheim, Mainaschaff, Stockstadt a. Main; des Kreises Augsburg: Bobingen, Diedorf, Gersthofen, Gessertshausen, Königsbrunn, Langweid a. Lech, Meitingen, Neusäß, Stadtbergen; des Kreises Bad Tölz–Wolfratshausen; Bad Tölz, Geretsried, Icking, Wolfratshausen; des Kreises Berchtesgadener Land: Bad Reichenhall, Berchtesgaden, Freilassing; des Kreises Coburg: Neustadt b. Coburg, Rödental; des Kreises Dachau: Bergkirchen, Dachau, Haimhausen, Hebertshausen, Karlsfeld, Markt Indersdorf, Petershausen, Röhrmoos; des Kreises Deggendorf: Deggendorf; des Kreises Dingolfing-Landau: Dingolfing; des Kreises Ebersberg: Anzing, Aßling, Baiern, Ebersberg, Egmating, Forstinning, Glonn, Grafing b. München, Kirchseeon, Markt Schwaben, Moosach, Oberpframmern, Pliening, Poing, Vaterstetten, Zorneding; des Kreises Eichstätt: Buxheim, Eichstätt, Eitensheim, Gaimersheim; des Kreises Erding: Berglern, Eitting, Erding, Finsing, Langenpreising, Moosinning, Neuching, Oberding, Ottenhofen, Walpertskirchen, Wartenberg, Wörth; des Kreises Erlangen-Höchstadt: Baiersdorf, Bubenreuth, Buckenhof, Heroldsberg, Her-

zogenaurach, Kalchreuth, Marloffstein, Möhrendorf, Spardorf, Uttenreuth; des Kreises Forchheim: Dormitz, Forchheim; des Kreises Freising: Allershausen, Eching, Fahrenzhausen, Freising, Hallbergmoos, Kranzberg, Langenbach, Marzling, Moosburg a. d. Isar, Neufahrn b. Freising, Zolling; des Kreises Fürstenfeldbruck: Adelshofen, Alling, Althegnenberg, Egenhofen, Eichenau, Emmering, Fürstenfeldbruck, Germering, Grafrath, Gröbenzell, Hattenhofen, Jesenwang, Kottgeisering, Landsberied, Maisach, Mammendorf, Mittelstetten, Moorenweis, Oberschweinbach, Olching, Puchheim, Schöngeising, Türkenfeld; des Kreises Fürth: Oberasbach, Stein, Zirndorf; des Kreises Garmisch-Partenkirchen: Garmisch-Partenkirchen, Murnau a. Staffelsee; des Kreises Günzburg: Günzburg, Krumbach (Schwaben); des Kreises Kelheim: Mainburg; des Kreises Kronach: Kronach; des Kreises Landsberg a. Lech: Dießen a. Ammersee, Geltendorf, Greifenberg, Kaufering, Landsberg a. Lech, Schondorf, Utting a. Ammersee; des Kreises Landshut: Altdorf, Ergolding, Kumhausen, Vilsbiburg; des Kreises Lindau (Bodensee): Bodolz, Lindau (Bodensee), Lindenberg i. Allgäu, Nonnenhorn, Wasserburg (Bodensee); des Kreises Main-Spessart: Marktheidenfeld; des Kreises Miesbach: Bad Wiessee, Gmund a. Tegernsee, Hausham, Holzkirchen, Kreuth, Miesbach, Rottach-Egern, Schliersee, Tegernsee; des Kreises Miltenberg: Elsenfeld, Erlenbach a. Main, Miltenberg, Obernburg a. Main; des Kreises Mühldorf a. Inn: Waldkraiburg; des Kreises München: Aschheim, Aying, Baierbrunn, Brunnthal, Feldkirchen, Garching b. München, Gräfelfing, Grasbrunn, Grünwald, Haar, Hohenbrunn, Höhenkirchen-Siegertsbrunn, Ismaning, Kirchheim b. München, Neubiberg, Neuried, Oberhaching, Oberschleißheim, Ottobrunn, Planegg, Pullach i. Isartal, Putzbrunn, Sauerlach, Schäftlarn, Straßlach-Dingharting, Taufkirchen, Unterföhring, Unterhaching, Unterschleißheim; des Kreises Neustadt a. d. Aisch – Bad Windsheim: Bad Windsheim; des Kreises Neu-Ulm: Elchingen, Illertissen, Nersingen, Neu-Ulm, Senden; des Kreises Nürnberger Land: Feucht, Hersbruck, Lauf a. d. Pegnitz, Leinburg, Neunkirchen a. Sand, Röthenbach a. d. Pegnitz, Rückersdorf, Schwaig b. Nürnberg, Schwarzenbruck, Winkelhaid; des Kreises Oberallgäu: Buchenberg, Durach, Hindelang, Immenstadt i. Allgäu (ohne Ortsteile), Oberstdorf, Sonthofen, Wiggensbach; des Kreises Ostallgäu: Füssen, Marktoberdorf, Pfronten; des Kreises Passau: Pocking, Vilshofen; des Kreises Pfaffenhofen a. d. Ilm: Manching, Pfaffenhofen a. d. Ilm, Reichertshofen, Wolnzach; des Kreises Regen: Zwiesel; des Kreises Regensburg: Neustraubling, Regenstauf; des Kreises Rosenheim: Bad Aibling, Bad Feilnbach, Kolbermoor, Neubeuern, Raubling, Stephanskirchen, Wasserburg a. Inn; des Kreises Rottal-Inn: Eggenfelden, Pfarrkirchen, Simbach

a. Inn; des Kreises Starnberg: Andechs, Berg, Feldafing, Gauting, Gilching, Herrsching a. Ammersee, Inning a. Ammersee, Krailling, Pöcking, Seefeld, Starnberg, Tutzing, Weßling, Wörthsee; des Kreises Tirschenreuth: Tirschenreuth; des Kreises Traunstein: Traunreut, Traunstein, Trostberg; des Kreises Unterallgäu: Buxheim; des Kreises Weilheim-Schongau: Peißenberg, Peiting, Penzberg, Schongau, Weilheim i. OB; des Kreises Weißenburg-Gunzenhausen: Gunzenhausen; des Kreises Würzburg: Gerbrunn; des Kreises Wunsiedel i. Fichtelgebirge: Selb; *Berlin; Bremen* betreffend die Städte Bremen und Bremerhaven; *Hamburg; Hessen* betreffend *a) die kreisfreien Städte* Darmstadt, Frankfurt a. Main, Kassel, Offenbach a. Main, Wiesbaden, *b) die Gemeinden* des Kreises Bergstraße: Abtsteinach, Bensheim, Biblis, Birkenau, Bürstadt, Einhausen, Fürth, Gorxheimertal, Grasellenbach, Groß-Rohrheim, Heppenheim (Bergstraße), Hirschhorn (Neckar), Lampertheim, Lautertal (Odenwald), Lindenfels, Lorsch, Mörlenbach, Neckarsteinach, Rimbach, Viernheim, Wald-Michelbach, Zwingenberg; des Kreises Darmstadt-Dieburg: Alsbach-Hähnlein, Babenhausen, Bickenbach, Dieburg, Eppertshausen, Erzhausen, Fischbachtal, Griesheim, Groß-Bieberau, Groß-Umstadt, Groß-Zimmern, Messel, Modautal, Mühltal, Münster, Ober-Ramstadt, Otzberg, Pfungstadt, Reinheim, Roßdorf, Schaafheim, Seeheim-Jugenheim, Weiterstadt; des Kreises Fulda: Bad Salzschlirf, Dipperz, Ebersburg, Ehrenberg (Rhön), Eichenzell, Eiterfeld, Flieden, Fulda, Gersfeld (Rhön), Großenlüder, Hilders, Hofbieber, Hünfeld, Kalbach, Künzell, Neuhof, Nüsttal, Petersberg, Poppenhausen (Wasserkuppe), Rasdorf; des Kreises Gießen: Allendorf (Lumda), Biebertal, Buseck, Fernwald, Gießen, Grünberg, Heuchelheim, Hungen, Langgöns, Laubach, Lich, Linden, Lollar, Pohlheim, Rabenau, Reiskirchen, Staufenberg, Wettenberg; des Kreises Groß-Gerau: Biebesheim am Rhein, Bischofsheim, Büttelborn, Gernsheim, Ginsheim-Gustavsburg, Groß-Gerau, Kelsterbach, Mörfelden-Walldorf, Nauheim, Raunheim, Riedstadt, Rüsselsheim, Stockstadt am Rhein, Trebur; des Kreises Hersfeld-Rotenburg: Alheim, Bad Hersfeld, Bebra, Breitenbach a. Herzberg, Cornberg, Friedewald, Hauneck, Haunetal, Heringen (Werra), Hohenroda, Kirchheim, Ludwigsau, Nentershausen, Neuenstein, Niederaula, Philippstal (Werra), Ronshausen, Rotenburg a.d. Fulda, Schenklengsfeld, Wildeck; des Kreises Hochtaunuskreis: Bad Homburg v.d. Höhe, Friedrichsdorf, Glashütten, Grävenwiesbach, Königstein im Taunus, Kronberg im Taunus, Neu-Anspach, Oberursel (Taunus), Schmitten, Steinach (Taunus), Usingen, Wehrheim, Weilrod; des Kreises Kassel: Ahnatal, Bad Emstal, Bad Karlshafen, Baunatal, Breuna, Calden, Espenau, Fuldabrück, Fuldatal, Grebenstein, Habichtswald, Helsa, Hofgeismar, Immenhausen, Kaufungen, Liebenau, Lohfelden, Naumburg, Nieste, Niestetal, Oberweser, Reinhardshagen, Schauenburg, Söhrewald, Trendelburg, Vellmar, Wahlsburg, Wolfhagen, Zierenberg; des Kreises Lahn-Dill-Kreis: Aßlar, Bischoffen, Braunfels, Breitscheid, Dietzhölztal, Dillenburg, Driedorf, Ehringshausen, Eschenburg, Greifenstein, Haiger, Herborn, Hohenahr, Hüttenberg, Lahnau, Leun, Mittenaar, Schöffengrund, Sinn, Solms, Waldsolms, Wetzlar; des Kreises Limburg-Weilburg: Bad Camberg, Beselich, Brechen, Dornburg, Elbtal, Hadamar, Hünfelden, Limburg a. d. Lahn, Löhnberg, Mengerskirchen, Merenberg, Selters (Taunus), Villmar, Waldbrunn (Westerwald), Weilburg, Weilmünster, Weinbach; des Kreises Main-Kinzig-Kreis: Bad Orb, Bad Soden-Salmünster, Biebergemünd, Birstein, Brachttal, Bruchköbel, Erlensee, Flörsbachtal, Freigericht, Gelnhausen, Großkrotzenburg, Gründau, Hanau, Hasselroth, Jossgrund, Langenselbold, Linsengericht, Maintal, Neuberg, Nidderau, Niederdorfelden, Rodenbach, Ronneburg, Schlüchtern, Schöneck, Sinntal, Steinau an der Straße, Wächtersbach; des Kreises Main-Taunus-Kreis: Bad Soden am Taunus, Eppstein, Eschborn, Flörsheim am Main, Hattersheim am Main, Hochheim am Main, Hofheim am Taunus, Kelkheim (Taunus), Kriftel, Liederbach am Taunus, Schwalbach am Taunus, Sulzbach (Taunus); des Kreises Marburg-Biedenkopf: Amöneburg, Angelburg, Bad Endbach, Biedenkopf, Breidenbach, Cölbe, Dautphetal, Ebsdorfergrund, Fronhausen, Gladenbach, Kirchhain, Lahntal, Lohra, Marburg, Münchhausen, Neustadt (Hessen), Rauschenberg, Stadtallendorf, Steffenberg, Weimar, Wetter (Hessen), Wohratal; des Kreises Odenwaldkreis: Bad König, Beerfelden, Brensbach, Breuberg, Brombachtal, Erbach, Fränkisch-Crumbach, Höchst i. Odw., Lützelbach, Michelstadt, Mossautal, Reichelsheim (Odenwald), Rothenberg, Sensbachtal; des Kreises Offenbach: Dietzenbach, Dreieich, Egelsbach, Hainburg, Heusenstamm, Langen, Mainhausen, Mühlheim am Main, Neu-Isenburg, Obertshausen, Rodgau, Rödermark, Seligenstadt; des Kreises Rheingau-Taunus-Kreis: Aarbergen, Bad Schwalbach, Eltville am Rhein, Geisenheim, Heidenrod, Hohenstein, Hünstetten, Idstein, Lorch, Niedernhausen, Oestrich-Winkel, Rüdesheim am Rhein, Schlangenbad, Taunusstein, Waldems, Walluf; des Kreises Schwalm-Eder-Kreis: Bad Zwesten, Borken (Hessen), Edermünde, Felsberg, Frielendorf, Fritzlar, Gilserberg, Gudensberg, Guxhagen, Homberg (Efze), Jesberg, Knüllwald, Körle, Malsfeld, Morschen, Neuental, Neukirchen, Niedenstein, Oberaula, Ottrau, Schrecksbach, Schwalmstadt, Schwarzenborn, Spangenberg, Wabern, Willingshausen; des Kreises Vogelsbergkreis: Alsfeld, Feldatal, Freiensteinau, Gemünden (Felda), Grebenau, Grebenhain, Herbstein, Homberg (Ohm), Kirtorf, Lauterbach (Hessen), Lautertal (Vogelsberg), Mücke, Romrod, Schlitz, Schotten, Schwalmtal, Ulrichstein, Wartenberg; des Kreises Waldeck-Frankenberg: Allendorf (Eder), Arolsen, Bad Wildungen, Battenberg (Eder), Bromskirchen, Burgwald, Diemelsee, Diemelstadt, Edertal, Frankenau, Frankenberg (Eder), Gemünden (Wohra), Hatzfeld (Eder), Korbach, Lichtenfels, Rosenthal, Twistetal, Vöhl, Volkmarsen, Waldeck, Willingen (Upland); des Kreises Werra-Meißner-Kreis: Bad Sooden-Allendorf, Eschwege, Großalmerode, Herleshausen, Hessisch-Lichtenau, Neu-Eichenberg, Ringgau, Sontra, Wanfried, Wehretal, Witzenhausen; des Kreises Wetteraukreis: Altenstadt, Bad Nauheim, Bad Vilbel, Büdingen, Butzbach, Echzell, Friedberg (Hessen), Gedern, Glauburg, Hirzenhain, Karben, Kefenrod, Limeshain, Münzenberg, Nidda, Niddatal, Ober-Mörlen, Ortenberg, Ranstadt, Reichelsheim (Wetterau), Rockenberg, Rosbach v. d. Höhe, Wölfersheim, Wöllstadt; *Niedersachsen* betreffend *a) die Landeshauptstadt* Hannover, *b) die Städte* Achim, Bad Harzburg, Barsinghausen, Braunschweig, Buchholz in der Nordheide, Burgdorf, Buxtehude, Celle, Cuxhaven, Delmenhorst, Emden, Garbsen, Gehrden, Georgsmarienhütte, Gifhorn, Göttingen, Goslar, Hameln, Helmstedt, Hildesheim, Laatzen, Langenhagen, Leer (Ostfriesland), Lehrte, Lüneburg, Neustadt am Rübenberge, Nienburg (Weser), Norderney, Northeim, Oldenburg, (Oldenburg), Osnabrück, Pattensen, Peine, Ronnenberg, Salzgitter, Seelze, Springe, Stade, Uelzen, Verden (Aller), Winsen, (Luhe), Wolfenbüttel, Wolfsburg und Wunstorf, *c) den Flecken* Bovenden und *die Gemeinden* Burgwedel, Edemissen, Hohenhameln, Hemmingen, Ilsede, Isernhagen, Lahstedt, Lengede, Rosdorf, Seevetal, Sehnde, Uetze, Vechelde, Wedemark, Wendeburg und Wennigsen (Deister).

Beim Verkauf einer umgewandelten Eigentumswohnung ist außerdem zu beachten, daß dem Mieter in vielen Fällen ein gesetzliches Vorkaufsrecht nach § 570b n. F. BGB, § 2b WoBindG zusteht (s. unter *„Vorkaufsrecht des Mieters"*). Eine entsprechende Anwendung der Sperrfrist auf ähnliche Fälle ist ausgeschlossen (a. A. Lächner, WM 82, 36: analoge Anwendung, wenn der Käufer einer Ew. wegen Eigenbedarfs kündigt, der Voreigentümer Inhaber mehrerer Ew. war und der M. deshalb nicht in höherem Maße mit einer Eigenbedarfskündigung des Voreigentümers rechnen mußte als der M. einer Mietwohnung).

Werden nach einer Umwandlung einer Mietwohnung in Eigentumswohnungen Teile der vermieteten Räume an verschiedene Erwerber veräußert (z. B. die Wohnung an einen Erwerber A und die mitvermietete Garage an einen Erwerber B), so treten diese in Gesamtheit an die Stelle des bisherigen V (AG Rastatt WM 88, 127 betr. Wohnung und Garage; AG Stuttgart WM 88, 404 betr. Wohnung und Dachkammer; im Erg. ebenso LG Hamburg WM 88, 127 für Wohnung mit dem Recht zur Gartennutzung). In einem solchen Fall kann das Mv. nur von allen Erwerbern gemeinsam als Ganzes gekündigt werden. Eine Kündigung einzelner Teile der Mietsache durch die jeweiligen Erwerber (z. B. isolierte Kündigung der Garage) ist unzulässig (OLG Karlsruhe RE vom 30. 3. 1983, NJW 83, 1499 = WM 83, 166; AG Nürnberg WM 83, 144; s. dazu auch – Kündigung III). Ein Immobilienmakler, der eine Wohnung der hier genannten Art vermittelt, kann unter Umständen verpflichtet sein, den Erwerber einer vermieteten Ew. auf das Bestehen des Kündigungsausschlusses aufmerksam zu machen. (BGH NJW 81, 2685). Ein unterlassener Hinweis kann Schadensersatzansprüche des Erwerbers zur Folge haben. Allerdings schuldet der Makler keine uferlose Information „ins Blaue hinein". Eine Hinweispflicht besteht vielmehr nur dann, wenn für den Makler erkennbar ist, daß der Auftraggeber die Wohnung gerade deshalb erwerben will, um alsbald dort einzuziehen. In erster Linie ist es aber Sache des Auftraggebers gegenüber dem Makler deutlich zu machen, welche Interessen bei dem beabsichtigten Geschäft für ihn im Vordergrund stehen (BGH a. a. O., zum Ganzen Blank PiG 18, 87).

7. Hat der Erwerber einer Ew. im Falle der Eigennutzung einen Anspruch auf *Befreiung von der Grunderwerbssteuer,* so fragt sich, ob dieser Umstand zur Kündigung berechtigt. Das BayObLG hat diese Frage in dem Rechtsentscheid vom 17. 10. 83 (WM 84, 15) im Grundsatz bejaht und zur Begründung ausgeführt, daß im Rahmen des § 564b Abs. 1 BGB auch die wirtschaftlichen Interessen des Eigentümers zu berücksichtigen seien. Dieser Ansicht kann nicht zugestimmt werden. Die Vorschriften über die Steuerbefreiung knüpfen an einen bestehenden Eigenbedarf an und wollen denjenigen privilegieren, der Eigenbedarf hat und deshalb die Wohnung nicht als Kapitalanlage sondern zur Eigennutzung erwirbt. Bei bestehendem Eigenbedarf ist es sachgerecht, wenn der Erwerber kündigt, die Wohnung selbst bezieht und die Steuervergünstigung in Anspruch nimmt. Fehlt der Eigenbedarf, so wäre es sowohl im Hinblick auf den Zweck des § 564b BGB als auch im Hinblick auf den Zweck der Steuervorschriften verfehlt, dem Erwerber um des steuerlichen Vorteils wegen ein Kündigungsrecht zuzubilligen. Denkbar ist allerdings, daß der Ausschluß des Kündigungsrechts bei gleichzeitiger Versagung der Steuerbefreiung zu einer für den Erwerber nicht vorhersehbaren Belastung führt. Ein solcher Fall ist z. B. dann denkbar, wenn ein zum Zeitpunkt des Erwerbs vorhandener Eigenbedarf wegfällt und der Erwerber deshalb nicht mehr kündigen kann (vgl. Kündigungsschutz II 2). Würde hier auch der Anspruch auf die Steuerbefreiung entfallen, so hätte dies eine nicht vorhersehbare Erhö-

hung der Gesamtbelastung zur Folge. Diese Härtefälle können jedoch nicht zu Lasten des M. gelöst werden; eine Korrektur muß vielmehr über das Steuerrecht erfolgen. Im übrigen ist stets zu beachten, daß der Rechtsentscheid des BayObLG keineswegs in jedem Fall das Kündigungsinteresse des V. bejaht. Gefordert wird vielmehr, daß die durch den Verlust der Steuervorteile bedingten finanziellen Nachteile unter Berücksichtigung aller Umstände so schwer wiegen, daß sie den übrigen im Gesetz genannten Kündigungsgründen (s. → Kündigungsschutz) gleichstehen. Maßgeblich sind also die Verhältnisse des Einzelfalls, die von den Instanzgerichten ermittelt werden müssen.

8. Problematisch sind diejenigen Fälle, in denen die Wohnung durch einen Nicht-Eigentümer vermietet worden ist. Eine solche Sachlage liegt z. B. dann vor, wenn der Bauträger (Veräußerer) die Wohnung an den Erwerber zum Zwecke der Vermietung übergibt und sich das Eigentum bis zur völligen Bezahlung des Kaufpreises vorbehält. Zahlt der Erwerber nicht, so kann der Veräußerer vom Kaufvertrag zurücktreten. Hier erhebt sich die Frage, ob der Bauträger die Wohnung vom M. gem. § 985 BGB herausverlangen kann. Die Interessenlage läßt sich mit jenen Fällen vergleichen, in denen ein Mieter die Wohnung nicht vom Eigentümer, sondern von einer Vermietungsgesellschaft angemietet hat. Für diesen Bereich gilt seit dem 1. 9. 1993 die Vorschrift des § 549a BGB (s. → *Zwischenvermietung*; diese Regelung muß das aus Gründen der Rechtslogik auch auf die hier fragliche Problematik angewendet werden.

II. Das Recht zur Vermietung der Ew. kann durch eine *Vereinbarung* mit den übrigen WE insbes. in der Teilungserklärung *beschränkt* insbesondere vom Vorliegen *bestimmter Voraussetzungen* oder von der *Zustimmung* eines Dritten abhängig gemacht werden (vgl. BGHZ 37, 203; BayObLG NJW 72, 656). Ein durch Mehrheitsbeschluß der WE ausgesprochenes Vermietungsverbot ist jedoch unwirksam (BayObLG ZMR 76, 313; vgl. jedoch zur Verbindlichkeit unangefochtener Mehrheitsbeschl. trotz notwendiger Vereinbarung BGHZ 54, 65). In der Praxis wird die Vermietung häufig von der *Einwilligung des Verwalters,* die dieser nur bei Vorliegen *wichtiger Gründe* verweigern darf, abhängig gemacht (vgl. das vom Bundesministerium für Wohnungsbau veröffentlichte Muster einer Teilungserklärung, BBauBl. 55 Heft 9 – § 5 Abs. 3). Zugunsten des WE sind derartige Beschränkungen eng auszulegen; ein wichtiger Grund zur Versagung liegt nur vor, wenn konkrete Tatsachen oder Besorgnisse der Aufnahme des M. entgegenstehen; die nur abstrakte Befürchtung, daß sich der M. pflichtwidrig oder störend verhalten könnte, reicht dafür nicht aus (vgl. OLG Schleswig Wohnungseigentümer 83, 26; LG Mannheim BB 77, 319 zum gleichartigen Veräußerungsverbot; zur Vermietung zwecks gewerblicher Nutzung vgl. OLG Karlsruhe FWW 76, 263; BayObLG Rpfl. 73, 139). Soweit derartige Erklärungen im Grundbuch eingetragen sind, wirken sie auch für die jeweiligen Rechtsnachfolger der WE (§ 10 Abs. 4 WEG). Der Verwalter muß über jede einzelne Vermietung eine gesonderte Entscheidung treffen. Zu einer generellen Zustimmung zu Vermietungen ist der Verwalter weder befugt noch verpflichtet. Dies gilt auch dann, wenn der Eigentümer die Wohnung an jeweils wechselnde Feriengäste vermieten will (BayObLG MDR 82, 497). Vermietet der Eigentümer entgegen einer vereinbarten Beschränkung, so ist der Mv. gleichwohl wirksam (BayObLG B. v. 24. 2. 83 – 2 Z 5/82; LG Bonn ZMR 90, 458). Die Eigentümergemeinschaft kann in einem solchen Fall nur dann vom V. den Kündigungsausspruch verlangen, wenn im Verhältnis zwischen diesem und dem M. erhebliche Kündigungsgründe vorliegen. Die vertragl. Vermietungsbeschränkung rechtfertigt für sich allein die Kündigung nicht. Dies hat meistens zur Folge, daß die Eigentümergemeinschaft auf einen Schadensersatzanspruch beschränkt ist, der jedoch nur dann zum Erfolg führt, wenn durch die Vermietung ein konkreter Vermögensschaden eintritt. Die Einhaltung der Vermietungsbeschränkung – auch der dahingehende Unterlassungsanspruch – ist nur im Sonderverfahren nach § 43 I Nr. 1 WEG durchsetzbar (LG Frankfurt NJW 65, 2205). Zum Kündigungsschutz bei der Veräußerung vom Ew. s. Wolf WM 78, 137; zu den Fragen der Zustimmung zur Vermietung vgl. Riedler ZMR 78, 161; zum Konkurs des V: BGH MDR 86, 750; zum Ganzen: Blank FWW 86, 175, 204; Wangemann WM 87, 3, 43.

Einrichtungen (E.). Wenn der M. zur besseren wirtschaftlichen Ausnutzung der M.sache oder zu ihrem bequemeren Gebrauch eine E. angebracht hat (z. B. Badeeinrichtung, Öfen, Rolläden, Fußbodenbelag, Duschkabine; s. LG Berlin ZMR 75, 271; Einbauküche s. OLG Karlsruhe WM 86, 70; WM 89, 127), darf er sie bei seinem Auszug wegnehmen (§ 547a BGB). Der Begriff der Einrichtung im Sinne von § 547a BGB ist gesetzlich nicht definiert. Nach der Rechtsprechung sind darunter bewegliche Sachen zu verstehen, die mit der Mietsache zusätzlich verbunden werden, um deren wirtschaftlichem Zweck zu dienen (BGH NJW 87, 2861 = ZMR 87, 371). Eine E. setzt begrifflich voraus, daß eine *zusätzliche* bewegliche Sache mit der M.sache körperlich in *wieder trennbarer* Weise verbunden wird, wobei die Art und der Grad der Verbindung unerheblich sind (Weimar ZMR 64, 69). Bei der Verbindung beweglicher Sachen mit dem Gebäude durch den M. ist i. d. R. davon auszugehen, daß sie nur zu einem *vorübergehenden* Zweck geschieht, so daß die eingefügten Sachen nicht Bestandteile des Gebäudes und somit auch *nicht Eigentum* des V. werden (BGH NJW 69, 40; WM 91, 486). Allerdings kommt es auf die Eigentumsverhältnisse nicht entscheidend an (zur Berücksichtigung der E. im M.erhöhungsverfahren s. → Mieterhöhung I 1b). Das Wegnahmerecht verpflichtet den V., die Aufhebung der Verbindung zwischen der E. und der M.sache zu *dulden,* selbst wenn dabei eine Beschädigung unvermeidlich ist; hatte der M. das Eigentum an der E. verloren, so vollzieht sich in der Wegnahme zugleich die Wiederaneignung (BGH, WM 91, 486). Während der M.zeit darf der M. über solche E. als Eigentümer beliebig verfügen. In einer Vereinbarung, durch die ein Dritter (z.B. der Untermieter oder M.nachfolger) solche E. entgeltlich erwirbt, mit denen der M. die Räume ausgestattet hat (z.B. Installationen), kann gleichzeitig die Abtretung des Anspruchs des M. gegen den V. auf Duldung der Wegnahme der E. liegen (BGH NJW 69, 40; zur Rechtsnatur solcher Übernahmeverträge s. auch Oetker ZMR 82, 4). Macht der M. aber beim oder nach seinem Auszug von dem Wegnahmerecht Gebrauch, ist er verpflichtet, den früheren Zustand der M.sache wieder herzustellen (§ 258 BGB). Der V. kann die Wegnahme so lange verweigern bis ihm für einen damit verbundenen Schaden ausreichende *Sicherheit* geleistet wird. Wird die Mietsache veräußert, so richtet sich das Wegnahmerecht gegen den Erwerber, wenn die Mietsache vor dem Eigentumswechsel nicht zurückgegeben worden ist (BGH, WM 91, 486). Der Streitwert einer Klage auf Duldung der Wegnahme eingebauter Sachen wird nach dem – in der Regel geringeren – Verkehrswert bestimmt, den die Sachen nach ihrer Trennung vom Gebäude oder Grundstück haben (BGH, NJW 91, 3221).

Mit der Rückgabe der M.sache geht das Wegnahmerecht des M. in einen Anspruch auf Gestattung der Wegnahme über, wie sich aus § 258 BGB ergibt. Der Anspruch auf Gestattung der Wegnahme ist dinglicher Natur. Hatte der M. das Eigentum an den Einrichtungen verloren, so vollzieht sich in der Wegnahme die Wiederaneignung. Ist der M. dagegen Eigentümer geblieben, so unterliegt der Gestattungsanspruch denselben Voraussetzungen wie der Eigentumsherausgabeanspruch gemäß § 986 BGB. Bis zur Ausübung des Wegnahmerechts ist der V. dem M. gegenüber zum Besitz berechtigt.

Das Wegnahmerecht verjährt in 6 Monaten. Mit diesem Zeitpunkt kann der V. das Recht zum Besitz als dauernde Einrede geltend machen. Macht der Vermieter ein Pfandrecht an den Sachen geltend, so wird dadurch der Lauf der Verjährungsfrist nicht gehemmt. Dies folgt aus einer entsprechenden Anwendung des § 202 Abs. 2 BGB. Danach wird die Verjährung unter anderem auch dann nicht gehemmt, wenn der andere Teil die Einrede des nicht erfüllten Vertrags geltend macht. Das gesetzliche Pfandrecht des § 559 BGB hat eine Rechtsähnlichkeit mit der Einrede des nicht erfüllten Vertrags, weil der Vermieter oder Verpächter geltend macht, der Mieter oder Pächter habe Verpflichtungen aus dem Vertrag nicht erfüllt. Ist der Anspruch auf Duldung der Wegnahme verjährt, so hat dies zur Folge, daß der Vermieter auf Dauer zum Besitz der Einrichtung berechtigt ist (BGH NJW 87, 2861 = ZMR 87, 371). Der zum Besitz der E. berechtigte V. schuldet unter keinem rechtlichen Gesichtspunkt Nutzungsentschädigung (vgl. z. Ganzen BGH NJW 81, 2564 = MDR 81, 1008 = ZMR 81, 367 = WM 82, 50; ZMR 87, 371). Auch gegenüber dem Mietnachfolger kann der Mieter keine Ansprüche geltend machen (OLG Düsseldorf ZMR 87, 328).

I. Die Ausübung des Wegnahmerechts ist ausgeschlossen, wenn der V. für die E. eine *angemessene Entschädigung* zahlt oder eine solche Zahlung anbietet (AG Aachen WM 87, 123). Der Entschädigungsanspruch des M. besteht im Ersatz des *Zeitwertes* der E., ohne Abzug der ersparten Kosten der Wegnahme und der Wiederherstellung; er besteht auch dann, wenn der V. ohne Angebot einer Entschädigung verlangt, daß die E. zurückbleiben soll und der M. deshalb von seinem Wegnahmerecht keinen Gebrauch macht (BGH WM 69, 183). Das Abwendungsrecht des V. besteht aber dann nicht, wenn der M. ein berechtigtes Interesse an der Wegnahme hat (z. B. Erinnerungsstück, im Handel nicht mehr erhältlich). Die Parteien können auch eine vertragliche Vereinbarung über die Höhe der Entschädigung treffen. In diesem Fall tritt das vertraglich vereinbarte Entgelt an die Stelle der nach dem Gesetz geschuldeten Entschädigung. Für die vertraglich geregelte Entschädigung gilt ebenfalls die kurze Verjährungsfrist des § 558 BGB (LG Mannheim WM 86, 279). Verweigert der V. schuldhaft endgültig und ernsthaft die Wegnahme von E., mit denen der M. die M.sache versehen hatte, obwohl er sie zu dulden verpflichtet war, so kann er sich schadensersatzpflichtig machen.

II. Das Wegnahmerecht des M. kann *vertragl. ausgeschlossen* werden. Bei Mv. über *Wohnraum* ist ein Ausschluß aber nur dann wirksam, wenn dem M. für die E. ein angemessener Ausgleich zugesagt wird (§ 547a III BGB). Bei freiwilliger Zurücklassung der E. entfällt dieser Anspruch; er bleibt bestehen, wenn dem M. die Wahl überlassen wird. Ob bei Geschäftsräumen eine Vereinbarung im Mv. zulässig ist, wonach die vom M. geschaffenen E. beim Auszug entschädigunglos zurückzulassen sind, ist in der Rspr. bestritten (Kürzel DWW 67, 72; zum Bereicherungsanspruch des M. nach §§ 812ff. BGB bei vorzeitiger Beendigung des Mv. vgl. OLG Hamburg MDR 74, 584).

Wird das Haus veräußert oder zwangsversteigert, so kann der M.

sein Wegnahmerecht auch gegenüber dem neuen Eigentümer geltend machen (AG Warendorf WM 90, 291). Das gilt unabhängig davon, ob der M. noch Eigentümer der E. ist und ob er noch in den Räumen wohnt (Heitgreß WM 82, 31). Verpflichtet sich der V. gegenüber dem M., eine von diesem eingebaute E. (z. B. Nachtspeicherheizung) zu übernehmen, so ist auch der Ersteher in der Zwangsversteigerung nach §§ 57 ZVG, 571 BGB an diese Abrede gebunden und dem M. nach § 547a BGB entschädigungspflichtig (LG Hamburg ZMR 77, 210 = WM 77, 141).

III. Die Anbringung der Einrichtung bedarf keiner Genehmigung durch den Vermieter (vgl. LG Osnabrück WM 86, 231: Anbringung einer Holzvertäfelung; AG Husum WM 86, 159: Telefon, wobei der Vermieter verpflichtet ist, die für den Anschluß des Telefons erforderlichen Erklärungen gegenüber der Bundespost abzugeben; AG Freiburg NJW-RR 89, 716: gemeinsamer Telefonanschluß für mehrere Mieter, die jeweils ein Zimmer in einer Wohnung gemietet haben; AG Hamburg WM 85, 256: Türspion; OLG München WM 85, 90. Einbauküche – hierauf soll § 547a BGB analog angewendet werden; AG Aachen WM 86, 85: Gasdurchlauferhitzer; LG Essen WM 87, 257: Leichtbauwände und Bodenplatten; AG Lübeck DWW 88, 143: Gasetagenheizung; LG Konstanz WM 89, 67: Einbauküche; LG Berlin WM 90, 421: Duschkabine; LG Nürnberg-Fürth WM 90, 199: Wäschetrockenvorrichtung auf Hinterhofbalkon; LG Nürnberg-Fürth WM 90, 422: Plexiglasvordach am Balkon anstelle einer Markise). Zu Eingriffen in die Bausubstanz ist der Mieter nur befugt, wenn es sich um geringfügige Einwirkungen handelt, die nach Beendigung des Mietverhältnisses ohne weiteres wieder rückgängig gemacht werden können (z. B. Dübel; nicht aber Mauerdurchbrüche; vgl. AG Köln WM 85, 288 betreffend Einbau eines zusätzlichen Kohleofens und Schaffung eines Kaminanschlusses). Der Mieter ist auch nicht berechtigt, solche Einrichtungen einzubringen, die zu einer Gefährdung der Mietsache führen (z. B.: Styroporplatten; LG Braunschweig WM 86, 248; LG Bad Kreuznach WM 90, 292). Hat der M. durch → bauliche Veränderungen die M.sache selbst in ihrer Substanz verändert, handelt es sich nicht um E., auch wenn dabei zusätzliche Sachen von ihm fest mit der M.sache verbunden wurden (z. B. Tapeten, Trennwände aus Ziegelwerk, Parkettfußboden).

IV. Bei Beendigung des Mietverhältnisses muß der Mieter Einrichtungen oder Einbauten, die er während des Mietverhältnisses vorgenommen hat, auf seine Kosten entfernen. Dies gilt auch dann, wenn der Vermieter der Maßnahme zugestimmt hat (OLG Düsseldorf, DWW 90, 119). Eine Ausnahme gilt, wenn der Vermieter der Maßnahme zugestimmt hat und außerdem Grund zu der Annahme besteht, daß der Vermieter auf die Entfernung zum Vertragsende verzichtet hat (OLG Düsseldorf, a. a. O.). Eine weitere Ausnahme kommt in Betracht, wenn bauliche Änderungen durchgeführt worden sind, durch die die Mietsache erst in einen vertragsgemäßen Zustand versetzt worden ist (OLG Hamburg, ZMR 90, 341). Schließlich gilt eine Ausnahme, wenn spezielle vertragliche Regelungen getroffen worden sind (OLG Düsseldorf, a. a. O.). Wenn der Einwilligung oder Genehmigung des V. zur Anbringung der E. nicht eindeutig zu entnehmen ist, ob sie nur für die Vertragsdauer oder auch für die nachfolgende Zeit gelten soll, muß diese Erklärung nach den jeweiligen Umständen des Einzelfalles ausgelegt werden (§ 133 BGB). Entscheidend kommt es darauf an, ob ein durchschnittlicher M. nach der Art der E. davon ausgehen kann, daß diese nicht nur vorübergehend, sondern auf Dauer in den Räumen verbleiben soll. Hiervon kann ausgegangen werden, wenn die E. nicht nur für den speziellen Gebrauch des M. bestimmt ist, sondern auch späteren Bewohnern zugute kommen soll (LG Hamburg WM 88, 305 für den Einbau eines Bades). In einem solchen Fall besteht nur dann eine Beseitigungspflicht, wenn sich der V. dies bei Erteilung der Genehmigung vorbehalten hat oder wenn die E. unsachgemäß eingebaut worden ist (LG Hamburg a. a. O.). Hat der M. die E. *ohne* Zustimmung oder Genehmigung des V. angebracht, kann beim Auszug ihre Entfernung immer verlangt werden (§ 557 BGB). → Rückgabepflicht II. Etwas anderes kann dann gelten, wenn der V. zur Erteilung der Einwilligung verpflichtet gewesen wäre (vgl. BGH NJW 74, 1463), s. auch Sozialklausel I 2i. Wer von seinem Vorgänger im Mietverhältnis die von diesem veranlaßten Umbauten und Einrichtungen käuflich erwirbt, ist bei Mietende zur Herstellung des ursprünglichen Zustands verpflichtet, so als habe er die Umbauten selbst vorgenommen (OLG Hamburg, ZMR 90, 341).

Elektrizität (Gas, Wasser)

I. Die *Versorgungsleitungen* sind als Zubehör der Räume des M. mitvermietet, so daß der V. für ihre Instandhaltung zu sorgen hat. Befinden sich Zähler und Sicherungen in einem verschließbaren Kasten außerhalb der gemieteten Räume, hat der M. einen Anspruch auf Aushändigung eines Schlüssels. Die *Erneuerung* schadhafter Versorgungsleitungen durch den V. muß der M. dulden; ob der M. verpflichtet ist → *Verbesserungsmaßnahmen* oder *Modernisierungen* des Versorgungsleitungsnetzes durch den V. zu dulden, bestimmt sich nach dem Mv. oder nach § 541 a BGB. Der M. hat keinen Anspruch gegen den V. auf nachträgliche Installation von Versorgungsleitungen. Allerdings kann der M. auf seine Kosten zusätzliche Leitungen installieren und vom V. die dafür erforderliche Genehmigung verlangen, wenn diese Verbesserungen für eine zeitgemäße Haushaltsführung erforderlich und üblich sind, wobei für eine fachgerechte Ausführung zu sorgen ist (s. Bauliche Veränderungen). Sind Stromleitungen nicht zum Anschluß allgemein üblicher Haushaltsgeräte (z. B. Elektroherd, Waschmaschine) ausreichend, kann der M. grunds. die Verlegung entsprechender Leitungen verlangen (LG Hannover ZMR 67, 338), soweit keine gleichwertigen Anschlüsse (z. B. für Gasherd) bereits vorhanden sind. Mangels einer besonderen Vereinbarung müssen Räumlichkeiten, die zur gewerblichen Nutzung vermietet werden, so beschaffen sein, daß die Möglichkeit eines Anschlusses an das allgemeine Stromversorgungsnetz besteht. Soll der Vermieter berechtigt sein, das Grundstück mit eigenem Strom zu versorgen, so bedarf dies einer besonderen Regelung (BGH, WM 93, 533 = ZMR 93, 455).

II. Der V. ist *nicht berechtigt,* dem M. *eigenmächtig den elektrischen Strom, die Heizung und das Wasser abzustellen,* um den Auszug des M. oder die Entrichtung von Zahlungsrückständen für diese Leistungen zu erzwingen. Diese Handlungen des V. stellen eine verbotene Eigenmacht dar, gegen die sich der M. auf Grund seines gestörten Besitzrechts nach §§ 862, 869, 858 I BGB durch Antrag auf Erlaß einer einstweiligen Verfügung wehren kann (LG Heilbronn WM 65, 46). Gegen diesen Besitzstörungsanspruch des M. kann sich der V. nicht darauf berufen, daß ihm ein Zurückbehaltungsrecht zusteht; der V. ist vielmehr gehalten, die mit solchen Maßnahmen bezweckten Leistungen des M. im *Klagewege* geltend zu machen. Versucht der V. durch die eigenmächtige Unterbrechung der Strom- und Wasserzufuhr vom M. die Räumung oder die Bezahlung von rückständigem M.zins zu erreichen, kann er nach § 240 StGB wegen vollendeter oder versuchter *Nötigung bestraft werden* (OLG Karlsruhe MDR 59, 233). Auch die *Androhung* derartiger Dauermaßnahmen, die auf eine Unbewohnbarkeit der M.räume als Druckmittel abzielt, kann strafbar sein.

Wird die Lieferung von Energie und Wasser vom Versorgungsunternehmen eingestellt, weil der Vermieter die Zahlungen für die Versorgungsleistungen nicht erbracht hat, so kann der Mieter die Vorauszahlungen für die Betriebskosten zurückhalten und den Mietzins mindern oder dessen Zahlung ganz verweigern, wenn die Unterbrechung der Versorgung die Tauglichkeit der Wohnung zum vertragsmäßigen Gebrauch aufhebt oder mindert (§ 537 BGB). Hat der Vermieter den Mangel zu vertreten oder kommt er mit der Beseitigung des Mangels in Verzug, so kann der Mieter auch Schadenersatz wegen Nichterfüllung verlangen (§ 538 BGB). Außerdem ist der Mieter berechtigt, die Wohnung nach § 542 BGB zu kündigen. Statt dessen kann der Mieter mit Hilfe einer einstweiligen Verfügung den Vermieter auf Wiederaufnahme der Versorgung mit Energie und Wasser in Anspruch nehmen. Denkbar ist schließlich, daß der Mieter mit dem Versorgungsunternehmen eine Übereinkunft trifft und statt des Vermieters die Abschlagszahlungen unmittelbar an das Versorgungsunternehmen entrichtet.

III. Die Verbrauchskosten für Wasser und Energie muß der M. auch beim Fehlen einer Vereinbarung dann tragen, wenn sein Verbrauch durch einen besonderen Zähler ermittelt wird. Ansonsten kann der V. die von ihm bezahlten Kosten für Wasser und Elektrizität der Gemeinschaftsanlagen (Treppenhaus, Hausgarten, Waschküche) nur dann anteilig auf die M. des Hauses umlegen, wenn das im Mv. bestimmt ist; andernfalls gelten auch diese Aufwendungen durch den M.zins als abgegolten (s. Umlage; Mieterhöhung II).

Beziehen Haupt- und *Untermieter* den Strom über einen gemeinsamen Zähler, kann der Hauptm. eine *angemessene Kostenbeteiligung* verlangen, die beim Fehlen einer Einigung im Mv. nach §§ 316, 315 BGB vom Hauptm. festzusetzen ist. Wohl sind Strom- und Wasserleitung durch den Untermv. mitvermietet, aber die Energie- u. Wasserlieferung ist grunds. *nicht im M.zins inbegriffen*. Deshalb ist der *Hauptm. berechtigt,* die Stromzuleitung zu unterbrechen, wenn der Unterm. den vereinbarten oder geforderten Kostenersatz für die Stromlieferung nicht entrichtet (LG Oldenburg MDR 49, 303; Arnold MDR 49, 414).

Ersatzmieter (Em.). Wenn der M. vor Ablauf der vereinbarten M.zeit oder der Kündigungsfrist vorzeitig auszieht, bleibt der Anspruch des V. auf Zahlung des M.zinses bis zur Vertragsbeendigung davon grunds. unberührt (s. Abwesenheit I). Der V. ist in diesen Fällen i. d. R. *nicht verpflichtet,* durch *eigene Bemühungen* für eine vorzeitige *Weitervermietung* der M.sache zu sorgen.

I. In bestimmten Fällen ist der M. aber berechtigt, seine *vorzeitige Entlassung* aus dem Mv. *zu verlangen*. Die Voraussetzungen, unter denen der V. zum Abschluß eines M.aufhebungsvertrags verpflichtet sein soll, sind außerordentlich umstritten (vgl. Schmidt-Futterer/Blank Komm. Rdn. B 107ff.; Schmidt-Marloh ZMR 78, 257; Röchling NJW 81, 2782; Gather DWW 85, 197; Eisenschmid ZdWBay 91, 187).

1. Nach dem Rechtsentscheid des OLG Karlsruhe kommt eine solche Verpflichtung nur dann in Betracht, wenn das berechtigte Interesse des M. an der Aufhebung dasjenige des V. am Bestand des Vertrags ganz erheblich überragt. Als Beispiele für derartige Interessen werden in der Entscheidung ausdrücklich genannt: schwere Krankheit, beruflich bedingter Ortswechsel und wesentliche Vergrößerung der Familie des M. Dagegen reicht es i. d. R. nicht aus, wenn der M. aufgrund einer auf die Veränderung seiner Wohnungs-

situation abzielenden freien Entscheidung das Interesse an der bisherigen Wohnung verloren hat (OLG Karlsruhe (RE) NJW 81, 1741; ähnlich: OLG Oldenburg (RE) WM 81, 125 = Nds. Rpfl. 81, 148; OLG Frankfurt ZMR 70, 49; OLG Hamburg FWW 65, 117). Gleiches gilt, wenn der Mv. ohnehin nur noch kurze Zeit – etwa 3–4 Monate – läuft und dem M. deshalb ein Festhalten am Vertrag zuzumuten ist (OLG Oldenburg (RE) WM 82, 124; LG Hamburg FWW 75, 390 = MDR 75, 493 = ZMR 75, 245; LG Flensburg WM 76, 161; LG Berlin MDR 78, 935). Vgl. aus der Rspr.: LG Hamburg WM 88, 125: berechtigtes Interesse, wenn der M. das Interesse an der Wohnung infolge eines Arbeitsplatzwechsels verliert; LG Hannover WM 88, 12: berechtigtes Interesse, wenn der M. wegen einer beabsichtigten Eheschließung eine größere Wohnung braucht; AG Wiesbaden WM 88, 400: berechtigtes Interesse, wenn der M. zusammen mit einem Lebensgefährten eine andere Wohnung beziehen will; AG Miesbach WM 89, 22: kein berechtigtes Interesse bei Familienvergrößerung, wenn die restliche Laufzeit des Vertrags nicht allzu lang ist.

2. Die Verpflichtung des V. zur vorzeitigen Entlassung setzt weiter voraus, daß der M. einen Em. anbietet. Sobald dem V. infolge der Bemühungen des M. oder sonstiger Umstände ein *zumutbarer, vertragsbereiter Em.* zur Verfügung steht, darf er den Abschluß eines neuen Mv. mit diesem Bewerber nicht ablehnen, sonst verliert er seinen M.zinsanspruch (Schmidt-Futterer NJW 70, 917; AG Essen WM 83, 230). Gleiches soll nach einer Entscheidung des LG Köln (WM 86, 216 = NJW RR 87, 11) dann gelten, wenn der Vermieter mit dem Mietinteressenten in Verhandlungen eintritt, diesem weiteren Bescheid zusagt, die Zusage nicht erfüllt und der Interessent daraufhin eine andere Wohnung mietet. Das bloße Verhandeln reicht allerdings nicht aus (a. A.: LG Frankfurt ZMR 84, 303), weil sich das Interesse eines Vermieters an der Aufrechterhaltung des bestehenden Vertrags auch daraus ergeben kann, daß andere Abschlüsse nicht zu verwirklichen sind. Der V. ist verpflichtet, einen neuen Mv. mit einem solchen Em. abzuschließen, der die mit dem V. vereinbarten *Vertragsbedingungen uneingeschränkt akzeptiert* und gegen dessen Person keine Einwendungen erhoben werden können (OLG Frankfurt ZMR 70, 49; Weimar ZMR 78, 129). Insoweit werden auch berechtigte persönliche Wünsche des V. zu berücksichtigen sein, z. B. der Wunsch, nur an ein älteres Ehepaar zu vermieten (vgl. LG Flensburg WM 76, 161). Der Vermieter wird den Abschluß des Mietvertrags mit dem Mietnachfolger auch davon abhängig machen dürfen, daß dieser einen höheren Mietzins zahlt (OLG Hamburg NJW RR 87, 657; krit. hierzu: Eisenschmidt ZdWBay 91, 192). Dies gilt zumindest dann, wenn der bisherige Mietzins unterhalb der ortsüblichen

Miete lag und der Vermieter nunmehr einen Mietzins in Höhe der ortsüblichen Miete verlangt. Allerdings dürfen die neuen Mietbedingungen den Rahmen des Üblichen nicht überschreiten (LG Hamburg WM 88, 125 für 40%ige M.erhöhung). Zur Ablehnung eines Em. ist der V. jedenfalls dann berechtigt, wenn erhebliche persönliche oder wirtschaftliche Gründe den Abschluß eines neuen Mv. *unzumutbar* machen (LG Darmstadt DWW 76, 135). Allgemeine Befürchtungen, Vermutungen oder Unsicherheiten können seine Ablehnung aber nicht begründen (zweifelhaft AG Halle/Westf. WM 86, 314, wonach auch Sympathie oder Antipathie eine Rolle spiele). Der V. kann einen Em. auch nicht allein deshalb ablehnen, weil es sich um einen Ausländer handelt (LG Hannover WM 77, 223). Der V. handelt nicht bereits deshalb treuwidrig, wenn er vom Em. zusätzliche belastendere Vertragsbedingungen fordert und der Vertragsabschluß daran scheitert (z. B. höherer Mietzins; Barkaution statt Bürgschaft einer Bank; a. A.: LG Darmstadt WM 76, 118). Im Prozeß muß der M. *beweisen,* daß er einen bestimmten Em. benannte und dieser dem V. zumutbar gewesen wäre; dem V. obliegt im Falle seines Bestreitens der Beweis dafür, daß er erhebliche Ablehnungsgründe gegenüber diesem Bewerber hatte. Weigert sich der V. *von vornherein* zu Unrecht, einen Em. aufzunehmen, ist der M. nicht verpflichtet, einen Em. zu suchen oder zu benennen (BGH WM 68, 29). Der V. hat unter mehreren Bewerbern das *Auswahlrecht;* deshalb kann der M. nicht verlangen, daß einem von ihm benannten Em. der Vorzug gegeben wird (BGH MDR 63, 586 = NJW 63, 1299). Ist der V. weder verpflichtet noch bereit, einen *Aufhebungsvertrag* abzuschließen, oder findet der M. keinen vertragsbereiten, zumutbaren Em., kann der M. im Falle eines unumgänglichen Auszugs die Erlaubnis zur *Untervermietung* verlangen; verweigert der V. die Erlaubnis, so kann der M. mit 3monatiger Frist kündigen, sofern nicht in der Person des Untermietinteressenten ein wichtiger Grund vorliegt (§ 549 I S. 2 BGB).

II. Enthält bereits der Mv. *eine M.nachfolgerklausel,* so hat der Mieter einen vertraglichen Anspruch auf vorzeitige Vertragsentlassung. Hinsichtlich der in der Praxis verwendeten Vereinbarungen ist zwischen den echten und den unechten Nachmieterklauseln zu unterscheiden. Eine echte Nachmieterklausel liegt vor, wenn der Vermieter an den vom Mieter benannten Nachfolger gebunden sein soll. Von einer unechten Nachmieterklausel spricht man, wenn der Mieter nur das Recht zum vorzeitigen Ausscheiden aus dem Vertrag hat und es dem Vermieter freisteht, ob er mit dem vom Mieter benannten Nachfolger abschließt. Im Zweifel liegt eine echte Nachmieterklausel vor. Die der unechten Nachmieterklausel eigentümlichen Beschränkungen müssen sich aus der Klausel oder aus den Umständen ergeben (OLG Frankfurt, WM 91, 475). Eine formularmäßig vereinbarte unechte Nachmieterklausel kann gegen § 9 AGBG verstoßen, wenn die Entscheidung über den Nachfolger ins freie Belieben des Vermieters gestellt ist, obwohl der Mieter ein gewichtiges Interesse an der Benennung des Nachfolgers hat (BGH, ZMR 93, 57 für eine Nachmieterklausel in einem Mietvertrag über einen Marktstand). Nach Meinung des KG (WM 92, 8) soll dem Vermieter gegenüber dem vertraglichen Anspruch des Mieters auf Akzeptanz eines Nachfolgers (echte Nachmieterklausel) ein Zurückbehaltungsrecht nach § 320 BGB zustehen, wenn der Mieter mit der Zahlung des Mietzinses in Verzug ist; diese Ansicht ist abzulehnen, weil zwischen den jeweiligen Verpflichtungen kein hinreichend enger Zusammenhang besteht. Bei der echten Nachmieterklausel kann der Vermieter den Nachfolger nur ablehnen, wenn er hierfür triftige Gründe geltend machen kann. Liegen diese Voraussetzungen nicht vor, so ist der Vermieter grunds. verpflichtet, das Mietverhältnis mit einem zumutbaren Nachfolger zu den bisherigen Bedingungen fortzusetzen bzw. mit diesem einen neuen Mv. ohne erschwerende Vertragsbedingungen abzuschließen (BGH MDR 77, 46; WM 77, 92; vgl. auch BGH MDR 84, 393 für Pächterwechsel bei Gastwirtschaft; s. weiter Komm. Rdn. B 100ff.).

III. Zieht es der V. vor, selbst einen Em. zu suchen, so hat der M. grunds. keinen Anspruch auf sofortige Entlassung aus dem Mv. Vielmehr ist der V. berechtigt, die Einhaltung einer angemessenen Frist – etwa 3 Monate – zu verlangen (LG Düsseldorf ZMR 79, 45; ähnl. AG Wennigsen MDR 81, 935). Der M. eines langfristigen Mv. kann nämlich bezüglich einer Vertragsbeendigung nicht besser gestellt werden wie die M. eines unbefristeten Mv.

IV. Sind die oben I. und II. dargestellten Voraussetzungen nicht gegeben, so hat der M. keinen Anspruch auf vorzeitige Vertragsentlassung. Der Abschluß eines M.aufhebungsvertrags steht dann im Belieben der Parteien. Dies gilt auch für den Inhalt eines solchen Vertrags. Nach dem RE des OLG Hamburg vom 17. 4. 1990 (WM 90, 244 = ZMR 90, 270) kann in einem auf Wunsch des M. abgeschlossenen M.aufhebungsvertrag auch vereinbart werden, daß der M. für den Verwaltungs- und Neuvermietungsaufwand eine Pauschalabgeltung in Höhe von einer Monatsmiete zahlen soll. Eine solche Vereinbarung kann auch formularmäßig getroffen werden.

Erklärt der V., daß er den M. vorzeitig aus dem Vertrag entlassen wolle, wenn ein Mietnachfolger gefunden ist, so kann eine solche Erklärung in unterschiedlicher Weise ausgelegt werden. Denkbar ist zum einen, daß der V. den Abschluß eines M.aufhebungsvertrags lediglich in Aussicht stellen wollte: in diesem Fall ist noch kein M.aufhebungsvertrag zustande gekommen. Eine Verpflichtung des

V. zur vorzeitigen Vertragsaufhebung besteht dann nur, wenn die oben I. dargelegten Voraussetzungen gegeben sind. Denkbar ist allerdings auch, daß die Erklärung des V. als bindendes Angebot zum Abschluß eines bedingten M.aufhebungsvertrags zu werten ist, das der M. ausdrücklich oder stillschweigend annehmen kann. In diesem Fall kommt ein M.aufhebungsvertrag unter der Bedingung zustande, daß ein Mietnachfolger gefunden wird. Der V. darf dann einen vom M. benannten Nachfolger nicht ohne Grund ablehnen (OLG Düsseldorf MDR 90, 724; DWW 92, 242; KG GrundE 89, 409). Bei einem rechtsgeschäftlich vereinbarten Mieterwechsel haftet der Nachfolger nur dann für die Verbindlichkeiten des Vorgängers, wenn dies vertraglich vereinbart ist. Fehlt eine solche Vereinbarung, so muß sich der Ersatzmieter die Wohnzeit seines Vorgängers nicht anrechnen lassen. Vielmehr wird er so behandelt, als habe er einen neuen Mietvertrag mit dem Vermieter abgeschlossen. Dies kann insbesondere für die Verpflichtung zur Ausführung der turnusmäßig fälligen → Schönheitsreparaturen oder für die Bezahlung von Betriebskosten, die in der Wohnzeit des Vorgängers angefallen sind, von Bedeutung sein (OLG Düsseldorf, DWW 92, 114).

In einer unwirksamen Kündigung liegt i. d. R. nicht zugleich ein Angebot auf Abschluß eines M.aufhebungsvertrags. Eine Umdeutung kommt ebenfalls grunds. nicht in Betracht (LG Freiburg WM 89, 7; AG Offenbach WM 89, 7).

Ersatzraumbeschaffungspflicht (Epfl.). Nach § 556 BGB ist der Mieter verpflichtet, die gemietete Sache nach Beendigung des Mietverhältnisses an den Vermieter zurückzugeben. Die Rückgabe einer Wohnung ist in aller Regel nur möglich, wenn dem Mieter eine andere Wohnung zur Verfügung steht. Die Beschaffung dieser Wohnung ist Sache des Mieters. Aus diesem Grunde ist der Mieter verpflichtet, sich nach Kräften um eine Ersatzwohnung zu bemühen. Es handelt sich bei dieser sogenannten „Ersatzraumbeschaffungspflicht" um eine Obliegenheit, deren Verletzung für den Mieter nachteilige Folgen haben kann (s. unten). In früherer Zeit wurde hierzu die Ansicht vertreten, daß die Ersatzraumbeschaffungspflicht mit dem Zugang der Kündigung beginne. Mit der derzeit gegebenen Rechtslage steht diese Ansicht nicht im Einklang (a. A. noch LG Stuttgart WM 90, 20). Vielmehr ist zu differenzieren: Steht die Beendigung des Mietverhältnisses zweifelsfrei fest, weil die Parteien einen Mietaufhebungsvertrag geschlossen haben, so ist der Mieter vom Zeitpunkt des Vertragsschlusses an zur Ersatzraumsuche verpflichtet. Besteht zwischen den Parteien ein → Zeitmietvertrag, so ist der Mieter bereits einige Zeit vor dem vereinbarten Vertragsende gehalten, eine Ersatzwohnung zu suchen. Hat der Vermieter fristlos nach

§ 554 BGB wegen Zahlungsverzugs gekündigt und besteht Aussicht, daß der Mieter den rückständigen Mietzins innerhalb der Schonfrist des § 554 BGB begleichen wird (s. Mietrückstände II 3b), so darf er mit der Ersatzraumsuche solange zuwarten. Ist die Wirksamkeit der Kündigung zweifelhaft, darf der Mieter zunächst abwarten, bis diese Zweifelsfragen im Räumungsprozeß geklärt sind (LG Hamburg WM 87, 62; Sternel Rdn IV 205, 206). Es gilt der Grundsatz, daß der Mieter ab demjenigen Zeitpunkt zur Ersatzraumsuche verpflichtet ist, zu dem mit hinreichender Sicherheit feststeht, daß der Räumungsanspruch des Vermieters zu Recht besteht (LG Bochum WM 89, 242; LG Aachen WM 90, 216; LG Hamburg WM 90, 119). Nur wenn der Mieter die Ersatzraumbeschaffungspflicht erfüllt, kann er sich später mit Erfolg darauf berufen, schuldlos in Räumungsschwierigkeiten gekommen zu sein (z. B. bei angespannter örtlicher Wohnungsmarktlage). Dem M. soll dann vom V. oder vom Gericht zur Behebung kürzerer Räumungsschwierigkeiten eine → *Räumungsfrist* oder im Falle längerdauernder, einschneidender Behinderungen die *befristete Fortsetzung* des Mv. (s. Sozialklausel) zugebilligt werden. Dieser Schutz des M. setzt voraus, daß er im einzelnen darlegt und erforderlichenfalls beweist, daß er alle ihm zumutbaren Bemühungen seit der Kündigung ausgeschöpft hat und ihm trotzdem kein Erfolg beschieden war. Die Epfl. ist i. d. R. dann erfüllt, wenn der M. *Wohnungsanzeigen* in der örtlichen Tageszeitung aufgibt, sich um *Wohnungsangebote bewirbt,* einen → *Makler* beauftragt und er im Freundes- oder Bekanntenkreis ständig Nachfrage hält. Kann der M. die Zuweisung einer → Sozialwohnung verlangen, wird er sich vor allem bei der dafür zuständigen Behörde bewerben müssen, wird aber dadurch von weitergehenden Bemühungen nicht befreit. Es genügt nicht, wenn der Wohnungsuchende lediglich die Zeitungsanzeigen verfolgt (AG Remscheid WM 87, 66). Die Bemühungen des M. müssen auf eine *räumlich angemessene* und *preislich tragbare* Ersatzwohnung gerichtet sein. Eheleute können zumindest Wohn- und Schlafzimmer sowie eine Küche und WC beanspruchen. Für Kinder gleichen Geschlechts bis zu 18 Jahren und für Kinder verschiedenen Geschlechts bis zu 8 Jahren kann 1 zusätzlicher Raum beansprucht werden. Aus gesundheitlichen oder beruflichen Gründen kann das Verlangen nach einem weiteren Raum gerechtfertigt sein. An die Größe der Ersatzräume darf der räumungspflichtige M. keine übertriebenen Ansprüche stellen; wohl wird er sich aber auf die Grenzen berufen können, die § 5 II WoBindG für angemessen ansieht (s. Sozialwohnungen III 3c). Gewisse Verschlechterungen muß der Mieter in Kauf nehmen (LG Hamburg WM 90, 118). Der Mieter darf die Ersatzraumsuche auch nicht auf sein bisheriges Wohnquartier beschränken, es sei denn, daß hierfür besondere Gründe vorliegen

(Verwurzelung in der Nachbarschaft nach langer Wohnzeit; Vorhandensein von Pflegeeinrichtungen, auf die der Mieter angewiesen ist; LG München I WM 89, 296). Beim Vorliegen besonderer Interessen kann der Mieter auch verlangen, daß die Lage der Ersatzwohnung nicht ungünstiger als die der bisherigen Wohnung ist (z. B. Parterrewohnung für Gehbehinderte, ruhige Lage für Kranke, vertretbare Entfernung zum Arbeitsplatz). *Alte und kranke* M. können darüber hinaus das Vorhandensein einer *Sammelheizung* und einen zusätzl. Raum für eine erforderliche *Pflegeperson* verlangen (OLG Karlsruhe RE vom 3. 7. 1970, NJW 70, 1746). Vor allem muß der M. für eine angemessene Ersatzwohnung auch einen höheren als den bisherigen M.zins zu zahlen bereit sein, soweit dieser nicht erheblich über dem ortsüblichen Mietpreis liegt und er ihn aufbringen kann. Dabei ist das Gesamteinkommen aller zum Haushalt gehörenden Familienangehörigen (z. B. Arbeitsentgelt der Kinder), das → Wohngeld und sonstiges Vermögen zu berücksichtigen. Über die Höhe des ihm voraussichtlich zustehenden *Wohngeldes* muß sich der M. rechtzeitig bei der dafür zuständigen Behörde erkundigen, um die Tragbarkeit eines höheren M.zinses für die Ersatzwohnung richtig einschätzen zu können. Der *Umfang der Bemühungen* des M. ist weitgehend von seiner persönlichen (körperlichen und geistigen) Leistungsfähigkeit abhängig. Es ist anerkannt, daß Krankheit, Alter, Schwangerschaft, Kinderreichtum oder starke berufliche Inanspruchnahme wesentliche Behinderungen bei der Erfüllung der Epfl. sind (s. Sozialklausel I, 2). Auch beim Vorliegen persönlicher oder wirtschaftlicher Behinderungen muß der M. jedoch alles ihm Zumutbare tun, um möglichst frühzeitig ausziehen zu können (z. B. schriftliche Bewerbungen, Besichtigungen am Sonnabend, Bemühungen von Verwandten). Ist der V. bereit, selbst angemessenen Wohnraum zur Verfügung zu stellen, kann der M. gerichtliche Schutzmaßnahmen nur verlangen, wenn ihm die Eingehung eines neuen Mv. wegen erheblicher Spannungen *nicht zuzumuten* ist (OLG Karlsruhe a. a. O.). Der V. ist aber *nicht verpflichtet,* dem M. angemessenen Ersatzwohnraum *durch eigene Bemühungen* zu beschaffen, obwohl sich die Bereitstellung eines Ersatzes für ihn günstig auswirken kann. Die Möglichkeit der Unterbringung durch die Obdachlosenbehörde (s. Obdachlosenunterbringung) berührt das Recht des M. auf eine angemessene Ersatzunterkunft nicht.

Nach der Änderung des § 556a I BGB durch das *Ges. zur Verbesserung des Mietrechts* vom 4. 11. 1971 (BGBl. I 1745) ist sichergestellt, daß der M. im Falle der form- und fristgerechten Geltendmachung des Kündigungswiderspruchs (s. Sozialklausel II) auch dann einen *Anspruch* auf die Verlängerung des gekündigten Mv. hat, wenn ihm *angemessener Ersatzwohnraum zu zumutbaren Bedingungen* trotz dahingehender Bemühungen nicht zur Vefügung steht (s. Sozialklausel I 2a; Schmidt-Futterer NJW 71, 1829; WM 72, 37; s. auch Räumungsfrist). Einige Gerichte gehen dabei davon aus, daß diese Tatbestandsvoraussetzung bei der gegenwärtigen Wohnraumsituation als gerichtsbekannt unterstellt werden könne (AG Freiburg WM 91, 102 betr. Wohnraum in Freiburg; AG Stuttgart WM 91, 103 betr. Wohnraum für eine Familie mit drei Kindern und einem Nettoeinkommen von DM 3000,–; im Erg. ebenso: Blank ZdW Bay 91, 69, 74). Ein räumungsunfähiger Mieter ist nicht zur Ersatzraumsuche verpflichtet; vielmehr muß das Mietverhältnis in diesem Fall auf unbestimmte Zeit fortgesetzt werden (LG Köln WM 89, 444, wenn die Räumung wegen eines schweren chronischen seelischen Leidens mit Lebensgefahr verbunden wäre; LG Braunschweig WM 90, 152 bei Suizidgefahr; AG München WM 89, 378; NJW-RR 90, 911 bei Aidserkrankung; LG Berlin MM 90, 21 bei hohem Alter und langer Wohnzeit, ebenso: LG Bonn WM 90, 151; LG Hannover WM 89, 298; AG Hanau WM 89, 239).

F

Fahrstuhl (F.). Ein im Haus vorhandener F. gilt auch ohne bes. Vereinbarung als mitvermietet. Der M. hat grunds. einen Anspruch auf die uneingeschränkte Benutzung des F., also auch zur Nachtzeit, soweit nicht ausdrücklich im Mv. (oder in der → Hausordnung als Bestandteil des Mv.) eine einschränkende Regelung getroffen wird. Ausnahmsweise kann sich auch aus den Umständen ergeben, daß der Mieter kein Benutzungsrecht am Aufzug hat, so z. B., wenn es sich erkennbar um einen Privataufzug handelt, der ausschließlich für den Vermieter und dessen Angehörige bestimmt ist (OLG Karlsruhe ZMR 84, 18). Ist der Aufzug zum Gebrauch durch die Mieter und deren Besucher bestimmt, so obliegt dem Vermieter die → Verkehrssicherungspflicht. Die Pflicht des V., den *gefahrenfreien Betrieb* des F. zu gewährleisten, erschöpft sich nicht darin, die Technik des F. regelmäßig zu überprüfen. Der V. ist vielmehr in jeder ihm zumutbaren Weise verpflichtet, für den allzeit betriebssicheren Zustand des F. zu sorgen und die Anlage außer Betrieb zu setzen, wenn die Betriebssicherheit nicht gewährleistet ist. So darf sich der V. nicht darauf verlassen, daß die Anlage vom technischen Überwachungsverein geprüft und zur Benutzung frei gegeben wird; auch später muß ständig seine Betriebssicherheit überwacht werden. Ob der V. dieser Pflicht genügt, wenn er einem Hauswart entsprechende Weisungen und Aufträge erteilt oder ob er einen Wartungsvertrag mit den Herstellern der Anlage oder einem fachkundigen Unternehmen abschließen muß, hängt von den Umständen des Einzelfalles, insbes. davon ab, ob dem V. eigene Hilfskräfte mit der erforderlichen Fachkenntnis zur Verfügung stehen (BGH Betrieb 57, 115; OLG Celle VersR 59, 111). Da Betriebsstörungen bei einem F. nicht auszuschließen sind, muß er mit einer *Alarmanlage* ausgerüstet sein, die so anzubringen ist, daß während der Benutzungszeit im Bedarfsfall ein zur Hilfeleistung bereiter Dritter verständigt werden kann (OLG Karlsruhe ZMR 60, 306). Entsteht durch schuldhafte Verstöße gegen diese Pflichten dem M. oder einem Hausbesucher ein Schaden, muß der V. aus dem Mv. oder wegen Verletzung seiner → Verkehrssicherungspflicht dafür haften. Eine Formularklausel, wonach die Haftung auf vorsätzliches oder grob fahrlässiges Verschulden beschränkt wird, verstößt gegen § 9 AGBG und ist unwirksam (OLG Celle WM 90, 103). Wenn der F. wegen → Mängeln der Anlage wiederholt längere Zeit außer Betrieb ist, kann dem M. ein Recht zur Minderung des M.zinses zustehen (s. Mängel I, II; Instandhaltung). Gleiches gilt dann, wenn durch den Betrieb des Fahrstuhls überdurchschnittlich laute und störende Geräusche verursacht werden (AG Schöneberg WM 82, 183). Es ist dem V. zuzumuten, für die Instandsetzung bzw. Erneuerung des F. den Gewinn aus den M.einnahmen eines Jahres aufzuwenden, denn er kann sich insoweit auf die Überschreitung der Opfergrenze grunds. nicht berufen (LG Hamburg NJW 76, 1320). Der Vermieter kann den Fahrstuhl auch nicht deshalb stillegen, weil für die Zukunft kein Aufzugswart zur Verfügung steht; vielmehr bleibt er auch in diesem Fall verpflichtet, den Aufzug betriebsbereit zu halten (LG Berlin ZMR 86, 89). Der V. ist nicht nur bei Häusern, die gewerblich genutzt werden, sondern auch bei Wohnhäusern verpflichtet, den Fahrkorb mit einer Innentür zu versehen (OVG Koblenz FWW 76, 149).

Ob die *Betriebskosten* des F. mit der Zahlung des vereinbarten M.zinses abgegolten und somit aus den M.einnahmen zu bestreiten sind oder aber vom M. als Nebenkosten (ganz oder teilweise) zusätzlich entrichtet werden müssen, richtet sich nach den Vereinbarungen im Mv. (→ Betriebskosten, Umlagen, Mietzins I, 4, Heizkosten II, 3); die *Erhöhungen* der Betriebskosten des F. darf der V. dagegen kraft Ges. anteilig auf die M. umlegen (§ 4 II MHG; s. Mieterhöhung II). Für → *Sozialwohnungen* und andere der → Mietpreisbindung unterliegende Wohnungen darf der V. gesetzl. bestimmte Kosten des Betriebs eines Personen- oder Lastenaufzugs auf die M. *umlegen:* zulässig ist die Umlage nach dem Verhältnis der Wohnflächen oder Einzelmieten, sofern im Einvernehmen mit allen M. kein anderer Umlegungsmaßstab vereinbart worden ist. Wohnraum im Erdgeschoß kann im Einvernehmen zwischen V. und M. von der Umlage ausgenommen werden (§ 24 II NMV 70). Fehlt eine derartige Vereinbarung, so muß sich der Erdgeschoßmieter auch dann an den Fahrstuhlkosten beteiligen, wenn er von dem Aufzug keinen Nutzen hat (LG Berlin WM 90, 559; LG Hannover WM 90, 228; AG Wiesbaden WM 88, 66; AG Leverkusen WM 88, 436; AG Trier NJW-RR 89, 1170; AG Frankfurt NJW-RR 89, 1359; a. A. LG Braunschweig WM 90, 558; AG Hamburg WM 88, 170). Besteht die Wohnanlage aus mehreren Gebäuden mit mehreren Aufzugsanlagen, so soll der Vermieter nach der Auffassung des LG Berlin (GrundE 88, 463; GrundE 90, 651) verpflichtet sein, die jeweiligen Kosten getrennt zu erfassen und abzurechnen. Diese Auffassung trifft indes nur dann zu, wenn lediglich ein Teil der Wohnanlage mit Aufzügen ausgestattet ist. Sind dagegen alle Häuser im wesentlichen baugleich und mit identischen oder ähnlichen Aufzugsanlagen ausgerüstet, so bestehen gegen eine gemeinsame Erfassung und Umlage der Kosten keine Bedenken. Zum Schadensersatzanspruch eines M. gegen einen anderen M., der den gemeinschaftlich benutzten Fahrstuhl beschädigt hat, vgl. BGH NJW 74, 1189.

Formularverträge I. In der Praxis werden heute die meisten Mv. unter Verwendung eines Formularvertrags abgeschlossen. Es handelt sich dabei (wie bei den allgemeinen Geschäftsbedingungen) um vorgedruckte Verträge mit einem vorformulierten, typisierten Vertragsinhalt, dem sich der M. weitgehend unterwirft, so daß die einzelnen Vertragsbestimmungen nicht mehr ausgehandelt werden. Obwohl diese Formulare vielfach die Bezeichnung „Einheitsmietvertrag" tragen, weichen sie inhaltlich und in der Formulierung erheblich voneinander ab. Unter dem Deutschen Einheitsmietvertrag verstand man einen Formularvertrag, der im Jahre 1934 von den damaligen Spitzenverbänden der V. und M. erarbeitet worden ist. Der Deutsche Einheitsmietvertrag kam auf Drängen des Reichsjustizministeriums zustande. Die Verwendung des Formulars war zwar nicht gesetzlich vorgeschrieben; die Verbände mußten sich jedoch verpflichten, ihren Mitgliedern die Anwendung des Mustervertrags zu empfehlen. Heute ist dieses Vertragsmuster nicht mehr in Gebrauch. Ein einheitliches, allgemein verwendetes Muster existiert zur Zeit ebenfalls nicht. (Vgl. die Untersuchung des Darmstädter Instituts für Wohnen und Umwelt unter Berücksichtigung von 173 in der Praxis häufig verwendeten Formularmietverträgen; dazu: Behr WM 84, 35.)

Auch der vom Bundesjustizminister empfohlene Mustermietvertrag (abgedruckt in: Beck-Texte im dtv Nr. 5013 – Mietgesetze) konnte sich nicht allgemein durchsetzen.

Trotz der Unterschiede im Einzelfall ist den meisten Formularverträgen gemeinsam, daß eine Reihe wichtiger Punkte abweichend vom Gesetz zum Nachteil des M. geregelt werden. Dies geschieht durch die Verwendung typischer Klauseln, die zum Teil bundesweit verbreitet sind und denen deshalb eine wichtige rechtliche und wirtschaftliche Bedeutung zukommt. In der instanzgerichtlichen Rechtsprechung war die Wirksamkeit und Auslegung dieser Klauseln seit jeher umstritten, so daß sich hierzu eine umfangreiche Rechtsprechung entwickelt hat.

II. Ab 1. 4. 1977 ist die Wirksamkeit von Fv. nach dem *Ges. zur Regelung des Rechts der Allgemeinen Geschäftsbedingungen* vom 9. 12. 76 (AGBG; BGBl. I 3317) und nicht mehr nach von der Rspr. entwickelten Grundsätzen zu beurteilen. Das AGBG bezweckt, das wirtschaftliche und (oder) intellektuelle Übergewicht des Verwenders von Fv. bei der Vertragsgestaltung auszuschalten und zum Schutz des Verbrauchers ein ausreichendes Maß an Vertragsgerechtigkeit zu gewährleisten. Demgemäß muß derjenige, der einseitig die Bedingungen eines Formularvertrags aufstellt, nach dem Grundsatz von Treu und Glauben schon beim Abfassen derartiger Bedingungen die Interessen seiner künftigen Vertragspartner angemessen berücksichtigen (BGH NJW 83, 159). Das AGBG gilt für den Bereich der Rechtsgeschäfte des täglichen Lebens, also auch des Mietrechts schlechthin (nachfolgende §§-Angaben ohne Gesetzesangabe betr. dieses Ges.).

III. 1. *Anwendungsbereich*

a) Nach § 1 findet das AGBG auf alle *„vorformulierten Vertragsbedingungen,* die eine Vertragspartei bei Abschluß eines Vertrags nach dem 1. 4. 77 (§ 28) stellt“, Anwendung; es kommt dabei nicht darauf an, „ob die Bestimmungen einen äußerlich gesonderten Bestandteil des Vertrages bilden oder in die Vertragsurkunde selbst aufgenommen werden“. Somit sind die Vorschriften des AGBG nicht nur auf Geschäftsbedingungen i. e. S. (d. h. das Kleingedruckte auf der Rückseite von Verträgen) sondern auch auf sog. Formularverträge anwendbar. Es ist dabei grunds. unbeachtlich, ob sich eine Vermietungsgesellschaft ihres hausintern ausgearbeiteten Vertragsformulars bedient, oder ob der V. vor Abschluß eines Mv. im Schreibwarenladen an der Ecke ein Formular erwirbt und dieses verwendet. Auch der vom Bundesjustizminister entwickelte – *Mustermietvertrag* ist ein Formularvertrag im Sinne des AGBG. Die in diesem Formular enthaltenen Klauseln entsprechen aber im wesentlichen den von der Rechtsprechung entwickelten Billigkeitsgrundsätzen. Deshalb ist der Mustermietvertrag ein wichtiges Auslegungsmittel bei der Inhaltskontrolle anderer Formularverträge (Gelhaar ZMR 81, 225).

Für den *Begriff der „vorformulierten Vertragsbedingungen“* kommt es nicht darauf an, ob der Mv. nach dem äußeren Anschein als Formular erkennbar ist. Maßgeblich ist allein, daß der Vertrag als solcher für die Regelung einer Vielzahl von Mv. gedacht ist. Dies ist immer dann der Fall, wenn der Verwender ein von einem Dritten entworfenes Vertragsmuster (z. B. Mv. eines Haus- und Grundeigentümervereins) benutzt, weil sich schon hieraus der generell-abstrakte Charakter des Vertrags ergibt.

Bei einem vom Verwender selbst entworfenen Vertrag kann dann von einem Formularvertrag gesprochen werden, wenn die Verwendung des Vertrags für mindestens drei Vertragsabschlüsse geplant ist (Sonnenschein NJW 80, 1489; Willemsen NJW 82, 1122). Die Darlegungs- und Beweislast für das Vorliegen eines Formularvertrags hat stets der Vertragspartner des Formularverwenders zu tragen. Denn nur der Vertragspartner kann geltend machen, daß eine bestimmte Klausel gegen Vorschriften des AGBG verstößt. Ein wichtiges Indiz für den Formularcharakter einer Klausel ist stets, wenn die Vertragsausfertigungen in gedruckter Form vorliegen oder wenn ein hand- oder maschinengeschriebener Vertrag Regelungen über solche Punkte enthält, die in dem konkreten Mietverhältnis keine Rolle spielen (z. B. Vereinbarungen über die Umlage von Fahrstuhlkosten bei einem Haus ohne Aufzug). Fehlen derartige Umstände, so wird der Nachweis oft schwer zu führen sein. In der Literatur wird deshalb die Ansicht vertreten, daß den Verwender von Formularverträgen eine prozessuale Aufklärungspflicht treffe. Der Verwender von Formularverträgen handle treuwidrig, wenn er die typische Unkenntnis und Beweisnot seiner Vertragspartner hinsichtlich der in seiner Geschäftssphäre liegenden Umstände ausnutze, obwohl er selbst durch Vorlage seiner Vertragsunterlagen zur Aufklärung des Sachverhalts beitragen könne (Willemsen a. a. O.). Im Ausnahmefall können die Vorschriften des AGBG sogar auf mündliche Zusatzvereinbarungen angewendet werden, wenn die Mündlichkeit lediglich zur Umgehung des AGBG dienen soll (so: LG Frankfurt WM 84, 125 betreffend eine mündliche Zusatzabrede über eine Renovierungskostenpauschale; a. A.: Schultz ZMR 87, 42).

Verwender im Sinne von § 1 Abs. 1 AGBG ist in der Regel der V., weil dieser in der Vielzahl aller Fälle das Formular auswählt. Wird die Auswahl des Formulars dem M. überlassen, so ist dieser als Verwender anzusehen. Eine Ausnahme muß nach dem Schutzzweck des § 1 AGBG allerdings dann gelten, wenn dem M. lediglich aufgetragen wird, in einem Schreibwarengeschäft ein Vertragsformular zu besorgen und wenn dort ausschließlich Vertragsmuster erhältlich sind, die erkennbar die Interessen des V. bevorzugen. Gleiches gilt, wenn Vermieter und Mieter gemeinsam im Schreibwarenladen einen sogenannten „Einheitsmietvertrag“ besorgen, der erkennbar den Vermieter begünstigt. Nach anderer Ansicht soll in diesem Fall das AGBG unanwendbar sein, weil keine Partei die AGB stellt (Bartsch NJW 86, 28). Allerdings ist nach dieser Meinung eine Inhaltskontrolle nach § 242 BGB möglich, wobei die §§ 3–11 AGBG als Leitlinie herangezogen werden können.

In Fällen dieser Art kann nämlich von einer „Auswahl" des Vertragsmusters durch den M. nicht die Rede sein. Es ist in diesem Zusammenhang stets zu bedenken, daß die von den Formularverlagen entwickelten Verträge in der Regel jedes partnerschaftliche Denken vermissen lassen, sondern einseitig die Interessen des V. bevorzugen; gleiches gilt von den meisten Verträgen, die von den örtlichen Haus- und Grundeigentümervereinen angeboten werden (so auch: Hensen in Ulmer/Brandner/Hensen AGB-Gesetz Anhang §§ 9–11 Randn. 501). Beruht die Auswahl eines bestimmten Formulars ausnahmsweise auf dem ausdrücklich erklärten Willen beider Vertragsteile, so wird es sachgerecht sein, beide Vertragsteile als Verwender und „Kunden" zugleich zu behandeln, so daß – je nach der Art der in Frage stehenden Klausel – beide Vertragsteile in den Schutz des AGBG kommen (Sonnenschein NJW 80, 1489; a. A. Ulmer in Ulmer/Brandner/Hensen a. a. O. § 1 Randn. 20 und die wohl herrschende Meinung).

b) Die Vorschriften des AGBG sind unanwendbar auf solche Vertragsbedingungen, die von den Vertragsparteien *im einzelnen ausgehandelt* worden sind (Individualvereinbarungen; § 1 Abs. 2 AGBG). Ob tatsächlich ausgehandelte Vertragsbedingungen vorliegen, bestimmt sich nach folgenden Kriterien:

aa) Ein Aushandeln im Sinne von § 1 Abs. 2 liegt vor, wenn der Verwender verhandlungsbereit ist und zu erkennen gibt, daß er das von ihm ausgewählte Formular zum Gegenstand von Verhandlungen über den Vertragsinhalt machen will. Es ist nicht erforderlich, daß die von dem Verwender vorformulierte Bestimmung tatsächlich abgeändert oder ergänzt worden ist (BGH NJW 82, 2309). Andererseits reicht es aber nicht aus, Vertragsbedingungen vorzulesen und inhaltlich zu erklären, denn dadurch ändert sich nichts am einseitigen „Stellen" des Fv. (LG Hamburg MM 86, 252). Eine erläuterte Klausel kann lediglich nicht mehr als überraschende Klausel (s. u. 2 a aa) beurteilt werden. Erforderlich ist Gestaltungsfreiheit zur Wahrung der eigenen Interessen des M., d. h. die Möglichkeit, die inhaltliche Gestaltung der Vertragsvereinbarungen zu beeinflussen. Der Schutzzweck des AGBG entfällt nämlich nur dann, wenn der Vertragsinhalt Ergebnis einer selbstverantwortlichen Prüfung, Abwägung und möglichen Einflußnahme beider Parteien ist (Willemsen NJW 82, 1122; Sonnenschein NJW 80, 1489). Dieses Verhandlungsergebnis muß aus dem Vertragsinhalt ersichtlich sein (Sonnenschein a. a. O.). Von einer Individualisierung kann auch dann nicht ohne weiteres ausgegangen werden, wenn bestimmte Punkte in einem Zusatzvertrag abweichend vom Formular vereinbart werden, oder wenn das Formular in einzelnen Punkten hand- oder maschinenschriftlich ergänzt wird. Auch handschriftliche Zusätze zu dem vorgedruckten Klauselwerk können nämlich Formularcharakter haben, wenn die übrigen Voraussetzungen des § 1 Abs. 1 AGBG erfüllt sind. Immerhin stellt eine derartige Vertragspraxis aber ein wichtiges Indiz für das Vorliegen einer Individualvereinbarung dar (BGH NJW 72, 46). Der Formularcharakter der übrigen Vertragsbestimmungen bleibt von der Vereinbarung einzelner Individualvereinbarungen unberührt. Sieht ein Vertrag Alternativbedingungen vor, zwischen denen die Parteien durch Ankreuzen wählen können, so stellt zunächst jede der Alternativbedingungen eine Formularvereinbarung dar. Durch das Ankreuzen einer von mehreren Alternativbestimmungen entsteht nur dann eine Individualvereinbarung, wenn dies auf einem wirklichen Aushandeln im Sinne von § 1 Abs. 2 AGBG beruht. Der Verwender des Formulars trägt die Darlegungs- und Beweislast für das Zustandekommen der Individualvereinbarung (BGH MDR 77, 477).

bb) Auch eine Zusatzklausel, in der bestätigt wird, daß alle Bedingungen ausgehandelt sind, ändert nichts daran, daß die Bedingungen als AGB behandelt werden (BGH WPM 76, 211). Die Kenntnisklausel hat lediglich die Bedeutung eines Beweisanzeichens; sie kann nicht dahin bewertet werden, daß dem M. die Beweislast für das Gegenteil auferlegt oder aber durch einen Anscheinsbeweis von der Beweislast des V. abgewichen wird (BGH MDR 77, 477; vgl. auch OLG Stuttgart WM 87, 250). Gleiches gilt für eine Klausel, wonach der Mieter bestätigt, daß er den Vertrag vor Abschluß geprüft habe und daß ihm Gelegenheit gegeben worden sei, bei der Vertragsgestaltung mitzuwirken. Eine Klausel, wonach der Vertragspartner bestätigt, daß er von allen Vertragsbedingungen Kenntnis genommen habe und mit ihnen einverstanden sei, besagt nichts anderes als daß die nach § 2 Abs. 1 AGBG vorgeschriebenen Voraussetzungen für die Einbeziehung bestimmter Klauseln in den Vertrag erfüllt sind (BGH MDR 82, 926).

Ist der Vertragspartner mit der Geltung einer bestimmten Klausel nämlich nicht einverstanden, so wird diese bereits aus diesem Grund nicht Vertragsbestandteil.

c) Das AGBG findet – mit Ausnahme des § 9 – keine Anwendung auf Mietverträge, die vor dem 1. 4. 1977 abgeschlossen worden sind (§§ 28, 30 AGBG). Ein Altvertrag liegt nicht vor, wenn ein vor dem 1. 4. 1977 geschlossener Vertrag durch Kündigung oder Zeitablauf endet, dann aber fortgesetzt wird; anders ist die Rechtslage, wenn sich der Vertrag wegen Nichtausübung des Kündigungsrechts verlängert (OLG Frankfurt NJW 87, 1650 = WM 87, 142). Im übrigen unterliegen auch diese Altverträge einer Inhaltskontrolle, die sich an den von der früheren Rechtsprechung zu den Allgemeinen Geschäftsbedingungen entwickelten Grundsätzen orientiert. In vielen Fällen führt die Anwendung dieser Grundsätze zu denselben Ergebnissen wie das AGBG. Auf Mv. über → *Geschäftsräume* findet das AGBG nur beschränkt Anwendung; insbesondere wenn der M. Kaufmann (auch Minderkaufmann) ist und der Mv. zum Betrieb eines Handelsgewerbes gehört (§ 24 AGBG).

2. *Unvereinbarkeit mit dem AGBG*

a) Folgende aus der Rspr. entwickelten *Generalnormen* stellen Verstöße gegen das AGBG dar:

aa) *Überraschende, ungewöhnliche Vertragsklauseln* (§ 3). Danach sind solche Klauseln unbeachtlich, mit denen nach den gesamten Umständen des Mv. wegen ihrer Ungewöhnlichkeit aus der Sicht des M. nicht gerechnet zu werden braucht (RGZ 103, 86; BGH BB 76, 157; NJW 78, 1519; NJW 82, 2309). Es ist dabei unbeachtlich, ob die überraschende Klausel eine an sich billige Regelung enthält. Auch der ungewöhnliche äußere Zuschnitt der Klausel oder ihre Unterbringung an unerwarteter Stelle kann die Bestimmung zu einer ungewöhnlichen und damit überraschenden Klausel machen (BGH NJW 82, 2309). Das Überraschungsmoment entfällt nur bei entsprechender Aufklärung des M., wofür eine bloße Hervorhebung im Druckbild grunds. nicht ausreicht).

Beispiele: Koppelung des Mv. mit anderen Verträgen (z. B. Kauf von Einrichtungsgegenständen); Verpflichtung zum Abschluß von Wartungs- oder Versicherungsverträgen; Beseitigung des wirtschaftlichen Gleichgewichts der gegenseitigen Verpflichtungen (z. B. Ausschluß der Verpflichtung des V. die M.sache in vertragsgem. Zustand zu erhalten; Ausschluß des Minderungsrechts für gewerbl. M.räume trotz erheblicher Gebrauchsbeschränkungen; Rückgabeanspruch des V. wegen Zahlungsrückständen, während M. zur Fortzahlung des M.zinses verpflichtet bleibt (OLG Hamm BB 76, 1049); Ausschluß der Mängelhaftung (§ 537 BGB), wenn die Klausel textlich und graphisch versteckt in einem umfassenden Katalog anderweitiger Regelungen eingebaut ist (OLG Nürnberg MDR 77, 580); anteilige Haftung aller M. für Schäden an Wasser- und Abwasserleitungen, wenn der eigentliche Schädiger nicht festgestellt werden kann (OLG Hamm (RE) NJW 82, 2005; einschränkend Gelhaar ZMR 81, 225, wonach die Klausel grunds. wirksam ist, aber nur für jene Fälle gelten soll, in denen feststeht, daß die Verstopfung von einem der M. verursacht worden ist); Verpflichtung des Mieters zur Zahlung der Kosten eines Sachverständigen, den der Vermieter bei

Mietende zum Zwecke der Schadensfeststellung einschalten will (AG Ahrensburg, WM 86, 309); Verpflichtung des M. im Falle eines Auszugs für eine Treppenhausrenovierung eine Pauschale von DM 150,– zu bezahlen, wenn die Klausel in einen fortlaufenden Text eingefügt ist, der ohne Absatz eine Seite füllt, sie sich in dessen unterer Hälfte befindet und nicht besonders hervorgehoben ist (LG Kassel WM 83, 94); Abtretung von Lohn- und/oder Gehaltsansprüchen zur Sicherung der Forderungen des Vermieters aus dem Mietvertrag (LG Lübeck NJW 85, 2958 = WM 86, 14; AG Hamburg-Wandsbeck WM 85, 144; Schultz ZMR 87, 42); Ausschluß der Verpflichtung außerhalb der Heizperiode zu heizen, wenn dies wegen der kalten Witterung erforderlich ist (Schultz ZMR 87, 42) oder eine Klausel, wonach der Vermieter die Beheizung außerhalb der Heizperiode von der Zustimmung der Mehrheit der Mietparteien abhängig macht (Schultz a. a. O.).

bb) *Vorrang der Einzelabrede gegenüber dem Fv.* (§ 4), Regeln Einzelabreden und Fv. einen identischen Sachverhalt, so ist nur erstere maßgebend; regelt die Einzelabrede nur einen Teilbereich, gelten für den nicht erfaßten Bereich die Vereinbarungen des Fv. Die Einzelabrede hat auch dann Vorrang vor einer Formularklausel, wenn sie nur mündlich getroffen worden ist. Dies gilt auch dann, wenn im Formularvertrag eine *Schriftformklausel* enthalten ist.

Die Schriftformklausel dient grundsätzlich nur Beweiszwecken; sie begründet eine widerlegbare Vermutung für die Vollständigkeit und Richtigkeit des schriftlichen Vertragstextes (Sonnenschein NJW 80, 1489). Weitergehende Rechtswirkungen hat die Schriftformklausel nicht; insbesondere kann dem M. nicht der Nachweis abgeschnitten werden, daß eine vom Formularvertrag abweichende mündliche Vereinbarung getroffen worden sei (so im Ergebnis auch: Gelhaar ZMR 81, 225; s. im übrigen – Schriftform).

cc) *Mehrdeutige Klauseln* (§ 5). Sind Klauseln so unklar gefaßt, daß eine Auslegung nach objektiven Kriterien – also nicht nach den Umständen des Einzelfalles – mehrere Wertungen zulassen, gilt die für den M. günstigste Auslegung. Ist im Mv. z. B. vereinbart, daß der M. „die Wasserkosten" zu tragen hat, so fallen hierunter lediglich die Kosten der Versorgung mit Frischwasser, nicht dagegen die Kosten der Entwässerung. Eine Klausel, die so unklar ist, daß deren Inhalt nicht mehr bestimmt werden kann, ist unwirksam. Hierzu gehört grundsätzlich auch die Vereinbarung, wonach der M. „die Nebenkosten" tragen soll (Sonnenschein NJW 80, 1489). Eine Ausnahme gilt allenfalls dann, wenn sich bezüglich des Umfangs der vom M. zu tragenden Nebenkosten ein eindeutig feststellbarer Ortsgebrauch herausgebildet hat; dies wird allerdings nur in sehr kleinen Gemeinden mit einem überschaubaren Wohnungsmarkt der Fall sein. Auf die nur für Sozialwohnungen geltenden Bestimmungen der Anlage 3 zu § 27 der II. BV kann zur Auslegung des Begriffs Nebenkosten nicht zurückgegriffen werden (s. – Umlage I).

dd) *Umgehungsverbot* (§ 7). Solche Klauseln, die vom AGBG nicht unmittelbar erfaßt werden, aber eine identische Bedeutung mit unwirksamen Klauseln haben, sind gleichfalls unverbindlich.

ee) *Verbot unangemessener Benachteiligungen* (§ 9). Eine Formularklausel, durch die der Vertragspartner entgegen den Geboten von Treu und Glauben unangemessen benachteiligt wird, verstößt gegen § 9 AGBG. Eine unangemessene Benachteiligung liegt vor, wenn die Klausel mit einem wesentlichen Grundgedanken der entsprechenden gesetzlichen Regelung nicht zu vereinbaren ist (§ 9 Abs. 2 Nr. 1 AGBG) oder wenn wesentliche Rechte oder Pflichten, die sich aus der Natur des Mietverhältnisses ergeben, so eingeschränkt werden, daß die Erreichung des Vertragszwecks gefährdet ist (§ 9 Abs. 2 Nr. 2 AGBG). Die Rechtsprechung zu § 9 AGBG ist sehr umfangreich. Beispiele (in alphabetischer Folge): *Abbuchungsermächtigung:* wirksam, wenn dem Mieter die Möglichkeit des Widerrufs verbleibt (AG Kiel WM 87, 380); sonst unwirksam (LG Hamburg WM 90, 115; AG Freiburg WM 87, 50; ebenso Gutmann WM 89, 164); generelle Bedenken LG Köln WM 90, 380, anders bei Einzugsermächtigung; – *Abschlußgebühr für Mietvertrag:* unwirksam, wenn höher als kostendeckend (AG Norderstedt WM 89, 5); unwirksam, wenn kein bestimmter Betrag genannt ist (OLG Celle WM 90, 103) – *Antenne:* Stillegung der Gemeinschaftsantenne bei Kabelanschluß kann nicht vereinbart werden (LG Frankfurt WM 90, 271) – *Aufrechnungsausschluß:* unwirksam, wenn der Fall des § 552a BGB nicht ausdrücklich ausgenommen wird (LG Hamburg WM 90, 115); unwirksam, wenn hiervon auch rechtskräftige und unstreitige Forderungen ausgenommen sind (OLG Celle WM 89, 234) – *Beheizung:* Ausschluß der Beheizungspflicht für die Sommermonate ist unwirksam (LG Hamburg DWW 88, 209; LG Frankfurt WM 90, 271); Vereinbarung geringerer Temperaturen als 18–20 Grad für Nebenräume und 20–22 Grad für Wohnräume ist unwirksam (LG Göttingen ZMR 88, 179; LG Frankfurt WM 90, 271) – *Betriebskosten:* Recht des Vermieters zur Bestimmung eines beliebigen Umlagemaßstabs kann nicht wirksam vereinbart werden (LG Frankfurt WM 90, 271); Zahlungsfrist von einer Woche für abgerechnete Betriebskosten ist zu kurz (LG Frankfurt a. a. O.) – *Fahrstuhl:* Einschränkung der Betriebszeit ist unzulässig; Recht zur Stillegung kann nicht vereinbart werden (LG Frankfurt a. a. O.) – *Haftung des Mieters:* Vereinbarung einer verschuldensunabhängigen Haftung ist unwirksam (LG Saarbrücken NJW-RR 87, 1496; WM 89, 558 für Haushaltsgeräte; LG Hamburg WM 90, 115; AG Hamburg WM 88, 151 für Fensterscheiben; OLG Hamm

NJW 82, 2005 für Abflußverstopfung; OLG Celle WM 90, 103 für Einrichtungen des Mieters; OLG Celle a. a. O.; LG Hamburg WM 90, 416 für Besucher und Lieferanten des Mieters; LG Frankfurt WM 90, 271 sowie AG Frankfurt WM 89, 171 für Ungezieferbefall) – *Haftungsausschluß zugunsten des Vermieters:* Ausschluß der Haftung für rechtzeitige Freistellung der Räume durch den bisherigen Mieter ist unwirksam (OLG München WM 89, 128 LG Frankfurt WM 90, 271; LG Hamburg WM 90, 115); Haftung für Vorsatz und grobe Fahrlässigkeit kann nicht ausgeschlossen werden (BayObLG NJW 85, 1716); Haftung für Schäden bei der Benutzung eines Aufzugs kann nicht ausgeschlossen werden (OLG Celle WM 90, 103) – *Kaution:* Verwahrgebühr unzulässig (AG Hamburg WM 90, 426); für Verzinsungsausschluß s. → Kaution – *Kündigungsausschluß:* auf das Recht zur ordentlichen Kündigung kann nicht formularmäßig verzichtet werden (OLG Celle MDR 90, 154) – *Mietzahlung:* Verrechnungsklausel, wonach der Vermieter die Zahlungen nach Belieben verrechnen darf, ist unwirksam (BGH MDR 85, 50); gleiches gilt, wenn das Leistungsbestimmungsrecht des Mieters ausgeschlossen wird (OLG Celle a. a. O.) – *Option:* Klausel darf nicht so gefaßt sein, daß der Vermieter die Option durch das Verlangen beliebiger Vertragsänderungen vereiteln kann (OLG Hamburg DWW 90, 176) – *Parkett:* Verpflichtung zum Abschleifen und Versiegeln bei Mietende unwirksam (LG Hamburg WM 90, 115; AG Freiburg WM 89, 233) – *Schriftform:* s. → Schriftform III; *Teppichboden:* Abnutzungsgebühr unzulässig (LG Frankenthal WM 86, 112; AG Hamburg WM 86, 310); Reinigungsverpflichtung bei Mietende durch Fachfirma unwirksam (LG Stuttgart NJW-RR 89, 1170) – *Tierhaltung:* generelles Tierhaltungsverbot ist unwirksam, wenn das Recht zur Haltung von Kleintieren nicht ausdrücklich ausgenommen wird (LG Frankfurt WM 90, 271) s. Tierhaltung – *Untervermietung:* Erlaubniserteilung kann nicht von der Bereitschaft zur Zahlung einer höheren Miete abhängig gemacht werden (LG Hamburg WM 90, 115); Kündigungsrecht des Mieters bei Verweigerung der Untermieterlaubnis kann nicht abbedungen werden (LG Hamburg a. a. O.); Widerrufsvorbehalt ist unwirksam, wenn der Widerruf im Ermessen des Vermieters stehen soll (BGH WM 87, 256); Abtretung des Untermietzinses für den Fall der Untervermietung ist unwirksam (OLG Celle WM 90, 103) – *Versicherung:* Verpflichtung des Mieters zum Abschluß einer Versicherung ist unwirksam, wenn hierdurch eine Einstandspflicht für Schäden geschaffen werden soll, für die der Mieter nicht haftet (LG Düsseldorf WM 90, 336 betr. Einbruchsversicherung) – *Vollmacht:* Kündigungsvollmacht ist im Formularvertrag unwirksam (LG Hamburg WM 77, 184; LG Berlin MDR 83, 757); Widerrufsmöglichkeit bei wichtigem Grund kann nicht ausgeschlossen werden (BGH NJW 84, 2816); Vollmachtsklauseln sind generell unwirksam, wenn der Bereich der Kündigungen, Mietaufhebungsverträge, Mieterhöhungen und Schönheitsreparaturen nicht ausdrücklich ausgenommen wird; außerdem muß die Widerrufsmöglichkeit aus der Klausel ersichtlich sein (OLG Celle WM 90, 103; ähnl. OLG Nürnberg NJW 88, 1220; LG Frankfurt WM 90, 271). Zur Wirksamkeit von Kostenbeteiligungsklauseln, Klauseln mit gegenständlich beschränkter Reparaturkostenumlage, Klauseln mit verursachungsunabhängiger Haftung und Klauseln mit Beweislastumkehr s. → Instandhaltung und Instandsetzung. Zur Frage, in welchem Umfang die → *Schönheitsreparaturen* auf den M. umgelegt werden können, s. dort.

Die Generalklausel des § 9 gilt auch für Mv., die vor dem 1. 4. 1977 abgeschlossen wurden, soweit diese Verträge noch nicht abgewickelt sind (§ 28 II).

b) Folgende spezielle Klauseln sind nach dem *Verbotskatalog* der §§ 10, 11 AGBG unwirksam:

aa) Klauselverbote mit *Wertungsmöglichkeit* (§ 10). Diese Klauseln setzen im Einzelfall eine Wertung auf der Grundlage gesetzl. Begriffsmerkmale voraus (z. B. unangemessen, anerkennenswert); sie stehen beispielhaft durch abstrakte Umschreibungen für eine Vielzahl gleicher oder ähnlicher Klauseln.

aa_1) Nach § 10 Nr. 3 kann ein Rücktritt nur für den Fall eines sachlich gerechtfertigten Grundes wirksam vereinbart werden. Diese Vorschrift ist auf Mietverhältnisse dann anzuwenden, wenn der Vertrag nur zu kurzzeitiger Nutzung abgeschlossen wurde (BGH NJW 87, 831 betreffend Anmietung einer Halle zum Zwecke der Durchführung einer Veranstaltung). Ein Rücktrittsvorbehalt ist dann nicht sachlich gerechtfertigt, wenn er sich auch auf Umstände erstreckt, deren Vorliegen der Klauselverwender bei gebotener Sorgfalt schon vor dem Vertragsschluß hätte erkennen und deshalb den Abschluß hätte ablehnen können. Für diesen Fall erscheint das Interesse des Klauselverwenders an einer Lösung von dem abgeschlossenen Vertrag nicht schutzwürdig (BGH a. a. O.).

aa_2) Nach § 10 Nr. 4 ist eine Klausel unwirksam, nach welcher der V. seine Leistung *ändern oder* von ihr *abweichen* kann, soweit dies dem M. *nicht zumutbar* ist.

aa_3) Nach § 10 Nr. 5 sind Klauseln, nach denen eine Erklärung bei Vornahme oder Unterlassung einer bestimmten Handlung als abgegeben gilt *(Erklärungsfiktion),* nur dann wirksam, wenn dem M. eine angemessene Frist zur Abgabe einer ausdrücklichen Erklärung eingeräumt ist; der V. muß sich ferner verpflichten, bei Beginn der Frist auf die Bedeutung des Verhaltens hinzuweisen.

Beispiel: Die Feststellungen des V. im Abnahmeprotokoll bei Räumung gelten vom M. dann als anerkannt, wenn dieser zum Abnahmetermin nicht erscheint; Verzicht auf Einwendungen gegen Abrechnung der → Nebenkosten, wenn M. nicht kurzfristig widerspricht.

aa_4) Nach § 10 Nr. 6 sind sog. *Zugangsfiktionen* für Erklärungen mit bes. Bedeutung verboten (z. B. Kündigung, M.erhöhungsverlangen, Abmahnung). Dem M. bleibt somit der Einwand erhalten, daß ihn das Schriftstück nicht erreicht hat, auch wenn im Fv. z. B. bestimmt ist, daß es binnen 3 Tagen nach Absendung als zugegangen gilt. Die Beweislast für den tatsächlichen Zugang trifft den V. als Erklärenden. Vollmachtsklauseln, wonach bei einer Mehrheit von M. ein Schreiben dann als zugegangen gilt, wenn es einem bestimmten M. zugeht, werden von § 10 Nr. 6 nicht erfaßt, weil dadurch nur eine gegenseitige Bevollmächtigung fingiert wird.

aa_5) Nach § 10 Nr. 7 ist die Vereinbarung einer unangemessen hohen Nutzungsvergütung oder eines unangemessen hohen *Aufwendungsersatzes* bei Kündigung des Mv. unwirksam.

Beispiel: Unangemessen ist die Verpflichtung des M., bei verspäteter Räumung ein um 50% erhöhtes M.entgelt oder einen → M.ausfall ohne Rücksicht auf die Erfüllung der Schadensminderungspflicht des V. zu zahlen. Unwirksam ist eine Vereinbarung, wonach der Mieter bei vorzeitiger Vertragsauflösung eine Bearbeitungsgebühr von 200,– DM zu leisten hat (AG Hannover WM 87, 147). Nicht unangemessen ist grunds. die Verpflichtung des M., bei vorzeitigem Auszug vor Vertragsbeendigung die festen → Nebenkosten auch dann zu zahlen, wenn die Gegenleistung nicht in Anspruch genommen wird (anders jedoch bei Verbrauchskosten).

bb) Klauselverbote *ohne Wertungsmöglichkeit* (§ 11). Folgende Klauseln sind stets unwirksam, wobei es auf bes. Umstände des Einzelfalles nicht ankommt:

bb_1) Nach § 11 Nr. 2 ist der Ausschluß oder die Einschränkung des *Zurückbehaltungsrechts* (§§ 273, 320 BGB) des M. verboten. Davon unberührt bleibt der Ausschluß des Zurückbehaltungsrechts wegen Zahlungsansprüchen, soweit die Aufrechnung wirksam nach § 11 Nr. 3 verboten ist.

bb_2) Nach § 11 Nr. 3 ist die Vereinbarung eines *Aufrechnungsverbotes* insoweit unwirksam, als auch die Aufrechnung mit einer unbestrittenen oder rechtskr. festgestellten Forderung ausgeschlossen ist (BGH NJW 85, 319; Schultz ZMR 87, 42). Ist also die Gegenforderung des M. bestritten oder noch nicht rechtskräftig festgestellt, gilt das im Fv. vereinbarte Aufrechnungsverbot. Derartige Forderungen können dann im Wege der Widerklage geltend gemacht werden, deren Verbot nach § 9 AGBG unwirksam wäre. Zweifelhaft ist, ob die Regelung des § 11 Nr. 3 auch auf solche Klauseln anwendbar ist, die dem Wortlaut des § 552a BGB entsprechen. Diese Klauseln unterscheiden bezüglich der Aufrechnung in der Regel nicht zwischen rechtskräftig festgestellten oder unstreitigen Forderungen einerseits und sonstigen Forderungen andererseits; vielmehr soll jede Aufrechnung anzeigepflichtig sein. Auch die Ausübung des Zurückbehaltungsrechts soll von einer vorherigen Anzeige abhängen (vgl. z. B. § 9 des → Mustermietvertrags). Damit verstoßen diese Klauseln gegen den Wortlaut des § 11 Ziff. 2 und 3 (so die h. M.: OLG Frankfurt WM 87, 142 = NJW 87, 1650; LG Berlin ZMR 86, 168 = DWW 86, 179; LG Düsseldorf WM 87, 150; LG Osnabrück WM 87, 118; LG Mannheim Urteil vom 8. 10. 1986 – 4 S 9/86; Schultz ZMR 87, 42). Diese Ansicht läßt allerdings außer Betracht, daß § 552a BGB eine mietrechtliche Sondervorschrift darstellt, durch die der Gesetzgeber die Interessen des Mieters an der Einstellung seiner Mietzahlungen mit den Interessen des Vermieters am regelmäßigen Mieteingang (z. B. wegen einer Fremdfinanzierung) zum Ausgleich bringen wollte. Anlaß zur gesetzgeberischen Tätigkeit war dabei der in den Mietvertragsformularen übliche uneingeschränkte Ausschluß der Aufrechnung und des Zurückbehaltungsrechts (s. BT-Drucks. IV 2195, S. 4). Diese Umstände legen die Annahme nahe, daß § 552a BGB eine für das Wohnraummietrecht geltende Sondervorschrift ist, durch die die allgemeineren Regelungen des AGBG ausgeschlossen werden. Folgt man der hM., so ist stets weiter zu bedenken, daß § 11 Nr. 3 für Altverträge (s. oben II 1c) nicht gilt. Zwar gilt für Altverträge die Vorschrift des § 9. Dem Schutz des Vertragspartners über § 9 wird jedoch Genüge getan, wenn gemäß dem früheren Rechtszustand einer Aufrechnung mit unbestrittenen oder rechtskräftig festgestellten Gegenforderungen der Einwand der unzulässigen Rechtsausübung entgegensteht (OLG Frankfurt WM 87, 142 = NJW 87, 1650).

bb$_3$) Nach § 11 Nr. 4 ist eine Vereinbarung unwirksam, durch die *Verzugsfolgen* ohne Mahnung eintreten oder die Setzung einer *Nachfrist* entbehrlich wird. Das gilt auch für Mahnung, Fristsetzung und Ablehnungserklärung nach § 326 BGB, wenn der M. bei → Rückgabe der M.sache seine Pflicht zu → Schönheitsreparaturen im Zeitpunkt des Auszugs nicht erfüllt hat (OLG Karlsruhe RE v. 24. 8. 1982 NJW 82, 2829 = WM 82, 291, wonach die Klausel auch gegen § 9 AGBG verstößt; a. A. Bub DWW 77, 76/80).

bb$_4$) Nach § 11 Nr. 5 ist die Vereinbarung eines *pauschalierten Schadensersatzanspruchs* unwirksam, wenn die Pauschale den nach dem gewöhnlichen Verlauf der Dinge zu erwartenden Schaden übersteigt oder dem M. der Nachweis abgeschnitten wird, daß ein Schaden nicht oder in wesentlich geringerem Umfang entstanden ist. (vgl. BGH, ZMR 77, 155 m. w. N.). Das gilt auch für die Vereinbarung der Höhe von Verzugszinsen (OLG Hamm MDR 86, 675; a. A.: AG Freiburg WM 86, 368 für Bundesmietwohnungen) oder Mahngebühren und den Kündigungsfolgeschaden bei fristloser Kündigung des Fv. Nach der Ansicht des BGH schadet es nicht, wenn die Möglichkeit des Gegenbeweises nicht ausdrücklich in der Klausel enthalten ist; es genügt, daß der Gegenbeweis tatsächlich nicht abgeschnitten wird. Der Verwender hat auch keine Verpflichtung, den Vertragsgegner auf dessen Rechte hinzuweisen (BGH NJW 82, 2316; a. A.: Staudinger/Schlosser BGB § 11 Nr. 5 AGBG, Randn. 19).

bb_5) Nach § 11 Nr. 6 sind Vereinbarungen über eine *Vertragsstrafe* verboten, soweit diese nicht bereits nach § 550a BGB für Wohnraum unwirksam sind. Davon abgesehen kann eine Vertragsstrafenklausel auch gegen § 9 AGBG verstoßen, so z. B., wenn der Mieter oder Pächter für den Fall der Vertragsbeendigung eine Zahlung erbringen soll, und zwar unabhängig davon, ob den Zahlungspflichtigen ein Verschulden an der Vertragsauflösung trifft (BGH NJW 85, 57).

bb_6) Nach § 11 Nr. 7 ist der *Ausschluß der Haftung* bei grobem Verschulden des V. unwirksam. Das gilt auch für die Klausel, daß der V. nicht für die rechtzeitige Räumung durch den Vormieter oder die Fertigstellung der M.räume haftet, soweit die Verspätung vom V. wegen vorsätzlichem oder grob fahrlässigem Handeln zu vertreten ist. Unwirksam ist auch eine Haftungsbeschränkung des V. der Höhe nach (z. B. bis zu einer Monatsmiete oder einer best. Versicherungssumme) oder die Begrenzung der Haftung auf eine bestimmte Schadensart (z. B. nur unmittelbare, keine mittelbaren Schäden). Zur Freizeichnungsklausel, falls der M. nicht den Beweis für das Fehlen von Vorsatz und grober Fahrlässigkeit für die Beschädigung eines gemieteten Kfz führt, vgl. BGH MDR 76, 220).

bb_7) Nach § 11 Nr. 8 kann das Recht des M., sich im Falle des *Verzugs des V.* vom Vertrag zu lösen, nicht ausgeschlossen oder eingeschränkt werden; das entspricht der bereits bestehenden Regelung in §§ 542, 543 S. 2 BGB für Wohnraum.

bb_8) Nach § 11 Nr. 10a ist eine Bestimmung in allgemeinen Geschäftsbedingungen unwirksam, durch die bei Verträgen über Leistungen die Gewährleistungsansprüche gegen den Verwender ausgeschlossen oder auf die Einräumung von Ansprüchen gegenüber Dritten beschränkt werden. Hierzu wird teilweise die Meinung vertreten, daß diese Vorschrift für Mietverträge nicht anwendbar sein soll; es liege ein Redaktionsversehen vor (OLG Hamburg MDR 81, 934; OLG Hamm BB 80, 441; OLG Frankfurt WM 87, 143). Nach anderer Ansicht gilt die Vorschrift entsprechend ihrem Wortlaut auch für Mietverhältnisse (OLG Düsseldorf MDR 84, 1025). Praktische Bedeutung hat der Meinungsstreit vor allen Dingen für den formularmäßigen Ausschluß des Minderungsrechts bei Geschäftsräumen. Bei Wohnraum scheitert der Ausschluß des Minderungsrechts bereits am § 537 Abs. 3 BGB (s. Mängel). Bei Geschäftsraum kann das Minderungsrecht durch Individualvereinbarung ausgeschlossen werden; ob ein formularmäßiger Ausschluß möglich ist, hängt von der Anwendbarkeit des § 11 Nr. 10a ab.

bb_9) Nach § 11 Nr. 15 sind Klauseln unwirksam, durch welche die *Beweislast* zum Nachteil des M. verändert wird. Das gilt insbes. für Klauseln, die dem M. die Beweislast für Umstände auferlegen, die im Verantwortungs- oder Risikobereich des V. liegen oder Klauseln, durch die sich der V. vom M. bestimmte Tatsachen bestätigen läßt (z. B. dem M. ist der Zustand der M.räume bekannt, den er als ordnungsgemäß anerkennt (LG Osnabrück WM 86, 93; Schultz ZMR 87, 42; vgl. auch: BGH WM 86, 304; WPM 85, 945); der M. bestätigt den Empfang einer bestimmten Anzahl von Schlüsseln; dazu Stübing NJW 78, 1606; Gelhaar ZMR 81, 225). Für die Anwendung des § 11 Nr. 15 reicht schon die Erleichterung der Beweislast durch Begründung eines Beweisanzeichens aus (OLG Stuttgart NJW RR 87, 143). Wirksam sind jedoch vom Fv. getrennte, individuelle Bestätigungen von Tatsachen (z. B. im Übernahme-Protokoll), soweit es sich dabei nicht um → mißbilligte Klauseln handelt (s. aber oben 2a dd); der M. trägt dann z. B. für den Zustand der M.räume die Beweislast für das Gegenteil. Soweit dem M. die Beweislast im Rahmen des § 548 BGB dafür auferlegt wird, daß die eingetretene Verschlechterung auf einen vertragsgem. Gebrauch zurückzuführen oder von ihm nicht zu vertreten ist, entspricht dies der Regelung der Rspr. zu dieser Vorschrift, so daß sie nicht unwirksam ist (vgl. Abnutzung I a. E. sowie → Instandhaltung und Instandsetzung).

3. *Folgen der Unvereinbarkeit mit dem AGBG.*

a) Verstößt eine Formularklausel gegen das AGBG, so ist sie insgesamt unwirksam. Die Gerichte sind zu einer geltungserhaltenden Reduktion nicht befugt (BGH NJW 84, 48; NJW 85, 319; OLG Hamm MDR 82, 232 = NJW 82, 283). Ziel des Gesetzes ist es nämlich, auf einen angemessenen Inhalt der in der Praxis verwendeten Formulare hinzuwirken. Dieses Ziel ließe sich nicht erreichen, wenn jeder Verwender von Formularverträgen zunächst einmal ungefährdet bis zur Grenze dessen gehen könnte, was zu seinen Gunsten gerade noch vertretbar ist. Deshalb ist es auch nicht Aufgabe der Gerichte, einer Klausel diejenige Fassung zu geben, die einerseits dem Verwender möglichst günstig, andererseits aber gerade noch rechtlich zulässig ist (BGH NJW 82, 2309 = MDR 82, 922). Diese Rechtslage gilt auch im Individualprozeß (BGH NJW 84, 48). Klauseln, die mit dem AGBG nicht vereinbar sind, werden bei der Beurteilung der Rechtslage nicht berücksichtigt; diese ist nach § 6 II vielmehr nach den gesetzl. Bestimmungen zu beurteilen. Im übrigen bleibt der Mv. davon grunds. unberührt (§ 6 I); ausnahmsweise ist der gesamte Mv. jedoch dann unwirksam, wenn durch den Wegfall der unwirksamen Klauseln und die Beurteilung nach der gesetzl. Regelung einer Vertragspartei das Festhalten am Mv. nicht mehr zumutbar ist (§ 6 III). Ausnahmsweise bleibt eine Formularklausel, durch die unterschiedliche Vertragspunkte geregelt werden, dann teilweise erhalten, wenn die Regelung des einen Vertragspunkts wirksam und die des anderen Vertragspunkts unwirksam ist. Voraussetzung für die Aufrechterhaltung des wirksamen Teils der Klausel ist jedoch, daß die verschiedenen Regelungspunkte sprachlich trennbar sind (Schultz ZMR 87, 42). Gleiches gilt, wenn vereinbart ist, daß für den Fall der Unwirksamkeit eine andere (wirksame) Klausel gelten soll. Die Heilung einer unwirksamen AGB-Klausel durch eine individualvertraglich erklärte Bestätigung ist möglich. Allerdings setzt dies voraus, daß die Parteien die Unwirksamkeit der Klausel kennen oder zumindest Zweifel an der Rechtsbeständigkeit hegen (BGH NJW 85, 57).

b) Derjenige, der unwirksame Bestimmungen eines Fv. verwendet, kann auf Unterlassung und derjenige, der die Verwendung unwirksamer Bestimmungen empfiehlt oder diese verfaßt, auf Unterlassung und Widerruf im ordentlichen Rechtsweg in Anspruch genommen werden. Klageberechtigt sind die in § 13 II bestimmten rechtsfähigen Verbände (z. B. Mieterverein mit mehr als 75 Mitgliedern). Der Kläger kann zur Veröffentlichung der Urteilsformel ermächtigt werden (§ 18). Das Bundeskartellamt führt ein Register über einschlägige Klagen und Urteile, aus dem jedermann Auskunft zu erteilen ist.

Literatur zum AGBG: Bub DWW 77, 76; Heinrichs NJW 77, 1505; Hundertmark BBauBl. 77, 156; Keller MDR 77, 184; Krappen ZMR 78, 193; Lieb AcP 78, 196; Weber Betrieb 76, 2241; Stübing NJW 78, 1606; Sonnenschein NJW 80, 1489; 1713; Wiek WM 80, 237; Wolf ZMR 80, 193; Gelhaar ZMR 81, 225; Ohmer NJW 81, 2025; Sambuc NJW 81, 313; Schmidt WM 81, 99; Scheffler MDR 82, 20; Willemsen NJW 82, 1122; Bunte NJW 82, 2298; Behr WM 84, 35; Bartsch NJW 86, 28; Schultz ZMR 87, 42.

G

Garagen sind rechtlich als → Geschäftsräume anzusehen. Der Mv. über eine Garage kann somit, wenn der M.zins nach Monaten oder längeren Zeitabständen bemessen ist, zum Schluß jedes Kalendervierteljahres gekündigt werden, soweit keine abweichenden Vereinbarungen getroffen worden sind (s. Kündigungsfrist). Das gilt auch für Garagen, die der M. nachträglich ohne rechtl. Zusammenhang mit dem früher abgeschlossenen Mv. über Wohn- oder Geschäftsräume vom selben V. anmietet (LG Mannheim WM 74, 73). Bezüglich der *M.erhöhung* gibt es hier keine besonderen gesetzlichen Vorschriften. Fehlt eine vertragliche Vereinbarung, so kann der V. eine höhere Garagenmiete nur im Wege der sogenannten Änderungskündigung durchsetzen. Unter einer Änderungskündigung versteht man die Kündigung eines Garagenmv., die zugleich mit einem Angebot zur Fortsetzung des Vertrags zu einem höheren M.zins verbunden ist. Solche Kündigungen sind aber nur bei selbständigen Garagenmv. wirksam.

Für solche Garagen, die *zusammen mit → Wohnräumen* vermietet sind und mit diesen in einem räumlichen oder wirtschaftlichen Zusammenhang stehen, gelten die Rechtsgrundsätze über → Mischräume. Dann ist eine *Teilkündigung* der Garage *nicht zulässig* (LG Baden-Baden WM 91, 34; s. Kündigung III). Nach dem Rechtsentscheid des OLG Karlsruhe vom 30. 3. 83 (NJW 83, 1499 = WM 83, 166) liegt ein solcher Zusammenhang auch dann vor, wenn der Abschluß des Garagenmv. erst Jahre nach der Anmietung der Wohnung erfolgt und eine Einbeziehung der Garage in den bisherigen Wohnungsmv. unterbleibt. Auch in diesen Fällen liegt i. d. R. nur eine Ergänzung des Wohnungsmv. vor. Eine neue selbständig kündbare Vereinbarung über die Garagenmiete kommt nur zustande, sofern ein entsprechender Parteiwille hinreichend deutlich erkennbar geworden ist. Ein solcher Fall liegt immer dann vor, wenn die Parteien in dem Garagenmietvertrag klarstellen, daß die Garagenmiete und die Wohnraummiete rechtlich selbständig sein sollen. Eine entsprechende Formularklausel verstößt weder gegen § 3 AGBG noch gegen § 9 AGBG (AG Frankfurt WM 86, 254; a. A. LG Baden-Baden WM 91, 34). Von einer rechtlichen Selbständigkeit ist auch dann auszugehen, wenn für die Wohnungs- und die Garagenmiete unterschiedliche Kündigungsvoraussetzungen oder -fristen vereinbart sind oder wenn für die verschiedenen Mietgegenstände jeweils ein gesonderter Mietpreis ausgewiesen ist (a. A. LG Baden-Baden a. a. O.). In der Regel wird auch dann rechtliche Selbständigkeit vorliegen, wenn Wohnung und Garage auf verschiedenen Grundstücken liegen und zwischen der Anmietung der Wohnung und der Anmietung der Garage ein größerer Zeitabstand besteht (vgl. BayObLG WM 91, 78). Eine ursprünglich gegebene rechtliche Selbständigkeit kann aufgehoben werden, wenn die Wohnung und die Garage vom Vermieter an verschiedene Personen veräußert worden sind und der Mieter mit dem Erwerber der Garage eine gesonderte Mieterhöhungsvereinbarung trifft (LG Baden-Baden WM 91, 35). Durch den

Akt der Veräußerung allein wird die rechtliche Verbindung zwischen Wohnung und Garage allerdings nicht aufgehoben. Vielmehr treten der Erwerber der Wohnung und der Erwerber der Garage gemeinsam in das Mischmietverhältnis ein (BayObLG WM 91, 78; AG Dorsten WM 91, 35). Der Umstand, daß die Wohnung von einem Ehepaar gemeinsam, die Garage aber lediglich von einem der Eheleute alleine angemietet worden ist, reicht für die Annahme einer rechtlichen Selbständigkeit nicht aus (LG München II WM 89, 514). Unerheblich ist es, ob der Vermieter durch die Vermietung der Garage eine öffentlich-rechtliche Pflicht zur Versorgung der Hausbewohner mit KFZ-Abstellplätzen erfüllt oder ob ein zusätzlicher Stellplatz vermietet wird; auf die der Vermietung zugrundeliegenden Motive kommt es bei der Beurteilung der Vertragsverhältnisse nämlich nicht an (a. A. LG Frankfurt WM 91, 36). Ist die Garage nicht selbständig kündbar, so richtet sich das M.erhöhungsverfahren nach §§ 1ff. MHG (s. Mieterhöhung für nichtpreisgebundenen Wohnraum). Der V. kann dann den für Wohnung und Garage ortsüblichen M.zins verlangen. Solange die Benutzbarkeit der Garage ausgeschlossen oder wesentlich beschränkt ist (z. B. Sperrung der Zufahrt), ist der M. zur Minderung des M.zinses berechtigt (s. Mängel I, II; Abstellen von Fahrzeugen des M.; LG Köln MDR 76, 44). Ob der V. neben dem vereinbarten M.zins eine *zusätzliche Vergütung* für die Überlassung der Garage verlangen kann, richtet sich nach den Vereinbarungen im Mv. Wird im Mv. bei der Bezeichnung des M.gegenstandes neben den Räumen auch die Garage aufgeführt und wird darin vorbehaltlos ein einheitlicher M.zins vereinbart, darf grunds. keine Zusatzvergütung verlangt werden. Für → *Sozialwohnungen* und ihnen gleichgestellte preisgebundene Wohnungen (M.preisbindung) darf der V. dagegen kraft Ges. neben der zulässigen Einzelmiete (→ Wirtschaftlichkeitsberechnung V) eine *angemessene Zusatzvergütung* für die Überlassung eines *Einstellplatzes* erheben. Daneben darf der V. für die *Verwaltungskosten* bei der Errechnung der zulässigen Kostenmiete in der → *Wirtschaftlichkeitsberechnung* (IV) insoweit einen Höchstbetrag von 55,– DM jährlich als Bewirtschaftungskosten in Ansatz bringen (§ 26 III der II. BV). Der Instandhaltungskostenansatz beträgt nach § 28 V der II. BV DM 110.– pro Jahr. Zur Haftung des Inhabers eines Parkhauses für Schäden am abgestellten Fahrzeug vgl. Güllemann NJW 72, 889; BGH WM 74, 142 = MDR 74, 663. Auch der Arbeitgeber kann – je nach der Üblichkeit und den räumlichen Möglichkeiten – verpflichtet sein, seinen Arbeitnehmern Parkplätze zur Verfügung zu stellen (BAG MDR 75, 1053); ob dabei ein Mv., eine Leihe oder ein Verwahrungsvertrag vorliegt, richtet sich nach der jeweiligen Vertragsgestaltung (zur Haftung des Arbeitgebers vgl. BAG a.a.O.)

Gartenflächen eines Hausgrundstücks gelten i.Zw. nur bei Einfamilienhäusern als mitvermietet. Bei Mehrfamilienhäusern bestehen Rechte und Pflichten der M. (auch der Erdgeschoßwohnung) an der Gartenfläche nur, wenn der Mv. das bestimmt, oder eine abweichende stillschweigende Regelung durch langjährige Übung anzunehmen ist. Die Teilkündigung eines mitvermieteten Hausgartens ist unzulässig (s. Kündigung III). Ist dem Mieter ein Garten zur alleinigen Benutzung überlassen, so wird die Auslegung des Mietvertrags in der Regel ergeben, daß der Mieter auch zur Pflege des Gartens verpflichtet ist. Einer klarstellenden Regel im Mietvertrag bedarf es insoweit nicht (AG Ibbenbüren WM 84, 196); allerdings ist eine solche Regelung empfehlenswert. Die Art und Weise der Pflege ist dem Mieter beim Fehlen einer ausdrücklichen vertraglichen Regelung freigestellt. Deshalb kann der Mieter den Garten sowohl als Zier- als auch als Nutzgarten oder als Naturgarten anlegen. Der Mieter darf den Garten allerdings nicht verwildern oder verwahrlosen lassen. Kommt der Mieter seiner Verpflichtung zur Gartenpflege nicht nach, kann der Vermieter die Kosten eines beauftragten Gärtners nur ersetzt verlangen, wenn er dem Mieter vorher eine Frist mit Ablehnungsandrohung nach § 326 BGB gesetzt hat (AG Solingen WM 84, 196). Steht die Gartenfläche allen Mietern zur Mitbenutzung zur Verfügung, so ist die Pflege des Gartens beim Fehlen einer anderweitigen vertraglichen Regelung Sache des Vermieters; die hierfür entstandenen Kosten kann der Vermieter als → Betriebskosten auf den Mieter umlegen, falls dies vertraglich vereinbart ist (→ Umlage). Den Mieter trifft bezüglich des Gartens auch die → Verkehrssicherungspflicht. Ob der V. für die Überlassung eines Hausgartens neben dem vereinbarten → Mietzins (I, 4) vom M. eine *Zusatzvergütung* verlangen darf, richtet sich nach den Vereinbarungen im Mv. Wird der Hausgarten im Mv. bei der Bezeichnung der überlassenen Hausteile erwähnt und nur ein einheitlicher M.zins vereinbart, darf keine Zusatzvergütung verlangt werden. Die *Erhöhung von Kosten* der Gartenpflege kann nach § 4 II MHG aber auch beim *Fehlen* einer vertragl. Vereinbarung anteilig auf die M. umgelegt werden (s. dazu im einzelnen Betriebskosten, M.erhöhung II, Wirtschaftlichkeitsberechnung IV 5i, Umlage). Bei → *Sozialwohnungen* und ihnen gleichgestellten preisgebundenen Wohnungen (→ Mietpreisbindung) darf der V. dagegen für die Überlassung eines Hausgartens an den M. eine *angemessene Zusatzvergütung* neben der zulässigen Einzelmiete (→ Kostenmiete) verlangen (§ 27 NMV), auch wenn darüber im Mv. keine Vereinbarung getroffen worden ist. Ferner darf der V. für die gärtnerische Pflege des Hausgartens eines mit öffentl. Mitteln geförderten Hauses die dafür erforderlichen Kosten als Betriebskosten auf die Mieter umlegen (§§ 20 I NMV, 27 II der II. BV; Anlage 3 Ziff. 9 zu § 27 der II. BV).

Genossenschaftswohnungen. Die zwischen einer Wohnungsgenossenschaft und ihren Mitgliedern (Genossen) vereinbarten *Nutzungsverträge* sind als Mv. zu behandeln. Wie im Mv. wird auch im Nutzungsvertrag die Gebrauchsgewährung gegen Entgelt auf Zeit geregelt. Die Besonderheiten dieses Mv., die vor allem durch die Zugehörigkeit des M. zur Genossenschaft begründet sind, werden in der Ausgestaltung der gegenseitigen Rechte und Pflichten berücksichtigt. Der Beitritt zu einer Wohnungsgenossenschaft setzt idR voraus, daß das Mitglied Genossenschaftsanteile erwirbt. Die Pfändung dieser Anteile durch den Gläubiger des M. kann für diesen eine besondere Härte im Sinne von § 765a ZPO bedeuten, so z. B. wenn die Pfändung dazu führt, daß der M. seine Wohnberechtigung in einer langjährig bewohnten günstigen Mietwohnung verliert und er aufgrund seiner Einkommensverhältnisse ohne Inanspruchnahme von Sozialhilfe zur Anmietung einer anderen Wohnung nicht in der Lage ist (OLG Hamm WM 83, 267). In einem solchen Fall kann der M. → *Vollstreckungsschutz* beantragen.

Nach der → *Ehescheidung* kann im Verfahren nach der 6. DVO zum EheG auch eine Genossenschaftswohnung vom Gericht an den Nichtgenossen zur Fortsetzung des Mv. zugeteilt werden (BGH LM § 3 HausratsVO Nr. 1; KG NJW 55, 185; bestr.). Beim → *Tod* des Genossen (M.) darf auch bei Genossenschaftswohnungen der in § 569 BGB vorgesehene Eintritt des überlebenden Ehegatten oder der hausstandszugehörigen Familienmitglieder in den Mv. nicht vertragl. ausgeschlossen oder beschränkt werden. Die Genossenschaft muß bei der Ausübung ihrer Rechte aus dem Mv. gegenüber ihren Mitgliedern stets den *genossenschaftlichen Gleichbehandlungsgrundsatz* wahren; dieser besagt, daß eine Genossenschaft verpflichtet ist, ihre Genossen in weitestem Umfang gleich zu behandeln, nicht nur in den sich aus der Mitgliedschaft ergebenden Beziehungen, sondern auch bei der Inanspruchnahme genossenschaftlicher Einrichtungen, soweit tatsächlich und rechtlich keine wesentlichen Unterschiede vorliegen (BGH WM 70, 173). Rechtsgeschäftliche oder rechtsgeschäftsähnliche Erklärungen sind nach § 25 GenG nur wirksam, wenn sie von den Vorstandsmitgliedern unterzeichnet werden (§ 125 BGB), wozu es keineswegs ausreicht, daß am Ende eines maschinenschriftlichen Schreibens in Maschinenschrift die Namen der Vorstände angegeben sind (BGH MDR 77, 381).

Im *Gebiet der ehemaligen DDR* gab es bis zum 1. 7. 1990 die Arbeiterwohnungsbaugenossenschaften (AWG) und die umgebildeten gemeinnützigen und sonstigen Genossenschaften (GWG). Die Rechtsverhältnisse dieser Genossenschaften waren durch verbindliche Musterstatuten geregelt. Nach dem Staatsvertrag vom 18. 5. 1990 (Vertrag über die Schaffung einer Währungs-, Wirtschafts- und Sozialunion zwischen der BRD und der DDR, Kap. I Art. 3 S. 1 i. V. m. Anl. II Abschn. 1 Nr. 1 und 2 – BGBl. II S. 537) gilt das GenG mit Wirkung vom 1. 7. 1990 auch in der ehemaligen DDR. In einer EinführungsVO vom 1. 8. 1990 (GBl. I S. 1072) hat der ehemalige DDR-Verordnungsgeber geregelt, daß die Musterstatuten bis zum 31. 12. 1990 den Bestimmungen des GenG anzupassen sind. Dies betrifft insbesondere diejenigen Bestimmungen in den Statuten, die staatlichen Organen einen Einfluß auf die Genossenschaft einräumen und solche Regelungen, nach denen eine Minderung des Genossenschaftsvermögens oder ein Abzug von Eigenmitteln zulässig war. Außerdem muß die frühere gemeinschaftliche Ehegattenmitgliedschaft abgewickelt werden. Die Ehegatten müssen sich entscheiden, ob einer von ihnen die Mitgliedschaft allein fortsetzen will oder ob beide jeweils für sich Mitglied werden wollen. Die geänderten Satzungsbestimmungen werden wirksam, wenn sie in das Genossenschaftsregister eingetragen sind (§ 16 GenG); eine solche Eintragung kann auch nach dem 31. 12. 1990 erfolgen. Die Einzelheiten der Eintragung ins Genossenschaftsregister sind umstritten; streitig ist insbesondere die Frage, ob eine Gründungsprüfung (§ 11a GenG) erforderlich ist und welche Unterlagen dem Gericht vorzulegen sind (dazu Kersten ZdW Bay 91, 24; Riebandt-Korfmacher, DWW 91, 55).

Gerichtliches Verfahren in Mietsachen. Können sich V. und M. über ihre Rechte und Pflichten aus dem Mv. nicht im partnerschaftlichen Gespräch einigen, muß das Gericht zur verbindlichen Klärung der Streitfrage darüber auf ihren Antrag entscheiden. Dieser Prozeß in Mietsachen folgt grunds. den allgemeinen Verfahrensregeln der ZPO. Die bes. sozialpolitische Bedeutung der Mietsachen hat aber den Gesetzgeber veranlaßt, für diese Verfahren eine Reihe wichtiger *Sondervorschriften* in das Ges. aufzunehmen.

I. *Zuständigkeit.* Nach § 23 Nr. 2a GVG sind für Streitigkeiten über Ansprüche aus einem *Mietverhältnis über Wohnraum* oder über den Bestand eines solchen Mietverhältnisses, die Amtsgerichte – unabhängig vom Streitwert – zuständig. Die Regelung gilt auch für Werkmietwohnungen (OLG Hamburg, WM 90, 393 = DWW 90, 235) und für Untermietverhältnisse. Zum Wohnraum i. S. des § 23 GVG zählen auch Zweit- oder Ferienwohnungen ohne daß es darauf ankommt, ob die Zweit- oder Ferienwohnung in demselben Maße wie die Hauptwohnung genutzt wird (OLG Hamburg, WM 92, 634 = ZMR 92, 538). → *Mischräume* werden als Wohnräume bewertet, wenn die Wohnungsnutzung überwiegt. Die örtliche Zuständigkeit richtet sich nach § 29a Abs. 1 ZPO. Danach ist stets dasjenige Amtsgericht zuständig, in dessen Bezirk sich die Räume befinden. Eine

Ausnahme gilt nach § 29a Abs. 2 ZPO für einige Mietverhältnisse die nicht dem Kündigungsschutz unterliegen, nämlich für Mietverhältnisse nach § 564b Abs. 7 Nr. 1, Nr. 2, Nr. 3 und Nr. 5 (s. unten 2). Hier richtet sich die Zuständigkeit grundsätzlich nach dem Wohnsitz der beklagten Partei. Soweit es sich um nichtgeschützten Wohnraum nach § 29a Abs. 2 ZPO handelt, kann eine von den gesetzlichen Zuständigkeitsregeln abweichende Gerichtsstandsvereinbarung getroffen werden; für die geschützten Mietverhältnisse nach § 29a Abs. 1 ZPO ist eine solche Vereinbarung unzulässig. Wird ein Rechtsstreit in Verkennung der Unwirksamkeit der Gerichtsstandsvereinbarung gleichwohl verwiesen, so wird allerdings das im Verweisungsbeschluß bestimmte Gericht zuständig (§ 281 Abs. 2 ZPO; OLG Düsseldorf, WM 92, 548).

1. Die ausschließliche Zuständigkeit des AG betrifft folgende Verfahren: Räumungsklagen, soweit der Anspruch nicht ausschließlich mangels einer mietvertraglichen Anspruchsgrundlage auf § 985 BGB gestützt wird (Schneider, MDR 92, 433), Fortsetzungsklagen (s. Sozialklausel), Klagen auf Erfüllung des Mv., M.erhöhungsklagen, Klagen auf Zahlung des M.zinses ohne Rücksicht auf die Höhe des Rückstandes, Klagen auf Rückzahlung von Baukostenzuschüssen, Feststellungsklagen über das Bestehen oder Nichtbestehen eines Mv. Darüber hinaus gilt die Vorschrift des § 29a ZPO auch für Klagen eines M. gegen den V. auf Rückzahlung mietpreisrechtlich nicht geschuldeter Leistungen (BGH (RE) v. 11. 1. 1984 WM 84, 119). Dies folgt aus der Erwägung, daß § 29a ZPO seinem Zweck entsprechend weit auszulegen ist. Die Zuständigkeitsregelung gilt auch für Prozesse zwischen dem M. und dem Unterm. Ein mietvertraglicher Anspruch ist dabei auch dann gegeben, wenn der Mieter deshalb einen Vermögensschaden erleidet, weil der Vermieter seine → Verkehrssicherungspflicht verletzt hat; der Schadensersatzanspruch ergibt sich hier aus dem Gesichtspunkt der Vertragsverletzung. Verlangt der Mieter im Falle einer Körper- oder Gesundheitsverletzung zugleich ein Schmerzensgeld (§ 847 BGB), so gilt für diesen Anspruch die Vorschrift des § 29a ZPO nicht. Die gerichtliche Zuständigkeit für die Geltendmachung des Schmerzensgeldanspruchs richtet sich nach allgemeinen Vorschriften, weil § 847 BGB für vertragliche Rechtsverhältnisse nicht anwendbar ist. Unter Umständen muß der Anspruch auf Ersatz des Vermögensschadens und der Schmerzensgeldanspruch vor verschiedenen Gerichten geltend gemacht werden. Die allgemeine Zuständigkeitsregelung gilt ferner dann, wenn der geltend gemachte Schadensersatzanspruch mit der Mietsache überhaupt nichts zu tun hat und die Parteien nur zufälligerweise im Verhältnis Vermieter/Mieter zueinander stehen (z. B. Verkehrsunfall; Schlägerei). Gleiches gilt, wenn zwar der Anspruch miet-

rechtlicher Natur ist, der Mieter aber nicht den Vermieter, sondern einen Dritten in Anspruch nimmt (OLG Hamburg WM 90, 542 = DWW 90, 359 betr. Schadensersatzklage eines Mieters gegen den Geschäftsführer einer in Konkurs gegangenen Vermietungsgesellschaft wegen der gesetzwidrigen Anlage der Kaution). Für Räumungsklagen gilt § 29a ZPO auch dann, wenn der Herausgabeanspruch ausschließlich auf § 985 BGB gestützt wird (OLG Hamburg WM 90, 393 = ZMR 90, 377; OLG Bremen WM 90, 526; LG München I ZMR 87, 271; a. A. OLG München MDR 77, 497), weil sonst die Zuständigkeitsregelung durch eine Parteibehauptung umgangen werden könnte. Etwas anderes kann nur dort gelten, wo ein Mv. offensichtlich nicht vorliegt (vgl. dazu: AG Charlottenburg WM 83, 210; AG Mainz WM 87, 33). Weitergehend vertritt das OLG Bremen (a. a. O.) die Ansicht, daß § 29a ZPO auch für Klagen gegen *„Hausbesetzer“* gelte. Zur Bindungswirkung von Verweisungsbeschlüssen vgl. OLG Düsseldorf WM 73, 225; Rpfleger 76, 186. Für die Einordnung als Wohnraummv. kommt es auf den vereinbarten Vertragszweck an (BGH NJW 81, 1377 = WM 82, 1093 = ZMR 81, 332 = MDR 81, 752 = DWW 81, 239). Deshalb liegt grundsätzlich kein Wohnraummietverhältnis vor, wenn eine Wohnung von dem Mieter nicht zum Zwecke der Selbstnutzung, sondern zur Weitervermietung angemietet wird. Ein solcher Fall liegt nach der Rechtsprechung vor bei der Anmietung von Wohnungen durch ein Wirtschaftsunternehmen zum Zwecke der Unterbringung von Betriebsangehörigen (BGH NJW 81, 1377); bei der Anmietung mehrerer Wohnungen durch ein Studentenwerk zum Betrieb eines Studentenwohnheims (BGH WPM 82, 1390); bei der Anmietung von Wohnungen durch die Bundesrepublik zur Unterbringung von Angehörigen der Stationierungsstreitkräfte (BGH NJW 85, 1772); bei der Vermietung einer Eigentumswohnung an ein Vermietungsunternehmen zum Zwecke der Weitervermietung an Dritte – Bauherrenmodelle – (BGH RE vom 21. 4. 1982 NJW 82, 1696 = WM 82, 178); bei der Anmietung eines Hauses durch einen gemeinnützigen Verein zur Förderung der Rehabilitation psychisch Kranker, falls einzelne Zimmer an die Kranken weitervermietet werden sollen (OLG Karlsruhe RE vom 24. 10. 1983 NJW 84, 373 = WM 84, 10); bei der Anmietung einer Wohnung durch einen gemeinnützigen Verein zum Zwecke der Weitervermietung an Studenten zum Selbstkostenpreis (OLG Braunschweig RE vom 27. 6. 1984 WP 84, 237; bei der Anmietung eines Hauses durch einen Verein zum Zwecke der Weitervermietung einzelner Zimmer an Vereinsmitglieder (Pfadfinder; OLG Frankfurt RE vom 14. 7. 1986 WM 86, 273); bei der Anmietung einer Eigentumswohnung durch die Wohnungseigentümergemeinschaft zum Zwecke der Unterbringung eines Hausmeisters (BayObLG WM 85,

51); bei der Anmietung von Räumlichkeiten zum Betrieb eines Wohnheims (LG Hamburg ZMR 86, 122); bei der Anmietung eines Hauses zur Benutzung als Wohnheim für Jugendliche (LG Mannheim ZMR 89, 426). Hat der Mieter Räumlichkeiten angemietet, von denen er einen Teil selbst bewohnt und einen anderen Teil an Dritte untervermietet, so kommt es darauf an, ob nach dem übereinstimmenden Vertragswillen der Parteien der vorherrschende Vertragszweck im eigenen Wohnen des Mieters oder im Weitervermieten liegt. Im erstgenannten Fall liegt Wohnraummiete, im letztgenannten Fall liegt Geschäftsraummiete vor (OLG Stuttgart RE vom 7. 11. 1985 NJW 86, 322 = WM 86, 10). Maßgeblich ist immer der tatsächlich verfolgte Vertragszweck. Es kommt nicht darauf an, wie die Parteien das Vertragsverhältnis bezeichnen. Ein gewerbliches Mietverhältnis wird auch dann nicht zum Wohnraummietverhältnis, wenn die Parteien beim Vertragsschluß ein für Wohnraumverhältnisse gedachtes Formular verwendet haben oder wenn nach den vertraglichen Vereinbarungen, der für Wohnraummietverhältnisse maßgebliche Kündigungsschutz gelten soll (AG Frankfurt WM 88, 316).

2. Die Vorschrift des § 29a ZPO ist nicht anwendbar: (1) für Mietverhältnisse über Wohnraum, der zu nur vorübergehendem Gebrauch vermietet ist; (2) für Mietverhältnisse über Wohnraum, der Teil der vom Vermieter selbst bewohnten Wohnung ist und den der Vermieter ganz oder überwiegend mit Einrichtungsgegenständen auszustatten hat, sofern der Wohnraum nicht zum dauernden Gebrauch für eine Familie überlassen ist; (3) für Mietverhältnisse über Wohnraum in Ferienhäusern und Ferienwohnungen in Ferienhausgebieten, der vor dem 1. 6. 1995 dem Mieter überlassen worden ist, wenn der Vermieter den Mieter bei Vertragsschluß auf die Zweckbestimmung des Wohnraums und den Ausschluß des Kündigungsschutzrechts hingewiesen hat (s. dazu → Kündigungsschutz VII); (4) für Mietverhältnisse über Wohnraum, den eine juristische Person des öffentlichen Rechts im Rahmen der ihr durch Gesetz zugewiesenen Aufgaben angemietet hat, um ihn Personen mit dringendem Wohnungsbedarf oder in Ausbildung befindlichen Personen zu überlassen, wenn sie den Wohnraum dem Mieter vor dem 1. 6. 1995 überlassen und ihn bei Vertragsschluß auf die Zweckbestimmung des Wohnraums und den Ausschluß des Kündigungsschutzrechts hingewiesen hat (s. dazu → Kündigungsschutz VII). Für diese Mietverhältnisse gilt die Regelung des § 23 Nr. 2a GVG, so daß eine Gerichtsstandsvereinbarung zulässig ist. Gleiches gilt für Mv über → Geschäftsräume und alle sonstigen M.gegenstände. Bei → *Mischräumen* kommt es darauf an, ob diese rechtlich als Wohnräume oder als Geschäftsräume einzuordnen sind (OLG Hamburg MDR 69, 846).

Die Frage beantwortet sich nach materiellem Recht (OLG Celle MDR 86, 324; OLG Karlsruhe MDR 88, 414; → Mischräume). Davon abweichend wird z. T. die Ansicht vertreten, daß die Vorschrift des § 29a ZPO auch dann Anwendung finde, wenn der Geschäftsraumanteil überwiegt (LG Kiel WM 76, 238; LG Flensburg MDR 81, 57; LG Köln ZMR 89, 63).

3. Nach § 29a ZPO sind die AG (und nicht die Arbeitsgerichte) auch für Prozesse über → *Werkmietwohnungen* ausschließlich zuständig (BAG NZA 90, 239; OLG Hamburg WM 90, 393 = ZMR 90, 377). Für *Werkdienstwohnungen* bleibt es dagegen bei der Zuständigkeit des *Arbeitsgerichts, ausgenommen* die amtsgerichtliche Zuständigkeit nach § 29a ZPO für eine *Räumungsklage* (LG Detmold ZMR 69, 137 = WM 69, 28).

4. Nach § 1025a ZPO ist eine abweichende Zuständigkeitsregelung in einem *Schiedsvertrag* unwirksam, soweit sie eine Entscheidung über das Bestehen oder Nichtbestehen eines Mv. zum Gegenstand hat (z. B. Räumungs- und Fortsetzungsklagen). Sonstige Schiedsgerichtsvereinbarungen, die andere Ansprüche aus dem Mv. oder keinen Wohnraum betreffen, bleiben zulässig.

5. Für Mv. über Wohnungen, die sich in einem Mitgliedsland der *Europäischen Gemeinschaft* befinden, ist Art. 16 Nr. 1 des EWG-Übereinkommens i. d. F. v. 9. 10. 1978 (BGBl. 1983 II S. 802) über die gerichtliche Zuständigkeit und die Vollstreckung gerichtlicher Entscheidungen in Zivil- und Handelssachen zu beachten.

Nach dieser Vorschrift sind für Klagen, die die Miete oder Pacht von unbeweglichen Sachen betreffen, die Gerichte des Landes ausschließlich zuständig, in dem die Sache belegen ist. Art. 16 des EWG-Übereinkommens geht gem. Art. 25 GG den allgemeinen Gesetzen und damit der ZPO vor. Die internationale Zuständigkeit ist von Amts wegen zu berücksichtigen. Durch eine rügelose Einlassung wird kein deutscher Gerichtsstand begründet. Die Vorschrift des Art. 16 beruht zum einen auf der Erwägung, daß in vielen Mietprozessen tatsächliche Feststellungen am jeweiligen Mietobjekt erforderlich werden, die vor Ort am besten getroffen werden können. Zum anderen gelten in den meisten EG-Staaten besondere Vorschriften zum Mietrecht, die der sozialen Bedeutung der Wohnungsmiete Rechnung tragen sollen. Diese Vorschriften können am besten von dem Gericht angewandt werden, in dessen Bezirk die Sache gelegen ist (sogenannte „Gleichlauftheorie" = Gleichlauf von gerichtlicher Zuständigkeit und anwendbarem materiellem Recht). Nach einer Entscheidung des Europäischen Gerichtshofs vom 15. 1. 1985 (NJW 85, 905) gilt Art. 16 für alle Verträge über die Miete oder Pacht von unbeweglichen Sachen, und zwar auch für die kurzfristigen Verträge und auch für solche, die sich nur auf die Gebrauchsüberlassung einer

Ferienwohnung beziehen. Zu den darunter fallenden Streitigkeiten gehören alle Rechtsstreitigkeiten, die sich auf das Bestehen oder die Auslegung von Mietverträgen, deren Dauer, die Wiedereinräumung des Besitzes der Mietsache an den Vermieter, den Ersatz für vom Mieter verursachte Schäden oder die Einziehung des Mietzinses und der vom Mieter zu zahlenden Nebenkosten wie der Kosten für Wasser-, Gas- und Stromverbrauch beziehen. Dagegen fallen Rechtsstreitigkeiten, die sich nur mittelbar auf die Nutzung der Mietsache beziehen, wie beispielsweise solche, die entgangene Urlaubsfreude und Reisekosten betreffen, nicht in die ausschließliche Zuständigkeit nach diesem Artikel.

Die hier dargelegte Rechtslage führt in vielen Fällen dort zu unbefriedigenden Ergebnissen, wo in der Bundesrepublik Verträge über im EG-Ausland liegende *Ferienhäuser oder -wohnungen* abgeschlossen werden. Bei der strikten Anwendung des EWG-Übereinkommens müßten alle Streitigkeiten, die anläßlich der Anmietung solcher Wohnungen entstehen, auch dann vor ausländischen Gerichten ausgetragen werden, wenn beide Parteien in der Bundesrepublik leben. Diese Ansicht hat zum Beispiel das AG Offenbach vertreten (NJW 82, 2735). Nach anderer Meinung soll Art. 16 des EWG-Übereinkommens nicht für die sogenannte „reine Mietzinsklage" gelten; in diesem Bereich spiele die Gleichlauftheorie keine Rolle, so daß die Vorschrift restriktiv ausgelegt werden könne (Leue NJW 83, 1242). Das LG Offenburg (NJW 83, 1273) versucht die hier auftretenden Probleme dadurch zu lösen, daß es den Vertrag über die Buchung eines Ferienhauses nach Prospekt als Werkvertrag bewertet (ebenso LG Frankfurt NJW 85, 330; LG München I NJW 85, 331).

Zur Begründung wird ausgeführt, daß sich der Anbieter nicht nur zur entgeltlichen zeitlichen Gebrauchsüberlassung verpflichtet; er müsse vielmehr auch dafür sorgen, daß der Besteller seinen Urlaub auch tatsächlich während der gebuchten Zeit in dem Ferienhaus verbringen könne (offengelassen von BGH NJW 85, 906; vgl. auch LG Hamburg NJW RR 87, 370, das ein Auftragsverhältnis annimmt). Schließlich wird auch noch die Ansicht vertreten, daß es nach dem Zweck des Art. 16 nicht zwingend sei, diese Vorschrift auch auf kurzfristige Gebrauchsüberlassungsverträge, insbesondere zu Zwekken des Ferienaufenthalts anzuwenden (LG Offenburg a. a. O.; LG Aachen NJW 84, 1308 = MDR 84, 412; ähnlich: Rauscher NJW 85, 892).

6. Bei der *Geschäftsraummiete* richtet sich die Zuständigkeit nach dem Gegenstandswert (Streitwert). Das Amtsgericht ist zuständig, wenn der Gegenstandswert den Betrag von 10000,– DM nicht übersteigt. Dies gilt nach der Neufassung des § 23 GVG auch für Räumungsklagen die nach dem 1. 3. 1993 anhängig werden. Für Verfah-

ren mit einem Gegenstandswert über 10000,– DM ist das Landgericht zuständig. Der Gegenstandswert bemißt sich bei der Räumungsklage nach § 8 ZPO. Danach kommt es auf die Höhe des Mietzinses an, der für die „gesamte streitige Zeit" zu bezahlen ist. Hat der Vermieter ein befristetes Mietverhältnis fristlos gekündigt, so ist der Zeitraum zwischen dem Zugang der Kündigung und dem regulären Vertragsende maßgebend. Bei unbefristeten Mietverhältnissen kommt es auf den Zeitpunkt an, den der Mieter als den für ihn günstigsten Beendigungszeitpunkt annimmt. Will der Mieter das Mietverhältnis auf unbestimmte Zeit fortsetzen, so ist der Zuständigkeitswert in entsprechender Anwendung des § 9 ZPO auf die 12,5 fache Jahresmiete festzusetzen (BGH, ZMR 93, 325 = DWW 93, 227; für die Berechnung des Zuständigkeitswerts bei Räumungsklagen über Gewerbemietraum in den neuen Bundesländern, wenn sich der Mieter auf den gesetzlichen Kündigungsschutz beruft, s. BGH ZMR 92, 433 = WM 92, 465). Maßgeblich ist der Mietzins einschließlich aller Nebenleistungen (Betriebskosten, Übernahme von Instandsetzungskosten) die im Verkehr als Entgelt für die Gebrauchsüberlassung angesehen werden. Die örtliche Zuständigkeit richtet sich grundsätzlich nach dem Wohnsitz der beklagten Partei. Gerichtsstandsvereinbarungen sind möglich.

II. *Verfahren:* Für die Durchführung des gerichtlichen Verfahrens gelten die allgemeinen Vorschriften der Zivilprozeßordnung.

1. Seit dem 1. 4. 1991 bestehen für sog. *„Bagatellstreitigkeiten"* wesentliche Verfahrenserleichterungen:

a) Das Amtsgericht kann sein *Verfahren nach billigem Ermessen* bestimmen, wenn der Streitwert 1000,– DM nicht übersteigt (§ 495a Abs. 1 Satz 1 ZPO). Sinn dieser Regelung ist es insbesondere, teure Beweisaufnahmen in Bagatellsachen zu vermeiden. Das Gericht soll die Möglichkeit haben, an Stelle der förmlichen Vernehmung von Zeugen oder der Einholung eines Sachverständigengutachtens schriftliche und telefonische Auskünfte einzuholen, Erkenntnisse aus anderen Akten zu verwerten, oder die Parteien und sonstige Auskunftspersonen zu befragen. An Beweisanträge ist das Gericht nicht gebunden; entscheidungserhebliche Punkte dürfen allerdings nicht übergangen werden. Der Anspruch der Parteien auf rechtliches Gehör bleibt unberührt.

b) Bei Streitwerten bis zu 1000,– DM kann das Amtsgericht *schriftlich entscheiden.* Auf Antrag muß allerdings mündlich verhandelt werden (§ 495a Abs. 1 Satz 2 ZPO). Durch diese Bestimmung soll Art. 6 Abs. 1 der Europäischen Konvention zum Schutze der Menschenrechte und Grundfreiheiten Rechnung getragen werden; danach hat jedermann Anspruch darauf, daß seine Sache vor Gericht öffentlich gehört wird. Die Möglichkeit der unter a) dargestellten Verfahrenserleichterung besteht auch bei mündlicher Verhandlung.

c) Bei Streitwerten unter 1000,– kann das *Urteil ohne Tatbestand* abgefaßt werden (§ 495a Abs. 2 Satz 1).

d) Wird bei solchen Bagatellstreitigkeiten mündlich verhandelt, so genügt es, wenn *die wesentlichen Urteilsgründe im Protokoll festgehalten werden* (§ 495a Abs. 2 Satz 2 ZPO).

Nach der Vorstellung des Gesetzgebers sollen die in § 495a Abs. 2 ZPO vorgesehenen Verfahrenserleichterungen u. a. auch deshalb gerechtfertigt sein, weil „ein Rechtsmittel gegen die Entscheidung unzweifelhaft nicht gegeben" sei (s. Beschlußempfehlung des Rechtsausschusses Bundestags-Drucksache 11/8283 zu Nr. 31b; Gesetzentwurf des Bundesrates Bundestags-Drucksache 11/4155 zu Nr. 8). Deshalb könnte zweifelhaft sein, ob die Vorschrift des § 495a Abs. 2 ZPO in Wohnraummietsachen wegen der dort gegebenen Möglichkeit der Divergenzberufung (s. unten VIII) überhaupt gilt. Im Hinblick auf den insoweit eindeutigen Wortlaut des § 495a ZPO ist diese Frage aber wohl zu bejahen (s. hierzu auch Bergerfurth NJW 91, 961).

2. Räumungsprozesse sind kraft Gesetzes auch während der *Gerichtsferien* fortzuführen und zu entscheiden (§ 200 II Z. 4 GVG); Gleiches gilt für solche Klagen, die unmittelbar die Pflicht zur Überlassung und Benutzung betreffen (BGH NJW 58, 588). Dazu gehören auch Klagen auf Instandhaltung oder Instandsetzung von Wohnraum, wobei es nicht darauf ankommt, ob die Instandhaltung bzw. Instandsetzung für die Benutzung der Wohnung unbedingt erforderlich ist (BGH NJW 63, 713). Keine Streitigkeit im Sinne des § 200 Abs. 2 Nr. 4 – und damit keine Feriensache – liegt dagegen vor, wenn das Mv. unstreitig beendet und der M. ausgezogen ist (BGH NJW 80, 1695 = WM 82, 108). Ein → Rechtsentscheid kann auch dann während der Gerichtsferien ergehen, wenn das Ausgangsverfahren keine Feriensache ist (OLG Karlsruhe (RE) vom 20. 7. 82, WM 82, 269).

III. Der V. kann nach § 257 ZPO bei der Grundstücks- und Raumm. *vor Ablauf der* → Kündigungsfrist auf *künftige Räumung* klagen, wenn die Geltendmachung des Räumungsanspruchs an den Eintritt eines Kalendertages geknüpft ist. Bei der Klage auf Räumung von *Wohnraum* ist aber die Klageerhebung vor Ablauf der Kündigungsfrist oder Ablauf der M.zeit nur zulässig, wenn nach den Umständen des Einzelfalles die *Besorgnis* gerechtfertigt erscheint, daß der M. *nicht rechtzeitig* räumen wird (§ 259 ZPO). Diese Besorgnis kann für den V. in folgenden Fällen gerechtfertigt sein: der M. bestreitet ausdrücklich seine Räumungsverpflichtung (z. B. weil er die

Kündigung für unwirksam hält); der M. erklärt dem V. ausdrücklich, daß er die Wohnung bei Beendigung des Mv. nicht zurückgeben kann oder will, weil er bis dahin keine passende Wohnung finden könne; der M. äußert sich *nach* Ablauf der Widerspruchsfrist (s. Sozialklausel IV, 1) auf die Anfrage des V über den Räumungstermin gar nicht oder nur ausweichend (Henssler NJW 89, 138); der M. sucht beim V. um eine nicht gerechtfertigte Räumungsfrist nach; der M. erhebt Kündigungswiderspruch; AG Mannheim DWW 79, 19 (oder begehrt bei Mv. auf bestimmte Zeit die Fortsetzung des Vertrags) und eine außergerichtliche Einigung mit dem V. kommt darüber nicht zustande. Der Umstand, daß die Widerspruchsfrist des § 556a BGB noch nicht abgelaufen ist, steht einer Klage auf künftige Räumung nicht entgegen, wenn der M. der Kündigung mit der Begründung widersprochen hat, daß der vom V. angegebene Kündigungsgrund nicht vorliege (OLG Karlsruhe (RE) vom 10. 6. 83, WM 83, 253 = DWW 83, 173; LG Wiesbaden WM 89, 428) oder wenn der M. bereits auf andere Weise unmißverständlich zum Ausdruck gebracht hat, daß er nach Ablauf der Kündigungsfrist nicht räumen werde (LG Bochum WM 83, 56). *Vor* Ablauf der Widerspruchsfrist ist der M. jedoch *nicht* verpflichtet, dem V. gegenüber eine der genannten Erklärungen abzugeben, auch wenn der V. das ausdrücklich verlangt (AG Köln WM 86, 94; AG Schöneberg WM 89, 156; AG Neuss DWW 90, 279; Henssler a. a. O.). Schweigt der M. bis zu diesem Zeitpunkt, ist eine dennoch erhobene Räumungsklage unzulässig. Gleiches gilt, wenn der M. seinen Kündigungswiderspruch vor Erhebung der Räumungsklage zurückgenommen hat. Im Interesse der Rechtsklarheit muß eine solche Rücknahme ausdrücklich erklärt werden und eindeutig sein. Für die Annahme einer stillschweigenden Rücknahme – z. B. durch den Abtransport von Einrichtungsgegenständen – bleibt daher i. d. R. kein Raum (AG Mannheim DWW 79, 19). Der M. braucht sich erst am letzten Tag der Widerspruchsfrist darüber schlüssig zu werden, ob er ausziehen oder von der → Sozialklausel Gebrauch machen will. Auch wenn der M. bis dahin dem V. nur ausweichend mitteilte, er habe noch keine Ersatzwohnung gefunden und könne noch nichts Verbindliches über den Räumungstermin sagen, liegt darin kein ausreichender Grund zur vorzeitigen Klageerhebung. Eine verfrüht erhobene Räumungsklage darf auch nicht bis zum Ablauf der Widerspruchsfrist vom Gericht ausgesetzt werden (h. M.). Der Klageabweisung kann der V. in solchen Fällen nur entgehen, wenn im Einvernehmen beider Parteien das Ruhen des Verfahrens vom Gericht angeordnet wird.

IV. Liegen die bes. Voraussetzungen für eine vorzeitige Klageerhebung nicht vor, muß der V. damit bis zur Beendigung des Mv. warten (s. Rückgabepflicht). Tritt der M. bis zu diesem Zeitpunkt an den V. mit dem Begehren heran, das *Mv. fortzusetzen* oder ihm einen *Räumungsaufschub* zu bewilligen, erfordert der *Partnerschaftsgedanke* zwischen V. und M. darüber ein vernünftiges außergerichtliches Gespräch. Zwar kann der V. dann nicht mehr an der Erhebung der Räumungsklage gehindert werden, aber das Ges. droht ihm erhebliche *kostenrechtliche Nachteile* für den Fall an, daß er auf persönliche oder wirtschaftliche Räumungsschwierigkeiten des M. keine Rücksicht nimmt und einsichtslos zur voreiligen Anrufung des Gerichts schreitet (s. unten IX).

V. Nach den allgemeinen Grundsätzen des Prozeßrechts darf das Gericht in seiner Entscheidung einer Prozeßpartei nur dann etwas zusprechen, wenn diese dafür einen *wirksamen Prozeßantrag* gestellt hat. Um die Auswirkungen der → *Sozialklausel* zugunsten des M. nicht an formalen Fehlern scheitern zu lassen, macht das Ges. in § 308a ZPO davon eine wichtige Ausnahme.

1. Danach ist das Gericht in einem Räumungsprozeß auch *ohne Antrag* verpflichtet, die Fortsetzung des Mv. anzuordnen, wenn der M. nach den §§ 556a–c BGB eine Verlängerung des gekündigten oder abgelaufenen Vertrags verlangen kann. Das Gericht muß dann im Urteil bestimmen, für welche *Dauer* die Fortsetzung gilt und welche *Änderungen* der bisherigen *Vertragsbedingungen* (z. B. höherer M.zins) eintreten. Das gilt auch für eine Räumungsklage des M. gegen den Untermieter. Der verklagte M. braucht daher im Prozeß keine Widerklage zu erheben, wenn er nur ordnungsmäßig den Kündigungswiderspruch geltend machte oder die Fortsetzung des Mv. verlangte (s. Sozialklausel IV). Gegenüber der Klage des V. kann sich der M. also unter Wahrung aller Rechte dadurch wirksam verteidigen, daß er unter Hinweis auf seinen Widerspruch die Abweisung der Klage und die Fortsetzung des Mv. beantragt. Das Gericht hat *von Amts wegen* darüber Erwägungen anzustellen, ob nach den Behauptungen des M. eine Fortsetzung des Mv. in Betracht kommt. Das Gericht muß die Prozeßparteien von Amts wegen zu den Gesichtspunkten hören, die für und gegen die Fortsetzung des Mv. sprechen. Ergibt sich dabei, daß der Widerspruch *nicht* form- und fristgerecht eingelegt worden ist, brauchen darüber keine weiteren Erwägungen angestellt zu werden. In jedem Fall wird das Gericht einen Einigungsversuch über die Verlängerung des Mv. unternehmen müssen, weil eine gütliche Einigung immer sachdienlicher ist und eine gerichtliche Entscheidung nur zweitrangig in Betracht kommt. Eine Erhöhung der *Verfahrenskosten* (s. unten IX) tritt durch die Entscheidung über die Verlängerung des Mv. *nicht* ein (§ 16 III GKG), gleichgültig ob sie der M. ausdrücklich beantragt hat oder ein derartiger Antrag fehlt. Stellt der M. einen Verlängerungsantrag, braucht er nicht anzugeben, auf welche Zeit und zu welchen zusätzli-

chen Bedingungen die Fortsetzung erfolgen soll; denn darüber hat das Gericht ebenfalls von Amts wegen zu befinden. Allerdings darf das Gericht dann nicht über den Antrag des M. hinausgehen, wenn er trotzdem eine bestimmte Verlängerungszeit nennt (§ 308 ZPO). Solange der V. trotz des Widerspruchs seine Räumungsklage uneingeschränkt aufrechterhält, braucht er nicht ausdrücklich die Zurückweisung eines Verlängerungsbegehrens des M. zu beantragen. Es ist aber kein Nachteil, wenn der V. zur Verdeutlichung die Zurückweisung des Verlängerungsbegehrens des M. oder hilfsweise die Verlängerung bis zu einem kürzeren Endzeitpunkt beantragt (bestr.). Das gilt auch dann, wenn der M. keinen förmlichen Verlängerungsantrag gestellt hat.

2. Hält das Gericht die Verlängerung des Mv. für gerechtfertigt, muß es auch darüber *von Amts wegen* entscheiden, ob es zu Gunsten des V. eine *Veränderung* der bisherigen *Vertragsbedingungen* anzuordnen hat (s. Sozialklausel II, 2). Der Urteilsausspruch muß daher erkennen lassen, ob die Verlängerung „unter den bisherigen Vertragsbedingungen" oder aber „unter folgenden veränderten Vertragsbedingungen" (z. B. höherer M.zins, Herausgabe eines Nebenraums) erfolgt. Liegen förmliche Anträge des V. oder M. zu dieser Frage vor, muß in erster Linie über diese entschieden werden. Auch diese Frage muß das Gericht vor einer Entscheidung im Wege der Anhörung mit den Beteiligten erörtern. Scheitert ein Einigungsversuch des Gerichts, darf es im Wege der Entscheidung den Vertragsparteien *keine* veränderten Bedingungen auferlegen, die sie eindeutig *abgelehnt* haben. Es muß daher die Verlängerung ablehnen, wenn es Anträgen auf Beibehaltung der bisherigen oder Veränderung bestimmter Vertragsbedingungen nicht folgen kann (z. B. M. will nur weniger als zumutbar zahlen). Es ist deshalb zweckmäßig, die Festlegung der einzelnen Abänderungen ohne zwingenden Antrag dem Gericht zu überlassen.

3. Aus dem Urteilsausspruch muß sich ergeben, ob das Gericht die Verlängerung für *bestimmte* oder *unbestimmte* Zeit anordnet (s. Sozialklausel II, 1). Es genügt nicht, daß hierüber Näheres nur in den Urteilsgründen ausgeführt wird, aus denen die maßgebenden Erwägungen des Gerichts für die Bemessung der Verlängerungsdauer eindeutig ersichtlich sein müssen. Wird das Mv. auf bestimmte Zeit verlängert, ist es geboten das Ende der Verlängerungsfrist mit Angabe des genauen Termins festzulegen oder ein bestimmtes, künftiges Ereignis als Endtermin zu bestimmen (z. B. Bezugsfertigkeit des vom M. erstellten Hauses). Das Gericht darf die Verlängerung des Mv. unter dem Gesichtspunkt, daß der M. durch die Gewährung einer *Räumungsfrist* ausreichend geschützt ist, nicht ablehnen, weil § 556a BGB vorrangig ist (OLG Stuttgart RE v. 11. 11. 1968 WM

69, 25; OLG Oldenburg RE v. 23. 6. 1970 WM 70, 132). Lehnt das Gericht aber die Verlängerung des Mv. ab, muß es *von Amts wegen* prüfen, ob dem M. eine angemessene → Räumungsfrist zu bewilligen ist (§ 721 ZPO).

4. Das rechtskräftige Fortsetzungsurteil wirkt *unmittelbar* auf die Rechte und Pflichten des V. und des M. ein: der bisherige Mv. gilt für die festgelegte Dauer und zu den bisherigen oder abgeänderten Vertragsbedingungen *ohne Unterbrechung* weiter. Die rückwirkende Kraft dieses Gestaltungsurteils hat zur Folge, daß der V. keinen Schadensersatz wegen der Vorenthaltung der Sache nach Vertragsende (s. Rückgabepflicht III) verlangen kann und der M. einen durch Urteil erhöhten M.zins i. d. R. ab dem Kündigungstermin zahlen muß. Da das Urteil gegen jedermann wirkt, kann sich auch der Unterm. darauf gegenüber dem V. berufen, wenn dieser ihn auf Räumung verklagt hat (s. Rückgabepflicht III).

5. Der Ausspruch des Gerichts über die Verlängerung des Mv. ist *selbständig* mit der Berufung *anfechtbar* (§ 308a II ZPO). Der V. braucht sich nicht gegen die Abweisung seiner Räumungsklage zu wenden, sondern kann seine Berufung darauf beschränken, daß die angeordnete Verlängerung verkürzt oder Vertragsbedingungen geändert werden. Der M. darf schon dann Berufung einlegen, wenn er eine weitergehende Verlängerungsdauer erzielen oder die zu seinen Ungunsten abgeänderten Vertragsbedingungen ganz oder teilweise beseitigt wissen will. Auch wenn V. oder M. im erstinstanzlichen Verfahren keine förmlichen Anträge stellten, sind sie durch ein Urteil belastet (beschwert), das die Verlängerungsdauer oder die Vertragsbedingungen aus ihrer Sicht in unangemessener Weise regelt.

VI. Urteile in M.prozessen, welche die Überlassung, Benutzung, Räumung von M.räumen, Fortsetzung des Mv. oder die Zurückhaltung der eingebrachten Sachen betreffen, sind ohne Antrag und ohne Sicherheit für *vorläufig vollstreckbar* zu erklären (§ 708 Nr. 7 ZPO). Das Gericht muß jedoch auch ohne Antrag anordnen, daß der unterlegene Teil die Vollstreckung durch Sicherheitsleistung abwenden kann (§ 711 ZPO). Eine Ausnahme gilt gem. § 713 ZPO dann, wenn gegen das Urteil kein Rechtsmittel möglich ist. Dieser Ausnahmefall wird bei Wohnraummietsachen i. d. R. nicht vorliegen, weil es hier eine von der Beschwer unabhängige Berufungsmöglichkeit gibt (s. unten VIII). Bei Geschäftsraummietsachen liegt ein Fall des § 713 ZPO vor, wenn die Beschwer 1500,– DM nicht übersteigt (s. unten VIII).

VII. Im Wege einer *einstweiligen Verfügung* darf das Gericht die Räumung von *Wohnraum* nur anordnen, wenn der verklagte Besitzer die Räume dem Verfügungsberechtigten eigenmächtig gegen dessen Willen entzogen hat (§ 940a ZPO). Teilweise wird vertreten, daß darüber hinaus auch noch die Voraussetzungen des § 940 ZPO – Erforderlichkeit der einstweiligen Verfügung „zur Abwendung wesentlicher Nachteile oder zur Verhinderung drohender Gewalt oder aus anderen Gründen" – vorliegen müssen (LG Frankfurt NJW 80, 1758; a. A. Wolf NJW 80, 1758). Gegen eine verbotene Eigenmacht des Eindringlings (§ 858 BGB) ist ohne gerichtliche Verfügung die Erzwingung der Räumung im Wege der *Selbsthilfe* nur in den engen Grenzen des § 859 BGB zulässig. Das Verbot des § 940a ZPO gilt auch dann, wenn dem Benutzer des Wohnraums das Betreten der Räume bzw. ihre Benutzung untersagt werden soll (AG Stuttgart ZMR 73, 253; LG Mannheim WM 86, 351). In bestimmten extremen Ausnahmefällen können die Interessen des Wohnungsgebers an einem vorübergehenden Ausschluß des Besitzrechts des Antragsgegners derart gewichtig sein, daß die Anwendung des § 940a ZPO schlechthin verfehlt wäre (LG Mannheim WM 86, 351). Ein solcher Fall kann vorliegen, wenn ein Betretungsverbot erforderlich ist, um Leben und körperliche Unversehrtheit des Vermieters zu schützen (Spiecker NJW 84, 852). Handelt es sich nicht um die Räumung von Wohnraum, können V. und M. aber in eiligen Streitfällen, die *dringend* einer *vorläufigen Regelung* bedürfen, beim AG den Erlaß einer einstweiligen Vergütung beantragen (z. B. Absperren von Licht und Wasser nach Beendigung des Mv., Gefährdung des Pfandrechts des V. durch Wegschaffung eingebrachter Sachen; Zusammenfassend dazu: Herold DWW 76, 107).

VIII. Die Urteile des AG sind mit der *Berufung* anfechtbar, wenn der Berufungsstreitwert DM 1500.– übersteigt. Maßgeblich für die Berechnung des Berufungswerts ist derjenige Betrag, mit dem eine Partei durch das Urteil beschwert wird. Hat zum Beispiel der Kläger beantragt, den Beklagten zur Zahlung von DM 2350,– zu verurteilen und wurde der Klage in Höhe von DM 1750,– stattgegeben, so beträgt die Beschwer des Beklagten DM 1750,– und die Beschwer des Klägers DM 600,–. In diesem Fall kann also nur der Beklagte Berufung einlegen. Bei Räumungsklagen bemißt sich der Berufungsstreitwert nach § 16 GKG (s. Kosten des Räumungsprozesses II; zur Berechnung des Berufungsstreitwerts bei der Mieterhöhung s. Mieterhöhung für nicht preisgebundenen Wohnraum I 2c. Durch das Rechtspflegevereinfachungsgesetz vom 17. 12. 1990 (BGBl. I 2847) wurde die Berufungsmöglichkeit in Wohnraummietsachen erweitert. Die Neuregelung des § 511a Abs. 2 ZPO läßt eine *streitwertunabhängige Berufung* zu, wenn das Amtsgericht in Streitigkeiten über Ansprüche aus einem Mietverhältnis über Wohnraum oder über den Bestand eines solchen Mietverhältnisses in einer Rechtsfrage von einer Entscheidung eines Oberlandesgerichts oder des Bundesgerichtshofs abgewichen ist und die Entscheidung auf der Abweichung beruht. Durch diese Regelung soll in erster Linie sichergestellt werden, daß die → Rechtsentscheide ihre bindende Wirkung auch in Bagatellstreitigkeiten entfalten. Allerdings ist die Berufung nicht auf jene Fälle beschränkt, in denen das Amtsgericht von einem Rechtsentscheid abweicht. Auch eine Abweichung von einer sonstigen oberlandesgerichtlichen Entscheidung oder von einer Entscheidung des BGH soll die Berufungsmöglichkeit eröffnen. Dies gilt grundsätzlich auch dann, wenn die Entscheidung in einer Geschäftsraummietsache ergangen ist. Bei dieser sog. „Divergenzberufung" muß der Berufungskläger darlegen, daß das erstinstanzliche Urteil von einer oberlandesgerichtlichen Entscheidung abweicht (LG Berlin, ZMR 93, 169) und daß die konkret getroffene Entscheidung auf dieser Abweichung beruht. Fehlt diese Darlegung, so ist die Divergenzberufung unzulässig. Über die Berufung entscheidet das dem AG übergeordnete LG als letzte Instanz. Das Berufungsurteil ist *nicht anfechtbar*.

IX. Über die *Kosten* des gerichtlichen Verfahrens wird im Urteil *von Amts wegen* entschieden. Für den Mietprozeß gelten grunds. die allgemeinen Bestimmungen (§§ 91ff. ZPO), nach denen i. d. R. der *Unterliegende* die Kosten zu tragen hat. Davon macht die Sondervorschrift des § 93b ZPO eine wichtige Ausnahme (s. Kosten des Räumungsverfahrens). Die Kostenentscheidung des Gerichts erfaßt sowohl die Gebühren und Auslagen des Gerichts als auch die durch den Prozeß entstandenen außergerichtlichen Kosten (Anwaltsgebühren, Gebühren für Zeugen und Sachverständige). Ein Mieterverein kann von seinen Mitgliedern den Ersatz der durch die Rechtsberatung und die Prozeßvertretung entstehenden Aufwendungen verlangen, jedoch nicht in Höhe der für Rechtsanwälte geltenden Gebühren (BGH NJW 55, 422). Die von einem Mieterverein im Prozeß vertretene Partei ist berechtigt, von dem unterlegenen Gegner die Erstattung der notwendigen Auslagen zu fordern (§ 91 I ZPO), wozu auch das an den Verein für seine Tätigkeit zu entrichtende Entgelt bis zur Höhe der entsprechenden Kosten eines Rechtsbeistandes gehören kann (LG Mainz WM 68, 202; einschr. Lau ZMR 75, 165; WM 77, 61). Zur Inanspruchnahme eines Interessenverbandes wegen mangelhafter Bearbeitung des Streitfalles vgl. OLG Köln ZMR 73, 239. Die Vertretung der Parteien durch die Interessenverbände verstößt im übrigen nicht gegen das Rechtsberatungsmißbrauchsgesetz (LG Flensburg MDR 75, 408).

Der für die Berechnung der gerichtl. und außergerichtl. Kosten des Verfahrens maßgebende Streitwert ist nach der Sondervorschrift des § 16 GKG für den Räumungsprozeß (s. Kosten des Räumungsproz. II) und im übrigen nach den allgemeinen Streitwertvorschriften (§§ 3ff. ZPO) zu bestimmen (zusammenfassend E. Schneider MDR 77, 177/183; ders. „Streitwert", Kom., S. 324ff; zum Streitwert einer Klage auf Feststellung des künftigen M.zinses vgl. OLG Karlsruhe MDR 77, 407; LG Hamburg ZMR 77, 63). Zur Verbindung einer Feststellungsklage über das Bestehen eines Mv. mit einer Leistungsklage auf Bezahlung von rückständigem Mietzins vgl. OLG Karlsruhe Justiz 80, 272, wonach sich der Streitwert allein nach dem Wert der Feststellungsklage richten soll (str.). Für eine Klage auf Duldung bzw. Unterlassung einer Tierhaltung vgl. LG Darmstadt B. v. 2. 10. 80 – 6 S 142/80 und LG Karlsruhe B. v. 13. 11. 81 – 9 S 248/81, wonach ein Streitwert von DM 250,– bzw. DM 200,– angemessen ist.

X. Verurteilt das Gericht den M. zur Räumung von Wohnraum, kann es ihm von Amts wegen oder auf Antrag eine angemessene → *Räumungsfrist* bewilligen (§ 721 ZPO). Gleiches gilt, wenn die Räumungspflicht des M. auf einem vollstreckbaren Vergleich beruht und rechtzeitig ein Räumungsfristantrag gestellt wird (s. Räumungsfrist). Die bewilligte Räumungsfrist hindert den V. vorübergehend an der Zwangsvollstreckung gegen den M., begründet aber darüber hinaus keine neue Rechte und Pflichten (s. Rückgabepflicht V). Kommt die Gewährung einer Räumungsfrist aus rechtlichen oder tatsächlichen Gründen nicht in Betracht (z. B. Ablauf der Antragsfrist bei Verlängerung, Schutz für mehr als 1 Jahr), kann das Gericht in Ausnahmefällen dem M. nach § 765 a ZPO → *Vollstreckungsschutz* gewähren, wenn die Durchführung der Zwangsvollstreckung im Einzelfall eine sittenwidrige Härte darstellt.

XI. Werden die im Urteil *rechtskräftig* festgestellten Verpflichtungen nicht erfüllt, kann der Obsiegende mit Hilfe des → Gerichtsvollziehers oder des zuständigen Amtsgerichts als Vollstreckungsgericht die *Zwangsvollstreckung betreiben*.

Gerichtsvollzieher (Gv.) sind die zuständigen staatlichen Organe für die Durchführung von Vollstreckungsmaßnahmen, wenn der V. oder M. einen vom Gericht zuerkannten Anspruch aus dem Mv. nicht freiwillig erfüllt. Der Gv. wird nur tätig, wenn er hierzu von der obsiegenden Prozeßpartei einen *Auftrag* erhält. Nach Eingang des Vollstreckungsauftrags ist der Gv. nach §§ 180, 181 der Geschäftsanweisungen für Gv. (GVGA) verpflichtet, dem M. die Zwangsräumung zu einem bestimmten Termintag anzudrohen und hiervon den V. und die Obdachlosenbehörde (falls Gefahr der Obdachlosigkeit besteht) zu benachrichtigen. Bei der Festsetzung des *Zwangsräumungstermins* hat der Gv. zu berücksichtigen, daß dem M. mindestens 2 Wochen zur Vorbereitung des Auszugs gelassen werden müssen (Schmidt-Futterer ZMR 65, 65; AG Frankfurt WM 83, 87). Gegen eine Räumungsandrohung, in welcher ein bes. früher oder weit hinausgerückter Termin bestimmt wird, können V. und M. mit dem

Rechtsbehelf der *Erinnerung* (§ 766 ZPO) vorgehen und beim zuständigen AG Aufhebung dieser Terminfestsetzung des Gv. verlangen (LG Mannheim MDR 65, 144); im übrigen muß der M. aber seine Einwände gegen die angedrohte Zwangsräumung dadurch geltend machen, daß er beim zuständigen AG unverzüglich einen Antrag auf eine → Räumungsfrist oder → Vollstreckungsschutz stellt. Findet der M. bis zum Zwangsräumungstermin keine Ersatzunterkunft und gewährt ihm das Gericht keinen Räumungsschutz, darf ihn der Gv. nur dann samt Einrichtungsgegenständen aus der Wohnung setzen, wenn wenigstens die → Obdachlosenunterbringung gesichert ist. Wird der Schuldner durch die Obdachlosenbehörde in die bisherige Wohnung eingewiesen, so wird dadurch der Räumungstitel nicht verbraucht. Der Gläubiger kann die Räumungsvollstreckung aber erst nach Ablauf der Einweisungszeit durchsetzen (Noack ZMR 81, 33; LG Darmstadt DGVZ 89, 24). Statt dessen kann der Eigentümer von der Obdachlosenbehörde auch verlangen, daß diese die Wohnung geräumt zurückgibt. Nach Außerkrafttreten der Einweisungsverfügung hat der Gläubiger nämlich einen Folgenbeseitigungsanspruch gegenüber der Behörde (VGH Bad.-Württ. NJW 90, 2770 = DWW 90, 122). Der Geltendmachung dieses Anspruchs ist insbesondere dann empfehlenswert, wenn befürchtet werden muß, daß der Schuldner die Kosten der Zwangsräumung nicht bezahlen kann. Stellt das Gericht vorläufig die Zwangsvollstreckung ein oder gewährt es Räumungsschutz, so muß der Gv. jegliche Zwangsmaßnahme unterlassen. In *eigener Zuständigkeit* darf der Gv. den angesetzten Termin höchstens um 7 Tage verschieben, soweit das geboten ist, um dem M. die Herbeiführung einer gerichtlichen Schutzmaßnahme zu ermöglichen (§ 765a II ZPO, § 113 GVGA). Der Gv. kann die Durchführung der Zwangsräumung davon abhängig machen, daß der Gläubiger einen Kostenvorschuß bezahlt (ca. 1000,– pro Zimmer); dies gilt auch dann, wenn die Durchführung der Räumung zweifelhaft ist, etwa weil mit der Wiedereinweisung des Schuldners durch die Obdachlosenbehörde zu rechnen ist (AG Schönau DGVZ 89, 45).

Nach § 750 I ZPO darf der Gv. die Zwangsvollstreckung nur durchführen, wenn die Personen, für und gegen die sie stattfinden soll, im *Urteil* oder der beigefügten Vollstreckungsklausel *namentlich* bezeichnet sind und eine Urteilsausfertigung zugestellt worden ist (zur Auslegung des Titels vgl. LG Berlin MDR 77, 146). Entsprechendes gilt für die Zwangsvollstreckung aus einem gerichtlichen Vergleich. Ein solcher Vergleich kann nur dann Grundlage einer Zwangsräumung sein, wenn sich hieraus die Räumungsverpflichtung eindeutig ergibt (AG Bensheim DGVZ 78, 122). Sind mehrere Personen Mieter, so muß sich der Titel gegen alle Personen richten.

Dies gilt auch dann, wenn es sich bei den mehreren Mietern um Ehegatten oder Familienangehörige handelt (a. A. LG Mainz MDR 78, 765). Waren die Wohnung oder Teile davon untervermietet, können auch die Untermieter mitverklagt werden. Werden sie nicht mitverklagt und geben die Untermieter die Räume auch nicht freiwillig heraus, so kann der Gerichtsvollzieher nicht räumen. Der Vermieter muß sich zunächst einen Titel gegen die Untermieter beschaffen. Wird die Wohnung von einem Ehepaar bewohnt und ist nur einer der Ehegatten Partei des Mietvertrags, so ist dennoch ein Räumungstitel gegen beide Ehegatten erforderlich (OLG Hamburg MDR 70, 769; LG Mannheim, ZMR 92, 253; Sternel V 17; ausführl.: Winderlich ZMR 90, 125 m. zahlr. w. Nachw.; a. A.: LG Darmstadt WM 81, 113; LG Kiel WM 82, 304; LG Berlin WM 90, 38; AG Neuss NJW 85, 2427). Die hier vertretene Rechtsansicht beruht auf der Erwägung, daß auch derjenige Ehegatte, der nicht Mietvertragspartei ist, ein eigenständiges Besitzrecht an der Wohnung hat. Daraus ergibt sich, daß der Vermieter diesen Ehegatten mit auf Räumung und Herausgabe verklagen muß. Andernfalls könnte dieser Ehegatte gegen die Anordnung der Zwangsräumung Erinnerung nach § 766 ZPO einlegen. Das eigenständige Besitzrecht des Ehegatten folgt letztlich aus den Wirkungen der Ehe, wie sie in §§ 1353 und 1356 BGB geregelt sind, also aus der Verpflichtung der Eheleute zur ehelichen Lebensgemeinschaft und zur gemeinsamen Haushaltsführung. Dieselben Grundsätze sind auch auf → *eheähnliche Gemeinschaften* anzuwenden (OLG Hamburg, WM 92, 548; KG GE 93, 1329); die frühere hiervon abweichende Rechtsprechung (LG Darmstadt WM 81, 113; LG Freiburg WM 89, 571; AG Düsseldorf ZMR 89, 344; AG Neuß NJW 85, 2427) ist überholt; die bis zur 13. Auflage vertretene Ansicht wird aufgegeben. Weder der Mieter noch dessen Lebensgefährte können sich aber gegenüber dem Vermieter auf ein Besitzrecht berufen, wenn der Lebensgefährte den Besitz an der Wohnung ohne Wissen und Wollen des Vermieters erlangt hat (OLG Hamburg, a. a. O.). Die Kinder des Mieters haben grundsätzlich kein eigenständiges Besitzrecht; dies gilt auch dann, wenn sie volljährig sind (OLG Hamburg, NJW-RR 91, 909 = WM 92, 71). Die Vollstreckung von Urteilen oder vollstreckbaren Vergleichen, die auf Räumung oder Herausgabe lauten, geschieht in der Weise, daß der Gv. den Räumungspflichtigen aus dem Besitz setzt und den Gläubiger in den Besitz einweist, wobei der Gv. möglichst schonend vorzugehen hat. Eine besondere richterliche Genehmigung zum Betreten der Wohnung braucht der Gv. nicht (LG Düsseldorf ZMR 80, 13; LG Berlin DGVZ 81, 184; Noack ZMR 81, 33; → *Unverletzlichkeit der Wohnung*). Der Gv. hat die in den Räumen oder auf dem Grundstück befindlichen beweglichen Sachen des Räumungspflichtigen wegzuschaffen und sie diesem zu übergeben. Hierbei ist der Gv. nicht an die Weisungen des Schuldners gebunden. Wünscht der Schuldner, daß Bücher oder Schriftstücke in einer bestimmten Ordnung verpackt werden, so muß er hierfür selbst Sorge tragen (AG Siegen DGVZ 89, 44). Der Gv. ist zwar nicht verpflichtet, die Sachen in die neue Wohnung des Schuldners zu verschaffen; er ist hierzu aber berechtigt (Noack ZMR 81, 33). Für eine den Gläubiger belastende Verwahrung nach § 885 ZPO ist jedenfalls dann kein Raum, wenn der Schuldner zur Annahme des Räumungsguts bereit und in der Lage ist, und wenn durch die Aushändigung des Räumungsguts an den Schuldner keine fremden Rechte verletzt werden (OLG Hamm DGVZ 80, 185). Liegen diese Voraussetzungen nicht vor, so hat der Gv. die Sachen in das Pfandlokal zu schaffen oder anderweitig zu verwahren (§ 885, I, II, III ZPO). Mit dem Transport kann der Gerichtsvollzieher eine Spedition seines Vertrauens beauftragen, sofern deren Preise innerhalb der üblichen Tarife liegen (LG Hannover Juristisches Büro 87, 937). Der Gerichtsvollzieher ist grundsätzlich nicht verpflichtet, bei der Räumungs-Zwangsvollstreckung einen von dem Gläubiger beauftragten Spediteur tätig werden zu lassen (LG Düsseldorf Juristisches Büro 87, 464). Holt der M. trotz Aufforderung die verwahrten Sachen nicht ab, so hat das Vollstreckungsgericht (Amtsgericht) auf Antrag des Gläubigers anzuordnen, daß das Räumungsgut verwertet und der Erlös hinterlegt wird (LG Freiburg DWW 88, 177). Sind die Sachen wertlos, so kann das Vollstrekkungsgericht deren Vernichtung anordnen (OLG Stuttgart GVollZ 66, 41; Noack Rpfl. 68, 42; MDR 73, 988). Offensichtlich wertlose Sachen, Müll und Unrat braucht der Gv. nicht aufzubewahren. Vielmehr ist er berechtigt, diese Dinge unmittelbar zur Mülldeponie zu bringen (AG Berlin-Neukölln DGVZ 80, 42; LG Karlsruhe DGVZ 80, 14). Verpflichtet ist er hierzu allerdings nicht. Denn es ist Pflicht des Schuldners, die Wohnung besenrein zu übergeben. Insoweit handelt es sich um eine vertretbare Handlung, die nach § 887 ZPO erzwungen werden kann (Noack a. a. O.). Der Vollstreckungsgläubiger haftet neben dem Schuldner für alle Kosten der Zwangsräumung, die auf Grund des Vollstreckungsauftrags ursächlich durch die rechtsmäßigen Handlungen des Gv. entstehen; darunter fallen sowohl die Transportkosten für die Verbringung ins Lagerhaus (nicht aber für den Umzug in d. Ersatzwohnung, LG Essen MDR 74, 762), als auch die Einlagerungs- und Vernichtungskosten (OLG Karlsruhe DWW 74, 162 m. w. Nachw.; vgl. im übrigen Noack ZMR 82, 225). Besonderheiten gelten, wenn der V. an den Sachen des M. ein Pfandrecht geltend macht (s. dazu → *Pfandrecht des V. II*). Der Gv. hat für die offenen Kosten ein Zurückbehaltungsrecht an dem eingelagerten Räumungsgut (§§ 994, 1000 BGB), auch wenn es einem Dritten gehört (LG Berlin Rpfl. 74, 409) und der Gl. Vorschuß gezahlt hat (KG MDR 75, 235 m. w. Nachw.). Der Kostenausgleich zwischen Gläubiger und Schuldner erfolgt nach § 788 ZPO. Danach fallen die Kosten der Zwangsräumung, soweit sie notwendig waren, dem Schuldner zur Last. Der Gläubiger kann diese Kosten im vereinfachten Kostenfestsetzungsverfahren geltend machen und aus dem Kostenfestsetzungsbeschluß vollstrecken.

Der V. kann den Auftrag zur Zwangsräumung gegenüber dem Gv. widerrufen (z. B. wenn der M. nach Rechtskraft des Urteils die rückständige Miete zahlt). Das Räumungsurteil selbst wird dadurch nicht gegenstandslos. Der V. kann hieraus grunds. eine erneute Zwangsräumung betreiben (z. B. bei erneutem Zahlungsrückstand). Allerdings gehört es nicht zu den Aufgaben des Gerichtsvollziehers, durch die Androhung des Räumungstermins Druck auf den Mieter auszuüben, um diesen zur Zahlung zu bewegen (LG Hannover MDR 79, 495). Deshalb kann der Gerichtsvollzieher die Ansetzung eines Räumungstermins ablehnen, wenn aufgrund der äußeren Umstände anzunehmen ist, daß der Gläubiger den Räumungstitel und die Anberaumung des Räumungstermins allein als unzulässiges Druckmittel für regelmäßige und pünktliche Mietzinszahlungen mißbrauchen wird (LG Hamburg WM 87, 233). Materiellrechtlich kann in der Entgegennahme der rückständigen Miete und der Rücknahme des Räumungsauftrags der Abschluß eines neuen Mv. zu sehen sein (LG Hannover MDR 79, 495; LG Düsseldorf MDR 79, 496; OLG Hamm (RE) WM 81, 257 = DWW 81, 293 = ZMR 82, 13 = MDR 82, 147; LG Hagen MDR 82, 582; LG Hamburg WM 89, 32; Noack ZMR 81, 33). Dieser neue Mv., der im übrigen denselben Inhalt wie der ursprüngliche hat, steht dann einer weiteren Zwangsräumung entgegen; es ist allerdings Sache des M., diese Umstände im Wege der Vollstreckungsgegenklage geltend zu machen. Dieselben Grundsätze sind auch dann anwendbar, wenn der V. aus dem Urteil über längere Zeit – etwa 1 Jahr; LG Düsseldorf a. a. O. – überhaupt nicht vollstreckt, sondern den M.zins weiterhin entgegennimmt und das Mv. fortsetzt (vgl. hierzu auch AG Wolfsburg DGVZ 79, 26; LG Hannover MDR 79, 495; AG Frankfurt NJW-RR 88, 204, die in solchen Fällen eine Verwirkung des Räumungsanspruchs annehmen; a. A. LG Mönchengladbach WM 90, 161).

Geschäftsräume (Gr.) I. *Begriff:* Gr. sind solche Räume, die zu *anderen als Wohnzwecken* bestimmt sind. Eine ausdrückliche Zweckbestimmung ist überflüssig, wenn sie sich aus der baulichen Anlage und der Ausstattung ergibt (Ladengeschäft, Lagerräume, Büro, Fabrikationsräume). Sind Räume verschieden verwendbar, so kommt es darauf an, welcher Verwendungszweck vertraglich vereinbart ist.

Dabei ist nicht von entscheidender Bedeutung, ob die Parteien das Mietverhältnis als Wohnraum- oder als Geschäftsraummietverhältnis bezeichnet haben; maßgeblich ist allein, welcher Vertragszweck tatsächlich verfolgt wird. Ein diesem entgegenstehender, in der Vertragsurkunde vorgetäuschter Zweck ist ohne Belang. Werden Wohnräume zum Zwecke der Weitervermietung angemietet, so ist das Hauptmietverhältnis als Geschäftsraummietverhältnis zu bewerten, weil der Vertragszweck nicht im Wohnen, sondern in der Weitervermietung liegt (s. dazu Gerichtliches Verfahren I 1). Die tatsächliche Verwendung des Raumes ist für seine rechtliche Einordnung unbeachtlich. Kennt aber der V. die vom Mv. abweichende Verwendung seitens des M. und duldet er sie längere Zeit stillschweigend, kann darin eine wirksame Abänderung der ursprünglichen Vereinbarung liegen. Von den Gr. sind die → *Mischräume* zu unterscheiden.

II. *Gesetzliche Regelung:* Für das Geschäftsraummietverhältnis gelten die allgemeinen Vorschriften des BGB mit Ausnahme derjenigen Bestimmungen, die speziell auf den Schutz des Wohnraummieters zugeschnitten sind. Außerdem gelten für die Geschäftsraummiete die Vorschriften des AGBG (s. Formularverträge). Das Gesetz zur Regelung der Miethöhe (s. Mieterhöhung) gilt für die Geschäftsraummiete nicht. Im einzelnen bestehen zwischen der Wohnraummiete und der Geschäftsraummiete folgende Unterschiede:

1. *Aufrechnung/Zurückbehaltungsrecht:* Die Aufrechnung und die Geltendmachung eines Zurückbehaltungsrechts kann generell ausgeschlossen werden; § 552a BGB gilt nicht.

2. *Einrichtungen:* Das Recht des Mieters zur Wegnahme von Einrichtungen kann bei der Geschäftsraummiete ausgeschlossen werden.

3. *Kaution:* Die gesetzlichen Regelungen bezüglich der Höhe, des Ratenzahlungsrechts, der Anlage und der Verzinsungspflicht (s. Kaution) gelten bei der Geschäftsraummiete nicht. Jedoch wird in der Rechtsprechung die Ansicht vertreten, daß eine Kaution mangels einer besonderen Abrede zu dem für Spareinlagen mit dreimonatiger Frist üblichen Zinssatz zu verzinsen ist (OLG Düsseldorf, ZMR 93, 219; OLG Koblenz ZMR 93, 565 = DWW 93, 332). Der Ausschluß der Verzinsung muß also ausdrücklich vereinbart werden.

4. *Kündigung/Vertragsbeendigung:* Der Geschäftsraummieter genießt keinen Kündigungsschutz; er kann sich nicht auf die Sozialklausel nach § 556a BGB berufen. Er hat keinen Anspruch auf gerichtliche Gewährung einer Räumungsfrist. Ein auf unbestimmte Zeit abgeschlossener Geschäftsraummietvertrag kann jederzeit unter Beachtung der Kündigungsfrist gekündigt werden. Seit dem 1. 1. 1994 gilt für Geschäftsräume die Regelung des § 565 Abs. 1a BGB. Danach ist die Kündigung spätestens am dritten Werktag eines Ka-

lendervierteljahres für den Ablauf des nächsten Kalendervierteljahres zulässig. Diese Regelung gilt auch in den neuen Bundesländern; darüber hinaus ist zu beachten, daß dort für Geschäftsräume Kündigungsschutz besteht (s. unten III).

Das Recht zur fristlosen Kündigung kann vertraglich abweichend vom Gesetz geregelt werden. Die Parteien können vereinbaren, daß der Vermieter oder der Mieter zur fristlosen Kündigung unter erleichterten Bedingungen berechtigt sein sollen. Bei formularvertraglichen Kündigungsklauseln ist insbesondere § 9 Abs. 2 Nr. 1 AGBG zu beachten: Die Kündigungsklausel darf sich nicht allzuweit von der gesetzlichen Regelung entfernen (z. B. keine fristlose Kündigung bei geringfügigen Zahlungsrückständen; keine verzugsunabhängige Kündigung; keine Kündigung bei leichten Vertragsverletzungen). Das Recht des Mieters zur fristlosen Kündigung bei Nichtgewährung des Gebrauchs gemäß § 542 BGB kann bei der Geschäftsraummiete abbedungen werden. Die Kündigung nach § 553 BGB wegen Vertragsverletzungen, Gefährdung der Mietsache oder unerlaubter Untervermietung und die Kündigung wegen Zahlungsverzugs nach § 554 BGB kann ebenfalls vertraglich abbedungen werden. Das für beide Teile geltende Kündigungsrecht wegen Störungen des Hausfriedens und ähnlicher Pflichtverletzungen nach § 554a BGB kann aber auch bei Geschäftsraum weder ausgeschlossen noch vertraglich abweichend geregelt werden.

Die Kündigung eines Geschäftsraummietverhältnisses bedarf nicht der Schriftform.

Die Parteien eines Geschäftsraummietverhältnisses können vertraglich vereinbaren, daß das Mietverhältnis beim Eintritt einer bestimmten Bedingung enden soll (z. B. wenn über das Vermögen des Mieters das Konkursverfahren eröffnet wird).

Bei der Wohnraummiete ist gesetzlich geregelt, daß der Vermieter im Falle der verspäteten Rückgabe außer der Nutzungsentschädigung nur dann einen weiteren Schaden geltend machen kann, wenn die Rückgabe infolge von Umständen unterblieben ist, die der Mieter zu vertreten hat. Hat der Wohnungsmieter vom Gericht eine Räumungsfrist erhalten, so ist die Geltendmachung eines Verzugsschadens ausgeschlossen. Diese Beschränkungen gelten bei der Geschäftsraummiete nicht.

5. *Mietpreisregelungen:* Die zugunsten des Wohnraummieters bestehenden gesetzlichen Regelungen über den zulässigen Mietpreis und die Mieterhöhung gelten für die Geschäftsraummiete nicht. Die Parteien können deshalb den Mietpreis bis zur Wuchergrenze frei vereinbaren. Mietwucher im Sinne von § 302a Abs. 1 Nr. 3 StGb kann vorliegen, wenn der für Geschäftsräume vergleichbarer Art übliche Mietpreis um mehr als 50% überschritten wird (OLG Köln

WM 80, 36; LG Darmstadt NJW 72, 1244) und die Preisvereinbarung durch die Ausbeutung der Zwangslage, der Unerfahrenheit, des Mangels an Urteilsvermögen oder der erheblichen Willensschwäche des Mieters zustande gekommen ist. Ein solcher Fall wird nur ganz selten vorliegen.

Der Vermieter von Geschäftsraum hat im Unterschied zum Wohnraummieter allerdings auch keinen gesetzlichen Anspruch gegen den Mieter auf Zustimmung zur Mieterhöhung. Ist der Mietvertrag auf unbestimmte Zeit geschlossen, so kann der Vermieter eine Mieterhöhung lediglich im Wege der sogenannten Änderungskündigung durchsetzen. Bei einem Mietverhältnis auf bestimmte Zeit ist die Mieterhöhung nur möglich, wenn dies vertraglich vereinbart ist, etwa durch eine Wertsicherungsklausel. Diese Grundsätze gelten bei der Erhöhung von Betriebskosten oder Kapitalkosten entsprechend. Sonderregelungen gelten für die neuen Bundesländer (s. unten III).

6. *Minderung:* Bei der Geschäftsraummiete kann das Recht zur Minderung vertraglich ausgeschlossen werden, und zwar auch formularvertraglich (OLG München ZMR 87, 16).

7. *Modernisierung:* Die bei der Wohnraummiete geltenden gesetzlichen Bestimmungen über die Modernisierung nach § 541 b BGB können bei der Geschäftsraummiete abweichend geregelt werden.

8. *Untermiete:* Der Geschäftsraummieter hat keinen gesetzlichen Anspruch auf Erteilung einer Untermieterlaubnis.

9. *Vertragsstrafe:* Die Vereinbarung einer Vertragsstrafe ist bei der Geschäftsraummiete zulässig. Besonderheiten gelten bei formularmäßig vereinbarten Vertragsstrafen.

III. *Sonderregelungen für die neuen Bundesländer:*

1. *Maßgebliches Recht*

Nach Art. 232 EGBGB §§ 1, 2 Abs. 1 ist die Wirksamkeit eines Mietvertrags über ein in der ehemaligen DDR gelegenes Objekt, der *vor dem 3. Oktober 1990* abgeschlossen worden ist, nach dem damaligen Recht der DDR zu beurteilen. Für die Vermietung von Gewerberaum galt die Verordnung über die Lenkung des Gewerberaums vom 6. Februar 1986 (– GewerberaumVO – DDR GBl. I S. 249). Danach konnte Gewerberaum nur auf Grund einer förmlichen Zuweisung durch die Behörde vermietet werden. Die Zuweisung war Wirksamkeitsvoraussetzung für das Zustandekommen des Mietvertrags (§ 7 Abs. 2 GewerberaumVO). Die genannte Verordnung wurde in der Folgezeit durch die GewerberaumVO vom 16. Mai 1990 (DDR GBl. I S. 247) ersetzt. Nach dieser Verordnung genügt es, wenn der Vertragsschluß über (registrierten) Gewerberaum dem Gewerbeamt angezeigt wird (§ 6 Abs. 2).

Die GewerberaumVO gilt auch für Verträge zwischen einem DDR-Unternehmer und einem westdeutschen Mieter. Die Liberalisierung der Gewerberaumbewirtschaftung durch die Verordnung vom 16. Mai 1990 hat auf Verträge, die unter der Geltungszeit der Verordnung vom 6. Februar 1986 abgeschlossen worden sind, keinen Einfluß. Deshalb sind solche Verträge nur wirksam, wenn eine förmliche Zuweisung erteilt worden ist. Auf Besonderheiten im Verhältnis zwischen den Parteien können sich weder der Vermieter noch der Mieter berufen. Unerheblich ist auch, ob eine der Parteien die damalige Rechtslage irrtümlich falsch beurteilt hat oder ob eine Partei über das Erfordernis oder das Vorliegen der förmlichen Zuweisung getäuscht worden ist. In Fällen dieser Art kann die Partei möglicherweise Schadensersatzansprüche geltend machen; ein Anspruch auf Erfüllung besteht gleichwohl nicht (BGH WM 93, 33). Da das Zuweisungserfordernis mittlerweile nicht mehr besteht, sind die Parteien allerdings nicht gehindert, ein neues Mietverhältnis abzuschließen. Ein solches Mietverhältnis kann auch stillschweigend begründet werden, etwa durch die Zahlung und Entgegennahme des Mietzinses.

Für Geschäftsraummietverhältnisse, die *nach dem 2. 10. 1990* begründet worden sind, gilt das schon bislang in den alten Bundesländern maßgebliche Recht.

2. *Kündigung*

a) Für die Geschäftsraummietverhältnisse, die nach dem 2. 10. 1990 begründet worden sind, gilt bezüglich der Kündigung das schon bislang in der BR Deutschland maßgebliche Recht. Für diese Mietverhältnisse besteht kein Kündigungsschutz. Gleiches gilt für die Miete von gewerblich genutzten, unbebauten Grundstücken.

b) Für die Kündigung von Geschäftsräumen und gewerblich genutzten unbebauten Grundstücken durch den Vermieter gilt bis zum 31. 12. 1994 eine Sonderregelung, wenn das Mietverhältnis vor dem 3. 10. 1990 abgeschlossen worden ist (Artikel 232 § 2 Absätze 5–7 EGBGB), zuletzt geändert durch Gesetz vom 21. 12. 1992 (BGBl. I, S. 2116). Der Mieter kann einer ordentlichen, befristeten Kündigung widersprechen und die Fortsetzung des Mietverhältnisses auf bestimmte oder unbestimmte Zeit verlangen, wenn die Kündigung eine erhebliche Gefährdung seiner wirtschaftlichen Lebensgrundlage zur Folge hätte. Der Widerspruch muß schriftlich spätestens 2 Monate vor der Beendigung des Mietverhältnisses erklärt werden; auf Verlangen des Vermieters soll der Mieter die Gründe des Widerspruchs mitteilen. Hat der Vermieter den Mieter nicht auf sein Recht zum Widerspruch hingewiesen, so kann dieses Recht noch im ersten Termin des Räumungsrechtsstreits ausgeübt werden. Das Widerspruchsrecht gilt nicht, wenn sich der Mieter vertragswidrig verhalten hat und der Vermieter aus diesem Grund auch zur fristlosen Kündigung berechtigt gewesen wäre. Gleiches gilt, wenn der Vermieter vom Mieter den für vergleichbare Mietobjekte üblichen Mietzins oder die gesonderte Zahlung von Betriebskosten verlangt hat und der Mieter sich weigert, in die verlangte Vertragsänderung einzuwilligen. Schließlich entfällt das Widerspruchsrecht auch dann, wenn dem Vermieter die Fortsetzung des Mietverhältnisses aus anderen Gründen nicht zugemutet werden kann. Die für den Ausschluß des Widerspruchsrechts maßgeblichen Gründe müssen in dem Kündigungsschreiben angegeben werden; andernfalls werden sie nicht berücksichtigt. Für ein Geschäftsraummietverhältnis, das auf bestimmte Zeit abgeschlossen war, besteht kein Fortsetzungsanspruch.

3. *Mietzinsregelungen:*

a) Vereinbarungen bei Vertragsschluß. Für Geschäftsräume galten die bisher im Gebiet der ehemaligen DDR maßgeblichen Mietpreisvorschriften bis zum 31. 12. 1990 fort. Dies galt auch für Mietverhältnisse, die nach dem 2. 10. 1990 begründet worden sind. Die Höhe des zulässigen Mietpreises richtete sich nach der Anordnung über die Ermittlung der Mietpreise und Nutzungsentgelte für Gewerberäume und Gewerbeobjekte vom 23. 8. 1990 (GBl. I Nr. 58 S. 1424). Seit dem 1. 1. 1991 sind die Mietpreise frei. Es gilt das schon bisher für die alten Bundesländer maßgebliche Recht. Mietverträge, die vor dem 1. 1. 1991 zu einem höheren als dem damals zulässigen Preis abgeschlossen worden sind, bleiben mit dem früher zulässigen Preis aufrechterhalten (LG Hamburg, ZMR 92, 453). Den vereinbarten Preis kann der Vermieter nur verlangen, wenn der Mieter damit einverstanden ist. Hiervon kann ausgegangen werden, wenn der Mieter in Kenntnis der Gesetzeslage den vereinbarten Preis weiterbezahlt.

b) *Mieterhöhung:* Für die Geschäftsraummiete gibt es keine Mieterhöhungsvorschriften. Eine Erhöhung des Mietzinses kann nur im Wege der Vereinbarung oder im Wege der Änderungskündigung erfolgen. Daraus folgt, daß der Vermieter im Wege der Änderungskündigung eine Mieterhöhung bis zur Höhe der ortsüblichen Miete für vergleichbaren Geschäftsraum verlangen kann. Eine darüberhinausgehende Mieterhöhung (bis zur Wuchergrenze; *s.* → *Wuchermiete*) ist nur im Einvernehmen mit dem Mieter möglich.

Gewerbliche Benutzung von Wohnräumen (GB.). Die GB. der Wohnräume und der Nebenräume (z. B. Bierverkauf im Keller) ist nur *mit Erlaubnis* des V. zulässig. Die Erlaubnis kann der V. von der Erhöhung des M.zinses abhängig machen. Eine mietvertragliche Klausel, wonach der M. im Falle der Nutzung zu anderen als Wohnzwecken einen vom V. festzusetzenden Zuschlag zu zahlen hat, verstößt nicht gegen § 10 I MHG; für die Erhöhung des Zuschlags ist

§ 2 MHG nicht anwendbar (BayObLG RE v. 25. 3. 1986 WM 86, 205). Benutzt der M. die Räume zu gewerblichen Zwecken, ohne zuvor die Erlaubnis des V. einzuholen, so liegt eine vertragswidrige Benutzung vor, die den V. nach vorheriger vergeblicher → Abmahnung zur Kündigung nach § 553 BGB berechtigt. Ist der V. zur Erteilung der Erlaubnis verpflichtet, so kann der M. gegenüber dem Herausgabeverlangen den Einwand des Rechtsmißbrauchs erheben (vgl. zul. BayObLG RE v. 26. 10. 1990 WM 91, 18 für den rechtsähnl. Fall der Untervermietung ohne Erlaubnis). Nach der Rspr. ist der V. von Wohnraum, falls *keine bes. Vereinbarung* vorliegt, nur dann zur *Duldung* einer gewerblichen Tätigkeit *verpflichtet,* wenn dadurch keine bauliche Änderung der M.räume erforderlich wird, keine Schädigung der Räume oder der Zugänge und keine unzumutbare Belästigung der übrigen Hausbewohner zu befürchten ist (LG Berlin WM 74, 258). Deshalb ist Heimarbeit grunds. zulässig, gleichfalls ein Kleinbetrieb ohne mehrere Hilfskräfte und mit nur geringem Kundenbesuch (Glaser NJW 56, 1266). Wird aber dieser Umfang des Kleinbetriebs durch die Beschäftigung mehrerer Hilfskräfte, häufige Kundenbesuche und die Verwendung störender Maschinen überschritten, ist der V. nicht zur Duldung verpflichtet (Wäscheannahmestelle, Getränkeverkauf). *Die ausschließlich* mit Erlaubnis des V. zu gewerblichen Zwecken benutzten Räume sind → *Geschäftsräume;* die Wohnung besteht dann aus → *Mischräumen.* Werden Räume vereinbarungsgemäß *nur zu gewerblichen Zwecken* benutzt, liegt ein Mv. über → Geschäftsräume vor; dagegen ist ein → *Pachtvertrag* anzunehmen, wenn der Gebrauchsberechtigte befugt ist, aus der Verwertung der Räume als Einnahmequelle einen Ertrag zu ziehen (z. B. eingerichtetes Ladengeschäft, Gastwirtschaft mit Inventar).

Keine GB liegt vor, wenn der M. in seinen Wohnräumen geringfügige Büroarbeiten erledigt. Eine derartige Tätigkeit wird vom Wohngebrauch mit umfaßt und ist daher genehmigungsfrei (vgl. dazu LG Mannheim WM 78, 91). Gleiches gilt für solche Tätigkeiten eines M. die üblicherweise innerhalb einer Wohnung ausgeübt werden (z. B.: schriftstellerische, künstlerische oder wissenschaftliche Tätigkeit). Nach der Ansicht des LG Hamburg (NJW 82, 2387) ist eine M. mit einem eigenen 4jährigen Kind auch berechtigt, tagsüber weitere Kinder als sogenannte „Tagesmutter" zu betreuen. Die Zulässigkeit der Aufnahme fremder Kinder werde aber dort begrenzt, wo durch die Anzahl der Kinder oder die Art ihrer Beschäftigung im Tagesverlauf der Wohncharakter der Mieträume überstiegen und der vertragliche Rahmen der Nutzung gesprengt werde, so z. B., wenn die Kinderbetreuung den Umfang und den Charakter eines institutionellen Kindergartens annimmt, der Erwerbscharakter durch hohe Entgelte in den Vordergrund tritt, andere Hausbewohner durch

Lärm belästigt werden oder wenn das Haus seinen privaten Charakter dadurch verliert, daß starker Publikumsverkehr entsteht. Die Grenze ist fließend. Im Entscheidungsfall hatte das LG Hamburg die Aufnahme von drei weiteren Kindern als noch zulässig angesehen.

H

Hausgemeinschaft. Das Zusammenleben mehrerer M. in einem Haus setzt voraus, daß die einzelnen Mitglieder der Hausgemeinschaft aufeinander Rücksicht nehmen. Hieraus ergeben sich eine Vielzahl von Verhaltens- und Unterlassungspflichten, wie z. B. das Verbot übermäßigen Lärms, die Einhaltung der in einer → *Hausordnung* festgelegten Benutzungsregelung für Waschküchen- und Trokkenräume, die Verpflichtung zum Abschließen der Haustür nach Einbruch der Dunkelheit usw. Die Beachtung dieser Verhaltenspflichten liegt zwar im Interesse aller M. Die Möglichkeiten des einzelnen M. zur Durchsetzung dieser Interessen sind allerdings beschränkt. Denn die Hausgemeinschaft ist keine Rechtsgemeinschaft. Der M. ist deswegen auf den allgemeinen Besitzschutzanspruch und den allgemeinen deliktischen Schadensersatz- und Abwehranspruch beschränkt. Eine Ausnahme gilt nach der Auffassung des OLG München (ZMR 92, 246 = DWW 92, 339) bezüglich der Verletzung solcher Verhaltenspflichten, die in einer Hausordnung geregelt sind. Das OLG München bewertet die Hausordnung als Vertrag zugunsten Dritter mit der Folge, daß jeder Mieter seinen Mitmieter auf Einhaltung der Hausordnung in Anspruch nehmen kann. Fehlt eine Hausordnung, so gelten für das Verhältnis der Mieter untereinander folgende Grundsätze:

I. Der M. kann die anderen Mitglieder der Hausgemeinschaft auf *Unterlassung von Besitzstörungen* in Anspruch nehmen (§§ 858 I, 862, 865 BGB). Dieser Anspruch setzt voraus, daß der M. in seinem Wohngebrauch gestört wird. Gleichgültig ist, ob die Störung durch eine physische Einwirkung (z. B. Ausschütteln eines Teppichs über dem Balkon des M.; AG Köln WM 85, 287) oder durch eine psychische Belästigung (z. B. übermäßig lauter Rundfunkempfang in der Nachbarwohnung) hervorgerufen wird. In jedem Fall muß der M. durch die Einwirkung aber unmittelbar betroffen sein. Wird eine Störung durch die Kinder des Nachbarn verursacht, so können sich etwaige Abwehransprüche des Gestörten nur darauf richten, daß der Nachbar seine Kinder entsprechend belehrt, insbesondere ihnen die fragliche Störung untersagt und die Folgen entsprechender Handlungen vor Augen führt. Gegebenenfalls kommen auch altersgemäße Strafen in Betracht. Einen Anspruch auf darüber hinausgehende

Maßnahmen hat der Gestörte in der Regel nicht. Unbeschadet davon haften die Eltern nach § 832 BGB auf Ersatz des Schadens, den die Kinder widerrechtlich anderen zufügen (OLG Düsseldorf MDR 86, 759). Keine Besitzstörung im Sinne des § 858 BGB liegt dagegen vor, wenn der andere M. zu wenig heizt oder zu stark lüftet (LG Kaiserslautern MDR 81, 144), die Haustüre nicht regelmäßig abschließt oder im gemeinschaftlichen Hausflur ein Fahrrad abstellt. Die hierdurch hervorgerufenen Beeinträchtigungen (höhere Heizkosten, Gefährdung der Sicherheit) wirken sich nur unmittelbar auf den Mietbesitz aus und geben keinen Unterlassungsanspruch. Der Unterlassungsanspruch ist auch dann ausgeschlossen, wenn die Besitzstörung nach Lage der Dinge einen in sich abgeschlossenen Einzelfall ohne Wiederholungsgefahr darstellt. Vielmehr muß sich aus den Umständen ergeben, daß weitere Störungen zu befürchten sind (§ 862 I 2 BGB). Im Regelfall kann diese Voraussetzung immer dann angeommen werden, wenn es bereits in der Vergangenheit zu Störungen gekommen ist und der störende M. trotz Aufforderung keine Abhilfe geschaffen hat. Die Voraussetzungen des Unterlassungsanspruchs hat der Gegner des störenden M. darzulegen und ggf. zu beweisen. Der Anspruch kann entweder im Wege der Unterlassungsklage und in dringlichen Fällen auch im Wege der einstweiligen Verfügung geltend gemacht werden.

II. Wird ein M. durch das schuldhafte und rechtswidrige Verhalten eines Mitglieds der Hausgemeinschaft hinsichtlich bestimmter Rechtsgüter (Leben, Gesundheit, Freiheit, Eigentum, Besitz, Ehre) verletzt und ist hierdurch Schaden entstanden, so kann er den Schädiger auf Schadensersatz in Anspruch nehmen (§ 823 BGB). Ein solcher Fall kann beispielsweise dann vorliegen, wenn in der Wohnung des Mieters infolge einer Verletzung der Obhutspflicht ein Wasserschlauch platzt und infolgedessen Wasser in die Nachbarwohnung eintritt, so daß dort Einrichtungsgegenstände beschädigt werden (OLG Hamburg WM 85, 252; vgl. auch OLG Celle Versicherungsrecht 84, 1075 betreffend Brand im Mietshaus, verursacht durch einen vom Mieter betriebenen Ölofen). Ist zu befürchten, daß der Schädiger sein Verhalten wiederholt, so kann der M. auch auf Unterlassung klagen. Für die Unterlassungsklage reicht es aber bereits aus, daß ein widerrechtlicher Eingriff droht, also unmittelbar bevorsteht. Hierfür müssen allerdings konkrete Anhaltspunkte vorliegen; bloße Vermutungen reichen nicht aus. An die Wiederholungsgefahr werden keine hohen Anforderungen gestellt. Sie folgt i. d. R. bereits aus der Tatsache des geschehenen Eingriffs, wenn nicht das Verhalten des Verletzers eine sichere Gewähr gegen weitere Eingriffe bietet oder die tatsächliche Entwicklung der Verhältnisse einen erneuten Eingriff unwahrscheinlich macht (BGH NJW 66, 648).

Hausordnungen (Ho.) haben den Zweck, ein möglichst reibungsloses Zusammenleben aller Hausbewohner durch Regelung der Benutzung der gemeinsam zur Verfügung stehenden Einrichtungen und Räume zu gewährleisten. Für Flure, Waschküchen, Trockenböden, gemeinschaftliche Duschräume, Böden und Kellerräume muß Art und Umfang der gemeinschaftlichen Nutzung geregelt werden. In der Ho. können aber auch Richtlinien zur Vermeidung gegenseitiger Belästigungen der Hausbewohner aufgestellt werden (z. B. Unterlassung der → Musikausübung, des Teppichklopfens zu bestimmten Zeiten). Unwirksam sind jedoch solche Bestimmungen in der Ho., die nach ihrer Tragweite der individuellen Vereinbarung im Mv. bedürfen, weil mit ihrer Regelung in der Ho. nicht gerechnet zu werden braucht (z. B. anteilige Kostentragung aller M. für verstopfte Abwasserleitung). Streitig ist, ob die Verpflichtung der Mieter zur turnusmäßigen Reinigung des Treppenhauses und der Gemeinschaftsflächen oder der Winterdienst in einer Ho. geregelt werden kann. Dies wird z. T. bejaht (OLG Frankfurt WM 88, 399 für Winterdienst); z. T. wird dies aber auch mit der Begründung verneint, daß entsprechende Regelungen als Überraschungsklauseln gegen § 3 AGBG verstoßen (LG Frankfurt NJW-RR 88, 782). Die Entscheidung hängt letztlich davon ab, ob entsprechende Mieterpflichten in Häusern vergleichbarer Art ortsüblich sind (so z. B. LG Aachen NJW-RR 88, 783) oder ob der M. mit solchen Verpflichtungen nicht zu rechnen braucht. Im erstgenannten Fall hat die Hausordnungsregelung nur klarstellende Bedeutung: eine solche Klausel ist wirksam. Im letztgenannten Fall müßen die Reinigungs- und Winterdienstpflichten im Mietvertrag selbst geregelt werden (LG Stuttgart WM 88, 401; s. auch → Reinigungspflicht).

Wird die Ho. im Mv. zum Bestandteil dieses Vertrages erklärt oder verpflichtet sich der M. darin zu ihrer Einhaltung, so werden für ihn dadurch *vertragliche Nebenpflichten* begründet. Eine Formularvereinbarung, wonach „die anliegende Hausordnung" Bestandteil des Mietvertrags sein soll, verstößt allerdings gegen § 11 Nr. 15b AGBG, weil in der Formulierung „anliegende" eine beweislastverändernde Erklärung zu sehen ist (BGH NJW 91, 1750). Anders ist es, wenn die Hausordnungsbestimmungen in dem Vertragsformular selbst wiedergegeben werden. Verstößt der M. gegen eine wirksame Hausordnungsbestimmung so kann der V. auf Unterlassung oder Einhaltung klagen oder bei fortgesetzten Verstößen unter den Voraussetzungen der §§ 553, 554a BGB *fristlos kündigen* (s. Belästigung, Abnutzung II).

Fehlt eine solche Vereinbarung, kann der V. trotzdem *einseitig* eine Ho. erlassen. Darin darf dem M. aber *keine Beschränkung* der Benutzung der M.räume oder *sonstige Verpflichtung* auferlegt werden (z. B.

kein Verbot der Tierhaltung oder des Besuchs nach 22 Uhr; keine Verpflichtung zur Treppenreinigung oder zum Schneeräumen). Derartige Verpflichtungen können nur vertraglich (also nicht einseitig) begründet werden (AG Castrop-Rauxel WM 77, 97). An sonstige Anordnungen des V. in einer einseitig erlassenen Ho. (z. B. Benutzungszeiten der Waschküche und des Trockenbodens, Ruhestunden) muß sich aber der M. im Interesse der Hausgemeinschaft halten. Der V. ist auch berechtigt, eine solche Ho. *einseitig zu ändern,* falls das zur ordnungsmäßigen Verwaltung und Bewirtschaftung des Hauses erforderlich ist und nicht willkürlich geschieht; unerheblich ist die Zustimmung der Mehrheit der übrigen M. (AG Siegen MDR 70, 239; Gaisbauer WM, 72, 121; AG Hannover ZMR 74, 45; AG Hamburg WM 81, 183; z. Ganzen s. Blank in: Festschrift Seuß 1987, S. 53). Nach der Ansicht des OLG München (ZMR 92, 246 = DWW 92, 339) stellt die Hausordnung einen Vertrag zugunsten Dritter dar, mit der Folge, daß jeder Mieter seinen Mitmieter auf Einhaltung der Hausordnung in Anspruch nehmen kann. Sind dort beispielsweise Ruhezeiten geregelt, so darf während dieser Zeiten nicht musiziert werden. Umgekehrt darf jeder Mieter außerhalb der Ruhezeiten musizieren.

Hausrecht (Hr.). Das Hr. verleiht dem V. die *Befugnis,* jedem, der nicht Hausbewohner oder Besucher eines Hausbewohners ist, das *Betreten des Hauses* und des Grundstücks ohne Angabe von Gründen zu *verbieten* und ihn zum sofortigen Verlassen aufzufordern. Gegenüber dem M. steht dem V. das Hr. überhaupt nicht zu, und gegenüber den → Besuchern des M. ist er nur in Ausnahmefällen zur Ausübung des Hr. befugt. In den vermieteten Räumen steht nur dem M. das Hr. zu, so daß er auch dem V. das Betreten seiner Wohnung grunds. untersagen kann (LG Kassel, WM 56, 36; s. Besichtigung). Wer unbefugt in fremdes Besitztum eindringt oder trotz Aufforderung zum Verlassen dort verweilt, begeht *Hausfriedensbruch* (§ 123 StGB) und kann *auf Antrag* bestraft werden. Dies gilt auch dann, wenn das Haus leersteht und zum Abbruch bestimmt ist, so daß auch sogenannte „Hausbesetzungen“ strafbar sein können (zum Hausverbot durch Behörden vgl. BVerwG JZ 71, 96; Knemeyer VBlBW 82, 249).

Hausverwalter (Hv.). Ein vom V. bestellter Hv. gilt als ermächtigt *alle Rechtsgeschäfte mit verbindlicher Wirkung für und gegen den V. abzuschließen,* die üblicherweise mit der Verwaltung eines Hausgrundstücks verbunden sind. Der Hv. ist insbes. berechtigt, freie Wohnungen zu vermieten, den M.zins einzuziehen und den erforderlichen Geschäftsverkehr mit den M. sowie den Behörden zu führen, falls die Hv.vollmacht keine abweichende Bestimmung trifft. Beim Abschluß von Mietverträgen sollte der Hv. darauf achten, daß die Vertretungsverhältnisse in der Vertragsurkunde deutlich zum Ausdruck kommen. Wird der Eigentümer in der Vertragsurkunde nicht genannt und unterschreibt der Hv. im eigenen Namen ohne Vertretungszusatz, so ist grunds. der Hv. als Vertragspartner anzusehen. Der Zusatz „Hausverwaltung" reicht allerdings aus, um deutlich zu machen, daß der Hv. den Vertrag im fremden Namen abschließen will (KG MDR 83, 1023; a. A. LG Berlin MDR 88, 54). Will der M. nach Vertragsschluß den V. in Anspruch nehmen, so ist der Hv. verpflichtet, Namen und Anschrift des V. bekanntzugeben (AG Hamburg NJW-RR 89, 666; AG Köln NJW-RR 89, 269). Zweifelhaft kann sein, ob die Hausverwaltervollmacht auch die Befugnis zur Kündigung umfaßt. Es empfiehlt sich deshalb, dies in einer schriftlichen Vollmachtsurkunde ausdrücklich zu regeln.

Der Hv. hat die Durchführung der → Instandhaltung und Instandsetzung zu veranlassen und zu überwachen, für die ordnungsmäßige Beheizung der Räume zu sorgen und eingehende Rechnungen nach Prüfung vom Hauskonto zu begleichen. Die Mieteingänge hat der Hv. getrennt von seinem sonstigen Vermögen auf einem bes. Konto zu sammeln. Er muß über Einnahmen und Ausgaben ordnungsmäßig Buch führen und dem V. darüber jederzeit auf Verlangen genaue Auskunft erteilen. Wenn vertragl. nichts Abweichendes vereinbart wird, hat der Hv. zum Jahresschluß dem V. eine Abrechnung vorzulegen. Entstehen dem V. durch Säumnisse des Hv. oder sonstige Verletzungen der Vertragspflichten irgendwelche Schäden, kann er sie vom Hv. erstattet verlangen. Über alle wichtigen Vorkommnisse, die eine persönliche Beteiligung des V. erfordern, muß der Hv. diesen unverzüglich in Kenntnis setzen. Verletzt der Hv. schuldhaft die ihm und dem V. obliegenden Verpflichtungen gegenüber dem M., *haftet dafür der V.* wie für eigenes Verschulden (§ 278 BGB). Ein unmittelbarer Schadensersatzanspruch gegen den Hv. steht einem Geschädigten wegen Verletzungen der Instandhaltungspflicht nur dann zu, wenn sich der Hv. vertragl. zur Instandhaltung des Gebäudes bes. verpflichtete (BGH NJW 52, 1011).

Kündigt der Hv. und ergibt sich aus der vom V. erteilten Hv.vollmacht, daß dieser sich das Kündigungsrecht ausdrücklich selbst vorbehalten hat, ist die Kündigung unwirksam (§§ 167, 180); hat der Hv. seinem Kündigungsschreiben keine ihn legitimierende Vollmachtsurkunde beigefügt und weist der M. deshalb die Kündigung unverzüglich zurück, ist sie ebenfalls unwirksam, falls ihn der V. nicht schon vorher von der erteilten Kündigungsbefugnis in Kenntnis gesetzt hatte (§ 174 BGB; LG Mannheim WM 74, 149). Ein Hv., der auf Grund seiner Vollmacht umfassende Verfügungsbefugnisse gegenüber den M. des verwalteten Hausgrundstücks hat, ist nicht nur Besitzdiener (§ 855 BGB), so daß gegen ihn Besitzstörungsansprüche (§§ 861, 862 BGB) zu richten sind, wenn er den M. in dem ihm zustehenden M.besitz beeinträchtigt; das gilt nicht für solche Maßnahmen, die dem Hv. in Einschränkung seiner Vollmacht ausdrücklich vom V. im Einzelfall übertragen worden sind (LG Mannheim AIZ 74, 7).

Zur gerichtlichen Durchsetzung von Ansprüchen des V. im eigenen Namen (sog. „gewillkürte Prozeßstandschaft") ist der Hv. auch dann nicht befugt, wenn er hierzu vom V. ermächtigt ist. Denn die Geltendmachung fremder Rechte im eigenen Namen setzt voraus, daß der Prozeßstandschafter ein eigenes schützwürdiges rechtliches Interesse an der Durchsetzung eines bestimmten Anspruchs hat. Dies trifft auf den Hv. selbst dann nicht zu, wenn dessen Vergütung von der Höhe des tatsächlichen Mieteingangs abhängig ist (AG Neuss NJW-RR 89, 269; a. A. Scholzen ZMR 81, 3; AG Bremen WM 84, 167; LG Darmstadt WM 90, 445 betr. Geltendmachung von Mietzinsforderungen). Die gewillkürte Prozeßstandschaft ist eine Ausnahme von dem allgemeinen Grundsatz, daß jedermann nur diejenigen Rechte einklagen kann, die ihm selbst zustehen. Dieser Grundsatz kann nur dort durchbrochen werden, wo der Kläger tatsächlich eine dem Rechtsinhaber ähnliche Stellung einnimmt. Aus der Vereinbarung einer vom Mieteingang abhängigen Provision ergibt sich diese Stellung aber nicht. Für seine Tätigkeit hat der Hv. einen Anspruch gegen den V. auf eine *angemessene Vergütung*, die vertragl. zu regeln ist und sich meist nach der Brutto-Miete des verwalteten Grundstücks richtet. Der Hv. darf die ihm zustehende Vergütung vom Hauskonto entnehmen, wenn keine andere Vereinbarung getroffen ist. Die Hv.-kosten können bei der Geschäftsraummiete auf die Mieter umgelegt werden; allerdings ist hierzu eine vertragliche Vereinbarung erforderlich. Bei der Wohnraummiete können die Kosten der Hausverwaltung nicht umgelegt werden; eine entsprechende Vereinbarung verstößt gegen §§ 4 I, 10 I MHG und ist unwirksam (s. Betriebskosten I). Schließt der Hv. auf Grund seiner umfassenden Hv.vollmacht einen Mv. ab, so steht ihm nach § 652 I BGB gegen den M. auch dann kein Anspruch auf eine Provision zu, wenn er gleichzeitig → *Makler* (dort II) ist und in dieser Funktion beim Vertragsabschluß mitwirkte (LG Hamburg MDR 74, 490; AG München MDR 80, 317).

Es ist grundsätzlich Sache des Vermieters zu bestimmen, wen er mit der Hausverwaltung betraut. Nur ausnahmsweise kann ein Mieter einen Anspruch dahingehend haben, es zu unterlassen die mit den Aufgaben eines Hausverwalters beauftragte Person weiterhin mit diesen Aufgaben zu betreuen. Ein solcher Anspruch setzt voraus, daß die von dem Vermieter mit der Hausverwaltung betraute Person für die Wahrnehmung der damit verbundenen Aufgaben objektiv ungeeignet ist und/oder sich derart verhält, daß dem Mieter die Wahrnehmung der Aufgaben durch den Hausverwalter subjektiv unter keinen Umständen mehr zugemutet werden kann (LG Berlin MM 86, 402).

Der zwischen dem V. und dem Hv. vorliegende Dienstvertrag kann beim Fehlen einer bes. Kündigungsvereinbarung nur mit einer *Kündigungsfrist* von 6 Wochen zum Abschluß eines Kalendervierteljahres gekündigt werden (§§ 675, 622 BGB); da der Hv.-Vertrag eine Geschäftsbesorgung zum Gegenstand hat, findet § 671 I BGB keine Anwendung, so daß die jederzeitige Kündigungsmöglichkeit ausgeschlossen ist. Der Hv. hat nach der Beendigung des Vertrags dem V. eine Schlußabrechnung zu erteilen und alle Unterlagen herauszugeben.

Hauswart (Hw.). Anders als der → Hausverwalter hat der vom V. angestellte Hw. nur die in einem Wohn- oder Geschäftshaus üblicherweise anfallenden körperlichen Arbeiten zu verrichten. Der Hw. ist ohne bes. Vollmacht des V. *nicht befugt, rechtsgeschäftliche Erklärungen* abzugeben oder entgegenzunehmen (z. B. Kündigung, Weitervermietung, Erlaß oder Stundung von Forderungen). Aufgaben des Hw. sind im allgemeinen: Reinigung der Treppen, des Hauseingangs, des Gehweges (soweit diese Pflicht nicht die M. betrifft; s. Reinigung), Schneebeseitigung, Streuen bei Glätte, Bedienung der Zentralheizung, Erledigung kleinerer Reparaturen. Ferner hat der Hw. die Einhaltung der → Hausordnung durch die M. zu überwachen, für das Abschließen der Haustüren zu sorgen und Mängelanzeigen an den V. weiterzuleiten, soweit er Schäden nicht selbst beseitigen kann. Sonstige → Mängel am Haus, die ein Einschreiten des V. im Rahmen seiner → Instandhaltungs- und Instandsetzungspflicht erforderlich machen könnten, hat der Hw. diesem unverzüglich mitzuteilen. Bei der Ausführung einer typischen Hauswartverrichtung ist der Hw. auch dann nicht Erfüllungsgehilfe des M., wenn er auf dessen Wunsch oder Anregung tätig wird (z. B. Bedienung der Absperreinrichtungen; KG MDR 76, 756 = ZMR 76, 204).

Die dem Hw. zustehende *Vergütung* richtet sich nach dem mit dem V. geschlossenen Dienstvertrag und wird oft durch die Überlassung einer Wohnung abgegolten, für die als Entgelt die Arbeitsleistung verrechnet wird. Diese Hw.wohnung ist rechtlich als Werkdienstwohnung i. S. des § 565e BGB zu behandeln (s. Werkwohnung II); soweit es danach einer Kündigung bedarf, müssen die Kündigungsgründe im Kündigungsschreiben vom V. angegeben sowie die allgem. oder bes. Kündigungsfristen (§ 565c BGB) eingehalten werden (AG Stuttgart WM 74, 126; s. Werkwohnung I, Kündigungsschutz). Der Hw.vertrag kann nach § 621 BGB bei monatlicher Vergütung zum Schluß jedes Monats bis zum 15. des gleichen Monats *gekündigt* werden, soweit keine abweichende Regelung getroffen wurde. Der V. kann aber auch *fristlos kündigen,* wenn ihm eine Fortsetzung des Vertrages wegen andauernder Nachlässigkeit, Unredlichkeit oder auch Unfähigkeit des Hw. nicht zumutbar ist. Wird das Haus verkauft, so tritt der Erwerber gem. § 613a BGB in den Hauswartvertrag ein (AG Schöneberg WM 79, 150). Gegenüber den M. hat der V. für schuldhafte Pflichtverletzungen des Hw. wie für eigenes Verschulden einzutreten (§ 278 BGB). Führt der Hw. durch eine unerlaubte Handlung (§§ 823ff. BGB) gegenüber dritten Personen (z. B. Besuchern) einen Schaden herbei, haftet der V. dafür nicht, wenn er bei der Einstellung des Hw. die im Verkehr erforderliche Sorgfalt beachtet, die notwendigen Anweisungen erteilt und er ihn auch ausreichend überwacht hat (§ 831 BGB). Dagegen haftet der M. nicht für einen vom Hw. herbeigeführten Schaden, wenn dieser auf Wunsch oder Anregung des M. eine typische Hw.verrichtung ausführt (z. B. Bedienung der Absperreinrichtungen; KG MDR 76, 756).

Die *Kosten* für den Hw. können bei Mv. über *nicht preisgebundenen Wohnraum* (→ Mietpreisbindung) nur dann auf die M. umgelegt werden, wenn das vertragl. *vereinbart* worden ist (→ Umlage, → Betriebskosten); *erhöhen* sich diese Kosten, ist der V. jedoch auch beim Fehlen einer vertragl. Vereinbarung zur *anteiligen Umlage* der Erhöhungsbeträge nach § 4 II MHG grunds. berechtigt (s. dazu im einzelnen Betriebskosten N. 14; Mieterhöhung II, Wirtschaftlichkeitsberechnung IV 5n). Bei Mv. über *preisgebundenen Wohnraum* darf der V. diese Kosten ebenfalls gesondert auf den M. umlegen (§ 20 NMV). Zur Frage, ob eine Wohnung gekündigt werden kann um dort einen Hw. unterzubringen, vgl. → *Kündigungsschutz I 2.*

Heimverträge. I. Die Rechtsverhältnisse zwischen den Heimbewohnern und dem Heimträger sind nunmehr im Heimgesetz in der Fassung der Bekanntmachung vom 23. 4. 1990 (BGBl. I S. 763; ber. S. 1069) geregelt. Nach der Neufassung des Heimgesetzes genießen die Heimbewohner einen ähnlichen Schutz vor Kündigungen und Preiserhöhungen wie die Wohnungsmieter. Die früher umstrittene Rechtsfrage, ob auf die Heimverhältnisse die für die Wohnraummiete geltenden Vorschriften angewendet werden können (vgl. die Vorauflage), ist damit gegenstandslos. Das HeimG gilt für Heime, die alte Menschen sowie pflegebedürftige oder behinderte Volljährige nicht nur vorübergehend aufnehmen, wobei unter dem Begriff des Heims nur solche Einrichtungen zu verstehen sind, die neben der Überlassung einer Unterkunft auch Verpflegung und Betreuung gegen Entgelt gewähren (§ 1 HeimG). Für Tageseinrichtungen und

Krankenhäuser sowie für Wohngemeinschaften alter Menschen oder Behinderter gilt das HeimG nicht.

II. Nach dem HeimG ist der Heimträger verpflichtet mit dem Bewohner einen Heimvertrag abzuschließen, aus dem sich die Leistungen des Heimträgers einerseits und das Entgelt anderseits ergeben. Das Entgelt darf nicht in einem Mißverhältnis zu den Leistungen des Heimträgers stehen (§ 4 HeimG). Bei der Prüfung dieser Frage kommt es zum einen auf die Kosten des Heimträgers an; zum anderen muß aber auch das Verhältnis von Leistung und Gegenleistung bei ähnlichen Heimen vergleichbarer Träger berücksichtigt werden (so zum früheren Recht OLG Karlsruhe NJW-RR 88, 1402). Außerdem darf ein Baukostenzuschuß vereinbart werden, der allerdings mit dem Entgelt zu verrechnen ist. Eine Kaution ist in Höhe eines zweifachen Monatsentgelts zulässig; für die Zahlung, die Anlage und die Verzinsung der Kaution gelten die mietrechtlichen Vorschriften (§ 14 HeimG; s. Kaution). Im Heimvertrag kann vereinbart werden, daß der Heimträger das Entgelt durch einseitige Erklärung erhöhen darf, wenn sich seine bisherige Berechnungsgrundlage verändert. Der Erhöhungsanspruch ist schriftlich geltend zu machen und zu begründen (§ 4c HeimG). Zum Schutz der Heimbewohner ist es dem Heimträger, dem Leiter, den Beschäftigten und den sonstigen Mitarbeitern untersagt, von den Bewohnern weiteres Geld oder geldwerte Leistungen (Ausnahme: geringwertige Aufmerksamkeiten) anzunehmen oder sich versprechen zu lassen (§ 14 HeimG); dies gilt auch für Verfügungen von Todes wegen durch Testament oder Erbvertrag (BVerwG NJW 90, 2268). Die Vorschrift des § 14 HeimG ist nicht anwendbar, wenn der Vermögensvorteil mit den Heimleistungen nichts zu tun hat. Allerdings wird ein solcher Zusammenhang vermutet; beweispflichtig für das Gegenteil ist der Leistungsempfänger (BGH ZMR 90, 269). Im übrigen ist § 14 HeimG weit auszulegen (BGH a. a. O. betr. Vertrag zwischen einer Heimleiterin und einer betagten Hauseigentümerin über die Übertragung des Eigentums am Grundstück gegen Gewährung von Pflege im Haus).

III. Der Bewohner kann den Heimvertrag spätestens am dritten Werktag eines Kalendermonats zum Ablauf des nächsten Monats ohne Angabe von Gründen kündigen. Eine fristlose Kündigung aus wichtigem Grund ist möglich, wenn dem Bewohner die Fortsetzung des Heimvertrags bis zum Ablauf der Kündigungsfrist nicht zuzumuten ist (§ 4b II HeimG). Der Heimträger kann den Heimvertrag nur aus wichtigem Grund kündigen (§ 4b III–VII HeimG). Ein wichtiger Grund liegt vor, wenn (1) der Betrieb des Heimes eingestellt, wesentlich eingeschränkt oder in seiner Art verändert wird und die Fortsetzung des Vertrags für den Heimträger eine Härte bedeuten würde; in diesen Fällen ist eine fristgemäße Kündigung möglich, die spätestens am 3. Werktag eines Kalendermonats zum Ablauf des nächsten Monats ausgesprochen werden muß. Der Träger ist verpflichtet, dem Bewohner eine andere angemessene Unterkunft nachzuweisen und ihm die Umzugskosten zu erstatten; (2) der Gesundheitszustand des Bewohners sich so verändert hat, daß seine sachgerechte Betreuung in dem Heim nicht mehr möglich ist; hier ist eine fristlose Kündigung möglich. Der Träger muß auch in diesem Fall eine angemessene Ersatzunterkunft nachweisen; eine Verpflichtung zur Erstattung von Umzugskosten besteht allerdings nicht; (3) der Bewohner seine vertraglichen Pflichten schuldhaft so gröblich verletzt, daß dem Träger die Fortsetzung des Vertrags nicht mehr zugemutet werden kann; hier ist eine fristlose Kündigung möglich; (4) Zahlungsverzug i. S. von § 554I BGB (s. dazu Mietrückstände I 1 bis 3) vorliegt; auch hier ist eine fristlose Kündigung möglich; durch vorherige oder nachträgliche Zahlung des Rückstands (§ 554 I S. 2, II Nr. 2 S. 1 BGB; s. Mietrückstände II 1, II 4b) wird die Kündigung unwirksam. Stirbt der Bewohner, so endet der Heimvertrag kraft Gesetzes. Allerdings kann vertraglich vereinbart werden, daß der Erbe des Bewohners bis zum Ende des Monats der auf den Sterbemonat folgt, für das Entgelt aufzukommen hat; in diesem Fall ist das Entgelt um die ersparten Aufwendungen gemindert (§ 4b VIII HeimG).

IV. Außerdem enthält das HeimG Regelungen über die Mitwirkung der Bewohner in Fragen der Unterbringung, der Aufenthaltsbedingungen, der Heimordnung, der Verpflegung und der Freizeitgestaltung; zu diesem Zweck ist ein Heimbeirat zu bilden oder ein Heimfürsprecher zu bestellen (§ 5 HeimG). Weitere Vorschriften regeln die Voraussetzungen für die Erteilung einer Erlaubnis zum Betrieb eines Heims (§§ 6, 7, 15, 16), Aufzeichnungs- und Aufbewahrungspflichten des Heimträgers (§ 8) und die Überwachung der Heime durch die Behörden (§§ 9–13) zum Ganzen s. Wiedemann NJW 90, 2237.

V. Nach der Verordnung über die Mitwirkung der Bewohner von Altenheimen, Altenwohnheimen und Pflegeheimen für Volljährige in Angelegenheiten des Heimbetriebs vom 19. 7. 1976 (BGBl. I 1819) hat der gewählte *Heimbeirat* insbesondere in folgenden Angelegenheiten neben der Heimleitung mitzuwirken: Aufstellung oder Änderung der Heimordnung (§ 26 Ziff. 1); Änderung der Heimkostensätze (§ 26 Ziff. 3); umfassende bauliche Veränderungen oder Instandsetzungen der Einrichtung (§ 26 Ziff. 10). Wenn im Zusammenhang mit der Unterbringung eines Bewohners in der Einrichtung von ihm oder von Dritten zu seinen Gunsten Finanzierungsbeiträge an den Träger geleistet worden sind, wirkt der Heimbeirat auch bei der Aufstellung der Haushalts- oder Wirtschaftspläne mit;

Finanzierungsbeiträge sind alle Leistungen, die über das für die Unterbringung vereinbarte laufende Entgelt hinaus zum Bau, zur Instandsetzung, zur Ausstattung oder zum Betrieb der Einrichtung erbracht worden sind (§ 27 I, II). Diese Verordnung trat am 1. 8. 1976 in Kraft (§ 32).

VI. Die Vorschriften des HeimG werden durch die HeimMindBauV i. d. F. v. 3. 5. 1983 (BGBl. I S. 550) und die HeimsicherungsV v. 24. 4. 1978 (BGBl. I S. 553) ergänzt. Durch die HeimMindBauV wird bestimmt, welche Mindestanforderungen ein Heim in baulicher Hinsicht erfüllen muß. Die HeimsicherungsV regelt die Pflichten des Heimträgers bezüglich der Verwendung der von den Bewohnern erbrachten geldwerten Leistungen. Diese Verordnungen sind – erstere ohne Änderungen – abgedruckt in ZMR 78, 102 und 199.

Zur rechtlichen Beurteilung von Mietverhältnissen über ein Zimmer in einem Studenten- oder Jugendwohnheim s. → Mieterhöhung VI 4.

I

Instandhaltung und Instandsetzung der M.sache sind Hauptpflichten des V. (§ 536 BGB). Der V. hat dem M. die M.sache im gebrauchsfähigen und vertragsmäßigen Zustand zu übergeben und dafür zu sorgen, daß dieser Zustand bis zur Beendigung des Mv. erhalten bleibt. Der V. muß also sowohl alle Einwirkungen *verhindern,* durch welche die *Gebrauchsfähigkeit beeinträchtigt* oder beseitigt werden könnte (Fürsorgepflicht), als auch dafür sorgen, daß die M.sache nicht infolge von → Abnutzungen, Alterung oder sonstigen Gründen in ihrem *Gebrauchswert geschmälert* wird (Instandsetzungspflicht).

I. Die *Fürsorgepflicht* des V. erfordert seine Vorkehrungen und sein Eingreifen, um für den M. den vertragsgemäßen Gebrauch sicherzustellen. Der V. hat für die *gefahrlose Benutzung* des Zugangs zu den M.räumen (Beleuchtung des Treppenhauses, Ausbesserung schadhafter Stufen) und dem mitvermieteten Zubehör (Hof, Keller, Boden) zu sorgen. Die vom M. mitbenutzten Hausteile (Fahrstuhl, Waschküche, Trockenplatz, Hof usw.) müssen in betriebssicherem u. benutzbarem Zustand erhalten werden (BGH ZMR 69, 271; zur Verpflichtung zum Einbau einer Fahrstuhlinnentür vgl. OVG Rheinland-Pfalz FWW 76, 149; OVG Münster BB 77, 1279). Gegen den bestimmungswidrigen Gebrauch der Gemeinschaftsräume muß der V. einschreiten (z. B. Abstellen von Fahrrädern oder Kisten in Waschküche oder Kellergang). Versorgungsleitungen sind bei gegebenem Anlaß oder hohem Alter zu überprüfen. Bei Häusern mit →

Zentralheizung und Warmwasserversorgung muß der V. für die Wartung der technischen Anlage sorgen und einen ausreichenden Brennstoffvorrat anschaffen um dem M. ständig die vertragsgemäße Beheizung der Räume zu gewährleisten. → Konkurrenzbetriebe muß der V. dem M. von → Geschäftsräumen in seinem Haus fernhalten.

II. Den V. trifft nach der Rspr. die Pflicht, den *Zustand* des Hauses in *angemessenen Zeitabständen zu überwachen* oder überwachen zu lassen, um Gefahren beim M.gebrauch zu verhindern (BGHZ 5, 378). Auch in alten Häusern und für M. einer bescheidenen Wohnung muß die Verkehrssicherheit gewährleistet sein (OLG Nürnberg ZMR 59, 232; BGH BB 61, 989 = VersR 61, 886). Der V. muß darüber wachen, daß Schnee geräumt und bei Glätte ausreichend gestreut wird (s. Wegereinigungspflicht). Die Prüfungspflicht des V. erstreckt sich auch auf die gemeinschaftlich benutzten Räume und Einrichtungen. Die Verkehrssicherheit eines → Fahrstuhls ist ständig zu überprüfen, wobei der V. für ein Verschulden des beauftragten Unternehmens haftet (BGH BB 61, 1302). Diese Prüfungs- und Überwachungspflicht des V. für alle Teile des Hausgrundstücks außerhalb der Wohnung kann auch einem → Hausverwalter oder beauftragten Firmen übertragen werden, für deren Verschulden der V. jedoch wie für eigenes Verschulden haftet (§ 278 BGB). Zur Beurteilung des Zustands der M.sache und zur Feststellung etwaiger Mängel muß der V. einen Sachverständigen heranziehen, wenn dazu seine eigenen Kenntnisse nicht ausreichen. Die Prüfungs- und Überwachungspflicht des V. besteht auch für die *nur vom M. benutzten Räume;* sie ist aber eingeschränkt, weil der M. nach § 545 BGB für diese Räume in erhöhtem Maß verpflichtet ist, den V. von Gefahren und Mängeln zu benachrichtigen (s. Anzeige). Deshalb besteht für den V. ein Recht und eine Pflicht zur Überprüfung des Zustandes der eigentlichen M.räume grunds. nur dann, wenn *bes. Ereignisse* vorliegen (Baumängel, Wasserrohrbruch) oder der M. gegen ihn Ansprüche auf Instandsetzung geltend macht. Auch *ohne* besonderen *Anlaß* ist der V. aber verpflichtet, in größeren Zeitabständen den Zustand der vom M. in Besitz gehaltenen Räume zu überprüfen; diese allgemeine Prüfungspflicht darf jedoch nicht überspannt werden, so daß ihre Ausübung *im Abstand von 2 Jahren i.d.R.* genügt (BGH VersR 66, 82). Das gilt auch für technische Geräte und Einrichtungen, mit denen die Räume ausgestattet sind (BGH aaO). Entstehen dem M. durch Mängel der M.sache irgendwelche *Schäden,* kann er dafür vom V. Ersatz fordern, wenn diesen ein Verschulden wegen bereits früher vorhandenen Fehlern bei der Einrichtung oder solchen später eingetretenen Mängeln trifft, welche infolge der unterbliebenen Überwachung nicht beseitigt und schadensursächlich wurden; auf eine vorherige →

Anzeige des M. kommt es für diesen Anspruch aus § 823 BGB insoweit nicht an (OLG Stuttgart ZMR 73, 144). Darüber hinaus trifft den V. die allgemeine → *Verkehrssicherungspflicht,* die ihm gegen *jeden* obliegt, der das Hausgrundstück und den daran angrenzenden öffentlichen Gehweg betritt (s. auch Besichtigungsrecht).

III. Der V. ist verpflichtet, wirksame *Maßnahmen zur Verhinderung und Beseitigung* von Schäden zu treffen. Dementsprechend kann es geboten sein, den M. bereits beim Einzug auf Gefahren hinzuweisen, die von der besonderen Beschaffenheit einer mitvermieteten Einrichtung ausgehen (z. B. besondere Frostgefährdung einer Wasserleitung). Unterbleibt dies und tritt infolge fehlender Vorkehrungen ein Schaden im benachbarten Raum eines anderen M. ein, so kann der V. dem geschädigten M. wegen unterlassener Belehrung des Mitmieters auf Schadensersatz haften. Die Beweislast dafür, daß der Mitmieter auch bei gehöriger Belehrung durch den V. die gebotenen Vorsichtsmaßnahmen nicht getroffen hätte, so daß der Schaden in jedem Fall eingetreten wäre, trifft den V. (Beweislastumkehr entsprechend § 282 BGB). Denn mit dem durch den V. geschaffenen Verletzungsrisiko ist typischerweise das beweisrechtliche Risiko der Unaufklärbarkeit eines Kausalzusammenhangs verbunden (OLG Hamm DWW 81, 72).

Drohende Schäden muß der V. bereits im Stadium ihrer Entstehung mit den technisch wirksamsten Mitteln bekämpfen, um es nicht erst so weit kommen zu lassen, daß eine Störung des M.gebrauchs eintritt. Einen klagbaren *Anspruch* auf solche *vorbeugenden Maßnahmen* oder die Einhaltung der Prüfungspflicht hat der M. gegen den V. jedoch *nicht.* Zeigen sich aber → Mängel der M.sache, ist der V. zu ihrer Beseitigung verpflichtet. Auf die Erfüllung dieser Pflicht kann der M. klagen. Die Instandsetzungspflicht des V. hat zum Inhalt, daß er *alle erforderlichen* Maßnahmen zur Beseitigung der Beeinträchtigung des vertragsmäßigen Gebrauchs veranlaßt und durchführt. Die Gründe, durch welche die Mängel verursacht wurden, sind belanglos: Abnutzung, Alterung, Witterungseinflüsse, Blitzschlag, Überschwemmung, Wasserrohrbruch usw. Die Instandsetzungspflicht besteht auch, wenn *dritte Personen* (z. B. andere Hausbewohner) den Mangel verursachten. Nur wenn der Mangel durch den M. oder eine der Personen, für die er verantwortlich ist (Kinder, Besucher, Handwerker) herbeigeführt wird, *entfällt* die Instandsetzungspflicht des V. (s. Abnutzung I). Der V. von Räumen muß sowohl dafür sorgen, daß alle Teile des Hauses außerhalb der Wohnung (Fundamente, Dach, Haustür usw.) als auch der Zustand der M.räume selbst den ungestörten, vertragsgemäßen M.gebrauch erlauben. Der M. kann deshalb insbesondere vom V. die Instandsetzung verlangen, wenn durch ein schadhaftes Dach oder Mauerwerk die Feuchtigkeit in Wohnung oder Kellerraum eindringt, der Putz von Wänden und Decken abbröckelt, Türen und Fenster nicht schließen, der Fußboden starke Risse aufweist oder bes. Einrichtungen und Ausstattungen des M.sache (Heizung, Waschbecken, WC) Mängel aufweisen (s. Abnutzung). Der V. ist grundsätzlich gehalten, den ursprünglich bestehenden Zustand wiederherzustellen. Darüber hinaus ist der V. auch zu einer modernisierenden Instandsetzung berechtigt (z. B. Ersatz defekter Holzfenster durch Kunststoffenster), wenn dem M. hierdurch keine Nachteile entstehen (a. A. Köln WM 87, 385 betr. Reparatur einer Gasetagenheizung anstelle des Anschlusses der Wohnung an die Zentralheizung; AG Tiergarten ZMR 89, 181 betr. den Austausch eines defekten Gasherds durch einen funktionstüchtigen Elektroherd). Ist mit der Modernisierung dagegen eine M.erhöhung nach § 3 MHG verbunden oder macht der M. geltend, daß ihm die Veränderung der M.sache aus anderen Gründen nicht zugemutet werden könne (LG Berlin WM 87, 384; AG Hamburg WM 90, 68 betr. den Austausch von Holzkastendoppelfenstern gegen isolierverglaste Kunststoffenster), muß über die Berechtigung der modernisierenden Instandsetzung nach § 541b BGB entschieden werden (s. Verbesserungsmaßnahmen). War die M.sache bereits bei Mietbeginn instandsetzungsbedürftig, so kommt es darauf an, ob dieser Zustand als vertragsgemäß vereinbart worden ist. In diesem Fall hat der M. gegen den V. keinen Anspruch auf Beseitigung der Schäden oder Abnutzungen (KG WM 84, 42 betr. Zustand des Treppenhauses; LG Berlin ZMR 89, 259 betr. Parkettboden; LG Mannheim ZMR 90, 220 betr. Feuchtigkeitsschäden bei Einfamilienhaus). Bestehen Zweifel über den vertraglich vereinbarten Zustand, so ist es für den M. ratsam, wenn er bei Übergabe der M.sache erklärt, daß er sich seinen Anspruch auf Schadensbeseitigung vorbehalte (LG Berlin ZMR 90, 420). In diesem Zusammenhang ist zu beachten, daß ein tatsächlich gegebener Wohnungszustand nur innerhalb des von den Parteien gewollten Vertragszwecks als vertragsgemäß vereinbart werden kann. Sind Räumlichkeiten zu Wohnzwecken vermietet, so müssen sie – trotz der Schäden – zum Wohnen geeignet sein (LG Mannheim a. a. O.). Einen gesundheitsgefährdenden Zustand muß der V. deshalb beseitigen; dies gilt unabhängig davon, in welchem Zustand sich die Mietsache bei Vertragsbeginn befand. (LG Frankfurt ZMR 90, 17 betr. Austausch von Trinkwasserleitungen aus Blei, wenn der Grenzwert der TrinkwasserVO von 40 Mikrogramm pro Liter bei der Wasserentnahme regelmäßig überschritten wird; ähnlich AG Hamburg ZMR 88, 101; a. A. noch LG Berlin DWW 87, 131: eine Gesundheitsgefährdung sei erst ab Mengen von 1000 Mikrogramm pro Tag zu befürchten; vgl. auch LG Hannover WM 90, 337: Befindet sich in dem Haus ein Textilreinigungsbetrieb, so hat der M.

Anspruch darauf, daß die Raumluft seiner Wohnung von Belastungen durch das Reinigungsmittel Perchlorethylen (Per) weitgehend frei bleibt – Grenzwert: 0,1 mg/m^3 –; s. weiter AG Osnabrück ZMR 87, 342 für Wasser mit überhöhtem Nitratgehalt bei Wasserversorgung aus vermietereigener Brunnenanlage; LG Braunschweig WM 90, 144 für bräunliche Verfärbung des Wassers; AG Köln NJW-RR 87, 972 und LG Frankfurt WM 89, 284 für Formaldehyd in der Raumluft; zum Ganzen Eisenschmid WM 89, 357; Emmerich PIG 31, 35.) Einen Anspruch auf zeitgemäße Wärmedämmung hat der M. allerdings nicht, wenn die Wohnung den zum Zeitpunkt der Errichtung des Hauses maßgeblichen Anforderungen entsprach und keine technischen Fehler vorliegen (LG München I ZMR 87, 468; LG Berlin ZMR 87, 338; LG Köln WM 90, 424). Der V. ist auch nicht verpflichtet, die elektrischen Leitungen zu verstärken, damit der M. einen Mikrowellenherd anschließen kann (AG Osnabrück ZMR 89, 339). Die Instandsetzungspflicht besteht auch bezüglich solcher Gegenstände, die vom Mieter eingebaut und sodann Eigentum des Vermieters geworden sind (AG Friedberg WM 87, 52 betrifft: Gasetagenheizung). Es ist umstritten, ob die Instandsetzungspflicht entfällt, wenn dem Vermieter die Mangelbeseitigung bei wirtschaftlicher Betrachtungsweise nicht zugemutet werden kann. In der Literatur wird diese Frage überwiegend verneint (Sternel Rdn. II 48, 583; Emmerich-Sonnenschein, Miete §§ 535, 536 BGB Rdn. 14); teilweise wird die sog. „Opfergrenze" sehr hoch angesetzt (Voelskow Münchener Kommentar §§ 535, 536 BGB Rdn. 66). Die instanzgerichtliche Rechtsprechung teilt diese Ansicht (vgl. z. B. LG Hamburg NJW 76, 1320: es ist einem Vermieter zumutbar, für die Reparatur eines Fahrstuhls den Gewinn aus den Mieteinnahmen eines Jahres aufzuwenden; LG Berlin WM 78, 230: ein Aufwand für die Reparatur eines Fahrstuhls in Höhe von 100000,– DM ist auch dann zumutbar, wenn lediglich ein Jahresgewinn von 1850,– DM erwirtschaftet werden kann; LG Essen WM 83, 139: auch sehr weitgehende Instandsetzungsarbeiten sind dem Vermieter zumutbar, eine Ausnahme könne allenfalls dann gelten, „wenn der Bauzustand dem der Zerstörung gleichkäme"; LG Hamburg WM 84, 79: ein Aufwand von 27000,– DM zur Schalldämmung einer Zwei-Zimmer-Wohnung ist zumutbar). Demgegenüber hat der BGH durch Urteil vom 26. 2. 1957 (LM § 536 BGB Nr. 4) entschieden, daß der Umfang der Instandsetzungspflicht von den Umständen des Einzelfalls abhänge; unter Umständen könne es unzumutbar sein, für ein Grundstück weitere Gelder aufzuwenden (betr.: Erneuerung eines im Krieg beschädigten Dachs). In dem Beschluß vom 13. 10. 1959 (LM § 536 BGB Nr. 4a) hat der BGH diesen Grundsatz bekräftigt (betr. Instandsetzung einer Zentralheizung und eines Aufzugs). Beiden Entscheidungen ist zu entnehmen, daß die Instandsetzungspflicht insbesondere dann nur in eingeschränktem Umfang besteht, wenn wegen der Höhe der Reparaturkosten eine angemessene Verzinsung des im Grundstück stekkenden Eigenkapitals nicht mehr gesichert ist; dies gilt insbesondere in jenen Fällen, in denen es um die Wiederherstellung von Komforteinrichtungen geht. Diese frühen Entscheidungen des BGH sind teilweise dahingehend verstanden worden, daß die Beschränkung der Instandsetzungspflicht durch die Opfergrenze nur dann gelte, wenn das Mietobjekt durch unvorhersehbare Ereignisse, insbesondere durch Kriegseinwirkung, zerstört worden sei (so insbes. LG Berlin a. a. O.; wohl auch: Sternel Rdn. II 583). In dem Urteil vom 26. 9. 1990 (WM 90, 546) stellt der BGH nun klar, daß diese Annahme nicht zutrifft. Die Beschränkung der Instandsetzungspflicht durch die Opfergrenze ergibt sich nach Ansicht des BGH unmittelbar aus dem Fehlerbegriff des § 537 BGB. Danach ist unter einem Fehler (→ Mangel) „die für den Mieter nachteilige Abweichung des tatsächlichen Zustands der Mietsache von dem vertraglich geschuldeten Zustand“ zu verstehen. Die vertraglich geschuldete Verpflichtung zur Wiederherstellung der Gebrauchsfähigkeit endet aber dort, wo der dazu erforderliche Aufwand die Opfergrenze übersteigt; dann liegt nämlich ein Fall der Unmöglichkeit vor. Der Mieter hat demgemäß keine Gewährleistungsansprüche nach § 537, 538 BGB; er wird aber i. d. R. nach § 323 I BGB von seiner Zahlungspflicht befreit. Das gilt auch für Wohnungen mit Preisbindung.

IV. Die objektiv notwendigen *Erhaltungsmaßnahmen* des V. muß der M. *dulden,* (§ 541a BGB). Der Mieter kann die Zustimmung zu einer Maßnahme nach § 541a BGB nicht von einer vorherigen schriftlichen Erklärung des Vermieters abhängig machen, er werde für etwaige Schäden aufkommen bzw. die Kosten der Wiederherstellung des früheren Zustands übernehmen (AG Neuss DWW 86, 180). Bei Streitigkeiten über die Notwendigkeit muß das Gericht entscheiden. Der Erlaß einer einstweiligen Verfügung kommt dann in Betracht, wenn überragende Interessen des Vermieters und besondere Dringlichkeit der Maßnahme gegeben sind (LG Hamburg WM 86, 243; AG Neuss WM 86, 244). Bei vorbeugenden Maßnahmen ist eine Notwendigkeit stets dann anzuerkennen, wenn eine naheliegende Gefahr für Schäden an den M.räumen oder dem Gebäude mit großer Wahrscheinlichkeit besteht, nicht nur möglicherweise vorliegt. Der V. ist verpflichtet, die Maßnahmen in der *kürzest möglichen Zeit* durchzuführen und – soweit dadurch die vom M. benutzten Räume unmittelbar betroffen werden – rechtzeitig den Beginn und die vermutliche Dauer mitzuteilen. Der M. darf dadurch nicht mehr und nicht länger als unbedingt erforderlich in seinen Rechten beeinträchtigt werden. Nach Abschluß der Arbeiten ist der V. verpflichtet, den vertragsmäßigen Zustand *auf seine Kosten wieder herzustellen* (Beseitigung von dadurch herbeigeführten Schäden an Tapeten, Decken, Fußböden, Beseitigung der Verschmutzungen). Wird durch die Erhaltungsmaßnahmen der *M.gebrauch ausgeschlossen* (Einziehen neuer tragfähiger Decken) oder *erheblich beeinträchtigt* (Einsetzen neuer Fenster, Verlegung von Lichtleitungen oder Fußböden), kann der M. entsprechend der Dauer und Stärke der Beeinträchtigung den M.zins *mindern* (s. Mängel II, 1); darüber hinaus hat der V. dem M. allen weiteren Schaden zu ersetzen, der ihm durch solche Maßnahmen entstanden ist, z. B. Kosten der anderweitigen Unterbringung des M. bei völliger Gebrauchsuntauglichkeit oder Unterstellung der Möbel (§ 538 I BGB; s. Mängel II, 2). Der V. hat derartige Beeinträchtigungen zu vertreten, weil er die Maßnahmen veranlaßte. Die *Duldungspflicht* des M. macht diese Maßnahmen nicht zu rechtmäßigen Eingriffen in seine M.rechte, sondern *verbietet* lediglich, *sie zu verhindern*. Unerhebliche Störungen oder Unbequemlichkeiten, die durch Erhaltungsmaßnahmen hervorgerufen werden (Geräusche, Leitern vor den Fenstern, stundenweise außer Betrieb gesetzter Fahrstuhl usw.) muß der M. entschädigungslos hinnehmen. Abweichende Grundsätze gelten nach § 541b BGB für → Verbesserungsmaßnahmen.

V. Wird das Gebäude *zerstört* (Blitz, Explosion), ist der V. nicht zur Wiedererrichtung gegenüber dem M. verpflichtet. Die bestehenden M.verhältnisse (bzw. die Gebrauchsgewährungspflicht des V.) erlöschen, wenn der V. den Untergang nicht zu vertreten hat (§§ 323, 324, 275 BGB). Im Falle des Wiederaufbaus ist der V. grundsätzlich nicht verpflichtet, mit dem ehemaligen M. neue Mv. abzuschließen (OLG Hamm WM 81, 259 (LS)). Hat dagegen der M. den Untergang zu vertreten, wird zwar der V. von seiner Gebrauchsgewährungspflicht frei (§ 275 BGB); er behält trotzdem den Anspruch auf die Gegenleistung (§ 324 I BGB) und kann vertragl. sowie deliktische Schadensersatzansprüche gegen den M. geltend machen (BGH MDR 76, 837). Ist die Unmöglichkeit sowohl vom V. als auch vom M. zu vertreten, so muß ein Ausgleich nach den Grundsätzen des § 254 BGB gesucht werden (BGH WM 81, 259). Im Ergebnis führt dies dazu, daß die Mietforderung des V. entsprechend dem Anteil seines eigenen Verschuldens zu mindern ist. Umstritten ist, ob der V. als Schuldner der unmöglich gewordenen Leistung die Beweislast dafür trägt, daß der M. die Unmöglichkeit zu vertreten hat, wenn von diesem M.zins verlangt wird; einhellig geht aber die h. M. davon aus, daß dem M. das Kündigungsrecht nach § 542 BGB insoweit nicht zusteht (BGH MDR 76, 837 = ZMR 76, 211).

Größere Beschädigungen oder Teilzerstörungen muß der V. dagegen auf seine Kosten beseitigen lassen (RGZ 115, 277; LG Düsseldorf

ZMR 60, 167). Bei *Teilzerstörungen* entfällt die Instandsetzungspflicht des V. nur dann, wenn der zerstörte Teil der Räume den nicht zerstörten wirtschaftlich überwiegt und die Wiederherstellung nicht zumutbar ist (LG Berlin NJW 52, 747; BGH LM § 536 BGB Nr. 4; s. oben III a. E.). In derartigen Fällen sind die Pflichten des V. durch die Berücksichtigung der Opfergrenze beschränkt (zur Anrechnung von Versicherungsleistungen vgl. BGH MDR 76, 837 = DWW 76, 185 = ZMR 76, 242). Hat der M. die Beschädigung herbeigeführt und zu vertreten, entfällt die Wiederherstellungspflicht des V. jedenfalls gegenüber diesem M., weil er nach § 548 BGB Schadensersatz leisten muß (§ 249 BGB).

VI. Der Anspruch des M. auf Erfüllung der Instandsetzungspflicht besteht auch dann, wenn der M. keine Gewährleistungsansprüche nach § 539 BGB hat (OLG Köln MDR 60, 498). Meist sind aber bei einer Verletzung der Instandsetzungspflicht die Voraussetzungen des Erfüllungsanspruchs (§ 536 BGB) sowie der Gewährleistungsansprüche (§§ 537, 538 BGB) zu Gunsten des M. gegeben.

VII. Die Pflichten des V. aus § 536 BGB zur Instandsetzung können *vertraglich* anderweitig geregelt werden. So wird i. d. R. für Schönheitsreparaturen, die grunds. auch dem V. obliegen, in dem Mv. eine abweichende Regelung getroffen. Eine Formularklausel, wonach der Mieter Bagatellschäden auf eigene Kosten beseitigen muß, ist unwirksam (BGH, NJW 92, 1759 = WM 92, 355), weil hierdurch die Gewährleistungsrechte des Mieters tangiert werden. Der Mieter kann lediglich verpflichtet werden, die Kosten für Kleinreparaturen zu tragen. Eine solche Klausel ist nach der Rechtsprechung des BGH (DWW 89, 195 = WM 89, 324 = ZMR 89, 327) nur unter engen Voraussetzungen zulässig. Es gelten folgende Grundsätze: Die Bagatellschadensklausel darf nur diejenigen Teile der Mietsache umfassen, die häufig dem Zugriff des Mieters ausgesetzt sind. Hierzu gehören Installationsgegenstände für Elektrizität, Gas und Wasser, Heiz- und Kocheinrichtungen, Fenster- und Türverschlüsse sowie Verschlußvorrichtungen von Fensterläden. Weiter gehören dazu Rolläden, Markisen, Jalousien und eventuell mitvermietete Einrichtungsgegenstände wie etwa Kühlschränke, Waschmaschinen und dergleichen. Die Klausel darf nicht so gefaßt sein, daß hierunter auch Rohre und elektrische Leitungen oder solche Gegenstände fallen, mit denen der Mieter so gut wie nicht in Berührung kommt. Aus der Klausel soll sich ergeben, bis zu welchem Betrag eine Reparatur als Kleinreparatur gilt. Die Festlegung eines Betrages von 100,– DM ist dabei unproblematisch. Die Obergrenze dürfte bei etwa 150,– DM liegen (vgl. Beuermann GE 88, 746; OLG Hamburg WM 91, 385). Die Klausel muß auch eine Höchstgrenze für den Fall festlegen, daß zahlreiche Kleinreparaturen innerhalb eines bestimmten Zeitraums –

etwa binnen eines Jahres – anfallen. Diese Höchstgrenze sollte zweckmäßigerweise auf etwa 7% der Jahresmiete festgesetzt werden; auf keinen Fall sollte eine Monatsmiete überschritten werden (LG Hamburg a. a. O.; OLG Hamburg a. a. O.). Eine Klausel, wonach sich der Mieter an Kosten für Reparaturen, für die mehr als 100,– DM aufzuwenden sind, mit diesem Betrag beteiligen muß, verstößt gegen § 9 AGBG. Gleiches gilt für Klauseln, nach denen sich der Mieter auch an jeder Neuanschaffung der von der Kleinreparaturpflicht umfaßten Gegenstände mit 100,– DM zu beteiligen hat (BGH DWW 89, 195).

Hat sich der M. verpflichtet, die Kosten für Bagatellschäden und kleine Instandsetzungen zu tragen, so muß er alle Reparaturen bis zu einem Betrag von 100.– DM bezahlen. Eine Ausnahme gilt dann, wenn der V. diese Schäden verschuldet hat. Höhere Reparaturkosten fallen dem V. zur Last, falls sie nicht vom M. verschuldet sind. Der M. ist auch nicht verpflichtet, etwa einen Anteil von 100.– DM zu tragen. Der V. darf die Reparatur an ein und derselben Sache die mehr als 100.– DM kostet, nicht durch mehrere Rechnungen über Beträge von weniger als 100.– DM aufspalten (AG Oberndorf ZMR 79, 44) oder eine zusammenhängende Reparaturarbeit in mehreren Teilreparaturen durchführen lassen, wenn dadurch die summenmäßige Begrenzung der Instandsetzungsklausel umgangen würde.

Bei der *Geschäftsraummiete* kann die Instandhaltungs- und Instandsetzungspflicht in einem weitergehenden Umfang auf den Mieter übertragen werden. Eine Vereinbarung, wonach Reparaturen und Instandsetzungsarbeiten zu Lasten des Mieters gehen, ist hier grunds. zulässig; dies gilt auch dann, wenn die Klausel formularmäßig vereinbart worden ist (OLG Düsseldorf, ZMR 93, 519). Der Mieter ist auf Grund einer solchen Vereinbarung verpflichtet, die Mietsache auf seine Kosten in einem gebrauchstauglichen Zustand zu erhalten. Die Vereinbarung umfaßt allerdings nicht Wiederaufbauarbeiten nach einer Substanzschädigung durch Dritte (OLG Koblenz WM 90, 16).

VIII. Die vertragl. Vereinbarung einer Gesamthaftung aller M. für solche Schäden, deren Verursacher aus dem Kreis der M. nicht ermittelt werden kann (z. B. Verstopfung der Abwasserleitung), ist unzulässig, soweit diese Verpflichtung in einem → Formularmv. vereinbart ist (OLG Hamm (RE) NJW 82, 2005; dazu Schopp ZMR 83, 253); eine dahingehende Individualvereinbarung ist jedoch im Rahmen der Vertragsfreiheit zulässig, zumal die Vorschrift des § 548 BGB unstreitig abdingbar ist (AG Schwetzingen ZMR 76, 279 = WM 76, 177 = DWW 76, 90 = FWW 76, 171; AG Köln ZMR 77, 181; a. A. Roquette ZMR 73, 195 sowie AG Berlin-Schöneberg

MDR 77, 54; vgl. auch AG Köln WM 76, 49; WM 77, 28; AG Düsseldorf MDR 77, 580; LG Karlsruhe MDR 80, 230). Hiervon abweichend vertritt Gelhaar ZMR 80, 225 die Ansicht, daß die Berufung auf die sogenannte „Verstopfungsklausel" in den Fällen unzulässig sein soll, in denen feststeht, daß die Verstopfung von einem der M. verschuldet ist.

Die von dem Rechtsentscheid des OLG Hamm (a. a. O.) entwikkelten Grundsätze können auch zur Beurteilung solcher Klauseln angewandt werden, durch die eine *Beweislastumkehr* für Schäden an den gemeinsam benutzten Hausteilen vereinbart wird. Für solche Schäden haftet der M. nur dann, wenn er sie verschuldet hat. Dieses Verschulden muß der V. nach der gesetzlichen Regelung darlegen und beweisen; eine Formularklausel, wonach der Beweis für das fehlende Verschulden dem M. obliegen soll, verstößt gegen § 11 Nr. 15 AGBG.

Etwas anderes gilt allerdings für solche Klauseln, die – wie etwa § 13 Abs. 3 S. 2 des Mustermv. – die Beweislastumkehr auf solche Schäden beschränken, die an der M.sache selbst eingetreten sind. Hier steht fest, daß sich das Schadensereignis innerhalb der Sphäre des M. zugetragen hat. Da der V. die für die Entstehung des Schadens maßgeblichen Umstände in der Regel kaum klären kann, verlangt die Rechtsprechung (BGH NJW 76, 1315; WM 77, 5; OLG Düsseldorf OLGZ 75, 318; OLG Karlsruhe WM 84, 267 = ZMR 84, 417), daß der M. den Entlastungsbeweis führen muß. Diese Beweislastregelung besteht unabhängig von einer vertraglichen Vereinbarung; eine entsprechende Klausel hat deshalb nur deklaratorische Bedeutung.

Die in vielen Wohnungseigentumsanlagen gebräuchlichen *Umzugskostenpauschalen* können in Mv. nicht wirksam vereinbart werden. Hinter der Umzugskostenpauschale im Sinne des Wohnungseigentumsrechts steht die Überlegung, daß selbst bei sorgfältig durchgeführten Umzügen in der Regel kleine Schäden nicht vermieden werden können, deren Beseitigung nicht sofort erfolgt, weil hierfür ein unangemessener Zeit- und Kostenaufwand verbunden wäre. Hier kann es sachgerecht sein, wenn die Wohnungseigentümer mehrheitlich beschließen, daß nach und nach kleinere Beträge angespart werden, so daß mehrere Kleinschäden gemeinsam beseitigt werden können. Der Sache nach handelt es sich hierbei um eine besondere, zweckgebundene Art der Instandhaltungsrücklage (vgl. LG Wuppertal Rpfleger 78, 23). Für das Mietrecht sind diese Grundsätze nicht übertragbar, weil hier Schadensersatz nur verlangt werden kann, wenn ein Verschulden und ein Schaden eindeutig vorliegt.

Vgl. zum Ganzen: Salje WM 83, 187 und 215.

K

Kabelfernsehen. I. *Duldungspflicht des Mieters.* Nach überwiegender Meinung gilt der Anschluß an das Breitbandkabelnetz der Deutschen Bundespost als Maßnahme zur Verbesserung der gemieteten Räume im Sinne von § 541b Abs. 1 BGB, mit der Folge, daß der Mieter den Anschluß grundsätzlich zu dulden hat (KG RE vom 27. 6. 1985, WM 85, 248). Eine Ausnahme von der Duldungspflicht gilt lediglich dann, wenn der Anschluß aufgrund besonderer Umstände des Einzelfalls dem Mieter nicht zuzumuten ist; es sind allerdings kaum Umstände denkbar, die im Rahmen des § 541b BGB gegen die Duldungspflicht sprechen könnten.

Der Vermieter ist verpflichtet, die Mieter rechtzeitig über den Kabelanschluß zu informieren und dabei die in § 541b Abs. 2 BGB vorgeschriebene Form einzuhalten (s. Verbesserungsmaßnahmen III). Dies erfordert eine schriftliche Mitteilung, aus der sich die Art, der Umfang, der Beginn und die voraussichtliche Dauer der Arbeiten ergibt; außerdem muß der Mieter über die Anschluß- und Folgekosten informiert werden (s. unten II und III). Die Mitteilung muß dem Mieter 2 Monate vor Beginn der Arbeiten zugehen. Eine formularvertragliche Klausel, wonach der Mieter verpflichtet ist, die Installation des Kabelanschlusses zu dulden, verstößt gegen § 9 AGBG und ist unwirksam (BGH NJW 91, 1750; LG Frankfurt WM 90, 271). Abweichende individualvertragliche Regelungen sind ebenfalls unwirksam (§ 541b Abs. 4 BGB).

Nach dem Anschluß an das Breitbandkabelnetz darf der Vermieter die bisher vorhandene Gemeinschaftsantenne entfernen. Eine Ausnahme gilt dann, wenn über die Gemeinschaftsantenne der Empfang von Rundfunkprogrammen möglich ist, deren inhaltlich unveränderte, vollständige und zeitgleiche Einspeisung in das Breitbandkabelnetz gesetzlich nicht gewährleistet wird und ein Mieter aus diesem Grunde der Entfernung widerspricht (KG a. a. O.). Hiervon abweichende vertragliche Vereinbarungen sind unwirksam (LG Frankfurt WM 90, 271).

Wurde der Rundfunk- und Fernsehempfang bisher über mietereigene Dachantennen gewährleistet, so sind die Mieter verpflichtet, ihre Antennen auf eigene Kosten zu entfernen, falls der Verbleib der Antennen nicht aus den obengenannten Gründen (Empfang nicht in das Breitbandkabelnetz eingespeister Programme) erforderlich ist. Dies folgt aus der Erwägung, daß der Mieter nur insoweit und nur so lange die nicht vermieteten Gebäudeteile benutzen darf, als dies zur Ausübung des vertragsgemäßen Gebrauchs erforderlich ist.

II. *Umlage der Anschlußkosten nach § 3 MHG.* Es ist außerordentlich umstritten, ob der Vermieter nach dem Anschluß an das Breitbandkabelnetz ein Mieterhöhungsverfahren nach § 3 MHG durchführen kann. Die Frage stellt sich deshalb, weil der Begriff der Verbesserungsmaßnahme in § 541b Abs. 1 BGB und der Modernisierungsbegriff des § 3 MHG nicht identisch sind, sondern sich in der Zielsetzung unterscheiden (vgl. im einzelnen Schmidt-Futterer/Blank, Kommentar Rdn. C 172, 177, 162a mit weiteren Nachweisen). In der mietrechtlichen Literatur und in der instanzgerichtlichen Rechtsprechung wird die Umlagefähigkeit zum Teil bejaht (Palandt-Putzo, § 541b BGB, Anmerkung 2: Barthelmeß, § 3 MHG, Rdn. 11), zum Teil verneint (Schmidt-Futterer/Blank a. a. O. Rdn. C 182a; Sternel, Rdn. III 773, jeweils mit weiteren Nachweisen). Der BayVGH (DWW 92, 119) hat den Anschluß einer öffentlich geförderten Wohnung an das Breitbandkabelnetz der DBP als gebrauchswerterhöhende Maßnahme angesehen. Folgt man dieser Ansicht, so kann für den freifinanzierten Wohnraum nichts anderes gelten, weil § 3 MHG und § 11 VI der II. BV auf demselben Modernisierungsbegriff beruhen.

Bejaht man im Grundsatz die Umlagefähigkeit der Anschlußkosten, so stellt sich die weitere Frage, ob alle Anschlußkosten in die Umlage einbezogen werden können. Zu den Anschlußkosten gehören die Anschlußgebühr sowie die Kosten der Baumaßnahmen zur Herstellung der Verbindung zwischen dem „Übergabepunkt" und den einzelnen Wohnungen. Die Anschlußkosten betragen derzeit für die erste Wohnung DM 675; für größere Wohnanlagen gibt es Rabatte, die an die Mieter weitergegeben werden müssen. Der BayVGH (a. a. O.) hat nicht nur die Kosten der Baumaßnahmen sondern auch die Anschlußgebühren als umlagefähig angesehen.

Die Höhe der Kosten der Baumaßnahmen hängt in erster Linie davon ab, ob für die Verkabelung vorhandene Kabelführungen verwendet werden können. Umlagefähig sind zweifelsfrei die Kosten der Baumaßnahme. Zweifelhaft ist demgegenüber, ob auch die Anschlußgebühren umgelegt werden dürfen (bejahend: Pfeifer, DWW 83, 293; verneinend: Voelskow, Münchner Kommentar, § 3 MHG, Rdn. 8; Schmidt-Futterer/Blank a. a. O., Rdn. C 182a). Die Kosten für die eventuelle Umrüstung der Empfangsgeräte gehören nicht zu den Anschlußkosten; diese Kosten muß jeder Mieter selbst tragen.

Bei der Mieterhöhung muß der Vermieter das in § 3 vorgesehene Verfahren beachten (s. Mieterhöhung I 3). Bei der Wahl des Umlagemaßstabs ist zu unterscheiden, ob nach dem Anschluß alle Mieter die Möglichkeit zur Nutzung der Anlage haben oder ob nur ein Teil der Wohnungen angeschlossen wird. Im erstgenannten Fall kann der Vermieter die Gesamtkosten anteilig auf alle Wohnungen umlegen; in die Umlage dürfen auch diejenigen Mieter einbezogen werden, die zwar dem Anschluß nicht zugestimmt haben, aber aus materiellrechtlichen Gründen zur Duldung nach § 541b BGB verpflichtet gewesen sind (KG RE vom 1. 9. 1988, WM 88, 389). Im letztgenannten Fall dürfen die Kosten nur auf die angeschlossenen Wohnungen verteilt werden. Ist eine Wohnung angeschlossen und ist gleichzeitig (z. B. durch den Einbau von Filtern) Vorsorge getroffen, daß der Mieter den Anschluß nicht nutzen kann, so müssen die auf jene Wohnung entfallenden Kosten vom Vermieter getragen werden.

III. *Umlage der laufenden Kosten nach § 4 MHG.* Die laufenden Kosten des Betriebs einer mit einem Breitbandkabelnetz verbundenen privaten Verteileranlage (Stromkosten, Wartungskosten, laufende Gebühren) sind nach der Anlage 3 zu § 27 der II. BV., dort Nr. 15, als Betriebskosten anzusehen. Die Strom- und Wartungskosten betragen pro Wohnung derzeit ca. 1,– DM im Monat. Die Benutzungsgebühr beträgt je nach Programmangebot 6,– DM oder 12,90 DM. Diese Kosten können nach § 4 MHG auf den Mieter umgelegt werden. An der Umlage sind alle Mieter zu beteiligen, die den Anschluß nutzen können; ob sie ihn tatsächlich nutzen, ist unerheblich. Zahlungspflichtig ist deshalb auch derjenige, der an der Nutzung allein deshalb gehindert ist, weil er kein taugliches Empfangsgerät besitzt. In formeller Hinsicht setzt das Umlagerecht voraus, daß der Vermieter nach dem Anschluß eine Erhöhungserklärung nach § 4 Abs. 2 MHG abgibt (s. Mieterhöhung II 1b), die den Mieter über den Grund und die Höhe der Betriebskostensteigerung informiert. Es wird allerdings auch die Ansicht vertreten, daß eine solche Erhöhungserklärung entbehrlich ist, wenn der Vermieter nach den Vereinbarungen im Mietvertrag bisher zur Umlage der Kosten für eine Gemeinschaftsantenne berechtigt war (AG Münster WM 89, 190). Die monatlichen Rundfunkgebühren muß der Mieter wie bisher weiterbezahlen. Hat der Postkunde die Gebühr vorausbezahlt (idR für 10 Jahre), so ist streitig, ob die Post gegenüber diesem Kunden zu einer Gebührenerhöhung berechtigt ist (bejahend: OLG Köln NJW-RR 90, 952; LG München DWW 88, 350; AG Nürnberg DWW 88, 355; verneinend: AG Düsseldorf DWW 88, 357; AG Charlottenburg GE 89, 49).

IV. *Anschluß durch den Mieter.* Der Mieter hat keinen gesetzlichen Anspruch gegen den Vermieter, daß dieser das Haus mit einer privaten Breitbandkabelanlage ausstattet (AG Hamburg WM 90, 70); es reicht im Rahmen der Gebrauchsgewährungspflicht (§ 535 Satz 1 BGB) aus, wenn ein Fernseh- und Rundfunkempfang grundsätzlich möglich ist. Der Mieter kann allerdings nach herrschender Meinung verlangen, daß der Vermieter den vom Mieter beantragten Anschluß der Wohnung an das Kabelnetz duldet, sofern der Mieter alle anfallenden Kosten trägt (LG Heidelberg WM 87, 17; LG Berlin DWW

90, 206; AG Hamburg DWW 85, 131; AG Frankfurt DWW 85, 289; AG Helmstedt, DWW 85, 130; a. A.: Bay. VerfGH NJW-RR 90, 593; LG Kassel WM 89, 557; LG Berlin GE 89, 93; AG Berlin-Spandau GE 88, 115; AG Göttingen DWW 89, 231; AG Wuppertal MDR 86, 412). Nach Beendigung des Mietverhältnisses muß der Mieter nach allgemeinen Grundsätzen (s. Einrichtungen) den ursprünglichen Zustand wieder herstellen.

V. *Anschluß durch „Kabel-Service-Gesellschaften“.* Der Vermieter kann mit einer privaten „Kabel-Service-Gesellschaft“ vereinbaren, daß diese den Anschluß zur Verfügung stellt und mit den jeweiligen Wohnungsmietern entsprechende Nutzungsverträge abschließt. In diesem Fall wird der Anschluß von der Service-Gesellschaft hergestellt und vorfinanziert. Die Service-Gesellschaft läßt sich dafür vom Vermieter das Recht einräumen, für eine Zeit zwischen 10 und 15 Jahren mit den anschlußwilligen Mietern Nutzungsverträge gegen ein monatliches Entgelt (derzeit durchschnittlich 27,– DM) abzuschließen; die Bindung des Vermieters an diese lange Laufzeit verstößt auch dann nicht gegen § 9 AGBG, wenn der Vertrag die Möglichkeit der außerordentlichen Kündigung nicht vorsieht (BGH, NJW 93, 1133 m. zust. Anm. Wehrmann, DWW 93, 287). Der Mieter hat gegen seinen Vermieter allerdings keinen Anspruch darauf, daß dieser mit der Kabel-Service-Gesellschaft einen längerfristigen Nutzungsvertrag abschließt (AG Siegburg WM 90, 493).

Die einzelnen Mieter können jedoch mit den Service-Gesellschaften derartige Vereinbarungen treffen. Die Installation der Anlage ist allerdings nur möglich, wenn der Vermieter zustimmt. Die Zustimmung ist nicht erzwingbar, weil es dem Vermieter nicht zugemutet werden kann, sich für die lange Laufzeit der Service-Verträge zu binden. Stimmt der Vermieter aber zu, so ist der Vertrag mit der Service-Gesellschaft trotz höherer Kosten für den Mieter meist günstiger als der Vertrag mit der Deutschen Bundespost. Die Deutsche Bundespost verlangt beim Einzelanschluß des Mieters nämlich, daß sich der erste Teilnehmer vertraglich verpflichtet, entweder nachfolgenden Teilnehmern im selben Hause die entgeltliche Nutzung des Anschlusses einzuräumen oder mit diesen eine Teilnehmergemeinschaft zu bilden. Außerdem soll der erste Teilnehmer gegenüber der Bundespost für die gesamten Gebühren der hinzugekommenen Wohnungsinhaber haften. Dieses Inkassorisiko besteht beim Vertrag mit der Kabel-Service-Gesellschaft nicht.

Kaution (K.). Eine K. (Mietsicherheit) kann der V. von dem M. nur auf Grund einer *vertraglichen Vereinbarung* verlangen. Sie gilt zur Sicherung des V., wenn der M. seine Verpflichtung aus dem Mv. nicht erfüllt. In der Regel wird die Kaution durch Zahlung eines Geldbetrags an den V. geleistet (Barkaution). Denkbar ist aber auch die Vereinbarung einer Sicherheit durch Bürgschaft eines Dritten, die Verpfändung eines auf den Namen des M. angelegten Sparbuchs, die Errichtung eines Sparkontos auf den Namen des Mieters, das mit einem Sperrvermerk zugunsten des Vermieters versehen ist (dazu: BGH ZMR 84, 305); die Sicherungsübereignung von Wertgegenständen oder die Hinterlegung einer bestimmten Geldsumme bei einer Treuhandstelle. Gegenüber dem Anspruch des V. auf Zahlung der Kaution kann dem M. kein Zurückbehaltungsrecht (z. B. wegen Mängeln der M.sache) zugestanden werden (LG Köln WM 87, 257; AG Bonn WM 88, 266).

I. Für *Mv. über Wohnraum* werden wichtige Einzelheiten durch den am 1. 1. 1983 in Kraft getretenen § 550b BGB gesetzlich geregelt. Danach darf die Sicherheit – gleichgültig in welcher Form sie geleistet wird – die dreifache Monatsmiete nicht übersteigen. Mehrere Sicherheiten sind zusammenzurechnen. Hat der Vermieter bei Mietbeginn eine Kaution in der gesetzlich zulässigen Höhe geleistet, dann ist eine weitere Aufstockung der Kaution während der Mietzeit (etwa zur Sicherung der Ansprüche des Vermieters wegen seiner Rechte auf Beseitigung einer Parabolantenne oder sonstigen Einrichtung) nicht zulässig. Die gesetzliche Obergrenze gilt auch dann, wenn der V. den Abschluß eines Mv. davon abhängig macht, daß der M. neben einer Barkaution zusätzlich eine Bürgschaft für alle Ansprüche aus dem Mietverhältnis beibringt (BGH Z 107, 210 = NJW 89, 1853 = WM 89, 289; OLG Köln ZMR 88, 429; LG Hamburg DWW 89, 27 m. Anm. Voelskow DWW 89, 112). In einem solchen Fall kann der M. verlangen, daß der Bürge über den Betrag von drei Monatsmieten hinaus nicht in Anspruch genommen wird. Dasselbe Recht steht dem Bürgen zu (BGH a. a. O.; OLG Köln a. a. O.). Eine Ausnahme hiervon soll allerdings dann gelten, wenn der Bürge die Bürgschaft freiwillig anbietet, um die Bedenken des V. gegen die Bonität des M. zu zerstreuen und wenn mit der Bürgschaft keine besonderen Belastungen für den M. verbunden sind (BGH WM 90, 343 = NJW 90, 2380; s. dazu Schmitz MDR 90, 893; Wiek WuB IV A § 550b BGB 1.90; Tiedtke ZMR 90, 401). Dieselben Grundsätze gelten, wenn ein Bürge während der Mietzeit eine Sicherheit anbietet um eine drohende Kündigung wegen Zahlungsverzugs abzuwenden. Maßgeblich für die Bemessung der Monatsmiete ist die Grundmiete einschließlich der fixen Nebenkosten; Nebenkosten, über die gesondert abzurechnen ist (insbesondere also die Betriebskosten), bleiben außer Betracht. Eine Pauschale für Mietnebenkosten gehört zum Mietzins, welcher der Berechnung der Kaution zugrundezulegen ist (AG Wuppertal MDR 89, 162). Bei der Vereinbarung einer Pauschalmiete (Inklusivmiete) darf die Kaution das Dreifache der gesamten Miete betragen. Im Falle der Vereinbarung einer Barkaution ist der M. berechtigt, die Kautionssumme in drei Monatsraten zu bezahlen; die erste Rate ist dabei zu Beginn des Mv., die zweite Rate bei Beginn des zweiten Vertragsmonats und die dritte Rate bei Beginn des dritten Vertragsmonats fällig. Unter dem Beginn des Mietverhältnisses ist nicht der Abschluß des Mietvertrags, sondern derjenige Zeitpunkt zu verstehen, zu dem die Mietsache vertragsgemäß übergeben werden soll (LG Mannheim ZMR 90, 18). Der V. ist verpflichtet, die Kautionssumme von seinem Vermögen getrennt bei einem Kreditinstitut zu dem für Spareinlagen mit dreimonatiger Kündigungsfrist üblichen Zinssatz anzulegen (z.B. durch Einzahlung auf ein Sparbuch; § 550b II S 1 BGB).

Die Anlage auf einem Sonderkonto bewirkt eine treuhänderische Sonderung von dem Vermögen des V. Die Kaution wird dadurch vor dem Zugriff von Gläubigern des V. gesichert. An einer höherverzinslichen Anlage (z.B. als Termingeld auf einem offenen Treuhandsammelkonto) ist der Vermieter nicht gehindert (Beuermann, GE 92, 890). Die Zinsen stehen auch in diesem Fall in voller Höhe dem Mieter zu; eine hiervon abweichende Vereinbarung ist bei der Wohnraummiete unzulässig (Hirte, MDR 93, 500). Die Zinsen sind vom Mieter zu versteuern. Nach dem Schreiben des BFinM vom 26. 10. 1992 zur Anwendung des Zinsabschlagsgesetzes (IV B 4 – S 2000 – 252/92 in: WM 93, 26) ist insoweit folgendes zu beachten: Ist die Mietkaution auf einem offenen Treuhandkonto angelegt und ist der Bank der Name des Mieters bekannt, so ist die Steuerbescheinigung auf den Namen des Mieters auszustellen. Der Vermieter muß die Bescheinigung dem Mieter aushändigen, damit dieser seine Steuerpflicht erfüllen kann. Kennt die Bank den Namen des Mieters nicht, so ist die Bescheinigung auf den Namen des Kontoinhabers auszustellen und mit dem Vermerk „Treuhandkonto“ zu versehen. Der Vermieter muß die Bescheinigung dem Mieter aushändigen. Bei Sammelkonten ist die Bescheinigung ebenfalls auf den Namen des Kontoinhabers auszustellen und mit dem Vermerk „Treuhandkonto“ zu versehen. Der Vermieter als Vermögensverwalter i.S. von § 34 AO ist verpflichtet gegenüber seinem Finanzamt eine Erklärung zur einheitlichen und gesonderten Feststellung der Einkünfte aus Kapitalvermögen der Mieter (§ 180 AO) abzugeben. Wird eine Pfändungsmaßnahme ausgesprochen, so hat der M. das Interventionsrecht des § 771 ZPO; er kann also gegenüber den Gläubigern geltend machen, daß die Kautionsforderung nicht zum Vermögen des V. gehört. Auch das Pfandrecht des Kreditinstituts nach § 19 der Allgemeinen Geschäftsbedingungen der Banken sowie ein Aufrechnungs- oder Zurückbehaltungsrecht des Kreditinstituts scheidet bei einer Kennzeichnung als Sonderkonto aus (Röbbert Betrieb 83, 161). Allerdings gelten diese Rechtsfolgen nur bei einem offenen Treuhandkonto. Die Bezeichnung des Kontos als „Mietkonto" reicht hierfür nicht aus (BGH, WM 91, 50), wohl aber die Bezeichnung als „Kautionskonto". Wird der Treuhandcharakter später offenbart, so bedarf es einer besonderen Vereinbarung zwischen Bank und Kontoinhaber, daß das Pfandrecht ausgeschlossen sein soll. Die Bank kann sich aber schadensersatzpflichtig machen (§ 826 BGB), wenn sie ein Pfandrecht wegen persönlicher Forderungen des Kontoinhabers an solchen Geldern geltend macht, die nach der Offenlegung eingehen (BGH, a. a. O.). Die Vorschrift des § 550 II S. 1 BGB ist als Schutzgesetz i. S. von § 823 II BGB anzusehen. Das hat zur Folge, daß der Geschäftsführer einer Vermietungs-GmbH persönlich auf Schadensersatz haftet, wenn die Kaution nicht entsprechend dem Gesetz angelegt wird und der M. dadurch (z. B. bei Konkurs des V.) einen Schaden erleidet (AG Hildesheim WM 88, 157 m. Anm. Hänlein WM 88, 305; AG Aachen WM 79, 74; s. auch unten VI).

Der M. hat einen Anspruch darauf, daß ihm ein Sonderkonto nachgewiesen wird, auf das er das Geld einzahlen kann. Er ist nicht verpflichtet, dem V. das Geld in bar auszuhändigen (a. A. LG Berlin WM 88, 266) oder eine Einzahlung auf das Privatkonto des V. vorzunehmen. Hat der M. dennoch das Geld übergeben oder auf das Privatkonto überwiesen, so hat er einen Anspruch auf Nachweis der gesetzeskonformen Anlage (LG Mannheim WM 90, 293; LG Kiel WM 88, 266; s. auch AG Wuppertal MDR 89, 163 m. Anm. Schultz). Bis zur Erfüllung dieses Anspruchs kann der M. den M.zins (bis zur Höhe der Kaution) zurückhalten (LG Mannheim a. a. O.; LG Kiel WM 89, 18; AG Bremen WM 89, 74; a. A. LG Kiel WM 88, 266). Das Zurückbehaltungsrecht kann allerdings nicht gegenüber dem Zwangsverwalter ausgeübt werden (LG Mannheim a. a. O.). Die Anordnung der Zwangsverwaltung bewirkt, daß der vom Gericht eingesetzte Zwangsverwalter anstelle des Vermieters in die vor der Beschlagnahme abgeschlossenen und vollzogenen Mietverträge für die Dauer der Beschlagnahme in vollem Umfang eintritt (152 ZVG). Der Mieter hat einen Anspruch gegenüber dem Vermieter, daß dieser die Kaution an den Zwangsverwalter aushändigt (LG Köln, WM 90, 427; LG Düsseldorf, ZMR 92, 549). Hat der Mieter die Kaution noch nicht bezahlt, so kann der Zwangsverwalter den Mieter auf Bezahlung der Kaution in Anspruch nehmen. Zur Rückzahlung der Kaution ist der Zwangsverwalter nur verpflichtet, wenn er die Kaution erhalten hat; den Vermieter kann der Mieter in diesem Fall nicht mehr in Anspruch nehmen (AG Düsseldorf, ZMR 92, 549).

Im Falle des Konkurses des V. hat der M. ein Aussonderungsrecht nach § 43 KO (OLG Düsseldorf ZMR 88, 89); dies gilt auch dann, wenn der V. die Kaution zunächst in sein Vermögen überführt und erst später zugunsten des M. ein Treuhandkonto errichtet hat (BayObLG RE v. 8. 4. 1988 DWW 88, 164). Dabei kommt es nicht darauf an, ob das Treuhandkonto nach Stellung des Konkursantrags errichtet worden ist (BayObLG a. a. O.). Im Falle der Konkursanfechtung gem. § 30 Nr. 1 Hs. 2 KO ist dem M. die Kenntnis des V. von dem Konkursantrag nicht zuzurechnen (LG München I ZIP 89, 254). Nach Eröffnung des Konkursverfahrens ist eine gesonderte Anlage nicht mehr möglich (OLG Schleswig ZIP 89, 252); ist die gesonderte Anlage unterblieben, so bildet der Kautionsrückgewähranspruch keine Masseschuld, sondern eine einfache Konkursforderung (OLG Hamburg RE vom 29. 11. 1989 WM 90, 5 = DWW 90, 20 = ZMR 90, 103; OLG München ZMR 90, 413; a. A.: Voelskow, Münchener Kommentar, § 572 BGB Rdn. 9). Es ist nicht erforderlich, daß der V. für jedes Mv. ein besonderes Kautionskonto anlegt. Vielmehr genügt es, wenn sämtliche Kautionsbeträge auf ein als solches bezeichnetes Sonderkonto eingezahlt werden. Der Mieter kann im Klagweg durchsetzen, daß der Vermieter die Barkaution auf einem treuhänderischen Sonderkonto anlegt (AG München NJW RR 87, 786; Derleder WM 86, 39). Die Zinsen aus dem Kautionsbetrag stehen dem M. in voller Höhe zu. Dies gilt auch dann, wenn zwischen dem V. und der Bank ein höherer als der nach § 550b Abs. 2 BGB geschuldete übliche Zins vereinbart wird. Nach dem Sinn und Zweck der gesetzlichen Regelung soll der V. nämlich aus der Kaution keine über den Sicherungszweck hinausgehenden finanziellen Vorteile erzielen. Allerdings hat der M. keinen Anspruch auf jährliche Auszahlung des Zinsbetrags. Solange das Mv. dauert, dienen die Zinsen vielmehr dem V. als weitere Sicherheit. Die Verzinsungspflicht besteht nicht für Mv. über Wohnraum, der Teil eines Studenten- oder Jugendwohnheims ist (§ 550b Abs. 4 BGB). Die übrigen gesetzlichen Vorschriften über die Kaution sind aber auch in diesen Fällen anwendbar.

Abweichende Vereinbarungen zum Nachteil des M. sind gemäß § 550b Abs. 3 BGB unzulässig. Übersteigt die vereinbarte Kautionssumme den Betrag von drei Monatsmieten, so ist die Kautionsvereinbarung allerdings nur teilweise unwirksam, so daß der M. gleichwohl zur Zahlung von drei Monatsmieten verpflichtet ist; ein bereits gezahlter, überschüssiger Betrag kann zurückgefordert werden. Unwirksam sind auch Vereinbarungen, durch die die Vezinsungspflicht oder das Recht zur Ratenzahlung beschränkt oder ausgeschlossen wird (z. B.: „Der Mieter leistet bei Abschluß des Mietvertrags eine Mietsicherheit . . . in Höhe der 3fachen Monatsmiete"; LG Hamburg WM 90, 416). Die Zinsen können auch nicht durch die Vereinbarung einer Kontoverwaltungs- oder „Verwahrungsgebühr" geschmälert werden (AG Hamburg WM 90, 426). Das Verbot abweichender Vereinbarungen kann nicht dadurch umgangen werden, daß der Mv. unter der auflösenden oder aufschiebenden Bedingung der Kautionszahlung vor Mietbeginn geschlossen wird. Derartige Bedingungen führen im Ergebnis zum Ausschluß des Rechts zur Ratenzahlung und sind deshalb unwirksam. Dem Vermieter steht es aber frei, einen Mietvertrag erst dann abzuschließen, wenn ihm die Kaution ausgehändigt worden ist. Derartige Kautionszahlungen kann der Mieter nicht zurückfordern, weil sie nicht ohne Rechtsgrund geleistet worden sind und weil die vorzeitige Zahlung einer Schuld nach § 813 Abs. 2 BGB keinen Rückforderungsanspruch begründet.

Wirksam sind dagegen solche abweichenden Regelungen, die dem M. günstig sind, wie zum Beispiel die Vereinbarung eines höheren Zinssatzes, die Verpflichtung zur jährlichen Auszahlung der Zinsen oder die Einräumung längerer Zahlungsraten. Zulässig ist es auch, wenn die Parteien anstelle der Anlegung der Kaution auf einem Treuhandkonto die Rückzahlung des Kautionsbetrages nebst Zinsen durch die Bürgschaft einer Bank absichern (Begründung des Gesetzesentwurfs – BT Drucksache 9/2079, 14).

Die gesetzliche Neuregelung bezüglich der Verzinsungspflicht gilt gemäß Art. 4 des Gesetzes zur Erhöhung des Angebots an Mietwohnungen vom 20. Dezember 1982 (BGBl. I S. 1912) auch für solche Mv., die bereits vor dem 1. 1. 1983 abgeschlossen worden sind. In der Rechtsprechung wird teilweise die Ansicht vertreten, daß für die vor dem 31. 3. 1971 geschlossenen Altverträge die Verzinsungspflicht erst ab dem 1. 4. 1971 beginne, weil sich eine entsprechende Gepflogenheit erst ab diesem Zeitpunkt herausgebildet habe (AG Düsseldorf WM 84, 212; Schmid, Grundeigentum 85, 385). Dieser Ansicht kann nicht zugestimmt werden, weil Art. 4 keine zeitliche Beschränkung enthält (wie hier: AG Augsburg WM 84, 213; AG Berlin-Tiergarten ZMR 86, 58; Schultz ZMR 86, 59). Keine Verzinsungspflicht besteht für solche Altverträge, bei denen die Verzinsungspflicht ausdrücklich ausgeschlossen wurde. In jenen Fällen ist der V. auch für die Zeit nach dem Inkrafttreten der Neuregelung nicht zur Verzinsung der Kaution verpflichtet. Streitig ist in diesem Zusammenhang, ob der Ausschluß der Verzinsung durch Formularvertrag gegen § 9 AGBG verstößt. Die Frage ist zu bejahen, weil der Vermieter durch die Kaution lediglich Sicherheit, nicht aber zusätzliche Einnahmen haben soll (LG Frankfurt WM 86, 336; LG Nürnberg-Fürth WM 88, 158; LG München I WM 89, 236; LG Itzehoe WM 89, 290; AG Langenfeld WM 89, 512; a. A.: AG Ludwigshafen WM 86, 335; LG Frankfurt WM 88, 307; AG Hannover DWW 88, 91).

Nach Beendigung des Mietverhältnisses ist der Vermieter verpflichtet, über die Kaution abzurechnen und den verbleibenden Teil der Kautionssumme einschließlich der Zinsen an den Mieter auszuzahlen. Hat der Vermieter schuldhaft keine Zinsen gezogen, so schuldet er den Zinsbetrag gleichwohl aus dem Gesichtspunkt des Schadensersatzes wegen positiver Vertragsverletzung. Seit der Neuregelung der Verzinsungspflicht ergibt sich diese Rechtsfolge unmittelbar aus dem Gesetz; sie wurde aber bereits vor Inkrafttreten der Neuregelung vom wohl überwiegenden Teil der Rechtsprechung und Literatur anerkannt (BayObLG (RE) NJW 81, 994; BGH (RE) WM 82, 240).

II. Die Frage, unter welchen Voraussetzungen sich der Vermieter aus der Kautionssumme befriedigen kann, wird vom Gesetz nicht geregelt. Soweit hierüber nichts Besonderes vereinbart ist, dient die Kaution zur Sicherung *aller Ansprüche des V. aus dem Mv.,* die ihm gegen den M. bis zur ordnungsmäßigen Zurückgabe der M.sache zustehen. Der V. kann die K. schon vor der Beendigung des Mv. im Wege der Aufrechnung *voll aufbrauchen,* wenn nichts anderes vereinbart wird (Schopp ZMR 69, 2); soweit die K. verbraucht ist, kann der V. nach Ansicht des BGH wieder eine Auffüllung verlangen (BGH WPM 72, 335; vgl. auch AG Düsseldorf WM 74, 209). Bei fortbestehendem Mv. ist der V. aber nicht verpflichtet, auf die K. zurückzugreifen, so daß er statt der Aufrechnung die Erfüllung der Verpflichtung (z. B. → Schönheitsreparaturen, → M.zinsrückstand) verlangen kann (LG Berlin MM 86, 30). Bei fortbestehendem Mv. ist der M. *nicht zur Aufrechnung* mit dem *Rückzahlungsanspruch* berechtigt; der M. ist somit insbesondere nicht berechtigt, die Zahlung des M.zinses zu verweigern und den V. auf eine Befriedigung aus der K. zu verweisen (BGH aaO; AG Rastatt WM 89, 73). Bei einer Verschlechterung der Vermögensverhältnisse des V. ist der M. grundsätzlich nicht befugt, die K. vorzeitig zurückzufordern. Der Mieter kann allerdings verlangen, daß die Kaution konkurssicher angelegt wird (§ 321 BGB; AG Itzehoe WM 86, 63; Derleder WM 86, 39). Wird über das Vermögen des Vermieters die Zwangsverwaltung angeordnet, so kann der Mieter gegen den Mietzinsanspruch des Zwangsverwalters nicht mit dem Kautionsrückzahlungsanspruch aufrechnen, da dieser Anspruch nicht gegenüber dem Zwangsverwalter besteht (AG Usingen NJW RR 87, 10).

III. Zur *Rückzahlung* der K. ist der V. erst verpflichtet, wenn der M. die M.sache an ihn zurückgibt. Er muß dann abrechnen, indem er von der K. die noch unbeglichenen Verpflichtungen des M. (Reparaturkosten, → M.ausfall) in Abzug bringt. Fällig wird der Rückforderungsanspruch des M. erst dann, wenn sich *nach seinem Auszug* für den V. das Vorliegen und der Umfang etwaiger Gegenansprüche bei beschleunigter Ermittlung übersehen lassen (Rödding BB 68,

934). Das LG Köln (WM 78, 105) und das AG Dortmund (WM 81, 235) halten hierbei im Regelfall eine Frist von 2 Monaten für ausreichend, wobei die Höhe eines eventuellen Schadensersatzanspruchs gegebenenfalls durch Schätzung (z. B. durch einen Kostenvoranschlag) ermittelt werden soll. Nach anderer Ansicht sollen drei Monate ausreichend sein (LG Köln WM 84, 109; AG Herford WM 87, 131; AG Aachen WM 88, 17 – 3 bis 4 Monate). Steht noch eine Betriebskostenabrechnung aus, so soll ggf. auf der Basis einer Schätzung vorab abgerechnet werden (AG Kassel WM 84, 226). Nach herrschender Meinung soll die Kaution spätestens 6 Monate nach Beendigung des Mv. zur Rückzahlung fällig sein (LG Saarbrücken WM 79, 140; AG Kulmbach WM 83, 54 = MDR 83, 404; AG Offenbach WM 86, 117; OLG Celle NJW 85, 1715; OLG Karlsruhe WM 87, 156; LG Hildesheim WM 86, 262). Zweifelhaft ist, ob der Vermieter die Kaution über diesen Zeitraum hinaus zurückbehalten darf, wenn ein Nachzahlungsanspruch zu seinen Gunsten für noch nicht fällige Betriebskosten zu erwarten ist. Nach allgemeinen Grundsätzen kann das gesetzliche Zurückbehaltungsrecht nach § 273 BGB nur wegen fälliger Ansprüche geltend gemacht werden; in der Rechtsprechung wird allerdings auch die gegenteilige Auffassung vertreten (OLG Karlsruhe WM 87, 156; OLG Hamburg DWW 88, 42; AG Köln WM 88, 267; ebenso Schulz DWW 86, 170). Empfehlenswert erscheint insoweit eine Erweiterung des Zurückbehaltungsrechts auf nicht fällige Forderungen durch vertragliche Vereinbarung (Beispiel: „Der Vermieter darf die Kaution so lange zurückbehalten, bis über die Heiz- und sonstigen Betriebskosten abgerechnet ist"). Es wird allerdings auch die Ansicht vertreten, daß eine solche Vereinbarung gegen § 3 AGBG verstoße (AG Heidelberg WM 89, 568). Hat der Vermieter beim Mietende fällige Ansprüche gegen den Mieter (Mietrückstände, Schadensersatzansprüche usw.), so ist es empfehlenswert, mit diesen Ansprüchen alsbald gegen den Rückzahlungsanspruch aus der Kaution aufzurechnen und – falls Betriebskostennachzahlungen zu erwarten sind und ein Kautionsrest verbleibt – wegen des Restes ein Zurückbehaltungsrecht geltend zu machen. Aus der Aufrechnungserklärung sollte die Aufrechnungsreihenfolge ersichtlich sein, wobei es ratsam ist, zunächst mit dem Schadenersatzanspruch und dann mit dem Mietzinsanspruch aufzurechnen. Dies gilt insbesondere dann, wenn die Kaution zur Deckung der Gesamtforderungen des Vermieters nicht ausreicht, weil sonst wegen der Schadenersatzansprüche die Verjährung droht. Verzögert der V. die Abrechnung und Auszahlung, kann ihn der M. in Verzug setzen und den dadurch entstandenen Schaden ersetzt verlangen. Obwohl der M. einen Anspruch auf Rückzahlung der K. erst angemessene Zeit (BGH WPM 72, 776) *nach der tatsächlichen Räumung* hat, kann ihm ausnahmsweise ein Anspruch auf die Teilrückzahlung eines offensichtlich vom V. nicht benötigten K.betrages schon *vorher* zustehen, wenn er dieses Geld zur *Anmietung von Ersatzräumen dringend* benötigt (Schopp a. a. O.); dazu grunds. Roesch WM 75, 65). Verzögert der V. die Abrechnung der K., so kann der M. mit dem fälligen Rückzahlungsanspruch gegen etwaige Forderungen des V. die → Aufrechnung auch dann erklären, wenn für die M.zeit ein Aufrechnungsverbot vereinbart war (LG Mannheim WM 74, 202). Umgekehrt kann der V. auch mit verjährten Forderungen gegen den Rückzahlungsanspruch aus der Kaution aufrechnen (BGH RE v. 1. 7. 1987 NJW 87, 2372). Der V. kann die Kaution allerdings nicht mit der Begründung zurückhalten, daß er gegen den M. einen Anspruch auf Schadensbeseitigung oder auf Wiederherstellung des ursprünglichen Zustands habe; ein derartiges Zurückbehaltungsrecht steht mit dem Sinn und Zweck der Kaution nicht im Einklang (LG Mannheim WM 88, 362; LG Hamburg WM 91, 95). Eine Vereinbarung, wonach der V. eine geleistete K. nicht zurückzahlen muß, wenn der M. vor dem Ablauf einer einjährigen M.dauer auszieht, ist nach § 550a BGB unwirksam (LG Mannheim U. vom 11. 12. 1976, 4 S 62/75; ebenso AG Karlsruhe WM 89, 73 für zweijährige M.dauer). Zur Frage, ob in der Rückzahlung der K ein Verzicht des V. auf eventuelle Schadensersatzansprüche liegt s. *Schönheitsreparaturen VI.*

Der Rückzahlungsanspruch aus der Kaution unterliegt der allgemeinen *Verjährungsfrist* von 30 Jahren (§ 195 BGB). Dies gilt auch bezüglich der Kautionszinsen. Die Vorschrift des § 197 BGB, wonach die Ansprüche auf Rückstände von Zinsen in vier Jahren verjähren, ist unanwendbar (a. A. Hüßtegen ZMR 83, 295). Zu den „Zinsen" im Sinne des § 197 BGB gehören nämlich nur diejenigen Beträge, die als Vergütung für die Überlassung von Kapital in Form von regelmäßig wiederkehrenden Leistungen geschuldet werden. So betrachtet, kann von einer Verzinsung des Kautionsbetrages nur im Verhältnis zwischen der Bank und dem V. gesprochen werden. Im Verhältnis zwischen den Parteien des Mv. sind die Kautionszinsen dagegen nur ein Teil der Kautionssumme. Der V. ist nämlich nicht verpflichtet, dem M. dafür etwas zu vergüten, daß dieser ihm eine Sicherheit stellt. Vielmehr ist der V. lediglich verpflichtet, die Kaution verzinslich anzulegen. Dementsprechend ist im Gesetz bestimmt, daß die Zinsen nicht an den M. auszuzahlen sind, sondern die Sicherheit erhöhen. Eine besondere Verjährungsfrist für diesen Erhöhungsbetrag gibt es nicht. Vielmehr teilen die Kautionszinsen das Schicksal des Kautionsstammbetrags (wie hier: Sternel III 231).

IV. *Veräußert* der V. die M.sache, muß der M. von ihm die Aushändigung der K. an den Erwerber verlangen und dafür sorgen, daß dieser den K.gegenstand auch tatsächlich erhält, weil die K.vereinbarung andernfalls dem Erwerber gegenüber nicht wirksam ist (s. Verkauf des M.grundstücks). Hierauf hat der M. einen Anspruch (OLG Karlsruhe RE v. 30. 11. 1988 DWW 89, 50). Daneben hat auch der Erwerber gegen den V. einen Anspruch auf Auszahlung der vom M. geleisteten und noch nicht verrechneten K. (OLG Hamburg MDR 70, 1015; dazu grunds. Stuckmann ZMR 72, 328; Weimar Betrieb 81, 1076; Boecken ZMR 82, 134; OLG Düsseldorf MDR 83, 405). Zu beachten ist allerdings, daß sich der Veräußerer vorrangig aus der Kaution befriedigen darf (OLG Karlsruhe a. a. O.; OLG Frankfurt NJW-RR 87, 786). Eine davon abweichende Regelung muß ausdrücklich zwischen dem Veräußerer und dem Erwerber vertraglich vereinbart werden. Der Erwerber, der beim Veräußerer hinterlegte Mietkautionen herausverlangt, trägt die Beweislast dafür, daß nicht verbrauchte Beträge beim Veräußerer vorhanden sind (OLG Frankfurt NJW-RR 87, 786). Gegenüber dem Anspruch des Erwerbers auf Aushändigung der Kaution kann der Veräußerer nicht mit solchen Ansprüchen aufrechnen, die ihm gegenüber dem Erwerber zustehen; dies folgt aus dem Umstand, daß die Kaution zweckgebunden ist und wirtschaftlich dem Mieter zusteht (OLG Frankfurt, ZMR 91, 340 = WM 91, 484). Wird die Kaution nicht an den Erwerber ausbezahlt und ist die Kautionssumme auch nicht durch eine Aufrechnung des Veräußerers erloschen, so bleibt der Veräußerer gegenüber dem Mieter zur Rückzahlung verpflichtet (AG Heidelberg WM 84, 83). Den Erwerber kann der Mieter nicht in Anspruch nehmen. Hat der Veräußerer lediglich die Kautionssumme ausbezahlt, so haftet der Erwerber insoweit auf die Rückzahlung; wegen der Zinsen haftet weiterhin der Veräußerer (AG Ebersberg WM 84, 83). Die Rückgewährpflicht trifft den Erwerber immer dann, wenn ihm die Kaution so zugeflossen ist, daß er in irgendeiner Form darüber verfügen kann. Ein solcher Fall liegt auch dann vor, wenn der Erwerber mit seinem Anspruch auf Auszahlung der Kaution gegen den Kaufpreisanspruch aufrechnet oder wenn vertragsmäßig beide Ansprüche untereinander verrechnet werden (LG München II WM 86, 320). In Rechtsprechung und Literatur ist streitig, ob der Veräußerer weiterhin auf Rückzahlung der Kaution haftet, wenn er die Kaution an den Erwerber weitergeleitet hat. Die Frage ist zu bejahen, weil § 572 S. 2 BGB nur regelt, daß der Erwerber im Falle der Aushändigung der Kaution zur Rückgewähr verpflichtet ist; die Mithaftung des Veräußerers bleibt davon unberührt (LG Hannover WM 87, 352; LG Stuttgart NJW-RR 88, 651; LG Köln WM 89, 290; LG Frankfurt WM 90, 427; AG Hamburg WM 89, 176; AG Köln WM 86, 62). Die Gegenansicht wendet § 571 Abs. 2 S. 2 BGB analog an. Danach wird der Veräußerer von der Haftung frei (AG Groß-Gerau WM 89, 177). Für die auf dem treuhänderischen Sonderkonto angelegte Kaution wird –

abweichend von den hier dargestellten Grundsätzen – auch die Ansicht vertreten, daß der Anspruch des Veräußerers auf das Sparguthaben automatisch auf den Erwerber übergeht (Derleder WM 86, 39; Eisenschmid WM 87, 243).

Findet bei gleichbleibenden Eigentumsverhältnissen ein Vermieterwechsel statt (z. B.: Austausch eines „Generalmieters" bei einer im „Bauherrenmodell" errichteten Wohnungseigentumsanlage), so sollte der neue Vermieter darauf achten, daß ihm die Kaution vom bisherigen Vermieter ausgehändigt wird. Verbleibt die Kaution ganz oder zum Teil beim bisherigen Vermieter, so empfiehlt es sich für den neuen Vermieter, den Mieter hierüber zu informieren. Gleiches gilt, wenn der bisherige Vermieter zur Herausgabe der Kaution nicht mehr imstande ist (Konkurs, Vermögensverfall). Bei unterlassener Mitteilung kann die Auslegung der Vertragsverhältnisse ergeben, daß der neue Vermieter anstelle des ursprünglichen Vermieters in das Mietverhältnis eingetreten ist, mit der Folge, daß auch die Rechte und Pflichten aus der Kaution auf den neuen Vermieter übergegangen sind und daß der neue Vermieter zur Rückgewähr verpflichtet ist.

Streitig ist, ob der Anspruch des V. auf die Kaution erlischt, wenn das Mv. endet, bevor der M. die Kaution an den V. gezahlt hat. Der BGH vertritt hierzu die Ansicht, daß ein V. noch so lange die Kaution verlangen kann, solange ihm aus dem beendeten Vertrag noch Forderungen zustehen (BGH NJW 81, 976 = WM 81, 106 = MDR 81, 665; ebenso AG Frankfurt NJW-RR 90, 1295). Dieser Ansicht kann nicht zugestimmt werden. Grundlage der Kautionsabrede ist i. d. R. der Mietvertrag. Ist das Mv. beendet, so ist auch der Rechtsgrund für die Zahlung der Kaution entfallen. Im übrigen ist der V. nach beendetem Mv. ohnehin zur Abrechnung verpflichtet. Es stellt deshalb einen Fall der unzulässigen Rechtsausübung dar, wenn er den Kautionsanspruch geltend macht, obwohl er auf Grund der Abrechnung nichts oder nur einen geringeren Betrag zu fordern hat (OLG Celle WM 83, 291).

V. Für Wohnungen mit → *Mietpreisbindung* darf eine K. nur unter den in § 9 V WoBindG bestimmten Voraussetzungen vom V. verlangt werden (s. Sozialwohnungen IV 1b; zu Konkurs u. Zwangsversteigerung vgl. Petzer DWW 75, 157; LG Hannover DWW 78, 123). Zur Aufrechnung des M. mit dem Rückzahlungsanspruch aus der Kaution gegen den Zwangsverwalter s. BGH WM 79, 101.

VI. Für *Mv. über Geschäftsräume* bestehen keine gesetzlichen Regelungen. Die gegenseitigen Verpflichtungen der Parteien müssen hier in der Kautionsabrede getroffen werden (zur Auslegung einer Vereinbarung über den Zahlungszeitpunkt s. LG Krefeld WM 89, 168). Soweit dort vertragliche Vereinbarungen fehlen, kann aus dem Sinn und Zweck der Kaution eine Verzinsungspflicht hergeleitet werden (OLG Koblenz, WM 93, 667 = ZMR 93, 565; OLG Düsseldorf, ZMR 93, 219). Nach der Auffassung des OLG Frankfurt (WM 89, 138 = ZMR 90, 9) ist eine Vereinbarung in einem Geschäftsraummietvertrag, wonach der M. eine verzinsliche Kaution zu bezahlen hat, gem. § 157 BGB dahingehend auszulegen, daß die Anlage des Geldes auf einem Sonderkonto erfolgen muß. Diese Rechtsansicht hat zur Folge, daß der Geschäftsführer einer in Konkurs gegangenen Vermietungs-GmbH gem. § 823 II BGB, 266 StGB auf Schadensersatz haftet, wenn die konkurssichere Anlage des Geldes abredewidrig nicht erfolgt ist (OLG Frankfurt a. a. O.); es wird allerdings auch die Ansicht vertreten, daß der Tatbestand des § 266 StGB nicht erfüllt ist, wenn der V. vertragswidrig über die Kaution verfügt (OLG Düsseldorf NJW 89, 1171; WM 93, 680 = DWW 93, 333). Für die Abrechnung der Kaution nach Vertragsende gelten die für Wohnraum dargelegten Grundsätze.

Konkurrenzbetriebe (K.). Ist im Mv. der bes. *geschäftliche Gebrauchszweck* hervorgehoben oder ist er dem V. in sonstiger Weise bekannt, trifft den V. nach der Rspr. die Verpflichtung, keinen K. im gleichen Haus zuzulassen (§§ 536, 133, 157, 242 BGB; s. Instandhaltung I). Das gilt auch dann, wenn im Mv. keine bes. Konkurrenzklausel vereinbart wird. Der M. ist allerdings nur vor solchen K. geschützt, die ihre Geschäftstätigkeit nach dem Abschluß des Mv. aufnehmen oder um die konkurrierende Ware erweitern. Gegenüber solchen Konkurrenten, die im Zeitpunkt der Anmietung bereits vorhanden sind, besteht kein Schutz (LG Köln WM 90, 379).

I. Konkurrenzschutz besteht vor allem für *Einzelhandelsgeschäfte*. Für sie gilt aber die Einschränkung, daß ein unzulässiger Wettbewerb nur dann vorliegt, wenn beide Geschäfte als Hauptartikel gleiche Waren vertreiben, während Überschneidungen in Nebenartikeln dafür nicht ausreichen (BGH LM § 536 BGB, Nr. 2; BB 57, 167). Als Hauptartikel sind diejenigen Waren anzusehen, die den Stil des Geschäfts bestimmen und ihm das eigentliche Gepräge geben. Außerdem müssen die konkreten Betriebe nach der Verkehrsanschauung im wesentlichen gleichartig sein. Hat der Vermieter beispielsweise Ladenräume zum Betrieb einer Bäckerei vermietet, so ist er aus Konkurrenzschutzgründen nicht gehindert, ein weiteres Mietverhältnis mit dem Betreiber eines Lebensmittelgeschäfts zu begründen; dies gilt auch dann, wenn in diesem Geschäft auch Brot angeboten wird (BGH LM § 536 BGB Nr. 3). Ebenso hat der Betreiber eines Milchgeschäfts keinen Anspruch auf Konkurrenzschutz gegenüber einem Feinkostgeschäft, auch wenn in beiden Betrieben Weine und Spirituosen vertrieben werden (BGH LM § 536 BGB Nr. 5). Ein Restaurant, das im wesentlichen Mittags- und Abendmahlzeiten sowie Getränke umsetzt, einerseits und ein Konditorei-Café andererseits sind nach der Verkehrsanschauung nicht gleichartig, so daß insoweit auch dann kein Konkurrenzschutz besteht, wenn beide Betriebe alkoholische Getränke führen (BGH LM § 536 BGB Nr. 2). Gleiches gilt für ein Metzgereifachgeschäft gegenüber einem Imbißstand, auch dann, wenn in der Metzgerei eine sog. „heiße Theke" eingerichtet werden soll (OLG Hamm NJW-RR 88, 911). Demgegenüber genießt der Mieter einer Gaststätte mit ungarischer oder jugoslavischer Küche Konkurrenzschutz gegenüber einem Gastwirt, der in seinem Lokal griechische Küche anbietet (OLG Karlsruhe ZMR 90, 214). Für eine bürgerlich-rustikale Gaststätte kann eine Konkurrenzsituation durch Imbißverkauf in Betracht kommen, wenn dieselbe Verbrauchergruppe angesprochen ist (BGH NJW-RR 88, 717). Eine vertragliche Vereinbarung des Inhalts, daß „dem Mieter Konkurrenzschutz gewährt wird", ist auslegungsbedürftig. Denkbar ist zum einen, daß sich der Konkurrenzschutz nur auf Hauptartikel, nicht auf die Nebenartikel beziehen soll. Die Auslegung kann aber auch ergeben, daß sowohl Haupt- als auch Nebenartikel Konkurrenzschutz genießen sollen (BGH MDR 86, 46 = NJW RR 86, 9). Soll ein umfassender Konkurrenzschutz gewährt werden, so empfiehlt sich folgende Klausel: „Der Vermieter verpflichtet sich, während der Mietdauer Verkaufsflächen nicht an ein Unternehmen zu vermieten, das den Vertrieb von Waren zum Gegenstand hat, die vom Mieter geführt werden" (BGH a. a. O.). In räumlicher Hinsicht bezieht sich der Konkurrenzschutz grundsätzlich nur auf diejenigen Räume, die in demselben Gebäude wie die Mietsache gelegen sind. Auf benachbarte Gebäude, die im Eigentum desselben Vermieters stehen, erstreckt sich der Anspruch auf Konkurrenzschutz nur dann, wenn der Mieter dies aufgrund der besonderen Umstände des Einzelfalls erwarten konnte. Für weiter entfernt liegende Gebäude besteht kein Konkurrenzschutz (BGH LM § 536 BGB Nr. 11/12). Gleiches gilt bei der Vermietung von Ladenräumen in einem Einkaufszentrum (BGH NJW 79, 1404; abweichend LG Karlsruhe WM 91, 83 für „Bräunungsstudio") oder in einer attraktiven Einkaufsstraße (LG Frankfurt NJW-RR 89, 1246; abweichend OLG Frankfurt NJW-RR 88, 396 betr. „Zeil"). Kein Konkurrenzschutz besteht, wenn die räumliche Nähe der Konkurrenzbetriebe keinen Einfluß auf die jeweilige Geschäftstätigkeit hat (OLG Karlsruhe NJW RR 87, 848 betreffend Vermietung einer Lagerhalle an eine Speditionsfirma zur Einlagerung von Wohn- und Büromöbeln).

II. Für *freie Berufe* gelten die genannten Grundsätze i. d. R. nicht (vgl. OLG Karlsruhe FWW 73, 388). Vor allem in größeren Geschäftshäusern ist es üblich, daß darin mehrere M. gleichartiger Berufszweige (Anwälte, Ärzte) ihre Praxisräume haben. In solchen Fällen kommt ein Konkurrenzschutz grunds. nicht in Betracht. (BGH ZMR 77, 23). Eine Ausnahme kann dann gelten, wenn die Praxis vorwiegend von sog. „Laufkundschaft" lebt (BGH NJW 78, 585 = MDR 78, 400 = ZMR 78, 210 = WM 78, 187; BGH ZMR 89, 148 betr. Radiologen; Haase JR 78, 195; vgl. auch für Ärzte in reinem Wohnhaus: LG Düsseldorf NJW 63, 1678). Jedenfalls verstößt eine formularmäßige Klausel, wonach Konkurrenzschutz nicht gewährt wird, in einem Vertrag über die Vermietung von Räumen für eine Zahnarztpraxis nicht gegen § 9 AGBG (OLG Hamburg NJW RR 87, 403 = ZMR 87, 94). Ist dagegen ein Konkurrenzschutz vereinbart, so gelten die oben I dargelegten Grundsätze (vgl. OLG Hamm, ZMR 91, 295: Ein Vermieter, der einem Facharzt für Chirurgie und Orthopädie vertraglichen Konkurrenzschutz vor Ärzten derselben Fachgruppe eingeräumt hat, darf nicht an einen Facharzt für Mund-Kiefer- und Gesichtschirurgie vermieten). Zur Wirksamkeit eines Wettbewerbsverbots nach Beendigung einer Apothekenpacht vgl. OLG Stuttgart NJW 78, 2340.

III. Auch für *andere Geschäftszweige* (Industrie- u. Handwerksbetriebe auf einem M. grundstück) gilt die Pflicht zur Fernhaltung von K., wenn im Einzelfall der Gebrauchszweck durch einen weiteren Betrieb gleicher Branche zu erheblichen Wettbewerbsschwierigkeiten führen kann.

IV. Verstößt der V. gegen diese *Fürsorge,* kann der M. verlangen, daß die Vermietung an den Konkurrenten unterlassen oder die schon eingetretene Störung beseitigt wird. Der Beseitigungsanspruch verpflichtet den V., den störenden Konkurrenten aus dem Haus oder vom Grundstück zu entfernen oder den unzulässigen Wettbewerb zu unterbinden (RGZ 119, 353; BGH ZMR 55, 200). Daneben steht dem M. gegen den V. ein Anspruch auf *Schadensersatz* zum Ausgleich der entstandenen Nachteile zu (RGZ 119, 356; Glaser NJW 53, 330). Außerdem ist der durch die Konkurrenz Verletzte zur Minderung berechtigt, wobei sich die Höhe der Minderung an der Umsatzeinbuße orientieren muß (OLG Karlsruhe ZMR 90, 214: bei Gaststätten entwickelt sich der Umsatz in der Regel dergestalt, daß der Mieter im ersten Jahr 7,5%, im zweiten Jahr 10%, im dritten Jahr 12,5% mindern kann). Bei längeren Schließungszeiten des Konkurrenzbetriebs entfällt die Minderung völlig, nicht aber beim Betriebsurlaub (OLG Karlsruhe a. a. O.). Stehen die jeweils vermieteten Räume im Eigentum einer AG, die eine Tochter (GmbH) als Vermieterin eingeschaltet hat und wurde der eine Mietgegenstand von der GmbH, der andere aber von der AG vermietet, so kann der durch die Konkurrenz verletzte Mieter den Verletzer auch dann in Anspruch nehmen, wenn dieser nicht sein Vertragspartner ist. Es genügt, wenn zwischen dem Vermieter und dem Verletzer wirtschaftliche Identität besteht (OLG Karlsruhe ZMR 90, 214). Zum Ganzen vgl. Joachim BB 86, Beilage 6.

V. Auch der Mieter von Geschäftsräumen muß bei der Untervermietung der Räume an ein branchenfremdes Unternehmen prüfen, ob er durch die Untervermietung gegen Konkurrenzschutzvereinbarungen seines Vermieters mit anderen Mietern verstößt. In diesem Fall muß die Untervermietung an dieses Unternehmen unterbleiben, weil der Mieter andernfalls seinen Verpflichtungen aus dem Mietvertrag zuwiderhandelt (LG Oldenburg NJW-RR 89, 81). Eine Vereinbarung, wonach ein Mieter den bereits vorhandenen Mietern im Gebäude keine Konkurrenz machen darf, ist i. d. R. dahingehend auszulegen, daß von dieser Klausel nur die jeweiligen Hauptartikel erfaßt werden (s. oben I). Eine Klausel, wonach sich der Mieter verpflichtet, „keine Waren zu führen, die bereits in einem anderen Geschäftslokal des Hauses geführt werden“ ist dagegen in einem umfassenden Sinn zu verstehen (OLG Celle, WM 92,538 = ZMR 92, 448). Dieses Verbot umfaßt nicht nur den Betrieb eines Geschäfts der gleichen Art; vielmehr wird dem Mieter zugleich untersagt, Nebenartikel anzubieten, die auch vom Konkurrenzunternehmen geführt werden. Eine derart umfassende Verbotsklausel kann auch formularmäßig getroffen werden (OLG Celle a. a. O.). Eine Verbotsklausel der genannten Art kann zwar vertraglich wieder aufgehoben werden; dabei ist denkbar, daß der Aufhebungsvertrag konkludent geschlossen wird. Die widerspruchslose Hinnahme einer Geschäfts- oder Angebotserweiterung durch den Vermieter reicht hierzu allerdings nicht aus (OLG Celle, a. a. O.).

Der geschützte Mieter muß sich wegen des Konkurrenzschutzes i. d. R. an seinen Vermieter halten. Den Konkurrenten kann er nicht in Anspruch nehmen; die in dem Mietvertrag mit dem Konkurrenten enthaltene Konkurrenzschutzklausel entfaltet nämlich keine Schutzwirkung zugunsten Dritter. Eine Ausnahme kann gelten, wenn die Voraussetzungen des § 1 UWG gegeben sind, so wenn der Konkurrent den Vermieter zum Vertragsbruch verleitet oder den Vertragsbruch des Vermieters bewußt ausnutzt (Vogt, MDR 93, 498).

VI. Konkurrenzschutz kann auch zugunsten eines Vermieters oder Verpächters für die Zeit nach der Beendigung des Miet- oder Pachtverhältnisses vereinbart werden. Dabei ist darauf zu achten, daß das Konkurrenzverbot räumlich und zeitlich dergestalt begrenzt wird, daß nicht in unzumutbarer Weise in die wirtschaftliche Bewegungsfreiheit des Mieters oder Pächters eingegriffen wird. Wirksam ist eine Formularklausel, wonach sich ein Pächter einer KFZ-Werkstätte verpflichtet, für die Dauer von drei Jahren nach Beendigung des Pachtverhältnisses im Umkreis von 5 km keine KFZ-Werkstätte zu betreiben (OLG Celle ZMR 90, 424).

Konkurs (Ko.) I. Wird über *das Vermögen des M.* der Ko. eröffnet, so gehen die Ansprüche und Verpflichtungen sowie alle sonstigen Rechte aus dem Mietverhältnis gemäß § 19 KO auf den Konkursverwalter über. Der Konkursverwalter tritt an die Stelle des Mieters. Die Ansprüche des Vermieters aus dem Mietvertrag werden Masseschulden. Hierzu gehört insbesondere der Mietzinsanspruch, aber auch alle sonstigen Ansprüche wie z. B. der Anspruch auf Durchführung von Schönheitsreparaturen und der Anspruch auf Unterlassung von vertragswidrigem Gebrauch usw. Ist das Mietverhältnis beendet, so gehört auch der Anspruch auf die Nutzungsentschädigung nach § 557 BGB zu den Masseschulden, weil es sich dabei um einen vertragsähnlichen Anspruch handelt, der an die Stelle des ursprünglichen Mietzinsanspruches tritt (BGH ZMR 84, 380 = WM 84, 131; s. dazu: Heilmann NJW 85, 2505). Sowohl der Vermieter als auch der Konkursverwalter sind zur *Kündigung* des Mv. berechtigt, wenn dem M. die Räume bereits *vor* der Ko.eröffnung überlassen worden sind (§ 19 KO). Der Konkursverwalter ist auch dann zur Kündigung berechtigt, wenn mehrere Personen Mieter sind und nur einer der Mieter in Konkurs gefallen ist. In diesem Fall beendet die Kündigung des Konkursverwalters regelmäßig den Mietvertrag auch für den nicht in Konkurs gefallenen Mitmieter (OLG Düsseldorf NJW-RR 87, 1369). Die gesetzl. → Kündigungsfrist muß eingehalten werden, soweit keine kürzere Frist zulässigerweise vereinbart wurde (z. B. für Geschäftsräume). Der V. kann beim Ko.verwalter, der von seinem Sonderkündigungsrecht Gebrauch macht, den Ersatz eines dadurch entstandenen Schadens als Ko.forderung (§ 26 KO) geltend machen. Im Falle der Mietermehrheit steht der Schadenersatzanspruch dem Vermieter regelmäßig nur gegen den Gemeinschuldner, nicht aber auch gegen den nicht in Konkurs gefallenen Mieter zu. Auf Grund des gesetzl. → Pfandrechts steht dem V. ein *Absonderungsrecht* für diejenigen Forderungen gegen den M. zu, die frühestens 1 Jahr vor Ko.eröffnung entstanden sind (§§ 48, 49 I Ziff. 2). Macht der V. von seinem Sonderkündigungsrecht Gebrauch, ist er zur Rückzahlung eines *im voraus entrichteten M.zinses* nur beschränkt nach den Vorschriften über die Herausgabe einer ungerechtfertigten Bereicherung verpflichtet (BGH NJW 58, 1582). Waren die M.räume zur Zeit der Ko.eröffnung dem M. noch nicht überlassen, kann der V. vom Mv. zurücktreten (§ 20 KO). Zum → Kündigungsschutz für Wohnraum vgl. die Ausführungen → Zwangsversteigerung I (a. E.).

II. Wird über das *Vermögen des V.* der Ko. eröffnet, bleibt der Mv. zugunsten des M. auch der Ko.masse gegenüber *wirksam,* wenn die

Räume dem M. bereits vor Ko.eröffnung überlassen wurden (§ 21 I KO). Weder darf der Ko.verwalter die Erfüllung des Mv. ablehnen, noch stehen dem M. oder dem V. ein Sonderkündigungsrecht zu. Der Ko.verwalter hat die Rechte und Pflichten des V. als dessen gesetzl. Vertreter wahrzunehmen. Der M. schuldet den vollen M.zins, der wie die vermietete Sache selbst, zur Konkursmasse zu rechnen ist. Heizkosten und sonstige Nebenkosten sind ein Teil des Mietzinses und gehören deshalb ebenfalls zur Konkursmasse (BGH NJW 86, 3206). Hat der M. eigene Forderungen gegen den V., so kann er nicht gegen M.zinsansprüche aufrechnen (BGH NJW 83, 1119). *Vorausverfügungen* über den M.zins sind der Ko.masse gegenüber grunds. nur insoweit wirksam, als sie sich auf den Monat zur Zeit der Ko.eröffnung beziehen (bei Ko.eröffnung nach dem 15. eines Monats auch für den darauffolgenden Monat; § 21 II KO). Eine *M.vorauszahlung,* die bereits im Mv. vereinbart und vom V. zum Hausbau verwendet wurde, ist jedoch auch dem Ko.verwalter gegenüber unbeschränkt wirksam (BGH NJW 52, 867; s. Aufbauvertrag). Gleiches gilt für sonstige abwohnbare → *Baukostenzuschüsse* (BGHZ 15, 296). War im Zeitpunkt der Ko.eröffnung die M.sache noch *nicht* an den M. übergeben, steht allein dem Ko.verwalter die Entscheidung darüber zu, ob der Vertrag erfüllt oder nicht erfüllt werden soll (§ 17 KO). Fällt der Vermieter einer Eigentumswohnung in Konkurs, so ist der Konkursverwalter verpflichtet, für eine ordnungsgemäße Bewirtschaftung des Wohnungseigentums zu sorgen und die dazu notwendigen Kosten aus der Masse aufzubringen. Aus diesem Grunde muß er an den Verwalter der Wohnungseigentümergemeinschaft das Hausgeld bezahlen. Zahlt der Mieter im Falle des Konkurses des Vermieters die Nebenkosten direkt an den Verwalter der Wohnungseigentümergemeinschaft, so wirkt die Zahlung insoweit schuldbefreiend gegenüber dem Konkursverwalter als die Konkursmasse dadurch von einer Masseverbindlichkeit entlastet wird. Für das Maß der Entlastung kommt es darauf an, ob sich die Zahlungen auf die jeweils laufenden oder aber auf die bei Konkurseröffnung rückständigen Forderungen beziehen. Die rückständigen Forderungen sind einfache Konkursforderungen, so daß die Konkursmasse durch die hierauf entfallenden Zahlungen nicht in Höhe der gezahlten Beträge, sondern nur in Höhe der Konkursquote entlastet wird. Bezüglich der laufenden Forderungen wird die Konkursmasse in voller Höhe entlastet (BGH NJW 86, 3206). Die *Energieversorgungsunternehmen* dürfen beim Konkurs des V. ihre Lieferung nicht ohne weiteres einstellen. Der M. hat einen Anspruch darauf, daß das Energieversorgungsunternehmen mit ihm einen Versorgungsvertrag abschließt. Das Unternehmen darf den Vertragsschluß nicht von der Bezahlung der offenen Rechnungen des

V. abhängig machen (LG Bonn WM 80, 231; LG Aachen NJW-RR 88, 1522).

III. Wird das M.grundstück im Wege der Zwangsversteigerung oder vom Ko.verwalter freihändig veräußert, gelten die Rechtsgrundsätze über die → Zwangsversteigerung von Grundstücken (§ 21 IV KO). Über das Schicksal der Kaution im Konkurs des V. s. *Kaution I.*

Kosten des Räumungsprozesses. Für ein gerichtliches Verfahren entstehen Gebühren und Auslagen. Wer diese Verfahrenskosten zu tragen hat, muß das Gericht neben der Sachentscheidung von *Amts wegen* bestimmen. Grundsätzlich muß die *unterliegende* Prozeßpartei diese Kosten tragen (§ 91 ZPO). Eine Ausnahme gilt dann, wenn der beklagte M. den Räumungsanspruch des V. in der mündlichen Verhandlung anerkennt und wenn er keinen Anlaß zur Klagerhebung gegeben hat (§ 93 ZPO). Ein solcher Fall liegt vor, wenn der M. sich bereit erklärt, zum Ablauf der Kündigungsfrist auszuziehen. Erklärt der M. daß er ausziehen werde, wenn er eine Ersatzwohnung gefunden hat, so ist zu fragen, wie der V. diese Erklärung in der konkreten Situation verstehen durfte. Bringt der M. zum Ausdruck, daß er bereits bestimmte, erfolgversprechende Maßnahmen zur Beschaffung eines Ersatzwohnraums getroffen hat, so muß der V. zur Vermeidung von Kostennachteilen grunds. zunächst von der Erhebung einer Räumungsklage Abstand nehmen. Ist die Erklärung des M. dagegen lediglich als mehr oder weniger unbestimmte Floskel zu würdigen, durch die der Räumungswille nicht eindeutig zum Ausdruck kommt, so liegt ein Anlaß zur Klagerhebung vor (vgl. dazu LG Ulm DWW 76, 187). Gegebenenfalls kann in der Erklärung auch ein Antrag auf Gewährung einer angemessenen → *Räumungsfrist* liegen. In diesem Fall gilt die Kostenvorschrift des § 93b ZPO; s. unten I). Im übrigen ist die Anwendung des § 93 ZPO nicht davon abhängig, ob der Räumungsanspruch sachlich begründet gewesen wäre (LG Köln WM 76, 185).

I. Neben diesen, für jeden Räumungsprozeß geltenden Grundsätzen ist bei Mv. über Wohnraum die Sondervorschrift des § 93b ZPO zu beachten. Danach gilt folgendes:

1. Haben sich V. und M. vor der Klagerhebung zu keinem partnerschaftlichen Gespräch über die geltend gemachte Fortsetzung des Mv. (s. Sozialklausel IV) oder die beantragte Gewährung einer → Räumungsfrist bereit gefunden, bestimmt § 93b ZPO, daß dieses mißbilligenswerte Verhalten ganz oder teilweise zur Auferlegung der Kosten an die im Verfahren *obsiegende* Prozeßpartei führen kann.

2. Wird einer Klage auf Räumung nur deshalb stattgegeben, weil sich der form- und fristgerecht eingelegte *Kündigungswiderspruch* des

M. im Ergebnis gegenüber den stärkeren Interessen des V. als *nicht begründet* herausstellte, muß der V. trotz seines Obsiegens die Kosten tragen, wenn der M. die Widerspruchsgründe rechtzeitig mitteilte, der V. aber aus Gründen obsiegt, die erst nachträglich entstanden sind. Gleiches gilt, wenn der V. bei der Beendigung eines befristeten Mv. seine berechtigten Interessen an der Räumung dem M. trotz dessen Fortsetzungsverlangen nach § 556b BGB (→ Sozialklausel V) nicht unverzüglich bekanntgegeben hat (§ 93b I 1 ZPO in neuer Fassung). Es liegt im Ermessen des Gerichts in derartigen Fällen dem V. die Kosten ganz oder teilweise aufzuerlegen. Das gilt entsprechend für eine erfolgreiche Fortsetzungsklage des M., wenn er trotz Aufforderung des V. diesem die Widerspruchsgründe nicht unverzüglich mitteilte (s. Sozialklausel III, IV).

3. Der M. hat als Beklagter die Verfahrenskosten trotz seines *erfolgreichen Widerspruchs* dann zu tragen, wenn er der Aufforderung des V. zur unverzüglichen Bekanntgabe der Widerspruchsgründe *nicht* nachkam (§ 93b II ZPO).

4. Dem V. können die Kosten einer *erfolgreichen* Räumungsklage auch dann ganz oder teilweise auferlegt werden, wenn der M. im 1. Verhandlungstermin des gerichtlichen Verfahrens den geltend gemachten Räumungsanspruch bedingungslos *anerkennt,* ihm aber vom Gericht eine → *Räumungsfrist* bewilligt wird. Diese Kostenbelastung des V. setzt aber weiter voraus, daß er vom M. vor Erhebung der Klage unter Angabe von Gründen um die Bewilligung eines angemessenen Räumungsaufschubs oder die Fortsetzung des Mv. gebeten worden ist und er dieser Bitte nicht nachkam (§ 93b III ZPO). Dadurch sollen verfrühte und im Gesamtergebnis unnötige Räumungsklagen verhindert werden. Deshalb ist § 93b Abs. 3 ZPO auch dann anwendbar, wenn der V. dem M. nach Ablauf der Kündigungsfrist bereits eine Räumungsfrist bewilligt hatte, diese aber nicht ausreicht und deshalb der M. eine weitere Räumungsfrist unter Angabe besonderer Gründe begehrt (LG Heidelberg WM 82, 302). Etwas anderes kann dann gelten, wenn zum Zeitpunkt der Entscheidung über den Verlängerungsantrag noch nicht abzusehen ist, ob und zu welchem Zeitpunkt der M. tatsächlich ausziehen wird. Der Gesetzeszweck rechtfertigt es auch, die Kostenvorschrift des § 93b III ZPO *entsprechend* anzuwenden, wenn der M. zunächst erfolglos um eine Räumungsfrist nachgesucht hat, diese aber dann doch nicht benötigt, weil er im Verlauf des Rechtsstreits eine Ersatzwohnung gefunden hat (LG Mannheim WM 78, 135; WM 89, 31). Wenn der M. trotz Erfüllung seiner → Ersatzraumbeschaffungspflicht keine Angaben über den Auszugstermin machen kann, ist dieser Umstand i. d. R. *kein* Anlaß, ihn auch nur teilweise mit Kosten zu belasten (LG Mannheim DWW 68, 258; WM 70, 47; LG Düsseldorf WM 69, 172;

a. A. LG München I WM 83, 118; AG Mannheim DWW 89, 87; AG Wuppertal DWW 88, 89). Wenn der M. seinen Widerspruch bis zur Klagerhebung aufrechterhält und dann doch nur eine Räumungsfrist erhält, kann er von Kosten nur dann freigestellt werden, wenn er rechtsunkundig ist oder ihm eine zutreffende Beurteilung darüber nicht möglich war, ob seine Härtegründe die Fortsetzung des Mv. bzw. nur die Gewährung einer Räumungsfrist rechtfertigten. Die in § 93b III ZPO ausdrücklich genannten Voraussetzungen müssen vorliegen, wenn das Gericht nach seinem Ermessen dem V. die Kosten des Verfahrens ganz oder teilweise auferlegen will; in welchem Umfang dem V. im Rahmen der Ermessensentscheidung die Kosten aufzuerlegen sind, ist insbes. davon abhängig, ob und welche Rücksicht der V. vorprozessual auf die Räumungsschwierigkeiten des M. durch die stillschweigende oder ausdrückliche Gewährung eines Räumungsaufschubs genommen hat (LG Mannheim MDR 70, 333 = ZMR 70, 117, 368 = WM 70, 47).

5. Die vom Gericht zu fällende *Kostenentscheidung* erfaßt im Räumungsverfahren auch die Entscheidung über die Fortsetzung des Mv. oder über die Gewährung einer Räumungsfrist. Die Verfahrenskosten erhöhen sich dadurch nicht. Wird nach Ausspruch des Räumungsurteils mit einer Räumungsfrist später in einem zusätzlichen Verfahren über die *Verlängerung* oder Verkürzung des Räumungsschutzes entschieden, entstehen dafür vor dem AG *keine* Gerichtsgebühren, sondern nach § 50 BRAGebO gegebenenfalls nur außergerichtliche Kosten (z. B. für den Rechtsanwalt; Schmidt-Futterer ZMR 67, 289). Für *erfolglose Beschwerden* im Räumungsschutzverfahren entstehen sowohl gerichtliche als auch außergerichtliche Kosten, für erfolgreiche Beschwerden dagegen grunds. nur außergerichtliche Kosten. Die Kostenentscheidung des Beschwerdegerichts ist unter Berücksichtigung des Obsiegens und Unterliegens der Prozeßparteien zu fällen (§§ 91, 97 ZPO). Als Schadensersatz kann der M. die Kosten der Inanspruchnahme eines Rechtsanwalts dann verlangen, wenn der V. nachdrücklich eine völlig unbegründete Kündigung oder M.erhöhung ausspricht (LG Mannheim DWW 74, 44 = FWW 74, 145; allerdings rechtfertigt nicht jede Streitfrage im Rahmen des Mv. die Einschaltung eines Rechtsanwalts auf Kosten des Vertragsgegners (LG Mannheim ZMR 75, 80). Die Kosten eines während des Rechtsstreits eingeholten *Privatgutachtens* können nur ausnahmsweise erstattet werden. Dies ist z. B. dann der Fall, wenn durch das Privatgutachten das Gutachten eines gerichtl. Sachverständigen erschüttert werden konnte und das Gericht das Privatgutachten ausdrücklich verwertet hat (OLG Bamberg JurBüro 76, 1688).

II. Die Höhe der im Einzelfall entstandenen gerichtlichen und außergerichtlichen Gebühren richtet sich nach dem *Wert des Streitgegen-*

standes. Dieser Streitwert ist im Gegensatz zur Zahlungsklage (bei ihr ist der eingeklagte Betrag maßgebend) im Räumungsprozeß höchstens auf den M.zins für die Dauer eines Jahres, bei kürzerer Vertragsdauer auf einen entsprechend geringeren Betrag festzusetzen (§ 16 GKG). Wird anläßlich einer Räumungsklage auch über die Fortsetzung des Mv. oder die Gewährung einer Räumungsfrist entschieden, erhöht sich der Streitwert durch diese Zusatzentscheidung *nicht.* Die Bemessung des Streitwerts ist in Rechtsprechung und Literatur außerordentlich umstritten, weil der Begriff des Zinses in § 16 GKG nicht näher definiert wird. Teilweise wird insoweit die Ansicht vertreten, daß der Streitwert für die Räumungsklage nach dem reinen Nettomietzins zu bemessen sei (LG Augsburg WM 80, 205; LG Frankfurt Rpfl. 82, 120; LG Frankenthal, ZMR 93, 378 m. abl. Anm. Trimborn; Gelhaar ZMR 82, 359). Nach der Rechtsprechung des BGH sind neben der Grundmiete auch die Nebenkosten zu berücksichtigen, soweit sie im Einzelfall eine Gegenleistung für die Raumüberlassung darstellen. Unberücksichtigt bleiben dagegen Entgelte für zusätzliche Leistungen des V. außerhalb der eigentlichen Raumüberlassung (BGHZ 18, 168, 173; ebenso LG Braunschweig ZMR 82, 281). Zu den zusätzlichen Leistungen des V., die bei der Bemessung des Streitwerts unberücksichtigt bleiben sollen, gehören nach Ansicht des BGH beispielsweise auch die Heizungs- und Warmwasserkosten. Der überwiegende Teil der Instanzgerichte folgt dieser Differenzierung nicht, sondern berücksichtigt bei der Streitwertbemessung neben der Grundmiete sämtliche Nebenkostenvorschüsse (LG Heilbronn MDR 81, 238; LG Mannheim WM 72, 113; AG Braunschweig MDR 74, 758; AG Bergheim ZMR 82, 190). Schließlich wird auch noch die Ansicht vertreten, daß zwischen den verbrauchsunabhängigen und verbrauchsabhängigen Nebenkosten zu differenzieren sei: Nur die erstgenannte Gruppe soll den Streitwert beeinflussen (AG Hannover MDR 74, 412). Nach der hier vertretenen Auffassung ist unter dem Begriff „Zins" im Sinne von § 16 GKG der Grundmietzins einschließlich aller Nebenkostenvorschüsse zu verstehen. Nur dieser Zinsbegriff steht im Einklang mit dem allgemein geltenden Begriff des Mietzinses im Sinne des § 535 BGB und den Besonderheiten des Kostenrechts (bezüglich der Einzelheiten vgl. Schmidt-Futterer/Blank, Kommentar Rdn. B 761). Der Streitwert richtet sich auch dann nach dem vollen Jahresbetrag des vertraglich vereinbarten M.zinses, wenn die M.sache mangelhaft ist und der M. deshalb den M.zins gemindert hat. Eine Ausnahme gilt aber dann, wenn die Mängel nicht mehr beseitigt werden können und die Berechtigung des M. zur Minderung zwischen den Parteien unstreitig ist (LG Mannheim B. v. 10. 6. 81 – 4 T 109/81). Stützt der Kläger sein Räumungs- und Herausgabebegehren neben Eigentum auch auf die Beendigung eines Nutzungsverhältnisses, so bestimmt sich der Streitwert entsprechend § 16 II 2 GKG nach dem Jahresbetrag der Nutzungsentschädigung, (OLG Bamberg JurBüro 81, 1047).

Auf der Grundlage des so ermittelten Streitwerts setzt das Gericht nach der Gebührentabelle nach Abschluß des Verfahrens die Gerichtskosten und auf Antrag auch die außergerichtlichen Kosten fest (§ 103 ZPO). Gegen den *Kostenfestsetzungsbeschluß* ist hinsichtlich der außergerichtlichen Kosten binnen 2 Wochen nach seiner Zustellung die *Durchgriffserinnerung* und gegen die Entscheidung über diese die sofortige *Beschwerde* binnen einer Frist von 2 Wochen zulässig (§§ 104 III, 577 ZPO). Gegen die Kostenberechnung hinsichtlich der *gerichtlichen* Kosten ist die unbefristete Erinnerung und gegen diese Entscheidung die unbefristete Beschwerde zulässig (§ 4 GKG).

III. Trotz der bewußten Begrenzung des Streitwerts haben auch die Kosten des Räumungsverfahrens für die unterliegende Prozeßpartei eine beachtliche Höhe. So entstehen für ein amtsgerichtliches Räumungsverfahren mit Beweisaufnahme bei einem angenommenen Streitwert von 7200,– DM (12 × 600,– DM Monatsmiete) und der Beteiligung von zwei Rechtsanwälten insgesamt Kosten von etwa 3600,– DM. Für ein Berufungsverfahren entstehen mit Beweisaufnahme bei einem angenommenen Streitwert von 9600,– DM (12 × 800,– DM Monatsmiete) und der Beteiligung von zwei Rechtsanwälten insgesamt Kosten von etwa 5600,– DM.

IV. Einem V. oder M., der außerstande ist, die Kosten für einen nicht aussichtslosen Rechtsstreit ohne Gefährdung seines Lebensunterhalts zu bestreiten, kann auf Antrag vom Gericht Prozeßkostenhilfe bewilligt werden (§§ 114ff. ZPO). Die Bewilligung setzt voraus, daß die beabsichtigte Rechtsverfolgung oder -verteidigung hinreichende Aussicht auf Erfolg bietet und nicht mutwillig erscheint. Weiterhin darf das Einkommen des Antragstellers gewisse Höchstgrenzen nicht überschreiten. Ist der Antragsteller aufgrund seiner Einkommensverhältnisse in der Lage, die Prozeßkosten ratenweise abzubezahlen, so kann das Gericht auch Ratenzahlungen anordnen. Die derzeit maßgeblichen Höchstgrenzen für das Einkommen und die Ratenzahlungen lassen sich aus der Tabelle auf S. 200 entnehmen:

Zum Einkommen im Sinne dieser Tabelle gehören alle Einkünfte in Geld oder Geldwert. Hierzu zählen auch das Urlaubs- und das Weihnachtsgeld (OLG Düsseldorf NJW 81, 1791). Besondere Aufwendungen (für Arbeitsmittel, Fahrten zum Arbeitsplatz; Beiträge zu Berufsverbänden usw.) können abgezogen werden. Außerdem sind besondere Belastungen (infolge Krankheit, Behinderung und dergleichen) zu berücksichtigen. Als besondere Belastung kann auch angesehen werden, wenn der Antragsteller eine besonders hohe Miete zu bezahlen hat. Ist der Mietzins geringer als 18% des Nettoeinkommens, so bleibt er unberücksichtigt. Ist der Mietzins höher als 18% des Nettoeinkommens, so kann derjenige Mietzinsanteil, der die 18%-Grenze überschreitet, als besondere Belastung berücksichtigt werden (OLG Frankfurt MDR 84, 409). Versicherungsprämien können dann in Ansatz gebracht werden, wenn die Versicherung zur Deckung üblicher Risiken abgeschlossen worden ist (z. B. Krankenversicherung). Lebensversicherungsprämien sind grundsätzlich nicht absetzbar, weil diese Versicherungsart auch eine Kapitalanlage darstellt. Gleiches gilt für Beiträge zu Bausparkassen und ähnlichem. Ratenzahlungen zur Tilgung von Bankkrediten können nur dann in Abzug gebracht werden, wenn mit dem Kredit unbedingt erforderliche Anschaffungen gemacht worden sind. Der Erwerb eines Kraftfahrzeugs gehört hierzu in der Regel nicht. Hat der Antragsteller mit dem Kredit ein Einfamilienhaus oder eine Eigentumswohnung finanziert, so ist die hierdurch entstandene Belastung dann zu berücksichtigen, wenn der Antragsteller selbst in den Räumen wohnt. Allerdings ist von den Kreditkosten derjenige Betrag abzuziehen, der üblicherweise als M.zins für Räume vergleichbarer Art bezahlt werden müßte. Unterhaltsleistungen aufgrund gesetzlicher Unterhaltspflicht sind grundsätzlich nicht vorab vom Nettoeinkommen abzusetzen, sondern bei der Anwendung der Tabelle zu berücksichtigen (OLG Hamm MDR 82, 500).

Nettoeinkommen auf volle Deutsche Mark abgerundet monatlich						Monatsrate
bei Unterhaltsleistungen auf Grund gesetzlicher Unterhaltspflicht für						
0	1	2	3	4	5 Personen*	Deutsche Mark
bis 850	1300	1575	1850	2125	2400	0
900	1350	1625	1900	2175	2450	40
1000	1450	1725	2000	2275	2550	60
1100	1550	1825	2100	2375	2650	90
1200	1650	1925	2200	2475	2750	120
1300	1750	2025	2300	2575	2850	150
1400	1850	2125	2400	2675	2950	180
1500	1950	2225	2500	2775	3050	210
1600	2050	2325	2600	2875	3150	240
1800	2250	2525	2800	3075	3350	300
2000	2450	2725	3000	3275	3550	370
2200	2650	2925	3200	3475	3750	440
2400	2850	3125	3400	3675	3950	520

* Bei Unterhaltsleistungen für mehr als 5 Personen erhöhen sich die in dieser Spalte angeführten Beträge um 275 Deutsche Mark für jede weitere Person.

Der Antrag auf Prozeßkostenhilfe muß unter Verwendung eines bei der Geschäftsstelle des Gerichts erhältlichen Vordrucks beim Prozeßgericht gestellt werden.

Mit der Bewilligung der Prozeßkostenhilfe setzt das Gericht zu zahlende Monatsraten und aus dem Vermögen zu zahlende Beträge fest. Ist eine Vertretung durch Anwälte vorgeschrieben, (z. B. für Verfahren in der Berufungsinstanz) oder erscheint aus anderen Gründen die Vertretung durch einen Rechtsanwalt erforderlich, so kann dem Antragsteller ein Rechtsanwalt beigeordnet werden. Gleiches gilt, wenn auch der Prozeßgegner durch einen Rechtsanwalt vertreten ist.

Mit der Bewilligung der Prozeßkostenhilfe erreicht der Antragsteller grundsätzlich Befreiung von den Gerichtskosten und den eigenen Anwaltskosten. Auf die Verpflichtung des Antragstellers im Falle des Unterliegens, die dem Gegner entstandenen Kosten zu erstatten, hat die Bewilligung der Prozeßkostenhilfe allerdings keinen Einfluß.

Die Prozeßkostenhilfe kann auch rückwirkend und sogar noch nach Abschluß des Verfahrens bewilligt werden, wenn der Bewilligungsantrag während des Verfahrens gestellt, aber nicht verbeschieden worden ist. Die Rückwirkung kann bis zu dem Zeitpunkt erstreckt werden, in dem der Antragsteller durch einen formgerechten Antrag unter Beifügung der erforderlichen Unterlagen von seiner Seite aus die Voraussetzungen für die Bewilligung der Prozeßkostenhilfe geschaffen hat (BGH NJW 82, 446 = MDR 82, 217).

Die Bewilligung der Prozeßkostenhilfe ist unanfechtbar. Gegen die Versagung der Prozeßkostenhilfe kann der Antragsteller Beschwerde einlegen, es sei denn, daß das Berufungsgericht die Bewilligung abgelehnt hat (§ 127 II ZPO).

Kündigung (K.). Eine K. erfordert die *eindeutige* Erklärung des V. oder M., den Mv. beendigen zu wollen. Die bloße Absicht oder Ankündigung, sobald wie möglich eine Beendigung herbeiführen zu wollen, ist noch keine K.

I. Für die Beurteilung der Zulässigkeit und Wirksamkeit ist es wichtig, folgende *Arten* der K. zu unterscheiden.

1. Die *ordentliche* K. berechtigt sowohl den V. als auch den M. *jederzeit,* unter Einhaltung der vereinbarten oder gesetzl. → Kündigungsfrist einen Mv. zu beendigen, der auf *unbestimmte* Zeit abgeschlossen ist. Auch die ordentliche K. eines noch nicht vollzogenen Mv. ist zulässig (BGH NJW 79, 1288 = MDR 79, 574 = WM 79, 139). Bei Mv. über *Wohnraum* gilt die Besonderheit, daß die K. des V. nur dann zulässig ist, wenn dieser an der Vertragsbeendigung ein *erhebliches, berechtigtes Interesse* hat, wobei die maßgebenden K.gründe *im K.schreiben* geltend zu machen sind (§§ 564a I, 564b BGB; s. dazu im einzelnen → Kündigungsschutz).

Für Mv. mit *bestimmter Vertragszeit* (befristete) ist diese K. *ausgeschlossen,* falls nicht ein Recht zur vorzeitigen K. besteht (s. unten I, 2); gleiches gilt für Mv., die befristet mit einer → Verlängerungsklausel oder unter einer auflösenden Bedingung für die Beendigung des Vertrags abgeschlossen worden sind. Mit dem Ablauf der vereinbarten Frist oder dem Eintritt der vereinbarten auflösenden Bedingung endet der Mv. ohne K.erklärung. Bei einem befristeten Mv. über Wohnraum hat der M. aber das Recht, spätestens zwei Monate vor dem vereinbarten Vertragsende die Fortsetzung des Mv. auf unbestimmte Zeit zu verlangen (§ 564c Abs. 1 BGB). In diesem Fall wird das befristete Mv. fortgesetzt, falls nicht der V. seinerseits Kündigungsgründe geltend machen kann (s. Kündigungsschutz V). Eine Ausnahme gilt für die sogenannten → *Zeitmietverträge* (§ 564c Abs. 2 BGB). Ist das Mv. unter einer auflösenden Bedingung geschlossen, so bestimmt § 565a Abs. 2 BGB, daß sich die Laufzeit des Vertrags beim Eintritt der Bedingung auf unbestimmte Zeit verlängert. In der Praxis finden sich solche Vertragsgestaltungen häufig bei Mv. über Werkwohnungen (z. B.: das Mv. endet, wenn der M. aus dem Betrieb ausscheidet). Derartige Klauseln haben entgegen ihrem Wortlaut nicht zur Folge, daß der Bestand des Mv. vom Bestand des Arbeitsvertrags abhängig wird. Allerdings kann der Arbeitgeber nach Beendigung des Arbeitsvertrags zur Kündigung des Mv. berechtigt sein, falls Kündigungsgründe vorliegen (s. Kündigungsschutz I 2). Ein befristeter Mv. über Wohnraum mit Verlängerungsklausel gilt ferner nach § 565a I BGB kraft Ges. dann als verlängert, wenn der V. die zwingenden gesetzl. → K.fristen und die Voraussetzungen des § 564b BGB zum Verlängerungszeitpunkt nicht einhielt; das kraft Ges. oder bewußt verlängerte Mv. gilt als Mv. auf unbestimmte Zeit (vgl. Gundlach ZMR 77, 134; LG Gießen ZMR 77, 157).

2. Durch die *außerordentliche* K. kann ein Mv. *vorzeitig* beendigt werden, mag er auf bestimmte oder unbestimmte Zeit abgeschlossen sein. Sie ist nur zulässig, wenn *bes. Gründe* vorliegen, die eine vorzeitige Auflösung des Mv. gebieten. Die erforderlichen Voraussetzungen werden vom Ges. geregelt (dazu Giese BB 68, 361; WM 73, 197).

a) Die außerordentliche *fristlose* K., die schon beim Zugang der K.erklärung sofort wirksam wird und die Rückgabepflicht auslöst, ist in folgenden Fällen zulässig:

aa) K. des V. wegen vertragswidrigem Gebrauch der M.sache durch den M., § 553 BGB (s. Vertragswidriger Gebrauch).

bb) K. des V. wegen → Mietrückstandes, § 554 BGB.

cc) K. des M. bei Nichtgewährung oder Wiederentziehung des Gebrauchs der M.sache oder bei Gesundheitsgefährdung der M.räume, §§ 542, 544 BGB (s. Mängel V).

dd) K. des V. oder des M. bei groben, schuldhaften Pflichtverletzungen des anderen Teils und Unzumutbarkeit der Fortsetzung des Mv., § 554a BGB (s. Belästigungen).

ee) K. des V. oder M. bei Unzumutbarkeit der Fortsetzung des Mv. auf Grund sonstiger schwerwiegender Ereignisse (sog. übergesetzl. K.recht; s. Belästigung II).

Die vertragl. *Vereinbarung* weiterer Gründe, die eine fristlose K. zulassen, ist bei der Wohnraumm. zu Lasten des M. *unzulässig* (§ 554b BGB). Dagegen ist die vertragl. Vereinbarung weiterer Gründe für eine fristlose K. bei Mv., die nicht Wohnraum betreffen, zulässig. Allerdings muß sich die Vereinbarung an den gesetzlichen Kündigungstatbeständen orientieren. Eine formularmäßig vereinbarte Kündigungsklausel, die den M. gegenüber der gesetzlichen Regelung entgegen Treu und Glauben benachteiligt, verstößt gegen § 9 I AGBG (BGH NJW 87, 2506 betr. verschuldensunabhängige, fristlose Kündigung, bei geringerem Zahlungsrückstand als nach § 554 BGB vorausgesetzt wird). Bei einer Individualvereinbarung kann ein Verstoß gegen § 242 BGB in Betracht kommen.

b) Daneben läßt das Ges. die außerordentliche *befristete* K. in solchen Fällen zu, in denen sich nachträglich wesentliche Veränderungen in den Verhältnissen der Vertragsparteien ergeben, die sie *nicht zu vertreten* haben. Die K. wird erst nach Ablauf der kurzen gesetzl. K.frist wirksam (s. Kündigungsfrist V). Richtet sich diese K. gegen den M. von Wohnraum, so erfordert der gesetzliche → K.schutz, daß die Voraussetzungen des § 564b BGB eingehalten werden (dazu ausführlich Schmidt-Futterer/Blank, Komm. Rdn. B 57, 570ff.; OLG Hamburg RE v. 21. 9. 1983 WM 83, 310 = DWW 83, 307; BayObLG RE v. 4. 12. 1984 WM 85, 52 = DWW 85, 28 jew. betr. § 569 BGB; dazu Hablitzel ZMR 84, 289; LG Hamburg ZMR 75, 121 = MDR 75, 582; WM 83, 318; AG Hamburg WM 75, 249; LG Ulm WM 79, 193 = ZMR 79, 175).

In folgenden Fällen läßt das Ges. diese K. zu: Kündigung durch den M. bei Verweigerung der Untermieterlaubnis (§ 549 I 1 BGB; s. Untermiete III) – Kündigung durch den überlebenden Ehegatten beim Tod eines von mehreren Mietern (§ 569b BGB; s. Tod des Mieters IV) – Kündigung durch den Vermieter beim Tod des Mieters (§ 569a BGB; s. Tod des Mieters II) – Kündigung durch den Vermieter und durch den Erben des Mieters beim Tod des Mieters (§ 569 BGB; s. Tod des Mieters III) – Kündigungsrecht beider Vertragsteile bei einem Mietverhältnis von mehr als dreißigjähriger Dauer (§ 567 BGB; s. Mietvertrag III) – Kündigungsrecht der Beamten (§ 570 BGB; s. Beamte) – Kündigungsrecht des Eigentümers bei Beendigung des Nießbrauchs (§ 1056 II BGB): Hat der Nießbraucher ein Grundstück/eine Wohnung über die Dauer des Nießbrauchs hinaus vermietet, so wird das Mv. nach Beendigung des Nießbrauchs mit dem Eigentümer fortgesetzt (§ 1056 I BGB). Der Eigentümer hat ein Sonderkündigungsrecht nach § 1056 II BGB. Die Kündigung muß bei der Wohnraummiete schriftlich erklärt werden; es müssen Kündigungsgründe nach § 564b BGB vorliegen. Die Kündigung ist grundsätzlich an keine Frist gebunden. Der M. hat allerdings die Möglichkeit, den Eigentümer unter Bestimmung einer angemessenen Frist zur Erklärung darüber aufzufordern, ob er von dem Kündigungsrecht Gebrauch mache. In diesem Fall kann die Kündigung nur bis zum Ablauf der Frist erfolgen (§ 1056 III BGB). Das Kündigungsrecht des Grundstückseigentümers ist ausgeschlossen, wenn er Alleinerbe des Nießbrauchers ist (BGH NJW 90, 443) – Kündigung des Nacherben beim Eintritt der Nacherbfolge (§ 2135 BGB): der Eigentümer einer Immobilie kann testamentarisch verfügen, daß eine bestimmte Person erst dann Erbe der Immobilie werden soll, wenn zuvor ein anderer Erbe geworden ist (§ 2100 BGB). Wird das Haus oder die Wohnung nach dem Eintritt des Erbfalls von dem Vorerben vermietet, so tritt der Nacherbe mit dem Eintritt des Nacherbfalls auf der Vermieterseite in das Mv. ein. Der Nacherbe hat in diesem Fall ein Sonderkündigungsrecht, für das die Ausführungen zum Kündigungsrecht nach § 1056 II BGB gelten – Kündigungsrecht des Eigentümers nach Erlöschen des Erbbaurechts (§ 30 II ErbbaurechtsVO): Hat der Erbbauberechtigte sein Grundstück vermietet, so tritt der Grundstückseigentümer gem. § 571 BGB in das Mv. ein, wenn das Erbbaurecht erlischt (§ 30 ErbbaurechtsVO). Erlischt das Erbbaurecht durch Zeitablauf, so kann der Eigentümer das Mv. mit dreimonatiger Frist kündigen. Bei der Wohnraummiete muß Schriftform eingehalten werden; es müssen Kündigungsgründe i. S. von § 564b BGB vorliegen. Die Kündigung kann nur für einen der ersten beiden Termine erfolgen, für die sie zulässig ist. Der M. kann den Grundstückseigentümer unter Bestimmung einer angemessenen Frist zur Erklärung darüber auffordern, ob er von dem Kündigungsrecht Gebrauch mache. In diesem Fall kann die Kündigung nur bis zum Ablauf der Frist erfolgen. Erlischt das Erbbaurecht vorzeitig, so entsteht das Kündigungsrecht nicht – Kündigungsrecht des Vermieters und des Konkursverwalters beim Konkurs des Mieters (§ 19 KO; s. Konkurs I) – Kündigung durch den Vermieter beim Erwerb im Zwangsversteigerungsverfahren (§ 57a ZVG; s. Zwangsversteigerung I) – Kündigungsrecht des Mieters nach vorangegangener Mieterhöhung (§ 9 I MHG; s. Mieterhöhung IV).

c) Die Beendigung eines Wohnraummv. auf Grund eines vertraglich vereinbarten *Rücktrittrechts* ist gem. § 570a BGB ausgeschlossen. Auch bei den übrigen Mv. tritt das Rücktrittsrecht jedenfalls dann zurück, wenn der Berechtigte die Möglichkeit zur fristlosen K. hat

(BGH NJW 69, 37; str.). Das Mv. kann auch durch *Anfechtung* beendet werden, wenn sich einer der Vertragspartner beim Vertragsschluß über wesentliche Umstände geirrt hat oder wenn der Vertragsschluß durch arglistige Täuschung oder Drohung beeinflußt worden ist. Entgegen § 142 BGB wirkt die Anfechtung aber nicht zurück; das Mv. wird vielmehr erst mit Wirkung für die Zukunft beendet (s. dazu Schmidt-Futterer Komm. Rdn. B 88). Zur Frage, ob in der unrichtigen Beantwortung von sog. Mietinteressentenfragebögen eine arglistige Täuschung liegt s. Selbstauskunft des Mieters. Der Wegfall der Geschäftsgrundlage kann bei Mv. über Wohnraum nach dem Einzug den Anspruch des V. auf sofortige Räumung nicht begründen (LG Mannheim ZMR 69, 241).

3. Die Parteien können grunds. das Recht zur K. für eine bestimmte Zeit (bis zur Dauer von 30 Jahren; § 567 BGB) *ausschließen oder sachlich beschränken* (z. B. keine K. wegen Eigenbedarfs). Das gilt sowohl für die ordentliche als auch für die außerordentliche K. Lediglich das außerordentliche Kündigungsrecht bei schuldhaften Pflichtverletzungen kann nach der Vorschrift des § 554a S. 2 BGB nicht abbedungen werden.

a) Der Kündigungsausschuß kann *ausdrücklich* oder *stillschweigend* erfolgen. Hat z. B. der M. einen Baukostenzuschuß, eine M.vorauszahlung oder ein M.darlehen erbracht, so gilt die K. für die Laufzeit dieser Finanzierungsbeträge stillschweigend als ausgeschlossen (h. M.; vgl. LG Hannover MDR 69, 845; WM 80, 57; LG Mannheim MDR 69, 769). Aus einem zeitlichen Ausschluß der M.erhöhungsbefugnis kann jedoch nicht auf einen Ausschluß der Kündigungsbefugnis geschlossen werden (BGH ZMR 76, 203). Ist ein Mietverhältnis auf bestimmte Zeit abgeschlossen, so kann die formularvertragliche Vereinbarung eines Kündigungsrechts für eine Partei gegen § 9 AGBG verstoßen (so OLG Hamm ZMR 88, 386 für das Kündigungsrecht eines M. in einem von diesem verwendeten Vertragsmuster).

b) Die Wirksamkeit der ordentlichen K. des V. kann auch vertraglich von der *vorherigen Zustimmung* (Einwilligung) *eines Dritten* abhängig gemacht werden. Das Zustimmungserfordernis hat zur Folge, daß eine K. unwirksam ist und auch durch eine nachträgliche Genehmigung nicht mehr geheilt werden kann, wenn die Zustimmung im Zeitpunkt des Kündigungsausspruchs nicht bereits erteilt worden ist. Eine zustimmungspflichtige K. wird insbesondere in Mv. über werkgeförderte Wohnungen (Zustimmung des Arbeitgebers; BGH WPM 69, 1454) sowie über LAG-Wohnungen (Zustimmung der LAG-Behörde) häufig vereinbart. Das Zustimmungserfordernis wirkt auch dann zugunsten des M., wenn es nicht Gegenstand der mietvertraglichen Vereinbarung, sondern lediglich in einer

Zusatzvereinbarung des V. mit dem Dritten enthalten ist. Mit der Beendigung des Belegungsrechts endet in der Regel auch das Zustimmungserfordernis (BGH WM 85, 153 betreffend: Landesbedienstetenwohnung).

Weist der V. bei der K.erklärung das Vorliegen der Zustimmung nicht in schriftlicher Form nach, ist der M. berechtigt, die K. unverzüglich zurückzuweisen (§ 182 III BGB), so daß sie unwirksam wird und wiederholt werden muß, mag auch eine mündliche Zustimmung vorgelegen haben (zur vertraglichen Verpflichtung des V. zum K.ausspruch vgl. → Werkförderungsvertrag 2).

II. *Voraussetzungen und Wirkungen der K.* Die K. ist eine *einseitige empfangsbedürftige* Willenserklärung. Sie wird erst wirksam, wenn sie dem anderen Teil *zugeht.*

1. In der K.erklärung muß *eindeutig* zum Ausdruck kommen, daß der Erklärende die Absicht hat, das Mv. zu beendigen. Mit welchen Worten das geschieht, ist nicht entscheidend. Das Wort „Kündigung" braucht nicht verwendet zu werden. Es genügt jede Erklärung, die unmißverständlich den Wunsch erkennen läßt, das Mv. beendigen zu wollen (BGH LM § 566 BGB, Nr. 2).

Die K. kann auch in der Klageschrift oder – nach Klagerhebung – in einem an das Gericht adressierten Schriftsatz erklärt werden. Voraussetzung ist allerdings, daß der K.empfänger die K. als materiellrechtliche Erklärung erkennen konnte; BayObLG (RE) WM 81, 200 = NJW 81, 2197 = DWW 81, 235; LG Hamburg MDR 74, 584 = WM 75, 57; LG Berlin WM 78, 119 = ZMR 78, 231; LG Karlsruhe MDR 78, 672). In der Tatsache der Klagerhebung allein liegt deshalb noch keine K. (Schmid WM 81, 171). Dieselben Grundsätze gelten für die Beantwortung der Frage, ob in einer Berufungsschrift eine K. gesehen werden kann. In allen Fällen ist es erforderlich, daß dem Erklärungsempfänger ein vom Kündigendem oder dessen Bevollmächtigten eigenhändig unterschriebenes Doppel des Schriftsatzes zugestellt wird. Durch die Zustellung einer beglaubigten Kopie wird die Schriftform nicht gewahrt (LG Hamburg WM 77, 184; LG Karlsruhe a. a. O.; a. A. LG Berlin a. a. O.). Etwas anderes soll nach den RE des OLG Zweibrücken vom 17. 2. 81 (OLGZ 81, 350 = WM 81, 177 = MDR 81, 585), des BayObLG vom 14. 7. 81 (a. a. O.) und des OLG Hamm vom 23. 11. 81 (NJW 82, 452 = WM 82, 44 = ZMR 82, 151 = DWW 82, 23) allerdings dann gelten, wenn der Beglaubigungsvermerk von dem V. oder dessen Bevollmächtigten eigenhändig unterzeichnet worden ist; in einem solchen Fall könne angenommen werden, daß mit dem Beglaubigungsvermerk nicht nur die Übereinstimmung der Abschrift mit der Urschrift, sondern zugleich die Tatsache der Kündigung selbst bezeugt werde. Aus den Erklärungen anläßlich der Verhandlung über eine vertragliche Aufhebung des Mv. läßt sich eine K. des Vertragspartners, der die Beendigung anstrebt, nur dann herleiten, wenn darin sein vorbehaltsloser Wille zur einseitigen Vertragsbeendigung erkennbar zum Ausdruck kommt (LG Mannheim WM 75, 226). Eine im Gerichtstermin zu Protokoll erklärte Kündigung ist unwirksam, weil die Schriftform nicht gewahrt ist (LG Berlin GrundE 89, 145; AG Braunschweig WM 90, 153).

Die K. darf *nicht* unter einer *Bedingung* erklärt werden, selbst wenn die Erfüllung dieser Bedingung vom Willen des Gekündigten abhängig ist (z. B. K., falls die verlangte M.zinserhöhung nicht gezahlt wird). Eine solche bedingte K.erklärung widerspricht dem Bestimmtheitsgrundsatz und ist deshalb unwirksam (a. A. BGH WPM 73, 694).

2. Aus der K.erklärung muß sich ergeben, zu welchem *Termin* die Beendigung des Mv. gewünscht wird. Die *Kündigungsfristen* müssen beachtet werden. Ein fehlender oder unrichtiger K.termin hat aber nicht die Unwirksamkeit der K.erklärung zur Folge, sondern läßt sie lediglich zum nächsten zulässigen Termin wirksam werden, wenn es sich lediglich um eine verhältnismäßig geringfügige Verschiebung des Kündigungstermins handelt (OLG Frankfurt NJW-RR 90, 337; a. A. LG Osnabrück WM 90, 81; LG Göttingen WM 91, 266 jeweils für Eigenbedarfskündigung mit verkürzter Frist). Kündigt der M. unter Nichtbeachtung der Frist vorzeitig, so soll der V. nach der Ansicht des LG Rottweil (WM 89, 182) verpflichtet sein, den M. auf seinen Irrtum hinzuweisen; unterbleibt der Hinweis, so hat dies den Verlust der Mietzinsansprüche für die restliche Kündigungsfrist zur Folge. Läßt sich aus der K.erklärung nicht oder nur mit unzureichender Eindeutigkeit entnehmen, ob es sich um eine außerordentliche K. oder aber um eine ordentliche befristete K. handeln soll, ist sie i. Zw. als ordentliche K. zu bewerten.

Eine fristlose K. kann im Wege der Umdeutung (§§ 133, 140 BGB) nur dann als ordentliche K. ausgelegt werden, wenn sie auch den inneren und äußeren Erfordernissen dieses Rechtsgeschäfts entspricht und daneben erkennbar vom Willen des Kündigenden mit umfaßt war; das ist nicht der Fall, wenn beispielsweise ein Großvermieter erkennbar die fristlose K. nur auf das Vorliegen bestimmter K.gründe stützt (BGH NJW 81, 976 = WM 81, 106 = ZMR 81, 113; LG Essen ZMR 69, 309; LG Mannheim NJW 70, 328; LG Hamburg WM 90, 19; LG Osnabrück WM 90, 81). Gleiches gilt, wenn sich aus der Kündigungserklärung nicht ersehen läßt, daß der Kündigende nicht nur eine sofortige Vertragsbeendigung, sondern auch eine Vertragsbeendigung nach Ablauf einer längeren Kündigungsfrist wünscht (LG Hamburg WM 89, 385). Ausnahmsweise kommt eine Umdeutung auch dann in Betracht, wenn sich der unbedingte Wille zur Vertragsbeendigung aus mündlichen Erklärungen des Kündigenden gegenüber dem Kündigungsempfänger ergibt (OLG Düsseldorf DWW 90, 303). Bei der Wohnraummiete ist eine Umdeutung ausgeschlossen, wenn hierdurch der Rechtsschutz des Mieters verkürzt würde. Dies ist insbesondere dann der Fall, wenn in dem Kündigungsschreiben kein Hinweis auf die → *Sozialklausel* enthalten ist und das Gericht die Umdeutung erst nach dem ersten Termin des Räumungsrechtstreits in Erwägung zieht. In diesem Fall wäre der Mieter nämlich an der fristgerechten Erklärung des Kündigungswiderspruchs gehindert (§ 556a Abs. 6 Satz 2 BGB). Die mit dem Umdeutungsverbot verbundenen Nachteile kann der Vermieter vermeiden, wenn er die fristlose Kündigung in der Hauptsache und die fristgemäße Kündigung hilfsweise erklärt.

Die Umdeutung einer Kündigungserklärung in ein Angebot zum Abschluß eines Mietaufhebungsvertrags ist nur ausnahmsweise möglich. Voraussetzung ist, daß sich der Erklärende bei der Abgabe der außerordentlichen Kündigung bewußt ist, daß sie als einseitige Erklärung nicht wirksam werden kann und daß es für diesen Fall zur Herbeiführung des rechtlichen Erfolgs – gewissermaßen hilfsweise – der Zustimmung des Erklärungsempfängers bedarf (BGH NJW 81, 43 = MDR 81, 135 = WM 81, 57 = ZMR 81, 84). Die Zustimmungsaufforderung muß in dem Kündigungsschreiben zum Ausdruck gebracht werden. Gibt der Kündigungsempfänger keine Erklärung ab, so gilt die Zustimmung als verweigert (BGH a. a. O.). Gleiches gilt, wenn der Kündigungsempfänger erklärt, daß er sich die Sache noch überlegen wolle (LG Freiburg WM 89, 7; s. auch AG Offenbach WM 89, 7).

3. Nach § 564a I BGB *sollen* in dem Kündigungsschreiben die Gründe der Kündigung angegeben werden. Darüber hinaus bestimmt § 564b III BGB, daß bei der ordentlichen befristeten K. eines Mv. über Wohnraum nur diejenigen Gründe berücksichtigt werden können, die im K.schreiben angegeben sind. Aus diesen beiden Vorschriften folgt, daß bei einer ordentlichen befristeten K. von Geschäftsräumen keine Gründe genannt werden müssen. Eine ordentliche befristete K. von Wohnraum ist dagegen nur dann wirksam, wenn gesetzliche K.gründe vorliegen und wenn diese im K.-schreiben aufgeführt sind (s. → K.schutz für Wohnräume). Bei einer außerordentlichen fristlosen K. von Geschäftsräumen müssen zwar K.gründe vorliegen (s. oben I 2a); diese brauchen aber nicht unbedingt im K.schreiben aufgeführt werden. Außerordentlich umstritten ist die Frage, ob die Wirksamkeit einer außerordentlichen fristlosen Kündigung von der Angabe von Kündigungsgründen abhängt. Dabei geht es um das Problem, ob die Vorschrift des § 564b Abs. 3 BGB, wonach im Räumungsrechtsstreit nur die im Kündigungs-

schreiben angegebenen Gründe berücksichtigt werden, auch für fristlose Kündigungen gilt. In dem Rechtsentscheid des OLG Karlsruhe vom 8. 6. 1982 (NJW 82, 2004) wird diese Frage verneint. Danach genügt es, wenn die Kündigungsgründe beim Ausspruch der Kündigung tatsächlich vorhanden waren und bei der Begründung des Herausgabeanspruchs im Prozeß vorgetragen werden. Nach dieser Ansicht darf der Vermieter die fristlose Kündigung im Prozeß grundsätzlich auch auf Gründe stützen, die er in der schriftlichen Kündigungserklärung nicht geltend gemacht hat. Folgt man dieser Ansicht, so ist zunächst zu prüfen, welche Kündigungsgründe zum Zeitpunkt des Kündigungsausspruchs vorgelegen haben. Dabei kommen nur solche Gründe in Betracht, die vom Willen des Kündigenden erkennbar mitumfaßt werden. Hat beispielsweise ein Vermieter gekündigt, weil die Voraussetzungen des § 554 Abs. 2 BGB (Zahlungsverzug) vorlagen, und hat der Mieter innerhalb der Frist des § 554 Abs. 2 Nr. 2 BGB den Rückstand bezahlt, so wird diese Kündigung auch dann unwirksam, wenn der Vermieter nunmehr behauptet, daß die Kündigung auch auf Belästigungen der Nachbarn (§ 554a BGB) gestützt werden solle. Eine Ausnahme gilt insoweit nur dann, wenn auch diese Umstände erkennbar vom Kündigungswillen mit umfaßt worden sind. Dies hat der Vermieter zu beweisen. Eine Kündigung, die wegen nicht ausreichender Gründe zum Zeitpunkt des Kündigungsausspruchs unwirksam war, bleibt auch dann unwirksam, wenn nach Kündigungsausspruch neue Kündigungsgründe hinzutreten. Diese Gründe können nur dann berücksichtigt werden, wenn der Vermieter erneut fristlos kündigt. Bei einer fristlosen Kündigung ist generell ein Nachschieben von nachträglich entstandenen Kündigungsgründen nicht möglich (BGH NJW 87, 432; OLG Zweibrücken RE vom 17. 2. 1981 MDR 81, 585). Die hier dargestellte Rechtsansicht des OLG Karlsruhe ist nicht zwingend (zur Gegenansicht s. Schmidt-Futterer/Blank, Komm. Rdn. B 65); allerdings sind die Landgerichte daran gebunden. Über diese Grundsätze hinaus, sind die K.gründe auch dann von Bedeutung, wenn die zum Ausspruch der K. führenden Beweggründe schlechthin *verwerflich* sind und die K. deshalb als *unzulässige Rechtsausübung* anzusehen ist (BGH LM § 242 BGB, Nr. 55). Die K. ist dann nach § 138 BGB *unwirksam,* z. B. wenn der V. aus unberechtigter Verärgerung oder aus rücksichtslosem Gewinnstreben die Kündigung ausspricht (LG Mannheim NJW 68, 1833; LG Essen ZMR 67, 11; AG Velbert ZMR 69, 310); gleiches gilt, wenn die K. erfolgt, weil der M. es wagt, sich auf ein *vertragl. verbrieftes Recht zu berufen.* Soweit im K.schreiben die Angabe der maßgebenden K.gründe erforderlich ist, müssen diese hinreichend spezifiert mitgeteilt werden; es genügt deshalb nicht, wenn z. B. wegen „andauerndem Lärm" oder „wiederholten Beleidigungen" gekündigt wird, weil der Kündigende die entscheidenden Gründe derart konkretisieren muß, daß sie nach Art, Dauer und Zeitpunkt für den K.empfänger ausreichend erkennbar sind (LG Mannheim MDR 71, 223; LG Köln WM 76, 182; s. K.schutz für Wohnräume III).

4. Die K.erklärung ist grunds. *formlos* (also auch mündlich) wirksam. Nur bei Mv. über *Wohnraum* macht das Ges. die Wirksamkeit der K. von der Einhaltung der → *Schriftform* abhängig (§ 564a BGB). Das gilt sowohl für die K. des V. als auch für die K. des M. und zwar für die außerordentliche ebenso wie für die ordentliche K. Die Schriftform braucht nicht eingehalten zu werden, wenn Wohnraum entweder nur zu vorübergehendem Gebrauch vermietet ist *oder* Teil der vom V. selbst bewohnten Wohnung ist und vom V. möbliert vermietet, aber nicht zum dauernden Gebrauch einer Familie überlassen worden ist (§ 564a III BGB). Im Ausnahmefall kann die Berufung des Kündigungsempfängers auf die fehlende Schriftform mißbräuchlich sein, so z. B., wenn ein Mieter mündlich kündigt und durch seinen Auszug eindeutig zum Ausdruck bringt, daß das Mietverhältnis endgültig beendet sein soll (AG Coesfeld WM 86, 326).

a) Der *Wortlaut* der schriftlichen K.erklärung muß erkennen lassen, daß der Kündigende die Beendigung des Mv. wünscht. Bei einer ordentlichen K. soll im K.schreiben der K.termin (s. Kündigungsfrist) angegeben werden. (Zur Begründung der K. s. oben II 3.) Die eigenhändige Namensunterschrift des Kündigenden muß die gesamte Erklärung decken. Werden die Erfordernisse der gesetzl. → Schriftform nicht eingehalten, ist die K. *unwirksam* (z. B. fehlende Unterschrift). Zur K. durch prozessuale Schriftsätze vgl. oben II 1.

b) Abweichende *Vereinbarungen* über die gesetzl. Schriftform der K. sind *unwirksam* (h. M.). Zulässig ist nur die Vereinbarung einer strengeren Form (z. B. durch eingeschriebenen Brief).

c) Für Mv., die keinen Wohnraum betreffen und für die keine gesetzl. Form der K. besteht, kann für die K. eine *Form vereinbart* werden. Meist wird dafür die Schriftform gewählt; eine mündliche oder telefonische K. ist dann unwirksam. Wird die K. durch eingeschriebenen Brief vereinbart, kann sich der Gekündigte nicht auf die Unwirksamkeit der K. berufen, wenn ihm die K.erklärung in anderer Weise (z. B. durch Boten oder Gerichtsvollzieher) zugegangen ist. Die Vereinbarung einer strengeren als der Schriftform ist *nicht Wirksamkeitsvoraussetzung,* sondern dient nur der Sicherstellung des Zugangs der K.erklärung. Lehnt der K.empfänger die Entgegenahme des K.schreibens durch Boten oder durch die Post ab, muß die Zustellung durch den Gerichtsvollzieher herbeigeführt werden.

d) Wird die K. durch einen *Bevollmächtigten* erklärt (→ *Hausverwalter,* Rechtsanwalt) so ist die K.erklärung auch ohne den Nachweis einer Vollmachtsurkunde wirksam. Der Gekündigte hat in diesen Fällen aber die Möglichkeit, die K. zurückzuweisen (§ 174 BGB). Dadurch verliert die Erklärung ihre Wirksamkeit. Die Zurückweisung muß unverzüglich, also ohne schuldhaftes Zögern (§ 121 I 1 BGB) erfolgen. Unverzüglichkeit kann auch dann noch angenommen werden, wenn der Mieter der Kündigung zunächst allgemein widerspricht, in diesem Schreiben eine gesonderte anwaltliche Stellungnahme angekündigt wird, diese Stellungnahme vor Ablauf von zwei Wochen eingeht und wenn in dieser Stellungnahme die Zurückweisung enthalten ist (AG Schöneberg MM 86, 437). Generell muß man dem Kündigungsempfänger eine angemessene Frist zur Einholung von Rechtsrat zubilligen. Aus der Zurückweisung muß sich klar ergeben, daß sie wegen der fehlenden Vollmachtsurkunde erfolgt. Eine Zurückweisung ohne Begründung ist im Ergebnis wirkungslos. Die K. kann auch dann zurückgewiesen werden, wenn die Vollmachtsurkunde nur in beglaubigter Abschrift beigefügt ist (LG Hamburg WM 87, 209). Das Angebot an die Gegenseite, die Vollmacht könne eingesehen werden, reicht nicht aus. Dies gilt auch dann, wenn die K.erklärung durch Vermittlung eines Gerichtsvollziehers zugestellt wird; die Vorschrift des § 167 II ZPO ist insoweit unanwendbar (BGH NJW 81, 1210 = MDR 81, 664). Teilweise wird vertreten, daß eine Berufung auf § 174 BGB rechtsmißbräuchlich sein soll, wenn der Gekündigte den Bevollmächtigten während einer längeren Vertragsbeziehung als solchen anerkannt hat (LG Köln WM 77, 200; LG Aachen NJW 78, 1387; LG Hamburg a.a.O.). Dieser Ansicht kann nicht zugestimmt werden. Es ist nämlich grunds. Sache des Erklärungsempfängers zu entscheiden, in welchen Fällen er eine von einem Bevollmächtigten abgegebene Erklärung auch ohne Vollmachtsvorlage gegen sich gelten lassen will. Die nach § 174 BGB zurückgewiesene K. kann jederzeit unter Beifügung einer Vollmacht wiederholt werden, während eine nachträgliche Heilung nicht möglich ist (AG Düsseldorf DWW 86, 247).

5. Sind mehrere V. oder M. vorhanden, muß die K. *von allen* Kündigenden *an alle* K.empfänger ausgesprochen werden. Die weitreichenden Wirkungen der K. erfordern es, daß sich aus der K.erklärung der übereinstimmende K.wille aller Kündigenden ergibt und allen K.empfängern davon zuverlässige Kenntnis gegeben wird. Deshalb muß die K.erklärung namentlich von allen oder wenigstens im Namen aller Kündigenden unter Angabe des Vertretungsverhältnisses ausgesprochen werden, sonst ist sie *unwirksam* (LG Berlin WM 79, 25). Haben Eheleute einen Mietvertrag gemeinsam abgeschlossen, so müssen sie auch gemeinsam kündigen (LG Hannover ZMR 87, 18). Kündigt nur einer der Eheleute, so kann die Kündigung ausnahmsweise dann wirksam sein, wenn sich aus den Umständen

ergibt, daß die Erklärung auch im Namen des anderen Ehegatten abgegeben werden sollte (LG Mönchengladbach ZMR 86, 438), und wenn sich die Eheleute gegenseitig zum Ausspruch der Kündigung bevollmächtigt haben (wegen der Vollmachtsurkunde s. II 4e). Sind sämtliche Mitglieder einer Wohngemeinschaft als Mieter anzusehen, so muß die Kündigung gegenüber allen Mitgliedern erfolgen (LG Freiburg WM 85, 86). Es ist in Fällen dieser Art nicht erforderlich, daß die Kündigungserklärung allen Mietern zur selben Zeit zugeht. Das Erfordernis der Einheitlichkeit der Kündigung gegenüber einer Mehrheit von Mietern setzt aber einen unmittelbaren engen zeitlichen Zusammenhang voraus (OLG Düsseldorf NJW RR 87, 1369). Die hier dargelegten Grundsätze gelten auch dann, wenn einer der Mieter aus der Wohnung ausgezogen ist (OLG Frankfurt WM 91, 76; LG Köln WM 90, 298). Lediglich im Ausnahmefall kann davon ausgegangen werden, daß das Mietverhältnis gegenüber allen Mietern endet, obwohl die Kündigung nur gegenüber dem in der Wohnung verbliebenen Mieter erklärt worden ist. Ein solcher Fall wird dann vorliegen, wenn der Auszug des Mieters längere Zeit zurückliegt und der ausgezogene Mieter mit der Wohnung ersichtlich nichts mehr zu tun haben will (OLG Frankfurt a. a. O.). Steht auf der Vermieterseite eine ungeteilte Erbengemeinschaft, so bedarf die Kündigung des Mietverhältnisses durch einen von mehreren Miterben der Mitwirkung der anderen Miterben gemäß § 2038 BGB. Handelt ein Berechtigter zugleich im Namen der anderen, so gelten die oben 4e dargelegten Grundsätze. Etwas anderes gilt, wenn die mehreren M. Gesellschafter einer BGB-Gesellschaft sind. In diesen Fällen ist § 125 II S. 3 HGB entsprechend anzuwenden. Danach reicht es aus, wenn die K. einem der vertretungsberechtigten Gesellschafter zugeht (OLG Hamburg WM 78, 120). Zur Frage der Wirksamkeit von Vollmachtsklauseln s. Eheleute I.

6. Die Wirksamkeit der K. setzt voraus, daß die Erklärung dem Gekündigten *zugeht*. Als zugegangen gilt die Kündigung, wenn sie dergestalt in den Machtbereich des Gekündigten gelangt ist, daß dieser bei Annahme normaler Verhältnisse davon Kenntnis nehmen kann (BGH, NJW 80, 990 = WM 80, 195). Dies ist der Fall, beim Einwurf in den Hausbriefkasten oder bei der Übergabe der Kündigungserklärung an den Mieter oder – falls die Erklärung an der Wohnungstür übergeben wird – bei der Aushändigung an einen Angehörigen. Der Zugang der Kündigung hängt nicht davon ab, ob der Gekündigte tatsächlich von der Erklärung Kenntnis nimmt. Deshalb ist eine Kündigung auch dann zugegangen, wenn die Erklärung einem Angehörigen des Mieters an der Haustür übergeben worden ist und dieser das Kündigungsschreiben nicht weiterleitet. Gleiches gilt, wenn der Mieter ein verschlossenes Kündigungsschreiben nicht öff-

net oder den Inhalt des Schreibens nicht zur Kenntnis nimmt, etwa weil er die deutsche Sprache nicht beherrscht; ein ausländischer Mieter ohne hinreichende Sprachkenntnisse muß für eine Übersetzung des Kündigungsschreibens selbst Sorge tragen. Die Zugangswirkungen treten auch dann ein, wenn der Gekündigte für längere Zeit ortsabwesend ist; in diesem Fall muß er einen Zustellungsbevollmächtigten benennen, oder auf andere Weise sicherstellen, daß ihn die an ihn gerichteten schriftlichen Mitteilungen erreichen (LG Göttingen, WM 89, 183 für Großvermieter). Verlegt eine der Vertragsparteien während der M.zeit ihren Wohnsitz ohne dies dem anderen Teil mitzuteilen und geht die K. infolge des Wohnsitzwechsels nicht oder verspätet zu, so kann sich der Gekündigte in bestimmten Fällen nicht auf diesen Umstand berufen (OLG Hamburg MDR 78, 489 für Wohnsitzwechsel eines V. von Geschäftsräumen). Wird das Kündigungsschreiben per Einschreiben übersandt, so kann der Postbote das Schreiben unter Hinterlassung eines Benachrichtigungsscheins bei der Postanstalt niederlegen, wenn er den Mieter nicht antrifft. In diesem Fall erfolgt der Zugang erst mit der Abholung des Schreibens durch den Mieter. Wird das Schreiben nicht abgeholt, so ist es nicht zugegangen; für ein Einschreiben mit Rückschein gilt nichts anderes. Eine Ausnahme kann gelten, wenn in dem Mietvertrag vereinbart ist, daß eine Kündigung durch Einschreiben zu erfolgen hat. Hier trifft den Kündigungsempfänger die vertragliche Nebenpflicht zur Abholung eines niedergelegten Einschreibens. Für den Zugang des Kündigungsschreibens genügt es in diesem Fall, wenn der Benachrichtigungszettel in den Briefkasten eingeworfen wird. Eine weitere Ausnahme kommt in Betracht, wenn der Empfänger nach Sachlage mit rechtsgeschäftlichen Mitteilungen des Absenders rechnen mußte (BGH MDR 77, 388). Etwas anderes soll nach AG Hamburg (WM 89, 80) gelten, wenn der Kündigende noch vor Ablauf der jeweiligen Frist von der mangelnden Zustellbarkeit seiner Kündigung erfährt und Gelegenheit hat, die Kündigung nochmals vorzunehmen und die Zustellung sicherzustellen. *Beweispflichtig* für den Zugang der Kündigung ist der Kündigende. Wird das Kündigungsschreiben mit der Post übersandt, so genügt es nicht, wenn der Kündigende nachweist, daß er den Brief ordnungsgemäß frankiert in eine Postsammelstelle eingeworfen hat. Dies gilt auch dann, wenn der Gekündigte über einen sicheren Hausbriefkasten verfügt und der Brief nicht zurückgekommen ist (LG Berlin, ZMR 87, 17; AG Frankfurt/M, DWW 89, 87; a. A. E. Schneider, MDR 84, 281). Die damit verbundenen Beweisschwierigkeiten können bei der Übermittlung durch einen Boten oder bei der Zustellung durch den Gerichtsvollzieher nach § 132 Abs. 1 BGB vermieden werden (s. dazu BGH MDR 77, 388; WM 87, 209).

7. Der K.empfänger braucht auf die K. *keine Gegenerklärung* abzugeben. Sie wird schon mit dem Zugang wirksam und bedarf nicht der ausdrücklichen Annahme. Aus dem *Schweigen* des Empfängers können deshalb *keine* ihm *nachteilige Folgerungen* (z. B. sein Einverständnis oder der Verzicht auf Einwendungen) gezogen werden. Die Gefahr der Unwirksamkeit einer K. trägt der Kündigende, so daß der K.empfänger auch dann nicht zur ausdrücklichen Zurückweisung verpflichtet ist, wenn er die K. als unzulässig oder unwirksam ansieht. Ist eine K. des V. wirksam, empfindet der M. sie aber in ihren Auswirkungen als ungerechtfertigte Härte, so daß er eine Verlängerung des Mv. erlangen zu können glaubt, muß er *spätestens 2 Monate* vor Ablauf der K.frist *schriftlich* seinen *K.widerspruch* beim V. geltend machen (s. Sozialklausel VI). Vor Ablauf der Widerspruchsfrist hat der V. kein Recht, vom M. eine verbindliche Erklärung darüber zu verlangen, ob und wann er ausziehen wird (s. gerichtliches Verfahren III).

8. Die wirksame K. des V. oder des M. hat die *Beendigung* des Mv. zur Folge. Nach dem Ablauf der → K.frist oder ab dem Zugang der außerordentlichen fristlosen K. ist der M. ohne weitere Mahnung zur → Rückgabe der M.sache an den V. verpflichtet (§ 556 BGB). Diese Rechtsfolge tritt nicht erst durch einen Urteilsausspruch des Gerichts ein, wie das nach früherem Recht der Fall war. Ist der K.-empfänger der Ansicht, daß durch die K. der Mv. nicht oder noch nicht zu dem angegebenen K.termin beendet wurde, kann er bei Gericht eine *Feststellungsklage* mit dem Antrag erheben, das Fortbestehen des Mv. zu bestätigen. Das Feststellungsinteresse fehlt nicht im Hinblick auf die Widerspruchsmöglichkeit des § 556a BGB. Der Mieter ist auch nicht verpflichtet, vor Klagerhebung dem Vermieter die Möglichkeit zur Kündigungsrücknahme einzuräumen (LG Aachen WM 87, 157). Nach der Ansicht des LG München I (WM 89, 258 m. Anm. Riecke), sind dem M. aber die Verfahrenskosten aufzuerlegen, wenn der V. den Klageanspruch sofort anerkennt, die Kündigung offensichtlich unbegründet war und der M. den V. vor Klageerhebung nicht abgemahnt hat. Eine Klage auf Feststellung der Unwirksamkeit der K. ist i. d. R. als Klage auf Feststellung des Fortbestehens des Mv. aufzufassen (BGH Warn 65, Nr. 183). Trotz einer wirksamen K. tritt kraft Ges. eine → stillschweigende Verlängerung des Mv. ein, wenn der M. nach dem Ablauf der K.frist den Gebrauch der M.sache fortsetzt und weder der V. noch der M. binnen einer Frist von vierzehn Tagen erklärt, daß der Vertrag trotzdem nach wie vor als beendet angesehen wird (§ 568 BGB).

9. Wird das Mv. infolge der K. *ohne Räumungsprozeß* beendet, so sind die *Kosten der K.* (Anwaltskosten, Schreibgebühren) grunds. vom Kündigenden selbst zu tragen. Einen allgemeinen Grundsatz,

wonach diese Kosten stets von dem unterliegenden Teil zu tragen wären, gibt es nämlich nicht. Insbesondere ist die Kostenvorschrift des § 91 ZPO nicht entsprechend anwendbar. In bestimmten Fällen kann der Kündigende aber die Kosten der K. vom Gekündigten nach den Grundsätzen der positiven Vertragsverletzung als Schadensersatz verlangen. Der Anspruch setzt stets voraus, daß der Anlaß zur K. eine vom Gekündigten zu vertretende Vertragsverletzung darstellt. Bei der K. durch den M. kommt insoweit in Betracht: Nichtgewährung des vertragsgemäßen Gebrauchs durch den V. (542 BGB); gesundheitsgefährdender Zustand der Räume (§ 544 BGB) und Pflichtverletzungen durch den V. (§ 554a BGB). Eine Vertragsverletzung des M. liegt insbesondere vor in den Fällen der unerlaubten Untervermietung (§ 549 BGB); des vertragswidrigen Gebrauchs (§ 553 BGB); des Zahlungsverzugs (§ 554 BGB) und der Pflichtverletzungen nach §§ 554a, 564b II Nr. 1 BGB).

Die *Kosten der Rechtsverteidigung*(Anwaltskosten) gegen eine unbegründete K. kann der K.empfänger dann ersetzt verlangen, wenn die K.erklärung als solche eine Vertragsverletzung darstellt. Ein solcher Fall liegt z. B. dann vor, wenn der V. mit erfundenen K.gründen (vorgespiegelter Eigenbedarf) kündigt oder wenn der M. eine offensichtlich unbegründete K. ausspricht. Gleiches kann gelten, wenn der V. wegen Eigenbedarfs kündigt, obwohl er sich über seine Nutzungsabsicht noch nicht endgültig im klaren ist, oder wenn der Kündigende fahrlässig einen in Wirklichkeit nicht bestehenden Kündigungsgrund als gegeben ansieht. Werden dagegen tatsächlich zutreffende aber im Ergebnis nicht ausreichende K.gründe geltend gemacht, so liegt hierin keine Vertragsverletzung (AG Konstanz WM 77, 254; zweifelhaft AG Krefeld MDR 78, 1023; AG Hamburg-Altona WM 85, 121 wonach in solchen Fällen eine Fahrlässigkeit des Kündigenden vorliegen soll; vgl. auch → Kündigungsschutz II 1).

Kommt es zum *Räumungsprozeß,* so richtet sich die Kostenerstattung nach den §§ 91ff. ZPO (vgl. → Kosten des Räumungsprozesses).

III. Eine *Teilkündigung* des Mv. ist unzulässig (BVerfG, GE 93, 1327; LG Köln WM 68, 131). Die vom Mv. erfaßten Sachen bilden rechtlich und meist auch wirtschaftlich eine Einheit und können deshalb auch nur zusammen gekündigt werden. Das gilt sowohl für einzelne Räume einer Wohnung als auch dann, wenn Wohn- und Geschäftsräume (Ladengeschäft mit dahinterliegender Wohnung) oder eine Wohnung mit einer Garage gemeinsam in einem Mv. vermietet sind (wegen der Einzelheiten s. Garagen, Mischräume).

IV. *Teilkündigung von Nebenräumen (§ 564b II Nr. 4 BGB).* Durch das Wohnungsbau-Erleichterungsgesetz vom 17. 5. 1990 (BGBl. I S. 926) und durch das Vierte Mietrechtsänderungsgesetz vom 21. 7.

1993 (BGBl. I S. 1257) wurden die Kündigungstatbestände dahingehend erweitert, daß der Vermieter auch zur Teilkündigung von Nebenräumen (insbesondere zur Kündigung von Speicherräumen) und von mitvermieteten Grundstücksteilen (z. B. KFZ-Abstellplätzen) berechtigt ist, wenn er diese Räume und Grundstücksteile zur Schaffung von neuem Wohnraum benötigt. Auf diese Weise will der Gesetzgeber sicherstellen, daß der wohnungsbaupolitisch wünschenswerte Ausbau von Dachgeschossen sowie die Aufstockung oder sonstige Erweiterung eines Gebäudes nicht am Widerstand der Mieter scheitert. Die Regelung ist bis zum 1. Mai 1995 befristet. Im einzelnen setzt die Teilkündigung von Nebenräumen folgendes voraus:

1. *Zubehörräume*. Die Nebenräume müssen außerhalb der Wohnung des Mieters liegen. Sie dürfen nach den Vereinbarungen des Mietvertrags nicht zum Wohnen bestimmt sein. Es muß sich um Zubehörräume handeln; in Betracht kommen Keller, Waschküche, Abstellräume außerhalb der Wohnung, Dachböden, Trockenräume, Schuppen, Garagen und ähnliche Räume (vgl. § 42 IV Nr. 1 der II. BV). Unerheblich ist es, ob der Mieter die Räume vertragswidrig zu Wohnzwecken nutzt.

2. *Errichtung von Mietwohnungen*. Der Vermieter muß die Absicht haben, die Nebenräume zu Wohnungen zum Zwecke der Vermietung auszubauen. Der Ausbau muß bauordnungsrechtlich zulässig sein. Die Baugenehmigungen müssen zum Zeitpunkt der Kündigungserklärung allerdings noch nicht vorliegen. Wird die Baugenehmigung in der Folgezeit nicht erteilt, so ist die Kündigung unwirksam mit der Folge, daß das Mietverhältnis in der ursprünglichen Form fortbesteht. Will der Vermieter lediglich seinen eigenen Wohnraum erweitern, so ist die Kündigung unzulässig. Dies gilt nach dem Wortlaut des Gesetzes auch dann, wenn der Vermieter seine bisher benutzte Wohnung zur Vermietung anbieten will (LG Stuttgart, WM 92, 24). Eine analoge Anwendung ist nicht angebracht (a. A. LG Marburg, DWW 92, 116), weil der Gesetzgeber den Wortlaut der Vorschrift nicht geändert hat, obwohl sich dies beim Erlaß des Vierten Mietrechtsänderungsgesetzes im Hinblick auf den damals gegebenen Diskussionsstand (vgl. BVerfG, WM 92, 47; WM 92, 228) angeboten hätte. Es genügt allerdings, wenn der Vermieter die Räume nach dem Ausbau gegen Entgelt einem Angehörigen überlassen will.

3. *Teilkündigung*. Der Vermieter kann nicht die gesamte Wohnung, sondern nur die Nebenräume kündigen. Diese Beschränkung muß in der Kündigungserklärung zum Ausdruck kommen. Darüber hinaus umfaßt der Kündigungstatbestand nicht nur den Ausbau von bestehenden Räumen, sondern auch die Neuschaffung von Wohnraum durch Aufstockung oder Anbau und dergleichen. Bei solchen

Maßnahmen muß gelegentlich auf unbebaute Grundstücksteile zurückgegriffen werden. Hierbei ist insbesondere an mitvermietete KFZ-Abstellplätze oder mitvermietete Gärten zu denken. Diese Flächen kann der Vermieter unter Aufrechterhaltung des übrigen Mietverhältnisses ebenfalls kündigen.

4. *Fristen.* Die Kündigung muß spätestens am 1. Mai 1995 dem Mieter zugegangen sein. Es gilt – unabhängig von der Dauer des Mietverhältnisses – eine einheitliche Kündigungsfrist. Die Kündigung muß dem Mieter am 3. Werktag eines Kalendermonats zugehen; sie wirkt dann zum Ablauf des übernächsten Monats (§ 564b Abs. 2 Nr. 4 Satz 2 BGB). Vorratskündigungen sind auch hier ausgeschlossen; dies bedeutet, daß der Vermieter unmittelbar nach Ablauf der Kündigungsfrist mit der Durchführung der Arbeiten beginnen muß. Verzögert sich der Beginn der Bauarbeiten, so kann der Mieter eine Verlängerung des Mietverhältnisses um einen entsprechenden Zeitraum verlangen (§ 564b II Nr. 4 S. 3 BGB).

5. *Herabsetzung des Mietzinses.* Da dem Mieter nach der Rückgabe der Nebenräume nicht mehr das gesamte Mietobjekt zur Verfügung steht, kann er eine angemessene Herabsetzung des Mietzinses verlangen (§ 564b II Nr. 4 S. 2 BGB). Anders als bei der Minderung tritt die Herabsetzung nicht kraft Gesetzes ein; der Vermieter ist nach dem klaren Wortlaut des Gesetzes auch nicht von sich aus zur Reduzierung der Miete verpflichtet. Vielmehr muß der Mieter die Herabsetzung „verlangen“. Das Recht zur Zahlung der herabgesetzten Miete entsteht mit der Rückgabe des gekündigten Nebenraums und dem Zugang des Herabsetzungsverlangens beim Vermieter; eine rückwirkende Herabsetzung ist ausgeschlossen. Die Höhe der Mietzinsreduzierung richtet sich nach den Grundsätzen, die für die Minderung der Miete bei mangelhafter Mietsache gelten (siehe Mangel).

IV. Der *Widerruf* oder die *Zurücknahme* der K. ist unzulässig (h. M.). In einem Widerruf kann aber das Angebot zur Fortsetzung des Mv. liegen, und wenn der K.empfänger damit einverstanden ist, gilt der bisherige Vertrag ohne Errichtung einer neuen Urkunde als fortbestehend (LG Mannheim WM 78, 139). Vgl. auch OLG Hamm ZMR 79, 249, wonach in einem solchen Fall ein neues Mv. zu den Bedingungen des ursprünglichen Vertrags zustande kommt. Einigen sich die Vertragspartner vor dem Ablauf der K.frist über die Fortsetzung des bisherigen Mv., wird die K. dadurch gegenstandslos (BGH FWW 74, 231 = JR 74, 375 m. Anm. Haase). Wird die Rücknahme der K. mit einer Veränderung der bisherigen Vertragsbedingungen (z. B. M.zins) verbunden, ist zur Wahrung der → Schriftform nach § 566 BGB die Errichtung einer Nachtragsurkunde erforderlich (OLG München NJW 63, 1619).

V. Außer der K. kann die Beendigung des Mv. auch durch einen *Aufhebungsvertrag* herbeigeführt werden (s. Rückgabepflicht I, 4).

Kündigungsfolgeschaden I. Kündigt der V. oder der M. das Mv. wegen einer schuldhaften erheblichen Vertragsverletzung des anderen Teils, so kann der Kündigende den Ersatz des dadurch entstandenen Schadens verlangen (BGH WPM 74, 345 mit weiteren Nachweisen; LG Mannheim MDR 73, 676; LG Heidelberg WM 77, 200). Schuldhaft ist die Vertragsverletzung, wenn der Kündigende bei Beachtung der im Verkehr erforderlichen Sorgfalt hätte erkennen können und müssen, daß die Voraussetzungen für die Kündigung nicht vorgelegen haben (BGH WM 88, 118). Der Anspruch setzt voraus, daß zwischen der zur Kündigung führenden Vertragsverletzung und dem eingetretenen Schaden ein ursächlicher Zusammenhang besteht. Dies ist regelmäßig dann der Fall, wenn der geltend gemachte Schaden ohne die Kündigung nicht eingetreten wäre. Ohne Bedeutung ist es dagegen, ob das Mv. vom Ersatzpflichtigen im Wege der ordentlichen Kündigung hätte beendet werden können. Kündigt also der V. fristlos wegen einer Vertragsverletzung des M., so kann sich der M. nicht darauf berufen, daß er das Mv. im Wege der ordentlichen Kündigung beendigen könnte und daß in diesem Fall derselbe Schaden eingetreten wäre. Diese zweite Kündigung ginge ins Leere und bleibt deshalb nach den Grundsätzen der sogenannten hypothetischen Kausalität unberücksichtigt.

Gleiches gilt, wenn der M. fristlos kündigt und sich der V. auf eine eigene Kündigungsmöglichkeit (z. B. Sonderkündigungsrecht nach § 564b Abs. 4 BGB) beruft. Hat dagegen einer der beiden Vertragspartner das Mv. im Wege der ordentlichen Kündigung beendet, so kann eine während des Laufs der Kündigungsfrist ausgesprochene fristlose Kündigung dennoch Grundlage eines Schadensersatzanspruchs sein. Durch die erste Kündigung wurde zwar der zum Schaden führende Kausalverlauf bereits eingeleitet. Die zweite (fristlose) Kündigung greift indes in diesen Kausalverlauf ein und bewirkt einen früheren Schadenseintritt. Nach den Grundsätzen der sogenannten überholenden Kausalität müssen in jenen Fällen nur diejenigen Vermögensnachteile ersetzt werden, die durch den früheren Schadenseintritt verursacht werden. Es ist also festzustellen, welcher Schaden aufgrund der zweiten Kündigung eingetreten ist; hiervon sind diejenigen Vermögensnachteile abzuziehen, die aufgrund der ersten Kündigung eingetreten wären.

II. Der zu ersetzende Schaden wird durch einen Vergleich der Vermögenslagen des Kündigungsberechtigten vor und nach der Kündigung ermittelt. Es sind alle Vermögensnachteile zu berücksichtigen, deren Eintritt nicht außerhalb aller Wahrscheinlichkeit lag.

Bei einer Kündigung des M. gehören dazu die Kosten für den Umzug, die Herrichtung der Ersatzräume zum vergleichbaren Vertragsgebrauch, die Einschaltung eines Maklers usw. Der BGH billigt dem kündigenden Mieter von Geschäftsräumen sogar Zwischen- und Darlehenszinsen für die vorzeitige Fertigstellung von Ersatzräumen auf dem eigenen Grundstück zu (BGH WM 74, 213). Für die zu Beginn des Mv. angeschafften Gegenstände kann der M. von Wohnraum nach wohl h. M. keinen Ersatz verlangen; auch nicht unter dem Gesichtspunkt nutzlos gewordener Aufwendungen (hierzu ausführl. LG Saarbrücken WM 91, 91; LG Duisburg WM 89, 14; teilw. abweichend LG Mannheim ZMR 91, 108 betr. Maklerprovision und Renovierungskosten für die gekündigte Wohnung). Etwas anderes gilt, wenn die ursprünglich angeschafften Gegenstände nicht mehr verwendet werden können und an ihrer Stelle wert- und mengenmäßig vergleichbare Gegenstände angeschafft werden müssen (LG Duisburg a. a. O.). Der Mieter von Geschäftsraum kann demgegenüber diejenigen Investitionen in die Schadensrechnung einstellen, die bei Erfüllung des Vertrags durch die damit verbundene Gewinnerzielung ausgeglichen worden wären (BGH WPM 75, 897; BGHZ 99, 182, 197). Kündigt der V., so kann der M. insbesondere zum Ersatz des Mietausfalls und der durch die Weitervermietung entstandenen Kosten (Inserate, Makler usw.) verpflichtet sein. Es liegt nicht außerhalb der Wahrscheinlichkeit, wenn der kündigende Vermieter die Räume zunächst leerstehen lassen muß und einen Mietausfall erleidet, von Nachfolgemieter nur einen geringeren Mietzins erzielen kann, Aufwendungen für die Suche nach einem Mietnachfolger entstehen oder eine vorzeitige Herrichtung der Räume erforderlich ist (LG Hamburg ZMR 77, 209 betr. Mietausfall für die Zeit bis zur Weitervermietung wegen Kündigung nach § 554 BGB). Der Umstand, daß der V. die Räume vor der Weitervermietung oder Eigennutzung renoviert oder modernisiert hat, steht der Geltendmachung des Mietausfallschadens nicht entgegen (OLG Düsseldorf DWW 87, 231). Der Anspruch auf Ersatz des Mietausfalls wird erst zu jenen Zeitpunkten fällig, in denen die jeweiligen Mietzinsraten fällig geworden wären (BGH WM 80, 197). Ist die Kündigung durch einen Rechtsanwalt erklärt worden, so stellen die dadurch entstandenen Kosten einen adäquaten Folgeschaden dar. Die Schadensminderungspflicht (§ 254 I BGB) gilt auch hier. Deshalb kann der Kündigende die Anwaltskosten nur dann ersetzt verlangen, wenn die Beauftragung des Rechtsanwalts zur zweckentsprechenden Rechtswahrung erforderlich war. Dies ist dann der Fall, wenn auch der Kündigungsempfänger durch einen Rechtsanwalt vertreten war („Waffengleichheit“) oder wenn die Einschaltung des Rechtsanwalts wegen der Schwierigkeit der Sach- und Rechtslage geboten erscheint (BGH NJW 86, 2243).

Der Schadenersatzanspruch setzt nicht voraus, daß der Vermieter dem Mieter eine Frist setzt und Ablehnung der Leistung für den Fall des fruchtlosen Fristablaufs androht (BGH NJW 84, 2687; NJW 85, 2253). Der Anspruch richtet sich auf Ersatz des Nichterfüllungsschadens, so daß der Mieter höchstens den Betrag schuldet, den er bei normalem Ablauf der Vertragserfüllung hätte zahlen müssen (BGH NJW 85, 2253). Das Erfüllungsinteresse wird der Höhe nach durch die Leistungen begrenzt, die der Mieter bis zum nächstmöglichen ordentlichen Kündigungstermin aufzubringen gehabt hätte (BGH NJW 82, 870); denn eine vom Mieter ausgesprochene ordentliche Kündigung würde mit ihrem Wirksamwerden ausnahmslos die Kausalität für weiteren dem Vermieter durch die fristlose Kündigung entstandenen Schaden beenden (BGH NJW 85, 2253). Deshalb kann der Vermieter einen Mietausfall nur bis zu demjenigen Zeitpunkt verlangen, zu dem der Mieter das Mietverhältnis hätte kündigen können (LG Aachen WM 86, 315). Ist der Mietvertrag befristet, so ist die Schadenshöhe aus dem Betrag des innerhalb der Vertragsdauer geschuldeten Mietzinses nach oben begrenzt (BGH NJW 84, 2687). Die Schadenshöhe kann durch ersparte Aufwendungen des Vermieters und einen sonst in Betracht kommenden Vorteilsausgleich gemindert werden (BGH NJW 84, 2687; NJW 85, 1539; NJW 85, 1547; NJW 85, 2253). Die Schadensminderungspflicht gilt auch hier. Insbesondere darf der V. das Mietobjekt nicht unter Wert vermieten. Dieser Gesichtspunkt spielt allerdings dann keine Rolle, wenn der M. den Nachfolger vermittelt hat (OLG Düsseldorf DWW 91, 19). Andererseits ist der Vermieter aber auch nicht gehalten, die Mietsache zu einem reduzierten Preis anzubieten um möglichst schnell einen Nachfolger zu finden (s. OLG Frankfurt, WM 92, 436 wonach der Vermieter auch einen höheren Mietzins und eine höhere Kaution verlangen darf).

Im Ausnahmefall kann die Geltendmachung des Kündigungsfolgeschadens gegen *Treu und Glauben* verstoßen. Ein solcher Fall kann dann vorliegen, wenn der Kündigende zuvor durch sein Verhalten ebenfalls Anlaß zur fristlosen Kündigung gegeben hat, ohne daß der andere Teil deshalb gekündigt hätte. Hier widerspricht es dem Grundsatz von Treu und Glauben, wenn man den Empfänger der Kündigung deshalb schlechterstellt, weil er seinerseits trotz des vertragswidrigen Verhaltens des Kündigenden am Vertrag festgehalten hat (OLG Bamberg ZMR 84, 373). Zum Schadensersatzanspruch des M. wegen einer Kündigung des V. mit vorgetäuschtem Eigenbedarf s. Kündigungsschutz III.

Kündigungsfristen (Kfr.). Die wirksame → Kündigung verpflichtet den M. zur Rückgabe der M.sache (s. Rückgabepflicht). Zwischen dem Zugang der Kündigungserklärung *(Kündigungstag)* und dem Rückgabetag *(Kündigungstermin)* muß im Interesse von V. und M. eine angemessene Vorbereitungszeit liegen. Das ist die Kfr. Sie soll dem M. zur Beschaffung einer anderweitigen M.sache (s. Ersatzraumbeschaffungspflicht) und dem V. zur Weitervermietung dienen. Nur bei der fristlosen Kündigung (s. Kündigung I 2a) entfällt ausnahmsweise die Kfr. Aber auch in diesem Fall muß dem M. eine angemessene → Räumungsfrist gewährt werden (vgl. LG Hamburg WM 75, 227, das eine einwöchige Frist für angemessen ansieht; ebenso AG Hamburg WM 86, 337). Die Kfr. kann – *abgesehen von der Wohnraumm.* – im Mv. *frei vereinbart* werden. *Fehlt* eine derartige *Vereinbarung*, gelten die *im Ges.* (§ 565 BGB) bestimmten Kfr.

I. Ein Mv. über → *Wohnraum* kann *spätestens am 3. Werktag eines Kalendermonats zum Ablauf des übernächsten Monats* gekündigt werden (§ 565 II BGB). Die Kfr. beträgt somit grunds. 3 Monate abzüglich der Karenzzeit von 3 Tagen (z. B. Kündigungstag 3.2., Kündigungstermin 30. 4.). Erfolgt die Kündigung erst nach dem 3. Werktag eines Monats, läuft die Frist erst ab Beginn des folgenden Monats (z. B. Kündigungstag 4.2., Kündigungstermin 31. 5.). Bei der Fristberechnung ist der Sonnabend nicht als Werktag anzusehen (LG Berlin GE 89, 509; a. A. LG Wuppertal WM 93, 450).

1. Nach *5jähriger* Dauer des Mv. *verlängert* sich die Kfr. um 3 Monate, nach *8jähriger Dauer* um weitere 3 Monate und bei *10jähriger Dauer* wiederum um 3 Monate. Die Kfr. beträgt somit bei 5-7jähriger Dauer des Mv. *6 Monate,* bei 8–10jähriger Dauer *9 Monate* und bei mehr als 10jähriger Dauer stets *12 Monate.* Bei der Berechnung der Dauer des Mv. kommt es allein darauf an, wann dem M. der Wohnraum *überlassen* wurde. Beim *Wohnungswechsel* des M. im gleichen Hause beginnt die Berechnungsdauer nicht neu zu laufen, wenn er mit Einwilligung des V. erfolgt; gleichgültig ist dabei, auf wessen Wunsch der Wohnungswechsel erfolgt (AG Bochum WM 87, 56). Mit zu berücksichtigen ist auch diejenige Zeit, in der der jetzige Mieter aufgrund eines Mietvertrags seines früheren Ehegatten die Wohnung berechtigt bewohnt hat (OLG Stuttgart RE vom 30. 12. 1983 WM 84, 45 = NJW 84, 875 = DWW 84, 106 = ZMR 84, 136). Hat der Erwerber eines Mietshauses nach dem Eigentumsübergang mit den M. neue Mietverträge abgeschlossen, so kommt es für die Bemessung der Kfr. nicht auf den Tag des Vertragsschlusses, sondern auf die Wohnzeit an. Für die *Berechnung der Dauer* des Mv. ist der Kündigungstag (Zugang) entscheidend. Bei der Kündigung einer Einliegerwohnung und bei der Kündigung von möblierten Räumen innerhalb der Vermieterwohnung, die zur Benutzung an eine Familie überlassen worden sind, sowie bei der Kündigung von nichtmöblierten Räumen innerhalb der Vermieterwohnung an Einzelpersonen

verlängert sich die Kündigungsfrist um drei Monate (§ 564b IV S. 2 BGB). Dies gilt allerdings nur für die Kündigung durch den V., wenn dieser von seinem Sonderkündigungsrecht Gebrauch macht (s. Kündigungsschutz IV). Wegen der Kündigungsfrist von Werk- und Dienstwohnungen s. Werkwohnung I 2d und c.

2. Die genannten Kfr. gelten nach h. M. auch dann, wenn der M. kündigt. Nur wenn der V. mit einer verkürzten Kfr. *einverstanden* ist, oder auch zugunsten des M. eine kürzere Kfr. im Mv. *vereinbart* wurde, gilt die gesetzl. Regelung *nicht zum Nachteil des M.* (AG Köln WM 70, 82). Kündigt der V. wegen Eigenbedarfs, so kann hieraus nicht der Schluß gezogen werden, daß der V. auch mit einer vorzeitigen Vertragsbeendigung einverstanden ist (LG Wuppertal WM 88, 84). In bestimmten Fällen kann der M. aber einen Anspruch auf Abkürzung einer langen Kündigungsfrist haben. Ein solcher Fall wird dann vorliegen, wenn der M. ein gewichtiges Interesse an der alsbaldigen Vertragsbeendigung hat und der V. die Räume ohne wesentlichen Nachteil sofort weitervermieten kann (so AG Schöneberg WM 91, 267 betr. ein großes Wohnungsunternehmen, das Wartelisten über Wohnungsbewerber führt).

3. Eine Sonderregelung gilt dann, wenn der V. den Wohnraum, welcher Teil der von ihm selbst bewohnten Wohnung ist, ganz oder überwiegend mit Einrichtungsgegenständen auszustatten hat (Möbel, Einbaumöbel), sofern die Überlassung nicht zum dauernden Gebrauch für eine Familie erfolgte (§ 565 III BGB). Diese Regelung betrifft somit nur die *möblierte Vermietung an Einzelpersonen* (nicht kinderloses Ehepaar) innerhalb der vom V. selbst bewohnten Räume (Wohnung, Einfamilienhaus). In diesen Fällen richtet sich die Kfr. nach der *vereinbarten Bemessung des M.zinses:* ist der M.zins nach Tagen bemessen, kann die Kündigung zum Ablauf des folgenden Tages, ist der Mietzins nach Wochen bemessen, kann die Kündigung spätestens am ersten Werktag einer Woche zum Ablauf des darauffolgenden Sonnabends erfolgen. Ist der M.zins nach Monaten oder längeren Zeitabständen bemessen, kann am 15. eines Monats zum Ablauf dieses Monats gekündigt werden.

4. Eine *Vereinbarung* über die gesetzl. Mindestfristen ist zum *Nachteil des M. unzulässig.* Die Frist für die Kündigung des V. darf somit niemals weniger als 3 Monate betragen, und es ist darüber hinaus auch unzulässig, die Staffelung der längeren Kfr. zu Lasten des M. abzukürzen. Für die Kündigung des M. dürfen dagegen kürzere Kfr. vereinbart werden (Weimar WM 69, 36). Eine Vereinbarung kürzerer Fristen für beide Teile ist nur für die Kündigung des V. unwirksam, für die Kündigung des M. dagegen wirksam (AG Marburg ZMR 79, 46; OLG Zweibrücken RE v. 23. 11. 1989 WM 90, 8; LG Karlsruhe WM 88, 403; LG Baden-Baden WM 88, 402; a. A. LG

Köln WM 88, 404 wonach die Vereinbarung insgesamt unwirksam ist). Die Vereinbarung längerer Fristen ist dagegen zulässig. Dies gilt sowohl dann, wenn für beide Teile eine längere als die gesetzliche Frist gelten soll als auch dann, wenn nur einer der Vertragsteile eine längere vertragliche Frist einhalten muß, während für den anderen Teil die gesetzliche Frist maßgebend bleibt. Nach dem Rechtsentscheid des OLG Zweibrücken vom 23. 11. 1989 (WM 90, 8) ist auch eine Formularklausel wirksam, durch die die Kündigungsfrist auf sechs Monate verlängert wird. Befindet sich die Klausel allerdings an versteckter Stelle, so kann ein Verstoß gegen § 3 AGBG vorliegen (AG Langenfeld WM 88, 88). Bei Wohnraum, der nur zu vorübergehendem Gebrauch vermietet wird, ist die Abkürzung der gesetzl. Fristen für beide Teile zulässig. Eine Vereinbarung, nach welcher die Kündigung nur für den Schluß bestimmter Kalendermonate zulässig sein soll, wird vom Ges. ebenfalls für unwirksam erklärt (§ 565 II S. 4 BGB); es ist aber zulässig, wenn vereinbart wird, daß der 1. eines Kalendermonats als Kündigungstermin gelten soll oder daß die Kündigung zu einem bestimmten Termin (z. B. 31. 12.) ausgeschlossen ist (a. A. LG Karlsruhe WM 88, 403).

5. Ist ein Mv. über Wohnraum für *bestimmte Zeit* (befristet) eingegangen und ist vereinbart, daß er sich verlängert, falls er nicht gekündigt wird, gelten für die Kündigung zwingend die Kfr. des § 565 II BGB (§ 565a I BGB; s. Kündigung I 1; Verlängerungsrecht).

6. Ein Mv. über Wohnraum, das unter einer *auflösenden Bedingung* (z. B. bis zur Versetzung, so lange das Arbeitsverhältnis besteht) abgeschlossen wird, findet nicht schon mit dem Eintritt der Bedingung sein Ende. Vielmehr gilt es kraft Gesetzes auf unbestimmte Zeit verlängert (§ 565a II BGB; s. Kündigung I 1). Eine Kündigung darf nur unter Einhaltung der obigen Kfr. (I, 1, 2) erfolgen. Ein auf Lebenszeit des Mieters abgeschlossenes Mietverhältnis gilt nach dem Rechtsentscheid des BayObLG vom 2. 7. 1993 (WM 93, 523 = ZMR 93, 462 = DWW 93, 261) allerdings nicht als auflösend bedingtes, sondern als befristetes Mietverhältnis. Dies hat u. a. zur Folge, daß der Erbe nicht in das Mietverhältnis, sondern lediglich in das Abwicklungsschuldverhältnis eintritt.

II. Für *Geschäftsräume* gilt seit dem 1. 1. 1994 die Regelung des § 565 Abs. 1a BGB. Danach ist die Kündigung spätestens am dritten Werktag eines Kalendervierteljahres für den Ablauf des nächsten Kalendervierteljahres zulässig. Bei Mietverhältnissen über *gewerblich genutzte unbebaute Grundstücke oder im Schiffsregister eingetragene Schiffe* bestimmt sich die Kfr. nach der *vereinbarten Bemessung des M.zinses* (§ 565 I BGB); ist der M.zins nach Monaten oder längeren Zeitabschnitten bemessen, muß die Kündigung spätestens am 3. Werktag eines Kalendervierteljahres zum Ablauf des Kalendervierteljahres erfolgen. Die Kfr. beträgt somit 3 Monate abzüglich der Karenzzeit von 3 Werktagen, bezogen aber nur auf ein Kalendervierteljahr. Ist der M.zins dagegen nach Tagen bemessen, kann an jedem Tag zum Ablauf des folgenden Tages gekündigt werden. Ist der M.zins nach Wochen bemessen, muß spätestens am 1. Werktag einer Woche für den Ablauf des folgenden Sonnabends gekündigt werden, wobei die Neufassung des § 193 BGB unbeachtlich ist (h. M.). Die Kfr. beträgt in diesen Fällen somit 24 Stunden bzw. 5 Tage. Ob → *Mischräume* bei der Kündigung als Wohn- oder Geschäftsraum anzusehen sind, entscheidet sich nach dem überwiegenden Gebrauchszweck und dem erkennbaren Parteiwillen.

III. Bei Mv. über sonstige *nicht gewerblich genutzte unbebaute Grundstücke* bestimmt sich die Kfr. ebenfalls nach der Bemessung des M.zinses. Ist der M.zins nach Tagen und Wochen bemessen, gilt die Regelung für gewerblich genutzte Grundstücke (s. oben II). Ist der M.zins aber nach *Monaten* oder längeren Zeitabschnitten bemessen, ist der Kündigungstermin *nicht* das Ende eines *Kalendervierteljahres,* sondern es kann stets zum *Ende des übernächsten Monats* gekündigt werden. Auch hier beträgt die Kündigungsfrist 3 Monate abzüglich von 3 Karenztagen.

IV. Auch bei Mv. über *bewegliche Sachen* (Fahrnis) bemißt sich die Kfr. nach der Bemessung des M.zinses (§ 565 IV BGB). Ist der M.zins nach Tagen bemessen, kann an jedem Tag für den Ablauf des folgenden Tages gekündigt werden. Ist er nach längeren Zeitabschnitten bemessen, muß spätestens am 3. Werktag vor demjenigen Tag, an dem das Mv. endigen soll, gekündigt werden. Die Kündigungsfrist beträgt somit 3 Tage.

V. Die gesetzl. Kfr. bei der *befristeten außerordentlichen Kündigung* (s. Kündigung I, 2b) beträgt *3 Monate* (§ 565 V BGB). Kündigungstermin ist in den oben II erörterten Fällen der Ablaufstag eines Kalendervierteljahres, in den oben I und III erörterten Fällen der Ablaufstag eines Kalendermonats. Der Kündigungstag ist spätestens auf den 3. Werktag der Kündigungsfrist festgelegt. Die Dauer des Mv. spielt bei diesen Kündigungen keine Rolle. Bei ausgestattetem Wohnraum kann die Kündigung mit gesetzl. Frist am 15. eines Monats zum Ablauf dieses Monats ausgesprochen werden. Bei der Fahrnism. ist die Kündigung am 3. Tag vor demjenigen Tag mit dessen Ablauf das Mv. endigen soll, zulässig.

Kündigungsschutz für Wohnräume. I. Ein Mv. über Wohnraum darf der V. nur dann kündigen, wenn er ein *berechtigtes Interesse* an der Beendigung des Mv. hat (§ 564b I BGB). Das Vorliegen von berechtigten Kündigungsgründen muß der V. *nachweisen* und im Prozeß *beweisen.* Wenn und solange vertragliche Kündigungsbeschränkungen zugunsten des M. vereinbart worden sind, kann sich der V. auf die gesetzl. Kündigungsbefugnis nicht berufen (LG Mannheim WM 75, 72).

1. Als ein berechtigtes Interesse des V. an der Beendigung des Mv. ist es nach § 564b II BGB insbesondere anzusehen, wenn folgende Kündigungsgründe geltend gemacht und erforderlichenfalls nachgewiesen werden:

a) Wenn der M. seine *vertraglichen Verpflichtungen nicht unerheblich schuldhaft* verletzt hat (§ 564b II Nr. 1 BGB). Eine solche Vertragsverletzung liegt immer dann vor, wenn der V. nach §§ 553–554a BGB zur fristlosen Kündigung des Mv. berechtigt wäre, davon aber keinen Gebrauch macht (s. Belästigungen, Mietrückstände, Vertragswidriger Gebrauch). Es kommen aber auch Fälle von geringerer Bedeutung und Schwere als Kündigungsgrund in Betracht. Die Pflichtverletzung braucht für den V. nicht zur Unzumutbarkeit der Vertragsfortsetzung zu führen; unerhebliche und entschuldbare Vertragsverletzungen rechtfertigen die Kündigung jedoch nicht (z. B. vereinzelte, abgeschlossene Pflichtverletzungen). Hat der M. seine vertraglichen Pflichten verletzt, so muß der V. nicht sofort kündigen. Er kann auch noch etwas zuwarten und seine Entscheidung vom weiteren Verhalten des M. abhängig machen. Länger zurückliegende Vertragsverletzungen vermögen die Kündigung allerdings grunds. nicht zu rechtfertigen. Der Umstand, daß zwischen Vertragsverletzung und Kündigungsausspruch eine längere Zeit verstrichen ist, rechtfertigt nämlich i. d. R. die Annahme, daß der V. das Verhalten des M. nicht als schwerwiegend empfunden hat (LG Koblenz WM 76, 98).

Eine erhebliche Pflichtverletzung rechtfertigt die Kündigung nur dann, wenn sie vom M. *verschuldet* ist. Der M. muß also vorsätzlich oder fahrlässig handeln. Das Verschulden von Haushaltsangehörigen, Untermietern oder sonstigen Erfüllungsgehilfen muß sich der M. wie eigenes Verschulden zurechnen lassen. Wird die Pflichtverletzung von einer nicht schuldfähigen Person begangen, so ist dies dem M. nur zuzurechnen, wenn er insoweit seine Aufsichtspflicht verletzt hat.

Ausnahmsweise kann auch einem *schuldunfähigen M.* gekündigt werden, wenn Art und Schwere des vertragswidrigen Verhaltens dem V. und den Mitmietern nicht mehr zugemutet werden können (LG Mannheim NJW 76, 1407 = MDR 76, 757). Insbesondere können folgende Pflichtverletzungen eine Kündigung rechtfertigen:

aa) *Zahlungsverzug:* Liegen die Voraussetzungen vor, unter denen der V. zur fristlosen Kündigung nach § 554 BGB berechtigt wäre, so kann er stattdessen unter Wahrung der Frist des § 565 BGB auch nach § 564b BGB kündigen. Streitig ist, ob auch ein geringerer Zahlungsrückstand zur ordentlichen Kündigung berechtigt. Dies wird überwiegend bejaht, wobei zu den Kündigungsvoraussetzungen allerdings unterschiedliche Ansichten vertreten werden (vgl. z. B. Palandt-Putzo § 564b BGB Anm. 6, wonach ein Rückstand von mindestens einer halben Monatsmiete für eine Dauer von mindestens einem halben Monat ausreicht; Gelhaar RGRK § 564b BGB Rdn. 11, wonach ein Rückstand von einer halben Monatsmiete nur dann ausreicht, wenn eine hohe Miete vereinbart ist, anderenfalls müsse der Rückstand höher sein; Soergel-Kummer § 564b BGB Rdn. 29, wonach ein Rückstand von einer Monatsmiete ausreicht; Derleder AK § 564b BGB Rdn. 16, wonach eine Monatsmiete länger als einen Monat rückständig sein muß; Barthelmeß § 564 BGB Rdn. 61, wonach es auf die Umstände des Einzelfalls, insbesondere auf die Häufigkeit der verspäteten Zahlung, auf die Dauer des Verzugs und auf die Höhe des Rückstands ankommen soll. Hans (§ 564b BGB Anm. 3a–aa eee) läßt ebenfalls eine Kündigung unterhalb der Voraussetzungen des § 554 zu. Nach der Ansicht Schmids (DWW 82, 77, 84) sollen Zahlungsrückstände grundsätzlich zur Kündigung berechtigen. Eine Ausnahme soll nur für denjenigen Rückstand gelten, den der Mieter zwar zu vertreten hat, der aber auch bei jedem gutwilligen Vertragspartner einmal auftreten kann und nur zu einer kurzfristigen Störung des Vertragsverhältnisses führt. Für diese Auffassung spricht auf den ersten Blick das systematische Verhältnis der ordentlichen zur außerordentlichen fristlosen Kündigung. Die Annahme einer Kündigungsmöglichkeit bei einem Zahlungsverzug unterhalb der Schwelle des § 554 BGB ist allerdings nicht zwingend. Ebensogut ist denkbar, daß den präzisen Kündigungsvoraussetzungen des § 554 BGB eine allgemeingültige Bedeutung zukommt. Immerhin liegen dieser Vorschrift ausgewogene, gesetzgeberische Wertvorstellungen darüber zugrunde, wie die Vermögensinteressen des Vermieters mit den Erfordernissen des Mieterschutzes in Einklang zu bringen sind. Diese gesetzgeberischen Wertvorstellungen müssen auch bei der ordentlichen Kündigung beachtet werden. Dies rechtfertigt es, daß an die ordentliche Kündigung wegen Zahlungsverzugs dieselben Anforderungen wie im Rahmen des § 554 BGB gestellt werden (ebenso: Emmerich-Sonnenschein Miete § 564b BGB Rdnr. 22; Köhler Handbuch § 114 Rdn. 14; wohl auch Sternel IV 401). Aus denselben Gründen ist es sachgerecht, wenn die Regelung des § 554 Abs. 2 Nr. 2 BGB auf die ordentliche Kündigung analog angewandt wird; danach wird die Kündigung unwirksam, wenn der Mieter den Rückstand innerhalb eines Monats nach Rechtshängigkeit des Räumungsanspruchs bezahlt. Von der obergerichtlichen Rechtsprechung wird diese Auffassung allerdings nicht geteilt (OLG Stuttgart, RE vom 28. 8. 1991, ZMR 91, 429; OLG Karlsruhe, RE vom 19. 8.

1992, ZMR 92, 488). Diese Ansicht beruht auf einer grundlegenden Verkennung der Bedeutung der Vorschrift des § 554 Abs. 2 BGB. Hierbei handelt es sich nicht nur um ein zentrales Mieterschutzrecht, sondern auch um eine im öffentlichen Interesse liegende Regelung zur Vermeidung von Obdachlosigkeit. Die entsprechende Anwendung der Vorschrift ist unverzichtbar, weil anderenfalls eine planwidrige, vom Gesetzgeber nicht gewollte Regelungslücke vorläge (so zutr. Scholl, WM 93, 99). Im Unterschied zum Tatbestand der fristlosen Kündigung nach § 554 BGB kann nach § 564b Abs. 2 Nr. 1 BGB auch wegen solcher Mietzinsrückstände gekündigt werden, die aus nicht periodisch wiederkehrenden Zahlungsverpflichtungen herrühren. Dies gilt insbesondere für den Anspruch des Vermieters aus einer Betriebskostenabrechnung. Wegen dieser Ansprüche kann zwar nicht fristlos nach § 554 BGB gekündigt werden (OLG Koblenz RE vom 26. 7. 1984 WM 84, 269 = ZMR 84, 351). Eine Kündigung nach § 564b ist jedoch möglich, weil diese Vorschrift keine Beschränkung auf periodisch wiederkehrende Leistungen enthält. Das Erheblichkeitskriterium ist bei der Kündigung wegen einer rückständigen Betriebskostennachzahlung dann erfüllt, wenn der Zahlungsverzug der Höhe nach einer Monatsmiete entspricht und die Forderung länger als einen Monat fällig ist.

Ausnahmsweise können auch geringere Zahlungsrückstände eine Kündigung rechtfertigen, wenn die besonderen Umstände des Einzelfalls ergeben, daß der Säumnis des M. ein besonderes Gewicht beizumessen ist. Ein solcher Fall kann beispielsweise dann vorliegen, wenn der M. mit seinen Zahlungen laufend im Rückstand ist und trotz Mahnungen ständig unpünktlich zahlt (vgl. LG Lüneburg WM 81, 16; LG Berlin MDR 80, 670; AG Itzehoe WM 79, 266). In den Fällen der unpünktlichen Mietzahlung muß der Kündigung in der Regel eine Abmahnung vorausgehen. Aus der Abmahnung muß sich deutlich ergeben, daß der V. die unpünktliche Zahlungsweise in Zukunft nicht mehr hinnehmen werde (LG Gießen WM 81, 232). Im Ausnahmefall kann die Abmahnung allerdings auch entbehrlich sein (OLG Oldenburg, RE v. 18. 7. 1991, WM 91, 467 = ZMR 91, 427).

Setzt der M. die unpünktliche Zahlungsweise fort, so liegt darin die nach § 564b Abs. 2 Nr. 1 geforderte erhebliche Pflichtverletzung, die den V. zur Kündigung berechtigt.

Anderseits kann aber auch trotz erheblicher Zahlungsrückstände eine Kündigung ungerechtfertigt sein. Das ist insbesondere dann der Fall, wenn der M. irrig glaubte, ein Recht zur Verweigerung der Zahlung zu haben. Gleiches gilt, wenn die angeblichen Mietrückstände auf einer unsicheren Rechtsgrundlage beruhen, so z. B. wenn an der Wirksamkeit einer Mieterhöhungserklärung berechtigte Zweifel bestehen oder wenn der M. einer preisgebundenen Wohnung vergeblich ein begründetes Auskunftsverlangen über die Höhe der zulässigen Miete gestellt hat und bis zur Auskunftserteilung eine offensichtlich überhöhte Mietzinszahlung verweigert (AG Nürnberg WM 81, 278); s. im übrigen → *Mietrückstände.*

bb) *Vertragswidriger Gebrauch:* Sind die Voraussetzungen des § 553 BGB gegeben, ist die Kündigung jedenfalls gerechtfertigt. Geringere Beeinträchtigungen der Rechte des V. reichen nur aus, wenn sie nicht unerhebliche Auswirkungen hatten oder solche durch Wiederholungsgefahr ernsthaft zu befürchten sind. Unerhebliche Beeinträchtigungen des V. können unter Beachtung des Schutzzwecks des § 564b BGB nicht die Kündigung, sondern lediglich die Unterlassungsklage nach § 550 BGB rechtfertigen (vgl. LG Düsseldorf WM 79, 214 betr. den nicht genehmigten Einbau einer Trennwand). Die Pflichtverletzung des M. kann sowohl in einer erheblichen Überschreitung des Gebrauchsrechts (§ 536 BGB) als auch in einer Verletzung der Erhaltungs- und Obhutspflicht durch grobe Vernachlässigung der Wohnung liegen. Die unterlassene Durchführung von → *Schönheitsreparaturen* rechtfertigt in der Regel keine Kündigung, weil dadurch regelmäßig nur das optische Aussehen, nicht aber die Substanz der M.sache beeinträchtigt wird. Sind in der Wohnung Feuchtigkeitsschäden aufgetreten, so kann dies nur dann zur Kündigung berechtigen, wenn das Verschulden des M. (z. B. ungenügende Beheizung und Belüftung) eindeutig feststeht. Aus dem Auftreten der Feuchtigkeitsschäden allein kann das Verschulden nicht gefolgert werden; es tritt auch keine Umkehr der Beweislast ein. Der V. muß vielmehr darlegen und ggf. beweisen, daß das Haus keinen bautechnischen Mangel aufweist und den wärmetechnischen Normen entspricht. Sind die Feuchtigkeitsschäden darauf zurückzuführen, daß infolge der Beschaffenheit des Hauses eine über das übliche Maß hinausgehende Beheizung und Belüftung erforderlich gewesen wäre, so kommt es darauf an, ob der M. das Erfordernis einer verstärkten Beheizung und Belüftung erkennen konnte und ob ihm dies zumutbar war; s. im übrigen → *Vertragswidriger Gebrauch II.*

cc) *Belästigungen:* Zunächst kommen auch hier alle → Belästigungen in Betracht, die zu einer fristlosen Kündigung nach § 554a BGB berechtigen. Darüber hinaus können auch weniger schwerwiegende Belästigungen die ordentliche Kündigung rechtfertigen. Voraussetzung ist aber, daß die Belästigungen nicht unerheblich sind und sich gegen den V., dessen Haushalts- oder Familienangehörige oder andere M. des Hauses richten; erforderlich ist ferner, daß durch das Verhalten des M. eine beachtliche Störung des Vertrauensverhältnisses oder der Hausgemeinschaft eingetreten ist, welche eine Vertragsbeendigung gerechtfertigt erscheinen läßt. Die Grenze der Zumutbarkeit (§ 554a BGB) braucht hingegen nicht überschritten zu sein.

Beispiele: Beleidigungen und andere Straftaten, die sich gegen den Vermieter, dessen Angehörige, Besucher oder aber gegen Mitbewohner (LG Kaiserslautern WM 83, 263) richten oder erhebliche Beeinträchtigungen durch Lärm, Gerüche oder Schmutz. Zur Kündigung, wenn ein Mieter die übrigen Mitmieter gegen den Vermieter aufstachelt, vgl. LG Koblenz WM 76, 98. Kein Kündigungsgrund liegt vor, wenn der Mieter (z. B. im Rahmen einer Mieterinitiative oder innerhalb der Hausgemeinschaft) andere Mieter dazu auffordert, eine bestimmte Mieterhöhung oder ein sonstiges Verhalten des Vermieters nicht zu akzeptieren, sondern den Rechtsweg zu beschreiten (LG Hamburg MDR 78, 494). Die sich aus dem Mietvertrag ergebende Pflicht zur gegenseitigen Rücksichtnahme findet nämlich dort ihre Grenzen, wo der eigene Rechtskreis betroffen wird, deshalb ist der Mieter auch berechtigt, beispielsweise die Presse oder die Öffentlichkeit zu informieren, wenn begründete Anhaltspunkte dafür vorliegen, daß ein Vermieter die Mieter mit unlauteren Mitteln aus dem Haus drängen will (OLG Frankfurt WM 83, 84; LG Düsseldorf ZMR 81, 116; vgl. auch OLG Köln WM 83, 85; AG Nürnberg WM 83, 261). Besteht der Verdacht, daß der Vermieter eine Straftat begangen hat, so kann der Mieter auch Strafanzeige erstatten. In einem solchen Fall ist die Kündigung auch dann nicht berechtigt, wenn der Vorwurf nicht nachgewiesen werden kann (AG Berlin-Spandau MM 12/82, 18; AG Gelsenkirchen ZMR 82, 56, das allerdings zu Unrecht eine Kündigung analog § 626 BGB für möglich hält; vgl. dazu die ablehnende Anmerkung Tiefenbacher ZMR 82, 54). Stets ist erforderlich, daß der Mieter die Information wahrheitsgemäß nach bestem Wissen erstattet, daß ihm bei der Informationsbeschaffung keine Fahrlässigkeit zur Last fällt und daß die Information in sachlicher Form erteilt wird.

Zweifelhaft ist, ob der Mieter am Fenster seiner Wohnung oder an der Hausfassade *Plakate oder Transparente* anbringen darf, mit denen die Öffentlichkeit über angebliche wohnungspolitische Mißstände informiert werden soll. Ob hierdurch die Grenze des vertragsgemäßen Mietgebrauchs überschritten wird, hängt von den Umständen des Einzelfalls ab. Dabei kommt es maßgeblich darauf an, welches persönliche Interesse der Mieter an der von ihm initiierten Aktion hat und in welchem Maße der Vermieter hiervon betroffen wird. Wird der vertragsgemäße Gebrauch im Einzelfall überschritten, so ergibt sich hieraus noch nicht ohne weiteres die Kündigungsbefugnis. In diesem Zusammenhang hat das BayObLG in dem B. vom 25. 2. 1983 (WM 83, 129) – durch den der Erlaß eines Rechtsentscheids über die Frage der Kündigungsbefugnis in diesen Fällen abgelehnt wurde – zu Recht festgestellt, daß die Kündigung einen so schwerwiegenden Eingriff in den persönlichen Lebensbereich des Benutzers darstellt, daß an deren Voraussetzungen ganz besondere Maßstäbe angelegt werden müssen. Die Feststellung, daß der Mieter vertragswidrig gehandelt hat, reicht demgemäß nicht aus; vielmehr müssen weitere gewichtige Beendigungsinteressen hinzukommen. Beruht die Störung des Hausfriedens auf einem Streit innerhalb der → *Hausgemeinschaft,* so können die Vertragsverletzungen einzelner M. häufig nicht isoliert von den allgemeinen Verhältnissen im Haus betrachtet werden; vielmehr ist dann auch das Verhalten der anderen M. zu berücksichtigen (LG Mannheim WM 81, 17). Gleiches gilt, wenn zwischen den Vertragsparteien eine gespannte Atmosphäre besteht, die von beiden Vertragspartnern verursacht und verschuldet ist. Hier ist stets das Verhalten beider Teile mit zu berücksichtigen. Wurde der Mieter zu einer beleidigenden Äußerung provoziert, so kommt eine Kündigung grundsätzlich nicht in Betracht.

dd) *Unbefugte Untervermietung und Aufnahme Dritter in die Wohnung:* Überläßt der M. die M.sache ganz oder teilweise gegen den Willen des V. einem Dritten zum selbständigen Gebrauch (Untermiete), so kann der V. gem. § 553 BGB fristlos kündigen. Für die ordentliche befristete Kündigung nach § 564b II Nr. 1 BGB gelten dieselben Kündigungsvoraussetzungen (s. dazu Untermiete VI), so daß diesem Kündigungssachverhalt keine eigenständige Bedeutung zukommt. Entsprechendes gilt, wenn der M. eine dritte Person auf Dauer in die M.wohnung aufgenommen hat (s. → *Eheähnliche Gemeinschaft*). Obwohl der M. grundsätzlich ohne Genehmigung des V. berechtigt ist, seinen Ehegatten und seine Kinder in die Wohnung aufzunehmen, kann ausnahmsweise ein Kündigungsgrund dann vorliegen, wenn die Aufnahme der Familienangehörigen zu einer Überbelegung der Wohnung führt (OLG Hamm RE vom 6. 10. 82, WM 82, 323 = DWW 82, 335; BayObLG RE vom 14. 9. 83, WM 83, 309; OLG Karlsruhe RE vom 16. 3. 87 WM 87, 180). Der Empfang von → Besuchern darf dem M. grunds. nicht verboten werden, so daß darauf auch keine Kündigung gestützt werden kann.

b) Wenn der V. die Räume als Wohnung *für sich, die zu* seinem *Hausstand gehörenden Personen* oder seine *Familienangehörigen benötigt* (§ 564b II Nr. 2 BGB).

aa) Zu den *Hausstandsangehörigen* gehören alle Familienmitglieder (Ehefrau, Kinder, Schwiegertochter) sowie alle nicht verwandten Personen (Hausgehilfin, Pflegeperson), die seit längerer Zeit auf Dauer mit dem V. zumindest in enger Hausgemeinschaft zusammenleben. Der Begriff des *Familienangehörigen* ist in Rechtsprechung und Literatur umstritten. Teilweise wird vertreten, daß der allgemeine Familienbegriff des BGB maßgeblich sein soll; danach zählen zur Familie alle Personen, die mit dem Vermieter verwandt oder verschwägert sind, ohne Rücksicht auf den Grad der Verwandtschaft oder der Schwägerschaft. Maßgeblich für diese Auffassung sind in erster Linie Gesichtspunkte der Rechtsklarheit (Emmerich/Sonnenschein, Miete § 564b Rdn. 38). Nach anderer Meinung muß der weite Familienbegriff auf Grund des Schutzzwecks des § 564b Abs. 2 Nr. 2 BGB eingeschränkt werden. Teilweise wird vorgeschlagen, daß diese Einschränkung entsprechend der Begriffsbestimmung in § 8 Abs. 2 des Zweiten Wohnungsbaugesetzes vorzunehmen sei; danach zählt zu den Angehörigen der Ehegatte, Verwandte in gerader Linie sowie Verwandte zweiten und dritten Grades in der Seitenlinie, Verschwägerte in gerader Linie sowie Verschwägerte zweiten und dritten Grades in der Seitenlinie, außerdem gehören hierzu die Pflegekinder (AG Oldenburg, WM 90, 512). Die überwiegende Meinung lehnt den Rückgriff auf § 8 Abs. 2 des Zweiten Wohnungsbaugesetzes allerdings ab. Sie unterscheidet zwischen den engen Familienangehörigen und denjenigen, die mit dem Vermieter nur weitläufig verwandt oder verschwägert sind. Bei den engen Familienangehörigen genügt die Tatsache der Verwandtschaft; bezüglich der entfernteren Angehörigen wird gefordert, daß der Vermieter gegenüber dem Angehörigen rechtlich oder moralisch zur Unterhaltsgewährung oder sonstiger Fürsorge verpflichtet ist (OLG Oldenburg, RE v. 16. 12. 1992, WM 93, 386 = DWW 93, 171). Der Schwager eines Vermieters gehört nach dieser Auffassung nicht zu den engen Familienangehörigen (OlG Oldenburg, a. a. O.; ebenso für einen Neffen: LG Münster, WM 91, 107; für eine Tante des Ehemanns der Vermieterin: AG Frankfurt/M, WM 91, 108). Zu den engen Familienangehörigen zählen demgegenüber der Bruder des Vermieters (BayObLG, RE v. 24. 11. 1983, WM 84, 14 = ZMR 84, 89) sowie der Ehegatte, die Eltern, die Kinder, die Großeltern und die Enkelkinder (AG München WM 90, 511). Für den Stiefsohn vgl. verneinend: AG Oldenburg, WM 90, 512; bejahend: LG München I, WM 90, 23 [LS]. Ein Bedarf für andere als die in § 564b Abs. 2 Nr. 2 genannten Personengruppen rechtfertigt die Kündigung nicht. Deshalb kann der Vermieter nicht mit der Begründung kündigen, er benötige die Wohnung für einen Bekannten, einen engen Freund oder seinen Verlobten. Ist der Vermieter eine juristische Person, so rechtfertigt der Bedarf eines Gesellschafters, eines Geschäftsführers oder eines leitenden Angestellten die Kündigung ebenfalls nicht (LG Karlsruhe WM 85, 148; AG Bergheim WM 85, 147). Ist der Vermieter nicht der Eigentümer, so vermag auch der Wohnraumbedarf des Eigentümers die Kündigung nicht zu rechtfertigen. Ein Rückgriff auf § 564b Abs. 1 ist regelmäßig ausgeschlossen, weil der Gesetzgeber durch die Wortfassung des § 564b Abs. 2 Nr. 2 zum Ausdruck gebracht hat, daß lediglich das Nutzungsinteresse der dort genannten Personengruppen Vorrang haben soll gegenüber dem Erhaltungsinteresse des Mieters.

bb) Nach dem *Rechtsentscheid des BGH* vom 20. 1. 1988 (WM 88, 47) setzt Eigenbedarf voraus, daß der Vermieter oder die Familien-/Hausstandsangehörigen in die Wohnung des Mieters einziehen wollen und daß hierfür vernünftige, billigenswerte Gründe sprechen. Der bloße Wunsch des Vermieters, im eigenen Haus zu wohnen, rechtfertigt nach der Rechtsprechung des BGH die Kündigung nicht (ebenso: KG NJW 81, 1048 = WM 81, 81 = ZMR 81, 154). Der von dieser Rechtsprechung abweichende Rechtsentscheid des OLG Hamburg vom 10. 12. 1985 (NJW 86, 852 = WM 86, 51) ist gegenstandslos. Zweifelhaft ist, ob für den Erwerber einer vermieteten Eigentumswohnung etwas anderes gilt. Das BVerfG (GE 93, 1325) hat in einem solchen Fall entschieden, ein vernünftiger Grund zur Kündigung sei auch dann gegeben, wenn der Erwerber einer vermieteten Eigentumswohnung geltend macht, daß er die Wohnung erworben habe, weil er „schlichtweg Herr seiner eigenen vier Wände sein will". Es ist jedenfalls nicht erforderlich, daß derjenige, der die Wohnung des Mieters in Zukunft nutzen soll, derzeit unzureichend untergebracht ist. Vielmehr sind an das Erlangungsinteresse des Vermieters nur geringe Anforderungen zu stellen. Die Absicht des Vermieters, in einer bestimmten Wohnung seinen Altersruhesitz zu begründen, kann die Eigenbedarfskündigung rechtfertigen. Gleiches gilt, wenn der Vermieter in die Wohnung des Mieters einziehen will, weil er dann das Anwesen besser verwalten kann. Ebenso reicht es aus, wenn Eltern ihrem Kind eine Wohnung im Haus überlassen wollen, um so einen Wegzug des Kindes zu verhindern (Beispiele aus BGH a. a. O.). Das Bundesverfassungsgericht hat durch Urteil vom 14. 2. 1989 (WM 89, 114 = DWW 89, 46 = ZMR 89, 138) entschieden, daß diese Auslegung des § 564b Abs. 2 Nr. 2 BGB mit dem Grundgesetz in Einklang stehe. Entgegen einer verbreiteten Meinung besteht zwischen dem Rechtsentscheid des BGH und dem Urteil des Bundesverfassungsgerichts zur Auslegung des § 564b Abs. 2 Nr. 2 BGB kein sachlicher Unterschied, wie das Bundesverfassungsgericht durch Beschluß vom 14. 9. 1989 (WM 89, 481) klargestellt hat.

cc) Bei der Auslegung des Eigenbedarfstatbestands sind folgende *Verfassungsgrundsätze* zu beachten: Der Kündigungstatbestand muß so praktiziert werden, daß das Grundrecht auf Eigentum (Art. 14 GG) gewahrt wird. Zur Eigentumsgewährleistung nach Art. 14 GG zählt das Recht eines Eigentümers eine vermietete Wohnung zu kündigen, wenn er diese wieder selbst nutzen will oder wenn er die Räume privilegierten Angehörigen zur Nutzung überlassen möchte. Das BVerfG betont in diesem Zusammenhang, daß die Gerichte die Entscheidung des Eigentümers über seinen Wohnbedarf grundsätzlich respektieren müssen und ihm nicht fremde Vorstellungen über angemessenes Wohnen und seine weitere Lebensplanung aufdrängen dürfen (BVerfG, WM 89, 114). Das Besitzrecht des Mieters an der Wohnung ist aber gleichfalls Eigentum im Sinne von Art. 14 Abs. 1 GG; der Mietbesitz steht damit ebenfalls unter dem Schutz des Grundgesetzes (BVerfG, WM 93, 377 = ZMR 93, 405 = DWW 93, 224). Aus den Entscheidungen des BVerfG folgt, daß die Eigentumsposition des Sacheigentümers und die Eigentumsposition des Mieters miteinander konkurrieren. Hieraus ergeben sich Konsequenzen für den Gesetzgeber und für die Gerichte. Der Gesetzgeber ist nach den Ausführungen des BVerfG gehalten, „die beiden miteinander konkurrierenden Eigentumspositionen inhaltlich auszugestalten, gegeneinander abzugrenzen und die jeweiligen Befugnisse so (zu) bestimmen, daß die beiden Eigentumspositionen angemessen gewahrt bleiben". Das BVerfG betont in diesem Zusammenhang, daß hieraus keine Folgerungen für eine bestimmte Ausgestaltung des Mietrechts gezogen werden können. Insbesondere könne aus dem Eigentumsschutz des Mieters nicht abgeleitet werden, daß dessen Interesse an der Aufrechterhaltung des Mietverhältnisses dem Erlangungsinteresse des Vermieters vorgeht; die derzeitige gesetzgeberische Ausgestaltung der §§ 564b, 556a BGB sei für die Regelfälle der ordentlichen Kündigung aus verfassungsrechtlicher Sicht nicht zu beanstanden. Bei der Rechtsanwendung muß der grundrechtlich geschützten Besitzposition des Mieters dadurch Rechnung getragen werden, daß das Gericht den Einwänden des Mieters „in einer Weise nachgeht, die der Bedeutung und Tragweite seines Bestandsinteresses gerecht wird, also beispielsweise nachprüft, ob der Selbstnutzungswunsch ernsthaft verfolgt wird ..., ob der geltend gemachte Wohnbedarf weit überhöht ist, ob er zwar vorhanden ist, jedoch die Möglichkeit in Betracht kommt, ihn ohne Inanspruchnahme der gekündigten Wohnung zu befriedigen, etwa weil eine andere im Eigentum des Vermieters stehende Wohnung frei ist, in der der geltend gemachte Wohnbedarf ohne wesentliche Abstriche befriedigt werden könnte ... Darüber hinaus kann der Mieter verlangen, daß das Gericht bei der Anwendung der Sozialklausel des § 556a BGB und der Auslegung der dort enthaltenen unbestimmten Rechtsbegriffe namentlich des Begriffs der „Härte", Bedeutung und Tragweite seines Bestandsinteresses hinreichend erfaßt und berücksichtigt" (BVerfG, WM 93, 377 = ZMR 93, 405 = DWW 93, 224). Die hier dargelegten Grundsätze hat das BVerfG in zahlreichen Entscheidungen konkretisiert: Der V. muß den ernsthaften Wunsch zur Nutzung der vermieteten Wohnung haben. Die Instanzgerichte müssen allen Gesichtspunkten nachgehen, die Zweifel an der Ernsthaftigkeit des Nutzungswunsches begründen (BVerfG WM 89, 114). Bestreitet der M. die Nutzungsabsicht, so muß darüber grunds. Beweis erhoben werden; dies gilt auch dann, wenn das Bestreiten auf einer bloßen Vermutung beruht (BVerfG WM 90, 536; WM 91, 146; WM 93, 381). Bei der Prüfung der Frage, ob der V. vernünftige und billigenswerte Gründe im Sinne der Rechtsprechung des Bundesgerichtshofs geltend macht, ist den Absichten, den Motiven und der Lebensplanung des V. gebührend Rechnung zu tragen; die Instanzgerichte sind nicht befugt, die Vorstellungen des V. durch eigene Meinungen zu ersetzen (BVerfG WM 89, 114). Dem V. darf der Nutzungswunsch nicht „ausgeredet" werden. Der Umstand, daß der Vermieter seinen Wohnbedarf durch vorangegangene Fehlplanungen selbst verursacht hat, steht der Kündigung nicht entgegen (BVerfG, WM 93, 231). Die Kündigung ist allerdings dann unwirksam, wenn mit dem Erlangenswunsch ein weit überhöhter Wohnbedarf geltend gemacht wird (BVerfG a. a. O.; s. unten ff). Bei der Prüfung dieser Frage ist kein kleinlicher Maßstab anzulegen; so ist es z. B. nicht zu beanstanden, wenn ein Ehepaar in eine 74 qm große 3-Zimmerwohnung einziehen will, obwohl eine 56 qm große 2-Zimmerwohnung freisteht (BVerfG WM 91, 145). Ebenso ist zu akzeptieren, wenn ein Eigentümer eine 72 qm große Wohnung kündigt um diese mit seiner derzeit genutzten 65 qm großen Wohnung zusammenzulegen um so für sich und seine künftige Ehefrau eine angemessen große Wohnung zu schaffen (BVerfG, ZMR 93, 315) oder wenn der Eigentümer kündigt, weil er aus finanziellen Gründen aus einer großen in eine kleine Wohnung umziehen will (BVerfG, WM 91, 661). Eine andere Beurteilung kann geboten sein, wenn einer 22jährigen Studentin eine 107 qm große 4-Zimmerwohnung überlassen werden soll (BVerfG WM 90, 480), oder wenn der Eigentümer ein vermietetes Haus mit zahlreichen Zimmern kündigt, obwohl er nur einen Bruchteil der Räumlichkeiten selbst nutzen will (BVerfG, GE 93, 1327). Unwirksam ist die Kündigung auch dann, wenn die Wohnung die Nutzungswünsche des V. überhaupt nicht erfüllen kann (BVerfG WM 89, 114). Die Instanzgerichte müssen prüfen, ob die Kündigungsvoraussetzungen gegeben sind; deshalb ist es verfassungsrechtlich nicht zu beanstanden, wenn das Gericht den V. auffordert, seinen Eigenbedarf näher darzulegen (BVerfG WM 89, 483). In bestimmten Fällen kann das Herausgabeverlangen auch rechtsmißbräuchlich sein. So darf der V. nicht kündigen, wenn ihm eine freistehende Wohnung zur Verfügung steht (BVerfG WM 89, 114). Der V. darf den Herausgabeanspruch nicht geltend machen, wenn nach Ausspruch der Kündigung eine geeignete Alternativwohnung frei wird (BVerfG WM 90, 536); dabei hat das Gericht offengelassen, ob dies auch dann gilt, wenn der Räumungsanspruch bereits tituliert ist (bejahend für das einfache Recht: Schmidt-Futterer/Blank Wohnraumschutzgesetze Rdn. B 38; verneinend LG Köln WM 84, 248). Der V. darf eine freistehende Wohnung auch nicht weitervermieten, um sich die

Kündigungsbefugnis oder den Herausgabeanspruch zu erhalten (BVerfG WM 90, 535; WM 91, 247). Die Obliegenheit zum Gebrauch der freistehenden Wohnung gilt allerdings nicht, wenn der V. vernünftige und nachvollziehbare Gründe im Sinne des Rechtsentscheids des BGH vom 20. 1. 1988 (s. oben) für den Zugriff auf die gekündigte Wohnung geltend machen kann (BVerfG WM 89, 114). Diese Gründe sind von den Instanzgerichten so zu würdigen, daß dabei den Belangen des Mieters hinreichend Rechnung getragen wird (BVerfG WM 91, 247). Den Belangen des Eigentümers und seiner Angehörigen muß aber ebenfalls Rechnung getragen werden. Soll beispielsweise einem Ehepaar eine etwa 74 qm große 3-Zimmerwohnung überlassen werden, so darf das Mv. über diese Wohnung auch dann gekündigt werden, wenn im Haus eine 56 qm große 2-Zimmerwohnung freisteht (WM 91, 145). Der Eigentümer darf auch nicht darauf verwiesen werden, er müsse auf die Kündigung einer vermieteten Wohnung verzichten und seine Angehörigen in freistehenden Räumlichkeiten unterbringen, die bisher gewerblich genutzt worden sind und auch weiterhin gewerblich genutzt werden sollen (BVerfG WM 89, 607; s. im übrigen unten gg). Die Räumungsklage kann ohne Verfassungsverstoß abgewiesen werden, wenn der V. wegen eines Bedarfs kündigt, der bereits beim Abschluß des Mv. vorhanden gewesen ist oder absehbar war (BVerfG WM 89, 114; s. unten jj). Allerdings muß dieser Bedarf hinreichend konkret sein; die bloße Möglichkeit, daß später ein solcher Bedarf entstehen könnte genügt nicht (BVerfG, ZMR 93, 363; ZMR 93, 505). Vorratskündigungen sind nicht zulässig (BVerfG WM 90, 480; s. unten ff).

dd) Außerdem sind die zu § 564b II Nr. 2 BGB ergangenen *Rechtsentscheide* zu beachten: Das KG hat bereits am 25. 2. 1981 (WM 81, 82) entschieden, daß der bloße Wunsch des Erwerbers eines Hauses, in seinem eigenen Haus zu wohnen, für die Eigenbedarfskündigung nicht ausreicht; diese Entscheidung steht im Einklang mit dem RE des BGH vom 20. 1. 1988 (s. oben). Bei der Prüfung der Frage, ob der V. ein vernünftiges, billigenswertes Interesse an der Vertragsbeendigung hat, sind nicht nur die vom V. geltend gemachten Tatsachen zu berücksichtigen; vielmehr ist die Frage aufgrund einer umfassenden Würdigung aller Umstände des Einzelfalls zu beantworten (OLG Karlsruhe RE v. 26. 10. 1982 WM 83, 10). Ein billigenswerter Erlangungsgrund ist nach dem RE des OLG Karlsruhe vom 14. 1. 1982 (WM 82, 151) auch dann gegeben, wenn der V. die Räume seinem unverheirateten Sohn überlassen möchte, der in eheähnlicher Gemeinschaft mit einer Frau zusammenlebt. Eine unzulässige Vorratskündigung liegt nach der Auffassung des BayObLG (RE v. 2. 3. 1982 WM 82, 125) und des OLG Hamm (RE v. 24. 7. 1986 WM 86, 269) nicht vor, wenn ein betagter V. wegen Wohnbedarfs für einen in Zukunft benötigten Pfleger kündigt; Voraussetzung ist allerdings, daß auf Grund der äußeren Umstände mit einiger Sicherheit damit gerechnet werden kann, daß der V. die Dienste in naher Zukunft für seine Lebensführung benötigt. Die Eigenbedarfskündigung ist nicht deshalb ausgeschlossen, weil der V. die Wohnung in vermietetem Zustand erworben hat (BayObLG RE v. 14. 7. 1981 WM 81, 200). Nach allgemeinen Grundsätzen darf die Eigenbedarfskündigung nicht weiterverfolgt werden, wenn der Bedarf nach Ausspruch der Kündigung entfällt. Das OLG Hamm (RE v. 21. 7. 1992, WM 92, 460 = ZMR 92, 438) hat in diesem Zusammenhang allerdings zutreffend festgestellt, daß eine Eigenbedarfskündigung, die zugunsten eines Familienangehörigen erklärt worden ist, auch dann wirksam bleibt, wenn der Familienangehörige die Wohnung nach Ausspruch der Kündigung erwirbt. Dies gilt auch dann, wenn der Familienangehörige als Erwerber einer umgewandelten Eigentumswohnung nicht kündigen könnte, weil er an die Sperrfrist gebunden ist. Will der Vermieter eine vermietete Wohnung grundlegend sanieren und modernisieren um sie anschließend selbst zu nutzen, so ist die Wirksamkeit der Kündigung nicht davon abhängig, daß die zur Durchführung der Umbaumaßnahmen erforderliche Baugenehmigung bereits erteilt ist (OLG Frankfurt, WM 92, 421). Bestehen allerdings Zweifel an der Genehmigungsfähigkeit, so muß das Gericht prüfen, ob das Bauvorhaben überhaupt realisiert werden kann. Gegebenenfalls ist darüberhinaus zu klären, ob der Vermieter eine ernsthafte Umbau- und Nutzungsabsicht hat (OLG Frankfurt, a. a. O.). Nach dem RE des BayObLG vom 23. 3. 1993 (WM 93, 252 = ZMR 93, 328) kann der Vermieter u. U. auch dann kündigen, wenn er die Wohnung nur für eine vorübergehende Zeit benötigt. Das OLG Karlsruhe hat in dem Rechtsentscheid vom 27. 1. 1993 (WM 93, 105 = ZMR 93, 159) die Ansicht vertreten, daß der Vermieter rechtsmißbräuchlich handelt, wenn er den Herausgabeanspruch weiterverfolgt ohne dem Mieter eine nach Ausspruch der Eigenbedarfskündigung freiwerdende Wohnung als Ersatzwohnung anzubieten. Das Angebot muß zu angemessenen Bedingungen erfolgen. Die Bedingungen des vorangegangenen Mietverhältnisses sind dabei grundsätzlich nicht zu beanstanden; im allgemeinen ist der Vermieter aber auch berechtigt, für die freistehende Wohnung die ortsübliche oder die hausübliche Miete zu verlangen. Im Einzelfall kann die Anbietpflicht auch entfallen, so insbesondere, wenn dem Mieter ein Fehlverhalten zur Last fällt (OLG Karlsruhe, a. a. O.; s. dazu auch BVerfG, WM 92, 180).

ee) Die *instanzgerichtliche Rechtsprechung* zur Kündigung wegen Eigenbedarfs ist unübersehbar. Die vor dem RE des BGH vom 20. 1. 1988 (s. oben) ergangene Rechtsprechung ist nur noch mit Einschränkungen zu verwerten, weil diese Entscheidungen z. T. auf einer engeren Tatbestandsauslegung beruhen. Einige Beispiele, in denen vernünftige, billigenswerte Gründe i. S. des RE des BGH vom 20. 1. 1988 *bejaht* worden sind:

Eigenbedarf, wenn der Vermieter mit insgesamt 4 Personen in einer 3-Zimmerwohnung lebt und in eine 4-Zimmerwohnung umziehen möchte, er in diesem Fall seinen Arbeitsplatz besser erreichen kann und der Vermieter im Falle eines Umzugs auf Verwandte zurückgreifen kann, die zur Kinderbetreuung bereit sind (AG Stuttgart WM 89, 414); Absicht des Eigentümers, seiner Tochter eine größere Wohnung zu überlassen, weil diese infolge der Eheschließung mehr Platz benötigt (AG Remscheid WM 89, 388); Eigenbedarf liegt vor, wenn der Sohn der Vermieterin mit seiner Familie aus einer 64 m^2 großen Wohnung in eine 93 m^2 große Wohnung umziehen will, die näher am Arbeitsplatz des Sohnes der Vermieterin liegt (LG Siegen WM 89, 389); Eigenbedarf ist zu bejahen, wenn der Familienangehörige des Vermieters von einer 30 m^2 großen Wohnung in eine 70 m^2 große Wohnung umziehen will und der Umzug aus Gesundheitsgründen angezeigt ist, weil der Familienangehörige an Stauballergie leidet und die bisherige Wohnung mit Teppichboden ausgestattet ist, während in der Wohnung des Mieters sich ein Parkettboden befindet (AG Düsseldorf WM 89, 301); Eigenbedarf ist zu bejahen, wenn der Vermieter mit seiner 4-köpfigen Familie von einer 80 m^2 großen 2-Zimmerwohnung in eine 110 m^2 große 4-Zimmerwohnung umziehen will (LG Hannover WM 89, 302); Eigenbedarf liegt auch dann vor, wenn eine im höheren Lebensalter stehende und kranke Vermieterin ihre bisherige 132 m^2 große Wohnung aufgeben und in eine Kleinwohnung von 47 m^2 ziehen will (LG Wuppertal WM 89, 386); berechtigter Eigenbedarf liegt vor, wenn ein Vermieter umziehen will, weil er dann eine kleinere Wohnung zu bewirtschaften hat, weniger Treppen steigen muß, den Garten nicht mehr zu pflegen braucht und das Schneeräumen entfällt (LG Hamburg WM 89, 387); Eigenbedarf kann auch dann gegeben sein, wenn ein Vermieter mit einem Monatseinkommen von 1400,– DM aus einer Mietwohnung ausziehen und in seine bisher vermietete Eigentumswohnung einziehen will, wenn er hierdurch einen finanziellen Vorteil von monatlich 210,– DM erlangt (AG Bad Schwartau WM 89, 514); Eigenbedarf liegt vor, wenn ein Vermieter die Wohnung benötigt, um dort seine pflegebedürftige Mutter unterzubringen (LG Aachen WM 89, 250); die Kündigung ist gerechtfertigt, wenn die Vermieterin die Wohnung für ihre Mutter und ihre Tante benötigt, damit diese sich um das Enkelkind kümmern (LG Berlin ZMR 89, 425); Eigenbedarf liegt vor, wenn ein Vermieter von seiner Ehefrau getrennt leben möchte und eine Wohnung benötigt, um dort Frau und Kinder unterzubringen (LG Berlin ZMR 89, 338); gleiches gilt, wenn der Vermieter mit seinen Eltern in einer 3-Zimmerwohnung lebt und eine eigene Wohnung haben möchte (LG Düsseldorf WM 89, 414). Ein vernünftiger Grund für eine Eigenbedarfskündigung liegt vor, wenn der Vermieter nicht mit seiner Schwiegermutter in einer Wohnung zusammenleben will (AG Ludwigsburg WM 89, 417); gleiches gilt, wenn der 18-jährige Sohn des Vermieters zusammen mit seiner Freundin in eine 4-Zimmerwohnung einziehen will (LG Hannover WM 89, 416); oder wenn der 23-jährige ledige Sohn des Vermieters in eine 80 m^2 große Wohnung einziehen will (LG Kassel WM 89, 417); berechtigter Eigenbedarf liegt vor, wenn der Vermieter in seinem Haus wohnen will, um dort die Verwaltung besser handhaben zu können (LG Berlin WM 89, 300); Eigenbedarf, wenn eine ausländische Vermieterin eine eigene Wohnung am Wohnsitz ihrer Tochter haben will (LG Hamburg WM 90, 22); wenn ein Vermieter eine Pflegeperson unterbringen will, wobei nicht erforderlich ist, daß die Pflegeperson bereits namentlich feststeht (LG Frankenthal/Pfalz WM 90, 79; ebenso LG Hamburg WM 90, 302); Eigenbedarf, wenn eine Vermieterin, die bisher mit ihrem Mann ein 200 qm großes Haus bewohnt hat, das Haus nach dem Tod des Ehemannes verkauft und in eine 100 qm große Wohnung einziehen will (LG Münster WM 90, 304); wenn ein kinderloses Vermieterehepaar aus einer 130 qm großen Mietwohnung zum Preis von 1500,– DM pro Monat aus Kostenersparnisgründen in eine eigene kleinere Wohnung umziehen will (LG Frankfurt WM 90, 347); Eigenbedarf, wenn ein Vermieter in das eigene Haus einziehen will, weil er dann seine ebenfalls dort wohnenden Eltern besser pflegen kann (AG Neuss WM 90, 350); Eigenbedarf, wenn ein Vermieter sein bisher bewohntes Haus abreißen und neu errichten will und für die Umbauzeit von ca. 18 Monaten eine Ersatzwohnung benötigt (AG Neumarkt WM 90, 510; zweifelhaft); Eigenbedarf soll sogar dann vorliegen, wenn der Vermieter den bloßen Willen hat, seiner Tochter eine Wohnung zu überlassen (LG Berlin WM 90, 511; unrichtig, da die Entscheidung vom RE des BGH v. 20. 1. 1988 – s. oben – abweicht); vernünftige und billigenswerte Gründe liegen vor, wenn der Vermieter in die gekündigten Räume einziehen will, um jedem seiner Kinder ein eigenes Zimmer zu verschaffen (LG Hamburg WM 91, 38); Eigenbedarf, wenn der Vermieter durch den Umzug seinen täglichen Arbeitsweg um 3,6 km einfach verkürzen kann und sich auf diese Weise Straßenbahnkosten spart (LG Stuttgart WM 91, 106).

ff) Einige Beispiele, in denen vernünftige, billigenswerte Gründe i. S. des RE des BGH v. 20. 1. 1988 *verneint* worden sind:

Wenn eine 74 m^2 große 2-Zimmerwohnung zugunsten des Sohnes des Vermieters gekündigt wird, obwohl dem Sohn eine 100 m^2 große 4-Zimmerwohnung zur Verfügung steht (LG Frankfurt WM 89, 246); wenn der Vermieter seinem Enkel ein ca. 90 m^2 großes Haus überlassen will, damit dieser selbständiger wird (LG Stade WM 90, 23); wenn die Räume aus bauordnungsrechtlichen Gründen nicht zu Wohnzwecken benutzt werden dürfen (AG Dachau WM 89, 382); wenn der Vermieter die Wohnung lediglich 5–6 Monate im Jahr benötigt (AG München WM 89, 299); wenn der Vermieter in den Räumen ein Büro, eine Wohnung für einen Angestellten und einen Raum für Kinderbetreuung einrichten will (AG Osnabrück WM 89, 300); wenn ein auswärtiger Vermieter eine ca. 85 m^2 große 3-Zimmerwohnung mit der Begründung kündigt, er benötige die Wohnung für sich, weil er im Monat ca. 10 Tage am Ort sei (LG Berlin WM 90, 23); wenn der Vermieter die Wohnung nur für eine Übergangszeit von wenigen Monaten benötigt, bis sein Neubau fertiggestellt ist (LG Nürnberg-Fürth WM 91, 40); wenn der Vermieter wegen Bedarfs für eine Pflegeperson kündigt, aber noch nicht akut pflegebedürftig ist und für den Eintritt der Pflegebedürftigkeit Angehörige zur Verfügung stehen (AG Stuttgart WM 90, 350); wenn der Vermieter wegen Bedarfs für eine Pflegeperson kündigt, aber noch keine konkreten Maßnahmen zur Auswahl der Pflegeperson getroffen hat (LG Kiel WM 90, 22); wenn der Vermieter Bedarf für seinen Sohn und dessen künftige Ehefrau geltend macht, obwohl der Sohn noch keine konkreten Maßnahmen zur Vorbereitung der Eheschließung getroffen hat (AG Ratzeburg WM 90, 214); wenn der Entschluß zur Selbstnutzung noch nicht mit hinreichender Sicherheit feststeht (LG Aachen WM 90, 301); wenn Bedarf für einen Angehörigen geltend gemacht wird, obwohl sich der Angehörige das Mietobjekt noch nicht einmal angesehen hat (AG Rheinberg WM 90, 434); wenn der alleinstehende Sohn des Vermieters ein gut vermietetes Einfamilienhaus nutzen soll, ohne daß er über entsprechende Einkünfte verfügt (LG Köln WM 90, 119); wenn die Tochter des Vermieters als Studienanfängerin am Studienort in einem geräumigen Einfamilienhaus mit Garten wohnen soll (AG Bonn WM 90, 214); wenn eine 4-Zimmerwohnung mit ca. 117 qm Wohnfläche im Mietwert von 1800,– DM/mtl. für den alleinstehenden in der Berufsausbildung befindlichen Sohn des Vermieters beansprucht wird (LG München I WM 90, 352); wenn eine Wohnung gekündigt wird, damit das Vermieterehepaar dort für sich und ihren erwachsenen Sohn drei Arbeitszimmer einrichten können (LG Köln WM 90, 347); wenn der Vermieter die Wohnung als Arbeitsraum nutzen möchte (LG Wiesbaden WM 90, 510).

gg) Der vom Bundesverfassungsgericht aufgestellte Grundsatz, daß der V. seinen Wohnbedarf durch *Zugriff auf eine freistehende Wohnung* decken muß, falls ihm diese Wohnung zugemutet werden kann

(s. oben cc), wird durch die neuere instanzgerichtliche Rechtsprechung wie folgt konkretisiert: *Zumutbarkeit bejaht:* Dem V. ist die freistehende Wohnung auch dann zuzumuten, wenn dort geringfügige Änderungsarbeiten (hier: Einbau einer Badewanne) erforderlich sind (LG Berlin WM 90, 25); der Umstand, daß die freistehende Wohnung in einem höheren Stockwerk liegt, spielt keine Rolle, wenn der künftige Wohnungsnutzer jung ist und Treppen steigen kann (AG Hamburg WM 90, 25); ein hinreichender Grund zur Ablehnung der freistehenden Wohnung liegt nicht vor, wenn die künftige Bewohnerin deshalb nicht in eine Souterain-Wohnung einziehen will, weil sie sich fürchtet – hierbei soll es sich um „Befindlichkeiten" und nicht um vernünftige Gründe handeln (AG Marburg WM 89, 247 – zweifelhaft –); unerheblich ist, ob die freistehende Wohnung schräge Wände hat (LG Trier WM 89, 390); ein Ablehnungsgrund liegt nicht vor, wenn der V. eine freistehende Wohnung und die gekündigte Wohnung zusammen renovieren will (LG Wiesbaden WM 90, 213); der V. darf die freistehende Wohnung nicht weitervermieten, wenn sie zwar kleiner ist als die gekündigte Wohnung aber dennoch für den Wohnbedarf des künftigen Bewohners ausreicht (LG Hannover WM 90, 305); der V. darf eine Wohnung im Mietwert von 350,– DM nicht kündigen, wenn er seine Tochter in einer freistehenden Wohnung mit einem Mietwert von 600,– DM unterbringen kann – dies gilt jedenfalls bei extrem angespanntem Wohnungsmarkt (LG Stuttgart WM 91, 164; s. aber auch unten LG Düsseldorf WM 89, 248); die Absicht zum Verkauf der freistehenden Wohnung rechtfertigt die Kündigung jedenfalls dann nicht, wenn diese Absicht noch nicht näher konkretisiert worden ist (LG Kiel WM 91, 108).

Zumutbarkeit verneint: der Wunsch des V., in eine Dachgeschoßwohnung einzuziehen, weil er dort weniger belästigt wird, ist zu respektieren (LG Darmstadt WM 89, 571 – zweifelhaft); auf eine freistehende Wohnung im Mietwert zwischen 380,– DM und 450,– DM muß der V. nicht zurückgreifen, wenn er seinen in bescheidenen Einkommensverhältnissen lebenden Sohn in einer Wohnung zum Mietwert von 180,– DM unterbringen will (LG Düsseldorf WM 89, 248; s. aber auch oben LG Stuttgart WM 91, 164); will die Tochter der V. ihre Wohnung durch Verbindung mit der gekündigten Wohnung vergrößern, so darf sie nicht auf eine freistehende Wohnung in einem anderen Haus verwiesen werden (AG Remscheid WM 89, 388); auf leerstehende Räume muß der V. nicht zurückgreifen, wenn diese bisher gewinnbringend als Anwaltskanzlei vermietet waren und auch künftig wieder zu Gewerbezwecken vermietet werden sollen (LG Hannover WM 89, 302); der V. darf eine freistehende Wohnung an einen Angehörigen der amerikanischen Streitkräfte weitervermieten, wenn dies mit Rücksicht auf eine jahrelange Zusammenarbeit mit dem amerikanischen Wohnungsamt geschehen soll (LG Karlsruhe DWW 90, 274); es ist zu akzeptieren, daß sich der V. seine künftige Wohnung mit Rücksicht auf gute Verkehrsverbindungen zu seinem Arbeitsplatz auswählt – der V. muß sich dann nicht auf eine freistehende Wohnung mit ungünstigeren Verkehrsverbindungen verweisen lassen (LG Duisburg WM 90, 512); kündigt die im 1. Obergeschoß wohnende V. wegen des Wohnbedarfs einer Pflegeperson eine im 1. Obergeschoß gelegene Wohnung, so muß sie die Pflegeperson nicht in einer freiwerdenden Wohnung im 2. Obergeschoß unterbringen, wenn sie die Wohnung im 1. Obergeschoß deshalb ausgewählt hat, damit sie sich durch Klopfzeichen mit der Pflegeperson verständigen kann (LG Frankenthal WM 90, 79; ähnlich LG Hamburg WM 90, 302 – zweifelhaft).

hh) Darf der V. trotz einer freistehenden Wohnung auf die Wohnung des M. zugreifen, so stellt sich die weitere Frage, ob der V. dem gekündigten M. die freistehenden Räume als Ersatzwohnung anbieten muß. Eine solche Verpflichtung wird teilweise aus einer Art nachvertraglicher Treue- und Fürsorgepflicht des V. hergeleitet: Unterläßt es der V., dem M. freistehenden Ersatzraum anzubieten, so soll das Räumungsverlangen rechtsmißbräuchlich sein (LG Hamburg WM 90, 302; LG Nürnberg-Fürth WM 91, 40; WM 91, 110 – auch bei zerrüttetem Mietverhältnis –; AG Frankfurt WM 90, 349; a. A. LG Frankenthal/Pf. WM 90, 79). Teilweise wird die Verpflichtung zum Angebot des Ersatzraums im Grundsatz bejaht; jedoch soll für besondere Fallgestaltungen eine Ausnahme gelten (LG Regensburg WM 91, 109, für den Fall, daß die freistehende Wohnung vor längerer Zeit schon einem anderen Mietinteressenten versprochen worden ist und der V. sich an diese Zusage gebunden fühlt; LG Karlsruhe WM 91, 41 bei fehlendem Vertrauensverhältnis).

ii) Dieselben Grundsätze gelten für die Frage, ob sich der V. auf ein Tauschangebot des M. einlassen muß, wenn der V. in die Wohnung des M. einziehen will und der M. zum Bezug der bisherigen Vermieterwohnung bereit ist (bejaht vom LG Stuttgart WM 88, 276).

jj) Der vom Bundesverfassungsgericht ausgesprochene Grundsatz, daß der V. nicht wegen eines Bedarfs kündigen kann, der beim Abschluß des Mv. bereits vorhanden oder vorhersehbar war (s. oben cc am Ende), wird von der neueren instanzgerichtlichen Rechtsprechung wie folgt konkretisiert: Kündigt der V. wegen eines Bedarfs für seinen 19jährigen Sohn, so ist die Kündigung nicht deshalb ausgeschlossen, weil vor 3 Jahren eine Wohnung freigeworden ist und der V. hierüber keinen Zeitmv. abgeschlossen hat (LG Stuttgart WM 89, 249; ähnl. LG Hamburg WM 89, 249); kündigt ein bei seinen Eltern wohnender V., weil er eine eigene Wohnung haben möchte, so kann dem nicht entgegengehalten werden, daß dieser Umstand schon zum Zeitpunkt des Vertragsschlusses vor 4 Jahren vorgelegen habe, weil sich die Interessensituation im Verlauf der Zeit ändern kann (LG Düsseldorf WM 89, 414); kündigt der V. mit der Begründung, daß er seinem Sohn nach Abschluß des Studiums eine Wohnung überlassen wolle, so ist die Kündigung unwirksam, wenn der V. vor 14 Monaten eine freistehende für den Sohn geeignete Wohnung weitervermietet hat (AG Neuss WM 89, 390); der V., zu dessen Haushalt Kinder oder Heranwachsende gehören, muß zwar damit rechnen, daß sich diese einmal selbständig machen wollen; er muß dies bei der Vermietung seiner Wohnungen allerdings so lange nicht berücksichtigen, solange nicht absehbar ist, wann und an welchem Ort dies geschehen soll (LG Mannheim DWW 90, 309); gehören zum Haushalt des V. erwachsene Kinder, die am Ort bleiben wollen, so muß er damit rechnen, daß in absehbarer Zeit Wohnbedarf entsteht (LG Karlsruhe WM 88, 276); gleiches gilt, wenn der Sohn der V. kurz vor dem Abschluß seines Studiums steht und damit gerechnet werden muß, daß er an den Wohnort der Eltern zurückkehrt (LG Heidelberg WM 91, 271).

kk) Zur Kündigungssperrfrist bei umgewandelten Eigentumswohnungen s. *Eigentumswohnung;* bezüglich der Sonderregelungen für die *ehemalige DDR* s. unten VII. Zum Ganzen vgl. Barthelmess/Barthelmess ZMR 88, 211; Blank WM 89, 157; Derleder WM 89, 217; Eisenschmid WM 90, 129; Finger ZMR 88, 401; Henschel NJW 89, 937; Röchling WM 89, 109; Schopp ZMR 89, 205; ders. DWW 89, 98; Schulte JZ 89, 525.

c) Wenn der V. durch die Fortsetzung des Mv. an einer *angemessenen wirtschaftlichen Verwertung* des Grundstücks *gehindert* und dadurch *erhebliche Nachteile* erleiden würde. Die Möglichkeit, im Falle einer anderweitigen Vermietung als Wohnraum eine höhere Miete zu erzielen, bleibt dabei außer Betracht (§ 564b II Nr. 3 BGB). Ein solcher Fall liegt auch dann vor, wenn der V. einzeln vermietete Zimmer einer Wohnung kündigt, um die Wohnung ohne Umbaumaßnahmen als Ganzes weiterzuvermieten (LG Braunschweig WM 91, 202); im umgekehrten Fall (Kündigung einer Wohnung um die einzelnen Räume getrennt weiterzuvermieten) gilt dasselbe.

aa) Der Tatbestand der sog. *„Verwertungskündigung"* ist anhand der unter (1) bis (4) aufgezählten Merkmale zu prüfen, die kumulativ (alle zusammen) vorliegen müssen. Fehlt ein Tatbestandsmerkmal, so ist die Kündigung unwirksam.

(1) Der V. muß die Absicht haben, die Mietsache in anderer Weise zu verwerten. Beispiele für eine anderweitige Verwertung sind: der Verkauf des Hauses oder der Wohnung (BVerfG DWW 89, 77; OLG Koblenz RE v. 1. 3. 1989 WM 89, 164); die Vermietung der Woh-

nung als Geschäftsraum; die Nutzung der Wohnung für eigene gewerbliche Zwecke (AG Bergheim WM 91, 164); die Umwidmung der Mietwohnung in eine zweckgebundene Werkmiet- oder Werkdienstwohnung (a. A. AG Steinfurt WM 91, 166); der Abriß des Hauses; grundlegende Modernisierungs- und/oder Sanierungsmaßnahmen (BayObLG RE v. 17. 11. 1983 WM 84, 16; LG Karlsruhe WM 91, 168; dies gilt auch dann, wenn die Räume nach der Modernisierung zu einem höheren Mietzins als Wohnung weitervermietet werden sollen (AG Köln WM 91, 170); die Zusammenlegung zweier Kleinwohnungen zu einer Großwohnung (LG Berlin GE 89, 311); die Aufteilung einer Großwohnung in mehrere Kleinwohnungen (LG Hamburg WM 89, 393).

(2) Der Bestand des Mv. muß die geplante Verwertung hindern. Bei einem geplanten *Haus- oder Wohnungskauf* liegt dieses Tatbestandsmerkmal vor, wenn der V. das Haus oder die Wohnung in vermietetem Zustand entweder überhaupt nicht oder nur zu einem wesentlich niedrigeren Preis verkaufen könnte. Einen allgemeinen Erfahrungssatz des Inhalts, daß eine vermietete Eigentumswohnung oder ein vermietetes Einfamilienhaus nur mit wesentlichem Preisabschlag verkauft werden kann, gibt es nicht (LG Bad Kreuznach WM 91, 179; a. A. AG Stuttgart/LG Stuttgart WM 91, 198; Fischer-Dieskau/Franke § 564b BGB Anm. 26). Nach dem grundlegenden Rechtsentscheid des BGH zur Eigenbedarfskündigung (s. oben b–bb) kann der Erwerber eines vermieteten Objekts einen berechtigten Eigenbedarf ohne Schwierigkeit durchsetzen; der Veräußerer muß also u. U. keinen wesentlichen Abschlag hinnehmen. Im Einzelfall kann dies anders sein; dies muß der V. substantiiert darlegen und beweisen (LG Bad Kreuznach a. a. O.; LG Frankfurt WM 91, 182; LG Gießen WM 91, 184; LG Hannover WM 91, 189; LG Mosbach WM 91, 191). Welcher Preisabschlag als wesentlich bezeichnet werden kann, ist nach den unten (4) dargelegten Kriterien zu entscheiden. Wird das Haus nach dem Kündigungsausspruch verkauft, so wird die Kündigung gegenstandslos (LG Aachen WM 90, 27; LG Münster WM 91, 194; LG Siegen 91, 197; AG Landshut WM 89, 422). Auf keinen Fall kann sich der Erwerber auf die Kündigung berufen (LG Aachen a. a. O.; AG Landshut a. a. O.). Der Erwerber kann allerdings eine Eigenbedarfskündigung aussprechen (s. oben b). Soll die Wohnung in Zukunft *gewerblich genutzt* oder soll das Haus *abgerissen* werden, so liegt es in der Natur der Sache, daß dies nur möglich ist, wenn das Mietverhältnis beendet wird. Die Kündigung hängt in solchen Fällen davon ab, daß der V. das Objekt gewerblich nutzen oder abreißen darf, was in bestimmten Gebieten von einer Zweckentfremdungsgenehmigung abhängt (s. Zweckentfremdung). In diesem Fall ist das Vorliegen der Zweckentfremdungsgenehmigung Wirksamkeitsvor-

aussetzung der Kündigung (OLG Hamburg RE v. 25. 3. 1981 WM 81, 155). Daneben müssen die weiteren Tatbestandsvoraussetzungen gegeben sein, was insbesondere bei der gewerblichen Nutzung bezüglich des unter (3) erörterten Merkmals häufig zweifelhaft ist (s. unten (3)). Bei einer Sanierung/Modernisierung liegt das hier erörterte Tatbestandsmerkmal dann vor, wenn die Mietsache bei geplanter Durchführung der Maßnahme nicht mehr in ihrer ursprünglichen Gestalt vorhanden ist, was bei einer Zusammenlegung mehrerer Kleinwohnungen und bei der Aufteilung einer Großwohnung bejaht werden muß. Führt die Maßnahme zu einer Grundrißänderung, so liegt das Tatbestandsmerkmal vor, wenn der Grundriß so wesentlich verändert wird, daß nicht mehr vom selben Mietobjekt gesprochen werden kann (LG Berlin GE 89, 934). Das Tatbestandsmerkmal ist auch dann zu bejahen, wenn die Modernisierung/Sanierung bei Aufrechterhaltung des Mv. nicht durchgeführt werden könnte. Allerdings genügt es insoweit nicht, daß zur Durchführung der Maßnahme eine vorübergehende Räumung der Wohnung erforderlich ist (LG Köln WM 89, 255). Vielmehr ist in diesem Fall zu fragen, ob die damit verbundene Kostenbelastung dem V. zugemutet werden kann; nach § 541 b III BGB ist der V. nämlich verpflichtet, dem M. gewisse Modernisierungsaufwendungen zu ersetzen, wozu auch die Kosten einer vorübergehenden Unterbringung im Hotel gehören können (s. dazu LG Stuttgart WM 91, 178, wonach die Kosten einer vier- bis fünfmonatigen Hotelunterbringung bei entsprechender Umbauzeit nicht zumutbar sind). Das Tatbestandsmerkmal liegt nicht vor, wenn der M. die Modernisierung nach § 541 b BGB dulden muß (LG Köln a. a. O.; LG Koblenz WM 90, 211; LG Freiburg WM 91, 173) oder wenn er die Modernisierung dulden will (LG Frankenthal WM 91, 171; Blank ZMR 81, 321). Aus dem Fehlen einer Duldungspflicht kann allerdings nicht der Ausschluß der Kündigungsbefugnis gefolgert werden (a. A. AG Konstanz WM 89, 255).

(3) Die geplante Art der Verwertung muß nach den Gesamtumständen angemessen sein. Soll das Haus *verkauft werden,* so reicht hierzu jeder billigenswerte, vernünftige Grund aus (LG München II DWW 88, 45: Verkauf der vermieteten Wohnung um eine größere Wohnung zur Deckung des Familienbedarfs zu kaufen; LG Frankenthal WM 91, 181: Verkauf der Mietwohnung, um die eigene selbstgenutzte Wohnung zu finanzieren; AG Bayreuth WM 91, 180: Verkauf einer Eigentumswohnung anläßlich der Ehescheidung; AG Duisburg DWW 89, 229: Grundstückstausch, wenn dies aus betrieblichen Gründen erforderlich ist). Nach dem RE des OLG Koblenz v. 1. 3. 1989 (WM 89, 164) soll das Tatbestandsmerkmal nicht schon deshalb entfallen, weil der V. das Mietobjekt selbst in vermietetem Zustand erworben hat. Dem ist in dieser Allgemeinheit nicht zuzu-

stimmen, weil Spekulationsgeschäfte (Kauf einer Wohnung in vermietetem Zustand zu niedrigem Preis in der Absicht, die freistehende Wohnung zu höherem Preis weiterzuverkaufen), die Kündigung nicht rechtfertigen können (so zutr. LG Osnabrück WM 90, 81; LG Hamburg WM 91, 185; vgl. auch LG Freiburg WM 91, 183, wonach dieser Umstand jedenfalls bei der Prüfung der Angemessenheit gebührend zu berücksichtigen ist). Deshalb liegt keine angemessene Verwertung vor, wenn der V. das Haus im Wege der Zwangsversteigerung erworben hat und es mit Gewinn im leerstehenden Zustand verkaufen möchte (LG Düsseldorf WM 87, 321). Gleiches gilt, wenn der V. eine vermietete Wohnung kauft, wegen Eigenbedarfs kündigt, seine hierauf gestützte Räumungsklage abgewiesen wird und er sodann eine Verwertungskündigung zum Zwecke des besseren Verkaufs ausspricht (LG München I WM 84, 247). Unangemessen sind wirtschaftlich unsinnige Verwertungsgeschäfte. In diesem Zusammenhang ist allerdings zu beachten, daß das Gericht die Pläne des Eigentümers nicht durch eigene Pläne ersetzen soll; vielmehr sind die grundsätzlichen Entscheidungen des Eigentümers bis zur Grenze des Mißbrauchs und des Unsinns hinzunehmen. Die zur Eigenbedarfskündigung dargelegten Grundsätze (s. oben b–cc und ff) gelten sinngemäß auch hier. Die *Absicht zur gewerblichen Nutzung* wird nur im Ausnahmefall angemessen sein, was sich aus der in § 564b II Nr. 2 BGB getroffenen Wertentscheidung (Kündigung grundsätzlich nur bei familiären Wohnbedarf) ergibt. *Sanierungs- und Modernisierungsmaßnahmen* sind i. d. R. angemessen, wenn hierdurch Wohnverhältnisse geschaffen werden sollen, wie sie allgemein üblich sind (vgl. § 541b I Hs. 2 BGB); das LG Wuppertal (WM 81, 191) vertritt bei diesen Kündigungen die Ansicht, daß der V. verpflichtet sei, dem M. eine Ersatzwohnung anzubieten. Sogenannte Luxusmodernisierungen sind im allgemeinen nicht angemessen.

(4) Der V. muß im Falle des Fortbestands des Mv. erhebliche Nachteile zu erwarten haben. Dabei kommen in erster Linie wirtschaftliche Nachteile in Betracht. Aber auch sonstige (persönliche) Nachteile sind zu berücksichtigen. In den *Veräußerungsfällen* reicht es aus, wenn das Haus oder die Wohnung nur mit einem erheblichen Abschlag von dem sonst erzielbaren Preis verkauft werden könnte. Es ist nicht erforderlich, daß der Eigentümer in Existenznot gerät (BVerfG DWW 89, 77). Ein Kündigungsgrund liegt nicht nur dann vor, wenn Umstände vorliegen die den „Verkauf als zwingend erscheinen lassen". Vielmehr muß eine Kündigungsbefugnis aus verfassungsrechtlichen Gründen bejaht werden, wenn der Verkauf im vermieteten Zustand „wirtschaftlich sinnlos" erscheint (BVerfG, WM 92, 46 = ZMR 92, 17) oder wenn die Einbußen des V. einen Umfang annehmen, welcher die Nachteile weit übersteigt, die dem

M. im Falle des Verlustes der Wohnung erwachsen (BVerfG, DWW 89, 77). Bei der Beurteilung dieser Frage sind die gesamten persönlichen und wirtschaftlichen Verhältnisse des V. zu berücksichtigen (LG Hamburg WM 89, 256). Eine generelle Antwort ist nicht möglich; es kommt vielmehr auf die Verhältnisse des Einzelfalls an. Die instanzgerichtliche Rechtsprechung kann deshalb nur Anhaltspunkte für die grundsätzlichen Bewertungskriterien vermitteln. Ein erheblicher Nachteil wurde in folgenden Fällen *bejaht:* Wenn das Haus im Leerzustand für 880000,– DM und im vermieteten Zustand für 830000,– DM zu verkaufen ist (LG Mainz ZMR 86, 14); wenn beim Verkauf im vermieteten Zustand ein Mindererlös von 6% in Kauf genommen werden muß (LG Karlsruhe ZMR 87, 469); bei Minderung des Kaufpreises um 10%–15% (LG Traunstein WM 89, 420); verfehlt ist die Ansicht des AG Hannover (WM 91, 188), wonach bereits unerhebliche Preisnachteile ausreichen sollen. Ein erheblicher Nachteil wurde *verneint:* Wenn der V. einer Eigentumswohnung beim Verkauf im vermieteten Zustand einen Verlust von 15% hinnehmen müßte (LG Berlin GE 90, 199); wenn der Vermieter eines Reihenhauses einen Verlust von 13,5% = 50000,– DM hinnehmen müßte (LG Hamburg WM 91, 185); wenn der V. eines Mehrfamilienhauses, das er im vermieteten Zustand erworben hat, im vermieteten Zustand für 500000,– DM und im leerstehenden Zustand für 950000,– DM verkaufen könnte – hier kommt es darauf an, welchen Preis der V. für das Gebäude bezahlt hat (LG Berlin WM 90, 96); bei der *Absicht zur gewerblichen Nutzung* gelten ähnliche Grundsätze. Im Falle der Weitervermietung ist hier jedoch zunächst zu prüfen, ob die gegenwärtigen Nachteile durch eine Anhebung des Mietzinses vermieden oder auf ein erträgliches Maß reduziert werden können. Auch in diesem Zusammenhang ist das Urteil des BVerfG v. 14. 2. 1989 (DWW 89, 77) zu beachten, wonach an die Verwertungskündigung strengere Anforderungen als an die Eigenbedarfskündigung gestellt werden dürfen. Bei der Absicht zur gewerblichen Eigennutzung ist zunächst zu prüfen, ob das mit der Kündigung erstrebte wirtschaftliche Ziel nicht mit anderen Maßnahmen erreicht werden kann (LG Berlin WM 90, 22: die Kündigung von Wohnraum zur Schaffung von Hotelbetten ist unwirksam, wenn die Übernachtungszahl auch mit den bereits vorhandenen Hotelbetten gesteigert werden kann). Bei den *Abriß- und Modernisierungsfällen* liegt ein erheblicher Nachteil i. d. R. dann vor, wenn der V. keine Rendite mehr erwirtschaftet, was durch eine Wirtschaftlichkeitsberechnung in Anlehnung an die Vorschriften der II. BV unter Einbeziehung einer angemessenen Eigenkapitalverzinsung ermittelt werden kann (s. Wirtschaftlichkeitsberechnung). Es kann aber auch ausreichen, wenn der V. seine Rendite durch die Sanierung/Modernisierung wesentlich verbessern kann. Es gilt der Grundsatz, daß bei erhaltungswürdigen Wohnungen das Maß des Nachteils hoch und bei Wohnungen im schlechten Zustand das Maß des Nachteils niedrig anzusetzen ist.

bb) Bei der *Umwandlung einer Miet- in eine Eigentumswohnung* gelten Sonderregelungen. Der V. kann nicht deshalb kündigen, weil er die Mietwohnung in eine Eigentumswohnung umwandeln und verkaufen will; gleiches gilt, wenn die Kündigung nach der Umwandlung zum Zwecke des Verkaufs ausgesprochen wird (§ 564b II Nr. 3 S. 3 BGB). Dieser Kündigungsausschluß ist unbefristet. Vereinzelt wird die Regelung dahingehend ausgelegt, daß das Kündigungsverbot nur dann gelten soll, wenn die Aufteilung gerade zu dem Zweck erfolgt, um die Wohnung anschließend mit Gewinn zu veräußern (LG Stuttgart WM 91, 201). Diese Ansicht ist abzulehnen, weil das danach geforderte Tatbestandskriterium einer besonderen Zweckverfolgung völlig unklar ist; die Vorschrift kann dann nicht mehr sinnvoll praktiziert werden. Der Erwerber der Wohnung kann allerdings nach Ablauf der dreijährigen Kündigungssperre wegen Eigenbedarfs kündigen (s. Eigentumswohnung I 6). Befindet sich die Wohnung in einem Ort, der durch Rechtsverordnung der Landesregierung zu einem Gebiet mit besonders gefährdeter Wohnraumversorgung erklärt worden ist, so ist auch der Erwerber einer umgewandelten Eigentumswohnung auf die Dauer von fünf oder zehn Jahren mit der Kündigung zum Zwecke des Verkaufs ausgeschlossen. → Eigentumswohnung I 6. In der *ehemaligen DDR* ist die Verwertungskündigung ausgeschlossen (s. unten VII).

2. Neben den oben erörterten und vom Gesetz beispielhaft genannten Kündigungsgründen darf der V. auch *sonstige berechtigte Interessen* an der Beendigung des M.verhältnisses geltend machen, soweit diese nach Art und Schwere den vom Gesetz hervorgehobenen Fällen gleichzustellen sind. Die Aufzählung der Kündigungsgründe in § 564b II BGB ist nicht abschließend. Trotzdem kommen nach den Vorstellungen des Gesetzgebers als weitere Kündigungsgründe nur solche Interessen des V. in Betracht, die für ihn zumindest ein ähnliches Gewicht wie die im Gesetz aufgezählten Fälle haben. Nach der Rechtsprechung können folgende Sachverhalte eine Kündigung rechtfertigen:

a) Betriebsbedarf: Ein Mietverhältnis über eine Werkwohnung kann gekündigt werden, wenn der M. aus dem Arbeits- oder Dienstverhältnis ausscheidet und der Wohnraum für Betriebsangehörige benötigt wird. Zwar reicht es insoweit nicht aus, wenn der Vermieter die Kündigung allein darauf stützt, daß das Arbeitsverhältnis beendigt sei, so daß nunmehr auch dem Mietverhältnis die eigentliche Geschäftsgrundlage fehle (LG Mannheim WM 73, 22; AG Lübeck MDR 74, 493; AG Stuttgart WM 74, 126). Ein Interesse des Vermieters muß aber stets dann anerkannt werden, wenn er beabsichtigt, einen anderen Arbeitnehmer in den gekündigten Räumen unterzubringen; dafür reicht es aus, wenn der Vermieter im Kündigungsschreiben darlegt und im Falle des Bestreitens nachweisen kann, daß sich Arbeitnehmer seines Betriebs um eine frei werdende Werkwohnung beworben haben (Wartelisten) und aus diesem Kreis der Bewerber zumindest einer bereit ist, in die gekündigten Räume einzuziehen. Unzureichend ist dagegen, wenn der Vermieter einen betriebsfremden Erwerber unterbringen will. Gleiches gilt, wenn in der Wohnung ein neu in den Betrieb eintretender Arbeitnehmer untergebracht werden soll, dem bereits in unmittelbarer Nähe des Arbeitsplatzes eine preisgünstige Wohnung zur Verfügung steht (AG Witzenhausen WM 83, 23). Ein berechtigtes Interesse wird aber dann anzuerkennen sein, wenn der Vermieter in seinem Betrieb eine benötigte Arbeitskraft einstellen will, die nachweislich den Abschluß des Arbeitsvertrags aus beachtlichen Gründen von dem Erhalt der gekündigten Werkwohnung abhängig macht (a. A. AG Gelsenkirchen-Buer WM 73, 138; ZMR 74, 52). Von der Kündigung einer Werkwohnung sind jene Fälle zu unterscheiden, in denen eine bislang nichtzweckgebundene Wohnung in eine Werkswohnung „umgewandelt" werden soll. Diese Absicht rechtfertigt die Kündigung auch dann nicht, wenn der Vermieter einen echten Betriebsbedarf hat, etwa weil er die Wohnung neu anzuwerbenden Fachkräften zur Verfügung stellen will um so seine Chancen auf dem Arbeitsmarkt zu verbessern oder wenn die Räume einem Arbeitnehmer mit konkretem Wohnbedarf überlassen werden sollen (OLG Stuttgart, RE v. 24. 4. 1991, WM 91, 330 = NJW-RR 91, 1264). Es kommt hierbei nicht darauf an, ob die Wohnung zu früherer Zeit als Werkswohnung genutzt worden ist; ein Hinweis im Mietvertrag auf die generell bestehende Zweckbindung ändert an dieser Rechtslage nichts (OLG Stuttgart, RE v. 21. 4. 1993, ZMR 93, 330 betr. eine Wohnung mit einem Belegungsrecht der DB). Eine Kündigung ist in Fällen dieser Art nur dann möglich, wenn die Voraussetzungen des § 564b II Nr. 3 BGB (s. oben 1c) gegeben sind. Dies wird etwa dann anzunehmen sein, wenn die Einstellung des Arbeitnehmers erforderlich ist, um die ordnungsgemäße Bewirtschaftung des Miethauses zu gewährleisten, insbesondere also dann, wenn die ständige Anwesenheit eines → *Hauswarts* erforderlich wird (LG Hamburg MDR 80, 315; LG Aachen ZMR 90, 303). Ein solcher Fall liegt aber nicht schon dann vor, wenn der Hausmeister gewisse Arbeiten durchführen soll, die der Vermieter ebensogut einem nicht im Haus wohnenden Dritten übertragen kann (AG Offenbach WM 86, 326 betreffend Gartenpflege und Schneebeseitigung; LG Freiburg WM 89, 245 betreffend Gas- und Stromablesen, Kontrolle der Hauseingangstüren zur Verhinderung von Einbrüchen). Dagegen muß ein Kündigungsinteresse bejaht werden, wenn ein Landwirt auf einen landwirtschaftlichen Arbeiter angewiesen ist (LG Lübeck WM 85, 148). In beiden Fällen hat das Beendigungsinteresse des Vermieters deshalb ein besonderes Gewicht, weil die Aufrechterhaltung des Geschäftsbetriebes die ständige Anwesenheit eines Arbeitnehmers erfordert. Darüber hinaus kann eine Kündigung auch in besonders gelagerten Ausnahmefällen möglich sein (vgl. z. B.: LG Tübingen ZMR 87, 20, wonach ein Kündigungsinteresse vorliegt, wenn die an einen Betriebsfremden vermietete Wohnung in einem Gebäude liegt, das ursprünglich als Gebäude mit Werkwohnungen konzipiert war, voll in das Betriebsgelände integriert ist und nur über das Betriebsgelände erreicht werden kann; LG Landau WM 85, 146, wonach ein Kündigungsinteresse besteht, wenn die Beschaffung von Wohnraum vom Arbeitgeber zu erwarten ist, weil sonst wegen des knappen Wohnungsmarktes keine Wohnung unter zumutbaren Bedingungen gefunden werden kann.

b) Fehlbelegte Sozialwohnung: Der V. einer Sozialwohnung kann kündigen, wenn er die Wohnung einem M. überlassen hat, der nicht zum Kreis der Wohnberechtigten nach §§ 4ff WoBindG, 25 des II. WoBauG gehört, die Behörde deshalb die Kündigung des Mv. verlangt und dem V. bei Fortsetzung des Mv. Nachteile nach §§ 25, 26 WoBindG drohen (OLG Hamm RE v. 14. 7. 1982 WM 82, 244; vgl. auch BayObLG WM 85, 283). Die Kündigung des Mv. setzt nicht voraus, daß die Behörde die Kündigung der öffentlichen Mittel androht (OLG Hamm a. a. O.). Auch die Androhung der Nachteile gehört nicht zu den Kündigungsvoraussetzungen. Es genügt, wenn diese Nachteile tatsächlich eintreten können (BayObLG a. a. O.). Die bloße Fehlbelegung allein ist allerdings kein Kündigungsgrund; vielmehr muß die Behörde die Beseitigung der Fehlbelegung vom Vermieter verlangen. Hat der V. dem nichtwohnberechtigten M. verschwiegen, daß die Wohnung der Belegungsbindung unterliegt, so ist er zum Ersatz des Schadens verpflichtet, der dem M. durch die Kündigung entsteht. Die hier dargestellte Kündigungsbefugnis besteht nicht, wenn der M. im Zeitpunkt der Überlassung der Wohnung wohnberechtigt war und erst in der Folgezeit zum „Fehlbeleger" geworden ist.

c) Überbelegung: Nach dem Rechtsentscheid des OLG Hamm vom 6. 10. 82 (NJW 83, 48) kann eine Kündigung auch im Falle der Überbelegung einer Wohnung gerechtfertigt sein. Die Entscheidung betrifft nicht jene Fälle, in denen ein M. entgegen einer vertraglichen Vereinbarung und ohne gesetzlichen Anspruch weitere Personen in die Wohnung aufnimmt. Hier liegt in der Regel eine verschuldete Vertragsverletzung vor, die unter den Voraussetzungen des § 564b

Abs. 2 Nr. 1 BGB zur Kündigung berechtigen kann. Demgegenüber lag dem genannten Rechtsentscheid ein Fall zugrunde, in dem eine ca. 60 qm große Zwei-Zimmerwohnung einem Mieterehepaar mit drei Kindern vermietet wurde, das im Laufe der Zeit drei weitere Kinder bekam, so daß eine Überbelegung eintrat. Das OLG Hamm vertritt die Auffassung, daß in diesen Fällen keine Vertragsverletzung vorliege, weil die Aufnahme der Kinder das natürliche und im Mv. regelmäßig auch stillschweigend vorausgesetzte Recht des M. sei. Im Einzelfall könne aber eine Kündigung nach § 564b Abs. 1 gerechtfertigt sein. Nach dem Rechtsentscheid des BayObLG v. 14. 9. 83 (WM 83, 309 und nach dem Rechtsentscheid des OLG Karlsruhe vom 16. 3. 1987 (WM 87, 180) kann die Überlegung im Einzelfall auch eine fristlose Kündigung nach § 553 BGB rechtfertigen. Der Überbelegungstatbestand kann wie folgt konkretisiert werden: Eine Überbelegung kommt nicht in Betracht, wenn die Anzahl der Wohnungsbenutzer und der verfügbaren Räume sich decken. Ist dies nicht der Fall, so darf dennoch nicht ohne weiteres eine Überbelegung angenommen werden. Vielmehr ist im Einzelfall auf die örtlichen, häuslichen und familiären Verhältnisse abzustellen. Dabei kommt es entscheidend darauf an, ob die konkreten Wohnverhältnisse noch als sozialüblich angesehen werden können. Soweit die Wohnungsaufsichtsgesetze der Länder entsprechende Regelungen über die Belegung von Wohnraum enthalten, kann hierauf zurückgegriffen werden (Schwab ZMR 84, 115; s. im übrigen → Vertragswidriger Gebrauch).

d) Unterbelegung: Nach dem Rechtsentscheid des OLG Stuttgart vom 11. 6. 1991 (WM 91, 379 = ZMR 91, 297) soll eine Wohnungsgenossenschaft ein berechtigtes Interesse an der Beendigung eines Mietverhältnisses haben, wenn eine erheblich unterbelegte Genossenschaftswohnung an eine größere Familie mit entsprechendem Wohnbedarf überlassen werden soll. Diese Ansicht trifft nicht zu: Nach den Grundsätzen des Genossenschaftsrechts hat das Mitglied der Genossenschaft als Mitträger des genossenschaftlichen Betriebs (vgl. Riebandt-Korfmacher, ZfgG, Bd. 43 (1933) S. 254) Anspruch auf ein Dauerschuldverhältnis mit quasi dinglichem Charakter; auf Grund dieses Dauernutzungsvertrags genießt das Mitglied einen weitergehenden Kündigungsschutz als der gewöhnliche Mieter. Deshalb kann er hinsichtlich des Bestandschutzes jedenfalls nicht schlechter gestellt werden, als andere Mieter nach der gesetzlichen Regelung stehen. Wegen einer Unterbelegung kann einem Mieter aber nicht gekündigt werden, weil die Vorschrift des § 564b BGB keine Maßnahmen der Wohnraumbewirtschaftung rechtfertigt. Aus der genossenschaftlichen Treuepflicht folgt nichts anderes, weil bei der Abwägung zwischen dem Interesse des Mieters am Erhalt der

Wohnung und dem Umverteilungsinteresse der Genossenschaft, das Interesse des Mieters vorrangig ist (ebenso Riebandt-Korfmacher, a. a. O., S. 261). Auch das OLG Karlsruhe (RE v. 23. 12. 1983 (NJW 84, 2584 = WM 84, 34) hat die Rechtsfrage in dem vergleichbaren Fall des § 569a BGB zutreffend anders entschieden. Danach kann eine Baugenossenschaft einem alleinstehenden Mitglied das gem. § 569a BGB in ein Mietverhältnis eingetreten ist, nicht mit der Begründung kündigen, daß die Wohnung für eine kinderreiche Familie benötigt werde.

e) Öffentliches Interesse: Anerkannt ist weiter, daß eine Kündigung auch dann gerechtfertigt sein kann, wenn der Wohnraum zur Erfüllung öffentlicher Interessen benötigt wird (BayObLG (RE) NJW 81, 580 = MDR 81, 318 = WM 81, 32 = ZMR 81, 93: betr. Bereitstellung der Räume zur Unterbringung der Feuerwehr sowie für kulturelle und soziale Zwecke; vgl. auch AG Göppingen WM 79, 122: betr. Kündigung einer Gemeinde um Wohnraum zur Obdachlosenunterbringung zu erhalten). Allerdings wird die Kündigung nicht durch jedes beliebige öffentliche Interesse gerechtfertigt. Vielmehr muß das öffentliche Interesse ein solches Gewicht haben, daß es gegenüber dem allgemeinen Interesse des M. am Fortbestand des Mv. überwiegt (OLG Frankfurt (RE) NJW 81, 1277 = MDR 81, 674 = WM 81, 126, wonach das öffentliche Interesse an der Durchführung eines Bauvorhabens, das die Errichtung eines Mehrzweckgebäudes mit Parkplätzen, Geschäftsräumen und Wohnungen zum Gegenstand hat, nicht ausreicht; ebenso AG Hamburg-Blankenese WM 80, 55 für das öffentliche Interesse an der Errichtung einer Garage). Der Kündigungsgrund des überwiegenden öffentlichen Interesses kommt grundsätzlich nur dann in Betracht, wenn der Vermieter selbst eine öffentlich-rechtliche Körperschaft ist, zu deren Aufgaben die Durchsetzung der mit der Kündigung verfolgten Ziele gehört. Ein privater Vermieter kann sich dagegen grundsätzlich nicht auf öffentliche Interessen berufen, weil deren Durchsetzung Sache der öffentlich-rechtlichen Körperschaft ist. Eine Ausnahme kommt allenfalls dort in Betracht, wo der Vermieter in seinem Handlungsbereich vom öffentlichen Interesse betroffen wird, weil beispielsweise eine Abrißverfügung gegen ihn ergeht, oder wenn die Fortsetzung des Mietverhältnisses im Interesse des Mieters Baumaßnahmen erfordern würde, die das Maß des Zumutbaren überschreiten (LG Kiel ZMR 83, 234).

f) Erweiterung eines Gewerbebetriebs: In engbegrenzten Ausnahmefällen kann eine Kündigung auch dann in Betracht kommen, wenn der V. die Räume zur *Erweiterung seines Gewerbebetriebes* benötigt. Voraussetzung ist grundsätzlich, daß der V. auf den Wohnraum zur Erweiterung seines Geschäftsbetriebs dringend angewiesen ist (daß also andere Räumlichkeiten nicht zur Verfügung stehen), daß die Geschäftserweiterung wirtschaftlich sinnvoll ist, und daß im Falle der Nichterweiterung des Geschäftsbetriebs erhebliche Nachteile drohen. Soweit erforderlich, muß außerdem eine Zweckentfremdungsgenehmigung vorliegen. Der Umstand, daß alle Räumlichkeiten eines Hauses bis auf eine einzige vermietete Wohnung betrieblichen Zwecken dienen, berechtigt für sich allein nicht zur Kündigung. Auch in diesem Fall muß eine typische Bedarfssituation gegeben sein (AG Braunschweig WM 84, 226).

g) Sonstige Gründe: Bedarf an einer Genossenschaftswohnung für einen Genossen nach Ausscheiden des bisherigen Benutzers (dazu: Riebandt-Korfmacher GWW 75, 24); Räumung eines Heimplatzes durch einen Benutzer, der den Unterbringungszweck nicht mehr erfüllt (vgl. dazu Schmidt-Futterer/Blank Komm. Rdn. B 686; LG Heidelberg Justiz 77, 59); schwerwiegende Belästigungen durch einen Schuldunfähigen; keine Kündigung, weil ein Mieter nicht offenbart hat, daß er wegen Geistesschwäche entmündigt ist (BVerfG, NJW 91, 2411 = ZMR 91, 366); grundsätzlich keine Kündigung des Untermietverhältnisses durch den Untervermieter, weil das Hauptmietverhältnis beendet ist und der Untervermieter die Sache an den Hauptvermieter herausgeben muß (auch die vom OLG Stuttgart (RE v. 7. 5. 1993, WM 93, 386) postulierte Ausnahme – Eigenbedarf des Hauptvermieters – ist nicht zu billigen). Entsprechende gesetzliche Regelungen sind nicht beschlossen worden, weil man die Generalklausel nicht zugunsten eines erweiterten Enumerationsprinzips aufgeben wollte. Zur Kündigung zur Erlangung von Steuervorteilen vgl. → Eigentumswohnung I 7.

3. Ausdrücklich hebt das Ges. jedoch hervor, daß die Kündigung *zum Zweck der Erhöhung des M.zinses stets ausgeschlossen* ist (§ 1 S. 1 MHG). Damit ist klargestellt, daß der V. sein Bestreben nach einem höheren M.zins nur noch im Wege der *Zustimmungsklage* nach §§ 2ff. MHG unter den erschwerten gesetzlichen Voraussetzungen durchsetzen kann, während die bisher übliche Androhung der sogenannten Abänderungskündigung oder der dahin gerichtete Kündigungsausspruch unwirksam ist.

4. Das Recht des V., bei besonders schwerwiegenden Pflichtverletzungen des M. die *fristlose Kündigung* des Mv. nach Maßgabe der §§ 553ff. BGB auszusprechen, bleibt durch die gesetzl. Neuregelung *unberührt* (s. Kündigung I 2a). Dagegen wird das Recht des V. zur *außerordentlichen befristeten* → *Kündigung* (dort I 2b) von den gesetzl. Kündigungsbeschränkungen erfaßt.

II. Ob die vom V. ausgesprochene Kündigung durch hinreichende Gründe gerechtfertigt ist, muß sich grunds. aus dem *Kündigungsschreiben* selbst ergeben: als berechtigte Interessen werden nämlich nach der ausdrücklichen gesetzl. Regelung in § 564b III BGB nur die in dem Kündigungsschreiben nach § 564a I BGB anzugebenden Gründe berücksichtigt, soweit die Gründe nicht erst nach Ausspruch der Kündigung entstanden sind (s. unten 4). Deshalb ist der V. gehalten, die aus seiner Sicht für die Kündigung maßgebenden Gründe und Erwägungen wenigstens kurz und verständlich im Kündigungsschreiben anzugeben, selbst wenn er dem M. davon bereits vorher mündlich Mitteilung gemacht hat. Die Angabe der Gründe dient nämlich nicht nur der Information des M., sondern auch der Information des Gerichts. Dabei ist es Sache des V. zu entscheiden, welche Gründe dem Gericht zur Prüfung vorgelegt werden sollen. Deshalb müssen die tatsächlichen Umstände so konkret angegeben werden, daß der M. aus seiner Sicht darüber entscheiden kann, ob ein berechtigtes Interesse des V. vorliegt. Die Wiederholung der gesetzl. Kündigungstatbestände oder unklare, pauschale Behauptungen sind unzureichend (BVerfG WM 89, 483; BayObLG RE v. 14. 7. 1981 WM 81, 200). Die Angabe der Gründe gehört zu den Wirksamkeitsvoraussetzungen der Kündigung (BVerfG, WM 92, 178 = NJW 92, 1979); deshalb ist es verfassungsrechtlich nicht zu beanstanden, wenn das Gericht die im Kündigungsschreiben nicht angegebenen Gründe unberücksichtigt läßt. Der Vermieter darf keine Umstände verschweigen, die für die Rechtsverteidigung des Mieters von Bedeutung sein können (BVerfG, a. a. O., betr. einen Wohnsitz, der 75 km vom Arbeitsplatz des Vermieters entfernt ist). Sind die Kündigungsgründe bereits in einem früheren Schreiben dargelegt worden, so kann es genügen, wenn der Vermieter in der Kündigungserklärung auf dieses Schreiben Bezug nimmt (BVerfG, NJW 92, 1877 = WM 93, 233). Die Bezugnahme muß aber klar und eindeutig sein; es muß zweifelsfrei feststehen, auf welche konkreten Gründe die Kündigung gestützt wird (BVerfG, WM 93, 234).

1. Wird wegen einer *Vertragsverletzung* gekündigt, so muß der V. das beanstandete Verhalten des M, konkret beschreiben und die Zeit und den Ort des Vorfalls angeben („wann, wo, was"). Ist der Kündigung eine → *Abmahnung* vorausgegangen, so muß sich aus dem Kündigungsschreiben ergeben, daß nach dem Zugang der Abmahnung erneute Vertragsverletzungen begangen worden sind.

2. Soll die Kündigung auf *Eigenbedarf* gestützt werden, so erfordert die Begründungspflicht, daß der V. im Kündigungsschreiben die Personen angibt, für die die Wohnung benötigt wird und einen konkreten Sachverhalt (Lebensvorgang) darlegt, auf den er das Interesse dieser Personen an der Erlangung der Wohnung stützt (BayObLG (RE) WM 81, 200 = NJW 81, 2197 = DWW 81, 235 = ZMR 81, 334 = MDR 81, 1020; BayObLG (RE) WM 85, 50). Es genügt nicht, wenn der V. lediglich mitteilt, daß er für sich oder eine

andere namentlich benannte Person „Eigenbedarf" geltend macht (LG Karlsruhe WM 89, 384; LG Hamburg WM 89, 385; LG Mannheim ZMR 90, 19). Die Gründe des Bedarfs müssen stets im Kündigungsschreiben aufgeführt werden; dies gilt auch dann, wenn der M. die Familienverhältnisse des V. kennt (LG Freiburg WM 90, 300) oder wenn ihm die Kündigungsgründe bekannt gewesen sind (LG Gießen WM 90, 301). Eine mündliche Erläuterung der Gründe reicht ebenfalls nicht aus (LG Detmold WM 90, 301). Will der V. die Wohnung einer Pflegeperson überlassen, so genügt es nicht, wenn lediglich auf die „Pflegebedürftigkeit" hingewiesen wird (LG Hamburg WM 88, 275); vielmehr ist kurz mitzuteilen, welche Art von Pflege aus welchen Gründen erforderlich ist. Die Begründung muß nicht zu allen Details Stellung nehmen; sie sollte aber so gefaßt sein, daß der M. ein hinreichend klares Bild von den Gegebenheiten erhält. Nach OLG Karlsruhe (ZMR 89, 144) soll es im Einzelfall genügen, wenn der V. mitteilt, seine bisherige Wohnung sei „zu klein" geworden. Diese Ansicht ist zweifelhaft, weil die gewählte Formulierung keine hinreichend genaue Information vermittelt und es dem V. ohne weiteres möglich wäre, eine genauere Aussage zu machen. Für den V. empfiehlt es sich, eher zuviel als zu wenig anzugeben.

3. Bei einer Kündigung wegen *mangelnder wirtschaftlicher Verwertung* muß dargelegt werden, daß die oben I 1c–aa (1) bis (4) erörterten Tatbestandsvoraussetzungen vorliegen. Auch hier genügt es nicht, wenn der V. lediglich eine Rechtsbehauptung aufstellt oder den Gesetzestext wiedergibt (LG Berlin MM 89, 248). Erforderlich ist die hinreichend genaue Angabe von Tatsachen, aus denen sich der Kündigungsgrund herleiten läßt.

a) Will der V. sein Haus oder seine Wohnung in leerstehendem Zustand *verkaufen,* so muß er im Kündigungsschreiben mitteilen, (1) daß er diese Absicht hat (anderweitige Verwertung), (2) daß ein Verkauf im vermieteten Zustand unmöglich oder nur mit Verlusten möglich ist (Erforderlichkeit der Kündigung), (3) aus welchen Gründen der Verkauf erfolgt (Angemessenheit der Verwertung) und (4) welche konkreten Nachteile beim Unterlassen des Verkaufs oder beim Verkauf im vermieteten Zustand eintreten werden (Nachteil). Die Tatbestandsvoraussetzungen des § 564b Abs. 2 Nr. 3 BGB sind relativ vielschichtig. Da dem Vermieter der Zugang zur gerichtlichen Sachprüfung ohne allzugroße Schwierigkeiten möglich sein muß, dürfen die Anforderungen an das Kündigungsschreiben nicht überspannt werden (BVerfG, WM 92, 417 = ZMR 92, 429). Die instanzgerichtliche Rechtsprechung hierzu ist nicht einheitlich. Vereinzelt wird die Ansicht vertreten, daß die Mitteilung der Verkaufsabsicht zur Begründung der Kündigung ausreiche (AG Arnsberg DWW 90, 153; ähnl. AG Bad Homburg WM 89, 303, wenn der

Verkaufsgrund beim Abschluß des Mv. vor 6 Jahren (!) erläutert worden ist); diese Ansicht steht mit dem Gesetzeswortlaut und -zweck offensichtlich nicht im Einklang (so zutr. LG Düsseldorf WM 87, 321; LG Bad Kreuznach WM 91, 179; LG Gießen WM 91, 184; LG Hamburg WM 91, 185; LG Mosbach WM 91, 191; AG Neuss DWW 90, 279; AG Bergisch Gladbach WM 91, 181; AG Hannover WM 91, 188; AG Stuttgart-Bad Cannstatt WM 91, 199). Teilweise wird gefordert, daß der V. zur Darlegung des Merkmals Nr. (2) konkrete Kaufinteressenten benennen müsse, die vom Kauf im vermieteten Zustand Abstand genommen haben (LG Darmstadt WM 87, 320; AG Schöneberg MM 89, 284; AG Nidda WM 89, 573); diese Ansicht ist dann zutreffend, wenn der V. entsprechende Verkaufsbemühungen unternommen hat und die Interessenten wegen des Mv. vom Kauf Abstand genommen oder nur einen unzumutbaren Preis geboten haben. Das LG Frankfurt (DWW 88, 324) fordert für diesen Fall, daß der V. im Kündigungsschreiben darlegt, welchen Wert die Wohnung im unvermieteten Zustand hat, weil nur dann geprüft werden kann, ob der Verkauf nicht an den überzogenen Preisvorstellungen des V. gescheitert ist. Diese Ansicht überzeugt nicht: diese Umstände können ohnehin nur durch eine Beweisaufnahme geklärt werden. Es ist nicht erforderlich, daß der V. selbst Verkaufsbemühungen unternimmt. Es genügt auch, wenn der V. das Objekt über einen Makler verkaufen will und dieser erklärt, daß ein Verkauf im vermieteten Zustand nicht oder nur zu unzumutbaren Bedingungen möglich ist (a. A. wohl LG Mosbach WM 91, 191); in diesem Fall muß diese Auskunft mitgeteilt werden (eine andere Frage ist es, ob die Auskunft zutrifft; dies muß gegebenenfalls durch eine Beweisaufnahme geklärt werden). Ergibt sich aus dem Kündigungsschreiben aber nicht, welche Verkaufsbemühungen mit welchem Ergebnis der V. unternommen hat, so ist die Kündigung wirkungslos (LG Gießen WM 91, 184; AG Neuss DWW 90, 279; AG Regensburg WM 91, 195). Zur Darlegung des Merkmals (3) genügt die knappe Angabe der Verkaufsgründe. Will der V. verkaufen, weil er für sich oder seine Familie eine Wohnung oder ein Haus kaufen und mit dem Kaufpreis der vermieteten Wohnung finanzieren will, so muß er nicht darlegen, wie er gegenwärtig untergebracht ist (a. A. LG Frankfurt DWW 88, 324). Bloße Floskeln reichen aber auch hier nicht aus (AG Siegburg WM 91, 197, betr. Verkauf weil das Haus „wirtschaftlich nicht mehr tragbar“ sei). Es ist nicht erforderlich, daß der V. zur Darlegung des Merkmals (4) seine gesamten Vermögensverhältnisse offenlegt (so aber AG Schöneberg a. a. O.). Eine mögliche Minderung des Kaufpreises von ca. 15%–20% ist regelmäßig ein erheblicher Nachteil. Geringere Verluste können für denjenigen V. einen erheblichen Nachteil bedeuten, der in bescheidenen Verhältnissen lebt; diese Verhältnisse sind dann aber auch im Kündigungsschreiben offenzulegen. Aus dem Umstand, daß die laufenden Finanzierungskosten höher sind als die Mieteinnahmen, ergibt sich noch nicht, daß ein Verkauf aus wirtschaftlichen Gründen erforderlich ist, weil hier auch der Wertzuwachs am Mietobjekt und die Steuervorteile zu berücksichtigen sind: Dementsprechend müssen auch in diesem Fall die wirtschaftlichen Verhältnisse offengelegt werden (LG Freiburg WM 91, 183; ähnl. AG Hamburg WM 91, 185). Der V. muß soviel an Daten und Fakten mitteilen, daß der M. prüfen kann ob eine Rechtsverteidigung sinnvoll ist (AG Gelsenkirchen WM 90, 26).

b) Bei beabsichtigter *gewerblicher Benutzung* muß der V. im Kündigungsschreiben angeben, ob er das Objekt selbst als Gewerberaum nutzen oder ob er es als Geschäftsraum vermieten will. Bei der Eigennutzung müssen die hierfür maßgeblichen Gründe angegeben werden; außerdem muß dargelegt werden, welche persönlichen oder wirtschaftlichen Nachteile beim Fortbestand des Mv. eintreten (AG Bergheim WM 91, 164: Ertragslage des Unternehmens und wirtschaftliche Kalkulation muß offengelegt werden). Bei der Vermietungsabsicht sind vergleichende Wirtschaftlichkeitsberechnungen vorzulegen (eine andere Frage ist es, ob die Berechnungen richtig sind und ob auf Grund der dort ausgewiesenen Ergebnisse eine Kündigung gerechtfertigt ist; hierüber muß vom Gericht – gegebenenfalls nach Beweisaufnahme – entschieden werden –).

c) Soll das Gebäude *abgerissen werden,* so ist im Kündigungsschreiben darzulegen, daß dem Abriß keine öffentlichrechtlichen Hindernisse entgegenstehen, insbesondere, daß die Abrißgenehmigung – eventuell die Zweckentfremdungsgenehmigung – vorliegt (OLG Hamburg RE v. 25. 3. 1981 WM 81, 155 für Zweckentfremdungsgenehmigung; a. A. LG Itzehoe WM 83, 143 für Abrißgenehmigung). Die Genehmigungen müssen dem Kündigungsschreiben nicht beigefügt werden (der M. kann das Vorliegen der Genehmigungen aber bestreiten – dann ist darüber Beweis zu erheben –; die Rechtmäßigkeit der Genehmigungen ist vom Zivilgericht allerdings nicht nachzuprüfen). Weiter ist erforderlich, daß der Grund des Abrisses und die geplante Verwertung des Grundstücks mitgeteilt wird: Nur dann kann der M. überprüfen, ob die Verwertung abgemessen ist. Zur Darlegung des Nachteils sind auch hier i. d. R. vergleichende Wirtschaftlichkeitsberechnungen erforderlich (AG Regensburg WM 91, 177; a. A. LG Berlin MDR 90, 1121, wonach eine solche Darlegung erst im Räumungsprozeß erforderlich sein soll).

d) Bei einer geplanten *Sanierung/Modernisierung* muß zunächst der Umfang der Maßnahme hinreichend genau beschrieben werden. Allgemein gehaltene Formulierungen reichen nicht aus. Der M. muß in der Lage sein zu beurteilen, ob wegen des Umfangs der Maßnahmen eine Beendigung des Mv. erforderlich ist. Vergleichende Wirtschaftlichkeitsberechnungen sind entbehrlich, wenn der derzeitige Zustand des Gebäudes und der Wohnungen eine Sanierung/Modernisierung nahelegt: die Steigerung des Grundstückswerts durch Erhaltung und Verbesserung der Bausubstanz entspricht in diesen Fällen dem Gebot wirtschaftlicher Vernunft; in der Unterlassung solcher notwendigen Maßnahmen liegt deshalb zugleich ein wirtschaftlicher Nachteil (unklar LG Karlsruhe WM 91, 169). Befinden sich in einem Haus beispielsweise Gemeinschaftstoiletten, die von mehreren Mietparteien gemeinsam benutzt werden, und sind die Wohnungen weder mit Bädern noch mit einer Zentralheizung ausgestattet, so muß der V. im Kündigungsschreiben nicht darlegen, daß durch die Modernisierung der Wohnungen die Rendite verbessert wird, weil sich dies von selbst versteht (a.A. AG Köln WM 91, 170). Etwas anderes kann gelten, wenn der V. ein Gebäude in gutem Zustand mit soliden Durchschnittswohnungen durch Modernisierungsmaßnahmen in ein Luxusobjekt verwandeln will (vgl. dazu LG Aachen MDR 83, 670). Ist der Eigentümer baupolizeilich zur Durchführung von Sanierungsarbeiten aufgefordert worden, so kann entweder ein Fall des § 564b II Nr. 3 BGB oder ein Fall des § 564b I BGB vorliegen (s. oben I 2d). Wird die Kündigung auf § 564b II Nr. 3 BGB gestützt, so sind Darlegungen zum wirtschaftlichen Nachteil erforderlich (LG Freiburg WM 91, 175). Bei § 564b I BGB reicht es aus, wenn der V. darlegt, daß die Sanierungsverfügung besteht und daß er dieser Maßnahme aus öffentlich-rechtlichen Gründen Folge leisten muß.

4. Nach allgemeinen Rechtsgrundsätzen müssen die Kündigungsgründe zum Zeitpunkt des Kündigungsausspruchs vorgelegen haben.

a) Bei der ordentlichen befristeten Kündigung bestimmt § 564b III BGB, daß (im gerichtlichen Verfahren) nur die Gründe berücksichtigt werden, die im Kündigungsschreiben angegeben sind. Insoweit besteht Einigkeit, daß eine Kündigung wirkungslos ist, wenn in der Kündigungserklärung keine Gründe angegeben sind oder wenn die Angabe der Gründe unzureichend ist (s. oben 3). Der V. hat nur eine Möglichkeit, die zum Zeitpunkt der Abgabe der Kündigungserklärung vorhandenen Gründe in den Prozeß einzubringen: Er muß eine erneute Kündigungserklärung abgeben, was auch durch einen prozessualen Schriftsatz erfolgen kann (s. Kündigung II 1). Hierin liegt zugleich eine Klagänderung; eine solche ist zulässig, wenn der M. einwilligt oder wenn das Gericht sie für sachdienlich hält.

b) Außerdem sollen nach dem Wortlaut der Vorschrift die nach dem Kündigungsausspruch entstandenen Gründe berücksichtigt werden. Hier besteht im Ergebnis Einigkeit, daß dies nicht gilt, wenn die Kündigungserklärung ursprünglich wirkungslos gewesen ist (vgl. z. B. Sternel Rdn. IV 106; Fischer-Dieskau/Franke § 564b BGB Anm. 46.1; Emmerich-Sonnenschein, Miete § 564b BGB Rdn. 82; Schmidt-Futterer/Blank B 714 jew. m. w. Nachw.); diese Auffassung ist verfassungsrechtlich nicht zu beanstanden (BVerfG, WM 93, 235). Die Bedeutung der Vorschrift ist deshalb vor allem darin zu sehen, daß der V. keine neue Kündigung aussprechen muß, wenn nach Ausspruch der Kündigung die bisherigen Gründe entfallen aber neue Gründe entstehen; die jeweiligen Gründe müssen allerdings gleichartig sein. Außerdem wird durch die Gesetzesfassung klargestellt, daß die neuen Gründe auch bei der Interessenabwägung nach § 556a BGB (s. Sozialklausel) zu berücksichtigen sind.

III. Kündigt der V. mit einem *vorgetäuschten Kündigungsgrund* (z. B. nicht gegebener Eigenbedarf), so kann der M. Schadensersatz aus dem Gesichtspunkt der schuldhaften Vertragsverletzung, nach §§ 823 II BGB i. V. m. § 263 StGB oder nach § 826 BGB verlangen (dazu ausführl. Schmidt-Futterer/Blank Komm. Rdn. 609ff.). Gleiches gilt, wenn der V. seinen Räumungsanspruch weiterverfolgt, obwohl der Eigenbedarf nach dem Ausspruch der Kündigung weggefallen ist (OLG Karlsruhe RE v. 7. 10. 1981 WM 82, 11). Der V. ist verpflichtet, den M. über den Wegfall des Eigenbedarfs zu informieren. Diese Informationspflicht besteht, solange der M. die Mietwohnung in Besitz hat. Der Umstand, daß der M. bereits eine Ersatzwohnung gefunden hat, macht die Information über den Wegfall des Eigenbedarfs nicht entbehrlich (OLG Karlsruhe a. a. O.). Die Informationspflicht besteht selbst dann, wenn der M. bereits rechtskräftig zur Räumung verurteilt worden, aber noch nicht ausgezogen ist (a. A. LG Köln WM 84, 248; vgl. aber BVerfG WM 90, 537). Der V. macht sich auch dann schadensersatzpflichtig, wenn er dem M. wahrheitswidrig mitteilt, daß er Eigenbedarf habe, und der M. im Vertrauen auf die Richtigkeit dieser Mitteilung die Wohnung freiwillig räumt. Der Abschluß eines Mietaufhebungsvertrags ändert daran nichts. Der M. darf nämlich grundsätzlich auf die Richtigkeit der Tatsachenangaben seines V. vertrauen, wenn nicht ausnahmsweise erkennbar naheliegende Verdachtsgründe bestehen (OLG Karlsruhe (RE) WM 82, 11 = ZMR 82, 50 = NJW 82, 54; BayObLG (RE) NJW 82, 2003 = WM 82, 203). Die gleichen Grundsätze gelten, wenn der V. eine auf vorgetäuschten Eigenbedarf gestützte Räumungsklage erhebt und die Parteien einen gerichtlichen Räumungsvergleich schließen (LG Bochum U. v. 27. 2. 1990 – 11 S 337/89; a. A. LG Köln ZMR 90, 382), weil auch hier die Täuschung Anlaß zum Vergleichsschluß ist. Dies ist auch dann anzunehmen, wenn der M. die Ernsthaftigkeit des Eigenbedarfs bestritten hat. Ein solches Bestreiten ist der Sache nach regelmäßig eine Erklärung mit Nichtwissen i. S. v. § 138 IV ZPO; in der Bereitschaft des M. zum Abschluß des Räumungsvergleichs kommt deshalb i. d. R. zum Ausdruck, daß er trotz des Bestreitens damit rechnet, daß der V. mit der Räumungsklage durchdringen werde. Etwas anderes wird nur dann anzunehmen sein, wenn zwischen den Parteien Klarheit besteht, daß das Mv. unabhängig vom geltend gemachten Kündigungsgrund beendet sein soll. Diese übereinstimmende Vorstellung ist zweckmäßigerweise in den Vergleich aufzunehmen.

Eine Schadensersatzpflicht wegen einer *fahrlässigen positiven Vertragsverletzung* kommt in Betracht, wenn der V. kündigt, obwohl seine Umzugsabsicht noch nicht mit hinreichender Sicherheit feststeht. Der Verlust der Wohnung ist für den M. regelmäßig mit hohen Kosten verbunden; der V. muß sich deshalb sicher sein, daß er tatsächlich die gekündigte Wohnung nutzen kann und will. Streitig ist, ob der Vermieter auch dann zum Schadenersatz verpflichtet ist, wenn er zwar tatsächlich zutreffende Kündigungsgründe angibt, die aber letztlich eine Vertragsbeendigung nicht rechtfertigen, oder wenn der Vermieter die Rechtslage unzutreffend beurteilt. Teilweise wird insoweit die Ansicht vertreten, daß der Vermieter dem Mieter aus dem Gesichtspunkt der positiven Vertragsverletzung ersatzpflichtig sei, wenn die unbegründete Kündigung auf Fahrlässigkeit des Vermieters beruht (BGH MDR 84, 571 = ZMR 84, 163; AG Hamburg WM 85, 121). An die Annahme eines unverschuldeten Irrtums sind nach dieser Rechtsmeinung strenge Maßstäbe anzulegen. Das Risiko, die Rechtslage unzutreffend zu beurteilen, trägt danach grundsätzlich der Vermieter. Gleiches soll nach dieser Ansicht gelten, wenn der Vermieter ohne Angabe von Gründen kündigt, oder wenn die Gründe nur lückenhaft oder pauschal angegeben werden (LG Kiel NJW 75, 1973 mit abl. Anm. Fehl.; vgl. auch OLG Hamm ZMR 76, 149; OLG Karlsruhe DWW 76, 186 = Justiz 76, 126; LG Düsseldorf WM 76, 70; LG Hamburg MDR 76, 844; AG Bonn WM 75, 125; AG Esslingen WM 76, 126; LG Freiburg WM 79, 215; LG Kaiserslautern MDR 81, 935; Sternel MDR 76, 265; Schopp MDR 77, 198; Schmid DWW 84, 203; a. A.: OLG Karlsruhe WM 76, 99 = ZMR 77, 25; OLG Hamm RE vom 31. 1. 1984 NJW 84, 1044 = WM 84, 94 = ZMR 84, 129 = DWW 84, 133; LG Freiburg WM 89, 251 betr. Kündigung einer Wohnung zur Nutzung als Bierdepot; LG Heidelberg DWW 90, 151 betr. Kündigung ohne Angabe von Gründen mit der unzutreffenden Behauptung, die Wohnung liege in einem Zweifamilienhaus; AG Charlottenburg ZMR 89, 431 betr. Kündigung zum Zwecke von Umbauarbeiten, die wahrheitsgemäß angegeben worden sind, aber keine Vertragsbeendigung rechtfertigen). Zwischen der wahrheitswidrigen oder fahrlässigen Erklärung des V. und dem Auszug des M. muß *Kausalität* bestehen. Daran kann es fehlen, wenn der M. unabhängig von der Kündigung ausgezogen wäre (LG Osnabrück WM 90, 435); hierfür ist der V. beweispflichtig. Für die tatsächlichen Voraussetzungen des Schadensersatzanspruchs ist der M. darlegungs- und beweispflichtig (LG Koblenz WM 80, 10).

IV. 1. Eine *Ausnahmeregelung* sieht § 564b IV BGB für Wohnungen in *Ein- und Zweifamilienhäusern* vor. Danach ist der V., der selbst in einem solchen Haus wohnt, auch dann zur Kündigung befugt, wenn er kein berechtigtes Interesse an der Vertragsbeendigung hat oder Kündigungsgründe nicht nachweisen kann. Die Wirksamkeit der Kündigung setzt somit sachlich nur voraus, daß die Wohnung des M. in einem Wohngebäude liegt, in welchem nicht mehr als 2 abgeschlossene Wohnungen vorhanden sind, von denen der V. eine selbst zu Wohnzwecken benutzt. Das Sonderkündigungsrecht besteht, weil das Zusammenleben im Zweifamilienhaus ein gewisses Maß an Harmonie voraussetzt; deshalb soll der V. kündigen können, wenn diese Voraussetzung nicht mehr gegeben ist. Folgerichtig hat das LG Karlsruhe (WM 89, 257) entschieden, daß die Erben eines V. die von diesem ausgesprochene Kündigung nicht weiterverfolgen dürfen, weil der Kündigungszweck nach dem Tod des V. nicht mehr erreicht werden kann (ebenso: OLG Karlsruhe, WM 93, 405 = ZMR 93, 335). Gleiches gilt, wenn der V. nach Ausspruch der Kündigung endgültig auszieht. Nach dem Gesetzeszweck kommt es nicht darauf an, ob sich der V. ständig in seiner Wohnung aufhält. Es genügt, wenn der V. in dem Gebäude einen Zweitwohnsitz unterhält, den er regelmäßig nutzt. Dagegen reicht es nicht aus, wenn sich in dem Geäude eine vom V. nicht oder kaum genutzte Wohnung befindet. Es spielt dabei keine Rolle, ob die Räume möbliert sind und deshalb jederzeit als Wohnung genutzt werden könnten. Unerheblich ist auch, ob der V. für den betreffenden Ort polizeilich gemeldet ist (LG Wuppertal WM 90, 156). Maßgeblich ist nur eine tatsächliche Nutzung oder die Absicht zur längeren tatsächlichen Nutzung. Handelt es sich bei dem V. um eine juristische Person, so ist ein Bewohnen schon begrifflich ausgeschlossen. Stehen auf der Vermieterseite mehrere Personen (z. B. BGB-Gesellschaft), so genügt es, wenn einer der V. in dem Gebäude wohnt. Befinden sich in dem Haus außer den beiden Wohnungen zusätzliche Gewerberäume, so gilt das Sonderkündigungsrecht nicht (OLG Frankfurt (RE) DWW 81, 322 = WM 82, 15 = ZMR 82, 16 = MDR 82, 235 = NJW 82, 188). Etwas anderes gilt nach dem RE des OLG Karlsruhe vom 25. 11. 1991 (ZMR 92, 105), wenn sich in dem Haus außer den beiden vom Mieter und vom Vermieter bewohnten Wohnungen, noch Gewerberäume befinden, die vom Vermieter selbst genutzt werden. Unter dem Begriff „Wohnung" sind dabei nur solche Räumlichkeiten zu verstehen, in denen der M. einen eigenen Haushalt führen kann. Das setzt voraus, daß elektrische Anschlüsse und sanitäre Anlagen vorhanden sind (Strom und Wasseranschluß) und daß der M. zumindest über eine Kochgelegenheit verfügt. Ist neben der Wohnung noch ein einzelnes Zimmer an einen Dritten vermietet, so hindert dies die Anwendung des Sonderkündigungsrechts nicht (AG Siegburg WM 79, 218; vgl. aber auch die Anmerkung hierzu von Holtschoppen WM 79, 219). Unbeachtlich ist auch, ob das Haus so konzipiert ist, daß noch eine weitere Wohnung geschaffen werden könnte (z. B. durch den Ausbau des Dachgeschosses; s. aber unten 2). Für die Beantwortung der Frage, ob der Vermieter selbst im Haus wohnt, kommt es nicht auf den Zeitpunkt des Vertragsschlusses, sondern auf den Zeitpunkt des Kündigungsausspruchs an. Deshalb besteht das Sonderkündigungsrecht auch dann, wenn im Zeitpunkt der Begründung des Mietverhältnisses beide Wohnungen vermietet waren und der Vermieter erst in der Folgezeit nach Auszug eines Mieters in die freigewordene Wohnung einzieht (OLG Koblenz RE vom 25. 5. 1981, WM 81, 204; BayObLG RE vom 3. 1. 1991, WM 91, 249; OLG Karlsruhe, RE vom 25. 11. 1991, WM 92, 49). Etwas anderes soll gelten, wenn die tatsächlichen Voraussetzungen des Sonderkündigungsrechts nach Abschluß des Mietvertrags durch eine Veränderung der baulichen Gegebenheiten geschaffen werden. Deshalb besteht das Sonderkündigungsrecht nicht, wenn das Haus ursprünglich vom Vermieter und zwei weiteren Mietparteien bewohnt worden ist und der Vermieter nach dem Auszug einer Mietpartei die freigewordene Wohnung mit seiner eigenen verbindet (OLG Hamburg RE vom 7. 4. 1982 WM 82, 151). Da die beiden Wohnungen in *einem* Gebäude liegen müssen, gilt das Sonderkündigungsrecht nicht für nebeneinander gebaute Reihenhäuser oder für zusammengehörige aber in sich getrennte Bungalows (LG Hannover WM 79, 78). Darüber hinaus wird von einem Teil der Rechtsprechung und Literatur die Ansicht vertreten, daß das Sonderkündigungsrecht nur gegeben ist, wenn die Vertragsparteien innerhalb des Hauses häufiger zusammentreffen können (vgl. z. B. LG Hannover WM 79, 78; LG Hamburg WM 81, 42; LG Bochum WM 87, 158; Schmidt-Futterer/Blank, Wohnraumschutzgesetze Rdn. B 694, B 700; Sternel, Mietrecht Rdn. IV 238). Diese Auslegung beruht auf der Erwägung, daß der Gesetzestext zu weit geraten sei, weil das Sonderkündigungsrecht auf das typische Einfamilienhaus mit Einliegerwohnung zugeschnitten ist. nach dem RE des OLG Saarbrücken vom 2. 7. 1992 (WM 92, 520) besteht das Sonderkündigungsrecht des § 564b Abs. 4 BGB auch dann, wenn die beiden Wohnungen so voneinander getrennt sind, daß ein Zusammentreffen der Vertragsparteien im Haus ausgeschlossen ist. Insbesondere ist es nicht erforderlich, daß ein gemeinsames Treppenhaus, ein gemeinsamer Hauseingang oder sonstige gemeinschaftlich zu nutzende Räume oder Flächen vorhanden sind.

Die allgemeinen *Kündigungsfristen* verlängern sich bei der Ausübung des Sonderkündigungsrechts um 3 Monate. Der Vermieter muß in dem Kündigungsschreiben angeben, daß er von seinem Sonderkündigungsrecht Gebrauch macht; fehlt diese Angabe und sind auch keine Kündigungsgründe mitgeteilt, so ist die Kündigung unwirksam. Sind im Kündigungsschreiben Gründe angegeben, so kann die Erklärung als ordentliche Kündigung nach § 564b Abs. 1 oder 2 BGB wirksam sein. Die Angabe der Gründe ist ratsam, weil die nicht mitgeteilten Gründe bei der Anwendung der → *Sozialklausel* unberücksichtigt bleiben; § 556a Abs. 1 S. 3 BGB gilt nämlich auch im Rahmen des § 564b Abs. 4 (OLG Hamm, RE v. 16. 3. 1992, WM 92, 230 = ZMR 92, 243). Kann der Vermieter sowohl nach § 564b Abs. 1 als auch nach Abs. 4 kündigen, so räumt ihm das Gesetz ein Wahlrecht ein. Die Kündigungserklärung muß erkennen lassen, ob und wie der Vermieter sein Wahlrecht ausübt; davon hängt entscheidend die Rechtswahrung des Mieters ab. Der Vermieter darf die Ausübung des Wahlrechts nicht dem Mieter oder dem Gericht überlassen, etwa dergestalt, daß von dem für den Mieter rechtlich günstigsten Kündigungsgrund ausgegangen wird (LG Landau WM 86, 144). Nach dem Rechtsentscheid des OLG Hamburg vom 7. 4. 1982 (NJW 83, 182 = WM 82, 151 = ZMR 82, 282) kann der Vermieter die Kündigung nach § 564b Abs. 1 und diejenige nach Abs. 4 dergestalt miteinander kombinieren, daß er die erste oder die zweite in erster Linie und die jeweils andere hilfsweise geltend macht. Auch im Räumungsprozeß kann der Vermieter beide Kündigungen in dieser Weise geltend machen. Diese Rechtsauffassung ist abzulehnen, weil durch die Staffelung die vom Gesetzgeber angeordnete Wahlpflicht umgangen wird. Gleichwohl ist diese Rechtsauffassung für die Landgerichte bindend. Hat der M. einer Kündigung des V. nach § 564b I BGB widersprochen, so darf der V. nach dem Rechtsentscheid des OLG Karlsruhe vom 2. 11. 1981 erneut noch innerhalb der laufenden Kündigungsfrist nach § 564b IV BGB kündigen, wenn er in dem K.schreiben zweifelsfrei zum Ausdruck bringt, daß die K. nicht mehr auf berechtigte Interessen nach Absatz 1 gestützt wird (OLG Karlsruhe (RE) WM 82, 14 = DWW 82, 54 = NJW 82, 391). Im übrigen steht dem M. auch hier uneingeschränkt der Schutz der → Sozialklausel (§§ 556a ff. BGB) zur Verfügung und kann er eine → Räumungsfrist (§§ 721, 794a ZPO) zur Überbrückung von vorübergehenden Räumungsschwierigkeiten beanspruchen. Diese Sonderregelung gilt entsprechend für Mv. über Wohnraum *innerhalb* der vom V. selbst bewohnten Wohnung (§ 564b IV 3 BGB), sofern der Wohnraum nicht überhaupt vom Kündigungsschutz ausgenommen ist (s. unten VII; zum Ganzen vgl. Schubert WM 75, 1). Insoweit kommt es nicht darauf an, ob die Wohnung des V. in einem Ein- oder Mehrfamilienhaus liegt (KG (RE) WM 81, 154 = ZMR 81, 243 = MDR 81, 760). Das Sonderkündigungsrecht kann vertraglich ausgeschlossen werden. Hierfür genügt es, wenn die Parteien ein befristetes Mv. abschließen (a. A. nur Reichert DWW 85, 304). Bei → Zeitmietverträgen kann sich der V. gegenüber dem Fortsetzungsverlangen des M. auf § 564b IV BGB berufen (Gather DWW 81, 86; Fischer-Dieskau/Franke § 564b BGB Anm. 47.2). Im Gebiet der ehemaligen DDR gelten Sonderregelungen (dazu unten VII).

2. Durch das Wohnungsbauerleichterungsgesetz vom 1. 9. 1990 (BGBl. I S. 926) ist § 564b IV S. 1 BGB dahingehend erweitert worden, daß das Sonderkündigungsrecht auch für Wohngebäude mit *drei Wohnungen* gilt, wenn mindestens eine der Wohnungen durch Ausbau oder Erweiterung eines vom V. selbst bewohnten Wohngebäudes nach dem 31. 5. 1990 und vor dem 1. 6. 1995 fertiggestellt worden ist. Auf diese Weise soll sichergestellt werden, daß der V. ein bislang bestehendes Sonderkündigungsrecht nicht deshalb verliert, weil er sich in der fraglichen Zeit für eine wohnungspolitisch wünschenswerte Ausbaumaßnahme entschieden hat. Allerdings besteht das Sonderkündigungsrecht nur, wenn der V. den M. bei Vertragsschluß auf diese Kündigungsmöglichkeit hingewiesen hat. Der Hinweis ist auch dann wirksam, wenn er lediglich mündlich gegeben worden ist; ein schriftlicher Hinweis ist aber aus Beweisgründen anzuraten. Durch die Hinweispflicht soll der M. informiert werden, daß ihm eine Wohnung mit minderem Kündigungsschutz angeboten wird. Deshalb besteht die Hinweispflicht zunächst bezüglich der neugeschaffenen dritten Wohnung, und zwar für das erste und alle folgenden Mietverhältnisse. Die Hinweispflicht besteht außerdem aber auch für die bereits vorhandene zweite Wohnung, wenn dort nach Fertigstellung der dritten Wohnung ein Mieterwechsel stattfindet. Es genügt nicht, wenn der M. lediglich darüber informiert wird, daß die dritte Wohnung in der Zeit zwischen dem 31. 5. 1990 und dem 1. 6. 1995 fertiggestellt worden ist. Hinweise auf die Rechtslage, die für einen Laien unverständlich sind (z. B. „es besteht ein Sonderkündigungsrecht nach § 564b IV Nr. 2 BGB") und ähnliche Formulierungen reichen ebenfalls nicht aus. Durch eine schriftliche Belehrung, die sich im Mietvertrag an versteckter Stelle befindet, wird die Hinweispflicht nicht erfüllt. Durch eine Formularklausel kann die Hinweispflicht jedenfalls dann nicht erfüllt werden, wenn das Formular auch für geschützte Mietverhältnisse Verwendung finden soll; in diesem Fall kann der M. nämlich nicht beurteilen, ob der Hinweis für sein Mv. relevant ist. Soll das Formular ausschließlich für Miet-

verhältnisse der in § 564b IV Nr. 2 BGB genannten Art verwendet werden, so kommt es auf die Ausgestaltung des Formulars an. Generell gilt: Der M. muß klar und eindeutig darüber informiert werden, daß das Mietverhältnis vom V. auch dann gekündigt werden kann, wenn keine Gründe vorliegen. Anderenfalls könnte der Mieter dieser Räumlichkeiten nämlich nicht beurteilen, ob seine Wohnung dem Kündigungsschutz unterliegt; der Gesetzeszweck würde dann nicht erreicht. Im übrigen gelten für das Sonderkündigungsrecht die oben 1) erörterten Grundsätze.

V. Die gesetzl. Kündigungsbeschränkungen gelten auch für *befristet* eingegangene Mv. über Wohnraum ohne Verlängerungsklausel (§ 564c Abs. 1 BGB). Dabei kommt es nicht darauf an, wann diese Mv. abgeschlossen worden sind. Voraussetzung ist allein, daß der M. spätestens *2 Monate vor Ablauf* der Vertragszeit durch *schriftl. Erklärung* die Fortsetzung des Mv. verlangt; dann muß der V. auch hier in einer schriftl. Beendigungserklärung sein berechtigtes Interesse an der Beendigung des Mv. i. S. des § 564b BGB darlegen und erforderlichenfalls beweisen (s. oben I, II). Für Wohnungen in Ein- und Zweifamilienhäusern (s. oben III u. IV) besteht auch hier eine Ausnahme, weil § 564 IV BGB auch im Rahmen des § 564c BGB gilt (Gather DWW 81, 86; Sternel IV 237). Verlangt der M. dagegen nicht form- und fristgerecht die Fortsetzung des Vertrages, endigt das Mv. zum vertraglich vereinbarten Zeitpunkt (§ 564 I BGB). Im übrigen ist der V. nicht verpflichtet, den M. auf sein Recht aus § 564c I BGB hinzuweisen (AG München DWW 78, 150). Das Fortsetzungsverlangen des M. bedarf keines Grundes und *keiner Begründung*. Dagegen muß die schriftl. Beendigungserklärung des V. infolge der entspr. Anwendung des § 564b BGB die *Angabe seiner berechtigten Interessen* an der fristgemäßen Vertragsbeendigung enthalten (s. oben I, II) und dem M. bis zum Ablauf der Vertragszeit *zugehen* (Roquette ZMR 72, 133). Äußert sich der V. auf das Fortsetzungsverlangen des M. nicht, ist eine Vertragsverlängerung auf unbestimmte Zeit zustande gekommen. Soweit der V. einer Verlängerung wirksam widerspricht, steht dem M. das Recht zu, die *Fortsetzung* des Mv. *aus Härtegründen* unter den Voraussetzungen des § 556b BGB zu verlangen (→ Sozialklausel III). Unter engbegrenzten Voraussetzungen können die Parteien nach dem neu in das BGB eingeführten § 564c Abs. 2 BGB nunmehr auch befristete Mv. ohne Verlängerungsanspruch des M. abschließen (zu den Einzelheiten s. → Zeitmv.).

Für *befristete Mv. mit Verlängerungs*klausel gilt nicht § 564c BGB, sondern die Vorschrift des § 564b BGB (h. M.; vgl. dazu Goch ZMR 78, 134 m. w. Nachw.).

VI. Die gesetzlichen Kündigungsbeschränkungen gelten nicht für Mietverhältnisse

1. über Wohnraum, der zu nur vorübergehendem Gebrauch vermietet ist (564b VII Nr. 1 BGB; zum Begriff s. *Mieterhöhung VI 2*).

2. Über Wohnraum, der Teil der vom V. selbst bewohnten Wohnung ist und den der V. ganz oder überwiegend mit Einrichtungsgegenständen auszustatten hat, sofern der Wohnraum nicht zum dauernden Gebrauch für eine Familie überlassen ist (564b VII Nr. 2 BGB).

3. über Wohnraum in Ferienhäusern und Ferienwohnungen in Ferienhausgebieten, der vor dem 1. Mai 1995 dem Mieter überlassen worden ist, wenn der Vermieter den Mieter bei Vertragsschluß auf die Zweckbestimmung des Wohnraums und den Ausschluß des Kündigungsschutzrechts hingewiesen hat (§ 564b VII Nr. 4 BGB). Der Begriff des Ferienhauses wird durch § 10 IV der Baunutzungs-VO durch Anknüpfung an objektive Kriterien wie Lage, Größe, Ausstattung, Erschließung und Versorgung sowie durch die Zweckbestimmung definiert als „überwiegend und auf Dauer einem wechselnden Personenkreis zur Erholung zu dienen". Entsprechendes gilt für Ferienwohnungen. Zweitwohnungen, die von den Eigentümern/Vermietern überwiegend selbst genutzt werden, fallen nicht unter die Vorschrift. Für die Hinweispflicht gelten die Ausführungen oben IV. (s. hierzu auch Schilling ZMR 90, 281).

5. über Wohnraum, den eine juristische Person des öffentlichen Rechts im Rahmen der ihr durch Gesetz zugewiesenen Aufgaben angemietet hat, um ihn Personen mit dringendem Wohnungsbedarf oder in Ausbildung befindlichen Personen zu überlassen, wenn sie den Wohnraum dem Mieter vor dem 1. Mai 1995 überlassen und ihn bei Vertragsschluß auf die Zweckbestimmung des Wohnraums und den Ausschluß des Kündigungsschutzrechts hingewiesen hat (§ 564b VII Nr. 5 BGB). Durch diese Vorschrift soll es den Gemeinden und Gemeindeverbänden aber auch anderen Gebietskörperschaften oder den Studentenwerken an den deutschen Hochschulen erleichtert werden, Wohnungen von privaten Dritten zum Zwecke der Unterbringung von Personen mit dringendem Wohnbedarf anzumieten. Hierzu gehören alle Personengruppen, die besondere Schwierigkeiten bei der Wohnraumsuche haben, z. B. Menschen im höheren Lebensalter, Alleinerziehende, einkommensschwache Personen, Studenten, Gastarbeiter, Asylbewerber u. s. w. Voraussetzung ist, daß die Unterbringung dieser Personen zu den durch Gesetz zugewiesenen Aufgaben jener juristischen Personen gehört; „Gesetz" ist jede Rechtsnorm, also auch eine Satzung (Art. 2 EGBGB). Es ist nicht erforderlich, daß die untergebrachte Person einen dringenden Wohnbedarf hatte; vielmehr genügt es, daß der Wohnraum generell zur Erfüllung des genannten Zweckes angemietet worden ist. Das Mv. zwischen dem Eigentümer und der juristischen Person ist als Ge-

schäftsraummietverhältnis anzusehen, so daß die Kündigungsvorschriften bereits aus diesem Grund nicht gelten. Das Mv. zwischen der juristischen Person und den Wohnraumnutzern ist ein Wohnraummietverhältnis, für das der Kündigungsschutz aufgrund der Ausschlußvorschrift nicht gilt, wenn die Wohnungsnutzer (Untermieter) bei Vertragsschluß hierauf hingewiesen worden sind. Für die Hinweispflicht gelten die Ausführungen oben IV. Zum ganzen s. auch Schilling ZMR 90, 281. Abgesehen von diesen Ausschlußtatbeständen werden *alle Mv. über Wohnraum* vom Kündigungsschutz erfaßt, insbesondere auch diejenigen über möblierten Wohnraum alleinstehender M. außerhalb der vom V. selbst bewohnten Wohnung. Dem Kündigungsschutz (Bestandschutz) unterliegen somit auch folgende Mv.: → Werkwohnungen, Mv. auf Grund von → Werkförderungsverträgen, →Sozialwohnungen, → Untermiete.

VII. *Sonderregelungen in den Ländern der ehemaligen DDR.*

1. Mietverhältnisse, die nach dem 2. 10. 1990 begründet worden sind, können nach den in der BR Deutschland allgemein geltenden Vorschriften gekündigt werden; es bestehen keine Sonderregelungen.

2. Für Mietverhältnisse, die vor dem 3. 10. 1990 begründet worden sind, gelten Sonderregelungen. Rechtsgrundlage dieser Regelungen ist Art. 232 EGBGB (s. Anl. I Kapitel III Sachgebiet B: Bürgerliches Recht Abschnitt II Ziff. 1 des Einigungsvertrags. Bulletin der Bundesregierung vom 6. 9. 1990, Seite 915ff; BGBl. 90 I Seite 943). Danach gilt:

a) Nach Art. 232 § 2 Abs. 2 EGBGB kann sich der Vermieter nicht auf berechtigte Interessen i. S. des § 564b Abs. 2 Nr. 3 BGB berufen. Die Kündigung wegen einer anderweitigen wirtschaftlichen Verwertung des Grundstücks ist damit ausgeschlossen. Beispiele für eine anderweitige wirtschaftliche Verwertung in diesem Sinne sind der Verkauf des Hauses oder der Wohnung, die Vermietung der Wohnung als Geschäftsraum, die Nutzung der Wohnung für eigene gewerbliche Zwecke, der Abriß des Hauses sowie grundlegende Sanierungs- und Modernisierungsarbeiten, die bei bestehendem Mietverhältnis nicht durchgeführt werden können. Der Kündigungsausschluß ist zeitlich nicht befristet. Eine Kündigung ist nach dem Wortlaut des Gesetzes auch dann nicht möglich, wenn die wirtschaftliche Existenz des Vermieters im Falle einer Fortsetzung des Mietverhältnisses gefährdet würde. Wegen dieser weitreichenden Folgen ist zweifelhaft, ob Art. 232 § 2 Abs. 2 EGBGB mit Art. 14 GG im Einklang steht (vgl. BVerfG DWW 89, 77 = WM 89, 118). Der Ausschluß der Modernisierungskündigung erscheint rechtspolitisch fragwürdig, weil ein Großteil des Wohnungsbestandes in den genannten Ländern dringend sanierungsbedürftig ist. Für Einliegerwohnungen gilt bezüglich der Modernisierungskündigung eine Ausnahme (s. unten c).

b) Nach Art. 232 § 2 Abs. 3 EGBGB kann sich der Vermieter erst nach dem 31. 12. 1995 auf Eigenbedarf berufen. Hiervon gelten drei Ausnahmen:

(1) eine Eigenbedarfskündigung ist bereits vor dem 31. 12. 1995 möglich, „wenn die Räume dem Vermieter durch nicht zu rechtfertigende Zwangsmaßnahmen oder durch Machtmißbrauch, Korruption, Nötigung oder Täuschung seitens staatlicher Stellen oder Dritter entzogen worden sind". – In diesen Fällen ist der Gesetzgeber der Ansicht, daß das frühere DDR-Unrecht nicht länger fortwirken soll. Deshalb gelten hier die allgemeinen Vorschriften. Der Mieter kann gegenüber der Kündigung Widerspruch einlegen und die Fortsetzung des Mietverhältnisses verlangen (Art. 232 § 2 Abs. 4 EGBG i. V. m. § 556a BGB).

(2) eine Eigenbedarfskündigung ist auch dann vor dem 31. 12. 1995 möglich, „wenn der Mieter beim Abschluß des Vertrags nicht redlich im Sinne des § 4 Abs. 3 des Vermögensgesetzes gewesen ist". – Dies ist der Fall, wenn die Zuweisung der Wohnung (§ 99 ZVG) mit den damals in der DDR geltenden allgemeinen Rechts- und Verfahrensgrundsätzen sowie einer ordnungsgemäßen Verwaltungspraxis nicht im Einklang stand und der Mieter dies wußte oder hätte wissen müssen. Gleiches gilt, wenn der Mieter durch Korruption oder Ausnutzung einer persönlichen Machtstellung auf die Zuweisung der Wohnung eingewirkt hat oder wenn die Zuweisung davon beeinflußt war, daß sich der Mieter eine von ihm selbst oder von dritter Seite herbeigeführte Zwangslage oder Täuschung des Eigentümers zu Nutze gemacht hat. Ein Kündigungswiderspruch nach Art. 232 § 2 Abs. 4 EGBG i. V. m. § 556a BGB ist auch hier möglich; die Interessen des Vermieters werden aber in Fällen dieser Art wegen der geringeren Schutzwürdigkeit des Mieters vorrangig sein.

(3) schließlich ist eine Eigenbedarfskündigung vor Ablauf der Sperrfrist möglich, „wenn der Ausschluß des Kündigungsrechts dem Vermieter angesichts seines Wohnbedarfs und seiner sonstigen berechtigten Interessen auch unter Würdigung der Interessen des Mieters nicht zugemutet werden kann" – Dieser Ausnahmetatbestand setzt voraus, daß der Vermieter selbst in die Räume einziehen will und daß sein Interesse an der Selbstnutzung die Interessen des Mieters am Erhalt der Wohnung erheblich überwiegen. Im Unterschied zum sonst geltenden Recht genügt es nicht, wenn der Vermieter die ernsthafte Absicht zur Eigennutzung hat und sein Entschluß hierzu auf vernünftigen und billigenswerten Erwägungen beruht (vgl. BGHZ 101, 91). Der Vermieter muß vielmehr einen gewichtigen Wohnbedarf haben. Dies ist insbesondere dann der Fall, wenn der

Vermieter unzureichend untergebracht ist. Dieser Umstand reicht für die Beendigung des Mietverhältnisses für sich allein aber nicht aus. Vielmehr muß die Abwägung der beiderseitigen Interessen ergeben, daß das Erlangungsinteresse des Vermieters schwerer wiegt als das Bestandsinteresse des Mieters. Diese Abwägung erfolgt erst, wenn der Wohnbedarf des Vermieters feststeht. Der Wohnbedarf von Familienangehörigen des Vermieters rechtfertigt die Kündigung nicht. Durch die Vorschrift soll den Mietern für eine Übergangszeit der bisher in der ehemaligen DDR geltende Bestandsschutz erhalten bleiben (vgl. § 122 ZGB). Umgekehrt ergibt sich hieraus, daß ein Vermieter nach jetzigem Recht sofort wegen Eigenbedarfs kündigen kann, wenn nach dem früher geltenden § 122 ZGB eine Aufhebung des Mietverhältnisses möglich gewesen wäre.

c) Das Sonderkündigungsrecht für Einliegerwohnungen kann grundsätzlich erst ab dem 1. 1. 1996 ausgeübt werden. Eine Ausnahme gilt, wenn die oben 2b unter Ziff (1) und (2) erörterten Voraussetzungen gegeben sind oder wenn dem Vermieter die Fortsetzung des Mietverhältnisses wegen seines Wohnbedarfs, wegen einer dringenden Instandsetzung oder wegen sonstiger Interessen nicht zugemutet werden kann (Art. 232 § 2 Abs. 4 EGBGB). Für die Kündigung einer Einliegerwohnung wegen Eigenbedarfs reicht es also aus, wenn der Vermieter eigenen Wohnbedarf hat. Im Hinblick auf das systematische Verhältnis von § 2 Abs. 3 zu § 2 Abs. 4 muß davon ausgegangen werden, daß für den Eigenbedarf nicht die strengen Voraussetzungen des § 2 Abs. 3, sondern die Voraussetzungen des § 564b Abs. 2 Nr. 2 BGB, wie sie durch Rechtsentscheid des BGH vom 20. 1. 1988 (BGHZ 103, 91) festgelegt worden sind, gelten. Eine Kündigung wegen einer Instandsetzung ist möglich, wenn die Voraussetzungen des § 564b II Nr. 3 BGB gegeben sind; die Regelung des Art. 232 § 2 Abs. 2 EGBGB wird also für Einliegerwohnungen durchbrochen. Unter einer Instandsetzung im Sinne dieser Vorschrift ist auch eine modernisierende Instandsetzung zu verstehen. Eine reine Modernisierungsmaßnahme (Verbesserungsmaßnahme) rechtfertigt die Kündigung aber nicht.

L

Lärm (L.), der das Wohlbefinden oder sogar die Gesundheit der Bewohner eines Hauses *erheblich* beeinträchtigt, brauchen weder der V. noch der M. zu dulden. Der V. kann zur Bekämpfung des L., *den* *ein Hausbewohner* verursacht, entweder die → Unterlassungsklage erheben (§ 550 BGB) oder aber nach Kündigung die Räumung verlangen, wenn die Störung trotz → Abmahnung forgesetzt wird (§§ 564b II 1, 554a BGB; s. Belästigungen). Gegen *störende Dritte* (Nachbarn, Industriebetriebe, Gastwirtschaften) kann der V. ebenfalls vorgehen (§§ 903, 862, 869 BGB; LG Berlin DWW 88, 83 betr. Klage gegen Nachbarn bei überlauten Tonwiedergabegeräten; AG Hamburg DWW 89, 142 betr. Klage eines Mieters gegen seinen Nachbarn wegen hörbarer Wohngeräusche; BGH WM 93, 275 betr. Klage eines Hauseigentümers gegen den Nachbarn, wenn dieser behördlich angeordnete Auflagen zur Vermeidung von Lärm nicht erfüllt). Der Anspruch umfaßt grundsätzlich nur das Unterlassen der Lärmbelästigung; Sache des störenden Dritten ist es, die hierfür erforderlichen Maßnahmen zu bestimmen. Eine Ausnahme kann dann gelten, wenn feststeht, daß eine Beseitigung der Lärmbelästigung nur durch das Unterlassen der störenden Tätigkeit selbst möglich ist; in diesem Fall kann unter Umständen auch die völlige Einstellung jener Tätigkeit verlangt werden (BGH ZMR 83, 205 betreffend eine Klage auf Unterlassung des Spielbetriebs auf einem benachbarten Tennisplatz). Ist der Besitzer einer Wohnung verurteilt worden, eine bestimmte Form der Geräuschverursachung zu unterlassen, so verstößt er auch dann gegen die Unterlassungsverpflichtung, wenn er es zuläßt, daß von ihm abhängige Personen dem Verbot zuwiderhandeln (OLG München WM 88, 299 betr. Klavierspiel durch den 9-jährigen Sohn des Wohnungsinhabers). Der M. hat Anspruch darauf, daß seine Wohnung auch hinsichtlich der akustischen Einwirkungen den Normalanforderungen entspricht und kann deshalb bei L.belästigungen entweder auf Herstellung eines vertragsgemäßen Zustands klagen (LG Hamburg WM 84, 79) oder den M.zins mindern oder im Falle der Nichtbeseitigung eines gesundheitsgefährdenden Zustandes nach fristloser Kündigung (§ 544 BGB) ausziehen (s. Mängel I, II, V, 2). Der M. kann aber auch selbst gegen störende Mitbewohner oder Dritte nach §§ 859, 862 BGB gerichtlich vorgehen (OLG Karlsruhe WM 67, 10 s. → *Hausgemeinschaft*). Die *ortsüblichen* Geräuschbelästigungen müssen jedoch nach § 906 BGB hingenommen werden (Flugl., Verkehrsl., Industriel.; zur Ortsüblichkeit von Geruchsbelästigungen durch Kläranlage, die nachträglich durch Wohnhäuser umbaut worden ist, vgl. BGH MDR 76, 739). Aufgrund der üblichen Belästigungen kann der Mieter weder den Mietzins mindern (LG München I WM 87, 121 für Lärm, der von einem Spielplatz ausgeht; AG Hannover WM 87, 218, für Lärm, der von spielenden Kindern in der Nachbarschaft verursacht wird) noch kann er die Rechte aus §§ 544, 859, 862 BGB geltend machen.

Die Bewohner eines größeren M.hauses müssen den unvermeidbaren L. (Kindergeschrei, Musikausübung, Radioübertragungen) in Kauf nehmen (AG Hamburg DWW 89, 142 betr. leise Schrittgeräusche, Geräusche üblicher Haushaltsmaschinen, nächtliches Duschen; OLG Düsseldorf, WM 91, 288 betr. nächtliches Duschen; AG Neuss DWW 88, 355 betr. übliche Wohn- und Umweltgeräusche, Möbelrücken, nicht aber Trampeln eines 5-jährigen Kindes nach 20 Uhr; AG Kiel WM 89, 570 betr. Kinderlärm). Beim Betrieb von Tonwiedergabegeräten muß Zimmerlautstärke eingehalten werden und zwar unabhängig von der Tageszeit (LG Berlin DWW 88, 83; AG Düsseldorf DWW 88, 357). Der Begriff der „Zimmerlautstärke bedeutet, daß ein Geräusch außerhalb einer abgeschlossenen Wohnung, insbesondere in den Räumen oberhalb und unterhalb der Geräuschquelle nicht mehr oder zumindest kaum noch wahrnehmbar sein soll (LG Berlin a. a. O.). Ein „Recht auf Lärm" gibt es nicht: deshalb hat ein M. auch keinen Anspruch, in seiner Wohnung ab und zu lautstark zu feiern (OLG Düsseldorf WM 90, 116; a. A. LG Frankfurt WM 89, 575 wonach Gartenfeste „im üblichen Umfang als Ausdruck von üblicher Geselligkeit" hingenommen werden müssen). Die in der Vorauflage vertretene abweichende Ansicht wird aufgegeben. Eine Ausnahme wird von der Rechtsprechung bei der Ausübung von Hausmusik zugebilligt, weil hier die Einhaltung der Zimmerlautstärke oftmals nicht möglich ist. In diesem Fall muß der Musikausübende seine Tätigkeit aber auf wenige Stunden des Tages beschränken (OLG Karlsruhe Justiz 89, 153: Beschränkung des Spiels von Klarinette und Saxophon auf 2 Stunden werktags und 1 Stunde sonntags in einem Reihenhaus; AG Düsseldof DWW 88, 357: Beschränkung des Klavierspiels auf 2 Stunden pro Tag; s. aber auch LG Düsseldorf DWW 89, 393 wonach Klavierspiel und Gesangsübungen einer Musikstudentin ganz unterbleiben müssen, wenn diese von den Mitmietern als quälend empfunden werden; s. auch → Musikausübung). Das Füllen und Leeren der Badewanne oder die Benutzung der Dusche ist auch nach 22 Uhr kein ruhestörender L., wenn dadurch die übrigen Mitbewohner nicht übermäßig gestört werden; anderenfalls muß das Baden und Duschen zur Nachtzeit unterlassen werden, worauf zweckmäßigerweise bereits in der → Hausordnung hingewiesen werden sollte (dazu Wiethaupt DWW 74, 63; Gaisbauer DWW 78, 136). Zimmerdecken, die nicht den Vorschriften über den Schallschutz entsprechen, berechtigen den M. zur Minderung des M.zinses (s. Mängel I, 1; LG Braunschweig BBauBl 58, 585). Erheblicher, vermeidbarer Baul. ist zu unterlassen und kann zum Schadensersatz verpflichten (BGH JZ 54, 613). Ob ein Geräusch als unzumutbarer L. angesehen werden kann, muß im Einzelfall (ohne Überempfindlichkeit und ohne Abgestumpftheit) nach den örtlichen Verhältnissen (ruhige Wohnlage, Industriegebiet, Einfamilienhaus,

Mehrfamilienhaus) entschieden werden. Geräusche, welche die Aufmerksamkeit in besonderem Maße auf sich ziehen, sind auch dann eine störende Beeinträchtigung, wenn sie diejenige Phonstärke nicht überschreiten, bei der Industrie- oder Verkehrsgeräusche noch hinnehmbar sind; diese Geräusche beeinträchtigen schon bei relativ geringer Lautstärke weil sie sich in das Bewußtsein desjenigen drängen, der sie nicht hören will (BVerwG NJW 89, 1291 = DWW 89, 115 betr. Sportlärm; OLG Hamm WM 90, 123 = MDR 90, 442 betr. Hundegebell; vgl. auch OLG Düsseldorf WM 90, 122 = DWW 90, 117 betr. Schreie eines Graupapageis; OLG Düsseldorf WM 90, 400 = DWW 90, 270: Der Halter eines Wachhundes muß dafür Sorge tragen, daß das Tier nicht auf jedes Geräusch reagiert). Bei Bauarbeiten in Wohngebieten sind wirtschaftlich zumutbare Einschränkungen und Lärmbekämpfungsmaßnahmen einzuhalten (BGH NJW 62, 1342). Der V. ist verpflichtet, durch zweckentsprechende Regelungen in der → Hausordnung und durch sein Einschreiten auf Beanstandungen das unvermeidbare Maß von Geräuschbelästigungen so gering wie möglich zu halten. Der M. ist verpflichtet, die gebührende Rücksicht auf das Ruhebedürfnis der Mitbewohner walten zu lassen, auch wenn seine Lebensgewohnheiten dadurch gewisse Beschränkungen erfahren (s. Musikausübung, Rundfunk, Besuch).

Die Verordnungen der Länder zur L.bekämpfung und § 117 OWiG bieten im übrigen der Polizei in krassen Fällen zusätzliche Möglichkeiten zur Bekämpfung grober Störungen. So wird der Betrieb von motorbetriebenen Rasenmähern durch die 8. Verordnung zur Durchführung des Bundesimmissionsschutzgesetzes vom 28. 7. 76 (BGBl. I S. 2024) geregelt. Nach dieser Verordnung dürfen Rasenmäher an Sonn- und Feiertagen überhaupt nicht und an Werktagen in der Zeit von 19.00 bis 22.00 Uhr nicht in Betrieb genommen werden. Eine Ausnahme gilt für solche Rasenmäher, deren Lautstärke unter 60 Dezibel liegt. Ein Rasenmähen zur Nachtzeit (zwischen 22.00 und 7.00 Uhr) ist grundsätzlich unzulässig. Im Einzelfall kann die zuständige Landesbehörde aber Ausnahmen zulassen. Der höchstzulässige Lärmwert für Rasenmäher wird durch die genannte Verordnung auf 83 Dezibel festgelegt. Mit Wirkung vom 1. 10. 83 wurde dieser Wert auf 77 Dezibel herabgesetzt (vgl. Glaser ZMR 83, 361). Nach § 5 I Ziff. 3 GastG können dem Inhaber einer Gastwirtschaft nach Erteilung der Erlaubnis Auflagen zum Schutze der Bewohner der Nachbargrundstücke zur Verhinderung erheblicher Nachteile oder Belästigungen von der Verwaltungsbehörde gemacht werden (z. B. Verbot der Tanzmusik oder des Betriebs einer Kegelbahn nach 22 Uhr, bzw. Anbringung wirksamer Schallschutzeinrichtungen). Da die Anwendung des § 25 I Ziff. 3 GastG keine polizeirechtliche Gefahr voraussetzt, bedarf es nicht der Feststellung, daß durch den Gaststättenbetrieb die Gesundheit der Bewohner des Nachbargrundstücks gefährdet sei. Es genügt eine erhebliche Beeinträchtigung ihres Wohlbefindens (BVerwG WM 69, 152). Bei Vorliegen eines öffentlichen Bedürfnisses oder besonderer örtlicher Verhältnisse kann für einzelne Betriebe der Beginn der Sperrzeit bis 19.00 Uhr vorverlegt werden (§§ 21 Gaststättenverordnung in Verbindung mit § 18 Gaststättengesetz). Der Schutz des Ruhebedürfnisses der Nachbarn bei Sperrzeitentscheidungen ist dabei ein maßgebender Gesichtspunkt. Wegen der überragenden Bedeutung, die ein ungestörter Schlaf für die Menschen hat, ist es nicht zu beanstanden, wenn die Behörde dem Nachtruhebedürfnis der Nachbarn gegenüber den wirtschaftlichen Interessen des Gastwirtes das größere Gewicht beimißt (VGH Baden-Württemberg DWW 86, 297). Das Maß des zulässigen Lärms kann zunächst anhand der „technischen Anweisung zum Schutz gegen Lärm (TA Lärm)" ermittelt werden. Hierbei handelt es sich um eine im Jahre 1968 erlassene Regelung im Rang einer Verwaltungsvorschrift. Die Vorschrift hat behördeninterne Wirkung und bindet die Gerichte nicht. Die Gerichte verwenden die Vorschrift aber als „antizipiertes Sachverständigengutachten", von dem abzuweichen nur dann Anlaß besteht, wenn besondere Umstände das angezeigt erscheinen lassen. Weiter kommt die VDI-Richtlinie 2058 in Betracht. Bei dieser Richtlinie handelt es sich um eine private Normierung. Hinter ihr steht der Sachverstand des Vereins Deutscher Ingenieure. Auch diese Richtlinie kann vom Gericht als antizipiertes Sachverständigengutachten verwertet werden. Dabei ist zu beachten, daß die genannte Richtlinie nur Anhaltspunkte dafür liefert, ob eine unzumutbare Lärmbelästigung vorliegt. Eine Beeinträchtigung, die sich noch im Grenzbereich der Richtlinie hält, ist dennoch nicht zu dulden, wenn die Geräusche im konkreten Fall so lästig sind, daß sie nicht mehr hingenommen werden müssen (BVerwG NJW 89, 1291 = DWW 89,115 und OLG Karlsruhe ZMR 89, 90 betr. Sportlärm; AG Hamburg-Wandsbek DWW 89, 140 betr. Geräusche aus einer darüberliegenden Wohnung). Eine präzisere Beurteilungsgrundlage bietet die DIN-Norm 18005, Teil 1. Bei dieser Norm steht der Schutz gegen den Verkehrslärm im Vordergrund. Sie ist auch jüngeren Datums als die beiden anderen Regelwerke. Seit dem Jahre 1978 existiert ein Gesetzentwurf zum Verkehrslärmschutzgesetz (BT-Drucksache 8/1671). Dieser Gesetzesentwurf hält für reine und allgemeine Wohngebiete zur Nachtzeit eine Lärmbelastung von 55 dB für vertretbar; für sonstige Gebiete 60 dB und mehr. Die Werte für den Tag liegen entsprechend höher (vgl. hierzu ausführlich: Jarass NJW 81, 721). Nach der Entscheidung des BGH vom 18. 10. 79 (MDR 80, 655) muß zur Nachtzeit sogar lediglich ein Lärmpegel von 25–35 dB hingenommen werden.

Die zuständige Straßenverkehrsbehörde kann zum Schutz der Wohnbevölkerung vor Lärm die Benutzung bestimmter Straßen oder Straßenstrecken beschränken oder verbieten und den Verkehr umleiten. Diese Befugnis ist nunmehr in § 45 I 2 Nr. 3 in Verbindung mit Satz 1 der StVO i. d. F d. VO v. 21. 7. 80 – BGBl. I, 1060ff. ausdrücklich geregelt (s. dazu: BVerwG NJW 86, 2655; OVG Koblenz WM 84, 341). Bei der Entscheidung darf die Behörde nicht die Interessen der gewerblichen Anlieger oder die vermeintlichen öffentlichen Interessen am ungehinderten Verkehrsfluß einseitig berücksichtigen; vielmehr ist dem Ruhebedürfnis der Bewohner ausreichend Rechnung zu tragen (OVG Münster NJW 81, 701). Der durch eine fernstraßenrechtliche Planung betroffene Eigentümer hat nach § 17 VI 2 Fernstraßengesetz einen Anspruch auf Errichtung und Unterhaltung von Schutzanlagen, wenn „nicht vorhersehbare Wirkungen des Vorhabens oder der dem festgestellten Plan entsprechenden Anlagen auf die benachbarten Grundstücke erst nach Unanfechtbarkeit des Plans“ auftreten (BVerwG NJW 81, 835). Nach dieser Vorschrift kann zum Beispiel der Eigentümer eines Wohnhauses die Errichtung von Schutzzäunen verlangen, um dadurch den von der Fernstraße ausgehenden Verkehrslärm zu mindern. Geschützt ist dabei auch der sogenannte Außenbereich wie Balkone, Terrassen, Hausgärten, Kinderspielplätze und sonstige Grünflächen. Deshalb kann der Anlieger nicht darauf verwiesen werden, er möge Schallschutzfenster an seinem Haus anbringen. Dies gilt auch dann, wenn diese Maßnahme wesentlich kostengünstiger als die Errichtung einer Lärmschutzwand ist (OVG Münster NJW 86, 2657). Der Anspruch auf Errichtung von Schutzmaßnahmen ist vor den Verwaltungsgerichten geltend zu machen. Sind Lärmschutzeinrichtungen an der Straße mit dem Vorhaben unvereinbar, oder stehen ihre Kosten außer Verhältnis zu dem angestrebten Schutzzweck, so gewährt § 17 Abs. 4 Fernstraßengesetz eine Entschädigung in Geld. Die Höhe des Anspruchs richtet sich grundsätzlich nach der Höhe derjenigen Kosten, die für die Errichtung von Schallschutzeinrichtung auf dem betroffenen Grundstück erforderlich sind (schallisolierte Fenster; Rolläden etc.). Eine Entschädigung für einen Minderwert des Grundstücks kommt in Betracht, wenn Schutzeinrichtungen keine wirksame Hilfe versprechen oder unverhältnismäßige Aufwendungen erfordern; sie setzt, wenn keine Teilenteignung von Grundeigentum für den Straßenbau erfolgt ist, weiter voraus, daß die zugelassene Nutzung des Straßengrundstücks die vorgegebene Grundstückssituation nachhaltig verändert und dadurch das benachbarte Wohneigentum schwer und unerträglich trifft. Diese Ansprüche sind vor den Zivilgerichten geltend zu machen (BGH NJW 86, 1980). Die genannte Vorschrift gilt aber nur für solche Straßen, die aufgrund eines Planfeststellungsbeschlusses errichtet worden sind, der nach dem 7. 7. 1974 (dem Zeitpunkt des Inkrafttretens der Novellierung) unanfechtbar geworden ist. Für sogenannte alte Planungen findet die Vorschrift keine Anwendung. Nach Art. 14 GG, § 906 II S. 2 BGB kann dem V. wegen schwerwiegender Beeinträchtigungen seines Wohnhauses durch Verkehrsl. ein Entschädigungsanspruch zustehen; die Entschädigung besteht grundsätzlich in einem Ausgleichsbetrag für notwendige Schallschutzeinrichtungen, ausnahmsweise im Ersatz des Minderwerts des Grundstücks (BGH DWW 75, 211; MDR 78, 296). Eine Entschädigung für den Minderwert eines lärmbetroffenen Grundstücks kommt grundsätzlich erst in Betracht, wenn Schutzeinrichtungen auf dem betroffenen Grundstück keine wirksame Abhilfe versprechen oder unverhältnismäßige Aufwendungen erfordern (BGH MDR 80, 655). Dieselben Grundsätze gelten bei Beeinträchtigung durch Fluglärm (dazu BGH DWW 86, 174). Für den Entschädigungsanspruch kommt es in erster Linie darauf an, ob durch den L. die Grenze der Zumutbarkeit überschritten wird. Hierbei sind die Wertentscheidungen des Bundes-ImmissionsschutzG v. 15. 3. 1974 (BGBl. I 721) zu beachten. Anhaltspunkte für die Grenze der Zumutbarkeit ergeben sich auch hier aus den einschlägigen DIN-Normen und VDI-Richtlinien (z. B. DIN-Norm 18005 und die VDI-Richtlinie 2058). Dabei kommt es nicht nur auf das Ausmaß des L., sondern auch auf dessen Art und die gesamten Umstände des Einzelfalls an (starke Veränderungen im Geräuschpegel; L. zur Nachtzeit usw.; für Fluglärm s. BGH DWW 86, 174). Für die Abwehrklage gegen die von einem Kinderspielplatz ausgehenden Geräuschimmissionen ist der Verwaltungsrechtsweg gegeben, wenn der Spielplatz im Bebauungsplan vorgesehen, im Vollzug dieser Planung von der Gemeinde eingerichtet sowie in Dienst gestellt und damit einem öffentlichen Zweck gewidmet worden ist (BGH MDR 76, 390). Nach gegenwärtig noch h. M. steht die Klagebefugnis in diesen Fällen aber nur dem dinglich Berechtigten, also dem Hauseigentümer zu. Es wird aber auch die Ansicht vertreten, daß die betroffenen M. jedenfalls dann klagebefugt sind, wenn die verletzte Vorschrift des Bauplanungsrechts in erster Linie die Wohnruhe schützen soll (so VG Berlin NJW 78, 1822 m. w. Nachw.). Der Kläger kann grundsätzlich nur verlangen, daß der Spielplatz mit zumutbaren Lärmschutzeinrichtungen versehen wird. Ein Anspruch auf Beseitigung des Spielplatzes besteht nicht, weil Spielplätze jedenfalls in reinen Wohngebieten zum Wohnen gehören und für eine kindliche Betätigung und Entwicklung unerläßlich sind (VG Münster WM 83, 176). Die Anwohner können auch nicht verlangen, daß der Spielplatz nur von den Kindern der Anlieger benutzt wird (OVG Bremen NVwZ 89, 272). Wird ein Sportplatz in der Form des öffentlichen Rechts betrieben, so kann der Eigentümer des Grundstücks, der durch den von dem Sportplatz ausgehenden Lärm gestört wird, einen öffentlich-rechtlichen Abwehranspruch geltend machen. Maßstab für die Beurteilung der Zumutbarkeit des Lärms ist in diesem Fall § 22 I Bundesimmissionsschutzgesetz. Danach sind schädliche Umwelteinwirkungen, nämlich Geräusche, die nach Art, Ausmaß oder Dauer geeignet sind, erhebliche Belästigungen für die Nachbarschaft herbeizuführen, zu verhindern, soweit sie nach dem Stand der Technik vermeidbar sind und, soweit das nicht der Fall ist, auf ein Mindestmaß zu beschränken (BVerwG NJW 89, 1291 = DWW 89, 115). Dieselben Grundsätze gelten für die Abwehr von Lärm, der von anderen öffentlichen Einrichtungen ausgeht (BVerwG DWW 88, 254 betr. Feueralarmsirene). Der Abwehranspruch muß vor den Verwaltungsgerichten geltend gemacht werden (OVG Hamburg NJW 86, 2333). Wird die Freizeitanlage in der Form des Privatrechts betrieben, so gelten ähnliche Grundsätze. Das Maß des Zumutbaren richtet sich hier nach § 906 I BGB. Die wesentlichen Geräuschimmissionen im Sinne dieser Vorschrift sind identisch mit den erheblichen Geräuschbelästigungen im Sinne von § 22 Bundesimmissionsschutzgesetz. Der Lärmverursacher soll privatrechtlich nicht günstiger stehen als nach öffentlichem Recht (BGH NJW 90, 2465 = WM 90, 252 = ZMR 90, 262 = DWW 90, 167 m. zust. Anm. Pfeifer). Bei der Beurteilung der Zumutbarkeit kann auf die „Hinweise zur Beurteilung der durch Freizeitanlagen verursachten Geräusche“ (sog. „LAI-Hinweise“) zurückgegriffen werden. Die Hinweise unterscheiden zwischen Freizeitanlagen mit regelmäßigem Betrieb (Einwirkungen mehr als 5% der Tage und Nächte eines Jahres) und Freizeitanlagen mit nicht regelmäßigem Betrieb (Einwirkungen weniger als 5% der Tage und Nächte eines Jahres). Die den Anwohnern zugemutete Belastung ist bei der letzten Gruppe etwas höher. Maximal zulässig ist nachts ein Pegel (im Freien vor dem Fenster gemessen) von 55 dB (A), wobei der Maximalpegel um nicht mehr als 10 dB (A) höher liegen soll. Auch gesetzliche Wertungen (z. B. die LärmschutzVO der Länder) sind hier mit zu berücksichtigen (BGH a. a. O.). Der Abwehranspruch ist vor den ordentlichen Gerichten geltend zu machen. Zusammenfassend zur Rechtspr. zu diesem Stichwort: Wiethaupt ZMR 75, 257; DWW 74, 63; Glaser ZMR 81, 1; Pfeifer, ZMR 87, 361 und DWW 85, 12, 40; Sternel PiG 31, 71 sowie ZV-Materialien Nr. 3 des Zentralverbands der deutschen Haus-, Wohnungs- und Grundeigentümer e. V., Düsseldorf.

M

Makler (Ma.). Die Vermittlung von Wohn- und Geschäftsräumen zwischen V. und M wird in zunehmendem Umfang geschäftsmäßig von Ma. besorgt. Auftraggeber und somit Vertragspartner des Ma. kann entweder der V. oder der wohnungssuchende Mietinteressent (Mi)- beim Doppelauftrag beide – sein. Bei der *Beendigung* des Mv. können sowohl V. als auch M. zur Einschaltung eines Ma. *verpflichtet* sein, um möglichst rasch eine Ersatzwohnung oder einen → Ersatzm. ausfindig zu machen (s. M.ausfall, Ersatzraumbeschaffungspflicht).

Die Rechte und Pflichten des Ma. und seines Auftraggebers richten sich nach den *Vereinbarungen* des Ma.vertrages, der meist unter Verwendung eines Formularmusters geschlossen wird, worin nicht selten nachteilige Vertragsklauseln für den Auftraggeber enthalten sind (s. Formularvertrag). „Maklers Müh ist oft umsonst", und hiergegen sichert er sich oft durch geschickte Klauseln in seinen Geschäftsbedingungen (dazu Zoebe DWW 71, 260). Soweit *keine Vertragsvereinbarungen* getroffen werden, gelten die *Sonderbestimmungen der §§ 652ff. BGB,* sowie die allgemeinen Vorschriften des BGB zum Schutz des Auftraggebers. Neben diesen allgem. Vorschriften gelten zum Schutz der Wohnungssuchenden für die Tätigkeit des Ma. *bei der Vermittlung von Wohnraum* die Sondervorschriften des Ges. zur Regelung der Wohnungsvermittlung vom 4. 11. 1971 (BGBl. I S. 1747) (s. unten III). Ferner wurde durch das Gesetz vom 16. 8. 1972 (BGBl. I S. 1465) die Zulassung zum Maklergewerbe beschränkt; danach bedarf der gewerbepolizeilichen Erlaubnis derjenige, der gewerbsmäßig den Abschluß von Verträgen über Grundstücke vermitteln oder die Gelegenheit zum Abschluß solcher Verträge nachweisen will (§ 34c Gewerbeordnung). S. dazu Makler- und Bauträger VO i. d. F. vom 11. 6. 1975 (BGBl. I S. 1351). Allerdings ist ein trotz fehlender Gewerbeerlaubnis abgeschlossener Maklervertrag nicht unwirksam. Der Schutzzweck des Gesetzes geht nämlich nicht so weit, daß zivilrechtliche Nichtigkeit die Folge wäre (BGH MDR 81, 213 = WM 81, 59; NJW 81, 387).

I. Dem Ma. steht ein Anspruch auf den Ma.lohn nur gegen denjenigen zu, mit dem er einen *wirksamen Ma.vertrag* abgeschlossen hat. In diesem Vertrag wird dem Ma. für seine Tätigkeit beim Zustandekommen eines Mv. ein Lohn versprochen. Seine Mitwirkung kann je nach Vereinbarung im bloßen *Nachweis* einer Gelegenheit zum Vertragsabschluß bestehen – so i. d. R. – oder in dessen *Vermittlung*. Handelt der Ma. beim Abschluß des Mv. lediglich als Stellvertreter des V., so hat er keinen Provisionsanspruch, wenn der Vertragsabschluß nicht auf seiner Vermittlungstätigkeit beruhte (LG München I m. zust. Anm. v. Hoyningen-Huene BB 74, 1319). Der Ma.vertrag ist *formlos gültig* und kann auch durch *schlüssige Handlungen* zustandekommen. Meist wird der V. den Ma. mit der Vermittlung eines Mi. beauftragen; dann ist zunächst nur der V. zur Zahlung des Ma.lohnes verpflichtet. Da dem Ma. eine *Doppeltätigkeit nicht untersagt* ist, kann er aber vor seiner Informationserteilung auch mit dem Mi. einen Ma.vertrag abschließen, wofür jedoch die bloße Aufnahme von Verhandlungen nicht ausreicht. Deshalb lassen sich Ma. häufig vor der Bekanntgabe des Objektes vom Mi. einen sog. „*Auftragsschein*" unterzeichnen, wonach der Ma. für eine bestimmte Zeit berechtigt ist, Wohnungen der gewünschten Art nachzuweisen, und im Falle des Vertragsabschlusses dafür auch vom Mi. eine festgelegte Provision zu verlangen. Durch diese Auftragserteilung kommen echte Ma.verträge zustande. Es kann aber *nicht jede Tätigkeit* eines Ma. für einen Wohnungssuchenden als *vergütungspflichtige* Nachweistätigkeit angesehen werden, weil sie oft nur eine Erfüllung der Verpflichtungen gegenüber dem V. darstellt (OLG Düsseldorf BB 66, 1366; OLG Hamburg MDR 62, 569; MDR 64, 919). Ein *stillschweigender* Vertragsabschluß liegt *nicht* vor, wenn sich beispielsweise der Mi. die Ma.dienste nur gefallen läßt (BGH NJW 58, 298), soweit sich der Ma. an diesen zwecks Abwicklung eines übernommenen Auftrags wendet (OLG Frankfurt NJW 52, 226). Auch mit einem Mi., der beim Ma. auf Grund einer Zeitungsanzeige anfragt (BGH LM § 652 BGB, Nr. 5; OLG Stuttgart NJW 54, 313), um Näheres über eine angebotene Wohnung zu erfahren, kommt kein stillschweigender Ma.vertrag zustande, selbst wenn der Ma. ihm die Anschrift seines Auftraggebers mitteilt und ihm die angebotene Wohnung bekanntgegeben wird (BGH NJW 58, 298; OLG Frankfurt MDR 75, 1019; AG Köln WM 81, 236). Grundsätzlich darf der Interessent davon ausgehen, daß der Makler für den Eigentümer tätig werden will und von diesem seine Provision erhält (OLG Frankfurt WM 89, 143 betr. Kauf eines Hauses). Durch die Kontaktaufnahme mit dem Makler kommt deshalb kein Vertrag zustande. Die Mitteilung der Telefonnummer der Vormieterin reicht ebenfalls nicht aus (LG Hamburg WM 89, 518). In derartigen Fällen kann aber stillschweigend ein Ma.vertrag zustandekommen, wenn der Ma. auf Anforderung des Mi. ein *schriftliches* Wohnungsangebot übersendet und darin gleichzeitig auf die *Verpflichtung zur Provisionszahlung* hingewiesen wird (vgl. dazu: OLG Frankfurt NJW 86, 2117; ähnlich OLG Koblenz WM 89, 80: wenn der Makler vor einer Hausbesichtigung auf seine Provision hinweist). *Unklarheiten* über das Zustandekommen eines Ma.vertrags durch Angebot und Annahme gegen *zu Lasten des Ma.*, der im Streitfalle dafür die Beweislast trägt (BGH MDR 83, 1003).

Der Makler muß insoweit zweierlei dartun: einmal die tatsächlichen Umstände, aus denen sich ergeben soll, daß die Vermittlung nur gegen Vergütung zu erwarten war; zum anderen, daß der Vertragspartner diese Umstände erkennen konnte. Maßgeblich hierfür sind „etwa bestehende Übungen, Art und Umfang sowie Dauer der Maklerleistungen, die Berufs- und Erwerbsverhältnisse des Maklers sowie die Beziehungen der Beteiligten zueinander" (BGH NJW 81, 1444 = MDR 81, 653 = WM 82, 75). Die Nachweistätigkeit des Ma. ist mit der Bekanntgabe der Wohnung i. d. R. beendet, so daß eine spätere Auftragserteilung seitens des Interessenten insoweit kaum als Abschluß eines Ma.vertrages anzusehen ist (KG NJW 58, 64). Der Ma.vertrag kann grunds. aus wichtigem Grund angefochten oder gekündigt werden (z. B. bei schwerer Pflichtverletzung des Ma. gegenüber seinem Auftraggeber oder unterlassener Mitteilung des Verdachts von Sachmängeln; OLG Celle MDR 71, 392).

II. Der Ma. ist grunds. zum Tätigwerden für seinen Auftraggeber *nicht* verpflichtet; er hat auch für den *Erfolg* seiner Tätigkeit *nicht einzustehen*. Wird der Ma. aber tätig, steht ihm ein *Anspruch* auf den *Ma.lohn* immer dann zu, wenn der *Vertrag infolge seines Nachweises oder seiner Vermittlung zustande kommt* (§ 652 BGB). Der Nachweismakler hat seine Provision verdient, wenn der geführte Nachweis dem Maklerauftrag entspricht und die nachgewiesene Gelegenheit mit der tatsächlich wahrgenommenen identisch ist. Ist dem Mi. das angebotene Objekt bereits bekannt, so fehlt es am Nachweis. Allerdings kann sich der Mi. nicht schon dann auf Vorkenntnis berufen, wenn er zwar das Objekt, nicht aber die Bereitschaft des Eigentümers zum Vertragsschluß kannte (BGH GE 90, 919). Am Nachweis fehlt es auch dann, wenn der Eigentümer seine ursprüngliche Absicht zum Vertragsschluß bereits aufgegeben und erst in der Folgezeit einen neuen Entschluß gefaßt hat (BGH a. a. O.). Dem Nachweismakler steht der Provisionsanspruch auch dann zu, wenn er durch seine Tätigkeit den späteren Geschäftsabschluß nur objektiv mitverursacht hat; schließt der Auftraggeber mit einem Interessenten, der dem vom Ma. angesprochenen Personenkreis angehört, den Vertrag ab, wird die Ursächlichkeit der Ma.tätigkeit bis zum Beweis des Gegenteils vermutet (BGH MDR 60, 283; MDR 83, 1003; s. dazu auch Sachs ZMR 80, 322). Diese Vermutung gilt aber nur dann, wenn streitig ist, ob der Auftraggeber den Nachweis zum Vertragsschluß vom Ma. erfahren hat oder ob er diese Kenntnis schon vor der Mitteilung des Ma. hatte. Hat dagegen der Auftraggeber den Nachweis zum Abschluß eines Mv. über ein bestimmtes Objekt von mehreren Ma. erhalten, so hat nur derjenige Ma. einen Anspruch auf Provision, der dem Auftraggeber als erster den Nachweis erbracht hat. Diese Voraussetzungen muß der Ma. darlegen und beweisen

(BGH NJW 79, 869 = MDR 79, 382 = WM 79, 126 = DWW 79, 167). Ausnahmsweise kann auch der „zweite" Ma. einen Provisionsanspruch haben, wenn dessen Tätigkeit mitursächlich für den Vertragsschluß geworden ist (BGH NJW 81, 387). Ein solcher Fall liegt z. B. dann vor, wenn sich der Auftraggeber erst auf Grund der Tätigkeit dieses Ma. zum Vertragsschluß entschließt (OLG München OLGZ 78, 444). Der Ma.lohn wird auch bei Abweichungen des abgeschlossenen von dem beabsichtigten Vertrag geschuldet, wenn nach wirtschaftlichen Gesichtspunkten nur unerhebliche Abweichungen vorliegen (BGH GE 90, 919). Dagegen hängen der *Bestand* und die *Höhe* dieses Anspruchs des Ma. beim Fehlen bes. Vereinbarungen *nicht* von dem späteren Schicksal des Vertrags ab; es ist somit unerheblich, ob und in welcher Weise der Mv. nach seinem Zustandekommen erfüllt wird. Daher berechtigen grunds. die nachträgliche Forderung oder Leistung von Schadensersatz oder die Geltendmachung von Minderungsansprüchen den Auftraggeber nicht, den Ma.lohn herabzusetzen (LG Köln MDR 69, 307). Auch die bloße Anfechtbarkeit des Mv. kann der Auftraggeber dem Anspruch des Ma. auf seinen Lohn nicht wirksam entgegenhalten, wenn er die Anfechtung nicht erklärt, sondern am Vertrag festhält. Wenn der vom Ma. vermittelte Vertrag *nichtig ist* (Formverstoß, Sittenwidrigkeit, Geschäftsunfähigkeit) oder *rückwirkend* durch Anfechtung oder wegen Wegfalls der Geschäftsgrundlage wieder *hinfällig wird,* oder die Tätigkeit des Ma. für den Vertragsabschluß nicht ursächlich war, steht dem Ma. *kein Lohn* zu (OLG Frankfurt WM 86, 258). Gleiches gilt dann, wenn die Anfechtung nur „ex nunc" wirkt, oder wenn an die Stelle der Anfechtung die fristlose Kündigung tritt (BGH NJW 79, 975 = MDR 79, 293). Die Ausübung eines gesetzl. Rücktrittsrechts berührt den bereits entstandenen Anspruch auf Ma.-lohn jedoch nicht; ist aber ein befristetes, vorbehaltloses Rücktrittsrecht vereinbart worden, so entsteht der Anspruch auf Ma.lohn erst, wenn der Rücktritt in der vorgesehenen Frist nicht ausgeübt oder seine Ausübung mit Sicherheit nicht zu erwarten ist (BGH FWW 74, 178).

Immer trifft aber den Ma. im Verhältnis zu seinem Auftraggeber eine *Treuepflicht,* der er nur dann nachkommt, wenn er bei seiner Tätigkeit stets dessen Interessen im Auge behält. Deshalb muß der Ma. erhebliche, ihm bekannte Tatsachen seinem Auftraggeber mitteilen, die geeignet sind, diesen vom Vertragsabschluß abzuhalten (OLG München NJW 56, 1760; LG Hamburg MDR 59, 572; zur Beratungs-, Erkundigungs- und Aufklärungspflicht des Ma. vgl. Wirmer AIZ 76, 6). Dem Ma. kann daher sein Anspruch auf den Ma.lohn dann abgesprochen werden, wenn er es unterlassen hat, seinem Auftraggeber von Umständen, die auf eine arglistige Täuschung seitens des Vertragspartners schließen lassen, oder von dem Vorhandensein von Mängeln der M.sache rechzeitig Mitteilung zu machen. Allerdings führt nicht jede Verletzung der Beratungs-, Erkundigungs- und Aufklärungspflichten zur Verwirkung des Maklerlohns. Nach der Rechtsprechung setzt der Tatbestand der Treupflichtverletzung vielmehr voraus, daß der Makler seine Treupflicht vorsätzlich „wenn nicht gar arglistig, mindestens aber in einer dem Vorsatz nahekommenden grob leichtfertigen Weise verletzt hat" (BGH NJW 81, 2297; NJW 81, 280 = MDR 81, 212; MDR 82, 38; NJW 85, 45 = MDR 85, 126).

Das Schwergewicht liegt dabei auf der subjektiven Tatseite (vgl. LG Hamburg DWW 88, 176: Anpreisung eines Hauses mit der Formulierung „in bester Lage", obwohl sich das Gebäude in der Einflugschneise eines Flughafens befindet). Fahrlässige Pflichtverletzungen können aber den Tatbestand der positiven Vertragsverletzung erfüllen und zum Schadensersatz berechtigen. Es ist wettbewerbswidrig und kann zum Schadensersatz verpflichten (§§ 1, 3 UWG), wenn der Ma. durch Zeitungsinserate oder in sonstiger Weise solche Räume zur Vermietung anbietet (Lockvogelangebot), für die vom verfügungsberechtigten V. *kein Vermittlungsauftrag* vorliegt (OLG Köln, BB 66, 1366; s. auch OLG Schleswig ZMR 81, 156). Verletzt der Makler seine vertragliche Treuepflicht zu einem Zeitpunkt, der nach dem Abschluß des Hauptvertrags und nach der Zahlung des Maklerlohns liegt, so kommt eine Verwirkung nicht mehr in Betracht (BGH MDR 85, 126 = NJW 85, 45). In einem solchen Fall kann der Makler aber zum Schadenersatz verpflichtet sein.

Wird der Ma. sowohl im Auftrag des V. als auch des M. tätig (*Doppelauftrag* § 654 BGB), hat er die *Interessen beider Auftraggeber* durch strenge Unparteilichkeit zu wahren, so daß sein Eingreifen in die Preisverhandlungen grunds. unzulässig ist (BGH NJW 68, 150 zum Provisionsanspruch bei parteilicher Vermittlung vgl. BGH MDR 73, 838; vgl. auch OLG Köln NJW 71, 1943). Bei einem vereinbarten *Alleinauftrag* schuldet der Auftraggeber im Falle des *direkten* Vertragsabschlusses den Ma.lohn nur dann, wenn für diesen Fall eine eindeutige Provisionsabrede getroffen ist (OLG Karlsruhe JW 54, 341; BGH NJW 73, 1194). Der Anspruch eines Nachweisma. wird grunds. dadurch nicht beseitigt oder berührt, daß sein Auftraggeber sich auch der Dienste eines für den Vertragsgegner auftretenden Vermittlungsma. bedient, um zum Vertragsabschluß zu gelangen; die vereinbarte Provision für den Nachweisma. in Höhe einer Vergütung für die Tätigkeit eines Vermittlungsgeschäfts kann herabgesetzt werden, wenn er keinen Vertragsabschluß herbeiführen konnte (BGH MDR 77, 209).

Stets setzt der Anspruch des Ma. auf eine Vergütung voraus, daß der Vertrag durch seine Tätigkeit mit einem Dritten zustande gekommen ist; das ist nicht der Fall, wenn das vermittelte Objekt offen oder versteckt dem Makler gehört oder wenn die Maklerfirma infolge ihrer beherrschenden Geschäftsbeteiligung die Handlungen der Vermieterin maßgebend bestimmt (BGH NJW 71, 1839; MDR 73, 839). Bei erheblicher wirtschaftlicher Verflechtung des Ma. mit dem V. (vgl. dazu Wank NJW 79, 190) ist er aber durch Interessenkollision an einer sachgerechten Interessenwahrung gehindert, so daß es nicht darauf ankommt, ob von ihm zusätzlich ein beherrschender Einfluß ausgeübt wird (BGH Betr. 76, 2203 = MDR 77, 126 für Ma. als Kommanditist mit 40%iger Gewinnbeteiligung). Ebenfalls besteht kein Anspruch auf Ma.lohn, wenn der Geschäftsführer einer Ma.firma sein eigenes Grundstück vermittelt (OLG Karlsruhe MDR 77, 138) oder wenn der Makler in anderer Weise mit einer der Hauptparteien identisch ist. Gleiches gilt, wenn zwischen dem Makler und der anderen Partei eine gesellschaftsrechtliche Verflechtung besteht. Bei der Prüfung dieser Frage kommt es nicht auf die formelle gesellschaftsrechtliche Gestaltung, sondern auf die zugrunde liegenden wirtschaftlichen Verhältnisse an. Maßgebend ist, ob der Makler und der Dritte die Fähigkeit zur selbständigen, unabhängigen Willensbildung haben oder ob der Makler den Dritten beherrscht. Im letztgenannten Fall ist eine gesellschaftsrechtliche Verflechtung anzunehmen (BGH NJW 85, 2473). Bestehen zwischen dem Ma. und dem V. lediglich persönliche Bindungen, so schließt dies für sich alleingenommen den Maklerlohnanspruch aber nicht aus (BGH NJW 81, 2293; MDR 82, 37).

1. Abweichend von dem gesetzl. Anspruch auf Ma.lohn nach § 652 BGB kann der Ma. auch berechtigt sein, eine Vergütung *ohne Rücksicht auf den Erfolg* seiner Tätigkeit von seinem Auftraggeber zu fordern, wenn diese erweiterte Vergütungspflicht in einem *Einzelvertrag ausdrücklich* vereinbart worden ist; ist dieser Vergütungsanspruch dagegen nur in *allgemeinen Geschäftsbedingungen* eines → Formularvertrages enthalten, entbehrt er der rechtlichen Wirksamkeit (BGH NJW 65, 246; OLG Düsseldorf NJW 72, 1816; OLG Hamburg MDR 70, 849; LG Passau WM 88, 128 – dazu Gerauer ZMR 88, 288; vgl. aber auch OLG München OLGZ 78, 444, wonach die Vorkenntnisklausel dann wirksam sein soll, wenn sie die einzige vom BGB abweichende Klausel darstellt).

2. Wenn ein Ma.vertrag *zustandegekommen* ist, gilt ein Ma.lohn stets auch beim Fehlen einer dahingehenden Vereinbarung als *stillschweigend vereinbart,* soweit die dem Ma. übertragene Tätigkeit nur gegen Zahlung eines Entgelts zu erwarten ist. Diese Vermutung gilt *nicht zugunsten anderer Vermittler,* z. B. Architekt (BGH MDR 70, 401). Wird die *Höhe* des Ma.lohnes nicht bestimmt, so ist entweder

der taxmäßige Lohn oder der ortsübliche Lohn als vereinbart anzunehmen. Behauptet der Auftraggeber des Maklers die Vereinbarung einer bestimmten – niedrigeren – Vergütung und verlangt der Makler statt dessen die höhere übliche Provision, dann trägt der Makler die Beweislast dafür, daß die von seinem Auftraggeber behauptete Vergütungsvereinbarung nicht zustande gekommen ist (BGH MDR 82, 828). Anders ist es hingegen dann, wenn die Höhe der Vergütung des Maklers zunächst nicht bestimmt worden ist und deshalb der übliche Lohn als vereinbart anzusehen ist und eine nachträgliche Beschränkung des Maklerlohns aufgrund einer späteren Vereinbarung behauptet wird. Die Beweislast für die nachträgliche Vereinbarung hat nach allgemeinen Grundsätzen der Auftraggeber zu tragen (BGH a. a. O.). Bei Inanspruchnahme eines Berufsma. durch einen Auftraggeber gilt nach § 653 II BGB stets die Zahlung des am Ort des Ma. üblichen Ma.lohnes als vereinbart. Bei Berufsma. richtet sich die ortsübliche Gebühr nach den Gebührensätzen der Ma.verbände, die aber bei nicht organisierten Ma. unter diesen Sätzen liegt (OLG Frankfurt, BB 55, 490; a. A. LG Wiesbaden WM 70, 42). Eine 1½–2fache Monatsmiete wird überwiegend gefordert; darüber hinausgehende Forderungen erscheinen bedenklich. Wird die Höhe der Ma.-provision vom M.zins abhängig gemacht, ist auch für den Ma. eine außergerichtliche Einigung zwischen V. und M. über die zunächst zweifelhafte M.zinshöhe verbindlich (OLG Düsseldorf BB 68, 150).

3. Wird im Ma.vertrag bestimmt, daß der Mi. binnen einer gesetzten Frist dem Ma. den Abschluß eines Mv. mitzuteilen hat und im Falle der Unterlassung der Vertrag durch die Tätigkeit des Ma. als zustandegekommen gilt *(Vorkenntnisklausel)*, kann sich der Mi. später grunds. nicht darauf berufen, die gemietete Wohnung schon vor dem Angebot des Ma. anderweitig ausfindig gemacht zu haben; selbst wenn das zutrifft, muß der Mi. deshalb die für diesen Fall in Abweichung von § 652 BGB vereinbarte Provision an den Ma. zahlen, falls diese Vereinbarung als *unwiderlegliche Beweisvermutung* anzusehen ist (OLG Karlsruhe NJW 59, 1638; OLG Köln NJW 68, 2011; a. A. Siepers NJW 68, 2011). Eine grunds. unwiderlegbare Beweisvermutung erfordert aber Einschränkungen zugunsten des Auftragsgebers nach Treu und Glauben (BGH LM § 652 BGB, Nr. 9). Diese Rechtslage gilt nur, wenn die Vorkenntnisklausel nicht nur in allgemeinen Geschäftsbedingungen, sondern in einer Individualvereinbarung festgelegt worden ist (BGH NJW 71, 1133; allgem. zur Vorkenntnisklausel: Werner NJW 71, 1924). Letzteres gilt auch für die Beteiligung zweier Kaufleute (BGH MDR 77, 36). Unwirksam ist auch die in einem Formularvertrag getroffene Vereinbarung, wonach dem Ma. für die Reservierung des Objekts und die Vorbereitung des Vertrags ohne Rücksicht auf den Vertragsabschluß eine

halbe Ma.gebühr zusteht; eine Herabsetzung entspr. § 9 Wo-Verm.G ist gerechtfertigt (LG Frankfurt MDR 77, 138).

4. Den *Ersatz von Aufwendungen* (Inseratkosten usw). kann der Ma. nur verlangen, wenn das *ausdrücklich vereinbart* wird. Diesen Aufwendungsersatz kann der Ma. bei entsprechender Vereinbarung auch *vor* seiner Tätigkeit durch eine Pauschalvergütung und *ohne* Rücksicht darauf verlangen, ob später ein Mv. zustandekommt (§ 652 II BGB).

5. Läßt sich ein Rechtsanwalt eine nach Maklerrecht bestimmte Erfolgsprovision versprechen, so ist diese Vereinbarung nach § 138 BGB unwirksam; der Anwalt verstößt dadurch gegen seine ungebundene Interessenwahrungspflicht, so daß er grunds. seine Vergütung nur nach der BRAGO verlangen kann, soweit diese Vergütung nicht vertraglich durch die Bedingung des Erfolges ausgeschlossen ist (BGH MDR 76, 1001). Die ständige Ausübung des Ma.berufs ist im übrigen mit dem Beruf eines RA nicht vereinbar (BGH MDR 76, 397). Zur Ausübung der Maklertätigkeit durch einen Steuerberater s. BGH NJW 81, 399 = MDR 81, 212.

III. Neben diese allgem. Rechtsgrundsätze für die Tätigkeit des Ma. treten die *Sondervorschriften* des Ges. zur Regelung der *Wohnungsvermittlung* vom 4. 11. 1971 (BGBl. I S. 1747), das am 10. 11. 1971 in Kraft getreten ist. Dieses Ges. verfolgt den Zweck, Mißstände auf dem Gebiet der Wohnungsvermittlung zu beseitigen, die sich in den Jahren seit der Aufhebung der Wohnungszwangswirtschaft zunehmend entwickelt haben. Die Wohnungssuchenden sollen dadurch vor ungerechtfertigten wirtschaftlichen Belastungen bei der Wohnungssuche geschützt werden, die sich häufig aus mißbräuchlichen Vertragsgestaltungen oder unlauteren Geschäftsmethoden der Ma. für sie ergeben. Darüber hinaus zielt das Ges. darauf ab, die Markttransparenz auf dem Gebiet der Wohnungsvermittlung zu verbessern. Diese Grundgedanken des Gesetzgebers werden durch folgende Sondervorschriften zu erreichen versucht (dazu grunds. Breiholdt MDR 72, 919; Rebmann Betr. 72, 125; Lau ZMR 74, 65; WM 76, 173; Schoenebeck WM 76, 249; Hoyningen-Huene BB 73, 920):

1. Das Ges. erfaßt die Tätigkeit derjenigen Wohnungsvermittler, welche den Abschluß von Mv. über Wohnräume *vermitteln* oder dazu die *Gelegenheit nachweisen* (§ 1, I; zur Identität des vermittelten und des abgeschlossenen Mv. vgl. AG Darmstadt WM 76, 105 m. zust. Anm. Brause-Globig).

2. *Wohnraum* i. S. dieses Ges. sind Wohnungen, Einzelzimmer und möblierte Zimmer. Dazu gehören auch solche → *Geschäftsräume*, die wegen ihres räumlichen oder wirtschaftlichen *Zusammenhangs* mit Wohnräumen zusammen mit diesen vermietet werden

(§ 1 II; s. Mischräume). Dagegen erfaßt das Ges. nicht die Vermittlung oder den Nachweis von Wohnräumen im Fremdenverkehr (§ 1 III).

3. Ein Anspruch auf eine *Vergütung* für seine Tätigkeit steht dem Ma. nur zu, wenn *infolge* seiner Vermittlung oder seines Nachweises ein Mv. *zustandekommt* (§ 2 I). Dieser Anspruch ist jedoch gesetzl. *ausgeschlossen* (§ 2 II):

a) wenn durch den neuen Mv. ein bereits *bestehendes* M.verhältnis über dieselben Wohnräume fortgesetzt, verlängert oder erneuert wird (s. Sozialklausel II, Kündigung IV).

b) wenn der Mv. über Wohnräume abgeschlossen wird, deren *Eigentümer, Verwalter, Mieter oder Vermieter* der Ma. ist. Gleiches soll nach einer Entscheidung des LG München I (WM 86, 122) dann gelten, wenn der Makler zum Zeitpunkt des Vertragsschlusses zwar noch keine Verwaltertätigkeit aufgenommen hat, die Aufnahme einer solchen Tätigkeit aber unmittelbar bevorsteht. Als Verwalter i. S. des Gesetzes muß zunächst derjenige angesehen werden, der befugt ist, Mietverträge abzuschließen, zu kündigen, die Mieten einzuziehen, Reklamationen entgegenzunehmen usw. (LG Frankenthal WM 89, 195). Eine umfassende Tätigkeit wird dabei allerdings nicht vorausgesetzt. Es genügt vielmehr jede verwaltende Tätigkeit von geringfügiger Art, die erkennen läßt, daß der Vermittelnde vorrangig Interessen des Vermieters wahrnimmt (LG Frankfurt WM 81, 23; a. A.: LG Bonn WM 86, 348, wonach eine Tätigkeit verlangt wird, die zeigt, daß der Vermittelnde vorrangig die Interessen des Vermieters wahrnimmt). Es ist auch nicht erforderlich, daß der Verwalter zur Ausübung seiner Tätigkeit gegen Zahlung eines Entgelts verpflichtet worden ist. Maßgeblich ist vielmehr, wie sich das Verhältnis des Maklers als Wohnungsvermittler zum Mieter und anderen Wohnungssuchenden aus dessen bzw. deren Sicht darstellt. Insoweit ist auch auf den äußeren Schein abzustellen (LG Wiesbaden WM 86, 349). Erklärt der Verwalter, daß er bei der Vermittlung der Wohnung nicht im eigenen Namen, sondern im Namen eines Verwandten (Makler) gehandelt habe, so kann hierin eine mißbräuchliche Umgehung des § 2 Abs. 2 gesehen werden (AG Frankfurt WM 86, 257). Als Verwalter i. S. des WohnungsvermittlungsG ist auch der Verwalter einer Wohnungseigentumsanlage anzusehen. Dies gilt auch dann, wenn er nicht zugleich Verwalter, der von ihm vermittelten Wohnung ist (so zutr. LG Itzehoe WM 76, 189; v. Hoyningen-Huene NJW 74, 2287 gegen LG München I, a. a. O.; a. A. OLG München MDR 75, 931; OLG Hamburg FWW 76, 191; OLG Hamm MDR 86, 501; LG München II ZMR 89, 96; Breiholdt MDR 86, 284; vgl. auch: LG Kiel WM 85, 91); etwas anderes gilt aber auch nach der Gegenmeinung, wenn der Verwalter zugleich die Interessen der Sondereigentümer wahrnimmt (LG München II a. a. O.; AG Oldenburg WM 89, 33; AG Augsburg WM 90, 231). Zur Unwirksamkeit wegen Identität zwischen Verwalter und Ma.firma vgl. AG Köln WM 73, 176; LG München WM 75, 129). Gleiches gilt, wenn der Mv. über Wohnräume abgeschlossen wird, deren Eigentümer, Verwalter oder V. eine jur. Person, an der der Ma. rechtl. oder wirtschaftl. beteiligt ist (§ 2 II Ziff. 3; dazu AG Wiesbaden WM 73, 177 = MDR 74, 490). In diesen Fällen scheitert der Provisionsanspruch des Maklers daran, daß dieser infolge der Interessenkollision eine wirkliche Maklertätigkeit nicht entfalten kann. Für das Vorliegen einer wirtschaftlichen Verflechtung ist nicht erforderlich, daß der Makler kapitalmäßig mit dem Gegner des Auftraggebers verflochten ist. Es ist auch nicht nötig, daß letztlich der Makler die tatsächliche Entscheidung über den Abschluß des von ihm vermittelten Vertrages trifft. Es reicht aus, daß aufgrund der wirtschaftlichen Verbindung zwischen dem Makler und dem Auftraggeber zwischen beiden eine gleichgewichtete Interessenlage herrscht, die der unabhängigen Stellung des Maklers entgegensteht. Ein solcher Fall liegt auch dann vor, wenn der Makler beim Vermieter ganz oder überwiegend beschäftigt ist, wenn er hierbei vom Vermieter weisungsabhängig ist und wenn er aufgrund der ihm übertragenen Arbeiten die Interessen des Vermieters wahrzunehmen hat (LG Hamburg WM 86, 256). Gleiches gilt, wenn der Eigentümer und Vermieter der Wohnungen zugleich Geschäftsführer einer juristischen Person ist, die als Wohnungsmakler auftritt. Es kommt nicht darauf an, ob im Einzelfall ein Interessenkonflikt tatsächlich auftritt. Bereits die Möglichkeit des Auftretens eines solchen Konflikts macht den Makler zur Erbringung seiner Dienste untauglich (AG Regensburg WM 87, 128). Der Umstand, daß die Wohnungen im Eigentum des Ehegatten des Maklers stehen, reicht für die Versagung der Maklervergütung dagegen nicht aus (AG Charlottenburg ZMR 87, 21). Zwar ist auch in diesem Fall die Möglichkeit eines Interessenkonflikts naheliegend; nach der Auffassung des Bundesverfassungsgerichts ist es aber unzulässig, wenn allein aus dem Bestehen der ehelichen Lebensgemeinschaft nachteilige Schlüsse gezogen werden (BVerfG NJW 87, 2733; s. dazu: LG Marburg NJW RR 87, 721). Von der instanzgerichtlichen Rechtsprechung werden ähnliche Sachverhalte z. T. anders entschieden: Nach einer Entscheidung des LG Freiburg (WM 88, 174) entsteht kein Provisionsanspruch, wenn der Makler Wohnungen einer Gesellschaft vermittelt, deren Alleingesellschafter und Geschäftsführer sein Ehegatte ist. Tritt der Ehegatte des vom Mi. beauftragten Maklers als Bevollmächtigter des V. auf, so soll der Makler nach der Auffassung des LG Lüneburg (WM 88, 174) verpflichtet sein, dies dem Mi. offenzulegen; unterläßt er dies, so entfällt der Provisionsanspruch. Der Eigentümer, Verwalter oder Vermieter hat auch keinen Anspruch auf die vom Mieter ausgelobten Vermittlungsprämien (AG Freiburg WM 90, 309). Auf Vereinbarungen zwischen einem V. und einem M., durch die das Provisionszahlungsverbot umgangen werden soll, ist § 2 II Nr. 2 WoVermG entsprechend anzuwenden. Solche Vereinbarungen sind unwirksam; dennoch erbrachte Zahlungen können nach § 812 BGB zurückverlangt werden. Hierzu gehören z. B. Vertragsabschlußgebühren oder Bearbeitungsgebühren, die höher sind als die wirklichen Kosten und die deshalb den Charakter einer Provisionszahlung haben. Gleiches gilt für Abstandszahlungen an den V. (LG Bonn WM 90, 419) oder an den Mietvorgänger (LG Hamburg WM 90, 525!), wenn der M. hierfür keinen realistischen Gegenwert erhält.

c) wenn der Mv. über *öffentl. geförderte* Wohnungen oder sonstige *preisgebundene* Wohnungen abgeschlossen wird, die nach dem 20. 7. 1948 bezugsfertig geworden sind oder bezugsfertig werden; das gleiche gilt für den Abschluß von Mv. für einzelne Wohnräume solcher Wohnungen (§ 2 III; s. Sozialwohnungen, Bundes-(Landes)bedienstetenwohnungen, M.preisbindung). Auch für sonstige im Rahmen der Vermittlung einer Sozialwohnung erbrachte Leistungen (z. B. für das Ausfüllen des Vertrags, das Einholen der Unterschriften und für die Hilfestellung bei der Beantragung einer Wohnungsberechtigungsbescheinigung) darf der Makler kein Entgelt verlangen. Entsprechende Leistungen kann der Mieter zurückfordern. Daneben ist die Provision, die sich ein Ma. für die Vermietung einer → Sozialwohnung in seinem eigenen Haus vom M. gewähren läßt, nach § 9 WoBind.G. unzulässig und selbst dann zurückzuzahlen, wenn der M. die Unzulässigkeit der Vereinbarung kannte (BGH ZMR 73, 350 = WM 73, 84); darüberhinaus kann hier dieser Verstoß des V. nach § 25 WoBindG und nach § 26 I Ziff. 3 WoBindG durch die Festsetzung eines Bußgeldes geahndet werden.

4. Der Ma. darf *keine Vorschüsse* fordern, vereinbaren oder annehmen (§ 2 IV; OLG Stuttgart BB 72, 1244). Das gilt auch für sog. Adressenschutzgebühren oder Sicherheitsleistungen.

5. Eine *abweichende vertragl. Vereinbarung* über das Entgelt oder den Vorschuß ist kraft Ges. unwirksam (§ 2 V).

6. Welche *Vergütung* der Ma. von Wohnungssuchenden zu fordern berechtigt ist, muß im Ma.vertrag in einem *Bruchteil* oder einem *Vielfachen der Monatsmiete* genau angegeben werden (§ 3 I). Die höchstzulässige Provision beträgt nach § 3 Abs. 2 zwei Monatsmieten zuzüglich der gesetzlichen Umsatzsteuer. *„Nebenkosten, über die gesondert abzurechnen ist"*, bleiben unberücksichtigt. Bei einer Pauschalmiete kann die Provision aus dem gesamten Mietpreis berechnet werden; ist oder wird eine Betriebskostenpauschale verein-

bart, so ist ebenfalls der Gesamtpreis maßgeblich, weil über die Pauschale nicht „gesondert abzurechnen ist". Dies ist unbefriedigend; der Gesetzeswortlaut ist aber eindeutig. Die hier dargestellte Rechtslage gilt sowohl für Provisionsvereinbarungen zwischen dem Makler und dem Mieter als auch für Vereinbarungen nach denen sich der Mieter gegenüber dem Makler verpflichtet, ein vom Vermieter geschuldetes Vermittlungsentgelt zu zahlen. Stets schuldet der Mieter dem Makler nicht mehr als zwei Monatsmieten zuzüglich der Umsatzsteuer. Hat sich der Vermieter gegenüber dem Makler zur Zahlung eines Entgelts verpflichtet, so kann er mit dem Mieter zwar vereinbaren, daß dieser an seiner Stelle die Provisionszahlung übernimmt; allerdings müssen die Obergrenzen des § 3 Abs. 2 beachtet werden. Zur Verhinderung von Umgehungsgeschäften bestimmt das Ges. ferner, daß außer der vereinbarten Vergütung *keine weiteren Vergütungen* für solche Tätigkeiten des Ma. vereinbart oder angenommen werden dürfen, die mit der Nachweis- oder Vermittlungstätigkeit des Ma. in einem engeren Zusammenhang stehen; das gilt insbesondere für *Einschreibegebühren, Schreibgebühren* oder *Auslagenerstattungen* (OLG Stuttgart a. a. O.). Diese Einschränkung gilt jedoch nicht, wenn die vom Ma. nachgewiesenen Auslagen 1 Monatsmiete übersteigen. Unwirksam ist auch eine Vereinbarung über die Zahlung einer Monatsmiete im Falle der Verletzung der sogenannten „Kontaktpflicht", d. h. der Verpflichtung, sich binnen 6 Tagen mit dem Vermieter in Verbindung zu setzen, um den Mietvertrag abzuschließen (LG Bochum WM 86, 257 = ZMR 86, 15).

Zulässig ist jedoch die Vereinbarung, daß beim *Nichtzustandekommen* eines Mv. die in Erfüllung des Auftrages *nachweisbar entstandenen Auslagen* vom Wohnungssuchenden zu erstatten sind (§ 3 III); in diesem Falle ist die Auslagenerstattung nicht auf die Höhe einer Monatsmiete beschränkt. Die gesetzliche Mehrwertsteuer ist keine unzulässige Nebenleistung, so daß sie neben dem zulässig vereinbarten Vermittlerentgelt verlangt werden kann, wenn Vermittler und Auftraggeber das vereinbart haben.

Außerdem erklärt das Ges. solche Vereinbarungen zwischen dem Ma. und dem Wohnungssuchenden für *unwirksam,* in denen sich dieser im Zusammenhang mit der Wohnungsvermittlung verpflichtet, *Ware* zu beziehen (z. B. Möbelkauf) oder *Dienst- oder Werkleistungen* in Anspruch zu nehmen (z. B. Architektenleistungen). Die Wirksamkeit des Vermittlungsvertrages bleibt aber in derartigen Fällen unberührt. Die Verpflichtung des Wohnungssuchenden zur *Übernahme von Einrichtungs- oder Ausstattungsgegenständen* des bisherigen Inhabers der Wohnräume im Zusammenhang mit dem Ma.vertrag wird vom Ges. nicht verboten (§ 3 IV). Formularklauseln im Mietvertrag, wonach sich der M. zum Abschluß einer Haftpflicht- oder Schadensversicherung verpflichtet, sind nach § 9 AGBG unwirksam (LG Düsseldorf WM 90, 336). Macht der V. seine Bereitschaft zum Abschluß des Mv. davon abhängig, daß der M. zugleich Versicherungsverträge abschließt, so liegt i. d. R. ein Verstoß gegen § 138 BGB – sittenwidriges Kopplungsgeschäft – vor (AG München WM 90, 485).

7. Die Vereinbarung einer *Vertragsstrafe* zwischen dem Ma. und seinem Auftraggeber für den Fall der Nichterfüllung einer vertragl. Verpflichtung ist *zulässig*. Die Vertragsstrafe darf jedoch 10 Prozent der vereinbarten Vergütung, *höchstens* aber *50.– DM* nicht übersteigen (§ 4).

8. Soweit an den Ma. ein ihm *nicht zustehendes Entgelt,* eine Vergütung anderer Art, eine unzulässige Auslagenerstattung oder ein Vorschuß geleistet worden ist, kann die Leistung *zurückgefordert* werden; die Vorschrift des § 817 II BGB ist nicht anzuwenden. Der Anspruch *verjährt* in vier Jahren ab der Leistung (§ 5).

9. Der Ma. darf Wohnungen nur *anbieten,* wenn er dazu einen *Auftrag* vom Vermieter oder einem anderen Berechtigten hat. Der Zweck dieser Bestimmung ist darin zu sehen, daß dem Wohnungssuchenden Zeit und Unkosten für eine vergebliche Besichtigung von Wohnräumen erspart werden soll (BT-Drucks. IV/1549, S. 13). Ein Verstoß gegen diese Bestimmung stellt eine Ordnungswidrigkeit dar, die mit einem Bußgeld geahndet werden kann (s. unten 11). Die Wirksamkeit des Maklervertrags bleibt von dem Verstoß aber unberührt (LG Hamburg WM 81, 59; AG Seligenstadt WM 88, 127).

Verstöße können Ordnungswidrigkeiten darstellen (s. unten 11b), führen aber nicht zur Unwirksamkeit des Ma.vertrags oder des Provisionsanspruchs (OLG Karlsruhe NJW 76, 1408 = MDR 76, 754 = Justiz 76, 311 = FWW 76, 291).

Der Ma. darf *öffentl.* insbes. in Zeitungen oder auf Aushängetafeln, nur unter *Angabe seines Namens* und mit der zusätzlichen *Bezeichnung als Wohnungsvermittler* anbieten. Das bedeutet nicht, daß stets die ausgeschriebenen Worte „Wohnungsvermittler" oder „Makler" verwendet werden müssen. Vielmehr sind auch andere eindeutige und geläufige Bezeichnungen zulässig (z. B. Immobilienbüro, Wohnungsmarkt); hingegen genügt die bloße Angabe einer auf die Berufszugehörigkeit hinweisenden Abkürzung diesen Anforderungen nicht, wenn eine Erläuterung oder ein sonstiger eindeutiger Hinweis fehlen (z. B. Otto, RDM). Der Ma. hat ferner den *M.preis* der Wohnräume anzugeben u. darauf hinzuweisen, ob *Nebenleistungen* zusätzl zu vergüten sind (§ 6; OLG Hamm NJW 74, 1149; dazu krit. Anm. Schmidt NJW 74, 1576). Der M.preis muß hierbei für jede angebotene Wohnung genau angegeben werden; es genügt also nicht, wenn der Ma. beim Angebot mehrerer Wohnungen nur deren Mindest- und Höchstpreis mitteilt (OLG Karlsruhe GewA 77, 350; LG München I ZMR 86, 12). Die Verwendung des Begriffs „Kaltmiete" ohne weiteren Zusatz verstößt gegen § 6 Abs. 2, weil der Wohnungssuchende hierdurch keine Klarheit über das Angebot gewinnt (ebenso OLG Bremen, WM 93, 58: Verstoß gg. § 1 UWG; OLG Schleswig, WM 93, 59: Verstoß gg. § 3 UWG; Klimasch, WM 93, 26; a. A. OLG Braunschweig, WM 93, 59).

10. Die Ausführungen oben unter Ziff. 6 zu § 3 I und unter Ziff. 9 gelten nur für solche Ma., die ihre Tätigkeit *gewerbsmäßig* ausüben; die übrigen Vorschriften des Ges. gelten aber auch für Vermittlungs- oder Nachweistätigkeiten, die nur *bei Gelegenheit,* also nicht gewerbsmäßig ausgeübt werden.

11. Bestimmte Verstöße gegen dieses Ges. seitens des Ma. stellen *Ordnungswidrigkeiten* dar, so daß sie nach dem OWiG von der zuständigen Behörde zu verfolgen und mit *Bußgeldbescheiden* zu ahnden sind (s. Sozialwohnungen IV).

Ordnungswidrig handelt, wer *vorsätzlich oder fahrlässig*

a) das Entgelt nicht in einem Bruchteil oder Vielfachem der Monatsmiete angibt;

b) ein Entgelt fordert, das die höchstzulässige Provision übersteigt;

c) ohne Auftrag Wohnräume anbietet;

d) bei öffentl. Angeboten seinen Namen, die Bezeichnung als Wohnungsvermittler oder den Mietpreis nicht angibt oder auf Nebenkosten nicht hinweist.

Die Ordnungswidrigkeit nach Buchstabe b) kann mit einer Geldbuße bis zu 50000,– DM, die Ordnungswidrigkeiten nach den Buchstaben a, c und d können mit einer *Geldbuße bis zu DM 5000.–* geahndet werden.

Zur bisherigen Rspr. des BGH zum Ma.recht vgl. Wolf WPM 78, 1282; WPM 81, 666; WPM 85 Heft 25 Sonderbeilage 3; Dehner, NJW 93, 3236.

Mängel (Mg.) der M.sache berechtigen den M.grunds., den → M.zins zu mindern, Schadensersatz zu fordern oder die Kosten der Selbstbeseitigung ersetzt zu verlangen (§§ 537ff. BGB). Der V. muß die M.sache in einem *mangelfreien Zustand übergeben* (s. Überlassung) und sie *bis zur Beendigung* des Mv. in diesem Zustand *erhalten* (s. Instandhaltung, Anzeige von Mg.).

I. Als Mg. erkennt das Ges. die Sachmängel, die Rechtsmängel und das Fehlen zugesicherter Eigenschaften an.

1. *Sachmängel* sind solche Fehler der M.sache, durch die ihre *Tauglichkeit zum vertragsgemäßen Gebrauch aufgehoben* oder *gemindert* wird (§ 537 I BGB); anders ausgedrückt: Als Fehler i. S. von § 537 BGB

gilt die für den Mieter nachteilige Abweichung des tatsächlichen Zustands (Ist-Zustand) von dem vertraglich geschuldeten Zustand (Soll-Zustand), BGB WM 90, 546. Wird ein Haus zu Wohnzwecken vermietet, so können die Parteien beispielsweise einen konkret gegebenen schlechten Bauzustand als vertragsgemäß vereinbaren; in diesem Fall liegt kein Fehler vor (LG Mannheim ZMR 90, 220; s. auch LG Berlin ZMR 89, 259 für Zustand des Parkettfußbodens). Etwas anderes gilt, wenn das Haus wegen seines Zustands zum Wohnen ungeeignet ist und dieser Zustand auch nicht durch die vom M. übernommenen Reparaturen beseitigt werden kann (LG Mannheim a. a. O.). Umgekehrt kann auch ein ganz spezieller Zustand als vertragsgemäß vereinbart werden (z. B. rollstuhlgerechte Wohnung); in diesem Fall ist die Wohnung fehler- oder mangelhaft, wenn sie für einen Rollstuhlfahrer ungeeignet ist. Wird bezüglich des vertragsgemäßen Zustands nichts vereinbart, so liegt ein Fehler vor, wenn das Mietobjekt von der üblichen Beschaffenheit abweicht. Bei einem Altbau kann der M. hinsichtlich der Elektroleitungen, der Wärmedämmung und der Schalldichtigkeit der Fenster nicht denselben Standard erwarten, wie er im Neubau üblich ist. Deshalb hat der M. einer Altbauwohnung keinen Anspruch auf Verbesserung der damals üblichen Wärmedämmung (LG Berlin GrundE 89, 411). Der M. einer modernisierten Altbauwohnung kann demgegenüber erwarten, daß die Elektroinstallationen so ausgestaltet sind, daß die Aufstellung von Herd, Waschmaschine und Kühlschrank möglich ist (AG Tiergarten GrundE 89, 249). Der M. einer Penthousewohnung mit großen Glasfenstern muß mit hohen Heizkosten rechnen; in diesem Umstand liegt kein Mangel (LG Hamburg WM 88, 350). Mit dieser Maßgabe sind Fehler alle Mängel der eigentlichen M.räume (z. B. undichte Fenster und Türen, schadhafte Fußböden, feuchte Wände; bezügl. d. Verantwortlichkeit für Feuchtigkeitsschäden vgl. unten II 1a) und der gemeinschaftlich benutzten Teile des Hauses (z. B. schadhafte Flurtreppen, Defekte der Türöffneranlage oder der Abschlußtür). Aber auch andere Beeinträchtigungen des Gebrauchs gehören hierher, z. B. behördliches Benutzungsverbot (BGH WPM 72, 136; NJW 80, 777; NJW 85, 1025; NJW-RR 87, 911; ZMR 93, 7; OLG Düsseldorf, DWW 93, 99; OLG Celle OLGZ 74, 197; LG Mannheim MDR 75, 663 = WM 76, 5; LG Lübeck NJW 81, 1566; AG Münster WM 81, 161; zur Frage, wann in einem solchen Fall von einem anfänglichen und wann von einem nachträglichen Mangel auszugehen ist, vgl. unten II 2c); öffentlich-rechtliche Hindernisse und Beschränkungen auf Grund straßenrechtlicher Neuplanungen, wenn sie auf der Beschaffenheit der Mietsache beruhen (BGH, ZMR 92, 241; fehlende Gaststättenkonzession (OLG Düsseldorf, ZMR 92, 446; DWW 93, 100 = ZMR 93, 275); fehlende KFZ-Stellplätze (OLG

Düsseldorf, DWW 91, 236); starke Hitzeeinstrahlung bei Gewerberäumen (OLG Köln, MDR 93, 973); mangelhaftes Trinkwasser (OLG Karlsruhe, ZMR 91, 378); Baulärm vom Nachbargrundstück (BayObLG RE vom 4. 2. 87 NJW 87, 1950); – dabei ist zu beachten, daß das Minderungsrecht nicht deshalb entfällt, weil der V. den Baulärm entschädigungslos dulden muß; Chemikalien im Untergrund (OLG Hamm RE vom 25. 3. 87 NJW-RR 87, 968 = WM 87, 248; zu der Verpflichtung der Gemeinde bei der Aufstellung von Bebauungsplänen s. BGH DWW 90, 78; zum nachbarrechtlichen Ausgleichsanspruch BGH ZMR 90, 266); überhöhte Formaldehydkonzentration in der Raumluft eines Fertighauses (AG Köln NJW RR 87, 972); in den Holzteilen einer Einbauküche (vgl. OLG Frankfurt WM 89, 4 betr. Kauf); zur Rechtsprechung betr. fehlerhafte Holzschutzmittel s. Micklitz NJW 89, 1076; überhöhter gesundheitsgefährdender Nitratgehalt des Trinkwassers (AG Osnabrück NJW-RR 87, 971; dazu auch: Matiejewski, MM 86, 247 und LG Hamburg WM 91, 159 – hier wurde ein Minderungsrecht wegen § 537 I 2 BGB verneint (s. unten II 1b am Ende), der Erfüllungsanspruch (s. II 4) jedoch bejaht; AG Frankfurt DWW 88, 253 – kein Anspruch auf Austausch der Rohre; Austritt von Perchlorethylen aus einer im Haus befindlichen Wäscherei (LG Hannover NJW RR 90, 972). Zu der Problematik asbesthaltiger Speicherheizgeräte s. grundlegend: Halstenberg, WM 93, 155; zu Wohngiften allgemein: Eisenschmid, WM 92, 4. Weiter kommen in Betracht: Unbenutzbarkeit der Garage durch blockierende Fahrzeuge, LG Köln MDR 76, 44), Untauglichkeit der M.sache für Wohnzwecke (vgl. BGH WPM 75, 1229 für Gastarbeiterwohnheime), Eröffnung eines → Konkurrenzbetriebes im Haus, sachbedingte Versagung der Schankkonzession, Stillegung von Gemeinschaftseinrichtungen (unrichtig: AG Hamburg, wonach die Außerbetriebsetzung der Müllschluckanlage nicht zur Minderung berechtigen soll); Lärmbelästigungen durch Mitmieter (AG Kiel WM 86, 240; LG Duisburg WM 88, 264; AG Lübeck DWW 88, 180; Pfeifer DWW 89, 38; unrichtig: AG Neustadt ZMR 86, 245); Verschmutzung eines Balkons durch Tauben (AG Hamburg WM 88, 121; unrichtig: LG Kleve WM 86, 333); Beeinträchtigungen und Störungen, die deshalb auftreten, weil im Nachbargebäude Asylbewerber und Übersiedler lagermäßig untergebracht werden (unrichtig AG Gronau WM 91, 161 – es muß allerdings eine konkrete Störung nachgewiesen werden; die Beeinträchtigung des Ansehens der Wohngegend oder die bloße Andersartigkeit der Bewohner genügt nicht – so zutr. AG Lünen WM 88, 348). In der Rspr. sind vor allem als Mg. anerkannt: unzureichender Wärme- und Schallschutz, (AG Gelsenkirchen WM 78, 66: Minderung von 20% bei erheblicher Lärmbelästigung; AG Braunschweig WM 83, 122: Minderung um

10–15%, wenn die Wohnung mangelhaft schallisoliert ist und der Mieter deshalb durch Geräusche aus der über ihm liegenden Wohnung [insbesondere durch Trittschall] nicht unerheblich gestört wird; AG Neuss NJW-RR 89, 206; Minderung von 10% bei Lärm von Musikgruppe im Nachbarhaus; AG Köln WM 88, 56: 20% bei Störungen durch Tanzschule). Baumg. am Fundament oder Dach, Hausschwamm und Feuchtigkeit (AG Hamburg WM 79, 103: 20% Minderung bei Durchfeuchtung von 8 Räumen eines Einfamilienhauses; AG Bochum WM 79, 74: 30%ige Minderung bei Unbenutzbarkeit des Wohnzimmers infolge eines Wasserschadens; AG Darmstadt WM 80, 129: 10%ige Minderung bei Schimmelbefall in mehreren Räumen infolge übermäßiger Feuchtigkeit; AG Düren/LG Aachen WM 91, 89: 25%ige Minderung bei bauwerksbedingter Feuchtigkeit in allen Räumen mit Schimmelbildung, so daß das Schlafzimmer nicht mehr und die übrigen Räume nur eingeschränkt benutzbar sind; LG Kassel WM 88, 109: 20% bei Feuchtigkeit; AG Lahnstein WM 88, 55: 20% beim Auftreten von Silberfischchen; LG Kassel WM 88, 108: 20% bei starker Zugluft; AG Düren WM 83, 30: 5%ige Minderung bei Durchfeuchtung des Kellerraums nach Regenfällen; AG Groß-Gerau WM 80, 128: 38%ige Minderung wegen austretenden Abwassers im Badezimmers wegen eines Abflußstaus; AG Friedberg/Hessen WM 84, 198: 80%ige Minderung bei Überschwemmungsschaden am Teppichboden, durch den die Wohnqualität wegen Durchfeuchtung, Versandung und unerträglichem Gestank für die Dauer von 2–3 Wochen beeinträchtigt wird). → Lärm, unzureichende Beheizbarkeit bei vorhandener → Zentralheizung ungenügende Zimmertemperatur (AG Köln WM 78, 189: 20%ige Minderung, wenn die Zimmertemperatur nur 16–18 °C beträgt; LG Hannover WM 80, 130: 20%ige Minderung bei Nichtbeheizbarkeit des Schlafzimmers und dadurch auftretender Durchfeuchtung der Wände); eine mit einem starken Energieverlust von rund 60% arbeitende, auf Kosten des M. betriebene Heizungsanlage (OLG Düsseldorf MDR 83, 229: Minderung von ca. 10%); Handwerkerarbeiten in einem Neubau, wenn dies zu Störungen und Belästigungen der M. führt (OLG Hamm ZMR 83, 273 = MDR 83, 579: 50%ige Minderung); Baulärm in einem Neubauviertel, der den Rahmen des Üblichen übersteigt (AG Darmstadt WM 84, 245: Minderung von 25%); vom Nachbargrundstück oder einem Mitm. ausgehende Immissionen (BGH MDR 66, 497 = ZMR 66, 209; OLG Frankfurt ZMR 64, 271); 15%ige Minderung bei Belästigung eines Mieters durch streunende Katzen, die von Nachbarn angelockt und gefüttert werden (AG Bonn NJW 86, 1114 = WM 86, 212); 10%ige Minderung bei Ungezieferbefall (AG Bonn WM 86, 113); 10%ige Minderung bei Störung des Hausfriedens durch grob unflätige Beschimpfungen und Bedrohungen der Mieter durch die Hauswartsleute (AG Neukölln WM 86, 438); 5%ige Minderung, wenn im Zuge einer Reparatur ein Teil der Badezimmerfliesen durch andersfarbige Fliesen ersetzt wird, so daß ein optischer Mangel entsteht (LG Kleve WM 91, 261); weitere Beispiele bei: Zinburg ZMR 84, 110). Fehler der M.sache sind aber nicht nur solche Mg., mit denen die Sache selbst behaftet ist, sondern auch tatsächliche Zustände u. Verhältnisse, die mit der M.sache zusammenhängen u. sie in ihrer Tauglichkeit zum vertragsgemäßen Gebrauch unmittelbar beeinträchtigen (z. B. schwitzender Fußbodenbelag einer Kegelbahn bei Witterungsumschwung; BGH WPM 72, 419). Dagegen ist die bloße Tatsache der Möglichkeit einer schädlichen Einwirkung von Naturkräften in Katastrophenfällen (z. B. Hochwasserschäden durch Dammbruch) nicht als Mg. der M.sache anzuerkennen (BGH WPM 68, 1306; 71, 244). Auch solche Mg. eines Gebäudes, die zwar außerhalb der eigentlichen M.räume liegen, die jedoch ursächlich zu einer Beschädigung der M.räume führen (z. B. Brandschaden durch fehlerhaft verlegte Stromleitung im Nebengebäude) sind als Fehler i. S. der §§ 537, 538 BGB anzusehen (BGH WPM 72, 658). Ein Mangel liegt auch dann vor, wenn auf dem Nachbargrundstück Bauarbeiten durchgeführt werden und der Mieter durch den Baulärm beeinträchtigt wird. Dabei kommt es nicht darauf an, ob der Vermieter die Möglichkeit zur Verhinderung des Lärms besitzt oder ob er seinerseits gegen den Verursacher des Lärms einen Entschädigungsanspruch nach § 906 BGB hat (BayObLG RE vom 4. 2. 1987 NJW 87, 1950; LG Göttingen NJW 86, 1112 = WM 86, 114; LG Hannover WM 86, 311, wonach der Mieter einer Eigentumswohnung zur Minderung berechtigt ist, wenn in anderen Eigentumswohnungen oder am Haus Bauarbeiten durchgeführt werden; a. A.: LG Bonn WM 86, 115; AG München ZMR 86, 58, wonach das Minderungsrecht in diesen Fällen entfällt; vgl. auch: AG Köln WM 83, 53 und AG Bad Homburg WM 87, 84, wonach sich aus § 242 BGB ergeben soll, daß sich der Minderungsbetrag halbiert; dazu auch: Frank WM 86, 75; zur M.zinsminderung bei Straßenlärm vgl. Speiser NJW 78, 19); keine Minderung, wenn die Umgebung des Hauses durch das Fällen von Bäumen verändert wird (AG Gronau WM 91, 262); 10%ige Minderung, wenn die Sicht durch eine hohe Mauer beeinträchtigt wird (LG Hamburg WM 91, 90). Lärm und Erschütterungen, die von Maschinen aus einer an ein Wohnhaus angrenzenden Fabrik ausgehen, sind in einem Mischgebiet nicht mehr als ortsüblich anzusehen, da sie nicht nur durch Luftwellen, sondern auch auf dem Wege über die aneinanderstoßenden Baumassen übertragen werden und deshalb stärker und unangenehmer wirken als bei reiner Luftübertragung, weshalb eine M.zinsminderung begründet sein kann (LG Hannover ZMR 69, 281). Gleiches gilt hinsichtlich der von einer Gaststätte ausgehenden Lärmbelästigung, wenn der Lärmpegel das zulässige Maß übersteigt (AG Köln WM 78, 173). Maschinenlärm, der rein akustisch von freistehenden Industrieanlagen ausgeht, oder Verkehrslärm ist dagegen in einem Mischgebiet bzw. einem Industriegebiet i. d. R. ortsüblich, so daß auch der Eigentümer störende Einwirkungen durch Lärm, Staub usw. zu dulden hat (LG Köln ZMR 64, 143; OLG Frankfurt ZMR 64, 271). Der von einem im Haus befindlichen Ladengeschäft ausgehenden Lärm ist ebenfalls grunds. hinzunehmen (a. A. AG Bad Schwartau: 10%ige Mietminderung für Lärm aus Kinderarztpraxis). Auch die ungebührliche Verzögerung der Fertigstellung eines frisch bezogenen Neubaus und des dazu gehörenden Hausgrundstücks können als Mg. zu bewerten sein (LG Mannheim WM 74, 52; OLG Hamm ZMR 83, 273). Bei einem Geschäftsraummietverhältnis kann ein Mangel dann vorliegen, wenn der Zugang zum Ladenlokal durch bauplanerische oder bauausführende Maßnahmen erschwert wird. Etwas anderes gilt aber dann, wenn der Stadtteil, in dem das Geschäftslokal liegt, vom Publikum nicht angenommen wird, weil diese Umstände zum Risikobereich des M. gehören (BGH NJW 81, 2405 = ZMR 81, 368 = MDR 82, 135; dazu: Koller NJW 82, 202). Wird eine objektiv sinnvolle Einrichtung von den Hausbewohnern unsachgemäß benutzt (z. B. Einwurf von Glasflaschen in sogenannte „Müllschlucker"), so liegt ebenfalls kein Mangel vor (vgl. dazu auch LG Köln WM 81, 14: betr. fehlerhafte Benutzung einer Türschließanlage). Hat ein M. die M.sache zum Zwecke der Weitervermietung angemietet, so stellt ein den Erwartungen nicht entsprechender Mietzinsertrag keinen Sachmangel dar (BGH ZMR 80, 377). Der Mietertrag kann allenfalls als zugesicherte Eigenschaft von Bedeutung sein. *Kein Fehler* liegt vor, wenn die M.sache gebrauchsuntauglich geworden ist und den V. gleichwohl keine Pflicht zur Instandsetzung trifft. Dies ist u. a. dann der Fall, wenn die Instandsetzung unmöglich ist oder wenn sie dem V. nicht zugemutet werden kann, weil der Instandsetzungsaufwand die Opfergrenze überschreitet (BGH WM 90, 546). Zu den Rechtsfolgen in diesem Fall s. II 1 (vor a).

2. Ein *Rechtsmangel* liegt vor, wenn ein Dritter gegen den M. ein Recht auf die M.sache geltend macht und diesem dadurch der Gebrauch ganz oder teilweise entzogen wird (§ 541 BGB). Das ist z. B. der Fall, wenn der M. von einem Nichteigentümer mietete und dann der Eigentümer die Herausgabe verlangt. Dem Untermieter einer Wohnung wird der vertragsgemäße Gebrauch im Sinne von § 541 BGB entzogen, wenn ihn nach Beendigung des Hauptmietverhältnisses, aber vor Beendigung des Untermietverhältnisses der Hauptvermieter zur Mietzahlung an sich selber auffordert mit der Dro-

hung, er werde anderenfalls Räumung und Herausgabe der Wohnung verlangen (OLG Hamm NJW-RR 87, 1304 = DWW 87, 295); vor Beendigung des Hauptmietverhältnisses stellt das Räumungsverlangen aber keinen Rechtsmangel dar (OLG Hamburg WM 90, 340). Ebenso ist es als Rechtsmangel anzusehen, wenn der V. dieselbe Wohnung mehrfach an verschiedene M. vermietete (s. Doppelvermietung). Ein solcher Mg. liegt auch dann vor, wenn dem M. auf Grund des Rechtes des Dritten die M.sache nicht überlassen werden kann oder wenn das Recht des Dritten, das zur Entziehung des vertragsgemäßen Gebrauchs der M.sache führt, nachträglich entsteht (BGH WPM 74, 1180 = NJW 75, 44; a. A. Palandt/Putzo § 541 BGB Anm. 1). Für diese nachträglich eingetretenen Rechtsmängel braucht der V. aber nur einzustehen, wenn er sie zu vertreten hat (BGH a. a. O.). Wird der M. durch Dritte (z. B. Nachbarn) nur im Gebrauch gestört, die sich auf kein Recht berufen können (z. B. durch Geruchsbelästigungen), liegt kein Rechtsmangel (allenfalls ein Sachmangel) vor, so daß er vom V. nur die Beseitigung der Störung verlangen kann. Auch die Verfügungsbeschränkungen des V. einer Eigentumswohnung infolge der öffentlichen Förderung nach § 6 WoBindG stellen Rechtsmängel dar (BGH MDR 77, 38 = FWW 76, 262). Werden Gewerberäume vermietet, so gehört zu dem vom V. geschuldeten vertragsmäßigen Gebrauch nicht nur ein einwandfreier baulicher Zustand, sondern darüber hinaus auch, daß der Aufnahme des vorgesehenen Gewerbebetriebs in den gemieteten Räumen keine privatrechtlichen oder öffentlich-rechtlichen Hindernisse entgegenstehen. Wird ein Gebäude zum Betrieb eines Spielkasinos vermietet und ist die Gemeinde auf Grund einer auf dem Grundstück lastenden Dienstbarkeit in der Lage, den Spielbetrieb zu unterbinden, so liegt ein Rechtsmangel vor; zur Minderung ist der M. allerdings erst dann berechtigt, wenn die Gemeinde von ihrem Recht Gebrauch macht (BGH ZMR 89, 59). Wird bisheriger Wohnraum als Geschäftsraum vermietet, so stellt das Fehlen der Zweckentfremdungsgenehmigung einen Mangel dar (KG GrundE 89, 941). Ist die Aufnahme des vertraglich vorgesehenen Gewerbebetriebs von einer behördlichen Genehmigung abhängig, so ist der V. verpflichtet, diese Genehmigung beizubringen (OLG Hamm ZMR 82, 207). Eine Formularklausel in einem Mv. über die Vermietung einer Gaststätte, wonach der M. die für den Betrieb der Gaststätte erforderliche behördliche Erlaubnis auf seine Kosten und auf sein Risiko beizubringen habe, ist wegen Verstoßes gegen § 9 II Nr. 1 und 2 AGBG unwirksam (BGH NJW 88, 2664). Eine fehlende Genehmigungsfähigkeit, die ihre Grundlage in bauordnungsrechtlichen oder planungsrechtlichen Vorschriften hat, stellt aber keinen Rechtsmangel, sondern einen Sachmangel dar (BGH a. a. O.).

3. Für *vertragl. zugesicherte Eigenschaften* der M.sache hat der V. auch dann Gewähr zu leisten, wenn die Gebrauchstauglichkeit nicht *gemindert* wird; die Vorschrift des § 537 I 2 BGB gilt beim Fehlen einer zugesicherten Eigenschaft nicht (OLG Düsseldorf MDR 90, 342). Die bloße Beschreibung der Mietsache oder die Angabe des Verwendungszwecks reicht für die Annahme einer zugesicherten Eigenschaft nicht aus (BGH NJW 80, 777). Es genügt auch nicht, wenn der V. nur das Vorhandensein solcher Eigenschaften bestätigt, die für ihren normalen Gebrauch selbstverständlich sind (z. B. die Wohnung ist in gutem Zustand). Vielmehr muß sich aus der Erklärung des V. ergeben, daß er für eine bestimmte Eigenschaft einstehen will (OLG Düsseldorf a. a. O.). Der Sinn und Zweck einer Zusicherung besteht darin, einem Empfänger die Gewähr dafür zu geben, daß die Sache die Eigenschaften besitzt, die der Zusicherung entsprechen. Der Empfänger der Zusicherung muß sich uneingeschränkt darauf verlassen können, daß die Zusicherung richtig ist, und er soll nicht genötigt sein, eigene Ermittlungen darüber anzustellen, ob die zugesicherten Eigenschaften auch wirklich vorhanden sind. Das gilt auch dann, wenn die Zusicherung erkennbar ohne hinreichende Unterlagen abgegeben wird (BGH MDR 64, 915). Als Eigenschaften kommen alle Umstände in Betracht, die einen Einfluß auf die allgemeine Bewertung der Sache haben (RGZ 61, 86; BGH LM § 549 BGB, Nr. 4). Die Garantie des V. ist aber nur dann wirksam, wenn sie Gegenstand des Mv. ist. Die Zusicherung kann auch mündlich erfolgen; Schriftform ist aber aus Beweisgründen anzuraten. Bei der Grundstücks- und Raummiete steht die Zusicherung einer Größe der Zusicherung einer Eigenschaft gleich (§§ 537 II 2, 580 BGB). Deshalb kann der M. bei Abweichungen der vom V. angegebenen qm-Wohnfläche eine entsprechende Herabsetzung der vereinbarten Grundmiete im Wege der Minderung verlangen (AG Bergheim WM 78, 189; LG München I WM 87, 217; AG Duisburg WM 87, 217; a. A.: LG Berlin WM 87, 49) oder aber nach § 542 I, II BGB fristlos kündigen. Vor der → Überlassung der M.sache steht dem M. im Falle eines Irrtums über wesentliche Abweichung der Raumgröße ein Anfechtungsrecht zu (§§ 119ff. BGB; LG Mannheim MDR 74, 672). Zu beachten ist allerdings, daß nicht in jeder Größenangabe in einem Formularmietvertrag zugleich eine Zusicherung liegt, daß die Wohnung tatsächlich die angegebene Größe besitzt. Vielmehr ist zu unterscheiden zwischen solchen Größenangaben, die lediglich der Beschreibung der Mietsache dienen und solchen Angaben, für deren Vorhandensein der Vermieter einstehen will; nur im letztgenannten Fall liegt eine Zusicherung vor. Maßgeblich für die Abgrenzung sind die Umstände des Einzelfalls (vgl. dazu: KG, GE 92, 871 wonach sich aus der Vertragsklausel „Vereinbart mit 500 qm“ keine Zusiche-

rung ergibt; LG Mannheim DWW 87, 297; LG Kleve WM 88, 13, wonach keine Zusicherung vorliegt, wenn die Größenangabe mit dem Zusatz „ca." versehen ist und im Zusammenhang mit anderen Angaben steht, die ebenfalls rein deskriptiven Charakter haben (ähnl. LG Düsseldorf DWW 89, 26, wenn die Abweichung lediglich 10% beträgt); LG Würzburg WM 84, 213, wonach keine Vermutung des Inhalts besteht, daß die Erwähnung der Wohnfläche im Vertrag eine Zusicherung sei und wonach eine Minderung wegen der geringeren als der angegebenen Wohnungsgröße erst dann in Betracht kommt, wenn die tatsächliche Wohnfläche von der angegebenen Wohnungsgröße um mindestens 20% abweicht; LG Wuppertal DWW 88, 253, wonach der M. beweisen muß, daß der V. eine besondere Gewähr für die Wohnungsgröße übernommen hat; AG Ahrensburg NJW-RR 88, 1424, wonach die Angabe der Wohnfläche ohne Bedeutung ist, wenn sie von keiner der Vertragsparteien bei der Berechnung der Endmiete zugrunde gelegt worden ist; LG Mannheim WM 89, 11, wonach von einer zugesicherten Eigenschaft auszugehen ist, wenn sich ergibt, daß die Wohnungsgröße für den M. von besonderer Bedeutung ist; LG Freiburg WM 88, 263, wenn ein bestimmter Quadratmeterpreis vereinbart wird; fehlerhaft: LG Berlin ZMR 87, 95, wonach bei einer zugesicherten Eigenschaft nur dann ein Minderungsrecht bestehen soll, wenn zugleich eine Tauglichkeitsminderung vorliegt).

II. Liegen Mg. vor, kann der M. den M.zins mindern und Schadensersatz verlangen oder nach Selbstbeseitigung der Mg. den Ersatz der Aufwendungen fordern.

1. Die *Minderung des M.zinses* tritt *kraft Ges.* ein (BGH MDR 61, 499; ZMR 85, 403). Aus diesem Grunde kann ein Vermieter nicht mit Erfolg einwenden, der Mieter hätte die Mietsache, auch wenn sie zum vertraglichen Gebrauch tauglich gewesen wäre, doch nicht genutzt (BGH WM 87, 53). Aus diesem Grunde kann der M. den Mietzins auch dann bis zur Beendigung der M.zeit mindern, wenn er bereits ausgezogen ist (OLG Düsseldorf MDR 89, 640). Der M. muß seine Absicht zur Minderung nicht anzeigen. Eine davon abweichende Vereinbarung in einem Mv. ist unwirksam (§ 537 III BGB); dies gilt auch für solche Vereinbarungen, nach denen das Minderungsrecht erst einen Monat nach einer Anzeige eintreten soll. Der M. ist auch nicht verpflichtet, dem V. eine Frist zur Mängelbeseitigung einzuräumen (AG Köln WM 78, 126). Der M. ist lediglich zur *Anzeige der Mängel* verpflichtet, damit der V. hiervon Kenntnis erhält; anderenfalls kann der M. nicht mindern. Die Anzeigepflicht entfällt nur dann, wenn der V. die Mängel bereits kennt (OLG Saarbrücken WM 89, 133) oder wenn der M. die Mängel nicht gekannt hat; bei grob fahrlässiger Unkenntnis entfällt die Obliegenheit zur Mängel-

anzeige allerdings nicht (OLG Köln VersR 90, 320; s. im übrigen → Anzeige). Für das Minderungsrecht kommt es auch nicht darauf an, ob den V. am Auftreten der Mängel ein Verschulden trifft. In jedem Fall setzt das Minderungsrecht aber voraus, daß er V. überhaupt zur Instandsetzung verpflichtet ist. Fehlt es hieran (s. oben I 1 a. E.), so ist der M. nicht zur Minderung berechtigt. Er wird allerdings von der Verpflichtung zur Zahlung des M.zinses nach § 323 I BGB frei, wenn der Schaden von keiner der Parteien zu vertreten ist (BGH WM 90, 546). Selbstverständlich gilt die gleiche Rechtsfolge, wenn der V. den Schaden schuldhaft verursacht hat; s. dazu auch unten 6.

a) Das Minderungsrecht ist keine Sanktion für ein vertragswidriges Verhalten des V.; vielmehr soll dadurch der M.zins den geänderten tatsächlichen Verhältnissen angepaßt werden. Ein Wegfall des Minderungsrechts kommt aber dann in Betracht, wenn die Mängel ausschließlich oder überwiegend auf ein *schuldhaftes Verhalten des M.* zurückzuführen sind. In diesem Zusammenhang ist insbesondere umstritten, nach welchen Kriterien die *Verantwortlichkeit für Feuchtigkeitsschäden* festzustellen ist (vgl. dazu auch den negativen RE des OLG Oldenburg vom 26. 5. 81, WM 82, 123). Teilweise wird hier die Ansicht vertreten, daß eine Wohnung trotz Feuchtigkeit immer dann mangelfrei sei, wenn das Haus dem zum Zeitpunkt seiner Errichtung geltenden technischen Standard entspreche. Ein Mangel könne nur in den Eigenschaften des Hauses selbst gesehen werden. Die Feuchtigkeit sei lediglich eine Folge dieses Zustands (Lammel WM 82, 261; Teitge ZMR 83, 397). Diese Ansicht ist deshalb abzulehnen, weil sich die Gewährleistungspflicht des V. nicht auf die Beschaffenheit des Hauses, sondern auf die Mietsache selbst bezieht. Der V. schuldet nämlich nicht ein dem jeweiligen technischen Standard entsprechendes Haus, sondern eine mangelfreie, das heißt trokkene Wohnung. Auf welche Weise der V. diese Verpflichtung erfüllt, ist grundsätzlich seine Sache. Treten in einer Wohnung Feuchtigkeitsschäden auf, so kann deshalb ohne weiteres davon ausgegangen werden, daß ein Mangel vorliegt (im Ergebnis ebenso OLG Celle WM 85, 9 = ZMR 85, 10; LG Berlin WM 82, 184 = MDR 82, 671 für undichte Fenster).

Eine andere Frage ist es, ob der Mangel dem V. oder dem M. zuzurechnen ist. Der Mieter haftet für die Feuchtigkeitsschäden nur dann, wenn er sie verursacht und verschuldet hat. Davon kann dann ausgegangen werden, wenn folgende Voraussetzungen gegeben sind:

(1) Es muß zur Überzeugung des Gerichts feststehen, daß die Feuchtigkeitsschäden auf das Wohnverhalten des Mieters zurückzuführen sind. Dazu muß der Vermieter darlegen und gegebenenfalls beweisen, daß die Mietsache frei von Baumängeln ist und daß der

Zustand der Fenster und Türen sowie der Zustand der Heizung keinen Einfluß auf die Mängel ausübt. Dieser Beweis wird in der Regel durch Sachverständigengutachten geführt. Der Sachverständige soll das Bauwerk untersuchen und darlegen, ob Wärmebrücken, Risse, defekte Schalenfugen oder ähnliche Baumängel vorhanden sind. Er kann weiter feststellen, ob das Bauwerk normgerecht erstellt ist. Entspricht die Wärmedämmung der DIN 4108, so bedeutet dies nicht ohne weiteres, daß der M. den Mangel zu vertreten hat; die Feuchtigkeit kann nämlich auch durch sonstige Baumängel bedingt sein (LG Berlin GrundE 89, 1273). Der Sachverständige kann prüfen, ob Möbel in einer Art und Weise aufgestellt sind, die sich nachteilig auf die Durchlüftung auswirken. Er kann die Fenster und Türen untersuchen und mitteilen, ob wegen der besonderen Dichtigkeit eine größere Schadensanfälligkeit vorliegt. Schließlich kann der Sachverständige darlegen, in welcher Art und Weise die Wohnung beheizt und belüftet werden muß, damit der festgestellte Schaden nicht eintritt. Hat der Vermieter bewiesen, daß die Schadensursache im Bereich des Mieters gesetzt worden ist, so muß sich der Mieter umfassend entlasten. Hierzu muß der Mieter darlegen und beweisen, wie er geheizt und gelüftet hat und daß sein Heizungs- und Lüftungsverhalten sowie die Art der Möblierung nicht schadensursächlich war. Zur Feststellung des tatsächlichen Heizungs- und Lüftungsverhaltens des Mieters kann das Gericht die Wohnung des Mieters mit anderen baugleichen Wohnungen im Haus vergleichen und ermitteln, ob nur in der Wohnung des Mieters oder auch in anderen Wohnungen Feuchtigkeitsschäden auftreten. Hat ein Mieterwechsel stattgefunden, so kann das Gericht prüfen, ob die Wohnung auch während der Nutzungszeit des Mietvorgängers feucht gewesen ist. Denkbar ist weiter ein Vergleich der Nebenkostenabrechnungen aller Wohnungen in dem Gebäude: Hat ausgerechnet die mangelbehaftete Wohnung einen besonders niedrigen Wärmeverbrauch, so kann das ein Indiz dafür sein, daß der Mieter zu wenig heizt. Hat ein Mieterwechsel stattgefunden, so können die Verbrauchswerte des Vorgängers mit den jetzigen Verbrauchswerten verglichen werden. Beim Vergleich ist allerdings Vorsicht geboten. Solange die Wohnung noch trocken ist, kann ein geringer Wärmeverbrauch ein Indiz dafür sein, daß die später aufgetretene Feuchtigkeit durch die zu schwache Beheizung verursacht worden ist. Ist die Wohnung feucht, so läßt sich aus einem dann feststellbaren hohen Wärmeverbrauch nicht herleiten, daß die Feuchtigkeit baubedingt ist, weil feuchte Räume einen höheren Wärmeverbrauch haben. Ein plötzlich ansteigender Wärmeverbrauch während der Phase der Feuchtigkeitsentwicklung zeigt aus den genannten Gründen an, daß die Feuchtigkeit durch das Wohnverhalten bedingt sein kann.

(2) Die Notwendigkeit eines anderen Wohnverhaltens muß für den Mieter erkennbar sein. Diese Feststellung kann nur getroffen werden, wenn hinreichend sichere Erkenntnisse darüber vorliegen, wie die Wohnung beheizt, belüftet und möbliert werden muß, damit keine Feuchtigkeitsschäden auftreten (OLG Celle WM 85, 9 = ZMR 85, 10). Das Gericht darf sich nicht mit Leerformeln begnügen. Wird durch den Einbau von Isolierfenstern ein geändertes Lüftungsverhalten erforderlich, so kann der Vermieter verpflichtet sein, den Mieter hierauf hinzuweisen (LG Hannover WM 85, 23; LG Göttingen WM 86, 308). Gleiches gilt, wenn der M. wegen der besonderen Schadensanfälligkeit der Wohnung keine Möbel an der Außenwand aufstellen darf (LG Berlin GrundE 89, 1273). Ausnahmsweise kann die Garantiehaftung allerdings entfallen, wenn den M. das überwiegende Verschulden trifft, etwa weil er behördliche Auflagen nicht erfüllt oder baurechtlich erforderliche Genehmigungen nicht eingeholt hat und der Schaden deshalb eingetreten ist (KG GrundE 89, 355).

(3) Dem Mieter muß ein anderes (zur Schadensverhütung erforderliches) Verhalten zuzumuten sein. Für die Zumutbarkeit gilt allgemein, daß der Mieter aufgrund seiner Obhutspflicht alles tun muß, um Schäden von der Mietsache abzuwenden. Erkennt der Mieter, daß sich in der Wohnung Schimmel bildet, so muß er dies dem Vermieter anzeigen und zunächst einmal versuchen, den Schaden durch verstärktes Heizen zu begrenzen (LG Wuppertal DWW 88, 252 betr. Feuchtigkeit nach Einbau von Thermopane-Fenstern; vgl. dazu auch AG Emden NJW-RR 89, 523). Ergibt sich, daß der Schimmel durch eine vom Vermieter zu vertretende Ursache eingetreten ist, so wird der durch das verstärkte Heizen bedingte Mehraufwand über § 547 Abs. 1 BGB ausgeglichen: Der Mehraufwand stellt sich in diesen Fällen als notwendige Verwendung auf die Mietsache dar. Auf keinen Fall darf der Mieter seine Wohnung aus Kostengründen sehenden Auges verkommen lassen. Dies gilt auch für die typische Feuchtigkeit im Neubau (verfehlt AG Bad Schwartau WM 88, 55 wonach der M. einer Neubauwohnung nicht verpflichtet sein soll, der erhöhten Neubaufeuchtigkeit durch verstärktes Heizen und Lüften zu begegnen; richtig dagegen LG Lübeck WM 88, 351 wonach der M. haftet, wenn er die Notwendigkeit eines verstärkten Heizens erkennen konnte).

Läßt sich die Ursache der Feuchtigkeitsschäden nicht mit hinreichender Sicherheit ermitteln, steht aber andererseits fest, daß die Schäden sowohl durch Maßnahmen des Vermieters als auch durch Maßnahmen des Mieters vermieden werden können, so gilt folgendes: Für den vertragsgemäßen Zustand hat grundsätzlich der Vermieter zu sorgen. Deshalb ist es grundsätzlich seine Sache, den Schaden zu beseitigen und weitere Maßnahmen zur künftigen Schadensverhütung zu treffen. Dies gilt allerdings nur, soweit die hierfür erforderlichen Aufwendungen eine bestimmte Opfergrenze nicht überschreiten. Diese Opfergrenze läßt sich nicht nach einem generellen Maßstab bestimmen, sondern hängt von den Umständen des Einzelfalls ab (BGH LM § 536 BGB Nr. 4). Deshalb ist zunächst zu fragen, welche Aufwendungen der Vermieter zur Beseitigung des Zustands hätte und was der Mieter tun müßte, um den beanstandeten Zustand zu beseitigen. Führt die aufgrund dieser Erkenntnisse vorzunehmende Abwägung zu dem Ergebnis, daß der Vermieter zur dauerhaften Verhinderung der Schimmelbildung beispielsweise eine aufwendige und kostspielige Fassadenrenovierung durchführen müßte, während der Mieter dasselbe durch einen geringen Mehraufwand an Heizkosten erreichen kann, so wird die Abwägung ergeben, daß nicht der Vermieter zur Fassadenrenovierung, sondern der Mieter zur verstärkten Beheizung verpflichtet ist. Soweit hierdurch Mehrkosten entstehen, müssen diese über § 547 Abs. 1 BGB ausgeglichen werden. S. dazu auch AG Rheine WM 88, 302; der V. einer Altbauwohnung muß seiner Instandhaltungspflicht nachkommen; der M. muß u. U. die Zahl seiner Pflanzen reduzieren und sein Aquarium abschaffen.

b) Die *Höhe der Minderung* richtet sich nach §§ 537, 472, 473 BGB. Danach gilt folgende Berechnungsformel:

$$x = \frac{a \cdot b}{c}$$

(x = geminderter Mietpreis; a = Wert der Mietsache infolge des Mangels; b = vereinbarter Mietpreis; c = ortsübliche Miete). Diese Berechnungsformel soll sicherstellen, daß auch im Falle der Minderung das ursprüngliche Verhältnis von ortsüblicher und vertraglich vereinbarter Miete gewahrt bleibt. In der Praxis findet diese Berechnungsmethode allerdings keine Anwendung; vielmehr wird dort der Minderungsbetrag aus Vereinfachungsgründen in Form eines prozentualen Abschlags von der Miete geschätzt (vgl. die Beispiele oben I 1). Die bisher vorgeschlagenen Versuche zur genaueren Berechnung der Minderungsbeträge (vgl. etwa Kamphausen WM 82, 3; Mantscheff BauR 89, 44) haben sich in der Praxis nicht durchsetzen können. Bei der gelegentlich erörterten Frage, ob die Minderungsquote aus dem Brutto- oder aus dem Nettomietzins zu berechnen sei, handelt es sich um ein Scheinproblem: Bei der Minderung geht es um eine Reduzierung des Mietpreises wegen des verringerten Werts der Mietsache; deshalb kommt es im Einzelfall darauf an, wie sich der Mangel auf den Mietgebrauch auswirkt. Nach § 537 BGB gilt, daß die Pflicht zur Zahlung des Mietzinses einschließlich der Nebenkosten völlig entfällt, wenn die Mängel den Gebrauch ganz ausschließen. Ist der Mietgebrauch teilweise möglich, so kommt nur eine Herabsetzung des Mietzinses in Betracht (LG Mannheim MDR 76, 316 = Justiz 76, 429). Wird durch den Mangel die Tauglichkeit der M.sache nur unerheblich gemindert, so kommt ein Minderungsrecht nicht in Betracht (§ 537 I S. 2 BGB). Ein solcher Bagatellmangel liegt vor, wenn der Schaden mit geringem Aufwand beseitigt werden kann, oder wenn er sich nicht oder kaum störend auf den Mietgebrauch auswirkt (OLG Düsseldorf MDR 89, 640 betr. Mängel in zahnärztlicher Praxis ohne Auswirkung auf den Praxisbetrieb). Weitere Beispiele für Bagatellmängel: defektes Tor einer Sammelgarage (AG Kassel WM 89, 171); Verkleinerung des Badewannenvolumens durch Einbau einer neuen Wanne (AG Dortmund WM 89, 172). Bei einer übermäßigen Minderung muß der M. den überschießenden Teil nachbezahlen. Eine Kündigung des V. wegen der insoweit entstandenen M.rückstände kommt grunds. nicht in Betracht (s. → Mietrückstände I 3).

c) Die Minderungsbefugnis beginnt beim Auftreten der Mg.; sie endigt bei ihrer Behebung (d.h. sobald die Tauglichkeit der M.sache wieder voll hergestellt ist). War der M.zins zum Zeitpunkt der Beendigung des Mv. gemindert, so ist auch die Höhe der Nutzungsentschädigung nach dem geminderten M.zins zu bemessen (BGH WM 90, 249 = ZMR 90, 206). Ist der M. bereits vor der Beendigung der M.zeit ausgezogen, so bleibt der M.zins dennoch bis zur Beendigung der M.zeit gemindert (s. oben 1 vor a). Ist der Mangel erst nach der Beendigung der Mietzeit eingetreten, so ist die Minderung ausgeschlossen (OLG Düsseldorf, DWW 92, 52; OLG München, ZMR 93, 466), weil der Vermieter in diesem Fall nicht mehr zur Herstellung des vertragsgemäßen Gebrauchs verpflichtet ist. Der M. kann den M.zins nur für die Zukunft mindern. Eine rückwirkende Minderung kommt grunds. nicht in Betracht, es sei denn, daß der M. den M.zins während des in Betracht kommenden Zeitraums nur unter Vorbehalt gezahlt hat (s. unten III 3). Wird ein Teil der Mietzinsforderung abgetreten, so erstreckt sich eine Minderung grundsätzlich auf jeden der durch die Abtretung entstandenen Forderungsteile nach dem Verhältnis ihrer Höhe (BGH MDR 83, 928 = ZMR 83, 347). Zur Berücksichtigung von Mg. im Merhöhungsverfahren vgl. *M.erhöhung für nicht preisgebundenen Wohnraum* I 1b.

2. Ist dem M. darüber hinaus *weiterer Schaden* entstanden, kann er auch dafür vom V. grunds. *Ersatz* verlangen (§ 538 BGB), z.B. Körper- oder Sachschäden des M. durch schadhafte Treppen, Badeeinrichtungen, Fahrstuhlanlage, Schwitzwasserbildung auf Kegelbahn (BGH LM § 537 BGB Nr. 19; dazu krit. Trenk-Hinterberger JuS 75, 501).

a) Sind schon *beim Abschluß* des Mv. erhebliche Sachmg. vorhanden oder fehlen in diesem Zeitpunkt zugesicherte Eigenschaften, haftet der V. für dadurch entstehende Schäden *ohne Rücksicht auf sein Verschulden*. Ihn trifft dafür eine Garantiehaftung. Die Vorschrift des § 538 Abs. 1 BGB verdrängt dabei die Bestimmungen über die anfängliche Unmöglichkeit (§ 306 BGB), und zwar auch dann, wenn die Mietsache dem Mieter noch nicht überlassen worden ist und wenn es sich um nicht behebbare Mängel handelt (BGH NJW 85, 1025; WM 87, 56; s. auch: Haase JZ 85, 235). Betrifft der Mv. eine erst herzustellende M.sache, tritt die Haftung des V. erst im Zeitpunkt der Überlassung ein (z. B. Bezugsfertigkeit der Neubauwohnung). Beim Abschluß des Mv. brauchen die Mg. noch nicht hervorgetreten oder erkennbar gewesen zu sein, wenn ihre Ursachen schon in diesem Zeitpunkt gegeben waren (z. B. Baumängel, die später zur Versagung der Bezugserlaubnis führen oder fehlerhaft verlegte Stromleitung, welche später durch Kurzschluß einen Brand auslöst; BGH WPM 72, 658; OLG Düsseldorf, DWW 92, 81). Der V. trägt die Gefahr für alle geheimen Mg. Der M. muß diejenigen Tatsachen beweisen, die das Vorhandensein eines anfänglichen Mangels belegen. Aus dem Umstand, daß ein Bauteil funktionsunfähig geworden ist, kann nicht gefolgert werden, daß es schon bei Vertragsschluß latent mangelhaft gewesen sei (OLG Hamburg WM 90, 71 = ZMR 90, 11). Ein Mitverschulden des M. ist unbeachtlich; aber ihn trifft die Pflicht, den Schaden so gering wie möglich zu halten (§ 254 BGB). Die Garantiehaftung besteht nicht, wenn der Mangel aus einer vom Mieter gewünschten Veränderung der Mietsache herrührt, weil der Mieter das Risiko der Vertragsänderung zu tragen hat. Man muß allerdings differenzieren: geht es um Mängel, die mit dem vom Mieter eingebauten Gegenstand zusammenhängen, so muß der Mieter das Mangelrisiko tragen. Geht es um eine mangelhafte Bauausführung, die vom Vermieter durchgeführt worden ist, damit der Mieter den Gegenstand einbauen kann, so muß der Vermieter das Mängelrisiko tragen (OLG Düsseldorf, DWW 92, 81). Die Garantiehaftung des V. für Mg.folgeschäden erstreckt sich auch auf nicht voraussehbare Schadensfälle (BGH MDR 71, 210); OLG Hamm DWW 88, 142, wonach der V. haftet, wenn ein als Warenlager vermieteter Kellerraum nicht mit einer Rückstausicherung ausgestattet ist und der Schaden infolge eines sehr starken Regenfalls eintritt, wie er statistisch nur alle 50 Jahre eintreten kann; a. A. LG Frankfurt/OLG Frankfurt WM 91, 88, wonach der V. nicht haftet, wenn zwar das Gebäude einen Fehler aufweist, der konkrete Schaden am M.objekt aber nur durch ein grob vertragswidriges, nicht vorhersehbares Verhalten eines anderen M. eingetreten ist. Die verschuldensunabhängige Haftung für anfängliche Mängel kann formularvertraglich abbedungen werden (BGH, DWW 92, 14; ZMR 93, 320; s. auch unten IV.

b) Entstehen die Mg. *zwischen Abschluß des Mv. und seiner Beendigung,* haftet der V. für dadurch entstehende Schäden zunächst dann, wenn er mit der Mängelbeseitigung in Verzug ist. Außerdem haftet der V., wenn er die dazuführenden Umstände *verschuldet* hat. Es ist in diesem Falle unbeachtlich, ob auch der M. die Mg. erkennt oder die Befürchtung hat, daß ihm bei der Benutzung der M.sache ein Schaden droht. Der V. und seine Erfüllungsgehilfen (z. B. Hausverwalter, → Hauswart) müssen die im Verkehr erforderliche Sorgfalt und die bes. *Prüfungspflichten* eines ordentlichen Hauseigentümers beachten (s. Instandhaltung II). Das gilt auch dann, wenn eine zugesicherte Eigenschaft zwischen dem Abschluß des Mv. und seiner Beendigung wegfällt. Den gewerbsmäßigen V. eines Kfz. trifft eine erhöhte Sorgfaltspflicht für die Verkehrssicherheit des Fahrzeugs, die nicht durch Geschäftsbedingungen zu Lasten des M. ausgeschlossen werden kann (BGH Betrieb 67, 118). Der M. muß die Pflichtverletzung des V. beweisen; außerdem muß der M. beweisen, daß die Pflichtverletzung für den Schaden ursächlich geworden ist (OLG Hamburg WM 90, 71 = ZMR 90, 11). Bei vorhandenen Rechtsmg. ist ein Verschulden des V. nicht erforderlich (z. B. bei unverschuldetem Irrtum des V. über das fortbestehende M.recht des bisherigen M.; BGH NJW 61, 917 = ZMR 61, 227).

c) *Behördliche Beschränkungen des Gebrauchs der M.sache* können sowohl anfängliche als auch nachträglich entstandene Mängel sein. Ein *anfänglicher Mangel* liegt dann vor, wenn die M.sache zum Zeitpunkt der Gebrauchsüberlassung mit einem Fehler behaftet und wenn deshalb mit einem behördlichen Einschreiten zu rechnen ist (AG Münster WM 81, 161). Dies ist stets dann der Fall, wenn die Beh. verpflichtet ist, die vertraglich vorgesehene Nutzungsart zu untersagen (BGH NJW 63, 804 betr. Versagung der Bezugsgenehmigung eines Neubaus wegen erheblicher Baumängel). Dagegen ist von einem *nachträglich entstandenen Mangel* auszugehen, wenn die Beh. hinsichtlich ihres Einschreitens einen Ermessensspielraum besitzt und hiervon erst nach längerer Zeit zu Lasten des M. Gebrauch macht (BGH NJW 77, 1285 betr. Untersagung des Betriebs einer Diskothek im Mischgebiet m. Anm. Krampe JZ 78, 437). Tritt der Rechtsgrund für das behördliche Einschreiten erst nach Gebrauchsüberlassung ein, so liegt immer ein nachträglicher Mangel vor.

Der V. hat einen solchen Mangel grunds. nur dann zu *vertreten,* wenn er die Verwaltungsentscheidung durch Rechtsmittel hätte erfolgreich verhindern können, dies aber nicht getan hat (BGH a. a. O.).

d) Der *Schadensersatzanspruch* des M. umfaßt seinen gesamten Schaden, den er durch die Mg. an Sachen, Vermögen, Gesundheit und Leben erleidet (BGH LM § 538 BGB, Nr. 5). Der nach § 538

Abs. 1 BGB zu erstattende Schaden ist nach der Differenzmethode „durch einen rechnerischen Vergleich der durch das schädigende Ereignis eingetretenen Vermögenslage mit derjenigen, die sich ohne dieses Ereignis ergeben hätte", zu ermitteln. Darüber hinaus sind nutzlose Anwendungen (z. B.: nutzlos aufgewendete Maklerkosten) zu erstatten, wenn eine „Rentabilitätsvermutung" ergibt, daß der Vertragspartner seine Aufwendungen durch Vorteile aus der Gegenleistung wieder erwirtschaftet hätte. Von dieser Rentabilitätsvermutung ist im allgemeinen auszugehen. Dem Vermieter steht der Nachweis des Gegenteils offen. Die Rentabilitätsvermutung ist außerdem dann widerlegt, wenn der Vermieter wirksam gekündigt hat (BGH, MDR 93, 1077). Wenn die Räume völlig unbenutzbar waren, muß der V. die Kosten für die Beschaffung von Ersatzraum oder für einen vorübergehenden Aufenthalt in einem Hotel erstatten. Für die Dauer des Mv. sind auch die Mehrkosten der Ersatzräume vom V. zu ersetzen (BGH MDR 64, 915 = ZMR 65, 188). Nach der Auffassung des OLG München (ZMR 93, 524) hat der Mieter auch einen Ersatzanspruch für nutzlos aufgewendete Urlaubszeit, wenn ein gemietetes Ferienhaus von der Beschaffenheit üblicher Ferienhäuser dergestalt abweicht, daß es zur Verbringung des Urlaubs nicht mehr geeignet ist. Nimmt der V. dem M. unberechtigt die Möglichkeit der Untervermietung, muß er für den entgangenen Untermietzins aufkommen. Zeitlich ist der Ersatzanspruch auf die Dauer des Mv. beschränkt. Steht dem V. ein Kündigungsrecht zu, so wird der Ersatz nur bis zum Ablauf der Kündigungsfrist, bei fristloser Kündigung bis zur Entstehung des Kündigungsrechts begrenzt (BGH WPM 72, 335). Verursachen die Mg. eine vorzeitige Auflösung des Mv., kann der M. auch die dadurch entstandenen Umzugskosten, Geschäftseinbußen usw. verlangen. Bei einer Körperverletzung des M. oder seiner Ehefrau (z. B. durch herabfallendes Mauerwerk) kommt auch die Zahlung einer Geldrente in Betracht. Auch für die beschädigten Sachen eines Unterm. kann der M. den Ersatz des Schadens verlangen (OLG Hamm BB 65, 1844). Zu den erstattungsfähigen Schäden können auch die Kosten eines zur Mängelfeststellung durchgeführten gerichtlichen Beweissicherungsverfahrens gehören (AG Hamburg-Harburg WM 82, 274 mit zustimmender Anmerkung Kamphausen WM 82, 274). Haftet der V., kann er sich aber auf ein Mitverschulden des M. und auf dessen Schadensminderungspflicht nach § 254 BGB berufen (BGH U. v. 4. 4. 77 AZ: 8 ZR 163/75).

Für *Personenschäden* (nicht Sach- und Vermögensschäden; bestr.) haben auch die *im Haushalt lebenden Personen* (Ehefrau, Kinder, weitere Verwandte, Hausgehilfin) einen *selbständigen* Schadensersatzanspruch gegen den V. Dieser Anspruch steht auch sonstigen Hilfspersonen auf Grund des Vertrags mit Schutzwirkung zugunsten Dritter zu, welche für oder neben dem M. den Gebrauch der M.sache ausüben (Hausgehilfen, Bedienstete bei Geschäftsräumen; BGH NJW 73, 2059). Diesen Personen gegenüber ist der V. zu bes. Schutz und erhöhter Fürsorge beim Gebrauch der M.sache verpflichtet. Bei der Geschäftsraumm. besteht diese Schutzwirkung auch zugunsten der Betriebsangehörigen (BGH NJW 73, 20, 59). Gleiches gilt für die Mitglieder eines Vereins. Bei der M. eines Kraftfahrzeugs oder einer Maschine erstreckt sich die Haftung des V. auch auf den Mitfahrer und die Bedienungsmannschaft. Diese *Schutzwirkungen zugunsten Dritter* können vertraglich beschränkt oder ausgeschlossen werden (OLG Hamm MDR 75, 930). Obwohl der Kreis derjenigen Personen, die in die Schutzwirkungen des Mv. einbezogen werden, grunds. eng begrenzt werden muß, kann auch ein selbständig Gewerbetreibender dazugehören, weil es auf die Art der Rechtsbeziehungen zwischen M. und dem Dritten nicht ankommt; für Schäden des V., die der Dritte herbeigeführt hat, kann der M. ersatzpflichtig sein, wobei zu seinen Gunsten die kurze Verjährungsfrist des § 558 BGB zu berücksichtigen ist (BGH BB 76, 1001 = MDR 77, 134 = ZMR 77, 180).

4. Neben dem Anspruch auf Minderung und Schadensersatz hat der M. das Recht, vom V. die *Beseitigung* der Mg. zu verlangen. Die Mängelbeseitigung muß so durchgeführt werden, daß keine optischen Nachteile entstehen. Ist ein Feuchtigkeitsschaden zu beseitigen, so reicht es in der Regel nicht aus, wenn lediglich die beschädigten Wandteile ausgebessert werden; vielmehr kann in solchen Fällen eine Neutapezierung des gesamten Raumes verlangt werden (AG Bad Bramstedt WM 87, 18). Dies gilt auch dann, wenn die Schönheitsreparaturen nach den Vereinbarungen im Mietvertrag an sich vom Mieter durchzuführen sind (vgl. dazu: BGH NJW-RR 87, 906). Der Erfüllungsanspruch ist nicht auf die eigentlichen Mieträume beschränkt, sondern gibt auch ein Recht zur Beseitigung von Mängeln an den gemeinschaftlich genutzten Hausteilen (Treppenhaus, Waschküche etc.). Dies gilt auch bei einer gemieteten Eigentumswohnung, obwohl dort diese Teile der M.sache nicht im Alleineigentum des V. stehen (KG RE v. 25. 6. 1990 WM 90, 376; ZMR 90, 336 = DWW 90, 232; s. Eigentumswohnung I 1). Bei Bagatellmängeln (s. II 2b) besteht der Erfüllungsanspruch nicht (LG Berlin WM 88, 301, betr. Haarrisse an der Decke einer Altbauwohnung). Der Beseitigungsanspruch ist auch dann ausgeschlossen, wenn dem Vermieter die Instandsetzung nicht zugemutet werden kann, weil der Instandsetzungsaufwand die Opfergrenze übersteigt. Dies ist der Fall, wenn die Reparatur der Mietsache gänzlich unwirtschaftlich wäre (BGH, WM 90, 546). Gleiches gilt, wenn das Mietobjekt ohne Verschulden des Vermieters zerstört worden ist (BGH, WM 92, 133).

5. Ist der V. mit der Mängelbeseitigung in Verzug, so kann der M. den Mangel selbst beseitigen und Ersatz der erforderlichen Aufwendungen verlangen (§ 538 II BGB). Das Selbstbeseitigungsrecht des M. erstreckt sich nicht nur auf Mg. der eigentlichen M.sache, sondern auch auf solche mangelhaften Teile der Sache, an denen er nur ein Mitbenutzungsrecht hat (Waschküche, Fahrstuhl, Treppenhaus, Zentralheizung). Die erforderlichen *Aufwendungen* für die Selbstbeseitigung der Mg. kann der M. vom V. *ersetzt verlangen*. Der M. darf die Handwerker zu solchen Arbeiten nur im eigenen Namen (nicht im Namen des V.) beauftragen, kann aber vom V. die Übernahme dieser Kosten verlangen (§ 257 BGB). Für entstandene Auslagen hat der V. Wertersatz in Geld zu leisten und diesen Betrag mit 4 Prozent zu verzinsen (§ 256 BGB). Eigenleistungen des M. sind ebenfalls zu ersetzen. Maßgeblich ist allerdings nicht der Unternehmerlohn, sondern der Lohn eines abhängig Tätigen, der auf ca. 18,– DM/Std. geschätzt werden kann (OLG Koblenz WM 90, 16). Anders als bei den sonstigen → Aufwendungen des M. kommt es hier nicht darauf an, ob die Beseitigung der Mg. dem Interesse und dem mutmaßlichen Willen des V. entspricht. Entsteht dem M. infolge des Verzugs des V. mit der Mg.beseitigung ein weitergehender Schaden, kann er dafür vom V. neben den Aufwendungen angemessenen Ersatz verlangen. Darüber hinaus hat der M. einen Anspruch auf Zahlung eines *angemessenen Vorschusses* zur Selbstbeseitigung der Mg. (KG RE v. 29. 2. 1988 DWW 88, 140). Nach der Mängelbeseitigung muß über den Vorschuß abgerechnet werden. Ist der V. zur Zahlung des Vorschusses verurteilt worden, so kann er die Vollstreckung durch die Mängelbeseitigung abwenden (LG Berlin GrundE 89, 151) und im Wege der Vollstreckungsgegenklage geltend machen, daß der Vorschußanspruch des M. erloschen sei. Der V. kann aber gegen den Kostenvorschuß nicht mit Gegenforderungen aufrechnen, weil dies wegen des Zwecks des Vorschußanspruchs ausgeschlossen ist (LG Kleve WM 89, 14). Übernimmt es der Mieter, einen dem Vermieter angezeigten Mangel zu beseitigen, geschieht dies aber nicht hinreichend, so muß er den verbliebenen Mangel dem Vermieter erneut anzeigen, wenn er sich seine Gewährleistungsrechte erhalten will (OLG Düsseldorf NJW-RR 87, 1232). Liegen die Voraussetzungen für den Ersatz der Aufwendungen nach § 538 II BGB nicht vor, so ist der V. zum Ersatz der Kosten für die Selbstbeseitigung nach § 547 II BGB nur dann verpflichtet, wenn es sich dabei auch um notwendige und nicht nur nützliche Verwendungen auf die Mietsache handelte (LG Mannheim BB 77, 365). Aufwendungen des Mieters zur Herstellung des vertragsgemäßen Zustands der Mietsache sind in der Regel keine notwendigen Verwendungen (LG Berlin ZMR 86, 443). Dennoch soll der M. einen Bereicherungsanspruch nach §§ 547 II,

684, 812 I, II BGB haben (LG Berlin WM 89, 15); dies ist abzulehnen, weil hierdurch die Regelung des § 538 II BGB umgangen wird.

Stets setzt das Recht des M. zur Selbstbeseitigung und sein Anspruch auf Aufwendungsersatz voraus, daß der V. vorher die Gelegenheit zur Abhilfe hatte und er sich mit der Instandsetzungspflicht in Verzug befindet. Eine Ausnahme kommt in Betracht, wenn der V. die Beseitigung der Mängel endgültig und bestimmt verweigert hat; diesen Ausnahmefall muß der M. beweisen. Gleiches gilt, wenn der Mieter ein dem Vermieter erkennbares, besonders dringendes objektives Interesse an der sofortigen Beseitigung der Mängel hat, weil nur eine sofortige Beseitigung der Mängel erhebliche Schäden vom Mieter abwenden kann (LG Hagen WM 84, 215, betreffend Beseitigung eines Feuchtigkeitsschadens in einem Ladengeschäft; AG Frankfurt WM 88, 157, betreffend funktionsunfähige Wohnungseingangstür). Der M. sollte eine Selbstbeseitigung ohne vorherige Fristsetzung allerdings nur im äußersten Notfall in Erwägung ziehen. Die Rechtsprechung hält beispielsweise eine kurze Fristsetzung auch dann für geboten, wenn die Warmwasserversorgung ausfällt (LG Itzehoe WM 88, 87) oder wenn sich nach dem ersten im Auftrag des V. durchgeführten Reparaturversuch herausstellt, daß die Reparatur erfolglos war (LG Hamburg WM 88, 87). Wird das Haus nach dem Auftreten der Mängel veräußert, so kann der Anspruch auf Zahlung des Vorschusses dann gegen den Erwerber des Grundstücks geltend gemacht werden (§ 571 BGB), wenn erst dieser mit der Beseitigung des Mangels in Verzug gekommen ist (LG Berlin ZMR 87, 19).

6. Wenn die oben erörterten bes. Vorschriften des M.rechts im Einzelfall nicht zur Anwendung kommen, kann der V. aber auch nach den *allgem. Bestimmungen* des Schuldrechts zum *Schadensersatz* verpflichtet sein.

a) Wird eine M.sache überlassen, die zum vertragsgemäßen Gebrauch überhaupt nicht geeignet ist, so erhebt sich die Frage, ob die allgemeinen Vorschriften über die anfängliche Unmöglichkeit (§§ 306, 307 BGB) durch die Sachmängelhaftung (§§ 537 ff.) verdrängt werden. Die Frage ist umstritten. Der BGH vertritt die Ansicht, daß die Vorschriften über die Sachmängelhaftung jedenfalls dann die Bestimmungen über die anfängliche Unmöglichkeit verdrängen, wenn die M.sache dem M. übergeben worden ist (BGH MDR 80, 306 = NJW 80, 777 = WM 81, 92; vgl. dazu auch Haase JR 80, 329; Evans-von Krbek NJW 80, 2792; Oehler JZ 80, 794; Littbarski Betr. 81, 409; OLG Celle OLGZ 74, 197; LG Mannheim MDR 75, 663 = ZMR 75, 244; Hassold NJW 74, 1743; NJW 75, 1863; JuS 75, 550; Schopp ZMR 82, 193).

b) Kommt der V. mit der → Überlassung der M.sache *in Verzug*, kann der M. Schadensersatz verlangen, wenn er vorher dem V. erfolglos eine Frist mit der Androhung setzte, daß er nach Fristablauf die Annahme verweigern wird.

c) Auch die Grundsätze über die Schadensersatzpflicht wegen schuldhafter Vertragsverletzung (sog. positive Vertragsverletzung) oder unerlaubter Handlung (§§ 823ff. BGB) kommen im M.recht als Haftungsgrundlage in Betracht, soweit die Sondervorschriften unanwendbar sind, soweit also die Vertragsverletzung nicht mit einem Mangel der M.sache begründet wird. (BGH NJW 80, 777). Gleiches gilt für den Anspruch aus Verschulden bei Vertragsschluß (culpa in contrahendo) denn die Vorschriften der §§ 537ff. BGB räumen dem M. einerseits eine günstigere Stellung ein; andererseits werden dadurch die Ansprüche des M. auch begrenzt. Diese Haftungsbegrenzung würde bei einem Rückgriff auf die culpa in contrahendo oder die positive Vertragsverletzung gegenstandslos (BGH a.a.O.). Unberührt bleiben aber z.B. Schadenersatzansprüche des M. nach § 823 BGB wegen Verletzung der Pflicht zur → Instandhaltung, auch wenn dahingehende Anzeige des M. unterblieb (OLG Stuttgart ZMR 73, 144; Schadensersatzpflicht aus positiver Vertragsverletzung, wenn sich der V. weigert, die M.sache im vertragsgemäßen Zustand zu übergeben [BGH NJW 78, 103 = WM 78, 86]).

7. Neben den oben (II. 1–5) erörterten Gewährleistungsansprüchen steht dem M. wegen den Mängeln an der Mietsache auch ein Zurückbehaltungsrecht zu (BGH NJW 82, 2242 = MDR 82, 836; LG Hamburg WM 81, 229; a.A.: Kubis MDR 83, 286). Das allgemein geltende Zurückbehaltungsrecht dient dem M. als Druckmittel zur Durchsetzung des Erfüllungsanspruchs und unterscheidet sich damit in seiner Zielsetzung von den mietrechtlichen Gewährleistungsansprüchen. Deshalb kann der M. das Zurückbehaltungsrecht auch neben der Minderung geltend machen. Der Umstand, daß der M. in der Regel vorleistungspflichtig ist, ändert daran nichts. Durch die in Mv. übliche Vorleistungspflicht wird lediglich ein von § 551 BGB abweichender Zahlungszeitpunkt vereinbart. Die Vorleistungspflicht besagt aber nicht, daß der M. im Verhältnis zu seinem Anspruch auf Herstellung einer mangelfreien Sache ebenfalls vorleistungspflichtig ist. Die hier bis zur 10. Auflage vertretene abweichende Ansicht wurde aufgegeben. Das Zurückbehaltungsrecht darf nur bezüglich der zukünftigen Mietzahlungen geltend gemacht werden; für zurückliegende Zahlungsabschnitte besteht dieses Recht dagegen nicht (Herschel MDR 83, 899). Im Regelfall ist davon auszugehen, daß etwa der 3- bis 5fache Betrag der ausstehenden, mangelhaften Leistung verweigert werden darf, ohne daß dies gegen § 320 Abs. 2 BGB und das darin verankerte Gebot von Treu und Glauben und damit gegen § 11 Nr. 2a AGBG verstößt (LG Hamburg WM 89, 172; LG Bonn WM 91, 262). Liegt die Minderungsquote bei

mindestens 30%, so kann der volle Mietzins zurückbehalten werden (LG Hamburg MDR 84, 494). Ein Zurückbehaltungsrecht wegen eines Mangels hindert den Eintritt des Verzugs, ohne daß das Zurückbehaltungsrecht ausdrücklich geltend gemacht werden muß (BGH, ZMR 93, 320).

III. Der M. darf sich auf die oben II erörterten Rechte nicht mehr berufen, wenn er *beim Abschluß* des Mv. von den Mg. *Kenntnis* hatte (§ 539 BGB). Das ist aber nur der Fall, wenn der M. nicht nur ganz allgemein, sondern im einzelnen die vorhandenen Sachmg. kennt oder genau über das Fehlen zugesicherter Eigenschaften unterrichtet ist. Weiß der M. z. B., daß in dem Wohnhaus ein Lärm verursachender Gewerbebetrieb untergebracht ist, so wird durch diese Kenntnis allein die Berufung auf die Gewährleistungsrechte nicht ausgeschlossen. Erforderlich ist vielmehr, daß der M. positive Kenntnis von Art und dem Umfang des Lärms hatte (AG Gelsenkirchen WM 78, 66 für den aus einer Schuhmacherwerkstatt herrührenden Lärm; AG Hamburg WM 76, 151 für Beeinträchtigungen durch einen Waschsalon). Kennt der M. aber die Mg., ist es unerheblich, ob er ihre Tragweite richtig einschätzt und die Möglichkeiten einer Abhilfe von ihm überschätzt werden (OLG Nürnberg ZMR 60, 300). Bei vorhandenen Raummg., die nur für einen Baufachmann erkennbar sind, kann keine Kenntnis des M. vorliegen (LG Essen, WM 59, 167). Wenn der V. auf die Rüge des M. oder unaufgefordert die *Beseitigung* der Mg *zugesagt* hat, ist die *Kenntnis* des M. *unbeachtlich* (h. M.). Bei mehreren M. genügt es, wenn einer von ihnen die Mg. kennt.

1. Auch wenn der M. bei geringster Sorgfalt die Mg. *vor der Überlassung* erkennen konnte und seine Unkenntnis daher auf *grober* Fahrlässigkeit beruht, verliert er die Rechte aus den §§ 537, 538 BGB (§ 539 S. 2 BGB). Deshalb ist der M. i. d. R. verpflichtet, sich *vor* dem Abschluß des Mv. über den *Zustand* der M.sache *zu vergewissern*. Unterläßt er das, wird ihm diese Nachlässigkeit i. d. R. als grobe Fahrlässigkeit anzurechnen sein. Der M. ist aber *ohne bes. Anlaß* nicht verpflichtet, die M.sache gründlich auf Mg. zu untersuchen oder untersuchen zu lassen (BGH BB 58, 575; NJW 80, 777). Hat der M. allerdings begründeten Anlaß zu der Annahme, bestimmte Mg. könnten vorliegen, ist er zur Nachprüfung verpflichtet (BGH, a. a. O.). Soll die Mietsache zu gewerblichen Zwecken verwendet werden, so kann der Mietinteressent auch verpflichtet sein zu prüfen, ob die Mietsache den gewerberechtlichen Vorschriften entspricht, die für eine Geschäftseröffnung gegeben sein müssen; diese Vorschriften muß der Mietinteressent kennen (Otto DWW 84, 16). *Zugesicherte Eigenschaften* braucht der M. aber in *keinem Fall* näher nachzuprüfen. Ausnahmsweise behält der M. seine Rechte stets dann,

wenn der V. die Fehlerfreiheit zugesichert oder den Fehler arglistig verschwiegen hat (§§ 539, 460 BGB). Weder die Kenntnis noch die fahrlässige Unkenntnis von dem Mg. berühren aber seinen Anspruch, vom V. die Beseitigung des mangelhaften Zustandes zu verlangen.

Letzteres gilt insbes. für Mg. beim Erstbezug eines *Neubaues.* Nimmt der M. gewisse Unzuträglichkeiten des Neubaues zunächst hin, so ist das i. d. R. dahin zu werten, daß er dem V. binnen angemessener Frist die Gelegenheit zur Abhilfe geben will (LG Hamburg WM 76, 205; LG Mannheim MDR 74, 756; a. A. LG Düsseldorf ZMR 58, 117). Trägt der M. darüber hinaus dem Interesse des V. Rechnung, vorhandene Mg. aus Beweisgründen zunächst bestehen zu lassen, so ist daraus nicht zu schließen, daß er sich mit diesem Zustand als vertragsgemäß abfinden wollte (LG Hamburg a. a. O.). Nach Ablauf einer angemessenen Übergangszeit kann der M. deshalb in derartigen Fällen die oben unter II erörterten Rechte ohne Rücksicht darauf geltend machen, daß er diesen Zustand beim Einzug kannte; der Verlust dieser Rechte nach § 539 BGB tritt erst dann ein, wenn der M. trotz des Ablaufes einer angemessenen Übergangszeit die ihm bekannten Mg. nicht mehr rügt und vorbehaltlos den M.zins fortzahlt (s. unten 3).

2. Nimmt der M. trotz eines *ihm bekannten* Mg. die M.sache *vorbehaltslos an,* verliert er seine Rechte selbst dann, wenn der V. den Fehler arglistig verschwiegen hat (§§ 539 S. 2, 464 BGB; BGH WPM 72, 136). Der M. gibt durch dieses Verhalten zu erkennen, daß der durch den Mg. beeinträchtigte Gebrauch der vertragsmäßige ist. Das gilt auch dann, wenn der M. wissentlich die Wohnung „wie sie ist" übernimmt (BGH LM § 539 BGB, Nr. 3; zu den entsprechenden Klauseln im Mv. s. → Formularverträge III 2b–bb_9). Gleiches gilt, wenn der M. von einem Optionsrecht trotz Kenntnis der Mängel Gebrauch macht, ohne sich bei Ausübung der Option Minderung oder Schadensersatz ausdrücklich vorzubehalten (KG GrundE 89, 941). Das verlorene Rügerecht kann zugunsten des M. dann aber wieder aufleben, wenn der V. eine einseitige Erhöhung des M.zinses durchführt, durch welche das gegenseitige Leistungsgleichgewicht beseitigt wird (BGH, MDR 65, 654). Der Rechtsverlust tritt nicht ein, wenn sich der M. in diesen Fällen *ausdrücklich* seine Rechte *vorbehält* und dieser Vorbehalt bei Annahme aufrechterhalten wird. Zweifelhaft ist, ob diese Rechtslage auch in den neuen Bundesländern gilt. Die Zweifel resultieren aus dem Umstand, daß die Mietpreise dort bis zum 3. 10. 1990 gesetzlich beschränkt waren und deshalb nicht als echte Gegenleistung für die Überlassung der Wohnung angesehen werden konnten. Durch die Möglichkeit der Mietanpassung nach der GrundmietenVO hat sich hieran noch nichts wesentliches geän-

dert. Die hier beschriebene Abhängigkeit zwischen Mangel und Mietpreis wird aus diesem Grunde erst dann bejaht werden können, wenn die Entgelte annähernd kostendeckend sind (ähnlich Pfeifer, DWW 92, 303).

3. Die Vorschrift des § 539 BGB wird von der Rspr. analog angewandt, wenn während der M.zeit Mängel auftreten und der M. den Mietzins trotz Kenntnis der Mängel vorbehaltslos weiterbezahlt. In diesem Fall soll der M. das Recht zur Minderung und den Schadensersatzanspruch verlieren (BGH ZMR 68, 255; MDR 70, 921; WPM 67, 515, 850; OLG Düsseldorf ZMR 87, 263; ZMR 87, 329; a. A. LG Hannover ZMR 79, 47 m. abl. Anmerk. Sydow). Das gilt aber nicht, wenn der M. den M.zins zunächst deshalb weiterzahlt, weil er nach den Umständen u. den Erklärungen des V. mit der baldigen Beseitigung der Mg. rechnen darf (BGH WPM 73, 146; LG Düsseldorf WM 87, 150) oder wenn er die Ausübung seiner Gewährleistungsrechte für den Fall androht, daß der V. die Mg. nicht binnen einer bestimmten Frist beseitigt (BGH WM 75, 48); eine vorbehaltlose Zahlung des M.zinses liegt auch dann nicht vor, wenn der M. den M.zins in der dem V. mitgeteilten Erwartung weiterbezahlt, seinen Schaden vom Versicherer des Verursachers der Mg. ersetzt zu bekommen (BGH WPM 73, 146). Für die Annahme eines Vorbehalts kann es bereits ausreichen, wenn der M. erklärt, daß er den Mietzins *„zunächst“* oder *„vorläufig“* um den Betrag x mindere; stellt sich später heraus, daß der Kürzungsbetrag höher ist, kann der M. den überzahlten Betrag zurückfordern (OLG Düsseldorf MDR 90, 930 = DWW 90, 364). Einen Vorbehalt bei der Zahlung des M.zinses darf der M. nur in Höhe der ihm möglicherweise zustehenden Gegenforderungen machen, sonst kann der V. auf Wegfall des Vorbehalts klagen (LG Hannover MDR 66, 511). Ob der M. infolge der rügelosen Fortzahlung des M.zinses auf seine Gewährleistungsrechte ganz oder teilweise verzichtet, muß nach den Umständen des Einzelfalles beurteilt werden (BGH MDR 75, 134 = NJW 75, 44). So kann eine vorbehaltlose Fortzahlung bei einer Reparaturzusage des V. dann als Verzicht gewertet werden, wenn das Verlangen der Mg.beseitigung nicht ernsthaft und nachdrücklich gestellt worden ist, oder der M. tatenlos übermäßig lange auf die Beseitigung der Mg. gewartet hat (BGH MDR 76, 571; LG Köln WM 88, 15; LG Paderborn MDR 89, 455: ca ½Jahr genügt). Diese Grundsätze gelten auch für das Recht des M., Aufwendungsersatz nach § 538 II BGB zu verlangen (BGH ZMR 76, 138). Der Verlust der Rechte aus §§ 537, 538 BGB läßt einen etwaigen Anspruch des M. auf Ersatz seiner Aufwendungen für die M.sache (s. Verwendungen) unberührt (BGH ZMR 76, 136). Zur Erheblichkeit eines Vorbehalts beim Abbuchungsverfahren vgl. LG Köln WM 77, 5. Die verlorenen Gewährleistungsrechte können

wiederaufleben, wenn der Vermieter eine Mieterhöhung vornimmt, durch welche das gegenseitige Leistungsgleichgewicht beseitigt wird (AG Köln WM 84, 198).

4. Bei *Rechtsmängeln* ist die Unkenntnis des M. ohne Bedeutung, gleichgültig, ob den M. dafür ein Verschulden trifft. Nur die positive Kenntnis des M. vom Rechtsmg. schließt seine Gewährleistungsansprüche aus (§ 541 BGB). Für solche Mg., die erst nach Überlassung der M.sache entstehen, hat der V. nur dann einzustehen, wenn er sie zu vertreten hat (BGH ZMR 75, 144).

IV. Für die *Wohnraummiete* ist in § 537 Abs. 3 BGB bestimmt, daß das Minderungsrecht weder ausgeschlossen noch eingeschränkt werden darf; dies gilt auch für Individualverträge. Die übrigen Gewährleistungsrechte können durch Individualvertrag ausgeschlossen oder abweichend vom Gesetz geregelt werden. Bei Formularvereinbarungen gelten allerdings eine Reihe von Beschränkungen (vgl. LG Frankfurt WM 84, 214, wonach der Anspruch des Mieters auf Selbstbeseitigung von Mängeln und Kostenersatz nicht formularmäßig ausgeschlossen werden kann; OLG Stuttgart RE vom 11. 4. 1984 WM 84, 187, wonach die Haftung des Vermieters für Schäden durch Feuchtigkeitseinwirkung grundsätzlich ausgeschlossen werden kann; BayObLG RE vom 17. 12. 1984 WM 85, 49, wonach in einem Wohnraum-Formularmietvertrag der Ausschluß von Schadenersatzansprüchen wegen Mängeln der Mietsache unwirksam ist, wenn der Gewährleistungsausschluß auch grobe Fahrlässigkeit und Vorsatz des Vermieters und seiner Erfüllungsgehilfen umfaßt; OLG Hamburg WM 90, 71 = ZMR 90, 11, wonach ein allgemeiner Haftungsausschluß nicht die Garantiehaftung für anfängliche Mängel [s. oben II 2a] umfaßt; LG Mannheim ZMR 90, 220, wonach die Haftung des V. für einfache Fahrlässigkeit sowie die Garantiehaftung für anfängliche Mängel formularmäßig ausgeschlossen werden kann; a.A. Sternel II 689). Bei der *Geschäftsraummiete* kann das Minderungsrecht sowohl individualvertraglich als auch formularvertraglich ausgeschlossen werden (OLG Hamburg MDR 81, 934; OLG Hamm Betriebsberater 80, 441; OLG München ZMR 87, 16; OLG Düsseldorf DWW 90, 85; a.A. OLG Düsseldorf, WM 85, 58). Im kaufmännischen Verkehr kann auch vereinbart werden, daß der Mieter alle Gewährleistungsrechte im Wege der Klage geltend machen muß (BGH, ZMR 93, 320). Wird durch einen Formularmv. über gewerbliche Räume in einem noch nicht fertiggestellten Neubau die Minderung für Mängel ausgeschlossen, die im Zeitpunkt der Überlassung der Räume vorhanden sind, so ist diese Vereinbarung einschränkend dahingehend auszulegen, daß hiervon nur die bei Vertragsschluß bereits fertiggestellten Räumlichkeiten erfaßt werden (OLG Düsseldorf MDR 82, 850).

V. Für zwei bes. schwerwiegende Pflichtverletzungen des V. gibt das Ges. dem M. das Recht zur *fristlosen →Kündigung* des Mv. Er ist dazu berechtigt, wenn der V. dem M. den *Gebrauch* der M.sache *nicht überläßt,* wieder *entzieht* oder aber *gesundheitsgefährdende* Mg. vorliegen (§§ 542, 544 BGB). Für die Kündigung wird sich der M. an Stelle seines Rechts, vom V. die Beseitigung der Fehler zu verlangen, nur dann entscheiden, wenn sein Interesse an der M.sache durch das Verhalten des V. oder den Umfang der Mg. entfallen ist.

1. Wird dem M. der vertragsmäßige Gebrauch der M.sache nicht rechtzeitig gewährt oder wieder entzogen, kann er den Mv. fristlos kündigen, wenn der V. eine angemessene Abhilfefrist erfolglos verstreichen läßt (§ 542 BGB).

a) Der V. muß die M.sache zum vereinbarten Vertragsbeginn und im vertragsmäßigen Zustande überlassen. Ist der V. säumig oder kommt er der Überlassungspflicht überhaupt nicht nach, berechtigt bereits dieser Umstand den M. zur Kündigung, wobei die *Gründe* für das Verhalten des V. oder sein *Verschulden unerheblich* sind. Gleiches gilt, wenn dem M. nach der Überlassung der vertragsmäßige Gebrauch der Sache ganz oder teilweise wieder entzogen wird (z. B. durch nicht beseitigte Sachmängel oder das Fehlen zugesicherter Eigenschaften oder durch behördl. Verbot; RGZ 88, 96). Ein teilweiser Entzug des vertragsgemäßen Gebrauchs liegt dabei auch dann vor, wenn der Vermieter tatenlos zusieht, wie einer der Mieter ständig ruhestörenden Lärm verursacht oder wenn im Haus von einem anderen Mieter ein bordellartiger Betrieb unterhalten wird (AG Hamburg-Wandsbek WM 84, 280). Allerdings ist das Kündigungsrecht dadurch eingeschränkt, daß die Vorenthaltung oder Gebrauchsbehinderung *erheblich* sein muß (vgl. LG Hamburg WM 86, 313, betreffend Lärm durch Großbaustelle in der Nachbarschaft; LG Freiburg WM 86, 246, betreffend Kakerlakenbefall). Die Vorenthaltung eines kleinen Kellers, Bodens oder des Trockenraums und kurzfristige Behinderungen bei der Benutzung des Fahrstuhls oder Treppenhauses sind für die Kündigung nicht ausreichend (möglicherweise aber für die Minderung, s. oben II, 1). Es entscheiden die bes. Umstände des Einzelfalles. Aber auch eine nur unerhebliche Vorenthaltung oder Entziehung des Gebrauchs ist dann für die Kündigung des M. ausreichend, wenn sie durch ein bes. Interesse des M. gerechtfertigt ist (z. B. Fehlen oder Wegfall zugesicherter Eigenschaften; objektiv nicht erhebliche Geräuschbeeinträchtigungen eines Geistesarbeiters, der sich absolute Ruhe ausbedungen hat). Die grunds. erforderliche Erheblichkeit der Behinderung des M.gebrauchs bezweckt, dem unlauteren Mißbrauch des Kündigungsrechts entgegenzuwirken. Durch § 542 BGB wird nur der vertragsgemäße aber nicht der vertragswidrige Gebrauch geschützt.

b) Vor der Kündigung muß der M. dem V. ohne Erfolg eine angemessene *Frist zur Beseitigung* der Mg. gesetzt haben. Der M. muß angeben, welche Abhilfe er verlangt und die dafür bestimmte Frist so bemessen, daß binnen dieser Zeit normalerweise die gewünschte Änderung erfolgen kann. Eine unangemessen kurze Frist wirkt zu einem späteren, angemessenen Zeitpunkt (LG Frankfurt WM 87, 55). Zu einem Hinweis auf seine Kündigungsabsicht ist der M. bei der Fristsetzung nicht verpflichtet. Welche Maßnahmen der V. zur Beseitigung der Mg. zu ergreifen hat, darf ihm der M. nicht vorschreiben, höchstens vorschlagen. Ausnahmsweise kann eine Fristsetzung dann unterbleiben, wenn die Umstände, die seine Kündigung rechtfertigen, sein Interesse an einer Erfüllung des Vertrags beseitigt haben (z. B. ernsthafte und endgültige Weigerung des V. zur Abhilfe – BGH WPM 75, 1229 –, Unmöglichkeit der Beseitigung, langwierige Instandsetzungen).

c) Unterbleibt die Abhilfe binnen der gesetzten Frist, kann der M. die fristlose → Kündigung aussprechen. Auf das Kündigungsrecht bleibt es ohne Einfluß, wenn der V. anstelle der mangelbehafteten eine mangelfreie Sache anbietet. Zu einem Austausch des Leistungsgegenstands ist der V. nämlich gegen den Willen des M. nicht berechtigt (BGH MDR 82, 483). Es ist unerheblich, ob den V. oder seine Hilfspersonen (Hausmeister, Architekt, Handwerker) an der unterbliebenen Abhilfe ein Verschulden trifft. Statt einer sofortigen Kündigung kann der M. die Kündigung auch zu einem baldigen Termin aussprechen, um sich in der Zwischenzeit einen Ersatz zu beschaffen (RGZ 82, 363). Ob der M. überhaupt kündigen will, muß er aber kurzfristig nach Fristablauf entscheiden, sonst verliert er sein Kündigungsrecht. Unabhängig von der Kündigung darf der M. wegen den Mg. auch den M.zins mindern (s. oben II, 1) und Schadensersatz verlangen (s. oben II, 2; Kündigung VI). Der V. hat sowohl den Schaden zu ersetzen, der bis zur Kündigung bereits eingetreten ist, als auch für den durch die Kündigung verursachten Schaden einzustehen (z. B. Umzugskosten, höhere Miete für die Ersatzräume; RGZ 64, 381; 76, 367). Wird ohne Fristsetzung gekündigt, obwohl die Voraussetzungen hierfür nicht vorliegen (s. oben b am Ende), so ist die Kündigung wirkungslos. Der V. kann sich ohne weiteres auf den formalen Mangel berufen; er ist insbesondere nicht verpflichtet, den M. auf das Erfordernis zur Fristsetzung hinzuweisen (BGH NJW 88, 204).

d) Kommt es zu einem gerichtlichen Verfahren über die Berechtigung der Kündigung, in welchem der V. ihre Zulässigkeit mit der Behauptung bestreitet, daß er den Gebrauch der M.sache rechtzeitig gewährt oder vor Fristablauf die Abhilfe bewirkt habe, muß er das *beweisen* (§ 542 III BGB). Hat der Mieter die ihm zum Gebrauch überlassene Sache als Erfüllung entgegengenommen, muß er beweisen, daß sie von Anfang an mit einem Mangel behaftet war oder daß ein solcher Fehler im Laufe der Mietzeit aufgetreten ist, wenn er deshalb den Mietvertrag kündigt und die Zahlung des Mietzinses verweigert (BGH MDR 86, 49). Außerdem muß der Mieter beweisen, daß die sonstigen Voraussetzungen einer wirksamen Kündigung vorliegen. Die Kenntnis oder grob fahrlässige Unkenntnis der Mg. schließt das Kündigungsrecht des M. aus (§ 543 BGB; s. oben III; BGH MDR 75, 134 = NJW 75, 44).

2. Sind *Wohn- oder Geschäftsräume,* die nicht nur zum gelegentlichen Aufenthalt von Menschen dienen, so beschaffen, daß ihre Benutzung mit einer erheblichen *Gefährdung der Gesundheit* verbunden ist, kann der M. den Mv. fristlos kündigen (§ 544 BGB). Nicht ausreichend ist, wenn nur der angegriffene Gesundheitszustand des M. oder seiner Angehörigen oder deren bes. empfindliche Konstitution diese Gefahr begründen. Vielmehr muß eine dauernde, allgemeine Gefährdung von der Beschaffenheit der Räume ausgehen, deren Ursache unerheblich ist (z. B. Feuchtigkeit im Mauerwerk, unzureichende Beheizbarkeit, Gerüche und Gase aus darunterliegenden Gewerberäumen; LG Mannheim WM 69, 41; AG Gelsenkirchen-Buer WM 78, 27; Kellerasseln in der Wohnung, LG Saarbrücken WM 91, 91). Diese Mg. brauchen noch keine Gesundheitsschädigung herbeigeführt zu haben, sondern die Schädigung nur mit einem hohen Grad an Wahrscheinlichkeit erwarten lassen. Eine *Abhilfefrist* (s. oben V, 1 b) braucht der Kündigung des M. *nicht* vorauszugehen (h. M.). Im übrigen gelten die oben unter V, 1 c für die Kündigung erörterten Voraussetzungen. Der M. ist beweispflichtig dafür, daß die tatsächlichen Voraussetzungen des § 544 BGB vorliegen. Der Beweis kann i. d. R. nur durch ein medizinisches Sachverständigengutachten geführt werden (LG Mannheim WM 88, 360). Es ist deshalb empfehlenswert, wenn der M. den Zustand der Wohnung vor Ausspruch der Kündigung durch ein Beweissicherungsverfahren feststellen läßt (s. → Beweissicherung).

Das gelegentliche Auftreten von Ungeziefer in der Wohnung des M. rechtfertigt dessen Kündigung dann nicht, wenn der V. unverzüglich eine sachgerechte Schädlingsbekämpfung einleitet (LG Mannheim DWW 76, 236). Anders ist es, wenn das Ungeziefer gehäuft auftritt und der V. keine Bereitschaft zur Abhilfe zeigt (LG Saarbrücken a. a. O.).

3. Das Kündigungsrecht des M. nach § 542 BGB (s. oben V, 1) kann grunds. durch Vertrag *ausgeschlossen* oder *eingeschränkt* werden. Lediglich für *Wohnräume verbietet* das Ges. (§ 543 BGB) eine solche Vereinbarung zu Lasten des M. Für die *gesundheitsgefährdenden* Räume ist dagegen die Vereinbarung eines Kündigungsausschlusses

schlechthin *unwirksam,* auch wenn der M. die Mg. kennt. Das Kündigungsrecht besteht selbst dann, wenn der M. den konkreten Wohnungszustand selbst verschuldet hat; die in der Vorauflage vertretene abweichende Ansicht wird aufgegeben. Zahlt der M. den M.zins rügelos weiter, obwohl ihm der Mangel beim Vertragsschluß bekannt oder infolge grober Fahrlässigkeit unbekannt war, so kann darin nach den jeweiligen Umständen des Einzelfalles ein Verzicht auf das Kündigungsrecht nach § 542 BGB liegen (§§ 539, 543 BGB; BGH MDR 75, 134).

VI. Zur abweichenden Beurteilung der Verpflichtungen von V. und M. bei völliger oder teilweiser *Zerstörung der M.sache* vgl. Instandhaltung und Instandsetzung V.

Mietanpassungsvereinbarung. Seit dem 1. 9. 1993 kann in einem Wohnraummietvertrag vereinbart werden, „daß die weitere Entwicklung des Mietzinses durch den Preis von anderen Gütern oder Leistungen bestimmt werden soll". Diese Form der Wertsicherung nennt das Gesetz „Mietanpassungsvereinbarung" (§ 10a Abs. 1 S. 1 MHG).

I. Inhaltliche Anforderungen

1. Genehmigungsbedürftige Wertsicherungsklausel. Die Mietanpassungsvereinbarung nach § 10a MHG kann nur in Form einer echten Gleitklausel vereinbart werden. Man versteht hierunter eine Vereinbarung, wonach sich die Höhe des Mietzinses mit der Änderung einer bestimmten, von den Parteien gewählten Bezugsgröße verändern soll; die Veränderung muß dergestalt erfolgen, daß den Parteien kein Verhandlungsspielraum für die Festsetzung der Mietzinshöhe verbleibt („volle Automatik"; BGH, ZMR 69, 141). Haben die Parteien dagegen einen Verhandlungsspielraum, so spricht man von einem Leistungsvorbehalt (BGH a. a. O.); eine so formulierte Klausel ist unwirksam. Gleiches gilt für eine Spannungsklausel; eine solche Klausel liegt vor, wenn die Bezugsgröße mit dem Mietzins gleichartig, zumindest aber vergleichbar ist (BGHZ 14, 306). Ein solcher Fall läge etwa vor, wenn vereinbart ist, daß jeweils derjenige Mietzins geschuldet wird, der sich aus einer bestimmten Rubrik eines Mietspiegels ergibt.

2. Die Genehmigungsgrundsätze der Deutschen Bundesbank

Nach § 10a Abs. 1 Satz 1 MHG bedarf die Vereinbarung der Schriftform. Weitere Anforderungen an den Inhalt einer zulässigen Mietanpassungsvereinbarung ergeben sich aus § 10a Abs. 1 Satz 2 MHG. Dort ist geregelt, daß die Vereinbarung nur wirksam ist, „wenn eine Genehmigung nach § 3 des Währungsgesetzes oder entsprechenden währungsrechtlichen Vorschriften erteilt wird". Nach den Genehmigungsrichtlinien der Deutschen Bundesbank v. 9. 6.

1978 wird die Genehmigung nur erteilt, (1) wenn der Vertrag für die Lebenszeit des Vermieters oder des Mieters geschlossen wird oder wenn das Recht zur Vertragsbeendigung durch den Vermieter für mindestens 10 Jahre – gerechnet vom Vertragsbeginn – ausgeschlossen ist. Dies ist der Fall bei einem befristeten Vertrag mit einer Laufzeit von mindestens 10 Jahren, bei einem auf mindestens 10 Jahre vereinbarten Ausschluß der ordentlichen Kündigung durch den Vermieter oder bei einer Optionsregelung, die den Mieter in die Lage versetzt, die Vertragsdauer auf mindestens zehn Jahre zu verlängern. (2) wenn die Anpassungsklausel zugunsten beider Vertragspartner wirken kann. Die Klausel muß also so gefaßt werden, daß sich der Mietzins bei einem Anstieg der Bezugsgröße erhöht und bei einem Abstieg der Bezugsgröße vermindert. Außerdem muß sichergestellt sein, daß sich beide Vertragspartner auf die Veränderung berufen können. Durch die Vereinbarung mehrerer Anpassungsklauseln mit unterschiedlicher Bezugsgröße oder einer Staffelmiete und einer Mietanpassungsvereinbarung mit der Absprache, daß der Vermieter nach seiner Wahl von dem einen oder dem anderen Erhöhungsrecht Gebrauch machen kann, wird die Wechselwirkung ausgehebelt; eine solche Klausel kann nicht genehmigt werden. Wirksam ist es allerdings, wenn eine Staffelmiete für den Fall der Nichtgenehmigung der Mietanpassungsklausel vereinbart wird. (3) wenn die Kopplung zwischen Mietpreis und Bezugsgröße dergestalt erfolgt, daß überproportionale Veränderungen ausgeschlossen sind. Unwirksam ist beispielsweise eine Klausel, wonach die Veränderung eines Lebenshaltungskostenindex um 10 Punkte zur Folge haben soll, daß sich der Mietzins um 10% erhöht oder ermäßigt. In diesem Fall hätte eine Erhöhung des betreffenden Index von 120 auf 130 Punkte (= 8,33%) eine Mieterhöhung von 10% zur Folge; eine solche Gleichsetzung der Indexpunkte mit dem Prozentsatz der Änderung des Mietzinses wird nicht genehmigt. (4) wenn die Bezugsgröße hinreichend bestimmt ist und keinen währungsrechtlichen Bedenken unterliegt. Eine Bezugsgröße „Kaufkraft der Deutschen Mark" ist nicht hinreichend bestimmt. Gleiches gilt für Formulierungen wie „die allgemeinen wirtschaftlichen Verhältnisse", „die Wirtschaftslage", „das allgemeine Preisgefüge". Es muß stets eine konkrete berechnungsfähige Größe ausgewählt werden (Dürkes, Wertsicherungsklauseln, 9. Aufl. Rdn. C 84f. Nicht genehmigungsfähig – weil währungsrechtlich bedenklich – ist die Koppelung an den künftigen Goldpreis, den künftigen Kurs einer anderen Währung, den Baukostenindex oder die künftigen Grundstückspreise. Die Kopplung an einen Preisindex für die Lebenshaltung ist genehmigungsfähig. Die Kopplung an die künftige Einzel- oder Durchschnittsentwicklung von Löhnen, Gehältern, Ruhegehältern oder Renten ist nur genehmigungsfähig, wenn der Mietvertrag für die Lebensdauer des Vermieters geschlossen wird, also Versorgungscharakter hat. Es kann davon ausgegangen werden, daß diese Genehmigungsgrundsätze weiterhin praktiziert werden. In der Begründung der Beschlußempfehlung des Rechtsausschusses (BT-Drucks 12/5110 S. 17) wird in diesem Zusammenhang ausdrücklich ausgeführt, daß kein Änderungsbedarf bestehe. Damit kann zunächst festgestellt werden, daß für die wohnungswirtschaftliche Praxis nur zwei Bezugsgrößen in Betracht kommen, nämlich der Lebenshaltungskostenindex und ein einkommensorientierter Index (falls der Vertrag auf Lebenszeit des Vermieters abgeschlossen wird).

3. Das Genehmigungsverfahren. Zuständig für die Erteilung der Genehmigung sind die jeweiligen Landeszentralbanken, die für die Deutsche Bundesbank tätig werden. Den Antrag kann jede Vertragspartei, also auch der Mieter, stellen. Grundsätzlich muß jeder einzelne Mietvertrag zur Genehmigung vorgelegt werden. Sammelgenehmigungen sind möglich, „in Fällen, in denen ein Antragsteller mit verschiedenen Partnern eine größere Anzahl von Verträgen gleicher Art abschließt, die dieselbe Wertsicherungsklausel enthalten." (Schreiben der Landeszentralbank Baden-Württemberg vom 4. 6. 1965 Nr. 11/2532/65, zit. nach Dürkes, a. a. O. Rdn. B 74). Bei formeller Ablehnung der Genehmigung steht jeder Partei der Weg zu den Verwaltungsgerichten offen. Eine erteilte Genehmigung kann nicht mit der Verwaltungsklage angegriffen werden; dies folgt aus der Erwägung, daß keine Partei in ihren Rechten verletzt sein kann, wenn eine Vereinbarung genehmigt wird, an der die Partei selbst mitgewirkt hat. Eine erteilte Genehmigung ist auch für die Zivilgerichte bindend (BGH, BB 79, 80). Dies gilt allerdings nur für die Frage, ob die Genehmigung zu Recht erteilt worden ist. Die Überprüfung der Mietzinshöhe unter dem Blickwinkel des § 5 WiStG ist dagegen Sache der Zivilgerichte, wenn der Mieter eine entsprechende Einrede erhebt.

II. Wirkungsweise einer genehmigten Klausel

1. Während des Mietverhältnisses. Die Mietanpassung setzt voraus, daß die vereinbarte Veränderung der Bezugsgröße eingetreten ist und daß der Mietzins von Erhöhungen nach den §§ 3 und 4 abgesehen, jeweils mindestens ein Jahr unverändert war. Die Jahresfrist beginnt mit dem Mietbeginn oder mit dem Zeitpunkt, zu dem die letzte Mieterhöhung eingetreten ist. Die Frist muß im Zeitpunkt des Zugangs der Erhöhungserklärung abgelaufen sein. Eine vorzeitige Erhöhungserklärung zum Ablauf der Frist ist unwirksam; die vom BGH für die in § 2 Abs. 1 Satz 1 Nr. 1 MHG geregelte Jahresfrist dargelegten Grundsätze gelten auch hier.

Die Mieterhöhung tritt nicht automatisch ein, sondern muß durch schriftliche Erklärung geltend gemacht werden (§ 10a Abs. 3 Satz 1 MHG. Es handelt sich nicht um eine Fälligkeitsregelung, sondern um eine Anspruchsvoraussetzung. Der Gesetzgeber hat diese Lösung in Abkehr von den bei der Gewerbemiete üblichen Klauseln mit Rücksicht auf den weniger geschäftserfahrenen Wohnraummieter bewußt gewählt (BT-Drucks 12/3254 S. 15); diesem soll die Kontrolle der Indexentwicklung erspart bleiben.

Die Vorschrift des § 8 MHG, wonach die eigenhändige Unterschrift entbehrlich ist, wenn der Vermieter die Erklärung mit Hilfe automatischer Einrichtungen gefertigt hat, gilt nicht unmittelbar; einer analogen Anwendung des § 8 MHG dürfte allerdings nichts entgegenstehen, weil dessen Zweck auch für die Erklärung nach § 10a Abs. 3 MHG gilt. Die unterlassene Anpassung des § 8 MHG beruht vermutlich auf einem Versehen des Gesetzgebers.

Die Erklärung muß „die Änderung der nach der Mietanpassungsvereinbarung maßgebenden Preise" nennen. Dies erfordert die Mitteilung des Ausgangswertes (z. B. Indexpunktzahl zum Mietbeginn/zum Zeitpunkt der letzten Anpassung) und der aktuellen Indexpunktzahl. Zu irgendeiner Form der „Beweisführung" – etwa durch Vorlage von Index-Veröffentlichungen – ist der Vermieter nicht verpflichtet. Der Ablauf der Jahresfrist muß in der Erklärung ebenfalls nicht mitgeteilt werden.

Ist dem Mieter eine wirksame Erhöhungserklärung zugegangen, so ist die geänderte Miete vom Beginn des auf die Erklärung folgenden übernächsten Monats an zu zahlen. Eine rückwirkende Erhöhung ist damit ausgeschlossen. Die Vereinbarung eines kürzeren Fälligkeitstermins ist unwirksam; die Vereinbarung eines längeren Termins ist möglich.

Eine Mieterhöhung nach § 2 oder § 5 MHG ist ausgeschlossen. Nach § 3 MHG kann die Miete nur erhöht werden, wenn bauliche Maßnahmen auf Grund von Umständen durchgeführt worden sind, die der Vermieter nicht zu vertreten hat; im Gesetzentwurf sind beispielhaft die vom Gesetz oder den Behörden vorgeschriebenen Maßnahmen zur Energieeinsparung oder zur CO_2-Reduktion genannt (BT-Drucks a. a. O.). Hierin unterscheidet sich die Mietanpassungsvereinbarung von der Staffelmiete: dort sind alle Erhöhungen nach § 3 MHG ausgeschlossen. Mieterhöhungen nach § 4 MHG (Betriebskostenerhöhungen) sind möglich. Gleiches gilt für alle freiwillig getroffenen Mieterhöhungsvereinbarungen nach § 10 Abs. 1 MHG; insoweit wird die Vertragsfreiheit nicht eingeschränkt.

2. Nach Beendigung des Mietverhältnisses. Mit der Beendigung des Mietverhältnisses wird die Mietanpassungsvereinbarung hinfällig. Wird die Wohnung nach Beendigung des Mietverhältnisses nicht zurückgegeben, so ist zu unterscheiden: Ist der Vermieter damit einverstanden, daß der Mieter die Sache weiter im Besitz behält, so ist keine Vorenthaltung i. S. von § 557 BGB gegeben. Der Mieter schuldet dann eine Nutzungsentschädigung nach Bereicherungsgrundsätzen, die dem objektiven Mietwert entspricht; das ist i. d. R. derjenige Betrag, der zum Zeitpunkt der Beendigung des Mietverhältnisses geschuldet worden ist. Auf eine Änderung der Bezugsgröße nach Beendigung des Mietverhältnisses können sich die Parteien in diesem Fall nicht berufen (BGH, WPM 73, 383, 386). Im Falle der Vorenthaltung gilt etwas anderes, weil der Vermieter durch die vertragswidrige Vorenthaltung nicht schlechter gestellt werden darf, als es bei Fortsetzung des Vertrags der Fall wäre.

Wird ein Mietverhältnis gekündigt und einigen sich die Parteien vor Ablauf der Kündigungsfrist – so z. B., wenn der Vermieter wegen einer Vertragsverletzung nach §§ 553–554a BGB kündigt, dabei aber eine Frist einhält um dem Mieter Gelegenheit zum Auszug zu geben – auf eine Vertragsfortsetzung, so liegt hierin ein Vertrag über die Aufhebung der Kündigungswirkungen. Das Mietverhältnis besteht unverändert fort; die erneute Genehmigung der Mietanpassungsvereinbarung ist nicht erforderlich (BGH, BB 74, 578). Nichts anderes kann gelten, wenn sich die Parteien nach Eintritt der Kündigungswirkung darüber einigen, daß das ursprüngliche Mietverhältnis weiter bestehen soll, weil die Kündigungswirkungen durch Vertrag auch rückwirkend wieder beseitigt werden können. Bei einer Fortsetzung des Mietverhältnisses nach § 568 BGB wird dagegen der ursprünglich befristete Vertrag auf unbestimmte Zeit fortgesetzt. Damit entfällt die Mietanpassungsvereinbarung. Der Mieter schuldet den zuletzt gezahlten Mietzins. Eine Änderung der Bezugsgröße nach dem Zeitpunkt der Fortsetzung ist unbeachtlich. Etwas anderes wird gelten, wenn der Vermieter wegen einer Vertragsverletzung des Mieters gekündigt hat: hier darf der Vermieter nicht schlechter gestellt werden als es bei vertragsgerechtem Verhalten des Mieters der Fall wäre. Umgekehrt gilt dasselbe, wenn der Mieter zur Kündigung berechtigt war und die Anwendung der Mietanpassungsvereinbarung für ihn günstiger ist als die Mieterhöhung nach §§ 2ff. MHG.

III. Schwebend unwirksame Klauseln

Bis zur Genehmigung ist die Mietanpassungsvereinbarung schwebend unwirksam (BGH BB 79, 860; WPM 67, 257). Wird die Genehmigung in der Folgezeit erteilt, so wirkt sie auf den Tag des Vertragsschlusses zurück (BGH, BB 59, 868). Dies hat unter anderem zur Folge, daß der Vermieter bereits während der Zeit der schwebenden Unwirksamkeit eine Erhöhungserklärung nach § 10a Abs. 3 Satz 1 MHG abgeben kann. Der Mieter schuldet dann den erhöhten Mietzins rückwirkend. Unter Umständen kann die Genehmigung auch dann noch beantragt werden, wenn das Mietverhältnis bereits durch fristlose Kündigung beendet worden ist; dem steht nicht entgegen, daß das Mietverhältnis in diesem Fall noch keine 10 Jahre betragen hat (BGH, BB 79, 860). Ein Rechtsschutzbedürfnis für eine Genehmigung wird in Fällen dieser Art allerdings nur bestehen, wenn eine der Parteien von der Rückwirkung der Genehmigung einen Vorteil hätte.

IV. Nichtgenehmigungsfähige Vereinbarungen

Ist die Mietanpassungsvereinbarung nicht genehmigungsfähig, so sind die Parteien grundsätzlich verpflichtet, in eine Änderung der Vereinbarung einzuwilligen (BGH, BB 66, 559; WPM 70, 353; BB 73, 998; WPM 80, 539, 595). Dies gilt jedenfalls dann, wenn das Genehmigungshindernis von formaler Natur ist. Hiervon wird etwa dann auszugehen sein, wenn die Parteien eine Klausel gewählt haben, die nur eine Anhebung, nicht aber eine Absenkung des Mietzinses vorsieht oder wenn sich bei einer Veränderung der Bezugsgröße eine überproportionale Veränderung ergibt. Etwas anderes kann gelten, wenn durch die notwendige Änderung das Verhältnis von Leistung und Gegenleistung wesentlich tangiert würde und der hiervon benachteiligten Partei nicht zugemutet werden kann, daß sie in die Vertragsänderung einwilligt (BGH, WPM 67, 257). Bei einer vertraglichen Anpassung der Klausel ist anzunehmen, daß die Parteien einander so stellen wollen, als ob die neue Klausel von Anfang an wirksam geworden wäre.

V. Nichtgenehmigte Klauseln/Wirksamkeit des Mietvertrags?

Wird die Genehmigung endgültig versagt, so ist die Mietanpassungsvereinbarung unwirksam. In diesem Fall stellt sich die Frage, ob hierdurch die Wirksamkeit des übrigen Mietvertrags berührt wird. Dies hängt nach § 139 BGB davon ab, ob die Parteien den Mietvertrag auch ohne die Mietanpassungsvereinbarung geschlossen hätten (BGH, WPM 67, 257). Maßgeblich ist der Wille der Vertragsparteien, der sich aus dem Vertrag oder den Begleitumständen ergeben kann (BGH, BB 59, 1006). Beweispflichtig für die Gesamtnichtigkeit ist diejenige Partei, die diese Rechtsfolge geltend macht. Haben die Parteien etwa vereinbart, daß für den Fall der Nichtgenehmigung der Mietanpassungsvereinbarung eine Staffelmietvereinbarung oder die gesetzliche Regelung gelten soll, so ist damit zugleich klar, daß der Mietvertrag wirksam bleibt. Gleiches gilt, wenn der Vertrag die häufige Klausel enthält, wonach die übrigen Vertragsbestandteile von der Unwirksamkeit einzelner Bestimmungen unberührt bleiben sollen. Ein vollzogener Mietvertrag spricht dafür, daß die Parteien auf jeden Fall am Vertrag festhalten wollen. In diesem Zusammenhang ist zu bedenken, daß die Versagung der Genehmigung nicht zur Folge hat, daß der Vermieter für die Dauer der Vertragszeit an den zu

Beginn vereinbarten Mietzins gebunden ist. Die Ausschlußvermutung des § 1 Satz 3 MHG wird nämlich nach herrschender und richtiger Ansicht auch durch eine unwirksame Mietanpassungsklausel widerlegt (LG Berlin, ZMR 85, 59 [LS]; LG Frankfurt, ZMR 82, 117; LG Berlin, MDR 85, 58; GE 93, 95; Schultz, ZMR 83, 289). Da es wenig wahrscheinlich ist, daß sich die in Betracht kommenden Bezugsgrößen wesentlich rascher entwickeln als die ortsüblichen Mietpreise, ist dem Vermieter ein Festhalten am Vertrag auch ohne weiteres zuzumuten. Nach allem ist festzustellen, daß bei den Wohnraummietverhältnissen nur ausnahmsweise eine Gesamtunwirksamkeit in Betracht kommen wird. In diesem Fall stellt sich die Frage, ob eine Partei einen Anspruch auf Neuabschluß eines Mietvertrags geltend machen kann. Dies ist i. d. R. zu verneinen; der geschädigte Teil ist grundsätzlich auf Schadensersatzansprüche aus dem Gesichtspunkt des Verschuldens beim Vertragsschluß beschränkt (BGH, BB 63, 793). Im Ausnahmefall kann etwas anderes gelten, so z. B. wenn die Gegenseite die Versagung der Genehmigung arglistig herbeigeführt hat um den anderen Teil zu schädigen.

VI. Mietsenkungen

Obwohl die Regelung des § 10a MHG in erster Linie eine Mietanpassung in Form einer Mieterhöhung im Auge hat, gilt die Vorschrift auch für Mietsenkungen. Die Vorschrift des § 10a Abs. 2 MHG ist allerdings ausschließlich auf die Erhöhung des Mietzinses zugeschnitten; sie muß deshalb nur vom Vermieter beachtet werden. Die Regelung in § 10a Abs. 3 MHG gilt dagegen nach ihrem Wortlaut und ihrem Sinn und Zweck für beide Teile, so daß die Vorschriften dieses Absatzes auch vom Mieter beachtet werden müssen.

VII. Altvereinbarungen

Gleitklauseln, die in alten Mietverträgen bis zum Inkrafttreten des I. WKSchG im November 1971 wirksam waren, leben nicht wieder auf. Sie müssen vielmehr neu vereinbart und neu genehmigt werden.

VIII. Neue Bundesländer

Die Regelung gilt nicht in den neuen Bundesländern für Wohnraum i. S. von § 11 Abs. 2 MHG. Die Bundesregierung ist allerdings ermächtigt mit Zustimmung des Bundesrats durch Rechtsverordnung zu bestimmen, daß Mietanpassungsvereinbarungen geschlossen werden können.

Mieterhöhung (für nicht preisgebundenen Wohnraum). Die Höhe des M.zinses und der Nebenkosten können bei frei finanziertem Wohnraum beim Vertragsschluß und während der Mietzeit im Grundsatz bis zur Grenze des § 5 WiStG (s. Mietpreisüberhöhung) frei vereinbart werden. Kommt eine solche M.erhöhungsvereinbarung nicht zustande, so hat der V. einen Anspruch auf Mietanhebung nach den Vorschriften des Gesetzes zur Regelung der Miethöhe (MHG). Dieses Gesetz steht im Einklang mit dem Grundgesetz (BVerfG NJW 74, 1499). Das Recht zur Mieterhöhung kann nicht abgetreten werden, weil es sich um ein Gestaltungsrecht handelt (KG, GE 90, 1257). Wird das Anwesen veräußert, so kann der Vermieter den Käufer aus diesem Grunde auch nicht ermächtigen, das Mieterhöhungsrecht im eigenen Namen geltend zu machen.

I. *Die Erhöhung des Mietzinses.*

1. Der V. hat gegen den M. einen Anspruch auf Zustimmung zur M.erhöhung, wenn folgende Voraussetzungen vorliegen (§ 2 I MHG):

a) Der *bisherige* M.zins muß seit *1 Jahr* unverändert fortbestanden haben. Erhöhungen in kürzeren Zeitabständen sind unwirksam (§ 2 I 1 MHG). Die Jahresfrist muß zum Zeitpunkt des Zugangs der M.erhöhungserklärung bereits abgelaufen sein; ein vorher zugegangenes Erhöhungsschreiben ist unwirksam (BGH, RE vom 16. 6. 1993, WM 93, 388 = ZMR 93, 453 = DWW 93, 230). Die frühere gegenteilige Rechtsprechung einiger Oberlandesgerichte (OLG Oldenburg (RE) WM 82, 105; OLG Hamm (RE) WM 87, 114; OLG Frankfurt RE v. 25. 3. 1988 WM 88, 144 = DWW 88, 104) ist überholt. Die Wartefrist gilt auch beim Übergang von der Kostenmiete zur Vergleichsmiete (LG Arnsberg WM 91, 207). Hat der M. einem M.erhöhungsverlangen nur teilweise zugestimmt, so wird hierdurch allein die Jahresfrist nicht ausgelöst. Dies gilt auch dann, wenn der M. unmittelbar danach die erhöhte Miete bezahlt. Der V. ist deshalb nicht gehindert, wegen seines noch offenen Anspruchs Zustimmungsklage zu erheben. Die gleichen Grundsätze gelten, wenn der M. erstinstanzlich verurteilt worden ist, einem geringeren als dem vom V. verlangten Betrag zuzustimmen; auch hier kann der V. wegen des Restes Berufung einlegen (BayObLG RE v. 30. 6. 1989 WM 89, 484). Wird innerhalb der Frist des § 2 Abs. 3 MHG (s. unten 2b) allerdings keine Klage erhoben, so kann ein neues Mieterhöhungsverlangen erst nach Ablauf der Jahresfrist gestellt werden.

b) Nach der bis zum 30. 8. 1993 geltenden Gesetzesfassung war die sog. „ortsübliche Miete" aus denjenigen Mietpreisvereinbarungen zu ermitteln, die in den letzten drei Jahren seit dem Zugang des Mieterhöhungsverlangens (BayObLG, RE vom 27. 10. 1992, ZMR 93, 11 = DWW 93, 16) neu vereinbart worden sind oder die sich in diesem Zeitraum verändert haben. Durch das Vierte Mietrechtsänderungsgesetz wurde der Bemessungszeitraum auf vier Jahre erhöht. Die ortsübliche Miete wird also weder aus dem Mittel aller Mieten gebildet (Durchschnittsmiete), noch ist sie mit derjenigen Miete identisch, die bei einer Neuvermietung erzielt werden kann (Marktmiete). Die ortsübliche Miete stellt vielmehr der Sache nach einen

Kompromiß zwischen der Durchschnittsmiete und der Marktmiete dar (modifizierte Durchschnittsmiete).

aa) *Die Darstellung des ortsüblichen Mietpreisniveaus durch Mietspiegel* stellt die verläßlichste Form des Nachweises der modifizierten Durchschnittsmiete dar. Voraussetzung ist, daß der Mietspiegel unter Beachtung statistischer Regeln erstellt worden ist. Ob hierbei die Tabellenmethode oder die Regressionsanalyse verwendet wird, ist rechtlich ohne Bedeutung. Die insoweit geführte Diskussion betrifft im wesentlichen die Frage, mit welcher Methode das ortsübliche Preisniveau kostengünstiger, genauer und übersichtlicher erfaßt werden kann (vgl. z.B. Hummel, WM 93, 637; Oberhofer/Schmidt, WM 93, 585; Aigner, WM 93, 16; Gaede/Kredler, WM 92, 577). Die *Regressionsanalyse* basiert auf der Überlegung, daß die Wohnfläche einen maßgeblichen Einfluß auf den Mietpreis ausübt. Aus diesem Grunde wird der Wohnungsbestand nach der Größe geordnet; der für die jeweilige Größe ausgewiesene Preis wird durch prozentuale Zuschläge für die übrigen Einflußgrößen (Baujahr, Wohnlage, Ausstattungsmerkmale etc.) variiert (vgl. Aigner, a.a.O.; Hummel, a.a.O.). Die nach der Regressionsanalyse erstellten Mietspiegel erwecken bei oberflächlicher Betrachtung den Eindruck, als lasse sich der Mietpreis allein mit Hilfe des Mietspiegels bewertungsfrei pfenniggenau bestimmen. Eine derartige Handhabung des Mietspiegels stünde mit dem Mietzinsbegriff des § 2 Abs. 1 Nr. 2 MHG nicht im Einklang, weil danach die jeweiligen Preise nicht allein nach empirischen, sondern auch nach normativen Kriterien gestaffelt werden sollen (s. unten bb). Eine umfassende Berücksichtigung normativer Kriterien ist aber auch bei den nach der Regressionsanalyse erstellten Mietspiegeln möglich (Oberhofer/Schmidt, a.a.O.). Deshalb ist es nicht gerechtfertigt, einen nach der Regressionsanalyse erstellten Mietspiegel als ungeeignet zu bewerten (so aber Voelskow, ZMR 92, 326). Der Rechtsanwender muß sich lediglich darüber im klaren sein, daß eine statistische Erfassung der Mietpreise wegen der komplizierten Struktur des Wohnungsmarktes immer nur zu Annäherungswerten führen kann (so zutreffend Voelskow, WM 93, 21; Emmerich, PIG 40, 25). Das gilt für die Regressionsmethode ebenso, wie für jede andere statistische Methode. Es ist aus diesem Grunde auch verfehlt, wenn einzelne – mit Sorgfalt erstellte Mietspiegel – daraufhin untersucht werden, ob die gefundenen Ergebnisse bei Berücksichtigung des einen oder anderen statistischen Zusammenhangs noch weiter verfeinert werden könnten (so aber LG München, WM 93, 451). Man muß sich stets vor Augen halten, daß es keine wirkliche Alternative zum Mietspiegel gibt. Die Ermittlung des Mietpreises durch einen Sachverständigen mag zu richtigen Werten führen, wenn der Sachverständige über hinreichende Erfahrung (und Einfühlungsvermögen!) verfügt. Kein Sachverständiger wird aber in der Lage sein, das ortsübliche Mietpreisniveau einer mittleren Gemeinde zu überschaubaren Kosten in seriöser und nachvollziehbarer Weise darzustellen (vgl. dazu Reinecke, WM 93, 101; Emmerich, a. a. O.). In einem nach der *Tabellenmethode* erstellten Mietspiegel werden üblicherweise die M.preise in Form einer M.preisspanne dargestellt, und zwar untergliedert nach Baujahrs-, Ausstattungs- und Größenklassen. Gelegentlich finden sich zusätzliche Kategorien, wie etwa die Wohnlage oder eine getrennte Darstellung der Preise für eingerichtete Appartments einerseits und für gewöhnliche Mietwohnungen andererseits. Eine Unterteilung nach Nutzergruppen (Ausländer, Stationierungsstreitkräfte, Wohngemeinschaften etc.) ist nicht zulässig. Hinsichtlich ihrer Urheberschaft kann man die Mietspiegel einteilen in (1) Mietspiegel, die von der Gemeinde erstellt worden sind; (2) Mietspiegel, die von Interessenvertretern der Vermieter und der Mieter gemeinsam erstellt worden sind; (3) Mietspiegel, die von Interessenvertretern der Vermieter und der Mieter gemeinsam anerkannt worden sind – es ist nicht erforderlich, daß sämtliche Interessenverbände zustimmen (OLG Hamm RE v. 11. 10. 1990 WM 90, 538 = DWW 90, 335) –; (4) sonstige Mietspiegel, z. B. des Finanzamts, einer großen Wohnungsgesellschaft, eines Mietervereins, eines Haus- und Grundeigentümervereins, eines wissenschaftlichen Instituts usw. Die Unterscheidung ist insoweit von Bedeutung, als ein vorgerichtliches M.erhöhungsverlangen (s. unten d–bb) nur unter Bezugnahme auf die unter Ziff. (1) bis (3) genannten Mietspiegel begründet werden kann. Zu diesem Zweck sind diese Mietspiegel aber auch uneingeschränkt tauglich: auf die inhaltliche Richtigkeit der Mietspiegel kommt es nicht an; auch veraltete Mietspiegel können verwendet werden (§ 2 VI MHG). Im gerichtlichen Verfahren sind sämtliche der unter Ziff. (1) bis (4) genannten Mietspiegel verwendbar, wenn das Gericht zu der Überzeugung gelangt, daß das ortsübliche Preisniveau durch den Mietspiegel richtig wiedergegeben wird. Hiervon kann i. d. R. ausgegangen werden, wenn bei der Erstellung des Mietspiegels die Regeln der Statistik beachtet worden sind. Dagegen bestehen Zweifel an der Richtigkeit der Zahlenwerte, wenn diese nicht ermittelt, sondern ausgehandelt worden sind, was beispielsweise bei Mietspiegeln der Gruppe (2) und (3) vorkommen kann. Die rechtliche Beurteilung der Mietspiegel ist streitig: teils werden die dort ausgewiesenen Werte als offenkundige Tatsachen angesehen, teils wird der Mietspiegel zutreffend als sog. *„antizipiertes Sachverständigengutachten“* bewertet. Huber kommt in seiner überzeugenden Untersuchung (ZMR 92, 469) zum Ergebnis, daß der Mietspiegel als „normkonkretisierende Verwaltungsvorschrift“ zu bewerten sei. Dadurch wird deutlich, daß bei der Datenerhebung und

Methodenwahl häufig politische Vorgaben eine Rolle spielen und daß die Gemeinden bei der Erstellung der Mietspiegel einen bedeutenden Einfluß auf das Preisniveau ausüben können. Huber weist aus diesem Grunde folgerichtig darauf hin, daß ein Mietspiegel durch das Verwaltungsgericht auf seine methodische Richtigkeit und die Gesetzeskonformität seiner Vorgaben überprüft werden kann. Gleichwohl ist daran festzuhalten, daß der Mietspiegel keine Rechtsnorm, sondern ein Beweismittel für eine Tatsache – das ortsübliche Mietpreisniveau/die modifizierte Durchschnittsmiete – darstellt. Für die Verwendbarkeit eines Mietspiegels ist deshalb nicht der Zeitpunkt seiner Erstellung, Bekanntgabe oder Veröffentlichung maßgebend; vielmehr kommt es darauf an, zu welchem Zeitpunkt die für die Erstellung des Mietspiegels wesentlichen Daten erhoben worden sind. Das Gericht kann von den Werten eines wissenschaftlich überzeugenden Mietspiegels nur abweichen, wenn noch bessere Erkenntnismittel zur Verfügung stehen; das ist i. d. R. zu verneinen. Für ein Sachverständigengutachten ist regelmäßig kein Raum, weil dem Sachverständigen wesentlich weniger Vergleichsmaterial zur Verfügung stehen wird, als es dem Mietspiegel zugrunde liegt (LG Hamburg WM 90, 31; WM 91, 49; LG Landshut WM 90, 223; LG Frankfurt NJW-RR 91, 14). Verfassungsrechtlich ist diese Rechtsprechung jedenfalls nicht zu beanstanden (BVerfG, WM 91, 523; WM 92, 48; NJW 92, 1377). Das Gericht ist auch nicht an die vom V. im vorgerichtlichen M.erhöhungsverlangen oder im Prozeß benannten Beweismittel gebunden. Deshalb sind die Mietspiegelwerte auch dann maßgebend, wenn der V. seine M.erhöhungserklärung mit Vergleichswohnungen begründet hat (LG Hamburg a. a. O.; LG Landshut a. a. O.; LG Essen WM 91, 120).

bb) Von der Darstellung des ortsüblichen Mietpreisniveaus der modifizierten Durchschnittsmiete ist die *Ermittlung der für eine konkrete Wohnung maßgeblichen Miete* (geschuldeter Mietzins) streng zu unterschieden. Der geschuldete M.zins ist zu ermitteln, indem aus der im Mietspiegel ausgewiesenen Mietpreisspanne der für die konkrete Wohnung angemessene Preis ausgewählt wird. Für Wohnungen, die dem durchschnittlichen Standard entsprechen, ist der Mittelwert maßgebend; bei Abweichungen vom Standard müssen Werte über oder unter dem Mittelwert – bis zum Ober- oder Unterwert – gefunden werten. Im Gegensatz zur Darstellung des ortsüblichen Mietpreisniveaus im Mietspiegel gehört die Zuordnung der konkreten Wohnung zu einem bestimmten Spannenwert nicht zum empirischen Bereich der Rechtsfindung; vielmehr handelt es sich um einen normativen Akt, also um Rechtsanwendung. Dies ergibt sich aus zwei Gründen: zum einen folgt aus dem Gesetzeswortlaut in § 2 I Nr. 2 MHG, daß der jeweils geschuldete Mietzins nach Wohnwertkriterien bemessen werden soll (so auch OLG Karlsruhe RE v. 23. 12. 1981 WM 82, 67); zum andern steht fest, daß die tatsächlich gezahlten Mietpreise einerseits auch von wohnwertfremden Kriterien beeinflußt werden und daß andererseits der Wohnwert durch den Preis nicht vollständig erfaßt wird (s. Blank, Die Funktion des Mietspiegels, in: Blümmel u. a.: Der Berliner Mietspiegel, Berlin 1989). Dieser Sachlage kann nur durch eine wertende Beurteilung der jewiligen Vor- und Nachteile einer Wohnung Rechnung getragen werden. Hierüber muß das Gericht allein entscheiden; die Beiziehung eines Sachverständigen ist ausnahmsweise nur dann zulässig, wenn zur Bewertung ein besonderer Sachverstand erforderlich ist (z. B. im Fall unten cc–aaa). Dies wird in dem RE des OLG Stuttgart v. 7. 7. 1981 (WM 81, 225 = ZMR 81, 318 = DWW 81, 234) verkannt; diesem Teil der Entscheidungsgründe kommt allerdings keine Bindungswirkung (s. Rechtsentscheid) zu (OLG Hamm WM 84, 238 = DWW 84, 216). Auf dem Hintergrund dieser Besonderheit ist auch die Rechtsauffassung zu verstehen, daß der V. keine M.erhöhung im Bagatellbereich verlangen kann (AG Kiel WM 91, 118; AG Braunschweig WM 91, 118); das Ergebnis der Ermittlung solcher Bagatellwerte wäre ausschließlich durch den Zufall bedingt.

cc) *Einzelne Zuordnungsprobleme:*

aaa) Bei der Einordnung in die *Baualtersklasse* sollte grundsätzlich auf den Zeitpunkt der Bezugsfertigkeit der Wohnung abgestellt werden. Läßt sich dies nicht genau feststellen, so muß – i. d. R. durch Sachverständigengutachten – ermittelt werden, welcher Altersklasse die Wohnung hinsichtlich des Ausstattungsstandards zuzuordnen ist. Wurde ein Gebäude vollständig zerstört und später wiederaufgebaut, so ist der Zeitpunkt des Wiederaufbaus maßgebend. Wurde unter Beibehaltung einer alten (historischen) Fassade neuer Wohnraum geschaffen, so müssen diese Wohnungen auch dann als Neubau bewertet werden, wenn bestimmte Bauteile (Keller; Treppenhaus) erhalten geblieben sind. Bei *modernisierten Altbauwohnungen* kann die Einordnung dergestalt erfolgen, daß die Modernisierungsanteile – durch einen Sachverständigen – ermittelt und zu den Bestandsanteilen in Beziehung gesetzt werden; maßgebend ist dann diejenige Altersklasse, die der Wohnung das wesentliche Gepräge gibt. Als Hilfsmittel zur Charakterisierung der alterstypischen Standards kann § 4 ModEnG a. F. dienen. Danach ist wesentlich: der Zuschnitt der Wohnung; die Belichtung und Belüftung; der Schallschutz; die Energieversorgung, die Wasserversorgung und Entwässerung; die sanitären Einrichtungen; die Beheizungs- und die Kochmöglichkeiten; die Funktionsabläufe in der Wohnung; die Sicherheit vor Diebstahl und Gewalt. Den Abweichungen vom baualterstypischen Standard muß bei der Zuordnung der Wohnung innerhalb der für die jeweilige

Altersklasse maßgeblichen Spanne unter Berücksichtigung aller sonstigen Vor- und Nachteile Rechnung getragen werden.

bbb) Die *Größe der Wohnung* muß nach den tatsächlichen Gegebenheiten ermittelt werden. Auf die Angaben im M.vertrag kommt es grunds. nicht an. Dies gilt uneingeschränkt, wenn im M.vertrag eine größere Wohnfläche ausgewiesen ist, weil eine entsprechende Vereinbarung gegen § 10 I MHG verstößt. Die Angabe einer geringeren Fläche ist nur im Einzelfall von rechtlicher Bedeutung (s. dazu unten e). Die Wohnungsgröße sollte grunds. nach der DIN 283 (abgedruckt bei Schmidt-Futterer/Blank Wohnraumschutzgesetze Rdn. C 157), errechnet werden. Die Norm wurde zwar im August 1983 vom Normenausschuß Bauwesen mit der Begründung zurückgezogen, daß sie überflüssig sei. Diese Begründung trifft allerdings nicht zu, weil die Regelungen der §§ 42ff. der II. BV für den freifinanzierten Wohnraum nicht gelten und wegen der dort enthaltenen Kann-Vorschriften für das Mieterhöhungsverfahren auch nicht geeignet sind. Andere Regelungen stehen nicht zur Verfügung. Deshalb ist nach wie vor der Rückgriff auf die DIN 283 angebracht, die wegen ihrer Klarheit und ihres Gerechtigkeitsgehalts jedenfalls für das M.erhöhungsverfahren weiterhin Verwendung finden kann. Eine Ausnahme gilt für die *Bewertung von Balkonen*. Hier ist der RE des BayObLG v. 20. 7. 1983 (WM 83, 254) zu beachten, wonach Balkone je nach ihrem Wohnwert entweder überhaupt nicht, in guten Lagen bis zu einem Viertel und in Ausnahmefällen bis zur Hälfte (als Höchstmaß) ihrer Grundfläche angerechnet werden können. Nicht anrechenbar sind Balkone ohne praktischen Wohnwert; dies kann angenommen werden, wenn der Balkon zu einer verkehrsreichen Straße hin gelegen ist, so daß der M. nur dem Lärm und den Abgasen ausgesetzt wäre. Ein Ausnahmefall mit der Folge einer hälftigen Anrechnung kann bei einem gut dimensionierten, ruhigen, sonnigen Balkon mit Blick ins Grüne oder in eine schöne Umgebung angenommen werden. Dazwischen liegen zahlreiche Zwischenstufen (vgl. LG Hamburg WM 87, 87: ⅜ bei Balkon mit ganztägiger Besonnung in ruhiger Lage, wenn auf dem Balkon ein Tisch mit Stühlen und eine Liege aufgestellt werden können; LG Berlin ZMR 86, 243: 5%, wenn das Haus an einer Straße mit Autobus und Ausflugsverkehr liegt). Dieselben Grundsätze gelten für *Loggien*. Die Frage der Bewertung von *ebenerdigen Terrassen, Freisitzen und Dachgärten* wird in dem RE des BayObLG offengelassen. Die dort entwickelten Bewertungsansätze können auf diese Außenbereiche der Wohnung auch nicht ohne weiteres übertragen werden. Den Balkonen und Loggien ist gemeinsam, daß deren Größe wegen der bauarttypischen Gestaltung dieser Gebäudeteile i. d. R. in einer vernünftigen Relation zur Wohnungsgröße steht. Deshalb wird dem Wohnwert dieser Anlagen durch eine flächenabhängige Anrechnung meist hinreichend Rechnung getragen. Demgegenüber können ebenerdige Terrassen, Freisitze und Dachgärten beliebig groß sein (z. B.: Ausgestaltung eines großen Gartens als Terrasse bei Einfamilienhaus; Penthouse mit 100 qm Wohnfläche auf 300 qm großem Dach). Eine flächenabhängige Anrechnung führt hier gelegentlich zu Ergebnissen, durch die der Nutzen der Außenbereiche weit überbewertet wird. Die Bewertungsgrundsätze des BayObLG sollten hier nur dann Anwendung finden, wenn die Freisitze oder Dachterrassen eine den Balkonen vergleichbare Größe haben und wenn es sich um gedeckte Freisitze oder Dachterrassen i. S. der DIN 283 handelt. Von einem „gedeckten" Freisitz ist dann auszugehen, wenn der Platz durch Mauern, Sichtblenden oder Pflanzen vor fremden Blicken geschützt ist; „gedeckt" bedeutet also nicht „überdacht" (vgl. BVerwG ZMR 77, 349 zum gleichlautenden Begriff in § 44 der II. BV). Der höchstzulässige Anrechnungswert sollte die Größe eines Zimmers keinesfalls überschreiten.

ccc) *Wohnwertverbesserungen, die der M. vorgenommen hat,* werden im M.erhöhungsverfahren grunds. nicht berücksichtigt. Die Wohnung ist also zu behandeln, als wären die vom M. geschaffenen Einrichtungen nicht vorhanden (BayObLG RE v. 24. 6. 1981 WM 81, 208). Es kommt dabei nicht darauf an, ob der M. die Verbesserungsmaßnahme mit oder ohne Genehmigung des V. vorgenommen hat. Eine Ausnahme gilt, wenn zwischen den Parteien vertraglich etwas anderes vereinbart worden ist oder wenn der V. die vom M. verauslagten Kosten erstattet hat (BayObLG a. a. O.). Durch den genannten RE wird nicht entschieden, ob der V. während der M.zeit ein Recht zur Kostenerstattung hat, um sich auf diese Weise höhere M.einnahmen zu sichern. Nach der hier vertretenen Ansicht ist ein solches Recht dann zu bejahen, wenn die Verbesserungsmaßnahme der Genehmigung des V. bedurft hätte, (s. Bauliche Veränderungen, Einrichtungen), der M. die Genehmigung aber nicht eingeholt hat. Veräußert der M. die Einrichtung im Falle eines M.wechsels an den Mietnachfolger, so wird sie so behandelt, als hätte der Nachfolger die Verbesserungsmaßnahme selbst vorgenommen (LG Hamburg WM 90, 441). Dabei spielt es keine Rolle, ob der M. die Einrichtung gegen Entgelt oder unentgeltlich auf den Nachfolger übertragen hat. Der V. kann die Veräußerung an den Nachfolger durch Zahlung einer Ablösesumme verhindern (§ 547a II BGB, s. Einrichtung I). In diesem Fall wird die Einrichtung bei späteren M.erhöhungsverfahren zugunsten des V. berücksichtigt. Gleiches gilt, wenn der M. die Einrichtung beim Auszug zurückläßt, ohne mit seinem Nachfolger hierüber eine Vereinbarung zu treffen (BayObLG a. a. O. am Ende).

ddd) *Mängel der Wohnung* bleiben unberücksichtigt, wenn der M.

deshalb Gewährleistungsansprüche geltend machen kann. Dies folgt aus der Erwägung, daß im M.erhöhungsverfahren lediglich die M.zinsvereinbarung abgeändert wird; über die Zahlungspflicht des M. wird dagegen nicht entschieden. Auf die Vereinbarung als solche haben Mängel auch keinen Einfluß. Vielmehr ist der M.zins kraft Gesetzes gemindert, solange die Mängel vorhanden sind. Werden die Mängel beseitigt, so besteht der Mietzinsanspruch ohne weiteres wieder in der vereinbarten Höhe. Diese Rechtslage führt zu folgenden Ergebnissen: – (1) Ist die Wohnung mangelhaft und hat der M. keine Minderungsansprüche geltend gemacht, obwohl er hierzu berechtigt gewesen wäre, so kann er den ursprünglichen Mietzins weiterbezahlen, wenn er meint, daß dieser M.zins dem geminderten Wert der Sache entspricht. Statt dessen kann der M. an der Differenz zwischen dem neuen und dem alten M.zins ein Zurückbehaltungsrecht bis zur Beseitigung der Mängel geltend machen. An seiner Verpflichtung zur Zustimmung zur M.erhöhung kann der M. kein Zurückbehaltungsrecht geltend machen (LG Konstanz WM 91, 279; AG Hamburg-Altona WM 91, 279); hierfür besteht auch kein Bedürfnis. Selbstverständlich kann der M. auch mit geringeren Beträgen mindern oder geringere Beträge zurückbehalten. Mit höheren Beträgen kann der M. mindern, wenn kein Fall des § 539 BGB vorliegt (dazu Mängel III 1–3). – (2) Konnte der M. bislang keine Gewährleistungsrechte geltend machen, weil ein Fall des § 539 BGB vorlag, so leben diese Rechte durch das Verlangen des V. auf Zustimmung zur M.erhöhung wieder auf (s. Mängel III 2 und 3). Es gelten die unter (1) dargestellten Rechtsfolgen. – (3) Liegen Schäden vor, die nicht zu beseitigen sind oder zu deren Beseitigung der V. nicht verpflichtet ist (s. Mängel I 1 am Ende), so ist dies im M.erhöhungsverfahren zugunsten des M. zu berücksichtigen (LG Saarbrükken WM 89, 578 betr. Gaststättenlärm). – (4) Hat der M. Mängel auf eigene Kosten beseitigt, so kann er einen Aufwendungsersatzanspruch nach § 538 II BGB geltend machen, wenn die Voraussetzungen hierfür vorliegen (s. Mängel II 5). Liegen diese Voraussetzungen nicht vor, wird die Wohnung im M.erhöhungsverfahren als mangelfrei behandelt (LG Mannheim ZMR 91, 107; s. z. Ganzen auch Stellwaag ZMR 88, 364).

eee) *Zuschläge zu den Mietspiegelwerten* sind möglich, – (1) bei der Vermietung einer *möblierten Wohnung* oder bei der *Überlassung von Einrichtungsgegenständen*. Die Höhe des Zuschlags muß sich am Wert der Einrichtungsgegenstände orientieren. Dem V. soll ein Betrag für die Abnutzung (Abschreibung) und eine Vergütung für das eingesetzte Kapital (Verzinsung) zugebilligt werden. Die Abschreibung soll sich an der mutmaßlichen Lebensdauer der Gegenstände und die Verzinsung an den Gepflogenheiten des Kapitalmarkts orientieren;

gerecht erscheint eine Verzinsung in Höhe des üblichen Zinssatzes für erstrangige Hypotheken zum Zeitpunkt des Vertragsschlusses. Berechnungsbasis ist jeweils der Wert der Gegenstände. Berechnungsbeispiel: Wert einer mitvermieteten Einbauküche DM 20000,–, mutmaßliche Lebensdauer ca. 20 Jahre, ergibt einen monatlichen Abschreibungsbetrag von 20000,– DM : 20 : 12 = 83,33 DM; ortsüblicher Zinssatz 8% ergibt eine monatliche Verzinsung von 20000,– DM : 100 × 8 : 12 = 133,33 DM; Zuschlag = 216,66 DM. Es werden auch andere Berechnungsansätze vertreten (z. B. Sternel Rdn III 39 : Zuschlag von 27% auf die Jahresmiete; AG München WM 84, 250 : Abschreibungssatz 20%; wie hier: LG Mannheim WM 77, 77; verfehlt: OLG Frankfurt ZMR 78, 286: 25% zur ortsüblichen Miete; ähnlich AG Köln WM 78, 76 : 10% zur ortsüblichen Miete; abwegig LG Köln WM 87, 202 : 11,– DM/qm für zellenartigen, möblierten Raum in einem Hochbunker). – (2) *Zuschläge für besondere Belastungen* sind möglich. Allerdings müssen hierfür konkrete Anhaltspunkte vorliegen. Ein Zuschlag für die Überlassung an bestimmte Mietergruppen ist unzulässig (OLG Stuttgart RE v. 26. 2. 1982 WM 82, 129 = DWW 82, 241 = ZMR 82, 176: kein Zuschlag für die Vermietung an Ausländer; OLG Hamm RE v. 3. 3. 1983 WM 83, 108 = ZMR 83, 238: kein Zuschlag für die Vermietung an studentische Wohngemeinschaften; vgl. auch OLG Hamm RE v. 28. 12. 1982 WM 83, 78: kein Sondermarkt für Stationierungsstreitkräfte; OLG Hamm RE v. 13. 3. 1986 WM 86, 206: kein Teilmarkt für Mietergruppen mit erschwertem Marktzugang). (3) *Ein Zuschlag für die teilweise gewerbliche Mitbenutzung einer Wohnung* ist ebenfalls möglich, wenn am Ort solche Zuschläge üblicherweise vereinbart werden. Die Vereinbarung eines solchen Zuschlags ist jedenfalls möglich (BayObLG RE v. 25. 3. 1986 WM 86, 205 = ZMR 86, 193).

dd) Steht kein Mietspiegel zur Verfügung, so muß das ortsübliche Mietpreisniveau durch *Sachverständigengutachten* ermittelt werden. Auch hier ist zwischen der Ermittlung des Preisniveaus (der Preisspanne) und der Ermittlung der angemessenen Miete im Einzelfall zu unterscheiden. Die Darlegungen zu bb) gelten auch hier. Die Aufgabe des Sachverständigen kann deshalb nur in der Ermittlung derjenigen Zahlenwerte bestehen, die in den Mietspiegelgemeinden durch den Mietspiegel ausgewiesen werden. Die Zuordnung einer konkreten Wohnung zu einem der möglichen Preise ist auch hier Sache des Gerichts, weil es sich dabei nicht um Tatsachenermittlung, sondern um Rechtsanwendung handelt. Gegen diesen Grundsatz wird in der Praxis häufig verstoßen: die Gerichte erwarten vom Sachverständigen die Ermittlung eines punktuellen Mietwerts, ohne zu bedenken, daß ein solcher Wert auf rein empirischem Weg nicht gefunden werden kann!

ee) Eine Beweisführung mit *Vergleichswohnungen* kommt im gerichtlichen Verfahren nur bei sehr kleinen Gemeinden in Betracht (kurios: LG Kaiserslautern U. v. 5. 12. 1986 – 2 S 185/85; s. BVerfG DWW 88, 162). Allerdings wird auch dort diese Methode kaum zu praktizieren sein. Bestreitet der M. die Vergleichbarkeit der Objekte, so müßte hierüber Augenscheinsbeweis erhoben werden, was nur mit Einwilligung der jeweiligen Wohnungsinhaber möglich ist. Diese Einwilligung kann nicht erzwungen werden. Bei größeren Datensammlungen (Übersichten der Haus- und Grundeigentümervereine, der Makler, Mietpreislisten von Großvermietern u. s. w.) besteht die Gefahr, daß diese Sammlungen willkürlich oder sogar tendenziell zusammengesetzt sind. Auf neutrale Datensammlungen kann zurückgegriffen werden, wenn eine hinreichende Gewißheit besteht, daß die Daten die ortsübliche Miete zutreffend wiedergeben.

c) Nach § 2 I 3 darf die Mieterhöhung einen bestimmten Prozentsatz der bisher gezahlten Miete nicht überschreiten (sog. „Kappungsgrenze"). Nach dem bis zum 31. 8. 1993 geltenden Recht betrug die Kappungsgrenze einheitlich 30%. Diese Begrenzung gilt nunmehr nur noch für einen Teil der Mietverhältnisse; für einen anderen Teil beträgt die Kappungsgrenze 20%, wenn die Mieterhöhungserklärung dem Mieter nach dem 31. 8. 1993 zugeht (Art. 6 Viertes Mietrechtsänderungsgesetz). Die Regelung erlaubt keine allgemeine Mietsteigerung bis zu 30% innerhalb von drei Jahren, sondern tritt als weitere M.erhöhungsbeschränkung neben die in § 2 I 1 und 2 geregelten Voraussetzungen. Eine M.erhöhung kann also in jedem Fall nur bis zur Höhe der ortsüblichen Miete erfolgen. Würde hierdurch die vor drei Jahren gezahlte Miete um mehr als 30% oder 20% überschritten, so ist nur eine 30%ige bzw. 20%ige M.erhöhung zulässig. Selbstverständlich gilt die Kappungsgrenze auch dann, wenn die Miete länger als drei Jahre unverändert gewesen ist (AG Münster WM 83, 233). Nach den Vorstellungen des Gesetzgebers soll auf diese Weise verhindert werden, daß die Mietsteigerung in Einzelfällen ein zu starkes Ausmaß annimmt. Die Vorschrift dient also nicht der im öffentlichen Interesse liegenden Begrenzung des Mietanstiegs, sondern hat überwiegend mieterschützenden Charakter. Deshalb gilt § 2 I 3 nicht bei freiwilligen Erhöhungsvereinbarungen, bei Staffelmieten und bei Neuvermietungen.

aa) *Kappungsgrenze 30%:* Die Kappungsgrenze beträgt 30%

(1) für alle Mietverhältnisse über Wohnraum, der nach dem 31. 12. 1980 fertiggestellt worden ist, unabhängig von der Höhe des Mietpreises. Dabei ist zu beachten, daß es nicht auf den Zeitpunkt der Fertigstellung des Gebäudes, sondern auf die Fertigstellung des Wohnraums ankommt. Ist beispielsweise in einem Altbau durch den Ausbau von Nebenräumen eine neue Wohnung geschaffen worden,

so gilt für die Mieterhöhung betreffend diese Wohnung die 30%ige Kappungsgrenze; für die bereits vorhandenen Wohnungen kann dagegen die 20%ige Kappungsgrenze gelten, falls die unter bb) dargestellten weiteren Voraussetzungen vorliegen.

(2) für alle Mietverhältnisse über Wohnraum, der vor dem 1. 1. 1981 fertiggestellt worden ist, wenn der Quadratmeterpreis nicht mehr als 8,– DM beträgt und die verlangte Miete den Betrag von 9,60 DM nicht übersteigt. Die 30% Grenze kann also bei einem Mietzins von 7,38 DM/qm noch voll ausgeschöpft werden (7,38 : 100 × 30 = 2,21 DM + 7,38 = 9,594). Bei einem Mietpreis von mehr als 7,38 DM/qm wird die Mieterhöhung auf 9,60 DM begrenzt. Die vom Gesetzgeber gewählte Obergrenze von 8,– DM entspricht der höchstzulässigen Bewilligungsmiete im sozialen Wohnungsbau bezogen auf das Jahr 1991. Der Grenzwert von 9,60 DM entspricht einer 20%igen Kappungsgrenze bei einer Ausgangsmiete von 8,– DM. Dieser Grenzwert mußte gewählt werden, weil anderenfalls unplausible Ergebnisse im Grenzbereich dieser Ausgangsmiete auftreten würden (bei einer Ausgangsmiete von 8,01 DM wäre eine maximale Mieterhöhung von 20% = 9,60 DM möglich, bei einem Ausgangswert von 8,– DM dagegen eine Mieterhöhung um maximal 30% = 10,40 DM). Der jeweilige Quadratmeterpreis ist stets als Preis ohne Betriebskostenanteil, also als Nettopreis zu verstehen.

bb) *Kappungsgrenze 20%:* Die Kappungsgrenze beträgt 20%

für alle Mietverhältnisse über Wohnraum, der vor dem 1. 1. 1981 fertiggestellt worden ist, wenn der Quadratmeterpreis mehr als 8,– DM beträgt. Auch hier ist der Quadratmeterpreis als Preis ohne Betriebskostenanteil, also als Nettopreis zu verstehen. Diese Regelung ist befristet; sie gilt (vorläufig) für die Dauer von fünf Jahren, also erstmals für Mieterhöhungsverlangen, die dem Mieter nach dem 31. 8. 1993 zugehen und letztmals für solche Mieterhöhungen deren Zugang vor dem 1. 9. 1998 liegt.

cc) Eine Überschreitung der Kappungsgrenze ist – anders als die Überschreitung der ortsüblichen Miete – nicht strafbar. Umgekehrt steht der Anwendung des § 2 I 3 nicht entgegen, wenn der M.zins über eine sehr lange Zeit unverändert niedrig war. Eventuelle Billigkeitserwägungen zugunsten des V. müssen auch in diesem Fall hinter den Schutzzweck der Vorschrift zurücktreten. Ein M.erhöhungsverlangen, das dem M. vor Ablauf des Dreijahreszeitraums zugeht, ist wirksam; die M.erhöhung kann in einem solchen Fall unmittelbar nach Ablauf dieses Zeitraums wirksam werden (BayObLG RE v. 10. 3. 1988 DWW 88, 162).

dd) Bei der Berechnung des Dreijahreszeitraums ist von demjenigen Tag auszugehen, von dem an die erhöhte Miete geschuldet wird, also vom Beginn des dritten Kalendermonats, der auf den Zugang des Erhöhungsverlangens folgt (ebenso: Barthelmess WM 83, 63; abweich.: Sternel MDR 83, 356, der auf den Zeitpunkt der Abgabe der Erhöhungserklärung abstellt; Köhler, Das Neue Mietrecht 1983, S. 65, wonach es auf den Zugang des Erhöhungsverlangens ankommt). Sodann ist zu fragen, welcher M.zins drei Jahre vor dem maßgeblichen Zeitpunkt gezahlt worden ist (Stichtagsmiete). Besteht das Mv. noch keine 3 Jahre, so ist die Anfangsmiete maßgeblich. Die in der Erhöhungserklärung verlangte Miete darf die Stichtagsmiete um nicht mehr als 30% überschreiten.

ee) Bei der Berechnung des Steigerungsbetrags bleiben Betriebskosten, Betriebskostenerhöhungen und Kapitalkostenerhöhungen nach §§ 4 und 5 MHG, die nach der gesetzlichen Regelung als Umlage ausgestaltet sind, außer Betracht. Gleiches gilt nach der ausdrücklichen gesetzlichen Regelung für M.erhöhungen nach § 3 MHG. Durch diese M.erhöhung wird zwar die Grundmiete abgeändert (§ 3 IV 1). Bei der Handhabung der Kappungsgrenze sind solche M.erhöhungen aber wie ein Zuschlag zu behandeln („Modernisierungszuschlag"), der neben der Miete geschuldet wird. Weitere Zuschläge (Untermietzuschlag etc.) bleiben ebenfalls außer Betracht. Eine *Mietminderung* bleibt auch bei der Berechnung der Kappungsgrenze grundsätzlich unberücksichtigt. Die jeweiligen M.zinsbeträge sind deshalb so anzusetzen, als wäre die Minderung nicht erfolgt.

Für die Frage, ob Erhöhungen nach §§ 3–5 MHG eingetreten sind, kommt es nicht darauf an, ob der V. ein förmliches Erhöhungsverfahren durchgeführt hat oder ob die Mehrzahlung auf einer freiwilligen Erhöhungsvereinbarung beruht (Barthelmess § 2 MHG Rdn. 54; a. A.: Sternel, MDR 83, 356, wonach zumindest das Erhöhungsangebot des V. den inhaltlichen Anforderungen der §§ 3–5 MHG entsprechen muß; Heitgreß, WM 83, 44, wonach nur förmliche Erhöhungsverfahren in Betracht kommen sollen). Maßgeblich ist allein die materiell-rechtliche Rechtslage. Hat der V. nach einer Wohnungsmodernisierung ein M.erhöhungsverfahren nach § 2 durchgeführt, so ist zu fragen, welcher Betrag nach § 3 MHG umlagefähig gewesen wäre; dieser Betrag bleibt unberücksichtigt. Gleiches gilt, wenn der M. nach der Modernisierung außerhalb eines förmlichen Erhöhungsverfahrens freiwillig mehr gezahlt hat. Bei der Zahlung von Betriebskosten oder Kapitalkosten ist ebenfalls zu fragen, ob der V. den Mehrbetrag nach den vertraglichen Vereinbarungen oder nach § 4 MHG hätte umlegen können.

ff) Berechnungsbeispiele

(1) Zugang der M.erhöhungserklärung: 5. Oktober 1983;
Fälligkeit der M.erhöhung (Berechnungszeitpunkt): 1. Januar 1984;

Stichtagsmiete am 1. Januar 1981: DM 500,–.
Keine weiteren M.erhöhungen bis zum Oktober 1983.
Die Kappungsgrenze liegt bei DM 500,– + 30% = DM 650,–.
Es ist eine M.erhöhung von DM 500,– auf DM 650,– möglich.

(2) Beim Berechungsbeispiel (1) hat im Jahre 1982 eine M.erhöhung von DM 500,– auf DM 600,– wegen einer Modernisierung stattgefunden (§ 3 MHG):
Stichtagsmiete am 1. Januar 1981: DM 500,–;
Kappungsgrenze: DM 500,– + 30% = DM 650,– + DM 100,– „Modernisierungszuschlag" = DM 750,–.
Es ist eine M.erhöhung von DM 600,– auf DM 750,– möglich.

(3) Beim Berechnungsbeispiel (1) hat im Jahre 1980 eine M.erhöhung von DM 400,– auf DM 500,– nach § 3 MHG stattgefunden:
Stichtagsmiete am 1. Januar 1981: DM 500,–;
Die Kappungsgrenze liegt bei DM 500,– + 30% = DM 650,–.
Es ist eine M.erhöhung von DM 500,– auf DM 650,– möglich.
M.erhöhungen nach §§ 3–5, die vor dem Stichtag eingetreten sind, beeinflussen die Kappungsgrenze nämlich nicht.

(4) Beim Berechnungsbeispiel (1) hat im Jahre 1980 eine Mieterhöhung von DM 400,– auf DM 500,– nach §§ 4 oder 5 MHG stattgefunden.
Stichtagsmiete am 1. Januar 1981: DM 400,– + DM 100,–;
Die Kappungsgrenze liegt bei DM 400,– + 30% = DM 520,– + DM 100,– = DM 620,–.
Es ist also eine Mieterhöung von DM 500,– auf DM 620,– möglich.
Mieterhöhungen nach §§ 4 und 5 MHG sind bei der Berechnung der Kappungsgrenze nämlich auch dann zu berücksichtigen (herauszurechnen), wenn sie vor dem Stichtag eingetreten sind. Die Differenzierung zwischen dem Beispielsfall (3) und dem Beispielsfall (4) steht zwar im Widerspruch zum Wortlaut des § 2 Abs. 1 Ziff. 3, weil danach die Mieterhöhungen nach §§ 3–5 gleichbehandelt werden; eine Differenzierung ist aber aus Gründen einer systemgerechten Handhabung der Vorschriften geboten: Mieterhöhungen nach § 3 MHG führen zu einer Änderung der Grundmiete; deshalb muß hier eine vor dem Stichtag eingetretene Mieterhöhung ebenso behandelt werden wie jede andere Änderung der Grundmiete. Hierfür spricht vor allem, daß der Gesetzgeber die Vorschrift des § 3 MHG gerade deshalb geschaffen hat, um über erleichterte Möglichkeiten zur Mieterhöhung zusätzliche Modernisierungsanreize zu schaffen. Diese Zielrichtung muß auch bei der Berechnung der Kappungsgrenze berücksichtigt werden. Schließlich ist hier zu bedenken, daß ein Vermieter nach einer Modernisierung häufig auch nach § 2 MHG

erhöhen könnte und den Weg des § 3 nur aus Gründen der Einfachheit wählt. Auf die Umlagen nach §§ 4 und 5 MHG treffen diese Gesichtspunkte nicht zu. Die Umlagen beeinflussen die Grundmiete nicht. Das Umlagerecht besteht auch nur deshalb, um dem Vermieter die Möglichkeit zu geben, reale Kostenbelastungen in der tatsächlichen Höhe an die Mieter weiterzugeben. Ein weitergehender Vorteil soll dem Vermieter aber nicht erwachsen, es ist deshalb systemfremd, wenn die vor der Stichtagsmiete durchgeführten Umlagen bei der Berechnung der Kappungsgrenze wie eine Mieterhöhung behandelt werden, da der Vermieter in diesem Fall nur deshalb Anspruch auf eine höhere Grundmiete hätte, weil sich irgendwann vor dem 3-Jahreszeitraum die Betriebskosten oder die Kapitalkosten erhöht haben.

gg) Die Kappungsgrenze gilt auch beim *Übergang von der Preisbindung zum Vergleichsmietensystem* (BayObLG RE v. 23. 1. 84 WM 84, 48 = DWW 84, 47 m. abl. Anm. Pfeifer; Heitgreß WM 83, 44; Landfermann, Erläuterungen, S. 41; Hemmig, WM 83, 183; Scholz NJW 83, 1822; Merkl WM 83, 99; Derleder WM 83, 221; AG Freiburg WM 83, 298; a. A.: Gelhaar DWW 83, 58; AG Neuss WM 83, 114; DWW 83, 204; NJW 83, 2327 = WM 83, 296; Barthelmess § 2 MHG Rdn. 52; Blümmel GrundE 83, 143; Deggau BlGBW 83, 81; s. im einzelnen Schmidt-Futterer/Blank Kommentar Rdn. C 801). Durch Beschluß vom 4. 12. 1985 hat das Bundesverfassungsgericht entschieden, daß die hier dargelegte Rechtsauffassung mit dem Grundgesetz in Einklang steht (BVerfG NJW 86, 1669 = WM 86, 101 = DWW 86, 93 mit Anm. Gather). Auch im übrigen gelten für den Übergang von der Preisbindung zum Vergleichsmietensystem keine Besonderheiten. Die Rechtsmeinung, wonach in diesem Fall von demjenigen Mietzins auszugehen sei, der im Zeitpunkt des Wegfalls der Preisbindung bestanden habe (so LG München I WM 85, 330), findet im Gesetz keine Stütze. Auch Art. 14 GG gewährleistet nicht, daß der Vermieter ohne zeitliche Verzögerung die jeweils höchstmögliche Rendite erzielen kann (BVerfG, WM 91, 575). Es sind auch keine Kapitalkostensteigerungen abzuziehen, die während der Zeit der Preisbindung eingetreten sind (OLG Hamm RE v. 27. 6. 1990 WM 90, 333 = DWW 90, 233 = ZMR 90, 375).

hh) Die Kappungsgrenze gilt auch bei der Erhöhung einer *Pauschal- oder Teilpauschalmiete*. Allerdings ist in diesen Fällen umstritten, ob die Kappungsgrenze aus der Gesamtmiete (Grundmiete einschließlich der Nebenkosten) oder aus einer fiktiven Grundmiete (Pauschalmiete abzüglich der darin enthaltenen Nebenkosten) zu ermitteln ist. Da sich der Anspruch des Vermieters auf eine ortsübliche Pauschalmiete nur aus § 2 MHG herleiten läßt, spricht die Gesetzessystematik für eine Berechnung aus der Gesamtmiete (LG München I

WM 85, 330; LG Hamburg WM 85, 306; LG Karlsruhe WM 85, 328; LG Hannover WM 87, 126; AG Hamburg WM 85, 329; LG Hamburg, WM 91, 593; LG Hannover, WM 92, 136). Allerdings hat dies zur Folge, daß wegen der Berücksichtigung des Betriebskostenanteils höhere Mietsteigerungen möglich sind als bei einer aufgegliederten Preisgestaltung. Hierfür gibt es keine sachlichen Gründe. Eine Pauschalpreisvereinbarung und eine in Grundmiete und Betriebskosten aufgegliederte Preisvereinbarung muß im Mieterhöhungsverfahren gleichbehandelt werden, was nur möglich ist, wenn die Kappungsgrenze aus einer fiktiven Grundmiete berechnet wird (ebenso: LG Kiel NJW 85, 65). Auch die Neufassung des § 2 Abs. 1 Satz 1 Nr. 3 durch das Vierte Mietrechtsänderungsgesetz trägt dieser Erkenntnis Rechnung. Dort ist nämlich ausdrücklich geregelt, daß sich die jeweiligen Kappungsgrenzen nach dem Mietzins „ohne Betriebskostenanteil" bestimmen.

ii) *Unanwendbarkeit der Kappungsgrenze:* Nach dem „Gesetz zum Abbau der Fehlsubventionierung und der Mietverzerrung im Wohnungswesen" – AFWoG – BGBl. 1981 S. 1058) kann von dem Mieter einer Sozialwohnung, dessen Einkommen über der maßgeblichen Grenze liegt (Fehlbeleger) eine Ausgleichszahlung (Fehlbelegerabgabe) an das Land verlangt werden. Die Fehlbelegerabgabe ist nach der Höhe der Einkommensüberschreitung gestaffelt; sie ist auf Antrag des Mieters zu beschränken auf den Unterschiedsbetrag zwischen der Kostenmiete und der ortsüblichen Miete für freifinanzierte Wohnungen. Die ortsübliche Miete ist nicht nach § 2 Abs. 1 Satz 1 Nr. 2 MHG sondern nach der Rechtsverordnung zu § 6 Abs. 2 AFWoG zu bestimmen: die für die Neuvermietung einer freifinanzierten Wohnung erzielbare Miete bildet die Obergrenze der Belastung des Fehlbelegers (BVerwG, WM 91, 400).

Die Pflicht zur Zahlung der Ausgleichsabgabe entfällt mit dem Ende der Preisbindung. Der Vermieter kann die bisherige Kostenmiete bis zur ortsüblichen Miete im Sinne von § 2 Abs. 1 Satz 1 Nr. 2 MHG erhöhen. Nach dem bis zum 31. 8. 1993 geltenden Recht (maßgeblich: der Zugang des Mieterhöhungsverlangens) mußte er hierbei die Kappungsgrenze beachten. Dies kann zur Folge haben, daß die Gesamtbelastung des Fehlbelegers (Mietzins plus Fehlbelegerabgabe) nach dem Wegfall der Belegungsbindung sinkt. Diese Rechtsfolge wird vom Zweck der Kappungsgrenze nicht gedeckt; diese soll lediglich sicherstellen, daß der Mieter vor allzugroßen Mietsteigerungen verschont bleibt. Aus diesem Grunde ist in § 2 Abs. 1a Satz 1 Nr. 1 MHG nunmehr geregelt, daß die Kappungsgrenze bei einer Mieterhöhung nach Ablauf der Preisbindung nicht anzuwenden ist, wenn der Mieter bisher eine Fehlbelegerabgabe zu zahlen hatte. In Fällen dieser Art kann die Miete bis zur Höhe der zuletzt gezahlten Ausgleichszahlung, höchstens aber bis zur ortsüblichen Miete erhöht werden (§ 2 Abs. 1a Satz 1 Nr. 2 MHG). Aus dem Mieterhöhungsschreiben muß sich ergeben, daß der Vermieter von der Ausnahmebestimmung des § 2 Abs. 1a MHG Gebrauch macht. Die ortsübliche Miete muß in einer § 2 Abs. 2 MHG entsprechenden Weise begründet werden.

In § 2 Abs. 1a Satz 2 MHG ist ergänzend bestimmt, daß der Mieter dem Vermieter auf Verlangen über die Verpflichtung zur Ausgleichszahlung und über deren Höhe Auskunft zu erteilen hat. Das Auskunftsverlangen kann frühestens vier Monate vor dem Wegfall der öffentlichen Bindung gestellt werden. Der Mieter muß die Auskunft innerhalb eines Monats erteilen. Das Auskunftsverlangen ist formlos wirksam. Auch die Auskunft kann formlos erteilt werden.

d) Der V. muß den Erhöhungsanspruch gegenüber dem M. *schriftlich* geltend machen und *begründen*.

aa) Für die *Schriftform* gilt § 126 BGB: grundsätzlich ist also erforderlich, daß die M.erhöhungserklärung von dem oder den V. eigenhändig oder mittels notariell beglaubigtem Handzeichen unterzeichnet werden. Eine Ausnahme gilt gem. § 8 MHG für M.erhöhungserklärungen, die mit Hilfe automatischer Einrichtungen gefertigt worden sind (s. dazu unten III).

bb) Das M.erhöhungsverlangen muß von *allen Vermietern gegenüber allen Mietern* abgegeben werden. Bei Wohnraum in den neuen Bundesländern, der bereits vor dem 2. 10. 1990 einem Ehepaar überlassen worden ist, muß in diesem Zusammenhang bedacht werden, daß stets beide Eheleute Vertragspartner sind; dies gilt auch dann, wenn der Mietvertrag nur von einem der Eheleute unterschrieben worden ist (§ 100 Abs. 3 Satz 1 ZGB; abweichend: Quarch, WM 93, 224). Das BezG Chemnitz (WM 93, 34) hat in diesem Zusammenhang entschieden, daß es nicht genügt, wenn das Mieterhöhungsschreiben an „die Familie XY" gerichtet wird; hierdurch werde der Empfänger der Mieterhöhungserklärung nicht hinreichend genau bestimmt. Folgt man dieser Rechtsmeinung, so müssen die Ehegatten stets mit ihrem Namen oder zumindest mit der Anrede „Herr und Frau XY" angeschrieben werden. Das nur an einen der Mieter gerichtete Erhöhungsschreiben ist unwirksam (OLG Koblenz RE v. 13. 10. 1983 WM 84, 18 = ZMR 84, 30). Etwas anderes gilt, wenn das schriftliche M.erhöhungsverlangen für alle M. bestimmt ist, aber nur gegenüber einem der M. abgegeben wird, der zur Empfangnahme von Willenserklärungen bevollmächtigt ist (OLG Schleswig RE v. 22. 3. 1983 WM 83, 130 = ZMR 83, 249; KG RE v. 25. 10. 1984 WM 85, 12 = ZMR 85, 22). Zu den formularmäßig erteilten Empfangs- und Erklärungsvollmachten s. im übrigen Eheleute I; Formularverträge III 2a–ee). Auch der V. kann einen Dritten zu der Abgabe der M.erhöhungserklärung bevollmächtigen. Legt der Bevollmächtigte dem Erhöhungsverlangen eine Vollmachtsurkunde nicht bei und weist der Mieter die Erhöhungserklärung wegen des Fehlens der Vollmachtsurkunde unverzüglich zurück, so ist die Erklärung unwirksam. Ein Zeitraum von zwei Wochen kann hierbei noch als unverzüglich gelten (LG Karlsruhe WM 85, 320; LG München I WM 86, 259 – sechs Tage –). Die Mieterhöhungserklärung ist zwar keine einseitige empfangsbedürftige Willenserklärung, sondern ein Angebot des Vermieters zur Vertragsänderung; wegen der damit verbundenen Rechtsfolgen muß die Vorschrift des § 174 BGB aber analog angewendet werden (OLG Hamm (RE) WM 82, 204). Die Zurückweisung durch den Mieter ist ausgeschlossen, wenn der Vermieter den Mieter auf andere Weise von der Bevollmächtigung des Vertreters in Kenntnis gesetzt hatte (§ 174 S. 2 BGB) oder wenn der Mieter weiß, daß der Erklärende aufgrund seiner beruflichen Stellung auch zur Abgabe von Mieterhöhungserklärungen bevollmächtigt ist (LG München I WM 86, 259, betr.: „Leiter der Abteilung Grundvermögen" eines größeren Unternehmens).

cc) Die M.erhöhungserklärung muß *begründet* werden. Dies erfordert Hinweise auf die Höhe der ortsüblichen Miete. Zur Begründung kann der V. auf einen M.spiegel Bezug nehmen, ein Sachverständigengutachten über die Höhe der ortsüblichen Miete beifügen oder Vergleichsobjekte benennen. Die Angabe des Erhöhungszeitpunkts ist dagegen nicht erforderlich (OLG Koblenz RE v. 11. 3. 1983 WM 83, 132 = ZMR 83, 246). Ebenso erübrigen sich Darlegungen über die Einhaltung der sonstigen Erhöhungsvoraussetzungen, wie etwa den Ablauf der Jahresfrist oder die Einhaltung der Kappungsgrenze. Ein bestimmbarer Erhöhungsbetrag muß allerdings angegeben werden, weil der M. das Erhöhungsverlangen sonst nicht annehmen kann.

aaa) Begründet der V. sein Erhöhungsverlangen mit *Vergleichsobjekten,* so genügt die Benennung von drei Wohnungen (§ 2 II MHG). Der V. kann die Vergleichsobjekte in dem Erhöhungssschreiben mitteilen; es genügt allerdings auch, wenn der V. eine gesonderte Liste mit Vergleichsobjekten beifügt (KG RE v. 22. 2. 1984 WM 84, 101). Der Vermieter ist dabei nicht auf eine bestimmte Höchstzahl beschränkt (BayObLG, RE vom 25. 9. 1991, WM 92, 52 = DWW 92, 104 = ZMR 92, 144); dies gilt auch dann, wenn die Vergleichswohnungen so zahlreich sind, daß dem Mieter eine Überprüfung nicht möglich ist. Bei den Vergleichsobjekten muß es sich stets um solche Wohnungen handeln, die zum Zeitpunkt der Abgabe der M.erhöhungserklärung vermietet sind. Der V. kann ausschließlich solche Objekte benennen, die ihm selbst gehören.

Die Vergleichswohnungen dürfen sich auch im selben Haus wie

die Wohnung des Mieters befinden (OLG Karlsruhe (RE) WM 84, 188; OLG Frankfurt (RE) WM 84, 123; vgl. auch KG WM 84, 73; dies ist verfassungsrechtlich unbedenklich (BVerfG, ZMR 93, 362). Bei der Benennung einer Wohnung aus eigenem Bestand müssen gegenüber der Benennung fremder Wohnungen auch keine Besonderheiten beachtet werden. Vereinzelt wird allerdings auch die Ansicht vertreten, daß der Vermieter in diesem Fall im Erhöhungsschreiben kenntlich machen müsse, daß ihm die Wohnungen selbst gehören, daß er weiter darlegen müsse, warum ihm die Benennung von Wohnungen anderer Vermieter nicht möglich sei und daß er schließlich die Wohnungen hinsichtlich ihrer Beschaffenheit genau beschreiben müsse (Sternel MDR 83, 356). Hier wird verkannt, daß der Gesetzgeber offensichtlich die Benennung eigener und die Benennung fremder Wohnungen als gleichwertig angesehen hat. Davon abgesehen müssen sich die Anforderungen, die an die formelle Wirksamkeit einer Erklärung gestellt werden, aus Gründen der Rechtsklarheit und -sicherheit unmittelbar aus dem Gesetz ergeben. Der Wortlaut des § 2 Abs. 2 sieht weitere Wirksamkeitsvoraussetzungen aber nicht vor (wie hier: Barthelmess § 2 MHG Rdn. 104).

Die Vergleichswohnungen müssen so angegeben werden, daß der M. aufgrund der Angaben diese Wohnungen aufsuchen und „auf den Klingelknopf drücken“ kann. Dies erfordert die Angabe der Anschrift und des Wohnungsbenutzers; ist der Wohnungsbenutzer nicht bekannt, so muß statt dessen die genaue Lage der Wohnung im Haus (z. B.: 2. Obergeschoß links) angegeben werden (BGH RE vom 20. 9. 82, NJW 82, 2867). Die bisher streitige Frage, ob in jedem Fall der Name des M. bzw. V. der Bezugswohnung angegeben werden muß oder ob es ausreicht, wenn die Vergleichswohnungen auf andere Weise identifiziert werden können, ist durch diesen Rechtsentscheid gegenstandslos geworden. Diese Rechtsprechung beruht auf der Erwägung, daß der M. auf Grund der Angaben in der Lage sein soll, die Vergleichswohnungen aufzusuchen um diese auf ihre Vergleichbarkeit zu untersuchen. Das M.erhöhungsverlangen ist und bleibt aber auch dann wirksam, wenn die Vergleichsmieter die Besichtigung der Wohnung nicht gestatten oder nicht bereit sind, Auskünfte zu erteilen (OLG Schleswig RE v. 31. 10. 1983 WM 84, 23 = ZMR 84, 28). Die zum Vergleich benannten Wohnungen brauchen mit der Wohnung des M. nicht völlig übereinzustimmen. Es genügt eine ungefähre Vergleichbarkeit. Da dem V. der Zugang zur gerichtlichen Sachentscheidung nicht über Gebühr erschwert werden darf, ist insoweit ein großzügiger Maßstab anzulegen (BVerfG NJW 80, 1617 = MDR 80, 732 = WM 80, 123 = ZMR 80, 202 = DWW 80, 123). Eine Ausnahme kann in Betracht kommen, wenn die Wohnung des M. eine ins Auge fallende Besonderheit aufweist und der

M. aus diesem Grunde an der Vergleichbarkeit der benannten Wohnungen zweifeln kann (BVerfG NJW 89, 969 = WM 89, 62 = ZMR 89, 142 = DWW 89, 20 betr. eine Mieterwohnung, die nur über einen Außenwandgasofen beheizt werden kann; zweifelhaft). Abweichungen in der Größe sind nach dem RE des OLG Schleswig vom 3. 10. 1986 unerheblich (WM 87, 140).

Das Erhöhungsverlangen ist nur dann in voller Höhe wirksam, wenn für mindestens drei Vergleichswohnungen ein M.zins gezahlt wird, der der verlangten Miete entspricht. Es genügt nicht, wenn für die Vergleichswohnungen im Durchschnitt der geforderte Betrag bezahlt wird. Liegt eine der Vergleichswohnungen unter diesem Betrag, so ist das M.erhöhungsverlangen allerdings nicht unwirksam; es bleibt vielmehr bis zur Höhe des niedrigsten Betrages wirksam (OLG Karlsruhe RE v. 15. 12. 1983 WM 84, 21). Ist dieser Betrag nicht höher als die bereits gezahlte Miete, so ist das Erhöhungsverlangen wirkungslos.

Soll eine Pauschal- oder Teilpauschalmiete erhöht werden, so hat der Vermieter die Wahl zwischen der Benennung von drei Vergleichswohnungen, für die ebenfalls eine Pauschal- oder vergleichbare Teilpauschalmiete gezahlt wird, und der Benennung von drei Wohnungen mit aufgegliederter Mietpreisvereinbarung. Entscheidet er sich für die letztgenannte Möglichkeit, so kann er zu der Grundmiete jener Vergleichswohnungen die auf die Bezugswohnung entfallenden Betriebskosten hinzurechnen und so eine erhöhte Pauschal- oder Teilpauschalmiete nachweisen (OLG Hamm (RE) WM 84, 121; WM 93, 29). Das Mieterhöhungsverlangen ist hinreichend begründet, wenn der Vermieter Vergleichswohnungen zur Begründung der ortsüblichen Nettomiete aufführt und die tatsächlich auf die Wohnung entfallenden Betriebskosten hinzurechnet. Es ist nicht erforderlich, daß der Vermieter die ursprüngliche Zusammensetzung von (fiktiver) Grundmiete und Betriebskosten dartut (LG Karlsruhe WM 85, 328). Umgekehrt gilt dasselbe: Ist bei der Bezugswohnung ein aufgegliederter Mietpreis vereinbart, so kann zur Erhöhung der Grundmiete auch auf Wohnungen zurückgegriffen werden, in deren Mietpreis alle Nebenkosten enthalten sind. In diesem Fall muß der Vermieter allerdings die jeweiligen Nebenkosten der Vergleichswohnungen ermitteln und im Mieterhöhungsschreiben darlegen, daß diese Kosten aus der Gesamtmiete herausgerechnet worden sind. Unterbleibt diese Preisanpassung, so sind die zum Nachweis der ortsüblichen Miete genannten Wohnungen mit der Bezugswohnung nicht vergleichbar; das Mieterhöhungsverlangen ist dann unwirksam (LG Berlin WM 85, 306).

Zu den sonstigen Einzelheiten (Baualter der Vergleichsobjekte; Berechnung der Wohnungsgröße; Berücksichtigung von Mängeln; Berechnung von Zuschlägen u. s. w.) s. oben I 1 b–cc.

bbb) Zur Begründung kann vom V. im Erhöhungsverlangen auch Bezug genommen werden auf eine *Übersicht der üblichen M.entgelte in der Gemeinde* oder in einer vergleichbaren Gemeinde (sog. M.spiegel, M.werttabellen). Die Vergleichbarkeit der Gemeinden ist gegeben, wenn diese in einer Reihe von äußeren, ohne weiteres feststellbaren Faktoren im wesentlichen übereinstimmen. Hierzu gehört in erster Linie die Größe der Gemeinde, deren Alter, die Bevölkerungsstruktur, die geographische Lage zu benachbarten Ballungsgebieten usw. Ein Rückgriff auf den M.spiegel der Nachbargemeinde ist möglich, wenn in der eigenen Gemeinde kein M.spiegel vorhanden ist und die Vergleichbarkeit der Nachbargemeinde nicht offensichtlich ausscheidet (OLG Stuttgart RE v. 2. 2. 1982 WM 1982, 108 = ZMR 1982, 215). Ebenso kommt ein Rückgriff auf den Mietspiegel der Nachbargemeinde in Betracht, wenn der Mietspiegel der eigenen Gemeinde veraltet ist (Haase, WM 93, 441). Ausführungen zur Vergleichbarkeit der Gemeinden sind entbehrlich. Der Vermieter darf unter den Werten des Mietspiegels der Nachbargemeinde bleiben. Er darf diese Werte aber nicht überschreiten (a. A. Haase, a. a. O.): der Mietspiegel bezieht seine Überzeugungskraft aus der Neutralität und Sachkunde seiner Ersteller; hieran nehmen die vom Vermieter für richtig erachteten Zuschläge nicht teil. Der V. darf sich nur auf solche M.spiegel berufen, die von der Gemeinde oder von Interessenvertretern der V. und der M. gemeinsam erstellt oder anerkannt worden sind (§ 2 II S. 2). Ein unter Bezugnahme auf einen solchen M.-spiegel begründetes Erhöhungsverlangen ist auch dann wirksam, wenn der M.spiegel Mängel aufweist (LG Bonn WM 80, 32). Ist allerdings in einem M.spiegel ein bestimmtes Rasterfeld nicht ausgefüllt worden, so enthält der M.spiegel bewußt keine Aussage über die fraglichen Wohnungen, weil aufgrund der statistischen Erhebungen eine ausreichende Anzahl von M.daten, die als repräsentativ gewertet werden könnten, nicht vorgelegen hat. In diesem Fall scheidet der M.spiegel als Begründungsmittel aus (LG Hamburg MDR 81, 319 = ZMR 81, 120 = DWW 81, 49).

Das Alter des Mietspiegels hat auf die Wirksamkeit des M.erhöhungsverlangens keinen Einfluß (§ 2 VI MHG). Deshalb kann der V. auch auf solche M.spiegel Bezug nehmen, die seit Jahren nicht mehr fortgeschrieben worden sind. Die Zurechnung eines Zuschlags für die zwischenzeitlichen M.zinssteigerungen ist allerdings nicht möglich. Dies gilt auch dann, wenn die Berechnung des Zuschlags auf einer zuverlässigen Statistik beruht. Das M.erhöhungsverlangen ist in diesen Fällen nur bis zur Höhe der M.spiegelwerte wirksam (OLG Stuttgart RE v. 2. 2. 1982 WM 82, 108 = ZMR 82, 215; OLG Hamburg RE v. 16. 2. 1983 WM 83, 80; ZMR 83, 245). Ein Mieterhöhungsverlangen, das dem Mieter nach dem 31. 8. 1993 zugeht, kann auch mit einem Mietspiegel begründet werden, der unter der Geltung des bis zum 1. 9. 1993 maßgeblichen Rechts erstellt worden ist. In diesem Mietspiegel ist zwar das ortsübliche Preisniveau nach den Mietpreisveränderungen der letzten drei Jahre (statt der letzten vier Jahre; vgl. oben 1b) ermittelt worden. Gleichwohl ist die Verwendung eines solchen Mietspiegels zulässig, weil Art. 6 Abs. 2 des Vierten Mietrechtsänderungsgesetzes ausdrücklich bestimmt, daß auch diese Mietspiegel unter § 2 Abs. 6 MHG fallen (zu der Frage der Verwendung solcher Mietspiegel im Prozeß s. Blank, WM 93, 504).

Weist die Wohnung hinsichtlich der Mietpreisgestaltung, der Vertragsbedingungen, der Art und Weise der Benutzung oder der objektiven Beschaffenheit Besonderheiten auf, die der Mietspiegel nicht berücksichtigt, so kann diesem Umstand durch *Zu- oder Abschläge* Rechnung getragen werden. So kann beispielsweise ein Vermieter, der entsprechend der gesetzlichen Regelung gegenüber dem Mieter zur Durchführung von *Schönheitsreparaturen* verpflichtet ist, zur Begründung des Mieterhöhungsverlangens auch auf solche Mietspiegel zurückgreifen, bei deren Erstellung nur solche Wohnungen erfaßt wurden, in denen die Schönheitsreparaturen kraft vertraglicher Vereinbarung vom Mieter durchzuführen sind. Das nach § 2 geschuldete Entgelt kann in diesem Fall in der Weise festgestellt werden, daß zu der nach dem Mietspiegel ausgewiesenen Vergleichsmiete ein Zuschlag hinzugerechnet wird. Dieser Zuschlag kann in Anlehnung an § 28 Abs. 4 der II. Berechnungsverordnung ermittelt werden (OLG Koblenz (RE) WM 85, 15; vgl. auch LG Wiesbaden WM 87, 127, wonach es wirtschaftlich üblich ist, daß die Schönheitsreparaturen vom Mieter zu tragen sind). Weist der Mietspiegel lediglich die Kategorien „Wohnungen mit Bad" und „Wohnungen ohne Bad" auf, so kann dem Umstand, daß der Mieter in einem vorhandenen *Badezimmer* auf seine Kosten eine Badeeinrichtung installiert hat, durch einen mittleren, zwischen den beiden Kategorien liegenden Preis Rechnung getragen werden. Dies gilt allerdings nicht, wenn das Badezimmer in einem ursprünglich nicht dafür bestimmten Raum (z. B. durch Abteilung der Küche) eingerichtet worden ist. Eine solche Wohnung gilt auch weiterhin als Wohnung ohne Bad, weil die vom Mieter geschaffenen Einrichtungen im Mieterhöhungsverfahren unberücksichtigt bleiben. Auch eine außergewöhnliche Wohnlage kann einen Zuschlag rechtfertigen (so LG Hamburg WM 87, 126: Zuschlag von 20% für sog. „Adressenlage").

Der Umstand, daß die Parteien eine *Pauschalmiete* vereinbart haben, steht der Anwendung eines Mietspiegels auch dann nicht entgegen, wenn dort ausschließlich die ortsübliche Grundmiete ausgewiesen wird. In einem solchen Fall ist der Vermieter berechtigt, die auf die Wohnung entfallenden Betriebskosten zu den Mietspiegelwerten hinzuzurechnen. Der so ermittelte Mietzins bildet das nunmehr vom Mieter geschuldete Entgelt. Ein Mieterhöhungsverlangen ist hinreichend begründet, wenn der Vermieter auf den Mietspiegel Bezug nimmt und im einzelnen erläutert, welche Betriebskosten zusätzlich in Ansatz gebracht worden sind (OLG Stuttgart (RE) WM 83, 285, 313; OLG Hamburg WM 84, 24). Nach der Ansicht des OLG Stuttgart sollen bei der hier dargelegten Rechenoperation diejenigen Betriebskosten maßgeblich sein, die zum Zeitpunkt der Erhöhungserklärung anfallen (ebenso: LG Frankfurt WM 85, 315). Nach der hier vertretenen Meinung kommt es dagegen auf die beim Vertragsschluß bestehenden und die in der Folgezeit nach § 4 II MHG erhöhten Betriebskosten an. Dieselben Grundsätze sind bei der Vereinbarung einer *Teilpauschalmiete* anwendbar (OLG Hamm, RE vom 3. 12. 1992, WM 93, 29 = ZMR 93, 112). In einem solchen Fall kann der Vermieter den in der Grundmiete steckenden Betriebskostenanteil herausrechnen, die verbleibende (fiktive) Grundmiete auf das ortsübliche Niveau erhöhen und den herausgerechneten Betriebskostenteil wieder hinzuschlagen. Unerheblich ist es insoweit, ob die Teilpauschalmiete auf präziser Kostenkalkulation beruht, oder ob lediglich ein Teil der Betriebskosten versehentlich oder aufgrund unklarer Regelungen nicht umgelegt worden ist. Zur Berechnung der Kappungsgrenze in diesen Fällen s. oben I 1 c–ee.

Den Text des M.spiegels braucht der V. seinem schriftlichen Erhöhungsverlangen dann nicht beizufügen, wenn dieser für jedermann zugängig oder für wenig Geld erhältlich ist (LG Berlin WM 90, 519). Soweit die Angaben im M.spiegel nicht ohne weiteres erkennen lassen, woraus sich der geforderte Erhöhungsbetrag ergibt, muß der V. dies im Erhöhungsverlangen hinreichend deutlich mitteilen (z. B. Bezugnahme auf das für zutreffend gehaltene Tabellenfeld, wenn verschiedene Einordnungsmöglichkeiten hinsichtlich Baualter, Lage, Ausstattung usw. bestehen). Nach der früheren Rechtslage wurde teilweise die Ansicht vertreten, daß ein mit einem Mietspiegel begründetes Mieterhöhungsverlangen, mit dem ein über dem Mittelwert liegender Mietpreis gefordert wurde, nur dann hinreichend begründet war, wenn die für die Abweichung maßgebenden Gesichtspunkte mitgeteilt wurden (LG Mannheim ZMR 77, 284; LG Köln WM 77, 143). Nach der Neufassung des Gesetzes genügt es für die formelle Wirksamkeit des Mieterhöhungsverlangens, wenn der Mietzins innerhalb der Spanne liegt. Weiterer Darlegungen für die konkrete Einordnung bedarf es nicht. Für die materiellrechtliche Wirksamkeit kommt es natürlich nicht auf die vom V. vorgenommene Zuordnung, sondern auf den wirklichen Wohnungswert an (dazu oben 1 b–bb).

Wird der M.spiegel nach der Abgabe des Erhöhungsverlangens

fortgeschrieben, so bestimmt sich die Höhe der ortsüblichen Miete nach den zwischenzeitlich fortgeschriebenen und nicht nach den bei Abgabe des Zustimmungsverlangens gültigen Werten (LG Bochum WM 82, 18; LG Wuppertal WM 82, 19; a. A.: LG Köln WM 82, 20).

ccc) Ferner kann zur Begründung vom V. auch auf ein mit Gründen versehenes *Gutachten* eines öffentlich- bestellten oder vereidigten *Sachverständigen* Bezug genommen werden (§ 2 II S. 2). Der Sachverständige muß dabei für das Gebiet der M.preisbewertung bestellt worden sein; die Bestellung für ein verwandtes Sachgebiet (z. B. „Grundstücks- u. „Gebäudebewertung") reicht ebenfalls aus, wenn der Sachverständige im Rahmen dieser Tätigkeit üblicherweise auch mit der Ermittlung von Mietpreisen befaßt ist (BGH (RE) NJW 82, 1701). Es genügt die öffentliche Bestellung oder die Vereidigung des Sachverständigen, so daß beides nicht kumulativ vorzuliegen braucht. Es ist auch nicht erforderlich, daß der Sachverständige gerade von derjenigen Stelle öffentlich bestellt oder vereidigt ist, in deren Bezirk die Wohnung liegt, für die die Miete erhöht werden soll (BayObLG (RE) ZMR 87, 426). Es genügt die Bestellung oder Vereidigung durch irgendeine dafür zuständige (von einer Landesregierung bestimmte) Stelle. Der Sachverständige muß auch nicht über unmittelbare eigene Kenntnisse eines repräsentativen Querschnitts der Mieten in der Gemeinde verfügen, in der die Wohnung liegt (BayObLG a. a. O.). Nach dem Zweck des Gesetzes soll nämlich bereits durch die öffentliche Bestellung eine besondere Sachkunde auf dem Gebiet der Mietpreisbewertung dokumentiert werden. Bereits diese Sachkunde soll dem M. eine gewisse Gewähr dafür bieten, daß die Darlegungen des Sachverständigen über die Höhe der ortsüblichen Miete richtig sind. Sonstige Einwendungen gegen die Person eines öffentlich bestellten oder vereidigten Sachverständigen müssen nach dem Wortlaut des Gesetzes und aus Gründen der Rechtssicherheit unberücksichtigt bleiben.

Die mit einem Sachverständigengutachten begründete M.erhöhungserklärung ist deshalb auch dann wirksam, wenn in der Person des Sachverständigen Ablehnungsgründe nach §§ 406, 41 ff. ZPO vorliegen; die letztgenannten Vorschriften sind im vorgerichtlichen Raum nicht anwendbar (a. A. AG Freiburg WM 87, 265). Eine analoge Anwendung der §§ 406, 41, 42 ZPO scheidet aus, weil der Sachverständige nicht bei der Entscheidung eines Rechtsstreits mitwirkt. Allerdings sollte ein Sachverständiger im Falle einer möglichen Interessenkollision von sich aus nicht tätig werden). Erst Recht ist es unerheblich, wenn der Sachverständige aus beruflichen Gründen ein gewisses Interesse an einem bestimmten M.zinsniveau hat (so OLG Oldenburg (RE) WM 81, 150 für Grundstücksmakler).

Das Gutachten muß dem Erhöhungsverlangen beigefügt werden,

falls dem M. davon nicht bereits anderweitig Kenntnis gegeben worden ist (OLG Braunschweig RE vom 19. 4. 82 WM 82, 272). Inhaltlich muß das Gutachten in verständlicher Weise erkennen lassen, aufgrund welcher Feststellungen und Erwägungen der Sachverständige zu seinem Ergebnis gelangte. Die Art und Weise der Beweisführung wird dabei vom Gesetz nicht zwingend vorgeschrieben; insbesondere ist es nicht erforderlich, daß in dem Gutachten drei Vergleichsobjekte unter Angabe der genauen Anschrift genannt werden (OLG Oldenburg (RE) DWW 81, 72 = ZMR 81, 184 = WM 81, 150; LG Hannover MDR 80, 758; Köhler NJW 79, 1535; a. A.: LG Darmstadt WM 81, 111). Die vom Gutachter herangezogenen Vergleichsobjekte müssen auch nicht näher beschrieben werden (OLG Frankfurt (RE) NJW 81, 2820 = WM 81, 273 = ZMR 82, 22 = MDR 82, 147). Werden Vergleichswohnungen angegeben, so spielt es keine Rolle, wenn diese Wohnungen größer oder kleiner sind als die Bezugswohnung (BVerfG DWW 86, 173). Das Gutachten muß lediglich nachvollziehbar sein. Das bedeutet, daß der Sachverständige konkrete tatsächliche Grundlagen angeben muß, aus denen die Schlußfolgerung abgeleitet werden kann, daß ein bestimmter Preis ortsüblich ist (OLG Oldenburg a. a. O.). Nach dem Rechtsentscheid des OLG Karlsruhe vom 20. 7. 82 (WM 82, 269) reicht es in diesem Zusammenhang aus, wenn der Sachverständige behauptet, daß ihm aufgrund seiner beruflichen Tätigkeit vergleichbare Wohnungen in ausreichender Zahl aus dem maßgeblichen örtlichen Bereich bekannt sind und wenn anschließend die ermittelte Preisspanne für Wohnungen entsprechend der Größe und vergleichbaren Wohnwerts mitgeteilt und sodann dargelegt wird, wie die zu beurteilende Wohnung innerhalb des genannten Preisbereichs einzuordnen ist. Unzureichend ist es dagegen, wenn der Sachverständige lediglich darlegt, er bemesse die ortsübliche und vergleichbare Miete aufgrund seiner Berufserfahrung und Kenntnis des örtlichen und regionalen Wohnungsmarktes, die aus der Beobachtung anderer Mietobjekte und der marktmäßigen Preisgestaltung und den Angaben durch die Presse beruhen (OLG Karlsruhe (RE) vom 29. 12. 82, WM 83, 133). Der Sachverständige ist nicht verpflichtet, die Wohnung des M. zu besichtigen (OLG Oldenburg (RE) WM 81, 150; a. A.: LG Hannover WM 81, 31). Es reicht aus, wenn sich der Sachverständige anderweitig zuverlässige Kenntnis über den Zustand der Bezugswohnung verschafft (z. B.: Besichtigung einer baugleichen Wohnung; OLG Oldenburg a. a. O.; Information des Vermieters). Wählt der Sachverständige dieses Verfahren, so ist er allerdings verpflichtet, die Ausstattung der besichtigten Wohnung zu beschreiben; anderenfalls kann der Mieter nicht prüfen, von welchen tatsächlichen Gegebenheiten der Sachverständige ausgegangen ist. Entscheidet sich der

Sachverständige für eine Besichtigung der Mieterwohnung, so muß der Mieter diese Besichtigung dulden (Huber DWW 80, 192). Der Besichtigungstermin muß allerdings mit dem Mieter abgesprochen werden, wobei auf persönliche Verhinderungen (z. B.: Urlaubsabwesenheit, Krankheit) Rücksicht zu nehmen ist. Ein Mieterhöhungsverlangen ist unwirksam, wenn es auf ein Sachverständigengutachten gestützt wird, aus dem sich ergibt, daß der Sachverständige keine genauen Vorstellungen über die Größe der Wohnungen hatte (AG Bonn WM 85, 313).

Stets ist zu beachten, daß das vorprozessuale Sachverständigengutachten kein volles Beweismittel, sondern nur ein Indiz für die Höhe der ortsüblichen Miete sein soll. Der Sachverständige ist in der Wahl seiner Methode grundsätzlich frei. Da aus dem Gutachten der ortsübliche M.zins ersichtlich sein soll, darf der Sachverständige aber nicht auf sachfremde Gesichtspunkte wie die Kostenmiete, Rentabilitätsberechnungen, die Höhe der Baukosten, den Beleihungswert etc. zurückgreifen (unzutr. daher: Lünthe ZMR 79, 354 und ZMR 81, 67). Das BMJ hat Hinweise für die Erstellung eines Sachverständigengutachtens nach § 2 II erarbeitet (WM 80, 189). Vgl. hierzu auch Olivet ZMR 79, 129; Langenberg ZMR 80, 161; von Keyserlingk ZMR 79, 257).

Soll eine Pauschalmiete erhöht werden, so kann der Sachverständige die ortsübliche Nettomiete ermitteln und zu dem gefundenen Wert die auf die Wohnung entfallenden Betriebskosten hinzurechnen (LG Kiel WM 85, 64). Insoweit gelten dieselben Grundsätze, die das OLG Stuttgart für die Begründung mit Mietspiegeln aufgestellt hat (s. oben). Allerdings muß diese Berechnung von dem Sachverständigen selbst vorgenommen werden. Es reicht nicht aus, wenn der Vermieter zu einer vom Sachverständigen ermittelten Nettomiete selbst die Betriebskosten hinzurechnet. In einem solchen Fall ist das Mieterhöhungsverlangen nur hinsichtlich der aus dem Sachverständigengutachten ersichtlichen Miethöhe begründet (AG Kiel WM 84, 110). Für die Erhöhung einer Teilpauschalmiete gelten diese Grundsätze entsprechend.

Die *Kosten des Sachverständigengutachtens* sind grunds. vom V. zu tragen. Dies gilt uneingeschränkt dann, wenn es nicht zum gerichtl. Verfahren kommt. Nichts anderes gilt, wenn das Gutachten im Rechtsstreit verwertet wird. Eine Erstattungspflicht könnte sich nämlich nur aus § 91 ZPO ergeben. Im Rahmen des § 91 ZPO muß aber unterschieden werden zwischen solchen Kosten, die im Rahmen der Anspruchsbegründung entstehen und denjenigen Kosten, die zur Vorbereitung der gerichtlichen Durchsetzung oder zum Beweis des Anspruchs aufgewendet werden müssen. Nur die letztgenannten Kosten sind erstattungsfähig. Bei den vorgerichtlichen Gutachtenskosten handelt es sich aber zweifellos um Kosten der Anspruchsbegründung, weil der Anspruch auf Zustimmung zur Mieterhöhung erst mit dem Zugang eines begründeten Mieterhöhungsverlangens entsteht (LG Bonn WM 85, 331; LG Bremen WM 84, 114; LG Dortmund DWW 84, 21; LG Düsseldorf WM 83, 59; LG München I MDR 84, 57; LG Hannover WM 79, 130; LG Bückeburg WM 79, 130; AG Bonn WM 79, 169; LG Mainz WM 79, 250; LG Aschaffenburg JurBüro 80, 1079; LG Berlin MDR 80, 497 = JurBüro 80, 1078; LG Ellwangen MDR 81, 232; Wiek WM 81, 169; Sennekamp ZMR 78, 196).

dd) Ein wirksames Erhöhungsverlangen ist Prozeßvoraussetzung für die Zustimmungsklage. Liegt bis zum Schluß der mündlichen Verhandlung, auf die das Urteil ergeht, kein wirksames Mieterhöhungsverlangen vor, so muß die Klage als unzulässig abgewiesen werden.

Im Gegensatz zu einer früher vertretenen Rechtsmeinung ist im Gesetz aber nunmehr ausdrücklich bestimmt, daß der V. in jenen Fällen, in denen kein wirksames Erhöhungsverlangen vorausgegangen ist, das Erhöhungsverlangen im Rechtsstreit nachholen kann. Dem M. steht auch in diesem Fall die Zustimmungsfrist (Überlegungsfrist) zu.

Die Neuregelung betrifft zunächst alle Fälle, in denen das vorausgegangene Mieterhöhungsverlangen unwirksam ist. Es kommt nicht darauf an, worauf die Unwirksamkeit beruht. Weiterhin gilt die Regelung dann, wenn der V. vorgerichtlich überhaupt kein Mieterhöhungsverlangen abgegeben hat (a. A.: Köhler, Das neue Mietrecht 1983, S. 67). Das Nachholrecht setzt zwar nach dem Wortlaut der Vorschrift voraus, daß „kein wirksames Erhöhungsverlangen vorausgegangen“ ist. Hieraus kann aber nicht der Umkehrschluß gezogen werden, daß das Nachholrecht beim Fehlen einer Mieterhöhungserklärung nicht besteht. Die Wortfassung nimmt insoweit lediglich Bezug auf den typischen Anwendungsbereich des § 2 Abs. 3 S. 2 und hat deshalb nur klarstellende Bedeutung. Die Unterscheidung zwischen einem unwirksamen Mieterhöhungsverlangen mit der Folge des Nachholrechts und einem rechtlichen nullum mit der Rechtsfolge der Klagabweisung wäre praktisch kaum möglich und hätte eine weitreichende Rechtsunsicherheit zur Folge. Letztlich wäre eine derartige Unterscheidung auch von der Sache her nicht gerechtfertigt, weil es dem M. gleichgültig sein kann, ob der V. ein unwirksames oder überhaupt kein Mieterhöhungsverlangen abgegeben hat.

Nach dem ganz eindeutigen Wortlaut der Vorschrift genügt es nicht, wenn der V. das mangelhaft begründete Mieterhöhungsverlangen im Prozeß „nachbessert“ (a. A.: Köhler a. a. O.). Nach der gesetzlichen Regelung wird das ursprünglich unwirksame Mieterhöhungsverlangen nicht nachträglich wirksam. Der V. hat lediglich das Recht, eine neue Mieterhöhungserklärung abzugeben (AG Pinneberg WM 91, 277). Die neue Mieterhöhungserklärung muß für sich betrachtet, die Anforderungen des § 2 Abs. 2 erfüllen. Eine Bezugnahme auf die ursprüngliche Mieterhöhungserklärung ist zwar nicht ausgeschlossen; der Umfang der Bezugnahme muß aber klar und deutlich erkennbar sein. Es darf kein Zweifel daran bestehen, welche Erklärung der V. als Mieterhöhungserklärung gelten lassen will, weil sich sämtliche Fristen allein nach dieser Erklärung richten. Das Gericht ist auch nicht befugt, ein unwirksames Mieterhöhungsverlangen durch Darlegungen in prozessualen Schriftsätzen zu ergänzen.

Das neue Mieterhöhungsverlangen kann auch in der Klagschrift oder in einem prozessualen Schriftsatz abgegeben werden. Allerdings kann in einer Klagschrift nur dann ein neues Mieterhöhungsverlangen gesehen werden, wenn dort für die beklagte Partei erkennbar klar und eindeutig zum Ausdruck kommt, daß nicht nur eine Klagbegründung im Sinne von § 253 Abs. 2 Nr. 2 ZPO erfolgen, sondern eine neue Erklärung im Sinne von § 2 Abs. 2 MHG abgegeben werden soll. Die Klarstellung ist deshalb geboten, weil die prozeßrechtliche Klagbegründung und die materiell-rechtliche Mieterhöhungserklärung unterschiedliche Funktionen erfüllen und unterschiedliche Wirkungen haben. Die Klagschrift oder der prozessuale Schriftsatz muß den Anforderungen genügen, die an eine Mieterhöhungserklärung gestellt werden.

Ist bereits eine mangelhaft begründete Mieterhöhungserklärung vorausgegangen, so genügt es nicht, wenn lediglich der dort fehlende Begründungsteil nachgeholt wird; vielmehr muß eine völlig neue Erklärung abgegeben werden, die für sich betrachtet den Erfordernissen des § 2 Abs. 2 genügt. Der Schriftsatz und die für die beklagte Partei bestimmten Abschriften müssen vom V. eigenhändig unterschrieben werden; andernfalls ist die Schriftform nicht gewahrt. Ist der Schriftsatz von einem Rechtsanwalt verfaßt, so genügt es, wenn dem M. beglaubigte Abschriften zugehen und der Beglaubigungsvermerk eigenhändig von dem Rechtsanwalt unterschrieben worden ist.

Das Mieterhöhungsverlangen kann auch außerhalb des Prozesses in einem privaten Schreiben des V. gestellt werden. Die Formulierung des Gesetzes, wonach das Erhöhungsverlangen „im Rechtsstreit" nachgeholt werden kann, schließt diese Möglichkeit nicht aus.

Durch die Möglichkeit des Nachholens soll der M. in materiellrechtlicher Hinsicht keine Nachteile erleiden. Deshalb bestimmt das Gesetz, daß dem M. auch in diesem Fall die Zustimmungsfrist zusteht. Entsprechende prozessuale Regeln über das Verhalten des Gerichts in solchen Fällen fehlen. Insbesondere ist nicht geregelt, ob der

Vorsitzende verpflichtet ist, die Einhaltung der Zustimmungsfrist durch eine entsprechende Terminierung und Verhandlungsführung zu wahren. Fest steht nur, daß das Gericht vor Ablauf der Zustimmungsfrist gehindert ist, den M. zur Zustimmung zur Mieterhöhung zu verurteilen. Die Einhaltung dieser Frist ist nämlich eine Sachurteilsvoraussetzung. Das Gericht kann deshalb der Klage nur stattgeben, wenn zwischen dem Zugang des Mieterhöhungsverlangens und dem Schluß der mündlichen Verhandlung ein der Zustimmungsfrist entsprechender Zeitraum liegt. Wird die mündliche Verhandlung vor Ablauf der Zustimmungsfrist geschlossen, so ist es unerheblich, ob bis zur Urteilsverkündung ein entsprechender Zeitraum verstrichen ist. Nach Schluß der mündlichen Verhandlung kann der M. nicht mehr zustimmen, weil das Gericht nach diesem Zeitpunkt keine tatsächlichen Erklärungen mehr entgegennehmen kann (AG Lübeck WM 83, 51).

Das Gericht ist dagegen nicht gehindert, eine Mieterhöhungsklage trotz eines im Prozeß vorgelegten neuen Mieterhöhungsverlangens durch Prozeßurteil abzuweisen, falls die Zustimmungsfrist zum Zeitpunkt des Schlusses der mündlichen Verhandlung noch nicht abgelaufen ist. Statt dessen kann das Gericht das Verfahren aber auch so terminieren, daß eine Sachentscheidung möglich ist. Andererseits ist das Gericht aber nicht verpflichtet, der klagenden Partei Gelegenheit zur Vorlage einer neuen Mieterhöhungserklärung zu geben. Aus § 2 Abs. 3 läßt sich eine solche Pflicht nicht herleiten, weil diese Vorschrift die allgemeinen zivilprozessualen Regeln über das Betreiben eines Prozesses nicht geändert hat. Die Vorschriften der ZPO stehen einer großzügigen Terminierungs- und Terminverlegungspraxis im übrigen durchweg entgegen (vgl. §§ 216 Abs. 2, 272, 278 ZPO). Zu den Einzelheiten des gerichtlichen Verfahrens in diesen Fällen vgl. Schmidt-Futterer/Blank, Kommentar Rdn. C 139i–139r.

e) Ein Erhöhungsrecht steht dem V. nicht zu, soweit und solange eine Erhöhung durch eine *Vereinbarung ausgeschlossen* ist (§ 1 S. 3). Das gilt insbesondere für befristete Mv. ohne Erhöhungsklausel (AG Rastatt WM 81, 108; AG Frankfurt WM 81, 108) und → Werkförderungsverträge mit einem zugunsten des M. gebundenen M.zins. Ist eine Erhöhungsklausel vereinbart, so wird hierdurch klargestellt, daß die Mieterhöhung trotz der Befristung nicht ausgeschlossen sein soll. Diese Rechtsfolge tritt auch dann ein, wenn die Erhöhungsklausel gegen § 10 Abs. 1 verstößt (z. B. → Wertsicherungsklauseln) oder wenn die Klausel für das konkrete Mv. nicht paßt (z. B. Erhöhungsklauseln, die auf die früher geltenden Bundesmietengesetze (BMG) Bezug nehmen (a. A. AG Neumünster WM 91, 353). Auch eine formularmäßig vereinbarte Erhöhungsklausel ist wirksam (Gather, DWW 92, 353; Blank, PIG 40, 143; a. A. Horn, WM 92, 175; a. A.:

LG Köln WM 91, 353Köln WM 91, 353; AG Braunschweig WM 82, 299; AG Offenbach ZMR 87, 472 mit ablehnender Anmerkung Schulz; für unklare Klauseln s. AG Siegburg WM 87, 354). Es handelt sich dabei weder um eine überraschende (§ 3 AGBG) noch um eine unbillige (§ 9 AGBG) Klausel. Von einer überraschenden Klausel kann deshalb nicht gesprochen werden, weil die Befristung eines Mietvertrags unter gleichzeitigem Vorbehalt einer Mieterhöhung nicht ungewöhnlich ist. Durch eine entsprechende Vertragsgestaltung wird der Mieter auch nicht unbillig benachteiligt, sondern erwirbt im Gegenteil eine bessere Rechtsposition als der Mieter eines unbefristeten Mietverhältnisses. Beim befristeten Mietvertrag ist nämlich die Befugnis des Vermieters zur ordentlichen Kündigung bis zum vereinbarten Beendigungszeitpunkt ausgeschlossen; auf Verlangen des Mieters muß das Mietverhältnis über den Beendigungszeitpunkt hinaus auf unbestimmte Zeit fortgesetzt werden (§ 564c I BGB). Im Ergebnis bedeutet dies, daß ein befristetes Mietverhältnis mit Mieterhöhungsvorbehalt einen zeitlich befristeten Kündigungsausschluß zur Folge hat.

Wird im Mietvertrag vereinbart, daß für das Mieterhöhungsverfahren eine *geringere als die tatsächliche Wohnungsgröße* zugrunde gelegt werden soll, so liegt auch hierin eine Mieterhöhungsbeschränkung nach § 1 S. 3 (Sternel Rdn. III 544; AG Köln WM 87, 159). Allerdings stellt nicht jede Angabe einer Wohnungsgröße im Mietvertrag eine Mietausschlußvereinbarung im Sinne von § 1 S. 3 dar. Für den Regelfall ist vielmehr davon auszugehen, daß durch die Angabe einer Wohnungsgröße die Mietsache lediglich näher beschrieben werden soll. Dies gilt insbesondere dann, wenn die Wohnungsgröße im Zusammenhang mit anderen beschreibenden Angaben (Anzahl der Zimmer, Adresse) aufgeführt ist, oder wenn durch den Zusatz „circa" zum Ausdruck gebracht wird, daß die Wohnungsgröße nur als ungefähre Angabe zu verstehen sei. Deskriptive Angaben zum Vertragsgegenstand haben auf das Mieterhöhungsverfahren keinen Einfluß, weil hieraus kein Bindungswille der Parteien hergeleitet werden kann (LG Mannheim DWW 87, 297). Ein Ausschluß des Erhöhungsrechts kann sich aber auch aus einer stillschweigenden Vereinbarung oder den Umständen des Einzelfalls ergeben (so z. B. bei der Vereinbarung eines abwohnbaren Baukostenzuschusses oder eines M.darlehens; vgl. LG Hannover WM 79, 168 und WM 80, 57). Auch bei Mv. auf Lebenszeit kann das Erhöhungsrecht ausgeschlossen sein, selbst wenn der M. vor Inkrafttreten des Ges. in Einzelfällen gewissen M.erhöhungen zugestimmt hat (LG Lübeck MDR 72, 612 = DWW 72, 163; LG Mannheim WM 87, 353). Wurde in einem langjährigen Mv. ein fester M.zins vereinbart, so rechtfertigt der zwischenzeitlich eingetretene Kaufkraftschwund der DM keine M.erhöhung (BGH DWW 75, 293 m. w. Nachw.). Durch die Vereinbarung einer *Pauschalmiete* wird die M.erhöhung nach § 2 dagegen nicht ausgeschlossen. Denn durch eine solche Vereinbarung wird lediglich zum Ausdruck gebracht, daß bezüglich der Bemessung des Entgelts nicht zwischen Grundmiete und Nebenkosten unterschieden werden soll, sondern daß der M.zins unabhängig von der wechselnden Höhe der Nebenkosten stets als gleichbleibender Betrag geschuldet wird (zur Anwendung eines Mietspiegels in solchen Fällen s. OLG Stuttgart RE vom 13. 7. 83, WM 83, 285).

Davon zu unterscheiden ist die Frage, ob durch die Vereinbarung einer Pauschalmiete oder einer Nebenkostenpauschale das Recht zur M.erhöhung nach § 4 ausgeschlossen ist (s. dazu unten II 1b).

Haben die Parteien beim Abschluß des M.v. einen niedrigeren als den ortsüblichen M.zins vereinbart, so kann hieraus allein keine Ausschlußvereinbarung hergeleitet werden. Der V. ist grunds. auch nicht verpflichtet, bei späteren M.erhöhungen den ursprünglichen Abstand zur ortsüblichen Miete einzuhalten (LG Freiburg WM 81, 212 = Justiz 81, 313). Etwas anderes gilt aber dann, wenn im Hinblick auf bestimmte Umstände (Übernahme von Hausmeisterarbeiten durch den M.; besondere persönliche Beziehungen zwischen den Parteien) bewußt ein besonders niedriger M.zins (Gefälligkeitsmiete) vereinbart worden ist. In einem solchen Fall ist der V. gehalten, auch bei späteren M.erhöhungen den Abstand zur ortsüblichen Miete einzuhalten. Das gilt jedenfalls solange, als die für die ursprüngliche Mietpreisgestaltung maßgeblichen Umstände fortbestehen. Bei → Werkwohnungen bedarf der V. nach § 87 I Ziff. 9 BetrVG ferner für die generelle Festsetzung der Mietentgelte der Zustimmung des Betriebsrats (BAG NJW 73, 1900 = BB 72, 845; dazu kritisch Reuter JuS 73, 581; BAG BB 75, 1159).

2. Hat der V. nach den oben dargelegten Voraussetzungen einen *Anspruch* auf den erhöhten M.zins, ist der M. zur Erteilung seiner Zustimmung *verpflichtet.* Kommt der M. dieser Verpflichtung nicht nach, kann er auf *Klage* des V. vom Gericht zur *Abgabe dieser Zustimmungserklärung verurteilt* werden. Mit der Rechtskraft des Urteils gilt die Zustimmungserklärung des M. als erteilt (§ 894 I ZPO). Das Gericht kann dem Erhöhungsverlangen auch teilweise stattgeben (ebenso kann der M. dem Erhöhungsverlangen rechtswirksam auch nur teilweise zustimmen, und zwar auch durch außerprozessuale Erklärung bis zur Verkündung des Urteils; LG Duisburg WM 76, 80). Für das M.erhöhungsverfahren sieht das Gesetz folgende Besonderheiten vor.

a) Nach dem *Zugang* des schriftl. Erhöhungsverlangens des V. muß dieser vor einer Klageerhebung dem M. die im Ges. vorgesehene Überlegungsfrist einräumen; diese Frist endet mit dem Ablauf des

2. Kalendermonats nach dem Zugang des Erhöhungsverlangens. Binnen dieser Frist soll der M. das Erhöhungsverlangen in tatsächlicher und rechtlicher Hinsicht auf seine Richtigkeit überprüfen und dem V. gegebenenfalls seine Zustimmung mitteilen. *Schweigt* der M., so gilt seine Zustimmung ohne weitere Mitteilung als *verweigert* (LG Göttingen WM 91, 280). Erteilt der M. seine Zustimmung nur unverbindlich unter Vorbehalt (z. B. wegen der noch nicht abgeschlossenen Überprüfung durch einen Rechtskundigen oder Unklarheiten die noch klärungsbedürftig erscheinen), so muß der V. bis zum Widerruf des Vorbehalts von der Verweigerung der Zustimmung ausgehen. Die mit dem Erhöhungsverlangen angestrebte Vertragsänderung hinsichtlich des bisherigen M.zinses kommt nämlich erst dann zustande, wenn der M. dazu seine Zustimmung ausdrücklich (schriftlich oder mündlich) erklärt hat. Die Zustimmung kann auch durch schlüssige Handlungen, insbesondere durch die vorbehaltslose Zahlung des Mietzinses erteilt werden. Auf die Häufigkeit der Zahlungen kommt es hierbei nicht entscheidend an; maßgeblich ist vielmehr, ob der Vermieter die Zahlung des erhöhten Mietzinses als Zustimmung werten durfte. In der Regel ist eine derartige Wertung bereits bei der ersten Zahlung naheliegend (LG Braunschweig WM 86, 142; LG Berlin GrundE 89, 411 bei Änderung des Dauerauftrags; LG Aachen WM 88, 280, wonach es nicht darauf ankommt, ob der M. bei der Zahlung gewußt hat, gesetzliche Schutzrechte einzubüßen; AG Frankfurt ZMR 87, 263; a. A. AG Dortmund WM 85, 29; LG Frankfurt WM 90, 224 bei zweimaliger unvollständiger Zahlung; AG Flensburg WM 91, 311 bei zweimaliger Zahlung). Will der Mieter zum Ausdruck bringen, daß er sich hinsichtlich der Zustimmung noch nicht endgültig festlegen wolle, so muß er einen Vorbehalt erklären, was auch durch Anbringung eines entsprechenden Vermerks auf der Postüberweisung oder dem Überweisungsträger geschehen kann (AG Rendsburg WM 83, 234). Einen Anspruch auf *schriftliche* Zustimmung hat der V. nicht (LG Hannover WM 90, 222). Der V. hat lediglich Anspruch darauf, daß sich der M. klar und eindeutig zu dem M.erhöhungsangebot des V. erklärt. In der Zahlung des M.zinses wird wegen der insoweit noch nicht eindeutigen Rechtsprechung i. d. R. noch keine hinreichend klare Erklärung liegen. Schriftliche Zustimmung kann verlangt werden, wenn im Mv. eine wirksame Vereinbarung getroffen worden ist, daß Vertragsänderungen der → Schriftform bedürfen, oder wenn ein längerfristiger Mv. vorliegt (s. Schriftform II).

b) Erteilt der M. bis zum Ablauf der Wartefrist seine Zustimmung nicht, ist der V. *binnen weiterer 2 Monate* berechtigt, beim zuständigen Amtsgericht (§ 29a ZPO) eine *Klage* auf Erteilung der Zustimmung zu erheben. Eine vor Ablauf der Überlegungsfrist erhobene

Klage ist nach allgemeiner Ansicht unzulässig. Eine Ausnahme soll nach dem RE des Kammergerichts vom 12. 1. 81 (WM 81, 54 = ZMR 81, 158) dann gelten, wenn der M. das M.erhöhungsverlangen bereits während des Laufs der Überlegungsfrist endgültig und bestimmt abgelehnt hat. Die Annahme eines solchen Ausnahmefalls hängt allerdings von strengen Voraussetzungen ab. So liegt eine endgültige Ablehnung nicht schon dann vor, wenn der M. die vom V. benannten Vergleichsobjekte für unzureichend erachtet oder wenn der M. zunächst versucht, im Verhandlungswege ein für ihn günstigeres Ergebnis zu erreichen.

Die Wartefrist soll nämlich gerade auch solche vorgerichtlichen Verhandlungen ermöglichen. Eine andere Frage ist es, ob eine verfrüht erhobene Klage dann zulässig wird, wenn die Überlegungsfrist während des Prozesses abläuft. Nach der Neufassung des § 2 Abs. 3 S. 2 durch das Gesetz zur Erhöhung des Angebots an Mietwohnungen ist diese Frage eindeutig zu bejahen. Nach dem nunmehr geltenden Recht kommt es nämlich lediglich darauf an, daß die Prozeßvoraussetzungen – zu denen auch der Ablauf der Überlegungsfrist gehört – bis zum Schluß der mündlichen Verhandlung vorliegen.

Wird die Klage innerhalb der zweimonatigen Klagfrist *nicht erhoben,* so *verliert* das Erhöhungsverlangen rückwirkend seine *Wirksamkeit;* das Ges. unterstellt dann, daß der V. von seinem früheren Verlangen inzwischen Abstand genommen hat. Dieselbe Rechtsfolge tritt dann ein, wenn die M.erhöhungserklärung ausdrücklich zurückgenommen wird (zweifelhaft allerdings LG Braunschweig WM 81, 163, wo die Ermäßigung der ursprünglichen Forderung durch ein zweites Schreiben als Rücknahme gewertet wird). Die zweimonatige Klagfrist ist auch dann gewahrt, wenn die von Amts wegen zuzustellende Klagschrift erst nach Fristablauf dem M. zugeht, soweit sie noch vor Fristablauf bei Gericht eingeht und die Zustellung dann „demnächst" erfolgt (§ 270 III ZPO; BAG NJW 76, 1421 m.w. Nachw.; LG Mannheim ZMR 77, 285); für die Wahrung der Klagfrist kommt es nämlich grunds. nicht darauf an, daß der M. binnen dieser Frist von der Klagschrift Kenntnis erlangt, wenn der V. bei der rechtzeitigen Einreichung der Klage alles ihm Zumutbare getan hat, daß sie von Amts wegen alsbald zugestellt werden kann (LG Hannover WM 77, 100).

Stimmt der Mieter dem Erhöhungsverlangen nur teilweise zu, ist eine Erhöhungsvereinbarung in der vom Mieter gebilligten Höhe zustande gekommen. Hinsichtlich des abgelehnten Erhöhungsbetrages ist der Vermieter auf der Grundlage seines Erhöhungsverlangens berechtigt, den Mieter auf Zustimmung zu verklagen, weil dieser Antrag insoweit mit der Befristung des § 2 Abs. 3 fortbesteht. Stimmt der Mieter dagegen nur unter sonstigen Einschränkungen zu

(z. B. falls der Vermieter von dem darüber hinausgehenden Erhöhungsverlangen Abstand nimmt oder Renovierungen durchgeführt werden), muß darin eine Ablehnung des Erhöhungsverlangens gesehen werden. Derartige Vorbehalte, die über eine Teilablehnung des geforderten Erhöhungsbetrages hinausgehen, verhindern nach §§ 150 Abs. 2, 151 BGB das Zustandekommen eines Abänderungsvertrages (LG Mannheim NJW 75, 316; a. A. LG Itzehoe WM 86, 341).

Nach früher geltendem Recht hatte die Versäumung der Klagfrist zur Folge, daß der V. ein neues Erhöhungsverlangen frühestens 9 Monate nach Ablauf der Klagfrist stellen konnte. Diese 9monatige Sperrfrist ist durch das Gesetz zur Erhöhung des Angebots an Mietwohnungen mit Wirkung zum 1. 1. 83 aufgehoben worden.

c) Der *Streitwert* für die Zustimmungsklage ist nunmehr in § 16 V GKG gesetzlich geregelt. Danach ist für Ansprüche auf Erhöhung des M.zinses höchstens der Jahresbetrag des zusätzlich geforderten Zinses maßgebend. Ein geringerer Streitwert kommt dann in Betracht, wenn die M.erhöhung lediglich für einen kürzeren Zeitraum als ein Jahr begehrt wird (z. B. bei befristetem oder bereits gekündigtem M.v.). Durch die gesetzliche Neuregelung (Ges. v. 13. 6. 80 – BGBl. I 677) ist die frühere kontroverse Rechtsprechung zu dieser Frage gegenstandslos geworden.

Streitig ist allerdings nach wie vor, ob auch der *Berufungsstreitwert* nach § 16 V GKG zu berechnen ist (so z. B. LG Hannover MDR 81, 232) oder ob hierfür ein höherer Wert angesetzt werden muß. Die herrschende Meinung schätzt die Beschwer auf den 3fachen Jahreszins des Erhöhungsbetrages (LG Lübeck MDR 84, 237; WM 85, 128; LG Berlin MDR 86, 324; ZMR 89, 24; LG Mannheim WM 85, 128; LG Bonn WM 85, 129; WM 89, 27; LG Karlsruhe DWW 88, 146; Lappe NJW 85, 1875; Schneider MDR 85, 265, 271). Diese Ansicht rechtfertigt sich aus der Überlegung, daß Gebührenstreitwert und Beschwerdewert auf unterschiedlichen Gesichtspunkten beruhen. Die Begrenzung des Gebührenstreitwerts auf den Jahresbetrag des zusätzlich geforderten M.zinses beruht auf dem Willen des Gesetzgebers, die Kosten in Mietsachen aus sozialen Gründen niedrig zu halten. Die Beschwer nach § 511 a ZPO richtet sich demgegenüber nach dem wirtschaftlichen Interesse der Parteien am Erfolg oder Mißerfolg der M.erhöhung. Dieses ist höher als der einjährige Differenzbetrag, weil der erhöhte M.zins auch nach Ablauf eines Jahres bestehen bleibt.

d) Hat der M. die Zustimmung erteilt oder ist er dazu vom Gericht verurteilt worden, so steht dem V. der erhöhte M.zins von dem *Beginn des dritten Kalendermonats* an zu, der auf den Zugang des Erhöhungsverlanges folgt (§ 2 IV).

e) Ist der M. *rechtskräftig verurteilt* worden, der verlangten M. erhöhung ganz oder teilweise zuzustimmen, so kann der V. das Mv. wegen eines Zahlungsverzugs des M. nach § 554 BGB *nicht vor Ablauf von 2 Monaten* nach Rechtskraft des Urteils wegen der rückständigen Erhöhungsbeträge *kündigen* (§ 9 II). Das Kündigungsrecht des V. nach § 554 BGB wegen Rückständen des *bisher geschuldeten* M. zinses bleibt davon aber unberührt (s. Mietrückstände I). Im Falle eines Vergleichs ist § 9 Abs. 2 nicht anwendbar (OLG Hamm, RE vom 27. 12. 1991, WM 92, 54 = ZMR 92, 109). Eine überraschende Kündigung verstößt in diesem Fall aber gegen § 242 BGB; der Vermieter ist also gehalten, den Mieter nach Vergleichsschluß zur Zahlung der Rückstände aufzufordern und ihm hierzu eine angemessene Frist (von ca. 2 Wochen) einzuräumen. Ein zahlungsschwacher Mieter muß darauf achten, daß er im Vergleich ein Recht zur Ratenzahlung erhält oder daß ihm die Rückstände für eine bestimmte Zeit gestundet werden. Ein zur Zeit des Vergleichsschlusses bestehendes Kündigungsrecht nach § 554 BGB bleibt erhalten; der Vermieter muß den Mieter aber auch hier vor dem Ausspruch der Kündigung zur Zahlung auffordern und ihm eine angemessene Frist einräumen. Dieselben Grundsätze gelten für außergerichtliche Vereinbarungen, falls dort nichts abweichendes geregelt ist.

3. Für *Verbesserungs-* und *Modernisierungsarbeiten* wird dem V. in § 3 ein *Sondererhöhungsrecht* zugebilligt. Der V. kann derartige Kosten entweder nach § 2 zum Anlaß einer M. erhöhung nach den allgemeinen Voraussetzungen der ortsüblichen Vergleichsmiete nehmen oder aber *wahlweise* seine Aufwendungen prozentual durch einseitige Erklärung auf die M. des Hauses umlegen. Zulässig ist es auch, wenn der V. nach Abschluß der baulichen Maßnahmen zugleich eine Mieterhöhung nach § 2 MHG auf der Basis des bisherigen Zustands der Wohnung fordert und zusätzlich die anteiligen Modernisierungskosten gemäß § 3 auf den M. umlegt (OLG Hamm (RE) vom 30. 10. 82, NJW 83, 289). Die Kappungsgrenze ist in diesem Fall aus der Ursprungsmiete zu errechnen; der „Modernisierungszuschlag" kann in voller Höhe zu der erhöhten Ursprungsmiete hinzugerechnet werden. Er wird also durch die Kappungsgrenze nicht beeinflußt, sondern bleibt dem Vermieter ungeschmälert erhalten (OLG Hamm, RE vom 30. 12. 1992, WM 93, 106 = ZMR 93, 161).

Die Regelung gilt für alle Mietverhältnisse über Wohnraum, soweit auf sie das MHG anwendbar ist. Sie gilt auch für Mietverhältnisse zwischen Hauptmieter und Untermieter, wenn der Hauptmieter die baulichen Maßnahmen durchführt. Hat der Vermieter die baulichen Maßnahmen durchgeführt, so kann der Hauptmieter eine anteilige Erhöhung des Untermietzinses hingegen nicht nach § 3 verlangen, sondern den Untermieter nur nach Maßgabe des § 2 in Anspruch nehmen. Ist die bauliche Maßnahme nicht vom Vermieter, sondern von einem Dritten durchgeführt worden, so besteht ebenfalls kein Umlagerecht. Dies gilt auch dann, wenn der Dritte die Wohnung nach Abschluß der Modernisierungsarbeiten erwirbt (AG Hamburg WM 87, 30; WM 87, 356; LG Hamburg WM 91, 121).

a) Der Anspruch des V. setzt voraus, daß er *bauliche Maßnahmen* an oder in dem vom M. bewohnten M.haus durchgeführt hat, die den Bewohnern unmittelbar oder mittelbar zugute kommen. Allerdings können nur folgende Maßnahmen eine M.erhöhung nach § 3 rechtfertigen:

aa) wenn der Gebrauchswert der M.sache dadurch nachhaltig erhöht wird. Das ist z. B. anzuerkennen, wenn bisher fehlende sanitäre Anlagen (Bad, WC) installiert oder Fußböden, Fenster und die Einzelofen- Heizung durch zeitgemäße Einrichtungen ersetzt werden;

bb) wenn dadurch die allgem. Wohnverhältnisse auf die Dauer verbessert werden. Davon kann ausgegangen werden, wenn ein Fahrstuhl eingebaut wird oder Kfz.-Abstellplätze geschaffen werden;

cc) wenn der V. die baulichen Veränderungen auf Grund von Umständen durchgeführt hat, die er nicht zu vertreten hat (vgl. dazu OLG Hamburg MDR 75, 493; z. B. Anschluß an Kanalisation, Umstellung auf Erdgas). Dazu gehören auch solche baulichen Änderungen, die der Vermieter aufgrund gesetzlicher Gebote oder behördlicher Anordnungen durchführen muß (Beispiele: Anschluß des Grundstücks an bisher nicht vorhandene Versorgungs- oder Entwässerungsleitungen, Sicherungseinrichtungen für Öltanks, Herstellung von Kinderspielplätzen oder Kraftfahrzeugabstellplätzen aufgrund gesetzlicher Vorschriften; Einbau von Steuerungs- und Regelungseinrichtungen nach § 7 Abs. 1 und 2 der Heizungsanlagenverordnung – „Thermostatventile"; dazu: Blumenstein ZMR 87, 401; Kauf von Wärmezählern oder Heizkostenverteilern aufgrund der Verpflichtung in § 4 Abs. 2 der Heizkostenverordnung; Maßnahmen zur Anpassung der Heizungsanlage an neue Immissionsschutzwerte; dazu: Seitz, ZMR 93, 1). Ob eine solche Maßnahme dem M. zugute kommt, ist ohne Bedeutung (a. A. AG Regensburg DWW 78, 101 m. abl. Anm. Volk). Fraglich ist aber, ob eine Umlage auch dann in Betracht kommt, wenn die Maßnahmen durch die Gemeinde durchgeführt und die dafür entstehenden Kosten auf die Eigentümer umgelegt werden. In dem Rechtsenscheid des OLG Hamm vom 30. 5. 83 (WM 83, 287) wird diese Frage für die Umlage von Erschließungskosten für den Straßenausbau verneint (ebenso: Barthelmess § 3 MHG Rdn. 13; Emmerich-Sonnenschein § 3 MHG Rdn. 18). Soweit eine behördliche Maßnahme im Einzelfall durch ein ordnungswidriges oder baurechtswidriges Verhalten des Vermieters ausgelöst wird, das vom Vermieter oder einem seiner Erfüllungsgehilfen zu vertreten ist, entfällt das Umlagerecht nach § 3 (z. B. Beseitigung bauordnungswidriger Zustände).

dd) Wenn durch die baulichen Maßnahmen eine nachhaltige Einsparung von Heizenergie bewirkt worden ist. Hierunter fallen insbesondere Maßnahmen zur Verbesserung der Wärmedämmung von Fenstern und Türen, Maßnahmen zur Verminderung des Energieverlustes und Energieverbrauchs der Heizungsanlagen, Maßnahmen zur Rückgewinnung von Energie und der Austausch einer Energiequelle durch eine andere, die im Ergebnis kostengünstiger ist. Auf die Höhe der Einsparungen kommt es nicht entscheidend an. Nach dem Zweck des Gesetzes scheiden jedoch solche Maßnahmen aus, deren Kosten im Verhältnis zu den Einsparungen unverhältnismäßig hoch sind. Folgerichtig hat das OLG Karlsruhe in dem Rechtsentscheid vom 20. 9. 1984 (WM 85, 17) festgestellt, daß der Vermieter bei der Durchführung einer energiesparenden Maßnahme das Verhältnis zwischen den einzusparenden Heizkosten und der Mietzinserhöhung prüfen müsse. Bei einem Verstoß gegen das Gebot der Wirtschaftlichkeit entfällt der Mietzinsanspruch aber nicht vollständig. Es bleiben vielmehr diejenigen Kosten umlagefähig, die auch bei Berücksichtigung des Wirtschaftlichkeitsgrundsatzes entstanden wären.

ee) wenn bauliche Maßnahmen durchgeführt werden, die eine Einsparung von Wasser zur Folge haben. Diese Maßnahmen zählen auf Grund einer Gesetzesänderung durch das Vierte Mietrechtsänderungsgesetz seit dem 1. 9. 1993 zu den Energiesparmaßnahmen. Der Gesetzgeber will auf diese Weise Anreize zur Wassereinsparung geben. In Betracht kommen der Einbau von Durchlaufbegrenzern, sowie der Einbau eines wasserreduzierenden Toilettenspülkastens anstelle des Druckspülers (Franke/Geldmacher, ZMR 93, 548). Insbesondere ist aber an die Anschaffung von Wasserzählern (Zwischenzähler) gedacht, damit die Wasserkosten verbrauchsabhängig erfaßt und auf die Mieter umgelegt werden können. Hiervon sind – ebenso wie bei der verbrauchsabhängigen Erfassung der Heizkosten – Spareffekte zu erwarten. Untersuchungen haben ergeben, daß der Wasserverbrauch im Falle der Messung um 17% sinkt; dies gilt allerdings nur für größere Wohneinheiten (Roth, Die Wohnungswirtschaft 93, 616). Ergänzend hierzu ist in § 4 MHG nunmehr geregelt, daß der Vermieter den bisherigen Umlagemaßstab für die Wasserkosten einseitig ändern kann (s. → *Betriebskostenumgestaltung*). Durch eine bereits erfolgte Änderung der Anlage 3 zu § 27 der II. BV durch die Vierte Verordnung zur Änderung wohnungsrechtlicher Vorschriften ist sichergestellt, daß die bei der Verwendung von Wasserzählern entstehenden Folgekosten als Betriebskosten auf die Mieter umgelegt werden können.

Derzeit gilt bezüglich der Kosten der Wasserzähler folgendes: Der

Vermieter hat nach wie vor die Wahl, ob er die Wasserkosten nach der Wohnfläche oder nach einem anderen Maßstab umlegt. Der Vermieter ist nicht verpflichtet, Wasserzähler anzuschaffen oder die Wasserkosten nach Kopfteilen umzulegen. Die Anschaffung von Wasserzählern ist nunmehr allerdings möglich, ohne daß den Vermieter zusätzliche Kosten treffen (zur Höhe der Kosten s. Roth, WE 92, 335; Jude, Die Wohnungswirtschaft 93, 628). Werden die Wasserzähler gemietet, so gehört der Mietpreis zu den Betriebskosten (§ 4 Abs. 1 MHG i. V. m. § 27 der II. BV Anlage 3 Nr. 2). Werden die Zähler gekauft, so kann der Kaufpreis bei der freifinanzierten Wohnung nach § 3 MHG auf die Mieter umgelegt werden; bei den preisgebundenen Wohnungen ergibt sich das Recht zur Mieterhöhung aus § 6 I NMV in Verbindung mit § 11 VI der II BV.; allerdings muß der Vermieter von preisgebundenem Wohnraum die Zustimmung der Bewilligungsstelle zum Einbau der Wasserzähler einholen. Die Kosten der Ablesung und verbrauchsabhängigen Umlage können als Betriebskosten auf den Mieter umgelegt werden; umlagefähig sind auch die Kosten der Einschaltung einer Abrechnungsfirma. Sind Wasserzähler vorhanden, so müssen die Wasserkosten nach dem gemessenen Verbrauch abgerechnet werden. Dies folgt für den preisgebundenen Wohnraum aus § 21 Abs. 2 Satz 3 NMV; für den freifinanzierten Wohnraum kann diese Regelung entsprechend angewandt werden.

ff) Andere vom V. durchgeführte bauliche Maßnahmen können allenfalls für eine M.erhöhung nach § 2 in Betracht kommen aber geben im übrigen keinen Anspruch auf eine Erhöhung des M.entgelts. Dies gilt insbesondere für die Kosten der Reparatur beschädigter M.gegenstände oder für den Austausch „Neu für Alt" (vgl. LG Münster WM 78, 155 betr. Austausch einer Kachelwarmluftheizung gegen eine sog. Circo-Gaswarmwasserheizung; AG Kiel WM 77, 171 betr. Auswechseln von alten Gas-Thermen anläßlich der Umstellung von Stadt- auf Erdgas; AG Darmstadt WM 77, 213 betr. Auswechseln von Steigleitungen; AG Wuppertal WM 79, 128 betr. Austausch von Türen). Wegen der Umlagefähigkeit der Kosten für den Kabelanschluß s. Kabelfernsehen II. Wegen der Umlagefähigkeit der Kosten für modernisierende Instandsetzungen s. unten b–aa.

gg) Das Erhöhungsrecht hängt nicht davon ab, ob der M. den Verbesserungsmaßnahmen zugestimmt hat (OLG Hamburg RE v. 22. 4. 1981 WM 81, 127 = ZMR 81, 213; OLG Hamm RE v. 27. 4. 1981 WM 81, 129 = ZMR 81, 216). Bei fehlender Zustimmung setzt die M.erhöhung allerdings voraus, daß der M. zur Duldung der Verbesserungsmaßnahme verpflichtet gewesen ist. Dies ist der Fall, wenn die materiellrechtlichen Voraussetzungen des § 541 b I BGB vorliegen und wenn der V. vor Beginn der Maßnahmen die in

§ 541 b II BGB vorgesehene Mitteilung abgegeben hat (s. Verbesserungsmaßnahmen). Eine tatsächliche Duldung oder eine vorangehende gerichtliche Feststellung der Duldungspflicht ist nicht erforderlich (KG RE v. 1. 9. 1988 WM 88, 389). Nach dem Rechtsentscheid des OLG Stuttgart vom 26. 4. 1991 (WM 91, 332) soll es auf das Vorliegen der Voraussetzungen des § 541 b II BGB nicht ankommen, wenn zur Durchführung der Verbesserungsmaßnahme das Betreten der Wohnung des M. erforderlich war und der M. den Zugang zu seiner Wohnung gestattet hat. Das OLG Stuttgart meint, daß in der Duldung zum Betreten der Wohnung zugleich eine Zustimmung zur Durchführung der Verbesserungsmaßnahme liege: der M. könne sich nicht in Widerspruch zu seinem eigenen Verhalten setzen. Dieser Gesichtspunkt mag im Einzelfall zutreffen; es ist allerdings verfehlt, hieraus einen allgemeinen Rechtsgrundsatz abzuleiten. Es sind nämlich durchaus Fälle denkbar, in denen der M. gar nicht zu erkennen vermag, ob die Maßnahme zu den finanziell folgenlosen und ohne weiteres duldungspflichtigen Instandhaltungsmaßnahmen (§ 541 a BGB) oder zu den Maßnahmen nach § 541 b BGB gehört. Durch die Ankündigung der Maßnahme nach § 541 b II BGB soll der M. im übrigen erst die Informationen erhalten, die er braucht, um über seine Pflicht zur Duldung eine sachgerechte Entscheidung zu treffen; deshalb kann hierauf i. d. R. nicht verzichtet werden. Das OLG Frankfurt hat sich in dem RE vom 5. 9. 1991 (WM 91, 527 = ZMR 91, 432) der Auffassung des OLG Stuttgart angeschlossen. Nach Meinung des KG kann eine faktische Duldung in diesem Sinne sogar dann vorliegen, wenn die Modernisierungsmaßnahme nicht innerhalb der Wohnung durchgeführt wird (KG, WM 92, 514 = ZMR 92, 486 betr. den Einbau eines Aufzuges). In Fällen dieser Art soll es genügen, wenn der Mieter sich in Kenntnis der Absicht des Vermieters passiv verhält, also der Modernisierungsmaßnahme weder mündlich noch schriftlich widerspricht und auch nichts unternimmt, um den Vermieter an der Durchführung seines Vorhabens zu hindern. Diese Auffassung wäre nur dann richtig, wenn der Mieter die Obliegenheit hätte, sich über die Rechtsfolgen einer Modernisierung zu informieren. Eine solche Obliegenheit besteht allerdings nicht. Vielmehr ist der Vermieter zur umfassenden Information des Mieters verpflichtet; diese Rechtslage wird durch die obergerichtliche Rechtsprechung ins Gegenteil verkehrt (ähnlich Langenberg, PIG 40, 59).

b) Nach der bis zum 30. 6. 78 geltenden Fassung des § 3 konnte der V. nach Durchführung der baulichen Maßnahmen die jährliche Miete um 14% der für die Wohnung aufgewendeten Kosten erhöhen; seit dem 1. 7. 78 ist das Erhöhungsrecht auf 11% der Baukosten beschränkt.

aa) Zur Konkretisierung der umlagefähigen Kosten kann auf die Begriffsdefinitionen der §§ 5 bis 11a der II. BV und die zu § 5 V der II. BV ergangene Anlage 1 zurückgegriffen werden. Umlagefähig sind nur die Modernisierungskosten, nicht dagegen die *Kosten der Finanzierung* der Modernisierung (OLG Hamburg RE v. 14. 5. 1981, WM 81, 152). Sind mit der Modernisierung zugleich Instandsetzungsmaßnahmen durchgeführt worden, so müssen die Instandsetzungskosten von den Modernisierungskosten abgetrennt werden. Ist eine exakte Trennung zwischen Modernisierung und Instandsetzung nicht möglich *(„modernisierende Instandsetzung“)*, so sind die tatsächlich ersparten Instandsetzungskosten von den Gesamtkosten abzuziehen (OLG Celle RE v. 16. 3. 1981 WM 81, 151 = ZMR 81, 246 = NJW 81, 1625; OLG Hamburg RE v. 6. 10. 1982 WM 83, 13, betr. jew. den Austausch von Holzfenstern gegen isolierverglaste Kunststoffenster). Ein Abzug derjenigen Kosten, die der V. ohne die Modernisierung für die Instandhaltung des früheren Zustands hätte aufwenden müssen, kommt dagegen nicht in Betracht (OLG Hamm RE v. 27. 4. 1981 WM 81, 129 = ZMR 81, 216). Es ist sachgerecht, dem V. in diesen Fällen die Beweislast für die Höhe des Modernisierungsaufwands aufzuerlegen. Dies folgt zum einen aus dem allgemeinen Grundsatz, daß die M.erhöhungsvoraussetzungen grunds. vom V. zu beweisen sind und zum anderen aus der Erwägung, daß der V. als Träger der Modernisierung ohne weiteres für eine entsprechende Sicherung der Beweise sorgen kann. *Bei Maßnahmen zur Energieeinsparung* ist der Wirtschaftlichkeitsgrundsatz zu beachten. Danach muß auch das Verhältnis zwischen einzusparenden Heizkosten und M.zinserhöhung berücksichtigt werden. Bei einem Verstoß gegen das Gebot der Wirtschaftlichkeit entfällt der M.erhöhungsanspruch aber nicht völlig. Es bleiben diejenigen Kosten umlagefähig, die auch bei Berücksichtigung der Wirtschaftlichkeitsgrundsätze entstanden wären. Die Höhe des Anspruchs richtet sich nicht nach dem Betrag der einzusparenden Heizkosten. Es besteht, abgesehen von der Wesentlichkeitsgrenze des § 5 WiStG (s. Mietpreisüberhöhung), auch keine absolute, prozentual festlegbare Obergrenze (OLG Karlsruhe RE v. 20. 9. 1984 WM 85, 17 = ZMR 84, 411). Die Höhe der Energieeinsparung muß der V. beweisen (LG Hamburg WM 88, 168). Sind die Modernisierungsmaßnahmen in *mehreren Wohnungen* durchgeführt worden, so sind die dafür aufgewendeten Kosten vom V. angemessen auf die einzelnen Wohnungen zu verteilen (§ 3 I S. 2 MHG). Angemessen ist der Umlagemaßstab, wenn er den für die betreffende Wohnung aufgewendeten Kosten hinreichend Rechnung trägt.

bb) Werden die Kosten ganz oder teilweise durch zinsverbilligte oder zinslose Darlehen aus öffentl. Haushalten gedeckt, so verringert sich der umlegungsfähige Erhöhungsbetrag um den Jahresbetrag der Zinsermäßigung, der sich für den Ursprungsbetrag des Darlehens aus dem Unterschied im Zinssatz gegenüber dem marktüblichen Zinssatz für erststellige Hypotheken zum Zeitpunkt der Beendigung der Maßnahmen ergibt. Werden Zuschüsse oder Darlehen zur Dekkung der laufenden Aufwendungen gewährt, so verringert sich der Erhöhungsbetrag um den Jahresbetrag des Zuschusses oder Darlehens. Ein Mieterdarlehen, eine Mietvorauszahlung oder eine von einem Dritten erbrachte Leistung für die baulichen Änderungen steht einem Darlehen aus öffentl. Haushalten gleich. Kann nicht festgestellt werden, in welcher Höhe Zuschüsse oder Darlehen für die einzelnen Wohnungen gewährt worden sind, so sind sie im Verhältnis der für die einzelnen Wohnungen aufgewendeten Kosten aufzuteilen. Kosten, die vom M. oder für diesen von einem Dritten unmittelbar übernommen werden, gehören nicht zu den aufgewendeten Kosten, die der M.erhöhung zugrundegelegt werden dürfen.

cc) Von den anrechenbaren Kosten darf der V. im jeweiligen Einzelfall 11% auf denjenigen Jahresm.zins verlangen, der vor Durchführung der baulichen Änderungen zu zahlen war. Unter Jahresm.-zins ist nicht der 12-fache Monatsm.zins, sondern der im Verlauf des letzten Jahres zu zahlende M.zins zu verstehen (a. A. Gelhaar ZMR 78, 164). Eine Begrenzung dieser umlegungsfähigen Aufwendungen auf einen Höchstbetrag (Kappungsgrenze) ist nicht vorgesehen; deshalb ist der V. auch berechtigt, auf Grund baulicher Änderungen sogar solche Beträge zu verlangen, die erheblich über der jeweiligen ortsüblichen Vergleichsmiete liegen. Die durch § 5 WiStG bestimmte Grenze zur ordnungswidrigen M.preisüberhöhung darf allerdings nicht überschritten werden (OLG Karlsruhe RE vom 19. 8. 83, WM 83, 314 = DWW 83, 276; AG Mannheim WM 79, 107; LG Duisburg WM 79, 221; LG Mannheim WM 80, 183; a. A.: Otto DWW 81, 70; s. Mietpreisüberhöhung). Ferner sieht § 3 I keine zeitliche Begrenzung der erhöhten Miete nach restloser Bezahlung der Aufwendungen des V. vor (Amortisierung in ca. 8 Jahren).

c) Der Anspruch des V. auf M.erhöhung nach § 3 ist nur wirksam, wenn er in einer *einseitigen schriftl. Erklärung* gegenüber dem M. geltendgemacht wird (§ 3 III); in der Erklärung müssen die entstandenen Kosten *berechnet* und die sonstigen Erhöhungsvoraussetzungen nach den Darlegungen ob a, b *erläutert* werden. Die Begründung muß so erfolgen, daß der M. die Berechtigung der M.erhöhung nachprüfen kann (LG Hagen WM 78, 242). Dazu gehört auch, daß die Wertverbesserungsmaßnahmen genau bezeichnet werden. Anderenfalls kann der M. nicht erkennen, ob möglicherweise auch reine Instandsetzungsarbeiten in Ansatz gebracht worden sind (LG Hamburg WM 82, 247). Der Hinweis auf die voraussichtlichen Kosten der Modernisierungsmaßnahme und darauf, daß sich die Miete um 11% erhöhen werde, reicht nicht aus. Die Baukosten müssen vielmehr auf der Grundlage einer vorsichtigen Schätzung dem M. exakt vorgerechnet werden (AG Recklinghausen WM 82, 78).

aa) Die wirksame Erklärung hat zur Folge, daß von dem Beginn des auf die Erklärung folgenden übernächsten Monats an der erhöhte M.zins an die Stelle des bisher zu entrichtenden M.zinses tritt.

bb) Diese Fälligkeitsfristen verlängern sich um 6 Monate, wenn der V. dem M. die voraussichtliche M.erhöhung nicht zwei Monate vor dem Beginn der Maßnahme mitgeteilt hat oder wenn die tatsächliche M.erhöhung gegenüber dieser Mitteilung um mehr als 10% nach oben abweicht.

4. Sonderregelungen für die Mieterhöhung in den Ländern der ehemaligen DDR.

a) Neubauwohnungen. Für Wohnraum, der nicht mit Mitteln aus öffentlichen Haushalten gefördert wurde und der sich in einem Gebäude befindet, das nach dem 2. 10. 1990 fertiggestellt worden ist, gilt ohne Einschränkung das bereits bisher in der BR Deutschland geltende Recht, insbesondere also das Gesetz zur Regelung der Miethöhe und § 5 WiStG; den Neubauten sind solche Wohnungen gleichgestellt, die aus Räumen geschaffen worden sind, die vor dem 3. 10. 1990 wegen ihres Zustands oder ihrer Zweckbestimmung nicht zu Wohnzwecken benutzt werden konnten.

b) Altbauwohnungen.

aa) Vereinbarungen bei Vertragsschluß. Für ältere Wohnungen gelten die bisher im Gebiet der ehemaligen DDR maßgeblichen Mietpreisvorschriften bis zum 31. 12. 1991 fort (Einigungsvertrag, Anlage II Kapitel V Sachgebiet A: Allgemeines Wirtschaftsrecht, Wirtschaftspolitik, Wettbewerbs- und Preisrecht Abschnitt III 1 a-dd, BGBl. 1990 II S. 885/1201). Danach gilt für Wohnungen, die bis zum 1. 1. 1967 fertiggestellt worden sind, die Preisanordnung Nr. 415 v. 6. 5. 1955 (GBl. I Nr. 39 S. 330). Nach dieser Vorschrift dürfen für die genannten Wohnungen keine höheren Mietpreise vereinbart werden, als sie am 1. 8. 1954 preisrechtlich zulässig waren. Für Wohnungen, die zwischen dem 1. 1. 1967 und dem 3. 10. 1990 fertiggestellt worden sind, gilt die Verordnung vom 10. 5. 1972 (GBl. I Nr. 27 S. 318), geändert durch die Verordnung vom 19. 11. 1981 (GBl. I Nr. 34 S. 389). Danach beträgt die höchstzulässige Miete – in Berlin (Ost) DM 1,– bis 1,25/qm und Monat; – in den Ländern Brandenburg, Mecklenburg-Vorpommern, Sachsen, Sachsen-Anhalt und Thüringen DM 0,80 bis 0,90 pro qm und Monat. – Ist die Wohnung mit einer Zentralheizung ausgestattet, kann ein Zuschlag von DM 0,50 pro qm verlangt werden.

Die Bundesregierung ist nach dem neu geschaffenen § 11 Abs. 2

MHG ermächtigt, mit Zustimmung des Bundesrates eine Rechtsverordnung zu erlassen mit dem Ziel, den höchstzulässigen Mietzins schrittweise an die ortsübliche Miete i. S. v. § 2 I S. 1 MHG anzupassen. Hiervon hat die Bundesregierung Gebrauch gemacht. Nach der derzeit gültigen Zweiten Grundmietenverordnung vom 27. 7. 1992 (BGBl. I S. 1416) gilt folgendes:

aaa) Allgemeine Mieterhöhung

Der bisher höchstzulässige Mietzins wird zum 1. 1. 1993 um *DM 1,20* je qm Wohnfläche monatlich erhöht (§ 1 Abs. 1 der VO).

Bei Wohnungen, die am 2. 10. 1990 nicht mit einem *Bad* ausgestattet waren, verringert sich dieser Betrag um *DM 0,30.* Er verringert sich um weitere *DM 0,15* bei Wohnungen, die am 2. 10. 1990 nicht mit einem *Innen-WC* ausgestattet waren.

Bei Wohnraum in Einfamilienhäusern in Gemeinden, die am 5. 8. 1992 mehr als 20000 Einwohner zählten, erhöht sich der genannte Betrag um *DM 0,30.* In Gemeinden, deren Einwohnerzahl erst später 20000 übersteigt, von diesem Zeitpunkt an.

bbb) Mieterhöhung nach der Beschaffenheit

Nach § 2 Abs. 1 Nr. 1 der VO erhöht sich der nach § 1 höchstzulässige Mietzins monatlich ab 1. 1. 1993 um weitere *DM 0,90,* wenn keine *Schäden* nach Absatz 2 vorhanden sind, und *ab 1. 1. 1994* um weitere *DM 0,60,* wenn keine Schäden nach Abs. 3 vorhanden sind (§ 2 Abs. 1 Nr. 2).

In § 2 Abs. 2 und Abs. 3 der VO ist bestimmt, daß sich diese Erhöhung nach § 2 Abs. 1 bei Vorliegen folgender Merkmale um jeweils *DM 0,30* verringert:

- Der Erhöhungsbetrag nach Abs. 1 Nr. 1 verringert sich nach Abs. 2 um jeweils *DM 0,30* für Wohnraum in einem Gebäude, dessen *Dach, Fenster oder Außenwände* erhebliche Schäden aufweisen.
- Der Erhöhungsbetrag nach Abs. 1 Nr. 2 verringert sich nach Abs. 3 um jeweils *DM 0,30* für Wohnraum in einem Gebäude, dessen *Hausflure* oder *Treppenräume* oder *Elektro-, Gas- oder Wasser- und Sanitärinstallationen* erhebliche Schäden aufweisen. Dazu sind im Bundesbauministerium die unter dd) abgedruckten Beschaffenheitskriterien erarbeitet worden.

In § 2 Abs. 4 der VO ist weiter bestimmt, daß dann, wenn ein *Schaden* im Sinne der Abs. 2 und 3 *nachträglich beseitigt* worden ist, der Vermieter den entsprechenden Betrag zum ersten des auf die Erklärung folgenden Monats, frühestens jedoch zu dem nach Abs. 1 maßgeblichen Zeitpunkt (1. 1. 1993 bzw. 1. 1. 1994) geltend machen kann.

ccc) Freiwillige Mieterhöhung nach erheblicher Instandsetzung

In bestehenden Mietverhältnissen kann *bis zum 1. 1. 1996 schriftlich vereinbart* werden, daß nach einer vom Vermieter nach dem 2. 10. 1990 begonnenen erheblichen Instandsetzungsmaßnahme der nach den §§ 1 und 2 der VO höchstzulässige Mietzins sich um einen bestimmten Betrag erhöht (§ 3 der VO). Die sich daraus ergebende Erhöhung der jährlichen Miete darf 5,5 v. H. der auf die Wohnung entfallenden Kosten der Instandsetzungsmaßnahmen nicht übersteigen (§ 3 Abs. 1 Satz 2).

§ 3 Abs. 1 Satz 2 bis 7 MHG ist entsprechend anzuwenden (§ 3 Abs. 1 Satz 3). Hierin ist bestimmt, daß bauliche Änderungen, die für mehrere Wohnungen durchgeführt worden sind, angemessen auf die einzelnen Wohnungen *aufzuteilen* sind und daß zinsverbilligte oder zinslose *Darlehen* aus öffentlichen Haushalten den Erhöhungsbetrag entsprechend vermindern.

Die Willenserklärung des Mieters wird erst wirksam, wenn dem Vermieter nicht innerhalb eines Monats ein schriftlicher Widerruf zugegangen ist.

ddd) Beschaffenheitskriterien für Mietanhebungen nach der Beschaffenheit gemäß § 2 der 2. Grundmietenverordnung

Katalog aus dem Bundesbauministerium nach Anhörung und ausführlicher Diskussion mit den Bauminister der neuen Länder, den Vermieterverbänden sowie dem Mieterbund. Der Katalog bietet eine Entscheidungshilfe für Vermieter und Mieter. Er ist nicht rechtsverbindlich.

(1) Allgemeines

Die Grundmiete für preisgebundene Wohnungen im Beitrittsgebiet wird nach der Zweiten Grundmietenverordnung zum 1. 1. 1993 um einen allgemeinen Sockelbetrag von *DM 1,20* je qm Wohnfläche monatlich erhöht (§ 1 Abs. 1). Daneben sind im Einzelfall bestimmte *Zu- und Abschläge* vorzunehmen, und zwar nach den *Kriterien:*

– *Ausstattung der Wohnungen mit bestimmten Einrichtungen (§ 1 Abs. 2),*
– *Art der Wohnung (§ 1 Abs. 3) und*
– *Beschaffenheit des Wohngebäudes (§ 2).*

Das Kriterium *Ausstattung der Wohnungen* mit bestimmten Einrichtungen ist zu berücksichtigen durch Abschläge vom Sockelbetrag in Höhe von 0,30 DM bei fehlendem Bad und 0,15 DM je Quadratmeter Wohnfläche monatlich bei fehlendem Innen-WC.

Nach der *Art der Wohnung* ist zu unterscheiden, ob Wohnungen in Einfamilienhäusern in Gemeinden mit mehr als 20000 Einwohnern einen Zuschlag von 0,30 DM je qm Wohnfläche monatlich erfahren.

Die *Beschaffenheit* bzw. der Zustand des Wohngebäudes sind in der Weise zu berücksichtigen, daß *„erhebliche Mängel" in fünf konkreten Schadensbereichen* – im einzelnen mit je 0,30 DM bewertet – eine sonst zulässige weitere Mieterhöhung von bis zu 1,50 DM (0,90 DM zum 1. 1. 1993 sowie 0,60 DM zum 1. 1. 1994) ausschließen.

Während Feststellungen zur Ausstattung der Wohnung mit bestimmten Einrichtungen oder der Wohnungsart als Ein- oder Mehrfamilienhaus relativ einfach sind, ergeben sich bei der Feststellung von Zustands- oder Beschaffenheitsmängeln größere Abgrenzungsschwierigkeiten.

Andererseits bestehen aufgrund der substanzvernachlässigenden Wohnungspolitik der DDR gerade im Hinblick auf den baulichen Gesamtzustand so gravierende Unterschiede, daß deren Berücksichtigung bei der Mietengestaltung nicht zuletzt als Anreiz für Investitionen und zur allgemeinen Verbesserung der Wohnungsqualität im Interesse der Mieter geboten scheint.

(2) Abgrenzungsgrundsätze für „erhebliche Schäden“

Das Vorhandensein eines „erheblichen Schadens“ in einem der in § 2 genannten Schadensbereiche hat zur Folge, daß für alle Wohnungen des betreffenden Gebäudes der sonst zulässige 30-Pfennig-Zuschlag entfällt. Daraus folgt, daß es sich überwiegend – auch bei Fenstern und der Hausinstallation – um *Schäden am Gesamtgebäude* handeln muß. Andererseits müsen solche Schäden – z. B. am Dach, der Fassade, den Fluren – nicht notwendigerweise die Gebrauchsfähigkeit einzelner Wohnungen unmittelbar betreffen.

Die Schäden beziehen sich auf *Gebäude*. Darunter ist in Abgrenzung zur *Wirtschaftseinheit* das jeweilige Wohnhaus im Sinne der Verkehrsauffassung zu verstehen, das heißt ein Haus, das hinsichtlich der Wohnvoraussetzungen vom Dach bis zum Keller vollständig ist, über einen eigenen Eingang und ein eigenes Treppenhaus verfügt, von dem aus alle Wohnungen zu erreichen sind, und das damit unabhängig von den rechts und links anschließenden Häusern ist. Ein Wohnblock mit mehreren eigenen Hauseingängen und Treppenhäusern setzt sich aus mehreren solcher, nach den Schadenskriterien selbständig zu beurteilenden Gebäuden zusammen.

Die Schäden werden neben *mangelhafter Bauausführung* (z. B. gegen TGL [= Technische Gütervorschriften und Lieferbedingungen in der ehemaligen DDR], schadhafte vorgefertigte Bauteile oder Montagefehler) auch auf *unterbliebener Instandhaltung* oder Instandsetzung und äußeren Einwirkungen (z. B. Kriegsschäden) beruhen. Bei *Altbauten* ist daher Maßstab für das Vorliegen erheblicher Schäden der ursprüngliche Zustand. Auch bei Nachkriegsbauten ist allein deswegen, weil sie den Anforderungen an heutige Baustandards oder Qualitätsmerkmale (z. B. geringere Anforderungen an Wärmeschutz, Schallschutz und Elektroinstallationen) nicht entsprechen, ein Abschlag nicht gerechtfertigt, es sei denn, daß im Einzelfall polizeirechtlich eine Gefahr für Leib und Leben besteht.

Die *Erheblichkeit eines Schadens* wird in der Regel vom Umfang der damit verbundenen Funktions- und Gebrauchsbeeinträchtigung und seiner räumlichen Ausdehnung bestimmt sein. Auch der erforderliche *Kostenaufwand* für die Schadensbeseitigung kann ein Indiz für die Erheblichkeit des Schadens sein. Innerhalb einer Schadenskategorie kann eine *Häufung von Schäden,* die für sich betrachtet noch nicht erheblich sind, im Einzelfall einen erheblichen Schaden darstellen.

Die nachfolgend genannten Schadenskriterien sind als *typische Beispiele* zu verstehen; es handelt sich nicht um eine abschließende Aufzählung. Diese Grundsätze und die Beispiele dienen dazu, erhebliche Schäden konkret bestimmen zu können. Dennoch wird mitunter eine Entscheidung nur anhand des konkreten Einzelfalls möglich sein; dabei ist eine letztlich ausschlaggebende Beurteilung nach dem *Gesamteindruck* z. B. der Treppenhäuser (siehe Beispiel dort) nicht ausgeschlossen.

(3) Die Schadensgruppe (Beschaffenheitszuschläge) im einzelnen

Ein *erheblicher Schaden* liegt dann vor, wenn das Dach in seiner Gesamtkonstruktion oder aufgrund von Einzelschäden keinen ausreichenden Schutz gegen Witterungseinflüsse oder Feuchtigkeit bietet.

Im einzelnen liegt ein erheblicher Schaden des Daches namentlich vor bei großflächiger Ablösung der Dachhaut oder wenn die Dachentwässerung infolge fehlender oder schadhafter Teilstücke (Rinnen oder Rohre) nicht in der Lage ist, Niederschläge funktionsgerecht abzuleiten.

Soweit z. B. Schäden am Schornstein oder fehlende Ziegel im Dachbereich zu nachhaltigem Eindringen von Feuchtigkeit ins Innere des Gebäudes führen, liegen ebenfalls erhebliche Schäden vor.

Die Fenster weisen erhebliche Schäden auf, wenn (z. B. auf einer Fassadenseite weit überwiegend) durch Undichtigkeit ein ausreichender ursprünglicher Nässe-, Wärme- oder Lärmschutz nicht mehr gewährleistet oder die Verschleißbarkeit mangelhaft ist.

Die Außenwände weisen erhebliche Schäden auf, wenn breite Risse vorliegen, die Fugen durchlässig sind, der Putz großflächig abgeplatzt ist, Balkone oder Brüstungen verrottet sind oder eindringende Feuchtigkeit zu Schäden führt. Dies gilt namentlich dann, wenn durch solche Schäden die ursprüngliche Wärmeisolierung beeinträchtigt wird.

Hausflure und Treppenräume weisen erhebliche Schäden auf, wenn der Trittbereich mangelhaft ist, die normale Begehbarkeit beeinträchtigt, eine Beleuchtung nicht in jeder Etage vorhanden ist oder langjährig unterlassene Pflege und Instandhaltung einen insgesamt verwahrlosten Eindruck hinterlassen. Ein erheblicher Schaden liegt auch vor, wenn Hauseingangstüren nicht mehr vorhanden oder nicht mehr verschließbar sind.

Elektro-, Gas- oder Wasser- und Sanitärinstallationen weisen erhebliche Schäden auf, wenn die Funktionsfähigkeit beeinträchtigt (z. B. durch Korrosionsschäden) oder das Leitungsnetz nicht funktionssicher ist. Ferner rechnen dazu dauerhaft braunes Wasser, bedingt durch die Hausinstallation, oder dauerhaft verstopfte Abflüsse des Gebäudes.

(4) Verfahren

Es ist Aufgabe des Vermieters, sich zur Begründung seiner Mieterhöhungsforderung insoweit auf die Fehlerfreiheit des Gebäudes zu berufen. In einem eventuellen Streitverfahren trägt er – anders als bei der Geltendmachung von Minderungsansprüchen des Mieters – die *Darlegungs- und Beweislast.* Dies erscheint auch deshalb gerechtfertigt, weil der Vermieter bei den besonderen Verhältnissen im Wohnungsbestand im Beitrittsgebiet das Vorliegen von Gebäudeschäden durch mangelnde Instandhaltung fachlich eher beurteilen kann als der Mieter.

Mieterhöhungen nach § 2 müssen für den Mieter verständlich und nachprüfbar sein. In der Mieterhöhungserklärung wird deshalb darzulegen sein, auf welchen Beschaffenheitszuschlägen im Sinne des § 2 Abs. 2 und 3 der Erhöhungsbetrag beruht.

Durch die Regelung des § 2 ist das Recht des Mieters auf *Mietminderung* nach § 537 BGB nicht ausgeschlossen. Namentlich bei Wohnungen, die normale Wohnansprüche deutlich unterschreiten (z. B. Wohnungen der sog. Bauzustandsstufe IV der ehemaligen DDR), dürfte auch eine Verringerung der nach § 1 höchstzulässigen Grundmiete in Betracht kommen. Nach § 2 Abs. 4 kann der Vermieter, der *Schäden* nach Abs. 2 und 3 *nachträglich beseitigt,* den entsprechenden Beschaffenheitszuschlag – je nach Schadensart – ab 1. 1. 1993 bzw. 1. 1. 1994 geltend machen. Die Erklärung, daß der Mietzins um einen bestimmten Betrag erhöht werden soll, muß *schriftlich* erfolgen (§ 11 Abs. 4 MHG). Sie hat die Wirkung, daß vom Ersten des auf die Erklärung folgenden übernächsten Monats der erhöhte Mietzins an die Stelle der bisher entrichteten Miete tritt (§ 11 Abs. 5 MHG).

bb) Mieterhöhung. Für das M.erhöhungsverfahren gelten die Vorschriften des § 11 Abs. 4 bis 6 MHG. Danach kann der V. die Miete durch einseitige schriftliche Erklärung bis zu der in der Verordnung bestimmten Höhe anheben. Die Unterschrift des V. ist entbehrlich, wenn die M.erhöhungserklärung mit Hilfe automatischer Einrichtungen gefertigt worden ist (s. unten III). In der M.erhöhungserklärung muß ein bestimmter Betrag genannt werden; es genügt nicht, wenn in der M.erhöhungserklärung lediglich „die gesetzlich zulässige Miete" oder ein bestimmter Prozentbetrag, bezogen auf die ursprüngliche Miete gefordert wird. Wird eine höhere als die nach der 2. GrundMV zulässige Miete verlangt, so ist die Erklärung nur bis zur Höhe des zulässigen M.preises wirksam. Zusätzliche Erläuterungen sind nicht erforderlich. Die Erklärung hat die Wirkung, daß von dem Ersten des auf die Erklärung folgenden übernächsten Monats der erhöhte M.zins an die Stelle der bisherigen Miete tritt. Der M. kann den Eintritt der M.erhöhung durch Ausübung eines Sonderkündigungsrechts verhindern. Eine *Mieterhöhung wegen einer Modernisierung nach § 3 MHG* ist bereits vor dem 1. 10. 1991 möglich (§ 11 Abs. 2 MHG); dies gilt auch dann, wenn die Modernisierungsmaßnahme bereits vor dem 3. 10. 1990 begonnen, aber erst nach diesem Zeitpunkt abgeschlossen worden ist. Der Umfang der Mieterhöhung und das dabei zu beachtende Verfahren sowie die Duldungspflicht des Mieters richten sich nach dem schon bisher in der BR Deutschland geltenden Recht. Wegen der Umlage der Betriebskosten s. unten II 1 f.

II. Erhöhung der Mietnebenkosten.

1. Zugunsten des V. läßt das Ges. in § 4 unter *erleichterten Voraussetzungen* eine Erhöhung derjenigen M.nebenkosten zu, die *unmittelbar zur* ordnungsmäßigen *Bewirtschaftung* des Hausgrundstücks erforderlich sind, weil sich diese notwendigen Aufwendungen oft ohne Einflußnahme des V. rasch verändern. Bei solchen nur schwer zu kalkulierenden und sich regelmäßig außerhalb der Einflußsphäre des V. abspielenden Änderungen der Kostensituation hält es der Gesetzgeber für billig und gerechtfertigt, dem V. eine einfache und praktikable Möglichkeit an die Hand zu geben, die vermehrte Kostenbelastung an die M. weiterzugeben. Eine Betriebskostenerhöhung i. S. des § 4 liegt auch dann vor, wenn eine bislang bestehende Kostenvergünstigung wegfällt (z. B. Wegfall der Grundsteuervergünstigung; OLG Karlsruhe (RE) WM 81, 56 = ZMR 81, 59 = NJW 81, 1051 = Justiz 81, 15). Diese Erhöhungen darf der V. durch eine *einseitige schriftl. Erklärung* rechtswirksam auf die M. *anteilig umlegen,* einer Zustimmung des M. bedarf es somit nicht.

a) Dieser erleichterte Erhöhungsanspruch des V. gilt sachlich nur für die *Betriebskosten* im Sinne des § 27 der II. Berechnungsverordnung (s. Betriebskosten). *Andere* als die vom § 27 der II. BV und der dazu ergangenen Anlage 3 erfaßten Betriebskosten dürfen von V. *nicht* nach § 4 II auf den M. umgelegt werden, auch wenn sie sich erhöhen. Nicht zu den Betriebskosten gehören insbesondere die Kosten der Wohnungsverwaltung sowie die Kosten für Instandsetzung und Instandhaltung (OLG Koblenz (RE) WM 86, 50; OLG Karlsruhe (RE) WM 88, 204).

Nach dem Rechtsentscheid des OLG Karlsruhe (WM 81, 56) setzt die Umlage erhöhter Betriebskosten nach § 4 Abs. 2 weiter voraus, daß der M. nach den Vereinbarungen im Mietvertrag verpflichtet ist, die in Betracht kommenden Betriebskosten zu tragen. Nach der hier vertretenen Ansicht kommt die Vorschrift des § 4 Abs. 2 in diesen Fällen dagegen nicht zur Anwendung. Denn die Verpflichtung des M. zur Bezahlung der tatsächlich entstehenden Betriebskosten ergibt sich im Falle einer entsprechenden Vereinbarung bereits aus dem Mv., so daß der Rückgriff auf ein gesetzliches Erhöhungsrecht überflüssig ist. In diesen Fällen bedarf es auch keiner besonderen Erhöhungserklärung. Dagegen hat das gesetzliche Erhöhungsrecht nach § 4 Abs. 2 gerade dort eigenständige Bedeutung, wo eine entsprechende Vereinbarung fehlt. Für diese Auslegung sprechen die Gesetzesmaterialien und der Gesetzeszweck (vgl. Schmidt-Futterer/Blank, Kommentar Rdn. C 243). Durch Beschluß vom 22. 4. 1993 (WM 93, 257 = ZMR 93, 331) hat das OLG Karlsruhe ergänzend entschieden, daß der Vermieter eine Erhöhung der nicht gesondert umgelegten Kosten jedenfalls dann verlangen kann, wenn der Mietvertrag eine entsprechende Erhöhungsklausel enthält.

b) Die einseitige *schriftliche Erhöhungserklärung* des V. ist nur wirksam, wenn in ihr der *Grund* erläutert sowie dem M. ein bestimmbarer Erhöhungsbetrag (z. B. in Prozent) bezeichnet und mitgeteilt wird. Aus der Erklärung muß sich ergeben, (1) aus welchen Einzelpositionen sich die bisherige Betriebskostenbelastung zusammensetzt; (2) welche Beträge auf die Einzelpositionen entfallen und wie hoch die bisherige Gesamtbelastung war; (3) welche Einzelpositionen sich erhöht haben; (4) der Grund und der Betrag dieser Erhöhung; (5) wann die Erhöhung eingetreten ist und ob – bei Gebühren – und Steuerbescheiden – Rückwirkung besteht; (6) ob bei den übrigen Einzelpositionen eine Ermäßigung stattgefunden hat und (7) nach welchem Verteilungsschlüssel die Erhöhung auf die einzelnen M. verteilt worden ist. *Belege* und sonstige *Rechnungsunterlagen* braucht der V. dem Erhöhungsverlangen *nicht* beizufügen; wohl aber wird dem M. ein Anspruch auf Einsicht und Überprüfung der Belege zuzubilligen sein (§ 259 BGB; s. Zentralheizung II 3). Verweigert der V. die Vorlage der Belege, steht dem M. ein *Zurückbehaltungsrecht* hins. der nicht überprüfbaren Erhöhungsbeträge zu (§ 273 BGB).

c) Der M. schuldet den auf ihn entfallenden Teil der Umlage neben der Grundmiete *ab dem nächsten 1.* des auf die Erklärung folgenden Monats. Geht die Erklärung erst *nach dem 15.* eines Monats dem M. zu, schuldet er den Erhöhungsbetrag erst vom 1. des *übernächsten* Monats an. Eine *rückwirkende Erhöhung* der Betriebskosten bis zum Zeitpunkt ihrer tatsächlichen Erhöhung – höchstens jedoch bis zum Beginn des der Erklärung vorangehenden Kalenderjahres – ist nur zulässig, wenn der V. die Erklärung innerhalb von 3. Monaten nach Kenntnis von der Erhöhung abgibt (§ 4 III). Beruht die Kostenerhöhung auf einer behördlichen Maßnahme (z. B. Erhöhung der Grundsteuer) und legt der V. gegen den Kostenbescheid ein Rechtsmittel ein, so bestimmt sich der Zeitpunkt der Kenntnis nicht nach dem Zugang des Erstbescheids sondern nach dem Zugang des entgültigen Bescheids (LG München I DWW 78, 99 m. zust. Anm. Glock/Bub; LG Frankfurt U. vom 27. 9. 77 – 2/11 S 149/77). Die rückwirkende Umlage für einen längeren als den im Gesetz genannten Zeitraum ist auch dann ausgeschlossen, wenn eine Behörde Nachzahlungen für mehrere Jahre verlangt (z. B. Grundsteuernachforderung auf der Basis neuer Meßbeträge). In einem solchen Fall fragt sich allerdings, ob die Behörde nicht verpflichtet ist, dem Steuerpflichtigen die Nachzahlung gemäß § 227 AO zu erlassen (so VGH Kassel DWW 80, 196 = NJW 81, 701 (LS); a. A. OVG Münster NJW 81, 1111 (LS)). Zahlt der M. den geschuldeten Mehrbetrag nicht, kommt er insoweit in Verzug; der V. kann unter den Voraussetzungen des § 554 BGB (unter Beachtung des § 9 II, s. oben I 2e) bei erheblichen Zahlungsrückständen das Mv. fristlos kündigen (s. Mietrückstände I), im übrigen aber mit einer Zahlungsklage gegen den M. vorgehen.

d) Das Erhöhungsrecht steht dem V. *nicht* zu, soweit und solange es durch eine *Vereinbarung ausgeschlossen* ist (§ 1 S. 3, s. oben I 1d). Ein solcher Ausschluß muß nicht ausdrücklich vereinbart werden, sondern kann sich auch aus den Umständen ergeben. Außerordentlich umstritten ist in diesem Zusammenhang, ob aus der Vereinbarung einer Nebenkostenpauschale oder einer Pauschalmiete auf einen derartigen Ausschluß geschlossen werden kann. Eine Nebenkostenpauschale liegt dann vor, wenn der M. nach den Vereinbarungen im Mv. für die Nebenkosten einen monatlich gleichbleibenden Betrag zu zahlen hat, ohne daß der V. am Jahresende zur Abrechnung verpflichtet ist. Von einer Pauschalmiete spricht man, wenn der M. ein monatlich gleichbleibendes Entgelt schuldet, in dem die Nebenkosten nicht gesondert ausgewiesen sind.

Voelskow (Münchener Kommentar § 4 MHG Rdn. 10) vertritt die Meinung, durch eine Pauschalvereinbarung komme lediglich zum Ausdruck, daß sich die Parteien eine Abrechnung über die verbrauchsabhängigen Kosten sparen wollen; ein Verzicht auf eine Betriebskostenerhöhung nach § 4 Abs. 2 MHG sei damit nicht verbunden (ebenso LG Landshut MDR 79, 584). Barthelmess (§ 4 MHG Rdn. 7b, 18, 23) schränkt dies dahingehend ein, daß die Pauschale zwar bei einer Veränderung der Kostenansätze (z. B.: Gebührenerhöhung), nicht aber bei einer Veränderung der Verbrauchswerte angehoben werden könne (ebenso: AG Michelstadt WM 78, 110). Die überwiegende Auffassung sieht in der Nebenkostenpauschale einen Ausschluß des Erhöhungsrechts wegen gestiegener Betriebskosten (LG Köln WM 85, 375; Sternel Rdn. III., 317; Schmidt-Futterer/Blank Rdn. C., 283; Schultz in: Bub/Treier, Handbuch Rdn. II., 642;

Emmerich-Sonnenschein § 4 MHG, Rdn. 5.; ebenso für Pauschalmietvereinbarungen: OLG Zweibrücken RE vom 21. 4. 1981 WM 81, 153 = NJW 81, 1622). Eine Ausnahme kommt nach dieser Meinung nur dann in Betracht, wenn die Vereinbarung über die Nebenkostenpauschale mit einem Erhöhungsvorbehalt versehen ist; insoweit ist streitig, ob sich aus dem Erhöhungsvorbehalt ergeben muß, auf welche einzelnen Betriebskostenpositionen sich das Erhöhungsrecht bezieht (so Sternel, Rdn. III., 319 AG Koblenz WM 85, 343) oder ob es ausreicht, wenn in dem Wortlaut der Pauschalvereinbarung zum Ausdruck kommt, daß eine Erhöhung wegen gestiegener Betriebskosten nicht ausgeschlossen sein soll (so: Schmidt-Futterer/Blank a. a. O.).

e) Ermäßigen sich die Betriebskosten, so ist der M.zins vom Zeitpunkt der *Ermäßigung* an entsprechend herabzusetzen; die Ermäßigung ist dem M. unverzüglich mitzuteilen (§ 4 IV).

Zur Betriebskostenabrechnung s. Umlage I 2; zu den Vorauszahlungen s. Umlage I 1f).

f) *Sonderregelungen in den neuen Bundesländern.*

aa) *Neubauwohnungen:* Für Wohnraum, der nicht mit Mitteln aus öffentlichen Haushalten gefördert wurde und der sich in einem Gebäude befindet, das nach dem 2. 10. 1990 fertiggestellt worden ist, gilt ohne Einschränkung das bisher in der BR Deutschland geltende Recht; auf die Ausführungen zu II 1 a–e wird verwiesen. Den Neubauten sind solche Wohnungen gleichgestellt, die aus Räumen geschaffen worden sind, die vor dem 3. 10. 1990 wegen ihres Zustands oder ihrer Zweckbestimmung nicht zu Wohnzwecken benutzt werden konnten.

bb) *Altbauwohnungen:* Nach § 11 III Nr. 2 MHG ist die Bundesregierung ermächtigt, mit Zustimmung des Bundesrates durch Rechtsverordnung zu bestimmen, daß die Betriebskosten oder Teile davon nach § 4 anteilig auf die M. umgelegt werden dürfen. Von dieser Ermächtigung hat die Bundesregierung zwischenzeitlich Gebrauch gemacht. Nach der Verordnung über die Umlage von Betriebskosten auf die Mieter (Betriebskosten-Umlageverordnung – BetrKostUV) vom 17. 6. 1991 kann der V. einer Altbauwohnung die Betriebskosten mit Wirkung zum 1. 10. 1991 durch schriftliche Erklärung anteilig auf die M. umlegen. *Umlagefähig* sind die Betriebskosten i. S. der Anlage 3 zu § 27 der II. BV (s. Betriebskosten II).

Der *Umlagemaßstab* kann durch eine Vereinbarung zwischen dem V. und den Mietern festgelegt werden. Kommt eine solche Vereinbarung nicht zustande, so müssen die Betriebskosten nach dem Verhältnis der Wohnflächen umgelegt werden. Eine Ausnahme gilt für folgende Betriebskosten: Bei den *Kosten der Wasserversorgung und Entwässerung* sind zunächst die Kosten des Wasserverbrauchs zu ermitteln, der nicht mit der üblichen Benutzung der Wohnungen zusammenhängt (z. B. Kosten der Rasenpflege). Der verbleibende Rest kann wahlweise nach dem Verhältnis der Wohnflächen oder nach einem verbrauchsorientierten Maßstab (nach Kopfteilen, nach dem Meßergebnis von Wasseruhren) umgelegt werden. Die *Kosten der Heizung und der Warmwasserversorgung* sind nur begrenzt umlagefähig. Der Höchstbetrag beläuft sich auf 3,– DM/qm Wohnfläche, wenn die Wohnungen mit Wärme und Warmwasser versorgt werden, und auf 2,60 DM/qm Wohnfläche, wenn die Wohnungen nur mit Wärme versorgt werden. Der Umlagemaßstab wird durch die HeizkostenVO (s. Zentralheizung II 1 c) bestimmt, wenn die Wohnungen bereits mit einer Einrichtung zur Verbrauchserfassung ausgestattet sind. Ist dies nicht der Fall (Frist zur Anbringung der Wärmemeßgeräte: 31. 12. 1995) können die Heizkosten wahlweise nach der Wohnfläche oder nach dem umbauten Raum umgelegt werden. Der V. kann hierbei entweder die Gesamtfläche oder die Fläche der beheizten Räume zugrundelegen. Die Warmwasserkosten können wahlweise nach der Wohnfläche oder nach einem verbrauchsorientierten Maßstab (nach Kopfteilen, nach dem Meßergebnis von Wasseruhren) umgelegt werden. Die *Kosten des Betriebs einer zentralen Brennstoffanlage* dürfen nur nach dem Brennstoffverbrauch umgelegt werden. Die *Aufzugskosten* können nach dem Verhältnis der Wohnflächen umgelegt werden; hier kann allerdings der Erdgeschoßmieter von der Umlage ausgenommen werden. Die *Kosten einer Breitbandverteilanlage* können ebenfalls nach der Wohnfläche umgelegt werden. Soweit es sich um Stromkosten, Wartungskosten oder Mietkosten handelt, können alle Mieter an der Umlage beteiligt werden; die laufenden monatlichen Grundgebühren dürfen nur zu gleichen Teilen auf die angeschlossenen Wohnungen umgelegt werden. Die *Kosten maschineller Wascheinrichtungen* dürfen nur auf die Benutzer der Anlagen umgelegt werden; dabei muß ein gebrauchsorientierter Maßstab gefunden werden (Zahl der Waschstunden oder -tage, nach Kopfteilen der Benutzerfamilien).

Der V. kann mit den Mietern vereinbaren, daß diese ab dem 1. 10. 1991 eine *Betriebskostenpauschale* bezahlen, über die nicht abgerechnet werden muß (s. Umlage I 3). In diesem Fall muß sich die Höhe der Pauschale an der zu erwartenden Kostenbelastung orientieren. Die Beschränkungen bei den Heiz- und Warmwasserkosten gelten auch hier. Die Betriebskostenpauschale hat sich in den alten Bundesländern allerdings nicht bewährt. Der V. kann statt dessen mit den Mietern vereinbaren, daß diese ab dem 1. 10. 1991 *Vorauszahlungen* auf die Betriebskosten bezahlen über die der V. jährlich abzurechnen hat (s. Umlage I 2). Die Höhe der Vorauszahlungen muß sich ebenfalls an der zu erwartenden Kostenbelastung orientieren (s. Umlage

I 1f). Kommt eine Vereinbarung nicht zustande, so kann der V. Vorauszahlungen verlangen über die er abrechnen muß. Die Zahlung einer Betriebskostenpauschale kann der V. nicht einseitig verlangen; eine Pauschale muß vereinbart werden.

Entscheidet sich der V. für eine Betriebskostenumlage (gleichgültig in welcher Form), so ist die bisherige Miete gem. § 10 BetrKostUV zu kürzen. Soweit die *Betriebskosten bisher gesondert ausgewiesen* waren, kommt dieser gesondert ausgewiesene Betrag in Wegfall. Waren die *Betriebskosten nicht gesondert ausgewiesen* und entscheidet sich der V. für die Umlage von Heiz- und Warmwasserkosten, so wird der M.zins von Wohnungen mit Zentral- oder Fernheizung um 0,40 DM gekürzt, wenn die Wohnung nur mit Wärme versorgt worden ist; bei Versorgung von Wärme und Warmwasser beträgt der Kürzungsbetrag 0,52 DM. In keinem Fall ist der wärme- und warmwasserbedingte Kürzungsbetrag höher als 50% der am 2. 10. 1990 zulässigen Miete (s. oben I 4 b–aa). Entscheidet sich der V. außerdem für die Umlage der weiteren Betriebskosten, so muß die Miete um weitere 10% (berechnet aus der um die Heiz- und Warmwasserkosten gekürzten Miete) reduziert werden. Bei Wohnungen ohne Fern- oder Zentralheizung muß der M.zins bei der Umlage der Betriebskosten um 10% gekürzt werden.

Das *Umlageverfahren* wird in § 11 IV MHG geregelt. Danach sind in der schriftlichen Erhöhungserklärung die Veränderungen in der Zusammensetzung des M.preises (Grundmiete und Betriebskostenvorauszahlungen/-pauschale) mitzuteilen. Eine besondere Begründung verlangt das Gesetz – anders als bei § 4 II MHG – nicht. Die Erhöhungserklärung hat die Wirkung, daß ab dem Ersten des auf die Erklärung folgenden übernächsten Monats der veränderte M.zins an die Stelle des bisher entrichteten M.zinses tritt. Die Erklärung kann bereits vor dem 1. 10. 1991 abgegeben werden. Die neue Miete darf aber erst ab 1. 10. 1991 verlangt werden. Der M. kann den Eintritt der M.erhöhung durch Ausübung eines Sonderkündigungsrechts verhindern (Frist zur Ausübung des Sonderkündigungsrechts: 3. Werktag des Monats, von dem ab die erhöhte Miete gezahlt werden soll; Ende des M.verhältnisses: Ablauf des übernächsten Monats).

2. Neben den Betriebskosten ist der V. berechtigt, von seinen Aufwendungen solche *Erhöhungen der Kapitalkosten* anteilig auf die M. umzulegen, die nach dem 1. 1. 1975 fällig geworden sind. Die Abwälzung von Kostensteigerungen muß aber auf das *baubedingte und dinglich gesicherte Fremdkapital* beschränkt bleiben; eine Berücksichtigung der Eigenkapitalverzinsung hat der Gesetzgeber abgelehnt. Nach § 5 ist die Erhöhung des vom M. geschuldeten M.zinses insoweit nur unter folgenden Voraussetzungen zulässig:

Mieterhöhung

a) Der V. muß ein Darlehen zur *Finanzierung* des Neubaus, des Wiederaufbaus, der Wiederherstellung, des Aufbaus, der Erweiterung oder des Erwerbs des Gebäudes oder des Wohnraums oder für Modernisierungsmaßnahmen i. S. des § 3 I als Fremdmittel aufgenommen und verwendet haben (§ 5 I Ziff. 3); diente das Darlehen einem anderen Zweck (z. B. Sicherung sonstiger Verbindlichkeiten des V., Lebensversicherung), so kommt es als Grundlage für eine M.erhöhung nicht in Betracht. Darlehen zum Erwerb oder zur Erweiterung eines Gebäudes rechtfertigen allerdings nur dann eine M.erhöhung, wenn das Mv. zum Zeitpunkt der Darlehensaufnahme noch nicht bestanden hat. Mit anderen Worten: Das Darlehen muß zeitlich vor der Begründung des Mv. aufgenommen worden sein. Wird das Mietobjekt nach der Begründung eines Mv. veräußert oder versteigert, so darf der M. hierdurch nach der Neuregelung des § 5 Abs. 5 nicht höher belastet werden, als dies ohne den Eigentumsübergang möglich gewesen wäre. Danach gilt folgendes: Übernimmt der Erwerber das vom Voreigentümer aufgenommene Darlehen, so kann er Kapitalkostensteigerungen im selben Umfang wie der Voreigentümer auf den M. umlegen. Bei der Berechnung ist also auch hier auf den Stand der Kapitalkosten zum Zeitpunkt der Begründung des Mv. und nicht auf deren Höhe zum Zeitpunkt des Eigentumsübergangs abzustellen. Hatte der frühere Eigentümer das Darlehen bereits vor der Veräußerung zurückgezahlt, so ist eine Mieterhöhung nach § 5 für die Zukunft ausgeschlossen. Dies gilt auch dann, wenn der Erwerber zur Finanzierung des Kaufpreises ein dinglich gesichertes Darlehen aufgenommen hat und sich die hierfür geschuldeten Kosten in der Folgezeit erhöhen. Denn die Vorschrift des § 5 setzt voraus, daß das Darlehen zum Zeitpunkt der Begründung des Mv. bereits bestanden hat. Werden nach dem Zeitpunkt des Eigentumserwerbs aber neue Mv. begründet, so ist diesen M. gegenüber eine Umlage möglich. Die Berechnung der Umlage kann in Fällen dieser Art nicht dergestalt erfolgen, daß die gesamte Kostenerhöhung auf die neuen M. umgelegt wird. Vielmehr brauchen die neuen M. nur einen, dem gewählten Umlagemaßstab entsprechenden Kostenanteil zu tragen. Ist beispielsweise bei einem Wohnhaus mit fünf Altmietern und fünf Neumietern eine Kostensteigerung von DM 1000,– eingetreten, so kann auf jeden der Neumieter nur 1/10 = DM 100,– umgelegt werden. Die übrigen, nicht umlagefähigen 5/10 = DM 500,– hat der V. selbst zu tragen. Anders ist es in jenen Fällen, in denen der Erwerber anläßlich des Erwerbs ein Darlehen aufgenommen hat, um damit ein bestehendes Darlehen abzulösen (*Umschuldungsdarlehen*). Hier kann eine Kostensteigerung auch auf die Altmieter umgelegt werden. Sie ist allerdings nur bis zu dem Betrag umlagefähig, zu dem eine Mieterhöhung ohne Umschuldung möglich gewesen wäre. Es ist also zu fragen, ob und in welcher Höhe sich die Kapitalkosten für das ursprünglich bestehende Darlehen erhöht hätten (vgl. dazu auch Vogg, ZMR 93, 45).

b) Das baubedingte Darlehen muß dinglich gesichert, also im *Grundbuch* als Belastung *eingetragen* sein (z. B. Hypothek, Grundschuld, nicht Erbbauzins). Nach der Auffassung des OLG Hamm (ZMR 93, 333) ist es nicht erforderlich, daß die dingliche Sicherung auf dem Mietgrundstück erfolgt. Auch eine dingliche Sicherung auf einem anderen Grundstück reicht aus. Dabei kann es sich auch um ein vermieterfremdes Grundstück handeln; Voraussetzung ist nur, daß der Vermieter für die Darlehenszinsen aufkommen muß. Für Darlehen, die nicht dinglich gesichert sind, besteht kein Erhöhungsrecht. Ist ein Darlehen nur zum Teil dinglich gesichert, so kann eine Umlage nur insoweit erfolgen, als die Mehrbelastung auf den dinglichen gesicherten Teil entfällt (BayObLG, RE vom 8. 10. 1992, WM 92, 585 = ZMR 93, 13). Soweit die Sicherheit auch für Zinsen und Nebenleistungen besteht, ist dies nicht zu berücksichtigen (BayObLG, a. a. O.).

c) Die nach dem 1. 1. 1975 fällig werdenden Kapitalkosten für ein derartiges Darlehen müssen infolge der Erhöhung des Zinssatzes gestiegen sein. Kapitalkosten sind die Kosten, die sich aus der Inanspruchnahme der für das M.haus aufgenommenen Finanzierungsmittel ergeben, namentlich die Zinsen. Folgende nach dem 1. 1. 1975 fällig gewordene Zinserhöhungen sind zu berücksichtigen (§ 5 I Ziff. 1): bei Mv., die vor dem 1. 1. 1973 abgeschlossen worden sind, ist maßgebend, ob und in welchem Umfang sich der Zinssatz ab diesem Datum erhöht hat; bei Mv., die nach dem 31. 12. 1972 begründet worden sind, kommt es auf die Zinssteigerung ab dem Zeitpunkt des Vertragsschlusses an. Ein Erhöhungsrecht nach § 5 MHG steht dem V. für solche Zinserhöhungen jedoch nicht zu, die sich durch den vertraglich vereinbarten und somit voraussehbaren Wegfall einer zeitlich befristeten Zinsermäßigung ergeben; das gilt auch dann, wenn sich der V. im Mv. für den Fall des Wegfalls der Zinsvergünstigung eine entsprechende Erhöhung des M.zinses vorbehalten hat (OLG Karlsruhe (RE) DWW 82, 54 = WM 82, 69; LG Freiburg MDR 82, 58; LG Mannheim MDR 77, 582 = Justiz 77, 270 = ZMR 77, 286 = WM 77, 189). Eine Erhöhung der Zinsen hat nicht in jedem Fall eine Steigerung der Kapitalkosten zur Folge, weil zwischenzeitliche Entlastungen des Vermieters ebenfalls berücksichtigt werden müssen, soweit sie nach dem Vertragsschluß eingetreten sind. Es kommt also stets auf die effektive Kapitalkostenmehrbelastung an, die anhand einer Vergleichsrechnung zu ermitteln ist. In die Vergleichsrechnung sind auf der einen Seite die effektiven Kapitalkosten zum Bezugszeitpunkt (§ 5 Abs. 1 Ziff. 1) und auf der anderen Seite die effektiven Kapitalkosten nach der Zinserhöhung einzusetzen. Ergibt sich eine Mehrbelastung, kann der Mehrbetrag auf die Mieter umgelegt werden (OLG Hamburg (RE) WM 84, 2895).

d) Die Zinserhöhung muß nach § 5 I Ziff. 2 auf Umständen beruhen, die der V. *nicht zu vertreten* hat (z. B. auf Diskonterhöhung, dagegen nicht bei vermeidbarer Umfinanzierung).

e) Die Erhöhungserklärung ist nur wirksam, wenn sie *schriftlich* erfolgt und in ihr der Grund für die Umlage bezeichnet sowie die Erhöhungsvoraussetzungen oben a–c erläutert werden (§ 5 II; s. oben II 1b). Im Streitfall trifft den V. die Darlegungs- und *Beweislast* für die Erhöhungsvoraussetzungen oben a–d.

f) Der M. schuldet den auf ihn entfallenden Teil der umgelegten Zinserhöhung vom 1. des auf die Erklärung folgenden Monats oder ab dem 1. des übernächsten Monats, wenn die Erklärung erst nach dem 15. bei ihm einging.

g) *Ermäßigt* sich der Zinssatz nach einer Erhöhung, so ist der M.zins ab dem Zeitpunkt der Ermäßigung um den Erhöhungsbetrag herabzusetzen (§ 5 III 1). Auch wenn das Darlehen getilgt worden ist, muß der erhöhte M.zins um den Erhöhungsbetrag herabgesetzt werden (§ 5 III 2). Der V. ist verpflichtet, dem M. die Herabsetzung unverzüglich (also ohne schuldhaftes Zögern, § 121 I BGB) mitzuteilen (§ 5 III 3). Nicht herabgesetzte Beträge kann der M. zurückverlangen. Auch der Erwerber eines Hauses ist zu Mietsenkungen verpflichtet, wenn sein Vorgänger hierzu verpflichtet gewesen wäre, weil Veräußerer und Erwerber im Rahmen des § 5 eine Einheit bilden. Auch in diesem Fall hat der Mieter einen Auskunftsanspruch ob eine Zinssenkung eingetreten ist. Er hat auch ein berechtigtes Interesse an der Grundbucheinsicht gem. § 12 Abs. 1 Satz 1 GBO. Bei unterlassener Mietanpassung hat der Mieter einen Bereicherungsanspruch aus § 812 Abs. 1 Satz 2 Alt 1 BGB (Vogg, ZMR 93, 45).

h) Dem V. steht das Erhöhungsrecht nicht zu, wenn er die Höhe des dinglich gesicherten Darlehens, dessen Zinssatz sich erhöhen kann, dem M. auf dessen *Anfrage* nicht mitgeteilt und auf Verlangen nachgewiesen hat (§ 5 IV). Das gilt sowohl für eine Anfrage des M. bei Beginn des Mv. als auch für jede spätere Anfrage, selbst wenn diese vom M. in angemessenen Zeitabständen sicherheitshalber wiederholt wird.

III. Automatisch gefertigte Erhöhungserklärungen

Hat der V. seine Erhöhungserklärung nach §§ 2–7 MHG mit Hilfe automatischer Einrichtungen gefertigt, so bedarf es nicht seiner eigenhändigen Unterschrift (§ 8 MHG). Es kommt nicht darauf an, welcher Art diese Einrichtungen sind, welche technische Herstellungsmethode angewandt und welche Stückzahl hergestellt wird.

Deshalb kommen sowohl mechanische, elektronische als auch fotochemische Fertigungsmethoden in Betracht. Die Vielfalt technischer Hilfsmittel soll zur Zeit- und Kosteneinsparung ausgeschöpft werden. Es ist unbeachtlich, ob der Empfänger aus dem Schriftstück erkennen kann, daß es sich um eine automatisch gefertigte Erklärung handelt. Auch eine handschriftliche Urschrift, die im Wege der Fotokopie vervielfältigt worden ist, wird von § 8 erfaßt (AG Tübingen ZMR 84, 324). Davon abweichend vertritt das OLG Schleswig in dem RE vom 13. 8. 1983 (WM 83, 338) die Ansicht, daß eine Vervielfältigungsmaschine, auf der mit Hilfe einer Matrize Mieterhöhungsschreiben erstellt werden, keine automatische Einrichtung sei (ebenso: AG Duisburg WM 84, 334; wie hier: Schultz ZMR 83, 289; ZMR 84, 217; Schmid DWW 85, 38). In allen Fällen muß erkennbar sein, wer die Erklärung abgegeben hat. Nach § 11 Abs. 4 ist lediglich die Eigenhändigkeit der Unterschrift, nicht aber die Unterschrift entbehrlich (s. BVerfG, WM 92, 514). Ist der V. eine juristische Person, so muß sich aus dem Kündigungsschreiben ergeben, daß der Erklärende handlungsberechtigt ist (LG Essen MDR 79, 57).

IV. Sonderkündigungsrecht des Mieters

Verlangt der V. eine M.erhöhung nach §§ 2, 3, 5–7 MHG, so steht dem M. nach § 9 I ein *außerordentliches befristetes Kündigungsrecht* zu. Wird es vom M. form- und fristgerecht ausgeübt, so endet das Mv. mit verkürzter Kündigungsfrist und tritt daneben die geforderte M.erhöhung nicht ein. Versäumt der M. diesen kurzen Kündigungstermin, so kann er nur unter Einhaltung der allgemeinen Kündigungsfristen das Mv. zur Beendigung bringen, so daß eine ordnungsgemäße und begründete M.erhöhung bis zum Zeitpunkt der Beendigung wirksam bleibt (zur Ausübung des Kündigungsrechts nach Rechtskraft eines Verfahrens über die umstrittene Erhöhung sowie zu den sonstigen Voraussetzungen des § 9 I vgl. Derleder MDR 76, 802).

1. Verlangt der V. eine Erhöhung der *Grundmiete* nach § 2, so ist der M. berechtigt, bis zum Ablauf des zweiten Monats, der auf den Zugang des Erhöhungsverlangens folgt, für den Ablauf des übernächsten Monats zu kündigen (§ 9 I 1). Beispiel: Geht dem M. das Erhöhungsverlangen am 5. oder 25. 1. zu, so kann er bis zum 31. 3. wirksam kündigen und endet das Mv. zum 31. 5.

2. Verlangt der V. eine Erhöhung wegen *baulichen Änderungen* (§ 3), *Kapitalkostensteigerungen* (§ 5) oder nach den §§ 6, 7 MHG, so ist der M. berechtigt, das Mv. spätestens am 3. Werktag des Kalendermonats, von dem an der M.zins erhöht werden soll, für den Ablauf des übernächsten Monats zu kündigen (§ 9 I 2). Das Sonderkündigungsrecht zu Gunsten des M. besteht nicht bei Erhöhungen der laufenden Betriebskosten nach § 4.

3. Die *Kündigung* des M. ist nach § 564a I BGB nur wirksam, wenn sie schriftlich erklärt wird. Die Angabe von Gründen im Kündigungsschreiben ist nicht erforderlich, wohl aber zur Vermeidung von Unklarheiten zu empfehlen.

V. Abweichende Vereinbarungen

1. Solche Vereinbarungen, die zum Nachteil des M. von den formellen und materiellen Erhöhungsvoraussetzungen der §§ 1–9 abweichen, sind unwirksam (§ 10 I). Hierzu gehören: Wertsicherungsklauseln mit Ausnahme der nach § 11a zulässigen → *Mietanpassungsvereinbarung,* Vereinbarungen, wonach für das M.erhöhungsverfahren nach § 2 MHG eine größere Wohnfläche als die wirkliche maßgeblich sein soll; Regelungen, wonach der M. im voraus einer M.erhöhung bei bestimmten Verbesserungsmaßnahmen (z. B. bei Anschluß der Wohnung an eine Breitbandverteilanlage; vgl. BGH NJW 91, 1750; LG Köln WM 89, 24) zustimmt; Klauseln über die Umlage von Betriebskosten, falls sie von § 4 II MHG zum Nachteil des M. abweichen (OLG Celle WM 90, 103, 108; LG Düsseldorf WM 85, 366 betr. früheren Erhöhungszeitpunkt); Vereinbarungen über Zuschläge für eine bestimmte Art der Wohnraumnutzung (z. B. für Tierhaltung oder für die Aufnahme Dritter). Nach dem RE des OLG Koblenz vom 5. 6. 81 ist eine Wertsicherungsklausel auch insofern unwirksam, als sie den M. bei konkreter Betrachtungsweise hinsichtlich der verlangten M.erhöhung günstiger stellt als bei einem auf § 2 I gestützten Erhöhungsverlangen. Maßgeblich sei nicht die Auswirkung einer Klausel im Einzelfall, sondern eine generalisierende Betrachtungsweise. Ein Ausnahmefall kann nach dieser Rechtsprechung aber dann vorliegen, wenn die Parteien aus besonderen persönlichen oder wirtschaftlichen Gründen eine Klausel vereinbart haben, mit der sichergestellt werden sollte, daß der M.zins auf jeden Fall unter der ortsüblichen Vergleichsmiete bleibt (vgl. OLG Koblenz (RE) WM 81, 207; vgl. hierzu auch AG Pinneberg WM 81, 191, wonach die Berufung des V. auf die Unwirksamkeit der Klausel in solchen Fällen gegen Treu und Glauben verstoßen kann). Wenn und soweit der M. auf Grund eines nach §§ 10 I MHG, 302a StGB, 5 WiStG unwirksamen Erhöhungsvertrags eine Leistung erbracht hat, kann er diese als ungerechtfertigte Bereicherung nach § 812 BGB vom V. zurückverlangen (LG Mannheim WM 75, 172 = DWW 75, 244; s. M.preisüberhöhung). Wirksam ist eine Vereinbarung betreffend einen Zuschlag für die teilweise Nutzung einer Wohnung zu Gewerbezwecken (BayObLG RE v. 25. 3. 1986 WM 86, 205 = ZMR 86, 193).

2. Eine *Ausnahme* vom Verbot abweichender Vereinbarungen läßt § 10 I, 2. Halbs. dann zu, wenn der M. während des Bestehens des Mv. der M.erhöhung um einen bestimmten Betrag im Einzelfall

zugestimmt hat. Eine derartige Zustimmung entbindet den V. von der Einhaltung der gesetzl. Erhöhungsvoraussetzungen; das gilt sowohl für die formellen Voraussetzungen (z. B. schriftliches Erhöhungsverlangen, Einhaltung der Warte- und Klagefristen) als auch für die Sachvoraussetzungen (z. B. das Wirksamwerden der Mieterhöhung; die Überschreitung der ortsüblichen Vergleichsmiete als Obergrenze, soweit keine überhöhte Miete (s. Mietpreisüberhöhung) vereinbart wird).

Eine wirksame Zustimmungserklärung des M. setzt aber stets voraus, daß er gegenüber dem Erhöhungsverlangen nicht nur schweigt, sondern daß er seinen Willen hinreichend klar zum Ausdruck bringt, mit der geforderten M.erhöhung einverstanden zu sein; die Zustimmung zu einer nicht bezifferten M.erhöhung ist stets unwirksam. Ob ihm dabei bewußt war, daß er infolge seiner Zustimmung die gesetzl. Schutzrechte verliert, ist unbeachtlich. Soweit der M. sich über die tatsächlichen Voraussetzungen der M.erhöhung irrte oder durch arglistige Täuschung und Drohung zur Abgabe der Zustimmung bewogen worden ist, kann er die Erklärung bei unverzüglicher Anfechtung rückwirkend vernichten (§§ 119ff. BGB). Darüberhinaus wird teilweise die Ansicht vertreten, daß sich der V. nach den Grundsätzen des Verschuldens beim Vertragsschluß schadensersatzpflichtig machen kann, wenn er seine intellektuelle Überlegenheit gegenüber dem M. ausnutzt und bewußt oder leichtfertig den Eindruck erweckt, daß dem M. nichts anderes übrig bleibe, als der M.erhöhung zuzustimmen (LG Hamburg WM 78, 118 = MDR 78, 493; vgl. auch LG Hannover WM 79, 262). Der Schadensersatzanspruch des M. wirkt sich dahingehend aus, daß der V. keine Rechte aus der Erhöhungsvereinbarung herleiten kann. Die Zustimmung bedarf zur Wirksamkeit grunds. *nicht* der *Schriftform,* obwohl diese zu Beweiszwecken dringend anzuraten ist; sie kann auch durch eine schlüssige Handlung erteilt werden (z. B. vorbehaltlose Zahlung des Erhöhungsbetrags; S. I 2a). Den *Beweis* für die Erteilung der Zustimmung muß der V. führen (zur telefonischen Zustimmung vgl. AG Mannheim WM 76, 17). Bei befristetem Mv. ist jedoch bei erheblichen Erhöhungen nach § 566 BGB die Schriftform einzuhalten (nach BGH ZMR 63, 82 bei Erhöhungen um mehr als 20%). Stimmt der M. der geforderten Erhöhung nur teilweise zu und nimmt der V. den erhöhten M.zins vorbehaltslos an, so kommt ein Abänderungsvertrag in dieser Höhe zustande; wegen des Restes s. oben I 1a). In Rechtsprechung und Literatur ist streitig, ob bei M.erhöhungsvereinbarungen die in der Wohnung des M. geschlossen werden, das *„Gesetz über den Widerruf von Haustürgeschäften und ähnlichen Geschäften“* gilt (bejahend: AG Frankfurt WM 88, 169; AG Hamburg-Wandsbek WM 87, 324; AG Hofgeismar WM 89, 186;

Michaelis WM 89, 2; Engels WM 91, 321; verneinend mit unterschiedlicher Begründung: LG Hamburg WM 88, 169; LG Frankfurt WM 89, 188; LG Hannover WM 89, 189). Nach richtiger Ansicht ist das Haustürwiderrufsgesetz *anwendbar:* Die dem widersprechenden Argumente des LG Hamburg werden von Michaelis, diejenigen der LGe Frankfurt und Hannover von Engels überzeugend widerlegt. Allerdings setzt die Anwendung des HaustürWG voraus, daß der Vermieter geschäftsmäßig handelt (§ 6 Nr. 1 HaustürWG). Der Umstand, daß ein Vermieter im Rahmen eines Mieterwechsels oder bei einer Mieterhöhung immer wieder Mietzinsvereinbarungen trifft, reicht für ein geschäftsmäßiges Handeln nicht aus. Erforderlich ist, daß die in Betracht kommenden Geschäfte einen gewissen Umfang haben, so daß sie nicht mehr als Gelegenheitsgeschäfte anzusehen sind. Ein geschäftsmäßiges Handeln in diesem Sinne liegt nach der Ansicht des BayObLG (RE v. 13. 3. 1993, DWW 93, 196) nicht vor, wenn dem Vermieter lediglich zwei Wohnungen gehören.

3. Eine weitere Ausnahme gilt gemäß § 10 Abs. 2 seit dem 1. 1. 1983 für solche Vereinbarungen, nach denen spätere Mietsteigerungen bereits beim Vertragsschluß im voraus festgelegt werden (sogenannte Staffelmiete). Die Staffelmietvereinbarung ist allerdings nur wirksam, wenn sie den im Gesetz geregelten Voraussetzungen entspricht (s. dazu → *Staffelmiete*).

VI. Anwendungsbereich des MHG

Die Vorschriften des MHG gelten grunds. für alle (befristeten und unbefristeten) Mv. über Wohnraum. In folgenden Fällen schließt jedoch das Ges. die Anwendbarkeit dieser Vorschriften aus:

1. Für Mv. über *preisgebundenen Wohnraum* (§ 10 Ziff. 1; s. Mietpreisbindung). Hier richtet sich die Zulässigkeit einer M.erhöhung nach den Vorschriften des WoBindG (→ *Mieterhöhung für Sozialwohnungen*). Endet die Preisbindung, so kann der V. das M.erhöhungsverfahren nach den §§ 1ff. betreiben. Nach dem RE des OLG Hamm vom 9. 10. 80 (WM 80, 262 m. abl. Anm. Herpers = NJW 81, 234 m. Anm. Köhler = ZMR 81, 56 = DWW 80, 278) kann die M.erhöhungserklärung bereits vor Ablauf der Preisbindung abgegeben werden, so daß die erhöhte Miete vom Tage der Beendigung der Preisbindung an geschuldet wird (ebenso: LG Köln WM 78, 93; LG Dortmund ZMR 79, 61). Nach anderer Meinung ist ein während des Laufs der Preisbindung abgegebenes M.erhöhungsverlangen unwirksam. Nach dieser Ansicht kann das M.erhöhungsverfahren erst nach dem Ablauf der Preisbindung betrieben werden (LG Hannover WM 78, 144; LG Essen ZMR 78, 308 m. zust. Anm. Tiefenbacher; LG Wuppertal NJW 77, 1691 = ZMR 78, 61 m. zust. Anm. Gallas; Wichardt ZMR 80, 99).

2. Für Wohnraum, der zum nur *vorübergehenden Gebrauch* vermie-

tet ist (§ 10 Ziff. 2). Ob ein solches M.v. vorliegt, richtet sich nicht nach formalen Kriterien, sondern nach dem von den Parteien vereinbarten Vertragszweck. Der Umstand, daß ein Mv. für die Dauer weniger Wochen oder Monate befristet worden ist, rechtfertigt deshalb für sich allein nicht die Annahme einer Vermietung zu nur vorübergehendem Gebrauch. Vielmehr kommt es darauf an, ob durch die Anmietung lediglich ein momentanes, zeitweiliges Wohnbedürfnis des M. befriedigt werden soll (dann vorübergehender Gebrauch) oder ob der Mv. zur Deckung des allgemeinen Wohnbedarfs abgeschlossen worden ist (dann liegt trotz der Befristung kein Mv. zu vorübergehendem Gebrauch vor). Nach der zutreffenden Auffassung des OLG Bremen in dem RE vom 7. 11. 80 (WM 81, 8 = MDR 81, 586) ergibt sich der vorübergehende Gebrauch aus der „Verknüpfung einer vereinbarungsgemäß kurzfristigen, überschaubaren Vertragsdauer mit einem Vertragszweck, der sachlich die Kurzfristigkeit der Gebrauchsüberlassung begründet und so das Mietverhältnis in Übereinstimmung mit seiner kurzen Dauer nur als ein Durchgangsstadium erscheinen läßt". Maßgeblich sind immer die Umstände des Einzelfalls. Ein vorübergehender Gebrauch liegt z. B. vor bei der Vermietung eines Gastzimmers an einen Reisenden, bei der Vermietung einer Ferienwohnung für die Dauer des Urlaubs oder bei der Vermietung eines Zimmers an einen auswärtigen Handwerker für die Dauer einer Montage. Ein Mv. über ein Zimmer in einem Studentenwohnheim kann dagegen grundsätzlich nicht als Mv. zu nur vorübergehendem Gebrauch angesehen werden (OLG Bremen a. a. O.; OLG Hamm (RE) NJW 81, 290 = MDR 81, 232 = WM 81, 5 = DWW 80, 302; WM 86, 217).

Zweitwohnungen, auf Dauer angemietete Ferienwohnungen und Wochenendwohnungen gehören nicht zu dem Mv. auf vorübergehende Dauer. Hier fehlt es bereits am Merkmal der kurzfristigen Vertragsdauer (verfehlt deshalb: LG Goslar MDR 80, 671). Eine andere Frage ist es, ob die Vorschriften des MHG nach ihrem Gesetzeszweck (Schutz des existentiell wichtigen Wohnraums) einschränkend dahingehend ausgelegt werden können, daß davon Ferienwohnungen und ähnliche Mv. nicht erfaßt werden.

Eine solche Auslegung hält das BVerfG (NJW 79, 757) für möglich. Dieser Ansicht kann indes nicht zugestimmt werden. Aus dem Umstand, daß der M. mehrere Wohnungen angemietet hat, kann nämlich grunds. nicht gefolgert werden, daß er eine dieser Wohnungen nicht braucht und daß er deshalb nicht schutzbedürftig ist (s. dazu Schmidt-Futterer/Blank Komm. Rdn. C 563; LG Hanau MDR 80, 849).

3. Für Wohnraum, der *Teil der vom V. selbst bewohnten Wohnung* ist und den der V. ganz oder überwiegend mit Einrichtungsgegenstän-

den auszustatten hat; hingegen gelten die Vorschriften des MHG wenn der Wohnraum zum dauernden Gebrauch für eine Familie überlassen worden ist (§ 10 Ziff. 3). Für den *möblierten Wohnraum* (außerhalb der vom V. selbst bewohnten Wohnung) gelten also ab 1. 1. 1975 uneingeschränkt die Erhöhungsbeschränkungen des MHG (s. Untermiete, Heimverträge).

4. Für Mv. über Wohnraum, der Teil eines Studenten- oder Jugendwohnheims ist. Diese Wohnräume wurden durch das Gesetz zur Erhöhung des Angebots an Mietwohnungen vom 20. 12. 82 – BGBl. I S. 912 vom Schutzbereich des § 564b BGB und der Vorschriften des MHG ausgenommen. Auf diese Weise soll sichergestellt werden, daß die Einhaltung der für diese Mv. typischen Regel mietzeiten (sogenanntes Rotationsprinzip) möglich ist (kritisch hierzu: Lechner WM 83, 71). Für die Einordnung eines Wohnhauses als „Heim" genügt es dabei nicht, daß sämtliche Räume eines Hauses von Studenten oder Jugendlichen bewohnt werden. Erforderlich ist vielmehr, daß die Überlassung des Raumes im Rahmen eines bestimmten Zwecks erfolgt. Die bloße Absicht zur Gewinnerzielung reicht hierzu keinesfalls aus. Vielmehr kommen nur solche Zwecke in Betracht, die speziell auf die betroffene Situation der Bewohner zugeschnitten sind (Fremdnützigkeit; z. B.: Versorgung von Studenten mit preisgünstigem Wohnraum; Unterbringung von auswärtigen Lehrlingen und Schülern in der Nähe der Ausbildungsstätte; Wohngemeinschaft von Jugendlichen aus therapeutischen oder erzieherischen Gründen usw.).

Der Ausschluß vom Bestandsschutz betrifft nur Wohnheime für Studenten und Jugendliche. Nach dem allgemeinen Sprachgebrauch werden nur solche Personen als Studenten bezeichnet, die sich in einer gehobenen schulischen Ausbildung befinden, also die immatrikulierten Angehörigen der Universitäten und Technischen Hochschulen sowie die Besucher der Fachhochschulen. Jugendliche sind nach juristischem und allgemeinem Sprachgebrauch (vgl. z. B. § 1 Abs. 2 JGG) Personen zwischen dem 14. und dem 18. Lebensjahr.

Für die Einordnung eines Wohnhauses als Studenten- oder Jugendwohnheim genügt es, wenn die Räume grundsätzlich für Studenten oder Jugendliche bestimmt sind und im wesentlichen auch von diesen Personen bewohnt werden.

Die Vermietung einzelner Räume an andere Personen schadet nicht. Die Eigenschaft als Studenten- oder Jugendwohnheim geht auch nicht dadurch verloren, daß den Bewohnern nach Beendigung ihres Studiums oder nach Eintritt der Volljährigkeit der weitere Verbleib gestattet wird. Die Anwendung der Wohnraumschutzgesetze ist auch in diesem Fall ausgeschlossen, weil es im Rahmen des § 564b Abs. 7 Nr. 3 BGB nicht auf die Person des Bewohners, sondern auf die grundsätzliche Zweckbestimmung des Raumes ankommt.

In besonders gelagerten Einzelfällen kann die Auslegung des Mv. ergeben, daß kein typisches Mv. im Sinne von § 10 Abs. 3 Ziff. 4, sondern ein geschütztes Wohnraummietverhältnis vorliegt (so Gramlich § 564b BGB Anm. V für die Vermietung einer in einem Studentenwohnheim gelegenen Wohnung an ein Studentenehepaar mit Kind).

Mieterhöhung für Sozialwohnungen.

I. *Voraussetzungen der Mieterhöhung*

1. *Erhöhung der laufenden Aufwendungen:* Für Sozialwohnungen darf nur die Kostenmiete vereinbart werden. Basis der Kostenmiete ist die Durchschnittsmiete (§ 8a Abs. 1 WoBindG). Darunter ist derjenige Mietzins zu verstehen, der zur Deckung der laufenden Aufwendungen des Vermieters erforderlich ist. Die Höhe dieser Miete wird auf der Grundlage einer Wirtschaftlichkeitsberechnung ermittelt und von der Bewilligungsstelle genehmigt (§ 72 des 2. Wohnungsbaugesetzes). Aus der Durchschnittsmiete (durchschnittlicher kostendeckender Mietzins pro m^2 Wohnfläche) wird unter Berücksichtigung der Lage, Ausstattung und des Zuschnitts der einzelnen Wohnungen, die Einzelmiete (Kostenmiete) abgeleitet (§ 8a Abs. 5 WoBindG). Ändern sich nach der erstmaligen Berechnung der Durchschnittsmiete oder nach der Genehmigung der Durchschnittsmiete die laufenden Aufwendungen (Kapitalkosten, Abschreibung, Verwaltungskosten, Instandhaltungskosten, Mietausfallwagnis), so tritt an die Stelle der bisherigen Durchschnittsmiete jeweils eine entsprechend geänderte Durchschnittsmiete (§ 8a Abs. 3 WoBindG). Diese Rechtsfolge tritt allerdings nur dann ein, wenn der Vermieter die Kostenerhöhung nicht zu vertreten hat oder wenn die Erhöhung auf einer gesetzlich angeordneten Änderung der Kostenansätze (z. B. Erhöhung der Verwaltungskostenpauschale; der Instandhaltungskostenpauschale) beruht. Eine Änderung im Sinne des § 8a WoBindG soll nach dem Rechtsentscheid des Kammergerichts vom 3. 2. 1983 (WM 83, 81) auch dann nicht vorliegen, wenn der Vermieter wegen solcher Betriebskosten Positionen erhöhen will, deren Ansatz er in der ursprünglichen Wirtschaftlichkeitsberechnung vergessen hat und die auch nicht im Mietvertrag auf den Mieter umgelegt worden sind.

2. *Modernisierungsmaßnahmen und bauliche Änderungen:*

a) Hat der Vermieter mit Zustimmung der Bewilligungsstelle Modernisierungsmaßnahmen durchgeführt und haben sich hierdurch die laufenden Aufwendungen verändert, so kann er ebenfalls eine Mieterhöhung verlangen. Die Zustimmungskriterien sind im Gesetz nicht geregelt. Nach der Rechtsprechung des BVerwG (WM

1980, 280; WM 1990, 566) soll das Zustimmungserfordernis sicherstellen, daß wirtschaftlich modernisiert wird (Kontrollfunktion) und daß der durch die Modernisierung bedingte Mietanstieg in vertretbaren Grenzen bleibt (Mieterschutzfunktion). An diesem Gesetzeszweck muß sich die Bewilligungsstelle orientieren. Bei der Prüfung der Frage, ob die mit der Modernisierung verbundene Mieterhöhung für die Mieter tragbar ist, muß die Bewilligungsstelle die erhöhte Miete mit anderen Mietwerten vergleichen, etwa mit den geltenden Mietobergrenzen im öffentlich geförderten Wohnungsbau, den Sätzen eines Mietspiegels oder den Miethöchstgrenzen für die Gewährung von Wohngeld (OVG Hamburg, WM 93, 183). Modernisierungsmaßnahmen sind bauliche Maßnahmen, die den Gebrauchswert des Wohnraums nachhaltig erhöhen, die allgemeinen Wohnverhältnisse auf die Dauer verbessern oder nachhaltig Einsparung von Heizenergie bewirken (§ 11 Abs. 6 Satz 1 der II. BV.; s. Verbesserungsmaßnahmen). Bei einer modernisierenden Instandsetzung ist der für die reine Instandsetzung erforderliche Kostenaufwand nicht zu berücksichtigen (AG Braunschweig WM 81, 279). Ebenso gehören zu den Modernisierungsmaßnahmen der unter wesentlichem Bauaufwand durchgeführte Umbau von Wohnräumen, die infolge der Änderung der Wohngewohnheiten nicht mehr für Wohnzwecke geeignet sind, und die Neuschaffung von Wohnraum durch Erweiterung eines bestehenden Gebäudes (Aufstockung oder Anbau; § 17 des II. WoBauG).

b) Hat der Vermieter bauliche Änderungen aufgrund von Maßnahmen durchgeführt, die er nicht zu vertreten hat (z. B. Anschluß an Versorgungsleitungen, Umstellung von Stadt- auf Erdgas, Lecksicherung für Öltank), und haben sich hierdurch die laufenden Aufwendungen verändert, so hat er ebenfalls Anspruch auf eine Mieterhöhung.

3. *Ausschluß der Mieterhöhung:* Das Recht zur Mieterhöhung ist ausgeschlossen, soweit und solange eine Erhöhung der Miete durch ausdrückliche Vereinbarung mit dem Mieter oder einem Dritten ausgeschlossen ist oder der Ausschluß sich aus den Umständen ergibt.

II. *Mieterhöhungsverfahren.*

1. *Erhöhungserklärung:* Die Mieterhöhung tritt nicht kraft Gesetzes ein. Vielmehr muß der Vermieter die Mieterhöhung durch schriftliche Erklärung geltend machen (§ 10 WoBindG). Aus der Mieterhöhungserklärung muß sich zunächst der Betrag der Mieterhöhung ergeben.

a) Bei einer Mieterhöhung wegen gestiegener Betriebskosten genügt es, wenn die Erhöhung bestimmbar ist. Aufgrund dieser Vorschrift ist der Vermieter in der Lage, eine Mietpreisvereinbarung nach altem Recht (bis zum 1. Mai 1984 durfte nur ein Teil der Betriebskosten gesondert auf den Mieter umgelegt werden) in eine Mietpreisvereinbarung nach neuem Recht (seit 1. Mai 1984 ist die gesonderte Umlage sämtlicher Betriebskosten vorgesehen) umzuwandeln. Eine weitergehende Bedeutung hat die Regelung über die Erhöhung der Betriebskosten nicht: sind die Betriebskosten gesondert auf den Mieter umgelegt, so muß hierüber abgerechnet werden. Der Mieter muß dann die tatsächlichen Betriebskosten bezahlen; eine gesonderte Erhöhungserklärung während des Laufs der Abrechnungsperiode ist auch dann nicht erforderlich, wenn sich einzelne Betriebskostenpositionen erhöhen. Die Erhöhung der Betriebskostenvorauszahlungen muß allerdings in der hier dargelegten Form geltend gemacht werden.

b) In allen anderen Fällen (Mieterhöhung wegen gestiegener Kapitalkosten, Instandhaltungskosten, Verwaltungskosten usw.) muß der Erhöhungsbetrag angegeben werden. Die Erhöhung muß berechnet und erläutert werden. Aus der Mieterhöhungserklärung muß sich ergeben, auf welcher gesetzlichen Grundlage die Erhöhung beruht. Die Mitteilung der gesetzlichen Grundlage allein genügt allerdings nicht. Die Berechnung und Erläuterung ist dann hinreichend, wenn ein durchschnittlicher Mieter in der Lage ist, den Erhöhungsbetrag rechnerisch und gedanklich nachzuvollziehen. Haben sich beispielsweise die Kapitalkosten erhöht, so muß der Vermieter mitteilen, welche Darlehen bestehen und wie sich die Zinsbelastung entwickelt hat. Bei einer Erhöhung der Instandhaltungskosten genügt es nicht, wenn dem Mieter der Gesetzestext übermittelt wird, aus dem sich die Zulässigkeit der erhöhten Kostenansätze ergibt. Der Mieter muß erkennen können, wie die Instandhaltungskosten für seine Wohnung früher berechnet worden sind und welche Änderung sich nunmehr ergibt.

c) Die Mieterhöhungserklärung muß vom Vermieter eigenhändig unterschrieben werden. Hat der Vermieter seine Erklärung mit Hilfe automatischer Einrichtungen gefertigt, so bedarf es nicht seiner eigenhändigen Unterschrift (§ 10 Abs. 1 Satz 5 WoBindG; s. Mieterhöhung für nichtpreisgebundenen Wohnraum III.).

2. *Unterlagen:* Der Mieterhöhungserklärung ist eine Wirtschaftlichkeitsberechnung oder ein Auszug daraus, der die Höhe der laufenden Aufwendungen erkennen läßt, beizufügen. Anstelle einer Wirtschaftlichkeitsberechnung kann auch eine Zusatzberechnung zu der letzten Wirtschaftlichkeitsberechnung oder, wenn das zulässige Entgelt von der Bewilligungsstelle aufgrund einer Wirtschaftlichkeitsberechnung genehmigt worden ist, eine Abschrift der Genehmigung beigefügt werden. Durch diese Unterlagen wird die Berechnung und Erläuterung der Mieterhöhung allerdings nicht ersetzt. Vielmehr sollen hierdurch die Erläuterungen ergänzt werden (LG

Stuttgart WM 87, 157). Es ist nicht erforderlich, einer Mieterhöhungserklärung Unterlagen in einem Umfang beizufügen, die dem Mieter die Möglichkeit verschaffen, die Entwicklung der Kostenmiete bis auf die von der Bewilligungsstelle genehmigte Durchschnittsmiete zurückzuverfolgen (BGH RE vom 11. 1. 1984, BGHZ 89, 284 = WM 84, 70). Der anderslautende Rechtsentscheid des Kammergerichts vom 3. 3. 1982 (WM 82, 148) ist gegenstandslos. Der Auszug aus der Wirtschaftlichkeitsberechnung kann so beschaffen sein, daß die einzelnen Positionen lediglich mit ihrem Endbetrag ausgewiesen und nur diejenigen Kosten aufgeschlüsselt sind, die sich erhöht haben (OLG Hamm, RE vom 4. 4. 1984 WM 84, 148). Kommt es zum Streit über die Höhe der zulässigen Kostenmiete, so kann das Zivilgericht von einer Erhöhungsgenehmigung gem. § 8a Abs. 4 WoBindG zugunsten des Mieters abweichen (OLG Hamm RE vom 20. 8. 1993, WM 93, 591 = ZMR 93, 515). Die früher vertretene gegenteilige Auffassung (OLG Hamm, RE vom 10. 9. 1984, WM 84, 312) hat das Gericht aufgegeben (s. dazu auch OLG Hamburg WM 91, 152).

3. *Rechtsfolgen:* Die Erklärung des Vermieters hat die Wirkung, daß ab dem Ersten des auf die Erklärung folgenden Monats das erhöhte Entgelt an die Stelle des bisher zu entrichtenden Entgelts tritt; wird die Erklärung erst nach dem 15. eines Monats abgegeben, so tritt diese Wirkung von dem 1. des übernächsten Monats an ein (§ 10 Abs. 2 WoBindG). Wird die Erklärung bereits vor dem Zeitpunkt abgegeben, von dem an das erhöhte Entgelt zulässig ist, so wird sie frühestens von diesem Zeitpunkt an wirksam. Der Grundsatz, daß die Mieterhöhungserklärung nur für die Zukunft wirkt, gilt nicht, wenn die Parteien im Mietvertrag vereinbart haben, daß die vertraglich geschuldete Miete die jeweils preisrechtlich zulässige Miete sein soll. In diesem Fall darf der Vermieter eine Mieterhöhung wegen Erhöhung der laufenden Aufwendungen für einen zurückliegenden Zeitraum seit Beginn des der Erklärung vorangehenden Kalenderjahres nachfordern; für einen weiter zurückliegenden Zeitraum kann eine Mieterhöhung dann nachgefordert werden, wenn der Vermieter die Nachforderung aus Gründen, die er nicht zu vertreten hat, erst nach dem Ende des auf die Erhöhung der laufenden Aufwendungen folgenden Kalenderjahres geltend machen konnte und sie innerhalb von 3 Monaten nach Wegfall der Gründe geltend macht (§ 4 Abs. 8 NMV). Aufgrund von Zinserhöhungen der öffentlichen Baudarlehen ist eine Mieterhöhung für einen zurückliegenden Zeitraum nicht zulässig.

4. *Sonderkündigungsrecht des Mieters:* Der Mieter ist im Falle einer Mieterhöhungserklärung nach § 10 WoBindG berechtigt, das Mietverhältnis spätestens am 3. Werktag des Kalendermonats, von dem

an die Miete erhöht werden soll, für den Ablauf des nächsten Kalendermonats zu kündigen. Kündigt der Mieter, so tritt die Mieterhöhung nicht ein. Diese Regelung kann nicht abbedungen werden (§ 11 WoBindG).

III. *Rückforderungsanspruch des Mieters bei überhöhter Miete.*

Eine überhöhte Miete kann der Mieter nach § 8 Abs. 2 WoBindG zurückfordern. Der Rückforderungsanspruch kann auch durch einen nicht wohnberechtigten Mieter geltend gemacht werden (OLG Hamm RE vom 4. 5. 1988, WM 88, 203). Der Rückforderungsbetrag ist vom Vermieter zu verzinsen. Nach § 8 Abs. 2 Satz 3 WoBindG verjährt der Rückforderungsanspruch nach Ablauf von 4 Jahren nach der jeweiligen Leistung, jedoch spätestens nach Ablauf eines Jahres von der Beendigung des Mietverhältnisses an. Nach dem Rechtsentscheid des BayObLG vom 23. 5. 1985 (WM 85, 217) soll die kurze Verjährungsfrist unanwendbar sein, wenn die überhöhte Miete nicht aufgrund einer Vereinbarung, sondern aufgrund einer einseitigen Mieterhöhungserklärung gezahlt worden ist. Hier soll die regelmäßige Verjährungsfrist von 30 Jahren (§ 195 BGB) gelten (zweifelhaft; a. A. Sonnenschein/Weitemeyer, NJW 93, 2201; s. Verjährung). Nach dem Rechtsentscheid des OLG Karlsruhe vom 26. 3. 1986 (WM 86, 166) hat der Mieter ein Rückforderungsrecht nach § 812 BGB, wenn zwar lediglich ein kostendeckender Mietzins bezahlt wird, diese Zahlung aber auf einem formunwirksamen Mieterhöhungsverlangen beruht. Die Verjährung beträgt auch in diesem Fall vier Jahre (Wrobel, ZMR 92, 478). Der Rückforderungsanspruch besteht nicht, wenn im Mietvertrag vereinbart ist, daß die jeweils zulässige Kostenmiete als Vertragsmiete geschuldet ist (BGH WM 81, 276).

IV. Die → Betriebskosten im Sinne von § 27 der II. BV. müssen neben der Einzelmiete gesondert auf den Mieter umgelegt werden (s. Umlage II). Über die Betriebskosten ist jährlich abzurechnen. Ergibt sich bei der Abrechnung ein Nachzahlungsbetrag zugunsten des Vermieters, so kann dieser Betrag durch eine besondere schriftliche Erklärung nacherhoben werden (§ 20 Abs. 4 NMV). Für die Erklärung gelten die Regelungen der §§ 4 Abs. 7 und Abs. 8 NMV entsprechend, was insbesondere bedeutet, daß der Nachzahlungsanspruch erläutert werden muß. Gleiches gilt für die Erhöhung der Betriebskostenvorauszahlungen. Die Nachforderung von Betriebskosten ist ausgeschlossen, wenn die Abrechnung nicht bis zum Ablauf des 12. Monats nach dem Ende der Abrechnungsperiode erteilt wird; eine Ausnahme gilt, wenn der Vermieter die Verzögerung nicht zu vertreten hat.

V. Eine Sonderregelung trifft § 6 MHG für die mit öffentl. Mitteln geförderten *Wohnungen des Saarlandes,* für die sich der V. nach dem

Wohnungsbaugesetz für das Saarland vertragl. verpflichtet hat, keinen höheren M.zins als die Kostenm. zu vereinbaren. Für diese Wohnungen ist der V. kraft Ges. berechtigt, durch einseitige schriftl. Erklärung eine M.erhöhung bis zu der Höhe zu verlangen, daß eine Kostendeckung der laufenden Aufwendungen für das Gebäude gewährleistet ist. Die Erklärung ist nur wirksam, wenn in ihr die Erhöhung berechnet und erläutert wird. Die Erklärung hat die Wirkung, daß von dem ersten des auf die Erklärung folgenden Monats an der erhöhte M.zins an die Stelle des bisher zu entrichtenden M.zinses tritt; wird die Erklärung erst nach dem 15. eines Monats abgegeben, so tritt diese Wirkung erst von dem 1. des übernächsten Monats an ein.

Erhöhungen der Betriebskosten i. S. v. § 27 der II. BV kann der V. entspr. § 4 MHG auf die M. umlegen (s. Mieterhöhung II). Ermäßigen sich die laufenden Aufwendungen, so muß der M.zins entsprechend herabgesetzt werden. Eine Erhöhung des M.zinses nach §§ 2, 3 und 5 MHG ist ausgeschlossen (s. Mieterhöhung I, II). Diese Regelung gilt entsprechend für Wohnraum, der mit Wohnungsfürsorgemitteln für Angehörige des öffentl. Dienstes oder ähnliche Personengruppen unter Vereinbarung eines Wohnungsbesetzungsrechts gefördert worden ist, wenn der V. sich verpflichtet hat, keine höhere Miete als die Kostenm. zu vereinbaren. Zum ganzen: Derleder WM 82, 59 und 87.

Mietpreisüberhöhung. I. *Überblick.* Bei einem Mietverhältnis über frei finanzierten Wohnraum kann der Mietpreis im Grundsatz frei vereinbart werden. Dies gilt sowohl bei Beginn als auch während der Dauer eines Mietverhältnisses. Eine Schranke ergibt sich jedoch aus § 5 Wirtschaftsstrafgesetz (WistG). Danach liegt eine Mietpreisüberhöhung vor, wenn der Vermieter vorsätzlich oder leichtfertig für die Vermietung von Räumen zum Wohnen oder damit verbundene Nebenleistungen unangemessen hohe Entgelte fordert, sich verprechen läßt oder annimmt. Die Unangemessenheit des Entgelts kann in zweifacher Weise ermittelt werden. Nach § 5 Abs. 2 Satz 1 WiStG ist das Entgelt dann als unangemessen hoch zu bewerten, wenn die ortsübliche Miete um mehr als 20% überschritten wird. Nach § 5 Abs. 2 Satz 2 WiStG darf diese 20-%-Grenze überschritten werden, wenn die konkret vereinbarte Miete lediglich zur Deckung der laufenden Aufwendungen des Vermieters dient; in keinem Fall – also auch nicht zum Zwecke der Erzielung eines kostendeckenden Entgelts – darf die ortsübliche Miete um mehr als 50% überschritten werden.

Ist der Tatbestand des § 5 WiStG erfüllt, so liegt eine Ordnungswidrigkeit vor. Darüber hinaus hat der Verstoß gegen § 5 WiStG zur

Folge, daß die Mietpreisvereinbarung nichtig ist, soweit sie gegen das gesetzliche Verbot des § 5 WiStG verstößt (§ 134 BGB). Den überzahlten Betrag kann der Mieter nach Bereicherungsgrundsätzen (§ 812 BGB) zurückfordern.

II. *Berechnung der höchstzulässigen Miete nach § 5 Abs. 2 Satz 1 WiStG*

1. *Ortsübliche Miete:* Für die Berechnung der ortsüblichen Miete gelten die Ausführungen zur Mieterhöhung für frei finanzierten Wohnraum. Die in früherer Zeit vertretene Ansicht, wonach im Rahmen des § 5 WiStG aus Gründen der Rechtssicherheit ein Zuschlag zur ortsüblichen Miete zu machen sei (LG Hamburg WM 78, 222; Sternel ZMR 83, 75), ist durch den Rechtsentscheid des OLG Stuttgart vom 7. 7. 1981 (WM 81, 225) zurückgewiesen worden. Es ist auch nicht erforderlich, daß zur Ermittlung der ortsüblichen Miete im Rahmen des § 5 WiStG stets ein Sachverständiger eingeschaltet wird. In dem Rechtsentscheid des OLG Stuttgart vom 7. 7. 1981 wird diese Möglichkeit zwar in Erwägung gezogen; jedoch hat das OLG Hamm durch negativen Rechtsentscheid vom 11. 7. 1984 (WM 83, 238) klargestellt, daß dieser Teil der Entscheidungsgründe nicht bindet.

2. *Zuschläge für Möblierung* sind möglich und angebracht. Bezüglich der Höhe des Möblierungszuschlags gibt es keine übereinstimmenden Bewertungsgrundsätze. Sternel (Rdn. III 39) hält einen Zuschlag auf die Jahresmiete von 27% aus dem Anschaffungspreis der Einrichtung für angemessen: dem liegt die Überlegung zugrunde, daß der Vermieter die gekauften Möbel mit 15% abschreiben wird und daß ihm eine Kapitalverzinsung von 12% zuzubilligen ist. Das AG München (WM 84, 250) hat dem Vermieter einen Abschreibungssatz von 20% zugebilligt. Nach der Rechtsprechung des LG Mannheim (WM 77, 77) ist der Möblierungszuschlag im Einzelfall festzustellen: Maßgeblich für die Bemessung dieses Zuschlags ist insbesondere die Art der Einrichtung. Billige Möbel nutzen sich im allgemeinen schneller ab und müssen häufiger ersetzt werden als hochwertige Gegenstände. Dem soll durch unterschiedliche Kostenansätze Rechnung getragen werden.

3. *Zuschläge für besondere Belastungen* sind ebenfalls denkbar, wobei für das Vorhandensein der Belastung konkrete Anhaltspunkte vorliegen müssen (vgl.: OLG Stuttgart RE vom 26. 2. 1982 – WM 82, 129 –: ein Zuschlag zur ortsüblichen Miete, der mit der Eigenschaft der Mieter als Ausländer begründet ist, ist unzulässig; nur bei konkret feststellbaren Nachteilen oder Risiken kann ein Zuschlag gerechtfertigt sein; ebenso OLG Hamm RE vom 3. 3. 1983 – WM 83, 108 betreffend Zuschläge für die Vermietung von Wohnraum an eine studentische Wohngemeinschaft). Stets ist zu beachten, daß der so-

genannte „Beschwerniszuschlag" nur für diejenigen Zeiträume zu gewähren ist, in denen die Beschwernis vorgelegen hat (OLG Hamm RE vom 3. 3. 1983, WM 83,108). Besondere Mieterleistungen, die sich aus der Sicht des Vermieters als geldwerter Vorteil darstellen, sind ebenfalls zu berücksichtigen. Hier kommen insbesondere Baukostenzuschüsse und andere Finanzierungsbeiträge in Betracht (LG Hamburg WM 86, 346; AG Hamburg, WM 86, 347), aber auch sonstige Mieterleistungen, die im allgemeinen unüblich sind, wie etwa Hausmeisterdienste oder ähnliches.

4. *Die „Wesentlichkeitsgrenze":* Der Tatbestand des § 5 WiStG ist erfüllt, wenn die ortsübliche Miete um mehr als 20% überschritten wird. Für diesen Wert hat sich im juristischen Sprachgebrauch der Begriff der „Wesentlichkeitsgrenze" eingebürgert. Dabei sind die Grundmiete und das Entgelt für die Nebenleistungen zusammenzurechnen (OLG Stuttgart RE vom 26. 2. 1982, WM 82, 129); dies gilt auch zugunsten des Vermieters, so z. B., wenn eine Nebenkostenpauschale nicht kostendeckend ist (Riedmaier, ZMR 87, 1). Ist eine Staffelmiete vereinbart, so ist streitig, ob es im Rahmen des § 5 WiStG darauf ankommt, ob der aktuell geschuldete Mietzins über der Wesentlichkeitsgrenze liegt (so z. B.: Barthelmess, § 10 MHG, Rdn. 67) oder ob die Staffelmietvereinbarung in ihrer Gesamtheit gesehen werden muß (so Schmidt-Futterer/Blank, Rdn. C 523). Eine obergerichtliche Klärung steht noch aus.

III. Berechnung nach den laufenden Aufwendungen (§ 5 Abs. 2 Satz 2 WiStG): Nach dieser Vorschrift darf der Vermieter eine zur Dekkung der laufenden Aufwendungen erforderliche Miete (kostendekkende Miete) verlangen. Die ortsübliche Miete darf hierbei allerdings nicht um mehr als 50% überschritten werden.

1) Anwendungsbereich: Bis zum 31. 8. 1993 galt diese Art der Mietpreisberechnung für alle freifinanzierten Wohnungen (§ 5 WiStG a. F.; in dieser Fassung ist die Vorschrift des § 5 WiStG auch weiterhin anwendbar, wenn es um die zivilrechtliche Wirksamkeit oder um die Strafbarkeit einer Mietzinsvereinbarung geht, die vor dem 1. 9. 1993 getroffen worden ist. Durch das Vierte Mietrechtsänderungsgesetz wurde § 5 WiStG mit Wirkung zum 1. 9. 1993 geändert. Nach der geltenden Neufassung ist die Möglichkeit der Berechnung der höchstzulässigen Miete nach den laufenden Aufwendungen auf zwei Gruppen von Mietverhältnissen beschränkt, nämlich auf Neubauwohnungen (s. unten a) und auf Mietverhältnisse, bei denen der Vermieter den Mietzins schon bisher nach den laufenden Aufwendungen berechnet hat oder hätte berechnen dürfen (s. unten b).

a) „Neubauwohnung": Unter einer Neubauwohnung sind Räumlichkeiten zu verstehen, die nach dem 1. Januar 1991 fertiggestellt wurden. Dabei ist zu beachten, daß es nicht auf den Zeitpunkt der

Fertigstellung des Gebäudes, sondern auf die Fertigstellung des Raums ankommt. Ist beispielsweise in einem Altbau durch den Ausbau von Nebenräumen eine neue Wohnung geschaffen worden, so kann der Mietzins für diese Räume nach den laufenden Aufwendungen des Vermieters berechnet werden; für die bereits vorhandenen Wohnungen besteht diese Möglichkeit nur dann, wenn die Voraussetzungen des § 5 Abs. 2 Satz 2 Nr. 2b WiStG vorliegen. Weiterhin ist eine Aufwandsberechnung möglich für Wohnraum, der „aus Räumen wiederhergestellt wurde, die auf Dauer zu Wohnzwecken nicht mehr benutzbar waren, oder aus Räumen geschaffen wurde, die nach ihrer baulichen Anlage und Ausstattung anderen als Wohnzwecken dienten" (s. § 11 Abs. 1 Satz 1 Nr. 2 MHG). Wesentlich ist, daß die Privilegierung nach dem Wortlaut und dem Gesetzeszweck nicht gelten kann, wenn bereits vorhandener Wohnraum durch Teilung oder Zusammenlegung umgestaltet worden ist; in einem solchen Fall wird kein zusätzlicher Wohnraum geschaffen. Anders ist es, wenn der Vermieter eine Großwohnung in mehrere Kleinwohnungen aufgeteilt hat; hier wurde die Anzahl der Wohnungen vermehrt, so daß es sachgerecht ist, wenn diese Wohnungen den neu errichteten Wohnungen gleichgestellt werden.

b) Bestandsschutz für „Altbauwohnungen": Der Vermieter darf den Mietzins weiterhin nach den laufenden Aufwendungen errechnen, wenn „das Entgelt vor dem 1. September 1993 über der (Wesentlichkeits-)Grenze liegen durfte".

aa) Diese Regelung gilt zunächst für diejenigen Fälle, in denen das Mietverhältnis vor dem 1. 9. 1993 abgeschlossen worden ist und über den 1. 9. 1993 hinaus fortbesteht. War zum Stichtag des 31. 8. 1993 ein Mietzins zwischen 120,01% und 150% der ortsüblichen Miete zulässigerweise vereinbart, so gilt dieser Preis unverändert fort. Bei künftigen freiwilligen Erhöhungsvereinbarungen mit dem Mieter darf die ortsübliche Miete bis zu 150% überschritten werden, wenn die Höhe der laufenden Aufwendungen des Vermieters eine solche Miethöhe rechtfertigt; anderenfalls sind freiwillige Mieterhöhungsvereinbarungen nur in Höhe der laufenden Aufwendungen möglich. Gegen den Willen des Mieters kann der Vermieter keine Mieterhöhung nach § 2 MHG durchsetzen, weil danach nur eine Erhöhung bis zur ortsüblichen Miete möglich ist. Eine Erhöhung nach § 3 MHG ist dagegen bis zur 150%-Grenze möglich. War auf Grund der laufenden Aufwendungen des Vermieters zum Stichtag des 31. 8. 1993 ein Mietzins von mehr als 150% der ortsüblichen Miete vereinbart, so war und ist die Mietpreisvereinbarung insoweit unwirksam, als die 150%-Grenze überschritten wird (OLG Hamburg, WM 92, 527). Der Mieter schuldet auch nach dem 1. 1. 1993 einen Mietzins in Höhe von 150% der ortsüblichen Miete. Ein

Eigentümerwechsel hat auf diese Rechtslage keinen Einfluß, weil das Mietverhältnis zwischen dem Mieter und dem Erwerber zu den Bedingungen des bisherigen Mietverhältnisses fortgesetzt wird.

bb) Die Vorschrift gilt weiter für Mietverhältnisse, die nach dem 31. 8. 1993 neu begründet werden, wenn der Vermieter im Verhältnis zum früheren Mieter den Mietzins zulässigerweise nach den laufenden Aufwendungen berechnet hat und der vereinbarte Mietzins über der Wesentlichkeitsgrenze lag. In diesen Fällen darf der Vermieter auch bei künftigen Mieterwechseln (BT-Drucks 12/5110 S. 17) einen aufwendungsorientierten Mietzins verlangen und zwar bis in Höhe von 150% der ortsüblichen Miete; gleiches gilt für freiwillige Mietzinsvereinbarungen. Selbstverständlich wird auch hier vorausgesetzt, daß die laufenden Aufwendungen des Vermieters eine solche Miete rechtfertigen. Diese Rechtsfolge gilt auch dann, wenn das frühere Mietverhältnis vor dem 31. 8. 1991 beendet worden ist; die Ausnahmebestimmung setzt nämlich nicht voraus, daß am 1. 9. 1993 ein Mietverhältnis bestanden hat. Der Umstand, daß eine Wohnung vor dem 1. 9. 1993 längere Zeit leergestanden hat, spielt keine Rolle. Wesentlich ist, daß es nicht genügt, wenn der Vermieter vor dem 1. 9. 1993 von irgendeinem seiner Mieter einen aufwendungsorientierten Mietzins verlangen durfte und verlangt hat. Maßgeblich ist vielmehr, ob von demjenigen Mieter, der die konkrete Wohnung als letzter vor dem 1. 9. 1993 innegehabt hat, zulässigerweise ein aufwendungsorientierter Mietzins verlangt worden ist.

cc) Schließlich gilt die Regelung in § 5 Abs. 2 Satz 2 Nr. 2b WiStG auch dann, wenn der Vermieter unter der Geltung der bisherigen Gesetzesfassung berechtigt gewesen wäre, seinen Mietzins nach den laufenden Aufwendungen zu berechnen, hiervon aber keinen Gebrauch gemacht hat oder machen konnte.

2. Der *Begriff der laufenden Aufwendungen* ist an § 8 Abs. 1 WoBindG, 18–29 der II. BV angelehnt. Zu den laufenden Aufwendungen im Sinn des § 5 WiStG gehören deshalb folgende Kostenpositionen:

a) Eigenkapitalkosten: Dies sind die Zinsen für Eigenleistungen. Ansatzfähig ist der marktübliche Zinssatz für erste Hypotheken (OLG Stuttgart RE vom 30. 9. 1988, WM 88, 395). Stichtag ist der Beginn des Mietverhältnisses (OLG Stuttgart RE vom 8. 11. 1989, WM 90, 11). Die Zinsen können aus dem Verkehrswert der Wohnung berechnet werden (OLG Stuttgart RE vom 8. 11. 1989, a. a. O.). Fiktive Tilgungen bleiben außer Betracht.

b) Fremdkapitalkosten: Hierzu gehören die Zinsen für Fremdmittel, die laufenden Kosten für Bürgschaften für Fremdmittel, Erbbauzinsen, sowie laufende Kosten, die im Zusammenhang mit der Darlehensaufnahme entstehen.

c) Abschreibung: Als Abschreibung darf 1% der Baukosten angesetzt werden. Soll die Abschreibung aus den Erwerbskosten ermittelt werden, so müssen die Grundstückskosten (die nicht abgeschrieben werden können) vom Kaufpreis abgezogen werden. Als *besondere Abschreibung für Anlagen und Einrichtungen* dürfen zusätzlich angesetzt werden von den Kosten:

- der Öfen und Herde 3%
  (hierzu gehören auch Nachtstromspeicherheizungen)
- der Einbaumöbel 3%
- der Anlagen und der Geräte zur Versorgung mit Warmwasser, sofern sie nicht mit einer Sammelheizung verbunden sind 4%
- der Sammelheizung einschließlich einer damit verbundenen Anlage zur Versorgung mit Warmwasser 3%
  (hierzu gehören auch Etagenheizungen)
- der Hausanlage bei eigenständig gewerblicher Lieferung von Wärme 0,5%
  und einer damit verbundenen Anlage zur Versorgung mit Warmwasser 4%
  (hierzu gehört insbesondere die Fernheizung)
- des Aufzugs 2%
- der Gemeinschaftsantenne 9%
  (hierzu gehören auch Gemeinschaftsparabolantennen, nicht aber die Verteilanlage des Breitbandkabelanschlusses)
- der maschinellen Wascheinrichtung 9%

d) Verwaltungskosten (§ 26 II. BV): Sie betragen gegenwärtig für Wohnungen pro Jahr DM 420,–. Für Garagen oder ähnliche Einstellplätze (Stellplätze in Tiefgaragen, Carports) DM 55,–. Es handelt sich um pauschalierte Kosten; ein höherer Ansatz ist auch dann nicht zulässig, wenn im Falle der Fremdverwaltung tatsächlich höhere Kosten entstehen.

e) Instandhaltungskosten (§ 28 II. BV): Sie sind entsprechend den in § 28 Abs. 2 der II. BV geregelten Pauschalen zu berücksichtigen (s. Wirtschaftlichkeitsberechnung); ein höherer Ansatz ist auch dann nicht zulässig, wenn tatsächlich höhere Instandhaltungskosten entstehen oder entstanden sind.

f) Mietausfallwagnis: Es beträgt 2% der Mieteinnahmen.

3. *Anwendungsfälle:*

a) Vermieter als Bauherr: Hat der Vermieter das Gebäude als Bauherr errichtet und die Wohnungen sodann vermietet, so wird die Kostenmiete im Prinzip nicht anders errechnet, als bei einer öffentlich geförderten Wohnung (s. Wirtschaftlichkeitsberechnung). Zu beachten sind lediglich zwei Besonderheiten: Zum einen darf der Vermieter für sein gesamtes Eigenkapital Zinsen in Höhe der marktüblichen Zinsen für Erste Hypotheken ansetzen. Zum anderen muß der sogenannte „Einfrierungsgrundsatz" nicht beachtet werden. Findet ein Mieterwechsel statt, so kann sich eine andere fiktive Eigenkapitalverzinsung ergeben, weil es für die Höhe des marktüblichen Zinssatzes nach dem Rechtsentscheid des OLG Stuttgart vom 8. 11. 1989 (a. a. O.) auf den Zeitpunkt der Begründung des jeweiligen Mietverhältnisses ankommen soll.

b) Vermieter als Erwerber: Hat der Vermieter das Haus nicht selbst errichtet, sondern gekauft, so stellt sich die Frage, ob die Fremdkapitalkosten und die Eigenkapitalverzinsung aus den Erwerbskosten berechnet werden dürfen. Bei einer preisgebundenen Wohnung wäre dies nicht möglich. Im Rahmen des § 5 WiStG besteht diese Möglichkeit, und zwar auch und gerade beim Erwerb von Altbauten. Nach dem Rechtsentscheid des OLG Stuttgart vom 8. 11. 1989 (a. a. O.) kann hier der Verkehrswert des Anwesens zugrunde gelegt werden, der in der Regel mit dem Kaufpreis identisch ist. Der Verkehrswert ist bei Altbauten auch dann maßgeblich, wenn der Vermieter das Gebäude selbst errichtet oder wenn er es geerbt hat. Ferner ist darauf zu achten, daß der Abschreibungsbetrag nur aus dem Gebäudewert berechnet werden darf. Der Grundstückswert kann nicht abgeschrieben werden (AG Neukölln GE 90, 767). Für die Berechnung der höchstzulässigen Miete für eine vom Vermieter erworbene Eigentumswohnung (Größe: 100 qm / Baujahr: 1980 / Ausstattung: Bad und Zentralheizung / Kaufpreis: DM 300000,– / Eigenkapital: DM 100000,– / Fremdkapital: DM 200000,– / Vermietung am: 1. 2. 1994 / ortsübliche Zinsen für erste Hypotheken zum Zeitpunkt der Vermietung: 7%) gilt folgendes Berechnungsmodell:

Eigenkapitalverzinsung: 7% aus 100000,–	DM 7000,–
Fremdkapitalkosten: 7% aus 200000,–	DM 14000,–
Abschreibung: 1% aus ca. 250000 (bei angenommenen anteiligem Grundstückswert von 50000,– DM)	DM 2500,–
Verwaltungskosten:	DM 420,–
Instandhaltungskosten: 11,– + 0,80 × 100	DM 1180,–
Gesamt:	DM 25100,–
Laufende Aufwendungen pro Monat: 25100 : 12	DM 2091,–

c) Erwerb und Modernisierung: Hat der Vermieter ein sanierungsbedürftiges Gebäude erworben und sodann eine Modernisierung durchgeführt, so können nach der hier vertretenen Ansicht die Fremdkapital- und Eigenkapitalkosten aus der Summe der Erwerbs- und Modernisierungskosten errechnet werden. Es kann nämlich im Rahmen des § 5 WiStG keinen Unterschied bedeuten, ob der Vermieter ein modernisiertes Gebäude erwirbt und dann die Finanzierungskosten bei der Berechnung der laufenden Aufwendungen in Ansatz bringt, oder ob er ein sanierungsbedürftiges Gebäude kauft und selbst modernisiert. Die Kosten werden sich in beiden Fällen nicht wesentlich unterscheiden; deshalb sind beide Fälle gleich zu behandeln. In der Rechtsprechung ist diese Frage allerdings noch umstritten. Das Kammergericht hat den Erlaß eines Rechtsentscheids aus formellen Gründen abgelehnt (GE 91, 147).

d) Gewerbliche Zwischenvermietung: Bei der gewerblichen Zwischenvermietung ist das vom Zwischenvermieter an den Hauptvermieter gezahlte Entgelt als „laufende Aufwendung" anzusehen. Da die Vermietung durch den Zwischenvermieter aber nicht zu einer höheren Miete führen soll als die Miete unmittelbar vom Eigentümer, ist das vom Zwischenvermieter an den Hauptvermieter gezahlte Entgelt nur bis zur Höhe der Aufwendungen des Eigentümers zu berücksichtigen (OLG Stuttgart RE vom 18. 1. 1990 – WM 90, 102; abweichend Schläger ZMR 90, 241, 246).

IV. *Weitere Tatbestandsmerkmale des § 5 WiStG*

1. *Ausnutzen eines geringen Angebots:* Der Tatbestand des § 5 WiStG setzt voraus, daß die überhöhte Miete infolge der Ausnutzung eines geringen Angebots an vergleichbaren Räumen erzielt wird. Nach dem Rechtsentscheid des OLG Hamm vom 13. 6. 1986 (WM 86, 206) reicht es für die Annahme eines geringen Angebots aus, wenn für bestimmte „nach allgemeinen Merkmalen abgrenzbare Mietergruppen infolge mangelnder Vertragsbereitschaft der Vermieter in ihrer Gesamtheit der Marktzugang verengt ist". Dies wurde für studentische Wohngemeinschaften entschieden; der hinter dieser Entscheidung stehende Rechtsgedanke gilt aber gleichermaßen für andere benachteiligte Gruppen von Wohnungssuchenden, etwa für kinderreiche Familien, für den Menschen im hohen Lebensalter, für Gastarbeiter oder für Arbeitslose. Die Annahme eines geringen Angebots verlangt keine Unterversorgung: ein geringes Angebot liegt bereits dann vor, wenn das Angebot die Nachfrage nicht spürbar überschreitet und der Vermieter als marktüberlegener Teil in der Lage ist, die Mietbedingungen zu bestimmen (AG Nürnberg, WM 89, 312). Auf statistische Feststellungen bezüglich der Wohnraumversorgung in bestimmten Großräumen kommt es nicht an; maßgeblich sind die Verhältnisse in den Stadtteilen für bestimmte Mietergruppen (LG Hamburg WM 89, 522). Ein geringes Angebot kann auch dann nicht verneint werden, wenn in einer bestimmten Gegend eine größere Anzahl von Wohnungen freisteht. Es ist zu prüfen, welche Gründe hierfür maßgeblich sind. Der Anwendung des § 5 WiStG steht es nicht entgegen, wenn der Leerstand darauf zurückzuführen ist, daß der Vermieter überhöhte Mieten fordert oder daß die

Gegend vom Publikum deshalb noch nicht angenommen worden ist, weil sie als ehemaliges Dirnenviertel einen schlechten Ruf genießt (OLG Köln WM 79, 85). Als Indiz für ein geringes Angebot wird in der Rechtsprechung gewertet, wenn die Nachfragen Wohnungssuchender beim Wohnungsamt stark ansteigen (AG Braunschweig/LG Braunschweig WM 90, 162) oder wenn die Marktmiete – also die übliche Miete bei Neuvermietungen – um ca. 15% höher ist als die ortsübliche Miete (LG Braunschweig WM 83, 268). Weitere Indizien für ein geringes Angebot sind statistische Daten, registrierte Wohnungslosenfälle, behördliche Bedarfsprognosen, die Geltung der Zweckentfremdungsverordnung, Regierungsprogramme zur Förderung des Wohnungsbaus oder zunehmende Wohnungsmodernisierungen mit der Folge, daß sich das Angebot an Billigwohnungen verringert (LG Hamburg WM 79, 63; WM 79, 199; WM 89, 522). Häufig wird ein geringes Angebot als gerichtsbekannt unterstellt (LG Stuttgart WM 89, 168 für preiswerte Wohnungen; LG Hamburg WM 78, 222 für preiswerte Einzimmerwohnungen; LG Mannheim ZMR 79, 62 für Gastarbeiterwohnungen; AG Köln WM 78, 76 für Gastarbeiterwohnungen). Zu beachten ist in diesem Zusammenhang, daß es im Rahmen des § 5 WiStG nicht darauf ankommt, ob sich der Mieter in einer Not- oder Zwangslage befunden hat. Deshalb kann der Tatbestand des § 5 auch dann erfüllt sein, wenn der Mieter im Verlauf der Mietzeit einem Mieterhöhungsverlangen des Vermieters zustimmt, obwohl er hierzu nach § 2 MHG nicht verpflichtet wäre (Sternel, Rdn. III 58). Die Vorschrift ist nur dann nicht anwendbar, wenn der Wohnungsmarkt in dem Sinne ausgeglichen ist, daß das Angebot an Wohnungen die Nachfrage deutlich übersteigt. Auch der Erwerber eines Hauses kann sich gegenüber dem zivilrechtlichen Rückforderungsanspruch des Mieters nicht darauf berufen, daß er selbst kein geringes Angebot ausgenutzt habe, weil er lediglich in bereits bestehende Mietverträge eingetreten sei. Dies folgt bereits aus dem Umstand, daß der Erwerber die Rechte aus der Mietzinsvereinbarung lediglich insoweit erwirbt, als die Preisvereinbarung wirksam ist (LG Mannheim WM 87, 362).

2. *Subjektive Tatbestandsmerkmale:* Die subjektiven Tatbestandsmerkmale – Vorsatz oder Leichtfertigkeit – spielen bei der Geltendmachung des zivilrechtlichen Rückforderungsanspruchs durch den Mieter keine Rolle, weil es insoweit nach allgemeiner Ansicht genügt, daß die objektiven Tatbestandsmerkmale erfüllt sind. Im Verfahren nach dem OWiG muß Vorsatz oder Leichtfertigkeit nachgewiesen werden: Hier ist anzumerken, daß die Gerichte dem Vermieter eine Erkundungspflicht bezüglich der Höhe der höchstzulässigen Miete auferlegen (BayObLG WM 81, 69 für gewerbsmäßige

Vermieter; AG München WM 84, 250). Der Vermieter kann sich also nicht ohne weiteres auf Unkenntnis berufen.

V. *Zivilrechtliche Folgen der Mietpreisüberhöhung*

1. *Rückforderungsanspruch nach § 812 BGB:* Nach dem Rechtsentscheid des BGH vom 11. 1. 1984 (WM 84, 68) ist die Mietpreisvereinbarung insoweit nichtig, als der Mietpreis die Wesentlichkeitsgrenze übersteigt. Die früher ergangenen oberlandesgerichtlichen Rechtsentscheide mit gegenteiliger Aussage sind damit gegenstandslos.

Bezüglich des höchstzulässigen Mietpreises gilt folgendes:

a) Führen die laufenden Aufwendungen des Vermieters zu einem Mietzins, der die ortsübliche Miete um nicht mehr als 20% übersteigt, so kann maximal ein Mietpreis in Höhe von 120% der ortsüblichen Miete vereinbart werden.

b) Führen die laufenden Aufwendungen des Vermieters zu einem Mietzins, der die ortsübliche Miete um mehr als 20%, aber nicht mehr als 50% übersteigt, so kann maximal ein Mietpreis in Höhe der laufenden Aufwendungen vereinbart werden.

c) Führen die laufenden Aufwendungen des Vermieters zu einem Mietzins, der die ortsübliche Miete um mehr als 50% übersteigt, so kann maximal ein Mietpreis von 150% der ortsüblichen Miete vereinbart werden. Übersteigt der vereinbarte Mietzins die ortsübliche Miete um mehr als 50%, so bleibt die Mietpreisvereinbarung in Höhe von 150% der ortsüblichen Miete bestehen (OLG Hamburg RE vom 5. 8. 1992, WM 92, 527).

2. *Einfluß der Änderung des Preisniveaus:* Nach den Rechtsentscheiden des OLG Hamm vom 3. 3. 1983 (WM 83, 108) und des OLG Frankfurt vom 4. 4. 1985 (WM 85, 139) sind Veränderungen in der Höhe der ortsüblichen Miete bei der Ermittlung des Rückforderungsanspruchs zu berücksichtigen, wobei die jeweils maßgebende Miete in Jahresabständen ermittelt werden soll (OLG Frankfurt WM 85, 139). Diese Rechtsauffassung hat zur Folge, daß sich der geschuldete Mietzins einzig und allein durch das Steigen des ortsüblichen Preisniveaus erhöht. Dies rechtfertigt sich aus dem Zweck des § 5 WiStG: Dieser Gesetzeszweck ist erfüllt, wenn der vereinbarte Mietzins auf das jeweils rechtlich zulässige Maß zurückgeführt wird. Allerdings ist gegenüber der herrschenden Meinung eine vom AG Stuttgart (WM 86, 222) entwickelte Modifikation angebracht. Danach wirken sich Veränderungen der ortsüblichen Miete während der Mietzeit erst dann auf die Höhe der höchstzulässigen Miete (und damit auf die Höhe des Rückforderungsanspruchs) aus, wenn infolge der Veränderung die Wesentlichkeitsgrenze überschritten wird. Veränderungen unterhalb der Wesentlichkeitsgrenze sind unbeachtlich. Diese Modifikation rechtfertigt sich aus der Erwägung, daß ein Ver-

mieter bei der zulässigen Vereinbarung einer Anfangsmiete in Höhe von 120% der ortsüblichen Miete ebenfalls mit einer Mieterhöhung warten muß, bis das ortsübliche Mietzinsniveau die Anfangsmiete übersteigt. (Zustimmend: Barthelmess, ZMR 88, 321.)

3. *Ausschluß des Rückforderungsanspruchs:*

a) Ein Ausschluß des Rückforderungsanspruchs kann sich aus § 814 BGB ergeben. Danach kann eine Leistung nicht zurückgefordert werden, wenn der Leistende – der Mieter – gewußt hat, daß er zur Leistung nicht verpflichtet war. Nach der hier vertretenen Auffassung ist die Anwendung des § 814 BGB immer dann ausgeschlossen, wenn ein Wohnungssuchender einen überhöhten Preis akzeptiert, weil er andernfalls wegen der angespannten Wohnungsmarktsituation bei der Vergabe der Wohnung keine Chance hätte. Das ergibt sich aus dem speziellen Schutzzweck der §§ 138 BGB, 5 WiStG, der nicht erreicht werden könnte, wenn bereits die Kenntnis des Mieters von der Rechtswidrigkeit der Mietpreisvereinbarung zum Ausschluß des Rückforderungsrechts führen würde. Die Rechtsprechung wendet § 814 BGB allerdings an, wenn der Mietinteressent positive Kenntnis von der Preiswidrigkeit hatte (LG Stuttgart WM 89, 168; LG Braunschweig WM 83, 268; LG Aachen ZMR 83, 408). Dieser Fall wird aber in der Regel *nicht* bereits dann vorliegen, wenn der Mieter die ortsübliche Miete kennt – etwa aufgrund eines Mietspiegels – und wenn er weiß, daß die vereinbarte Miete die ortsübliche Miete um mehr als 20% übersteigt. Dies folgt aus der Erwägung, daß die vereinbarte Miete bei Berücksichtigung der laufenden Aufwendungen des Vermieters nach § 5 Absatz 1 Satz 3 WiStG – s. oben III. – zulässig sein kann. Von der Höhe der laufenden Aufwendungen wird der Mieter im allgemeinen keine Kenntnis haben.

b) Nach § 817 Satz 2 BGB ist die Rückforderung ausgeschlossen, wenn sowohl der Empfänger der Leistung als auch der Leistende gegen ein gesetzliches Verbot verstoßen haben. Diese Vorschrift ist aber deshalb nicht anwendbar, weil lediglich der Vermieter, nicht aber der Mieter gegen § 5 WiStG verstoßen kann.

c) Nach § 818 Abs. 3 BGB entfällt der Rückforderungsanspruch, wenn der Empfänger nicht mehr bereichert ist. Ein solcher Fall kann vorliegen, wenn der Eigentümer einer Wohnung den Erlös aus der Vermietung zur Finanzierung seines Aufenthalts in einem Altersheim verwendet hat. Hier ist allerdings § 819 Abs. 2 BGB zu beachten, wonach der Vermieter unter anderem aus dem Gesichtspunkt des Schadenersatzes zur Rückzahlung verpflichtet sein kann, wenn er positive Kenntnis vom Gesetzesverstoß hatte. Außerdem ist in diesem Zusammenhang darauf hinzuweisen, daß die Vorschrift des § 5 WiStG von der Rechtsprechung als Schutzgesetz im Sinne von § 823 Abs. 2 BGB bewertet worden ist (LG Köln WM 89, 311), mit der

Folge, daß der Vermieter bei schuldhaftem Verstoß gegen § 5 WiStG stets aus Schadensersatzgesichtspunkten zur Rückzahlung verpflichtet ist, ohne daß er sich auf § 814 BGB oder § 818 Abs. 3 BGB berufen könnte.

4. *Verjährung:* Nach dem Rechtsentscheid des OLG Hamburg vom 30. 1. 1989 (WM 89, 126) verjähren die Rückforderungsansprüche des Mieters ebenso wie die Mietzinsansprüche des Vermieters in 4 Jahren.

VI. *Zum Rückforderungsanspruch bei Sozialwohnungen s. Mieterhöhung für Sozialwohnungen III.*

Zur Wuchermiete s. dort.

Mietrückstände (Mr.). Kommt der M. mit der Zahlung des von ihm geschuldeten → M.zinses in *Verzug* (s. M.zins IV), ist der V. zur *fristlosen Kündigung* (s. Kündigung II) berechtigt, wenn die bes. Voraussetzungen des § 554 BGB vorliegen. Stattdessen kann der V. aber auch von einer Kündigung absehen und den Mr. bei Fortbestand des Mv. durch eine Klage auf Zahlung geltendmachen. Als M.zins i. S. des § 554 BGB sind sowohl die Grundmiete als auch die in regelmäßigen Abständen zu zahlenden Nebenkostenvorschüsse anzusehen; der Saldo aus einer Nebenkostenabrechnung gehört dagegen nicht zum M.zins i. S. dieser Vorschrift (OLG Koblenz (RE) WM 84, 269; LG Berlin MDR 80, 670; LG Freiburg ZMR 81, 370). Ebenso können sonstige, nicht wiederkehrende Zahlungspflichten des M. (z. B. Darlehen, Baukostenzuschuß) oder andere geldwerte Leistungspflichten (z. B. Schönheitsreparaturen, Instandhaltungen) sowie Schadensersatz- und Kostenerstattungspflichten (LG Mannheim WM 75, 97) nicht als M.zins i. S. dieser Vorschrift anerkannt werden. Unter Umständen kann aber deswegen nach § 564 b II Nr. 1 BGB oder – in Ausnahmefällen – nach § 554 a BGB gekündigt werden (LG Freiburg a. a. O.).

I. Die *Höhe* des Mr. muß beträchtlich sein.

1. Der M. muß *zwei aufeinanderfolgende fällige M.zinsraten* ganz oder teilweise nicht gezahlt haben. Ein Teilrückstand kommt nur in Betracht, wenn er im Verhältnis zu den fällig gewordenen Einzelraten erheblich ist. Allerdings ist nicht erforderlich, daß bezüglich jeder M.zinsrate ein erheblicher Rückstand vorliegt. Maßgeblich ist vielmehr, ob der Gesamtrückstand als erheblich anzusehen ist (BGH NJW-RR 87, 903). Beim Mv. über *Wohnraum* bestimmt das Ges., daß ein Teilrückstand nur dann erheblich ist, wenn er den M.zins für *1 Monat* übersteigt. Für Wohnraum, der nur zu vorübergehendem Gebrauch vermietet ist (z. B. kürzere Lehrgänge, Studienaufenthalt, auswärtige Montage), gilt diese Besonderheit nicht.

2. Der V. kann auch dann kündigen, wenn der M. in einem Zeit-

raum, der sich über mehr als 2 Zahlungstermine erstreckt, einen *Gesamtrückstand von 2 Monatsmieten* entstehen läßt. Dadurch soll der M. gehindert werden, erhebliche kleinere Mr. auflaufen zu lassen, die nicht 2 aufeinanderfolgende Zahlungstermine betreffen. Unbeachtlich ist hier, ob die einzelnen Teilrückstände für sich betrachtet nur unerheblich gewesen sind (z. B. Zahlung der Grundmiete, aber längere Rückstände für Nebenkosten, Umlagen usw.).

3. Das Kündigungsrecht des V. setzt neben einem Mr. der oben dargelegten Höhe weiter voraus, daß sich der M. mit diesen Zahlungen im *Verzug* befindet. Der M. muß es somit *schuldhaft* unterlassen haben, für den rechtzeitigen Eingang des Geldes beim V. zu sorgen. Dagegen ist es unerheblich, ob der M. den Geldmangel als solchen verschuldet hat. Die verspätete Aushändigung des Arbeitslohns oder eine Verzögerung in der Auszahlung öffentlicher Gelder (Wohngeld, Arbeitslosenunterstützung) schließt deshalb eine Kündigung nach § 554 BGB nicht aus (LG Kiel WM 84, 55; AG Düren WM 81, 210), wie überhaupt die Berücksichtigung von persönlichen Umständen und Zumutbarkeitserwägungen im Rahmen des § 554 grundsätzlich nicht in Betracht kommt (BGH ZMR 87, 289). Der Umstand, daß der Mieter sozialhilfeberechtigt ist, schließt das Verschulden am Zahlungsverzug auch dann nicht aus, wenn sich das Sozialamt dem Mieter gegenüber zur Bezahlung des Mietzinses verpflichtet hatte. In bezug auf die Mietzahlung ist das Sozialamt Erfüllungsgehilfe des Mieters, so daß dieser für Zahlungsverzögerungen des Sozialamts nach § 278 BGB einzustehen hat (LG Karlsruhe ZMR 89, 421; a. A. AG Bergisch Gladbach WM 89, 630). Die gleichen Grundsätze gelten, wenn ein sonstiger Dritter für den Mieter – sei es freiwillig, sei es aufgrund vertraglicher Verpflichtungen – die Bezahlung der Miete übernommen hat. In Fällen dieser Art ist ein Zahlungsverzug des Dritten von dem Mieter allerdings dann nicht zu vertreten, wenn dieser von der Zahlungseinstellung keine Kenntnis hatte und davon ausgehen durfte, daß der Dritte rechtzeitig zahlt (so im Ergebnis auch Sternel, Mietrecht aktuell Rdn. 499 unter Hinweis auf LG Hamburg B. v. 2. 10. 1990 – 316 S 34/90 – und B. v. 2. 1. 1991 – 311 T 118/90 –). Für Fehler und Irrtümer seiner Bank hat der M. grunds. nicht einzustehen. Deshalb liegt kein Verzug vor, wenn der V. das Geld deshalb zu spät erhält, weil die Bank den vom M. überwiesenen Betrag irrtümlich einem anderen Kunden gutgeschrieben hat (LG Berlin GE 88, 1049). Zahlt der M. nur *unter Vorbehalt*, um seine Ansprüche wegen → Mängeln der M.sache zu wahren, kommt er nicht in Verzug (LG Hannover MDR 66, 511; LG München WM 87, 223; LG Frankfurt WM 87, 318). Gleiches gilt im Falle einer überzogenen Minderung: Ist der M. irrig von einem höheren als dem tatsächlich angemessenen Minderungsbetrag ausgegangen, so kann der

V. wegen der Mr. grunds. nicht kündigen (AG Lüdinghausen WM 80, 53; LG Kassel WM 81, 185; LG Mannheim WM 87, 317). Etwas anderes kommt grunds. nur dort in Betracht, wo ein Minderungsrecht offensichtlich überhaupt nicht bestanden hat. Die Kündigung ist ferner dann ausgeschlossen, wenn der M. ein Zurückbehaltungsrecht geltend macht (LG Hamburg ZMR 84, 128; AG Nürnberg WM 81, 278), oder wenn er den Mietzins berechtigterweise hinterlegt hat (LG Kaiserslautern WM 85, 229). Hat der M. vor Ausübung des Minderungs- oder Zurückbehaltungsrechts den Rat eines Rechtsanwalts eingeholt, so hat er für fehlerhafte Auskünfte des Rechtsanwalts nicht einzustehen, weil der beratende Anwalt kein Erfüllungsgehilfe des Mieters ist (LG Karlsruhe WM 90, 294). Davon abgesehen muß verhindert werden, daß das Kündigungsrecht nach § 554 BGB, das den V. vor einer Gefährdung seines Vermögens schützen soll, als Druckmittel zur Durchsetzung von möglicherweise ungerechtfertigten Mietzinsansprüchen mißbraucht wird. Der M. soll seine Gewährleistungsrechte ohne Furcht vor dem Verlust der Wohnung ausüben können; dem V. ist es im Hinblick hierauf zuzumuten, seine vermeintlichen Rechte im Wege der Zahlungsklage geltend zu machen (LG Mannheim WM 87, 317). Die Rechtsprechung des BVerfG (WM 89, 278) steht dieser Ansicht nicht entgegen. Das BVerfG wendet sich lediglich gegen die Auffassung, daß eine Kündigung nach § 554 BGB nur bei titulierten M.zinsrückständen möglich sei. Wird der M. von *Wohnraum* auf Grund einer → *M.erhöhung* des V. nach §§ 2–7 MHG zur Zahlung (Zustimmung) verurteilt, darf der V. wegen der rückständigen Erhöhungsbeträge erst *2 Monate nach Rechtskraft* des Urteils kündigen (§ 9 II MHG). Zum Verzug s. näher M.zins II 3.

II. Liegen die genannten Voraussetzungen vor, kann der V. die fristlose → Kündigung aussprechen und den M. im Streitfall auf Räumung verklagen. Folgende Besonderheiten sind zu beachten:

1. Es ist nicht erforderlich, daß die Kündigungsvoraussetzungen zum Zeitpunkt des Zugangs der Kündigung noch vorliegen (BGH BB 87, 2123). Es genügt vielmehr, daß die Kündigungsvoraussetzungen irgendwann während der Mietzeit vorgelegen haben. In diesem Fall ist es unerheblich, wenn sich der Rückstand nach Vorliegen der Kündigungsvoraussetzungen und vor Ausspruch der Kündigung wieder verringert. Das Kündigungsrecht erlischt erst dann, wenn der Vermieter vollständig befriedigt wurde, der Rückstand also vollkommen ausgeglichen ist. Befriedigt ist der V. erst dann, wenn seine Ansprüche durch Erhalt des Geldes, Gutschrift auf seinem Konto, Erklärung der Aufrechnung oder Hinterlegung erloschen sind. Der M. muß im Streitfall *beweisen*, daß er *nichts* mehr schuldete, als ihm die Kündigungserklärung des V. zuging (BGH MDR 60, 1006). Teilzahlungen des M. genügen nicht.

2. Es ist nicht erforderlich, daß die Kündigung unmittelbar nach Eintritt der Kündigungsvoraussetzungen ausgesprochen wird. Vielmehr kann der Vermieter durchaus zunächst die weitere Entwicklung abwarten. Ein solches Verhalten ist dann zweckmäßig, wenn nach der Sachlage eine vorübergehende Zahlungsschwierigkeit des Mieters in Frage kommt. Erweist sich in der Folgezeit, daß die Zahlungsschwierigkeiten von Dauer sind, was bereits dann angenommen werden kann, wenn die Rückstände über längere Zeit offenstehen, so ist der Vermieter auch nach längerer Zeit zur Kündigung berechtigt, und zwar auch dann, wenn der Mieter einen Teil des Rückstands abgetragen hat. Der Einwand der Verwirkung wird lediglich im Ausnahmefall greifen. Dies setzt voraus, daß zwischen dem Eintritt der Kündigungsvoraussetzungen und dem Ausspruch der Kündigung längere Zeit vergangen ist, und daß der Mieter aufgrund konkreter Umstände davon ausgehen durfte, der Vermieter werde von seinem Kündigungsrecht keinen Gebrauch machen. Eine längere Untätigkeit des Vermieters rechtfertigt diese Annahme für sich allein nicht.

3. Der Vermieter muß vor dem Ausspruch der Kündigung nicht abmahnen. Das gilt grundsätzlich auch dann, wenn der Mieter über eine längere Zeit mit kleineren Beträgen in Verzug war und die Höhe des Rückstands plötzlich einen zur Kündigung ausreichenden Betrag erreicht, ohne daß der Mieter dies erkennt (BGH LM Nr. 1 zu § 554 BGB). Überraschende Kündigungen können allerdings gegen § 242 BGB verstoßen und damit unwirksam sein. Gleiches gilt, wenn der Vermieter ein offenbares Versehen des Mieters ausnutzt um das Vertragsverhältnis zu beenden. Hat ein Vermieter durch arglistiges Verhalten den Mieter geschädigt und dadurch bewirkt, daß der Mieter den Mietzins nicht fristgerecht zahlen kann, so kann es sich als unzulässige Rechtsausübung darstellen, wenn der Vermieter wegen des Verzugs kündigt und auf der Kündigung beharrt (BGH LM Nr. 55 zu § 242 BGB (Cd)).

4. In zwei Fällen bestimmt das Ges., daß eine ordnungsmäßige und an sich schon wirksam gewordene Kündigung des V. *nachträglich als wirkungslos* anzusehen ist, so daß der Mv. bestehen bleibt.

a) Die Kündigung wird dann unwirksam, wenn der M. mit einer *Gegenforderung,* die bis zum Erhalt der Kündigungserklärung fällig geworden ist, unverzüglich die → *Aufrechnung* erklärt. Die Aufrechnungserklärung des M. muß *ohne schuldhaftes Zögern nach* Erhalt der Kündigungserklärung abgegeben werden; sonst befreit sie ihn zwar von der Schuld, beseitigt aber nicht mehr die Wirksamkeit der Kündigung. Der aufgerechnete Betrag muß den Mr. voll decken und es darf kein wirksames Aufrechnungsverbot vorliegen (s. Aufrechnung). Die bloße Aufrechnungslage genügt niemals (BGH ZMR 87,

289), und zwar auch dann nicht, wenn die Forderung des Mieters auf einem arglistigen Verhalten des Vermieters beruht (RGZ 119, 360).

b) Beim Mv. über *Wohnraum* wird die Kündigung auch dann unwirksam, wenn der M. den V. bis *spätestens 1 Monat nach* Rechtshängigkeit der Klage (d.h. Zustellung der Klageschrift, §§ 263 I, 253 I ZPO) befriedigt oder eine entsprechende *Verpflichtungserklärung einer öffentlichen Stelle* herbeiführt. Die nachträgliche Zahlung führt allerdings nur dann zur Unwirksamkeit der Kündigung, wenn sie zur vollständigen Befriedigung des Vermieters ausreicht. Deshalb muß der Mieter auch denjenigen Rückstand bezahlen, der nicht zur Begründung der Kündigung herangezogen worden ist (LG München I WM 87, 153). Eine Ausnahme kommt in Betracht, wenn der Vermieter durch sein Verhalten einen Vertrauenstatbestand geschaffen hat dergestalt, daß der Mieter davon ausgehen durfte, der Vermieter werde bestimmte Beträge nicht mehr geltend machen (Scholz WM 87, 135). Zu zahlen ist demnach zunächst der fällige Mietzins einschließlich der Betriebskostenvorauszahlungen (AG München ZMR 86, 245). Nachzahlungen aus Nebenkostenabrechnungen bleiben hier außer Betracht, und zwar auch dann, wenn der Vermieter auch wegen dieser Beträge gekündigt hat. Zu zahlen ist weiter die Nutzungsentschädigung im Sinne von § 557 Abs. 1 BGB, die der Mieter nach Beendigung des Mietverhältnisses anstelle des Mietzinses schuldet. Die Kündigung wird selbstverständlich auch dann unwirksam, wenn der M. bereits *vor* Klagerhebung zahlt (KG (RE) WM 84, 93; LG Berlin ZMR 78, 239). Im Falle der Aufrechnung des M. ist es hier unbeachtlich, ob seine Gegenforderung vor Erhalt der Kündigung fällig war und ob er seine Aufrechnungserklärung unverzüglich abgibt (LG Aachen ZMR 89, 304).

Das Ges. stellt es der Befriedigung des V. gleich, wenn eine *öffentliche Stelle* (Bund, Land, Gemeinde, Kirche, Stiftung) eine *formlose Verpflichtungserklärung* abgibt, mit der sie *alle* vorliegenden Mr. einschließlich der Nutzungsvergütung nach § 557 BGB *verbindlich* übernimmt. Der V. hat dann einen unmittelbaren Anspruch gegen die öffentl. Stelle auf Zahlung der Mr. neben seinem Anspruch gegen den M. (Schuldmitübernahme, Vertrag zugunsten Dritter). Es ist Sache des M., diejenige öffentliche Stelle ausfindig zu machen, die zur Übernahme seiner Schulden bereit ist. Das Gericht ist dazu im Prozeß nicht verpflichtet. Das Gericht wird zwar bei einer Räumungsklage nach § 554 BGB den ersten Verhandlungstermin zweckmäßigerweise erst nach Ablauf der Schonfrist von 1 Monat ansetzen, kann aber im Falle früherer Verhandlung vor Ablauf dieser Frist das Räumungsurteil aussprechen (Schneider NJW 65, 140; a. A. OLG Hamburg ZMR 88, 225). Zum erforderlichen Verpflichtungsinhalt der behördl. Erklärung vgl. LG Hamburg MDR 77, 317.

Wenn der Kündigung des V. *vor nicht mehr als 2 Jahren* bereits eine *Kündigung wegen Mr.* vorausging, die nachträglich unwirksam geworden ist, schließt das Ges. eine *Wiederholung* dieser Möglichkeit aus. Eine fortgesetzte Wiederholung und Ausnutzung dieser Schutzmöglichkeit soll dadurch verhindert werden. Der gesetzl. Ausschluß gilt aber nicht, wenn der V. trotz einer vorausgehenden Verurteilung des M. wegen Zahlungsrückständen das Mv. fortgesetzt hat (LG Mannheim, MDR 74, 935 = WM 74, 125). Gleiches gilt, wenn sich der M. von den Rückständen durch Aufrechnung befreien konnte und befreit hat (LG Mannheim WM 86, 250).

c) Die Kosten des Verfahrens sind dem M. aufzuerlegen, wenn die ursprünglich begründete Räumungsklage nach Rechtshängigkeit durch die nachträgliche Zahlung oder Schuldübernahme unbegründet wird (LG Kassel NJW-RR 87, 788; LG Rottweil WM 70, 206; LG Darmstadt FWW 70, 397). Betreibt aber der V. die Räumungsklage trotz Zahlung der Rückstände binnen der Schonfrist unter Berufung auf andere Kündigungsgründe weiter, kommt bei späterer Erledigung der Hauptsache eine Kostenentscheidung zu Lasten des M. nach § 91 a ZPO aus dem Gesichtspunkt des früheren Verzugs nicht in Betracht (LG Mannheim ZMR 74, 14 = WM 74, 61).

d) Liegen die Kündigungsvoraussetzungen vor, so können sich die Parteien gleichwohl dahingehend einigen, daß das Mietverhältnis fortgesetzt werden soll. Eine solche Einigung kann auch stillschweigend getroffen werden. Eine stillschweigende Einigung ist insbesondere dann naheliegend, wenn der Mieter den Rückstand nach Ablauf der Schonfrist zahlt und der Vermieter den Mieter ungestört wohnen läßt. Fehlt es an einer solchen Einigung, kann hier auch ein Fall der Verwirkung vorliegen. Dieselben Grundsätze gelten, wenn der Vermieter bereits die Kündigung erklärt hat. Auch in diesen Fällen können die Kündigungswirkungen durch Vertrag beseitigt werden. Wird der aus der Kündigung folgende Räumungsanspruch längere Zeit nicht weiterverfolgt und durfte der Mieter aufgrund der Umstände davon ausgehen, daß der Vermieter hiervon auch in Zukunft keinen Gebrauch machen werde, kann ebenfalls Verwirkung vorliegen.

III. Eine *vertragl.* Änderung der Kündigungsvoraussetzungen wegen Mr. zum Nachteil des M. ist bei der *Wohnraumm. unwirksam.* Bei allen anderen Mv., insbes. der Grundstücks- und Geschäftsraumm., können dagegen abweichende Vereinbarungen getroffen werden. Häufig wird vereinbart, daß der Kündigung eine formelle Zahlungsaufforderung vorauszugehen hat. In diesem Fall muß die Zahlungsaufforderung eindeutig sein. Es darf aus der Sicht des Mieters kein Zweifel darüber bestehen, ob der Vermieter lediglich eine Mahnung ausspricht oder ob er mit der Erklärung die vertraglich vereinbarten

Voraussetzungen für die Kündigung schaffen wollte (BGH LM Nr. 10 zu § 554 BGB).

IV. In Rspr. und Literatur ist umstritten, ob der V. auch bei geringeren Mr. zur ordentlichen befristeten Kündigung nach § 564b II Nr. 1 BGB berechtigt ist. Nach der hier vertretenen Ansicht ist dies zu verneinen (s. Schmidt-Futterer/Blank, Kommentar Rdn. B 593 m. w. Nachw.). Wegen der Kündigung für den Fall der dauernden unpünktlichen M.zahlung vgl. → Kündigungsschutz für Wohnräume I 1a) aa).

Mietvertrag (Mv.). Ein Mietvertrag kommt zustande, wenn sich die Parteien über die entgeltliche Überlassung einer Sache einig sind. Es ist nicht erforderlich, daß die Höhe des Mietzinses feststeht. Wird keine Vereinbarung über die Höhe des Mietzinses getroffen, so gilt eine „angemessene oder ortsübliche Miete" als vereinbart (BGH, ZMR 92, 237). Streitig ist, ob dieser Mietzins vom Gericht festzulegen (OLG Hamm NJW 76, 1212, 1213) oder vom Vermieter gem. §§ 535, 536 BGB zu bestimmen ist (Soergel-Kummer §§ 535, 536 BGB Rdn. 88); im letztgenannten Fall ist die Bestimmung des Vermieters billig, wenn sie sich innerhalb des ortsübl. Rahmens bewegt. Angemessen ist derjenige orts- und marktübliche Mietzins, der für vergleichbare Objekte üblicherweise gefordert und gezahlt wird (BGH, a. a. O.). Wird als Voraussetzung des Zustandekommens des Mv. die Einhaltung der → Schriftform ausdrücklich vereinbart, so gilt der Mietvertrag erst mit der Unterzeichnung der Vertragsurkunde als geschlossen (s. unten II). Ist Schriftform nicht vereinbart, so kommt der Mietvertrag durch eine vorbehaltlose *mündliche Einigung* zwischen V. und M. zustande.

I. Der Mv. unterscheidet sich nach seinen Wesensmerkmalen von anderen, ähnlichen Verträgen, die nach abweichenden Rechtsgrundsätzen zu beurteilen sind. So hat beispielsweise eine Gemeinde die Wahl, ob sie einen Obdachlosen oder die ihr zugewiesenen Asylbewerber auf Grund öffentlich-rechtlicher Verfügung oder auf Grund privater Verträge mit Wohnraum versorgt. Wird einem Asylbewerber eine Wohnung zugewiesen, so geschieht dies im Zweifel auf öffentlich-rechtlicher Grundlage, weil nicht davon auszugehen ist, daß sich die Gemeinde den Bindungen des Mietrechts unterwerfen will. Der Umstand, daß das Entgelt als „Mietzins" bezeichnet wird, ändert an dieser Bewertung nichts. Der Asylbewerber hat auch dann keinen Anspruch auf Abschluß eines Mietvertrags, wenn er als Asylbewerber anerkannt worden ist (VGH Baden-Württemberg, ZMR 93, 40). Auch im Bereich des Zivilrechts kann oft zweifelhaft sein, ob ein Mietvertrag, ein Verwahrungsvertrag, oder eine Leihe vorliegt. Im Einzelfall ist dies aus dem Inhalt der getroffenen Vereinbarungen und der Willensrichtung der Vertragsparteien zu ermitteln, wobei es auf fehlerhafte oder irrige Bezeichnungen (z. B. Miete statt Pacht oder Leihe) nicht ankommt.

1. Der *M.gegenstand* kann eine *unbewegliche Sache* (s. Grundstück, Wohnraum, Geschäftsraum, Mischräume) oder *bewegliche Sache* (Maschine, Kraftfahrzeug, Bücher) sein. Bei *gemischten* Verträgen, die auch mietrechtl. Elemente zum Gegenstand haben, kommt es für die rechtl. Beurteilung darauf an, welche Vertragsbestandteile überwiegen. Deshalb ist der Krankenhausaufnahmevertrag ein Dienstvertrag, weil die Heilbehandlung seinen wesentlichen Inhalt darstellt, während die Gewährung von Unterkunft und Verpflegung nur von untergeordneter Bedeutung sind (BGH NJW 51, 596; zum Altenheimvertrag s. Heimvertrag). Dagegen ist der Hotelaufnahmevertrag (Beherbergungsvertrag) als Mv. zu beurteilen. Auch wenn Maschinen mit Personal überlassen werden, handelt es sich zumindest dann um einen Mv., wenn der Übernehmer gegenüber dem Personal weisungsberechtigt ist (OLG Karlsruhe MDR 72, 325 m. w. Nachw.; zum sog. Leasingvertrag vgl. Krause NJW 73, 691). Das → *Zubehör* der M.sache gilt i. Zw. als mitvermietet, auch wenn darüber keine Vereinbarung getroffen wird (vgl. LG Mannheim ZMR 78, 140 betr. Heizkeller eines Bungalows).

2. Die Hauptpflicht des V. besteht darin, dem M. die Sache *zum vertragsmäßigen Gebrauch auszuhändigen* und dieses Recht während der gesamten M.zeit zu gewährleisten (s. Überlassung). Diese Pflicht wird durch bestimmte *Nebenpflichten* ergänzt (z. B. → Instandhaltungspflicht, Gewährleistungspflicht für → Mängel, Ersatz von →Aufwendungen). Dagegen sind der Kaufvertrag auf die Übereignung des Kaufgegenstandes und der → Pachtvertrag neben der Gebrauchsüberlassung auch darauf gerichtet, dem Pächter das Fruchtziehungsrecht zu gewähren. Bei der Überlassung von Räumen kommt es deshalb darauf an, ob diese mit einer zur Fruchtziehung geeigneten Ausstattung überlassen werden sollen. Trifft das zu, so ist Pacht anzunehmen. Sind die Räume nicht mit einer Ausstattung versehen, so ist nur Miete möglich (BGH ZMR 81, 306). Nach der neuen Rechtsprechung des BGH reicht es für die Annahme eines Pachtvertrags bereits aus, wenn der V. in irgendeiner Weise zur Beschaffung der Ausstattung (z. B. durch Gewährung eines Kredits; durch die Vermittlung einer günstigen Bezugsquelle) beigetragen hat (BGH WM 91, 335). (Zur Abgrenzung des sog. Mietkaufs vom Abzahlungsgeschäft vgl. BGH MDR 74, 484; OLG Karlsruhe MDR 81, 498; LG Freiburg MDR 80, 759.)

3. Die Hauptverpflichtung des M. besteht in der *Zahlung des → M.zinses*. Auch ihm obliegen aber eine Reihe von *Nebenpflichten*,

z. B. die Obhutspflicht (s. Abnutzung I), die Pflicht zur → Anzeige von Mängeln, die → Rückgabepflicht.

Darüber hinaus ergeben sich aus dem Wesen des Mv. als Dauerschuldverhältnis mit starker personenbezogener Bindung sowohl für den V. als auch für den M. besondere Treuepflichten, die bei anderen Verträgen nur geringe oder keine Bedeutung haben. Sie sind darauf gerichtet, das erforderliche Vertrauen für eine längerfristige Zusammenarbeit durch gebührende Rücksichtnahme auf die berechtigten Interessen des Vertragspartners zu erhalten. Daraus ergeben sich vielfältige Unterlassungs- und Handlungspflichten, deren schuldhafte Verletzung einen gerichtlich durchsetzbaren Anspruch auf vertragsgemäßes Verhalten begründen kann. Teilweise sind diese Treuepflichten und die Folgen einer Zuwiderhandlung ausdrücklich in den mietrechtlichen Vorschriften vom Gesetzgeber geregelt (z. B. in § 541a und b BGB das Recht des V. zu baulichen Änderungen der M.räume gegen den Willen des M. und in § 549 BGB das Recht des M. auf die Erteilung der Untermieterlaubnis); darüber hinaus gilt der allgemeine Rechtsgrundsatz von Treu und Glauben (§ 242 BGB) aber auch für die Inhaltsbestimmung sonstiger Rechte und Pflichten aus dem Mv., wobei die Wohnraummiete mit ihrer meist existentiellen Bedeutung für den M. von diesem Grundsatz verstärkt durchdrungen ist.

Wird eine Sache unentgeltlich überlassen, so ist dies nach den Vorschriften über die Leihe (§§ 598ff. BGB) zu beurteilen. Dies gilt auch für einen Vertrag, der die Verpflichtung zur unentgeltlichen Gebrauchsüberlassung einer Wohnung auf Lebenszeit zum Inhalt hat (BGH MDR 82, 394 = NJW 82, 820; NJW 85, 1553; vgl. dazu auch Meincke DWW 82, 70; Langen ZMR 86, 150). Die für die Schenkung geltenden Formvorschriften sind unanwendbar. Für die Abgrenzung einer Leihe zur Schenkung kommt es maßgeblich darauf an, ob das Eigentum beim Leistenden verbleibt (dann Leihe) oder auf den Wohnungsnutzer übergeht (dann Schenkung). Der Umstand, daß der Besitz unentgeltlich übertragen wird, ist unerheblich, weil das Besitzrecht im Falle der unentgeltlichen Wohnungsüberlassung nicht endgültig, sondern nur vorübergehend aus der Hand gegeben wird. Für die Abgrenzung der Leihe zur Miete ist allein die Entgeltlichkeit der Gebrauchsüberlassung maßgeblich. Es kommt nicht darauf an, ob das Entgelt in Form von monatlichen Mietzinsen oder in einer Summe gezahlt werden muß (BGH NJW 83, 679 = MDR 83, 396; ZMR 92, 291). Die Höhe des Entgelts ist gleichfalls unerheblich. Auch wenn das Entgelt für die Überlassung der M.sache aus Gefälligkeit äußerst niedrig festgesetzt wird, ist es als M.zins anzusehen, so daß ein Mv. vorliegt (BGH MDR 70, 1004).

4. Die *M.zeit* beginnt i. Zw. mit dem Vertragsabschluß und endet

zum Kündigungstermin, falls keine abweichenden Anfangs- und Endtermine vereinbart werden. Da ein unbefristetes Mv. aber innerhalb der gesetzl. → Kündigungsfristen *jederzeit* von V. und M. *kündbar* ist (s. Kündigung), wird oft eine *bestimmte Vertragsdauer* vereinbart, innerhalb derer eine ordentliche befristete Kündigung unzulässig ist. Nach dem Rechtsentscheid des OLG Frankfurt vom 19. 11. 1990 (WM 91, 17) sind auch sog. „Kettenmietverträge" grunds. wirksam. Hierunter versteht man solche Mv., die für jeweils ein Jahr für dieselbe Wohnung mehrfach nacheinander abgeschlossen werden (s. dazu auch Zeitmietvertrag I). Mit dem Beginn des Mv. ist der V. zur → Überlassung der M.sache an den M. verpflichtet, falls keine abweichende Vereinbarung getroffen wurde oder aus den Umständen ersichtlich ist und als vereinbart gilt (z. B. nach Bezugsfertigkeit, nach Auszug des Vormieters). Kommt der V. seiner Pflicht zur termingerechten Überlassung nicht nach, kann der M. den Mv. *fristlos kündigen* (s. Mängel V 1) und *Schadensersatz* verlangen (LG Mannheim ZMR 70, 50) oder aber auf die *Überlassung* der Räume *klagen* (s. Doppelvermietung).

II. Der Mv. kommt wie jeder andere Vertrag durch *Angebot* und *Annahme* zustande (§§ 145ff. BGB). Wird die → *Schriftform* als Wirksamkeitsvoraussetzung vereinbart, kommt der Vertrag erst mit der Unterzeichnung der Vertragsurkunde zustande (§§ 125, 154 II BGB). Im übrigen können auch schlüssige Handlungen (Besitznahme des M., Entgegennahme des M.zinses) den Mv. begründen (s. aber Vorverhandlungen, M.vorvertrag; zur Auslegung von Erklärungen eines Hauseigentümers gegenüber einem Hausbesetzer s. LG Köln NJW 81, 1849). Auch die → *Untermiete* wird durch einen Mv. zwischen Hauptm. und Unterm. begründet; dieser Mv. ist zwischen diesen Vertragspartnern grunds. auch dann wirksam, wenn die Unterm.erlaubnis des V. fehlt. Ausnahmsweise kann ein Mv. auch durch einen → Wohnungstausch zustandekommen. Eine Vertragsübernahme durch Rechtsnachfolge kann dadurch herbeigeführt werden, daß ein Vertragspartner unter Aufrechterhaltung der Identität des Vertrags ausgewechselt wird. Dies kann durch einen dreiseitigen Vertrag oder dadurch geschehen, daß der Dritte einem bestehenden zweiseitigen Vertrag zustimmt (BGH Z 96, 302, 308; WM 90, 33). Der zwischen dem V. und dem Dritten bestehende Mv. hat in diesen Fällen denselben Inhalt wie der ursprüngliche Vertrag (BGH NJW 78, 2504 = ZMR 78, 371). Im übrigen richtet es sich nach den Vertragsvereinbarungen, ob der ursprüngliche M. gänzlich aus den Vertragsbeziehungen ausscheidet (so der Regelfall) oder ob er neben dem Dritten Vertragspartner des V. bleibt. Ein solcher Fall liegt beispielsweise dann vor, wenn der Dritte nach den Vorstellungen der Parteien lediglich auf Zeit in die Rechte eines M. eintreten soll (sog.

Substitut; vgl. dazu BGH NJW 79, 369). Ein Mv. kommt auch dann wirksam zustande, wenn der V. *keine Verfügungsbefugnis* über die M.sache hat oder eine → Doppelvermietung erfolgt; der M. kann dann aber i. d. R. nicht die Überlassung der M.sache verlangen, sondern nur den Ersatz seines Schadens vom V. fordern (s. Mängel II 5 und V 1).

III. Welche *Einzelregelungen* im Mv. neben den notwendigen Vereinbarungen (M.gegenstand, M.zins) zwischen V. und M. getroffen werden, steht grunds. in ihrem Belieben. Auch für den Mv. gilt der Grundsatz der *Vertragsfreiheit.* Die *Grenzen des Vertragsinhalts* ergeben sich aus dem *Gesetz.* Deshalb müssen die allgem. gesetzl. Bestimmungen über den Inhalt von Verträgen (§§ 134, 138, 309 BGB) beachtet werden, wonach solche Vereinbarungen unwirksam sind, die gegen *gesetzl. Verbote* und die *guten Sitten* verstoßen. Daneben verbietet das Ges. für Mv. über *Wohnraum* jetzt ausdrücklich bestimmte unbillige Vereinbarungen zu Lasten des M., die gegen die Grundsätze des sozialen M.rechts verstoßen (s. Kündigungsfristen, Beendigung des Mv., Sozialklauseln, Aufrechnung, Tod des M., Mängel, M.vorauszahlung, Einrichtungen). Über diese Schranken hinaus dürfen und sollen von V. und M. alle Nebenpunkte im Mv. geregelt werden, die für ihre Rechtsbeziehungen voraussehbar von Bedeutung sind. Hierzu gehört bei Mv. über Wohn- und Geschäftsräume vor allem die Regelung der → Instandhaltungs- und Instandsetzungspflicht, der → Schönheitsreparaturen, der Zahlungsweise des → M.zinses, des Gebrauchszwecks (s. gewerbliche Nutzung), der → Unterm., der → Tierhaltung und die Folgen der vorzeitigen Beendigung des Mv. (s. Ersatzm.). In den häufig verwendeten Vertragsformularen sind diese Nebenpunkte eingehend, aber unterschiedlich geregelt; *nicht gewünschte* Vereinbarungen müssen auf dem Vordruck eindeutig *gestrichen* oder *abgeändert* werden. Im übrigen kommt ein Mv. erst bei einer *Einigung* über diese Nebenpunkte zustande, falls auch nur *einer der Vertragspartner* den Wunsch geäußert hat, alle oder einzelne Punkte nur im Mv. regeln zu wollen (§ 154 BGB). Schließt der V. aber mit dem M. vorbehaltslos einen Mv., der nach dem Einzug durch eine Einigung über Zusatzverpflichtungen (z. B. Heizungsbedienung, Gartenpflege) ergänzt werden soll, muß die Wohnung zum vereinbarten Zeitpunkt überlassen werden; andernfalls ist der V. schadensersatzpflichtig, so daß er auch die dem M. entstandenen Kosten für einen Makler erstatten muß (LG Mannheim WM 69, 164). Auch die in der → Hausordnung festgehaltenen Pflichten des M. können dann Inhalt des Mv. sein, wenn sie unmittelbar vertragl. als rechtsverbindlich anerkannt werden oder nach Gesetz und Verkehrssitte ohnehin bestehen (Weimar WM 58, 50).

Haben die Parteien keine besonderen *Vereinbarungen über die M.zeit* getroffen, so läuft der Mv. grunds. auf unbestimmte Zeit. Er kann dann von beiden Vertragspartnern nur im Wege der → Kündigung oder des Aufhebungsvertrags (s. Rückgabepflicht I 4) beendet werden.

Die Parteien können den Mv. aber auch über eine bestimmte Laufzeit (z. B. 5 Jahre) abschließen, mit der Folge, daß das Mv. nach Ablauf dieser Zeit ohne weiteres endet (vgl. aber Kündigungsschutz für Wohnräume V; Zeitmietvertrag), soweit nicht ein → Verlängerungsrecht vereinbart wurde.

Haben die Parteien vereinbart, daß das Kündigungsrecht für eine bestimmte Zeit ausgeschlossen sein soll, so kann hierin keine stillschweigende Einigung über eine Befristung des Mv. gesehen werden. Gleiches gilt, wenn die Parteien eine zeitlich befristete Festmiete vereinbart haben (BGH BB 76, 530 = ZMR 76, 203).

Wird ein Mv. für längere Zeit als dreißig Jahre geschlossen, so kann nach dreißig Jahren jeder Teil das Mv. unter Einhaltung der gesetzlichen Frist kündigen (§ 567 S. 1 BGB). Die Kündigung muß schriftlich erklärt werden, falls Wohnraum vermietet ist. Für die Kündigung durch den V. müssen im Fall der Wohnraummiete Kündigungsgründe i. S. von § 564b BGB (s. Kündigungsschutz) vorliegen. Für die Kündigung durch den M. sind keine Gründe erforderlich. Das Sonderkündigungsrecht besteht nicht, wenn der Vertrag für die Lebenszeit des V. oder des M. geschlossen ist (§ 567 S. 2 BGB).

IV. Die Vereinbarungen im Mv. sind Grundlage der Rechte und Pflichten des V. und M. Sind diese Vereinbarungen *mehrdeutig, mißverständl., oder unklar,* so müssen sie sinngemäß und vernünftig gedeutet *(ausgelegt)* werden (§§ 133, 157 BGB). Danach ist stets der *wirkliche* Wille zu erforschen und nicht am buchstäblichen Sinne des Ausdrucks zu haften. Die Grundsätze von Treu und Glauben sowie feststehende Verkehrssitten sind zu beachten.

V. *Änderungen* (Änd.) des Mv. werden häufig angestrebt, um die bestehende vertragl. Regelung zu ergänzen oder veränderten Umständen anzupassen. Eine solche Änd. darf grunds. *nicht einseitig* vorgenommen werden. Vielmehr ist hierfür ein *Änd.vertrag* erforderlich, für dessen Wirksamkeit dieselben Voraussetzungen wie für den Abschluß des Mv. gelten. Ein Änd.vertrag ist z. B. in folgenden Fällen erforderlich: wenn die gemieteten Räume ausgetauscht, erweitert oder beschränkt werden sollen, wenn auf Seiten des V. oder des M. ein Wechsel in der Person eintritt, wenn der M.zins erhöht oder herabgesetzt werden soll, wenn die vereinbarte Dauer des Mv. verkürzt oder verlängert oder die Kündigungsbedingungen verändert werden sollen, wenn Wohnraum zu gewerblichen Zwecken benutzt werden soll. In all diesen Fällen bleibt der frühere Mv. abgesehen von den abweichend geregelten Punkten fortbestehen. Verstößt der Änd. vertrag gegen ein gesetzl. Verbot oder ist er aus anderen Gründen *unwirksam*, so bleibt i. d. R. der frühere Mv. davon *unberührt*. Entsprechendes gilt für spätere Ergänzungen der Vereinbarungen in einem schriftlichen Mv. Die Vertragsurkunde hat grunds. die Vermutung der Vollständigkeit und Richtigkeit für sich. Wird vereinbart, daß spätere Ergänzungen nur wirksam sind, wenn die → Schriftform eingehalten ist, so sind mündliche Zusatzvereinbarungen grunds. unwirksam, die in einem → Formular-Mv. vereinbarte Vollständigkeitsklausel begründet aber lediglich eine widerlegbare Vermutung dafür, daß beim Vertragsabschluß keine darüber hinausgehenden mündlichen Nebenabreden getroffen worden sind, so daß derjenige den Beweis des Gegenteils erbringen muß, der sich auf eine wirksame Zusatzvereinbarung beruft (LG Mannheim DWW 77, 69 = JR 77, 70; a. A. LG Hamburg MDR 67, 594).

Ausnahmsweise können sich aber auch V. oder M. im Mv. durch bes. Vereinbarung das Recht vorbehalten, einzelne Punkte (Hausreinigung, Umlage von Nebenkosten, Fernheizungsanschluß) später unter bestimmten Voraussetzungen *einseitig* abzuändern; in diesen Fällen tritt die Vertragsänderung bereits durch die Ausübung des Gestaltungsrechts seitens des Berechtigten ein (z. B. Wahlrecht zugunsten des M., nach einer bestimmten Zeit statt der gemieteten eine andere Wohnung zu beziehen). Im voraus vereinbarte spätere Veränderungen des → M.zinses können durch eine → Wertsicherungsklausel verbindlich festgelegt werden (s. Schriftform II, III), soweit es sich nicht um Mv. über Wohnraum handelt (→ Mieterhöhung VI).

VI. Ein wirksamer Mv. begründet vertragl. Ansprüche nur zwischen dem V. und M., dagegen *nicht zwischen den einzelnen M. untereinander*. Darüber hinaus haben die zur Hausgemeinschaft des M. gehörenden Personen einen selbständigen Ersatzanspruch gegen den V., wenn ihnen durch das Verschulden des V. ein Schaden entstanden ist (BGH NJW 51, 5966; s. Mängel II 2). Ein M. kann gegen einen anderen M. nur *gesetzl. Ersatz- oder Abwehransprüche* geltend machen (s. Abnutzung I, Lärm, Hausgemeinschaft).

VII. Durch einen *vorläufigen Mv.* wird eine Sache gegen ein vorläufiges Entgelt unter Vorbehalt des Abschlusses eines endgültigen Mv. jederzeit widerruflich überlassen. Diese Regelung stellt rechtlich bereits einen Mv. mit unbestimmter Laufzeit dar. Das gilt aber nur, wenn nach dem beiderseitigen Willen von V. und M. schon eine *vertragliche Bindung* herbeigeführt werden sollte, die auch ohne feste Bestimmung des M.zinses bestehen soll. Der M. schuldet dann den *angemessenen M.zins*. Die nicht geregelten Punkte sind nach den gesetzl. Bestimmungen (§§ 535ff. BGB) zu beurteilen. Wird in einem Mv. vereinbart, daß der M.zins „vorläufig . . . DM" betrage, hat der

V. einer → *Sozialwohnung* einen Anspruch auf die darüber hinausgehende Kostenmiete grunds. nur ab dem Zeitpunkt, für den eine einseitige Erhöhungserklärung nach § 10 WoBindG wirksam wird; eine *rückwirkende Erhöhung* kann nur verlangt werden, wenn ein Nachforderungsrecht im Mv. ausdrücklich vereinbart worden ist (OLG Celle MDR 69, 147). Vom vorläufigen Mv. ist der → *M.vorvertrag* zu unterscheiden.

Siehe auch → Pachtvertrag, → Schriftform, → Untermiete, → Zeitmietvertrag.

Mietvorverträge (Mvv.) begründen die Verpflichtung zum Abschluß des eigentlichen Mietvertrags (Hauptvertrag). Sie sind am Platze, wenn dem Abschluß des Hauptvertrags noch rechtliche oder tatsächliche Hindernisse (Ausführung des Bauvorhabens, Auszug des Vormieters) im Wege stehen, beide Interessenten aber bereits eine *feste Bindung* herbeiführen wollen (Schmidt-Futterer WM 68, 3). Für das wirksame Zustandekommen eines Vorvertrags reicht es aus, wenn Klarheit über die wesentlichen Mietbedingungen besteht. Zu den wesentlichen Mietbedingungen gehört die Einigung über das Mietobjekt, die Mietdauer und den Mietzins. Dem Klarheitsgebot ist genüge getan, wenn die Vereinbarungen ein solches Maß an Bestimmtheit und Vollständigkeit enthalten, daß der Inhalt des Vertrags im Streitfall gerichtlich festgestellt werden kann (BGH, ZMR 93, 55). Eine Erweiterung des Vorvertrags ist denkbar, wenn sich die Parteien im Verlauf späterer Verhandlungen über weitere Punkte einigen. Weigert sich eine Partei, den Hauptvertrag zu den Bedingungen des Vorvertrags abzuschließen, so kann die Gegenpartei auf Erfüllung klagen oder – bei endgültiger Weigerung (strenger Maßstab) – vom Vertrag zurücktreten (BGH, a. a. O.). Ein unwirksamer Hauptvertrag kann grunds. *nicht* in einen wirksamen Mvv. *umgedeutet* werden. Der Mvv. kann mündlich oder schriftlich abgeschlossen werden. Auch wenn beabsichtigt ist, den Hauptvertrag für länger als 1 Jahr abzuschließen, ist die Einhaltung der hierfür vorgesehenen → *Schriftform* (§ 566 BGB) für den Mvv. *nicht erforderlich* (BGH LM § 566 BGB, Nr. 1). Ein schriftlicher Mvv. kann in diesen Fällen andererseits nicht durch formlose Erklärung der Parteien zu einem formgültigen Mv. erhoben werden (BGH NJW 70, 1596). Der Mvv. verpflichtet die Vertragspartner, den Mv. beim Wegfall der vorläufigen Hinderungsgründe so abzuschließen, wie sie es im Mvv. geregelt haben. Wird der Anspruch klagweise geltend gemacht, so muß der Klagantrag diesen Inhalt wiedergeben. Stimmt der Antrag mit dem Vorvertrag nicht überein, so liegt kein minus sondern ein aliud vor. Die Klage ist dann abzuweisen (OLG Köln, DWW 92, 210). Andernfalls erhält der Kläger ein der Klage stattgebendes Urteil: mit der Rechtskraft dieses Urteils kommt der Hauptvertrag zustande (§ 894 ZPO). Der Mvv. gibt dem M.interessenten *kein unmittelbares Recht zum Besitz* der M.sache. Bei einer → Doppelvermietung gilt auch hier im Verhältnis der M. untereinander der Grundsatz, daß derjenige den Vorrang hat, der die M.sache zuerst in Besitz nimmt (BGH LM § 541 BGB, Nr. 4). Der M. muß sich bei dieser Sachlage grunds. auf den *Ersatz seines Schadens* durch den V. beschränken (LG Berlin a.a.O.). Tatsachen, die zur fristlosen Kündigung des Hauptvertrags führen können, geben den Vertragspartnern des Mvv. ein Rücktrittsrecht (BGH NJW 58, 1531). Fehlt im Mvv. die Einigung über eine wesentliche Frage (z. B. Anrechnung der Hausmeistervergütung auf den M.zins), so ist der Interessent zum Vertragsabschluß und etwaigem Schadenersatz nicht verpflichtet, wenn eine nachträgliche Einigung über den noch offenen Vertragsinhalt scheitert (AG Dortmund WM 77, 98).

Vom Mvv. ist im übrigen das → Vormietrecht zu unterscheiden. Das Vormietrecht ist in seiner Funktion mit dem Vorkaufsrecht vergleichbar. Der Berechtigte hat die Möglichkeit, eine bestimmte Mietsache zu den Bedingungen, die der V. mit einem Dritten getroffen hat, anzumieten. Das Vormietrecht begründet also den Vorrang einer bestimmten Person vor anderen Mietinteressenten (zum Ganzen vgl. Herold WM 82, 119; Zeitlmann FWW 78, 35).

Mietzins (Mz.). Der Mz. ist das Entgelt, das der M. als Gegenleistung für die Überlassung der M.sache an den V. zu entrichten hat. Kommt der M. seiner Hauptpflicht zur Zahlung des Mz. nicht nach, kann der V. unter den Voraussetzungen des § 554 BGB den Mv. *fristlos kündigen* und Räumung sowie Zahlung des → M.rückstandes verlangen (§§ 535, 556 BGB).

I. Vom Beginn des Mv. bis zu seiner Beendigung hat der M. den vereinbarten Mz. an den V. zu entrichten. Der Mz. besteht i. d. R. in wiederkehrenden (monatlichen, halbjährlichen) Geldleistungen. Er kann auch durch eine einmalige Leistung erbracht werden, wenn das vereinbart (BGH NJW 83, 679 = MDR 83, 396; WM 89, 229) oder üblich ist (Ferienwohnung, Saalmiete, Vereinszimmer, Automiete). Als Entgelt können auch geldwerte Leistungen vereinbart werden (Dienstleistungen, Naturalien).

1. Ein im Mietvertrag ausgewiesener Betrag versteht sich auch bei der Geschäftsraummiete als Inklusivbetrag. Mieteinnahmen sind umsatzsteuerfrei: Bei der Vermietung von Geschäftsraum an einen Unternehmer steht es dem Vermieter aber frei, für Mehrwertsteuer zu optieren. In diesem Fall ist die Mehrwertsteuer gesondert im Mietvertrag auszuweisen. Mangels vertraglicher Regelung hat der Mieter allerdings keinen Anspruch gegen den Vermieter, daß dieser

zur Mehrwertsteuer optiert (BGH WM 91, 282; s. auch LG Bochum WM 87, 210). Die Höhe des Mietzinses kann frei vereinbart werden; eine Grenze bildet bei der Wohnraummiete § 5 WiStG (s. Mietpreisüberhöhung).

2. Die *Betriebs- und Nebenkosten,* die der M. an den V. vereinbarungsgemäß zu entrichten hat, bilden neben der Grundmiete einen Teil des Mz. (s. Umlage). Wird im Mv. ein pauschaler Mz. vereinbart und keine Regelung über zusätzliche Nebenkosten getroffen, sind alle Leistungen des V. durch dieses Entgelt grunds. *abgegolten* (s. Betriebskosten, Umlage).

II. Der Mz. ist *ab Beginn des Mv.* zu zahlen. Meist fällt dieser Zeitpunkt mit der Besitzerlangung der M.sache zusammen (Einzug). Stellt der V. die M.sache zum vertragl. festgelegten Zeitpunkt zur Verfügung, und verzögert sich die Besitzergreifung des M. aus Gründen, die vom M. nicht zu vertreten sind, muß er trotzdem den Mz. ab Vertragsbeginn zahlen (s. dazu BGH ZMR 91, 57). Nimmt der M. mit Erlaubnis des V. die M.sache schon *vor* Vertragsbeginn in Besitz (z. B. zur Durchführung von Einrichtungs- oder Renovierungsarbeiten, zur Geschäftsverlegung), hat der V. für diese Zeit grunds. keinen Anspruch auf den Mz. (h. M.).

1. Der Zeitpunkt der *Fälligkeit* des Mz. kann im Mv. beliebig festgelegt werden. In den üblichen → *Formularverträgen* ist diesbezüglich vereinbart, daß der M.zins spätestens am 3. Werktag eines Monats zu zahlen ist. Eine solche Vereinbarung ist wirksam. Dies gilt auch dann, wenn der Mietvertrag außerdem eine Aufrechnungsbeschränkung (OLG Hamm, RE vom 15. 3. 1993, WM 93, 176) oder einen Aufrechnungsausschluß (BayObLG, RE vom 6. 5. 1993, WM 93, 335) enthält. Die abweichende Ansicht des OLG München (WM 92, 232) ist gegenstandslos. Streitig ist, ob der Samstag als Werktag zu zählen ist (bejahend: LG Wuppertal, WM 93, 450; Beuermann, GE 93, 1236; verneinend: LG Hamburg, WM 81, 181). Enthält der Mietvertrag keine Vereinbarung über die Fälligkeit des Mietzinses, so gilt § 551 BGB (s. unten 2). Ein Gewohnheitsrecht bezüglich der Fälligkeit der M.zinsen besteht nicht. Häufig wird im Mv. vereinbart, daß es für die Rechtzeitigkeit der Zahlung nicht auf die Absendung, sondern auf die *Ankunft* des M.zinses ankommt. Solche Klauseln sind wirksam (LG Essen DWW 90, 24; LG Kleve WM 88, 261; LG Duisburg DWW 87, 364); sie verpflichten den M., die Einzahlung so rechtzeitig vorzunehmen, daß bei normalem Geschäftsgang mit einer Gutschrift auf dem Konto des V. zum Fälligkeitstag gerechnet werden kann. Für außergewöhnliche Verzögerungen hat der M. nicht einzustehen. Ist im Mv. *keine bes. Vereinbarung* getroffen, kommt der M. auch dann seiner Zahlungspflicht rechtzeitig nach, wenn er den Mz. bis zum *Fälligkeitstag einzahlt* (s. unten II 3).

2. Nach § 551 BGB hat der M. den Mz. *nachträglich* (d. h. für den vorangegangenen Zahlungszeitraum) zu zahlen, wenn im Mv. keine bes. Vereinbarung getroffen ist. Diese Vorschrift ist heute aber praktisch bedeutungslos, weil die darin festgelegte Vorleistungspflicht des V. regelmäßig vertragl. ausgeschlossen wird. Heute ist es allgemein üblich, daß der M. auf Grund vertragl. Vereinbarungen zu Beginn des festgelegten Bemessungszeitraumes den Mz. *vorzuleisten* hat. Sollte ausnahmsweise die Aufnahme einer solchen Fälligkeitsregelung im Mv. verabsäumt oder beim mündlichen Mv. keine bes. Abrede getroffen worden sein, gilt nach § 551 BGB folgendes:

a) Besteht der Mz. in einer einmaligen Leistung, so ist er am Ende der M.zeit zu entrichten. Ist der Mz. nach Zeitabschnitten bemessen, tritt die Fälligkeit am 1. Werktag nach Ablauf des bestimmten Zeitabschnitts ein.

b) Ist bei der Grundstücksm. der Mz. nach Vierteljahren oder längeren Zeitabständen bemessen, wird er am 1. Werktag nach Ablauf eines Kalenderquartals fällig. Sonst gilt die Regelung zu 2a.

c) Schuldet der M. mehrere Raten, kann er nach § 366 BGB bestimmen, wie seine Zahlung verrechnet werden soll. Wird keine Bestimmung getroffen, ist zunächst die *älteste Rate,* die zuerst zu verjähren droht, als *getilgt* anzusehen. Die Bestimmung nach § 366 I BGB kann vom M. auch stillschweigend getroffen werden (OLG Köln MDR 69, 482; LG Mannheim WM 75, 97). Wird z. B. der Mz. per Dauerauftrag zum jeweiligen Fälligkeitszeitpunkt auf das Konto des V. überwiesen, so liegt darin eine stillschweigende Bestimmung, daß die jeweils zu diesem Zeitpunkt fällige Mz.rate mit der Zahlung getilgt werden soll (AG Ulm WM 81, 60; AG Wesel WM 87, 222; Oske WM 81, 49). Der V. ist dann an einer anderweitigen Verrechnung (z. B. mit Heizkostennachzahlungen) gehindert. Sind neben der Hauptschuld noch Kosten und Zinsen zu erbringen, so gilt die Regel des § 367 I BGB; bestimmt aber der M. nach § 367 II BGB eine andere Anrechnung, so ist der V. daran gebunden, wenn er die Leistung annimmt (OLG Düsseldorf MDR 75, 930). Eine Vereinbarung, wonach der V. berechtigt sein soll, die Zahlungen ohne Rücksicht auf die Angaben des M. zu verrechnen, ist unwirksam (BGH MDR 85, 50). Wirksam ist dagegen eine vertragliche Regelung, wonach beim Fehlen einer Leistungsbestimmung eine andere als die gesetzliche Tilgungsreihenfolge als vereinbart gilt. Auch in diesem Fall muß aber das grundsätzliche Leistungsbestimmungsrecht beim M. verbleiben (OLG Celle WM 90, 103; zum ganzen: Oske WM 81, 49).

3. Zahlt der M. nicht rechtzeitig, so kommt er in *Verzug* (§§ 284ff. BGB). Der V. kann Verzugszinsen und Schadensersatz verlangen und bei erheblichen Rückständen den Mv. fristlos kündigen (§ 554 BGB; s. Mietrückstände).

a) Da für die Zahlung des Mz. stets eine bestimmte Zeit nach dem Kalender maßgebend ist, kommt der M. auch *ohne Mahnung* in Verzug (§ 284 II BGB), wenn er bis zu diesem bestimmten Fälligkeitszeitpunkt nicht rechtzeitig zahlt. Wenn der M. bis zur Fälligkeit seine Übermittlungspflicht (§ 270 BGB) erfüllt, indem er rechtzeitig an seinem Wohnort alles Erforderliche zur Übermittlung des Mz. tat (Dauerauftrag, Einzahlung), kommt er nicht in Verzug. Es genügt also die rechtzeitige Einzahlung des Mz. bei der Postanstalt des Wohnsitzes des M. oder der Bank des V. oder der Eingang eines Überweisungsauftrags des M. bei seiner Bank (oder dem Postscheckamt). Der Zeitpunkt, an dem der überwiesene Betrag dem Konto des V. gutgeschrieben wird, ist für die Rechtzeitigkeit nicht maßgebend. Allerdings wird der M. von seiner Zahlungspflicht erst mit Gutschrift des überwiesenen Betrages auf dem Konto des V. befreit, denn die Gefahr der Übermittlung und ihre Kosten hat er zu tragen.

b) Der M. kommt nur dann in Verzug, wenn er die *verspätete* Zahlung *zu vertreten* hat. Verzögerungen bei der Übermittlung, die der M. bei rechtzeitiger Einzahlung nicht vorhersehen konnte, gehen nicht zu seinen Lasten. Gleiches gilt für Verzögerungen bei der Gutschrift. Nimmt der M. ohne Fahrlässigkeit irrig einen fehlerhaften Fälligkeitstermin an oder glaubt er, ein Aufrechnungs-, Minderungs- oder Zurückbehaltungsrecht zu haben (z. B. bei umstrittener Sach- und Rechtslage nach Konsultation eines Anwalts), schließt das sein Verschulden an der Verspätung aus (LG Kiel WM 75, 169; LG Karlsruhe WM 90, 294). Das *persönliche Unvermögen* des M., zum Fälligkeitstermin genügend Geld zur Bezahlung seiner Schuld zur Verfügung zu haben, *befreit* ihn dagegen *nicht* von seiner Zahlungspflicht, auch wenn er schuldlos in diese Situation geriet (Arbeitslosigkeit, Krankheit, Diebstahl). Der M. muß dann zur Vermeidung von Nachteilen versuchen, beim V. einen befristeten Zahlungsaufschub (Stundung) zu erreichen, der seinen Verzug ausschließt.

4. Soweit im Mv. keine besonderen Vereinbarungen hinsichtlich der Zahlungsweise des Mz. getroffen wurden, steht es dem M. grunds. frei, auf welche Weise er die Zahlung erbringt. Mangels einer vertraglichen Vereinbarung ist der Mieter nicht verpflichtet, dem Vermieter eine Einzugsermächtigung zu erteilen (LG Braunschweig WM 79, 118; LG München I WM 79, 143; a. A. LG Siegen, WM 76, 73). Eine Formularklausel, wonach sich der Mieter verpflichtet, dem Vermieter eine Einzugsermächtigung zu erteilen, ist wirksam. Die Klausel verstößt insbesondere nicht gegen § 3 AGBG, weil das Lastschriftverfahren gerade bei wiederkehrenden Zahlungsverpflichtungen üblich geworden ist. Der Mieter wird auch nicht entgegen Treu und Glauben nach § 9 AGBG benachteiligt, weil ihm

ja die Möglichkeit des Rückrufs seiner Zahlung eingeräumt ist (LG Köln WM 90, 380). Eine formularmäßig erteilte Abbuchungsermächtigung ist wirksam, wenn dem Mieter die Möglichkeit des Widerrufs verbleibt (AG Kiel WM 87, 380).. Eine Klausel, nach der eine unwiderrufliche Abbuchungsermächtigung erteilt worden ist, verstößt jedoch gegen § 9 AGBG (AG Freiburg WM 87, 50).

5. Mit der Beendigung des Mv. entfällt die Pflicht zur Zahlung des Mz. Dabei kommt es maßgeblich auf das rechtliche Ende des Mv. an; der Zeitpunkt der Rückgabe ist von untergeordneter Bedeutung. Zieht der M. vor dem Vertragsende aus – wozu er grunds. berechtigt ist – so bleibt seine Zahlungspflicht hiervon unberührt. Etwas anderes gilt nur dann, wenn auch der V. (z. B. infolge einer sofortigen Weitervermietung) nicht mehr leistungsbereit ist (§ 552 BGB). Die Durchführung üblicher → Schönheitsreparaturen schließt die Leistungsbereitschaft grunds. nicht aus (OLG Düsseldorf ZMR 85, 89). Anders ist es dagegen in jenen Fällen, in denen umfangreiche Umbau- oder Modernisierungsmaßnahmen durchgeführt werden. Es kommt immer darauf an, ob der V. im Einzelfall in der Lage ist, dem M. den vertragsgemäßen Gebrauch anzubieten.

Gibt der M. die M.sache bei Vertragsende nicht zurück, so tritt für die Dauer der Vorenthaltung an die Stelle des Mz. der Anspruch auf Zahlung einer Nutzungsentschädigung nach § 557 BGB (s. Rückgabepflicht IV 1).

Die Pflicht zur Zahlung der Nutzungsentschädigung endet mit dem Zeitpunkt der Rückgabe. Dies gilt auch dann, wenn dem M. eine → Räumungsfrist gewährt worden ist (AG Dortmund WM 81, 105). Durch die Gewährung einer Räumungsfrist wird das Mv. nämlich nicht verlängert, sondern der Herausgabeanspruch gestundet. Dies hat zur Folge, daß der M. die „Vorenthaltung" von der nach § 557 BGB die Zahlungspflicht abhängt, auch vor Fristablauf beenden kann.

6. Der M. wird auch dann von der Verpflichtung zur Zahlung des Mietzinses frei, wenn ihm der Gebrauch der Mietsache entzogen wird. Einer Aufhebung des gesamten Vertragsverhältnisses, etwa durch Kündigung durch den M., bedarf es nicht (OLG Düsseldorf ZMR 83, 376). Ein Entzug des Gebrauchs liegt dann vor, wenn der V. seiner Verpflichtung, dem M. den Gebrauch der vermieteten Sache zu gewähren, nicht mehr nachkommt. Hierfür reicht es aus, wenn die Mieträume durch den V. durch besondere Schlösser abgeschlossen werden. Durch das → *Pfandrecht* wird eine solche Maßnahme regelmäßig nicht gerechtfertigt. Das Pfandrecht hat Ausnahmecharakter. Eine Selbsthilfe nach § 561 BGB kommt insoweit nur in Betracht, wenn eine konkrete Gefahr dafür besteht, daß der M. Sachen wegschaffen will. Allgemeine Befürchtungen und Mutmaßun-

gen reichen hierfür nicht aus. Außerdem unterliegt das Selbsthilferecht dem Grundsatz der Verhältnismäßigkeit. Dieser Grundsatz verbietet es, daß der V. die Räume zur Sicherung seines Pfandrechts über einen längeren Zeitraum hinweg verschließt.

7. Nach § 552 Satz 3 BGB ist der Mieter zur Entrichtung des Mietzinses nicht verpflichtet, wenn der Vermieter die Mietsache einem Dritten überläßt. Diese Vorschrift gilt nach ihrem Wortlaut auch in jenen Fällen, in denen der Mieter vertragswidrig den Mietgebrauch aufgibt, die Mietzahlungen einstellt und der Vermieter die Mietsache aus Gründen der Schadensbegrenzung an einen Dritten weitervermietet. Wird bei der Weitervermietung nur ein geringerer als der ursprüngliche Mietzins erzielt, so stellt sich die Frage, ob der Vermieter die Differenz zwischen ursprünglicher und jetziger Miete von dem vertragsuntreuen Mieter verlangen kann. Zur Lösung dieser Frage werden im wesentlichen drei Ansichten vertreten: Nach einer Meinung gilt § 552 Satz 3 BGB auch in diesem Fall. Der Vermieter kann seine Ansprüche dadurch wahren, indem er das ursprüngliche Mietverhältnis wegen Zahlungsverzugs nach § 554 BGB fristlos kündigt und den Mietausfall im Wege des sog. Kündigungsfolgeschadens geltend macht (OLG München, ZMR 92, 51). Nach anderer Auffassung ist eine Kündigung des ursprünglichen Mietverhältnisses entbehrlich. Der Vermieter hat aber nur dann einen Anspruch auf die Mietdifferenz, wenn die Weitervermietung zugleich im Interesse des ursprünglichen Mieters liegt. Zu diesem Zweck soll der Vermieter verpflichtet sein, sich mit dem Mieter über die Weitervermietung zu verständigen, damit der Mieter Vorbehalte und Bedenken geltend machen kann. Eine Ausnahme soll nur dann gelten, wenn der Mieter unerreichbar ist, was allerdings entsprechende Nachforschungen voraussetzt (OLG Hamm, RE vom 13. 3. 1986, NJW 86, 2321 = WM 86, 201). Nach einer dritten Auffassung ist eine Weitervermietung möglich, ohne daß die vom OLG Hamm geforderten Voraussetzungen vorliegen (OLG Düsseldorf, ZMR 91, 380). Diese Auffassung wird zum Teil mit dem Vorrang des § 552 Satz 2 BGB, zum Teil damit begründet, daß die Berufung des vertragsuntreuen Mieters in diesem Fall gegen Treu und Glauben verstoße (§ 242 BGB). Der BGH (ZMR 93, 317 = WM 93, 346) teilt im Grundsatz die letztgenannte Auffassung; er weist allerdings darauf hin, daß der Einwand aus § 552 Satz 3 BGB nicht immer und ausschließlich als rechtsmißbräuchlich bezeichnet werden kann. *Kein Rechtsmißbrauch* ist insbesondere in folgenden Fällen gegeben:

(1) Wenn der Mieter auf Grund der unklaren Sach- und Rechtslage begründete Zweifel am Fortbestand des Mietvertrags haben durfte: „Je weniger Anlaß der Mieter zu der Annahme hatte, das Mietverhältnis sei beendet, umso eher handelt er rechtsmißbräuchlich, wenn

er sich wegen der Weitervermietung auf mangelnde Erfüllungsbereitschaft des Vermieters beruft".

(2) Wenn der Vermieter im Vertrauen darauf, daß der Mieter die Mietzinsdifferenz zahlen müsse, die Mietsache ohne hinreichenden Grund unter dem erzielbaren Marktpreis weitervermietet hat.

(3) Bestehen aus der Sicht des Vermieters Zweifel, ob der Mieter endgültig ausgezogen ist oder ob der Mieter mit nachvollziehbaren Gründen annehmen konnte, das Mietverhältnis sei beendet, so darf der Vermieter nicht ohne weiteres weitervermieten. In diesem Fall soll einer Mitteilung des Vermieters an den Mieter, er werde versuchen, die Mietsache im beiderseitigen Interesse weiterzuvermieten um dann nur noch eine eventuelle Mietzinsdifferenz geltend zu machen, entscheidende Bedeutung zukommen. Schweigt der Mieter auf eine solche Erklärung, so wird er sich später nicht darauf berufen können, daß er das Mietobjekt nur vorübergehend nicht genutzt habe.

III. Der Kaufkraftschwund des Geldes, Veränderungen des Wohnungsmarktes, Verschlechterungen der Wohnlage und sonstige unvorhergesehene Ereignisse können V. und M. bewegen, eine *Steigerung* oder *Ermäßigung* des Mz. anzustreben. Eine Veränderung des einmal festgelegten Mz. ist aber beim Fehlen einer bes. Vereinbarung (s. oben I 3) nur wirksam, wenn sie mit *Einverständnis beider Vertragsteile* durch einen Abänderungsvertrag vorgenommen wird (s. M.vertrag V). Kommt dieser Vertrag nicht zustande, bleibt sowohl dem V. als auch dem M. im äußersten Falle nur die Möglichkeit, den Mv. im Wege der ordentlichen Kündigung zu lösen (s. *Kündigung*). Für die *Vertragsdauer* kann aber der M. auf die Einhaltung des *vereinbarten* Mz. bestehen; Das Sinken des Geldwertes, steigende Unterhaltskosten und das allgemeine Ansteigen der Preise geben dem V. *ohne entsprechende Vertragsvereinbarung* kein Recht, eine Mz.erhöhung durchzusetzen (BGH ZMR 70, 135; DWW 75, 293 = MDR 76, 37 m. w. Nachw.; OLG Hamburg GrundE 90, 921).

Für Mv. über → *Wohnraum* hat das Ges. das Recht des V. zur *nachträgl. Erhöhung* des Mz. von strengen, *sachlichen und formellen Voraussetzungen* abhängig gemacht (s. Mieterhöhung).

IV. Der Anspruch des V. auf den Mz. unterliegt grunds. der *Pfändung* der Gläubiger des V. Die Pfändung ist aber auf Antrag des V. aufzuheben, wenn der Mz. zur Erhaltung des Grundstücks oder für notwendige Instandsetzungen unentbehrlich ist (§ 851b ZPO; KG NJW 69, 1860; dazu Noack ZMR 73, 290).

V. Leistet der M. den Mz. *„unter Vorbehalt"* (s. Mängel II 2, 3; Mietrückstände I 3), hat der V. kein Recht, diese Zahlung abzulehnen (LG München I WM 87, 223; LG Frankfurt WM 87, 318). Der M. bringt dadurch zum Ausdruck, daß er sich die Geltendmachung eines Rückforderungsanspruchs für den Fall des Nichtbestehens der Schuld vorbehalten will. Damit wird ein etwaiger späterer Einwand des V. entkräftet, daß der M. durch vorbehaltlose Zahlung das Nichtbestehen, die Belanglosigkeit oder den Verzicht erhobener Beanstandungen zu erkennen gegeben habe. Hat der M. unter Vorbehalt gezahlt und hat der V. die Zahlung angenommen, muß der M. binnen angemessener Frist zu erkennen geben, ob er von seinem Rückforderungsrecht Gebrauch macht oder den Vorbehalt fallen läßt; realisiert der M. jahrelang seinen Vorbehalt nicht, kann sein Rückforderungsrecht im Einzelfall als verwirkt angesehen werden (s. Verjährung II). Darüber hinaus kann der V. auf Feststellung klagen, daß der Vorbehalt nicht besteht.

Minderjährige Mieter. Minderjährige (Mdj.) unter 18 Jahren sind in der Geschäftsfähigkeit beschränkt. Da ein Mv. für sie auch Verpflichtungen mit sich bringt, können sie wirksam nur mit *Einwilligung* ihres gesetzlichen Vertreters – Eltern, Vormund – handeln (§ 107 BGB). Die Einwilligung kann vorher (Zustimmung) oder nachträglich (Genehmigung) erteilt werden. Sie bedarf keiner Form und kann somit auch stillschweigend durch ein billigendes Verhalten des gesetzl. Vertreters erfolgen. Das Risiko für das Vorliegen einer Einwilligung trägt der V. Er muß sie sich erforderlichenfalls nachweisen lassen oder aber den gesetzl. Vertreter nach § 108 II BGB zur Erteilung auffordern; verweigert der gesetzl. Vertreter die Einwilligung oder schweigt er, so gilt der Vertrag als nicht zustandegekommen. Das gilt auch für verheiratete Mdj., weil die Zustimmung der Eltern zur Eheschließung grunds. die mietrechtl. Einwilligung nicht umfaßt und die Heirat nach § 1633 BGB nicht mündig macht (AG Köln WM 74, 68 m. Anm. Weimar).

Das Ges. schützt *nicht den guten Glauben des V.* an die Geschäftsfähigkeit eines M. Aus dem erwachsenen Auftreten oder dem äußeren Erscheinungsbild eines M.interessenten darf der V. daher keine rechtserheblichen Folgerungen ziehen (LG Mannheim NJW 69, 239). Bei M.interessenten, die unter 18 Jahren sein könnten, wird sich der V. daher zur Vermeidung von Nachteilen über das Lebensalter vergewissern müssen.

Ausnahmsweise darf ein Mdj. selbständig und *ohne Mitwirkung* seines gesetzl. Vertreters eine nach M.preis und Größe angemessene Wohnung oder einen sonstigen M.gegenstand verbindlich anmieten:

1. Wenn ihm der gesetzl. Vertreter einen Betrag zur *freien Verfügung* überläßt, der ausdrücklich oder stillschweigend auch *zur Bezahlung einer Unterkunft* bestimmt ist (Generalkonsens; Schnitzerling DWW 70, 47). Hierher gehören Unterhaltsbeiträge für auswärtige Studenten, Schüler oder Lehrlinge oder das Arbeitseinkommen. Der

M.gegenstand und M.preis müssen aber zu dem frei verfügbaren Betrag in einem vertretbaren Verhältnis stehen. Sonstige Einnahmen des mdj. M. (Zuschüsse Dritter, Verdienst durch Nachhilfe), über die er frei verfügen darf, sind insoweit zu berücksichtigen.

2. Wenn der gesetzl. Vertreter den Mdj. *ermächtigt,* außerhalb seines Wohnsitzes ein *Arbeitsverhältnis* zu begründen (§ 113 BGB). Diese Ermächtigung verleiht grundsätzl. dem Mdj. auch die Befugnis, selbständig eine Wohnung anzumieten, die auch hier mietpreismäßig zum Arbeitseinkommen in einem vertretbaren Verhältnis stehen muß (LG Mannheim WM 69, 110). Das gilt nicht, wenn die Arbeit oder Berufsausbildung am Wohnort des gesetzl. Vertreters oder in der näheren Umgebung aufgenommen wird (LG Mannheim WM 69, 23).

3. Wenn das Vormundschaftsgericht mit Einwilligung des gesetzl. Vertreters den Mdj. zur *selbständigen Führung eines Geschäftes* ermächtigt (§ 112 BGB). Dann ist der Mdj. auch zum Abschluß von Mv. befugt, die in unmittelbarem Zusammenhang mit dem Geschäftsbetrieb stehen.

Abgesehen von den genannten drei Ausnahmen ist für langfristige Mv. neben der Einwilligung des gesetzl. Vertreters die *Genehmigung des → Vormundschaftsgerichts* erforderlich, wenn der Vertrag länger als 1 Jahr nach der Vollendung des 18. Lebensjahres des Mdj. dauern soll (§ 1822 Ziff. 5 BGB).

Hält der Mdj. den M.gegenstand trotz des unwirksamen Vertrages weiterhin im Besitz, so kann der V. nach §§ 985ff. BGB die sofortige Herausgabe verlangen. Ein Schadensersatzanspruch gegen den Mdj. steht dem V. aber nur dann nach §§ 823 II, 826 BGB zu, wenn dieser sich den M.gegenstand vorsätzlich und sittenwidrig durch falsche Angaben über sein Alter in der Absicht erschlichen hat, den M.preis nicht zu zahlen oder dem V. sonstige Vermögensschäden zuzufügen (LG Mannheim NJW a.a.O.; Gurski NJW 69, 2183).

Im übrigen hat der V. gegen den Mdj. unter keinem rechtlichen Gesichtspunkt einen Anspruch auf Zahlung des M.zinses, wenn der Mdj. gegen den erklärten Willen der Eltern die elterliche Wohnung verläßt und eine anderweitige Wohnung anmietet, soweit ihm dabei eine Betrugsabsicht fehlte (LG Mannheim U. 19. 8. 1976, 4 S 22/76). Die Eltern können dem V. aber bei unwirksamen Mv. aus dem Gesichtspunkt der Geschäftsführung ohne Auftrag für den M.zins haften, wenn sie dem Mdj. auswärtige Arbeit oder Ausbildung gestatten und dafür den üblichen Unterhalt zu gewähren haben, wozu auch die Mittel zur Anmietung einer angemessenen Unterbringung gehören; ihr entgegenstehender Wille ist insoweit unbeachtlich (Weimar MDR 77, 199).

Der Mdj. haftet ferner nach § 819 I BGB für die Zahlung der für die M.sache üblichen Vergütung, wenn sein gesetzl. Vertreter die Genehmigung zum Mv. verweigert und der Mdj. die Sache dann anschließend trotzdem mit Kenntnis des gesetzl. Vertreters in Benutzung nimmt oder behält, das setzt aber voraus, daß dem gesetzl. Vertreter bekannt war, daß der Mdj. trotz unwirksamen Mv. die Sache benutzte; bei Gesamtvertretung genügt die Kenntnis eines Vertreters (BGH MDR 77, 388 = WM 77, 64).

Mischräume (Mr.) sind vermietete Räume, die nicht zu einem einheitlichen Zweck, sondern teilweise zum *Wohngebrauch* und teilweise zum *Geschäftsgebrauch* bestimmt sind. Diese Benutzungsart muß bestimmungsgemäß im *Einverständnis* mit dem V. erfolgen. Andernfalls liegt ein vertragswidriger Gebrauch vor, den der V. untersagen oder zum Anlaß der → Kündigung nehmen kann (s. Abnutzung II, Abmahnung, Unterlassungsklage). Die Zusammenfassung von Wohn- und Geschäftsräumen kann durch die räumliche Verbindung bedingt sein (Werkstatt oder Gastwirtschaft mit anschließender Wohnung; Benutzung eines Teils der Wohnung zu Geschäftszwekken bei Arzt, Rechtsanwalt, Masseur); der Zusammenhang kann aber auch nur auf vertragl. Grundlage beruhen (einheitlicher Mv. über separate Wohn- und Geschäftsräume im selben Haus oder verschiedenen Häusern desselben V.). Da der Begriff der Mr. gesetzl. nicht definiert ist und dafür keine bes. Rechtsnormen aufgestellt sind, müssen sie grundsätzlich *rechtlich* entweder als → Wohnräume oder als → Geschäftsräume behandelt werden.

I. Für die rechtliche Einordnung des Mischmietverhältnisses kommt es in erster Linie auf den Parteiwillen an. Haben V. und M. im Mv. klargestellt, daß sie die Gesamtheit der Räume als Wohn- oder Geschäftsräume ansehen, ist dieser erklärte *Parteiwille* grunds. maßgebend (BGH WM 86, 274 = ZMR 86, 278). Dabei kommt es allerdings nicht darauf an, ob die Parteien das Mietverhältnis als Wohnraum- oder Geschäftsraummietverhältnis bezeichnen; maßgeblich ist allein, welcher Vertragszweck tatsächlich verfolgt wird. Ein diesem entgegenstehender, im Vertrag vorgetäuschter Zweck wäre unbeachtlich. Fehlt eine zulässige Vereinbarung über die rechtliche Behandlung der vermieteten Wohn- und Geschäftsräume, können die Mischräume dann als Wohnräume angesehen werden, wenn der vereinbarte Wohnzweck und der zulässigerweise ausgeübte Wohngebrauch überwiegen (sogenannte Übergewichtstheorie; dazu: Weimar MDR 72, 242; LG Mannheim WM 74, 37 = DWW 73, 310). Haben die Parteien bezüglich der Benutzbarkeit keine Vereinbarung getroffen, so dürfen die Räume sowohl zu Wohnzwecken als auch zu Geschäftszwecken benutzt werden. Nutzt der M. die Räume überwiegend zu Wohnzwecken, so handelt er vertragsgemäß: das Mv. ist dann als Wohnraumv. zu bewerten (LG Essen WM 90, 506). Sind Wohn- und Geschäftsräume gleichwertig, waren sie nach früherem Recht in ihrer Gesamtheit als Geschäftsräume zu beurteilen (BGH ZMR 79, 49; LG Mannheim WM 66, 41). Der Schutzzweck des § 564b BGB, 1ff. MHG gebietet aber jetzt, auch gleichwertige Wohn- und Geschäftsräume rechtlich einheitlich als Wohnräume zu beurteilen (so auch: AG Schwetzingen BB 77, 1274 = DB 77, 2374; weitergehend: LG Kiel WM 76, 238; LG Flensburg MDR 81, 57 wonach Wohnraummietrecht auch dann anzuwenden ist, wenn der Geschäftsraumanteil wert- oder flächenmäßig überwiegt.) Den Bewertungsmaßstab bildet der *Mietwert* der Räume, während eine Beurteilung nach dem Flächenmaß nur zweitrangige Bedeutung hat (Schmidt-Futterer NJW 66, 583; LG Mannheim DWW 73, 310 = WM 74, 302; vgl. aber auch LG Berlin MDR 81, 407 = ZMR 81, 315, wonach bei einer Ladenwohnung mit einheitlichem Mietzins auf das Verhältnis der Wohn- und Gewerbeflächen abzustellen sei). Der rechnerische Anteil kann jedoch dann zum entscheidenden Kriterium werden, wenn die gewerblich genutzte Fläche und der auf sie entfallende Mietzins ein Vielfaches der Wohnraumfläche darstellt (OLG Schleswig RE vom 18. 6. 82, MDR 82, 1020 = ZMR 83, 17 = DWW 82, 302). Liegen diese Voraussetzungen nicht vor, so kommt es maßgeblich darauf an, welche Art der Benutzung für die Vertragsparteien im Vordergrund steht. Wird eine Gaststätte mit Wohnung vermietet, so wird das Übergewicht im gewerblichen Bereich liegen, weil der Mieter aus der Gaststätte regelmäßig seinen Lebensunterhalt bestreitet. Gleiches gilt für die Miete eines Einfamilienhauses durch einen Rechtsanwalt, der dort sowohl seine Kanzlei betreibt als auch seine Wohnung hat, soweit der jeweilige Flächenanteil im wesentlichen gleich ist (BGH WM 86, 274). Etwas anderes kann sich allerdings ergeben, wenn der Kanzleianteil flächenmäßig oder wertmäßig weit hinter dem Wohnungsanteil zurückbleibt. Ein Mischm. v. liegt im Zweifelsfall dann vor, wenn über den M. gegenstand ein einheitlicher Mv. geschlossen worden ist. Dies gilt i. d. R. auch dann, wenn die Parteien für die Wohnung und für die sonstigen Räume einen gesonderten M. zins ausgewiesen haben (LG Mannheim WM 80, 134 für Wohnung und Garage; ebenso LG Baden-Baden WM 91, 34; a. A. LG Darmstadt WM 81, 111). Eine Ausnahme gilt allerdings dann, wenn vereinbart ist, daß das Geschäftsraummietverhältnis unabhängig vom Bestand des Wohnraummietvertrags sein soll; eine solche Vereinbarung kann auch formularmäßig wirksam getroffen werden (AG Frankfurt WM 86, 254). Die rechtliche Selbständigkeit der Verträge kann sich auch aus den sonstigen Vereinbarungen ergeben, wie z. B. aus dem Umstand, daß unterschiedliche Vertragslaufzeiten (LG Berlin ZMR 87, 18) oder Kündigungsbedingungen (LG

Stuttgart WM 87, 379) vereinbart worden sind. Ist eine Wohnung mit Garage vermietet, so kann es ein Indiz für die rechtliche Selbständigkeit der Verträge darstellen, wenn Wohnung und Garage auf verschiedenen Grundstücken gelegen sind (BayObLG RE v. 12. 12. 1990 WM 91, 78). Ein ausdrücklicher Hinweis auf die rechtliche Selbständigkeit des Geschäftsraummietvertrags ist nicht erforderlich (a. A.: LG Duisburg WM 87, 211). Sind ausnahmsweise in einem Mv. die Wohn- und Geschäftsräume *nur formell* in einem einheitlichen Vertrag zusammengefaßt, während tatsächlich und wirtschaftlich eine Trennung der M.gegenstände möglich und die Rückgabepflicht teilbar ist (§ 266 BGB), müssen beide Bestandteile *rechtlich unterschiedlich* beurteilt werden (LG Mannheim DWW 68, 177). Bei getrennten Wohn- und Geschäftsräumen mit verschiedenen Mv. kann von deren rechtlicher Einheit nur dann ausgegangen werden, wenn dahingehende Vereinbarungen eindeutig getroffen worden sind (LG Mannheim WM 75, 70). Die vereinbarte rechtl. Einheit des Mv. wird nicht dadurch hinfällig, daß später tatsächliche Änderungen eintreten (z. B. Geschäftsaufgabe u. Untervermietung). Liegt zwischen der Vermietung der Wohnung und der Vermietung des Geschäftsraums ein längerer Zeitraum (z. B. nachträgliche Anmietung einer Garage), so spricht die Vermutung für die Annahme einer wirtschaftlichen Einheit des Mietgegenstands. Nach dem Rechtsentscheid des OLG Karlsruhe vom 30. 3. 1983 (WM 83, 166) kommt auch bei einem zeitlichen Abstand von mehreren Jahren kein selbständiger Garagenmietvertrag zustande. Vielmehr wird durch die nachträgliche Anmietung der Garage der bereits bestehende Mietvertrag über die Wohnung erweitert. Eine Ausnahme gilt nach dieser Entscheidung nur dann, wenn die Parteien deutlich zum Ausdruck bringen, daß ein neues selbständiges Mietverhältnis begründet werden soll (ebenso: LG Duisburg NJW RR 86, 1211; LG Berlin ZMR 87, 18; AG Augsburg WM 87, 25; AG Nürtingen WM 87, 157; s. dazu auch: Hummel ZMR 87, 81).

II. Von der Einordnung des Mischraums als Wohnraummietverhältnis oder als Geschäftsraummietvertrag hängt es ab, welche → Kündigungsfrist eingehalten werden muß, und ob dem Mieter der nur für Wohnräume vorgesehene → Kündigungsschutz sowie der Schutz der → Sozialklausel zugebilligt werden kann. Eine → Räumungsfrist kann dem Mieter ebenfalls nur gewährt werden, wenn ein Wohnraummietverhältnis vorliegt. Für Geschäftsräume kommt die Gewährung einer Räumungsfrist grundsätzlich nicht in Betracht. Eine Ausnahme gilt hier aber dann, wenn die getrennte Rückgabe der Wohnräume einerseits und der Geschäftsräume andererseits tatsächlich möglich, wirtschaftlich sinnvoll und dem Vermieter zumutbar ist. Liegt ein solcher Fall vor, so kann dem Mieter bezüglich der

Wohnräume eine Räumungsfrist gewährt werden. Bezüglich des Geschäftsraumanteils kommt die Gewährung einer Räumungsfrist nicht in Betracht; im Ausnahmefall ist hier aber Vollstreckungsschutz nach § 765a ZPO möglich (LG Mannheim MDR 68, 328; WM 74, 37).

Auch die Zulässigkeit einer *M.erhöhung* richtet sich grunds. danach, ob die Mv. in ihrer Gesamtheit als Wohn- oder Geschäftsräume zu beurteilen sind; als Wohnraum unterliegen sie den gesetzl. Beschränkungen für → M.erhöhungen (für nicht preisgebundenen Wohnraum). Wenn aber im Mv. ausdrücklich ein getrennter M.zins für die Anteile der jeweiligen Wohn- und Geschäftsräume vereinbart worden ist, richtet sich die Erhöhungsbefugnis des V. für die Geschäftsräume nach den dafür getroffenen Vereinbarungen (z. B. Gleitklausel), soweit darin keine unwirksame Gesetzesumgehung liegt (LG Mannheim MDR 74, 935). Fehlt ein vertragl. Erhöhungsrecht, stehen dem V. auch hier die gesetzl. Erhöhungsvoraussetzungen des MHG zu, wobei für den Geschäftsraumanteil die ortsübliche Miete gesondert zu ermitteln ist.

Kommt es zum Rechtsstreit, so richtet sich die sachliche Zuständigkeit des Gerichts ebenfalls nach der Einordnung des Mietverhältnisses. Das Amtsgericht ist gemäß § 29a ZPO für alle Rechtssachen ohne Rücksicht auf den Streitwert ausschließlich zuständig, wenn der Mischraum insgesamt als Wohnraum zu beurteilen ist (OLG Celle MDR 86, 324; OLG Hamm ZMR 86, 11). Im anderen Fall ist für Klagen wegen Überlassung, Benutzung oder Räumung das Amtsgericht zuständig (§ 23 Nr. 2a GVG). Gleiches gilt für sonstige vermögensrechtliche Streitigkeiten bis zum Wert von 6000,– DM. Für vermögensrechtliche Streitigkeiten mit einem Wert über 6000,– DM ist das Landgericht zuständig (OLG Karlsruhe Justiz 90, 296; OLG Celle MDR 86, 324; a. A.: LG Aachen MDR 86, 240; LG Köln NJW-RR 89, 403, wonach die amtsgerichtliche Zuständigkeit ohne Rücksicht auf das Schwergewicht des Vertrags gegeben sein soll).

Musikausübung. Der Mieter darf in seiner Wohnung mit denjenigen Instrumenten musizieren, die üblicherweise in der Wohnung gespielt werden (Klavier, Flöte, Gitarre, Violine etc; nicht aber Trompete oder Schlagzeug). Allerdings sind die allgemeinen Ruhezeiten einzuhalten (LG Oldenburg WM 77, 172, betrifft Violinenspiel; LG Köln ZMR 67, 273, betrifft Cellospiel; zu der vergleichbaren Rechtslage in Eigentumswohnungen vgl. OLG Frankfurt WM 84, 303; NJW 85, 2138; BayObLG WM 86, 148; NJW 85, 2138; OLG Hamm NJW 81, 465; DWW 86, 78). Zu den allgemeinen Ruhezeiten zählt jedenfalls die Zeit zwischen 13.00 und 15.00 Uhr und die Zeit von 23.00–7.00 Uhr. Je nach Ortsgepflogenheit kann die Ruhezeit auch länger sein (s. dazu: Gramlich NJW 85, 2131). In der → Hausordnung können abweichende Ruhezeiten bestimmt werden. Eine *vertragl. Begrenzung* oder der *Ausschluß* der Ma. ist *zulässig* (OLG München DWW 86, 118; Gramlich NJW 85, 2131); bei Eigentumswohnungen kann die Musikausübung dagegen nicht durch Mehrheitsbeschluß untersagt werden (OLG Frankfurt DWW 84, 237 = WM 84, 303; DWW 85, 26; OLG Hamm DWW 86, 78; OLG Zweibrücken ZMR 90, 427). Ob die Ma. als erhebliche → Belästigung anzusehen ist, kommt nicht nur auf die Lautstärke, sondern auch auf die Dauer, die Art und die Intensität der Geräuscheinwirkung an. Sie ist eine Belästigung, wenn sie von normal reagierenden Menschen (nicht überempfindlichen oder geräuschmäßig abgestumpften) als unangenehme Störung empfunden wird. Abgesehen von der Klangstärke hat die dauernde Wiederkehr eines oder einiger mechanisch gespielter Musikstücke i. d. R. etwas Quälendes und Nervenaufreibendes. Das gilt bes., wenn Musikinstrumente mit hohen Frequenzen (Trompete) oder baßstarkem Rhythmusgeräusch (Schlagzeug, Gitarre) gespielt werden (vgl. LG Düsseldorf DWW 89, 393, wonach ein- bis zweistündige Klavierübungen eines M. so nervenaufreibend sein können, daß eine Kündigung nach § 564b II Nr. 1 BGB gerechtfertigt ist).

Langandauernde, häufige Gesangs- oder Instrumentalübungen von *Berufsmusikern* sind nur mit Einwilligung des V. zulässig. Das gilt auch dann, wenn der V. den Beruf des Musikers nicht kannte und keine Vereinbarung getroffen wurde. Wird jedoch in Kenntnis oder leichtfertiger Unkenntnis des Berufs keine Vereinbarung abgeschlossen, darf der V. dem Berufsmusiker die Übungsmöglichkeiten nicht unangemessen beschränken oder völlig versagen (Rau ZMR 66, 227). So hat das LG Duisburg (ZMR 56, 46) einer Konzertsängerin außerhalb der allgem. Ruhestunden angemessene Übungszeiten an Werk- und Feiertagen zugebilligt. Der *Unterricht,* den Künstler und Musiklehrer in ihrer Wohnung an Schüler erteilen, ist nicht anders zu beurteilen.

Dem M. darf grunds. nicht untersagt werden, daß er aus Liebhaberei oder zur Übung singt oder ein Instrument spielt, wenn das außerhalb der allgem. Ruhestunden geschieht. Die damit unvermeidbar verbundenen Geräuscheinwirkungen müssen die übrigen M. in allen Wohngebieten als üblich hinnehmen (LG Wiesbaden ZMR 57, 53). Geräuschdämpfende Schutzmaßnahmen können im Einzelfall, vor allem von Berufsmusikern und Musiklehrern, in zumutbarem Umfang verlangt werden (AG Frankfurt ZMR 61, 83). Bei zeitlich übermäßiger Ma. muß notfalls das Gericht nach §§ 862, 1004, 906 BGB die zumutbare Dauer festsetzen (OLG Karlsruhe NJW-RR 89, 1179: 2 Std. tgl./sonntags 1 St. für Saxophon oder Klarinette; OLG Frankfrut WM 84, 303: 1 bis 1,5 Std. für gemeinsames Musizieren). Wird ein Mieter verurteilt, die Musikausübung in der Wohnung zu unterlassen, so wird hierdurch auch ein Verbot für solche Familienangehörigen begründet, die von dem Mieter abhängig sind (OLG München DWW 86, 118). Jazz- und Beatgruppen dürfen in der Wohnung nicht musizieren. Ein Überblick über die Rechtsprechung zu diesem Problemkreis findet sich bei Gaisbauer DWW 80, 168 sowie bei Gramlich NJW 85, 2131; zum Problem des Lärms insgesamt: Pfeifer, Lärmstörungen – Musiklärm und Nachbarschaft – (Materialien des Zentralverbands der Deutschen Haus-, Wohnungs- und Grundeigentümer e. V. Nr. 3; derselbe DWW 85, 12 und 40 sowie ZMR 87, 361; zum Verbot der Ma. durch Beschluß der Wohnungseigentümergemeinschaft s. OLG Hamm NJW 81, 465 = MDR 81, 320; DWW 86, 78; OLG Zweibrücken ZMR 90, 427). Zur zeitlichen Begrenzung der Musikausübung s. OLG Frankfurt und BayObLG, jeweils NJW 85, 2138. Zur vertragswidrigen Ma. → Abmahnung, Belästigung, Lärm, Kündigungsschutz I 1a.

O

Obdachlosenunterbringung (Ou). I. Die Voraussetzungen des behördlichen Eingreifens. Hat der M. bis zur Zwangsräumung durch den Gerichtsvollzieher keine Ersatzunterkunft gefunden, darf er dennoch nicht auf die Straße gesetzt werden. Die Ordnungsbehörde (Polizeibehörde) ist in derartigen Fällen nach den Polizeigesetzen der Länder verpflichtet, den Räumungspflichtigen entweder in eine *Notunterkunft* oder *vorübergehend* in seine *bisherige Wohnung* einzuweisen. Die Unterbringung des Räumungspflichtigen durch die Beh. ist nicht erst bei oder nach Durchführung der Zwangsräumung, sondern schon *vorbeugend* beim drohenden Verlust der bisherigen Unterkunft zulässig, soweit der Räumungspflichtige keinen weiteren gerichtlichen Schutz erhalten kann oder in Anspruch nehmen will (Schmidt-Futterer DÖV 60, 118; nach Ansicht des OVG Berlin DÖV 74, 353, ist der Anspruch auf Ou. kein polizeirechtlicher, sondern ein fürsorgerechtlicher, so daß dafür die Fürsorgebeh. zuständig ist).

Der Gerichtsvollzieher hat bei der Bestimmung des Zwangsräumungstermins die Obdachlosenbeh. von einer etwa drohenden Obdachlosigkeit zu benachrichtigen (§§ 180, 181 der Geschäftsanweisung für Gerichtsvollzieher). Der Räumungspflichtige hat sich dann möglichst frühzeitig an die Obdachlosenbeh. zu wenden, um durch ihr Eingreifen seine Obdachlosigkeit zu verhindern.

II. Die Beschaffenheit der Obdachlosenunterkunft. Das rechtswirksame Einschreiten der Beh. setzt den Erlaß einer *Einweisungsverfügung* an den Räumungspflichtigen und bei der Dritt- oder Wiedereinweisung auch an den Dritten voraus, in der das Obdach *eindeutig nach Lage und Größe* bezeichnet werden muß (OVG Münster ZMR 60, 216). Die Einweisungsverfügung begründet *keinen Mv.*, sondern ein bes. öffentlich- rechtliches Rechtsverhältnis zwischen der Beh. und dem Räumungspflichtigen. Deshalb stehen dem Obdachlosen weder gegen die Beh. noch gegen einen privaten Hauseigentümer diejenigen Rechte zu, welche dem M. kraft Ges. oder auf Grund des Mv. zuzubilligen sind. Das Einschreiten der Obdachlosenbeh. zielt nur auf die Beseitigung einer vorübergehenden Notstandslage ab, wobei grundsätzlich von erfolgreichen eigenen Bemühungen des Obdachlosen zur Beseitigung dieser Situation ausgegangen wird. Die Obdachlosenbehörde ist nicht verpflichtet, dem Obdachlosen eine Wohnung zur Verfügung zu stellen; es genügt eine Unterkunft, die vorübergehend Schutz vor den Unbilden des Wetters bietet und Raum für die notwendigsten Lebensbedürfnisse läßt (OVG Münster, DWW 92, 180). Eine Unterbringung in Sammelunterkünften mit Tages- und Schlafräumen ist zulässig. Der Obdachlose muß aber die Möglichkeit haben, sich ganztägig in der Unterkunft aufzuhalten. Die Schlafräume und die Tagesräume können räumlich getrennt sein; sie müssen aber in zumutbarer Entfernung voneinander liegen (OVG Münster, a. a. O.).

Da kein Anspruch auf die Einweisung oder die Besitzerhaltung eines bestimmten Raumes besteht, ist die *Umsetzung* in ein anderes Obdach grundsätzlich zulässig (VGH Baden-Württemberg, ZMR 93, 240); die Umsetzungsverfügung der Beh. muß dem Obdachlosen vor ihrer Vollstreckung mitgeteilt und darf *nicht im Wege der Selbsthilfe* durchgeführt werden (BVerwG ZMR 64, 172). Für die Erhebung einer Räumungsklage vor den Zivilgerichten ist kein Raum (VGH Baden-Württemberg, ZMR 93, 239). Der Umzug in das zugewiesene Obdach kann *notfalls mit Zwang* durchgeführt werden, soweit sich der Obdachlose gegen die Einweisungsverfügung nicht wehrt, im Streitfall eine rechtskräftige Gerichtsentscheidung vorliegt oder von der Beh. in Eilfällen die sofortige Vollziehbarkeit ihrer Verfügung (unter Angabe der Gründe) angeordnet wird. Die Zuweisung einer gesundheitsgefährdenden, menschenunwürdigen Notunterkunft braucht der Räumungspflichtige nicht hinzunehmen.

III. Die vorrangige Pflicht zur Unterbringung in gemeindlichen Unterkünften. Die Beh. ist verpflichtet, die Obdachlosigkeit in erster Linie mit *eigenen Mitteln* (gemeindeeigene Häuser, Baracken) zu verhindern, ohne unbeteiligte Dritte dafür in Anspruch zu nehmen. Die räumlichen Voraussetzungen für die Ou. muß die Gemeinde mit öffentlichen Mitteln schaffen, wobei sie sich nicht auf Geldmangel berufen kann (OVG Lüneburg ZMR 55, 60). Stehen in einer größeren Gemeinde keine Obdachlosenunterkünfte zur Verfügung und unternimmt die Gemeinde auch keine Anstrengungen, sich solche Unterkünfte – etwa durch Anmietung – zu beschaffen, so ist die regelmäßig praktizierte Wiedereinweisung nicht rechtmäßig (OVG Münster DWW 90, 155, betr. Mönchengladbach). In Diensträumen der Gemeinde oder Jugendherbergen darf die Ou. nicht erfolgen. Die Rechte und Pflichten des Obdachlosen ergeben sich dann aus der von der Beh. aufgestellten *Benutzungsordnung*, also nicht aus einer beiderseitigen Vereinbarung; darum darf die Beh. einseitig die besonderen Pflichten des Obdachlosen bei der Benutzung der Unterkunft durch Anordnungen oder Verbote festsetzen, soweit sie sachlich gerechtfertigt und *nicht willkürlich* sind. Das Verbot der Haustierhaltung in einer stadteigenen Obdachlosenunterkunft ist im Interesse der Mitbenutzer gerechtfertigt und bindet den Obdachlosen auch dann, wenn er von dieser Anordnung keine Kenntnis hat (OVG Münster WM 69, 45). Dagegen ist das generelle Verbot zum Empfang von Besuchern (auch von gelegentlichen Übernachtungen) in der Obdachlosenunterkunft nicht gerechtfertigt (OLG Köln NJW 66, 265). Kraft ihres öffentl.- rechtl. Hausrechts darf die Beh. aber störenden Dritten das Betreten des Grundstücks erzwingbar verbieten (OVG Münster WM 75, 156 = ZMR 76, 376). Für Rechtsstreitigkeiten zwischen dem Eingewiesenen und der Einweisungsbehörde ist das Verwaltungsgericht zuständig. Ebenso können Verwaltungsakte, die die Behörde in Ausübung ihres Hausrechts gegenüber Dritten erläßt, im Wege der Anfechtungsklage vor dem Verwaltungsgericht angefochten werden (OVG Münster a. a. O.).

IV. Die Inanspruchnahme Dritter durch Beschlagnahme und Wiedereinweisung. Die Verhinderung der Obdachlosigkeit kann erforderlichenfalls auch durch die Inanspruchnahme freier und geeigneter Räume gegen den Willen des Verfügungsberechtigten (Hauseigentümer, V.) im Einzelfall im Wege der *Beschlagnahme* (z. B. Hotelzimmer) oder der *Wiedereinweisung* des Räumungspflichtigen in seine bisherige Wohnung erfolgen. Das muß aber unter gerechter Abwägung aller für die Beh. in Betracht kommenden Möglichkeiten geschehen (BVerwG ZMR 59, 249). Dabei hat die Beh. auch zu prüfen, ob der betroffene V. der sachlich und örtlich Nächste und er persönlich und sachlich leistungsfähig ist, ob somit bei ihm das Maß der Nachteile und Belästigungen am wenigsten fühlbar ist (OVG Münster ZMR 56, 285). Handelt die Beh. *willkürlich,* ohne Abwägung der sachlichen Gesichtspunkte, ist die Inanspruchnahme *rechtswidrig.* Sie ist darüber hinaus nur für *kürzere, genau bestimmte Dauer* zulässig. Das gebietet der Gleichheitsgrundsatz, die Achtung des auf Räumung abzielenden Richterspruchs und die Pflicht der Beh. die Beeinträchtigung des Inanspruchgenommenen so gering wie möglich zu halten. Die Beh. muß deshalb auch ab dem Tag der Einweisung solche Maßnahmen einleiten, die dafür Gewähr bieten, daß der Räumungspflichtige so schnell wie möglich anderweitig untergebracht werden kann. Dabei sind zeitliche Höchstgrenzen zu beachten, die sich in manchen Ländern aus dem Landespolizeigesetz ergeben (VGH Baden-Württemberg NJW 90, 2770: 6 Monate; OVG Lüneburg ZMR 55, 60: 4 Monate; BGH NJW 59, 768: 6 Monate; OVG Berlin NJW 80, 2484: 7 Monate).

1. Nur wenn die Beh. zur Beseitigung der Obdachlosigkeit mit eigenen Mitteln nicht in der Lage ist, darf sie dazu einen unbeteiligten Dritten heranziehen (VG Köln WM 82, 220). Unter diesen Voraussetzungen darf der Räumungsschuldner vor allem vorübergehend gegen den Willen des V. in seine *bisherige Wohnung* (oder einen Teil derselben) *wieder eingewiesen* werden. Diese Notstandsmaßnahme ist aber nur solange zulässig, wie die Beschaffung eines anderen vorübergehenden Obdachs (nicht einer Dauerwohnung) auf Kosten der Allgemeinheit unmöglich ist. Die *zulässige Zeitdauer* einer derartigen Wiedereinweisung hängt von den bes. Umständen des Einzelfalls ab (Zahl, Alter, Gesundheitszustand der unterzubringenden Personen, örtl. Wohnverhältnisse, Zahl der sonstigen Obdachlosen in der Gemeinde). Die *Höchstdauer* einer Wiedereinweisung des Räumungspflichtigen in seine bisherige Wohnung wird von der Rechtsprechung i. d. R. auf *4 Monate* bis *längstens 6 Monate* begrenzt (BGH NJW 59, 768; VGH Bad.-Württemberg NJW 90, 2770). Nach der Ansicht des VG Köln (a. a. O.) soll sich aus § 721 Abs. 5 ZPO ergeben, daß spätestens nach einem Jahr seit Rechtskraft des Räumungsurteils jede weitere Verzögerung der Durchsetzung des Räumungstitels rechtswidrig ist. In der Einweisungsverfügung ist zu bestimmen, wie lange die Beschlagnahme aufrechterhalten werden darf. Fehlt die Zeitangabe, so ist die Beschlagnahme rechtswidrig (VGH Baden-Württemberg NJW 90, 2770).

Verletzt die Beh. ihre Pflicht zur anderweitigen Ou. des Räumungspflichtigen, kann dem V. gegen die Beh. ein *Schadenersatzanspruch,* z. B. wegen entgangenem Gewinn oder → Mietausfall, zustehen (§ 839 BGB), selbst wenn die Gemeinde behauptet, keine Geldmittel für die Beschaffung einer anderweitigen Unterkunft zu haben. Die Wiedereinweisung in die bisherige Wohnung ist auf einen Teil der Räume zu beschränken, wenn dieser als notdürftige Unterkunft ausreicht. Hat sich der Räumungspflichtige grobe Beleidigungen oder Tätlichkeiten gegen den V. zuschulden kommen lassen, kann die Wiedereinweisung gegen den Grundsatz der Verhältnismäßigkeit verstoßen und als Abhilfemaßnahme ausscheiden. Die Höchstfrist von 6 Monaten darf nicht durch ständige Wiederholung kurzfristiger

Einweisungsverfügungen überschritten werden. Notfalls muß die Beh. den Wiedereingewiesenen in eine gemeindeeigene Obdachlosenunterkunft umquartieren.

2. Bis zur Aufhebung der Wiedereinweisung oder bis zum Ablauf der dafür bestimmten Frist ist der V. gehindert, das noch nicht vollzogene Räumungsurteil durch den Gerichtsvollzieher vollstrecken zu lassen. Später kann der V. unverzüglich die Zwangsräumung durchführen lassen. Daneben hat der V. aber auch einen *Folgenbeseitigungsanspruch* gegen die Beh., der diese grunds. zur alsbaldigen Herausnahme des Eingewiesenen, zur Freimachung des Raumes und zur Rückgabe an den V. verpflichtet (dazu VGH Bad.-Württ., Die Justiz 74, 31; NJW 90, 2770). In der Literatur wird in diesem Zusammenhang die Ansicht vertreten, daß der Vermieter gegen die Behörde einen Anspruch auf Erstattung der Räumungskosten haben soll, wenn er nach Ablauf der Wiedereinweisungszeit aus dem Räumungstitel vollstreckt und der Mieter zahlungsunfähig ist (Schoenenbroicher, MDR 93, 97).

V. Der Entschädigungsanspruch des Eigentümers. Der V. hat für die Dauer der Einweisung nach den Polizeigesetzen der Länder gegen die Beh. einen Anspruch auf *Entschädigung* seiner Vermögensnachteile, die ihm durch die beh. Maßnahme erwachsen sind (z. B. Nutzungsentschädigung in ortübl. Höhe). Hierzu gehören auch solche Aufwendungen, die der V. erbringt, um den Eintritt von drohenden Gefahren abzuwenden. Aus diesem Grunde kann der V. z. B. von der Einweisungsbehörde den Ersatz von Stromkosten verlangen, weil der M. bei Sperrung des Stroms auf andere Heizungs- und Beleuchtungsquellen ausweichen muß, die größere Gefahren (Brand, Verschmutzung) für die Wohnung mit sich bringen (BGH MDR 76, 1003). Gegen den eingewiesenen Obdachlosen steht dem V. dagegen kein Anspruch auf Zahlung der Nutzungsentschädigung zu. Für ihre Aufwendungen an den V. kann die Behörde vom Obdachlosen vollen *Ersatz* verlangen. Der Obdachlose ist *rechtmäßiger Besitzer* des zugewiesenen Raumes, so daß er grundsätzlich auch gegenüber der Beh. insoweit sein → *Hausrecht* ausüben kann.

VI. Rechtsmittel gegen behördliche Unterbringungsmaßnahmen. Gegen die Einweisungsverfügung können der Räumungspflichtige und der in Anspruch genommene V. den *Widerspruch* einlegen. Der Räumungspflichtige hat ein eigenes Beschwerderecht, weil durch die polizeiliche Generalklausel – auf die sich die Einweisungsverfügungen i. d. R. stützen – nicht nur Gefahren im öffentlichen Interesse abgewendet werden sollen. Unter Umständen bezweckt die Vorschrift auch den Schutz von Individualgütern. Der Betroffene hat deshalb ein Recht auf ermessensfehlerfreie Entscheidung. Im Einzelfall kann sich das Recht auf fehlerfreie Ermessensentscheidung dahingehend konkretisieren, daß die Behörde verpflichtet ist, den Obdachlosen in seine bisherige Wohnung wieder einzuweisen (OVG Berlin NJW 80, 2484). Gegen die ablehnende Widerspruchsentscheidung der Beh. kann *Klage* beim zuständigen *Verwaltungsgericht* erhoben werden. Hingegen hat über die *Entschädigungsansprüche* des V. gegen die Beh. das *AG oder LG* zu entscheiden.

P

Pachtvertrag (Pv.). Während dem M. nur ein *Recht zum Gebrauch der vermieteten Sache* zusteht, ist der Pächter (P.) auf Grund des Pv. *darüber hinaus* berechtigt, aus der bestimmungsmäßigen Verwertung der Pachtsache *einen Ertrag zu ziehen* (Fruchtziehungsrecht). Die dem P. zustehenden Erträge können in einem gewerblichen Gewinn, den Feldfrüchten eines Grundstücks, den Fischen eines Gewässers oder dem Holz eines Waldes bestehen. Diese Erträge stehen dem P. aber nur in den Grenzen einer *ordnungsmäßigen Wirtschaftsführung* zu. Ob im Einzelfall ein Mv. oder ein Pv. vorliegt, richtet sich nicht nach der von den Beteiligten gewählten Bezeichnung; entscheidend ist vielmehr, ob nur das Gebrauchsrecht oder darüber hinaus auch das Fruchtziehungsrecht übertragen werden sollte. Bei der Überlassung von Räumen kommt es darauf an, ob diese mit einer zur Fruchtziehung geeigneten Ausstattung überlassen werden sollen. Nur wenn dies zutrifft, ist Pacht anzunehmen (BGH NJW 81, 103 = ZMR 81, 306). Werden *leere Räume* zu gewerblichen Zwecken überlassen, liegt i. d. R. ein Mv. vor; werden dagegen → Geschäftsräume überlassen, die nach ihrer *Einrichtung und Ausstattung* als *unmittelbare Ertragsquelle* geeignet sind, liegt ein Pv. vor (RGZ 138, 202). Die Überlassung des *Inventars* ist somit für die Beurteilung der Vertragsart wesentlich; unerheblich ist dabei, ob das Inventar vom Verpächter oder einem Dritten überlassen wird (RGZ 119, 206; 114, 243). Nach der neueren Rechtsprechung des BGH (WM 91, 335) reicht es aus, daß der Verpächter in irgendeiner Weise zur Beschaffung des Inventars beigetragen hat (z. B. durch Gewährung eines Anschaffungsdarlehens oder durch Vermittlung einer günstigen Erwerbsmöglichkeit). Werden in einem einheitlichen Vertrag Räume zu *Wohnzwecken und teilweise zu Ertragszwecken* überlassen, kommt es für die rechtliche Beurteilung darauf an, welcher Vertragszweck der *wesentliche ist* (z. B. Schankwirtschaft mit Wirtswohnung → Mischräume). Überläßt der Eigentümer vertragl. einem anderen die Ausbeutung der Bodenbestandteile des Grundstücks, so liegt i. d. R. ein Pv. und kein Kaufvertrag vor (BGH WPM 73, 386). *Auf die Pacht finden die Vorschriften über die Miete entsprechende Anwendung* (§ 581 II BGB), soweit die §§ 582ff.

BGB keine Sonderregelung vorsehen. Dies gilt auch für die Pachtverhältnisse in den neuen Bundesländern.

Die → *Schriftform,* die für einen langfristigen Pv. wie bei der Miete gilt, muß auch die P.zinsvereinbarung umfassen, sonst ist der gesamte Vertrag mit einem Formmangel behaftet; auch für *wesentliche Inhaltsänderungen oder Ergänzungen* eines langfristigen Pv. muß die Schriftform gewahrt werden (z. B. beim Übergang der Umsatzp. zur Festp.; s. M.vertrag III). Den P. trifft grunds. (ebenso wie den M.) *keine Benutzungspflicht* (s. Abwesenheit), es sei denn, daß sie vertraglich vereinbart wird oder die Verpachtung gegen Umsatz- oder Gewinnbeteiligung erfolgt. Der P. kann die *Fernhaltung von → Konkurrenzbetrieben* verlangen. Wegen → *Mängeln* der Pachtsache kann der P. den P.zins mindern (z. B. Bauverbot bei Baulandp.), oder Schadensersatz insbes. bei Körperschäden von Familien- und Betriebsangehörigen verlangen. Der P.zins kann nach Gewinn- oder Umsatzbeteiligung bemessen werden (s. M.zins). In diesen Fällen kann von beiden Seiten eine Vertragsanpassung wegen Fehlens der Geschäftsgrundlage verlangt werden, wenn beide Parteien bei Vertragsschluß irrtümlich davon ausgegangen sind, daß ein bestimmter Umsatz erzielt werden kann und sich im übrigen ergibt, daß die Fehleinschätzung nicht dem Risikobereich einer Partei zuzurechnen ist (BGH ZMR 90, 131 für sog. „negative Umsatzpacht"). Davon abgesehen steht dem Vp. nur dann ein Anspruch auf Erhöhung der Pachtzinsen zu, wenn im Pv. ein Erhöhungsrecht (Gleitklausel, Wertsicherungsklausel) vorgesehen ist oder aber der P. einer Vertragsänderung zustimmt. Ist kein Erhöhungsrecht vereinbart und stimmt der P. einer Erhöhung des Pachtzinses nicht zu, so kann der V. lediglich versuchen, den P. über eine Änderungskündigung zur Zahlung eines höheren Zinses zu bewegen. Eine solche Änderungskündigung stellt für sich allein keine unzulässige Rechtsausübung dar (BGH WM 81, 61 = MDR 80, 834). Der Anspruch des Verpächters (Vp.) auf den P.zins für schon abgerechnete Zeiträume und des P. auf Erstattung des gezahlten P.zinses kann bei treuwidriger *verspäteter Geltendmachung* als *verwirkt* angesehen werden (s. Verjährung II).

Die Unterp. ist mit Erlaubnis des Vp. zulässig, die aber i. d. R. keine Wirksamkeitsbedingung des *Unterpv.* darstellt. Bei langdauernder Ungewißheit über die Erteilung der Erlaubnis des Vp. und damit verbundenen Unsicherheiten für langfristige finanzielle Dispositionen wird dem Unterp. ein Kündigungsrecht aus wichtigem Grund zuzubilligen sein (s. Belästigung II).

Nach der *Beendigung* des Pv. steht dem Vp. ein *unmittelbarer Rückgabeanspruch* nach § 556 III BGB gegen den Unterp. zu (LG Mannheim ZMR 66, 48). Ein *P.wechsel* kann sowohl durch dreiseitigen Vertrag zwischen Vp., Alt- und Neup. als auch durch zweiseitigen

Vertrag zwischen Alt- und Neup. mit Zustimmung des Vp. erfolgen.

Für die Übernahme, die Erhaltung und die Rückgabe des *Inventars* enthalten die §§ 582, 582a BGB *Sonderbestimmungen.* Wenn der P. zurückzugebende Inventarstücke eigenmächtig *wegschafft,* kann der Vp. ihre *Rückschaffung verlangen.* Wenn im Pv. *keine Kündigungsfrist vereinbart* worden ist, gilt für die ordentliche Kündigung von Grundstücken und Räumen die gesetzl. Sonderregelung des § 584 BGB; danach ist die Kündigung nur zum *Schluß eines Pachtjahres* unter Einhaltung einer *halbjährigen Kündigungsfrist* zulässig. Eine Teilkündigung des Inventars ist unzulässig (s. Kündigung III). Sind mehrere P. vorhanden, ist die Kündigung nur mit einheitlicher Wirkung möglich, so daß die Kündigungserklärung und ihr Zugang gegenüber allen Mitp. erfolgen muß. Das außerordentliche befristete Kündigungsrecht der §§ 549 I, 569, 570 BGB wird für die Pacht in § 584a BGB vom Ges. ausdrücklich ausgeschlossen (s. Unterm., Beamte, Tod). Dem P. steht das außerordentliche Kündigungsrecht des § 544 BGB wegen *Gesundheitsgefährdung* der Räume (s. Mängel V, 2) bei einem Pv. über Grundstück und Gebäude nur zu, wenn den Räumen für die Brauchbarkeit des P.gegenstandes eine wesentliche Bedeutung zukommt. Die fristlose Kündigung wegen *Zahlungsverzug* des P. nach § 554 BGB (s. M.rückstände) wird von der Rspr. nicht ohne weiteres bei einem einmaligen Ausbleiben des P.zinses bei vereinbarter jährlicher Zahlung zugelassen; wenn der Vp. die Zahlungsunfähigkeit des P. verschuldet hat (z. B. durch Täuschung über den P.gegenstand), kann die Kündigung rechtsmißbräuchlich sein. Über die gesetzl. Tatbestände einer fristlosen Kündigung (s. Kündigung I) hinaus läßt die Rspr. die *fristlose Kündigung aus wichtigem Grund* (überges. Kündigungsrecht; s. Belästigung II) gerade bei Pv. weitgehend zu, ohne ein Verschulden des gekündigten P. zu fordern (z. B. bei nachhaltiger Zerrüttung der Vertrauensbasis, wie bei der Strafanzeige durch die Ehefrau des P.). Derjenige, der die Zerrüttung durch sein eigenes Verhalten überwiegend herbeiführte, kann sich jedoch nicht auf ein Recht zur Kündigung aus wichtigem Grund berufen.

Nach Beendigung der Pachtzeit ist ein Grundstück in einem Zustand zurückzugeben, der einer ordnungsgemäßen Bewirtschaftung entspricht; eventuelle Beschädigungen und Abnutzungen, die durch eine vertragswidrige Ausbeutung entstanden sind, müssen beseitigt werden. Stehen jedoch in diesem Fall der Grundstückswert und der Wiederherstellungsaufwand in einem krassen Mißverhältnis zueinander, so kann die Wiederherstellung unzumutbar sein. Der Schadensersatzanspruch in Geld bleibt hiervon unberührt (BGH NJW 76, 235). Der Pächter hat gegen den Verpächter keinen Anspruch, daß dieser ihm den sogenannten Goodwill eines Geschäftes beim Ende der Pachtzeit vergütet. Dies folgt aus der Erwägung, daß die Verpachtung eine Nutzungsüberlassung auf Zeit bedeutet, so daß der Pächter die geschäftlichen Vorteile, die ihm die Nutzung bestimmter Geschäftsräume bieten, mit Beendigung des Pachtverhältnisses entschädigungslos verliert (BGH MDR 86, 1001 = NJW 86, 2306). Dies gilt auch dann, wenn der Verpächter zugleich stiller Gesellschafter des Geschäftsinhabers war (BGH a. a. O.).

Im Falle der *verspäteten Rückgabe* der P.sache nach Beendigung des Pv. hat der P. nach § 584b BGB eine *Nutzungsvergütung* an den Vp. zu zahlen. Die Nutzungsvergütung ist ungekürzt in voller Höhe zu zahlen, wenn der P. zwar Teile der P.sache herausgibt, das Objekt aber nur einheitlich verwertbar ist; das ist der Fall, wenn der P. einer Gastwirtschaft mit Wirtswohnung nur die Schankräume herausgibt. Die kraft Ges. eintretende → *stillschweigende Verlängerung* des gekündigten Vertrags nach § 568 BGB gilt auch für Pv. Die kurze → *Verjährungsfrist* des § 558 BGB gilt auch für den Anspruch des Vp. auf Herausgabe oder Ersatz des P.inventars. Dem Vp. steht ein *Schadensersatzanspruch für den P.zinsausfall* zu, der nach Ausspruch einer fristlosen Kündigung eintritt, die durch das vertragswidrige Verhalten des P. veranlaßt wurde (s. M.zinsausfall); die Ersatzpflicht des P. ist jedoch auf den Zeitraum des befristeten Vertrages und bei unbefristetem Vertrag bis zum nächsten zulässigen Kündigungstermin beschränkt.

Die Rechtsgrundsätze über die → Doppelvermietung sind nach der Rspr. auch auf die *Doppelverpachtung* anzuwenden. Daher sind beide Verträge wirksam, stehen dem rechtmäßig besitzenden P. die vorrangigen Schutzansprüche zu und ist der nicht-besitzende P. auf Schadensersatzansprüche nach § 541 BGB gegen den Vp. angewiesen. Nur in Ausnahmefällen läßt die Rspr. ein Rechtsschutzinteresse des nichtbesitzenden P. für eine Besitzverschaffungsklage zu, wenn bes. schutzwürdige und durchsetzbare Interessen vorliegen.

Da der *Erwerber eines P.grundstücks* nach § 571 BGB unmittelbar in die Rechte und Pflichten aus dem Pv. eintritt, muß er auch die vereinbarte Übernahme des Inventars bei Vertragsende oder die Übereignung des Inventars an den P. als typische Vertragsregelung gegen sich gelten lassen (BGH MDR 66, 45). Das gilt auch für den Ersteher des P.grundstücks in der → Zwangsversteigerung.

Für die Verpachtung land- und forstwirtschaftlicher Grundstücke gelten die §§ 585ff. BGB. Nach § 585a BGB bedarf ein Landpachtvertrag, der für längere Zeit als zwei Jahre geschlossen wird, der schriftlichen Form. Wird die Form nicht beachtet, so gilt der Vertrag als für unbestimmte Zeit geschlossen. Die Parteien sind verpflichtet, bei Beginn des Pachtverhältnisses eine Beschreibung der Pachtsache anzufertigen, aus der sich ihr Umfang sowie der Zustand, in dem sie sich bei der Überlassung befindet, festgestellt werden soll. Weigert sich ein Vertragsteil bei der Anfertigung der Beschreibung mitzuwirken, oder ergeben sich bei der Anfertigung Meinungsverschiedenheiten tatsächlicher Art, so kann jeder Vertragsteil verlangen, daß eine Beschreibung durch einen Sachverständigen angefertigt wird, der auf Antrag durch das Landwirtschaftsgericht ernannt wird. Diese Regelung gilt nicht, wenn seit der Überlassung der Pachtsache mehr als 9 Monate vergangen sind (§ 585 b BGB). Bei der Landpacht trifft den Verpächter die Erhaltungspflicht und den Pächter die gewöhnliche Ausbesserungspflicht. Unter die Erhaltung fallen alle Instandhaltungs- und Instandsetzungsmaßnahmen, die zur Beseitigung von Mängeln erforderlich sind. In den Verantwortungsbereich des Pächters fallen alle Maßnahmen, die als Folge des üblichen Gebrauchs des Pachtgegenstands nach dem gewöhnlichen Lauf der Dinge von Zeit zu Zeit regelmäßig in kürzeren oder längeren Abständen zur Erhaltung bzw. Wiederherstellung der Gebrauchsfähigkeit der Pachtsache erforderlich werden. Hierzu zählen in erster Linie laufende Wartungs- und Pflegearbeiten, Schönheitsreparaturen, sowie Maßnahmen, die wegen üblicher Witterungseinflüsse oder häufiger oder typischer Betriebsrisiken geboten sind (BGH, WM 93, 123). Bezüglich der Kündigung ist in § 594 a BGB geregelt, daß jeder Vertragsteil das Pachtverhältnis spätestens am 3. Werktag eines Pachtjahres für den Schluß des nächsten Pachtjahres kündigen kann. Der Pächter kann aber vom Verpächter die Fortsetzung des Pachtverhältnisses verlangen, wenn bei der Betriebspacht der Betrieb seine wirtschaftliche Lebensgrundlage bildet, oder wenn bei der Pacht eines Grundstücks der Pächter auf dieses Grundstück zur Aufrechterhaltung seines Betriebes, der seine wirtschaftliche Lebensgrundlage bildet, angewiesen ist und die vertragsmäßige Beendigung des Pachtverhältnisses für den Pächter oder seine Familie eine Härte bedeuten würde, die auch unter Würdigung der berechtigten Interessen des Verpächters nicht zu rechtfertigen ist (§ 595 BGB; s. Sozialklausel). Endet das Pachtverhältnis, so sollen die Parteien erneut eine Beschreibung der Pachtsache anfertigen, aus der sich der Zustand bei Vertragsbeendigung ergibt. Bei Meinungsverschiedenheiten kann wiederum vom Landwirtschaftsgericht ein Sachverständiger ernannt werden. (Zum Ganzen s. Pikalo NJW 86, 1472).

Für die Pacht von Kleingärten (Schrebergärten) gilt das Bundeskleingartengesetz vom 28. 2. 83 (BGBl. I S. 210). Danach müssen Pachtverträge über Kleingärten stets auf unbestimmte Zeit abgeschlossen werden; befristete Verträge gelten als auf unbestimmte Zeit geschlossen. Eine Kündigung durch den Verpächter ist nur möglich, wenn wichtige Gründe vorliegen. Die einzelnen Kündigungstatbestände sind dabei in §§ 8, 9 des Gesetzes abschließend geregelt. Der höchstzulässige Pachtzins ist gesetzlich begrenzt (§ 5 BKleingG). Das BVerfG hat allerdings die Regelung in § 5 Abs. 1 Satz 1 BKleingG, wonach der Pachtzins auf den doppelten Betrag des ortsüblichen Pachtzinses im erwerbsmäßigen Obst- und Gemüseanbau begrenzt ist, für verfassungswidrig erklärt und den Gesetzgeber aufgefordert, einen verfassungsgemäßen Zustand herzustellen. Nach einem Gesetzesentwurf der Bundesregierung (BR.Drucks 616/93) soll der Pachtzins auf den vierfachen Betrag des ortsüblichen Pachtzinses im erwerbsmäßigen Obst- und Gemüseanbau angehoben werden.

Als höchstzulässiger Pachtzins darf höchstens der doppelte Betrag des ortsüblichen Pachtzinses im erwerbsmäßigen Obst- und Gemüseanbau, bezogen auf die Gesamtfläche der Kleingartenanlage, verlangt werden.

Pfandrecht des Vermieters. Ein Pfandrecht (Pf.) steht dem V. kraft Gesetzes grunds. an allen in die Räume *eingebrachten Sachen* des M. zu. Die gilt auch für künftig entstehende Forderungen aus dem Mietverhältnis (BGH NJW 86, 2426 = ZMR 86, 232). Die eingebrachten Sachen haften dem V. für alle berechtigten Forderungen, die er gegen den M. hat. Deshalb darf der V. die Wegschaffung dieser Sachen verhindern, sie versteigern lassen und den Erlös zur Bezahlung seiner Forderung verwenden (§§ 559–563 BGB). Neben dem Pf. kann der V. im Wege der Zwangsvollstreckung ein Pfändungspfandrecht (§ 808 ZPO) an derselben Sache erwerben (OLG Frankfurt MDR 75, 228).

I. 1. Das Pf. entsteht nur an solchen Sachen des M., die für die Dauer des Mv. oder aber für eine längere Zeit auf dem Grundstück oder in den Räumen bleiben sollen. Sie müssen im *Eigentum* oder Miteigentum des M. stehen. Die der Ehefrau oder den Kindern des M. gehörenden Sachen werden grunds. nicht vom Pf. erfaßt. Hat der M. eine Sache auf Abzahlung gekauft und hat sich der Verkäufer oder eine Finanzierungsbank das Eigentum vorbehalten, entsteht daran ein Pf. für den V. erst dann, wenn der M. den Kaufpreis oder das Darlehen restlos beglichen hat; vorher erstreckt sich das Pf. bereits auf die Anwartschaft des M. zum Erwerb des Eigentums an der eingebrachten Sache (BGH NJW 65, 1475). Erwirbt ein Dritter an einer bereits eingebrachten Sache Sicherungseigentum, so bleibt das Pf. des V. davon unberührt.

Das Pf. erstreckt sich *nicht* auf solche Sachen des M., die kraft Ges. *unpfändbar* sind (§§ 559 Satz 3 BGB, 811, 812 ZPO). Danach sind unpfändbar:

a) die dem persönlichen Gebrauch oder dem Haushalt dienenden Sachen, insbesondere Kleidungsstücke, Wäsche, Betten, Haus- und

Küchengeräte, soweit der Mieter ihrer zu seiner Berufstätigkeit und seiner Verschuldung angemessenen, bescheidenen Lebens- und Haushaltsführung bedarf. Hierzu gehören unter anderem auch eine Nähmaschine, ein Fahrrad, eine Uhr, ein Staubsauger, ein Rundfunkgerät, ein Kühlschrank, eine Waschmaschine und eine Wäscheschleuder. Nach heutiger Rechtsauffassung muß auch ein Fernsehgerät als unpfändbar angesehen werden.

Pfändbar sind dagegen eine Stereoanlage, eine Bügelmaschine, eine Geschirrspülmaschine oder eine Tiefkühltruhe.

b) die für den Mieter, seine Familie und seine Hausangehörigen auf 4 Wochen erforderlichen Nahrungs-, Feuerungs- und Beleuchtungsmittel oder, soweit für diesen Zeitraum solche Vorräte nicht vorhanden und ihre Beschaffung auf anderem Wege nicht gesichert ist, der zur Beschaffung erforderliche Geldbetrag.

c) die Haustiere des Mieters.

d) diejenigen Gegenstände, die der Mieter benötigt, um seinen Erwerb sicherzustellen, insbesondere Arbeitsgeräte und Arbeitsmaterialien.

e) angemessene Kleidungsstücke.

f) die Geschäftsbücher eines Mieters oder dessen Kundenkartei.

g) Familienpapiere, Trauringe, Orden und Ehrenzeichen.

Bei unberechtigter Pfändung kann der Vermieter zum Schadenersatz verpflichtet sein (OLG Frankfurt, OLGZ 79, 338, betreffend unberechtigte Pfändung einer Kundenkartei).

2. Das Pf. soll *alle Forderungen* aus dem Mv. sichern (M.zins, Schadensersatz, Nebenkosten). Es besteht aber nicht für sonstige Forderungen des V. (z.B. aus Warenlieferung, Rückzahlung eines Darlehens); insbes. nicht für künftige Entschädigungsforderungen und für den M.zins für eine spätere Zeit als das laufende und das folgende Mietjahr (§ 559 S. 2 BGB); eine ausdehnende Auslegung des § 559 BGB ist weder aus sozial- noch aus kreditpolitischen Gründen gerechtfertigt (BGH WPM 72, 776; 73, 148 = BGHZ 60, 22). Ob der vom V. behauptete Anspruch trotz Einwendungen des M. wirklich begründet ist, bleibt bis zur Entscheidung des Gerichts über diese Streitfrage unerheblich.

II. Welche Maßnahmen der V. zur *Sicherung des Pf.* ergreifen darf, wird vom Gesetz unterschiedlich geregelt. *Vor dem Auszug* des M. kann der V. der Entfernung von Pfandgegenständen in dem unter II 1 dargestelltem Umfang widersprechen und für den Fall, daß der M. trotzdem Gegenstände entfernt, dies mit Gewalt verhindern. Die Ausübung des Selbsthilferechts setzt dabei stets voraus, daß der M. mit der Entfernung von Gegenständen begonnen hat oder daß dies kurz bevorsteht. Zu rein vorsorglichen Maßnahmen zur Verhinderung der Entfernung (z.B. Sicherung der Abschlußtür durch ein

Steckschloß) ist der V. nicht berechtigt (LG Hamburg ZMR 78, 20 = MDR 77, 933; OLG Düsseldorf ZMR 83, 376; vgl. auch → *Mietzins II 6)*. Beim *Auszug* des M. ist der V. auch berechtigt, die Pfandgegenstände in Besitz zu nehmen. Auch hierbei darf der V. von seinem Selbsthilferecht Gebrauch machen. Der Umfang dieses Selbsthilferechts ist umstritten. Zur Anwendung von Gewalt gegen Personen ist der V. nur in Ausnahmefällen und auch da nur in ganz engen Grenzen befugt. Bei einer Überschreitung des Selbsthilferechts kann sich der V. strafbar machen. Es ist deshalb ratsam, anstelle der Selbsthilfe beim zuständigen Amtsgericht im Wege der *einstweiligen Verfügung* zu beantragen, daß dem M. die Entfernung bestimmter Gegenstände untersagt wird. Hierzu ist der V. sowohl vor dem Auszug als auch beim Auszug des M. berechtigt (OLG Celle NJW-RR 87, 447). Eine Gefährdung des Vermieterpfandrechts kann dabei bereits dann angenommen werden, wenn der Mieter ankündigt, daß beabsichtigt sei, demnächst zu räumen. Es ist nicht erforderlich, daß der Vermieter darüber hinaus dartut, es sei im konkreten Fall nicht möglich, die Entfernung der dem Pfandrecht unterliegenden Gegenstände durch Einsatz anderweitiger Hilfskräfte zu verhindern (OLG Celle a. a. O.). An die Glaubhaftmachung des Vermieterpfandrechts durch den Vermieter dürfen im Verfahren auf Erlaß einer einstweiligen Verfügung keine zu hohen Anforderungen gestellt werden, weil der Vermieter in der Regel nicht in der Lage ist, im einzelnen genau anzugeben, an welchen Gegenständen das Vermieterpfandrecht besteht (OLG Köln ZIP 84, 89). Es ist deshalb nicht erforderlich, daß der Vermieter die Pfandgegenstände im einzelnen benennt (AG Baden-Baden WM 85, 123). Falls die Pfandgegenstände nicht näher konkretisiert sind, ist das Gericht auch nicht gehindert, gemäß § 938 Abs. 2 ZPO anderweitige Maßnahmen zur Sicherung des Vermieterpfandrechts anzuordnen (OLG Celle a. a. O.). Hat ein Vermieter Sachen des Mieters, die dem Vermieterpfandrecht unterliegen, in Besitz genommen, so muß er diese sorgfältig verwahren (§ 688ff. BGB analog) und bei mangelhafter Verwahrung Schadenersatz wegen Veränderung und Verschlechterung leisten (OLG Düsseldorf MDR 84, 1026 = ZMR 87, 383). Die Verwertung der gepfändeten Sache richtet sich nach den §§ 1233–1247 BGB (grunds. öffentl. Versteigerung durch einen Gerichtsvollzieher oder eine sonstige dafür bestellte Person, §§ 1235 I, 383 III BGB; zur Entscheidung des OLG im Falle der Weigerung des Gerichtsvollziehers nach § 23 I 1 EGGVG vgl. OLG Karlsruhe MDR 76, 54). Das Vermieterpfandrecht kann auch im Falle der Zwangsräumung geltend gemacht werden. In einem solchen Fall ist der Gerichtsvollzieher verpflichtet, alle Gegenstände zurückzulassen, auf die sich nach dem Willen des V. das Pfandrecht erstrecken soll. Der Gerichtsvollzieher hat nicht zu prüfen, ob die

Gegenstände dem Pfandrecht unterliegen und darf gegen den Willen des V. auch die pfändungsfreien Sachen nicht aus der Wohnung entfernen. Es ist allein Sache des M. für die Freigabe der zu Unrecht gepfändeten Gegenstände Sorge zu tragen. Macht der V. sein Pfandrecht an allen in der Wohnung befindlichen Sachen geltend, so muß der Gerichtsvollzieher lediglich den Schuldner entfernen (Schneider DGVZ 82, 73). Verbleiben die Sachen auf Verlangen des Vermieters in der Wohnung, so hat dieser keinen Anspruch auf Zahlung einer Nutzungsentschädigung, weil keine Vorenthaltung im Sinne von § 557 BGB gegeben ist (s. Rückgabepflicht IV. 1; OLG Hamburg WM 90,77); der Vermieter kann aber die üblicherweise entstandenen Lagerkosten verlangen (§§ 1216, 683, 677, 670 BGB).

1. Wird die Sache *ohne Wissen* des V. oder trotz seines Widerspruchs *entfernt,* erlischt das Pf. nicht, wenn der V. binnen 1 Monat die *Rückschaffung* verlangt (§ 561 II BGB). Der V. darf der Wegschaffung dann nicht widersprechen, wenn die zurückbleibenden Sachen des M. zu seiner Sicherheit ausreichen oder wenn die Entfernung den gewöhnlichen Lebensumständen (Reise, Reparatur) bzw. dem regelmäßigen Geschäftsbetrieb (Warenverkauf) entspricht. Hierzu gehört nach der Rechtsprechung auch der Inhalt einer Ladenkasse, soweit die dort enthaltenen Einnahmen im regelmäßigen Betrieb des Ladengeschäfts erfolgt sind (OLG Braunschweig MDR 80, 403). Das Pfandrecht des V. eines Fabrikgrundstücks an den Lastzügen des M. erlischt nach diesen Grundsätzen immer dann, wenn ein Lastzug im Rahmen des regelmäßigen Geschäftsbetriebs das Grundstück verläßt (OLG Hamm MDR 81, 407).

2. Der Zeitpunkt der Einbringung der Sachen bestimmt den Rang des Vermieterpfandrechts im Verhältnis zu anderen Pfandrechten. Ist das Vermieterpfandrecht vor einem Pfändungspfandrecht entstanden, so hat der Vermieter gemäß § 805 ZPO ein Recht auf vorzugsweise Befriedigung. Ist die Zwangsvollstreckung noch nicht beendet, so muß der Vermieter dieses Recht im Wege der Klage nach § 805 ZPO geltend machen. Ist die Zwangsvollstreckung beendet, so kann der Vermieter materiell-rechtliche Ausgleichsansprüche wegen der Verletzung seines Pfand- oder Vorzugsrechts gegen den Gläubiger des Pfändungspfandrechts geltend machen. Der Bereicherungsanspruch ergibt sich aus § 812 BGB. Gegenüber dem wegnehmenden Gläubiger des Mieters steht dem Vermieter ein Anspruch auf Auskunftserteilung hinsichtlich der tatsächlich entfernten Gegenstände zu (LG Mannheim DWW 77, 43; WM 78, 92). Der Zweitgläubiger hat die Einreden aus § 560 BGB. Das Pfandrecht des Vermieters entsteht deshalb nicht, wenn die Sachen von dem Grundstück entfernt worden sind (§ 560 S. 1 BGB). Das Vermieterpfandrecht ist ferner dann nicht vorrangig, wenn dem Vermieter andere

eingebrachte Sachen verbleiben, die zu seiner Sicherung ausreichen (§ 560 S. 2 BGB; s. BGHZ 27, 227). Bei der Klage aus § 805 ZPO muß der Vermieter das behauptete Pfand- oder Vorzugsrecht und dessen Rang sowie den Anspruch, für den die vorzugsweise Befriedigung begehrt wird, beweisen. Beim Bereicherungsanspruch aus § 812 Abs. 1 S. 1 BGB trägt der Vermieter die Beweislast dafür, daß der Vollstreckungsgläubiger den Vollstreckungserlös auf seine Kosten ohne rechtlichen Grund erlangt hat. Dazu gehört der Nachweis, daß der Kläger bevorzugte Befriedigung einer Forderung aus dem Erlös der Sache beanspruchen konnte (zum Ganzen s. BGH NJW 86, 2426 = ZMR 86, 232).

3. Ist es dem M. gelungen, die dem Pf. unterliegenden Sachen trotz des Widerspruchs oder ohne Wissen des V. vom Grundstück wegzuschaffen, kann der V. vom M. oder dem derzeitigen Besitzer die *Zurückschaffung* verlangen. Eine erfolgreiche Klage auf Zurückgabe setzt aber voraus, daß der V. den Anspruch *binnen 1 Monats* nach der Wegschaffung *bei Gericht einreicht.* Der Vermieter ist beweispflichtig dafür, daß die seinem Pfandrecht unterliegenden Sachen ohne sein Wissen oder unter Widerspruch entfernt wurden (AG Köln WM 85, 123). Zieht der M. in der Zwischenzeit aus, darf der neue V. des M. der Zurückschaffung nicht widersprechen.

4. Der M. kann die Rechte des V. aus dem Pf. durch *Sicherheitsleistung* (Hinterlegung eines Geldbetrages oder Wertstücks) beim zuständigen AG abwehren (§ 562 BGB). Das Pf. des V. erlischt für jede beanspruchte Sache, wenn der M. in Höhe ihres Wertes die Sicherheitsleistung erbringt (§ 232ff. BGB). Ist die Sache geringwertiger als die Forderung des V., ist die Sicherheit nur in Höhe des niedrigeren Sachwertes zu leisten. Weist der M. dem V. die erfolgte Sicherheitsleistung nach, darf der V. die Wegschaffung in keiner Weise behindern. Über den Anspruch des V. auf die Sicherheit muß im Streitfall das Gericht entscheiden.

5. Obwohl dem Pf. des V. auch Forderungen unterliegen, die schon vor längerer Zeit entstanden aber noch unbeglichen sind, darf er bei einer *Pfändung* eines *anderen Gläubigers* des M. diesem gegenüber den rückständigen M.zins nur für *1 Jahr vor der Pfändung* geltend machen (§ 563 BGB). Für den weiter zurückliegenden M.zins kann der V. deshalb insbes. keine bevorzugte Befriedigung aus dem Versteigerungserlös verlangen (s. oben 2).

6. Die rechtswidrige Wegnahme einer Sache, an der der V. sein Pfandrecht geltend gemacht hat, kann den Straftatbestand der Pfandkehr (§ 289 StGB) erfüllen. Dies gilt auch dann, wenn der V. an der gepfändeten Sache noch keinen Besitz ergriffen hat. Denn diese Vorschrift ist auch auf die nicht besitzgebundenen Pfandrechte anwendbar (BayObLG WM 81, 165 = NJW 81, 1745; str.). Die Strafverfol-

gung des M. erfolgt jedoch nur auf Antrag des V.; der Antrag muß innerhalb einer Frist von 3 Monaten gestellt werden. Zum Vermieterpfandrecht im Konkurs des Mieters s. Eckert ZIP 84, 663.

R

Räumungsfrist I. *Gerichtliche Räumungsfrist.* 1. Wird der Mieter einer Wohnung zur Räumung verurteilt, so kann ihm das Gericht eine den Umständen nach angemessene Räumungsfrist bewilligen (§ 721 Abs. 1 ZPO). Die Voraussetzungen der Fristgewährung werden vom Gesetz nur unvollständig geregelt. Grundsätzlich wird eine Räumungsfrist bewilligt, wenn eine Ersatzwohnung nicht zur Verfügung steht und keine gewichtigen Gründe gegen die Fristgewährung sprechen. Teilweise wird darüber hinaus die Ansicht vertreten, daß eine Räumungsfrist nur dann zu bewilligen sei, wenn der Mieter seine Obliegenheit zur Ersatzraumsuche erfüllt hat. Dabei wird verlangt, daß er nach Erhalt der Kündigung mit der Ersatzraumsuche beginnen soll (AG Ludwigshafen WM 89, 415). Diese Rechtsansicht ist nur dann zutreffend, wenn an der Wirksamkeit der Kündigung keine Zweifel bestehen, so daß der Mieter weiß, daß er ausziehen muß. Im Falle der rechtlich zweifelhaften Kündigung darf der Mieter mit der Ersatzraumsuche warten, bis die Vertragsbeendigung hinreichend sicher feststeht (LG Hamburg WM 87, 62).

2. Zuständig für die Bewilligung der Räumungsfrist ist dasjenige Gericht, das über die Räumung zu entscheiden hat, das heißt in der 1. Instanz das Amtsgericht und in der Berufungsinstanz das Landgericht. Wird die Wohnung im Zuge des Scheidungsverfahrens einem der beiden Ehegatten zugewiesen, so hat das Familiengericht auch über die Räumungsfrist zu entscheiden (OLG Stuttgart Justiz 80, 203).

3. Die Bewilligung der Räumungsfrist setzt keinen Antrag voraus. Vielmehr muß das Gericht von Amts wegen über die Räumungsfrist entscheiden. Das gilt auch beim Erlaß eines Versäumnisurteils gegen den Mieter, und zwar auch dann, wenn lediglich durch 2. Versäumnisurteil der Einspruch gegen ein auf Räumung lautendes Versäumnisurteil verworfen wird (LG München I WM 82, 81). Ein ausdrücklicher Antrag des Mieters auf Bewilligung einer Räumungsfrist ist allerdings empfehlenswert, weil der Mieter Urteilsergänzung verlangen kann, wenn das Gericht diesen Antrag ohne Entscheidung übergeht.

4. Die Dauer der Räumungsfrist wird aufgrund einer Interessenabwägung bestimmt. Maßgeblich hierfür sind beispielsweise die Interessen des Vermieters an der Erlangung der Wohnung (AG Lud-

wigshafen WM 89, 415), die Gegebenheiten des Wohnungsmarktes (LG Berlin ZMR 89, 425; AG Köln WM 89, 443), die Dauer des zwischen Kündigung und mündlicher Verhandlung liegenden Zeitraums (LG Traunstein WM 89, 420), die Wohnzeit des Mieters (AG Köln WM 89, 443; LG Berlin ZMR 89, 425), die Frage, ob der Mieter die Vertragsbeendigung verschuldet hat (LG Berlin a. a. O.), ob er den Mietzins voraussichtlich bezahlen wird (LG Berlin, Grund E 89, 997) oder der Umstand, daß ein schulpflichtiges Kind bis zum Ablauf der Räumungsfrist in der bisherigen Schule verbleiben kann (LG Berlin a. a. O.). Wird die Räumungsfrist wegen einer Krankheit, Schwangerschaft oder ähnlicher Umzugshindernisse begründet, so ist für die Bemessung der Frist derjenige Zeitpunkt maßgeblich, zu dem das Hindernis voraussichtlich wegfallen wird. Steht dem Mieter bereits eine Ersatzwohnung zur Verfügung, in die er zwar nicht sofort, aber später einziehen kann, so richtet sich die Räumungsfrist nach dem Zeitpunkt der Bezugsmöglichkeit der Ersatzwohnung. Unberücksichtigt bleibt demgegenüber, ob der Vermieter die Räume bereits weitervermietet hat (LG Kassel WM 89, 443), weil der Vermieter grundsätzlich damit rechnen muß, daß der Mieter nicht rechtzeitig räumen kann und deshalb eine Räumungsfrist benötigt. In der Regel wird im Räumungsurteil zunächst eine Räumungsfrist zwischen 3 und 7 Monaten gewährt (AG Stuttgart WM 89, 414: 3 Monate; LG Traunstein WM 89, 420: 3 Monate für alleinstehendes Ehepaar; AG Waldshut NJW 90, 1051: 3 Monate; LG Berlin Grund E 89, 997: 3½ Monate für Ehepaar mit Kind; LG Siegen WM 89, 389: 4 Monate; AG Ludwigsburg WM 89, 417: 4 Monate; LG Hannover WM 89, 416: 5 Monate; LG Berlin ZMR 89 338: 6 Monate für alleinstehende Mieterin mit einem Nettoeinkommen von ca. 1800,– DM; LG Hamburg WM 89, 387: 7 Monate; LG Berlin Grund E 89, 1117: 7 Monate für Familie mit Kind). Eine längere Räumungsfrist wird bei der 1. Entscheidung nur in besonderen Ausnahmefällen bewilligt, so beispielsweise, wenn der Mieter auf eine behindertengerechte Wohnung angewiesen ist und deshalb besondere Schwierigkeiten bei der Ersatzraumsuche hat (LG München I WM 89, 412: 12 Monate). Besonders kurze Fristen werden ebenfalls nur ausnahmsweise zugesprochen, so etwa, wenn dem Mieter aufgrund eines gerichtlichen Hinweises seit längerer Zeit bekannt ist, daß seine Rechtsverteidigung keinen Erfolg haben wird (LG Hamburg WM 90, 118: 6 Wochen) oder bei Versäumnisurteilen (LG Berlin GrundE 89, 725: 2 Wochen).

5. Die Räumungsfrist kann vom Gericht einmal oder mehrmals verlängert werden bis zur Höchstdauer von einem Jahr (§ 721 Abs. 3 ZPO). Der Antrag auf Fristverlängerung ist spätestens 2 Wochen vor Ablauf der Räumungsfrist zu stellen. Wird der Antrag nicht fristge-

recht gestellt, kann dem Mieter nach §§ 721 Abs. 3 Satz 3, 233 bis 238 ZPO auf Antrag Wiedereinsetzung in den vorigen Stand bewilligt werden, wenn er ohne sein Verschulden (oder das Verschulden seines Vertreters) verhindert war, die Frist einzuhalten. Über den Verlängerungsantrag entscheidet das Gericht der 1. Instanz; solange die Sache in der Berufungsinstanz anhängig ist, das Berufungsgericht.

Bei der Verlängerungsentscheidung kommt es maßgeblich darauf an, ob der Mieter während der Räumungsfrist seine Obliegenheit zur Ersatzraumsuche erfüllt hat. Dies muß der Mieter nachweisen. Allgemein gehaltene Hinweise (man habe sich im Bekanntenkreis umgehört, Zeitungsinserate studiert, bei Großvermietern und Hausverwaltungen Nachfrage gehalten usw.) genügen nicht (LG Berlin Grund E 89, 1119). Erforderlich ist, daß der Mieter seine Bemühungen zur Erlangung von Ersatzraum im einzelnen in nachvollziehbarer Weise darlegt. Empfehlenswert ist die Anlage einer Liste, in der die einzelnen Kontakte oder Kontaktversuche mit Vermietern, Maklern und Wohnungsämtern genau vermerkt werden. Der Mieter darf die Ersatzraumsuche auch dann nicht aufgeben, wenn er nach einiger Zeit merkt, daß er keinen Erfolg hat. Die Rechtsprechung versagt die Räumungsfristverlängerung, wenn der Mieter die Ersatzraumsuche aufgibt (LG Berlin a. a. O.).

6. Die Verkürzung der gerichtlichen Räumungsfrist ist ebenfalls möglich (§ 721 Abs. 3 ZPO). Sie kommt insbesondere dann in Betracht, wenn der Mieter die Nutzungsentschädigung nicht mehr bezahlt oder wenn er Vertragsverletzungen begeht, die zur fristlosen Kündigung berechtigen würden.

7. Ist auf künftige Räumung erkannt und über eine Räumungsfrist noch nicht entschieden, so kann der Mieter eine den Umständen nach angemessene Räumungsfrist verlangen. Der Antrag ist auch in diesem Fall spätestens 2 Wochen vor dem Tag, an dem nach dem Urteil zu räumen ist, zu stellen. Die Gewährung von Wiedereinsetzung in den vorigen Stand ist möglich, wenn der Mieter ohne sein Verschulden die Frist versäumt hat. Zuständig für die Fristgewährung ist das Gericht der 1. Instanz.

8. Gegen das Räumungsurteil kann der Mieter Berufung einlegen. Im Berufungsverfahren wird zugleich die amtsgerichtliche Räumungsfristentscheidung überprüft. Will der Mieter den Räumungsausspruch als solchen nicht angreifen, so kann er gegen die Räumungsfristentscheidung sofortige Beschwerde einlegen. Gleiches gilt, wenn das Amtsgericht über einen Verlängerungsantrag zum Nachteil des Mieters entschieden hat. Das gleiche Rechtsmittel steht dem Vermieter zu, wenn das Gericht einen Räumungsfristantrag oder Verlängerungsantrag zu seinem Nachteil entschieden hat. Ge-

gen Entscheidungen des Landgerichts in Räumungsfristsachen ist die weitere Beschwerde zum Oberlandesgericht nicht gegeben (§§ 721 VI, 568 II S. 1 ZPO). Aus § 793 II ZPO ergibt sich nichts anderes, weil die Bewilligung der Räumungsfrist zum Erkenntnis- und nicht zum Vollstreckungsverfahren gehört (OLG Celle, ZMR 91, 478; OLG Karlsruhe, Justiz 91, 473; OLG Stuttgart, ZMR 91, 344; OLG München, ZMR 92, 59; ZMR 93, 780; OLG München ZMR 93, 472 zu § 794a ZPO).

II. *Vereinbarte Räumungsfrist.* 1. Die Gewährung einer Räumungsfrist ist auch dann möglich, wenn sich der Mieter in einem gerichtlichen Vergleich zur Räumung verpflichtet, er aber innerhalb der im Vergleich gewährten Frist nicht auszieht, weil er keine Ersatzwohnung gefunden hat (§ 794a ZPO). Der Antrag ist spätestens 2 Wochen vor dem Tag, an dem nach dem Vergleich zu räumen ist, zu stellen. Die Gewährung von Wiedereinsetzung ist möglich, wenn der Mieter die Frist ohne sein Verschulden versäumt hat.

Nach herrschender Meinung kann die Räumungsfrist in diesem Fall nur dann bewilligt werden, wenn die rechtzeitige Räumung an Ereignissen scheitert, die bei Abschluß des Vergleichs nicht vorhersehbar gewesen sind (LG Darmstadt WM 90, 28; LG Kassel WM 89, 443). Diese Rechtsansicht beruht auf der Erwägung, daß die Räumungsfrist hier Bestandteil einer vertraglichen Regelung ist, durch die der Mieter bewußt das Risiko übernimmt, daß er bis zum Ablauf der vereinbarten Zeit eine Ersatzwohnung findet. Eine Verlängerung setzt also nach dieser Rechtsansicht stets voraus, daß der vertraglich vereinbarte Räumungszeitpunkt aus unvorhersehbaren Gründen nicht eingehalten werden kann, etwa weil sich die Fertigstellung eines Neubaus verzögert (LG Kassel a. a. O.) oder weil sich die Verhältnisse auf dem Wohnungsmarkt nach dem Vergleichsabschluß durch den Zustrom von Aus- und Übersiedlern erheblich verändert haben (AG Euskirchen WM 90, 28).

2. Eine gerichtlich gewährte Räumungsfrist kann auf Antrag verlängert oder verkürzt werden. Hierfür gelten die Ausführungen zu I. 5 und 6. Die vertraglich eingeräumte Frist wird bei der Berechnung der Höchstdauer nicht berücksichtigt (§ 794a Abs. 3 Satz 2 ZPO). Hat beispielsweise der Vermieter mit dem Mieter eine vertragliche Räumungsfrist von einem Jahr vereinbart, so könnte ihm das Gericht eine weitere Frist von einem Jahr bewilligen. Eine Verkürzung der vertraglich gewährten Räumungsfrist durch das Gericht ist nach umstrittener, aber richtiger Rechtsansicht nicht möglich (LG Augsburg WM 88, 67; LG Hanau WM 88, 316; LG Mannheim WM 87, 64; LG München I WM 87, 64; a. A. LG Hamburg WM 87, 65). Der Grund ist auch hier darin zu sehen, daß das Gericht mangels einer gesetzlichen Vorschrift keine Handhabe hat, in die vertragliche

Vereinbarung einzugreifen. Die Parteien haben allerdings die Möglichkeit, den Vergleich so zu schließen, wie es ihren speziellen Interessen entspricht. Die Parteien können also beispielsweise vereinbaren, daß die vertragliche Räumungsfrist entfällt, wenn der Mieter mit der Bezahlung der Nutzungsentschädigung in Verzug kommt oder wenn ein Grund zu einer fristlosen Kündigung vorliegt. Die Parteien können weiter vereinbaren, daß der Mieter nach Ablauf der vertraglich vereinbarten Frist keine weitere gerichtliche Räumungsfrist beantragen darf oder daß der Mieter insgesamt nur eine Räumungsfrist von einem Jahr beanspruchen kann.

III. *Räumungsfrist in sonstigen Fällen*

Eine Rfr. kann vom Gericht bei jedem auf Räumung von Wohnraum gerichteten Urteil oder sonstigen Titel *ohne Rücksicht auf den Räumungsgrund* gewährt werden. Deshalb ist § 721 ZPO auch dann anwendbar, wenn der Schuldner aus Pacht, Leihe, Gesellschaftsvertrag, Treuhandschaft, Geschäftsführung, ungerechtfertigter Bereicherung, unerlaubter Handlung, Besitz, Eigentum, Wohnungseigentum, Erbbaurecht, Dauerwohnrecht, Nießbrauch, aus einer Dienstbarkeit oder aus dinglichem Recht zur Räumung verpflichtet ist. Eine Räumungsfrist kann selbst dann gewährt werden, wenn der Räumungsschuldner die Wohnräume ohne Rechtsgrund in Besitz gehabt hat (LG Mannheim WM 65, 121 = ZMR 66, 277) oder wenn zwischen den Parteien keine vertraglichen Beziehungen bestehen. Deshalb ist § 721 ZPO auch dann anwendbar, wenn der Hauptvermieter den Untermieter gemäß §§ 556 Abs. 3, 985 BGB auf Räumung und Herausgabe in Anspruch nimmt (s. Rückgabepflicht III; LG Stade WM 87, 61). Es ist auch nicht erforderlich, daß dem Erlaß des Räumungstitels ein gerichtliches Erkenntnisverfahren vorausging, so daß die Vorschrift des § 721 auch dann eingreift, wenn die Räumung vom Konkursverwalter gemäß § 117 Konkursordnung oder vom Ersteher nach einem Zwangsversteigerungsverfahren gemäß § 93 ZVG betrieben wird (LG Mannheim DWW 66, 368; ZMR 68, 55; LG Münster MDR 65, 212; a. A. OLG München OLGZ 69, 43; LG Hamburg MDR 71, 671).

Siehe auch → Rückgabepflicht nach Beendigung des Mietverhältnisses.

Rechtsentscheid in Wohnraummietsachen (RE). I. Der nur zweistufige Rechtszug in Wohnraummietsachen, der bei den Amtsgerichten beginnt und bei den Landgerichten endet (s. → gerichtliches Verfahren I und VIII), beinhaltet die Gefahr, daß sich eine von Landgerichtsbezirk zu Landgerichtsbezirk unterschiedliche Rechtsprechung herausbildet. Diese unerwünschte Regionalisierung der Rechtsanwendung und die damit verbundene Rechtszersplitterung soll durch das Institut des Rechtsentscheids verhindert werden. Deshalb bestimmt § 541 ZPO, daß die für Berufungen in Wohnraummietsachen zuständigen Landgerichte Rechtsfragen aus dem Wohnraummietrecht von grundsätzlicher Bedeutung nicht selbst entscheiden sollen; vielmehr sollen diese Fragen dem übergeordneten Oberlandesgericht zur Entscheidung vorgelegt werden. Ist die vorgelegte Rechtsfrage bislang noch nicht obergerichtlich entschieden worden, so erläßt das Oberlandesgericht einen Rechtsentscheid, aus dem sich ergibt, wie die Rechtsfrage beantwortet werden muß. Ist die Rechtsfrage bereits durch ein anderes Oberlandesgericht entschieden worden, so ist ein erneuter Rechtsentscheid unzulässig. Dies gilt unabhängig davon, ob das zuständige Oberlandesgericht die Rechtsansicht des anderen Oberlandesgerichts teilt oder ob es hiervon abweichen will: Im erstgenannten Fall wird der Erlaß eines Rechtsentscheids abgelehnt; im zweitgenannten Fall muß das Oberlandesgericht die Rechtsfrage dem BGH vorlegen.

An einen ergangenen Rechtsentscheid sind alle Landgerichte insoweit gebunden, als eine hiervon abweichende Entscheidung nicht ergehen kann. Falls ein Landgericht einem bereits ergangenen Rechtsentscheid nicht folgen will, so muß die Rechtsfrage erneut dem übergeordneten Oberlandesgericht vorgelegt werden.

II. Der Rechtsentscheid ist kein Rechtsmittel. Die Parteien können beim Berufungsgericht allenfalls anregen, daß über eine bestimmte Frage ein Rechtsentscheid eingeholt werden möge. Die Entscheidung hierüber aber liegt beim Berufungsgericht. Durch den Rechtsentscheid entstehen den Prozeßparteien keine zusätzlichen Verfahrenskosten. Für das Verfahren gilt folgendes:

1. Die Berufungsgerichte müssen im Rahmen des Rechtsentscheidverfahrens zunächst prüfen, ob es für die Entscheidung des Berufungsrechtsstreits auf die Beantwortung einer bestimmten Rechtsfrage ankommt. Eine Rechtsfrage ist immer dann entscheidungserheblich, wenn der Rechtsstreit entscheidungsreif ist und wenn von der Beantwortung der Rechtsfrage das Urteilsergebnis abhängt. Dabei kommt es ausschließlich auf das Endergebnis an. Deshalb ist die Entscheidungserheblichkeit zu verneinen, wenn die Beantwortung der Rechtsfrage lediglich für die Begründung des Urteils von Bedeutung ist. Eine Rechtsfrage ist darüber hinaus auch dann entscheidungserheblich, wenn von ihrer Beantwortung die Durchführung einer Beweisaufnahme abhängt (BGH NJW 87, 2575 = WM 87, 306). Die Entscheidungserheblichkeit entfällt, wenn beide Parteien die Hauptsache übereinstimmend für erledigt erklärt haben (a. A.: BayObLG WM 81, 32). Ein Rechtsentscheid ist jedenfalls dann unzulässig, wenn die Parteien die Hauptsache bereits in der ersten Instanz übereinstimmend für erledigt erklärt haben und wenn

das Landgericht als Beschwerdegericht nur noch über die Kosten zu entscheiden hat (BayObLG WM 87, 348). Steht die Entscheidungserheblichkeit fest, so muß geklärt werden, ob die Rechtsfrage bereits durch einen bindenden Rechtsentscheid entschieden ist. Hierbei sind zwei Gesichtspunkte zu beachten: Zum einen haben nur solche Rechtsentscheide Bindungswirkung, die zu der gleichen Rechtsfrage ergangen sind. Rechtsentscheide zu ähnlichen Rechtsfragen und Sachverhalten sind dagegen nicht bindend. Dies gilt auch dann, wenn die maßgebliche Rechtsfrage nach den Grundsätzen der Rechtslogik ebenso beantwortet werden muß wie die bereits entschiedene Frage. Zum anderen muß der Umfang der Bindungswirkung festgestellt werden. Bindend ist der Rechtsentscheid nur hinsichtlich des Tenors und der tragenden Entscheidungsgründe. Dagegen entfalten sonstige an sich entbehrliche Ausführungen (obiter dictum) keine Bindungswirkung.

Steht die Bindungswirkung fest, so kann das Landgericht im Sinne des Rechtsentscheids in der Sache entscheiden; will das Landgericht von dem Rechtsentscheid abweichen, so muß es die Rechtsfrage dem übergeordneten Oberlandesgericht vorlegen.

Liegt kein bindender Rechtsentscheid vor, so muß das Landgericht prüfen, ob die Rechtsfrage von grundsätzlicher Bedeutung ist. Das ist nach einer gefestigten Rechtsprechung immer dann der Fall, wenn zu dem fraglichen Problem in Rechtsprechung und Literatur unterschiedliche Meinungen vertreten werden und die Beantwortung der Rechtsfrage über den konkreten Fall hinaus im Hinblick auf gleichgelagerte Fälle von Bedeutung ist. Gleiches gilt, wenn hinsichtlich einer neu auftauchenden Problematik zu erwarten ist, daß sich eine unterschiedliche Rechtsprechung entwickeln wird.

Dagegen scheiden solche Rechtsfragen aus, die nur für einen besonders gelagerten Einzelfall von Bedeutung sind.

Gegenstand eines Rechtsentscheids kann nur eine Rechtsfrage sein, „die sich aus einem Mietvertragsverhältnis über Wohnraum ergibt oder den Bestand eines solchen Mietvertragsverhältnisses betrifft". Hierfür reicht es aus, wenn die Rechtsfrage für das Wohnungsmietrecht eine besondere Bedeutung hat. Unerheblich ist es, daß sich die Rechtsfrage auch für Rechtsverhältnisse außerhalb eines Mietvertragsverhältnisses stellen kann (OLG Hamm (RE) NJW 81, 1049 = WM 81, 77) oder daß sie auch für Geschäftsraummietverhältnisse von Bedeutung ist (OLG Hamburg WM 82, 41; a. A. Landfermann WM 81, 217, wonach ein Rechtsentscheid nur dann zulässig sein soll, wenn sich die Rechtsfrage ausschließlich für das Wohnraummietrecht stellt). Zu den Rechtsfragen in diesem Sinne gehören auch Probleme, die sich bei der Auslegung von häufig wiederkehrenden Formularklauseln ergeben (BGH WM 82, 240; WM 85, 46; WM 87,

306; OLG Zweibrücken WM 81, 153; OLG Hamm a. a. O.; a. A.: OLG Frankfurt OLGZ 81, 219 = WM 81, 123 = ZMR 81, 178). Rein prozeßrechtliche Fragen scheiden indes aus (OLG Hamm ZMR 81, 219 = NJW 81, 2585; Landfermann a. a. O.).

2. Entschließt sich das Landgericht für die Einholung eines Rechtsentscheids, so muß es einen Vorlagebeschluß fassen. Dieser Beschluß ist zu begründen (OLG Oldenburg WM 81, 83; OLG Hamm NJW 81, 1049; OLG Karlsruhe WM 82, 14) und dem Oberlandesgericht vorzulegen.

Die Parteien haben das Recht zur Stellungnahme. Das Oberlandesgericht muß prüfen, ob die Vorlagevoraussetzungen vorliegen. Unklare oder zu sehr auf den konkreten Einzelfall zugeschnittene Rechtsfragen können und müssen präzisiert und generalisiert werden (OLG Frankfurt WM 81, 126 = MDR 81, 674; OLG Hamburg WM 81, 155 = NJW 81, 2308); durch den Rechtsentscheid soll nämlich gerade nicht der Einzelfall, sondern der typische, allgemeine Fall entschieden werden. Deshalb muß in der Formulierung des Entscheidungstenors auch klar zum Ausdruck kommen für welche Fälle der Rechtsentscheid gilt und welche Rechtsgedanken Bindungswirkungen entfalten sollen.

Zum ganzen vgl.: Dänzer-Vanotti, NJW 80, 1777; Landfermann WM 80, 257; WM 81, 217.

Reinigungspflicht des Mieters (R.). Die Verpflichtung des M. zur turnusmäßigen Reinigung des Treppenhauses und der Gemeinschaftsflächen kann sich entweder aus der Ortssitte oder aus den vertraglichen Vereinbarungen ergeben. In ländlichen Gemeinden wird eine solche Ortssitte auch heute noch bestehen. Im städtischen Bereich ist demgegenüber festzustellen, daß die Reinigung der gemeinsamen Hausteile jedenfalls in größeren, modernen Wohnanlagen nicht mehr durch die Mieter erfolgt. Wenn überhaupt von einer Üblichkeit gesprochen werden kann, so dahingehend, daß die Reinigung durch eine vom Vermieter angestellte Reinigungskraft durchgeführt wird (LG Bonn WM 86, 182; vgl. auch AG Düsseldorf WM 86, 306).

Läßt sich eine Ortssitte nicht feststellen, so muß die R. vertraglich vereinbart werden. In diesem Zusammenhang ist umstritten, ob die R. in einer Hausordnung geregelt werden kann. Dies wird z. T. bejaht (vgl. OLG Frankfurt WM 88, 399 für Winterdienst); z. T. wird dies aber auch mit der Begründung verneint, daß entsprechende Regelungen als Überraschungsklauseln gegen § 3 AGBG verstoßen (LG Frankfurt NJW-RR 88, 782). Die Entscheidung hängt letztlich davon ab, ob entsprechende Mieterpflichten in Häusern vergleichbarer Art ortsüblich sind (so. z. B. LG Aachen NJW-RR 88, 783) oder ob der M. mit solchen Verpflichtungen nicht zu rechnen braucht. Im erstgenannten Fall hat die Hausordnungsregelung nur klarstellende Bedeutung: eine solche Klausel ist wirksam. Im letztgenannten Fall müssen die Reinigungs- und Winterdienstpflichten im Mietvertrag selbst geregelt werden (LG Stuttgart WM 88, 401).

I. Ist der Mieter nach den Vereinbarungen im Mietvertrag oder nach der Ortssitte zur Reinigung der gemeinschaftlichen Hausteile verpflichtet, so gelten im allgemeinen folgende Grundsätze:

1. Der M. hat die zu seinem Stockwerk führende Haustreppe i. d. R. wöchentlich zweimal zu reinigen. Zusätzliche R. besteht bei bes. Beanspruchung (Umzug, Handwerkerarbeiten, Kohlenanlieferung) durch den dafür verantwortlichen M. Trotz der Fünf-Tage-Woche ist der Sonnabend von der R. nicht ausgenommen.

2. Räumlich erstreckt sich die R. auf die zum Gebäude gehörenden Türen, Fenster und Eingänge. Es ist i. d. R. die Aufgabe des Erdgeschoßmieters, den Hauseingang zu reinigen sowie von Schnee und Eis freizuhalten. Dem Erdgeschoßm. obliegt auch i. Zw. die Reinigung der Kellertreppe in angemessenem Umfang. Die Reinigung des *gemeinschaftl.* benutzten Dachbodens und Kellerganges sowie des Mülltonnenplatzes und des Hofes einschließlich der Zufahrten und Zugänge des Hauses zum öffentlichen Weg ist in angemessenem Wechsel von *allen* M. des Hauses vorzunehmen.

3. Reinigungspflichtig ist i. d. R. der M. einer *Raumeinheit* ohne genaue Unterscheidung nach Kopfzahl und Raumgröße. Hat ein M. mehrere Raumeinheiten im Haus gemietet, muß er sich für jede Raumeinheit an der R. beteiligen. Ist die Verteilung der R. nach M.parteien nicht möglich oder nicht gewünscht, kann sie der V. nach anderweitigen sachlichen Gesichtspunkten regeln, wobei kleinere Ungenauigkeiten hingenommen werden müssen. Abweichungen vom Regelfall können etwa dann geboten sein, wenn von 2 M. eines Stockwerks der eine eine kinderreiche Familie oder übermäßigen Publikumsverkehr hat, während der andere alleinstehend ist. Der V. kann grunds. nicht verlangen, daß die Unterm. an der R. beteiligt werden. Dagegen kann auch für den Unterm. eine R. dann bestehen, wenn der Hauptm. mit ihm das vertragl. vereinbart. Wohnt der V. im Haus, muß er sich an der Reinigung wie ein M. beteiligen. Wohnt der V. im Erdgeschoß, darf er grunds. nicht seine erhöhte R. auf andere M. abwälzen.

4. Die R. ist mit zweckdienlichen Reinigungsmitteln durchzuführen, die der M. frei bestimmen darf, solange durch ihre Verwendung keine Schäden zu befürchten sind. Auf welche Art der M. seiner R. gerecht wird, steht in seinem Ermessen.

5. Ist der M. längere Zeit krank, verreist oder in sonstiger Weise an der Erfüllung der R. verhindert, muß er für *Ersatz* sorgen. Not-

falls muß er sich dafür eine Putzfrau gegen Bezahlung nehmen. Nachbarschaftliche Hilfe ist auch hier am Platze.

II. *Weigert* sich der M. beharrlich, seiner R. nachzukommen, kann ihn der V. auf die Erfüllung seiner Pflicht verklagen. Er ist vom Gericht zu verurteilen, die sich aus dem Mv. oder der allgemeinen Übung ergebende R. zu erfüllen. Widersetzt sich der M. auch dem Urteil, kann der V. sich nach § 887 ZPO vom Gericht ermächtigen lassen, die Reinigung auf Kosten des M. durchführen zu lassen (LG Essen ZMR 64, 64). Statt dessen kann der V. seine Ersatzaufwendungen für die ordnungsgemäße Durchführung der Reinigung vom M. unter den Voraussetzungen des Verzugs (§ 286 BGB) als Schadensersatz verlangen, wenn er vorher erfolglos abmahnt oder die R. nach dem Kalender bestimmt ist (LG Osnabrück, WM 76, 204).

III. Eine nachlässige Erfüllung der R. gibt i. d. R. *keinen* ausreichenden Grund für die *fristlose → Kündigung* des Mv. (§§ 553, 554 a BGB). Nur in Ausnahmefällen, wenn die R. monatelang verletzt oder einem dahingehenden Urteil nicht Folge geleistet wird, ist eine *fristlose Kündigung* berechtigt (s. auch Kündigungsschutz I 1 a II), soweit im Einzelfall in diesem Verhalten eine schwerwiegende schuldhafte Pflichtverletzung oder eine unzumutbare Belästigung der übrigen Mitmieter liegt. Der V. kann vom M. für die fälligen, aber nicht durchgeführten Reinigungsarbeiten jedoch Schadensersatz verlangen, wenn er diese selbst oder durch einen Dritten nach vergeblicher Aufforderung erbracht hat; dieser Anspruch verwirkt für die zurückliegende Zeit, wenn es der V. unterläßt, längere Zeit für diese Arbeiten keinen Ersatz zu verlangen.

IV. Dem V. steht es nicht frei, ob er den säumigen M. wegen der fortgesetzten Pflichtverletzungen belangt oder dieses Verhalten durchgehen läßt. Die ordentlichen M. des Hauses haben einen Anspruch darauf, daß z. B. das Treppenhaus gepflegt, der Zugang zum Haus schnee- und eisfrei gehalten und ihre R. durch die Untätigkeit nachlässiger Mitmieter nicht erschwert wird. Deshalb ist der V. verpflichtet, gegen fortwährende Verletzungen der R. einzuschreiten. Das liegt auch im eigenen Interesse des V., weil die ihn treffende → Verkehrssicherungspflicht trotz der R. seiner M. bestehen bleibt. Geht der V. nicht gegen nachlässige M. vor und nimmt die Verunreinigung z. B. des Treppenhauses *grobe* Formen an, wird der M. seinen M.zins *mindern* dürfen (s. Mängel I 1).

V. Wird die Hausreinigung durch eine vom Vermieter angestellte Reinigungskraft durchgeführt, so können die hierfür entstandenen Kosten als → Betriebskosten auf die Mieter umgelegt werden. Dies gilt sowohl bei frei finanziertem als auch bei preisgebundenem Wohnraum. Bei einer Reinigung durch den Hauswart können keine besonderen Kosten angesetzt werden, weil die Tätigkeit des Hauswarts insgesamt durch die Hauswartsvergütung abgegolten wird.

Reklameschilder sowie Plakate, Schaukästen und Automaten darf der M. von Wohnraum an oder im Haus nur mit *Einwilligung* des V. anbringen. Gleiches gilt nach heute noch h. M. für das Aushängen von Wahlplakaten und anderer Meinungsäußerungen im Fenster der M.wohnung (BVerfGE 7, 230; LG Essen NJW 73, 2290 m. abl. Anm. Bucher; a. A. AG Hamburg WM 79, 76) sowie für die Gestaltung der Außenwände (krit. hierzu: Hamann ZMR 74, 1; 323; UFITA Bd. 74, 261). Der Vermieter muß allerdings in jedem einzelnen Fall sachgerecht und ohne Willkür entscheiden, ob er die Genehmigung erteilt. Die Erteilung der Genehmigung darf nicht allein deshalb versagt werden, weil das Plakat einen politischen Inhalt hat. Hier kann die Abwägung ergeben, daß das Interesse des Mieters an der Äußerung seiner Meinung das Interesse des Vermieters überwiegt (LG Hamburg WM 86, 134; vgl. auch: AG Osnabrück WM 86, 306 betr. Aufkleber an der Wohnungstür; AG Freiburg WM 87, 144 betr. Plakat gegen Atomkraftwerke im Wohnungsfenster; LG Darmstadt WM 83, 137 betr. Plakat „keine Startbahn West"; LG Hamburg WM 86, 134 betr. Plakat gegen Nachrüstung am Balkonfenster; LG Tübingen WM 86, 116 betr. Plakat gegen Rüstungsmaßnahmen im Fenster). Andererseits ist in Fällen dieser Art aber auch besonders sorgfältig zu prüfen, ob durch das Plakat die Belange anderer Hausbewohner oder des Vertragspartners tangiert werden (LG Tübingen a. a. O.). Denn es ist unverkennbar, daß jedenfalls bestimmte politische Aussagen den Hausfrieden in massiver Weise stören können („Ausländer raus!"). Das Bedürfnis nach ungehemmter Meinungsäußerung muß hier aus Gründen des friedvollen und ungestörten Zusammenlebens innerhalb des Hauses zurücktreten. Gleiches gilt, wenn der Vermieter angeprangert werden soll. Der M. von *Gewerberäumen* darf dagegen an geeigneter, sichtbarer Stelle der Außenwand ohne bes. Erlaubnis ein *Schild* (Arzt, Schneiderei) anbringen und im Falle seines Umzugs verlangen, daß es eine angemessene Zeit mit dem Hinweis auf seine neue Adresse dort verbleibt (RGZ 161, 338). Die Anbringung eines Namensschildes an der dafür vorgesehenen oder üblichen Stelle (Hausbriefkasten, Wohnungstür) muß der V. jedem M. gestatten. Werden → *Geschäftsräume* vermietet, gelten die Außenwände des vermieteten Gebäudeteils als mitvermietet, so daß der M. dort unter Beachtung der örtlichen Verkehrssitte Reklameschilder, Aushängekästen, Lichtreklame usw. *ohne Erlaubnis* des V. anbringen darf (RGZ 80, 284; BGH LM § 157 [B] BGB Nr. 1; OLG Köln NJW 55, 1072); gleiches gilt für die Anbringung von Warenautomaten, falls der Automat keine Verschandelung oder Beschädigung des Hauses mit sich bringt und die bei seiner Bedienung entstehenden Geräusche für die M. oder Nachbarn keine erhebliche Belästigung darstellen (LG Bochum WM 50, 60). Auch wenn ein Grundstücksteil entgeltlich zur Aufstellung einer Reklamewand überlassen wird, gelten dafür die Regeln des Mietrechts, so daß nach § 571 BGB beim → Verkauf des Grundstücks auch der Erwerber an den Mv. gebunden ist (OLG Hamm MDR 76, 143); bei der Überlassung einer Reklamefläche an der Außenwand ist die Rechtslage umstritten (dazu LG Bochum ZMR 75, 334).

Der M. hat seinerseits einen Anspruch gegen den V. auf Unterlassung, wenn eine von diesem angebrachte Reklameeinrichtung seinen M.gebrauch beeinträchtigt. So ist die Anbringung einer Leuchtreklame vor den Fenstern einer Wohnung grunds. unzulässig (vgl. BGH MDR 78, 306 = WM 78, 86). Neben dem Anspruch auf Unterlassung kann der M. in solchen Fällen auch die Mietminderung geltend machen oder Schadensersatz verlangen (s. Mängel II).

Das Anbringen von Reklameschildern darf im übrigen von seiten der Behörde nicht von der Zahlung einer besonderen Gebühr abhängig gemacht werden, weil insoweit keine Sondernutzung sondern ein zulässiger erhöhter Anliegergebrauch vorliegt (BayVGH FWW 76, 191; a. A. für Straßenschilder, die in den Straßenraum hineinragen BGH ZMR 79, 111).

Rückgabepflicht nach Beendigung des Mietverhältnisses (Rpf.).

I. *Zeitpunkt der Rückgabe.* Mit der Beendigung des Mv. erlischt das Recht des M. zum Gebrauch der M.sache. Er ist verpflichtet, dem V. die M.sache zurückzugeben (§ 556 BGB).

Die Rpf. des M. entsteht erst *nach* der *Beendigung* des Mv. Deshalb braucht der M. die M.sache noch nicht am letzten Tag der M.zeit, dem letzten Tag der Kündigungsfrist oder am Tag des Zugangs der fristlosen Kündigung herauszugeben, sondern erst am darauffolgenden Tag. Der Anspruch des V. auf Rückgabe wird an diesem Tag sogleich ohne weitere Mahnung fällig. Gewährt der V. dem M. eine → *Räumungsfrist,* so liegt darin nur eine *Stundung* des Herausgabeanspruchs bis zum Ablauf der Frist. Eine → stillschweigende Verlängerung des Mv. kann aber nach § 568 BGB kraft Gesetzes dann eintreten, wenn der V. nicht binnen 2 Wochen nach der Beendigung des Vertrages gegenüber dem M. erklärt, daß er auf der Räumung besteht. Der M. ist aber auch berechtigt, die Mietsache schon vor dem Ende der Vertragszeit zurückzugeben. Dies folgt aus der Erwägung, daß der Schuldner die Leistung im Zweifel sofort bewirken kann (§ 271 Abs. 1 BGB), daß der M. ein Gebrauchsrecht, aber keine Gebrauchspflicht hat und aus dem Umstand, daß der V. auch im

Falle einer vorzeitigen Rückgabe weiterhin den Anspruch auf den Mietzins hat. Aus dem Umstand, daß der M. im Falle der Rückgabe von seiner Obhutspflicht frei wird, ergibt sich nichts anderes. Denn die Obhutspflicht begründet keine Besitzpflicht, sondern folgt umgekehrt aus dem Besitz (LG Mannheim WM 82, 298).

II. *Inhalt der Rpf.* Der M. schuldet die *Rückübertragung* des Besitzes. Die bloße Besitzaufgabe genügt nicht (OLG Düsseldorf ZMR 87, 377). Bei der Miete von Wohn- oder Geschäftsräumen muß der M. die ihm gehörenden Einrichtungsgegenstände entfernen. Bei der Grundstücksm. erfaßt die Rpf. die Beseitigung von Gebäuden (Behelfsheim, Garage) oder Anlagen (Brunnen, Mauern), die der M. mit oder ohne Genehmigung des V. dort errichtet hat (BGH WPM 66, 765; 72, 389). Hat der M. den unmittelbaren Besitz an einen Dritten übertragen (z. B. Ehefrau bei Getrenntleben, Untermieter), genügt er seiner Rpf. nicht schon durch Abtretung seines Herausgabeanspruchs gegen den unmittelbaren Besitzer. Vielmehr muß der M. für die rechtzeitige Räumung seitens des Dritten sorgen und dem V. den unmittelbaren Besitz zurückgeben, wenn der V. nicht selbst gegen den Dritten vorgehen will, wozu er nicht verpflichtet ist. Mehrere M. (z. B. Eheleute) haften für die Erfüllung der Rpf. als Gesamtschuldner (BGH NJW 76, 287 = WM 76, 76). Deshalb kann einer von mehreren Mitmietern auch dann auf Erfüllung der Rückgabepflicht in Anspruch genommen werden, wenn er selbst die Wohnung bereits verlassen hat und sein Bemühen, auch die übrigen Mitmieter zum Auszug zu bewegen, gescheitert ist (LG Mannheim DWW 73, 19). Hier muß der Mieter auf den Besitzer einwirken, damit dieser die Sache zurückgibt (OLG Düsseldorf ZMR 87, 377).

Etwas anderes soll nach dem Rechtsentscheid des OLG Schleswig vom 25. 6. 82 (WM 82, 264 = DWW 82, 275 = MDR 82, 1019 = NJW 82, 2672; vgl. auch die ablehnende Anm. Boiczenko MDR 83, 895) dann gelten, wenn einer der mehreren M. den Besitz an der Wohnung endgültig aufgegeben und den V. davon in Kenntnis gesetzt hat. In diesen Fällen soll die gegen den ausgezogenen M. gerichtete Räumungsklage wegen fehlendem Rechtsschutzbedürfnis unzulässig sein. Diese Rechtsprechung ist nicht unbedenklich, weil der ausgezogene M. auch gegen den Willen des V. jederzeit in die Wohnung zurückkehren kann. In diesem Fall kann das wieder erlangte Besitzrecht nur mittels eines Räumungstitels gebrochen werden. Jedenfalls müssen aus diesem Grunde an die Annahme einer endgültigen Besitzaufgabe strenge Anforderungen gestellt werden.

1. Die M.sache – einschließlich des mitvermieteten Zubehörs (BGH NJW 75, 2103) – muß im *ordnungsmäßigen Zustand* zurückgegeben werden. Räume müssen besenrein sein. Näheres kann im Mv. vereinbart werden (z. B. beim Auszug sind die Räume mit Binderfar-

be zu streichen, Decken zu tünchen). Fehlt eine Vereinbarung, muß der V. solche Veränderungen oder Verschlechterungen der M.sache hinnehmen, die durch normale → *Abnutzung* entstanden sind (§ 548 BGB). Wird im Mv. bestimmt, daß die M.sache in demselben Zustand zurückzugeben ist, in dem sie sich bei der Übergabe befand, muß der M. beim Auszug bei normaler Abnutzung die Räume *nicht* neu herrichten lassen (h. M.; LG Mannheim WM 68, 163); Dübel sind jedoch vom M. stets zu entfernen (LG Braunschweig FWW 75, 420; LG Mannheim MDR 75, 231 = WM 75, 50). Im übrigen ist die M.sache im *unveränderten Zustand* zurückzugeben, falls nicht → bauliche Veränderungen mit Einwilligung des V. vorgenommen wurden, die ihrem Wesen nach auch beim Auszug erhalten bleiben sollen. Wenn der Einwilligung oder Genehmigung des V. zur baulichen Veränderung der M.sache nicht eindeutig zu entnehmen ist, ob sie nur für die Vertragsdauer oder auch für die nachfolgende Zeit gelten soll, muß diese Erklärung nach den jeweiligen Umständen des Einzelfalles ausgelegt werden (§ 133 BGB; LG Mannheim MDR 69, 763; AG Mannheim ZMR 77, 209). Haben die Mietvertragsparteien die Verpflichtung des Mieters zur Wiederherstellung des bauseitigen Zustands beim Auszug eigens in einem besonderen Schreiben vereinbart, so handelt es sich dabei um eine Hauptleistungspflicht des Mieters. Dies hat zur Folge, daß der Vermieter eine Frist mit Ablehnungsandrohung setzen muß (§ 326 Abs. 2 BGB; BGH NJW 88, 1778; WM 89, 376; LG Berlin MDR 86, 589).

Die vom M. angeschafften → Einrichtungen müssen grunds. entfernt werden, wenn der V. sie nicht übernimmt. Dies gilt auch dann, wenn die Einrichtung mit Zustimmung des Vermieters angebracht worden ist oder wenn der Mieter sie von dem Vormieter übernommen hat (LG Berlin MDR 87, 234). In bes. Fällen kann der V. verpflichtet sein, bestimmte vom M. angeschaffte Gegenstände gegen Entgelt zu übernehmen. Dies gilt zunächst dann, wenn die Parteien dies vertraglich vereinbart haben. Fehlt eine ausdrückliche Vereinbarung, so kann sich eine derartige Übernahmeverpflichtung auch aus dem Gesichtspunkt von Treu und Glauben (§ 242 BGB) ergeben. Dies setzt jedoch voraus, daß der betreffende Gegenstand für den V. denselben Nutzwert hat wie für den M. (vgl. LG Mannheim ZMR 75, 304; LG Stuttgart WM 91, 27, betr. Übernahmeverpflichtung einer Restfüllung des Heizöltanks).

Hat der M. → Schönheitsreparaturen beim Auszug durchzuführen oder übermäßige Abnutzungen zu beseitigen (s. Abnutzung II), muß er diese Pflichten *vor der Rückgabe* erfüllen. Tat er dies nicht, darf der V. dennoch grunds. die Rückgabe der M.sache *nicht* ablehnen. Er kommt sonst in Annahmeverzug. Ist jedoch dem V. infolge des schadhaften Zustandes der Räume eine baldige Weitervermietung und eine kostspielige Schadensbeseitigung nicht möglich, wird er ausnahmsweise befugt sein, die Rücknahme bis zur Herstellung eines ordnungsmäßigen Zustandes durch den M. abzulehnen. Dann bleibt der M. bis zur ordnungsmäßigen Rückgabe zur Zahlung der Nutzungsentschädigung (§ 557 BGB) verpflichtet. Leicht behebbare Schäden, deren Beseitigung dem V. zumutbar sind, berechtigen jedoch nicht zur Ablehnung der Rückgabe (OLG Düsseldorf MDR 88, 866; OLG Hamburg WM 90, 735).

Nach dem Auszug des M. darf der V. die Wohnung im Hinblick auf unterlassene Schönheitsreparaturen nur solange auf Kosten des M. leerstehen lassen, wie das zur Erledigung dieser Arbeiten unbedingt erforderlich ist; aufgrund seiner Schadensminderungspflicht muß der V. eine mögliche Weitervermietung auch dann durchführen, wenn noch kleinere Reparaturen unerledigt sind (LG Mannheim DWW 77, 20).

2. Hat der M. bei Beendigung des Mv. noch unbefriedigte Ansprüche gegen den V., darf er bei Mv. über Grundstücke und Räume die Rückgabe der M.sache *nicht* von der *vorherigen* Befriedigung seiner Ansprüche abhängig machen (§ 556 II BGB). Ihm steht kein *Zurückbehaltungsrecht* zu. Der Mieter hat auch dann kein Recht zur Zurückbehaltung der Schlüssel, wenn er vom Vermieter noch Kostenersatz für die Anfertigung der Schlüssel verlangen kann (LG Wuppertal WM 86, 316). Bei Mv. über bewegliche Sachen gilt jedoch das Zurückbehaltungsrecht des § 273 BGB. Auch dann, wenn dem M. von Räumen ein Anspruch gegen den V. wegen einer vorsätzlich begangenen unerlaubten Handlung (§§ 823ff. BGB) zusteht, ist das Zurückbehaltungsrecht des M. nicht ausgeschlossen (RGZ 160, 88). Der grunds. Ausschluß des Zurückbehaltungsrechts beruht auf der Erwägung, daß die Geltendmachung eines zeitweiligen Leistungsverweigerungsrechts durch den M. hier einen großen und nicht leicht wieder gutzumachenden Schaden des V. auslösen kann, der zu dem Sicherungsbedürfnis des M. in keinem Verhältnis steht (BGH LM § 556 BGB, Nr. 1).

III. Hat der M. die M.sache ganz oder teilweise einem *Dritten* (Untermieter, Ehefrau nach Scheidung) *überlassen,* kann der V. nach der Beendigung des Mv. auch *unmittelbar* vom Dritten die Herausgabe verlangen. Die Rpf. des Dritten setzt voraus, daß er vorher vom V. zur Rückgabe aufgefordert wird (h. M.). Diese gesetzl. Erweiterung des Herausgabeanspruchs beruht auf Zweckmäßigkeitserwägungen und bewirkt einen gesetzl. Schuldbeitritt des Dritten zur Vertragsschuld des M.: beide sind Gesamtschuldner des Rpf. Deshalb ist der V. berechtigt, eine Klage auf Herausgabe gleichzeitig gegen den M. und den Dritten zu erheben. Die Zustellung der Klage an den Dritten enthält die erforderliche Aufforderung zur Rückgabe.

Auf Grund eines Titels gegen den Hauptm. kann der V. nicht gegen den Unterm. vollstrecken (OLG Celle NJW-RR 88, 913). Der Herausgabeanspruch besteht nicht, wenn der Untermieter die M.sache bereits an den Hauptmieter herausgegeben hat (LG Hamburg WM 80, 199). Ist der Dritte → Untermieter, wird der Bestand des Untermv. durch die Beendigung des Hauptmv. nicht berührt (LG Frankfurt ZMR 61, 269). Wenn der Unterm. trotzdem die M.sache nach § 556 III BGB an den V. herausgeben muß, kann er gegen den Unterv. (M.) einen Anspruch auf Schadensersatz haben, weil ihm durch das Recht eines Dritten der vertragsmäßige Gebrauch entzogen wird (§ 541 BGB; s. Mängel I 2). Hat der M. die M.sache einem Dritten überlassen, so genügt er seiner Rpf. aus § 556 I BGB nicht schon dadurch, daß er etwaige Herausgabeansprüche gegen den Dritten an den V. abtritt (BGH MDR 71, 836 = ZMR 71, 344 = NJW 71, 2065 m. krit. Anm. Jakobs NJW 72, 624; s. auch unten IV).

Gegenüber dem Hauptv. kann sich der Unterm. nicht auf den mietrechtlichen Bestandsschutz berufen. Eine Ausnahme gilt für diejenigen Mieter, die von einem gewerblichen Zwischenvermieter gemietet haben. Für diese Mieter gilt seit dem 1. 9. 1993 die Sondervorschrift des § 549a BGB (s. → *Zwischenvermietung*).

IV. Gibt der M. nach der Beendigung des Mv. die gemietete Sache nicht zurück, ist er dem V. kraft Gesetzes für die *Dauer* der *Vorenthaltung zur Zahlung des M.zinses* und zum Schadensersatz verpflichtet (§ 557 BGB). Diese gesetzl. Erweiterung der Haftung des M. gilt sowohl für die Fälle, in denen noch kein Räumungsurteil vorliegt, als auch für die Fälle der Gewährung von gerichtl. Räumungsschutz und der Wiedereinweisung durch die Obdachlosenbehörde (LG Mannheim ZMR 65, 246; bestr.). Eine Vorenthaltung setzt begrifflich voraus, daß der M. die Mietsache nicht zurückgibt und das Unterlassen der Rückgabe dem Willen des V. widerspricht (BGH MDR 83, 306; ZMR 84, 380). Läßt der V. erkennen, daß er die Rückgabe nicht wünscht, handelt der M. nicht pflichtwidrig (RGZ 103, 289; BGH LM § 557 BGB, Nr. 2). Das ist auch der Fall, wenn der V. die Beendigung des Mv. bestreitet und der M. bis zur Klärung dieser Frage im Besitz der M.sache bleibt (BGH WPM 73, 386; NJW 60, 909; OLG Düsseldorf WM 91, 264). Gleiches gilt, wenn der Vermieter die Entgegennahme der Schlüssel verweigert, weil er der Meinung ist, daß das Mietverhältnis erst zu einem späteren Zeitpunkt endet (LG Hamburg WM 87, 224) oder wenn er ein Pfandrecht an den Einrichtungsgegenständen des M. geltend macht (OLG Hamburg WM 90, 77; s. Pfandrecht). Keine Vorenthaltung ist gegeben, wenn der M. auf Wunsch des V. Schönheitsreparaturen durchführt und ihm die Räume zu diesem Zweck nach Ablauf der M.zeit belassen werden (OLG Hamburg WM 90, 75; a. A. LG Wuppertal WM

88, 21; s. auch Wiek WM 88, 384). Allerdings kann der V. den M.ausfall als Schadensersatz geltend machen. Dagegen ist eine Vorenthaltung anzunehmen, wenn sich das Mietobjekt im Besitz eines Untermieters befindet und der Hauptmieter wegen des Fortbestands des Untermietvertrags nicht in der Lage ist, sich die Mietsache rechtzeitig wieder zu beschaffen. In diesem Fall hat der Hauptmieter selber veranlaßt, daß sich das Mietobjekt im Besitz des Untermieters befindet. Es ist Sache des Mieters, sich auf die rechtzeitige Rückgabe einzustellen; er allein trägt das Risiko rechtzeitiger Rückgabe (BGH ZMR 84, 380). Dem Anspruch aus § 557 BGB steht nicht entgegen, daß der Vermieter die Sache von dem Besitzer nach § 556 Abs. 3 BGB herausverlangen kann. Durch diese Vorschrift werden die Rechte des Vermieters nicht beschnitten, sondern erweitert (BGH a. a. O.). Dem Vermieter fällt auch kein Mitverschulden zur Last, wenn er den Herausgabeanspruch aus § 556 Abs. 3 BGB nicht geltend macht, weil dem Vermieter in der Regel nicht zugemutet werden kann, gegen den Untermieter einen Rechtsstreit zu führen (BGH a. a. O.). Eine Ausnahme kann gelten, wenn der Mieter bereit ist, das Prozeßkostenrisiko zu übernehmen, indem er einen Kostenvorschuß bezahlt. Nimmt der V. in Ausübung seines gesetzl. → Pfandrechts beim Auszug des M. dessen eingebrachte Sachen in Besitz und läßt er sie in den M.räumen stehen, liegt darin keine Vorenthaltung (LG Mannheim WM 78, 141). Für die Rückgabe in nicht geräumtem oder nicht vollkommen geräumtem Zustand gilt folgendes: Keine Rückgabe liegt vor, wenn der M. zwar seine Sachen aus den Räumen entfernt, aber die Schlüssel behält. Gleiches gilt, wenn er seine Einrichtung in den Mieträumen zurückläßt (BGH NJW 88, 2665). In diesen Fällen liegt eine Vorenthaltung vor. Bleiben dagegen nur einzelne Gegenstände zurück und ergibt sich aus den Gesamtumständen, daß der M. den Besitz an der M.sache aufgegeben hat, so ist der V. an der Wiederinbesitznahme nicht gehindert (BGH NJW 83, 1049 = MDR 83, 345; OLG Düsseldorf ZMR 87, 215). Entscheidend ist stets, ob der V. die *tatsächliche Verfügungsbefugnis* über die M.sache zurückerhalten hat. Unterläßt es der M. vertragswidrig, die Sache so zurückzugeben, daß sie der V. wieder ordnungsgemäß gebrauchen kann, so ist die Rpf. einerseits erfüllt; andererseits ist der V. berechtigt, den konkreten Schaden zu fordern, denn § 557 BGB kann nicht dahin verstanden werden, daß dem V. ein Schadensersatz in Höhe des bisherigen M.zinses in jedem Fall kraft Ges. zustehen soll (OLG Hamburg DWW 77, 92 = WM 77, 73).

Sind → Mischräume vermietet, liegt eine Vorenthaltung in der Weiterbenutzung der Wohnräume, auch wenn die Geschäftsräume herausgegeben werden (LG Mannheim MDR 65, 140). Auch wenn der M. die Räume auf Grund einer mit dem V. außergerichtl. vereinbarten oder vom Gericht gewährten → *Räumungsfrist* weiterbenutzt, liegt darin immer eine Vorenthaltung.

1. Für die Dauer der Vorenthaltung muß der M. in jedem Fall den vereinbarten *M.zins* weiterbezahlen. Statt dessen kann der V. für diese Zeit einen *höheren ortsüblichen* M.zins (→ Mietzins I 2) verlangen, wenn der zuletzt vereinbarte M.zins nachweislich geringer ist. Den erhöhten M.zins schuldet der M. erst ab dem Zeitpunkt, in dem der V. ihn unter Angabe von Gründen ausdrücklich verlangt, also *nicht für die Vergangenheit* (Gestaltungsrecht; LG Düsseldorf MDR 70, 144; LG München WM 74, 6). Eine Umdeutung eines Mieterhöhungsverlangens nach § 2 MHG in eine Erklärung gemäß § 557 BGB kommt regelmäßig nicht in Betracht (AG Pinneberg WM 84, 83). Bei der Bemessung der Höhe der ortsüblichen Nutzungsentschädigung nach § 557 BGB ist auch der Umstand zu berücksichtigen, daß ein Haus in kurzer Zeit abgerissen werden soll, weil nach der Lebenserfahrung in einem solchen Fall der Mietwert so erheblich sinkt, daß die Wohnungen, wenn überhaupt, nur zu einem erheblich unter dem üblicherweise verlangten Mietzins vermietet werden können (LG Köln WM 87, 123). Weil das Mv. in dieser Zeit bereits beendet ist und dem V. somit auch kein vertragl. Anspruch auf den M.zins mehr zusteht, spricht man hier von der *Nutzungsentschädigung.* Diese ist grunds. nach den Vereinbarungen des beendeten Mv. oder nach § 551 BGB fällig (BGH ZMR 74, 139). Mehrere M. schulden die Nutzungsentschädigung als Gesamtschuldner, so daß dafür jeder von ihnen trotz des Auszugs der übrigen M. bis zur völligen Räumung haftet (LG Mannheim DWW 73, 19). Der Anspruch auf Nutzungsentschädigung erlischt mit dem Auszug des M. Das gilt auch dann, wenn der M. vor Ablauf einer ihm gewährten Räumungsfrist ausgezogen ist (LG Freiburg WM 80, 223; AG Friedberg WM 80, 223). Der Anspruch auf Nutzungsentschädigung ist ein Anspruch eigener Art; § 254 BGB gilt nicht (BGH NJW 88, 2665). Es kommt auch nicht darauf an, ob der Vermieter die Sache weitervermieten will, oder ob er einen eigenen Nutzungswillen hat (OLG München, ZMR 93, 466).

War der M.zins bei der Beendigung des Mv. wegen *Mängeln gemindert,* ist diese Minderung bei Fortbestand der Mängel auch bei der Berechnung der Nutzungsentschädigung zu berücksichtigen (BGH WM 90, 246; OLG Düsseldorf WM 91, 264). Weitere Verschlechterungen der M.sache während der Vorenthaltung begründen aber *kein* Recht zur Minderung der Nutzungsentschädigung (BGH, NJW 61, 916). Etwas anderes gilt, wenn der V. als Nutzungsentschädigung die ortsübliche Miete verlangt (LG Hamburg WM 87, 390). War der M. von Geschäftsraum verpflichtet, den M.zins zuzüglich der Umsatzsteuer zu bezahlen, so ist auch die Nutzungsentschädigung der

Umsatzsteuer unterworfen (BGH NJW 88, 2665). Bei → *Sozialwohnungen* müssen die → *Kostenmiete* und die *formellen Voraussetzungen* der M.erhöhungserklärung nach §§ 8, 10 WoBindG auch hier eingehalten werden (s. M.erhöhung für Sozialwohnungen). Bis zum Auszug des M. ist der V. nämlich an die Preisbindungsvorschriften des WoBindG gebunden, so daß er die ortsübliche Nutzungsentschädigung nach § 557 I BGB nur in den Grenzen der preisrechtl. zulässigen Kostenmiete verlangen darf (LG Mannheim NJW 70, 1881; ZMR 71, 104).

2. Entsteht dem V. ein *darüber hinausgehender Schaden* als Folge der Vorenthaltung, kann er ihn vom M. ersetzt verlangen (§ 557 I 2 BGB). Das ist von Bedeutung, wenn der V. nachweislich für die Dauer der Vorenthaltung im Falle rechtzeitiger Räumung einen bes. hohen M.zins oder sonstige Vorteile durch anderweitige Vermietung erzielt hätte, oder wenn sich der Renovierungsaufwand durch zwischenzeitlich gestiegene Tariflöhne erhöht hat. Die Schadensersatzpflicht des M. setzt aber voraus, daß er sich mit der Rückgabe im *Verzug* befindet oder ihm eine sonstige *Verletzung* von nachwirkenden Vertragspflichten vorzuwerfen ist. Dafür ist ein *Verschulden* des M. hinsichtlich der Nichterfüllung seiner Rpf. erforderlich (Schmidt-Futterer NJW 62, 472; LG Mannheim WM 62, 120). Vereinbaren V. und M. außergerichtl. oder im gerichtl. Verfahren eine *Räumungsfrist* so bedarf es der Auslegung, ob damit die Herausgabe bis zum Fristablauf gestundet sein sollte oder ob der Vermieter lediglich auf zwangsweises Vorgehen verzichtet hat (BGH NJW-RR 87, 907). Im erstgenannten Fall kann für die Zeit der Stundung kein Schadenersatz verlangt werden (OLG Celle NJW 64, 1027). Im letztgenannten Fall trägt der Mieter bei Ausschöpfung der Frist das Risiko für allen etwaigen Vermögensschaden, der dem Vermieter entsteht (BGH a. a. O.). Diese Rechtsfolge gilt allerdings nur für Geschäftsräume und bei der Vermietung beweglicher Sachen; für Wohnraum gilt die Sonderregelung des § 557 Abs. 2 BGB (s. unten 4c). Dagegen ist die Pflicht des M. zur Zahlung der Nutzungsentschädigung (s. oben IV 1) von seinem Verschulden nicht abhängig. Den V. trifft die Pflicht, seinen Schaden so gering wie möglich zu halten oder abzuwenden (§ 254 BGB). Er kann deshalb den durch die schuldhafte Vorenthaltung des M. entstandenen Schaden (entgangener Gewinn) nur teilweise oder überhaupt nicht ersetzt verlangen, wenn ihm bekannt war oder damit gerechnet werden mußte, daß der M. auf Grund seiner persönlichen Verhältnisse und der örtlichen Wohnungsmarktlage nicht räumen kann und er trotzdem einen neuen Mv. schon fest zum Ablauf der Kündigungsfrist abschließt.

3. In der Rechtsprechung wird die Ansicht vertreten, daß dem V. *neben* den Ansprüchen aus § 557 BGB auch ein *Entschädigungsanspruch*

aus §§ 990, 987 BGB zusteht, weil der M. nach der Beendigung des Mv. nicht anders behandelt werden könne wie ein bösgläubiger Besitzer der Sache, zu dessen Gunsten von Anfang an kein wirksamer Mv. vorgelegen habe (OLG Hamm MDR 89, 163; LG Tübingen WM 90, 217). Für diesen Entschädigungsanspruch des V. als Eigentümer wird ein Verschulden des M. nicht vorausgesetzt, mit der Folge, daß die in § 557 BGB geregelte Schadensprivilegierung des M. ausgehöhlt wird (s. unten 4). Aus diesem Grunde ist die genannte Rechtsprechung abzulehnen. Die Sondervorschrift des § 557 BGB schließt eine Anwendung der allgemeinen Vorschriften der §§ 985, 812 BGB zum Nachteil des M. aus (Raiser JZ 61, 529; LG Mannheim NJW 70, 1881).

4. Bei der *Wohnraumm.* schränkt das Ges. den Schadensersatzanspruch des V. (s. oben IV 2) zu Gunsten des M. *umfangmäßig* ein (§ 557 II BGB).

a) Der Schaden des V. ist nur insoweit zu ersetzen, als die *Billigkeit* den Umständen nach seine Schadloshaltung erfordert. Der Grund dieser Regelung liegt darin, dem M. kein unübersehbares Risiko durch die Geltendmachung des Kündigungswiderspruchs (s. Sozialklausel) aufzuerlegen und zu verhindern, daß er von der Wahrung seiner Rechte abgehalten wird. Der M. wird oft im voraus nicht wissen, ob seine Widerspruchsgründe vom Gericht anerkannt werden und wie lange der darüber zu führende Prozeß dauert, so daß er im Hinblick auf mögliche Ersatzansprüche des V. zur kampflosen Preisgabe seiner Rechte neigen kann. Um das zu verhindern, soll dem V. nur dann ein Ersatzanspruch zustehen, wenn der M. einen von vornherein aussichtslosen Widerspruch geltend macht und er die gegen ihn sprechende Interessenlage abschätzen kann. Waren dem Kündigungswiderspruch des M. hingegen aus seiner Betrachtungsweise gewisse Erfolgsaussichten einzuräumen und sind die maßgebenden Umstände erst im Prozeß geklärt worden, spricht das grunds. gegen eine Schadensersatzpflicht des M. Allerdings sind die Vermögens- und Einkommensverhältnisse beider Beteiligten bei der Billigkeitsentscheidung zusätzlich zu berücksichtigen. Die Bewertung aller maßgebenden Umstände liegt im Ermessen des Gerichts, das den Schadensersatzanspruch auch teilweise für begründet halten kann.

b) Hat der M. gekündigt, ist die Heranziehung von Billigkeitsgrundsätzen ausgeschlossen. Er muß sich vor der Kündigung darüber Gewißheit verschaffen, ob er termingerecht zur Räumung in der Lage ist. Kann er dann trotzdem seiner Rpf. nicht rechtzeitig nachkommen, hat er den Schaden des V. selbst herbeigeführt und kann keine Nachsicht erwarten.

c) Wird dem M. vom Gericht nach §§ 721, 794a ZPO eine →

Räumungsfrist bewilligt, kann der V. bis zum Ende dieser Frist keinen Schadensersatzanspruch geltend machen. Das gilt jedoch nicht, wenn dem M. vom Gericht nach § 765a ZPO ausnahmsweise nur → Vollstreckungsschutz bewilligt wird; in diesen Fällen muß aber bes. eingehend geprüft werden, ob der M. seine Rpf. schuldhaft verletzt hat (s. oben I 5; IV 2) oder ob die Vorenthaltung auf Umständen beruht, die er nicht zu vertreten hat (s. Ersatzraumbeschaffungspflicht). Wird die Räumungsfristbewilligung aufgehoben, so haftet der M. erst ab dem Zeitpunkt der Zustellung des Aufhebungsbeschlusses (LG Siegen WM 90, 208).

d) Die gesetzl. Beschränkung des Schadensersatzanspruchs des V. darf *vertragl.* zu Lasten des M. *nicht abgeändert* werden. Eine abweichende Vereinbarung ist unwirksam.

V. Die Ansprüche des V. aus § 557 BGB *verjähren* nach § 197 BGB in 4 Jahren (BGH NJW 77, 1335 = WM 78, 64). Das gilt auch für die seit § 557 BGB konkurrierenden Ansprüche (z. B. Verzug; Bereicherung; BGH a. a. O). Der Rückgabeanspruch nach § 556 BGB verjährt nach § 195 BGB in 30 Jahren. Dagegen gilt für die Ersatzansprüche des V. wegen Veränderungen oder Verschlechterungen der M.sache die 6monatige Verjährungsfrist des § 558 BGB (s. Verjährung I), wobei die Verjährungsfrist in der Regel dann beginnt, wenn der Vermieter die Schlüssel zurückerhalten hat (LG Aachen ZMR 84, 88). Wirft der Mieter die Wohnungsschlüssel nach Beendigung der Mietzeit in den Briefkasten des Vermieters, so liegt hierin keine Rückgabe. In diesem Fall beginnt die Verjährungsfrist, wenn der Vermieter die Möglichkeit erhalten hat, die Wohnung in unmittelbaren Besitz zu nehmen (LG Berlin MDR 87, 937). Gibt der M. die M.sache nur teilweise oder ohne das mitvermietete Zubehör zurück, so liegt darin keine Schlechterfüllung; für den Herausgabeanspruch bezüglich der zurückbehaltenen Teile der M.sache gilt deshalb nicht die kurze Verjährungsfrist des § 558 BGB, sondern die 30jährige Regelfrist des § 195 BGB (so BGH NJW 75, 2103 gegen RG Recht 1920 Nr. 1859). Ergeben sich die Schadensersatzansprüche des V. nach Beendigung des Mv. aus einem konstitutiven Schuldanerkenntnis im Sinne von § 781 BGB, so verjähren diese gemäß § 195 BGB in 30 Jahren. Ein solches Schuldanerkenntis setzt voraus, daß sich ein M. unabhängig von seiner Verpflichtung aus dem Mv. abstrakt verpflichten will, für bestimmte Schäden einzustehen. Ein solcher Fall wird nur ganz ausnahmsweise vorliegen. Das übliche Übergabeprotokoll nach Beendigung eines Mv. kann jedenfalls nicht als konstitutives Schuldanerkenntnis angesehen werden.

Einem Übergabeprotokoll kann je nach Inhalt eine unterschiedliche Bedeutung zukommen: Bestätigt der M. durch seine Unterschrift, daß die tatsächlichen Feststellungen in dem Abnahmeprotokoll zutreffend sind, so wird er hierdurch mit späteren Einwendungen nicht ausgeschlossen. Das unterschriebene Protokoll kann aber im gerichtlichen Verfahren als Indiz für die Richtigkeit der dort getroffenen Feststellungen gewertet werden. Umgekehrt gilt dasselbe. Macht der V. später Schäden geltend, die in dem Abnahmeprotokoll nicht aufgeführt sind, so kann das Protokoll zugunsten des M. als Indiztatsache dafür verwendet werden, daß der Schaden zum Zeitpunkt der Rückgabe nicht vorhanden gewesen ist. Eine Verpflichtung zur Unterzeichnung des Protokolls besteht nicht.

Weitergehende Bedeutung hat es, wenn der M. nicht nur die Richtigkeit der tatsächlichen Feststellungen bestätigt, sondern darüber hinaus erklärt, daß er die Kosten für die Renovierung und Schadensbeseitigung übernehme. Hierin liegt ein deklaratorisches Schuldanerkenntnis i. S. von § 305 BGB, das i. d. R. zur Folge hat, daß der M. mit allen Einwendungen tatsächlicher oder rechtlicher Art ausgeschlossen wird, die er bei Abgabe des Schuldanerkenntnisses kannte oder mit denen er gerechnet hat. Mit unbekannten Einwendungen wird der M. aber grunds. nicht ausgeschlossen.

Bestätigt der V., daß die M.sache vertragsgemäß übergeben worden ist, so liegt hierin umgekehrt ein negatives Schuldanerkenntnis i. S. von § 397 II BGB, das eventuelle Ansprüche des V. zum Erlöschen bringt (AG Münster WM 89, 375). Auch der V. ist zur Abgabe eines negativen Schuldanerkenntnisses nicht verpflichtet.

VI. Für die Dauer der Vorenthaltung (ab der Beendigung des Mv. bis zum Auszug des M.) besteht zwischen V. und M. ein *gesetzl. Schuldverhältnis* als Nachwirkung der bisherigen vertragl. Rechtsbeziehungen (bestr.). Die beiderseitigen Rechte und Pflichten aus dem Mv. sind und bleiben zwar grunds. erloschen. Trotzdem treffen aber V. und M. bis zum Auszug gesetzl. Mindestpflichten. So muß der M. die Nutzungsentschädigung leisten, seiner Obhutspflicht nach kommen (s. Abnutzung I) und jegliche → Belästigungen des V. und der übrigen Hausbewohner unterlassen. Die Obhutspflicht kann nicht dadurch erfüllt werden, daß der M. dem V. mitteilt, dieser möge selbst die zur Abwendung möglicher Gefahren erforderlichen Maßnahmen treffen (BGH NJW 83, 1049). Verstößt der M. gegen seine Verpflichtungen, ist er nach den allgem. Vorschriften zum Schadensersatz verpflichtet. Den V. trifft nur noch beschränkt die →Instandhaltungspflicht und die → Verkehrssicherungspflicht. Deshalb braucht der V. keine Instandsetzungen oder Renovierungen mehr vorzunehmen, mit denen bis nach dem Auszug gewartet werden kann, während er gefahrbringende Zustände abzuwenden verpflichtet bleibt (LG Mannheim MDR 67, 130; vgl. auch AG Waldshut-Tiengen WM 81, 212, wonach der M. nach Beendigung des Mv. grunds. keinen Anspruch auf Zustimmung zur Verlegung eines Telefonanschlusses hat). Als Besitzer kann sich der M. gegen Besitzstörungen des V. zur Wehr setzen, insbes. seine gewaltsame Entfernung aus den M.räumen ohne Einschaltung des Gerichtsvollziehers verhindern. Zur Weitergewährung der Zentralheizung, der Wasser- und Stromversorgung, der Müllabfuhr, der Benutzungsmöglichkeit der Gemeinschaftsräume (Waschküche) bleibt der V. verpflichtet. Diese Rechtslage besteht auch dann, wenn dem M. vom Gericht eine → Räumungsfrist oder → Vollstreckungsschutz bewilligt wird; denn diese Maßnahmen hindern lediglich den Gerichtsvollzieher und somit auch den V. zeitweilig an der Durchführung einer Zwangsräumung.

Rücktritt und Anfechtung von Mietverträgen. Ein wirksamer Mv. kann im Vorstadium *bis zur → Überlassung* der M.sache an den M. durch die Ausübung eines vereinbarten oder gesetzl. Rücktrittsrechts (§ 326 BGB) oder die Anfechtung (wegen Irrtum, Täuschung, Drohung) *rückwirkend* aufgehoben werden (zur Anfechtung bei Irrtum des M. über die Wohnungsgröße vgl. LG Mannheim MDR 74, 672; zur Anfechtung wegen Täuschung des Vermieters durch den Mieter s. Selbstauskunft des Mieters). Ab der Überlassung der M.sache *verbieten* die rechtlichen Besonderheiten des Mv. jedoch die *rückwirkende Aufhebung* des Vertrags durch eine *einseitige* Erklärung eines Vertragspartners (LG Mannheim ZMR 65, 239; AG Köln 81, 228; a. A. KG MDR 67, 404; Hille WM 84, 292). Eine Anfechtung mit der Folge, daß der Mietvertrag vom Zeitpunkt des Zugangs der Anfechtungserklärung an entfällt, ist aber möglich. Der BGH (WM 68, 161) vertritt die Ansicht, daß der Rücktritt zumindest dann ausgeschlossen ist, wenn die Möglichkeit besteht, das Mv. aus wichtigem Grund fristlos zu kündigen. Ein wirksamer Mv. kann dann nur noch mit Wirkung für die Zukunft einseitig durch die → *Kündigung* beendigt werden. Deshalb ist ein im Mv. *vereinbartes* Rücktrittsrecht in ein Recht zur Ausübung der *fristlosen Kündigung* umzudeuten. Ausnahmsweise läßt das Ges. diese Umdeutung für Mv. über *Wohnraum* aus sozialpolitischen Gründen *nicht* zu (§ 570a BGB); hier ist die fristlose Kündigung nur unter den gesetzl. bestimmten Voraussetzungen zulässig (§§ 553–554b BGB), und sowohl V. als auch M. dürfen anderenfalls trotz des vereinbarten Rücktrittsrechts den Mv. nur unter Einhaltung der → Kündigungsfristen auflösen. Durch diese Regelung soll der M. den gesetzl. → Kündigungsschutz behalten und in die Lage versetzt werden, von der → Sozialklausel Gebrauch zu machen. Abweichende Vereinbarungen erklärt das Ges. insoweit für unwirksam (§§ 570a, 554b BGB). Zusammenfassend zum Rücktritt u. zur Anfechtung bei Mv. über Wohnraum Schmidt-Futterer/Blank Komm. Rdn. B 86ff.

S

Schlüssel (Schl.). Der M. hat einen Anspruch auf Überlassung der Schl. für die Haus- und Wohnungstür, sonstige verschließbare Räume seiner Wohnung und die Nebenräume (Keller, Boden usw.). Der V. ist ohne ausdrückliche Erlaubnis des M. nicht berechtigt, einen Zweitschlüssel für die vermieteten oder untervermieteten Räume zurückzubehalten oder anzufertigen (Gaisbauer DWW 71, 87). Betritt der V. oder der Hauswart mit Zweitschlüsseln ohne ausdrückliche Einwilligung des M. dessen Räume ohne dringenden Anlaß, so begehen sie einen strafbaren Hausfriedensbruch (§ 123 StGB); der M. kann diese → Belästigung nach § 554a BGB zum Anlaß einer fristlosen Kündigung nehmen. Soweit der Mv. keine abweichende Regelung vorsieht, sind dem M. zumindest für die Haus- und Wohnungstür *zwei Schl.* zu überlassen. Benötigt der M. für seine Haushaltsangehörigen *zusätzliche* Schl., darf er sich diese ohne ausdrückliche Genehmigung des V. auf seine Kosten anfertigen lassen; es widerspricht der allgemeinen Übung und der Lebensanschauung, dafür eine ausdrückliche Einwilligung des V. zu verlangen. Der Unterm. kann vom Hauptm. die Überlassung eines Wohnungs- und Hausschlüssels verlangen.

Nach der → Beendigung des Mv. ist der M. verpflichtet, dem V. bei der Räumung *sämtliche* Schl. (auch die zusätzlich angefertigten) zurückzugeben; für die zusätzlich angefertigten Schl. kann der M. jedoch die Erstattung seiner Unkosten verlangen oder sie in Gegenwart des V. (oder eines sonstigen glaubhaften Zeugen) unbrauchbar machen. Fehlende Schl. hat der M. dem V. beim Auszug auf seine Kosten zu ersetzen. Ob der V. den Einbau eines neuen Schlosses und die Überlassung der dazu benötigten neuen Schl. verlangen kann, wenn der M. während der M.zeit oder beim Auszug einen Haustürschl. verloren hat, hängt davon ab, ob eine mißbräuchliche Verwendung der verlorenen Schlüssel zu befürchten ist (LG Mannheim WM 77, 121). I. d. R. ist dies zu verneinen. Den Beweis dafür, daß der M. sich zusätzliche Schl. anfertigen ließ, die er beim Auszug nicht zurückgegeben hat, muß im Streifall der V. führen (LG Mannheim WM 68, 9; Gaisbauer DWW 70, 43; s. Abwesenheit). Verhindert der V. die rechtzeitige Rückgabe des Schl., kann er für die nachfolgende Zeit weder M.zins noch → M.ausfall verlangen (LG Mannheim WM 74, 202).

Für den Zeitungsausträger muß der V. einen zusätzl. Schl. zur Verfügung stellen, wenn die Haustür zur üblichen Belieferungszeit verschlossen ist (AG Berlin-Charlottenburg, FWW 76, 25; AG Berlin-Wedding NJW-RR 86, 314). Der V. kann wegen des Verlustes eines Haustürschl. vom M. nicht die Kosten für die Auswechslung der gesamten Schließanlage verlangen, wenn eine mißbräuchliche Verwendung des Schl. im konkreten Fall nicht zu befürchten ist (LG Mannheim DWW 76, 308).

Der M. hat keinen Anspruch auf die Anbringung einer Türöffneranlage, wenn ihm beim Abschluß des Mv. deren Fehlen bekannt war, selbst wenn seine Wohnung in einem höheren Stockwerk des Hauses liegt (LG Mannheim WM 76, 231); z. Ganzen: Glaser ZMR 83, 181.

Schönheitsreparaturen (Sch.) sind Instandsetzungsarbeiten, die zur Beseitigung eines verschlechterten Aussehens der M.räume erforderlich sind, soweit die Veränderung durch einen normalen *vertragsmäßigen Gebrauch* eingetreten ist.

I. Die Sch. hat grunds. der V. als Teil seiner → Instandsetzungspflicht (§§ 536, 548 BGB) auf seine Kosten durchführen zu lassen. Der Verzicht des M. auf die Übergabe einer vertragsgemäßen Wohnung beinhaltet dabei in der Regel nicht zugleich einen Verzicht auf die Ansprüche aus der Instandhaltungspflicht. Nach Ablauf einer bestimmten Frist muß der V. auch in diesem Fall Renovierungsarbeiten durchführen. Hierfür spielt es keine Rolle, ob der M. zu Beginn des Mietverhältnisses Renovierungsarbeiten durchgeführt oder ob er sich zunächst mit einer mangelhaften Wohnung zufriedengegeben hat. Die Berechnung der Frist ist in allen Fällen gleich. Es ist darauf abzustellen, ob die Wohnung infolge des Zeitablaufs renovierungsbedürftig wäre, wenn sie sich bei Beginn des Mietverhältnisses in einem vertragsgemäßen Zustand befunden hätte.

II. In der Praxis ist es üblich, daß die Sch. durch eine vertragliche Vereinbarung auf den M. übertragen werden. Erforderlich ist stets eine ausdrückliche Regelung. Eine Verkehrssitte, wonach der Mieter auch ohne vertragliche Vereinbarung die Schönheitsreparaturen zu tragen hätte, ist nicht anzuerkennen. Der Umstand, daß ein Mieter jahrzehntelang Schönheitsreparaturen ausgeführt hat, begründet keine entsprechende Vertragspflicht für die Zukunft (LG Berlin MDR 84, 316). Der Vermieter von preisgebundenem Wohnraum hat keinen Anspruch, daß der Mieter nach Beendigung der Preisbindung Schönheitsreparaturen übernimmt (LG Freiburg WM 87, 194).

1. Die Schönheitsreparaturen können auch durch → *Formularvertrag* auf den Mieter übertragen werden. Die Praxis verwendet hierzu unterschiedliche Klauseln, zu deren Wirksamkeit und Auslegung eine umfangreiche Rechtsprechung existiert:

a) Nach dem Rechtsentscheid des BGH vom 30. 10. 1984 (WM 85, 46) ist eine Formularklausel, wonach „die Schönheitsreparaturen ... vom Mieter getragen" werden, wirksam (ebenso OLG Karlsruhe, RE vom 16. 4. 1992, WM 92, 349). Gleiches gilt für ähnliche Klauseln wie z. B.: „Die Mieter haben nach Maßgabe der allgemeinen Vertragsbestimmungen die Schönheitsreparaturen auszuführen" (BGH RE vom 1. 7. 1987 NJW 87, 2575). Die Renovierungsklausel ist auch dann wirksam, wenn dem Mieter bei Vertragsbeginn eine nicht renovierte Wohnung übergeben wird (BGH NJW 87, 2575; überholt: OLG Stuttgart RE vom 6. 3. 1986 WM 86, 210). In diesem Fall kann der Vermieter aus der Renovierungsklausel erst dann Rechte für sich herleiten, wenn die Renovierungsfristen abgelaufen sind (BGH NJW 87, 2575). Zieht der Mieter vor Ablauf dieser Frist aus, darf er die Wohnung in dem Zustand zurückgeben, in dem sie sich befindet. Dabei kommt es nicht darauf an, ob die Räume in diesem Zustand weitervermietet werden können. Sind umgekehrt die Renovierungsfristen abgelaufen, hat der Vermieter den Erfüllungsanspruch auf Durchführung der Schönheitsreparaturen und im Falle der Nichterfüllung einen Schadenersatzanspruch nach § 326 BGB. Dies gilt auch dann, wenn der Mieter beim Mietbeginn renoviert hat (BGH a. a. O.). Etwas anderes kann gelten, wenn dem M. eine renovierungsbedürftige Wohnung überlassen wird und der M. nach dem Wortlaut der Renovierungsklausel „bei Bedarf" oder „erforderlichenfalls" renovieren muß (OLG Stuttgart WM 89, 121; LG Bremen WM 89, 367; LG Karlsruhe WM 90, 201). In diesem Fall ist denkbar, daß der M. bereits bei Vertragsbeginn zur Renovierung verpflichtet ist, was den Verstoß gegen § 9 AGBG begründet. Eine solche Klausel ist unwirksam. Nach der Ansicht des BGH (WM 90, 145) kommt es bei Klauseln dieser Art darauf an, ob die Parteien von einer Renovierungsverpflichtung zu Beginn des Mietverhältnisses ausgegangen sind (dann ist die Klausel unwirksam) oder ober sie die Klausel dahingehend verstanden haben, daß dem M. die Renovierung freigestellt sein sollte (dann ist die Klausel wirksam). Zur Frage, wann von einer renovierungsbedürftigen Wohnung auszugehen ist, s. LG Stuttgart DWW 89, 169; LG Karlsruhe WM 90, 201. Ist in einem Mietvertrag vereinbart, daß der Mieter die Mietsache zu Beginn des Mietverhältnisses renovieren muß, so ist eine daneben bestehende Formularklausel, wonach der Mieter während der Mietzeit die Schönheitsreparaturen zu tragen hat, ebenfalls unwirksam. Dies gilt auch dann, wenn die Verpflichtung zur Anfangsrenovierung individualvertraglich getroffen worden ist (BGH, NJW 93, 532 = WM 93, 175). In all diesen Fällen ist der Mieter zwar zur Anfangsrenovierung verpflichtet; während der Mietzeit sind die Renovierungsarbeiten aber vom Vermieter auszuführen.

b) Formularvereinbarungen, nach denen der Mieter auf jeden Fall eine renovierte Wohnung zurückgeben muß, sind unwirksam. Durch den Rechtsentscheid des OLG Hamm vom 27. 2. 81 (NJW 81,

1049 = WM 81, 77 = ZMR 81, 179 m. Anm. Krabben) ist entschieden, daß die in einem Formular-Mv. enthaltene Klausel, nach der der M. verpflichtet ist, die M.räume bei Beendigung der M.zeit renoviert zurückzugeben, und zwar unabhängig davon, in welchem zurückliegenden Zeitpunkt die letzte Sch. stattgefunden hat, gegen § 9 AGBG verstößt. Das OLG Frankfurt ist dieser Auffassung in dem Rechtsentscheid vom 22. 9. 81 (WM 81, 272 = ZMR 82, 15 = DWW 81, 293) beigetreten. Diese Ansicht entspricht dem wohl überwiegenden Teil der instanzgerichtlichen Rechtsprechung (LG Frankfurt WM 79, 151; AG Krefeld ZMR 80, 241; AG Hannover WM 80, 241; AG Leonberg WM 81, 84; LG Karlsruhe WM 84, 126). Anders ist nach dem Rechtsentscheid des OLG Karlsruhe vom 1. 7. 81 (NJW 81, 2823 = Justiz 81, 361) folgende Klausel zu beurteilen: „Der M. verpflichtet sich, auf seine Kosten die Sch. innerhalb der Wohnung regelmäßig vornehmen zu lassen. Sind bei Kündigung des Mv. bis dahin notwendig gewordene Sch. rückständig, so ist der M. noch vor dem Beendigungstermin zur Zahlung der Renovierungskosten an den V. verpflichtet." Eine solche Klausel verstoße nicht gegen § 9 AGBG. Von den Instanzgerichten werden auch hierzu z. T. abweichende Ansichten vertreten (vgl. z. B.: AG Berlin-Tempelhof-Kreuzberg ZMR 79, 242; AG Frankfurt WM 81, 86; AG Hannover WM 81, 84; wie OLG Karlsruhe: LG Wuppertal WM 79, 72; LG Berlin ZMR 79, 244). Nach einem weiteren Rechtsentscheid des OLG Hamm vom 14. 7. 1981 (NJW 81, 2362 = MDR 81, 1019 = WM 81, 196 = ZMR 81, 342) hält die in allgemeinen Geschäftsbedingungen/Formularmv. gemeinnütziger Wohnungsunternehmen festgelegte Kostenbeteiligung des ausziehenden M. an zukünftigen Sch. in dem zur Zeit des Auszugs laufenden Turnus einer Inhaltskontrolle nach § 9 AGBG jedenfalls dann stand, wenn der M. die Durchführung der laufenden Sch. in einem bestimmten Turnus mietvertraglich übernommen hat und dem gemeinnützigen Wohnungsunternehmen deshalb nur ein Anspruch auf die geringere Kostenmiete zusteht. Das OLG Stuttgart (NJW 82, 1294 = WM 82, 124) hat entschieden, daß eine Vereinbarung in einem Formularmv., in der es heißt: „Endet das Mv., so ist der M. verpflichtet, die Kosten für Sch. aufgrund eines Kostenvoranschlages eines vom V. auszuwählenden Malerfachgeschäfts an den V. nach folgender Maßgabe zu bezahlen.: Liegen die letzten Sch. während der M.zeit länger als ein Jahr zurück, so zahlt der M. 20% der Kosten aufgrund eines Kostenvoranschlags eines Malerfachgeschäfts an den Vermieter; liegen sie länger als zwei Jahre zurück, 40%, länger als drei Jahre, 60%, länger als vier Jahre, 80%, länger als fünf Jahre, 100%. Der V. kann im übrigen bei übermäßiger Abnutzung Ersatz in Geld verlangen. Dasselbe gilt bei schuldhafter Beschädigung des Bodenbelages durch den M." nicht gegen § 9 AGBG verstößt. Die Klausel ist auch dann wirksam, wenn die gemietete Wohnung bei Beginn des Mietverhältnisses nicht renoviert und der Vermieter dazu auch nicht verpflichtet war (BGH RE v. 6. 7. 1988 DWW 88, 314). Etwas anderes gilt dann, wenn der Wortlaut der Klausel so gefaßt ist, daß der M. zugleich zu einer Anfangsrenovierung verpflichtet ist (OLG Stuttgart WM 89, 121; s. oben).

c) Die Problematik ist durch diese Rechtsentscheide noch nicht erschöpfend behandelt. Es kommt letztlich immer auf den Einzelfall an. Eine Vereinbarung in einem Formularmv., wonach der M. sich bei seinem Auszug quotenmäßig an den Kosten der Sch. beteiligen muß, ist jedenfalls dann unwirksam, wenn der M. eine nicht renovierte Wohnung übernommen hat, sie aufgrund einer Vereinbarung sogleich zu renovieren verpflichtet war, sie spätestens nach Ablauf bestimmter Zeiträume erneut herzurichten hätte und schließlich bei Beendigung quotenmäßig Renovierungskosten zahlen muß. Eine derartige Gesamtregelung verschiebt das ausgewogene Verhältnis von Leistung und Gegenleistung so erheblich zu Lasten des M., daß es nicht mehr den Geboten von Treu und Glauben entspricht (LG Mannheim WM 81, 87; ähnl. LG Kassel WM 82, 245; m. zust. Anm. Heitgreß WM 83, 84; AG Hannover WM 82, 72). Gleiches gilt bezüglich einer Klausel, nach der der M. bei Beginn des Mv. renovieren muß, nach der er während des Mv. die Sch. zu tragen hat und nach der er bei Beendigung des Mv. eine renovierte Wohnung zurückgeben muß (AG Köln WM 79, 164; vgl. LG Berlin ZMR 87, 332, wonach es gegen Treu und Glauben verstoßen kann, wenn der Vermieter bei einem kürzeren Mietverhältnis unter Berufung auf die Schönheitsreparaturklausel die Endrenovierung verlangt, obwohl dem Mieter eine unrenovierte Wohnung überlassen worden ist und LG Limburg NJW-RR 86, 176, wonach die Geltendmachung anteiliger Kosten für Schönheitsreparaturen treuwidrig ist, wenn der Mieter bereits vor Einzug die Renovierung der Wohnung auf seine Kosten vorzunehmen hatte und das Mietverhältnis nur 1½ Jahre bestand; s. weiter: AG Osnabrück WM 86, 93, wonach der Mieter durch eine formularvertragliche Verpflichtung zur Endrenovierung beim Auszug unangemessen benachteiligt wird, wenn er aufgrund der tatsächlichen Gegebenheiten genötigt war, die Wohnung bei seinem Einzug zu renovieren). Der Umstand, daß der V. einen geringen Zuschuß zu den Kosten der Anfangsrenovierung gezahlt hat, steht der Anwendung dieser Grundsätze nicht entgegen (AG Speyer WM 83, 138). Maßgeblich ist allein, ob der M. durch die Kumulation der verschiedenen Leistungspflichten im Ergebnis unbillig belastet wird.

d) Eine Vereinbarung, wonach die Wohnung „im normal abgewohnten Zustand" zurückgegeben werden muß, begründet keine Verpflichtung zur Durchführung von Sch. (LG Koblenz MDR 76, 143). Auf Grund einer Klausel, wonach „der Mieter die Mietsache ordnungsgemäß und schonend zu behandeln" hat und wonach „die Räume nach Beendigung des Mietverhältnisses in dem aus einer ordnungsgemäßen Benutzung sich ergebenden Zustand zurückzugeben sind" ist der Mieter ebenfalls nicht zur Durchführung der Schönheitsreparaturen verpflichtet (OLG Düsseldorf, DWW 92, 365). Gleiches gilt für die Vereinbarung „Dekoration ist Sache des Mieters". Hierdurch wird lediglich der V. von der Verpflichtung zur Durchführung der Sch. freigestellt, ohne daß er gleichzeitig einen dahingehenden Anspruch gegen den M. hätte. Die Formularklausel: „Die Mieträume sind bei Beendigung der Mietzeit vom Mieter in bezugsfertigem Zustand dem Vermieter zu übergeben" wird vom LG München II (WM 85, 62) einschränkend dahingehend ausgelegt, daß der Mieter nur solche die Bezugsfertigkeit beeinträchtigenden Schäden zu beseitigen hat, die von ihm zu vertreten sind.

2. Zu den Schönheitsreparaturen gehören *folgende Arbeiten:* Tapezieren, Kalken oder Anstreichen der Wände und Decken, das Streichen der Fußböden, Heizkörper und Heizrohre, Streichen der Innentüren, Fenster und Außentüren von innen. Eine allgemein verwendbare Begriffsbestimmung ist in § 28 IV der II. Berechnungsverordnung enthalten. Darüber hinaus zählt zu den Schönheitsreparaturen die Beseitigung von Dübellöchern, Schraubenlöchern, ungewöhnlichen Anstrichen oder Tapezierungen (LG Braunschweig WM 86, 275). Durch Alterung entstandene Deckenrisse hat der Mieter im Zuge von Schönheitsreparaturen mitzubeseitigen (Schulz, ZfGemW-Bay 86, 495). Die malermäßige Behandlung der Türen von Wand und Einbauschränken gehört dann zu den Sch., wenn durch diese Einrichtungen im wesentlichen Mauerwinkel, Unebenheiten und tote Ecken abgedeckt werden. In diesem Fall haben die Schränke die Funktion einer Wandverkleidung. Anders ist es dagegen, wenn die Schränke infolge ihrer Beschaffenheit und Größe als festeingebaute Möbelstükke angesehen werden müssen. Das Abschleifen und Neuversiegeln eines Parkettfußbodens zählt nicht zu den Schönheitsreparaturen (AG Köln WM 84, 197). Gleiches gilt für die Reinigung oder Erneuerung des Teppichbodens (OLG Hamm RE v. 22. 3. 1991 WM 91, 248; AG Braunschweig WM 86, 310); a. A. Schulz, a. a. O.) und für die Beseitigung der typischen Abnutzungserscheinungen an einer Badewanne (AG Köln WM 84, 197) oder für Maurer-, Installations- und Glasarbeiten. Der Umfang kann aber *vertragl. erweitert* werden (z. B. Abschleifen von Parkettfußböden; LG Kassel WM 75, 35; LG Lüneburg WM 76, 6). Nach gegenwärtiger Rechtsprechung sind allerdings for-

mularvertraglich vereinbarte Erweiterungen unwirksam. So kann in einem Formularvertrag nicht wirksam vereinbart werden, daß der Mieter einen Fachhandwerker mit der Durchführung der Schönheitsreparaturen beauftragen muß. Eine Klausel, wonach die Teppichböden beim Auszug des Mieters auf dessen Kosten durch eine Fachfirma zu reinigen sind, ist ebenfalls unwirksam (OLG Stuttgart, RE vom 19. 8. 1993, WM 93, 528 = ZMR 93, 513 = DWW 93, 328; ebenso: LG Köln WM 89, 70; WM 89, 506; AG Freiburg WM 89, 233; LG Hamburg WM 90, 115 betr. Abschleifen und Versiegeln von Parkettböden; LG Stuttgart NJW-RR 89, 1170 betr. Reinigen von Teppichböden durch eine Fachfirma; LG Köln WM 89, 506 betr. kürzere Fristen für Schönheitsreparaturen als in Fußnote 1 zu § 7 des Mustermietvertrags vorgesehen s. oben). Besteht eine Klausel aus einer wirksamen Verpflichtung (Übernahme der Schönheitsreparaturen durch den Mieter) und einem unwirksamen Teil (Beauftragung eines Fachhandwerkers), so stellt sich die Frage, ob die Klausel insgesamt (LG Stuttgart, WM 91, 579) oder nur zum Teil (LG Stuttgart, ZMR 91, 442) unwirksam ist. Die Beantwortung der Frage hängt davon ab, ob der wirksame Teil sprachlich und gedanklich von dem unwirksamen Teil abgetrennt werden kann, Das OLG Stuttgart (a. a. O.) kommt zum Ergebnis, daß lediglich eine Teilunwirksamkeit gegeben ist. Folgt man dieser Ansicht, so ist der Mieter also zur Durchführung der Schönheitsreparaturen verpflichtet; allerdings darf er diese entgegen dem Wortlaut der Klausel in Eigenarbeit ausführen.

Der Umfang der Sch. kann aber gegenüber den allgemeinen Regeln auch vertraglich beschränkt werden. Ist der M. nach den Vereinbarungen im Mv. bei der Vertragsbeendigung nur verpflichtet, denselben „neu renovierten" Zustand wie bei Beginn des Mv. wiederherzustellen, so richtet sich seine Verpflichtung allein nach dem tatsächlichen Zustand der Räume im Zeitpunkt ihrer Überlassung; wird somit die Wohnung nicht „neu renoviert" übergeben, so fehlt es an den Voraussetzungen für die Renovierungsverpflichtung des M., so daß er beim Auszug keine Sch. schuldet (LG Mannheim DWW 76, 309; LG Köln WM 78, 233).

3. Stellen sich dagegen in den Räumen solche Mängel heraus, die nicht auf normale → Abnutzung oder auf schuldhafte Beschädigungen seitens des M. zurückzuführen sind (Baumängel, undichte Versorgungsleitungen, Sturm-, Hochwasser-, Wasserschäden aus Nachbarwohnung), handelt es sich *nicht* um Sch. Gleiches gilt für Maßnahmen, die im Anschluß an Modernisierungsarbeiten erforderlich sind, um die Räume wieder in einen vertragsgemäßen Zustand zu versetzen. In solchen Fällen ist stets der V. zur Instandsetzung verpflichtet. Sind durch den Mangel oder die Modernisierung Schönheitsreparaturen erforderlich geworden, so handelt es sich auch hier-

bei um eine Maßnahme zur Wiederherstellung des vertragsgemäßen Zustands. Hierfür ist auch dann der Vermieter zuständig, wenn die Schönheitsreparaturen nach dem Mietvertrag dem Mieter übertragen worden sind (AG Berlin-Tempelhof MM 86, 438; WM 87, 147). Unerheblich ist auch, ob die in früherer Zeit vom Mieter durchgeführten Schönheitsreparaturen laienhaft gewesen sind. Der Vermieter schuldet unabhängig von dem vorherigen Zustand der Wohnung ordnungsgemäße Arbeit (LG Berlin MM 86, 401). Der Mieter muß sich auch dann nichts anrechnen lassen, wenn die letzten Schönheitsreparaturen schon einige Zeit zurücklagen. Eine Vorteilsausgleichung findet im Rahmen des § 536 BGB nicht statt (LG Berlin a. a. O.).

4. Welche *finanziellen Aufwendungen* der M. zur Durchführung der Sch. machen muß, ist unerheblich. Der M. kann während der M.zeit den billigsten und ihm genehmsten Weg zur Erfüllung dieser Pflicht wählen, die Arbeiten grunds. also auch selbst durchführen. Sind keine besonderen Vereinbarungen getroffen, hat der V. kein Recht, dem M. die Art der Ausführung und die Wahl des Handwerkers vorzuschreiben (s. aber unten V). In welchem Verhältnis die erforderlichen Aufwendungen zur Höhe des M.zinses stehen, ist insoweit unerheblich. Bei streichbaren Rauhfasertapeten erfüllt der M. seine Verpflichtung zur Sch. durch ein ordnungsgemäßes Überstreichen mit Dispersionsfarbe; das gilt auch bei der Beendigung des Mv., weil dem V. auch dann nicht das Recht zugebilligt werden kann, anläßlich eines M.wechsels jeweils die Beseitigung und Neuanbringung der Rauhfasertapete zu verlangen (LG Mannheim ZMR 77, 153). Der Mieter muß allerdings eine geeignete Farbe (in der Regel wischfest) verwenden. Verwendet der Mieter eine ungeeignete Farbe, so liegt eine Vertragsverletzung vor, die den Mieter zum Schadenersatz verpflichtet (AG Freiburg WM 86, 242; AG Köln WM 87, 150; vgl. auch LG Hamburg WM 86, 311; Heller WM 86, 369). Das Überstreichen einer dafür nicht vorgesehenen Papiertapete stellt keine ordnungsmäßige Schönheitsreparatur dar (KG ZfGemWBay 83, 260; Schulz ZfGemWBay 86, 495); auch in diesem Fall kann der Mieter schadenersatzpflichtig sein.

5. Die Sch. sind vom M. immer dann durchzuführen, wenn das Aussehen der Wände, Decken, Fußböden, Heizkörper, Fenster und Türen durch den normalen Wohngebrauch *erheblich beeinträchtigt* worden ist. Wann ein solches Maß der Abnutzung erreicht ist, kann nur im Einzelfall unter Berücksichtigung der Verkehrssitte entschieden werden. In erster Linie kommt es hierbei auf die subjektiven Wohnbedürfnisse des M., den Gebrauchszweck und auch auf den Wert der M.räume an. Hält der M. eine angedunkelte Zimmerdecke, eine schadhafte Tapete oder einen verblichenen Farbanstrich noch

nicht für erneuerungsbedürftig, kann ihn der V. beim Fehlen eines vereinbarten Fristenplanes nicht zu Sch. zwingen. Die Rspr. hat aber objektive Grundsätze zu entwickeln versucht, nach denen die *Höchstdauer* einer vertragl. Abnutzung für die weniger und stärker in Anspruch genommenen Räume unterschiedlich festgelegt wird. Allerdings hat sich eine einheitliche Rspr. zu diesen Fragen noch nicht herausgebildet. Teilweise wird von den Gerichten ganz allgemein die Durchführung von Sch. in Abständen von 5–6 Jahren als ausreichend angesehen. Andere Gerichte setzen den Turnus für die Küche auf 2–3 Jahre und für die übrigen Räume auf 3–6 Jahre fest. Diese Zahlen bieten aber nur Anhaltspunkte für den Regelfall, während sie sich im Einzelfall je nach der Stärke des Gebrauchs verkürzen oder verlängern können. (LG Köln WM 77, 5). Die Bundesregierung hat anläßlich der Änderung der 2. BerechnungsVO vom 20. 12. 1967 (s. Wirtschaftlichkeitsberechnung) in ihrer Begründung auf Grund der Praxis der Wohnungswirtschaft dazu folgenden Standpunkt eingenommen: alle 3 Jahre Erneuerung der Wand- und Deckenanstriche in Küchen, Kochküchen und Bädern (ausgenommen Ölsockelanstriche) und alle 6 Jahre Erneuerung der übrigen Anstriche (insbes. von Fenster, Türen, Heizkörpern, Ölsockeln, sowie von Wänden und Decken in Fluren, Wohn- und Schlafräumen). Die Verpflichtung des M. zur Durchführung der Sch, nach einem angemessenen Fristenplan besteht für den M. auch dann, wenn er dazu vom V. nicht aufgefordert wird.

Zur Kontrolle des Zustandes der Räume steht dem V. das Recht zu, in angemessenen, längeren Zeitabständen die M.sache zu besichtigen (s. Instandhaltung II; Besichtigung). Der V. kann spätestens bei übermäßiger Abwohnung der Räume erforderlichenfalls im Wege der gerichtl. Klage die Durchführung der Sch. verlangen (BGH NJW 90, 2376). Als Maßstab ist im Zweifelsfall zu fragen, ob der V. bei dem gegebenen Zustand die Sch. auf seine Kosten durchführen würde, wenn sie nicht vertragl. dem M. übertragen worden wären. Der Erfüllungsanspruch wandelt sich nicht in einen Schadensersatzanspruch, weil § 326 BGB während der Dauer des Mv. unanwendbar ist; jedoch kann der V. den M. auf Zahlung eines Vorschußbetrags in Anspruch nehmen (BGH a. a. O.). Zur fristlosen Kündigung nach § 553 BGB ist der V. grundsätzlich nicht berechtigt, weil die Nichtdurchführung von Schönheitsreparaturen in der Regel keine Gefährdung der Mietsache zur Folge hat; auch die ordentliche Kündigung nach § 564b II Nr. 1 BGB wegen erheblichen Pflichtverletzungen kommt insoweit nur in bes. Ausnahmefällen in Betracht (s. Abnutzung II; Kündigungsschutz I 1a).

6. Ist der M. nach den Vereinbarungen im Mv. verpflichtet, die Schönheitsreparaturen zu tragen, so bedeutet dies nicht, daß die

Wohnung in jedem Fall vor oder nach dem Auszug zu renovieren ist. Aufgrund dieser Klausel ist der M. nämlich lediglich verpflichtet, die Wohnung während der Mietzeit in einem gebrauchstauglichen Zustand zu erhalten. Diese Verpflichtung wird dadurch erfüllt, daß nach den von der Rechtsprechung entwickelten Grundsätzen in bestimmten Zeitabschnitten Renovierungsarbeiten durchgeführt werden (vgl. OLG Karlsruhe (RE) vom 24. 8. 82, WM 82, 291 = NJW 82, 2829; OLG Bremen (RE) vom 30. 8. 82, NJW 83, 689 = DWW 82, 335; OLG Frankfurt WM 73, 186). Außerhalb dieser Zeitabstände braucht der M. auch im Falle der Beendigung des Mv. nicht zu renovieren (OLG Karlsruhe a.a.O.; OLG Bremen a.a.O.; OLG Hamm MDR 65, 48). Die Gegenansicht, nach der in diesen Fällen die Wohnung in einem zur Weitervermietung tauglichen, in der Regel also in einem neu renovierten Zustand zurückzugeben ist (BGHZ 49, 56; WM 82, 296) oder nach der der M. die Schönheitsreparaturen anteilig tragen soll (OLG Celle ZMR 65, 270; LG Köln WM 68, 125) verkennt, daß nach der genannten Klausel lediglich die nach § 536 BGB an sich dem V. obliegende Instandhaltungspflicht auf den M. übertragen wird. Die Frage, ob im Einzelfall Schönheitsreparaturen fällig sind, ist für die einzelnen Räume auch beim Auszug getrennt zu entscheiden. Liegen in allen Räumen nur normale Abnutzungen seit der letzten turnusmäßig vorgenommenen Sch. vor, kann der M. sie in diesem Zustand zurückgeben. Eine vorzeitige Pflicht zur Durchführung der Sch. wird auch nicht durch solche Beeinträchtigungen des Zustandes der M.sache begründet, die natürlicherweise durch den vertragsgem. Gebrauch eintreten (z.B. Lichtflecken an den Wänden durch Bilder oder Möbel; Unebenheiten des Fußbodens durch schwere Möbel; Tondorf WM 75, 239). Dübel sind beim Auszug zu entfernen, rechtfertigen aber grundsätzl. keine vorzeitige Erneuerung der Tapeten durch den M. (LG Mannheim MDR 75, 231 = WM 75, 50; AG Dortmund WM 78, 173). Den unterschiedlichen Zustand der einzelnen Räume infolge der unterschiedlichen Renovierungszeiten muß der V. bei der Rückgabe hinnehmen. Diese Rechtsgrundsätze sind auch dann anzuwenden, wenn die Parteien einen Fristenplan vereinbart haben und der M. entsprechend dieser Fristen die Sch. durchgeführt hat (LG Saarbrücken WM 79, 140). Muß der M. beim Auszug die Sch. durchführen lassen, darf er sich nicht darauf berufen, daß die Räume bei der Übernahme völlig abgewohnt waren (König WM 62, 37; Schäfer ZMR 63, 129). Im Unterschied zur Durchführung der Sch. während der M.zeit (s. oben III) muß der M. im Falle der Beendigung des Mv. bei der Ausführung der Sch. auf die Belange eines möglichen NachfolgeM. Rücksicht nehmen, weil dem Gestaltungsinteresse des M. hier keine Bedeutung zukommt. Werden die Arbeiten nicht von einem Handwerker durchgeführt, müssen sie den Anforderungen einer fachgerechten Leistung mittlerer Art und Güte entsprechen (BGH DWW 88, 314). Eine Formularklausel, wonach Schönheitsreparaturen durch einen Fachhandwerker durchgeführt werden müssen, ist allerdings unwirksam (s. oben II 2) verhindert der V. rechtswidrig – insbesondere beim Auszug – die Eigenarbeiten des M. oder seiner Beauftragten, so kann er für die unterbliebenen Sch. keinen Schadensersatz verlangen (LG Mannheim ZMR 76, 209 = WM 76, 228). Bei Rauhfasertapeten erfüllt der M. seine Pflicht, wenn er die Tapeten ordnungsgemäß mit Dispersionsfarbe überstreicht; weil dem V. auch dann nicht das Recht zugebilligt werden kann, anläßlich eines M.wechsels jeweils die Beseitigung und Neuanbringung der Rauhfasertapete zu verlangen (LG Mannheim U. vom 19. 8. 1976, 4 S 41/ 76).

Werden Zimmertüren anläßlich der Verlegung von Teppichböden gekürzt, so kann der V. beim Auszug des M. von diesem nur die Anlängung der Türblätter verlangen, wenn auf diese Weise der frühere Zustand im wesentlichen wiederherzustellen ist (LG Mannheim DWW 77, 20).

Weiterreichende Verpflichtungen des M. zur völligen Renovierung ohne Rücksicht auf den derzeitigen Zustand der Räume lassen sich aus einer Vertragsvereinbarung nur dann herleiten, wenn das aus ihr eindeutig ersichtlich ist. In keinem Fall braucht der M. solche Renovierungsarbeiten durchzuführen, die bei wirtschaftlicher Betrachtungsweise sinnlos sind (z. B. Streichen von Holzfenstern oder von Türen wenn dies wegen des schlechten Zustand des Holzes nicht angebracht ist [vgl. LG Hannover WM 79, 121]; Renovierung, wenn die Wohnung Feuchtigkeitsflecken und Schimmelbildung aufweist und der V. die erforderlichen Reparaturarbeiten noch nicht durchgeführt hat, LG Augsburg WM 83, 22).

7. Läßt der M. die fälligen Sch. *beim Auszug nicht* durchführen, steht dem V. nach § 326 BGB ein Anspruch auf *Schadensersatz* zu. Der Schadenersatzanspruch entfällt nicht deshalb, weil der Vermieter die Renovierung nicht oder zu geringeren Kosten ausführen läßt. Maßgeblich ist allein, welche Mittel zur Durchführung der Renovierung objektiv erforderlich sind (OLG Köln ZMR 87, 375; zur Durchführung der Schönheitsreparaturen durch den Nachfolgemieter s. unten). Zum Schadensersatz gehört auch der Mietausfall, der dem Vermieter deshalb entsteht, weil die Räume infolge der vertragswidrigen Rückgabe nicht sofort weitervermietet werden konnten. Dabei muß der Vermieter beweisen, daß eine Weitervermietung zum nächsten Monatsersten möglich gewesen wäre, wenn der Mieter die Räume im vertragsgemäßen Zustand zurückgegeben hätte. An diesen Beweis sind allerdings keine strengen Anforderungen zu stellen: werden die Räume alsbald nach der Renovierung weiterver-

mietet, so kann hieraus geschlossen werden, daß auch für einen früheren Zeitpunkt Mietinteressenten vorhanden gewesen wären (OLG Frankfurt, DWW 92, 336). Verzögert der Vermieter die Renovierungsarbeiten, so kann der Mietausfallschaden wegen eines Verstoßes gegen die Schadensminderungspflicht (§ 254 BGB) nicht in voller Höhe geltend gemacht werden. Da nach der Rspr. die Verpflichtung des M. zur Durchführung der Sch. eine Hauptpflicht darstellt, setzt der Schadensersatzanspruch des V. grunds. voraus, daß dem M. erfolglos eine *Frist* zur Durchführung der Sch. gesetzt worden ist (§ 326 BGB; BGH MDR 77, 220 = DWW 77, 41 = FWW 77, 19 = NJW 77, 36; ZMR 81, 307 = WM 81, 260; WM 82, 296 = ZMR 82, 180; OLG Hamburg NJW 73, 2211; OLG Frankfurt WM 73, 186; LG Mannheim WM 78, 85). Das Erfordernis der Fristsetzung kann durch eine Vereinbarung in einem → Formularm.v. nicht abbedungen werden (§ 11 Nr. 4 AGBG). Eine Formularklausel, wonach der M. verpflichtet ist, für rückständige Sch. ohne Fristsetzung einen Geldbetrag zu zahlen, ist deshalb unwirksam (BGH NJW 86, 842; LG Freiburg MDR 81, 273; LG Berlin WM 80, 243; AG Köln WM 79, 145); dies gilt auch dann, wenn das Mv. vor dem Inkrafttreten des AGBG abgeschlossen worden ist (OLG Karlsruhe (RE) vom 24. 8. 82, WM 82, 291 = NJW 82, 2829). Die Vorschrift des § 326 BGB setzt voraus, daß der M. zur Durchführung der Schönheitsreparaturen aufgefordert wird. Die Leistungsaufforderung mit Fristsetzung und Ablehnungsandrohung im Sinne von § 326 BGB muß zu einem Zeitpunkt erfolgen, zu dem der Mieter die Schönheitsreparaturen noch durchführen kann. Ist zwischenzeitlich die Wohnung von dem Mietnachfolger renoviert, bewohnt und abgenutzt worden, so ist die Erfüllung dieser Leistung dem Mietvorgänger nachträglich unmöglich geworden (LG Wiesbaden WM 87, 214). Die Aufforderung muß bestimmt und eindeutig sein und dem M. klar zu erkennen geben, daß das Ausbleiben der geschuldeten Leistung Folgen haben wird. Die Rechtsfolge des § 326 BGB tritt deshalb nicht ein, wenn der M. lediglich aufgefordert wird, sich darüber zu erklären, ob er bereit sei, innerhalb einer bestimmten Frist die erforderlichen Schönheitsreparaturen durchführen zu lassen (OLG Düsseldorf, DWW 92, 339; LG Berlin MDR 83, 319). Im übrigen erfordert der für die Leistungsaufforderung geltende Bestimmtheitsgrundsatz, daß dem M. genau mitgeteilt wird, welche Schönheitsreparaturen im einzelnen noch durchzuführen sind (LG Hamburg WM 86, 242; AG Solingen WM 86, 311). Eine Ausnahme kommt allenfalls dort in Betracht, wo über den Umfang der durchzuführenden Schönheitsreparaturen keine Zweifel bestehen können.

Für den Zugang der Fristsetzung ist der V. darlegungs- und beweispflichtig; einen Beweis des ersten Anscheins – etwa durch die

Aufgabe des Schreibens bei der Post – gibt es auch hier nicht (LG Köln ZMR 80, 213). Eine Fristsetzung ist ausnahmsweise dann entbehrlich, wenn aus dem Verhalten des M. die sichere Schlußfolgerung gezogen werden kann, daß er die Erfüllung seiner Verpflichtung endgültig verweigert (z. B. eindeutige Ablehnung durch mündliche oder schriftliche Erklärung). An die Annahme einer endgültigen Erfüllungsverweigerung sind strenge Anforderungen zu stellen. Sie liegt nur vor, wenn der M. eindeutig zum Ausdruck bringt, daß er seinen Vertragspflichten nicht nachkommen werde (BGH WM 82, 296 = ZMR 82, 180; OLG Hamburg ZMR 84, 342). Der Umstand, daß ein Mieter rechtliche Zweifel an seiner Verpflichtung zur Durchführung von Schönheitsreparaturen äußert, rechtfertigt nicht die Annahme, der Schuldner habe die Erfüllung ernsthaft und endgültig verweigert. Eine solche Ablehnung muß vielmehr dergestalt sein, daß eine Fristsetzung nutzlose Förmelei wäre (LG Berlin ZMR 87, 21). Eine endgültige Erfüllungsverweigerung liegt i. d. R. nicht vor, wenn der Mieter auszieht, ohne Schönheitsreparaturen durchgeführt zu haben (OLG Hamburg, WM 92, 70); wohl aber, wenn er zuvor auf die Notwendigkeit von Schönheitsreparaturen hingewiesen worden ist (BGH, NJW 91, 2416 = WM 91, 2416 = WM 91, 550; KG, GE 91, 777). Nach der Rechtsprechung des BGH (ZMR 81, 307 = WM 81, 260) soll sich eine Fristsetzung auch dann erübrigen, wenn der M. auszieht ohne Sch. durchzuführen. In diesem Fall soll die Regelung des § 326 II BGB eingreifen. Der danach erforderliche Interessenwegfall wird vom BGH mit der Erwägung begründet, daß der V. die Renovierung nach erfolgter Rückgabe leichter und schneller bewirken könne als der M. Diese Ansicht verkennt, daß der Tatbestand des § 326 II BGB als Ausnahmevorschrift von § 326 I BGB eng auszulegen ist. Denn durch das Erfordernis der Fristsetzung soll dem Schuldner eine letzte Gelegenheit gegeben werden, die Leistung zu erbringen. Es handelt sich dabei um eine Regelung, die letztlich eine Ausprägung von Treu und Glauben darstellt, wie auch das Verbot abweichender Vereinbarungen in Formularmv. zeigt (§ 11 Nr. 4 AGBG). Gerade im Wohnungsmietrecht ist das Erfordernis der Fristsetzung unerläßlich, weil dem M. oft unklar ist, welche Erwartungen der V. an den vertragsgemäßen Zustand der M.sache stellt (wie hier: LG Wiesbaden WM 86, 113).

Etwas anderes kann allenfalls dort in Betracht kommen, wo die Parteien bereits vor dem Auszug Einigkeit über den Umfang der Renovierungsarbeiten erzielt haben und sich der M. verpflichtet hat, die Wohnung in einem bestimmten Zustand zurückzugeben. Abzulehnen ist die Ansicht des OLG München (NJW-RR 86, 443), wonach eine Fristsetzung mit Ablehnungsandrohung deshalb entbehrlich sein soll, weil der Mieter nach Beendigung des Mietverhältnisses nicht mehr berechtigt sei, die Mieträume zu betreten. Im Rahmen des § 326 BGB ist der Gläubiger verpflichtet, dem Schuldner die Vornahme der Leistungshandlung zu ermöglichen; zu diesem Zweck muß der Vermieter dem Mieter das Betreten der Wohnung gestatten. Läßt sich beim Auszug des M. kein Einverständnis über die Erfüllung der Sch. erzielen, so ist der V. grunds. verpflichtet, dem M. mitzuteilen, welche Renovierungsarbeiten erledigt werden müssen und ihm eine Frist zur Durchführung dieser Arbeiten zu setzen. Kommt der M. innerhalb der Frist seiner Verpflichtung nicht nach, so empfiehlt es sich, den beanstandeten Zustand der Räume durch verfügbare Zeugen feststellen zu lassen; die Einholung eines Sachverständigengutachtens auf Kosten des M. ist nur dann gerechtfertigt, wenn die erforderlichen Feststellungen einen besonderen Sachverstand voraussetzen (LG Mannheim ZMR 74, 214 = WM 73, 246; ähnl. LG Nürnberg-Fürth WM 82, 302). Wird nach dem Auszug die sofortige Beseitigung nicht erledigter Sch. im Hinblick auf eine Weitervermietung erforderlich, kann der V. die richterliche Feststellung des beanstandeten Zustandes im Wege des sog. → Beweissicherungsverfahren (§§ 485 ZPO) beim zuständigen AG beantragen; die dafür anfallenden Kosten hat der M. zu tragen, wenn er auf Grund dieser Beweiserhebung in einem späteren Prozeß in die Prozeßkosten od. sonst zum Schadensersatz verurteilt wird. Der vom M. zu leistende Ersatz beschränkt sich aber auf solche Aufwendungen, die zur Beseitigung der Abnutzung erforderlich sind, die er instandzusetzen verpflichtet war, nicht auf darüber hinausgehende Instandsetzungen der Gesamtwohnung. Bestr. ist, ob der M. den Schadensersatz auch dann an den V. zu leisten hat, wenn der *M.nachfolger auf seine Kosten* diese Arbeiten vornimmt (Pergande FWW 69, 55). Die h. M. läßt auch in diesem Fall den Schadensersatzanspruch des V. fortbestehen (BGH NJW 68, 491 = ZMR 68, 40; OLG Hamburg ZMR 84, 342); diese Ansicht wird jedoch in Rspr. und Literatur insbes. unter dem Gesichtspunkt der Vorteilsausgleichung bestritten (OLG Hamm NJW 64, 1373; LG Berlin ZMR 69, 276; LG Bielefeld MDR 72, 1037; LG Mannheim WM 74, 215; WM 76, 202 = MDR 76, 581; LG Nürnberg/Fürth WM 84, 244; vgl. auch Schmudlach NJW 74, 257; LG Kassel NJW 75, 1842; WM 76, 74; AG Kiel WM 76, 119, die eine gesamtschuldnerische Haftung von ausziehendem und einziehendem M. annehmen). Die Schadensersatzpflicht entfällt dann, wenn der V. nach dem Auszug des M. in der Wohnung Umbauarbeiten durchführen läßt (LG Hamburg ZMR 78, 237; AG Heidelberg WM 80, 243; vgl. auch LG Berlin MDR 81, 57). In diesem Fall hätte der V. von den Sch. keinerlei Nutzen, weil der renovierte Zustand durch die nachfolgenden Arbeiten sofort wieder hinfällig würde. Die Geltendmachung eines auf Durchführung von Sch. gerichteten Leistungsanspruchs verstieße deshalb gegen das Prinzip von Treu und Glauben. Wenn aber der M. nicht zur Leistung verpflichtet ist, kann er auch nicht auf Schadenersatz wegen Nichterfüllung in Anspruch genommen werden. Nach dem Rechtsentscheid des BGH vom 30. 10. 84 (WM 85, 46) und des OLG Schleswig vom 17. 1. 83 (WM 83, 75) soll der Mv. in einem solchen Fall allerdings ergänzend dahingehend ausgelegt werden können, daß der V. anstelle des fälligen Erfüllungsanspruchs eine Geldzahlung erhalten soll. Eine derartige ergänzende Auslegung entspreche dem typischen Willen und Interesse der Mietvertragspartner (ebenso BGH NJW 80, 2397 = WM 80, 241); s. dazu die ablehnenden Anm. von Wiek BlGBW 81, 24 und Gräfe NJW 81, 48 sowie Sonnenschein JZ 85, 428; Emmerich JuS 86, 16 und differenzierend: Herpers WM 84, 175. Die der Entscheidung zugrunde liegende Interessenbewertung ist fehlerhaft. Grundsätzliche Bedenken bestehen insbesondere deshalb, weil die Verpflichtung zur Erbringung einer Leistung und die Verpflichtung zur Geldzahlung verschiedene Dinge sind. Viele M. werden eine Renovierungsklausel nur deshalb akzeptieren, weil sie die danach geschuldete Renovierung in Eigenleistung und damit kostengünstig erbringen können. Zur Übernahme einer Zahlungsverpflichtung wären diese M. bereits aus finanziellen Gründen nicht in der Lage. Bei dieser Sachlage kann nicht davon gesprochen werden, daß die Umdeutung einer Leistungsverpflichtung in eine Zahlungsverpflichtung dem typischen Interesse der M. entsprechen soll. Davon abgesehen verkennen beide Entscheidungen, daß durch die Renovierungsklausel der M. lediglich verpflichtet wird, während der M.zeit anstelle des V. die Sch. durchzuführen. Dieser Leistungsanspruch wandelt sich nur unter der besonderen Voraussetzung des § 326 BGB, nämlich im Falle des Verzugs, in einen Geldanspruch um.

Es ist deshalb nicht sachgerecht im Wege der Vertragsauslegung einen verzugs- und verschuldensunabhängigen Geldanspruch zu begründen. Die Entscheidung des BGH ist allerdings für die Landgerichte bindend. Im einzelnen gilt danach folgendes: Teilt der Vermieter dem Mieter mit, daß er die Räume nach der Rückgabe umbauen wolle, so ist der Mieter nicht mehr berechtigt, seine Verpflichtung zur Durchführung von Schönheitsreparaturen in natura in den nicht umgebauten Räumen zu erfüllen. Der Mieter darf die Schönheitsreparaturen aber auch nicht in den umgebauten Räumen durchführen. Vielmehr ist er verpflichtet, an den Vermieter einen Geldbetrag zu zahlen. Bezüglich der Höhe dieses Betrages ist zu unterscheiden, ob der Mieter seine Verpflichtung zur Durchführung von Schönheitsreparaturen durch die Beauftragung eines Handwerkers oder in Eigenarbeit erfüllt hätte. Im erstgenannten Fall schuldet der Mieter die Handwerkerkosten. Ist dagegen anzunehmen, daß der Mieter nach dem Mietvertrag die Arbeiten in Eigenleistung bzw. durch Verwandte oder Bekannte hätte ausführen lassen dürfen, braucht er neben den Kosten für das notwendige Material nur den Betrag zu entrichten, den er für die Arbeitsleistung seiner Verwandten oder Bekannten hätte aufwenden müssen. Der Wert einer zulässigen Eigenleistung des Mieters ist zu schätzen. Nach einer Entscheidung des LG Berlin (MM 86, 250) kann für Eigenleistungen ein Betrag von DM 4,80 pro m^2 in Ansatz gebracht werden. Teilweise wird in diesem Zusammenhang die Ansicht vertreten, daß der Einwand des Mieters, er habe die Schönheitsreparaturen unter Einsatz eigener Arbeit billiger ausführen können als ein Handwerker dann unberücksichtigt bleiben soll, wenn der Mieter trotz einer entsprechenden Aufforderung des Vermieters die Durchführung von Schönheitsreparaturen insgesamt abgelehnt hat (LG Dortmund WM 85, 226). Diese Ansicht ist deshalb unzutreffend, weil die Umdeutung voraussetzt, daß der Mieter nicht zur Durchführung von Schönheitsreparaturen verpflichtet ist, weil diese infolge der Umbaumaßnahmen wertlos würden. Dann ist es aber auch gerechtfertigt, wenn der Mieter die Durchführung dieser Arbeiten ablehnt. Für die dann statthafte Umdeutung gilt in vollem Umfang der Rechtsentscheid des BGH. Unter bestimmten Voraussetzungen kann nach den Umständen des Einzelfalls die Forderung einer Ersatzzahlung des Mieters ausgeschlossen sein, so z. B., wenn der Vermieter den Mieter zum Auszug gedrängt hatte, weil er in der Wohnung Umbauarbeiten durchführen wollte und der Mieter diesem Verlangen nachgekommen ist (so OLG Karlsruhe WM 84, 51).

8. Die Ansprüche des V. auf Durchführung von Schönheitsreparaturen verjähren nach § 558 BGB in 6 Monaten ab Rückgabe (s. → *Verjährung*). In der Praxis wird häufig übersehen, daß die Verjährung des Schadensersatzanspruchs nicht mit der Rückgabe der Mietsache, sondern erst mit der Entstehung des Anspruchs beginnt (§ 198 BGB; BGH NJW 89, 1854). Dies ist derjenige Zeitpunkt, zu dem der Mieter die Durchführung der Schönheitsreparaturen endgültig verweigert. Gibt der Mieter keine Erklärung ab, so beginnt die Verjährung mit dem Ablauf der gesetzten Frist (OLG Frankfurt, DWW 92, 336). Wird für erforderl. Renovierungen eine *Pauschale* vereinbart, hat der V. grunds. keinen weiteren Anspruch (LG Mannheim ZMR 70, 52). Auch der vertraglich vereinbarte Abgeltungsanspruch verjährt in 6 Monaten (OLG Düsseldorf WM 90, 344; DWW 90, 269).

9. Erklärt der V. anläßlich der Wohnungsrückgabe, daß sich die Räume in einem ordnungsmäßigen Zustand befinden, so liegt hierin i. d. R. ein wirksamer *Verzicht* auf eventuell bestehende Schadensersatzansprüche (sog. negatives Schuldanerkenntnis); teilweise wird auch vertreten, daß ein solcher Verzicht sogar stillschweigend durch

die Rückgabe der Kaution erklärt werden könne (so LG Stuttgart WM 77, 29; ähnl. LG Köln WM 81, 163). Diese Ansicht ist bedenklich, weil aus der Rückgabe eines Sicherungsmittels nicht auf den Verzicht auf die gesicherte Forderung geschlossen werden darf. Jedoch kann in der Rückgabe der Kaution ein Beweisanzeichen für das Vorliegen eines stillschweigenden Verzichts gesehen werden. Haben sich die Parteien bei der Wohnungsübergabe über den Umfang der vom M. durchzuführenden Sch. geeinigt, so liegt hierin i. d. R. ein kausales (deklaratorisches) Schuldanerkenntnis; ein solches Anerkenntnis hat die Wirkung, daß die Parteien mit allen Ansprüchen tatsächlicher und rechtlicher Art ausgeschlossen werden, die sie beim Abschluß des Anerkenntnisvertrags kannten oder mit denen sie zumindest rechnen mußten. Das kausale Schuldanerkenntnis erzeugt aber keinen neuen Rechtsgrund, so daß die dort bestätigten Ansprüche insbesondere der kurzen → Verjährung des § 558 BGB unterliegen. Anders ist es beim abstrakten (konstitutiven) Schuldanerkenntnis nach § 781 BGB – das aber nur ganz ausnahmsweise vorliegen wird. I. d. R. kann nämlich nicht davon ausgegangen werden, daß sich ein M. unabhängig von seiner Verpflichtung aus dem Mv. abstrakt verpflichten will, für bestimmte Schäden einzustehen (LG Aachen WM 81, 163). Stets setzt das Zustandekommen eines Schuldanerkenntnisses voraus, daß sich die Parteien über die Verpflichtung des M. zur Durchführung von Sch. einig sind. Ein Übergabeprotokoll allein kann nicht als Schuldanerkenntnis angesehen werden. In einem solchen Protokoll wird i. d. R. nur der Zustand der M.räume festgestellt. Nach der Verkehrsanschauung erkennt der M. gerade nicht an, daß sich hieraus bestimmte Schadensersatzforderungen ergeben (LG Aachen a. a. O.). Schließen die Parteien einen → Mietaufhebungsvertrag, nach dem der V. verpflichtet ist, dem M. als Gegenleistung für den vorzeitigen Auszug eine Abstandssumme zu bezahlen, so liegt hierin eine abschließende Regelung über die Rechte und Pflichten der Parteien hinsichtlich der Beendigung des M.v. Der V. kann den M. dann nicht mehr auf Schadenersatz wegen nicht durchgeführter Sch. in Anspruch nehmen (LG Nürnberg-Fürth WM 81, 159).

III. Bei → *Sozialwohnungen* kann der V. für Sch. nach § 28 IV der II. BerechnungsVO bei der Errechnung der Kostenmiete in der → Wirtschaftlichkeitsberechnung pauschal höchstens einen Betrag zwischen 10,80 DM u. 13,95 DM/m^2 in Ansatz bringen.

Schriftform (Schr.). Nach §§ 566 Satz 1, 580 BGB müssen Mietverträge über Grundstücke, Wohn- und Geschäftsräume, deren Laufzeit länger als ein Jahr beträgt, schriftlich abgeschlossen werden.

Schriftform

1. Ein Mietvertrag über längere Zeit als ein Jahr liegt nicht nur dann vor, wenn der Vertrag eine ausdrückliche Befristung enthält. Die Schriftform ist auch dann zu beachten, wenn der Vertrag erstmals zu einem nach Ablauf des ersten Vertragsjahres liegenden Zeitpunkt kündbar oder wenn vereinbart ist, daß der Vertrag für eine bestimmte Zeit weiterlaufen soll, wenn er nicht zum Schluß des ersten Jahres gekündigt wird. Gleiches gilt, wenn der Mieter die Möglichkeit hat, den Vertrag aufgrund einer Option über ein Jahr hinaus zu verlängern (BGH NJW-RR 87, 1277). Die Jahresfrist wird stets vom Beginn des Mietverhältnisses, nicht vom Vertragsschluß an gerechnet. Für die Anwendung des § 566 BGB genügt es auch, wenn der Vermieter dem Mieter verspricht, daß das Mietverhältnis von seiten des Vermieters unkündbar sein soll, solange der Mieter die Mietsache benötigt und beide Parteien davon ausgehen, daß der Mieter die Sache noch über Jahre hinaus benötigen werde (BGH LM § 566 BGB Nr. 5) oder wenn das Mietverhältnis auf Lebenszeit des Mieters geschlossen wird (BGH LM § 567 BGB Nr. 1).

2. Die gesetzliche Schriftform soll sicherstellen, daß sich ein Grundstückserwerber, der nach § 571 BGB an die Mietverhältnisse gebunden ist, zuverlässig über den Vertragsinhalt informieren kann. Deshalb muß die Vertragsurkunde alle Vereinbarungen enthalten, die Gegenstand des Mietvertrags sind. Wird in einem Hauptvertrag auf andere Schriftstücke Bezug genommen (z. B.: Allgemeine Geschäftsbedingungen), so wird die Bezugsurkunde nur Vertragsbestandteil, wenn sie dem Hauptvertrag unmittelbar beigefügt wird (BGH LM § 566 BGB Nr. 6). Erforderlich ist insoweit, daß die Bezugsurkunde derart mit dem Hauptvertrag verbunden wird, daß entweder die Auflösung der Verbindung nur mit teilweiser Substanzzerstörung möglich ist (Heften mit Faden, Anleimen), oder die körperliche Verbindung muß als dauernd gewollt erkennbar sein und ihre Lösung Gewaltanwendung erfordern (Heften mit Heftmaschinen). Es genügt nicht, wenn das einzelne Schriftstück so beigefügt ist, daß es von den übrigen jederzeit getrennt werden kann. Es kommt nicht auf die größere oder geringere Festigkeit der Verbindung an, sondern darauf, ob die Verbindung den Willen ersehen läßt, daß die Schriftstücke eine Einheit bilden sollen, wie dies durch das Heften mit einer Heftmaschine bewirkt wird (BGHZ 40, 255). Die Vertragsurkunde muß von allen Parteien unterzeichnet werden. Die Unterschriften müssen unter dem Text stehen und diesen räumlich abschließen (BGH WM 90, 140). Der schriftliche Vertrag kommt zustande, wenn jeder der Beteiligten ein für den anderen Partner bestimmtes Urkundenexemplar unterzeichnet und es diesem aushändigt (§ 126 II, 2 BGB). Wird die von einem Vertragsteil unterzeichnete Vertragsurkunde dem anderen Teil nicht ausgehändigt, so kommt kein schriftlicher Vertrag zustande

(LG Berlin ZMR 84, 337). Die *Unterschrift* muß *eigenhändig* und handschriftlich mit dem bürgerlichen Namen, der Firma oder dem Vereinsnamen erfolgen. Im Falle der Stellvertretung ist die Schriftform nur dann gewahrt, wenn aus der Urkunde irgendwie ersichtlich ist, daß der Vertreter zugleich im Namen des Vertretenen unterschrieben hat (RGZ 96, 286, 289). Dies folgt aus der Erwägung, daß durch den schriftlichen Vertrag nicht nur der genaue Inhalt der Vereinbarungen, sondern auch die Person des oder der Vertragspartner beweiskräftig dokumentiert werden soll. Dieser Zweck kann nur erreicht werden, wenn sich auch die Vertretungsverhältnisse aus der Vertragsurkunde selbst ergeben (LG Mannheim Urt. v. 14. 5. 86 – 4 S 148/85). Sind beim Vertragsabschluß nicht beide Beteiligten gleichzeitig anwesend, tritt die Wirksamkeit erst ein, wenn die unterschriebene Urkunde dem anderen Teil durch die Post oder einen Boten zugeht (§§ 130, 145 BGB). Die Schr. wird durch die gerichtliche oder notarielle Beurkundung ersetzt (§ 126 III BGB).

3. Ein Ergänzungsvertrag bedarf ebenfalls der Schriftform, es sei denn, daß er lediglich unwesentliche Änderungen enthält. Wesentliche Änderungen sind beispielsweise die Veränderung des Mietpreises oder die Erweiterung des Mietgegenstands. Wird die Ergänzung als Nachtrag auf der ursprünglichen Urkunde niedergeschrieben, so muß die Nachtragsvereinbarung erneut von beiden Parteien unterzeichnet werden, wenn sie unterhalb der ursprünglichen Unterschriften steht. Die Unterschrift nur einer Partei genügt nicht. Wird der Nachtrag über den Unterschriften eingefügt, so ist eine erneute Unterzeichnung entbehrlich, weil die Schriftform auch dann gewahrt ist, wenn zuerst unterzeichnet und dann der Vertragtext eingefügt wird. Soll ein schriftlicher Mietvertrag zeitlich verlängert werden, so genügt es zur Wahrung der Schriftform, wenn der Verlängerungsvertrag von den Mietvertragsparteien unterzeichnet wird und dort auf den Ursprungsvertrag Bezug genommen ist (BGH NJW-RR 88, 201). Es ist nicht erforderlich, daß der Mietvertrag und der Verlängerungsvertrag körperlich verbunden sind (BGH NJW 64, 1851; BGHZ 52, 25). Dies gilt allerdings nur dann, wenn der Verlängerungsvertrag selbst alle wesentlichen Elemente eines Miet- oder Pachtvertrags enthält. Dies ist nicht der Fall, wenn in dem Verlängerungsvertrag die Angabe des Mietzinses fehlt. In diesem Fall ist die Schriftform nur gewahrt, wenn der Verlängerungsvertrag körperlich fest mit dem Mietvertrag verbunden ist (BGHZ 50, 39). Die Wiederholung des Mietpreises ist entbehrlich, wenn sich aus dem Verlängerungsvertrag selbst eindeutig ergibt, daß es beim ursprünglichen Mietpreis verbleiben soll (BGH LM § 566 BGB Nr. 22).

4. Wird die Schriftform nicht beachtet, so gilt der Vertrag als für unbestimmte Zeit geschlossen; die Kündigung ist jedoch nicht für

eine frühere Zeit als für den Schluß des ersten Jahres zulässig (§ 566 Satz 2 BGB). Im übrigen ist der Mv. aber voll wirksam (abgesehen von etwaigen abweichenden Kündigungsvereinbarungen). Bei einem noch nicht vollzogenen Mietvertrag rechnet das erste Jahr, für dessen Schluß die Kündigung frühestens zulässig ist, vom Abschluß des Vertrages und nicht von der Übergabe der Mietsache an. Wird ein nach § 566 BGB formgemäß abgeschlossener Mietvertrag ohne Beachtung der gesetzlichen Schriftform geändert und gilt damit als für unbestimmte Zeit abgeschlossen, so beginnt die Mindestlaufzeit mit Abschluß des Änderungsvertrages (BGH NJW 87, 948 mit Anmerkung Sonnenschein JZ 87, 412). Die Berufung eines Mieters auf die fehlende Schriftform stellt auch dann keine unzulässige Rechtsausübung dar, wenn der Vermieter im Hinblick auf die mündlich vereinbarte längere Mietzeit erhebliche Investitionen getätigt hat (BGH ZMR 86, 230). Wird die Schr. nachträglich freiwillig *nachgeholt,* gilt der Mv. von Anfang an als formgerecht geschlossen. Es besteht aber grunds. kein Anspruch gegen den anderen Teil, bei der Nachholung der Schr. mitzuwirken.

5. Die hier dargestellten Grundsätze gelten auch dann, wenn ein weiterer M. in einen bereits bestehenden Mv. *eintritt.* Auch ein solcher Vertrag bedarf der Schr. Wird die Schr. nicht eingehalten, so kann der neue M. nach § 566 S. 2, 565 BGB kündigen, während der ursprüngliche M. für die vereinbarte Vertragszeit gebunden bleibt (BGH NJW 75, 1653 = Betr. 75, 1648).

II. Für die vereinbarte Schriftform gelten grundsätzlich dieselben Anforderungen wie für die gesetzliche Schriftform nach § 566 BGB. Davon abweichend ist eine vertraglich vereinbarte Schriftform aber auch dann gewahrt, wenn sich die Einigung aus einem Brief- oder Telegrammwechsel ergibt (§ 127 Satz 2 BGB).

In diesem Fall können beide Parteien nachträglich verlangen, daß der jeweils andere Teil bei der Herstellung einer Vertragsurkunde mitwirkt, die der gesetzlichen Schriftform entspricht.

Selbstauskunft des Mieters. Einige V. machen die Vermietung einer Wohnung davon abhängig, daß der Mietinteressent in einem Fragebogen Auskünfte über seine persönlichen und finanziellen Verhältnisse erteilt. Diese Praxis ist insbesondere bei V. mit großem Wohnungsbestand verbreitet. In diesen Fällen stellt sich die Frage, ob der M. verpflichtet ist, die in dem Fragebogen gestellten Fragen wahrheitsgemäß zu beantworten und ob der V. bei unrichtiger Beantwortung der Fragen zur Anfechtung wegen arglistiger Täuschung berechtigt ist. Dies ist deshalb problematisch, weil die Fragebögen den Mieter zur Offenlegung persönlicher Daten zwingen, ohne daß dies in jedem Fall durch ein hinreichendes Interesse des Vermieters gerechtfertigt wäre. Der Mieter hat in der Regel auch keine Gewähr dafür, daß die von ihm erteilten Auskünfte vertraulich behandelt werden. Teilweise wird deshalb die Ansicht vertreten, daß derartige Fragebögen unzulässig sind und daß die Falschbeantwortung der Fragen insgesamt folgenlos sei (Lau WM 78, 61). Es ist andererseits aber auch nicht zu verkennen, daß die Überlassung einer Wohnung für den Vermieter mit einem gewissen Risiko verbunden ist, weil im Falle der Zahlungsunfähigkeit eines Mieters wegen der unter Umständen langen Dauer eines Räumungsprozesses Vermögensnachteile eintreten können. Die Zulässigkeit von Fragebögen kann deshalb nicht schlechthin verneint werden (LG Köln WM 84, 297; DWW 84, 75; LG Landau WM 86, 133; LG Mannheim, Urteil vom 1. 8. 79 – 4 S 47/79; Hille WM 84, 292; vgl. auch Weimar ZMR 82, 196; Betrieb 82, 1259). Der zulässige Inhalt solcher Fragebögen ist auf Grund einer Interessenbewertung zu ermitteln; dabei muß das Recht des Mieters auf informationelle Selbstbestimmung (Art. 2 Abs. 1 i. V. mit Art. 1 Abs. 1 GG) gebührend berücksichtigt werden (vgl. BVerfG, NJW 91, 2411 = ZMR 91, 366, wonach ein Mieter bei Abschluß des Mietvertrags nicht offenbaren muß, daß er wegen Geistesschwäche entmündigt ist). Das BAG hat in dem rechtsähnlichen Fall der Einstellungsfragebögen von Arbeitgebern Grundsätze entwickelt, die auch für die Wohnungsmiete anwendbar sind (BAG NJW 85, 645; NZA 84, 331). Nach diesen *Grundsätzen* hat der Vermieter nur insoweit ein Fragerecht, als er ein berechtigtes, billigenswertes und schutzwürdiges Interesse an der Beantwortung seiner Frage für das Mietverhältnis besitzt. Die unrichtige Beantwortung einer in einem Fragebogen gestellten Frage rechtfertigt nur dann eine Anfechtung des Mietvertrags wegen arglistiger Täuschung, wenn die Frage zulässigerweise gestellt worden ist und wenn die Falschauskunft wesentliche Bedeutung für den Fortbestand des Mietverhältnisses besitzt. So ist es beispielsweise zulässig, wenn der Vermieter nach dem Arbeitgeber des Mieters fragt, weil das Arbeitsverhältnis in den meisten Fällen die wesentliche Einkommensquelle des Mieters darstellt (LG Köln DWW 84, 75; WM 84, 297; AG Gelsenkirchen WM 84, 299, wonach eine diesbezügliche Falschauskunft allerdings dann nicht zur Anfechtung berechtigen soll, wenn das Mietverhältnis bereits in Vollzug gesetzt worden ist). Auch unmittelbare Fragen nach den Einkommensverhältnissen müssen als zulässig angesehen werden. Ebenso sind Fragen zulässig, die sich auf den Familienstand beziehen, weil ein Vermieter durchaus ein Interesse daran haben kann, nur an Eheleute zu vermieten (LG Landau WM 86, 133). Bedenklich sind dagegen Fragen nach dem früheren Mietverhältnis (vgl. dazu LG Braunschweig WM 84, 297), nach dem Grund des Wohnungswechsels, nach der Bankverbindung, nach der Mitgliedschaft in einem Mieterverein, oder gar (bei weiblichen Mietinteressenten) nach dem Bestehen einer Schwangerschaft. Auch ohne konkrete Frage kann ein *Mietinteressent verpflichtet sein, auf mögliche Leistungshindernisse hinzuweisen.* Diese Verpflichtung besteht nicht schon dann, wenn die Fähigkeit zur Vertragserfüllung irgendwie zweifelhaft ist. Andererseits setzt die Aufklärungspflicht aber nicht voraus, daß die mangelnde Leistungsfähigkeit endgültig feststeht. Der Mietinteressent kann deshalb verpflichtet sein, auf bestehende wirtschaftliche Schwierigkeiten hinzuweisen (Hille WM 84, 292). Maßgeblich sind stets die Verhältnisse des Einzelfalls (vgl. dazu AG Hagen WM 84, 296, wonach ein Anfechtungsgrund nach § 119 Abs. 2 BGB vorliegen kann, wenn ein Mietinteressent beim Abschluß des Vertrags nicht offenbart, daß er bereits die eidesstattliche Versicherung abgegeben hat; LG Ravensburg WM 84, 297, wonach ein Mietinteressent nicht verpflichtet ist, von sich aus vor Abschluß des Mietvertrags seine Einkommensverhältnisse offenzulegen und wonach ein Irrtum über die Zahlungsfähigkeit eines Mieters nicht zur Anfechtung berechtigen soll (z. ganzen: Weichert, WM 93, 723).

Sozialklausel (Sk.). I. Die Begründetheit einer vom Vermieter ausgesprochenen Kündigung hängt ausschließlich davon ab, ob dieser ein berechtigtes Interesse an der Vertragsbeendigung hat. Die Interessen des Mieters an einer befristeten oder unbefristeten Fortsetzung des Mietvertrags bleiben zunächst unberücksichtigt (BGH RE vom 20. 1. 1988 BGHZ 103, 91). Der Mieter von Wohnraum hat aber nach § 556a BGB die Möglichkeit einer ordentlichen, befristeten Kündigung zu widersprechen und die Fortsetzung des Mietverhältnisses zu verlangen, wenn in seiner Person Härtegründe gegeben sind. Für die Regelung des § 556a BGB hat sich die Bezeichnung „Sozialklausel" durchgesetzt. Dieser Begriff ist nicht zu verwechseln mit dem gleichlautenden Begriff in Art. 14 des Investitionserleichterungs- und Wohnbaulandgesetzes vom 22. 4. 1993 (BGBl. I S. 466, 487): s. dazu → *Sozialklauselgesetz.*

1. Die Regelung in § 556a BGB ist nur anwendbar, wenn der Mieter schutzwürdig und schutzbedürftig ist. Deshalb ist die Sozialklausel in folgenden Fällen unanwendbar:

a) Wenn die → *Kündigung* des V. *unwirksam* ist. Das gilt vor allem für Kündigungen ohne nachweisliche berechtigte Interessen des V. i. S. des § 564b BGB (s. Kündigungsschutz) sowie für sittenwidrige Kündigungen, beispielsweise, wenn eine solche aus bloßer Verärgerung des V. über ein gerechtfertigtes Verhalten des M. erfolgte (LG Mannheim NJW 68, 1833 = ZMR 69, 18 = WM 68, 158). Das Mv. ist dann nicht wirksam beendigt, so daß sich eine Berufung auf die Sk. erübrigt. In Zweifelsfällen wird der M. aber vorsorglich (unter

Hinweis auf die Unwirksamkeit) seinen Wspr. geltend machen, um eine Fristversäumung (s. unten IV, 1) zu vermeiden.

b) Wenn die *Kündigung* einen Mv. über Grundstücke, Geschäftsräume oder andere M.gegenstände, aber *nicht über Wohnraum* betrifft. Bei → Mischräumen ist die Sk. nur anwendbar, wenn die Wohnräume überwiegen (Schmidt-Futterer NJW 66, 583; LG Mannheim ZMR 1966, 107).

c) Wenn der *M. selbst* den Mv. *gekündigt* hat (§ 556a IV Ziff. 1 BGB).

d) Wenn der V. nach §§ 553, 554, 554a BGB einen *Grund zur fristlosen Kündigung* des Mv. hat (s. Kündigung I 2a), gleichgültig, ob er fristlos oder mit einer Kündigungsfrist kündigt (§ 556a IV Ziff. 2 BGB). Der V., der den M. durch die Zubilligung einer Kündigungsfrist schont, soll dadurch nicht benachteiligt werden. Es ist Sache des V., in einem derartigen Fall dem M. oder im Streitfall dem Gericht darzulegen und erforderlichenfalls zu beweisen, daß er zur fristlosen Kündigung berechtigt wäre. Das gilt nicht, wenn der V. ohne Rücksicht auf ein vertragswidriges Verhalten des M. nur die außerordentliche befristete Kündigung unter Einhaltung der gesetzl. Kündigungsfrist ausspricht oder geltend zu machen berechtigt wäre (s. Kündigung I 2b); in diesen Fällen einer vorzeitigen Kündigung kann sich der M. auf die Sk. berufen (bestr.)

e) Wenn der V. einen Mv. über eine funktionsgebundene → *Werkwohnung* nach § 565c S. 1 Ziff. 2 BGB gekündigt hat oder wenn der M. einer Werkwohnung das Arbeitsverhältnis ohne einen vom Arbeitgeber herbeigeführten gesetzl. begründeten Anlaß gelöst bzw. seinerseits Anlaß zur Auflösung gegeben hat (§ 565d III BGB; s. Werkwohnung II 4).

f) Wenn Wohnraum nur zu *vorübergehendem Gebrauch* oder *möblierter* Wohnraum – innerhalb der vom V. selbst bewohnten Wohnung – an *alleinstehende* Personen vermietet ist (§ 556a VIII BGB).

g) Wenn das Mv. in einer dem § 564c Abs. 2 BGB entsprechenden Weise wirksam befristet worden ist (sogenannter → *Zeitmietvertrag*).

h) Wenn Wohnraum in Ferienhäusern und Ferienwohnungen in Ferienhausgebieten vermietet worden ist. Voraussetzung ist, daß der Wohnraum vor dem 1. Juni 1995 dem Mieter überlassen worden ist und daß der Vermieter den Mieter bei Vertragsschluß auf die Zweckbestimmung des Wohnraums sowie darauf hingewiesen hat, daß dieser Wohnraum nicht dem Kündigungsschutz unterliegt (s. Kündigungsschutz VI.).

i) Wenn Wohnraum vermietet worden ist, den eine juristische Person des öffentlichen Rechts im Rahmen der ihr durch Gesetz zugewiesenen Aufgaben angemietet hat, um ihn Personen mit dringendem Wohnungsbedarf oder in Ausbildung befindlichen Personen zu überlassen. Auch hier ist Voraussetzung, daß der Wohnraum dem Mieter vor dem 1. Juni 1995 überlassen worden ist und daß der Vermieter bei Vertragsschluß auf die Zweckbestimmung des Wohnraums und den Ausschluß des Kündigungsschutzes hingewiesen hat (s. Kündigungsschutz VI.).

2. Folgende Umstände kommen für den M. als Härtegründe bes. in Betracht:

a) *Fehlende Ersatzwohnung.* Nach dem ausdrücklichen Gesetzeswortlaut liegt eine Härte dann vor, wenn angemessener Ersatzwohnraum zu zumutbaren Bedingungen nicht beschafft werden kann. Nach den Rechtsentscheiden des OLG Stuttgart (NJW 69, 240) und des OLG Oldenburg (WM 70, 132) kommt es für die Anwendbarkeit des § 556a BGB nicht darauf an, ob dem Schutzbedürfnis des M. durch die Gewährung einer → Räumungsfrist ausreichend Rechnung getragen werden kann (z. B. bei feststehendem Auszug binnen 6 Monaten). Die dafür maßgebenden Umstände muß der M. dem V. darlegen sowie im gerichtl. Verfahren schildern und im Streitfall beweisen (LG Aachen WM 85, 265). Der Hinweis auf einen angespannten Wohnungsmarkt genügt dabei für sich allein nicht. Erforderlich sind konkrete Darlegungen über die bisherigen Bemühungen zur Erlangung von Ersatzraum. Insoweit gilt, daß der Mieter alles ihm Zumutbare tun muß, um seine Räumungsverpflichtung zu erfüllen. Ein Teil der Rechtsprechung wendet allerdings andere Grundsätze an, wenn eine allgemeine Wohnungsmangellage besteht und der Mieter in schlechten finanziellen Verhältnissen lebt. In diesem Fall wird auf Ersatzraumbemühungen verzichtet (AG Schöneberg, GE 90, 499; MM 90, 131; AG Freiburg, WM 91, 686; AG Hannover, WM 91, 553; LG Darmstadt, MM 91, 131; AG Charlottenburg, MM 91, 194) oder angenommen, daß es genügt, wenn sich der Mieter mit der Wohnungsbehörde in Verbindung setzt (LG Mannheim, ZMR 93, 79; WM 93, 62). Der Mieter kann verlangen, daß die Ersatzwohnung in bezug auf Lage, Größe und Ausstattung bestimmten Anforderungen genügt, wobei auch den bisherigen Lebensgewohnheiten des Mieters Rechnung zu tragen ist. Dem Umstand, daß solche Wohnungen nur schwer zu bekommen sind, ist bei der Bemessung der Verlängerungsdauer Rechnung zu tragen. Eine Mieterin im höheren Lebensalter ist nicht verpflichtet, sich auf die Unterbringung in einem Alters- oder Pflegeheim verweisen zu lassen (OLG Karlsruhe RE vom 3. 7. 1970 NJW 70, 1746). Nach dem Rechtsentscheid des OLG Karlsruhe vom 31. 3. 1971 (NJW 71, 1182 = WM 71, 96) stellt es keine Härte dar, wenn der M. in der bisherigen Wohnung mit Einverständnis des V. ein Hobby ungestört ausüben kann, das er in den meisten anderen Wohnungen nicht betreiben könnte (z. B. Brieftaubenzucht).

b) *Zwischenumzug*. Steht mit ausreichender Sicherheit fest, daß der M. zwar ausziehen kann, aber erst nach mehr als 1 Jahr (s. Räumungsfrist), ist ein kurzfristiger Zwischenumzug nicht zu rechtfertigen (z. B. begonnener Bau eines Eigenheims, Versetzung, Pensionierung, feste Zusage einer Ersatzwohnung). Der M. findet meist für eine kürzere Zwischenzeit keine Ersatzwohnung und die doppelten Umzugsbelastungen sind außergewöhnliche Härtegründe (LG Mannheim NJW 64, 2307 = NJW 65, 303).

c) *Hohes Alter, Krankheit, Gebrechen*. Diese Umstände sind zunächst außergewöhnliche Erschwerungsgründe für die Erfüllung der Ersatzraumbeschaffungspflicht (s. oben 2a). Darüber hinaus können sie ein selbständiger Härtegrund sein, wenn der Umzug oder der Umgebungswechsel ein bestehendes Leiden verschlimmern oder die Genesung wesentlich verzögern würde (s. auch unten 4). Eine Lebensgefahr braucht durch den Umzug nicht zu befürchten sein. Hohes Alter kann bei erheblicher körperlicher oder geistiger Behinderung und langjähriger Wohndauer auch ohne zusätzliche Erkrankung ein Härtegrund sein, wenn die bes. starke Verwurzelung mit der Umgebung einen Umzug unzumutbar erscheinen läßt (LG Hamburg WM 87, 223). Es kommt dabei weniger auf das Lebensalter als auf den Grad der körperlichen und geistigen Behinderung an (Blindheit, Lähmungen, hochgradige sonstige Körperbehinderung; LG Kassel MDR 65, 831). *Gegen seinen Willen* kann der M. nicht auf einen *Umzug* in ein *Alters- oder Pflegeheim* verwiesen werden, solange er seinen wesentl. M.pflichten nachkommt; auch dem *auszugswilligen* M. ist das Mv. bis zum mutmaßlichen Erhalt eines Heimplatzes oder einer anderen angemessenen Wohnung zu verlängern (OLG Karlsruhe Rechtsentsch. v. 3. 7. 1970, NJW 70, 1746).

d) *Armut*. Kann der M. eine angemessene Ersatzwohnung zum bisherigen M.zins nicht erhalten und erlauben ihm seine ungünstigen wirtschaftlichen Verhältnisse nicht, dafür mehr zu zahlen, ist ein Härtegrund gegeben. Das Einkommen und Vermögen der im Haushalt lebenden Angehörigen und das → Wohngeld sind dabei zu berücksichtigen. Auch außergewöhnliche wirtschaftliche Belastungen vorübergehender Art, welche die Zahlung der Umzugskosten unmöglich machen (z. B. geringes Einkommen, außergewöhnliche Krankheitskosten), werden durch eine zeitlich angemessene Verlängerung des Mv. bis zur Normalisierung der Verhältnisse zu berücksichtigen sein. Im allgemeinen können aber die reinen Umzugskosten nicht als Härtegrund anerkannt werden. Für den M. einer → Sozialwohnung kann es eine Härte darstellen, wenn er zum bisherigen M.preis keine ähnlich preisgünstige und auch künftig preisgebundene Ersatzwohnung erhalten kann. Das setzt aber voraus, daß der M. bei der Kündigung kein höheres Einkommen hat, als es die gesetzl. Einkommensgrenzen für Sozialwohnungen vorsehen (§ 5 WoBindG).

e) *Verlust finanzieller Vorteile.* Bietet die gekündigte Wohnung dem M. bes. finanzielle Vorteile (z. B. Untervermietung, Getränkeverkauf im Keller), bedeutet der Wegfall dieser Einnahmequelle i. d. R. *keine* Härte (LG Wiesbaden ZMR 66, 302). Werden Wohnräume zulässigerweise teilweise zu gewerblichen Zwecken benutzt (s. gewerbliche Nutzung), kann aber der Verlust eines festen Kundenstammes (z. B. Schneiderei) beim Fehlen einer entsprechenden ortsnahen Ersatzwohnung eine erhebliche Härte sein (OLG Köln NJW 68, 1834; Schmidt-Futterer MDR 69, 96).

f) Fortgeschrittene *Schwangerschaft* einer zum Haushalt gehörenden Person. Sie ist wegen den damit verbundenen Erschwerungen der → Ersatzraumbeschaffungspflicht sowie den allgem. physischen und psychischen Belastungen bis zum Ablauf einer angemessenen Schonfrist nach der Niederkunft als Härtegrund anerkannt (AG Herford MDR 64, 1007; AG Aachen MDR 66, 55).

g) *Besondere berufliche Belastung.* Ist der Mieter gerade zum Zeitpunkt der Räumung in einer außergewöhnlichen Weise beruflich belastet, so kann auch dies als Härtegrund anerkannt werden (OLG Köln RE vom 28. 6. 1968 WM 68, 179). Gleiches gilt für einen Studenten vor dem Examen (LG Aachen NJW-RR 86, 313; AG Tübingen ZMR 86, 60).

h) *Kinderreiche Familie.* Für sie ist erfahrungsgemäß die Beschaffung einer Ersatzwohnung auch bei ausgeglichenem Wohnungsmarkt bes. erschwert, weil viele V. kinderlose M. oder Kleinfamilien bevorzugen (LG Dortmund NJW 65, 2204; LG Essen WM 68, 198; LG Wuppertal WM 68, 109). Ist die gekündigte Wohnung mit öffentl. Mitteln gefördert und für Kinderreiche zweckgebunden, liegen zusätzl. Härtegründe vor (AG Aachen ZMR 65, 75). Unvermeidliche Störungen durch die Kinder führen nicht zur Versagung des Schutzes, wenn sich die Eltern ernsthaft bemühten, ihren Erziehungs- und Aufsichtspflichten nachzukommen. Als Härtegrund ist ferner anerkannt, wenn den Kindern durch den Wohnungswechsel ernsthafte *Umschulungsschwierigkeiten* oder Prüfungserschwerungen entstehen würden (z. B. kurz vor dem Abitur, ortsnahe Sonderschule für behinderte Kinder; LG Wuppertal MDR 70, 332).

i) *Bes. Aufwendungen für die Wohnung* stellen eine besondere Härte dar, wenn der Mieter mit einer frühen Kündigung des Mietverhältnisses nicht zu rechnen hatte, die Aufwendungen erheblich sind, für einen erheblichen Teil davon beim Auszug kein Ersatz verlangt werden kann und die Aufwendungen durch die Mietzeit auch noch nicht abgewohnt sind, so daß es im Ergebnis zu einem wesentlichen Verlust des Mieters kommen würde (OLG Karlsruhe RE vom 31. 3.

1971 WM 71, 96; OLG Frankfurt RE vom 23. 6. 1971 WM 71, 168). Keine Härte liegt vor, wenn der Mieter bauliche Änderungen vorgenommen hat, zu denen er im Verhältnis zum Vermieter nicht befugt war.

k) Die hier aufgeführten Härtegründe sind *nicht abschließend.* Vielmehr kommen alle Umstände in der Person des M. als Härtegründe in Betracht, die den hier dargestellten Beispielen ähneln und durch die der M. in vergleichbarer Weise hart getroffen wird.

3. Den Härtegründen des M. kann der V. seine *berechtigten Interessen* an der Beendigung des Mv. *entgegensetzen.* Hierbei kommen zunächst diejenigen Interessen in Betracht, die zur Begründung der Kündigung in dem Kündigungsschreiben dargelegt worden sind. Das rechtlich nicht bindende Versprechen des Vermieters gegenüber einem anderen Mieter, diesem demnächst die Wohnung des gekündigten Mieters zur Verfügung zu stellen, begründet jedoch kein berechtigtes Interesse im Sinne des § 556a BGB (OLG Karlsruhe RE vom 3. 7. 1970 NJW 70, 1746).

4. Die Härtegründe des M. und die berechtigten Interessen des V. sind *gegeneinander abzuwägen.* Die Interessen des Eigentümers sind dabei in einer Art und Weise zu werten, die den Grundrechtsschutz des Eigentums beachtet und unverhältnismäßige Eigentumsbeschränkungen vermeidet (BVerfG, ZMR 93, 207). So ist es beispielsweise nicht zu beanstanden, wenn den Interessen einer vierköpfigen Vermieterfamilie der Vorrang vor den Interessen einer erheblich erkrankten Mieterin eingeräumt wird, wenn sich die mit der Räumung verbundene Belastung durch eine begleitende ärztliche Behandlung wesentlich vermindern läßt. Es ist auch nicht fehlerhaft, wenn vom Mieter verlangt wird, daß er an einer Verminderung der Räumungsrisiken mitwirkt (BVerfG, WM 93, 172). Andererseits kann auch der Mieter verlangen, daß das Gericht den Begriff der Härte in grundrechtskonformer Weise erfaßt und berücksichtigt (BVerfG, WM 93, 377 = ZMR 93, 405). Die höher zu bewertenden Belange geben den Ausschlag, ob eine Fortsetzung des Mv. begründet ist. Stehen sich im Ergebnis die Interessen gleichwertig gegenüber, geht das Räumungsinteresse des V. vor. Zu beachten ist aber, daß zugunsten des Vermieters nur diejenigen Gründe berücksichtigt werden, die im Kündigungschreiben angegeben sind; eine Ausnahme gilt hinsichtlich solcher Gründe, die nach dem Kündigungsausspruch entstehen (§ 556a Abs. 1 Satz 3 BGB). Diese Vorschrift gilt auch für eine Kündigung nach § 564b Abs. 4 BGB, obwohl die Wirksamkeit der Kündigung in diesen Fällen nicht von einem Kündigungsgrund abhängt (OLG Hamm, RE vom 16. 3. 1992, WM 92, 230 = ZMR 92, 243).

II. *Die Dauer der Fortsetzung und die Abänderung von Vertragsbedingungen.* Auf welche Dauer und zu welchen abgeänderten Vertragsbedingungen der Mv. fortgesetzt wird, soll in erster Linie Gegenstand der *Einigung* zwischen V. und M. sein. Oft werden aber die widerstreitenden Interessen darüber eine Einigung verhindern. Dann muß das *Gericht* über diese Streitfragen im Räumungsprozeß oder auf die Fortsetzungsklage des M. entscheiden (s. gerichtl. Verfahren V). Diese Entscheidung setzt voraus, daß der Anspruch des M. auf Fortsetzung des Mv. nach den unter I dargelegten Grundsätzen überhaupt begründet ist.

1. Das Gericht kann die Fortsetzung des Mv. auf *bestimmte oder unbestimmte Zeit* anordnen (§ 556a III BGB). Die Fortsetzung darf *grunds. nur auf bestimmte* Zeit verfügt werden, weil die Härtegründe i. d. R. nur vorübergehend den Ausschluß der Kündigungswirkungen erfordern. Der Zeitraum der Fortsetzung ist danach zu bemessen, wie lange voraussichtlich die Härtegründe einen Auszug des M. bei Berücksichtigung der Interessen des V. rechtfertigen (z. B. Dauer der Erkrankung, erwarteter Einzug in die Ersatzwohnung). Eine Fortsetzung des Mv. auf unbestimmte Zeit ist *ausnahmsweise* nur dann zulässig, wenn *ungewiß* ist, wann voraussichtlich die Umstände wegfallen, die für den M. eine nicht gerechtfertigte Härte bedeuten (§ 556a III 2 BGB). Das ist der Fall, wenn die Härtegründe nicht nur vorübergehend vorliegen (z. B. hohes Alter) oder der Zeitpunkt ihres Wegfalls nicht abzusehen ist (z. B. Gebrechlichkeit, unabsehbare Dauer der Erkrankung; LG Mannheim MDR 75, 933 = WM 75, 213). Dann muß vom Gericht im Urteil ausdrücklich bestimmt werden, daß die Fortsetzung auf „unbestimmte Zeit" angeordnet wird. Die *Befristung* der Fortsetzung bis zum Eintritt eines noch *ungewissen Ereignisses* (z. B. bis zur Genesung) ist in derartigen Fällen *unzulässig*, um die Prüfung dieser Voraussetzungen nicht ohne weiteren Richterspruch dem Verfahren bei der Erteilung der Vollstreckungsklausel zu überlassen. Ändern sich bei unbefristeter Fortsetzung des Mv. später die Voraussetzungen zugunsten des V., darf er nur unter den bes. Erschwerungen des § 556c II BGB die → Kündigung aussprechen (s. unten VI). Unzulässig ist auch eine Verlängerung des Mv. *„auf Lebenszeit"*, weil sie weder eine Fortsetzung auf bestimmte noch auf unbestimmte Zeit darstellt (OLG Stuttgart (RE) NJW 69, 1070 = WM 69, 95; a. A. LG Wiesbaden WM 68, 200). *Erstrebt* ein *M.* in hohem Lebensalter *selbst den Umzug* in eine Ersatzwohnung bestimmter Lage, Größe und Ausstattung oder in ein Altersheim, ist das Mv. auf *bestimmte Zeit* zu verlängern, bis der angestrebte Umzug durchführbar ist (OLG Karlsruhe (RE) NJW 70, 1746).

2. Über die *Änderung* der bisherigen *Vertragsbedingungen* hat das Gericht nur zu entscheiden, wenn auch hierüber zwischen V. und M. ungeklärte Streitfragen vorliegen und keine Einigung erzielt werden kann. Geht aus den Behauptungen der Vertragsparteien hervor, daß

diese Fragen streitig sind, hat das Gericht darüber von Amts wegen die erforderlichen Sachaufklärungen zu treffen und zu entscheiden, so daß ein *förmlicher Antrag nicht* gestellt zu werden braucht (s. gerichtl. Verfahren V). Das Verlangen des V. nach einer Abänderung der bisherigen Vertragsbedingungen ist begründet, wenn ihm bei Würdigung der Gesamtumstände die Fortsetzung auf der Grundlage der früher getroffenen Vereinbarungen nicht zumutbar ist. Die Vermögens- und Einkommensverhältnisse beider Vertragsparteien, ihr bisheriges Verhalten, die ortsübliche Entwicklung der M.preise und alle sonstigen beachtlichen Umstände sind dabei zu würdigen. Könnte der V. die Wohnung anderweitig zu einem höheren M.zins vermieten, kann seinen berechtigten Interessen durch eine Änderung der M.preisvereinbarung Rechnung getragen werden (s. oben I 3a). Die Anhebung des M.zinses bis zum ortsüblichen Entgelt ist i. d. R. angemessen (LG Mannheim MDR 75, 933 = WM 75, 213); u. U. kann dem V. aber auch die Fortsetzung mit einer geringeren Erhöhung zugemutet werden (bestr.). Die M.erhöhung unterliegt hierbei nicht den formellen und materiellen Voraussetzungen des MHG.

Das Gericht kann auch eine mittelbare Erhöhung des M.zinses durch die Verpflichtung des M. zu zusätzlichen Leistungen anderer Art anordnen (z. B. Übernahme von Schönheitsreparaturen, der Gehwegreinigung, der Aufgabe des → Hauswarts). Macht der V. Eigenbedarf geltend, kann der M. auch zur Herausgabe eines Teils seiner Räume verurteilt werden (z. B. Mansarde, an die Wohnung des V. angrenzendes Zimmer). Das Interesse des V. an der Abschaffung eines Hundes, der Entfernung von Unterm. oder an der Unterlassung von Störungen durch eine gewerbliche Raumnutzung kann nach Anordnung des Gerichts durch entsprechende Unterlassungen des M. erfüllt werden. Die vom Gericht im Urteilsausspruch festzulegenden Vertragsänderungen sind *Bestandteil des fortgesetzten Mv.*

III. *Fortsetzung befristeter Mv.* Ist ein Mv. über Wohnraum für *bestimmte* Zeit eingegangen, endet es ohne Kündigung zum vorgesehenen Endtermin (s. Rückgabepflicht I).

1.) Beim gewöhnlichen befristeten Mv. im Sinne von § 564c Abs. 1 BGB kann der M. verlangen, daß das Mv. auf unbestimmte Zeit fortgesetzt werde. Der Fortsetzungsanspruch muß dabei spätestens zwei Monate vor Vertragsende geltend gemacht werden. Liegt eine wirksame Fortsetzungserklärung vor, so endet das Mv. nur dann zum vertraglich vereinbarten Zeitpunkt, wenn auf seiten des V. Kündigungsgründe vorliegen (s. Kündigungsschutz für Wohnräume V). Fehlt es am Kündigungsgrund, so ist der M. schon deshalb nicht zur Räumung verpflichtet. Kann der V. dagegen ein berechtigtes Interesse an der Beendigung des Mv. geltend machen, so darf sich der M. dennoch auf die Sozialklausel berufen, wenn die oben unter I,

II erörterten Voraussetzungen zu seinen Gunsten vorliegen (§ 556b I BGB). An Stelle des Wspr. gegen die Kündigung tritt hier das *Fortsetzungsverlangen* des M. (Fv.), das er *spätestens 2 Monate* vor Ablauf der M.zeit beim V. geltend machen muß. Eine Ausnahme gilt, wenn der Vermieter den Mieter nicht vor dem Ablauf der 2 Monats-Frist auf die Möglichkeit, die Form und die Frist des Widerspruchs hingewiesen hat. In diesem Fall kann der Widerspruch noch im ersten Termin des Räumungsrechtsstreits erklärt werden (OLG Hamm, RE vom 26. 7. 1991, WM 91, 423 = ZMR 91, 423). Eine Besonderheit gilt, wenn der V. ein *bes. Interesse* an der *Befristung* des Mv. hat und das dem *M. bekannt* war. Die bloße Bestimmung eines Endtermins des Mv. reicht dafür nicht aus. Vielmehr müssen auf Seiten des V. bes. Gründe für die Bestimmung des Endtermins vorgelegen haben und dem M. beim Abschluß des Mv. zur Kenntnis gebracht worden sein (z. B. Vermietung während einer befristeten Auslandsreise oder bis zum Studienabschluß des verheirateten Sohnes). In diesem Fall sind zur Begründung des Fv. zu Gunsten des M. nur solche Umstände zu berücksichtigen, die *nach Vertragsabschluß* eingetreten sind (§ 556b II BGB). Deshalb kann sich der M. dann nicht darauf berufen, daß sein Fv. wegen hohen Alters oder dem Fehlen einer zumutbaren Ersatzunterkunft begründet sein soll, wenn z. B. beim Vertragsabschluß die örtliche Wohnungsmarktlage ebenso ungünstig war. Die oben erwähnte 2-Monatsfrist für das Fortsetzungsverlangen gilt nur, wenn der V. den M. *vorher* rechtzeitig auf die *Möglichkeit* dieser Rechtswahrung sowie die dazu erforderliche *Form* und *Frist* hingewiesen hat; anderenfalls ist der M. berechtigt, sein schriftl. Fortsetzungsverlangen auch später *bis zur ersten mündl. Verhandlung* im Räumungsprozeß geltend zu machen (§§ 556b I 2, 564a II, 556a VI BGB).

2.) Eine Ausnahme von den oben 1.) dargestellten Grundsätzen gilt dann, wenn die Parteien einen *Zeitmietvertrag* im Sinne von § 564c Abs. 2 BGB geschlossen haben. Bei dieser Vertragsgestaltung endet das Mv. in jedem Fall zum vertraglich vereinbarten Zeitpunkt. Fortsetzungsansprüche jeglicher Art sind ausgeschlossen.

IV. *Die Geltendmachung des Widerspruchs* (Wspr.). Geht beim M. eine wirksame → Kündigung des V. ein, muß er sich darüber schlüssig werden, ob er beim Ablauf der → Kündigungsfrist oder nach einer → Räumungsfrist ausziehen will. Empfindet der M. aber die vom V. erklärte Beendigung des Mv. als eine Härte, die aus seiner Sicht den Wunsch auf die Fortsetzung des Mv. berechtigt erscheinen läßt, muß er das durch die Erklärung des Wspr. zum Ausdruck bringen. Die Wirksamkeit eines Wspr. wird vom Ges. an bestimmte *Voraussetzungen* geknüpft, die erfüllt sein müssen, um einen Anspruch gegen den V. zu begründen, über den vom Gericht sachlich entschieden werden soll.

1. Unabhängig von der Dauer der Kündigungsfrist muß der M. den Wspr. *bis spätestens 2 Monate vor Ablauf der jeweiligen Kündigungsfrist* dem V. gegenüber erklären (§ 556a VI BGB). Wird diese Frist versäumt, kann der V. bereits aus diesem Grund die Fortsetzung des Mv. ablehnen. Über das maßgebende Ende der jeweiligen → Kündigungsfrist muß sich der M. erforderlichenfalls durch Beratung eines Rechtskundigen vergewissern. Bei der Einlegung des Wspr. sieht das Ges. keine Karenzzeit von 3 Werktagen am Monatsbeginn vor, wie das bei den Kündigungsfristen geschehen ist. Fällt aber der letzte Tag der Wspr.frist auf einen Sonntag, einen am Ort anerkannten Feiertag oder einen Samstag, verlängert sich die Frist bis zum Ablauf des nächsten Werktags (§ 193 BGB). Da die Wspr.frist eine Verjährungsfrist ist, darf das Gericht die Rechtzeitigkeit des Wspr. nicht von Amts wegen, sondern nur auf den *Verspätungseinwand* des V. prüfen. Die Einhaltung der Form und Frist des Wspr. als Gültigkeitsvoraussetzung bezweckt den Schutz des V. Die unsichere Rechtslage nach der Kündigung soll dadurch zeitlich begrenzt werden, um den V. in die Lage zu versetzen, nach Ablauf der normalen oder verlängerten Wspr.frist anderweitig über die Wohnung verfügen zu können. Der V. braucht dann nicht mehr zu befürchten, eine vom Gericht angeordnete Fortsetzung des Mv. hinnehmen zu müssen. Der Wspr. bedarf *keiner Begründung*. Die → *Schriftform* muß aber vom M. *eingehalten* werden (§ 556a V BGB). Aus der Erklärung des M. muß unmißverständlich zu erkennen sein, daß er die Fortsetzung des Mv. fordert, wobei er den Ausdruck „Widerspruch" nicht zu verwenden braucht. Diese Erklärung muß binnen der genannten Frist beim V. eingehen, was im Streitfall der M. zu beweisen hat (z. B. eingeschriebener Brief, Zeugen). *Vor Ablauf* der für den Wspr. geltenden Frist braucht der M. dem V. *keine verbindliche Erklärung* darüber abzugeben, ob er fristgemäß räumen kann und will, selbst wenn der V. eine derartige Erklärung fordert (s. gerichtliches Verfahren III). Das Ges. geht davon aus, daß sich der M. erst bis zum Ablauf der Wspr.frist endgültig zu entscheiden braucht. Der Wspr. ist – anders als die Kündigung – keine rechtsgestaltende Erklärung, so daß er nicht automatisch die Unwirksamkeit der Kündigung zur Folge hat. Ein gültiger Wspr. begründet vielmehr nur einen *Anspruch* des M. gegen den V. auf Fortsetzung des Mv. Dieser Anspruch wird entweder durch eine Einigung zwischen den Vertragsparteien erfüllt oder das Gericht muß im Streitfall die fehlende Einigung durch seine Entscheidung ersetzen. Der Wspr. darf vom M. nicht von echten *Bedingungen* abhängig gemacht werden, sonst ist er unwirksam (z. B. falls die berufliche Versetzung nicht stattfindet).

2. Um dem rechtsunkundigen M. sein Wspr.recht nicht durch Unwissenheit zu nehmen, bestimmt § 564a II BGB, daß der V. den

M. auf die Möglichkeit sowie die Form und Frist des Wspr. *rechtzeitig hinweisen* soll. Diese Verpflichtung gilt auch beim befristeten Mietvertrag nach § 564c Abs. 1 BGB (OLG Hamm, RE vom 26. 7. 1991, WM 91, 423 = ZMR 91, 423; s. oben III 1). Die weiteren Einzelheiten sind nicht näher geregelt. Für den Hinweis reicht es jedenfalls aus, wenn der V. im Kündigungsschreiben den Wortlaut des § 556a BGB vollständig wiedergibt (LG Rottweil MDR 80, 671 = ZMR 80, 183). Fehlt ein derartiger Hinweis oder wird er erst verspätet erteilt, kann der M. den Wspr. *bis zum 1. Termin im gerichtlichen Räumungsverfahren* erklären. Fehlt dieser Hinweis des V. im Kündigungsschreiben, wird er als rechtzeitig nur dann anzusehen sein, wenn er vor Ablauf der Wspr.frist so *frühzeitig nachgeholt* wird, daß dem M. ausreichende Zeit bleibt, um bei einem Rechtskundigen über die Erfolgsaussichten seines Fortsetzungsbegehrens eine Auskunft einholen zu können. Eine spätere Nachholung des Hinweises durch den V. hat keinen Einfluß auf das Recht des M., seinen Wspr. bis zum 1. Verhandlungstermin wirksam erklären zu dürfen, selbst wenn ihm bis zur Klageerhebung noch ausreichende Zeit zur Informationseinholung bleibt (Schmidt-Futterer WM 68, 36). Obwohl für den Hinweis des V. keine Form vorgeschrieben ist und er ihn somit auch mündlich erteilen kann, wird die Einhaltung der Schriftform anzuraten sein. Der V. bleibt nämlich im Streitfall dafür *beweispflichtig,* den Hinweis mit dem vorgeschriebenen Mindestinhalt rechtzeitig erteilt zu haben. Der Wspr. kann im 1. Verhandlungstermin vor Gericht auch dann noch rechtzeitig eingelegt werden, wenn die Sachanträge bereits gestellt worden sind. Das Gericht wird nach § 139 ZPO den M. auf die Möglichkeit, den Wspr. noch rechtzeitig zu erklären, hinzuweisen haben, wenn dafür ausreichende Anhaltspunkte vorliegen (Schmidt-Futterer WM 68, 37). Die *Hinweispflicht* des V. kann weder für unbefristete noch für befristete Mv. *vertragl. ausgeschlossen* oder *im voraus erfüllt* werden (Weimar WM 69, 177).

3. Erhält der M. eine wirksame Kündigung mit dem Hinweis auf sein Recht zum Wspr., kann er sich dennoch über die Erfolgsaussichten seines Fortsetzungsbegehrens dann kein zuverlässiges Bild machen, wenn er die *Kündigungsgründe* des V. nicht kennt. Deshalb bestimmt die gesetzl. Regelung in § 564a I 2 BGB, daß der V. im *Kündigungsschreiben* die *Gründe der Kündigung angeben soll.* Zur Vermeidung von Nachteilen ist der V. somit gehalten, in knapper und verständlicher Weise diejenigen Gründe mitzuteilen, die ihn aus seiner Sicht zum Ausspruch der Kündigung veranlassen und berechtigen. Kommt es zum gerichtl. Räumungsverfahren, darf das *Gericht* bei der Entscheidung über den Wspr. des M. zugunsten des V. nur diejenigen Gründe *berücksichtigen,* die er bereits im *Kündigungsschreiben mitgeteilt* hat. Eine *Ausnahme* gilt nur für solche Räumungsgründe

des V., die erst *nach* der Absendung des Kündigungsschreibens entstanden sind; für sie läßt das Ges. die *nachträgliche Geltendmachung* zu (§ 556a I 3 BGB). Mit dieser Regelung bezweckt das Ges., den M. frühestmöglich in die Lage zu versetzen, die Erfolgsaussichten seines Kündigungswiderspruchs abzuschätzen und alles Erforderliche zur Wahrung seiner Interessen zu veranlassen; der V. wiederum soll dadurch veranlaßt werden, vermeidbare Kündigungen überhaupt zu unterlassen, zumal ihm andernfalls die Belastung mit Prozeßkosten angedroht wird (s. gerichtl. Verfahren I 2).

4. Die Pflicht des V. zur Bekanntgabe der Kündigungsgründe *entfällt,* wenn der Wohnraum nur zu *vorübergehendem Gebrauch* vermietet wurde oder wenn es sich um *möbliert vermieteten Wohnraum* nach § 565 III BGB handelt (§ 564a III BGB).

5. Ebenso wie der M. vom V. eine Auskunft über die Kündigungsgründe verlangen darf, ist der V. berechtigt, vom M. eine *Auskunft* über dessen *Wspr.gründe* zu fordern, falls der Wspr. ohne Gründe eingelegt worden ist (§ 556a V, 2 BGB). Verweigert der M. diese Auskunft oder erteilt er sie verspätet, kann das auch für ihn kostenrechtliche Nachteile haben (§ 93b II ZPO). Auch der V. hat ein berechtigtes Interesse, vor Klageerhebung seine Erfolgsaussichten sachlich abwägen zu können. Sowohl der V. als auch der M. haben kein Recht, die Erteilung der Auskunft vom vorherigen Eingang der Auskunft des anderen Vertragspartners abhängig zu machen. Auch wenn der M. dem V. auf dessen Verlangen die Wspr.gründe zunächst nicht bekannt gibt, kann er das im gerichtl. Verfahren nachholen. Für die Frage, ob der M. einen Anspruch auf die Fortsetzung des Mv. hat, kommt es *entscheidend* auf den Stand der *letzten mündlichen Verhandlung* vor Gericht an.

V. *Verlängerung des befristet fortgesetzen Mv.* Das im Wege der Einigung oder durch Urteil befristet fortgesetzte Mv. kann auf *Antrag* des M. angemessen verlängert werden, wenn das durch eine *wesentliche* Änderung der Umstände gerechtfertigt ist. Das Gleiche gilt, wenn Umstände *nicht* eingetreten sind, deren Eintritt für die Bemessung der Verlängerungszeit bestimmend waren (§ 556c I BGB). Diese weitere Verlängerung ist vom Gericht nur dann anzuordnen, wenn sich V. und M. über den Verlängerungsantrag nicht außergerichtlich einigen können.

1. Das *Verlängerungsgesuch* des M. muß spätestens *2 Monate* vor Ablauf der Fortsetzungszeit dem V. zugehen. Die → *Schriftform* muß dabei eingehalten werden.

2. Sachlich setzt die weitere Verlängerung voraus, daß die fristgemäße Beendigung des Mv. für den M. oder seine Familie eine nicht zu rechtfertigende Härte bedeutet (s. oben I 2) und sich wesentliche Umstände geändert haben oder solche Umstände nicht eingetreten

sind, die für die Bemessung der ablaufenden Verlängerungsfrist maßgebend waren.

a) Eine wesentliche Änderung der maßgebenden Umstände liegt dann vor, wenn der M. erhebliche Tatsachen geltend machen kann, die *nach* der vorausgegangenen Verlängerung eingetreten sind (z. B. damals wegen hohen Alters, jetzt wegen schwerer Erkrankung).

b) Den veränderten Umständen wird es gleichgestellt, wenn solche Ereignisse, die für die Bemessung der ablaufenden Fortsetzungsfrist maßgebend waren, wider Erwarten nicht eingetreten sind (z. B. unerwartete Fortdauer der Erkrankung, der Fertigstellung des vom M. gebauten Hauses oder der Ersatzwohnung). Auch wenn die Erwartung nicht eintrat, daß der M. binnen der bestimmten Verlängerungszeit eine tragbare Ersatzwohnung erhalten kann, liegen diese Voraussetzungen vor.

c) Hat der M. den Fortbestand der Härtegründe *selbst zu vertreten,* kann er sich darauf *nicht* berufen (z. B. Ablehnung einer zumutbaren Ersatzwohnung oder sonstige Verletzung der Ersatzraumbeschaffungspflicht). Das folgt aus dem Grundgedanken des § 162 BGB.

d) Das auf bestimmte Zeit verlängerte Mv. kann nicht nur einmal, sondern *wiederholt* verlängert werden, soweit die dargelegten Voraussetzungen vorliegen. Der M. kann die Verlängerung wirksam bis zum ersten Termin im Räumungsrechtsstreit geltend machen, wenn der V. ihn nicht rechtzeitig darauf hinweist, daß er sein Verlängerungsgesuch bis spätestens 2 Monate vor Ablauf der Verlängerungsfrist stellen muß (§§ 556a VI, 564 II BGB).

VI. *Kündigung des unbefristet verlängerten Mv.* Ein auf *unbestimmte Zeit* verlängertes Mv. ist für den V. praktisch unkündbar. Der M. kann nämlich einer Kündigung des V. *ohne Einhaltung einer Frist formlos* widersprechen und die weitere Fortsetzung verlangen. Ohne weitere Voraussetzungen kann der M. sonit durch einen mündlichen Widerspruch dieser Kündigung im Ergebnis ihre Wirksamkeit nehmen. Haben sich aber, die für die Verlängerung maßgebenden Umstände *wesentlich geändert,* kann der M. die Aufrechterhaltung der unbefristeten Fortsetzung nur verlangen, wenn trotzdem noch die Voraussetzungen des § 556a BGB (s. oben I) in formeller und sachlicher Hinsicht seinen Widerspruch rechtfertigen (§ 556c II BGB).

1. Hat der V. ein auf unbestimmte Zeit verlängertes Mv. gekündigt und erhebt er deshalb eine Räumungsklage, muß das Gericht i. d. R. diese Klage ohne Sachprüfung abweisen, wenn der M. dieser Kündigung widerspricht. Das gilt aber nur für eine durch Urteil angeordnete Fortsetzung. Beruht die unbefristete Verlängerung dagegen auf einem *Vertrag oder einem Prozeßvergleich,* muß der M. der Kündigung des V. unter den strengeren Voraussetzungen des § 556a I BGB widersprechen, so daß § 556c II BGB unanwendbar ist und

das Gericht im Streitfall unter den oben I, II ausgeführten Voraussetzungen zu entscheiden hat. Vor Abschluß eines Prozeßvergleichs wird das Gericht den M. auf diese unterschiedliche Rechtslage hinzuweisen haben.

2. Der M. muß aber die übliche Form und Frist des Wspr. beachten und den Fortbestand nicht zu rechtfertigender Härtegründe darlegen, wenn der V. behauptet und beweist, daß die für die Verlängerung maßgebenden Umstände sich *erheblich geändert haben* (§ 556c, II S. 2 BGB). Diese veränderten Umstände muß der V. auch dann beweisen, wenn es sich um solche auf seiten des M. handelt (z. B. Tod des erkrankten M., Wiedergenesung). Der V. kann die Kündigung aber auch auf eine erhebliche Steigerung seiner Interessen an der Beendigung des Mv. stützen (z. B. Eigenbedarf wegen Verheiratung, Familienzuwachs, dringende Aufnahme naher Verwandter). Demgegenüber muß der M. darlegen und beweisen, daß der frühere Härtegrund nach wie vor fortbesteht oder neue Gründe hinzugetreten sind, die schwerer wiegen, als die veränderten Interessen des V. Auch in diesem Fall dürfen V. und M. sich nicht auf Umstände berufen, deren Eintritt oder Nichteintritt sie selbst wider Treu und Glauben herbeiführten oder verhinderten (§ 162 BGB).

3. Der V. muß auch hier den M. rechtzeitig auf die Form und Frist des Wspr. hinweisen, sonst ist die Einlegung des Wspr. bis zum 1. Termin im Räumungsrechtsstreit noch rechtzeitig.

VII. *Vereinbarungen* zwischen V. und M., die das Wspr.recht des M. ausschließen oder erschweren, sind *unwirksam* (§ 556a VII BGB). Dagegen sind solche Vereinbarungen, die sich zugunsten des M. auswirken, zulässig (z. B. Verzicht auf den Einwand der Verspätung des Wspr. oder der Geltendmachung von Eigenbedarf).

VIII. Im Räumungsverfahren ist der Wspr. des M. vom Gericht auch von Amts wegen zu berücksichtigen (s. gerichtl. Verfahren V). Zum ganzen vgl. Schopp ZMR 80, 97; von Schoenebeck WM 80, 213.

Siehe auch → Kündigungsschutz.

Sozialklauselgesetz. Am 1. 5. 1993 ist das „Gesetz zur Erleichterung von Investitionen und der Ausweisung und Bereitstellung von Wohnbauland (Investitionserleichterungs- und Wohnbaulandgesetz)" vom 22. 4. 1993 (BGBl. I S. 466, 487) in Kraft getreten. Art. 14 dieses Gesetzes enthält das *„Gesetz über eine Sozialklausel in Gebieten mit gefährdeter Wohnungsversorgung"*. Danach werden die Landesregierungen ermächtigt, durch Rechtsverordnungen Gebiete zu bestimmen, in denen die ausreichende Versorgung der Bevölkerung mit Mietwohnungen zu angemessenen Bedingungen in einer Gemeinde oder in einem Teil einer Gemeinde besonders gefährdet ist. Von dieser Ermächtigung haben die Länder Bayern, Baden-Württemberg, Berlin, Bremen, Hamburg, Hessen, Niedersachsen und Nordrhein-Westfalen Gebrauch gemacht. In diesen Ländern gelten in bestimmten Gemeinden folgende Sonderbestimmungen für die Kündigung von umgewandelten Eigentumswohnungen (Näheres und *Liste der Gemeinden:* s. → Eigentumswohnung I 6):

I. *Kündigungssperre (Nr. 1 des Gesetzes):* Der Erwerber einer umgewandelten Eigentumswohnung kann bis zum Ablauf von zehn Jahren nach der Veräußerung (Eintragung des Erwerbers ins Grundbuch) das Mietverhältnis nicht nach § 564b Abs. 2 Nr. 2 (Eigenbedarf) und nach § 564b Abs. 2 Nr. 3 (Absicht zur anderweitigen wirtschaftlichen Verwertung) kündigen (s. → *Kündigungsschutz für Wohnräume* I 1b und c). Entgegen der mißverständlichen Überschrift des Gesetzes handelt es sich bei dieser Regelung nicht um eine „Sozialklausel“, sondern um eine echte Kündigungssperre (Schilling, ZMR 93, 441; Gather, DWW 93, 255; Franke, DWW 93, 156; a. A. Börstingshaus/Meyer, NJW 93, 1353), die bei richtiger Handhabung der Gesetzgebungstechnik in § 564b Abs. 2 BGB hätte geregelt werden müssen. Kündigt ein Erwerber vor Ablauf der 10-Jahresfrist, so ist die Kündigung unwirksam (weitere Einzelheiten s. → *Eigentumswohnung* I 6). Es ist also entgegen der Ansicht von Börstingshaus/Meyer (a. a. O.) nicht erforderlich, daß der Mieter der Kündigung widerspricht. Allerdings ist darauf hinzuweisen, daß die Regelung verfassungsrechtlich bedenklich ist, weil sie auch für Wohnungen gilt, die vor dem 1. 5. 1993 (dem Inkrafttreten der Regelung) veräußert worden sind und weil die lange Zeit des Kündigungsausschlusses für den Eigentümer wie ein dauerhaftes Kündigungsverbot wirkt (Schilling, ZMR 93, 441; Gather, DWW 93, 255; Franke, DWW 93, 156; Börstingshaus/Meyer, NJW 93, 1353). Es ist zudem zweifelhaft, ob der Gesetzgeber überhaupt in der Lage gewesen ist, die Entwicklung des Wohnungsmarktes über einen so langen Zeitraum hinweg zu prognostizieren.

II. *„Sozialklausel“ (Nr. 2 des Gesetzes):* In dem Gesetz über eine Sozialklausel in Gebieten mit gefährdeter Wohnungsversorgung ist weiter geregelt, daß nach dem Ablauf der Sperrfrist eine Kündigung nach § 564b Abs. 2 Nr. 2 (Eigenbedarf) und nach § 564b Abs. 2 Nr. 3 (Absicht zur anderweitigen wirtschaftlichen Verwertung) ausgeschlossen ist, „wenn die vertragsmäßige Beendigung des Mietverhältnisses für den Mieter oder ein bei ihm lebendes Mitglied seiner Familie eine nicht zu rechtfertigende Härte bedeuten würde, es sei denn, der Vermieter weist dem Mieter angemessenen Ersatzwohnraum zu zumutbaren Bedingungen nach“. In der Literatur wird die Ansicht vertreten, daß dieser Teil des Gesetzes eine besondere Sozialklausel darstelle, mit der Folge, daß der Mieter die Härtegründe im

Wege des Kündigungswiderspruchs nach § 556a Abs. 1 und 5 BGB unter Beachtung der dort geregelten Formen und Fristen geltend machen müsse (Schilling, ZMR 93, 441; derselbe, Neues Mietrecht S. 105; Börstingshaus/Meyer, NJW 93, 1353). Die Vertreter dieser Ansicht können sich für ihre Meinung auf die Gesetzesüberschrift und auf den Umstand berufen, daß dem Sozialklauselgesetz einerseits und dem § 556a BGB andererseits ähnliche Regelungszwecke zugrundeliegen. Gegen die genannte Meinung spricht indes, daß das Sozialklauselgesetz nicht auf § 556a BGB Bezug nimmt, obwohl eine solche Bezugnahme nahegelegen hätte. Auch in § 564a Abs. 2 BGB (Hinweispflicht des Vermieters auf die Sozialklausel nach § 556a BGB) wird das Sozialklauselgesetz nicht genannt, mit der Folge, daß auch § 556a Abs. 6 BGB (Verlust des Widerspruchsrechts) nicht anwendbar sein kann. Die Anwendung der für § 556a BGB geltenden Formen und Fristen, sowie die dort geltenden Darlegungs- und Beweislastregeln ist aus diesem Grunde nicht geboten. Vielmehr bestehen zwischen dem Kündigungstatbestand der §§ 564b Abs. 2 Nr. 2 und 3, der Vorschrift des § 556a BGB und dem Sozialklauselgesetz nach dem Wortlaut, der systematischen Stellung und dem Sinn und Zweck der jeweiligen Bestimmungen folgende Zusammenhänge:

1. Hat der Vermieter eine umgewandelte Eigentumswohnung nach § 564b Abs. 2 Nr. 2 oder Nr. 3 BGB gekündigt, so ist zunächst zu prüfen, ob zwischen dem Eigentumserwerb und dem Zugang der Kündigung 10 Jahre vergangen sind, ob die Kündigungserklärung formell wirksam ist und ob ein Beendigungsinteresse im Sinne der genannten Kündigungstatbestände vorliegt. Nur in diesem Fall sind Nr. 2 des Sozialklauselgesetzes und § 556a BGB anwendbar; anderenfalls ist die Klage wegen der Umwirksamkeit der Kündigung abzuweisen.

2. Bei einer Kündigung, die den oben 1. dargestellten Anforderungen entspricht, ist zu prüfen, ob die vertragsmäßige Beendigung des Mietverhältnisses für den Mieter oder ein bei ihm lebendes Mitglied seiner Familie eine nicht zu rechtfertigende Härte bedeuten würde. Nach allgemeinen Grundsätzen muß der Mieter die Tatsachen vortragen, aus denen sich die besondere Härte ergibt. Der Begriff der „Härte" im Sozialklauselgesetz ist nicht identisch mit dem gleichlautenden Begriff in § 556a BGB. Der Begriff der „Härte" im Sinne von § 556a BGB umfaßt eine Vielzahl von Gründen, die einem Wohnungswechsel erschweren oder ausschließen (s. → *Sozialklausel* I 2). Unter „Härte" im Sinne des Sozialklauselgesetzes sind dagegen nur die Schwierigkeiten des Mieters bei der Beschaffung einer Ersatzwohnung zu verstehen. Dies folgt aus der Erwägung, daß die Härte nicht berücksichtigt wird, wenn der Vermieter Ersatzwohnraum zu

zumutbaren Bedingungen nachweist. Der Begriff der „Härte" im Sozialklauselgesetz Nr. 2, 2. Satzteil und die Obliegenheit des Vermieters zur Beschaffung von Ersatzraum im 3. Satzteil beziehen sich aufeinander. Folgerichtig muß der Mieter darlegen, daß es für ihn auf Grund des knappen Angebots an Mietwohnungen, auf Grund seiner finanziellen Verhältnisse oder auf Grund sonstiger Umstände schwierig sei, eine Ersatzwohnung zu finden. Im Unterschied zu § 556a Abs. 1 BGB muß der Mieter keine konkreten Ersatzraumbemühungen nachweisen. Die im Rahmen des § 556a Abs. 1 BGB bestehende sog. „Ersatzraumbeschaffungspflicht" wird aus dem Wortlaut dieser Vorschrift hergeleitet. Danach liegt eine Härte vor, wenn angemessener Ersatzwohnraum „nicht beschafft werden kann"; eine entsprechende Formulierung fehlt im Sozialklauselgesetz. Der Verzicht auf die Ersatzraumbeschaffungspflicht ist auch folgerichtig: Im Unterschied zu § 556a BGB gilt das Sozialklauselgesetz nur in Gebieten, in denen eine Wohnungsmangellage besteht. In solchen Gebieten ist es vertretbar, wenn dem Mieter die frustierende und in vielen Fällen vergebliche Ersatzraumsuche erspart wird. Von einem Teil der Rechtsprechung wird auch die Vorschrift des § 556a Abs. 1 BGB in diesem Sinne interpretiert, wenn eine allgemeine Wohnungsmangellage besteht und der Mieter in schlechten finanziellen Verhältnissen lebt. In diesem Fall wird auf Ersatzraumbemühungen verzichtet (AG Schöneberg, GE 90, 499; MM 90, 131; AG Freiburg, WM 91, 686; AG Hannover, WM 91, 553; LG Darmstadt, MM 91, 131; AG Charlottenburg, MM 91, 194) oder angenommen, daß es genügt, wenn sich der Mieter mit der Wohnungsbehörde in Verbindung setzt (LG Mannheim, ZMR 93, 79; WM 93, 62). Im Rahmen des Sozialklauselgesetzes gilt der Verzicht auf die Ersatzraumbemühungen allgemein. Ein besonderer Kündigungswiderspruch wie bei § 556a BGB ist im Gesetz nicht vorgesehen und kann deshalb auch nicht gefordert werden. Für den Tatsachenvortrag gelten die Vorschriften der ZPO: der Mieter muß sich also rechtzeitig, spätestens aber bis zum Schluß der mündlichen Verhandlung erklären. Bleiben die vom Mieter vorgetragenen Tatsachen unbestritten, so richtet sich das weitere Verfahren nach den unten Ziff. 4 bis 6 dargelegten Regeln. Im Falle des Bestreitens ist über die vom Mieter vorgetragenen Tatsachen nach den allgemeinen Regeln der ZPO Beweis zu erheben. Eine Beweisaufnahme ist u. U. entbehrlich, wenn die vom Mieter vorgetragenen Tatsachen allgemeinbekannt oder gerichtsbekannt sind (so AG Schöneberg, MM 90, 131; AG Freiburg, WM 91, 686; AG Hannover, WM 91, 553; LG Darmstadt, MM 91, 131; AG Charlottenburg, MM 91, 194 für § 556a BGB; so AG Hamburg, WM 86, 347 für den Begriff des „geringen Angebots" an Wohnungen in § 5 WiStG).

3. Mißlingt der Beweis, so ist das Sozialklauselgesetz unanwendbar. Die Regelung des § 556a BGB kann anwendbar sein, wenn sonstige Härtegründe vorliegen, die mit dem Mangel an Ersatzwohnraum nicht im Zusammenhang stehen, etwa Gründe im Sinne der Darlegungen zur → *Sozialklausel* I 2b, c, e, f, g, oder i. Selbstverständlich sind diese Gründe nur zu berücksichtigen, wenn die formellen Voraussetzungen für die Anwendung des § 556a BGB gegeben sind.

4. Steht fest, daß die vertragsmäßige Beendigung des Mietverhältnisses für den Mieter oder ein bei ihm lebendes Mitglied seiner Familie eine nicht zu rechtfertigende Härte bedeuten würde, so ist die Klage abzuweisen. Anders als bei § 556a BGB ist es weder möglich noch erforderlich, daß die Fortsetzung des Mietverhältnisses im Urteilsausspruch erwähnt wird; §§ 556a Abs. 2 und 3 BGB sind unanwendbar. Der Wortlaut des Sozialklauselgesetzes (Nr. 2) ist völlig eindeutig: Stellt die vertragsmäßige Beendigung des Mietverhältnisses eine Härte dar, so „werden berechtigte Interessen des Vermieters im Sinne des § 564b Abs. 2 Nr. 2 und 3 ... nicht berücksichtigt". Anders gewendet: Die Räumungsklage muß abgewiesen werden, weil die Kündigungsvoraussetzungen nicht gegeben sind.

5. Der Vermieter kann die Klagabweisung allerdings abwenden, wenn er dem Mieter angemessenen Ersatzwohnraum zu zumutbaren Bedingungen nachweist. Angemessen ist eine Wohnung, die nach Art, Größe, Ausstattung, Beschaffenheit und Lage der bisherigen Wohnung des Mieters entspricht. Eine Verbesserung seiner Wohnverhältnisse kann der Mieter nicht verlangen; eine Verschlechterung muß er nicht hinnehmen. Die Mietbedingungen sind zumutbar, wenn die Wohnkosten ungefähr den Kosten der bisherigen Wohnung entsprechen; war die Wohnung besonders preiswert, so genügt es, wenn die Ersatzwohnung zu den ortsüblichen Bedingungen angeboten wird. Einen Mietpreis, der mehr als 20% über der ortsüblichen Miete liegt, muß der Mieter ebensowenig akzeptieren, wie eine Wohnung, die er nicht bezahlen kann. Der Begriff des Nachweises ist dem Maklerrecht entnommen. Der Vermieter muß dem Mieter also eine konkrete Wohnung anbieten, dergestalt, daß sich der Mieter entschließen kann, ob er die Wohnung anmietet.

6. Liegt ein Angebot vor, so gelten für das weitere Verfahren die allgemeinen Vorschriften. Das Gericht muß also prüfen, ob die vom Vermieter geltend gemachten Gründe für eine Vertragsbeendigung ausreichen (§ 564b Abs. 2 Nr. 2 und 3 BGB); gegebenenfalls, ob das Mietverhältnis nach § 556a BGB fortzusetzen ist. Eine solche Vertragsfortsetzung kann in Betracht kommen, wenn Härtegründe im Sinne des § 556a BGB (s. → *Sozialklausel* I 2b, c, e, f, g, oder i) gegeben sind. Selbstverständlich sind diese Gründe nur zu berück-

sichtigen, wenn die formellen Voraussetzungen für die Anwendung des § 556a BGB vorliegen.

Sozialwohnungen (Sw). Öffentlich geförderte Wohnungen des sozialen Wohnungsbaus sind solche, für die *öffentliche Mittel* als Darlehen oder Zuschuß zur Deckung der Baukosten, der laufenden Aufwendungen oder der Finanzierungsmittel (Zins oder Tilgung) eingesetzt sind und die nach dem 20. 6. 1948 (in Berlin nach dem 24. 6. 1948) bezugsfertig wurden oder werden (§ 1 II WoBindG). Die Sw. unterliegen auch nach der Aufhebung der Wohnungszwangswirtschaft der *Belegungsbindung* und der *Mietpreisbindung*. Die Belegungs- und Preisbindung für Sw. gilt auch für einzelne öffentlich geförderte Wohnräume und *Untermv.,* wenn mehr als die Hälfte der Wohnung untervermietet ist (§§ 19, 21; s. Untermiete). Einzelheiten der Belegungs- und Preisbindung regelt das Gesetz zur Sicherung der Zweckbestimmung von Sozialwohnungen (Wohnungsbindungsgesetz). Die in diesem Abschnitt zitierten Vorschriften ohne Gesetzesangabe beziehen sich auf dieses Gesetz. Danach gilt folgende Rechtslage:

I. *Öffentliche Mittel* sind Mittel des Bundes, der Länder, der Gemeinden und Gemeindeverbände, die von ihnen zur Förderung des Baus von Wohnungen für die breiten Schichten des Volkes bestimmt sind (§ 3 I des I. WoBauG, § 6 I des II. WoBauG). Darunter sind nicht nur die öffentlichen Baudarlehen zu verstehen, sondern auch die öffentlichen Zuschüsse, die zur Deckung der für den Bau dieser Wohnungen entstehenden Gesamtkosten oder zur Deckung der für Finanzierungsmittel zu entrichtenden Zinsen oder Tilgungen eingesetzt sind (§ 1 III).

II. *Sicherung der Zweckbestimmung der öffentlich geförderten Wohnungen.* Zur Sicherung der Zweckbestimmung der Sw. hat die *zuständige Stelle* (d.h. die Stelle, die von der Landesregierung bestimmt wird oder die nach Landesrecht zuständig ist; § 3), alle öffentlich geförderten Wohnungen zu erfassen (§ 2 I).

Nach § 2 III sind der Verfügungsberechtigte und der Inhaber einer öffentlich geförderten Wohnung verpflichtet, der zuständigen Stelle auf Verlangen *Auskunft* zu erteilen und *Einsicht* in die Unterlagen zu gewähren. Ferner haben sie dem Beauftragten der zuständigen Stelle die Besichtigung von Grundstücken, Gebäuden, Wohnungen und Wohnräumen zu gestatten, soweit dies zur Sicherung der Zweckbestimmung der Sw. erforderlich ist und die Unterlagen der zuständigen Stelle nicht ausreichen.

III. *Belegungsbindung.* Das WoBindG enthält öffentlich-rechtliche Bindungen für den Verfügungsberechtigten (Eigentümer oder dinglich Berechtigten; zum Begriff des Verf.berechtigten und dessen Beauftragten vgl. Bellinger ZMR 74, 98) und den Inhaber einer Sozialwohnung, womit sichergestellt werden soll, daß die Wohnung auch nach dem Wegfall der Wohnraumbewirtschaftung nur an den nach § 25 II WoBauG begünstigten Personenkreis vermietet oder überlassen wird.

1. *Anzeigepflicht des Verfügungsberechtigten.* Sobald voraussehbar ist, daß eine Sw. bezugsfertig oder frei wird, hat der V. dies der zuständigen Stelle unverzüglich schriftlich anzuzeigen und den voraussichtlichen Zeitpunkt der Bezugsfertigkeit oder des Freiwerdens mitzuteilen (§ 4 I).

2. *Überlassung an Wohnberechtigte.* Der V. darf die Sw. einem Wohnungssuchenden nur zum Gebrauch überlassen, wenn dieser ihm vor der Überlassung eine Bescheinigung über die Wohnberechtigung im öffentlich geförderten sozialen Wohnungsbau (§ 5) übergibt und wenn die in der Bescheinigung angegebene Wohnungsgröße nicht überschritten wird (§ 4 II 1). Den V. trifft somit die Pflicht, an Hand der vorgelegten Bescheinigung zu überprüfen, ob der Bewerber zur Benutzung der angebotenen Sw. berechtigt ist. Es kommt grunds. insoweit nicht darauf an, ob der M. wohnberechtigt wäre, wenn im Zeitpunkt der Überlassung die Bescheinigung nicht vorliegt (OVG Münster WM 73, 178). Deshalb muß sich ein V. die Bescheinigung auch dann vorlegen lassen, wenn der M. bereits zuvor in einer Sw gewohnt hat (BVerwG WM 84, 152; OVG Münster WM 81, 132). Vermietet der V. einer preisgebundenen Wohnung diese an einen nicht wohnberechtigten M. ohne sich zuvor den Wohnberechtigungsschein vorlegen zu lassen, so hat er gegen den M. keinen Anspruch auf Schadensersatz wegen der infolge der unberechtigten Vermietung entstandenen Nachteile (z. B. Zinsverluste; AG Hagen WM 81, 132). In Ausnahmefällen kann die zuständige Stelle auf Antrag des V. die Überlassung einer Sw., die die angegebene Wohnungsgröße geringfügig überschreitet, genehmigen, wenn dies nach den wohnungswirtschaftlichen Verhältnissen vertretbar erscheint (§ 4 II 3).

3. *Bescheinigung über die Wohnberechtigung.*

a) *Wohnberechtigter.* Die Bescheinigung über die Wohnberechtigung ist dem Wohnungssuchenden auf Antrag von der zuständigen Stelle zu erteilen, wenn das Jahreseinkommen des Haushaltsvorstandes die sich aus § 25 I des II. WoBauG ergebende *Einkommensgrenze* nicht übersteigt (§ 5 I 1). Bei der Bearbeitung der Anträge auf Erteilung einer Wohnberechtigung ist die Behörde nicht berechtigt, die Anträge wohnungsberechtigter Bewerber zurückzustellen oder zu unterlassen, um sozial weniger dringlichen Bewerbungen allein aus Gründen der Beeinflussung der Bevölkerungsstruktur oder zur Abwehr von Haushaltsbelastungen den Vorrang zu geben (BGH MDR

83, 1001). Die Einkommensgrenze beträgt zu Zeit 21600.– DM jährlich; sie erhöht sich um DM 10200.– für den zweiten und um weitere DM 8000.– für jeden weiteren zur Familie des Wohnungssuchenden rechnenden Angehörigen (§ 25 I 2 des II. WoBauG). Als Jahreseinkommen gelten die steuerpflichtigen Einkünfte nach dem Einkommensteuerrecht (jedoch ohne Abzug von Sonderausgaben und außergewöhnlichen Belastungen). Abzugsfähig sind dagegen Aufwendungen zur Erfüllung gesetzlicher Unterhaltsverpflichtungen für den geschiedenen Ehegatten und für nicht zum Haushalt rechnende Kinder für die Kindergeld geleistet oder eine Leistung i. S. von § 8 I des Bundeskindergeldgesetzes erbracht wird (z. B. Kinderzulagen aus der gesetzlichen Unfallversicherung; Kinderzuschüsse aus der gesetzl. Rentenversicherung). Das bedeutet, daß das zulässige Bruttoeinkommen noch erheblich über den genannten Grundbeträgen liegen kann. Für Schwerbehinderte mit einer Dauererwerbsminderung von mind. 50% und ihnen Gleichgestellte erhöht sich die Einkommensgrenze um weitere DM 4200.–, Schwerstbehinderte mit einer Dauererwerbsminderung von mind. 80% erhalten einen Zuschlag von 9000,– DM pro Person; für junge Ehepaare (bis zum 40. Lebensjahr) erhöht sich die Einkommensgrenze um weitere 8400,– DM (bis zum Ablauf des 5. Jahres nach der Eheschließung) jährlich. Maßgebend ist das Einkommen zum *Zeitpunkt der Entscheidung* der Behörde, während spätere Erhöhungen des Einkommens nach geltendem Recht unbeachtlich sind (Fehlbelegung).

Die Bescheinigung kann nach § 5 I 2 auch dann erteilt werden,

aa) wenn das Gesamteinkommen die Einkommensgrenze nur unwesentlich übersteigt, d. h. um etwa 5% (OVG Münster WM 84, 150), in Großstädten bis etwa 10% (BT-Drucks. 7/1181 S. 4).

bb) wenn das Gesamteinkommen die Einkommensgrenze um nicht mehr als 40% übersteigt und der Wohnungssuchende durch den Bezug der Wohnung eine andere Sw. freimacht, deren Miete bezogen auf den Quadratmeter Wohnfläche, niedriger ist, oder deren Größe die für ihn angemessene Wohnungsgröße übersteigt, oder der Wohnungssuchende eine sonstige Wohnung aufgrund von Maßnahmen des Städtebaus oder der Verkehrsplanung aufgeben muß und der Wohnungswechsel nach den örtlichen wohnungswirtschaftlichen Verhältnissen im öffentlichen Interesse liegt, oder

cc) wenn die Versagung der Bescheinigung für den Wohnungssuchenden aus sonstigen Gründen eine besondere Härte bedeuten würde (dazu OVG Münster WM 73, 178). Hierbei kann auch eine nicht nur vorübergehende Haushaltszugehörigkeit von Personen, die nicht Familienangehörige sind, berücksichtigt werden (z. B. → eheähnliche Gemeinschaft; OVG Münster WM 83, 344; BVerwG NJW 86, 738; NJW 87, 1564). Ein Härtefall kann nur bejaht werden, wenn die

Versagung der Bescheinigung in einem nicht zu vertretenden Maße unbillig wäre. Es muß sich um eine besondere Härte handeln, die sich aus den Umständen des Einzelfalls ergibt. Allgemeine Ungerechtigkeiten (Fehlbelegerproblematik) bleiben unberücksichtigt (BVerwG WM 84, 152).

b) *Bevorzugte Wohnberechtigte.* Wenn das Gesamteinkommen des Wohnberechtigten die sich aus § 25 I des II. WoBauG ergebende Einkommensgrenze mindestens um 20% unterschreitet, so ist in der Bescheinigung anzugeben, daß er auch zum Bezug einer besonders preisgünstigen Sw. berechtigt ist, für die die öffentlichen Mittel erstmalig vor dem 1. 7. 1966 bewilligt worden sind (§ 5 III); in anderen Fällen ist in der Bescheinigung anzugeben, daß der Wohnungsberechtigte nur zum Bezug einer Sw., für die die öffentlichen Mittel erstmalig nach dem 31. 12. 1965 bewilligt worden sind, berechtigt ist (§ 5 III 2). Gehört der Wohnungsberechtigte zu einem Personenkreis, für den Sw. bei der Bewilligung öffentlicher Mittel vorbehalten worden sind, so ist auch dies auf seinen Antrag in der Bescheinigung anzugeben (§ 5 III 3).

c) *Inhalt der Bescheinigung.* In der Bescheinigung ist die für den Wohnberechtigten *angemessene Wohnungsgröße* nach Raumzahl oder nach Wohnfläche anzugeben unter Berücksichtigung der besonderen persönlichen und beruflichen Bedürfnisse des Wohnungsberechtigten und seiner Familienangehörigen sowie des nach der Lebenserfahrung in absehbarer Zeit zu erwartenden zusätzlichen Raumbedarfs (§ 5 II 1, 2). Die Wohnungsgröße ist i. d. R. angemessen, wenn sie es ermöglicht, daß auf jedes Familienmitglied ein Wohnraum ausreichender Größe entfällt (§ 5 II 2; dazu BVerwG ZMR 72, 90; krit. Brintzinger JZ 73, 240). Hat der Wohnungsberechtigte für den Bau der Sw. in zulässiger Weise einen angemessenen Finanzierungsbeitrag geleistet, so ist ihm bei der Bestimmung der angemessenen Wohnungsgröße ein zusätzlicher Raum zuzubilligen (§ 5 II 3). Verlobte gehören nicht zu den Familienangehörigen im Sinne von § 8 Abs. 2 des 2. WoBauG. Um Verlobten die Suche nach einer öffentlich geförderten Wohnung für die Zeit nach der Eheschließung zu erleichtern, kann ihnen deshalb die Wohnberechtigungsbescheinigung grundsätzlich nur unter der aufschiebenden Bedingung erteilt werden, daß ihnen eine Sozialwohnung bei gleichzeitiger Vorlage der Heiratsurkunde überlassen werden darf (BVerwG NJW 86, 738). Diese Bedingung ist zwar gesetzlich nicht vorgesehen, wird jedoch so praktiziert.

d) *Gültigkeitsdauer der Bescheinigung.* Die Bescheinigung gilt für die Dauer eines Jahres. Die Frist beginnt am Ersten des auf die Ausstellung der Bescheinigung folgenden Monats (§ 5 IV 1).

e) *Geltungsbereich der Bescheinigung.* Die Bescheinigung gilt in der gesamten BRD.

4. *Beschränkungen in der Wohnungsvergabe.*

a) *Angehörige eines bestimmten Personenkreises.* Der V. kann grunds. aus dem Kreis der sich durch eine Bescheinigung ausweisenden Wohnungssuchenden den M. *frei auswählen.* Ist jedoch die zu vergebende Sw. bei der Bewilligung der öffentlichen Mittel für Angehörige eines bestimmten Personenkreises (z. B. für Arbeiter oder Angestellte der Stadt- oder Gemeindeverwaltung) vorbehalten worden, so darf der V. sie für die Dauer des Vorbehalts – i. d. R. 10 oder 15 Jahre – einem Wohnungssuchenden nur zum Gebrauch überlassen, wenn sich aus der Bescheinigung ergibt, daß er diesem Personenkreis angehört (§ 4 III; § 5 III 3); endet der befristete Vorbehalt, so hat der V. bis zum Ende der Zweckbindung (s. unten VI) die Sw. anderen Wohnberechtigten zu überlassen (OLG Hamm ZMR 72, 322). Ist ein solcher Angehöriger dieses Personenkreises nicht zu ermitteln, so hat die zuständige Stelle die Überlassung an einen anderen Wohnungsberechtigten zu genehmigen (§ 4 III 2). Diese Regelung gilt entsprechend für → Genossenschaftswohnungen sowie für Wohnungen, die gemäß § 4 V (d. h. für Bundes- und Landesbedienstete) oder zugunsten der in § 53 des II. WoBauG bezeichneten Personenkreise (Werk- und Betriebsangehörige) gebunden sind (§ 4 III 3).

b) *Mit Mitteln der Gemeinde geförderte Wohnungen.* Sind für den Bau der Wohnung Mittel einer Gemeinde oder eines Gemeindeverbandes mit der Auflage gewährt worden, daß die Wohnung einem von der Gemeinde oder dem Gemeindeverband genannten Wohnungssuchenden zu überlassen ist, so hat die zuständige Stelle dem V. bis zur Bezugsfertigkeit oder bis zum Freiwerden der Sw. mindestens drei Wohnungssuchende zur Auswahl zu benennen, es sei denn, daß der V. auf sein Auswahlrecht völlig verzichtet hat (OLG Hamm ZMR 68, 117 mit zust. Anm. Bellinger); bei den Bewerbern müssen die Voraussetzungen für eine Wohnberechtigungsbescheinigung nach § 5 erfüllt sein, ohne daß es der Vorlage einer solchen Bescheinigung bedarf (§ 4 IV 1). Die früher geltende Regelung, wonach ein Besetzungsrecht auch dann bestand, wenn der V. oder sein Rechtsvorgänger sich gegenüber der Wohnungsbehörde im Sinne des § 1 II des Wohnraumbewirtschaftungsgesetzes verpflichtet hatte, die Sw. nur einem von dieser benannten Wohnungssuchenden zu überlassen ist durch das WoBauÄndG 80 aufgehoben worden.

c) *Wohnungsbesetzungsrecht zugunsten einer Behörde.* Besteht ein Bestimmungsrecht zugunsten einer Stelle, die für den Bau der Sw. Wohnungsfürsorgemittel (zum Begriff vgl. VG Düsseldorf zit. bei Bellinger ZMR 74, 99) für Angehörige des öffentlichen Dienstes gewährt hat, so bedarf es der Vorlage einer Bescheinigung über die Wohnberechtigung nicht, wenn diese Stelle (Bundes- oder Landesdienststelle) das Wohnungsbesetzungsrecht ausübt (§ 4 V 1). Die

Bundes- oder Landesdienststelle darf das Besetzungsrecht zugunsten eines Wohnungssuchenden jedoch nur dann ausüben, wenn bei ihm die Voraussetzungen über eine solche Bescheinigung über die Wohnungsberechtigung erfüllt sind (§ 4 V 2); das Besetzungsrecht ist aber auch dann wirksam ausgeübt, wenn die Beh. es nicht hätten ausüben dürfen (BVerwG ZMR 73, 317 = WM 73, 66; zust. Bellinger ZMR 74, 99).

d) *Sondervorschriften für Gebiete mit erhöhtem Wohnungsbedarf.* Die Landesregierungen werden ermächtigt, für Gebiete mit erhöhtem Wohnungsbedarf Rechtsverordnungen zu erlassen, die befristet oder unbefristet bestimmen, daß der V. eine frei oder bezugsfertig werdende Sw. nur einem von der zuständigen Stelle benannten Wohnungssuchenden zum Gebrauch überlassen darf (§ 5a 1.) Die zuständige Stelle hat dann dem V. mindestens drei wohnberechtigte Wohnungssuchende zur Auswahl zu benennen (§ 5a 2). Ist ein bezugsberechtigter Wohnungssuchender nicht zu ermitteln, so hat die zuständige Stelle die Überlassung an einen anderen wohnberechtigten Wohnungssuchenden zu genehmigen (§ 5a 3; § 4 II 2). Im übrigen können in der Rechtsverordnung nähere Bestimmungen darüber getroffen werden, nach welchen weiteren Gesichtspunkten die Benennung erfolgen soll (§ 5a 3).

e) *Überlassung der Sw. an Haushaltsangehörige des M. nach dessen Auszug oder Tod.* Zieht der M. aus einer Sw. aus oder stirbt er, so endet seine Wohnungsberechtigung; deshalb darf die Sw. den Haushaltsangehörigen vom V. grunds. nur nach Erteilung einer Bescheinigung überlassen werden. Von diesem Grundsatz gelten zwei Ausnahmen; eine Bescheinigung ist nicht erforderlich für den Ehegatten, der z. B. nach dem Tod des M. oder nach der Scheidung die Wohnung allein bewohnen will, sowie für die hausstandszugehörigen Familienangehörigen, die nach § 569a II BGB nach dem → Tod des M. in das Mv. eingetreten sind.

5. *Meldung der Wohnungsvergabe.* Der V. hat *binnen zwei Wochen,* nachdem er die Wohnung einem Wohnungssuchenden überlassen hat, der zuständigen Stelle den Namen des Wohnungssuchenden mitzuteilen und ihr in den Fällen, in denen die Vorlage einer Bescheinigung über die Wohnungsberechtigung erforderlich ist (§ 4 II, III), die ihm von dem Wohnungsberechtigten übergebene Bescheinigung vorzulegen (§ 4 VI).

6. *Kündigung des Mv. auf Verlangen der zuständigen Stelle.*

a) Dem V., der eine Sw. einem *Nichtberechtigten* überlassen hat, kann durch vollstreckbaren Verwaltungsakt der zuständigen Stelle aufgegeben werden, den Mv. zu kündigen und die Sw. einem Wohnungssuchenden zu überlassen, der zum Bezug berechtigt ist und eine entsprechende Bescheinigung vorlegt (§ 4 VIII). Hat die zuständige Stelle von dem V. die Kündigung des mit einem Nichtberechtigten abgeschlossenen Mv. verlangt, so hat der V. für die Kündigung grunds. ein *berechtigtes Interesse* im Sinne des § 564b BGB (s. Kündigungsschutz I 2). Überläßt der V. die Sw. an einen M., der seine Wohnberechtigung nicht nachweist, ist der Mv. dennoch gültig (Bellinger ZMR 74, 129 m. w. Nachw.; a. A. Weimar MDR 67, 806). Droht die Beh. dagegen wegen der Fehlbelegung dem V. lediglich Strafzinsen und die Rückforderung der öffentl. Mittel an, so liegt darin nach LG Köln MDR 76, 173 kein die Kündigung rechtfertigendes Interesse i. S. des § 564b I BGB.

b) Kann der V. entgegen dem Verlangen der zuständigen Stelle den Mv. im Wege der Kündigung nicht beendigen (z. B. befristeter Mv.), ist die Behörde nach § 4 VIII 2 unmittelbar berechtigt, *vom M.* durch vollstreckbaren Verwaltungsakt die *Räumung* zu *verlangen* (dazu Bellinger ZMR 74, 133). Sowohl M. als auch V. können gegen diesen Verwaltungsakt Widerspruch und Anfechtungsklage (§§ 40ff. VwGO) erheben.

c) Um den nichtberechtigten Wohnungssuchenden davor zu schützen, daß er eine Sw. in Unkenntnis dieser Eigenschaft mietet und sie später wieder räumen muß, kann der Wohnungssuchende von der zuständigen Stelle eine schriftliche Bestätigung darüber verlangen, ob die Wohnung, die er benutzen will, eine öffentlich geförderte Wohnung ist (§ 18 II). Das Räumungsverlangen gegen den M. ist ausgeschlossen, wenn er vor dem Bezug der Wohnung die unrichtige Bestätigung der zuständigen Stelle erhalten hat, daß die Wohnung keine Sw. sei (§ 4 VIII 2).

d) Die Beh. kann auch vom Verfügungsberechtigten, der eine Sw. ohne Wohnberechtigung selbst nutzt, durch vollstreckbaren Verwaltungsakt die Räumung und Überlassung an einen Wohnungsberechtigten verlangen (BVerwG WM 73, 145 = ZMR 73, 317).

7. *Selbstbenutzung der Sw.*

a) Der Verfügungsberechtigte, der eine ihm gehörige Wohnung in seinem Mietwohnhaus benutzen will, bedarf hier grunds. der *Genehmigung* der zuständigen Stelle (§ 6 I 1). Diese Genehmigung wird ihm unter den gleichen Voraussetzungen erteilt, unter denen einem Wohnungssuchenden eine Wohnberechtigungsbescheinigung zur Anmietung einer Sw. zu erteilen ist, d. h. wenn bei ihm bezüglich des Einkommens und der Wohnungsgröße die Voraussetzungen zur Erlangung einer Bescheinigung gegeben sind, oder die Tatbestände des § 5 I 2 gegeben sind (s. oben 3a, aa–cc); dabei ist dem Verfügungsberechtigten bei der Bestimmung der angemessenen Wohnungsgröße ein *zusätzlicher Raum* zuzubilligen (§ 6 II 1).

Wenn der Verfügungsberechtigte mindestens vier öffentlich geförderte Wohnungen geschaffen hat, von denen er selbst eine benutzen will, so ist die Genehmigung auch dann zu erteilen, wenn das Gesamteinkommen die Einkommensgrenze des § 25 des II. WoBauG übersteigt (§ 6 II 3). Das gilt nach VG Bremen ZMR 71, 104 und VG Düsseldorf zit. bei Bellinger ZMR 74, 101 nicht für den Erwerber. Der Bauherr hat nur Anspruch auf eine (auch der größten) Wohnung, nicht aber auf Erweiterung seiner Wohnfläche durch Hinzunahme anderer Wohnungen (Bellinger a. a. O.).

b) Eine Genehmigung ist nicht erforderlich, wenn der Bauherr eines *Eigenheims,* einer Eigensiedlung oder einer eigengenutzten Eigentumswohnung oder seine wohnberechtigten Angehörigen (§ 8 II. WoBauG) die von ihm bei der Bewilligung der öffentlichen Mittel ausgewählte Wohnung benutzen wollen; das gleiche gilt sinngemäß für denjenigen, der Anspruch auf Übereignung eines Kaufeigenheims, einer Trägerkleinsiedlung oder einer Kaufeigentumswohnung hat (§ 6 I 2). Soweit dem Bauherr nach § 6 ohne Genehmigung der Beh. die Selbstbenutzung der Wohnung gestattet ist, gilt das nicht für den Zweiterwerber; er braucht eine Wohnberechtigungsbescheinigung (BGH FWW 77, 117).

c) Will der Verfügungsberechtigte in seinem Familienheim zur angemessenen Unterbringung seines Familienhaushalts auch die freigewordene zweite Wohnung (sog. *Einliegerwohnung*) selbst benutzen, so ist die Bezugsgenehmigung zu erteilen, wenn die Größe der Hauptwohnung für ihn unter Zubilligung eines zusätzlichen Raumes nicht mehr angemessen ist (§ 6 III 1). Ist die Größe der Hauptwohnung wegen der Aufnahme eines oder mehrerer Angehöriger nicht mehr angemessen, so kann die Genehmigung versagt werden, wenn diese in der zweiten Wohnung einen eigenen Haushalt führen könnten und ihr Gesamteinkommen die sich aus § 25 des II. WoBauG ergebende Einkommensgrenze übersteigt (§ 6 III 2). Damit bezweckt das Ges. der mißbräuchlichen Ausnutzung des Rechts auf Hinzunahme der Einliegerwohnung zu begegnen.

d) Die Selbstbenutzungsgenehmigung darf nicht erteilt werden, soweit der Benutzung der Wohnung durch den Verfügungsberechtigten ein *Vorbehalt* zugunsten von Angehörigen eines bestimmten Personenkreises oder eine sonstige Verpflichtung des Verfügungsberechtigten zugunsten Dritter, die im Hinblick auf die Gewährung von Mitteln eines öffentlichen Haushalts begründet worden ist, entgegensteht (§ 6 IV).

8. *Leerstehen einer Sw.* Der Verfügungsberechtigte darf eine Sw. nur mit Genehmigung der zuständigen Stelle leerstehen lassen, wenn eine Vermietung möglich wäre (§ 6 V); eine leerstehende Sw. hat er auf Verlangen einem Wohnungsberechtigten zu überlassen (§ 6 VI). Der Tatbestand des § 6 Abs. 5 liegt auch dann vor, wenn der Vermieter die Wohnung nur deshalb nicht vermietet, weil er sie an einen

Hauswart überlassen will, aber niemand findet, der zur Übernahme der Hauswartstelle bereit ist (OVG Berlin DWW 84, 313) oder wenn der Vermieter die Mietwohnung in eine Eigentumswohnung umwandeln will (OVG Berlin WM 86, 176). Die Pflicht zur Vermietung kann durch die Festsetzung eines Zwangsgeldes durchgesetzt werden. Eine Ausnahme gilt, wenn es dem Eigentümer trotz angemessener Anstrengungen unmöglich ist, für die Wohnung einen Mieter zu finden. Diese Bemühungen sind erst dann fehlgeschlagen, wenn Interessenten nicht nur von der erwogenen Umgestaltung des Eigentums, sondern auch von dem ihnen zustehenden weitgehenden Kündigungsschutz Kenntnis haben und trotzdem ablehnen (OVG Berlin WM 86, 176; OVG Münster a. a. O.; ähnlich OVG Bremen WM 86, 373).

9. *Verbot der Zweckentfremdung*. Zur Verhinderung der → Zweckentfremdung darf eine Sw. (ganz oder teilweise) ohne Genehmigung der zuständigen Stelle nicht zu Zwecken einer dauernden Fremdenbeherbergung, insbesondere einer gewerblichen Zimmervermietung, verwendet oder anderen als Wohnzwecken zugeführt werden. (§ 12).

Die Sw. darf ferner ohne Genehmigung nicht durch bauliche Maßnahmen derart verändert werden, daß sie für Wohnzwecke nicht mehr geeignet ist. Die Genehmigung kann erteilt werden, wenn ein überwiegendes öffentliches Interesse oder ein überwiegendes berechtigtes Interesse des Verfügungsberechtigten oder eines Dritten an der Verwendung oder Änderung der Sw. besteht (dazu VG Arnsberg ZMR 72, 89; ZMR 74, 144). Die Genehmigung kann befristet, bedingt oder unter einer Auflage, insbesondere auch unter der Verpflichtung zu Ausgleichszahlungen in angemessener Höhe, erteilt werden (BVerwG ZMR 64, 281). Ferner kommt die Erteilung einer Genehmigung in Betracht, wenn sich der Verfügungsberechtigte verpflichtet, der Behörde zum Ausgleich für die zweckentfremdete Wohnung ein Belegungsrecht an einer anderen Wohnung einzuräumen. Diese Wohnung darf nicht der Zweckbindung unterliegen; es darf sich also um keine Sw handeln.

Wer eine Zweckentfremdung oder bauliche Maßnahmen ohne Genehmigung vorgenommen hat, hat auf Verlangen der zuständigen Stelle die Eignung für Wohnzwecke auf seine Kosten wiederherzustellen und die Wohnung einem Wohnungssuchenden zum Gebrauch zu überlassen.

10. *Freistellung von der Belegungsbindung*. Soweit nach den wohnungswirtschaftlichen Verhältnissen ein öffentliches Interesse an den öffentlich-rechtlichen Bindungen nach § 4 oder § 6 nicht mehr besteht, kann die zuständige Stelle den Verfügungsberechtigten hiervon freistellen (§ 7 I 1; z. B. weil die Wohnung zur Versorgung des

begünstigten Personenkreises wegen ihrer Lage oder der Höhe der zulässigen Miete nicht geeignet ist; dazu OVG Münster DWW 72, 201; VG Bremen ZMR 71, 104). Die Freistellung kann auch erfolgen, wenn ein überwiegendes öffentliches Interesse an der Freistellung besteht, z. B. zur Unterbringung von Personal, das zum Betrieb öffentlicher oder sozialer Einrichtungen (Krankenhäuser, Verkehrsbetriebe, Versorgungsunternehmen) in deren unmittelbaren Nähe wohnen muß. Gleiches gilt, soweit ausnahmsweise ein überwiegendes berechtigtes Interesse des Verfügungsberechtigten oder eines Dritten an der Freistellung besteht (§ 7 I 1), z. B. das Interesse eines Arbeitgebers, dem Betrieb einen qualifizierten Mitarbeiter zu erhalten (vgl. dazu VG Düsseldorf WM 75, 17). Das Interesse eines an sich nicht wohnberechtigten Familienangehörigen des Verfügungsberechtigten am Erhalt einer Sozialwohnung reicht im Rahmen des § 7 grundsätzlich nicht aus (OVG Münster WM 83, 193). Die Freistellung kann für einzelne Wohnungen, für Wohnungen bestimmter Art oder für bestimmte Gebiete ausgesprochen werden (§ 7 I 2). Bei Wohnungen, die für Angehörige eines bestimmten Personenkreises vorbehalten sind, soll eine Freistellung von dem Vorbehalt ausgesprochen werden, soweit ein bes. Wohnungsbedarf für diesen Personenkreis nicht mehr besteht (§ 7 I 1). Will der Verfügungsberechtigte eine Wohnung in einem Gebäude, in dem er selbst eine Wohnung bewohnt, einem Angehörigen zum Gebrauch überlassen, dessen Gesamteinkommen die Einkommensgrenze des § 25 des II. WoBauG übersteigt, so kann die zuständige Stelle den Verfügungsberechtigten von den Bindungen des § 4 II III freistellen (§ 7 II). Ist die freizustellende Wohnung vermietet, so kann der Mieter die Freistellungsbescheinigung nicht anfechten, weil durch diese Vorschrift keine Mieterinteressen geschützt werden sollen (OVG Münster WM 85, 219; VG Gelsenkirchen WM 83, 345). Der Schutz des Mieters vor dem Verlust seiner Wohnung wird ausschließlich über § 564b BGB gewährt (s. Kündigungsschutz).

Nach § 7 III 1 kann die Freistellung befristet, bedingt oder unter Auflagen, insbesondere auch unter der Verpflichtung zu Ausgleichszahlungen in angemessener Höhe erteilt werden. Wird eine Ausgleichszahlung festgesetzt, so ist eine isolierte Anfechtungsklage gegen die Zahlungsauflage allein zulässig (OVG Bremen DWW 86, 158). Die Zahlung kann auch rückwirkend verlangt werden. Nur im Ausnahmefall kann diese Möglichkeit verwirkt sein. Der bloße Zeitablauf reicht hier nicht aus. Es müssen besondere Umstände hinzu kommen, die die verspätete Geltendmachung als Verstoß gegen Treu und Glauben erscheinen lassen (OVG Bremen a. a. O.). Die Festsetzung der Ausgleichszahlung steht im Ermessen der Behörde, und zwar sowohl im Hinblick auf das Ob der Anordnung als auch im

Hinblick auf ihre Höhe. Die fehlerfreie Ausübung dieses Ermessens setzt eine umfassende Abwägung der öffentlichen Interessen mit den Interessen der Betroffenen unter Berücksichtigung des Ermächtigungszwecks voraus. Die Behörde muß alle wesentlichen Umstände berücksichtigen (BayVGH WM 85, 220). Die Ausgleichszahlung kann der Vermieter gemäß § 26 Abs. 4 NMV auf den Mieter der freigestellten Wohnung umlegen. Dieser Zuschlag ist Teil der Kostenmiete. Er muß nicht vereinbart werden. Der Vermieter kann vielmehr insoweit den Mietvertrag einseitig ändern. Die Durchführung der Mieterhöhung bestimmt sich dabei nach §§ 4 Abs. 7 S. 1 NMV 10 WoBindG. Der von der Mieterhöhung betroffene Mieter kann die Freistellung nicht anfechten, weil er durch diesen Verwaltungsakt nicht in seinen Rechten verletzt wird (BVerwG NJW 87, 2829; a. A. BayVGH a. a. O.). Die Freistellung kann auch dann erfolgen, wenn sich der Verfügungsberechtigte verpflichtet, der Behörde für die Dauer der Freistellung ein Belegungsrecht an einer anderen Wohnung einzuräumen, die keine Sw ist. Im übrigen setzt die Freistellung auch hier voraus, daß die oben dargelegten Voraussetzungen des § 7 I vorliegen.

Die Freistellung ist dem Verfügungsberechtigten *schriftlich* mitzuteilen; bei einer Freistellung für Wohnungen bestimmter Art oder für bestimmte Gebiete kann die Mitteilung durch eine Veröffentlichung in einem amtlichen Verkündungsblatt ersetzt werden (§ 7 III 2).

Wenn die Freistellung auf eine bestimmte Zeit befristet worden und diese Frist abgelaufen ist, dann ist § 4 VIII sinngemäß anzuwenden, d. h. der V. hat auf Verlangen der zuständigen Stelle das Mv. mit dem M. der freigestellten Wohnung zu kündigen und die Sw. einem Wohnungssuchenden zu überlassen, der die Voraussetzungen zum Bezug dieser Wohnung erfüllt und dem Verfügungsberechtigten eine entsprechende Wohnberechtigungsbescheinigung vorlegen kann.

11. *Ausgleichszahlung bei Überschreitung der Einkommensgrenze (Fehlbelegerabgabe).* Für die Frage der Wohnberechtigung kommt es allein auf die Einkommens- und Vermögensverhältnisse des Mieters zum Zeitpunkt der Überlassung der Sw. an; spätere Veränderungen bleiben unberücksichtigt. Diese Rechtslage hat in der Vergangenheit dazu geführt, daß zahlreiche Sw. von Mietern bewohnt werden, deren Einkommensverhältnisse die oben III 3a dargestellten Grenzen überschreiten (sog. Fehlbeleger). Die sozialpolitisch nicht gerechtfertigte Privilegierung dieses Personenkreises soll durch das „Gesetz zum Abbau der Fehlsubventionierung und der Mietverzerrung im Wohnungswesen" (Art. 27 des 2. Haushaltsstrukturgesetzes vom 22. 12. 1981, BGBl. I S. 1523, zuletzt geändert durch das Gesetz vom 8. 6. 1989, BGBl. I S. 1058) beseitigt werden. Nach diesem Gesetz

kann nämlich von den Fehlbelegern eine Ausgleichszahlung verlangt werden. Die Pflicht zur Zahlung einer solchen Abgabe ergibt sich allerdings nicht unmittelbar aus dem Gesetz. Vielmehr hat der Gesetzgeber die Landesregierungen ermächtigt, durch Rechtsverordnung diejenigen Gemeinden zu bestimmen, in denen die Ausgleichsabgabe gezahlt werden soll; die Landesregierungen können die Verordnungskompetenz wiederum auf andere Stellen übertragen.

Es dürfen nur solche Gemeinden bestimmt werden, in denen die Kostenmieten die ortsüblichen Mieten vergleichbarer nicht preisgebundener Mietwohnungen erheblich unterschreiten.

Zahlungspflichtig sind solche Wohnungsnutzer, deren Einkommen die maßgeblichen Grenzen (s. oben III 3a) um mehr als 20% übersteigt. Die Höhe der Ausgleichsabgabe richtet sich nach dem Maß der Einkommensüberschreitung. Die Ausgleichzahlung beträgt bei einer Einkommensüberschreitung von 20% bis 35% monatlich je Quadratmeter Wohnfläche DM 0,50; bei einer Einkommensüberschreitung von 35% bis 50% DM 1,25 und bei einer Überschreitung von mehr als 50% DM 2,–. Das für die Abgabe maßgebliche Einkommen bestimmt sich nach § 25 Abs. 1 und 2 des II. WoBauG. Es sind sämtliche Personen zu berücksichtigen, die die Wohnung benutzen; die Familienzugehörigkeit ist bedeutungslos (§ 3 Abs. 1 Satz 2 AFWoG). Die Inhaber der Wohnungen haben eine Auskunfts- und Nachweispflicht (§ 5 Abs. 1 S. 1 AFWoG). Wird die Auskunft nicht rechtzeitig erteilt, so gilt die widerlegbare Vermutung, daß das Einkommen um mehr als 50% überschritten wird. Ein verspätet vorgelegter Einkommensnachweis entkräftet die Vermutung nur für die Zukunft; eine Ausnahme gilt, wenn der Wohnungsinhaber überhaupt keine Zahlung zu leisten hat. Mehrere Inhaber einer Wohnung schulden die Ausgleichsabgabe als Gesamtschuldner (§ 1 Abs. 1 S. 2 AFWoG). Inhaber ist, wer die Wohnung nicht nur vorübergehend bewohnt; es kommt nicht darauf an, ob der Inhaber Mieter ist. Die Behörde kann einen beliebigen Inhaber auswählen (Silberkuhl, ZMR 93, 198). Auf Antrag des Wohnungsnutzers ist die Ausgleichszahlung zu beschränken auf den Unterschiedsbetrag zwischen der Kostenmiete und der ortsüblichen Miete für frei finanzierten Wohnraum. Für die Bemessung der ortsüblichen Miete ist nicht auf einen Mietspiegel, sondern auf die Rechtsverordnung zu § 6 II S. 2 AFWoG abzustellen; die bei der Neuvermietung einer freifinanzierten Wohnung erzielbare Miete bildet die Obergrenze der Belastung des Fehlbelegers, also der Summe von Kostenmiete und Fehlbelegerabgabe (BVerwG WM 91, 400). Die Zahlungspflicht beginnt frühestens am 1. 1. 1983 (für Wohnungen, für die öffentliche Mittel vor dem 1. 1. 1955 bewilligt worden sind) und spätestens am 1. 1. 1985 (falls die öffentlichen Mittel erst nach dem 31. 12. 1962 bewilligt wurden). Die zur Erhebung der Ausgleichsabgabe zuständige Stelle hat die Gelder an das Land abzuführen. Von dort sind die Gelder wiederum zweckgebunden zur Förderung des Baus von Sw. zu verwenden. Art. 27 des 2. Haushaltsstrukturgesetzes ist verfassungsgemäß (BVerfG B. v. 8. 6. 1988 DWW 88, 245).

12. *Umwandlung von Sozialmiet- in Eigentumswohnungen.* a) Seit dem Inkrafttreten des WoBauÄndG 80 hat der M. einer Sw ein gesetzl. Vorkaufsrecht im Falle der Umwandlung seiner Wohnung in eine Eigentumswohnung (§ 2a und 2b; s. dazu → Vorkaufsrecht des Mieters).

b) Daneben hat der Gesetzgeber durch das WoBauÄndG 80 den Kündigungsschutz des M. verstärkt. Nach § 6 VII ist eine Eigenbedarfskündigung des Erwerbers solange ausgeschlossen, solange die Wohnung als öffentlich gefördert gilt (s. unten VI). Dieser besondere Kündigungsausschluß tritt neben die dreijährige Wartefrist des § 564b II Nr. 2 S. 2 BGB, die allgemein bei der Umwandlung einer Mietwohnung in eine Eigentumswohnung gilt (s. → *Eigentumswohnung* I 6). Beide Fristen laufen gleichzeitig und nebeneinander. Endet beispielsweise die Zweckbindung vor dem Ablauf der allgemeinen Dreijahresfrist, so kann der Erwerber nach Ablauf von drei Jahren seit dem Zeitpunkt der Veräußerung wegen Eigenbedarfs kündigen. Endet die Zweckbindung erst nach Ablauf der Dreijahresfrist, so ist dieser Zeitpunkt maßgebend. Eine Kummulation der Fristen findet also nicht statt (vgl. dazu Wienicke WM 80, 93).

IV. *M.preisbindung.* Für Sw. darf der V. höchstens die *Kostenmiete* (Km.) verlangen. Die Sw. darf zu keinem höheren Entgelt vermietet werden, als es zur Deckung der laufenden Aufwendungen erforderlich ist (§ 8 I). Die Km. ist aufgrund einer → *Wirtschaftlichkeitsberechnung* zu ermitteln, die nach den Vorschriften der 2. Berechnungsverordnung (II. BV) aufgestellt werden muß. Welche Kosten und Aufwendungen der V. zur Ermittlung der Km. in der Wirtschaftlichkeitsberechnung zulässigerweise in Ansatz bringen darf, wird in der II. BV näher geregelt. Im Zusammenhang mit der Bewilligung der öffentl. Mittel oder der Anerkennung der Schlußabrechnung wird von der Bewilligungsstelle i. d. R. nach § 72 des 2. WoBauG bereits die Genehmigung der Km. erteilt. Bei der *erstmaligen* Ermittlung der Km. ist auszugehen von dem M.betrag, der sich für die geförderten Wohnungen des Gebäudes als *Durchschnittsmiete* für die qm Wohnfläche monatlich ergibt (§ 3 II NMV 70). Diese Durchschnittsmiete ist auf der Grundlage der → *Wirtschaftlichkeitsberechnung,* die der Bewilligung der öffentl. Mittel zugrundegelegen hat, aus dem Gesamtbetrag der *laufenden Aufwendungen* nach Abzug etwaiger Vergütungen zu errechnen; bei Wohnungen, für welche die öffentl. Mittel nach dem 31. 12. 1956 bewilligt worden sind, ist von derjenigen Miete auszugehen, welche die *Bewilligungsstelle* auf Grund der Wirtschaftlichkeitsberechnung bei der Bewilligung der öffentl. Mittel *genehmigt hat* (§ 3 II NMV 70). Ist im Zivilprozeß die Frage zu entscheiden, ob die vereinbarte Miete einer Wohnung die Kostenmiete übersteigt, so ist das Zivilgericht nicht befugt, die von der Bewilligungsstelle im Rahmen der Bewilligung der öffentlichen Mittel nach § 72 Abs. 2 des 2. Wohnungsbaugesetzes behördlich für das Bauvorhaben genehmigte Durchschnittsmiete, auf deren Grundlage die verschiedenen Einzelmieten nach Maßgabe der §§ 8a, 8b WoBindG errechnet und vereinbart worden sind, auf die Richtigkeit ihrer Ermittlung nachzuprüfen. Das gilt auch dann, wenn der behördliche Mietgenehmigungsbescheid von anderen als den am Zivilprozeß beteiligten Mietern noch angefochten werden kann oder wenn er zwar bereits angefochten ist, die Anfechtung aber noch nicht zu einer rechtskräftigen Aufhebung oder Abänderung des Bescheids geführt hat (OLG Hamm RE vom 10. 9. 1984 WM 84, 322; a. A.: BVerwG WM 86, 179; s. auch OLG Hamburg WM 91, 152, wonach eine Prüfberechtigung dann besteht, wenn eine Kostenmiete nach der Umwandlung einer Sw. in Wohnungseigentum in Frage steht).

Erhöht sich nach der erstmaligen Ermittlung der Km. der Gesamtbetrag der laufenden Aufwendungen auf Grund von Umständen, die der V. *nicht zu vertreten* hat, oder wird durch Ges. oder RechtsVO ein *höherer Ansatz* für laufende Aufwendungen in der Wirtschaftlichkeitsberechnung *zugelassen,* so kann der V. eine *neue* Wirtschaftlichkeitsberechnung *eigenverantwortlich* aufstellen. Die sich daraus ergebende *erhöhte* Durchschnittsmiete bildet vom *Zeitpunkt der Entstehung* der laufenden Aufwendungen an dann grunds. die Grundlage der neuen Km. (§ 4 I NMV 70). Tritt eine Erhöhung der laufenden Aufwendungen *vor* der Anerkennung der Schlußabrechnung, spätestens jedoch *vor Ablauf von 2 Jahren* nach Bezugsfertigung ein, so bedarf die Erhöhung der Durchschnittsmiete der *Genehmigung* der Bewilligungsstelle; die erteilte Genehmigung wirkt auf den Zeitpunkt der Erhöhung der laufenden Aufwendungen, längstens jedoch drei Monate vor Stellung eines Antrags mit prüffähigen Unterlagen zurück (§ 8a IV 2). Ist die Genehmigung nicht erteilt worden, so darf diese Erhöhung der laufenden Aufwendungen auch bei einer späteren Ermittlung der Km. nicht berücksichtigt werden. Der V. kann jedoch eine rückwirkende M.erhöhung nur verlangen, wenn er sich das im Mv. vorbehalten hat (§ 8a IV; s. Mieterhöhung für Sozialwohnungen IV). Der § 10 II schließt eine Vereinbarung des Inhalts, daß mit der preisrechtlichen Zulässigkeit einer M.erhöhung der M. verpflichtet sein soll, den erhöhten M.zins gegebenenfalls auch rückwirkend zu zahlen, nicht aus (BGH ZMR 66, 370; WM 70, 104); ansonsten sind aber vertragliche Vereinbarungen, die zugunsten des

V. von den Erhöhungsvoraussetzungen des § 10 abweichen, unwirksam (AG Kamen WM 75, 195). Die Genehmigung der Beh. entscheidet somit nur über die *preisrechtliche Zulässigkeit der Höhe und des Zeitpunktes* der M.erhöhungen des V. Der Genehmigungsbescheid entfaltet aber keine unmittelbaren Rechtswirkungen gegenüber dem Mieter. Aus diesem Grunde kann der Mieter den Genehmigungsbescheid auch nicht anfechten (BVerwG WM 86, 179 mit Anm. Nagler WM 86, 181). Ob im *Streitfall* eine Zahlungsklage des V. zum Erfolg führt, muß davon unabhängig vom *ordentlichen Gericht* entschieden werden (OVG Münster ZMR 69, 346). Das Zivilgericht hat zu prüfen, ob sich die laufenden Aufwendungen erhöht haben, ob die Erhöhung vom Vermieter nicht zu vertreten oder gesetzlich zugelassen ist und ob die Erhöhung durch die Bewilligungsstelle genehmigt wurde (BVerwG a. a. O.).

Verringert sich der Gesamtbetrag der laufenden Aufwendungen oder wird durch Ges. oder Rechtsverordnung nur ein *verringerter* Ansatz in der Wirtschaftlichkeitsberechnung zugelassen, so hat der V. *unverzüglich* eine neue Wirtschaftlichkeitsberechnung aufzustellen. Die sich daraus ergebende verringerte Durchschnittsmiete bildet vom Zeitpunkt ihrer *Entstehung* an die Grundlage für die zu senkende Km. Die M.senkung ist dem M. *unverzüglich* mitzuteilen (§§ 5 NMV 70, 8a III WoBindG).

1. Für die *Kostenmiete* gelten folgende weitere *Grundsätze:*

a) Ist eine höhere als die zulässige Km. vereinbart, ist die Vereinbarung hinsichtlich des Teils *unwirksam,* der die zulässige Miete übersteigt (§ 8 II). Das Ges. droht dem V. außerdem für diesen Fall die Erhebung von Strafzinsen und die Kündigung der öffentl. Mittel an (s. IV). Der M. ist berechtigt, vom V. die *Rückzahlung* des unzulässigen M.zinses zu verlangen. Der Rückerstattungsanspruch nach § 8 steht auch einem nicht wohnberechtigten M. zu (LG Osnabrück WM 73, 225; das gilt auch dann, wenn der M. gewußt hat, daß es sich um eine Sw. handelt und er trotzdem mehr als die Kostenmiete zahlte, weil die Sondervorschrift des § 8 II die Berufung des V. auf eine Bereicherung des M. oder einen Gesetzesverstoß ausschließt (LG Mannheim ZMR 71, 103; AG Dortmund WM 71, 188; LG Itzehoe WM 81, 275). Der Rückforderungsanspruch besteht auch dann, wenn der V. von anderen M. seines Hauses weniger als die zulässige Kostenmiete erhalten hat, weil er sich auf vermeidbare Nachteile nicht gegenüber dem anspruchsberechtigten M. berufen darf (LG Mannheim aaO.).

Wenn der M. mit dem Rückerstattungsanspruch aufrechnet, kann die Berufung des V. auf ein vertragl. vereinbartes Aufrechnungsverbot unzulässig sein (LG Hamburg MDR 68, 1012). Der Rückforderungsanspruch *verjährt* erst 4 Jahre ab der Leistung (AG Hannover

WM 81, 276), spätestens jedoch 1 Jahr nach der Beendigung des Mv. (§ 8 Abs. 2 Satz 2 WoBindG). Nach h. M. soll die regelmäßige Verjährungsfrist von 30 Jahren (§ 195 BGB) gelten, wenn die preiswidrige Zahlung auf einer einseitigen Mieterhöhung beruht (BayObLG, WM 85, 217; OLG Karlsruhe, WM 86, 166; a. A. Sonnenschein/Weitemeyer, NJW 93, 2201). Für den überzahlten Betrag kann der M. ab der Zahlung eine Verzinsung von 4 Prozent verlangen (z. ganzen s. Stöver WM 82, 143).

Die zur Durchführung des WoBindG zuständigen Stellen sind *nicht befugt,* den V. die *Einhaltung der Km.* und die *Rückzahlung* zuviel erhobener Mieten an die M. *durch Verwaltungsakt* zu gebieten; die M.preisvorschriften sind Schutzbestimmungen zugunsten der M., so daß es ihnen überlassen bleiben muß, sich auf ihre Rechte zu berufen und ihre Ansprüche vor den *ordentl. Gerichten* (AG oder LG) geltend zu machen (OVG Münster ZMR 69, 300). *Daneben* ist aber die Beh. im *öffentl. Interesse* berechtigt, beim Verdacht von Preisverstößen, vom V. nach § 2 III die *Vorlage der Berechnungsunterlagen* zu verlangen, ihn zur *Einhaltung der Km.* zu ermahnen und bei Erfolglosigkeit die in §§ 25, 26 vorgesehenen Maßnahmen (s. IV) zu veranlassen (OVG Münster WM 70, 29; FWW 72, 112; OVG Hamburg FWW 75, 419 zur Unzulässigkeit von Rückzahlungs- oder Ermäßigungsverfügungen).

b) *Einmalige Leistungen* des M. sind grundsätzlich unzulässig und können zurückverlangt werden (§ 9 I). Die zulässigen Ausnahmen für bestimmte M.vorauszahlungen, M.darlehen und sonstige Finanzierungsbeiträge sind in § 9 II–V geregelt. Der Anspruch nach § 9 VII besteht auch, wenn der M. die Unzulässigkeit gekannt hat, weil §§ 814, 817 BGB insoweit unanwendbar sind (LG Bremen MDR 73, 937). Die Aufrechnung des V. gegen derartige Rückerstattungsansprüche ist unzulässig (Bellinger ZMR 74, 132). Nach § 9 VI sind *Koppelungsgeschäfte* (d. h. die Verpflichtung des M. zum Bezug von Waren oder Leistungen anläßlich der Vermietung einer Sw.) grunds. unzulässig. Davon ausgenommen sind insbes. Verpflichtungen des M. zu Sach- oder Arbeitsleistungen, wenn dies zu einer Verringerung der Bewirtschaftungskosten führt; die Mitvermietung von Einrichtungsgegenständen bedarf der Genehmigung der Beh. und ist zu versagen, wenn das dafür geforderte Entgelt überhöht ist. Die Vorschrift des § 9 gilt nur im Verhältnis zwischen dem V. und dem M.; sie betrifft nicht das Verhältnis zwischen dem alten und dem neuen M. Abstandsvereinbarungen zwischen den beiden Mietern sind deshalb grundsätzlich zulässig (BGH WM 82, 158; vgl. auch BGH MDR 77, 393).

Die nicht seltenen Vereinbarungen über eine M.vorauszahlung oder ein M.darlehen für eine Sw. zur Deckung der Kosten einer

Wertverbesserung sind nur wirksam, wenn entweder die zuständige Stelle zugestimmt hat, oder die Wertverbesserung aufgrund einer öffentlich-rechtl. Verpflichtung durchgeführt wird (LG Köln WM 77, 127).

Nach der ausdrücklichen Neuregelung in § 9 V ist die Vereinbarung einer Sicherheitsleistung nur zulässig, soweit sie dazu bestimmt ist, Ansprüche des V. gegen den M. aus Schäden an der Wohnung oder unterlassenen Schönheitsreparaturen zu sichern. Im übrigen gilt nunmehr auch für Sozialwohnungen die Vorschrift des § 550b BGB (s. → Kaution).

c) Werden die öffentl. Mittel ausnahmsweise *ohne* Vorlage einer Wirtschaftlichkeitsberechnung bewilligt (z. B. bei Eigenheimen und Kleinsiedlungen), darf an Stelle der Km. höchstens die Miete für *vergleichbare* Wohnungen (Vergleichsmiete) verlangt werden. Die zuständige Stelle kann später den Übergang zur Km. zulassen. Eine Erhöhung der Vergleichsmiete ist zulässig, wenn sich bei den Vergleichsobjekten die Km. erhöht hat, was durch eine gutachtliche Äußerung der zuständigen Stelle nachgewiesen werden muß (§ 10 I). Einzelheiten über die Festsetzung und die Erhöhung der Vergleichsmiete sowie den Übergang zur Km. regeln die §§ 11–15 NMV 70. Nach § 15 III NMV 70 darf der Übergang von der Vergleichs- zur Kostenmiete von der Behörde nur genehmigt werden, wenn der Fortbestand der Vergleichsmiete für den V. unbillig wäre und die Vermietbarkeit an Wohnberechtigte durch diesen Übergang nicht ausgeschlossen oder erheblich erschwert wird (Dazu OVG Münster WM 75, 81; ZMR 75, 350).

d) Nach der ab 1. 5. 1984 geltenden Fassung der NMV darf der V. neben der Einzelmiete sämtliche Betriebskosten i. S. des § 27 der II. BV (s. → *Wirtschaftlichkeitsberechnung* IV 5) sowie ein Umlageausfallwagnis auf dem M. umlegen (§ 20 NMV).

aa) Die *Umlage der Betriebskosten* setzt voraus, daß dem M. die Art und Höhe der einzelnen Betriebskosten bei der Überlassung des Wohnraums bekannt gegeben wird. Es dürfen nur solche Betriebskosten umgelegt werden, die bei ordentlicher Geschäftsführung gerechtfertigt sind. Grunds. sind die Betriebskosten nach dem Verhältnis der Wohnflächen umzulegen; eine Ausnahme gilt für die Kosten der zentralen Heizungs- und Warmwasserversorgungsanlage: für die Umlage dieser Kosten gilt die Heizkostenverordnung (s. *Zentralheizung* II 1 d). Der V. ist berechtigt monatliche Vorschußzahlungen auf die Betriebskosten zu verlangen. Über die Betriebskosten, den Umlegungsbetrag und die Vorauszahlungen ist jährlich abzurechnen. Die jährliche Abrechnung ist dem M. spätestens bis zum Ablauf des zwölften Monats nach dem Ende des Abrechnungszeitraums zuzuleiten; diese Frist ist für Nachforderungen eine Ausschlußfrist, es sei denn, der V. hat die Geltendmachung erst nach der Jahresfrist nicht zu vertreten (§ 20 III S. 3 NMV). Die Vorschußzahlungen können unter den Voraussetzungen des § 4 VII und VIII NMV 70 erhöht werden, wenn sie zur Deckung der laufenden Betriebskosten nicht ausreichen. Die Erhöhung kann nur für die Zukunft erfolgen; eine rückwirkende Erhöhung ist ausgeschlossen. Das *Umlageausfallwagnis* ist das Wagnis einer Einnahmeminderung, die durch uneinbringliche Rückstände von Betriebskosten infolge des Leerstehens der Wohnungen oder der Zahlungsunfähigkeit eines M. entsteht. Dieses Umlageausfallwagnis darf 2% der Betriebskosten nicht übersteigen. Soweit der V. anderweitige Sicherheiten besitzt, darf kein Ausfallwagnis angesetzt werden. Zu den anderweitigen Sicherheiten gehört z. B. die Bürgschaft eines Dritten nicht aber die → *Kaution*.

bb) *Zuschläge* darf der V. insbesondere im Falle der Untervermietung (s. Untermiete VIII; 5 DM für einen und 10 DM für zwei und mehr Untermieter) sowie die →gewerbliche Benutzung des Raumes (bis zu 50% der anteiligen Einzelmiete) verlangen.

cc) Ferner kann der V. für die Überlassung einer Garage, eines Stellplatzes oder eines Hausgartens eine angemessene *Vergütung* erheben. Gleiches gilt für die Mitvermietung von Einrichtungs- und Ausstattungsgegenständen, sofern die zuständige Stelle dies genehmigt hat (§ 27 NMV 70).

e) Der V. hat dem M. auf Verlangen darüber *Auskunft* zu erteilen, wie sich die verlangte Km. zusammensetzt und gebildet worden ist (§§ 8 IV, 29 NMV 70; s. Mieterhöhung für Sozialwohnungen I 5). Liegt der Km. eine Genehmigung der Bewilligungsstelle zugrunde, hat sie der V. dem M. auf Verlangen vorzulegen. Bleibt die Auskunft unzureichend oder wird die Vorlage der Genehmigung verweigert, hat der Mieter ein Zurückbehaltungsrecht bezüglich des Mietzinses (LG Braunschweig ZMR 84, 243; AG Gelsenkirchen ZMR 87, 183 mit Anm. Tiefenbacher). Daneben ist die *zuständige Stelle* verpflichtet, dem M. eine Auskunft über die zulässige Miethöhe zu erteilen, soweit diese sich aus ihren Unterlagen ergibt. Vor einer Klage gegen den Vermieter auf Auskunftserteilung ist der Mieter deshalb gehalten, eine Auskunft der zuständigen Stelle einzuholen. Anderenfalls fehlt einer Klage das Rechtsschutzbedürfnis, weil die Auskunft der zuständigen Stelle der einfachere und billigere Weg zum Erfolg ist (AG Osnabrück WM 84, 332; a. A.: LG Frankfurt WM 85, 183, wonach die Auskunft der Bewilligungsstelle keinen vollwertigen Ersatz für die Auskunft des Vermieters darstellt). Davon abgesehen ist für die Auskunftsklage kein besonderes Rechtsschutzbedürfnis erforderlich. Es kommt deshalb auch nicht darauf an, ob die Rückforderungsansprüche, die ein Mieter aus der Auskunft ableiten könnte, verjährt sind (LG Hamburg WM 85, 183). Zur Ermittlung der jeweils geltenden Km. nach Abschluß des Bewilligungsverfahrens besteht für die Bewilligungsstelle wegen der damit verbundenen Verwaltungsarbeit keine Verpflichtung.

2. Ist der vereinbarte M.zins niedriger als die Km. kann ihn der V. durch *einseitige schriftliche Erklärung* bis zur Km. *erhöhen* (§ 10; s. Mieterhöhung für Sozialwohnungen). Ändern sich daher nach der erstmaligen Errechnung der Durchschnittsm. die laufenden Aufwendungen (Kapitalkosten, Bewirtschaftungskosten), kann an die Stelle der bisherigen Durchschnittsm. eine entsprechend geänderte Durchschnittsm. treten. Das gilt nur, wenn die Veränderung auf Umständen beruht, die der V. nicht zu vertreten hat (§§ 8a, 8b; s. dazu OVG Münster WM 83, 168). Als Erhöhung der laufenden Aufwendungen gilt auch eine *durch Ges.* oder Rechtsverordnung *zugelassene Erhöhung* eines Ansatzes in der bisherigen Wirtschaftlichkeitsberechnung. Deshalb können die erhöhten Pauschbeträge für Verwaltung und Instandhaltung (§§ 26, 28 der II. BV) sowie die *höhere Verzinsung* der öffentl. Baudarlehen (§§ 18a–18f.) für eine erhöhte Durchschnittsm. in Betracht kommen. § 10 gilt auch bei der erstmaligen endgültigen Festsetzung der Durchschnittsmiete, wenn der Mieter nach den bisherigen Vereinbarungen im Mietvertrag einen niedrigeren Mietzins als nach der endgültigen rechtskräftigen Festsetzung der Durchschnittsmiete zu zahlen hat. Deswegen genügt es nicht, auf den Genehmigungsbescheid hinzuweisen; vielmehr ist neben der Berechnung der erhöhten Miete auch deren Erläuterung erforderlich (LG Bochum WM 84, 332; LG Kiel WM 84, 333).

Öffentl. Baudarlehen, die vor dem 1. 1. 1960 bewilligt wurden, sind auf Verlangen der darlehnsverwaltenden Stelle um höchstens 4 v. Hundert zu verzinsen, soweit eine Zinserhöhung nicht ausdrücklich vertragl. ausgeschlossen ist. Dadurch darf für Wohnungen, für die öffentl. Mittel vor dem 1. 1. 1957 bewilligt wurden, die bisher zulässige Durchschnittsm. um höchstens 0,35 DM pro qm der Wohnfläche erhöht werden. Für Sw. deren Mittel in der Zeit zwischen dem 1. 1. 1957 und dem 31. 12. 1959 bewilligt wurden, darf die Erhöhung höchstens 0,30 DM pro qm der Wohnfläche betragen. Ergibt die Zinserhöhung eine darüber hinausgehende Durchschnittsm., werden die Zinsen nur bis zu den genannten Grenzen geschuldet. Die erhöhte Zinsleistung wird erst nach dem im Darlehnsvertrag bestimmten Zahlungsabschnitt geschuldet, der frühestens 2 Monate nach Zugang der schriftl. Mitteilung beginnt. Sind vor dem 1. 1. 1960 *Zins- und Tilgungshilfen* neben oder an Stelle eines öffentl. Baudarlehens aus öffentl. Mitteln für ein zur Deckung der Gesamtkosten aufgenommenes Darlehen bewilligt worden, kann die Bewilligungsstelle die Zins- und Tilgungshilfe so weit herabsetzen, daß der V. für das Darlehen eine Verzinsung bis höchstens 4 Prozent jährlich auf den ursprünglichen Darlehensbetrag zu erbringen hat (§ 18d). Für Eigenheime, Kleinsiedlungen, Eigentumswohnungen darf eine Zinserhöhung nur verlangt werden, wenn und so lange sie nicht bestimmungsgemäß vom Eigentümer selbst oder einem Angehörigen benutzt werden oder entgegen einer Vereinbarung veräußert worden sind.

Seit dem 1. 1. 1982 ist eine Zinserhöhung in erheblich höherem Umfang möglich. Nach dem durch das Haushaltsstrukturges. neugefaßtem § 18a kann die Landesregierung durch Rechtsverordnung anordnen, daß öffentliche Mittel, die zwischen dem 31. 12. 1959 und dem 1. 1. 1970 bewilligt worden sind, mit einem Höchstsatz von 6% zu verzinsen sind; wurden die öffentlichen Mittel vor dem 1. 1. 1960 bewilligt (Altbauwohnungen), so beträgt der Höchstzinssatz 8%. Die Möglichkeit der Höherverzinsung gilt sogar dann, wenn dies vertraglich ausgeschlossen ist. Die meisten Bundesländer haben zwischenzeitlich bereits von dieser Möglichkeit Gebrauch gemacht. Die erhöhten Darlehenszinsen kann der V. auf die M. umlegen (→ Mieterhöhung f. Sozialwohnungen). Damit die dadurch eintretende erhöhte Mietbelastung in vertretbaren Grenzen bleibt, sehen die Rechtsverordnungen der Länder bestimmte Kappungsgrenzen vor, die nicht überschritten werden dürfen. Die bestehenden landesrechtlichen Bestimmungen sind sehr unterschiedlich; sie richten sich nach der Gemeindegröße, nach Ausstattungsmerkmalen und Förderungsjahrgängen. Nach der Entscheidung des BVerfG v. 13. 5. 86 ist die Zinserhöhungsermächtigung verfassungsrechtl. nicht zu beanstanden (BVerfG WM 86, 299 = DWW 86, 202 = ZMR 86, 392).

Auf Verlangen des M. hat der V. diesem *Einsicht* in die Mitteilung der darlehnsverwaltenden Stelle und in die Wirtschaftlichkeitsberechnung zu gewähren. Bei Wohnungen, für welche die öffentl. Mittel erstmalig vor dem 1. 1. 1957 bewilligt worden sind, dürfen jetzt in der Wirtschaftlichkeitsberechnung zur Ermittlung der geltenden Kostenm. auch solche laufende Aufwendungen (s. Wirtschaftlichkeitsberechnung III) insbes. Zinsen, angesetzt werden, die in einer früheren Wirtschaftlichkeitsberechnung nicht oder nur in geringerer Höhe in Anspruch genommen oder anerkannt worden sind, auch wenn der V. auf ihren Ansatz ganz oder teilweise verzichtete (§ 8b I). Für öffentl. Mittel, die erstmalig nach dem 1. 1. 1957 bewilligt worden sind, gelten insoweit die Einschränkungen des § 8b II–VI.

V. 1. *Verstößt der V. schuldhaft* gegen seine Verpflichtungen aus dem WoBindG (z. B. Vereinbarung höherer Miete, Überlassung an Nichtberechtigte), kann der Gläubiger des öffentl. Baudarlehens durch vollstreckbaren Verwaltungsakt zusätzliche Geldleistungen bis zur Höhe von 10.– DM je qm Wohnfläche verlangen (§ 25 I). Ein fahrlässiger Gesetzesverstoß reicht dabei aus (BVerwG BBauBl. 80,

38; OVG Münster ZMR 82, 25). Die Geldleistung kann von dem jeweiligen Verfügungsberechtigten ohne Rücksicht darauf gefordert werden, ob er Empfänger der öffentlichen Mittel war oder ob die Leistungen zurückgezahlt sind (so schon früher BGH NJW 74, 99 u. 145 Bellinger ZMR 74, 133 m. w. Nachw.). Von einem Miteigentümer können Geldleistungen dann nicht erhoben werden, wenn nur der andere mit der alleinigen Hausverwaltung betraute Miteigentümer die öffentlich geförderte Wohnung schuldhaft einem Nichtwohnberechtigten zum Gebrauch überlassen hat (BVerwG NJW-RR 87, 1297). Beauftragt dagegen ein Miteigentümer den anderen mit der Verwaltung einer der Belegungsbindung unterliegenden Wohnung, so können beide Eigentümer auf Zahlung einer Geldleistung in Anspruch genommen werden, wenn die Wohnung von dem beauftragten Miteigentümer an einen Bewerber ohne Wohnberechtigungsbescheinigung vermietet wird (OVG Münster WM 84, 165). Für die Festsetzung der Geldleistung kommt es nicht darauf an, ob der Bewerber Anspruch auf eine Wohnberechtigungsbescheinigung gehabt hätte (OVG Münster a. a. O.). In bes. Fällen können die öffentl. Mittel *gekündigt,* Zuschüsse *zurückgefordert* oder noch nicht ausgezahlte Beträge *widerrufen* werden (§ 25 II). Bei der Ausübung dieser Befugnisse soll die Beh. die im Einzelfall gebotenen Billigkeitserwägungen berücksichtigen (§ 25 III; dazu BGH NJW 74, 145; Bellinger aaO m. w. Nachw.). Die Festsetzung einer Geldleistung ist dann unbillig, wenn die Belastung zu einer vom Gesetz nicht gewollten Härte führen würde. Dies ist beispielsweise dann anzunehmen, wenn die unter Verstoß gegen das WoBindG vermietete Wohnung vom Markt nicht mehr angenommen würde (BVerwG NJW 82, 65). Auch die Höhe der Geldleistung kann von Billigkeitserwägungen abhängen. Geldleistungen nach § 25 stellen keine Strafe dar. Sie sollen einen angemessenen Ausgleich für den Schaden darstellen, den die öffentliche Hand durch den Verstoß erlitten hat (OVG Berlin WM 84, 330). Werden z. B. wegen unbefugter Gebrauchsüberlassung einer Sw. vom V. zusätzliche Leistungen nach § 25 I verlangt, so bestimmt sich der Zeitraum für den diese Leistungen gefordert werden können, allein danach, inwieweit dem V. die Dauer der Fehlbelegung zuzurechnen ist (BGH MDR 77, 562 = FWW 77, 117). Die Festsetzung zusätzlicher Leistungen ist durch Verwaltungsakt der zuständigen Beh. vorzunehmen, so daß insoweit der Rechtsweg zu den Vw.gerichten gegeben ist. Die Geldleistungspflicht nach § 25 WoBindG geht nur auf den Gesamtrechtsnachfolger über; der Sonderrechtsnachfolger haftet nicht (BVerwGE 82, 137, 139). Allerdings verstößt der Sonderrechtsnachfolger selbst gegen § 25, wenn er den Nichtberechtigten weiter wohnen läßt. Deshalb hat er die Möglichkeit zur Kündigung nach § 564b Abs. 1 BGB; es ist nicht erforderlich, daß die Behörde konkrete Nachteile androht (Silberkuhl, ZMR 93, 198).

2. *Daneben* können bestimmte Verstöße des V. (und seines Beauftragten, § 19 III) gegen die Belegungs- und Preisbindung als *Ordnungswidrigkeiten* mit Geldbuße (die Höchstgrenzen betragen je nach Gesetzesverstoß zwischen 5000,– DM und 100000,– DM) geahndet werden (§ 26). Die Verhängung einer Geldbuße setzt voraus, daß der V. *vorsätzlich* handelte (§ 10 OWiG), also die den gesetzl. Tatbestand der Ordnungswidrigkeit ausmachenden Umstände kennt und in seinen Willen aufnimmt; ein vermeidbarer Rechtsirrtum schließt grunds. die Schuld nicht aus (OLG Hamm ZMR 69, 345). Für die Ahndung eines Verstoßes gegen die Preisbindung reicht leichtfertiges Handelns aus. Über den *Einspruch* gegen den Bußgeldbescheid entscheidet das ordentl. Gericht (§§ 67ff. OWiG). Die Ordnungswidrigkeit *verjährt* grunds. in 2 Jahren, Verstöße gegen die Preisbindung verjähren in 3 Jahren (§ 31 OWiG); die Verjährung beginnt im Falle einer Fehlbelegung erst mit ihrer Beseitigung (AG Duisburg ZMR 69, 346; OLG Düsseldorf WM 74, 116). Besteht Anlaß zur Vermutung, daß der V. einen der §§ 25, 26 erfaßten Tatbestände verletzt, kann die Beh. im öffentl. Interesse nach § 2 III die *Vorlage von Unterlagen* oder *Auskünfte* verlangen und ihn zur *Einhaltung* seiner Pflichten auffordern (OVG Münster WM 70, 29).

VI. Mit dem *Ende der öffentl. Förderung* erhält der V. die volle uneingeschränkte Verfügungsbefugnis zurück. Sie tritt mit dem Ablauf des Kalenderjahres ein, in dem die öffentl. Darlehensmittel nach Maßgabe der Tilgungsbedingungen zurückgezahlt sind (§ 15). Werden die Darlehensmittel wegen eines Verstoßes *gekündigt* und zurückgezahlt, gilt die Sw. bis zum Ablauf des Kalenderjahres, in welchem die Mittel nach den Tilgungsbedingungen vollständig zurückgezahlt worden wären, *längstens jedoch bis zum Ablauf des 12. Kalenderjahres* nach dem Jahr der Rückzahlung als gefördert. Sonderregelungen gelten, wenn für die Wohnung Zuschüsse zur Deckung der laufenden Aufwendungen oder Zinszuschüsse gewährt worden sind. Sind solche Zuschüsse neben dem Darlehen bewilligt worden, so endet die Bindung mit dem Ablauf des Förderungszeitraums. Sind lediglich Zuschüsse gewährt worden, so endet die Bindung drei Jahre nach Ablauf des Förderungszeitraums; eine Ausnahme hiervon gilt dann, wenn die Zahlung der Zuschüsse vor Ablauf des Förderungszeitraums eingestellt worden ist (z. B. infolge Verzichts des Eigentümers oder wegen planmäßiger Einstellung) und die Wohnung zu diesem Zeitpunkt leersteht. In diesem Fall endet die Bindung mit der Einstellung der Zahlung. Dies gilt allerdings nicht für Gebiete mit besonderem Wohnungsbedarf (s. oben III 4d). Werden die als Darlehen bewilligten öffentl. Mittel *freiwillig* (d. h. ohne rechtl. Verpflichtung) *vorzeitig vollständig zurückgezahlt* oder nach § 69 II des 2. WoBauG abgelöst, gilt die Wohnung *bis zum Ablauf des 10. Kalenderjahres* nach dem Jahr der Rückzahlung als gefördert, höchstens jedoch bis zum Ablauf des Jahres, in dem die Mittel sonst nach den Darlehensbedingungen vollständig zurückgezahlt worden wären (§ 16 I; zur Fristberechnung vgl. OLG Hamm ZMR 72, 384; Bellinger ZMR 74, 98). Bei Kleindarlehen (nicht mehr als DM 3000.– pro Wohnung) endet die Bindung mit dem Zeitpunkt der Rückzahlung.

Die Beh. hat dem V. schriftlich zu bestätigen, von welchem Zeitpunkt an die Wohnung nicht mehr als öffentlich gefördert gilt (§ 18 I). Bestehen darüber beim M. angesichts einer M.erhöhung Zweifel, hat ihm die Beh. insoweit auch über den Fortbestand der M.preisbindung eine Auskunft zu erteilen. Bei einer Zwangsversteigerung eines mit öffentl. Mitteln geförderten Grundstücks bleiben die Bindungen bis zum Ablauf des 3. Kalenderjahres nach dem Kalenderjahr, in dem der Zuschlag erteilt wurde, bestehen, wenn die entspr. Grundpfandrechte durch den Zuschlag erlöschen (bei Zuschüssen nur bis zum Zuschlag, § 17). Einen Überblick über die Rechtsprechung des Bundesverwaltungsgerichts zum Wohnungsbindungsgesetz gibt Silberkuhl ZMR 86, 145; ZMR 87, 161.

Staffelmiete. I. Unter einer Staffelmiete versteht man eine Vereinbarung, nach der spätere M.steigerungen bereits beim Vertragsschluß im voraus festgelegt werden. Der Sache nach handelt es sich um eine vom Gesetz zugelassene Ausnahme vom Vergleichsmietensystem (§ 10 II MHG; s. M.erhöhung für nicht preisgebundenen Wohnraum V). Im Gegensatz zur Vergleichsmiete, deren Entwicklung unsicher ist, erlaubt die Staffelmiete dem V. eine exakte Renditekalkulation. Dies gilt allerdings nur dann, wenn die Staffelmietvereinbarung zeitlich auf einen überschaubaren Zeitraum beschränkt wird. Langfristige Vereinbarungen beinhalten demgegenüber das Risiko, daß die vereinbarten M.preissteigerungen hinter der Entwicklung der ortsüblichen Miete zurückbleiben. Dieses Risiko muß der V. tragen; Vertragsgestaltungen, durch die dieses Risiko ausgeschlossen werden soll, sind im Ergebnis unwirksam. Umgekehrt ist denkbar, daß die Staffelmietsätze wesentlich höherliegen als die ortsüblichen M.preise. Dieses Risiko muß der M. tragen, der zudem durch die §§ 5 WiStG, 302a StGB nur unvollkommen geschützt ist (s. unten II 5). Andererseits muß eine Staffelmietvereinbarung auch für den M. nicht in jedem Fall nachteilig sein. Er bekommt bei der Vereinbarung einer Staffelmiete regelmäßig ein langfristiges Mietverhältnis und kann die Mietbelastung über Jahre hinweg kalkulieren. Seinem berechtigten Interesse auf Schutz vor Übervorteilung wird dadurch Rechnung getragen, daß bei der Staffelmietvereinbarung gewisse, vom Gesetz vorgegebene Schranken beachtet werden müssen.

Im Unterschied zu der ursprünglich geplanten Regelung ist die Möglichkeit zur Vereinbarung einer Staffelmiete nicht auf den neu errichteten Wohnraum beschränkt. Vielmehr kann ein gestaffelter M.zins bei freifinanziertem Wohnraum jeder Art vereinbart werden. Für Wohnraum im Sinne von § 10 II S. 2–4 MHG, also für Wohnraum zu vorübergehendem Gebrauch, möblierten Wohnraum innerhalb der Vermieterwohnung, der nicht an eine Familie überlassen wurde, und für Studenten- und Jugendwohnheime sind auch weitergehende M.anpassungsklauseln möglich. In Betracht kommen hier insbesondere Wertsicherungsklauseln in Form von Gleitklauseln, Spannungsklauseln und Leistungsvorbehalte (s. Wertsicherungsklausel).

II. Beim Abschluß der Staffelmietvereinbarung ist folgendes zu beachten:

1. Die Vereinbarung einer Staffelmiete muß schriftlich (§ 126 BGB) erfolgen und darf nur einen Zeitraum bis zu jeweils 10 Jahren umfassen. Die Frist beginnt zu dem Zeitpunkt, zu dem die erste M.zinsrate fällig wird. In der Regel ist dies der Beginn des Mv. Die Frist endet mit der erstmaligen Fälligkeit des letzten Steigerungsbetrags. Unerheblich ist es, wie lange der letzte Steigerungsbetrag geschuldet werden soll. Ausgangsmiete und Endmiete müssen also innerhalb eines Zehnjahreszeitraums liegen. Nach Ablauf dieses Zeitraums sind die Parteien aber nicht gehindert, eine neue Staffelmietvereinbarung zu treffen, deren Laufzeit wiederum maximal 10 Jahre betragen darf. Wollen sich die Parteien lediglich über einen kürzeren Zeitraum festlegen, so ist dies ohne weiteres möglich. Nach Ablauf dieses Zeitraums können die Parteien eine neue Vereinbarung treffen. Eine solche Vereinbarung setzt allerdings voraus, daß beide Parteien eine weitere Staffelmiete wollen. Verweigert der M. den Abschluß eines solchen Vertrags, kann der V. deshalb nicht kündigen. Durch die Vereinbarung einer 10 Jahre überschreitenden Laufzeit wird die Staffelmietvereinbarung nicht unwirksam (Schmid BlGBW 83, 65). Vielmehr sind beide Parteien für einen Zeitraum von 10 Jahren an die Vereinbarung gebunden; nach Ablauf dieses Zeitraums schuldet der M. auch für die Folgezeit denjenigen M.zins, der vereinbarungsgemäß im 10. Vertragsjahr zu zahlen ist. Durch die Staffelmietvereinbarung allein wird kein auf die Dauer der Laufzeit der Staffelmietvereinbarung bezogener Kündigungsausschluß begründet (s. unten 4; a. A. Heller, WM 92, 511).

2. Nach dem bis zum 31. 8. 1993 geltenden Recht war eine Staffelmietvereinbarung nur wirksam, wenn dort der jeweilige Mietzins „betragsmäßig ausgewiesen“ war. Bei dieser Gesetzesfassung genüg-

te es nach herrschender Meinung nicht, wenn lediglich der jeweilige Erhöhungsbetrag, nicht aber der Endmietzins betragsmäßig ausgewiesen war (OLG Braunschweig, WM 85, 213; OLG Karlsruhe, WM 90, 9). Durch das Vierte Mietrechtsänderungsgesetz wurde die Gesetzesbestimmung geändert. Nunmehr ist in § 10 Abs. 2 Satz 5 bestimmt: *„Der jeweilige Mietzins oder die jeweilige Erhöhung muß betragsmäßig ausgewiesen sein"*. Die prozentuale Angabe des Steigerungsbetrags soll nach dem ausdrücklichen Hinweis in der Gesetzesbegründung aber weiterhin nicht ausreichen (BT-Drucks. 12/3254 S. 14). Eine Staffelmietvereinbarung, die unter der Geltung des bisherigen Rechts abgeschlossen worden ist und nach diesem Recht unwirksam war, bleibt auch weiterhin unwirksam. Eine Ausnahme gilt, wenn die Vereinbarung nach dem 31. 8. 1993 bestätigt wird (§ 141 BGB). Dies kann auch durch schlüssiges Verhalten, etwa durch Bezahlung der nach der Vereinbarung geschuldeten Miete geschehen.

3. Zwischen den einzelnen M.steigerungen muß ein Zeitraum von mindestens einem Jahr liegen. Die Vereinbarung kürzerer Zeiträume führt zur Unwirksamkeit der gesamten Staffelmietvereinbarung. Die Annahme einer teilweisen Unwirksamkeit etwa dergestalt, daß an die Stelle des verfrühten Erhöhungszeitpunkts der gesetzlich zulässige oder ein anderer vertraglich vereinbarter Zeitpunkt tritt, ist nicht möglich, weil hierdurch das gesamte von den Parteien gewollte Preisgefüge verändert wird.

Die Vereinbarung längerer Zeiträume ist ohne weiteres möglich. Denkbar ist auch, daß die Parteien Zeiträume von unterschiedlicher Länge vereinbaren. Auch in diesem Fall muß aber die Mindestfrist zwischen den Erhöhungen mindestens ein Jahr betragen. Im übrigen ist es nicht zwingend erforderlich, daß der Erhöhungszeitpunkt kalendermäßig bestimmt wird; es reicht aus, wenn er ermittelt werden kann (z. B.: der M.zins beträgt im ersten Mietjahr DM 500,–; im zweiten Mietjahr DM 520,–; usw.). Eine Vereinbarung, daß nach dem Wegfall der Preisbindung eine bestimmte „Vertragsmiete" geschuldet sein soll, kann dagegen mangels eindeutiger, für den Mieter ohne weiteres nachvollziehbarer Zeitbestimmung nicht als wirksame Staffelmietvereinbarung angesehen werden (OLG Stuttgart NJW-RR 89, 1257).

4. Die Staffelmietvereinbarung kann mit den verschiedenartigsten Regelungen über die M.zeit verbunden werden. Ist im Mv. ausdrücklich vereinbart, daß das Mietverhältnis auf unbestimmte Zeit geschlossen wird, so kann der M. unabhängig von der Laufzeit der Staffelmietvereinbarung kündigen; gleiches gilt für den V., sofern dieser Kündigungsgründe hat. Wird das Mv. befristet, so ist es nicht erforderlich, daß die Befristung des Vertrags mit der Laufzeit der Staffelmietvereinbarung übereinstimmt. Jedoch bestimmt § 10 II S. 5

ausdrücklich, daß eine vertragliche Beschränkung des Kündigungsrechts insoweit unwirksam ist, als sie sich auf einen Zeitraum von mehr als vier Jahren seit dem Beginn des Mv. erstreckt. Dies gilt sowohl für die einseitige Kündigungsbeschränkung in einem Mv. auf unbestimmte Dauer als auch für den mit einem befristeten Mv. verbundenen Kündigungsausschluß. Damit soll eine überlange Bindung des M. vermieden werden, weil sich dessen Situation im Laufe der Zeit in nicht vorhersehbarer Weise dahingehend ändern kann, daß dieser nicht mehr in der Lage ist, die weiterhin steigende Miete zu bezahlen. Eine Vereinbarung in einem Formularvertrag, wonach die Kündigungsbefugnis des Mieters für die Zeit von 4 Jahren ausgeschlossen sein soll, ist als überraschende Klausel i. S. v. § 3 AGBG zu werten. Eine solche Klausel wird nicht Vertragsbestandteil.

Der M. muß seine Kündigung nicht begründen; das Kündigungsrecht ist auch nicht auf die Fälle der wirtschaftlichen Not beschränkt. Vielmehr besteht es auch dann, wenn sich der M. aus beliebigen anderen Gründen vom Vertrag lösen will. Die Kündigung kann bereits vor Ablauf der vierjährigen Mietzeit zum Ablauf dieser Zeit ausgesprochen werden (OLG Hamm RE v. 11. 8. 1989 WM 89, 485).

Die Ausschlußbeschränkung besteht nur zugunsten des M.; der V. ist auch über den Zeitraum von vier Jahren an einen vereinbarten Kündigungsausschluß gebunden. Der M. kann immer nur das gesamte Mv. kündigen. Ein Recht zur „Kündigung" der Staffelmietvereinbarung unter Aufrechterhaltung des übrigen Mv. gewährt § 10 II S. 5 nicht.

5. Hinsichtlich der Höhe der Staffelmiete hat der Gesetzgeber den Parteien keine besonderen Beschränkungen auferlegt. Insbesondere ist der V. nicht verpflichtet, die Kappungsgrenze zu beachten, sich an der Höhe der ortsüblichen Miete zu orientieren, oder die Steigerungsraten der zu erwartenden Entwicklung der ortsüblichen Miete anzupassen. Die Vorschriften des § 5 WiStG und des § 302a I Nr. 1 StGB gelten aber auch für die Staffelmietvereinbarung. Dies bedeutet nicht, daß die Staffelmietvereinbarung über die genannten Strafvorschriften an die Entwicklung der ortsüblichen Miete gekoppelt bleibt. Bei einer Staffelmietvereinbarung darf im Rahmen der Prüfung des Ordnungswidrigkeits- oder Straftatbestandes nämlich nicht darauf abgestellt werden, ob der aktuell geschuldete M.zins die gegenwärtige ortsübliche Miete übersteigt. Vielmehr muß die Vereinbarung in ihrer Gesamtheit gesehen werden. Zu fragen ist, ob das während der Dauer der Staffelmietvereinbarung geschuldete Entgelt das sonst übliche Entgelt nicht unwesentlich übersteigt. Führt der Vergleich der nach der Staffelmietvereinbarung geschuldeten Miete mit der ortsüblichen Miete zu dem Ergebnis, daß ein Verstoß gegen

§ 5 WiStG vorliegt, so ist die gesamte Staffelmietvereinbarung nichtig. An deren Stelle tritt die ortsübliche Miete. Hatte der M. bereits in der Vergangenheit einen überhöhten M.zins bezahlt, so kann er den die ortsübliche Miete übersteigenden Betrag zurückfordern; für die Zukunft hat der M. lediglich die ortsübliche Miete zu bezahlen, die der V. unter den Voraussetzungen des §§ 1ff MHG erhöhen kann. Lag die Anfangsmiete unterhalb der ortsüblichen Miete, so kann sich für den V. ein Nachforderungsrecht aus §§ 812ff BGB ergeben, das allerdings i.d.R. an § 818 III BGB scheitern wird. Es wird in diesem Zusammenhang aber auch die Ansicht vertreten, daß jeder Staffelmietsatz gesondert auf seine Vereinbarkeit mit § 5 WiStG zu untersuchen sei (Barthelmess § 10 MHG Rdn 67). Soweit einzelne Staffelmietsätze unwirksam sind entfallen sie ersatzlos. Der M. schuldet nach dieser Ansicht stets diejenige Miete, die er aufgrund der letzten wirksamen Staffel zu zahlen hatte. Eine M.erhöhung kommt erst dann in Betracht, wenn auf grund des Zeitablaufs und der Entwicklung der ortsüblichen Miete wieder eine wirksame Staffel erreicht wird.

III. Der Abschluß einer wirksamen Staffelmietvereinbarung hat zur *Folge,* daß im Zeitpunkt der vereinbarten M.steigerung die erhöhte Miete an Stelle der bisherigen Miete tritt.

1. Einer besonderen Aufforderung an den M., die erhöhte Miete zu zahlen, bedarf es nicht. Allerdings können die Parteien auch vereinbaren, daß die erhöhte Miete erst nach Aufforderung durch den V. fällig wird. Fehlt eine solche Vereinbarung, so kommt der M. bei Nichtzahlung des Erhöhungsbetrags ohne weitere Mahnung in Verzug (§ 284 II BGB).

Kündigt der V. wegen der nicht gezahlten Erhöhungsbeträge ohne vorherige Mahnung nach § 554 BGB oder nach § 564b II Nr. 1 BGB, so kann eine solche Kündigung allerdings rechtsmißbräuchlich sein. Dies gilt insbesondere dann, wenn der M. den Erhöhungszeitpunkt übersehen hat und der V. diesen Umstand ausnützen will.

Macht der V. den erhöhten Betrag längere Zeit nicht geltend, so kann der Nachzahlungsanspruch verwirkt sein. Das Sonderkündigungsrecht des M. nach § 9 MHG gilt bei der Staffelmietvereinbarung nicht.

2. Während der Dauer der Staffelmietvereinbarung ist eine M.erhöhung nach §§ 2, 3 und 5 MHG ausgeschlossen. Das Recht zur M.erhöhung bei gestiegenen Betriebskosten bleibt jedoch unberührt. Diese Regelungen haben zur Folge, daß sich der V. beim Abschluß des Vertrags entweder für die Staffelmiete oder für das Vergleichsmietensystem entscheiden muß. Die mietvertragliche Vereinbarung eines Wahlrechts (M.erhöhung nach der Staffelmiete oder entsprechend der Höhe der Vergleichsmiete) ist unwirksam. Gleiches gilt

für eine Vereinbarung, wonach der V. das Recht haben soll, während der Dauer der Staffelmietvereinbarung auf das Vergleichsmietensystem überzuwechseln. Unwirksam ist auch eine Regelung, wonach der V. das Recht haben soll, nach Ablauf einer Staffelmietvereinbarung nach seiner Wahl eine weitere Staffelmiete zu verlangen. Die Einräumung einer derartigen Wahlmöglichkeit hat im Ergebnis zur Folge, daß der V. weitgehend von dem wirtschaftlichen Risiko der Staffelmietvereinbarung entlastet würde, weil er nach Ablauf einer gewissen Zeit im Falle einer Fehlkalkulation wieder auf das Vergleichsmietensystem überwechseln könnte. Dies ist mit der vom Gesetz angelegten Alternativität zwischen Staffelmiete und Vergleichsmiete (§ 10 II S. 3) nicht vereinbar (a. A.: Barthelmess § 10 MHG Rdn 60a).

IV. Nach Artikel 4 Nr. 3 des Gesetzes zur Erhöhung des Angebots an Mietwohnungen vom 20. 12. 1982 (BGBl. I 1912) trat § 10 II für den nach dem 31. 12. 1980 bezugsfertig gewordenen Wohnraum rückwirkend mit dem 1. Januar 1981 in Kraft. Diese Übergangsregelung ist aufgrund einer Initiative des Rechtsausschusses in das Gesetz aufgenommen worden. Die Initiatoren gingen hierbei davon aus, daß infolge der im Jahre 1981 vorgelegten Entwürfe zur Änderung des Mietrechts, in denen die Zulassung der Staffelmiete für neu errichteten Wohnraum vorgesehen war, ein gewisses schutzwürdiges Vertrauen auf das Zustandekommen der Rechtsänderungen geschaffen worden sei. Deshalb unterscheidet der Gesetzgeber zwischen den im Jahre 1981 und später bezugsfertig gewordenen Neubauten und älteren Wohngebäuden. Bei den Neubauten sind Staffelmietvereinbarungen dann wirksam, wenn sie nach dem 31. 12. 1980 getroffen worden sind; bei den Altbauten konnten Staffelmietvereinbarungen erst nach dem 31. 12. 1982 wirksam vereinbart werden. Die für Neubauten angeordnete Rückwirkung ist rechtspolitisch und verfassungsrechtlich problematisch, weil es ein schützenswertes Vertrauen auf den Wegfall gesetzlicher Verbote grundsätzlich nicht geben kann. (Vgl. im einzelnen: Schmidt-Futterer/Blank, Kommentar Rdn. C 525).

Staffelmietvereinbarungen, die vor den jeweiligen Stichtagen abgeschlossen worden sind, bleiben grundsätzlich unwirksam. Dies gilt nach der obergerichtlichen Rechtsprechung auch dann, wenn der M. im konkreten Fall günstiger als nach der gesetzlichen Regelung stünde (vgl. dazu OLG Schleswig RE v. 24. 3. 81 NJW 81, 1964; OLG Koblenz RE v. 5. 6. 81 WM 81, 207; teilweise abweichend: AG Pinneberg, WM 81, 191, wonach es treuwidrig ist, wenn sich der V. auf die Unwirksamkeit beruft). Auch solche Vereinbarungen verstoßen gegen § 134 BGB, was bedeutet, daß sie von Anfang an keine Rechtswirkungen zur Folge haben. Der spätere Wegfall des Nichtigkeitsgrundes ändert daran nichts. Eine Ausnahme gilt nach § 141 II BGB nur dann, wenn die Staffelmietvereinbarung nach dem maßgeblichen Stichtag von den Parteien bestätigt wird. Eine solche Bestätigung kann auch stillschweigend – etwa durch die Bezahlung und Entgegennahme des nach der Staffelmietvereinbarung geschuldeten M.preises – erfolgen.

In einem solchen Fall ist die Staffelmietvereinbarung so zu behandeln, wie wenn sie von Anfang an gültig gewesen wäre.

V. Die hier dargelegten Grundsätze gelten sinngemäß auch für die sog. *„umgekehrte Staffelmiete"*. Darunter ist eine Vereinbarung zu verstehen, nach der ein V. verpflichtet sein soll, auf den vereinbarten M.preis einen im Lauf der M.zeit geringer werdenden Nachlaß zu gewähren (z. B.: die Grundmiete beträgt DM 500,–; der V. gewährt im ersten Mietjahr einen Nachlaß von DM 100,–, im zweiten Mietjahr einen Nachlaß von DM 80,– usw.). Auch eine derartige Vertragsgestaltung ist nunmehr nach § 10 II zulässig. Voraussetzung ist aber auch hier, daß die gesetzlichen Beschränkungen eingehalten werden. Ausnahmsweise sind Vereinbarungen der hier fraglichen Art auch außerhalb des § 10 II möglich, falls mit der Gewährung des Nachlasses andere Ziele als die der M.zinssteigerung verfolgt werden (z. B. regressive Tilgung eines Mieterdarlehens; Ausgleich für zeitlich befristete Belästigungen durch Bautätigkeit in einem Neubaugebiet).

Stillschweigende Verlängerung des beendeten Mietverhältnisses. Wird *nach* der *Beendigung* des Mv. (→ Kündigung, Fristablauf) der *Gebrauch* der M.sache vom M. *fortgesetzt,* gilt das Mv. *kraft Gesetzes auf unbestimmte Zeit* als *verlängert,* falls nicht V. oder M. ihren *entgegenstehenden Willen* gegenüber dem anderen Teil erklären (§ 568 BGB). Die Gebrauchsfortsetzung ist nicht im Sinne eines bloßen Behaltens der M.sache zu verstehen. Erforderlich ist vielmehr, daß der M. die Sache weiter entsprechend dem beendeten Mv. nutzt oder durch einen Dritten benutzen läßt (OLG Düsseldorf DWW 90, 272). Die Vorschrift gilt auch im Untermietverhältnis. Sie ist auch dann zu beachten, wenn der Untermieter im Anschluß an die Beendigung des Untermietverhältnisses einen Hauptmietvertrag mit dem Eigentümer abschließt. Deshalb muß der Unterpächter gegenüber dem Unterverpächter ausdrücklich erklären, daß er den Unterpachtvertrag nicht fortsetzen will (OLG Düsseldorf, DWW 92, 366). Die Ablehnungserklärung muß dem anderen Teil bis *spätestens 2 Wochen nach der Beendigung* des Mv. zugehen, sonst ist sie wirkungslos. Erlangt der V. von der Fortsetzung des M.gebrauchs erst später positive Kenntnis, beginnt die 2-Wochen-Frist mit diesem Zeitpunkt. Die Erklärung kann schriftlich oder mündlich erfolgen. Hat der M. bereits *vor* Beginn der 2-Wochen-Frist klar zu erkennen gegeben, daß er den Gebrauch der Räume nach Ablauf des Mv. fortsetzen werde, so braucht der V. seine daraufhin abgegebene Widerspruchserklärung *nicht binnen der 2-Wochen-Frist* noch einmal *zu wiederholen* (BGH WPM 65, 411; BGH ZMR 69, 124). Fordert der V. den M. fristgemäß zur Räumung auf oder nimmt er eingehende Zahlungen nur als Nutzungsentschädigung entgegen, gilt die Ablehnung der Verlängerung als erklärt (h. M). Setzt der M. trotz wirksamer Ablehnung des V. den Gebrauch fort, bleibt das Mv. beendet und die Ansprüche des V. richten sich nach § 557 BGB (s. Rückgabepflicht). Liegt bis zum Fristablauf keine Ablehnungserklärung vor, gilt der frühere Mv. auch dann auf unbestimmte Zeit als verlängert, wenn das nicht dem wirklichen Willen einer der Vertragsparteien entspricht; das gilt auch dann, wenn der M. alle Räume an einen Unterm. überlassen hat und dieser nach Ablauf des Hauptmv. die Räume unverändert weiterbenutzt (BGH ZMR 69, 124). Unerheblich ist, ob der Mieter möglicherweise einen entgegenstehenden Willen hatte und deshalb den Besitz nicht mehr vermitteln wollte (BGH MDR 86, 1016 = ZMR 86, 274). Hat sich der M. auf die → Sozialklausel berufen und die Fortsetzung des Mv. verlangt, wird sein Kündigungswiderspruch gegenstandslos, wenn die Verlängerung kraft Ges. nach § 568 BGB eintritt. Kündigt der V. dann unter Wahrung der gesetzl. → Kündigungsfrist das Mv. abermals, kann sich der M. wiederum uneingeschränkt auf die Sozialklausel nach § 556a BGB (nicht nur beschränkt nach § 556c BGB) berufen.

Durch die gesetzl. Verlängerung bleiben die *Vereinbarungen des bisherigen Mv. unberührt.* Eine Ausnahme gilt, wenn ein befristetes Mv. durch fristlose Kündigung beendet worden ist. Hier bewirkt die Regelung des § 568 BGB, daß das Mv. nunmehr als unbefristetes Mv. anzusehen ist. Bei der Berechnung der dann nach § 565 II BGB für Wohnräume maßgebenden → Kündigungsfrist ist vom Zeitpunkt der erstmaligen Überlassung, nicht von der gesetzl. Verlängerung auszugehen (bestr.). Diese gesetzl. Sonderregelung gilt für alle Mv. (also nicht nur für Wohnräume), kann aber *vertragl. ausgeschlossen* werden (a. A. Schroers WM 74, 65). Ein in einem → Formularvertrag enthaltener Ausschluß ist wirksam (BGH WM 91, 381; OLG Hamm RE v. 9. 12. 1982 WM 83, 48).

Die gesetzl. Verlängerung ist ausgeschlossen, wenn der M. nach den Vereinbarungen im Mv. die Sache *auf alle Fälle* am Tag der Vertragsbeendigung zurückgegeben hat. Gleiches gilt, wenn sich der M. in einem Räumungsvergleich zur Rückgabe an einem bestimmten Tag verpflichtet hat oder ihm vom Gericht eine → *Räumungsfrist* gewährt wurde (LG Mannheim ZMR 69, 220). Der V. kann grunds. bereits vor dem Ende der M.zeit – also auch vor Ablauf der Kündigungsfrist – seinen eindeutigen und endgültigen Willen, das Vertragsverhältnis in keinem Fall fortzusetzen, gegenüber dem M. zum Ausdruck bringen. In diesem Fall ist eine Wiederholung der Erklärung innerhalb der Zwei-Wochen-Frist des § 568 BGB entbehrlich (BayObLG (RE) NJW 81, 2759 = WM 81, 253 = MDR 82, 56 = ZMR 82, 16; OLG Schleswig (RE) NJW 82, 449 = WM 82, 65 = MDR 82, 322 = ZMR 82, 144). Es reicht i. d. R. aus, wenn der Widerspruch bereits in dem Schreiben erklärt wird, mit welchem die fristlose Kündigung eines Mv. ausgesprochen wird (OLG Hamburg (RE) WM 81, 205; OLG Schleswig a. a. O.).

Entscheidend sind auch hier die besonderen Umstände des Einzelfalls. Ein wenige Tage vor Beendigung des Mv. erklärter Widerspruch braucht i. d. R. nicht noch einmal wiederholt zu werden. Dagegen dürfte ein Widerspruch längere Zeit vor Vertragsbeendigung kaum ausreichen, um die Fiktion der Verlängerung des Mv. zweifelsfrei auszuschließen. Feste zeitliche Grenzen lassen sich nicht aufstellen. Es muß jedoch stets ein nicht nur loser zeitlicher Zusammenhang zwischen der Widerspruchserklärung und dem Ende der Kündigungsfrist bestehen (BGH MDR 86, 1016; BayObLG a. a. O.). Der Widerspruch kann sich auch aus den Umständen ergeben (z. B. durch die Forderung nach sofortiger Räumung, die Stundung des Herausgabeverlangens oder durch die Gewährung einer Räumungsfrist (vgl. OLG Schleswig a. a. O.). In der Kündigungserklärung als solcher liegt allerdings nicht zugleich ein (konkludenter) Widerspruch gegen die Vertragsfortsetzung (LG Karlsruhe MDR 81, 847; a. A. Schmid DWW 81, 186).

Anders ist es hinsichtlich der Erhebung einer Räumungsklage. Hierin kann ein Widerspruch im Sinne von § 568 BGB liegen. Die Frist ist jedoch nur gewahrt, wenn die Klage dem M. innerhalb der Frist zugestellt wird; § 270 III ZPO ist unanwendbar. Denn diese Vorschrift gilt nur dann, wenn durch die Klagerhebung eine Frist gewahrt werden soll und der Erklärende hierfür auf die Hilfe des Gerichts angewiesen ist (OLG Stuttgart RE v. 9. 3. 1987 NJW RR 87, 788). Im Falle eines M.aufhebungsvertrages ist § 568 BGB nur dann ausgeschlossen, wenn darin vereinbart wurde, daß der M. unter Ausschluß dieser gesetzl. Regelung die M.sache jedenfalls zu dem bestimmten Zeitpunkt herauszugeben hat (BGH WPM 65, 411; dazu sowie zu grds. Problemen der Vorschrift vgl. Schroers WM 74, 65; Haase JR 72, 58; Ganschezian-Finck NJW 71, 2051; Gather DWW 80, 293; Schmid DWW 81, 186). Die Vorschrift des § 568 BGB wird in der gerichtlichen Praxis unterschiedlich gehandhabt. Dies wirkt sich insbesondere in jenen Fällen aus, in denen sich aus dem Parteivorbringen nicht ergibt, ob die Voraussetzungen des § 568 BGB vorliegen. Hier wird z. T. die Ansicht vertreten, daß im Rahmen eines schlüssigen Klagvortrags dargelegt werden müsse, daß keine Vertragsverlängerung nach § 568 BGB eingetreten sei. Andere stehen auf dem Standpunkt, daß es Sache des M. sei, sich auf § 568 BGB „zu berufen". Nach richtiger Ansicht gilt folgendes: Will der M. geltend machen, daß die Vertragsverlängerung eingetreten ist, so muß er vortragen, daß er nach dem Ablauf der M.zeit den Gebrauch fortgesetzt hat; der V. muß vortragen, daß er innerhalb der Frist widersprochen hat. Durch die nahezu jedem Räumungsrechtsstreit imanente Tatsache, daß der M. die Wohnung noch in Besitz hat, wird der Tatsachenvortrag nicht ersetzt. Das Gericht ist bei fehlendem Sachvortrag nicht verpflichtet, die Frage der Vertragsfortsetzung von Amts wegen aufzuklären. Der Richter ist allerdings auch nicht gehindert, diesen Gesichtspunkt mit den Parteien zu erörtern (LG Mannheim U. v. 25. 3. 81 – 4 S 99/80).

Ist streitig, ob die Verlängerung gemäß § 568 BGB eingetreten ist, so muß der M. beweisen, daß er den M.gebrauch fortgesetzt und daß der V. hiervon Kenntnis gehabt hat; der V. muß beweisen daß der Widerspruch rechtzeitig erklärt worden ist.

T

Tierhaltung in der Mietwohnung. Wenn im Mv. keine bes. Vereinbarung getroffen wird, ist der M. berechtigt, in seinen Räumen die üblichen Haustiere (Hund Katze) zu halten (Schmidt-Futterer WM 62, 146). Die Haltung eines Hundes oder einer Katze gehört heute zu der allgemeinen Lebensführung und zum vertragsgemäßen Gebrauch der Wohnung, so lange dadurch keine → Belästigungen eintreten (LG München WM 58, 5; LG Mannheim MDR 62, 89; LG Hildesheim WM 89, 9; AG Offenbach ZMR 86, 57; AG Dortmund WM 89, 495; a. A. LG Konstanz DWW 87, 196). Werden aber die Hausbewohner durch das Tier gefährdet oder belästigt (z. B. übermäßiges Bellen), kann der V. die *Entfernung* des Tieres verlangen (§ 550 BGB). Weigert sich der M., kann der V. in schwerwiegenden Fällen nach §§ 564b II 1, 554a BGB kündigen (s. Belästigung; zum Unterlassungsanspruch eines Mitbewohners gegen den Halter eines belästigenden Hundes im Wege der einstw. Verfügung vgl. OLG Hamburg MDR 75, 578, wie hier auch LG Hamburg WM 77, 69; zusammenfassend Herold FWW 75, 326).

1. Haben die Parteien im Mv. besondere *Vereinbarungen* getroffen, so richtet sich die Befugnis des M. zur Tierhaltung nach dieser Regelung. Eine Vereinbarung „Der M. ist zur Tierhaltung berechtigt" ist dahingehend auszulegen, daß der M. die üblichen Haustiere halten darf. Diese Befugnis besteht, so lange das Mv. dauert; der M. kann

deshalb anstelle seines bisherigen Tiers ein anderes Tier in die Wohnung nehmen, ohne daß hierzu eine besondere Erlaubnis des V. erforderlich wäre. Die der Tierhaltung eigentümlichen Begleitumstände (z. B. gelegentliches Bellen eines Hundes) hat der V. hinzunehmen. Kommt es dagegen zu erheblichen → *Belästigungen* durch das Tier, so kann der V. verlangen, daß der M. die zur Beseitigung der Belästigung erforderlichen Maßnahmen trifft. Ist dies nicht möglich, so kann der M. trotz der vertraglichen Vereinbarung verpflichtet sein, das Tier aus der Wohnung zu entfernen.

Die Parteien können auch vereinbaren, daß die Tierhaltung ausgeschlossen oder von der vorherigen Erlaubnis des V. abhängig sein soll. Der Ausschluß des Rechts zur Tierhaltung verstößt weder gegen die guten Sitten noch gegen andere gesetzliche Vorschriften (OLG Hamburg ZMR 63, 40; LG Mannheim MDR 62, 989 = ZMR 65, 191; LG Konstanz DWW 87, 196; LG Braunschweig ZMR 88, 140) noch kann eine solche Vereinbarung verfassungsrechtlich beanstandet werden (BVerfG WM 81, 77). Eine solche Vereinbarung hat zur Folge, daß die Tierhaltung durch den M. auch dann ausgeschlossen ist, wenn eine konkrete Belästigung durch das Tier nicht zu befürchten ist. Unerheblich ist auch, ob der M. ein objektiv berechtigtes Interesse an der Tierhaltung hat (a. A. AG Steinfurt WM 81, 230 betr. Katzenhaltung zur Bekämpfung von Mäusen zum Problem der Taubenhaltung s. Stollenwerk, ZMR 93, 445). Die Haltung von Kleintieren (Vögel, Fische) und das gelegentliche Mitbringen eines Haustiers (AG Waldbröhl WM 81, 160; WM 81, 160) wird durch das Verbot allerdings nicht umfaßt.

2. Für den Ausschluß der Tierhaltung durch *Formularvertrag* gelten folgende Grundsätze: Eine Klausel, wonach „das Halten von Haustieren unzulässig" ist, verstößt gegen § 9 Abs. 1 AGBG und ist unwirksam, weil hiervon auch Tiere erfaßt werden, deren Vorhandensein keinen Einfluß auf die Nutzung der Wohnung ausüben können (z. B. Zierfische im Aquarium, Ziervögel; BGH, WM 93, 109; OLG Frankfurt, WM 92, 57). Ebenso ist eine Klausel unwirksam, wonach die Tierhaltung nur bei Erteilung einer schriftlichen Erlaubnis zulässig sein soll (LG Mannheim, ZMR 92, 545; LG Berlin, GE 93, 1273); durch eine solche Klausel wird der Eindruck erweckt, daß eine mündlich erteilte Erlaubnis unwirksam sei. Eine so formulierte Klausel ist nicht nur teilweise (a. A. OLG Frankfurt, WM 92, 57) sondern insgesamt unwirksam, mit der Folge, daß über das Recht zur Tierhaltung auf Grund einer Interessenabwägung zu entscheiden ist (LG Mannheim, a. a. O.; LG Berlin, a. a. O.). Zulässig ist es demgegenüber wenn die Tierhaltung „von einer Erlaubnis des Vermieters" abhängig sein soll; hier ist allerdings umstritten, ob der Vermieter die Erlaubnis nach freiem Ermessen versagen darf (dazu unten 4).

Wirksam ist eine Klausel, wonach die Einwilligung zur Tierhaltung „beim Eintritt von Unzuträglichkeiten widerrufen werden kann" (AG Hamburg-Bergedorf, WM 90, 489); eine solche Klausel gibt nur die gesetzliche Rechtslage wieder. Es ist allerdings fehlerhaft, wenn angenommen wird, daß bereits die Beschwerden von Nachbarn einen Widerruf rechtfertigen (so aber AG Hamburg-Bergedorf, WM 90, 489). Vielmehr ist zu prüfen, ob tatsächlich ernsthafte Störungen eingetreten sind.

3. Bei vertragswidriger Tierhaltung kann der Vermieter Unterlassungsklage erheben. Er ist dazu allerdings nicht verpflichtet. Insbesondere dürfen dem Vermieter grundsätzlich keine Rechtsnachteile entstehen, wenn er die vertragswidrige Tierhaltung zunächst duldet; ein sehr langes Zuwarten kann allerdings zum Verlust des Beseitigungsanspruchs führen (LG Essen WM 86, 117). Auch bei einem vertraglich vereinbarten Tierhaltungsverbot ist der Mieter nicht gehindert, ab und zu einen Hund in seine Wohnung mitzunehmen oder Besucher mit Hunden zu empfangen. Etwas anderes gilt dann, wenn Mitbewohner durch die Tiere gefährdet oder belästigt werden oder wenn die Gefahr der Gefährdung oder der erheblichen Belästigung besteht (so OLG Hamm NJW RR 88, 12 betr.: Doggen, die im Treppenhaus und Hausflur frei herumlaufen).

4. Haben die Parteien vereinbart, daß die Tierhaltung von einer besonderen Erlaubnis abhängig sein soll, so ist streitig, ob die Erteilung der Erlaubnis im freien Ermessen des V. liegt (so LG Berlin ZMR 75, 217; AG Hamburg ZMR 78, 306; LG Hamburg ZMR 86, 440 = WM 87, 212; AG Offenbach ZMR 86, 57; LG Bonn ZMR 89, 179; LG Braunschweig ZMR 88, 140) oder ob der V. die Erlaubnis nur dann verweigern darf, wenn hierfür hinreichende Gründe bestehen (so LG Wuppertal WM 78, 167; AG Dortmund WM 78, 67; LG Mannheim WM 84, 78; AG Bonn WM 87, 213; LG Frankfurt ZMR 89, 302; LG Stuttgart WM 88, 121). Die letztgenannte Ansicht verdient den Vorzug. Zweck der hier fraglichen Klausel ist es nämlich, die Tierhaltung von einer vorherigen Sachprüfung abhängig zu machen. Deshalb ist es nicht gerechtfertigt, die Genehmigung auch dann zu verweigern, wenn hierfür keine Sachgründe vorliegen. Auch im *Mustermv.* ist die Frage in diesem Sinn geregelt (vgl. hierzu: Blank WM 81, 121). Durch den RE des OLG Hamm v. 13. 1. 81 (WM 81, 53 = DWW 81, 48) wurde diese Frage allerdings im erstgenannten Sinn entschieden. Allerdings ist hierbei zu beachten, daß dieser RE nur für jene Fälle gilt, in denen sich aus dem Mv. oder aus sonstigen Umständen keine Anhaltspunkte für eine abweichende Auslegung der Klausel ergeben. Ist dagegen z. B. in einer Hausordnung vereinbart, daß die Vertragsparteien bei der Ausübung der mietvertraglichen Rechte aufeinander Rücksicht zu nehmen haben,

so kann sich hieraus ergeben, daß die Zustimmung der Tierhaltung nur beim Vorliegen besonderer Sachgründe verweigert werden darf (vgl. OLG Karlsruhe (RE) WM 81, 248; LG Mannheim NJW 84, 59). Solche Gründe können vorliegen, wenn von dem Tier bereits konkrete Störungen ausgegangen sind, wenn sich der Tierhalter in der Vergangenheit als unerfahren oder verantwortungslos gezeigt hat, wenn eine artgerechte Tierhaltung wegen der beengten Raumverhältnisse nicht möglich ist (AG Kassel WM 87, 144, betr. Schäferhund in einer ca. 50 qm großen Dachwohnung) oder wenn wegen der Gefährlichkeit der Tierrasse Bedenken gegen eine Tierhaltung bestehen (LG Nürnberg-Fürth ZMR 91, 29 betr. Bullterrier).

Verweigert der V. die Erlaubnis, so kann der M. auf Zustimmung klagen. Nimmt der M. ohne Erlaubnis ein Tier in die Wohnung auf, so kann der V. dessen Beseitigung verlangen, falls er nicht aus materiellem Recht zur Erteilung der Erlaubnis verpflichtet ist (LG Wuppertal a. a. O.). Die Erlaubnis kann auch *stillschweigend* durch schlüssige Handlungen (s. Mietvertrag III) erteilt werden, auch wenn der Mv. dafür die Schriftform vorsieht. Aus dem bloßen Umstand, daß der Vermieter das Tier des Mieters in dessen Wohnung gesehen und dies nicht beanstandet hat, kann keine stillschweigende Genehmigung zur Tierhaltung geschlossen werden (LG Berlin WM 84, 130). Erst recht ist unerheblich, daß der Hausmeister von der Tierhaltung Kenntnis hat (AG Dorsten ZMR 84, 22). Die erteilte Erlaubnis gilt auch dann, wenn sich der M. an Stelle des ursprünglich genehmigten Hundes einen anderen Hund anschafft, der dem ersten nach Größe und Eigenschaften entspricht (LG Mannheim DWW 63, 118; a. A.: AG Kassel WM 87, 144).

5. Die einmal erteilte Erlaubnis darf vom V. *nicht einseitig widerrufen* werden. Ist im Mv. der Widerruf der Erlaubnis vorgesehen, darf sie dennoch nur beim Vorliegen *bes. Gründe widerrufen* werden (LG Frankfurt WM 60, 135; LG Hamburg MDR 62, 656; AG Castrop-Rauxel WM 81, 77; AG Hamburg-Altona WM 89, 624). Das Verlangen des V. das Tier zu entfernen, kann *rechtsmißbräuchlich* sein, wenn er gegenüber anderen M. bei gleichliegenden Voraussetzungen nicht vorgeht oder die Genehmigung erteilt (LG Mannheim ZMR 68, 45; AG Köln WM 78, 167); ob sich der V. dabei nur in den Grenzen des allgemeinen Schikaneverbots (§ 226 BGB) halten muß oder aber zu einer weitergehenden Gleichbehandlung seiner M. verpflichtet ist, blieb bisher in der Rspr. ungeklärt (für Gleichbehandlung; LG Berlin WM 87, 233; LG Freiburg WM 86, 247; LG Hamburg MDR 82, 146; Wallerath ZMR 69, 159).

6. Der *Streitwert* für eine Klage des Mieters auf Erteilung der Tierhaltung oder für eine Klage des Vermieters auf Beseitigung des Tieres wird in der Rechtsprechung unterschiedlich beurteilt (vgl.: LG

Hamburg WM 86, 248: 1000,– DM, wobei maßgeblich auf die Bedeutung der Tierhaltung für den Mieter abzustellen sei; AG Rüsselsheim WM 87, 144: 600,– DM und LG Hamburg WM 87, 232: 360,– DM, wobei es auf das zusätzliche Entgelt ankommen soll, das für die Tierhaltung üblicherweise vereinbart wird; LG Hannover WM 85, 127: 500,– DM entsprechend dem verkehrsüblichen Preis des Tieres). Zusammenfassend: Herold FWW 75, 326; Soyka WM 83, 127; WM 84, 259. Ein Überblick über die ältere Rspr. findet sich in: Das Recht der Tiere, 3. Aufl. München 1978; bezüglich der neueren Rechtsprechung s. Schmid WM 88, 343; Steinig ZMR 91, 285.

Tod des Mieters gibt sowohl dem V. als auch dem Erben § 569 BGB das Recht zur *vorzeitigen Kündigung* des Mv. Die Kündigung muß zum nächsten zulässigen Termin erfolgen; sonst ist sie unwirksam. Der erste zulässige Kündigungstermin ist dabei derjenige, zu dem die Kündigung ohne Verschulden des Kündigungsberechtigten bei der Fristwahrung hätte ausgesprochen werden können. Die Frist beginnt, sobald der V. von dem Erbfall und der Person des Erben Kenntnis erlangt hat bzw. in zumutbarer Weise hätte Kenntnis erlangen können. Der V. muß also das ihm Zumutbare tun, um sich Gewißheit über die Person des Erben zu verschaffen (OLG Hamm MDR 81, 499 = ZMR 81, 211 = WM 81, 263). Im Regelfall müssen sowohl der V. als auch die Erben deshalb nach Bekanntwerden des Todes des M. und Klärung der Erbfolge *unverzüglich* die → *Kündigung binnen der gesetzl. 3-Monats-Frist* des § 565 V BGB aussprechen (LG Köln MDR 73, 409). Andernfalls wird der Mv. an Stelle des Verstorbenen *mit dessen Erben fortgesetzt.* Diese grunds. Regelung gilt für alle Mv. Für die *Wohnraumm.* wird sie weitgehend durch die Sondervorschriften der §§ 569a–b BGB wie folgt eingeschränkt:

I. Die Sonderregelung für Wohnräume beim Tod eines M. gilt nur dann, wenn mit dem Verstorbenen dessen *Ehefrau* oder sonstige *Familienangehörige* im *gemeinsamen Hausstand* in der Wohnung gelebt haben.

1. Nach § 569a I BGB tritt zunächst kraft Ges. der *Ehegatte* in den Mv. ein, der mit dem Verstorbenen zusammengelebt hat. Der Mv. wird dann unverändert, wie er zwischen dem V. und dem verstorbenen M. vereinbart wurde, zwischen dem V. und dem überlebenden Ehegatten fortgesetzt. Liegt die Fortsetzung des Mv. nicht im Interesse des überlebenden Ehegatten, muß dieser *binnen 1 Monats* nach Kenntnis des Todes dem V. gegenüber erklären, daß er die Weiterführung des Mv. ablehnt; in diesem Fall gilt sein Eintritt in den Mv. rückwirkend als nicht erfolgt, und ihm sind somit keine Verbindlichkeiten aus dem Mv. erwachsen.

2. Tritt kein Ehegatte in den Mv. ein, gilt der Vertrag mit den *Familienangehörigen* als fortgesetzt, die mit dem Verstorbenen in der Wohnung einen gemeinsamen Hausstand führten (§ 569a II BGB). Diese Rechtsfolge gilt auch dann, wenn die Wohnung von mehreren Personen gemietet war und einer der Mieter stirbt (OLG Karlsruhe RE v. 10. 8. 1989 ZMR 90, 6). Ein gemeinsamer Hausstand im Sinne von § 569a BGB liegt dann vor, wenn die Wohnung für den Verstorbenen und den Angehörigen den Mittelpunkt der gemeinsamen Lebens- und Wirtschaftsführung gebildet hat. Hierfür reicht es aus, wenn die beiden Personen für die Dauer von etwa 5 Monaten gemeinsam in der Wohnung gewohnt haben (LG Düsseldorf WM 87, 225). Nach dem RE des BGH vom 13. 1. 1993 (WM 93, 254 = ZMR 93, 261) ist § 569a Abs. 2 BGB auch auf den Partner/die Partnerin einer eheähnlichen Gemeinschaft anzuwenden, mit der Folge, daß der überlebende Partner in das Mietverhältnis eintritt. Für die Praxis ist dabei insbesondere von Bedeutung, wie die eheähnliche Gemeinschaft von anderen Partnerschaften abzugrenzen ist. Nach der Rechtsprechung des BGH setzt „eine eheähnliche Gemeinschaft eine Lebensgemeinschaft zwischen Mann und Frau voraus, die auf Dauer angelegt ist, daneben keine weitere Lebensgemeinschaft gleicher Art zuläßt und sich durch innere Bindungen auszeichnet, die ein gegenseitiges Einstehen der Partner füreinander begründen, also über die Beziehungen einer reinen Haushalts- und Wirtschaftsgemeinschaft hinausgeht. Gleichgeschlechtliche und ihrer Art nach nur vorübergehend angelegte Partnerschaften scheiden danach von vorneherein aus“. Ob diese Voraussetzungen gegeben sind, muß anhand von Indizien festgestellt werden, wobei vor allem die lange Dauer des Zusammenlebens, die Versorgung von Kindern und Angehörigen im gemeinsamen Haushalt und die Befugnis über Einkommen- und Vermögensgegenstände des Partners zu verfügen von Bedeutung sind. Der BGH weist in diesem Zusammenhang darauf hin, daß der Eintrittsberechtigte (also der überlebende Partner) die für die Annahme einer eheähnlichen Gemeinschaft erforderlichen Tatsachen darlegen und beweisen muß. Unerträgliche Nachforschungen, die die Intimsphäre berühren, sind dabei allerdings nicht veranlaßt. Die Familienangehörigen können *binnen eines Monats* nach Kenntnis des Todes (oder der Ablehnung des Ehegatten) dem V. gegenüber die Fortsetzung des Mv. ablehnen. Die Ablehnung hat auch hier die Wirkung, daß der Eintritt in den Mv. rückwirkend als nicht erfolgt gilt.

3. Treten der überlebende Ehegatte oder Angehörige in den Mv. ein, so *haften sie rückwirkend* auch für die Verbindlichkeiten des Verstorbenen aus dem Mv. Daneben haften dafür die Erben.

Eine M.vorauszahlung, die der Verstorbene leistete, ist auch gegenüber dem Ehegatten oder einem Angehörigen, der den Mv. fortsetzt, wirksam.

II. Das *fortgesetzte* Mv. kann vom V. unter Einhaltung der *gesetzl. 3-Monats-Frist* gekündigt werden, wenn *in der Person des Eintretenden ein wichtiger Grund* dafür vorliegt, z. B. ehrloser oder unsittlicher Lebenswandel, persönliche Feindschaft, Zahlungsunfähigkeit. Nach einer Entscheidung des LG Nürnberg-Fürth (WM 85, 228) liegt ein wichtiger Grund auch dann vor, wenn eine Genossenschaftswohnung vermietet ist und der Eintretende bereits einen Nutzungsvertrag über eine andere Wohnung mit dieser Genossenschaft geschlossen hat. Kein wichtiger Grund liegt demgegenüber vor, wenn die Genossenschaftswohnung nach dem Tod des M. *unterbelegt* ist (OLG Karlsruhe RE v. 23. 10. 1983 WM 84, 43; s. aber auch OLG Stuttgart RE v. 11. 6. 1991 WM 91, 379). Es kommt im Einzelfall darauf an, ob dem V. die Fortsetzung des Mv. *zumutbar* ist. Die → Kündigung ist nur wirksam, wenn sie zum *ersten zulässigen Kündigungstermin* nach dem Bekanntwerden des Eintretenden ausgesprochen wird. Für die Berechnung des Kündigungstermins kommt es entscheidend darauf an, ab wann für den Kündigungsberechtigten bei Anwendung der im Verkehr erforderlichen Sorgfalt die Kündigung erstmalig möglich ist. Für den Vermieter ist maßgebend, wann er vom Tod des Mieters, den Namen des eintretenden Familienangehörigen sowie Einzelheiten von dessen Persönlichkeit erfährt. Der Vermieter ist berechtigt, Rechtsrat einzuholen, bevor er kündigt. Hierfür ist im allgemeinen ein Zeitraum von 2 Wochen ausreichend (LG Berlin MDR 84, 941 = WM 85, 292). Ist also der Vermieter am 15. eines Monats im Besitz derjenigen Informationen, die er zur Entscheidung über die Kündigung braucht, muß er spätestens am 3. Werktag des Folgemonats kündigen. Die Vorschrift des § 564b BGB (s. Kündigungsschutz) gilt auch hier (a. A.: LG Nürnberg-Fürth WM 85, 228). Gegen diese Kündigung kann der Eintretende sich auf die → *Sozialklausel* berufen und unter den Voraussetzungen der §§ 556a–c BGB die Fortsetzung des Mv. verlangen (§ 569a V BGB).

III. Treten weder der überlebende Ehegatte noch ein Familienangehöriger in den Mv. ein, so wird der Mv. nach § 569a VI BGB mit dem oder den *Erben* fortgesetzt. In diesem Fall findet § 569 I BGB Anwendung, so daß sowohl der V. als auch der Erbe binnen der gesetzl. Frist den Mv. zum nächsten zulässigen Termin kündigen können (s. oben vor I). Die Kündigung des V. setzt dabei nach dem Rechtsentscheid des OLG Hamburg vom 21. 9. 83 (WM 83, 310) voraus, daß Kündigungsgründe im Sinne von § 564b BGB vorliegen (ebenso: BayObLG RE v. 4. 12. 1984 WM 85, 52; OLG Karlsruhe RE v. 29. 12. 1989 WM 90, 60; a. A. Hablitzel ZMR 80, 289).

IV. Die obigen Ausführungen gelten nur dann, wenn der *Verstorbene alleiniger M.* der Wohnung war. Hat der Verstorbene dagegen die Wohnung *gemeinsam* mit seinem Ehegatten gemietet, gilt die

Sonderregelung des § 569b BGB. In diesem Fall tritt mit dem Tod des einen Ehegatten der *überlebende Ehegatte als alleiniger M.* in den Mv. ein, wenn die Eheleute in der Wohnung einen gemeinsamen Hausstand führten. Diese Änderung des Mv. tritt *kraft Gesetzes* ein. Sie ist vom Willen des V. und des Überlebenden nicht abhängig. Die im Haushalt lebenden Angehörigen und Erben kommen als M. an Stelle des Verstorbenen hier nicht in Betracht. Der überlebende Ehegatte kann aber das Mv. unter Einhaltung der *gesetzl. 3-Monats-Frist* (§ 565 V BGB) *kündigen,* wenn der Tod die Aufgabe der Wohnung erfordert oder wünschenswert erscheinen läßt. Diese Kündigung ist aber nur dann wirksam, wenn sie nach Kenntnis des Todes spätestens bis zum 3. Tag des darauffolgenden Monats dem V. gegenüber erklärt wird. Sonst bleibt das Mv. zwischen dem V. und dem überlebenden Ehegatten bis zum nächsten zulässigen ordentlichen Kündigungstermin (s. Kündigungsfrist) bestehen. Für die Übernahme der M.schulden durch den überlebenden Ehegatten und die Ausgleichspflicht für eine noch nicht abgewohnte M.vorauszahlung gilt auch hier das zu I 3, 4 Gesagte.

V. Die gesetzl. Regelung des *§ 569a BGB,* wonach der Ehegatte oder an dessen Stelle die Familienangehörigen in das Mv. eintreten, ist durch eine *Vereinbarung nicht rechtswirksam auszuschließen* oder abzuändern. Dagegen ist die gesetzl. Regelung der §§ 569, 569b BGB *vertragl. abänderbar,* allerdings nicht durch Formularvertrag (LG Frankfurt WM 90, 82).

VI. Hausstandszugehörigen Familienangehörigen, die in das Mv. eingetreten sind, und dem Ehegatten darf eine → *Sozialwohnung* vom V. auch ohne Übergabe einer Wohnberechtigungsbescheinigung weiterhin überlassen werden (§ 4 VII WoBindG), wenn der Wohnberechtigte stirbt.

Tod des Vermieters. Stirbt der V., so wird das Mv. mit dessen *Erben kraft Ges. fortgesetzt.* Ein Recht zur *vorzeitigen* Kündigung des Mv., wie es beim → Tod des M. in §§ 569, 569a BGB vorgesehen ist, steht in diesem Falle weder dem M. noch den Erben des V. zu. Wird der V. von mehreren Personen beerbt, bilden diese eine *Erbengemeinschaft;* sämtliche Erben sind zur Verwaltung des M.grundstücks berechtigt (§ 2038 BGB). *Alle Miterben* müssen deshalb beim Abschluß eines Mv. und bei der Abgabe sonstiger Willenserklärungen (Mahnung, Kündigung, Abänderungsvertrag) gegenüber dem M. mitwirken, soweit sie sich nicht gegenseitig bevollmächtigt haben; die in Mv. übliche Vollmachtsklausel umfaßt nach h. M. das Recht zur Kündigung durch einen einzelnen Miterben aber nur dann, wenn das in dieser Vereinbarung ausdrücklich bestimmt ist (BGH NJW 58, 421; OLG Hamburg BlBGW 61, 334). Überläßt eine Erbengemeinschaft bestimmte Räume ihres Grundstücks unbefristet an einen Miterben gegen Zahlung eines allmonatlich zu entrichtenden Entgelts, so kommt i. d. R. ohne weitere Vereinbarung zwischen diesem und der Erbengemeinschaft ein Mv. zustande (BGH ZMR 69, 124). Ist der M. im Zweifel, an wen er den M.zins zu zahlen hat, oder ist ihm der Aufenthalt des Empfangsberechtigten nicht bekannt, kann er sich durch Hinterlegung des geschuldeten Betrages beim zuständigen Amtsgericht von seiner Schuld befreien. Zahlte der M. den M.zins auf ein Konto, kann er diese Zahlungsweise fortsetzen, bis ihm eine anderweitige Anweisung erteilt wird.

U

Überlassung der Mietsache (Ü.). I. Der V. ist *zum Vertragsbeginn* verpflichtet, dem M. die M.sache in einem solchen Zustand zu überlassen, daß davon ein dem Vertragszweck entsprechender Gebrauch gemacht werden kann (§ 536 BGB). Die ordnungsmäßige U. einer Wohnung setzt voraus, daß der M. sofort darin wohnen kann, die Gemeinschaftseinrichtungen benutzbar und die Zugänge zur Wohnung im verkehrssicheren Zustand sind. Auch bei Neubauwohnungen muß die U. in diesem Zustand erfolgen, wenn auch kleinere Arbeiten vom V. nach dem Einzug nachgeholt werden dürfen. Zumindest muß eine Wohnung bei der Ü. den gesundheitspolizeilichen Anforderungen entsprechen, Fenster und Türen müssen ordnungsmäßig schließen und die Räume müssen sowohl ungezieferfrei als auch besenrein sein. Werden Räume für einen bestimmten Gewerbebetrieb vermietet, muß der V. in jeder Beziehung für ihre zweckbestimmte Eignung sorgen, z. B. Konzessionsfähigkeit der für eine Gastwirtschaft bestimmten Räume (LG Köln WM 62, 54; Otto DWW 84, 16). Ist zur Ausübung des vertragsgemäßen Gebrauchs eine behördliche Genehmigung oder die Zustimmung eines Dritten erforderlich, so ist es mangels einer vertraglichen Vereinbarung Sache des V., für die Erteilung der Genehmigung oder Zustimmung Sorge zu tragen. Die Parteien können aber auch vereinbaren, daß die Beschaffung dieser Erklärungen Sache des M. sein soll (vgl. dazu BGH WM 91, 25). Die M.sache ist in einem zum vertragsgem. Gebrauch geeigneten Zustand zu übergeben; auch ein Briefkasten muß vorhanden sein, Strom- und Wasserversorgung muß gewährleistet sein. Im übrigen richtet sich Instandsetzungspflicht des V. nach Vereinbarung. Sind keine Vereinbarungen getroffen, ist eine Neubauwohnung bei Erstbezug nach Wahl des V. gestrichen etc. zu übergeben. Bei vorher benutzter Wohnung besteht keine Renovierungspflicht des V., soweit der gegebene Zustand vertragsgemäßen

Gebrauch überhaupt ermöglicht. Somit ist abgewohnter, jedenfalls renovierungsbedürftiger Zustand vom V. zu beseitigen, auch wenn dahingehende Abrede fehlt.

Die Instandsetzungspflicht des V. wird durch eine im Mv. enthaltene Klausel, daß der M. die Schönheitsreparaturen übernehme, nicht abbedungen. Vielmehr betrifft eine solche Vertragsvereinbarung nur die Schönheitsreparaturen, die während der M.zeit erforderlich werden. Die Pflicht des V., dem M. die Sache in einem ordentlichen Zustand zu überlassen, wird davon nicht berührt (s. Schönheitsreparaturen). Werden Wohn- oder Geschäftsräume in einem abgewohnten Zustand nach Besichtigung „wie besehen" übernommen, steht es dem M. frei, die erforderlichen Instandsetzungsarbeiten auf seine Kosten durchzuführen; er ist hierzu aber nicht verpflichtet. Ist der Zustand der M.sache nicht vertragsgemäß, weil erhebliche → Mängel oder Abweichungen von den getroffenen Vereinbarungen vorliegen, kann der M. die Annahme ablehnen oder binnen angemessener Frist die Beseitigung oder aber Schadensersatz verlangen (s. Mängel II 5). Kennt der M. bei der Überlassung der M.sache einen Mangel und nimmt er sie trotzdem vorbehaltlos entgegen, so verliert er dadurch grunds. die Rechte aus den §§ 537, 538 BGB (s. Mängel III). Für solche Mängel kann er dann weder Minderung noch Schadensersatz oder Aufwendungsersatz verlangen, aber ihre Beseitigung fordern. Entbehrlich ist dieser Vorbehalt, wenn er schon vor der Ü. erfolgte und später erkennbar aufrechterhalten wird, wenn der V. die Beseitigung des Mangels versprach oder wenn eine zugesicherte Eigenschaft fehlt (letzteres bestr.; s. Mängel III). Die verspätete Übergabe führt zur Haftung wegen Unvermögens oder Unmöglichkeit, wenn der vereinbarte Übergabezeitpunkt so wesentlich ist, daß die verspätete Überlassung nicht mehr nachgeholt werden kann (BGH, ZMR 93, 7; OLG Düsseldorf, DWW 93, 197); anderenfalls haftet der Vermieter aus dem Gesichtspunkt des Verzugs (§ 326 BGB; BGH, a. a. O.). Etwas anderes kann gelten, wenn der Mieter zum Ausdruck gebracht hat, daß er an dem Mietobjekt nicht mehr interessiert ist (OLG Düsseldorf, ZMR 93, 522). Die Haftung setzt grundsätzlich voraus, daß den Vermieter an der verspäteten Übergabe ein Verschulden trifft (BGH, a. a. O.; OLG Düsseldorf, a. a. O.). Es genügt einfache Fahrlässigkeit. Hiervon wird auszugehen sein, wenn der Vermieter einen Mietvertrag über eine noch nicht fertiggestellte Wohnung zu einem Zeitpunkt abschließt, zu dem der Fertigstellungstermin noch nicht absehbar ist. Gleiches wird gelten, wenn ein bestimmter Vertragsbeginn vereinbart wird, obwohl noch nicht feststeht, daß der bisherige Mieter pünktlich räumt. Für nicht vorhersehbare Verzögerungen hat der Vermieter nicht einzustehen. Etwas anderes gilt, wenn der Vermieter hinsichtlich des Übergabetermins ein Garantieversprechen abgegeben hat. Die Angabe eines bestimmten Übergabetermins genügt hierfür allerdings nicht. Vielmehr ist für die Annahme eines Garantieversprechens eine klare und eindeutige Vereinbarung erforderlich (BGH, ZMR 93, 7). Eine Formularklausel, wonach der V. bei nicht rechtzeitigem Freiwerden oder nicht rechtzeitiger Bezugsfertigkeit der Räume nicht haften soll, wird von der Rechtsprechung als unwirksam erachtet (LG Frankfurt WM 90, 271; LG Hamburg WM 90, 115). Behauptet der V. daß ihm die *Überlassung unmöglich* geworden sei, so trifft ihn die Beweislast. Wird der Beweis für die Unmöglichkeit nicht geführt, so ist der V. zur Überlassung zu verurteilen. Stellt sich die Unmöglichkeit erst anläßlich der Zwangsvollstreckung heraus, so kann der M. den V. auf dem erleichterten Beweisweg des § 283 BGB (nach Ablehnung der Erfüllung durch den M.) auf Schadensersatz in Anspruch nehmen (OLG Düsseldorf DWW 90, 336). Statt dessen kann der Mieter das Mietverhältnis auch fristlos kündigen, wenn der Vermieter die Mietsache trotz Fristsetzung nicht übergibt (§ 542 BGB).

II. Im Zeitpunkt der Ü. wird der M. *unmittelbarer Besitzer* der M.sache, so daß ihm ohne Rücksicht auf die Wirksamkeit des Mv. die gesetz. *Besitzschutzansprüche* (§§ 861, 862 BGB) sowohl gegen den V. als auch Dritte zustehen; das kann auch durch die Übergabe der Wohnungsschlüssel seitens des V. geschehen, wenn sie der M. bereits vor Vertragsbeginn zwecks der Abstellung der zum endgültigen Verbleib bestimmten Möbel erhält, während ihre Aushändigung für Besichtigungen oder kurzzeitige Handwerkerarbeiten für die Besitzübertragung grunds. nicht ausreichen (BGH DWW 73, 306). Wird der M. in seinem Besitzrecht durch *verbotene Eigenmacht* widerrechtlich gestört (z. B. → Lärm, Absperrung von Licht, Wasser, Gas), oder wird ihm der Besitz entzogen (z. B. Anbringen eines neuen Türschlosses durch den V.), so kann er die Beseitigung der Störung bzw. die Wiedereinräumung des Besitzes verlangen (§§ 858, 861, 862 BGB). Ist eine Wiederholung der Besitzstörung zu befürchten, kann der M. auf → Unterlassung klagen (§ 862 I 2 BGB; BGHZ 14, 163), in dringenden Fällen kann gegen den Störer eine einstw. Verfügung erwirkt werden (§ 940 ZPO). Die Ansprüche aus §§ 861, 862 BGB erlöschen mit dem Ablauf eines Jahres nach der Verübung der verbotenen Eigenmacht, wenn sie nicht vorher im Wege der Klage geltend gemacht werden (§ 864 I BGB).

III. Für die gesamte Dauer des Mv. kann der M. verlangen, daß ihm der vertragsgemäße Gebrauch der überlassenen Sache vom V. gewährleistet wird (§ 536 BGB). Kommt der V. dieser Pflicht nicht nach, so kann er erforderlichenfalls auf Klage des M. dazu verurteilt werden; daneben kann der M. einen etwaigen Schaden ersetzt verlangen, den M.zins mindern und im Falle des Verlustes seines Gebrauchsrechts sogar die fristlose → Kündigung aussprechen. Welchen Gebrauch er von der M.sache machen darf, kann vertraglich bestimmt werden; das gilt sowohl für die grundsätzliche Art der Benutzung (z. B. als Wohn- oder Geschäftsraum), als auch für individuelle Besonderheiten des Gebrauchs (z. B. Erlaubnis der → Tierhaltung, bestimmter → baulicher Änderungen, oder der Befugnis zur → Untervermietung; Verbot der →Musikausübung, der Benutzung des Hausgartens); derartige ausdrückliche Regelungen des Gebrauchsrechts sind zur Vermeidung von Streitigkeiten stets dann zu empfehlen, wenn auf individuelle Besonderheiten erheblicher Wert gelegt wird. Wird der Umfang des Gebrauchsrechts vertraglich nicht geregelt, so richtet er sich nach den Maßstäben, die unter Berücksichtigung des Wesens der Miete als Dauerschuldverhältnis üblicherweise anzuerkennen sind; bei der Vermietung von Wohnraum, der den Mittelpunkt der privaten Existenz des M. und seiner Familie bildet, gelten dabei besondere Maßstäbe zugunsten des M., die allerdings ihre Grenzen an den anerkennenswerten Interessen des V. finden, sein Eigentum und ein gedeihliches Zusammenleben im Haus gebührend zu wahren.

Umlagen (U.). I. Der Vermieter von *frei finanziertem Wohnraum* ist berechtigt, die → Betriebskosten gesondert auf den Mieter umzulegen. Andere Nebenkosten, wie beispielsweise die Verwaltungskosten, die Kapitalkosten, die Abschreibung, die Instandhaltungskosten oder die Erbbauzinsen, können nicht auf den Mieter umgelegt, sondern müssen bei der Kalkulation der Grundmiete berücksichtigt werden (OLG Koblenz RE vom 7. 1. 1986 WM 86, 50). Dies gilt auch dann, wenn die Umlagevereinbarung nach Beginn des Mv. getroffen wird (OLG Karlsruhe RE vom 6. 5. 1988 WM 88, 204).

1. Die Umlage der Betriebskosten setzt eine entsprechende vertragliche Vereinbarung voraus:

a) Die Vorschrift des § 4 Abs. 1 MHG regelt nur, daß vertragliche Vereinbarungen über die Umlage von Betriebskosten möglich sind; fehlt eine solche Vereinbarung, so gibt § 4 I MHG keinen gesetzlichen Anspruch auf Zahlung solcher Kosten. Die Vorschrift des § 4 II MHG betrifft nur die Erhöhung der Betriebskosten, so daß der Vermieter daraus keinen Anspruch auf Zahlung derjenigen Betriebskosten herleiten kann, die bereits bei Vertragsschluß vorhanden waren. Eine fehlerhafte Kalkulation bei der Bemessung des Entgelts führt nicht dazu, daß der Mieter zusätzlich zum vereinbarten Entgelt auch noch die nicht vereinbarten Betriebskosten tragen müßte. Der Mietvertrag kann in Fällen dieser Art nicht nach den Grundsätzen über den Wegfall der Geschäftsgrundlage abgeändert werden. Sind die

Betriebskosten weder bei der Bemessung der Grundmiete berücksichtigt, noch gesondert auf den Mieter umgelegt worden, so wird i. d. R. eine besonders niedrige Pauschalmiete vorliegen. Diese Miete kann unter Beachtung der dafür geltenden Grundsätze (s. Mieterhöhung) erhöht werden.

b) Eine Vereinbarung über die Umlage von Betriebskosten kann sowohl durch Individualvertrag als auch durch Formularvertrag getroffen werden.

Es gilt der Grundsatz, daß derartige *Vereinbarungen eng auszulegen* sind. Maßgeblich hierfür ist nicht der soziale Schutz des Wohnungsmieters, sondern das im Rahmen eines Dauerschuldverhältnisses in besonderer Weise schutzwürdige Interesse einer Vertragspartei an der eindeutigen Festlegung der von ihr geschuldeten Leistung (OLG Düsseldorf ZMR 84, 20). Unklarheiten gehen zu Lasten des Vermieters. Kann der Umfang der auf den Mieter überwälzten Kosten nicht hinreichend genau bestimmt werden, so ist die gesamte Umlagevereinbarung unwirksam (so OLG Frankfurt WM 85, 91 betr. den Begriff „Nebenkosten"; LG Stuttgart WM 87, 161 für den Begriff „Hausgebühren"; vgl. auch OLG Celle WM 83, 291 zum Begriff der „üblichen Hausabgaben und Nebenkosten"; BayObLG WM 85, 19 zum Begriff der „Heizkosten"). Ist in einem solchen Fall vereinbart, daß der Mieter einen Vorschuß zu zahlen hat, über den abgerechnet wird, so gilt der Vorschuß als Nebenkostenpauschale. Der Grundsatz der engen Auslegung gilt nicht nur für die Umlagevereinbarung als solcher, sondern auch bei der Bestimmung des Inhalts der Umlagevereinbarung. So umfaßt der Begriff der „Wasserkosten" nicht die Abwassergebühr (LG Köln WM 86, 323) und nicht die Kosten der Warmwasserbereitung (AG Köln Urt. vom 31. 5. 1983 – 210 C 85/83). Ist vereinbart, daß der M. die „üblichen Verbrauchsnebenkosten" zu tragen hat, so gehören dazu nicht die Kosten der Abwasserbeseitigung (OLG Köln WM 91, 357). Zur Auslegung des Begriffs Heizkosten s. Zentralheizung. Haben die Parteien bei der Formulierung der Betriebskostenvereinbarung die Begriffe der Anlage 3 zu § 27 der II BV verwendet, so kann bei der Auslegung auf die zu diesen Vorschriften ergangene Rechtsprechung zurückgegriffen werden. Unklare Begriffe können allerdings nicht unter Rückgriff auf diese Vorschriften konkretisiert werden (LG Mannheim ZMR 74, 380 = MDR 74, 934; MDR 75, 493; a. A. Otto DWW 75, 39; vgl. auch BGH WM 70, 73 = ZMR 70, 47 = DWW 70, 28; Blank ZMR 74, 355; Glaser ZMR 73, 289; Hummel ZMR 75, 65; Pütz WM 78, 7).

Von einer unklaren Betriebskostenvereinbarung kann nicht bereits dann ausgegangen werden, wenn der Wortlaut des Vertrags mehrdeutig ist oder wenn sich danach der Umfang der vom Mieter zu tragenden Kosten nicht eindeutig festlegen läßt. Wie allgemein gilt auch hier der Grundsatz, daß Willenserklärungen nicht im Wege der reinen Buchstabeninterpretation auszulegen sind, sondern daß es auf den *wirklichen Willen der Vertragsparteien* ankommt (§ 133 BGB). Haben die Parteien einen bestimmten Begriff übereinstimmend in einer bestimmten Art und Weise verstanden, so gilt die Vereinbarung mit diesem Inhalt; auf den Wortlaut kommt es dann nicht an. Von einer solchen Übereinstimmung im Verständnis kann beispielsweise dann ausgegangen werden, wenn der Vermieter dem Mieter die einzelnen Kostenarten beim Vertragsschluß erläutert hat. Hat der Mieter über mehrere Jahre die vom Vermieter angeforderten Betriebskosten vorbehaltlos bezahlt, so spricht dieses faktische Verhalten dafür, daß auch der Mieter davon ausgegangen ist, daß er diese Kosten schulde.

c) Wird die Umlagevereinbarung durch Formularvertrag getroffen, so sind die Rechtsentscheide des BayObLG vom 24. 2. 1984 und des OLG Karlsruhe vom 18. 10. 1985 zu beachten.

Nach dem Rechtsentscheid des BayObLG vom 24. 2. 1984 (NJW 84, 1761) kann der Vermieter die in der Anlage 3 zu § 27 Abs. 1 der 2. BV aufgeführten Betriebskosten mit der mietvertraglichen Regelung, daß für die „Betriebskosten gemäß § 27 II. BV" neben der Miete ein monatlicher Vorauszahlungsbetrag von ... DM zu leisten ist, auf den Mieter umlegen, ohne diesem bei Vertragsschluß den in der Anlage enthaltenen Betriebskostenkatalog erläutert oder durch Beifügung eines Abdrucks der Anlage zur Kenntnis gebracht zu haben (vgl. dazu auch die ablehnende Anmerkung Löwe WM 84, 192). Gleiches muß nach dieser Rechtsprechung für ähnliche Vertragsgestaltungen gelten (z. B.: der Mieter hat die Betriebskosten im Sinne von § 27 der II. Berechnungsverordnung zu tragen). Dieser Rechtsprechung kann allerdings nicht zugestimmt werden, weil der Mieter in der Regel keine Möglichkeit besitzt, sich in zumutbarer Weise vom Inhalt dieser Vorschrift Kenntnis zu verschaffen (§ 2 I 2 AGBG; LG Darmstadt WM 81, 39; LG Hamburg WM 82, 86; LG Mannheim, Urteil vom 22. 12. 1982 – 4 S 128/82 –; AG Hamburg WM 80, 245; a. A.: AG Köln WM 79, 121). Deshalb setzt eine wirksame Nebenkostenvereinbarung in diesen Fällen nach der hier vertretenen Ansicht voraus, daß die Anlage zur II. BV dem Vertragswerk beigefügt wird oder daß der Mieter in anderer Weise über den Umfang der von ihm zu tragenden Nebenkosten Kenntnis erhält. Auf diesem Gedanken beruht auch der Rechtsentscheid des OLG Karlsruhe vom 18. 10. 1985 (WM 86, 9). Danach liegt eine wirksame Betriebskostenvereinbarung jedenfalls dann vor, wenn der vorformulierte Mietvertrag im Anschluß an die Verweisung auf § 27 der II. BV die wesentlichen Positionen der in Anlage 3 dieser Vorschrift enthaltenen Aufstellung stichwortartig nennt und die Vorauszahlung nur

Betriebskosten umfaßt, die im Mietvertrag in dieser Weise beispielhaft aufgeführt worden sind. Es ist nicht erforderlich, daß der Mietvertrag die einzelnen Betriebskosten genau bezeichnet, für welche die Vorauszahlung gelten soll. Unschädlich ist es, wenn im Vertrag mehr Kostenpositionen aufgezählt sind, als tatsächlich anfallen. Der Mieter wird durch eine solche Vertragsgestaltung nicht benachteiligt, weil er nur die nachweisbar entstandenen Kosten bezahlen muß. Enthält demgegenüber der Mietvertrag eine Formularvereinbarung, wonach der Mieter neben der Miete „folgende Betriebskosten im Sinne des § 27 der II. BV" tragen soll und schließt sich daran eine Auflistung verschiedener umlagefähiger Betriebskosten an, so sind nur die ausdrücklich angeführten Betriebskosten als umlegbar vereinbart (LG Frankfurt WM 86, 93). Ist eine vorformulierte Umlagevereinbarung so ausgefüllt, daß nur bei bestimmten Betriebskostenarten Vorschußbeträge eingetragen sind, so sind nur diese Betriebskostenpositionen umlagefähig (AG Freiburg WM 90, 84; AG München WM 90, 32).

d) Eine Umlagevereinbarung kann auch durch schlüssiges Verhalten zustande kommen. Allerdings sind an das Zustandekommen einer solchen Vereinbarung strenge Anforderungen zu stellen. In der Übersendung einer Betriebskostenabrechnung liegt im allgemeinen kein Angebot des Vermieters zum Abschluß einer Umlagevereinbarung; der Vermieter geht im Gegenteil davon aus, daß eine Umlagevereinbarung bereits besteht. Aus diesem Grunde kann in der Zahlung der Abrechnung auch keine Annahme des Angebots gesehen werden (AG Hamburg WM 81, 21; AG Wiesloch WM 82, 86 (LS); LG Wuppertal WM 82, 300; AG Waldsrode WM 79, 12; LG Bonn WM 79, 187; LG Braunschweig WM 82, 300; a. A.: AG Würzburg DWW 78, 264 = ZMR 79, 46 betr. stillschweigende Abänderung einer Kostenpauschale bei 6jähriger Zahlung der tatsächlich entstandenen Kosten). Die tatsächliche Zahlung von Betriebskostenabrechnungen bildet aber ein gewichtiges Indiz dafür, daß sich die Parteien beim Vertragsschluß darüber einig gewesen sind, daß der Mieter auch die Betriebskosten zu zahlen hat (s. oben 1b).

e) In der Umlagevereinbarung kann auch der Verteilungsschlüssel festgelegt werden. Fehlt eine derartige Regelung, so hat dies nicht die Unwirksamkeit der U. zur Folge (so aber AG Köln WM 78, 23), vielmehr ist der V. berechtigt, den anzuwendenden Verteilungsschlüssel einseitig nach billigem Ermessen zu bestimmen; entspricht das Verlangen des V. nicht der Billigkeit, kann der M. die Festlegung eines gerechten Verteilungsschlüssels durch das Gericht verlangen (§§ 315, 316 BGB). Unbillig sind solche Maßstäbe, durch die eine einzelne M.partei gegenüber anderen stark benachteiligt wird oder die den im Haus wohnenden V. von der Kostenbeteiligung freistellt.

Bedenklich ist die Praxis mancher Wärmemeßdienste, wonach für die nichtbewohnten Wohnungen kein Heizkostenanteil festgesetzt wird. Auch für diese Wohnungen entstehen zumindest Grundkosten, mit denen der V. anteilig belastet werden muß, weil er das Risiko der Nichtvermietbarkeit zu tragen hat (LG Köln WM 78, 207). Liegt die Wohnung des M. in einem Wohnblock, der Teil einer Großwohnanlage ist, die aus mehreren Wohnblocks unterschiedlicher Größe besteht, so können die Betriebskosten auch nach Wirtschaftseinheiten erfaßt und abgerechnet werden (OLG Koblenz RE v. 27. 2. 1990 WM 90, 268 = DWW 90, 171 = ZMR 90, 297). Eine Wirtschaftseinheit in diesem Sinne kann dann angenommen werden, wenn die Gebäude unter einer einheitlichen Verwaltung stehen und zu einem einheitlichen Wohngebiet gehören (eine unmittelbare Nachbarschaft ist nicht erforderlich) und wenn keine wesentlichen Unterschiede im Wohnwert vorhanden sind, wenn also derselbe bautechnische Stand, dieselbe Bauweise, dieselbe Ausstattung und eine gleichartige Nutzung vorliegen (OLG Koblenz a. a. O.). Sind diese Voraussetzungen nicht gegeben, so müssen die Nebenkosten grundsätzlich für die einzelnen Häuser getrennt abgerechnet werden. Der V. muß deshalb geeignete Maßnahmen ergreifen (Einbau von Meßgeräten; getrennte Rechnungen und Gebührenforderungen) damit eine separate Erfassung der Nebenkosten möglich ist (LG Heidelberg Justiz 82, 329; ähnlich LG Köln WM 83, 202). Eine Ausnahme kommt allenfalls dann in Betracht, wenn zwingende technische Gründe eine getrennte Abrechnung praktisch unmöglich machen oder wenn dies nur mit einem unvertretbaren Aufwand möglich wäre (LG Köln a. a. O.). Ähnliche Grundsätze gelten bei Grundstükken, die teils zu Wohnzwecken, teils gewerblich genutzt werden. Soweit als möglich müssen die Betriebskosten getrennt erfaßt werden (LG Lübeck WM 89, 83; AG Köln WM 90, 32), ist dies nicht oder nur mit großem Kostenaufwand möglich, so ist auch eine Aufteilung auf Schätzbasis zulässig (LG Düsseldorf DWW 90, 240, betr. Wasserkosten bei Dentallabor). Haben sich die Vertragspartner ausdrücklich oder stillschweigend (z. B. durch langjährige Übung) über die Anwendung eines bestimmten Verteilungsschlüssels geeinigt, ist der V. nachträglich zu einer einseitigen Abänderung nach den §§ 315, 316 BGB nicht berechtigt (LG Mannheim ZMR 68, 11; LG Berlin MDR 81, 405 = ZMR 81, 307). Eine davon abweichende Formularklausel ist unwirksam (LG Frankfurt WM 90, 271). Dies gilt auch dann, wenn die übrigen M. eine Änderung des Umlagemaßstabs verlangen oder damit einverstanden sind (AG Gummersbach WM 79, 27). Im Ausnahmefall kann der M. aber aus dem Gesichtspunkt von Treu und Glauben (§ 242 BGB) verpflichtet sein, einer Vertragsänderung zuzustimmen. Ein solcher Fall liegt beispielsweise dann vor, wenn die Änderung des Umlagemaßstabs die Abrechnung erleichtert und der M. hierdurch keine wesentlichen Nachteile erleidet.

f) Zu Vorauszahlungen auf die Betriebskosten ist der Mieter ebenfalls nur dann verpflichtet, wenn darüber eine Vereinbarung getroffen worden ist. Eine *Ausnahme* gilt in den *neuen Bundesländern;* s. dazu Mieterhöhung II 1 f–bb. Diese Vereinbarung ist auch formlos gültig, soweit der Mietvertrag nichts anderes bestimmt; sie kann auch durch schlüssiges Verhalten zustande kommen (z. B. längere tatsächliche Übung). Aus der Vereinbarung muß sich ergeben, welche Beträge der Mieter für welche Betriebskosten vorauszuzahlen verpflichtet ist; ein pauschaler Vorauszahlungsbetrag gilt i. Zw. für alle Nebenkosten. Die Verpflichtung des Mieters kann nicht stillschweigend auf Grund der Annahme begründet sein, daß heute Vorauszahlungen üblicherweise gefordert würden; erst wenn ein dahingehender Wille nach außen erkennbar hervortritt; kann eine Vereinbarung konkludent als geschlossen gelten. Der § 4 I gibt dem Vermieter keinen gesetzlichen Anspruch auf eine Vorauszahlung, sondern geht ausdrücklich vom Vorliegen einer dahingehenden Vereinbarung aus.

Die *Höhe* der vereinbarten Vorauszahlungen für die Betriebskosten muß angemessen sein (§ 4 I 1); darüber hinausgehende Verpflichtungen sind unwirksam (§ 134 BGB). Angemessen ist die Vorauszahlung, wenn sie sich nach den Aufwendungen für entsprechende Leistungen in den vergangenen Jahren zuzüglich eines Zuschlags für nicht auszuschließende Kostensteigerungen rechtfertigen läßt; die zulässige Vorauszahlung darf somit die dafür bisher aufgewendeten Kosten leicht übersteigen. Nach der hier vertretenen Auffassung bezieht sich der Begriff der angemessenen Höhe lediglich auf die Obergrenze der Vorauszahlung. Die Vereinbarung von nicht kostendeckenden Vorauszahlungen ist grundsätzlich unschädlich. Eine derartige Vertragsgestaltung hat auch nicht zur Folge, daß der Vermieter hinsichtlich seiner Nachforderungen nach erfolgter Abrechnung beschränkt wäre. Davon abweichend wird allerdings auch die Ansicht vertreten, daß der Vermieter verpflichtet sei, die Höhe der Vorauszahlung so zu bemessen, daß damit die zu erwartenden Nebenkosten im wesentlichen abgedeckt werden; sind die Vorauszahlungen zu niedrig bemessen, so soll der Vermieter nur die Differenz zwischen angemessenen Vorauszahlungen und den tatsächlichen Kosten verlangen können (Lechner WM 83, 5; ähnlich AG Lübeck WM 80, 250; AG Eschweiler WM 80, 233). Das OLG Stuttgart ist dieser Ansicht in dem Rechtsentscheid vom 10. 8. 1982 (ZMR 82, 366) entgegengetreten (ebenso: LG Lübeck WM 81, 45; Schwab DWW 83, 68). Der Mieter hat nur dann ein berechtigtes Interesse an der Festlegung ausreichend hoher Vorauszahlungen, wenn er darauf vertraut, daß diese im wesentlichen kostendeckend sind. Soweit sich ein derartiges Vertrauen auf unrichtige Auskünfte des Vermieters bei den Vertragsverhandlungen gründet, kann dies im Einzelfall allerdings Schadensersatzansprüche aus dem Gesichtspunkt des Verschuldens beim Vertragsschluß zur Folge haben (vgl. dazu auch Wiek BLGBW 83, 108). Ein gesetzliches Erhöhungsrecht enthält § 4 I nicht. Somit ist eine Erhöhung des vereinbarten Vorschußbetrages nur im beiderseitigen Einvernehmen durch Abänderungsvertrag möglich.

2. Der Vermieter ist verpflichtet, über die Betriebskosten jährlich abzurechnen.

a) Nach den vom BGH (NJW 82, 573 = MDR 82, 483 = ZMR 82, 108) aufgestellten Grundsätzen muß die Abrechnung eine geordnete Zusammenstellung der Einnahmen und Ausgaben in Form einer zweckmäßigen und übersichtlichen Aufgliederung in Abrechnungsposten enthalten. Der M. muß in die Lage versetzt werden, den Anspruch des V. gedanklich und rechnerisch nachzuprüfen. Dabei ist auf das durchschnittliche Verständnisvermögen eines juristisch und betriebswirtschaftlich nicht geschulten M. abzustellen (ebenso OLG Hamm WM 82, 62). Im einzelnen gilt folgendes: In der Abrechnung müssen die einzelnen Nebenkostenforderungen dargelegt werden. Die Forderung muß genau bezeichnet werden; allgemeine Angaben wie „sonstige Nebenkosten" genügen nicht. Die Pflicht zur Spezifizierung darf einerseits nicht überspannt, andererseits aber auch nicht zu großzügig beurteilt werden. Die rechtlichen Anforderungen, die insoweit an eine Nebenkostenabrechnung gestellt werden müssen, sind auch nicht in allen Fällen gleich. Vielmehr richtet sich der Umfang der Abrechnung nach dem Grundsatz der Zumutbarkeit, das heißt nach einer sinnvollen Relation zwischen dem Zeit- und dem Arbeitsaufwand des Vermieters einerseits und den schutzwürdigen Interessen des Mieters andererseits (BGH a. a. O.). Hat der Vermieter nur über wenige Wohnungen abzurechnen, so kann durchaus verlangt werden, daß er bei den jeweiligen Kostengruppen angibt, auf welchen Rechnungen oder Gebührenbescheiden die Forderung beruht. Das Rechnungsdatum und der Rechnungsbetrag muß dabei angegeben werden, damit der Mieter, der die Belege einsehen will, rascher feststellen kann, welcher Beleg zu welcher Kostenart gehört (LG Freiburg WM 83, 265). Wird dagegen über eine Großwohnanlage abgerechnet, kann ein geringerer Spezifizierungsgrad ausreichend sein (OLG Hamm WM 81, 82). Hier genügt es regelmäßig, wenn der Vermieter die Gesamtkosten auf die in der Anlage 3 zu § 27 der II. Berechnungsverordnung aufgelisteten Betriebskostengruppen aufteilt (s. Betriebskosten). Die Angabe einzelner Rechnungen ist dann nicht erforderlich. Allerdings gelten auch hier die vom BGH dargelegten Grundsätze. Es muß also auch in diesen Fällen gewährleistet sein, daß der Mieter die ihm angelasteten Kosten bereits aus der Abrechnung hinreichend klar ersehen und überprüfen kann, so daß die Einsichtnahme in dafür vorliegende Belege nur noch zur Kontrolle oder Behebung von Zweifeln erforderlich ist; es genügt deshalb nicht die Benennung eines Endbetrags, der nur unter Zuhilfenahme mietvertraglicher Einzelbestimmungen nachvollziehbar ist (BGH ZMR 82, 108; LG Köln WM 78, 148). Der Umlageschlüssel muß angegeben und erläutert werden. Berechnet der V. die Umlage nach qm, so muß nicht nur die Fläche der gemieteten Einheit, sondern auch die Gesamtfläche angegeben werden. Wird nach Kopfteilen abgerechnet, so ist die Gesamtzahl der Personen zu benennen, die in die Kopfteilberechnung einbezogen sind. Ausnahmen gelten nur dann, wenn entsprechende Kenntnisse des M. vorausgesetzt werden können (BGH a. a. O.). Aus der Abrechnung muß weiter ersichtlich sein, wie sich der Anteil des M. berechnet und welche Vorauszahlungen berücksichtigt worden sind. Zu weitgehend ist es allerdings, wenn das LG Berlin (WM 86, 187) verlangt, daß sich aus der Abrechnung ergeben muß, wie die einzelnen Vorauszahlungen auf die einzelnen Nebenkostenarten verrechnet worden sind. Eine Saldierung der insgesamt geschuldeten Betriebskosten mit den insgesamt geleisteten Vorauszahlungen soll nicht zulässig sein. – Dies ist deshalb unzutreffend, weil der Mieter keinerlei Interesse an einer solchen Aufschlüsselung haben kann.

b) *Nachbesserungen der Abrechnungen* sind jederzeit möglich. Die Abrechnung kann auch nach Zugang beim Mieter vom Vermieter korrigiert werden (AG Hamburg WM 85, 373). Dies gilt auch dann, wenn der Mieter bereits gezahlt hat (a. A. LG Aachen WM 87, 50, wonach durch die Zahlung – per Scheck – ein „Bestätigungsvertrag" zustande kommen soll; ähnlich OLG Hamburg, WM 91, 598; s. unten f).

Bestreitet der Mieter die Angaben in der Abrechnung, so trifft den Vermieter für die Richtigkeit seiner Behauptungen im Prozeß die *Darlegungs- und Beweislast* (LG Köln WM 68, 131). Das setzt jedoch ein substantiiertes, also auf den Vortrag von Tatsachen gestütztes Bestreiten des Mieters voraus (§ 138 II ZPO), soweit dieser durch die vorherige Einsichtnahme in Belege des Vermieters zur Klärung seiner Zweifel in der Lage ist (LG Köln WM 76, 148). Im übrigen genügt das einfache Bestreiten des Mieters (z. B. kein Hauswart vorhanden).

Der Vermieter ist verpflichtet, dem Mieter bereits vor Klageerhebung eine nachvollziehbare Abrechnung zu übersenden; erhebt er trotz nicht ordnungsgemäßer Abrechnung die Klage, so wird diese erst schlüssig, sobald die Fehler nachgeholt sind. Eine evtl. fehlende oder mangelhafte Begründung kann durch entsprechend erläuterte

Schriftsätze im Prozeß nachgeholt werden. Die Nebenkostenklage ist dann begründet, wenn der Schriftsatz dem Mieter oder dessen Bevollmächtigten zugegangen ist (BGH NJW 82, 573). Eine Nachbesserung in diesem Sinne setzt allerdings voraus, daß sich die Unklarheit auf einzelne Punkte beschränkt. Ist die ganze Abrechnung unklar und verworren, so muß der Vermieter eine neue Abrechnung erteilen (AG Schöneberg MM 86, 437). Erkennt der Mieter im Prozeß nach Vorliegen einer ordnungsgemäßen Abrechnung die Klagforderung unverzüglich an, so sind dem Vermieter nach § 93 ZPO die Verfahrenskosten aufzuerlegen (LG Kiel WM 77, 14; LG Essen WM 83, 118). Wird die Abrechnung nicht berichtigt, so kann die Klage dennoch nicht ohne weiteres mit der Begründung abgewiesen werden, daß die Forderung derzeit noch nicht fällig sei. Eine Klagabweisung kommt nicht in Betracht, wenn lediglich einige Abrechnungsposten ungerechtfertigt sind, die aus der Gesamtabrechnung unschwer herausgerechnet werden können. In diesem Fall wird die Fälligkeit der Gesamtabrechnung durch den Teilfehler nicht berührt (BGH DWW 90, 46 = ZMR 90, 97; weitere Einzelheiten: Blank, DWW 92, 65).

c) Der Vermieter ist nicht verpflichtet, die Angaben in der Abrechnung zu belegen. Allerdings steht dem Mieter das Recht zu, zur Überprüfung der Angaben in die einschlägigen *Unterlagen* gebührende *Einsicht* zu verlangen (z. B. Rechnungen, Wiegekarten, Lieferscheine, nicht dagegen die Quittungen); sind die Belege nicht mehr vorhanden, so geht das zu Lasten des beweispflichtigen Vermieters (OLG Düsseldorf a. a. O.). Datenschutzrechtliche Gesichtspunkte spielen hierbei im allgemeinen keine Rolle (Weichert, WM 93, 723). Die Belege hat der Mieter grundsätzlich beim Vermieter oder dessen Vertreter (Hausmeister, Rechtsanwalt) einzusehen (Korff ZMR 86, 7); aus wichtigem Grund (z. B. gespannte persönliche Verhältnisse, auswärtiger Vermieter) kann der Mieter aber die Vorlage der Belege an einem dritten Ort verlangen (§ 811 BGB). In der Regel sind dabei die Originalbelege vorzulegen (LG Mainz WM 79, 116). Auf eine Übersendung oder Aushändigung der Belege hat der Mieter keinen Anspruch (AG Stuttgart ZMR 57, 383; a. A. LG Hannover WM 85, 346; AG Mönchengladbach MDR 79, 1024; Röchling ZMR 79, 161 wonach die Vorlage der Belege als mietvertragliche Nebenpflicht am Erfüllungsort der Hauptverbindlichkeit [Wohnsitz des Mieters] zu erfüllen ist). Verweigert der Vermieter die Einsichtnahme an einem geeigneten Ort, kann der Mieter auch aus diesem Grund weitere Zahlungen ablehnen.

d) Besonderheiten gelten bei der *Vermietung einer Eigentumswohnung:* Der Wohnungseigentümer ist gemäß § 16 WEG zur anteiligen Lastentragung verpflichtet; über die Verteilung der Lasten hat der

Verwalter kalenderjährlich eine Abrechnung zu erteilen, über die die Wohnungseigentümer durch Stimmenmehrheit beschließen (§ 28 WEG). Soweit in der Abrechnung Kosten enthalten sind, die zu den Betriebskosten im Sinne der Anlage 3 zu § 27 der II. Berechnungsverordnung gehören, können sie bei entsprechender Vertragsvereinbarung auf den Mieter umgelegt werden. Hinzu kommen diejenigen Betriebskosten, die der Wohnungseigentümer unmittelbar an den Lieferanten der Leistung bezahlt (z. B. Kosten für die Wartung von Warmwassergeräten). Wesentlich ist, daß sich die Betriebskosten des Wohnungseigentümers unmittelbar aus der Abrechnung des Verwalters ergeben. Soweit diese Abrechnung für den Wohnungseigentümer bestandskräftig ist, bindet sie auch den Mieter (a. A.: LG Darmstadt WM 76, 156; vgl. auch LG Köln WM 85, 400). Aufgrund einer bestandskräftigen Abrechnung steht nämlich fest, daß der Wohnungseigentümer mit Betriebskosten in einer bestimmten Höhe belastet wird. Offensichtlich unvollständige, unrichtige oder unverständliche Abrechnungen darf der Eigentümer allerdings nicht ohne weiteres bestandskräftig werden lassen, weil er gegenüber seinem Mieter zur ordentlichen Bewirtschaftung verpflichtet ist. Hierzu gehört auch, daß ein Wohnungseigentümer solche Mehrheitsbeschlüsse angreift, die ihn und in der Folge den Mieter ungerechtfertigt belasten (vgl. dazu AG Brühl WM 85, 372). Eine Verletzung dieser Verpflichtung kann Schadensersatzansprüche zur Folge haben. Der Mieter ist dann so zu stellen, wie er bei rechtlich gebotenem Verhalten des Eigentümers stehen würde.

Das Einsichtsrecht des Mieters ist auf die Verwalterabrechnung (Einzelabrechnung) nebst den dazugehörigen Anlagen beschränkt. Bezüglich der beim Verwalter befindlichen Rechnungen und sonstigen Belege hat der Mieter kein Einsichtsrecht (s. dazu Blank WE 91, 39; ders., Die Betriebskosten der vermieteten Eigentumswohnung, in: Festschrift für Bärmann und Weitnauer, München 1990, S. 29ff).

e) Der Anspruch des Vermieters auf Nachzahlung von Betriebskosten verjährt gemäß § 197 BGB in vier Jahren (OLG Hamburg RE v. 19. 1. 1988 DWW 88, 39). Die *Verjährung* beginnt mit dem Schluß des Jahres, in welchem der Anspruch entstanden ist. Ein Anspruch entsteht frühestens mit dem Eintritt der Fälligkeit. Bei Nebenkostenansprüchen ist dies derjenige Zeitpunkt, zu dem dem Mieter eine nachprüfbare Abrechnung zugegangen und ihm eine angemessene Zeit zur Nachprüfung und zur Erhebung von Einwänden eingeräumt worden ist (BGH RE v. 19. 12. 1990 WM 91, 150; OLG Frankfurt MDR 83, 757 = ZMR 83, 410; OLG Hamm WM 82, 72). Für den Anspruch des Mieters auf Auszahlung eines Guthabens muß § 197 BGB entsprechend angewendet werden, so daß auch hierfür die 4jährige Verjährungsfrist gilt (OLG Düsseldorf DWW 90, 84).

Das Recht des Vermieters auf Nachzahlung von Betriebskosten kann allerdings innerhalb kürzerer Zeit *verwirken,* wenn er über einen längeren Zeitraum nicht abgerechnet hat, dadurch beim Mieter der Eindruck entstanden ist, er brauche mit Nachzahlungen nicht mehr zu rechnen, der Mieter sich hierauf eingerichtet hat und ihm die verspätete Inanspruchnahme nicht zugemutet werden kann (vgl. BGHZ 25, 51; 67, 56). Die Verwirkung ist ein Unterfall der unzulässigen Rechtsausübung wegen widersprüchlichen Verhaltens; sie kommt deshalb nur in Ausnahmefällen in Betracht (BGH WM 84, 127). Der bloße Zeitablauf reicht niemals aus; stets müssen darüber hinaus besondere Umstände vorliegen, die die verspätete Inanspruchnahme des Mieters als gegen Treu und Glauben verstoßend erscheinen lassen (BGH WPM 71, 1086; KG (RE) vom 14. 8. 1981 – ZMR 82, 182).

f) Hat der Mieter trotz fehlender oder unwirksamer Umlagevereinbarung in der Vergangenheit Betriebskosten bezahlt, so kann er den überzahlten Betrag nach Bereicherungsgrundsätzen (§ 812 BGB) zurückfordern. Hat der Vermieter entgegen der Umlagevereinbarung zuwenig Betriebskosten abgerechnet, so hat er umgekehrt – bis zur Grenze der Verjährung und Verwirkung (s. oben e) – einen Nachzahlungsanspruch aus § 535 Satz 2 BGB. Hierbei ist allerdings das Urteil des OLG Hamburg vom 20. 12. 1989 (WM 91, 598) zu beachten. Danach liegt im vorbehaltslosen Ausgleich einer Betriebskostenabrechnung zugleich eine Vereinbarung, daß über Ergebnis und Modalitäten der Abrechnung Einigkeit besteht. Beide Parteien sind nach dieser Rechtsansicht mit solchen Einwendungen ausgeschlossen, die sie bereits bei der Erteilung der Abrechnung oder Zahlung hätten geltend machen können. Eine Ausnahme gilt, wenn die Geschäftsgrundlage fehlt. Hierzu gehört, daß „wenigstens größenordnungsmäßig der errechnete dem tatsächlichen Verbrauch annähernd entspricht". Die Rechtsansicht des OLG Hamburg ist nicht zweifelsfrei, weil die Abrechnung keine Willens- sondern eine reine Wissenserklärung ist, die – von den Fällen des Vertrauensschutzes (Verwirkung) abgesehen – jederzeit korrigiert werden kann (vgl. auch Sternel, PIG 40, 83, wonach der Vermieter bei Fehlern zuungunsten des Mieters neu abrechnen muß und wonach er bei Fehlern zu seinen eigenen ungunsten u. U. anfechten kann); gleichwohl ist die Entscheidung des OLG Hamburg für die Landgerichte bindend (§ 541 ZPO; s. → *Rechtsentscheid*).

g) Rechnet der Vermieter überhaupt nicht ab, so kann der Mieter seinen Anspruch auf Abrechnung klagweise geltend machen (Stufenklage). Einen Anspruch auf Rückzahlung der Vorauszahlungen hat der Mieter dagegen nicht.

3. Hat der M. für alle oder bestimmte Nebenkosten eine bezifferte *Pauschale* zu zahlen, so ist dieser Betrag ohne Rücksicht auf die tat-

sächlichen Aufwendungen des V. zu entrichten, über die keine Abrechnung erteilt werden muß; der V. kann dann aber keine Zahlung nach Verbrauch verlangen, selbst wenn seine Aufwendungen höher als die Leistungen des M. sind (LG Mannheim ZMR 74, 382 LG Hamburg WM 76, 229). Eine Pauschale kann grunds. nur nach den strengen Voraussetzungen des Wegfalls der Geschäftsgrundlage (§ 242 BGB) gegen den Willen des M. erhöht werden, wenn auf längere Zeit die Pauschalbeträge die damit abgegoltenen Leistungen nicht mehr decken, wofür der V. darlegungs- und beweispflichtig ist; eine nur geringfügige oder kurzfristige Überschreitung (z. B. Ölkrise) liegt im Risikobereich der Pauschale und rechtfertigt ihre Erhöhung nicht (LG Hamburg aaO; LG Hanau WM 76, 121); Abweichendes kann in einer Gleitklausel vereinbart werden; (welche jedoch für Mv. über Wohnraum nach §§ 4, 10 I MHG auch insoweit unwirksam ist); s. aber M.erhöhung für nicht preisgeb. Wohnraum II 1a, d). Wer behauptet, daß keine Pauschale, sondern nach dem übereinstimmenden Parteiwillen eine abzurechnende Vorauszahlung vereinbart ist, trägt dafür die Darlegungs- und Beweislast (LG Mannheim MDR 76, 757).

II. Für → *Sozialwohnungen* und die übrigen noch der → *M.preisbindung* unterliegenden Neubauwohnungen gilt bezüglich der Betriebskostenumlage die Vorschrift des § 20 NMV (s. dazu Sozialwohnung IV 1 d). Zur Umlage von Heizkosten s. → Zentralheizung. Für Betriebskostenerhöhungen s. → *Mieterhöhung für freifinanzierten Wohnraum* II.

Untermiete (U.) liegt nur dann vor, wenn der M. die M.sache einem Dritten (Um.) ganz oder teilweise zum *selbständigen Gebrauch* überläßt. Hiervon sind jene Fälle zu unterscheiden, in denen dem Dritten lediglich ein Recht zur Mitbenutzung der Wohnung eingeräumt wird (z. B.: Aufnahme von → Besuch; Aufnahme des Ehegatten oder von Verwandten s. → Eheleute III; Begründung einer → eheähnlichen Gemeinschaft). All diesen Fällen ist gemeinsam, daß zwischen dem M. und dem Dritten kein gesondertes Mv. besteht. Die Frage, ob und unter welchen Voraussetzungen der M. einem Dritten den unselbständigen Mitgebrauch der Wohnung einräumen darf, ist allerdings für die genannten Fälle unterschiedlich zu beantworten. Für die Aufnahme eines Untermieters braucht der M. stets eine Erlaubnis des V. (§ 549 Abs. 1 BGB; s. unten II). Zur Aufnahme von Besuchern ist der M. dagegen auch ohne Erlaubnis berechtigt (s. → Besucher). Den Ehegatten, nahestehende Familienangehörige oder Hausgehilfen darf der M. ebenfalls in die Wohnung aufnehmen, soweit dadurch keine Überbelegung eintritt (OLG Hamm (RE) vom 6. 10. 82, NJW 83, 48; BayObLG (RE) vom 14. 9. 83, WM 83, 309).

Die Aufnahme muß dem V. allerdings angezeigt werden. Das Recht zur Aufnahme sonstiger Personen richtet sich demgegenüber nach den für die Untermiete geltenden Vorschriften.

I. Für die Untermiete gelten folgende Rechtsgrundsätze:

1. Die U. wird durch einen *Vertrag* zwischen dem M. und dem Um. begründet (Umv.), dessen Rechtsgültigkeit nicht vom Vorliegen der Erlaubnis des V. abhängig ist. Für diesen selbständigen Umv. gelten die *allgem. Bestimmungen* (s. Mietvertrag). Die Rechte und Pflichten der Vertragsparteien bestimmen sich nach den Vereinbarungen im Umv., *sonst nach den gesetzl. Bestimmungen über die Miete* (z. B. → Schönheitsreparaturen, Kündigung, Rückgabepflicht). Welchen M.zins der Hauptmieter vom Um. für die Überlassung von Wohnraum verlangen darf, richtet sich nach denselben gesetzlichen Beschränkungen, wie sie im Verhältnis zwischen V. und M. gelten (s. Mieterhöhung). Auch der Untermietzins darf somit die am Ort geltenden üblichen Mietpreise für vergleichbare Untermieträume nicht wesentlich überschreiten und nur unter den gesetzlich festgelegten Voraussetzungen des MHG erhöht werden. Bei → *Sozialwohnungen* ist der M.zins des Um. auf die Höhe der Kostenmiete dann beschränkt, wenn die Wohnung mit mehr als der Hälfte der Wohnfläche untervermietet wird (§ 21 WoBindG). Wird der Umv. für längere Zeit als ein Jahr geschlossen, so bedarf er der → *Schriftform* (BGH ZMR 81, 311).

Die Beendigung des Hauptmietverhältnisses stellt keinen Kündigungsgrund i. S. von § 564b Abs. 1 BGB dar (a. A. LG Kiel, WM 82, 194). Etwas anderes soll nach dem RE des OLG Stuttgart vom 7. 5. 1993 (WM 93, 386) allerdings dann gelten, wenn der Eigentümer einen echten Eigenbedarf im Sinne von § 564b Abs. 2 Nr. 2 BGB geltend machen kann. In diesem Fall soll der Mieter rechtsmißbräuchlich handeln, wenn er sich gegenüber dem Hauptmieter auf die Kündigungsschutzvorschriften beruft. Für die Rückgabe der untervermieteten Räume gelten die allgemeinen Grundsätze (s. – Rückgabepflicht). Hat der M. seinem Untermieter eine bauliche Veränderung der Mietsache gestattet, so ist dieser verpflichtet, bei Beendigung des Untermietverhältnisses die Mietsache im ursprünglichen Zustand zurückzugeben. Etwas anderes gilt aber dann, wenn der Hauseigentümer vom M. die Wiederherstellung des ursprünglichen Zustands nicht mehr verlangt (LG Berlin ZMR 82, 281).

2. Zwischen dem V. und dem Um. werden keine unmittelbaren Rechtsbeziehungen geschaffen. Er ist grunds. in den Schutzbereich des Hauptmv. nicht einbezogen; vertragliche Ansprüche gegen den HauptV. stehen dem Um. nicht zu (BGH NJW 78, 883; vgl. auch Weimar BlfGBW 78, 137 u. Claßen BlfGBW 78, 214; Finger WM 85, 71). Dies ist darauf zurückzuführen, daß der Untermieter i. d. R.

eigene Ansprüche gegen seinen Vertragspartner, den Hauptmieter geltend machen kann. Ein unmittelbarer Anspruch gegen den Hauptvermieter wird ausnahmsweise dann bejaht, wenn der Untermieter durch ein Ereignis geschädigt wird, das allein der Hauptvermieter zu vertreten hat (OLG Saarbrücken, NJW 93, 3077 betr. einen Brandschaden). Im Falle der Beendigung des Hauptmv. zwischen V. und M. hat der V. auch gegen den Um. einen *unmittelbaren Anspruch auf Herausgabe* der M.sache (§ 556 III BGB, S. Rückgabepflicht III). Gegenüber diesem Herausgabeanspruch kann sich der Um. nicht auf den → *Kündigungsschutz* oder auf die → *Sozialklausel* berufen (Ausnahmen s. → Zwischenvermietung). Er kann jedoch auch vom Hauptvermieter eine angemessene → *Räumungsfrist* verlangen. Erkennt der Untermieter den Räumungsanspruch sofort an, so fallen dem Kläger die Kosten zur Last, wenn er den Untermieter vorgerichtlich nicht zur Räumung aufgefordert hat (OLG Schleswig, WM 93, 540).

Die Beendigung des Hauptmv. hat aber nicht zur Folge, daß damit auch der Umv. sein Ende findet; das bestimmt sich vielmehr allein nach dem Vertrag zwischen dem M. und Um. oder dem Gesetz. Wegen der Beendigung des Hauptmv. und der damit verbundenen → Rückgabepflicht für M. und Um. können aber dem Um. gegen den M. wegen Rechtsmängeln des Umv. die in §§ 541, 537, 538 BGB bestimmten Rechte zustehen (s. Mängel). Ein Rechtsmangel liegt hierbei schon dann vor, wenn der Hauptv. von dem Um. Räumung verlangt (BGH NJW 75, 44 = ZMR 75, 144; OLG Hamm RE v. 26. 8. 1987 WM 87, 346). Allerdings gilt dies nur dann, wenn das Hauptmv. beendet ist (OLG Hamburg WM 90, 340). Zur Frage, unter welchen Voraussetzungen der Um. verpflichtet sein kann beim Wechsel des Hauptm. mit dem neuen Hauptm. einen Vertrag zu schließen vgl. AG Weinheim WM 78, 125.

II. Das Recht zur Untervermietung hängt von der Erlaubnis des V. ab. In ihr muß der V. sinngemäß zum Ausdruck bringen, daß er den M. von dem grunds. Verbot der Drittüberlassung befreit und diesem die Befugnis eingeräumt wird, die M.sache oder Teile davon an Dritte zu überlassen.

1. Erteilt der V. die *Erlaubnis ganz allgemein* dann bringt er dadurch zum Ausdruck, daß die Person des Dritten für ihn ohne Interesse ist; dann darf er später nur im Einzelfall der Überlassung an den Dritten *widersprechen,* wenn wichtige Gründe vorliegen, die in dessen Person begründet sind (AG Lüneburg WM 75, 167). Widerspricht der Vermieter bei allgemein erteilter Untermieterlaubnis der Untervermietung ohne hinreichenden Grund, so ist der Mieter zur fristlosen Kündigung nach § 542 BGB und nicht nur zur ordentlichen Kündigung nach § 549 Abs. 1 S. 2 BGB berechtigt (BGH ZMR 84, 275).

2. Die Erlaubnis ist *formlos* gültig. Eine Formularklausel, wonach die Untervermietung nur mit *schriftlicher* Erlaubnis des V. zulässig ist, verstößt gegen § 9 AGBG (BGH NJW 91, 1750). Die Erlaubnis kann auch *stillschweigend* vom V. erteilt werden, wenn er über längere Zeit die ihm bekannte Überlassung der M.sache an den Dritten duldet. Ergibt sich aus dem Mv, daß die gemieteten Räume zur Überlassung an Dritte bestimmt sind (Zimmervermietung, Wohnheim, Pension), dann gilt die Erlaubnis bereits mit dem Abschluß des Mv. als erteilt. Gleiches gilt für zweckgebundene Betriebswohnungen (s. Werkwohnung I 3).

3. Die vom V. erteilte Erlaubnis gilt auch gegen einen *Erwerber des M.grundstücks* (§ 571 BGB).

4. Die einmal erteilte Erlaubnis darf vom V. *nicht einseitig widerrufen* werden. Der Widerruf ist auch dann unwirksam, wenn sich nachträglich ein wichtiger Grund ergibt, der den V. berechtigt hätte, die Erlaubnis zu verweigern. Der V. kann aber die Erlaubnis anfechten und dadurch unwirksam machen, soweit ein gesetzl. Anfechtungsgrund vorliegt (Irrtum, Täuschung, Drohung); a. A.: BGH NJW 87, 1692, wonach ein Widerruf aus wichtigem Grund möglich ist.

5. Der M. hat grunds. *keinen Anspruch auf die Erteilung* der Erlaubnis (ausgenommen die Wohnraumm.; s. unten 6). Nach der Ansicht des OLG Düsseldorf (WM 93, 399) ist der Vermieter von Gewerberaum grundsätzlich berechtigt, einen vom Mieter benannten Untermieter ohne Angabe von Gründen abzulehnen. Dieser Ansicht kann allerdings nur für diejenigen Fälle zugestimmt werden, in denen der Mieter die gesamte Mietsache einem Dritten überlassen will. Bei einer beabsichtigten Teilvermietung kann der Vermieter aus dem Gesichtspunkt von Treu und Glauben (§ 242 BGB) zur Erteilung der Erlaubnis verpflichtet sein, wenn der Mieter ein berechtigtes Interesse an der Untervermietung hat und dem Vermieter hierdurch keine Nachteile entstehen (OLG Hamburg, WM 93, 737 betreffend eine teilweise Untervermietung einzelner Räume einer psychotherapeutischen Praxis zum Zwecke der Verminderung der Raumkosten; s. auch BGH, MDR 76, 764). Liegt ein Fall der willkürlichen Versagung vor, so kann der M. aus dem Gesichtspunkt des § 242 BGB also auf Erteilung der Erlaubnis klagen. Im übrigen ist der M. bei verweigerter Erlaubnis berechtigt, das Mv. unter Einhaltung der gesetzl. → Kündigungsfristen zu kündigen, soweit die Versagung nicht durch Gründe, die in der Person des Dritten liegen, gerechtfertigt ist (s. unten III.). Ein wichtiger Grund in der Person des Dritten, der die Verweigerung des V. rechtfertigt, liegt dann vor, wenn seine Eigenschaften oder persönlichen Verhältnisse dem V. die Überlassung als unzumutbar erscheinen lassen (z. B. berufliche oder geschäftliche Konkurrenz zu einem anderen Mieter des Hauses). Die

Ablehnung kann nicht allein darauf gestützt werden, daß der M. Ausländer ist (LG Köln WM 78, 50). Dem V. muß eine angemessene Frist zur Einholung von Informationen und zur Überlegung gelassen werden. Der V. hat nur die Wahl, die U. zu gestatten oder zu verweigern, soweit vertragl. nichts anderes vereinbart ist; gestattet er sie nur mit Einschränkungen, die in dem seinem M. eingeräumten Gebrauchsrecht keine Stütze finden, so gilt das als Verweigerung, die den M. zur Kündigung nach § 549 I, 2 BGB berechtigt (BGH WPM 72, 731 = BGHZ 59, 3). Eine formularvertragliche Vereinbarung, wonach der M. dem V. im Falle der Unterm. den Untermietzins zur Sicherheit abtreten soll, verstößt gegen § 9 AGBG (OLG Celle WM 90, 103); zur Verweigerung der Erlaubnis zur U. weiterer Teilräume vgl. BGH WPM 73, 383; zur Zumutbarkeit LG Bamberg WM 74, 197.

6. Dem M. von *Wohnraum* gibt das Ges. in § 549 II BGB einen unmittelbaren *Anspruch* gegen den V. *auf Erteilung der Erlaubnis* zur U. *von Teilen seiner Wohnung* (Abvermietung).

a) Erforderlich ist dafür, daß der M. ein *berechtigtes Interesse* an der Abvermietung von Teilen seiner Wohnung hat. Das Interesse des M. kann in rechtlichen, wirtschaftlichen, familiären oder sonstigen Verhältnissen begründet sein. Ein dringendes Interesse braucht nicht vorzuliegen. (AG Frankfurt WM 81, 39; AG Friedberg/Hessen WM 81, 231). Vielmehr ist ein berechtigtes Interesse bereits dann anzuerkennen, wenn dem Mieter vernünftige Gründe zur Seite stehen, die seinen Wunsch nach Überlassung eines Teils der Wohnung an Dritte nachvollziehbar erscheinen lassen. Der Mieter muß die konkreten Umstände darlegen, aus denen er sein Interesse herleitet. Der bloße Wunsch des Mieters zur Aufnahme eines Dritten reicht nicht aus, ebensowenig allein der Umstand, daß ein bisheriger Mitmieter ausgezogen ist (LG Berlin MDR 82, 850). Eine Offenbarung der Motivation ist auch deshalb erforderlich, weil der Vermieter sonst nicht überprüfen kann, ob die den Wunsch zur Aufnahme des Dritten begründenden Umstände nach Vertragsschluß entstanden sind (s. unten b). Als berechtigt ist jedes höchstpersönliche Interesse des Mieters von nicht ganz unerheblichem Gewicht anzusehen, das mit der geltenden Rechts- und Sozialordnung in Einklang steht. Hierzu gehört auch die Entscheidung des Mieters, sein Privatleben innerhalb der eigenen vier Wände nach seinen Vorstellungen zu gestalten, und zwar auch in der Form, daß er mit Dritten eine auf Dauer angelegte Wohngemeinschaft bilden will (vgl. allerdings BGHZ 92, 213, wonach es eine Frage des Einzelfalls sei, ob letztgenannte Motivation als berechtigtes Interesse anzuerkennen ist). Eine allgemeingültige Auffassung, wonach das Zusammenleben unverheirateter Personen gleichen oder verschiedenen Geschlechts zu zweit in einer eheähnlichen

Gemeinschaft oder zu mehreren in einer Wohngemeinschaft sittlich anstößig sei, kann heute nicht mehr festgestellt werden. Die berechtigten Interessen des Mieters gehen den Interessen des Vermieters vor. Die Interessen des Mieters haben nur dann zurückzutreten, wenn die Gebrauchsüberlassung für den Vermieter unzumutbar wäre (BGH RE vom 3. 10. 1984 WM 85, 7; vgl. dazu auch die Anm. Gather DWW 85, 25; Reichert DWW 85, 25; Haase JR 85, 283; s. unten d). Voraussetzung ist allerdings, daß der M. weiterhin auf den Erhalt der Wohnung angewiesen ist. Ein berechtigtes Interesse liegt deshalb nicht vor, wenn der M. mit seiner Familie seinen Wohnsitz verlegen will und die Wohnung nur noch von einem einzelnen Familienmitglied genutzt werden soll (LG Berlin MDR 82, 234; a. A. LG Wiesbaden WM 85, 26).

Einzelfälle, in denen ein *Untermietinteresse bejaht* worden ist: LG Hamburg WM 83, 261: wenn ein M. seine Berufstätigkeit einschränken und einen finanziellen Ausgleich in Form des Untermietzinses erreichen will; AG Hamburg WM 85, 87: wenn ein M. mit Kind einen Unterm. mit Kind aufnehmen will, damit die Kinder gemeinsam erzogen werden können; LG Berlin MDR 83, 132: wenn ein M. infolge der Auflösung einer Wohngemeinschaft den M.zins nicht mehr bezahlen kann; ähnlich LG Hamburg WM 89, 510 bei Auflösung einer eheähnlichen Gemeinschaft; LG Kassel WM 89, 72: vorübergehende Aufnahme eines Verwandten, um diesem bei der Lösung seiner familiären Probleme zu helfen; AG Hamburg WM 90, 500: wenn ein älterer M. Angst vor Vereinsamung hat.

b) Zeitlich dürfen die Tatsachen, die das Interesse des M. begründen, erst *nach Abschluß des Mv.* eingetreten sein (BGH a. a. O., z. B. Verkleinerung der Familie des M.: LG Frankfurt WM 81, 39; Verringerung seines Einkommens, Krankheit und Pflegebedürftigkeit, berufsbedingter Ortswechsel bei vom V. verweigerter Vertragsaufhebung; zweifelhaft: AG Frankfurt WM 81, 9 betr. Bildung einer Wohngemeinschaft). Bei der Darlegung seines berechtigten Interesses muß der Mieter deutlich machen, daß die sein Verlangen begründenden Umstände nach Vertragsschluß entstanden sind (BGH WM 85, 7).

c) Liegen diese Voraussetzungen vor, kann der M. *Klage* gegen den V. erheben und seine Verurteilung zur Erteilung der Erlaubnis verlangen. Das Kammergericht hat hierzu entschieden, daß der Mieter den Anspruch auf Erteilung einer Untermieterlaubnis nur dann geltend machen kann, wenn er die Person des Untermietinteressenten namentlich benennt (KG, RE vom 11. 6. 1992, WM 92, 350). Die Erlaubnis gilt nach § 894 I ZPO mit der Rechtskraft des Urteils als erteilt. Statt dessen darf sich der M. beim Vorliegen der vermeintlichen Voraussetzungen der Erlaubnis nicht darauf beschränken, seinen Anspruch *einredeweise* im Prozeß geltend zu machen, wenn der V. auf Unterlassung der U. (§ 550 BGB) oder nach vorheriger Kündigung auf Räumung klagt.

d) Auch bei der U. von Wohnraum kann der V. die Erlaubnis *verweigern,* wenn dafür ein *wichtiger Grund* in der Person des Dritten vorliegt, der Wohnraum *übermäßig belegt* werden soll oder dem V. die Überlassung aus sonstigen Gründen *nicht zumutbar* ist. Das OLG Hamm hat in diesem Zusammenhang entschieden (RE vom 23. 10. 1991 WM 91, 668 = ZMR 92, 20) daß eine katholische Kirchengemeinde oder eine sonstige kirchliche Institution als Vermieterin die Erlaubnis nicht allein deshalb als unzumutbar i. S. von § 549 Abs. 2 BGB ablehnen kann, weil die nichteheliche Lebensgemeinschaft im Widerspruch zu Glauben und Lehre der Kirche steht. Wichtige Gründe in der Person des Dritten sind z. B. persönliche Feindschaft zum V., Neigung zu Gewalttaten, Kuppelei. Eine Überbelegung liegt i.d.R. vor, wenn die Anzahl der Wohnungsbenutzer und der verfügbaren Räume sich nicht decken; dabei ist aber auf die örtlichen, häuslichen und familiären Verhältnisse des Einzelfalles abzustellen. Sonstige erhebliche Gründe der Unzumutbarkeit sind zugunsten des V. ebenfalls zu berücksichtigen, z. B. Veränderung des Überlassungszwecks, Räumungsabsicht des M.

e) Der V. kann die Erlaubnis von einer *angemessenen Erhöhung des M.zinses* abhängig machen (vgl. dazu Weimar BlfGBW 78, 139). Die Höhe des U.zuschlags ist gesetzl. nicht näher geregelt. Ist der M. damit nicht einverstanden, gilt die Erlaubnis als verweigert. Die abgelehnte M.zinserhöhung ist aber dann kein ausreichender Weigerungsgrund, wenn dem V. die Erlaubniserteilung angesichts der bisherigen Höhe des M.zinses ohne Steigerung zumutbar ist. Eine angemessne M.zinserhöhung darf nur die *zusätzl. Abnutzung* der Wohnung berücksichtigen. Dagegen darf der V. auf diesem Wege keine allgemeinen Erhöhungsabsichten durchsetzen. Ist der M. mit dem erhöhten M.zins einverstanden, wird der Mv. insoweit abgeändert. Anderenfalls muß der V. auf Zustimmung zur Vertragsänderung klagen. Die Vorschriften des MHG sind insoweit unanwendbar. Der erhöhte M.zins ist i.d.R. auch dann noch zu zahlen, wenn der M. nicht mehr untervermietet. Der M. kann sein Einverständnis zur Erhöhung aber auch zeitlich auf die Dauer der tatsächlichen Drittüberlassung beschränken.

f) Die gesetzl. Regelung der U. von *Wohnräumen* darf *vertragl. nicht zum Nachteil des M.* abgeändert werden. Unwirksam sind daher Vereinbarungen, wonach die Erteilung der Erlaubnis von zusätzlichen Bedingungen abhängig gemacht oder die jederzeitige Widerruflichkeit als zulässig erklärt wird. Zulässig ist dagegen eine vertragl. Regelung, wonach die Erlaubnis ein für allemal als erteilt gilt oder ein berechtigtes Interesse des M. nicht verlangt wird. Handelt es sich dagegen nicht um Wohnräume, können die Voraussetzungen der U. vertragl. abweichend geregelt werden.

III. Verweigert der V. die Erlaubnis zur U. *grundlos oder unbegründet,* kann der M. das Mv. unter Einhaltung der gesetzl. Frist (§ 565 V BGB) *vorzeitig kündigen* (s. Kündigung, Kündigungsfrist). Der M. braucht die Kündigung nicht schon zum nächsten 1. des Monats auszusprechen, nachdem er die Ablehnung des V. erfährt. Vielmehr kann er zur Überprüfung der Ablehnungsgründe des V. eine angemessene Zeit mit dem Ausspruch der Kündigung warten. Ungebührliche Verzögerungen der Kündigung durch den M. können aber zu einer Verwirkung seines Kündigungsrechts führen (s. Verjährung II.). Verweigert der V. die Erlaubnis schlechthin *aus allgemeinen Erwägungen,* braucht der M. ihm die Person des Dritten *nicht* zu benennen. Der M. ist dann auch nicht verpflichtet, dem V. andere in Betracht kommende Personen für die U. vorzuschlagen (BGHZ 59, 3). Schließt der Mv. die U. vertraglich aus, kann der M. (abgesehen von Wohnräumen) seine Kündigung nicht auf die Weigerung des V. stützen, diese Vereinbarung abzuändern. Bei Wohnräumen hat der M. die Wahl, ob er von seinem außerordentlichen Kündigungsrecht nach § 549 I 2 BGB Gebrauch macht oder ob er den V. auf Erteilung der Erlaubnis verklagt. Die formularvertragliche Abbedingung des Kündigungsrechts des M. ist unwirksam (LG Ellwangen WM 82, 297).

IV. Nach § 549 III BGB haftet der M. für *Schäden,* die der *Um.* beim Gebrauch der M.sache *schuldhaft* herbeigeführt hat. Ein eigenes Verschulden des M. ist nicht erforderlich (RGZ 157, 368). Diese Haftung besteht ohne Rücksicht darauf, ob der V. die U. erlaubt oder untersagt hat; bei Untervermietung ohne Erlaubnis des V. soll der M. auch ohne ein Verschulden des U. für diesen haften (Palandt/Putzo § 549 Anm. 4). Für die Haftung des M. kommt es darauf an, ob der Unterm. „bei dem Gebrauche“ oder bei Gelegenheit der Erfüllung handelt. Sind Räumlichkeiten einem Dritten überlassen, so gehört der Aufenthalt in den Räumen zu ihrem Gebrauch. Alles, was der Dritte in den Räumen tut, geschieht deshalb bei dem Gebrauch. Aus diesem Grunde haftet der M. auch dann, wenn der Unterm. die M.sache vorsätzlich beschädigt, etwa durch Brandstiftung oder das Herbeiführen einer Explosion (BGH WM 91, 31). Die Haftung umfaßt auch solche Vermögenseinbußen, die aus der Beschädigung anderer Sachen des V. herrühren, sofern sie der Einwirkungsmöglichkeit des M. bei der Nutzung der M.sache ausgesetzt sind (BGH a. a. O.).

V. Der V. hat keinen Anspruch gegen den M. auf Herausgabe der *Mehreinnahmen,* die durch eine *unerlaubte* U. gezogen worden sind (BGH ZMR 65, 51 = WM 64, 860).

VI. Überläßt der M. *ohne Erlaubnis* dem Um. den Gebrauch der M.sache, liegt darin eine Vertragsverletzung. Der V. kann nach *erfolgloser* → Abmahnung gegen den M. die → *Unterlassungsklage* erheben. Unternimmt der M. aber nichts gegen den Um. (Kündigung, Klageerhebung) und ist sein Wille erkennbar, die U. fortbestehen zu lassen, kann der V. den Mv. *fristlos kündigen* (§ 553 BGB, s. Kündigung I 2 II). Die erforderliche Pflichtwidrigkeit des M. liegt in seiner Duldung der unerlaubten Raumüberlassung trotz Abmahnung des V. Selbst wenn die U. heimlich erfolgte, ist die vorherige Abmahnung für die fristlose Kündigung nach § 553 BGB erforderlich, weil der M. auch in derartigen Fällen mit einer Genehmigung durch den V. zu rechnen pflegt (BGH WPM 68, 252; a. A. KG JW 27, 2816 bei bewußter Täuschung des V. über die M.). Nach dem Rechtsentscheid des OLG Hamburg vom 17. 12. 81 (NJW 82, 1157) kann der M. gegen den Räumungsanspruch aber den Einwand der unzulässigen Rechtsausübung erheben, wenn der V. materiell-rechtlich zur Erteilung der Untermieterlaubnis verpflichtet gewesen wäre (ebenso BayObLG RE v. 26. 10. 1990 WM 91, 18).

Daneben steht dem V. das Recht zur *fristlosen Kündigung* auch dann zu, wenn derjenige, dem der M. den unselbständigen oder selbständigen Gebrauch der M.sache erlaubt hat (Haushaltsangehörige, Um.), einen *vertragswidrigen Gebrauch fortsetzt* (§ 553 BGB). Auf ein Verschulden des Dritten und die Zulässigkeit der U. kommt es dabei nicht an (§§ 278, 549 III BGB); die Vertragswidrigkeit des Gebrauchs ist allein danach zu bestimmen, in welchem Umfang der M. zum Gebrauch befugt ist. Diese Rechtsgrundsätze gelten auch dann, wenn der M. *einem Dritten (der nicht Um. ist)* den ihm *unbefugt* überlassenen Gebrauch der M.sache *beläßt* (Daueraufnahme weitläufiger Familienangehöriger oder Freunde; s. Besuch, Eheleute).

Kein Kündigungsgrund liegt dagegen vor, wenn der Hauptm. unter Aufrechterhaltung des Mv. und des Untermv. aus der Wohnung auszieht (AG Hamburg WM 79, 28). Dies ergibt sich aus der Erwägung, daß der M. zum Gebrauch der M.sache nicht verpflichtet ist. Voraussetzung ist allerdings, daß der Umfang der Untervermietung durch die Erlaubnis des V. gedeckt ist. Dies ist dann nicht der Fall, wenn der Um, dem bislang nur ein einzelnes Zimmer vermietet war, nach dem Auszug des Hauptm. die Wohnung alleine nutzt.

VII. Wird das Umv. vom M. gekündigt, kann sich der Um. beim Vorliegen von Härtegründen auf den Schutz der → *Sozialklausel* berufen oder aber eine angemessene → *Räumungsfrist* verlangen. Die ordentliche befristete → Kündigung eines Umv. über Wohnraum ist nach § 564 b BGB nur dann wirksam, wenn der M. ein *berechtigtes Interesse* an der Vertragsbeendigung hat (s. dazu im einzelnen Kündigungsschutz). Dieser Schutz steht dem Um. jedoch nicht zu, wenn der Wohnraum zu nur vorübergehendem Gebrauch vermietet oder wenn er Teil der vom V. selbst bewohnten Wohnung ist und vom V. ganz oder überwiegend mit Einrichtungsgegenständen auszustatten ist, sofern der Raum nicht zum dauernden Gebrauch für eine Familie überlassen wird (§§ 564b BGB, 556a VIII BGB). Eine → Räumungsfrist kann jedoch auch in diesen Fällen gewährt werden. Auch der möblierte Wohnraum des Um. genießt also grunds. Kündigungsschutz.

VIII. Von einer *Sozialwohnung* darf höchstens die Hälfte des verfügbaren Wohnraums an nicht Wohnberechtigte (→ Sozialwohnung II 1–2) ohne Genehmigung der Behörde untervermietet werden (§ 21 WoBindG). Ein *Zuschlag* für die U. darf vom V. bei → Sozialwohnungen und ihnen gleichgestellten preisgebundenen Neubauwohnungen (→ Mietpreisbindung) nur in Höhe von 5 DM monatlich bei der Überlassung an eine Einzelperson und von 10 DM bei der Überlassung an zwei oder mehr Personen neben der zulässigen Kostenmiete verlangt werden (§ 26 III NMV 70). Welchen → Mietzins der Um. an den M. zu entrichten hat, bleibt allerdings der freien Vereinbarung überlassen und wird vom Ges. nicht begrenzt. Zum Ganzen: Nasall ZMR 83, 333; Schmid DWW 83, 214.

IX. Besonderheiten gelten, wenn der Vermieter eine Wohnung zur Nutzung durch eine *Wohngemeinschaft* vermietet hat und einzelne Mitglieder der Gemeinschaft gegen andere Nutzer ausgetauscht werden sollen. Hier sind verschiedene Vertragsgestaltungen denkbar.

1. Haben alle Mitglieder der Wohngemeinschaft den Mietvertrag unterzeichnet, so stellt sich der Austausch einzelner Mitglieder als Mieterwechsel dar. Im allgemeinen ist der Vermieter nicht verpflichtet, einen Mieter auf dessen Wunsch aus dem Mietvertrag zu entlassen und das Mietverhältnis mit einem vom Mieter benannten Nachfolger fortzusetzen. Ein derartiger Anspruch auf einen Mieterwechsel muß stets ausdrücklich vereinbart werden. Eine Ausnahme soll nach einem Teil der instanzgerichtlichen Rechtsprechung aber dann gelten, wenn die Räumlichkeiten an eine Wohngemeinschaft vermietet worden sind. In diesen Fällen soll sich aus dem Vertragszweck ergeben, daß der Vermieter einen Wechsel der einzelnen Mitglieder hinzunehmen hat (vgl. LG Karlsruhe, WM 85, 83; AG Freiburg WM 85, 84; LG München I WM 82, 189). Diese Rechtsprechung ist verfassungsrechtlich nicht zu beanstanden (BVerfG, WM 92, 45; WM 93, 104). Der Vermieter kann diese für ihn nachteilige Vertragsauslegung vermeiden, wenn er bei einer Vermietung an mehrere Personen im Mietvertrag ausdrücklich klarstellt, daß ein Mieterwechsel nicht gestattet ist. In einem solchen Fall steht die Entlassung eines der mehreren Mieter grundsätzlich im Ermessen des Vermieters. Insbesondere hat der Vermieter dann die Möglichkeit, bei dem Austausch der Mieter durch eine entsprechende vertragliche Regelung sicherzu-

stellen, daß der Nachfolger für die Verbindlichkeiten seines Vorgängers, insbesondere für die Durchführung der Schönheitsreparaturen oder für die bereits entstandenen Schadensersatzansprüche einzustehen hat.

2. Wurde der Mietvertrag mit der Maßgabe abgeschlossen, daß der Mieter das Recht haben soll, weitere Nutzer im Wege der Untermiete in die Wohnung aufzunehmen, so liegt hierin eine generell erteilte Untermieterlaubnis. Auf Grund dieser Erlaubnis ist der Mieter gegenüber dem Vermieter zum Austausch der Untermieter berechtigt; soll etwas anderes gelten, so muß dies ausdrücklich vereinbart werden.

Unverletzlichkeit der Wohnung. Die Übergriffe der Staatsgewalt in den Jahren 1933–1945 veranlaßten den Gesetzgeber, in Art. 13 GG zum Schutz jedes Benutzers von Wohn- und Geschäftsräumen folgendes zu bestimmen: *Die Wohnung ist unverletzlich.* Durchsuchungen dürfen nur durch den Richter, bei Gefahr im Verzuge auch durch die in den Gesetzen vorgesehenen anderen Organe angeordnet und nur in der dort vorgeschriebenen Form durchgeführt werden.

I. Der Richtervorbehalt gilt zunächst für Durchsuchungen des Gerichtsvollziehers im Rahmen der Zwangsvollstreckung nach § 758 ZPO (BVerfGE 51, 97 = NJW 79, 1539) und für Wohnungsdurchsuchungen des Vollziehungsbeamten der Finanzbehörde gemäß § 287 AO (BVerfG NJW 81, 2111; vgl. dazu Rößler NJW 81, 25; NJW 83, 661). Dies bedeutet, daß die Durchsuchung der Wohnung eines Schuldners gegen dessen Willen grunds. nur aufgrund einer besonderen richterlichen Anordnung möglich ist. Eine Ausnahme kommt nur dort in Betracht, wo Gefahr im Verzuge besteht.

Der Erlaß eines Durchsuchungsbeschlusses setzt i. d. R. voraus, daß ein Vollstreckungsversuch am Widerstand des Schuldners gescheitert ist (Schubert MDR 80, 365).

In diesem Fall kann der Gläubiger beim zuständigen Amtsgericht die richterliche Genehmigung zur zwangsweisen Durchsuchung der Wohnung beantragen; der Gerichtsvollzieher ist nicht verpflichtet, im Auftrag des Gläubigers eine zur Durchsuchung der Wohnung des Schuldners erforderliche richterliche Anordnung zu erwirken (LG Koblenz DGVZ 81, 24). Bevor der Richter eine Durchsuchung anordnet, hat er zu prüfen, ob die gesetzlichen Voraussetzungen für die Durchführung der Maßnahme vorliegen und der Verhältnismäßigkeitsgrundsatz gewahrt ist; die Einschaltung des Richters darf für die Durchsuchung nämlich keine bloße Formsache sein. Dies folgt unmittelbar aus Artikel 13 GG, wonach die Durchsuchung wohl begründete Ausnahme zu sein hat. Der Verhältnismäßigkeitsgrundsatz kann beispielsweise bei Krankheit des Schuldners (s. aber LG Hannover NJW RR 86, 288, wonach es einem Schuldner zuzumuten sei, seine erkrankte aber nicht bettlägrige Ehefrau für die Dauer der Vollstreckung aus der Wohnung zu verbringen) oder eines Familienangehörigen sowie bei Bagatellforderungen (LG Hannover JurBüro 87, 932 m. Anm. Mümmler) verletzt sein (BVerfG NJW 81, 2111). Deshalb muß der Tatsachenvortrag des Antragstellers so gestaltet sein, daß der Richter diesen Grundsatz berücksichtigen kann (BayObLG MDR 83, 1032). Die Durchsuchungsanordnung gilt nur für den Vollstreckungsauftrag, für den sie erteilt ist (LG Berlin DGVZ 79, 166). Der Durchsuchungsbeschluß gibt dem Gerichtsvollzieher das Recht, sich in der Wohnung des Schuldners solange aufzuhalten, wie es zur Durchführung des Auftrags erforderlich ist. Vollstreckt der Gerichtsvollzieher zugleich für andere Gläubiger, so bedarf es dann keines neuen Beschlusses und keiner Beschlußerweiterung, wenn die Durchsuchung nicht zu einem intensiveren Eingriff in den Wohnbereich führt. Im anderen Fall wird die Durchsuchung durch den bereits erlassenen Beschluß nicht mehr gedeckt. Der zweite Gläubiger muß dann eine weitere Durchsuchungsanordnung beantragen, falls er sich nicht mit einer Anschlußpfändung nach § 826 ZPO begnügen will (BVerfG NJW 87, 2499). Soll eine Ehewohnung durchsucht werden, so muß sich die Durchsuchungsanordnung wegen § 1362 BGB, § 739 ZPO nur gegen den Schuldner, und nicht gegen beide Ehegatten richten. Anders ist es, wenn gegen ein Mitglied einer Wohngemeinschaft vollstreckt wird und auch die anderen Mitglieder der Wohngemeinschaft ein Besitzrecht an der Wohnung haben. Hier kann sich der Gerichtsvollzieher nicht einfach über den Widerstand der Mitbewohner hinwegsetzen (so aber: LG Wiesbaden DGVZ 81, 60; LG Hamburg NJW 85, 72).

Vielmehr muß der Gläubiger die Mitberechtigung des Schuldners am Betreten der Wohnung pfänden und sich überweisen lassen. Der Pfändungsbeschluß muß den Mitberechtigten zugestellt werden (Pawlowski NJW 1981, 670). Auf diese Weise erhalten die Mitbewohner Gelegenheit, ihre der Wohnungsdurchsuchung entgegenstehenden Interessen im Erinnerungsverfahren geltend zu machen. Gegen den Durchsuchungsbeschluß kann der Schuldner sofortige Beschwerde nach § 793 ZPO einlegen, falls er zuvor gehört worden ist (KG NJW 86, 1180), anderenfalls ist das Rechtsmittel der Erinnerung nach § 766 ZPO gegeben (KG a. a. O.; LG Arnsberg NJW 84, 499). Macht ein Dritter geltend, daß er durch einen Durchsuchungsbeschluß in seinen Rechten verletzt werde, so ist hierfür ebenfalls die Erinnerung gegeben (KG MDR 86, 680). Das Beschwerderecht ist ausgeschlossen, wenn von der Durchsuchungsanordnung Gebrauch gemacht worden ist (LG Frankfurt NJW-RR 87, 1343). Für die Vollstreckung eines Räumungstitels bedarf es keiner besonderen zusätzlichen richterlichen Erlaubnis (h. M.; a. A.: Noack WM 80, 45). Gleiches gilt, wenn anläßlich der Zwangsräumung zugleich die Wohnung des Schuldners zum Zwecke der Vollstreckung von Geldforderungen durchsucht wird (OLG Düsseldorf NJW 80, 485).

Obwohl Art. 13 GG nach seinem Wortlaut nur die Wohnung schützt, gelten die hier dargestellten Grundsätze auch für Geschäftsräume (LG Wuppertal DGVZ 80, 11; LG Düsseldorf MDR 81, 679). Zum ganzen vgl.: Gusy JuS 80, 718; Kühne DGVZ 79, 145; Noack DGVZ 80, 33 und ZMR 80, 129 sowie WM 80, 45; Rößler NJW 81, 25; Schneider NJW 80, 2377; Schubert MDR 80, 365; Weimar DGVZ 80, 136.

II. Auch Wohnungsdurchsuchungen zum Zwecke strafrechtlicher Ermittlungs- und Verfolgungsmaßnahmen dürfen nur durch den *Richter* angeordnet werden (§§ 102 ff. Strafprozeßordnung). Deshalb hat der Rauminhaber grunds. das Recht, das Betreten der Räume von der Vorlage eines schriftlichen richterlichen Durchsuchungsbefehls abhängig zu machen. Nur bei *Gefahr im Verzuge* dürfen die gesetzl. bestimmten anderen staatl. Organe (z. B. Staatsanwalt) in fest umrissenen Ausnahmefällen die Durchsuchung anordnen und durchführen (BVerfG E 17, 232; 32, 54; BVerwG MDR 75, 77; krit. Krause NJW 74, 303).

III. Im übrigen dürfen Eingriffe und Beschränkungen nur zur Abwehr einer *Gemeingefahr* oder einer *Lebensgefahr für einzelne Personen* auf Grund eines Ges. oder aber zur Verhütung *dringender Gefahren für die öffentl. Sicherheit und Ordnung* vorgenommen werden (Explosionsgefahr, Überschwemmung, Selbstmordgefahr); Eingriffe gegen den Willen des Rauminhabers sind nach Art. 13 GG insbes. zur Behebung der Raumnot, zur Bekämpfung von Seuchengefahren und zum Schutz gefährdeter Jugendlicher zulässig (zum ganzen BVerfG NJW 71, 2299).

V

Verbesserungsmaßnahmen des Vermieters (Vma.). Maßnahmen zur Verbesserung der gemieteten Räume oder sonstigen Teile des Gebäudes, zur Einsparung von Heizenergie oder Wasser oder zur Schaffung neuen Wohnraums hat der Mieter zu dulden, es sei denn, daß die Maßnahme für ihn oder seine Familie eine Härte bedeuten würde, die auch unter Würdigung der berechtigten Interessen des Vermieters und anderer Mieter in dem Gebäude nicht zu rechtfertigen ist (§ 541 b Abs. 1 Satz 1 BGB).

I. Duldungspflichtig sind folgende Maßnahmen:

1. *Verbesserungsmaßnahmen.* Hierunter versteht man solche Maßnahmen, die eine *Erhöhung des Gebrauchswerts* zur Folge haben. Eine

Aufzählung der in Betracht kommenden Maßnahmen findet sich in § 4 ModEnG. Die Vorschrift ist zwar mittlerweise außer Kraft getreten; zur Auslegung des § 541 b BGB kann jedoch weiterhin auf die dort enthaltenen Begriffsbestimmungen zurückgegriffen werden. Danach gehören zu den Vma. insbesondere Maßnahmen zur Verbesserung des Zuschnitts der Wohnung, der Belichtung und Belüftung, des Schallschutzes, der Energieversorgung, der sanitären Einrichtungen, der Beheizung und Kochmöglichkeiten, der Funktionsabläufe in Wohnungen sowie der Sicherheit vor Diebstahl und Gewalt. Zu den Verbesserungsmaßnahmen gehören ferner die Anlage und der Ausbau von nicht öffentlichen Gemeinschaftsanlagen wie Kinderspielplätzen, Grünanlagen, Stellplätzen und anderen Verkehrsanlagen. Voraussetzung ist stets, daß durch die Baumaßnahmen der Gebrauchswert der M.sache oder der Substanzwert des Gebäudes erhöht wird. Daher sind die Maßnahmen des V. zur → Instandhaltung, die ausschließlich der Erhaltung des Gebrauchswertes dienen, keine Vma. (z. B. Erneuerung undichter, verrotteter Fenster, Erneuerung morscher Fußböden, Ersatz schadhafter Licht- oder Gasleitungen). Auch → Schönheitsreparaturen sind keine Vma., soweit sie nur das äußere Aussehen, aber nicht den Gebrauchswert verbessern. Als Vma. kommen vor allem bauliche Veränderungen oder die zusätzliche Anbringung und Auswechslung von Einrichtungen in Betracht: neue Zwischenwände, Türen, Fensteröffnungen, Rolläden, Dachgärten, Spülklosetts, Baderäume, Zentral- und Etagenheizungen, Nachtstromspeicheröfen (LG Frankfurt WM 86, 312), Fußleistenheizung (AG Köln WM 86, 313), Gasetagenheizung statt Einzelöfen (LG Berlin WM 84, 219), Warmwasserversorgung, Fahrstuhl, elektr. Türöffneranlage (AG Schöneberg NJW 86, 2059), Sprechanlage, Stromzähler (AG Leonberg WM 84, 216) usw. Solche Veränderungen erhöhen den Gebrauchswert. Als Vma. ist auch die *Erneuerung* der genannten technischen Anlagen zwecks Modernisierung anzusehen. Deshalb liegt auch dann eine Verbesserungsmaßnahme vor, wenn eine Wohnung, die bisher mit einer gasbefeuerten Etagenheizung ausgestattet war, an die Fernwärmeversorgung angeschlossen wird (a. A. LG Berlin ZMR 84, 280). Werden Vma. außerhalb der M.räume vorgenommen (Gemeinschaftsantenne, Einrichtung von Ladenräumen im Parterre, Anschluß an Fernheizung usw.), kommt es nicht auf die Erhöhung des Gebrauchswertes, sondern der Substanz des Gebäudes an.

2. *Maßnahmen zur Einsparung von Heizenergie.* Hierzu gehören insbesondere Maßnahmen zur Verbesserung der Wärmedämmung von Fenstern und Türen, Maßnahmen zur Verminderung des Energieverlustes und Energieverbrauchs der Heizungsanlagen, Maßnahmen

zur Rückgewinnung von Energie und vor allem der Austausch einer Energiequelle durch eine andere, die im Ergebnis kostengünstiger ist. Diese Aufzählung stützt sich auf einen Katalog energiesparender Maßnahmen, der von Bund und Ländern einvernehmlich erarbeitet worden ist und der dem gegenwärtigen Stand der Technik entspricht (s. dazu im einzelnen Schmidt-Futterer/Blank Komm. Rdn. C 186a).

3. *Wassersparende Maßnahmen.* Seit dem 1. 9. 1993 muß der Mieter auch wassersparende Maßnahmen dulden. Hierzu gehören insbesondere der Einbau von Wohnungswasserzählern (Zwischenzähler), weil eine verbrauchsabhängige Erfassung und Abrechnung der Wasserkosten erfahrungsgemäß zum sparsamen Umgang mit Wasser anregen (weitere Einzelheiten s. → *Betriebskostenumgestaltung.*

4. *Maßnahmen zur Schaffung neuen Wohnraums:* Ebenfalls seit dem 1. 9. 1993 ist in § 541b BGB außerdem geregelt, daß der Mieter auch Maßnahmen zur Schaffung neuen Wohnraums zu dulden hat. Dazu gehört insbesondere der Dachgeschoßausbau, der Ausbau von bisherigen Nebenräumen zu einer Wohnung und die Aufstockung eines Gebäudes.

II. Voraussetzung der Duldungspflicht.

1. Grundsätzlich hat der Mieter die unter I aufgeführten Maßnahmen zu dulden. Eine Ausnahme gilt, wenn die Interessen des Mieters an der Beibehaltung des bestehenden Zustands überwiegen. Dies ist auf Grund einer Interessenabwägung festzustellen, bei der die Interessen des Vermieters, diejenigen des Mieters und seiner Familienangehörigen sowie die Interessen der anderen Mieter im Gebäude zu berücksichtigen sind. Hierbei kommt es insbesondere auf die Art der vorzunehmenden Arbeiten, die baulichen Folgen, vorangegangene Verwendungen des Mieters und die zu erwartende Erhöhung des Mietzinses an (§ 541b Abs. 1 Satz 2 BGB). Auf seiten des V. sind dabei neben dem allgemeinen Modernisierungsinteresse alle Besonderheiten zu berücksichtigen, die vom Normalfall abweichen. Solche Besonderheiten können zum Beispiel in der Person des V. begründet sein (V. wohnt selbst im Haus oder braucht eine Zentralheizung aus gesundheitlichen oder Altersgründen). Sie können auch im Zustand des Hauses begründet sein (besonders unwirtschaftliche Heizungsanlage). Auf der Seite des M. sind bei der Interessenabwägung zunächst diejenigen Umstände zu berücksichtigen, die gegen die Modernisierung sprechen. Vielfach handelt es sich dabei um ähnliche Sachverhalte und Probleme wie bei der Auslegung der → Sozialklausel oder des § 765a ZPO (s. → *Vollstreckungsschutz*). Aus diesem Grunde sind die zu diesen Vorschriften entwickelten Entscheidungskriterien auch im Rahmen des § 541b BGB anwendbar (BVerfG, NJW 92, 1378 = WM 92, 104). Steht der M. bereits im hohen Lebensalter oder ist er

körperlich behindert, so kann diesem die Modernisierungsmaßnahme wegen der damit verbundenen Belästigung durch Schmutz und Lärm unzumutbar sein (LG Düsseldorf MDR 70, 731). Ein gewisses Maß an Lärm und Schmutz muß der M. jedoch hinnehmen (AG Baden-Baden WM 78, 27; AG Bonn WM 81, 37; AG Hagen WM 81, 37). Unzumutbar kann eine Modernisierungsmaßnahme auch dann sein, wenn der M. oder dessen Familienangehörige durch die Modernisierungsmaßnahme gesundheitlichen Schaden erleiden würden (LG Düsseldorf ZMR 73, 81). Auch aus dem Zeitpunkt der Durchführung der Bauarbeiten können sich Bedenken gegen die Zumutbarkeit ergeben. Der Einbau von neuen Fenstern und Türen während der kalten Jahreszeit ist regelmäßig nicht zumutbar (AG Köln WM 75, 225). In solchen Fällen ist der V. gehalten, die Bauarbeiten auf einen späteren Zeitpunkt zu verschieben. Gleiches gilt dann, wenn der M. vorübergehend erkrankt ist. Ist das Mv. bereits gekündigt oder steht die Beendigung des Mv. bald bevor, so ist es dem V. grunds. zuzumuten, die Bauarbeiten erst nach dem Auszug des M. in Angriff zu nehmen (AG Münster MDR 69, 577; AG Osnabrück WM 77, 167; AG Dortmund WM 80, 246). Voraussetzung ist allerdings, daß die Verzögerung organisatorisch möglich ist und daß sich die Baukosten nicht unverhältnismäßig erhöhen. Maßgeblich sind auch hier immer die Besonderheiten des Einzelfalls.

Ist z. B. der Einbau neuer isolierverglaster Kunststoffenster innerhalb eines einzigen Tages möglich, so kann diese Maßnahme auch während der kalten Jahreszeit durchgeführt werden. Ein wichtiges Kriterium für die Zumutbarkeit ist der Umfang der Vma. Unzumutbar ist eine Maßnahme regelmäßig dann, wenn hierdurch die M.sache in einem solchen Maße umgestaltet wird, daß sie mit dem ursprünglichen Vertragsgegenstand nicht mehr vergleichbar ist (vgl. BGH NJW 72, 723). Ein solcher Fall liegt beispielsweise dann vor, wenn eine größere Wohnung in mehrere Appartements aufgeteilt werden soll (und umgekehrt) oder wenn der Charakter einer Wohnung durch weitreichende Ein- oder Umbauten grundlegend verändert wird (AG Lübeck WM 77, 182 betr. Einbau einer Toilette und eines Duschbades; AG Dortmund WM 80, 9; LG Braunschweig WM 82, 208 betr. Einbau eines Bades u. weiterer umfangreicher Modernisierungsmaßnahmen). Voraussetzung der Duldungspflicht ist stets, daß die M.sache in ihrem wesentlichen Bestand erhalten bleibt. Ist dies nicht der Fall, so muß der V. gegebenenfalls kündigen, wobei als Kündigungsgrund die Vorschrift des § 564b II Nr. 3 in Betracht kommen kann (s. Kündigungsschutz).

Schließlich sind auch die Folgen der Modernisierung zu berücksichtigen. Unzumutbar kann eine Modernisierung sein, wenn dadurch die Wohnung verunstaltet wird oder wenn ein wesentlicher

Verlust an Licht und Sonne eintritt (AG Köln WM 79, 242). Gleiches gilt, wenn die Modernisierung zur Folge hat, daß das Kinderzimmer stark verkleinert wird und der Zugang zu diesem Zimmer nur noch durch das Wohnzimmer möglich bleibt (LG Frankfurt WM 86, 138). In einem solchen Fall muß der V. Art und Umfang der Modernisierung so gestalten, daß dadurch auch den berechtigten Interessen des M. Rechnung getragen wird. Unter Umständen kann die Duldungspflicht auch dann entfallen, wenn der Mieter in seiner Wohnung bereits entsprechende Maßnahmen auf eigene Kosten durchgeführt hat (vgl. LG Hamburg MDR 83, 1026).

Seit dem 1. 1. 83 ist gesetzlich bestimmt, daß bei der Prüfung der Zumutbarkeit auch die zu erwartende Erhöhung des Mietzinses zu berücksichtigen ist. Nach dem zum früheren § 541a BGB ergangenen RE des KG vom 22. 6. 81 (WM 81, 99) kommt es dabei nicht auf die konkreten Einkommensverhältnisse des M. an. Vielmehr ist zu fragen, ob die Verbesserung objektiv in einem angemessenen Verhältnis zu der zu erwartenden M.erhöhung steht. Diese Rechtsprechung ist bedenklich, weil dadurch die Belange der einkommensschwachen M. nicht hinreichend gewahrt werden können. Die instanzgerichtliche Rechtsprechung stellt i. d. R. auf die konkrete Mietsteigerung ab (vgl. z. B.: AG Wedding ZMR 79, 481 wonach der M. eine Modernisierung nicht zu dulden braucht, wenn er anstelle der bisherigen Miete von DM 150,– nunmehr DM 400,– bezahlen müßte; AG Hagen WM 81, 37, wonach die Duldungspflicht entfällt, wenn durch die Modernisierung eine M.erhöhung von 220%, nämlich von DM 2,70/qm auf DM 6,–/qm eintreten würde; LG Hamburg WM 84, 217, wonach eine nicht zu rechtfertigende Härte vorliegt, wenn durch die Modernisierung eine Mietbelastung entsteht, die 57,6% des Nettoeinkommens ausmacht; Röder NJW 83, 2665, wonach eine Erhöhung auf mehr als 25% des Familieneinkommens nicht mehr tragbar ist; LG Berlin WM 90, 206, wonach einer Familie mit zwei Kindern und einem Nettoeinkommen von ca. 3450,– DM eine Mietbelastung von ca. 1100,– DM incl. Heizkosten zugemutet werden kann und wonach Ratenzahlungsverpflichtungen aus der Anschaffung eines Fahrzeugs unberücksichtigt bleiben; s. auch: Gelwitzki ZMR 80, 354). Bei der Prüfung der wirtschaftlichen Zumutbarkeit ist stets zu bedenken, daß nicht jede duldungspflichtige Maßnahme zugleich ein Umlagerecht begründet. Der Tatbestand des § 541b BGB und die in § 3 MHG geregelten Voraussetzungen der Umlage (s. → Mieterhöhung) sind nämlich nicht identisch. Insbesondere sind Verbesserungsmaßnahmen denkbar, die der M. zwar dulden muß, weil seine Interessen bei der Durchführung der Maßnahmen nur unerheblich beeinträchtigt werden, die aber dennoch nicht zur Kostenumlage berechtigen, weil ihnen die besondere Qualität einer Modernisierungsmaßnahme im Sinne von § 3 MHG fehlt.

So werden beispielsweise die im Rahmen des Anschlusses an das Breitbandnetz (Kabelfernsehen) erforderlichen Umrüstarbeiten (neue Leitungen, Steckdosen etc.) grundsätzlich nach § 541 b BGB zu dulden sein (KG RE v. 27. 6. 1985 WM 85, 248), dennoch können die hierfür erforderlichen Kosten nicht auf den M. umgelegt werden (Meier ZMR 84, 294; s. Mieterhöhung I 3a; vgl. dazu auch LG Berlin DWW 83, 251; Kahlen WM 83, 31, Pfeifer DWW 83, 293, die ebenfalls die Duldungspflicht bejahen, dabei allerdings ohne nähere Begründung davon ausgehen, daß die hierfür entstandenen Kosten umlagefähig seien).

2. Die Erhöhung des Mietzinses bleibt nach § 541b Abs. 1 Satz 3 BGB außer Betracht, wenn die gemieteten Räume lediglich in einen Zustand versetzt werden, wie er allgemein üblich ist. Das KG hat den Begriff des allgemein üblichen Zustands in dem Rechtsentscheid vom 19. 5. 1985 (NJW 86, 137) dahingehend konkretisiert, daß mindestens 90% aller Wohnungen im (damaligen) Bundesgebiet, den vom Vermieter angestrebten Ausstattungsstandard aufweisen müssen. Diese Entscheidung ist durch den Rechtsentscheid des BGH vom 19. 12. 1992 (NJW 92, 1386 = WM 92, 181 = ZMR 92, 234) gegenstandslos geworden. Zwar gilt nach wie vor, daß es im Rahmen des § 541b Abs. 1 Halbs. 2 BGB nicht auf einen „Soll-Standard", sondern auf den tatsächlich bestehenden Zustand ankommt. Maßgeblich ist aber nicht der Zustand der Mehrheit aller Gebäude im Bundesgebiet, sondern derjenige Zustand, „in dem sich die Mietwohnungen und -gebäude in vergleichbarem Alter und innerhalb der gleichen Region befinden". Die regionale Abgrenzung ist allerdings nicht zu eng zu ziehen. Es kommt nicht auf die Verhältnisse in einer bestimmten Gemeinde, sondern auf die Mehrheitsverhältnisse im jeweiligen Bundesland an. Eine Mehrheit ist dabei dann anzunehmen, wenn mindestens ⅔ der Mietwohnungen und -gebäude der betreffenden Altersklasse entsprechende Ausstattungsmerkmale aufweisen. Nach der Auffassung des BGH sollen die Gerichte auf die Erkenntnisse der jeweiligen Landesstatistiken zurückgreifen, wobei die an die Überzeugungsbildung zu stellenden Anforderungen nicht überspannt werden sollen. Die Frage, ob für die neuen Bundesländer andere Grundsätze gelten, hat der BGH ausdrücklich offengelassen. Der Rechtsentscheid gilt deshalb nur für die alten Bundesländer.

3. In besonderen Fällen kann die Duldungspflicht bereits nach allgemeinen Grundsätzen entfallen: So kann zum Beispiel eine Modernisierung treuwidrig sein, wenn der V. beim Abschluß des Mv. erklärt hat, daß er in absehbarer Zeit nicht modernisieren wolle. Gleiches gilt, wenn der V. unmittelbar vor der Modernisierung Um-

bauarbeiten des M. genehmigt hat, die durch die Modernisierung wertlos würden.

4. Die Abwägung kann ergeben, daß dem M. die Maßnahmen nur zum Teil zuzumuten sind. So kann der Einbau von Heizkörpern unter Umständen dann unzumutbar sein, wenn der M. eine gleichwertige Etagenheizung bereits auf eigene Kosten installiert hat. In einem solchen Fall kann der M. dennoch verpflichtet sein, diejenigen Maßnahmen zu dulden, die erforderlich sind, damit bei den anderen M. die Heizanlage installiert werden kann.

III. Der V. hat dem M. zwei Monate vor dem Beginn der Maßnahme deren Art, Umfang, Beginn und voraussichtliche Dauer sowie die zu erwartende Erhöhung des M.zinses mitzuteilen. Dies gilt auch dann, wenn durch die Modernisierungsarbeiten nicht in die Wohnung eingegriffen wird, aber die Maßnahmen zu einer Mieterhöhung führen können (LG Berlin MDR 84, 669; WM 86, 138). Die Mitteilungspflicht entfällt bei Maßnahmen, die zu keiner oder nur zu einer unerheblichen Erhöhung des M.zinses führen (LG Berlin ZMR 86, 444 bei M.erhöhung von 5%; s. aber auch LG Detmold WM 90, 121, wonach eine M.erhöhung von ca 7,5% nicht mehr zu den Bagatellmaßnahmen gehört).

Unterbleibt die Mitteilung, so ist der M. bereits aus diesem Grunde nicht zur Duldung der Modernisierung verpflichtet (so Gutekunst/Forster Modernisierungs- und Energieeinsparungsgesetz § 20 ModEnG Anmerkung 3; a. A.: Freund/Barthelmess ZMR 77, 1). Gleiches gilt, wenn die Mitteilungspflicht nur unzulänglich erfüllt wird (AG Hamburg WM 87, 131; 220). Wird der Zeitpunkt des Modernisierungsbeginns überschritten, so muß der V. die Maßnahme erneut ankündigen (LG Berlin WM 89, 287); dies gilt nicht bei einer nur unwesentlichen Überschreitung. Auf die Ankündigung kann auch dann nicht verzichtet werden, wenn der M. von den Maßnahmen aus anderer Quelle Kenntnis hat (LG Essen WM 90, 513); in besonders gelagerten Ausnahmefällen kann allerdings etwas anderes gelten, so insbesondere dann, wenn die Ankündigung als bloße Förmelei anzusehen wäre (LG Mannheim WM 87, 385). Der M. ist berechtigt, bis zum Ablauf des Monats, der auf den Zugang der Mitteilung folgt, für den Ablauf des nächsten Monats zu kündigen. Hat der M. gekündigt, ist die Maßnahme bis zum Ablauf der M.zeit zu unterlassen. Das Kündigungsrecht ist ausgeschlossen, wenn der M. durch die Maßnahme nur unerheblich beeinträchtigt wird.

IV. Haben die Vma. zur Folge, daß der M. seine M.räume ganz oder teilweise nicht gebrauchen kann, oder entsteht ihm dadurch ein weitergehender *Schaden* (Unterstellung von Möbeln, Sachschäden, Hotelunterkunft (AG Köln WM 81, 95) usw.), kann er den M.zins *mindern* und vom V. *Schadensersatz* verlangen (s. Mängel III, Instandhaltung IV). Die Duldungspflicht des M. schließt seine Ansprüche auf einen Wertausgleich für durch die Vma. herbeigeführten Nachteile nicht aus. Darüber hinaus kann der M. solche *Aufwendungen,* die infolge der Vma. *unmittelbar* erforderlich waren, in dem Umfang von V. ersetzt verlangen, der *den Umständen nach angemessen* war (§ 541b III BGB). Daher muß der M. eine seiner sonstigen Lebensführung angemessene Hotel- oder Privatunterkunft nehmen, wenn er zeitweilig auszuziehen genötigt ist. Werden infolge von Vma. Reinigungsarbeiten erforderlich, so kann der M. Ersatz der dafür entstandenen Kosten verlangen (AG Schöneberg WM 78, 210; LG Essen WM 81, 67). Auf Verlangen des M. muß der V. für solche Aufwendungen einen ausreichenden *Vorschuß* leisten (AG Köln WM 81, 95). Solange der Vorschuß nicht geleistet ist, darf der M. die Duldung der Vma. verweigern. Muß der M. die Wohnung nach Durchführung der Renovierungsarbeiten neu tapezieren, so kann er die dafür erforderlichen Aufwendungen dann ersetzt verlangen, wenn diese Arbeiten nicht ohnehin fällig gewesen wären (vgl. dazu AG Kiel WM 78, 174). Das Minderungsrecht wegen Mängeln der Mietsache wird durch die Zustimmung des Mieters nicht ausgeschlossen (LG Mannheim WM 86, 139).

V. Abweichende *vertragl. Vereinbarungen* sind bei Wohnraum unwirksam (§ 541b IV BGB).

Vgl. zum ganzen: Blank ZMR 81, 289 und 321; Frost WM 76, 1; Gellwitzki ZMR 80, 353; Halberstadt WM 81, 25; Hermes ZMR 76, 229; Warnecke ZMR 76, 228; Weimar ZMR 76, 33. Zur Neufassung des § 541b BGB s. Degen WM 83, 275; Heitgreß WM 83, 244; Kahlen ZMR 83, 82. WM 83, 31; Kummer WM 83, 227; Röder NJW 83, 2665; Röchling WM 84, 203; Seitz, ZMR 93, 1; Beuermann, GE 93, 330; Langenberg, PIG 40, 59.

VI. *Erhaltungsmaßnahmen (§ 541a BGB):* Von den Maßnahmen nach § 541b BGB sind die Erhaltungsmaßnahmen nach § 541a BGB zu unterscheiden. Dazu gehören insbesondere die Reparaturen. Die Abgrenzung zu den Modernisierungsarbeiten kann im Einzelfall schwierig sein. So ist beispielsweise der Ersatz der Bleirohre durch Kupferrohre eine Modernisierungsmaßnahme, wenn der Austausch dazu dient, einer künftigen Belastung des Wassers vorzubeugen. Ist dagegen die Bleikonzentration bereits unzulässig hoch, so ist der Austausch als Erhaltungsmaßnahme zu bewerten (LG Berlin, ZMR 92, 546). Die Abgrenzung ist von Bedeutung für die Frage der Duldungspflicht, weil die Erhaltungsmaßnahmen stets zu dulden sind. Die oben II dargestellten Einschränkungen und die unter III–V dargestellten Besonderheiten gelten für die Erhaltungsmaßnahmen nicht. Die Kosten der Erhaltungsmaßnahmen muß der Vermieter tragen; die besondere Mieterhöhungsmöglichkeit des § 3 MHG besteht für diese Maßnahmen nicht.

Verjährung der Ansprüche aus dem Mv. tritt grundsätzlich erst *nach 30 Jahren* (ab Entstehung des Rechts) ein. Die Verjährung gibt dem Schuldner ein Leistungsverweigerungsrecht (§§ 195, 222 BGB).

I. In folgenden Fällen gelten *kürzere* Verjährungsfristen:

1. Der Anspruch auf den wiederkehrenden *M.zins* und die Nutzungsentschädigung nach der Beendigung des Mv. (§ 557 I BGB) verjährt in *4 Jahren* (§ 197 BGB), bei gewerbsmäßiger Vermietung beweglicher Sachen (z. B. Maschinen) in 2 Jahren (§ 196 I Ziff. 6 BGB). Die Frist beginnt mit dem Schluß des Jahres, in welchem der Anspruch entstanden ist (§ 201 S. 1 BGB). Der Anspruch des Vermieters auf Zahlung von Mietnebenkosten verjährt ebenfalls in 4 Jahren. Die Verjährung beginnt mit dem Schluß des Jahres, in welchem der Anspruch entstanden ist. Ein Anspruch entsteht frühestens mit dem Eintritt der Fälligkeit. Bei Nebenkostenansprüchen ist dies derjenige Zeitpunkt, zu dem dem Mieter eine nachprüfbare Abrechnung zugegangen und ihm eine angemessene Zeit zur Nachprüfung und zur Erhebung von Einwänden eingeräumt worden ist (BGH WM 91, 150; OLG Frankfurt ZMR 83, 410).

2. Ersatzansprüche des V. wegen Veränderungen oder Verschlechterungen der M.sache (s. Abnutzung II) verjähren nach § 558 I BGB in *6 Monaten ab Rückgabe* (z. B. vertragl. übernommene → Schönheitsreparaturen). Diese Regelung dient der beschleunigten Klarstellung der Ansprüche wegen des Zustandes bei der Rückgabe der vermieteten Sache. Deshalb gilt die kurze Verjährungsfrist für fahrlässige und vorsätzliche (BGH, NJW 93, 2797 = WM 93, 535) Sachbeschädigung und auch für die Ersatzansprüche des V. wegen Unterlassung einer vertraglich übernommenen Pflicht zur Wiederherstellung des früheren Zustands der M.sache bei Mietende (BGH MDR 80, 306; NJW 83, 679 = MDR 83, 396; OLG Köln, WM 93, 538 = ZMR 93, 470). Es kommt dabei nicht darauf an, ob die Wiederherstellungs- oder Renovierungspflicht bereits bei Vertragsbeginn, während der Mietzeit oder anläßlich der Vertragsbeendigung vereinbart worden ist (OLG Düsseldorf WM 90, 344). Haben sich die Parteien darauf geeinigt, daß der M. anstelle der Durchführung von Schönheitsreparaturen einen Geldbetrag zahlen soll, so verjährt auch dieser Anspruch in 6 Monaten (OLG Düsseldorf ZMR 90, 340). Die kurze Verjährungsfrist gilt auch dann, wenn das vermietete Gebäude durch einen Brand zerstört worden ist. Etwas anderes kommt nur dann in Betracht, wenn die M.sache völlig vernichtet wurde. In diesem Fall beträgt die Verjährungsfrist 30 Jahre. Für die Abgrenzung kommt es nicht darauf an, ob ein Totalschaden im wirtschaftli-

chen Sinne vorliegt. Maßgeblich ist allein die Möglichkeit der Wiederherstellung (BGH NJW 81, 2406 = MDR 82, 135 = WM 81, 262; NJW 93, 2797 = WM 93, 535; OLG Düsseldorf ZMR 90, 273). Bei sittenwidrigen Schädigungen im Sinne von § 826 BGB wird ebenfalls von der regulären 30jährigen Verjährungsfrist auszugehen sein (str. vgl. BGH, NJW 93, 2797 = WM 93, 535). Die sechsmonatige Verjährungsfrist für Ersatzansprüche des V. gegenüber dem M. beginnt schon dann zu laufen, wenn der V. die M.sache tatsächlich zurückerhält, auch wenn das M.verhältnis erst wesentlich später abläuft (BGH WM 87, 154; OLG Celle ZMR 69, 283; OLG Düsseldorf MDR 87, 937; LG Aachen ZMR 84, 88; WM 87, 154; LG Berlin MM 86, 32). Eine Rückgabe im Sinn von § 558 BGB setzt allerdings eine Veränderung der Besitzverhältnisse zugunsten des Vermieters voraus; es genügt nicht, wenn der Vermieter während der Besitzzeit des Mieters die Mieträume besichtigen darf (BGH, NJW 91, 2416 = WM 91, 550; WM 92, 71). Für die Rückübertragung des Besitzes kommt es nicht darauf an, ob der Mieter insoweit seine vertraglichen Rückübertragungspflichten erfüllt hat; es genügt, wenn der Mieter den Besitz erkennbar aufgibt und der Vermieter die Möglichkeit hat die Sache wieder in Besitz zu nehmen. Ein solcher Fall kann auch dann vorliegen, wenn der Mieter einen abgrenzbaren Teil der Mietsache dem Vermieter zum Zwecke der Durchführung von Reparaturarbeiten übergibt und der Vermieter dort frei „schalten und walten" kann (OLG Düsseldorf, WM 93, 272). Zu beachten ist allerdings, daß die Verjährung des Schadensersatzanspruchs wegen nicht durchgeführter Schönheitsreparaturen erst mit dem Ablauf der dem Mieter gesetzten Nachfrist (§ 326 BGB) oder mit dem Zeitpunkt der endgültigen Erfüllungsverweigerung beginnt. Dies ist darauf zurückzuführen, daß der Schadensersatzanspruch erst zu diesem Zeitpunkt entsteht, § 198 BGB (OLG Frankfurt, DWW 92, 336). Mit der Verjährung der Ersatzansprüche des V. verjähren auch seine Ansprüche, die er wegen desselben Schadens aus anderen Rechtsgründen geltendmachen kann (z. B. wegen Verzug, Auftrag, Bereicherung, Vertrag; s. BGH WM 87, 154; WM 87, 22; NJW 85, 798). Hat sich der M. anläßlich der Beendigung des Mv. durch ein Schuldanerkenntnis verpflichtet, bestimmte Renovierungskosten etc. zu tragen, so richtet sich die Verjährungsfrist für diese Verpflichtung nach der Rechtsnatur des Anerkenntnisses: Ansprüche aus einem deklaratorischen (kausalen) Anerkenntnis unterliegen der kurzen Verjährungsfrist, weil hierdurch kein neuer Schuldgrund geschaffen wird; für Ansprüche aus konstitutiven (abstrakten) Anerkenntnissen gilt dagegen die regelmäßige Verjährungsfrist von 30 Jahren (vgl. dazu LG Bad Kreuznach WM 86, 278; AG Hamburg WM 86, 279; zur Unterscheidung s. *Rückgabepflicht* V).

3. Auch die Ansprüche des M. auf Ersatz von → *Aufwendungen* (Verwendungen) oder auf Gestattung der *Wegnahme einer* → Einrichtung verjähren in *6 Monaten* (BGH NJW 81, 2546). Ob sich diese Ansprüche des M. aus dem Mv. oder anderen rechtl. Gesichtspunkten (z. B. Auftrag, Bereicherung) ergeben, ist unbeachtlich. Deshalb gilt die kurze Verjährungsfrist auch für den Schadensersatzanspruch, der daraus hergeleitet wird, daß der V. zu Unrecht die Wegnahme einer Einrichtung verweigert hat (OLG Hamm MDR 81, 674). Die Frist beginnt mit der *Beendigung* des Mv. (§ 558 II BGB; vgl. BGH NJW 70, 1182; WPM 74, 348; bezüglich des Schadensersatzanspruchs mit dem Eintritt des Schadens (OLG Hamm a. a. O.). Der Anspruch des M. auf Rückzahlung noch nicht abgewohnter Mietvorauszahlungen, Mieterdarlehen oder → Baukostenzuschüssen verjährt dagegen erst in 30 Jahren (BGHZ 54, 347). Die Rückforderungsansprüche des Mieters wegen überzahlter Heizkosten bei fortbestehendem Mietverhältnis verjähren nach Ablauf von 4 Jahren (OLG Hamburg DWW 88, 39). Gleiches gilt für den Anspruch auf Rückzahlung sonstiger Betriebskosten (OLG Düsseldorf DWW 90, 84; ZMR 90, 411). Zweifelhaft ist, ob die vierjährige Verjährungsfrist auch für den Rückforderungsanspruch wegen überzahlter Miete gilt oder ob hierfür die dreißigjährige Verjährungsfrist maßgeblich ist (vgl. BayObLG WM 85, 217).

4. Die Verjährung der Ersatzansprüche des Vermieters wegen Veränderungen oder Verschlechterungen der Mietsache ist ohne Rücksicht auf den Rechtsgrund der Forderungen gehemmt, solange der Vermieter mit dem Mieter verhandelt und nicht der eine oder der andere Teil die Fortsetzung der Verhandlungen verweigert (BGH NJW 85, 798; a. A. Eisenhuth/Pütz WM 87, 76). Gleiches gilt für die Verjährung der Ansprüche des Mieters auf Ersatz von Aufwendungen (LG Karlsruhe ZMR 87, 154). Der Begriff der Verhandlung ist weit auszulegen. Hierunter fällt jeder Meinungsaustausch über den Schadensfall, wenn nicht sofort erkennbar die Verhandlungen über die Ersatzpflicht oder jeder Ersatz abgelehnt werden (BGH WM 87, 154). Der Zeitraum, während dessen die Verjährung gehemmt ist, wird in die Verjährung nicht eingerechnet (§ 205 BGB). Werden die Verhandlungen abgebrochen und später wieder neu begonnen, so ist die Verjährung auch während der erneuten Verhandlungen gehemmt (BGH, WM 92, 71).

5. Die Verjährung wird *unterbrochen*, wenn der Verpflichtete dem Berechtigten gegenüber den Anspruch durch Abschlagszahlung, Zinszahlung, Sicherheitsleistung oder in anderer Weise anerkennt (§ 208 BGB) oder wenn der Berechtigte auf Befriedigung oder auf Feststellung des Anspruchs, auf Erteilung der Vollstreckungsklausel oder auf Erlaß des Vollstreckungsurteils Klage erhebt (§ 209 I BGB).

Der Erhebung der Klage steht die Zustellung eines Mahnbescheids im Mahnverfahren gleich (§ 209 II Nr. 1 BGB); durch eine bloße vorgerichtliche Mahnung wird die Verjährung nicht unterbrochen. Auch ein Beweissicherungsverfahren führt nicht zur Unterbrechung der Verjährung (OLG Düsseldorf ZMR 90, 340; OLG Köln, WM 93, 538 = ZMR 93, 470; a. A. Michalski, WM 93, 439). Für die Unterbrechung genügt es nach § 209 BGB, daß der Anspruch auf Ersatz des Schadens voll eingeklagt wird. Wird später der Klaganspruch deshalb erhöht, weil die Instandsetzungskosten wegen der Erhöhung der Preise gestiegen sind, so betrifft die Erhöhung denselben Schaden. Verjährungsgesichtspunkte kommen hier nicht zum tragen (BGH LM § 558 BGB Nr. 24). Wird ein Schadensersatzanspruch eingeklagt, ohne daß die Voraussetzungen des § 326 BGB vorgelegen haben, so bewirkt die unschlüssige Klage keine Unterbrechung der Verjährung bezüglich des Erfüllungsanspruchs (BGH NJW 88, 1778; für das Verhältnis der Zahlungsklage zur Feststellungsklage s. auch KG GrundE 90, 1031).

6. Eine vertragliche *Verkürzung* der Verjährung ist möglich; eine vertragliche *Verlängerung* ist unzulässig (§ 225 S. 1 BGB). Eine vertragliche Vereinbarung, wonach der Lauf der Verjährungsfrist 6 Monate nach der Beendigung des Mv. beginnt, verstößt gegen § 225 S. 1 BGB (OLG Düsseldorf ZMR 90, 340). Ein vertraglich vereinbarter genereller *Verzicht* auf die Verjährungseinrede ist unwirksam (OLG Frankfurt NJW 71, 1754). Im konkreten Einzelfall kann auf die Erhebung der Verjährungseinrede aber verzichtet werden. Zulässig ist es auch, wenn der Fälligkeitstermin der fraglichen Ansprüche hinausgeschoben wird (BGH NJW 84, 289); eine Ausnahme gilt, wenn der Eintritt der Fälligkeit ausschließlich von einer Handlung des V. abhängen soll (BGH NJW 86, 1608).

II. Nach den Grundsätzen, die von der Rspr. zur *Verwirkung* aufgestellt worden sind, kann aber auch die *verspätete Geltendmachung* noch nicht verjährter Ansprüche aus dem Mv. nach Treu und Glauben *unzulässig* sein. Die Verwirkung ist ein Unterfall der unzulässigen Rechtsausübung wegen widersprüchlichen Verhaltens. Nach der Rechtsprechung des BGH ist ein Recht dann verwirkt, wenn der Berechtigte über einen längeren Zeitraum hinweg untätig geblieben ist, dadurch bei seiner Gegenpartei den Eindruck erweckt hat, sie brauche mit der Geltendmachung des Rechts nicht mehr zu rechnen, die Gegenpartei sich darauf eingerichtet hat und ihr die verspätete Inanspruchnahme nicht zugemutet werden kann (BGH 25, 51; 67, 56; WM 84, 127).

Welche Zeitspanne nach der Entstehung des Rechts vergangen sein muß, um es als verwirkt ansehen zu können, ist nach den besonderen Umständen des Einzelfalles zu entscheiden. Die Aufstellung generalisierender Regeln ist nur bedingt möglich. Deshalb hat das OLG Karlsruhe zu Recht festgestellt, daß die insoweit in Betracht kommenden Fragestellungen nicht durch → *Rechtsentscheid* entschieden werden können (OLG Karlsruhe (RE) WM 81, 270; ebenso: OLG Hamm WM 83, 107; vgl. aber auch unten: KG (RE) WM 81, 270 zur Frage der Verwirkung von Nebenkosten).

In der Rspr. ist z. B. in folgenden Fällen die Verwirkung anerkannt worden: Kein Erstattungsanspruch des M., wenn er 3 Jahre vorbehaltlos den M.zins zahlte (KG in HUW 50, 312) – kein Anspruch des V. auf erhöhten M.zins, wenn er 22 Monate einen Abzug widerspruchslos hingenommen hat (LG Mainz ZMR 53, 112) – kein Anspruch des V. auf einen Restmietzins, wenn er über einen Zeitraum von 18 Monaten trotz eines zwischen den Parteien geführten Schriftwechsels nicht geltend gemacht worden ist (AG Dortmund WM 81, 159) – kein Anspruch auf rückständigen M.zins, der über ein Jahr lang nicht angemahnt wurde (AG Königstein WM 81, 61) – kein Ersatzanspruch des M. für Instandsetzungen, wenn er 6 Jahre lang vorbehaltlos den vollen M.zins zahlte (OLG Köln ZMR 54, 44) – kein Anspruch des M. auf Verwendungsersatz (Aufwendungen) wenn er mit der Geltendmachung ungebührlich lange zögerte (BGH LM § 558 BGB, Nr. 2). Bei der Frage, wann der Anspruch des Vermieters auf restliche Betriebskosten verwirkt ist, ist stets der Rechtsentscheid des Kammergerichts vom 14. 8. 81 (WM 81, 270) zu beachten. In diesem Rechtsentscheid wird ausdrücklich betont, daß zu dem Zeitmoment ein Umstandsmoment hinzukommen muß. Dieses Umstandsmoment umfaßt zwei Voraussetzungen, nämlich ein Verhalten des Berechtigten, aufgrund dessen der Verpflichtete mit der Geltendmachung von Ansprüchen nicht mehr zu rechnen brauchte und ein Verhalten des Verpflichteten, nämlich daß er sich tatsächlich darauf eingerichtet hat, nicht mehr in Anspruch genommen zu werden. Nach der Rechtsprechung des BGH kommt Verwirkung nur im Ausnahmefall in Betracht (vgl. BGH WM 84, 127, wonach Nebenkostenansprüche auch dann nicht verwirkt sind, wenn die Abrechnungen für die Jahre 76, 77 und 78 erst im Jahre 1979 geltend gemacht werden).

Verkauf des Mietgrundstücks. Veräußert der V. das M.grundstück oder geht das Eigentum daran durch ein anderes Rechtsgeschäft auf einen *Erwerber* (E.) über (s. Zwangsversteigerung, Konkurs), bleibt der Mv. dadurch *unberührt*. Der E. tritt an Stelle des V. in die Rechte und Pflichten des Mv. ein (§ 571 BGB). Es gilt der Grundsatz „Kauf bricht nicht Miete". Der E. ist an alle im Mv. getroffenen Vereinbarungen gebunden und kann den M. deshalb nicht zwingen, einen neuen Mv. oder einen Abänderungsvertrag mit ihm abzuschließen. Ein dennoch abgeschlossener neuer Mietvertrag ist gleichwohl wirksam. Nur im Ausnahmefall kann der Mieter zur Anfechtung berechtigt sein (AG Siegburg WM 84, 226) oder Schadenersatzansprüche haben (LG Hamburg MDR 86, 58). Der Übergang der Rechte und Pflichten auf den E. erfolgt kraft Ges., so daß der M. davon keine Kenntnis zu haben braucht; maßgebend ist die Eintragung im Grundbuch, so daß der E. vorher weder zur Kündigung im eigenen Namen (AG Ratingen MDR 71, 667) noch zur M.erhöhung (LG Köln WM 78, 108; LG Mannheim MDR 77, 933) berechtigt ist. Das Kündigungsrecht und die Befugnis zur M.erhöhung können auch nicht an den Erwerber abgetreten werden, weil gerade im Mv. die Rechte und Pflichten der Vertragspartner in untrennbarer Weise miteinander verknüpft sind, so daß die Vermieterrechte nur zusammen mit den Vermieterpflichten auf den Erwerber übergehen können (KG GrundE 90, 1257 für M.erhöhung; LG Münster WM 91, 105; LG Osnabrück WM 90, 81; LG Hamburg WM 93, 48 für Kündigung; LG Hamburg WM 79, 260; WM 80, 59; Seetzen AcP 169, 352; a. A.: für Kündigung Mittelstein S. 464; Fricke ZMR 79, 65). Eine Vereinbarung in einem Kaufvertrag, wonach dem Erwerber von der Übergabe an die Nutzungen zustehen sollen, wirkt nur zwischen den Parteien des Kaufvertrags. Der Mieter kann vom Erwerber erst dann in Anspruch genommen werden, wenn dieser im Grundbuch eingetragen ist (OLG Düsseldorf, ZMR 93, 15). Ein zwischen den ursprünglichen Vertragsparteien vereinbarter Kündigungsausschluß wirkt auch gegen den Erwerber. Deshalb kann der Erwerber eines Grundstücks, der kraft Gesetzes in den von einem gemeinnützigen Wohnungsunternehmen geschlossenen Mietvertrag eingetreten ist, nicht kündigen, wenn nach den vertraglichen Vereinbarungen ein Kündigungsrecht nur für den Fall schuldhafter Pflichtverletzungen des M. möglich sein soll. Der Umstand, daß der Erwerber eine Privatperson und kein gemeinnütziges Wohnungsunternehmen ist, spielt dabei keine Rolle (vgl. OLG Karlsruhe RE v. 21. 1. 1985 WM 85, 77; LG Kaiserslautern MDR 83, 56; s. dazu auch Paschke/Oetker NJW 86, 3174; Rieband-Korfmacher WM 86, 127; Kummer WM 87, 298). Die Regelung der §§ 571 ff. BGB gilt auch dann, wenn ein vermietetes Grundstück geteilt und dann an verschiedene E. veräußert wird; die E. haften dann für ihre V.pflichten hinsichtlich des gesamten M.gegenstandes als Gesamtschuldner (BGH NJW 73, 455; BayObLG WM 81, 78; AG Stuttgart WM 73, 194). Zur Wirkung einer Vormerkung (§ 883 II BGB) zwecks Sicherung der M.rechte gegenüber dem E. vgl. BGH 13,1 = NJW 54, 953 und dazu krit. Finger JR 74, 8. Der § 571 BGB gilt nicht, wenn der veräußernde Eigentümer nicht zugleich der V. ist (z. B. Miteigentümer bei Vermietung durch nur einen Miteigentümer; BGH MDR

1974, 1014 = NJW 74, 1551). Hat bei einem zwei Miteigentümern gehörenden M.grundstück lediglich der eine Miteigentümer die Mietverträge geschlossen, greift § 571 BGB aber dann ein, wenn der andere Miteigentümer der Vermietung zugestimmt hat (OLG Karlsruhe (RE) NJW 81, 1278; WM 81, 179). Ist eine Gesellschaft bürgerlichen Rechts Eigentümerin eines Grundstücks, so findet § 571 BGB entsprechende Anwendung, wenn nicht das Grundstück als solches sondern die Eigentumsanteile an einen oder mehrere Dritte veräußert werden (LG München I WM 85, 26). Ein Vermieter bleibt Partei des Mietvertrags, wenn er das Grundstück nach Abschluß des Mietvertrags veräußert, sich dabei aber den Nießbrauch vorbehält (OLG Frankfurt DWW 86, 290).

I. *Zahlt* der M. den *M.zins in Unkenntnis* an den bisherigen V. weiter, muß das der E. gegen sich gelten lassen. Erhält der M. vom Eigentumswechsel aber *Kenntnis,* braucht der E. nur für den laufenden Monat (bei Kenntnisnahme nach dem 15. auch des nächsten Monats) weitere Zahlungen an den bisherigen V. gegen sich gelten zu lassen (§ 574 BGB). Teilt der V. dem M. den Eigentumswechsel mit, muß er Zahlungen des M. an den E. auch dann gegen sich gelten lassen, wenn der Eigentumsübergang tatsächlich nicht erfolgt oder unwirksam ist (§ 576 BGB).

II. Auf den E. gehen aber nur solche Rechte und Pflichten über, die *durch den Mv. unmittelbar* begründet sind (z. B. Rückgabeanspruch, vom V. erlaubte Hundehaltung). Auch eine im Mv. vereinbarte M.nachfolgeklausel muß der E. gegen sich gelten lassen (s. Ersatzmieter), während er an ein Belegungsrecht (s. Werkförderungsvertrag) grunds. nicht gebunden ist, das der bisherige V. mit einem Dritten vereinbarte (BGH ZMR 68, 322). Der Übergang auf den E. setzt stets voraus, daß die M.sache dem M. bereits vor dem Eigentumsübergang überlassen worden ist (zum Begriff der Überlassung vgl. BGH ZMR 76, 49).

1. Der Erwerber tritt weiterhin nur in solche Rechte und Pflichten ein, die zum Zeitpunkt des Eigentumsübergangs noch bestehen. Hierzu gehören alle primären Erfüllungsansprüche (wie z. B. der Anspruch auf Durchführung von → *Schönheitsreparaturen* und auf Mängelbeseitigung). Der Erwerber haftet dem Mieter auch auf einen Vorschuß für die Kosten der Mängelbeseitigung, wenn der Mangel zwar vor dem Erwerb vorhanden, der Veräußerer aber mit der Beseitigung nicht in Verzug gekommen war (LG Berlin MDR 87, 142 = ZMR 87, 19). Schadensersatzansprüche, die auf einem zum Zeitpunkt des Eigentumsübergangs bereits abgeschlossenem Sachverhalt beruhen (z. B. Schadensersatzansprüche des M. wegen Verletzung der → *Verkehrssicherungspflicht;* Ansprüche des M. wegen Verletzung einer Aufklärungspflicht; LG Frankfurt, ZMR 80, 138) gehen nicht

auf den Erwerber über. Bezüglich der Aufwendungsersatzansprüche ist zu unterscheiden: Ersatzansprüche nach § 545a II BGB wegen der Zurücklassung einer → *Einrichtung* gehen auf den Erwerber über, weil diese Ansprüche erst mit der Beendigung des Mv. entstehen. Aufwendungsersatzansprüche nach § 541b II BGB, die der M. infolge einer → *Verbesserungsmaßnahme* des V. hatte oder Verwendungsersatzansprüche nach § 547 BGB werden mit der Vornahme der Verwendung fällig; diese Ansprüche können deshalb nur gegenüber dem Veräußerer geltend gemacht werden (BGH NJW 87, 2702; Picker NJW 82, 8). Über die Betriebskosten muß derjenige abrechnen, der nach dem Ablauf des betreffenden Abrechnungszeitraums Eigentümer und Vermieter ist (Beisp.: Abrechnungszeitraum 1. Jan bis 31. Dez; Eigentümerwechsel 1. Jul. 1990: Über den gesamten Abrechnungszeitraum 1990 muß der Erwerber abrechnen). In der Rechtsprechung wird allerdings auch die Ansicht vertreten, daß jeder Eigentümer über die von ihm gezahlten Vorschußbeträge abrechnen muß (LG Osnabrück WM 90, 357); dem kann wegen der Einheitlichkeit der Abrechnungspflicht nicht gefolgt werden (ebenso: Sternel, Mietrecht aktuell, Rdn 95).

2. Ein *M.darlehen* oder eine *Sicherheit* (→ Kaution IV), die an den V. geleistet wurde, kann vom E. grunds. nur dann zurückverlangt werden, wenn sie ihm vom V. *ausgehändigt* worden ist oder er eine *Rückgewährverpflichtung* übernommen hat (vgl. dazu: Weimar Betrieb 81, 1076; Boecken ZMR 82, 134). Das gilt auch dann, wenn die Kaution gem. § 550b BGB auf einem Sonderkonto angelegt ist (a. A. Derleder WM 86, 39; Eisenschmid WM 87, 243). Ein *Aufbaudarlehen,* das mit dem Mv. untrennbar verbunden ist, bildet mit ihm eine derartige Einheit, daß der E. die Rückzahlungs- oder Verrechnungspflicht gegen sich gelten lassen muß (OLG Frankfurt NJW 64, 453). Eine *M.vorauszahlung,* die der M. an den V. auch für die Zeit nach dem Eigentumsübergang entrichtet hat, ist dem E. gegenüber grunds. nur bis zu dem Monat wirksam, in dem der M. von dem erfolgten Eigentumswechsel Kenntnis erlangt (§ 573 BGB). War aber dem E. beim Eigentumsübergang eine weiterreichende Verfügung bereits bekannt, muß er sie auch für einen späteren Zeitraum gegen sich gelten lassen (§ 573 S. 2 BGB). Gleiches gilt, wenn die M.vorauszahlung in der Form eines *Baukostenzuschusses* geleistet worden war (BGH NJW 59, 380). Nach der h.M. gehen solche M.vorauszahlungen jeweils stets auf den E. über, die für das Grundstück tatsächlich verwendet worden sind und zu einer Erhöhung des Sachwerts geführt haben. Der M. ist in diesen Fällen nicht verpflichtet, den an den V. im voraus entrichteten M.zins noch einmal zu zahlen (LG Bochum WM 82, 135). Wird das Mv. dann vom E. vor Ablauf des Verrechnungszeitraums beendet, ist er auch im Falle des

Erwerbs durch → *Zwangsversteigerung* oder → *Konkurs* zur anteiligen Rückerstattung an den M. verpflichtet. Für die Rückerstattungspflicht ist die *zweckentsprechende Verwendung* der Vorauszahlung entscheidend, während es unerheblich ist, ob sich die Verpflichtung dazu aus dem Mv. selbst ergibt (BGH 6, 202; 16, 32).

3. Ein *Kündigungsrecht* (z.B. wegen → M.rückständen oder → Belästigung), das dem V.zustand, geht nicht kraft Gesetzes auf den E. über. Es ist bestr., ob der E. dieses Recht gegen den M. dann geltend machen kann, wenn es ihm vom V. abgetreten wird (s. oben vor I).

III. Nach demEigentumsübergang auf den E. *haftet der V.* gegenüber dem M. *weiter* für die Ansprüche, die bis zu diesem Zeitpunkt entstanden sind, z.B. auf Rückzahlung einer nicht auf den E. übergegangenen M.vorauszahlung, auf Schadensersatz (RGZ 63, 66; BGH NJW 66, 1703). Daneben haftet der V. dem M. *für die Nichterfüllung der Verpflichtungen des E.* nach dem Eigentumsübergang wie ein *Bürge,* der auf die Einrede der Vorausklage verzichtet hat. Ist der E. des M.grundstücks nach dem Inhalt des Mv. zu einer Geldleistung an den M.verpflichtet und erfüllt er diese Verpflichtung nicht, haftet auch dafür der V. in entsprechender Anwendung des § 571 II 1 BGB (BGH MDR 69, 388). Diese Haftung des V. erlischt, wenn er dem M. den Eigentumswechsel mitteilt und dieser das Mv. nicht zum ersten zulässigen Termin kündigt (§ 571II BGB).

Eine Ausnahme von diesen Grundsätzen gilt dann, wenn das Grundstück *nach Abschluß des Mv.,* aber *vor der Überlassung der M.sache* (zum Begriff s. BGH WPM 75, 1231) an den E. veräußert wird. In diesem Fall gilt der Grundsatz „Kauf bricht Miete", so daß der E. nur dann in die Rechte und Pflichten aus dem Mv. eintritt, wenn er diese Verpflichtung dem V. gegenüber *ausdrücklich übernommen* hat (§ 578 BGB). Wenn das nicht geschieht, ist der M. darauf angewiesen, seinen Schaden vom V. ersetzt zu verlangen.

Verkehrssicherungspflicht (Vs.). Der V. ist gegenüber dem M. und dessen Haushaltsangehörigen bereits auf Grund des Mv. verpflichtet, dafür zu sorgen, daß diesen Personen keine Schäden an Körper und Gesundheit durch den mangelhaften Zustand der M.sache entstehen (s. Mängel II 3). Darüber hinaus trifft den V. von *Wohn- und Geschäftshäusern* aber die *auf Gesetz* (§ 823 I, II BGB) *beruhende* allgemeine Vs. Sie besteht gegenüber *jedem,* der das Hausgrundstück betritt, um zu den Wohnungen zu gelangen (Besucher, Postboten, Lieferanten). Jeder, der Gefahrenquellen schafft, muß die notwendigen Vorkehrungen zum Schutz Dritter treffen. Wer ein Gebäude dem Verkehr zugängig macht, hat gegenüber allen Menschen, die darin ein- und ausgehen, die Pflicht, voraussehbare Gefahren und Schäden durch die erforderlichen und zumutbaren Sicherungsmaßnahmen abzuwenden (BGH WM 90, 120). Kann eine Gefahrenquelle nicht beseitigt werden, so muß der Vermieter hierauf deutlich hinweisen. Die Beseitigungs- oder Hinweispflicht gilt allerdings nur bei nicht erkennbaren oder schwer erkennbaren Gefahren. Auf eine für jedermann sichtbare Gefahr muß nicht hingewiesen werden (OLG Köln, DWW 92, 338 betr. Plattenheizkörper in der Mietwohnung ohne Abdeckung).

Der Vermieter muß in regelmäßigen Abständen den Zustand der Hauszugänge, des Treppenhauses, des Hofes und der gemeinschaftl. benutzten Räume *auf Gefahrenquellen überprüfen*. Auch das Gebäude selbst muß regelmäßigen Überprüfungen unterzogen werden. Steht fest, daß ein herabfallendes Gebäudeteil einen Schaden verursacht hat, so spricht der Anschein dafür, daß das Gebäude in der Vergangenheit nicht ausreichend überprüft und/oder mangelhaft unterhalten worden ist. Eine Ausnahme gilt, wenn ein außergewöhnliches Naturereignis vorliegt, dem auch ein fehlerfreies Gebäude nicht standgehalten hätte. Ein besonders starker Sturm, selbst ein Orkan reicht hierfür nicht aus, weil ein Gebäude im allgemeinen sämtlichen Belastungen standhalten muß (BGH, WM 93, 273 = ZMR 93, 322). Der Verkehrssicherungspflichtige kann den Anscheinsbeweis widerlegen, in dem er Tatsachen vorträgt und gegebenenfalls beweist, aus denen sich ergibt, daß das Gebäude regelmäßig überprüft und ordnungsgemäß instandgehalten worden ist. An den Entlastungsbeweis werden allerdings strenge Anforderungen gestellt (BGH, a. a. O. betr. einen Schaden durch Ablösung von Dachpappe infolge eines Orkans).

Ein → *Hausverwalter* oder → *Hauswart,* der vom Eigentümer mit der Wahrnehmung der Verkehrssicherungspflicht beauftragt worden ist, muß regelmäßig überwacht werden. Überträgt der V. die Vs. teilweise auf den M. (s. Reinigung, Wegereinigungspflicht), muß er auch dessen Tätigwerden kontrollieren, weil er grunds. für Schäden neben dem M. haftbar bleibt (BGH ZMR 62, 179; a.A. Otto WM 77, 26). An die Überwachungspflicht sind strenge Anforderungen zu stellen (OLG Frankfurt VersR 80, 50). Die Einhaltung der baupolizeilichen Vorschriften und die Bauabnahme *befreit* den V. *nicht* von seiner umfassenden Vs.

Die Verletzung der Vs. begründet aber nur dann einen *Schadensersatzanspruch* des Geschädigten, wenn der V. seine Sorgfaltspflichten *schuldhaft* verletzt hat. Nach der Verkehrsanschauung kommt es dabei darauf an, ob ein gewissenhafter, pflichtbewußter Hauseigentümer anders gehandelt und dadurch den Schadenseintritt verhindert hätte. Deshalb ist nicht jeder Schaden, der beim Betreten eines Hausgrundstücks durch eine geringfügige Schadensquelle entsteht, auf eine schuldhafte Verletzung der Vs. zurückzuführen. Ein *Mitverschulden* des Verletzten ist *zu berücksichtigen*. Die Rspr. stellt hohe Anforderungen an die Sorgfaltspflicht des V. Besondere Gefahrenquellen stellen die Treppen und Treppenhäuser dar: rutschender Belag, lose Metallschienen, ausgetretene Stufen, übermäßige Glätte, Fehlen oder unrichtige Anbringung von Handläufen, ungenügende Beleuchtung (Schnitzerling DWW 67, 95). Der Zugang zum Haus und der an das Hausgrundstück angrenzende öffentliche Gehweg (s. Wegereinigungspflicht) müssen zu jeder Jahreszeit gefahrlos begehbar sein, Stufen sind zu beleuchten, Schächte und Gruben müssen abgedeckt werden. Lichtschachtabdeckungen sind durch besondere Vorkehrungen gegen ein Abheben durch Dritte zu sichern, wenn damit nach den Umständen gerechnet werden muß (BGH WM 90, 120). Bei → Fahrstuhlanlagen muß der Mechanismus der Türverriegelung besonders sorgfältig überprüft werden. Bei den Elektroanlagen sind insbesondere Schutzschalter und ähnliche Schutzeinrichtungen regelmäßig zu kontrollieren (OLG Saarbrücken, NJW 93, 3077). Auf dem Grundstück stehende Bäume sind auf ihre Standfestigkeit und auf die Gefahr abbrechender Äste zu überprüfen. Kinderspielplätze auf dem Hausgrundstück sind auch in ihrer Ausstattung auf Gefahrenquellen besonders sorgfältig zu kontrollieren (Schnitzerling DWW 66, 85, 273; 67, 267; 68, 455). In der Umgebung der Spielplätze ist das Gras kurz zu halten, damit eventuell herumliegende Glasscherben bemerkt und entfernt werden können (OLG Hamm DWW 90, 203). Der Eigentümer eines Anwesens, der auf seinem Grundstück ein Schwimmbecken unterhält, muß dafür Sorge tragen, daß Kinder keinen Schaden erleiden. Deshalb muß er sicherstellen, daß das Grundstück entweder nicht von Kindern betreten werden kann oder er muß den Schwimmbeckenbereich sichern oder überwachen (OLG Köln, ZMR 93, 526). Außerordentlich umstritten ist die Frage, welche Vorkehrungen der V. im Winter treffen muß, um den vor dem Haus liegenden Straßenraum gegen sogenannte Dachlawinen zu sichern. Nach der Ansicht des OLG Stuttgart (MDR 83, 316) ist der V. lediglich verpflichtet, solche Vorkehrungen zu treffen, die im Rahmen des wirtschaftlich Zumutbaren geeignet sind, Gefahren von Dritten abzuwenden. Sind Sicherungsmaßnahmen wegen des Abstürzens von Schnee nicht ortsüblich, so können sie vom Hauseigentümer nur unter besonderen Umständen gefordert werden. Dabei kommt es im Einzelfall auf die klimatischen und örtlichen Verhältnisse, die Lage des Hauses, die Lebhaftigkeit des Verkehrs zum Haus, auf die besonderen Witterungsverhältnisse, die Dachneigung und die Bauart des Hauses an. Etwas anderes kann dann gelten, wenn in der Gemeinde eine Satzung oder eine örtliche Bauvorschrift besteht, durch die das Anbringen von Schneefanggittern vorgeschrieben wird. Nach anderer Meinung müssen auch beim Fehlen solcher Vorschriften grundsätzlich Schneefanggitter angebracht (OLG Celle VersR 80, 1028) oder doch zumindest *Warnschilder* aufgestellt werden (LG Karlsruhe Justiz 77, 59; ähnl. LG Ravensburg DAR 81, 58; zum Mitverschulden des Kraftfahrers, der eine durch Dachlawinen gefährdete Straße in Kenntnis des Risikos befährt und dabei durch den Absturz von Schneemassen Schaden erleidet, vgl. LG Ravensburg VersR 80, 76). Der Zustand des Daches ist in angemessenen Zeitabständen zu überprüfen (vgl. OLG Hamburg VersR 78, 747 = DWW 78, 173 wonach der Zustand einer Dachluke nach spätestens 12 Jahren zu kontrollieren ist.) Zum Beweis des ersten Anscheins bei Unfällen im Treppenhaus vgl. BGH MDR 74, 217.

Verlängerungsrecht. (Vr.) Der Mv. kann bestimmen, daß der M. bei Ablauf der vereinbarten M.zeit ermächtigt ist, durch *einseitige Erklärung* die *Verlängerung des* Mv. um eine weitere bestimmte Zeit herbeizuführen (Optionsrecht). Die Optionsklausel bedarf bei Mv., die über längere Zeit als ein Jahr geschlossen werden, der → Schriftform (BGH NJW-RR 87, 1277). Die übliche Vereinbarung lautet: Der M. kann durch eine mindestens ... Monate vor Ablauf der M.zeit abzugebende Erklärung die Mieträume auf weitere ... Jahre zu denselben Bedingungen mieten. Übt der M. dieses *Gestaltungsrecht* binnen der vereinbarten Erklärungsfrist aus, wird der bisherige Mv. für die vereinbarte Zeit *ununterbrochen* fortgesetzt (zur Anfechtung einer Optionsklausel vgl. LG Mannheim ZMR 74, 333 = WM 74, 260; zusammenfassend zum Optionsrecht Kania ZMR 76,1). Das Optionsrecht kann auch dann fristgebunden sein, wenn die Optionsvereinbarung selbst keine Fristbestimmung enthält, sich aber aus anderen Vertragsregelungen ergibt, daß die Parteien innerhalb einer bestimmten Frist Klarheit über die Vertragsbeendigung erlangen wollen (OLG Düsseldorf, ZMR 92, 52 = DWW 92, 80, betr. die Vereinbarung einer Widerspruchsfrist gegen eine Vertragsverlängerung von 6 Monaten bei Kombination von Verlängerungsklausel und Option). Im Zweifelsfall muß im Wege der ergänzenden Vertragsauslegung ermittelt werden, ob nach den Vorstellungen der Beteiligten die Option innerhalb der Kündigungsfrist erklärt werden muß oder ob sie noch bis zum Ablauf der Vertragszeit ausgeübt werden kann (BGH ZMR 85, 260; OLG Düsseldorf MDR 81, 847). Dies gilt auch dann, wenn im Mv. vereinbart ist, daß der M. „nach Ablauf der Vertragszeit“ ein Optionsrecht habe (BGH NJW 82, 2770). Setzt der M. den M.gebrauch fort, ohne sein Optionsrecht geltend zu machen, so gilt der Mv. gem. § 568 BGB als auf unbestimmte Zeit verlängert, soweit der V. nicht der Vertragsfortsetzung widerspricht (BGH BB 75, 1413 = MDR 75, 397; s. stillschweigende

Verlängerung). Ist ein Mieter rechtskräftig zur künftigen Räumung verurteilt worden, so kann die Option gleichwohl ausgeübt werden, wenn die hierfür maßgebliche Frist noch nicht abgelaufen ist. Wird in einem solchen Fall die Option tatsächlich ausgeübt, so wird hierdurch das Mietverhältnis fortgesetzt. Damit entfällt der Räumungsanspruch des Vermieters; erhebt der Vermieter gleichwohl Räumungsklage, so kann der Mieter Vollstreckungsgegenklage erheben (BGH NJW 85, 2481).

Die Option kann grundsätzlich formlos ausgeübt werden. Dies gilt auch dann, wenn die Optionsklausel selbst formbedürftig ist (s. oben). Eine schriftliche Optionserklärung ist erforderlich, wenn die Parteien im Mietvertrag für die Ausübung der Option die Schriftform vereinbart haben. Die Vereinbarung der Optionsausübung durch eingeschriebenen Brief dient im Zweifel aber lediglich dem Beweis des Zugangs; die Einhaltung dieser Formvorschrift gehört also nicht zu den Wirksamkeitsvoraussetzungen. Ergibt sich aus dem Vertrag, daß der Widerspruch gegen die Vertragsverlängerung der Schriftform bedarf, so gilt dies auch für die Optionserklärung (OLG Düsseldorf, ZMR 92, 52 = DWW 92, 80).

Statt des Optionsrechts kann auch vereinbart werden, daß beim Ablauf der vereinbarten M.zeit der Mv. auf bestimmte oder unbestimmte Zeit fortgesetzt wird, wenn weder der V. noch der M. vorher einer Verlängerung widersprechen (*Verlängerungsklausel*). Die Widerspruchserklärung des V. stellt rechtlich eine Kündigung des Mv. dar, so daß *Kündigungsgründe* nach § 564b BGB (vgl. Kündigungsschutz für Wohnräume I), vorliegen müssen (LG Gießen NJW 76, 1455). Außerdem müssen die *Formvorschriften* des § 564a BGB, die → *Kündigungsfristen* sowie die *allgemeinen Wirksamkeitsvoraussetzungen* einer → Kündigung beachtet werden.

Das einseitige Vr. kann für den Fall seiner Ausübung mit einer M.*anpassungsklausel* gekoppelt werden (s. BGH WM 68, 194). Bei der Wohnraummiete ist eine solche Vertragsgestaltung nur wirksam, wenn die Voraussetzungen des § 10 II MHG beachtet werden (s. → *Staffelmiete*). Bei der Geschäftsraumm. darf der M.preis nicht ins Ermessen des V. gestellt sein; anderenfalls könnte der V. die Option durch das Verlangen entsprechender Vertragsbedingungen zu Fall bringen (OLG Hamburg DWW 90, 176).

Bei befristeten Mv. über *Wohnraum* steht dem M. darüber hinaus nach § 564c I BGB ein *gesetzl. Vr.* zu (→ Kündigungsschutz V; s. aber auch → Zeitmietvertrag).

Vertragsstrafen Unter einer Vertragsstrafe versteht man eine Vereinbarung, wonach sich der Schuldner für den Fall, daß er seine Verbindlichkeit nicht oder nicht in gehöriger Weise erfüllt, zur Zahlung einer Geldsumme an den Gläubiger verpflichtet. Die Höhe der Vertragsstrafe muß derart vereinbart werden, daß sie zumindest bestimmbar ist. Eine Regelung, nach der die Höhe der Vertragstrafe weder feststeht noch einer Partei ein Leistungsbestimmungsrecht zusteht, ist unwirksam; die Festsetzung der Höhe der Strafe darf nicht dem Gericht überlassen werden (OLG Celle ZMR 90, 414). Die Vereinbarung einer Vertragsstrafe ist bei der Wohnraummiete unzulässig (§ 550a BGB). Gleiches gilt für Vereinbarungen mit ähnlicher Wirkung, wie Schadenspauschalen, Reugelder und Verfallklauseln. Unwirksam ist deshalb die Vereinbarung überhöhter Mahngebühren oder Verzugszinsen (AG Charlottenburg WM 81, 227) sowie die Vereinbarung, daß der M. für den Fall der vorzeitigen Vertragsaufhebung eine bestimmte Geldsumme an den V. zahlen soll (LG Lübeck WM 81, 104; a. A. LG Berlin GE 87, 135). Eine Vereinbarung in einem M.aufhebungsvertrag, wonach der M. verpflichtet sein soll, zum Ausgleich für die dem V. infolge des Vermieterwechsels entstehenden Aufwendungen einen bestimmten Pauschalbetrag zu bezahlen, wird i. d. R. nicht als Vertragsstrafe, sondern als zulässige Vereinbarung über einen Schadens- oder Aufwendungsersatzanspruch anzusehen sein (OLG Hamburg RE v. 17. 4. 1990 WM 90, 244).

Vertragswidriger Gebrauch. I. Macht der M. von der gemieteten Sache einen vertragswidrigen Gebrauch und setzt er den Gebrauch ungeachtet einer → *Abmahnung* des V. fort, so kann der V. auf Unterlassung klagen (§ 550 BGB).

1. Vertragswidrig ist jeder Mietgebrauch, der im Widerspruch zur gesetzlichen Regelung und zu den vertraglichen Vereinbarungen steht. Durch die Vorschrift des § 550 BGB sollen in erster Linie die Mietsache als solche und das Eigentum des V. geschützt werden. Beispiele für einen vertragswidrigen Gebrauch sind die unbefugte Untervermietung (s. Untermiete), die nicht genehmigte → *Tierhaltung,* falls nach dem Mv. die Tierhaltung verboten ist oder von einer Erlaubnis des V. abhängt, die Vernachlässigung der Wohnung, so daß Schäden an der M.sache auftreten (AG Rheine WM 87, 153), die Weigerung des M. zur Durchführung von → *Schönheitsreparaturen,* wenn dadurch das Mietobjekt gefährdet wird, die Verursachung von → *Lärm,* die Nutzung von Wohnräumen zu gewerblichen Zwecken (s. gewerbliche Benutzung), die unerlaubte → *bauliche Veränderung* und dergleichen. Der Nichtgebrauch der Mietsache stellt im allgemeinen keine Vertragswidrigkeit dar: der M. hat ein Gebrauchsrecht, aber keine Gebrauchspflicht. Eine Ausnahme kann gelten, wenn eine Gebrauchspflicht vereinbart ist, wenn sich eine solche Pflicht aus den Umständen ergibt (z. B. bei vereinbarter Umsatzmie-

te) oder wenn die M.sache durch den Nichtgebrauch gefährdet wird und die Gefahr auf andere Weise nicht beseitigt werden kann. Für einen vertragswidrigen Gebrauch eines Untermieters hat der M. nach § 549 III BGB einzustehen. Gleiches gilt für das Verhalten von Hausstands- und Familienangehörigen. Der Empfang von Besuchern stellt dann einen vertragswidrigen Gebrauch dar, wenn auf Grund konkreter Vorkommnisse damit gerechnet werden muß, daß die Besucher den Hausfrieden stören. Ist eine Wohnung an mehrere Personen vermietet, so können sämtliche Mieter auch dann auf Unterlassung des vertragswidrigen Gebrauchs in Anspruch genommen werden, wenn sich nur einer der Mieter vertragswidrig verhält. Dies folgt aus der Erwägung, daß der nichtstörende M. vertraglich verpflichtet ist, auf den Störer einzuwirken, um diesen zu einem vertragsmäßigen Verhalten zu veranlassen (str.). Zu beachten ist, daß der vertragsmäßige Gebrauch, wie er ursprünglich vereinbart wurde, sich im Verlauf der Mietzeit verändern kann. Ein solcher Fall kann insbesondere dann vorliegen, wenn die Mietsache längere Zeit in einem bestimmten nicht vereinbarten Umfang genutzt worden ist und der V. diese Art der Nutzung widerspruchslos hingenommen hat (OLG Karlsruhe Justiz 88, 358; OLG Düsseldorf, DWW 92, 82).

2. Der Unterlassungsklage muß grundsätzl. eine → *Abmahnung* vorausgehen. Diese Abmahnung ist nur ausnahmsweise entbehrlich, wenn hierin eine „leere Förmelei" (BGH LM § 553 BGB Nr. 13) läge. Ein solcher Fall wird gegeben sein, wenn der M. durch die Schaffung vollendeter Tatsachen einen Zustand herbeigeführt hat, bei dem eine Rückkehr zu vertragsgemäßem Verhalten ausgeschlossen ist (BGH a. a. O.), bei endgültiger und ernsthafter Weigerung zur Herstellung eines vertragsgemäßen Zustands sowie bei Unmöglichkeit dieser Herstellung.

3. Schließlich setzt die Unterlassungsklage voraus, daß der M. den vertragswidrigen Gebrauch nach der Abmahnung fortsetzt. Demgemäß muß der V. im gerichtlichen Verfahren substantiiert vortragen, in welcher Weise der M. gegen seine Vertragspflichten verstoßen hat, daß deshalb eine Abmahnung erklärt worden ist und daß der M. trotz der Abmahnung den vertragswidrigen Gebrauch fortgesetzt hat. Hat der M. den vertragswidrigen Gebrauch nach Zugang der Abmahnung eingestellt, so ist die Unterlassungsklage unbegründet.

II. Kommt der Vertragsverletzung ein erhebliches Gewicht zu, so kann der V. nach § 553 BGB fristlos kündigen.

1. Der Tatbestand des § 550 BGB (Unterlassungsanspruch) und der Tatbestand des § 553 BGB (Kündigungsbefugnis) unterscheiden sich nur bezüglich des Erheblichkeitskriteriums. Das Interesse des V. am vertragsgemäßen Verhalten des M. darf nicht nur geringfügig, sondern muß in hohem Maße berührt sein. Dies muß aufgrund einer

Abwägung der Interessen beider Parteien entschieden werden (OLG Stuttgart ZMR 89, 377). *Kein Kündigungsgrund* liegt vor bei: Bagatellstörungen und Bagatellschäden (AG Aachen WM 88, 307, wonach kein Kündigungsgrund vorliegt, wenn der M. einen vermietereigenen Gasofen entfernt und stattdessen einen Kohleofen aufstellt; vgl. auch LG Hamburg WM 89, 22 zu § 564b II Nr. 1: kein Kündigungsgrund bei Verstoß gegen Haustürregelung, Abstellen von Getränkekisten im Treppenhaus, Weigerung, einem Handwerker Zutritt zu gewähren); Meinungsverschiedenheiten über den Umfang der vertraglichen Rechte und Pflichten des M.; gewerblicher Benutzung der Mietsache, wenn der M. einen Anspruch auf Zustimmung zur Änderung des Vertragszwecks hat (OLG Karlsruhe Justiz 88, 358); Beschädigungen der M.sache aus nicht eindeutig feststehender Ursache (insbes. Feuchtigkeitsschäden); Beschädigungen aufgrund einer einmaligen Verletzung der Obhutspflicht (AG Köln WM 72, 141 betr. einmaligen Wasserschaden); unterlassenen Schönheitsreparaturen, wenn die Mietsache hierdurch nicht nachweisbar gefährdet wird (LG Hamburg WM 84, 85; LG Münster WM 91, 33; LG Itzehoe WM 89, 76; AG Tiergarten GrundE 89, 103, wonach dies auch dann gelten soll, wenn der M. rechtskräftig zur Durchführung von Schönheitsreparaturen verurteilt worden ist – hier soll allerdings die Kündigung nach § 564b BGB möglich sein, s. Kündigungsschutz I 1a –); unerheblicher Überbelegung (OLG Karlsruhe RE v. 16. 3. 1987, NJW 87, 1952; bei einer Überbelegung, wenn hieraus für den Vermieter keine gravierenden Nachteile erwachsen (BVerfG, NJW 94, 41; BGH WM 93, 529 = ZMR 93, 508); s. dazu auch LG Bonn WM 90, 345, wonach kein Kündigungsgrund vorliegt, wenn der V. die Wohnung an ein Ehepaar mit 7 Kindern vermietet hat und sich die Familie um ein weiteres Kind vergrößert; AG Limburg WM 90, 509, wonach bei der Beurteilung einer Überbelegung auch der im Jahre 1990 gegebene Wohnungsmangel zu berücksichtigen ist und wonach kein Kündigungsgrund vorliegt, wenn eine Zweizimmerwohnung mit einer Größe zwischen 64 qm und 69 qm von drei erwachsenen Personen und einem Kleinkind belegt ist; ähnl. AG Köln WM 90, 508: kein Kündigungsgrund, wenn ein Ehepaar mit einem achtjährigen und einem dreijährigen Kind eine Zweizimmerwohnung mit einer Größe zwischen 30 qm und 37 qm bewohnt); Verletzung einer mietvertraglich vereinbarten Bierbezugsverpflichtung, wenn dem M. der Ausschank von alkoholischen Getränken untersagt worden ist (OLG Stuttgart ZMR 89, 377). *Ein Kündigungsgrund* kann gegeben sein bei: mehrfacher Schadensverursachung (AG Aachen DWW 74, 237 betr. Wasserschäden); Gefährdung der Bausubstanz durch Vernachlässigung der Wohnung (vgl. AG Rheine WM 87, 153, das die Räumungsklage allerdings wegen fehlender Abmahnung abgewiesen hat); Untervermietung, obwohl der V. hierzu keine Erlaubnis erteilt hat und der M. auch keinen Anspruch auf Erteilung der Erlaubnis besitzt (OLG Hamburg RE v. 17. 12. 1981 NJW 82, 1157; OLG Frankfurt RE v. 10. 10. 1988 NJW-RR 89, 10; BayObLG RE v. 26. 10. 1990 WM 91, 18); erhebliche Überbelegung (OLG Karlsruhe RE v. 16. 3. 1987 NJW 87, 1952; s. dazu auch LG Mönchengladbach ZMR 91, 110, wonach ein Kündigungsgrund vorliegt, wenn eine 49 qm große Wohnung von einem Ehepaar mit fünf Kindern belegt ist und deshalb Feuchtigkeitsschäden zu befürchten sind; AG Duisburg ZMR 90, 183, wonach der V. zur Kündigung berechtigt ist, wenn eine 60,89 qm große Dreizimmerwohnung von einem Ehepaar mit 7 Kindern bewohnt wird).

2. Es kommt bei der Kündigung nach § 553 BGB nicht darauf an, ob der M. die Vertragsverletzung verschuldet hat. Die *Darlegungs- und Beweislast* für das Vorliegen der Kündigungsvoraussetzungen trägt grunds. der V., jedoch gelten folgende Besonderheiten: Ist streitig, ob ein bestimmter Mietgebrauch vom V. gestattet worden ist, obliegt die Beweislast hierfür dem M. Ist streitig, ob eine unbefugte Gebrauchsüberlassung an einen Dritten vorliegt oder ob der Dritte lediglich als Besucher anzusehen ist, spricht nach Ablauf einer Benutzungszeit von etwa einem Monat eine tatsächliche Vermutung für eine dauernde Gebrauchsüberlassung. In diesem Fall muß der M. den Beweis für das Gegenteil führen. Steht die Beschädigung der Mietsache fest, ist aber streitig, ob der Schaden durch eine vom M. zu vertretende Sorgfaltspflichtverletzung eingetreten ist, muß der V. beweisen, daß die Schadensursache in den Bereich des M. fällt. Dieser Beweis wird dadurch geführt, daß der V. alle Ursachen, die seinem Verantwortungsbereich zuzuordnen sind, ausschließen muß. Ist dieser Ausschlußbeweis geführt, muß sich der M. umfassend entlasten (vgl. BGH NJW 76, 1315; OLG Karlsruhe RE v. 9. 8. 1984 WM 84, 267 = NJW 85, 142). Die Kündigung wegen eines vertragswidrigen Gebrauchs muß alsbald nach Bekanntwerden der Vertragswidrigkeit ausgeübt werden (s. dazu → *Belästigungen* I 4). Zur fristlosen Kündigung nach § 554a BGB s. Belästigungen; zur Kündigung nach § 554 BGB s. Mietrückstände.

Vollstreckungsschutz (Vsch.). Nach § 765a ZPO kann das Vollstreckungsgericht (Amtsgericht) eine Maßnahme der Zwangsvollstreckung ganz oder teilweise aufheben, untersagen oder einstweilen einstellen, wenn die Maßnahme unter voller Würdigung des Schutzbedürfnisses des Gläubigers eine Härte bedeutet, die mit den guten Sitten nicht vereinbar ist. Vollstreckungsschutz wird insbesondere bei der Zwangsvollstreckung aus Räumungstiteln gewährt, wenn die Zwangsräumung wegen der besonderen Umstände des Einzelfalls unangemessen ist und dem allgemeinen Rechtsgefühl widerspricht. Wegen dieser Zielsetzung können die Parteien nicht vereinbaren, daß der M. auf Vollstreckungsschutz verzichtet.

I. Die Gewährung von Vollstreckungsschutz kommt in folgenden Fällen in Betracht:

1. Wenn der M. wegen einer körperlichen, geistigen oder seelischen Erkrankung *räumungsunfähig* ist (BVerfG WM 80, 27; WM 92, 5; WM 92, 6; WM 93, 239; LG Köln WM 89, 444). Die Räumungsunfähigkeit ist i. d. R. vom Amtsarzt festzustellen. An das Gutachten sind strenge Anforderungen zu stellen. Insbesondere muß sich aus dem Gutachten ergeben, an welcher Krankheit der Schuldner leidet und welche Nachteile mit welcher Wahrscheinlichkeit eintreten werden, wenn die Zwangsräumung durchgeführt wird (OLG Köln WM 89, 585). Außerdem muß das Gutachten dazu Stellung nehmen, ob die Räumungsunfähigkeit nur für eine gewisse Zeit oder auf Dauer besteht. Handelt es sich um eine Fehlreaktion, so muß der Betroffene dem entgegenwirken; insbesondere muß er sich in Behandlung begeben. Ebenso ist zu berücksichtigen, wenn der Schuldner die Selbsttötungsgefahr in einem früheren Vollstreckungsschutzverfahren nicht geltend gemacht und so zu einer erheblichen Verfahrensverzögerung beigetragen hat (OLG Köln, ZMR 93, 336). Je nach Sachlage ist die Zwangsvollstreckung endgültig oder bis zur Behebung des Räumungshindernisses einzustellen. Eine solche Entscheidung ist auch dann möglich, wenn der Schuldner seine Lage – z. B. wegen ungenügender Ersatzraumbemühungen selbst verschuldet hat (OLG Frankfurt, WM 93, 746). Ähnliche Grundsätze gelten bei einer bestehenden Schwangerschaft. Im allgemeinen ist davon auszugehen, daß eine Zwangsräumung, die 6 Wochen vor und 8 Wochen nach einem Entbindungstermin liegen würde, gegen die guten Sitten verstößt (AG Schwetzingen DWW 78, 264).

2. Wenn der Schuldner bereits eine *Ersatzwohnung* zur Verfügung hat, in die er zwar *nicht sofort,* aber doch in absehbarer Zeit einziehen kann. In diesen Fällen kann die Zwangsvollstreckung bis zum Zeitpunkt des Umzugs eingestellt werden. Die Ersatzwohnung muß i. d. R. durch Vorlage eines Mv. nachgewiesen werden. Die Interessen des Gläubigers sind vollumfänglich zu berücksichtigen. Befindet sich der Gläubiger selbst in akuter Wohnungsnot, so muß der Schuldner die Wohnung sofort räumen, seine Einrichtungsgegenstände einlagern und für die Zwischenzeit mit einem Hotel vorliebnehmen. Die Einstellung zum Zwecke der Wohnungssuche ist nicht zulässig (AG Tempelhof-Kreuzberg GrundE 89, 735).

3. Wenn infolge der Zwangsräumung *Obdachlosigkeit droht.* Die Praxis mancher Gemeinden, alleinstehenden Personen weder eine Obdachlosenunterkunft zur Verfügung zu stellen noch von der

Möglichkeit der Wiedereinweisung Gebrauch zu machen (s. → *Obdachlosenunterbringung*), steht mit der geltenden Rechts- und Sozialordnung nicht im Einklang. Die Obdachlosigkeit ist nach heutiger Anschauung als sittenwidriger Zustand zu bewerten, so daß regelmäßig Vollstreckungsschutz zu gewähren ist. Allerdings ist in Fällen dieser Art stets zu prüfen, ob der Räumungsschuldner nicht in einem Hotel oder einer Pension unterkommen kann; dies ist alleinstehenden Personen i. d. R. zuzumuten. Ist der Räumungsschuldner geschäftsunfähig, so kann eine Einstellung der Zwangsvollstreckung geboten sein, wenn kein Pfleger (bzw. Betreuer) für die Suche und Anmietung einer Ersatzwohnung zur Verfügung steht (LG Mannheim WM 87, 63).

II. Vollstreckungsschutz wird nur auf *Antrag* gewährt. Der Antrag muß beim Amtsgericht gestellt werden. Für die Entscheidung über den Antrag ist der Rechtspfleger zuständig. Gegen dessen Entscheidung ist die sofortige Erinnerung gegeben, die innerhalb einer Frist von 2 Wochen beim Amtsgericht eingelegt werden muß. Über die Erinnerung entscheidet der Richter, wenn er das Rechtsmittel für begründet erachtet. Anderenfalls legt der Richter das Rechtsmittel dem Landgericht vor. Gegen die Entscheidung des Landgerichts ist die weitere sofortige Beschwerde zum Oberlandesgericht zulässig, wenn in der Entscheidung des Landgerichts ein neuer selbständiger Beschwerdegrund enthalten ist (§ 568 Abs. 2 ZPO). Stimmen die Entscheidungen von Amts- und Landgericht überein, so ist kein weiteres Rechtsmittel gegeben. Eine Ausnahme kann gelten, wenn das landgerichtliche Verfahren einen schwerwiegenden Verfahrensfehler aufweist, der im Interesse eines wirksamen Grundrechtsschutzes eine Korrektur erforderlich macht (so OLG Frankfurt, WM 93, 746, wenn Amtsgericht und Landgericht die Zwangsvollstreckung nicht einstellen, obwohl durch die Zwangsräumung das Leben des Schuldners oder eines Angehörigen gefährdet wird).

Hat das Amtsgericht eine Vollstreckungsschutzmaßnahme bewilligt, so kann die Maßnahme auf Antrag des Gläubigers wieder aufgehoben werden, wenn sich die tatsächlichen Verhältnisse ändern. Eine Vollstreckungsschutzmaßnahme kann umgekehrt wiederholt angeordnet werden, wenn sich ergibt, daß die Härtegründe wider Erwarten fortdauern. Hat das Amtsgericht eine Vollstreckungsschutzmaßnahme abgelehnt, so kann der Schuldner bei Änderung der Sachlage (z. B. Verschlechterung des Gesundheitszustands) einen neuen Antrag stellen. Bei der Prüfung der Frage, ob sich der frühere Zustand verändert hat, ist kein kleinlicher Maßstab anzulegen (BVerfG WM 91, 149).

Die Kosten des Vollstreckungsschutzverfahrens sind dem Schuldner aufzuerlegen; dem Gläubiger können diese Kosten nur dann auferlegt werden, wenn dies aus besonderen, im Verhalten des Gläubigers liegenden Gründen der Billigkeit entspricht (§ 788 III ZPO). Die Kosten eines Beschwerdeverfahrens hat derjenige zu tragen, der im Beschwerdeverfahren unterliegt (§ 91 ZPO).

III. Wenn dem → Gerichtsvollzieher die Voraussetzungen des § 765a ZPO glaubhaft gemacht werden und dem Schuldner die rechtzeitige Anrufung des Gerichts nicht möglich war, darf der Gerichtsvollzieher ausnahmsweise in eigener Zuständigkeit die Vollstreckung für die Dauer von höchstens einer Woche einstellen. Führt der Schuldner binnen dieser Frist keine Entscheidung des Gerichts herbei, muß der Gerichtsvollzieher die Vollstreckung durchführen.

Vorkaufsrecht des Mieters. I. *Freifinanzierter Wohnungsbau*

1. *Geltungsbereich.* Wird eine freifinanzierte Mietwohnung in eine Eigentumswohnung umgewandelt und an einen Dritten verkauft, so steht dem Mieter ein Vorkaufsrecht zu (§ 570b Abs. 1 BGB). Das Vorkaufsrecht gilt für alle Verkaufsfälle, die nach dem 31. 8. 1993 protokolliert werden (Art. 6 Abs. 4 des 4. Mietrechtsänderungsgesetzes). Auf den Zeitpunkt der Umwandlung kommt es dagegen nicht an.

2. *Die Umwandlung*

a) *Die bereits umgewandelte Eigentumswohnung.* Das Vorkaufsrecht bezieht sich zunächst auf „vermietete Wohnräume, an denen nach der Überlassung an den Mieter Wohnungseigentum begründet worden ist“. Der Gesetzeswortlaut stimmt insoweit mit § 564b Abs. 2 Nr. 2 Satz 2 BGB überein, wo geregelt ist, daß im Falle der Umwandlung eine Kündigungssperre eintritt. Bei der Begründung eines Wohnungserbbaurechts nach § 30 WEG ist die Vorschrift entsprechend anzuwenden, weil Sinn und Zweck des Gesetzes auch diese Gestaltungsform umfassen.

b) *Die noch umzuwandelnde Mietwohnung.* Weiter gilt das Vorkaufsrecht für „vermietete Wohnräume, an denen nach der Überlassung an den Mieter Wohnungseigentum begründet werden soll“. Damit wird klargestellt, daß das Vorkaufsrecht auch in solchen Fällen entsteht, in denen die Mietwohnung als noch umzuwandelnde Eigentumswohnung verkauft wird. Voraussetzung ist allerdings, daß der Kaufvertrag das künftige Wohnungseigentum hinreichend genau bezeichnet. Der Umstand, daß mehrere Wohnungen zusammen verkauft werden, steht dieser Annahme nicht entgegen, wenn für jede einzelne Wohnung das zu begründende Wohnungseigentum hinreichend genau bestimmt ist. Wird dagegen das Gebäude als ganzes veräußert, so entsteht das Vorkaufsrecht nicht, weil Gegenstand des Kaufvertrags in diesem Fall nicht die einzelnen Wohnungen, sondern ein bebautes Grundstück in seiner Gesamtheit ist.

Es kommt hier nicht darauf an, ob das Gebäude in der Folgezeit in Eigentumswohnungen umgewandelt werden soll (vgl. BayObLG, RE v. 16. 4. 1992, WM 92, 351). Wird ein Gebäude an einen Dritten zum Zwecke der Umwandlung und Vermarktung a bloc verkauft, so hat dies für den Mieter den Nachteil, daß er die Wohnung nicht zu den Bedingungen erwerben kann, die der Eigentümer mit dem Ersterwerber vereinbart hat; vielmehr muß er warten, bis der Ersterwerber die Wohnung (zu einem meist höheren Preis) weiterveräußert. Das Vorkaufsrecht besteht auch dann nicht, wenn mehrere Eigentumswohnungen zu einem Gesamtpreis veräußert werden; wird allerdings im Anschluß hieran die einzelne Wohnung weiterveräußert, so kann der Mieter sein Vorkaufsrecht ausüben.

c) *Die sog. „Erwerbermodelle“.* Außerdem ist diese Tatbestandsvariante auf diejenigen „Erwerbermodelle“ anzuwenden, für die das OLG Karlsruhe in dem Rechtsentscheid vom 10. 7. 1992 (WM 92, 519) entschieden hat, daß hierfür die Kündigungssperre gilt. Hier entsteht das Vorkaufsrecht am Miteigentumsanteil. Für die Anwendung des § 570b BGB sprechen dieselben Gründe mit denen das OLG Karlsruhe die Anwendbarkeit des § 564b Abs. 2 Nr. 2 Satz 2 BGB bejaht hat.

Für sonstige Erwerbermodelle, bei denen keine bestimmte Wohnung und auch kein Miteigentumsanteil an einem Gebäude verbunden mit der vertraglichen Zuweisung einer bestimmten Wohnung, verkauft wird (s. OLG Karlsruhe, Rechtsentscheid vom 22. 5. 1990, WM 90, 330) ist § 570b BGB unanwendbar. Das sog. „Kellermodell“ wird vom Wortlaut des Tatbestandes ebenfalls nicht umfaßt; jedoch kann die Vorschrift hierauf entsprechend angewendet werden, weil es keinen wesentlichen Unterschied bedeutet ob eine „Wohnung mit Keller“ oder ein „Keller mit Wohnung“ verkauft wird.

d) *Teilung ohne Verkauf.* Die Kündigungssperrfrist tritt immer dann ein, wenn die Wohnung „veräußert“ wird; das Vorkaufsrecht gilt nur im Falle des Verkaufs. Hieraus folgt, daß das Vorkaufsrecht ausgeschlossen ist, wenn ein im gemeinschaftlichen Eigentum stehendes Grundstück gem. § 8 WEG in Wohnungseigentum aufgeteilt und das Wohnungseigentum sodann den einzelnen Mitglieder der Gemeinschaft übertragen wird; in diesem Fall wird die Wohnung nicht „verkauft“. Das Vorkaufsrecht kann allerdings geltend gemacht werden, wenn die Wohnungen von den Eigentümern weiterverkauft werden. Dieselbe Rechtsfolge gilt, wenn ein Grundstück als ganzes an eine Bruchteilsgemeinschaft veräußert wird, die sodann nach § 3 WEG Sondereigentum begründet; auch hier entsteht das Vorkaufsrecht erst im Fall des Weiterverkaufs.

3. *Der Eintritt des Vorkaufsfalls*

a) *Der Verkauf an beliebige Dritte.* Der Vorkaufsfall tritt ein, wenn der Kaufvertrag wirksam zustande gekommen ist. Spätere Veränderungen lassen das Vorkaufsrecht grundsätzlich unberührt. Dem Vermieter ist es zwar unbenommen, mit dem Käufer ein Rücktrittsrecht (etwa für den Fall der Ausübung des Vorkaufsrechts) zu vereinbaren. Das Vorkaufsrecht bleibt aber auch dann bestehen, wenn eine der Kaufvertragsparteien von dem Rücktrittsrecht Gebrauch macht (BGHZ 67, 395, 397). Gleiches gilt, wenn die Kaufvertragsparteien den Kaufvertrag wieder aufheben; eine solche Vereinbarung wirkt nur zwischen den Kaufvertragsparteien, nicht gegenüber dem Mieter (RGZ 98, 44, 50). Bei der Anfechtung ist zu unterscheiden: Wird die Anfechtung vom Käufer erklärt, so bleibt das Vorkaufsrecht entgegen § 142 BGB unberührt, weil die Annahme der rückwirkenden Vernichtung des Kaufvertrags im Hinblick auf die Belange des Vorkaufsberechtigten einerseits und des Verkäufers andererseits nicht geboten ist (Münchener Kommentar H. P. Westermann § 504 BGB Rdn. 15). Anders ist es, wenn der Verkäufer zur Anfechtung berechtigt ist: in diesem Fall wird seine Bindung an den Kaufvertrag – und damit das Vorkaufsrecht des Mieters – beseitigt. Beim Erwerb in der Zwangsversteigerung oder beim Verkauf durch den Konkursverwalter kommt das Vorkaufsrecht nicht zum Zuge (§ 512 BGB). Gleiches gilt für Erbteilskäufe zwischen künftigen gesetzlichen Erben (§ 511 BGB) und für den Tausch oder die Schenkung.

b) *Der Verkauf an Hausstands- oder Familienangehörige.* Nach § 570b Abs. 1 Satz 2 BGB ist das Vorkaufsrecht ausgeschlossen, „wenn der Vermieter die Wohnräume an eine zu seinem Hausstand gehörende Person oder an einen Familienangehörigen verkauft". Der Begriff des Hausstand- und Familienangehörigen ist dem § 564b Abs. 2 Nr. 2 Satz 1 BGB nachgebildet, wo die Voraussetzungen der Eigenbedarfskündigung geregelt sind. Dort ist umstritten, wie der Begriff des Familienangehörigen auszulegen ist → *Kündigungsschutz* I 1b–aa. Die für die Eigenbedarfskündigung maßgeblichen Erwägungen gelten auch für das Vorkaufsrecht, weil die jeweilige Interessenbewertung identisch ist. In der Vorschrift des § 564b Abs. 2 Nr. 2 BGB kommt zum Ausdruck, daß das Interesse des Mieters an der Wohnung geringer bewertet wird als das Interesse bestimmter (privilegierter) Angehöriger des Vermieters. Für § 570b BGB gilt das gleiche: das Vorkaufsrecht gilt nicht, wenn ein privilegierter Angehöriger die Wohnung erwerben will; ist der Angehörige nicht privilegiert, weil er nur entfernt mit dem Vermieter verwandt ist, so ist das Erwerbsinteresse des Mieters vorrangig.

4. *Der Vorkaufsberechtigte*

a) *Der Mieter.* Vorkaufsberechtigt ist derjenige, der vor der Umwandlung Mieter war und im Zeitpunkt des Verkaufs noch Mieter ist. (Ausnahme s. oben 2b, c und unten 4b.) Bei mehreren Mietern gilt § 513 BGB: die Mieter müssen das Vorkaufsrecht zusammen ausüben; übt ein Mieter sein Recht nicht aus oder ist das Recht eines Mieters erloschen, so können es die übrigen Mieter alleine ausüben. Damit ist sichergestellt, daß das Vorkaufsrecht nicht durch das Verhalten einzelner Mieter vereitelt wird. Wer die Wohnung erst nach der Umwandlung, d. h. nach der Anlegung des Wohnungsgrundbuchs gemietet hat, besitzt kein Vorkaufsrecht. Für die Mieterstellung zum Zeitpunkt des Verkaufs ist erforderlich, daß beim Abschluß des Kaufvertrags ein Mietverhältnis besteht. Dies ist auch dann der Fall, wenn das Mietverhältnis nach wirksamer Kündigung vom Gericht nach § 556a, b BGB fortgesetzt worden ist; das Gericht kann in einem solchen Fall auch nicht nach § 556a Abs. 3 Satz 1 BGB bestimmen, daß die Ausübung des Vorkaufsrechts während der Verlängerungszeit ausgeschlossen sein soll, weil es sich bei § 570b BGB um zwingendes Recht handelt. Mieter ist auch derjenige, dessen Mietverhältnis nach § 568 BGB verlängert worden ist. Kein Vorkaufsrecht besitzt dagegen der Nutzungsberechtigte, der die Räume aufgrund einer Räumungsfrist (§§ 721, 794a ZPO) oder aufgrund der Gewährung von Vollstrekkungsschutz (§ 765a ZPO) in Besitz hat.

b) *Der Rechtsnachfolger des Mieters.* Nach § 514 BGB ist das Vorkaufsrecht nicht übertragbar; der Mieter kann das Vorkaufsrecht deshalb nur selbst ausüben und auch nur Eigentumsübertragung auf sich selbst verlangen. An einer Weiterveräußerung der Wohnung ist der Mieter allerdings nicht gehindert.

In § 514 BGB ist weiter geregelt, daß das Vorkaufsrecht nicht vererblich ist. Nach § 570 Abs. 3 BGB geht das Vorkaufsrecht beim Tod des Mieters allerdings „auf denjenigen über, der das Mietverhältnis nach § 569a Abs. 1 oder 2 fortsetzt". Dies hat folgende Konsequenzen: Stirbt der Mieter vor der Begründung von Wohnungseigentum, so wird das Mietverhältnis entweder mit dem Ehegatten (§§ 569a Abs. 1, 569b BGB) oder mit dem Familienangehörigen (§ 569a Abs. 2 BGB) – wozu auch der Lebensgefährte des Mieters gehört → *Tod des Mieters* – oder mit dem Erben (§§ 1922 Abs. 1, 569 BGB) fortgesetzt. Wird die Mietwohnung anschließend in Wohnungseigentum umgewandelt und veräußert, so kann derjenige Mieter das Vorkaufsrecht geltend machen, der im Zeitpunkt der Umwandlung Mieter gewesen ist; es kommt in diesem Fall nicht darauf an, ob der Betreffende die Mieterstellung durch Erbfolge oder nach §§ 569a BGB erworben hat (bei mehreren Mietern gilt § 513 BGB; s. oben 4a). Stirbt der Mieter dagegen nach der Begründung von Wohnungseigentum, so tritt der Erbe in ein Mietverhältnis über eine Eigentumswohnung ein. Das Vorkaufsrecht kann nicht geltend gemacht werden, weil der Verstorbene zwar den Mietbesitz, nicht aber sein Recht aus § 570b vererben kann; der Rechtsnachfolger wird nicht anders behandelt, als hätte er selbst eine Eigentumswohnung gemietet. Die Sonderrechtsnachfolger nach § 569a Abs. 1 und 2 BGB können demgegenüber das Vorkaufsrecht geltend machen. Gleiches gilt im Falle des § 569b BGB weil der Ehegatte hier bereits im Zeitpunkt der Umwandlung Mieter gewesen ist.

5. *Die Mitteilungspflicht des Vermieters (Verkäufers)*

Für das vertragliche Vorkaufsrecht ist in § 510 Abs. 1 BGB bestimmt, daß der Verkäufer verpflichtet ist, dem Vorkaufsberechtigten den Inhalt des Kaufvertrags mitzuteilen; die Mitteilung des Verkäufers wird durch die Mitteilung des Dritten (des Käufers) ersetzt. Zusätzlich ist in § 570b Abs. 2 BGB geregelt, daß die jeweilige Mitteilung „mit einer Unterrichtung des Mieters über sein Vorkaufsrecht zu verbinden" ist. Ergänzend hierzu bestimmt § 20 BeurkundungsG, daß der Notar auf das gesetzliche Vorkaufsrecht hinweisen soll, wenn er davon Kenntnis hat, daß eine umgewandelte oder umzuwandelnde Eigentumswohnung verkauft wird. Man wird diese Bestimmung ergänzend dahingehend auslegen müssen, daß sich der Hinweis auch auf die Notwendigkeit der Unterrichtung des Mieters erstrecken soll. Eine Mitteilungspflicht besteht nicht, wenn kein Vorkaufsfall gegeben ist, etwa weil die Wohnung an einen Angehörigen verkauft worden ist.

Eine Verpflichtung zur Mitteilung obliegt lediglich dem Vermieter; dessen Verpflichtung gilt als erfüllt, wenn der Käufer den Mieter über den Inhalt des Kaufvertrags informiert. Es genügt nicht, wenn dem Mieter lediglich die Tatsache des Kaufs und der Kaufpreis mitgeteilt wird. Vielmehr muß der Mieter über den gesamten Inhalt des Kaufvertrags in Kenntnis gesetzt werden; dies erfordert regelmäßig die Übersendung einer Abschrift des Kaufvertrags. Die Unterrichtungspflicht (Belehrungspflicht) über das Vorkaufsrecht obliegt dem jeweiligen Informanten. Die Mitteilung ist formlos möglich; Schriftform ist aber empfehlenswert.

6. *Die Ausübung des Vorkaufsrechts*

a) *Erklärung gegenüber dem Vermieter (Verkäufer).* Das Vorkaufsrecht wird durch einseitige empfangsbedürftige Willenserklärung gegenüber dem Vermieter ausgeübt; sie bedarf nicht der für den Kaufvertrag bestimmten Form (§ 505 Abs. 1 BGB). Das Recht besteht nur für den ersten Verkauf nach der Umwandlung. Mit der Ausübung des Vorkaufsrechts kommt ein Kaufvertrag zwischen dem Vermieter und dem Mieter zustande. Dieser Kaufvertrag hat denselben Inhalt, wie der mit dem Dritten geschlossene Vertrag. Ist dort eine Stundung des Kaufpreises vereinbart, so gilt § 509 Abs. 2 BGB: die Stundung wirkt zugunsten des Mieters, wenn dieser Sicherheit leistet oder wenn die Bestellung einer Hypothek vereinbart wird. Die Kosten des Kaufvertrags sind vom Mieter zu tragen, wenn nach den Vereinbarungen im Kaufvertrag der Käufer zur Tragung der Kosten verpflichtet ist. Hat der Käufer die Kosten bereits bezahlt, so hat er einen Erstattungsanspruch aus § 812 BGB gegen den Mieter, wenn dieser das Vorkaufsrecht ausübt (BGH, MDR 60, 1004).

Die Erklärung des Mieters über die Ausübung des Vorkaufsrechts ist unwirksam, wenn dieser offensichtlich seine Verpflichtungen aus dem Kaufvertrag nicht erfüllen kann (Wienicke, WM 80, 93, 97). Da der Vermieter an der Klärung dieser Frage ein gewichtiges Interesse hat, wird man ihm einen Auskunftsanspruch gegen den Mieter aus § 242 BGB zubilligen müssen, den dieser durch Vorlage eines Kapitalnachweises zu erfüllen hat.

b) *Frist.* Nach § 510 Abs. 2 BGB kann das Vorkaufsrecht nur bis zum Ablauf von zwei Monaten nach dem Empfang der Mitteilung ausgeübt werden. Diese Frist soll nach dem ausdrücklichen Hinweis in den Beschlußempfehlungen des Rechtsausschusses (BT-Drucks. 12/5110 S. 19) auch im Rahmen des § 570b BGB gelten. Einen Anspruch auf Verlängerung dieser Frist hat der Mieter nicht (BGH, WPM 73, 1403).

7. *Der Auflassungsanspruch.* Nach der Ausübung des Vorkaufsrechts kann der Mieter auf Übertragung des Eigentums klagen, wenn der Vermieter die Auflassung nicht erklärt (Klage auf Abgabe der zur Auflassung erforderlichen Willenserklärung). Da das Vorkaufsrecht nach § 570b BGB keine dingliche, sondern lediglich schuldrechtliche Wirkung hat, kann dieser Anspruch allerdings nicht durchgesetzt werden, wenn der Dritte bereits im Grundbuch eingetragen ist oder wenn zu dessen Gunsten eine Auflassungsvormerkung besteht. In diesem Fall kann der Mieter den Vermieter lediglich auf Schadensersatz in Anspruch nehmen. Die Berechnung des Schadens richtet sich – wie stets – nach den Umständen des Einzelfalls. Kündigt der Erwerber wegen Eigenbedarfs, so können beispielsweise die umzugsbedingten Aufwendungen Gegenstand eines Ersatzanspruchs sein. Die Kausalität des Schadens ist dabei allerdings schwer nachzuweisen, weil der Mieter im Streitfall beweisen muß, daß er das Vorkaufsrecht ausgeübt hätte.

Zur Sicherung seines Eigentumsverschaffungsanspruchs kann der Mieter im Wege der einstweiligen Verfügung die Eintragung einer Auflassungsvormerkung zu seinen Gunsten erwirken (§ 883 Abs. 1 BGB); eine Gefährdung des zu sichernden Anspruchs muß hierbei nicht glaubhaft gemacht werden (§ 885 Abs. 1 Satz 2 BGB). Eine bereits zuvor eingetragene Vormerkung zugunsten des Dritten, geht dem Recht des Mieters allerdings vor (§ 883 Abs. 2 BGB).

8. *Der Verzicht auf das Vorkaufsrecht.* Nach § 570b Abs. 4 BGB ist eine „zum Nachteil des Mieters abweichende Vereinbarung ... unwirksam". Dies bedeutet, daß das Vorkaufsrecht mietvertraglich nicht ausgeschlossen werden kann. Ein Verzichtsvertrag zwischen dem Mieter und dem Vermieter, der vor Abschluß des Kaufvertrags geschlossen wird, ist unwirksam. In einem solchen Vertrag liegt eine abweichende Vereinbarung zum Nachteil des Mieters, weil dieser die Folgen seines Verzichts erst wahrnehmen kann, wenn er den Inhalt des Kaufvertrags kennt. Ein einseitiger Verzicht des Mieters hat wegen § 397 BGB keine Rechtsfolgen. Fraglich ist, ob der Mieter mit dem Kaufinteressenten einen Verzichtsvertrag abschließen kann. Dies hängt zunächst davon ab, ob sich die Verbotsnorm nur auf die Vertragsparteien bezieht, oder ob unter dem Begriff der „Vereinbarung" auch ein Vertrag zwischen dem Mieter und dem Dritten zu verstehen ist. Insoweit ist festzustellen, daß sich aus § 570b Abs. 2 BGB eindeutig eine Verpflichtung des Dritten zur Unterrichtung des Mieters über das Vorkaufsrecht ergibt, wenn der Dritte den Inhalt des Kaufvertrags mitteilt. Dies rechtfertigt die Annahme, daß der Dritte auch das Verbot des § 570 Abs. 4 BGB zu beachten hat. Nach Abschluß des Kaufvertrags und dessen Mitteilung an den Mieter unter Beachtung der in § 570 Abs. 2 BGB vorgeschriebenen Unterrichtung kann allerdings ein Verzichtsvertrag sowohl mit dem Vermieter als auch mit dem Dritten geschlossen werden. Kennt der Mieter den Inhalt des Kaufvertrags und weiß er um sein Vorkaufsrecht, so kann er sich frei darüber entscheiden, ob er es ausüben will; ein weitergehendes Schutzbedürfnis besteht in einem solchen Fall nicht.

II. *Öffentlich geförderter Wohnungsbau*

Für den öffentlichen Wohnungsbau ist das Vorkaufsrecht des Mieters in den §§ 2a und 2b WoBindG geregelt. Gegenüber dem oben I dargestellten Vorkaufsrecht sind dabei folgende Besonderheiten zu beachten:

1. Nach § 2a WoBindG muß der Verfügungsberechtigte die zuständige Stelle unter Angabe des Namens des betroffenen Mieters informieren, wenn eine öffentlich geförderte Mietwohnung in eine Eigentumswohnung umgewandelt wird. Eine Abschrift der Teilungserklärung ist der Mitteilung beizufügen. Ebenso muß der Verfügungsberechtigte die zuständige Stelle unterrichten, wenn eine umgewandelte Eigentumswohnung verkauft werden soll. Diese Unterrichtung muß mindestens einen Monat vor der Protokollierung des Kaufvertrags erfolgen und den Namen und die Anschrift des Erwerbers enthalten. Die zuständige Stelle unterrichtet ihrerseits den Mieter über die sich aus der Umwandlung ergebenden Rechtsfolgen und über das Vorkaufsrecht.

2. Im Verkaufsfall hat der Vermieter die oben I 5 dargestellte Mitteilungspflicht. Der Mieter kann das Vorkaufsrecht nach § 2b WoBindG innerhalb einer Frist von 6 Monaten nach Zugang der Mitteilung ausüben.

3. Abweichend von § 570b BGB geht das Vorkaufsrecht beim Tod des Mieters nicht nur auf die in I 4b genannten Rechtsnachfolger, sondern auch auf den Erben über.

Vormietrecht (Vmr.). Verpflichtet sich der V. gegenüber einem M.interessenten (Mi.), eine M.sache *im Falle ihrer Weitervermietung* dem Mi. zu überlassen, kann ein vertragl. begründetes Vmr. vorliegen. Das Vmr. berechtigt den Mi., die M.sache zu den *gleichen Bedingungen* zu mieten, unter denen der V. sie an einen Dritten vermietet hat (OLG Düsseldorf MDR 84, 756). Auf solche Verträge sind die Bestimmungen über den *Vorkauf* (§ 504ff. BGB) entsprechend anwendbar (RGZ 148, 105; BGH ZMR 58, 153). Die Ausübung des Vmr. erfolgt durch formlose Erklärung gegenüber dem V. Durch diese Erklärung kommt der Mv. zwischen V. und Mi. unter denselben Bedingungen zustande, die der V. mit dem Dritten vereinbart hatte (§ 505 BGB). Der V. hat den Inhalt des mit dem Dritten abgeschlossenen Mv. *unverzüglich* dem Mi. mitzuteilen; die Ausübung des Vmr. ist nach Empfang der Mitteilung dann nur binnen 2 Monaten bei Grundstücken und binnen 1 Woche bei sonstigen Gegenständen zulässig, falls keine andere Frist vereinbart worden ist (§ 510 BGB).

Das Vmr. ist beim Fehlen einer bes. Vereinbarung auf einen anderen nicht übertragbar. Veräußert der V. das M.grundstück an einen *Erwerber,* ist dieser an das Vmr. *nicht gebunden* (Soergel-Siebert § 535 BGB, Vorbem. Rdn. 8; a. A. BGH NJW 71, 422 = BGHZ 55, 71). Deshalb bedarf der Vertrag über ein Vmr. auch dann *nicht* der → *Schriftform* des § 566 BGB, wenn er auf eine mehrjährige Dauer gerichtet ist (BGH NJW 54, 71).

Haben der V. und der Dritte jedoch einen Mv. für längere Zeit als 1 Jahr in der Form des § 566 BGB geschlossen, so ist auch die *Ausübung* des Vmr. formbedürftig. Eine Kündigung des durch formlose Ausübung des Vmr. zwischen dem M. und dem V. zustandegekommenen Mv. verstößt aber gegen § 242 BGB, da der V. verpflichtet ist, dem Mi. die dem Dritten eingeräumte Rechtsposition – auch hinsichtlich der Vertragsdauer – voll einzuräumen (BGHZ 55, 71). Kommt durch die Ausübung des Vmr. ein Mv. zustande, muß der V. entweder dem Dritten oder dem Mi. *Schadensersatz* wegen Nichterfüllung leisten, weil er nur einem gegenüber den Mv. erfüllen kann (s. Doppelvermietung). Der V. kann seine Schadensersatzpflicht dadurch ausschließen, daß er sich im Mv. mit dem Dritten ein Rücktrittsrecht vorbehält oder dieser Mv. nur unter der Bedingung abgeschlossen wird, daß der Mi. das Vmr. nicht ausübt. Hat der V. mit dem Dritten eine Nebenleistung im Mv. vereinbart, die der Mi. weder unmittelbar noch durch einen Geldersatz erbringen kann, ist die Ausübung des Vmr. ausgeschlossen (§ 507 BGB).

Kein Vmr. stellt es dar, wenn sich der V. verpflichtet, dem Mi. im Falle der späteren Vermietung der Räume *den Vorrang* (die Vorhand) einzuräumen. Durch eine solche Vereinbarung wird der V. nur verpflichtet, zunächst dem Mi. einen diesen interessierenden M.gegenstand anzubieten, falls er ihn zu vermieten beabsichtigt. Der Mi. muß sich dann binnen angemessener Frist äußern, ob er am Abschluß eines Mv. interessiert ist und ob darüber Verhandlungen aufgenommen werden sollen. Erst wenn das nicht der Fall ist, darf der V. die Sache anderweitig vermieten. Der Mi. ist *zum Abschluß eines Mv. durch eine derartige Vereinbarung nicht verpflichtet,* die darauf abzielt, zunächst andere Bewerber auszuschließen. (Zusammenfassend Kania ZMR 76, 1). Vom Vmr. ist der → Mietvorvertrag zu unterscheiden.

W

Wegereinigungspflicht. *Streupflicht* bei Glätte, Beseitigung von *Schnee* und allgemeine *Säuberung* der öffentlichen Fußgängerwege und Straßen, die an *ein Grundstück angrenzen,* gehören zur sog. Wegereinigungspflicht. Diese wird unterschiedlich in den einzelnen *Straßengesetzen der Länder* geregelt (Horst ZMR 67, 67). Sie trifft in erster Linie die Gemeinden, die sie nach den Straßengesetzen durch Satzung oder Gemeindeverordnung auf die *Anlieger* (V.) abwälzen können (s. dazu BGH NJW 85, 484). Danach kann auch *ein anderer an Stelle des Verpflichteten* der Ortspolizei gegenüber mit deren Zustimmung durch schriftliche oder protokollarische Erklärung die Reinigungspflicht übernehmen (z. B. § 6 Preuß. WegereinigungsGes.). Die Polizeibehörde darf sich dann wegen der Einhaltung der Reinigungspflicht nur an den Übernehmer halten (KG NJW 68, 605). Im Schadensfalle haften aber V. und M. gegenüber dem Geschädigten i. d. R. *gemeinsam* (BGH ZMR 70, 54), während die Gemeinde durch den gesetzlichen Pflichtenübergang von einer Haftung befreit ist (bestr.; Otto NJW 68, 1236; Koch NJW 68, 2329; OLG Celle ZMR 62, 43; LG Braunschweig VersR 56, 428).

Das Recht der Gemeinde, die Streupflicht den Anliegern aufzubürden, kann nicht nur durch ein formelles Ges., sondern auch durch *Gewohnheitsrecht* begründet werden; rechtsbildend ist eine Gewohnheit dann, wenn sie sich durch langdauernde Übung äußerlich betätigt und wenn sie auf der ernsthaften gemeinsamen Überzeugung beruht, daß damit Recht geübt werde (BGH DWW 69, 160). Der V. kann die ihm obliegende Wegereinigungspflicht auch *vertraglich* einem M. übertragen. Die Übertragung dieser Pflichten bedarf jedoch einer ausdrücklichen und eindeutigen Vereinbarung (LG Stuttgart WM 88, 399; a.A. LG Aachen NJW-RR 88, 783); es besteht auch keine allgemeine Verkehrssitte, daß der M. einer Erdgeschoßwohnung ausnahmslos ohne vertragliche Abmachung den Gehweg vor dem Haus zu reinigen verpflichtet ist. Eine formularvertragliche Vereinbarung, wonach nur der Mieter der Erdgeschoßwohnung zur Schnee- und Eisbeseitigung verpflichtet ist, verstößt als überraschende Klausel gegen § 3 AGBG (LG Frankfurt NJW-RR 88, 782; a.A. OLG Frankfurt NJW-RR 89, 41). Fehlt das Überraschungsmoment, so ist die Klausel allerdings wirksam; insbesondere liegt kein Verstoß gegen § 9 AGBG vor (AG Frankfurt WM 85, 19). Der M. ist dem V. für *Schäden haftbar,* die durch eine schuldhafte Nichterfüllung oder eine mangelhafte Erfüllung dieser Verpflichtung entstehen. Strafrechtlich kann der M. wegen fahrlässiger Körperverletzung zur Verantwortung gezogen werden, wenn er seine Streupflicht schuldhaft vernachlässigte und dadurch ein Schaden entsteht (OLG Celle NJW 61, 1939). Davon abgesehen hat ein privater Dritter keinen zivilrechtlichen Anspruch gegen den Streupflichtigen auf Einhaltung dieser Pflicht (OLG Karlsruhe Justiz 85, 50). Wird der V. wegen Schadensersatz in Anspruch genommen, weil der M. einen Unfall durch seine Pflichtverletzung verursacht und verschuldet hat, kann er sich dem Verletzten gegenüber nur durch den Nachweis *entlasten,* daß er den M. *gewissenhaft auswählte,* mit den erforderlichen *Anweisungen versehen* und *fortlaufend überwacht* hat (§ 831 BGB); an die Überwachungspflicht des V. werden dabei strenge *Anforderungen* gestellt (BGH NJW 52, 61). Wenn ein objektiver Verstoß gegen die Streupflicht und ein dadurch hervorgerufener gefährlicher Zustand des Weges festgestellt worden ist, der zu einem Unfall geführt hat, ist es Sache des jeweils Verantwortlichen, sich zu entlasten und gegebenenfalls zu beweisen, daß er alles Mögliche und Zumutbare getan hat, um der Streupflicht zu genügen. Der bloße Hinweis des V., er habe seine Pflichten einem Dritten (Ehefrau, Hauswart) mit dessen Einverständnis übertragen, reicht hier nicht aus (BGH VersR 67, 685). Kann der Mieter infolge von Krankheit oder hohem Alter die vertraglich übernommene Verpflichtung zum Schneeräumen auf Dauer nicht mehr erfüllen, so muß er dies dem Vermieter anzeigen. Die mietvertragliche Vereinbarung über die Streupflicht ist nach den Grundsätzen der ergänzenden Vertragsauslegung dahingehend auszulegen, daß der Mieter bei dauernder Unmöglichkeit von der Verpflichtung zur Leistung frei wird. Eine Erhöhung der Miete aus diesem Grund kommt nur in Betracht, wenn der Mietzins wegen des

Schneeräumens ermäßigt war (im Erg. ebenso: AG Hamburg WM 86, 84; AG Frankfurt WM 85, 19; LG Darmstadt WM 88, 300; AG Bonn ZMR 89, 498). Bei vorübergehender Verhinderung infolge Krankheit oder Ortsabwesenheit muß der Mieter allerdings für eine Vertretung sorgen (AG Frankfurt a. a. O.). Es wird allerdings auch die Ansicht vertreten, daß die Schneebeseitigungs- und Streupflicht zu den vertretbaren Handlungen gehört, mit der Folge, daß der M. auch bei langer Krankheit und hohem Alter für eine Vertretung sorgen muß (LG Düsseldorf WM 88, 400; LG Flensburg ZMR 88, 140; AG Bochum DWW 88, 149).

Der *Umfang* der Wegereinigungspflicht wird in der Rspr. nicht einheitlich beurteilt. Es genügt, wenn auf dem Bürgersteig ein für den Fußgängerverkehr ausreichend breiter Streifen sowie die Zugänge zum Grundstück gestreut und von Schnee gesäubert werden (OLG Köln JR 54, 420). In der Regel genügt hierbei eine Spur von ca *1,20 m Breite;* darüber hinausgehende Räumarbeiten können nur bei besonders stark frequentierten Fußwegen in Betracht kommen (OLG Bamberg FWW 76, 262). Dies gilt auch dann, wenn die Ortssatzung eine umfangreichere Räumungspflicht vorsieht, weil diese Satzungen unter dem Gesichtspunkt der Zumutbarkeit und Verhältnismäßigkeit gesehen werden müssen (OLG Bamberg aaO.) Der Schneeräumung muß alsbald das Streuen folgen. Das Nachstreuen bei fortdauerndem Schneefall braucht erst nach angemessener Zeit zu erfolgen. Unter Berücksichtigung der örtlichen Verhältnisse muß beim Eintritt von Glatteis nicht sofort, sondern erst nach angemessener Zeit gestreut werden. Die Streupflicht beginnt nach den örtlichen Verhältnissen mit dem Einsetzen des Tagesverkehrs. Wurde abends gestreut, braucht der Streupflichtige i. d. R. am nächsten Morgen erst zur üblichen Zeit zu prüfen, ob sich über Nacht neues Glatteis gebildet hat; eine Ausnahme kann gelten, wenn in den späten Abendstunden noch ein besonderer Publikumsverkehr besteht (BGH NJW 85, 270). Bei *außergewöhnlichen Glätteverhältnissen* muß der V. notfalls mehrmals streuen und damit schon morgens vor Beginn des üblichen Tagesverkehrs beginnen (BGH VersR 65, 364; NJW 85, 484). Wird die Streupflicht einem → Hauswart übertragen, muß der V. sorgfältig darüber wachen, daß die Pflichten gewissenhaft erfüllt werden (BGH VersR 67, 685). Ende Dezember muß bei entsprechender Wetterlage damit gerechnet werden, daß über Nacht Witterungsverhältnisse eintreten, die ein frühzeitiges Streuen erforderlich machen (BGH DWW 68, 472). Ein Überblick über die Rspr. findet sich bei Gather DWW 78, 281.

Werkförderungsvertrag (Wv.). Wird ein → Aufbauvertrag zwischen einem Bauherrn und einem Arbeitgeber (Ag.) mit dem Ziel geschlossen, in den zu schaffenden Räumen die Arbeitnehmer (An.) des Betriebs unterzubringen, liegt ein Wv. vor. In ihm wird dem Ag. ein *M.benennungsrecht* eingeräumt, das durch die Eintragung eines → dinglichen Wohnrechts im Grundbuch gesichert werden kann. Das Besetzungsrecht endet grunds. nicht durch vorzeitige Rückzahlung des Darlehens (BGH MDR 75, 397 = NJW 75, 381). Benennt der Arbeitgeber innerhalb einer angemessenen Frist keinen Mietinteressenten, so liegt hierin ein Verzicht auf das ihm eingeräumte Mieterbenennungsrecht. Der V. kann dann die Wohnung an eine betriebsfremde Person vermieten. Häufig ist in den Wv. aber vereinbart, daß der Arbeitgeber für den Mietausfall haftet (Mietausfallgarantie). In einem solchen Fall ist der V. verpflichtet, die Wohnung bis zur Benennung eines M. leerstehen zu lassen. Die Mietausfallgarantie begründet i. d. R. nur eine Haftung des Arbeitgebers für denjenigen Mietausfall, der infolge der Nichtvermietung entsteht; für den infolge der Zahlungsunfähigkeit oder -unwilligkeit eines M. entstandenen Schaden braucht der Arbeitgeber dagegen nicht einzustehen (BGH MDR 77, 309). Ausnahmsweise kann der Arbeitgeber auch bei Zahlungsunfähigkeit des M. in Anspruch genommen werden. Der Inhaber des Wohnungsbesetzungsrechts ist nämlich verpflichtet, dafür Sorge zu tragen, daß solche Personen nicht zugewiesen werden, die nach ihren wirtschaftlichen Verhältnissen von vornherein ungeeignet sind. Wird die bei der Auswahl des M. bestehende Prüfungspflicht verletzt und z. B. ein überschuldeter M. zugewiesen, so ist der Arbeitgeber zum Schadenersatz verpflichtet, wenn er die Überschuldung kannte oder bei Beachtung der erforderlichen Sorgfalt erkennen konnte (BGH ZMR 83, 303).

1. Daneben wird im Wv. meist vereinbart, zu welchem M.preis der V. die Wohnung dem M. zu überlassen verpflichtet ist; für künftige M.erhöhungen wird ferner die Zustimmung des Ag als Wirksamkeitserfordernis vorausgesetzt. Die im Wv. übernommenen Pflichten muß der V. für die vereinbarte Geltungsdauer des Vertrages oder aber bis zur restlosen Rückzahlung des vom Ag erhaltenen Darlehens (Zuschüsse) sowohl gegenüber diesem als auch gegenüber dem benannten M. einhalten. Der Bauherr ist verpflichtet, mit dem vom Ag. benannten An. einen Mv. abzuschließen, der rechtlich nach den Vorschriften über die → *Werkwohnung* zu beurteilen ist. Wenn der Wv. keine andere Regelung vorsieht, ist der Bauherr zur *Ablehnung* eines benannten An. nur berechtigt, wenn dafür bes. Gründe in dessen Person vorliegen. Auch bei werkfremden Wohnungen hat der Betriebsrat ein Mitbestimmungsrecht hinsichtlich der Zulassung der Kündigung und der Festlegung der allg. Nutzungsbedingungen (§ 87 I Ziff. 9 Betr.VG; BAG BB 75, 1159).

2. Aus der Zweckbindung der Wohnungen zugunsten der Be-

triebsangehörigen ergibt sich die *Verpflichtung* des Bauherrn, den Mv. mit einem An. *zu kündigen,* wenn das Arbeitsverhältnis beendet ist (s. Werkwohnung I 2–3). Für die in Wv. vereinbarte Dauer der Zweckbindung muß dann ein anderer, vom Ag. benannter An. aufgenommen werden. Wie bei der → Werkwohnung (I 1) setzt aber auch hier eine wirksame ordentliche Kündigung des Mv. voraus, daß der V. die zwingenden gesetzl. Vorschriften über den → Kündigungsschutz für Wohnraum einhält und die vorherige Zustimmung des Betriebsrats nach § 87 I Ziff. 9 BetrVG vorliegt. Im übrigen darf der V. dem An. aber das Mv. ohne bes. Grund grunds. solange nicht kündigen, wie das Arbeitsverhältnis fortbesteht und das Ag.- Darlehen noch nicht zurückgezahlt ist. Gegenüber der ordentlichen Kündigung des V. kann sich auch hier der M. auf den Schutz der Sozialklausel (§ 556a BGB) berufen: insoweit sind aber neben den Interessen des V. auch die bes. Interessen des Ag. zu berücksichtigen (§ 565d I BGB). Zur fristlosen Kündigung (§§ 553, 554a BGB) ist der V. dagegen auch ohne Zustimmung des Ag. jederzeit befugt, wenn im Wv. nichts anderes vereinbart wurde.

3. Der Wv. stellt einen *Vertrag zugunsten Dritter* (§ 328 BGB) dar (BGH ZMR 67, 175 = NJW 67, 261), so daß sich der An. auf die in ihm vereinbarte Belegungsdauer als M.zeit gegenüber der Kündigung des V. berufen kann, wenn der Ag. der weiteren Überlassung der Wohnung zustimmt (LG Essen MDR 69, 147). Ist im Wv. vereinbart, daß der V. die Wohnung an den An. zu einem bestimmten, *vergünstigten M.zins* vermieten muß, kann sich der M. auch darauf berufen, wenn von ihm eine darüber hinausgehende Leistung verlangt wird (Roquette MDR 58, 465).

4. Zahlt der M. in Unkenntnis seines Weigerungsrechts einen höheren als den im Wv. vereinbarten M.zins, kann er den übersteigenden Betrag vom V. zurückverlangen (§ 812 BGB). Eine Erhöhung des im Wv. vereinbarten M.zinses auf Grund des gesetzl. Erhöhungsrechts nach § 2 MHG bis zur ortsüblichen Vergleichsmiete ist ausgeschlossen, wenn der Wv. für seine Geltungsdauer eine derartige Veränderung nicht zuläßt (§ 1 S. 3 MHG); macht er sie dagegen von der Zustimmung des Ag. abhängig und wird sie erteilt, kann der M. auch gegen seinen Willen zur Erhöhung verurteilt werden (→ M.erhöhung f. nicht preisgeb. Wohnr.) Hat der Ag. eine → M.vorauszahlung als Baubeihilfe geleistet, ist der auf den M.zins zu verrechnende Rückzahlungsbetrag vom An. auf Grund eines bes. Vertrages i. d. R. durch Abzug vom Arbeitsverdienst an den Ag. zu erstattten.

5. *Verletzt* der Bauherr die im Wv. *vereinbarten Pflichten,* kann der Ag. die geleistete Baubeihilfe vorzeitig zurückverlangen, wenn der Vertragszweck nicht erfüllt wird. Die *schuldhafte Verletzung* der Pflichten aus einem Belegungsrecht verpflichtet den V. auch zum

Schadensersatz. Dem Inhaber des Belegungsrechts sind die Aufwendungen zu ersetzen, die sich aus der Weigerung des V. ergeben, eine als M. benannte Person in die Wohnung aufzunehmen. Es ist ohne Belang, ob die Aufwendungen des Berechtigten auf bürgerlichem oder öffentlichem Recht beruhen. Ersatzpflichtig sind nicht nur diejenigen Aufwendungen, die unmittelbar an die als M. vorgesehene Person gemacht wurden, sondern auch Ausgaben an Dritte, die zugunsten des abgelehnten Bewerbers zurücktreten mußten (BGH ZMR 69, 135; BBauBl 68, 473). Nimmt der V. entgegen den Vereinbarungen im Wv. einen *nichtbenannten Dritten* als M. auf, hat der Ag. keinen Anspruch auf die Räumung der Wohnung, um sie seinem An. zur Verfügung stellen zu können. Wird das Belegungsrecht des Ag. dagegen durch eine im Grundbuch eingetragene Dienstbarkeit gesichert, kann der Belegungsberechtigte nach §§ 1004, 1090 II, 1027 BGB von dem durch ihn nicht benannten M. unmittelbar die Räumung verlangen (Schopp Rpfl. 64, 332).

6. Gegenüber dem *Rechtsnachfolger* des V. ist ein nicht im Grundbuch eingetragenes Belegungsrecht unwirksam (BGH ZMR 68, 322; s. Verkauf des M.grundstücks).

7. Wird zwischen dem V. und dem Ag. kein Wv., sondern lediglich ein Mv. vereinbart, wonach der Ag. zur → *Untervermietung* der Räume an seine An. berechtigt sein soll, so bestimmen sich die Rechtsbeziehungen zwischen dem Ag. und dem An. nach den Grundsätzen der Untermiete (s. dort).

Werkwohnungen (Ww.). Eine Ww. setzt begrifflich voraus, daß Wohnräume mit Rücksicht auf ein *bestehendes Dienst-* oder *Arbeitsverhältnis* vermietet werden. Für die Ww. gelten bis zur Beendigung des Arbeitsverhältnisses grunds. die allgemeinen Vorschriften des Mietrechts. Nur für den Fall der *Beendigung des Arbeitsverhältnisses* steht dem Arbeitgeber (Ag.) ein Sonderkündigungsrecht mit verkürzten Kündigungsfristen zu und ist der Arbeitnehmer (An.) beschränkt vom Schutz der → Sozialklausel ausgeschlossen (§§ 565b–e BGB). Das gilt auch dann, wenn nicht der Ag., sondern ein Dritter die Ww. vermietet hat (Werkfremde Ww.), weil er dazu nach den getroffenen Vereinbarungen in dem mit dem Ag. geschlossenen → Werkförderungsvertrag verpflichtet war. Der An. hat grunds. keinen Anspruch, vom Ag. oder einem Dritten die Überlassung einer Ww. zu verlangen. Diese Grundsätze gelten jedoch nach dem BetriebsverfassungsG 1972 nur noch mit der wichtigen Einschränkung, daß der *Betriebsrat* bei der *Zuweisung* und *Kündigung* einer Ww. sowie bei der Allgem. Festlegung der *Nutzungsbedingungen* seine *Zustimmung* erteilen muß (vgl. dazu ausführlich Schmidt-Futterer/Blank Komm. Rdn. B 860ff.). Unter Zuweisung ist die Entscheidung über die

Person des zukünftigen M., nicht der Abschluß des Mv. zu verstehen. Dem Mitbestimmungserfordernis ist dabei Genüge getan, wenn der Ag. in Zusammenarbeit mit dem Betriebsrat Anwärterlisten erstellt und die freiwerdenden Wohnungen entsprechend dieser Listen vergeben werden. Die Ausübung des Mitbestimmungsrechts im Falle der Kündigung ist ein echtes Wirksamkeitserfordernis, das im Räumungsrechtsstreit von Amts wegen beachtet werden muß; dies gilt allerdings nur bis zur rechtswirksamen Auflösung des Dienst- oder Arbeitsverhältnisses (OLG Frankfurt, RE vom 14. 8. 1992, WM 92, 525 = ZMR 92, 443). Die Mitbestimmung bei der allgemeinen Festlegung der Nutzungsbedingungen umfaßt die generelle Regelung aller mit dem Mv. zusammenhängenden Fragen. Dazu gehört neben dem Entwurf einer → Hausordnung insbes. die generelle Festlegung oder Änderung des M.zinses einschließlich der Nebenkosten, während die individuelle Festsetzung des M.zinses mitbestimmungsfrei ist (BAG NJW 73, 1900 = BB 73, 845; vgl. auch BAG BB 75, 1159; Becker-Schaffner BlStSozArbR 74, 232). Kommt eine Einigung über diese Fragen zwischen dem Ag. und dem Betriebsrat nicht zustande, muß darüber die vom Ges. vorgesehene *Einigungsstelle* entscheiden (§ 87 I Ziff. 9, II Betr.VG; Schmidt-Futterer BB 72, 1058; BAG MDR 75, 258).

I. Für die *Werkmietwohnungen* sieht das Ges. *verkürzte Kündigungsfristen* und nur unter *Einschränkungen* das *Kündigungswiderspruchsrecht* vor.

1. Eine Ww. fällt nur dann unter diese Sondervorschriften, wenn Wohnraum mit Rücksicht auf das Bestehen eines Arbeitsverhältnisses (§ 565b BGB spricht zur Angleichung des Gesetzeswortlauts vom „Dienstverhältnis") vermietet worden ist (LG Aachen WM 85, 149). Ein derartiges Arbeitsverhältnis setzt eine unselbständige abhängige Arbeitsleistung und Weisungsgebundenheit des Verpflichteten voraus. Die Dienstverhältnisse der Beamten und der Angestellten oder Arbeiter des öffentlichen Dienstes scheiden hier aus. Das Bestehen eines Arbeitsverhältnisses muß *maßgebenden* Einfluß auf den Abschluß des Mv. ausgeübt haben, braucht aber nicht der einzige Grund dafür gewesen zu sein. Die Verknüpfung zwischen Arbeitsverhältnis und Mv. braucht nicht Gegenstand der Vereinbarung zu sein und muß im Mv. keinen Ausdruck finden. Sie muß sich lediglich aus den Umständen für den M. in erkennbarer Weise ergeben. Das Arbeitsverhältnis muß die Geschäftsgrundlage für den Mv. sein. Ist streitig, ob die Wohnung eine Werkwohnung ist, so trifft die Beweislast denjenigen, der hieraus Rechte für sich herleiten will. Geht es um die Geltung der verkürzten Kündigungsfristen, so ist dies der Vermieter (AG Darmstadt WM 85, 153). Abgesehen von der Beendigung des Arbeitsverhältnisses übt aber der *Arbeitsvertrag* trotz

seiner engen Verknüpfung *keinen Einfluß auf den Mv.* aus, der sich grunds. nach den allgemeinen Vorschriften richtet. Die *ordentliche, befristete* → *Kündigung* des Mv. *vor* der *Beendigung des Arbeitsverhältnisses* wird aber i. d. R. nach dem Willen der Vertragsparteien als *ausgeschlossen* anzusehen sein. Auch der V. einer werkfremden Ww. ist grundsätzlich zur ordentlichen Kündigung des Mv. nicht berechtigt, solange das Arbeitsverhältnis fortbesteht, das dem Mv. zugrunde liegt und das vom Ag. gezahlte Baudarlehen noch nicht zurückgezahlt worden ist (LG Bochum NJW 65, 1487; s. Werkförderungsvertrag). Soweit die Kündigungsbefugnis nicht ausgeschlossen ist, muß der Ag. auch bei einer Ww. die gesetzl. Voraussetzung des § 564b BGB einhalten (OLG Celle WM 85, 142); als zulässiger Kündigungsgrund kommt hier vor allem Betriebsbedarf an der Ww. in Betracht (s. → Kündigungsschutz für Wohnräume I 2a). Ferner setzt eine wirksame Kündigung des Ag. die vorherige Zustimmung des Betriebsrats nach § 87 I Ziff. 9 BetrVG voraus (s. oben).

2. Im Falle der *Beendigung* des Arbeitsverhältnisses ist es i. d. R. das Interesse des Ag., möglichst schnell die Ww. zurückzuerhalten, um sie einem anderen An. vermieten zu können. Da das Ges. (§ 565a II BGB) aber zum Schutz des M. eine automatische Koppelung des Endes beider Rechtsverhältnisse ausschließt, muß der V. das Mv. *auf jeden Fall kündigen,* wenn er die Wohnung anderweitig benötigt und die Rückgabe wünscht. Für diese Kündigung gelten grunds. die allgem. Anforderungen und Kündigungsfristen für Wohnraum (s. Kündigung, Kündigungsfristen, Kündigungsschutz I); deshalb muß der V. sowohl vor als auch nach der Beendigung des Arbeitsverhältnisses ohne Rücksicht auf die ihm möglicherweise zustehenden verkürzten Kündigungsfristen stets seine *berechtigten Interessen* an der Beendigung des Mv. (z. B. Betriebsbedarf) im *Kündigungsschreiben darlegen* und im Streitfall beweisen (LG Mannheim WM 73, 22 = DWW 73, 181; AG Stuttgart WM 74, 126). Um aber der Zweckbestimmung dieser Werkmietwohnungen gerecht zu werden, läßt das Ges. (§ 565c BGB) unter bestimmten Voraussetzungen kürzere Kündigungsfristen zu.

a) Das Sonderkündigungsrecht des V. setzt ein Mv. voraus, das auf *unbestimmte Zeit* vereinbart worden ist. Das ist auch der Fall, wenn das Mv. vereinbarungsgemäß mit dem Ende des Arbeitsverhältnisses endigen soll (§ 565a II BGB). Bei Mv. mit *bestimmter M.zeit* ist dagegen das *Sonderkündigungsrecht* des V. *ausgeschlossen,* weil durch eine derartige Vereinbarung zum Ausdruck gebracht wird, daß die Dauer des Arbeitsverhältnisses ohnehin keinen Einfluß auf die Dauer des Mv. haben soll.

b) Das Sonderkündigungsrecht des V. für Ww. ist erst *nach* der Beendigung des Arbeitsverhältnisses gegeben. Die Kündigung der

Wohnung kann deshalb nicht zugleich mit der Beendigung des Dienstverhältnisses ausgesprochen werden (LG Kiel WM 78, 32). Kündigt der V. trotzdem unter Berufung auf § 565c BGB mit verkürzter Frist vor der Beendigung des Arbeitsverhältnisses, ist die Kündigung unwirksam. Ob der V. nach der Beendigung des Arbeitsverhältnisses von seinem Sonderkündigungsrecht sogleich oder später Gebrauch macht, ist ihm überlassen (s. aber unten h). Will der M. (An.) das Mv. kündigen, ist er an die Fristen des § 565 BGB gebunden, weil ihm das Sonderkündigungsrecht nicht zusteht.

c) Die schriftliche Kündigungserklärung (§ 564a BGB) muß bei den werkeigenen Ww. vom Ag. und bei den werkfremden Ww. vom verfügungsberechtigten V. ausgesprochen werden. Im letzteren Falle hat der Ag. gegen den V. einen Anspruch darauf, daß er durch den Ausspruch der Kündigung für die vereinbarte Zweckbestimmung der Wohnung sorgt (s. Werkförderungsvertrag).

d) Die Kündigungsfrist für *funktionsgebundene Ww.* (Pförtnerwohnung, Ww. von leitenden Ingenieuren, Ärzten auf dem Klinikgelände, Werkfeuerwehr usw.) beträgt *1 Monat.* Sie muß bis zum 3. Werktag eines Monats ausgesprochen werden und wirkt dann zum Ende dieses Monats. Eine funktionsgebundene Ww. liegt nur dann vor, wenn das Arbeitsverhältnis seiner Art nach die Überlassung des Wohnraums in unmittelbarer Nähe zur Stätte der Dienstleistung erfordert. Es kommt somit auf die bes. Art der Dienstleistung an, die eine Überlassung des Wohnraums erforderlich macht, der in räumlicher Nähe zur Arbeitsstelle liegen muß. Bei der Prüfung der Frage, ob eine funktionsgebundene Werkwohnung vorliegt, ist ein strenger Maßstab anzulegen (LG Kiel WM 86, 218). Für die verkürzte Kündigungsfrist ist daneben erforderlich, daß die Ww. für einen *anderen An. benötigt* wird, weil die bes. Art seiner Beschäftigung seine ortsnahe Unterbringung gebietet.

e) Für alle sonstigen Werkmietwohnungen gilt die 12monatige Kündigungsfrist des § 565 Abs. 2 BGB, wenn der Mieter die Räume mindestens 10 Jahre in Besitz hatte. Bei einer Besitzzeit von weniger als 10 Jahren gilt eine einheitliche kurze Kündigungsfrist, wenn der Vermieter die Wohnung für einen anderen Betriebsangehörigen benötigt. In diesen Fällen kann der Vermieter spätestens am dritten Werktag für den Ablauf des nächsten Monats kündigen. Nach § 565c Abs. 1 Satz 1 Nr. 1 BGB setzt die Kündigung mit der kurzen Frist voraus, daß die Wohnung „dringend" benötigt wird. Diese Kündigungsmöglichkeit besteht allerdings nur für Mietverhältnisse die „vor dem 1. September 1993 eingegangen worden" sind (§ 564c Satz 1 Nr. 1b BGB). Für Mietverhältnisse, die nach dem 31. 8. 1993 begründet werden, verlängert sich die Kündigungsfrist um einen Monat: der Vermieter kann „spätestens am dritten Werktag eines

Kalendermonats für den Ablauf des übernächsten Monats" kündigen. Außerdem setzt die Kündigung mit der einheitlichen kurzen Frist bei diesen Mietverhältnissen nicht voraus, daß die Wohnung „dringend" benötigt wird; es genügt ein einfacher Betriebsbedarf (§ 564c Satz 1 Nr. 1a BGB). Diese „Lockerung" beruht auf dem Vierten Mietrechtsänderungsgesetz, das am 1. 9. 1993 in Kraft getreten ist; die Regelung gilt aber auch für Mietverhältnisse die vor dem 1. 9. 1993 abgeschlossen worden sind.

f) Der V. kann von der Ausübung seines Sonderkündigungsrechts Abstand nehmen und die normale Kündigung des Mv. unter Wahrung der *allgemeinen → Kündigungsfristen* des § 565 BGB aussprechen. Das kann für ihn dann günstiger sein, wenn er längere Zeit im voraus weiß, wann das Arbeitsverhältnis endigt, so daß er trotz längerer Kündigungsfrist bei frühzeitigem Kündigungsausspruch die frühere Rückgabe erreicht. Bei der normalen Kündigung braucht der V. nämlich mit dem Kündigungsausspruch nicht erst zu warten, bis das Arbeitsverhältnis beendigt ist. Steht z. B. schon im Januar fest, daß der An. zum 30. 6. aus dem Arbeitsverhältnis ausscheidet, kann bis zum 4. 1. mit Wirkung zum 30. 6. auch das Mv. gekündigt werden (6monatige Kündigungsfrist nach § 565 III BGB vorausgesetzt). Macht der V. in diesem Falle von seinem Sonderkündigungsrecht Gebrauch, kann er frühestens am 1. 7. zum 31. 8. kündigen, verliert also 2 Monate.

g) Macht der Ag. *längere Zeit* nach der Beendigung des Arbeitsverhältnisses von seinem Sonderkündigungsrecht keinen Gebrauch, *verwirkt* er es, so daß er die → Kündigungsfristen des § 565 BGB einhalten muß (s. Verjährung II). Dann darf sich der An. uneingeschränkt auf den Schutz der → Sozialklausel berufen.

h) *Abweichende Vereinbarungen* sind unzulässig, soweit dadurch die Rechtsstellung des M. verschlechtert wird. Deshalb ist es unzulässig, gekoppelt die Beendigung des Mv. mit dem Arbeitsverhältnis unter Verzicht auf die erforderliche Kündigungserklärung zu vereinbaren (§ 565a II BGB). Kürzere → Kündigungsfristen für Ww., als sie in § 565c BGB bestimmt sind, können nicht wirksam vereinbart werden. Die Beendigung des Arbeitsverhältnisses darf auch nicht als Grund für eine fristlose Kündigung vereinbart werden, um dadurch die ordentliche Kündigung überhaupt auszuschließen. Unwirksam ist auch eine Vereinbarung, wonach das Mietverhältnis spätestens drei Monate nach der Beendigung des Arbeitsverhältnisses enden soll (LG Düsseldorf WM 85, 151). Die Vereinbarung eines qualifizierten Zeitmietvertrags ist aber seit dem 1. 9. 1993 möglich (s. → *Zeitmietvertrag* I 2c).

3. Hat der V. den Mv. über eine Ww. wirksam gekündigt, kann der M. unter den Voraussetzungen des § 556a BGB (s. Sozialklausel

I–III) der *Kündigung widersprechen.* Die Fortsetzung des Mv. kann verlangt werden, wenn die termingemäße Beendigung für den M. oder seine Familie eine Härte bedeuten würde, die auch unter Würdigung der berechtigten Interessen des V. nicht gerechtfertigt ist (§ 565d BGB). Es ist unbeachtlich, ob die Kündigung nach Aufhebung oder während des Bestehens eines Arbeitsverhältnisses ausgesprochen worden ist. In jedem Fall gelten für Ww. aber die bes. Voraussetzungen des § 565d BGB, durch die der Widerspruch des M. folgenden *Einschränkungen* unterliegt:

a) Die *Widerspruchsfrist* ist im Hinblick auf die geringeren Kündigungsfristen für Ww. auf *einen Monat* verkürzt (§ 565d II BGB). Weist der V. aber den M. nicht rechtzeitig auf die Form und Frist des Widerspruchs hin (s. Sozialklausel IV), kann der M. noch im 1. Verhandlungstermin vor Gericht rechtzeitig den Widerspruch erklären (§ 564a BGB).

b) Bei *werkfremden* Ww. sind auch die Belange des Ag. bei der Interessenabwägung zu berücksichtigen (§ 565d I BGB). Sie können vor allem darin bestehen, daß er die Ww. für einen anderen An. benötigt. Soll die Ww. aber zu gewerblichen Zwecken verwendet oder an betriebsfremde Personen vermietet werden, liegen keine derartigen berechtigten Belange des Ag. vor.

c) Das Widerspruchsrecht des M. ist *ausgeschlossen,* wenn es sich um *funktionsgebundene* Ww. handelt (§ 565d III BGB). Löst der M. das Arbeitsverhältnis, ohne daß ihm der Ag. hierzu gesetzlich begründeten Anlaß gegeben hat, kann er sich auch nicht auf den Schutz der Sozialklausel berufen; gleiches gilt, wenn der M. dem Ag. einen *gesetzl. begründeten Anlaß zur Auflösung* des Arbeitsverhältnisses gegeben hat. Das ist der Fall, wenn der Ag. auf Grund eines schuldhaften, rechtswidrigen Verhaltens des An. einen gesetzl. oder wichtigen Kündigungsgrund hatte und darin die Ursache für die Auflösung des Arbeitsverhältnisses lag. Ein wichtiger Grund zur fristlosen Kündigung wird nicht unbedingt vorausgesetzt. Es reicht aus, daß die Kündigung des Arbeitsverhältnisses durch schwerwiegende Gründe im Verhalten des An. bedingt war und sie somit nicht zu den sozial ungerechtfertigten unwirksamen Kündigungen i. S. § 1 KschG zählt. Erhebliche Pflichtverletzungen des An. reichen aus (z. B. Beleidigung, Störung des Betriebsfriedens). Ob der Ag. tatsächlich die fristlose Kündigung aussprach oder eine Schonfrist eingehalten oder eine Aufhebungsvereinbarung geschlossen wurde, ist nicht entscheidend. Dagegen genügt es nicht, wenn das Arbeitsverhältnis während der Probezeit wegen fehlender Eignung gekündigt worden ist (OLG Celle WM 85, 142).

d) Soweit das Widerspruchsrecht des M. ausgeschlossen ist, kann ihm vom Gericht eine angemessene →Räumungsfrist nach §§ 721,

794a ZPO gewährt werden, denn diese Möglichkeit wird vom Ges. nicht ausgeschlossen (s. unten IV.).

II. Die Eigenart der *Werkdienstwohnungen* besteht darin, daß die Überlassung der Räume das *Entgelt* für die Leistung von Diensten darstellt. Das Arbeitsverhältnis ist auch Rechtsgrundlage für die Raumnutzung, so daß sich auch die gegenseitigen Rechte und Pflichten hinsichtlich der Wohnung aus diesem Vertrag und nicht aus einem daneben bestehenden Mv. ergeben. Beispiele für solche Werkdienstwohnungen sind die Hauswartwohnung, Wohnungen für landwirtschaftliche Arbeiter oder Gutsinspektoren, Wohnungen für leitende Ingenieure oder Werksdirektoren von Industriebetrieben, Dienstwohnung für Ärzte, Heimleiter oder Personal auf dem Anstaltsgelände. Für solche Wohnungen wird meist in Anrechnung auf das Arbeitsentgelt nur eine Anerkennungsgebühr festgelegt, die erheblich unter dem eigentlichen Wohnwert liegt, soweit nicht Tarifverträge oder Betriebsvereinbarungen zwar vergünstigte, aber höhere Entgelte vorsehen. Das Gesetz zur Regelung der Miethöhe gilt nicht; der Betriebsrat hat auch kein Mitbestimmungsrecht (BAG, WM 93, 353). Für die Dauer des Arbeitsverhältnisses ist der Ag. *nicht* in der Lage, dem An. die Wohnungsnutzung zu *kündigen* oder zu entziehen. Da es sich aber um einen gemischten Vertrag mit mietrechtlichen Elementen handelt, sind im übrigen die Vorschriften des Mietrechts darauf entsprechend anwendbar, soweit im Arbeitsvertrag keine besonderen Vereinbarungen getroffen wurden. Erst mit der *Beendigung des Arbeitsverhältnisses* entfällt die Verpflichtung des Ag., dem An. die Wohnung als Entgelt weiter zu gewähren; einer → Kündigung bedarf es somit grunds. nicht. Eine gesetzliche *Sonderregelung* gilt aber, wenn der An. die Werkdienstwohnung ganz oder überwiegend mit Einrichtungsgegenständen ausgestattet hat oder in den Räumen mit seiner Familie einen eigenen Hausstand führt. Die Rechtslage stellt sich dann nach § 565e BGB folgendermaßen dar:

1. Mit der Beendigung des Arbeitsverhältnisses besteht kraft Ges. das Mv. *selbständig* fort. Es entsteht ein gesetzl. Schuldverhältnis, aus dem sich ein Anspruch des An. auf Weiterbelassung des Besitzes an der Wohnung ergibt. Dieses gesetzl. Abwicklungsverhältnis ist die Folge der Beendigung des Arbeitsverhältnisses.

2. War das Arbeitsverhältnis auf *bestimmte* Zeit eingegangen, erlischt nach allgemeinen Grundsätzen mit seinem Ende auch das Recht zum Besitz der Werkdienstwohnung *ohne Kündigungsausspruch,* so daß die Ausführungen zu 1 nicht gelten. War das Arbeitsverhältnis aber auf *unbestimmte* Zeit eingegangen, muß der Ag. bei dessen Beendigung *zusätzlich* noch das gesetzl. Mietverhältnis *kündigen*. Hierbei müssen die allgem. Voraussetzungen für die → Kündigung von Wohnraum eingehalten werden (s. Kündigungsschutz I;

dazu AG Stuttgart WM 74, 126). Der Ag. kann wahlweise die normalen → Kündigungsfristen des § 565 BGB unter Berücksichtigung der Dauer der Besitzüberlassung einhalten oder vom Sonderkündigungsrecht des § 565c BGB Gebrauch machen (s. oben I 2d–f). Macht der Ag. nach Beendigung des Arbeitsverhältnisses von einem Sonderkündigungsrecht nach § 565c BGB Gebrauch, wird hier i. d. R. die einmonatige Kündigungsfrist für funktionsgebundenen Wohnraum in Betracht kommen.

3. Der An. ist sowohl bei befristeten als auch bei unbefristeten Arbeitsverhältnissen befugt, den *Kündigungswiderspruch* oder sein Fortsetzungsverlangen nach §§ 556a BGB geltend zu machen (s. Sozialklausel). Wenn der Ag. von seinem Sonderkündigungsrecht nach § 565c BGB Gebrauch machte, kann sich der An. auch hier auf den Schutz der Sozialklausel nur unter den Einschränkungen des § 565d BGB berufen (s. oben I 3).

4. Für die Überlassung des Wohnraums nach der Beendigung des Arbeitsverhältnisses bis zu seinem Auszug muß der An. einen *Mietzins* in Höhe des bisher vom Arbeitsentgelt für die Raumnutzung einbehaltenen Betrages zahlen, da er keine Arbeitsleistung mehr als Entgelt zu erbringen hat. Den Ag. treffen für diese Zeit jedoch nicht die sonst dem V. obliegenden Pflichten (s. Instandhaltung), vielmehr trifft den Ag. auch insoweit nur die allgemeine → Verkehrssicherungspflicht und die Verpflichtung, die vom An. benutzten Räume in einem Zustand zu erhalten, der Gefahren für Leben und Gesundheit ausschließt.

III. Bei der Gewährung von → *Räumungsfristen* sind bei werkfremden Ww. auch die Interessen des Ag. zu berücksichtigen. Hat der An. begründeten Anlaß zur Kündigung gegeben oder das Arbeitsverhältnis selbst gekündigt, kann ihm der Räumungsschutz nur für eine kurze Übergangszeit bewilligt werden.

IV. Für die Klagen auf Räumung einer Werkmietwohnung und auf Erfüllung des Mv. sind die *Amtsgerichte* und nicht die Arbeitsgerichte *ausschließlich zuständig* (BAG WM 90, 391; OLG Hamburg DWW 90, 235). Für die Werkdienstwohnung sind während der Dauer des Arbeitsverhältnisses die Arbeitsgerichte, für die Zeit danach ist das Amtsgericht zuständig (z. Ganzen Gaßner AcP 86, 325).

Wertsicherungsklausel (W.) im Mv. dienen dazu, einen befürchteten oder erwarteten Kaufkraftschwund des Geldes zugunsten des V. aufzufangen. Sie setzen voraus, daß im Mv. ein zahlenmäßig bestimmter M.zins festgelegt wird, aus dem sich der wirtschaftliche Wert der Leistung des V. im Zeitpunkt des Vertragsabschlusses ergibt. Sinkt später der Geldwert des vom M. zu zahlenden M.zinses, enthebt die W. den V. von dem Risiko, daß der vereinbarte M.zins für die Gebrauchsüberlassung keinen angemessenen Gegenwert mehr darstellt. Der Kaufkraftschwund der DM im Laufe der letzten Jahre hat die Vereinbarung solcher W. besonders für Geschäftsräume stark begünstigt. Seit dem 1. 9. 1993 kann auch in einem Mietvertrag über Wohnraum eine Wertsicherungsklausel vereinbart werden (s. dazu → *Mietanpassungsvereinbarung*).

I. Die Wertsicherung kann durch Vereinbarung einer *Gleitklausel* erfolgen. Diese bezweckt, daß sich der M.zins in seiner Höhe einem *bestimmten ausgewählten Wertmaßstab* anzugleichen hat (z. B. Preisindex für die Lebenshaltung). Erhöht sich die festgelegte Bezugsgröße, so wirkt sich das unmittelbar und zwangsläufig *ohne zusätzliche Tätigkeit der Vertragsparteien* auf die Höhe des M.zinses aus (BGH ZMR 69, 140). Dies bedeutet, daß der M. beim Eintritt der Erhöhungsvoraussetzungen ohne weiteres den erhöhten M.zins zahlen muß. Erlangen die Parteien erst später Kenntnis vom Eintritt der Erhöhungsvoraussetzungen, so ist die erhöhte Miete *rückwirkend* zu zahlen. Jedoch kann in Ausnahmefällen der Anspruch auf die rückwirkende Erhöhung verwirkt sein (so OLG Hamm ZMR 76, 142 für eine 4 Jahre zurückliegende Mieterhöhung). Es kann allerdings auch vereinbart werden, daß die erhöhte Miete erst nach Aufforderung durch den V. zu zahlen ist. Diese Formulierung stellt keine Vereinbarung über die Fälligkeit, sondern eine Anspruchsvoraussetzung dar. Erfolgt die Aufforderung erst einige Zeit nach Eintritt der Erhöhungsvoraussetzungen, so ist die erhöhte Miete nicht rückwirkend, sondern erst ab Zugang des Aufforderungsschreibens zu zahlen (BGH MDR 79, 930 = WM 79, 210 = ZMR 79, 268).

Die W. haben den typischen Zweck, die M.leistung an etwaige Kaufkraftschwankungen des Geldes anzupassen. Dieser Zweck ist bei der Ermittlung des objektiven Inhalts derartiger Klauseln daher regelmäßig zugrunde zu legen (§ 157 BGB). Soll der M.zins von der Entwicklung eines bestimmten Beamtengehalts abhängig sein, so folgt aus dem Zweck der W., daß bei der M.zinsberechnung die sog. Weihnachtszuwendungen außer Betracht bleiben (BGH MDR 75, 223). Gleiches gilt für eine Erhöhung des Sockelbetrags für den Ortszuschlag, wenn diese Erhöhung nicht als Teuerungsausgleich gewährt wird, sondern anderen sozialpolitischen Zwecken dienen soll. Dagegen führen Gehaltserhöhungen, die dem Teuerungsausgleich dienen, auch zu einer Anhebung des M.zinses (BGH MDR 76, 926). Haben die Parteien – bei Vertragsschluß unerkannt – in ihre W. einen Wertmesser aufgenommen, der sich (wie z. B. der durch staatliche Preismaßnahmen künstlich stabil gehaltene Roggenpreis) in diesem Sinne als ungeeignet erweist, so schließt das nicht aus, daß der V. in ergänzender Auslegung der W. gleichwohl eine M.preiserhöhung verlangen kann (dazu: Horn NJW 85, 1118; Rothoeft NJW 86, 2211).

Etwas anderes gilt in einem solchen Falle nur dann, wenn die Parteien durch die Wahl des Wertmessers gerade keine Anpassung an die Kaufkraftschwankung der DM erreichen, sondern den M.preis auf dem vereinbarten Nominalwert stabil halten wollten (BGH WPM 1972, 1442). Haben z.B. die Parteien eines Geschäftsraum-Mv. das Gehalt eines Verwaltungsoberinspektors als Bezugsgröße für die automatische Anpassung des M.zinses gewählt, so entfällt die Geschäftsgrundlage dieser Regelung nicht schon deshalb, weil zwar dieses Gehalt laufend gestiegen ist, nicht aber die Miete für vergleichbare Geschäftsräume an dem Ort des M.grundstücks; verlangt der V. in Anwendung der W. eine Erhöhung des M.zinses, so gibt das dem M. deshalb nicht das Recht, die Auflösung des Vertrages nach § 242 BGB zu verlangen (BGH WPM 1973, 383 = WM 73, 75). Der M. kann auch nicht verlangen, daß der für die Berechnung der Erhöhung der Miete zugrunde zu legende Ausgangsmietzins ermäßigt wird, wenn auf seine Veranlassung das M.objekt geteilt wurde und die getrennten Teile zusammen einen geringeren objektiven M.wert haben, als vorher das ungeteilte Objekt (BGH aaO. S. 385).

Eine Gleitklausel ist nur mit *Genehmigung der Deutschen Bundesbank* wirksam, wenn die Veränderung des M.zinses an *währungsbestimmte Faktoren* gebunden ist, z.B. Kurs einer ausländischen Währung, Preis oder Menge von Feingold sowie anderer Güter und Leistungen (§ 3 WährG; zu den Genehmigungsgrundsätzen der Deutschen Bundesbank s. → *Mietanpassungsvereinbarung* I 2 und 3).

II. Von der genehmigungspflichtigen Gleitklausel ist die *genehmigungsfreie Spannungsklausel* zu unterscheiden. Eine Spannungsklausel ist dann anzunehmen, wenn die in ein Verhältnis zueinander gesetzten Leistungen im wesentlichen gleichartig oder zumindest vergleichbar sind (BGH NJW RR 86, 877). Eine derartige genehmigungsfreie Spannungsklausel liegt z.B. dann vor, wenn der Mietpreis vom Steigen oder Fallen anderer vergleichbarer Mietobjekte oder der „ortsüblichen Miete" abhängig gemacht wird. In solchen Fällen ist § 3 WährG unanwendbar (BGH MDR 76, 310 = ZMR 76, 190). In der Spannungsklausel kann auch vereinbart werden, daß sich die Miete nach dem Mietzins für ganz bestimmte andere gewerblich genutzte Räume gleicher Art und Lage richten soll. Auch in diesem Fall ist § 3 Währungsgesetz unanwendbar. Eine Ausnahme gilt jedoch dann, wenn der Mv., auf den zum Zwecke der Wertsicherung Bezug genommen wird, seinerseits eine echte Gleitklausel enthält, nach welcher die Miete vom Wert einer anderen Leistung abhängig sein soll. In diesem Fall ist die Spannungsklausel genehmigungsbedürftig. Dabei kommt es nicht darauf an, ob die Klausel in dem Bezugsmietvertrag bereits genehmigt worden ist (BGH NJW 83, 1909 = ZMR 83, 269 = MDR 83, 662). Bei Wohnraummietverhältnissen ist eine Spannungsklausel unzulässig (§ 10 Abs. 1 MHG).

III. Die Wertsicherung kann auch durch die Vereinbarung einer *Erhöhungsklausel* (Leistungsvorbehalt) erfolgen. Diese hat zum Gegenstand, daß dem V. beim Eintritt genau festgelegter Voraussetzungen ein *Anspruch* auf die Erhöhung des M.zinses zusteht. In diesen Fällen soll die Veränderung der Bezugsgröße nur die Voraussetzung oder der Anlaß für die Änderung der Leistung des M. sein, deren Höhe als *nicht zwangsläufig* entsprechend der Änderung der Bezugsgröße, sondern auf Grund von Verhandlungen oder nach billigem Ermessen neu festzusetzen ist (h. M.). In dem Vertrag muß festgelegt werden, ob der V. beim Vorliegen der Voraussetzungen den M.zins *einseitig* erhöhen darf oder ob er nur einen Anspruch gegen den M. auf den *Abschluß einer Abänderungsvereinbarung* hat. Diese Erhöhungsklauseln werden vom BGH als *Leistungsvorbehalte* beurteilt, die *keiner Genehmigung* der Deutschen Bundesbank bedürfen (BGH LM § 3 WährG Nr. 11, 13; NJW 60, 818). Wird aber vereinbart, daß die Erhöhung des M.zinses ihrem Umfang nach *bindend durch die Veränderung der Bezugsgröße* bestimmt wird, ist die Genehmigung der Deutschen Bundesbank *erforderlich* (BGH LM § 3 WährG 11 = MDR 60, 483). Läßt die Erhöhungsklausel dagegen für die Neufestsetzung des M.zinses einen Spielraum (Erhöhung im angemessenen Umfang zur Bezugsgröße), ist ein genehmigungsfreier Leistungsvorbehalt gegeben. Soweit die Parteien hierbei bestimmt haben, daß die Neufestsetzung an bestimmten Stichtagen entsprechend der Entwicklung des Lebenshaltungskostenindex erfolgen soll, ist eine entsprechende Erhöhungserklärung nur wirksam, wenn sie vor dem maßgebenden Stichtag abgegeben wird und sich auf veröffentlichte Indexzahlen stützt (BGH NJW 74, 1464 = WM 74, 237 = MDR 74, 1014). Das *Sinken der Kaufkraft* und das *allgem. Steigen der M.preise* geben dem V. *kein Recht,* für die Vertragsdauer vom vereinbarten *M.zins* ohne ein vertragl. Erhöhungsrecht abzugehen (BGH ZMR 70, 135; ZMR 76, 41 = WM 76, 47 m. zust. Anm. Roesch). In diesen Fällen liegt nämlich regelmäßig kein Wegfall der Geschäftsgrundlage vor, so daß es nicht gerechtfertigt ist, gegen den Grundsatz der Vertragstreue eine andere Risikoverteilung in das Mv. einzuführen (so BGH DWW 76, 236 für ein Pachtverhältnis mit einem seit 16 Jahren unveränderten Pachtzins).

Die Entscheidung über die Frage, ob die Erhöhungsvoraussetzungen vorliegen, sowie die Festsetzung des Erhöhungsbetrages kann vertragl. auch einem Schiedsgutachter übertragen werden; es handelt sich hierbei um einen sog. Schiedsgutachtervertrag, der nicht dem Formzwang des § 1027 ZPO unterliegt. Der Schiedsgutachter muß nach § 317 I BGB die Neufestsetzung nach billigem Ermessen treffen und dabei den Berechnungsmaßstab für die von ihm bestimmte Erhöhung des M.zinses angeben (BGH NJW 74, 1235; NJW 75, 1556). Ist in der W. kein bestimmter Maßstab vereinbart, so ist grunds. der im Zeitpunkt der Neufestsetzung ortsübliche M.zins (s. M.zins I, 2) maßgebend (BGH NJW 75, 1557 = MDR 75, 838 = ZMR 75, 300). Der Sachverständige muß bei der Neufestsetzung des M.zinses grunds. Vergleichsobjekte heranziehen: die dem Schiedsgutachten zugrunde gelegten Faktoren für die Bestimmung der Leistung müssen nachprüfbar sein (BGH BB 77, 415 = NJW 77, 801 = MDR 77, 660). Eine Vereinbarung, wonach bei Veränderung der Bezugsgröße (z. B. Lebenshaltungskostenindex) der M.zins neu festzusetzen ist, ist dahingehend auszulegen, daß die Anpassung immer nur in der Bewegungsrichtung der Bezugsgröße erfolgen kann (OLG Frankfurt DWW 78, 262 = MDR 79, 230 = 79, 117) Ein Anstieg der Lebenshaltungskosten führt deshalb auch dann nicht zu einer Herabsetzung des M.zinses, wenn die ortsübliche Vergleichsmiete gesunken sein sollte. Vielmehr hat dies nur zur Folge, daß die bisherige Miete bestehen bleibt. Haben die Parteien eine Schiedsgutachterklausel vereinbart ohne zu bestimmen, wer die Kosten für das Schiedsgutachten zu tragen hat, so ist die Vereinbarung im Wege der ergänzenden Vertragsauslegung im Zweifel dahin auszulegen, daß die Kosten von jeder Partei zur Hälfte getragen werden (LG Mannheim U. v. 29. 10. 80 – 4 S 69/80).

Hat der Sachverständige den M.zins festgesetzt, so wirkt die Erhöhung grunds. auf den Zeitpunkt zurück, zu dem das Änderungsverlangen der Gegenseite zugegangen ist (BGH NJW 78, 154); allerdings kann sich aus der Auslegung der Klausel etwas anderes ergeben. Zur Unterscheidung zwischen W. und Leistungsvorbehalten einerseits, sowie dem Schiedsgutachtervertrag i. e. S. und i. w. S. andererseits vgl. ausführl. Bulla JuS 76, 19; NJW 78, 397, jew. m. w. Nachw.; zur Rspr. des BGH s. auch Marienfeld ZMR 78, 291. Bei Wohnraummietverhältnissen ist die Vereinbarung eines Leistungsvorbehalts unzulässig (§ 10 Abs. 1 MHG).

Wirtschaftlichkeitsberechnung (Wb.). Die Höhe des → M.zinses darf für Wohn- und Geschäftsräume grunds. ohne gesetzl. Bindungen frei vereinbart werden. Für eine → *Sozialwohnung* (Sw.) darf der V. jedoch höchstens die *Kostenmiete* (Km.) verlangen. Die Km. ist nach §§ 8 I, 8a, 8b des WoBindG auf Grund einer Wb. zu ermitteln. Für alle Neubauwohnungen (bezugsfertig ab 20. 6. 1948), die noch der → *Mietpreisbindung* unterliegen, regeln die *Neubaumietenverordnung* und die *II. Berechnungsverordnung* die Berechnung der Km. sowie die daneben zulässigen → Umlagen, Zuschläge und Vergütungen. Die nach der II. BV zulässigen Kostenansätze sind für den V. auch dann verbindlich, wenn er dadurch keine volle Kostendeckung zu erzielen glaubt (BGH FWW 75, 277 = MDR 75, 572).

In der Wb. sind die laufenden Aufwendungen zu ermitteln und den Erträgen gegenüberzustellen. Im Ergebnis darf der Gesamtbetrag der *Erträge* den Gesamtbetrag der *laufenden Aufwendungen* nicht übersteigen. Um dem V. eine zutreffende Aufstellung und dem M. eine sachgemäße Nachprüfung der Wb. zu erleichtern, wird in den nachfolgenden Abschnitten ihr wesentlicher Inhalt in der Reihenfolge der dafür verwendeten Formulare erläutert.

I. *Grundstücks- und Gebäudebeschreibung*. Vom V. ist anzugeben, wer der Eigentümer ist, aus welchen Gebäuden die geförderte Wirtschaftseinheit besteht, wann diese bezugsfertig wurden, wie viele Wohnungen und sonstige Räume von der Berechnung erfaßt werden und welche Wohn- und Nutzflächen nach den Berechnungsrichtlinien der BV vorhanden sind. Eine Wirtschaftseinheit kann aus mehreren Gebäuden desselben Eigentümers bestehen, wenn diesen ein einheitlicher Finanzierungsplan zugrunde liegt und sie in einem örtlichen Zusammenhang stehen (§ 2 BV); mehrere Gebäude mit Sw. (oder mehrere Sw. in einem Gebäude), die bisher mehrere selbständige Wirtschaftseinheiten bildeten, können unter den Voraussetzungen der §§ 2 VI BV, 8b II WoBindG mit Zustimmung der Behörde nachträglich zu einer einzigen Wirtschaftseinheit zusammengefaßt werden (vgl. auch § 5a NMV 70). Besteht das Gebäude nicht nur aus Sozialwohnungen (z. B. auch aus Geschäftsräumen, frei finanzierten Wohnungen), ist vom V. eine *Teilwirtschaftlichkeitsberechnung* aufzustellen. Für die Ermittlung der Km. der Sw. sind dann nur die Kosten heranzuziehen, die auf diese Wohnungen entfallen. Die Grundstücks-, Bau- und Finanzierungskosten müssen erforderlichenfalls nach den Kubikmetern des umbauten Raumes aufgeteilt werden (BGH WM 66, 204). Zusätzliche Kosten, die nicht die Sw. betreffen, sind vorweg in Abzug zu bringen (§§ 34ff. BV). Die Gesamtzahl der *Wohnflächen* ist für die Ermittlung der *Durchschnittsmiete* (pro qm Wohnfläche) und die Angabe des *Bezugstermins* für die Ansätze der *Baukosten* und der *Finanzierung* von entscheidender Bedeutung.

II. *Gesamtkosten*. Sie bestehen aus den Grundstückskosten und den Baukosten sowie ihrer Finanzierung. Diese Kosten dürfen bei Sw. grunds. nur mit den Beträgen in die Wb. aufgenommen werden, die bei der *Bewilligung* der öffentl. Mittel dafür zu entrichten waren. Später eintretende Veränderungen (z. B. des Grundstückswertes) dürfen in der Wb. nicht berücksichtigt werden (Erstarrungsgrundsatz). Nur dann dürfen nachträgliche Veränderungen in der Wb. in Ansatz gebracht werden, wenn sie von der Bewilligungsstelle bei der *Schlußabrechnung* anerkannt wurden. Von den in diesem Zeitpunkt maßgebenden Ansätzen darf der V. grunds. in der Wb. nur abweichen, wenn die Bewilligungsstelle nachträglichen Kostenerhöhungen zustimmte oder später ein erhöhter Ansatz durch die Bestimmungen der BV zugelassen wird. Zwischenzeitlich erhöhte Kosten dürfen aber stets nur dann angesetzt werden, wenn sie der V. *nicht zu vertreten* hat (§ 11 I BV). Zu vertreten hat der V. solche Kostenerhöhungen, wenn ihn der Vorwurf eines unwirtschaftlichen Verhaltens trifft. Somit bleibt der V. grunds. auch Jahre später an die Wertansätze gebunden, die im Zeitpunkt der Bezugsfertigkeit maßgebend waren (§ 4 BV). Wenn die früheren Gesamtkosten nicht mehr oder nur noch mit unverhältnismäßigen Schwierigkeiten feststellbar sein sollten, darf der V. ausnahmsweise dafür Kosten in der Höhe ansetzen, die für gleichartige Gebäude im Zeitpunkt der Bezugsfertigkeit üblich waren (§ 11a BV).

1. Der Wert des *Baugrundstücks* darf entweder mit dem tatsächlich gezahlten Kaufpreis oder aber dem Verkehrswert angesetzt werden. Wurde dem V. das Grundstück zu einem bes. günstigen Preis zum Bau von Sw. überlassen, darf nur der tatsächlich gezahlte Preis angesetzt werden. Erwarb der V. nur ein Erbbaurecht am Grundstück, darf kein Grundstückswert angesetzt werden. Daneben darf der V. die *Erwerbs- und Erschließungskosten* in der tatsächlich entstandenen Höhe voll in Ansatz bringen (§ 6 BV).

2. Als *Baukosten* dürfen die nachweisbaren Aufwendungen des V. angesetzt werden, die für die Errichtung des Gebäudes erforderlich waren. Erbrachte der V. selbst Sachleistungen oder Selbsthilfearbeiten, darf er sie mit dem Wert für gleichartige Unternehmerleistungen in Ansatz bringen. Wird dem V. ein Barzahlungsnachlaß (Skonto) eingeräumt, braucht er ihn in der Wb. nicht in Abzug zu bringen (§ 7 BV). Hinzu kommen die nachweisbaren Kosten der *Außenanlagen:* Entwässerungs- und Versorgungsanlagen vom Hausanschluß bis in das öffentl. Netz, Höfe, Zapfstellen, Einfriedungen, Spielplätze, Gärten, Treppen, Wäschepfähle, Teppichklopfstangen usw. Ferner darf der V. die *Baunebenkosten* in Ansatz bringen. Das sind alle Kosten, die im Zusammenhang mit der Errichtung des Gebäudes notwendigerweise entstehen (z. B. Architektenhonorar, Gebühren für Behördenleistungen, Verwaltungsleistungen; § 8 III BV). Sonstige ansatzfähige Baunebenkosten, Kosten der Zwischenfinanzierung, Bauversicherung, Richtfestkosten, Baustoffprüfungen. Als Kosten *bes. Betriebseinrichtungen* ist der Preis für kurzlebige Einrichtungen anzusetzen, die in kürzerer Zeit als das Gebäude abzuschreiben sind (z. B. Zentralheizung, Gemeinschaftsantenne, Aufzug). Für die ansatzfähige Höhe der Baukosten ist grunds. der Zeitpunkt der Bewilligung der öffentl. Mittel oder der Bezugsfertigkeit maßgebend. *Wertverbesserungen* muß die Bewilligungsstelle *genehmigen* (§ 11 IV

BV). Anhand der schriftlichen Genehmigung der Schlußabrechnung durch die Bewilligungsstelle ist die Richtigkeit der angesetzten Baukosten i. d. R. ohne Schwierigkeiten nachzuweisen und nachzuprüfen. Darüber hinausgehende, von der Bewilligungsstelle nicht genehmigte Abweichungen von der Schlußabrechnung sind für die Gesamtkosten nicht zulässig. Die Wb. darf *nicht* von den *Erwerbskosten,* sondern muß von den *Herstellungskosten* ausgehen (BGH ZMR 70, 202). Nach § 11 V BV können sowohl Modernisierungsmaßnahmen (z. Begriff → M.erhöhung für nicht preisgebundenen Wohnraum I 3) als auch solche Maßnahmen, die vom Bauherrn nicht zu vertreten sind, den ursprünglichen Gesamtkosten hinzugerechnet werden; gleiches gilt für die zusätzlich entstehenden Kapital- und Bewirtschaftungskosten. Dadurch wird es dem V. ermöglicht, die Kosten von nachträglich erforderlich gewordenen baulichen Änderungen (z. B. Sicherungsanlagen für Öltanks, Umstellen von Stadt- auf Erdgas) in der Wb. in Ansatz zu bringen (Storz NJW 71, 413).

III. *Finanzierungsplan.* Darin hat der V. die aufgewendeten *Fremd- und Eigenmittel* nachzuweisen. Sie müssen im Ergebnis den Gesamtkosten entsprechen. Es dürfen nur Dauerfinanzierungsmittel in Ansatz gebracht werden (Hypotheken, öffentl. Mittel, Bauspardarlehen). Vor- und Zwischenfinanzierungsmittel, die während der Bauzeit in Anspruch genommen wurden, dürfen nicht im Finanzierungsplan aufgenommen werden. Aus den ausgewiesenen Finanzierungsmitteln sind die *Kapitalkosten* als Teil der laufenden Aufwendungen des V. zu ermitteln. Für Hypotheken darf grunds. der vereinbarte Zinssatz angesetzt werden. Hat der V. tatsächlich niedrigere Zinsen zu entrichten, als sie für erststellige Hypotheken marktüblich sind, darf der höhere Zinssatz ausgewiesen werden (§ 21 III BV). Welcher Zinssatz marktüblich ist, richtet sich nach dem Zeitpunkt der Bewilligung der öffentlichen Mittel (§ 4 I BV). Die *Eigenleistungen* darf der V. mit 4% verzinsen, wenn diese nicht 15% der Gesamtkosten übersteigen. Für darüber hinausgehende Eigenleistungen des V. darf der bei der Bewilligung der öffentl. Mittel übliche Kapitalmarktzins angesetzt werden (§ 23a BV), sofern die öffentlichen Mittel vor dem 1. 1. 1974 bewilligt worden sind; sonst beträgt die Verzinsung 6,5% (§ 8a I WoBindG, § 20 II 2 BV).

Auch nach der Bewilligung der öffentl. Mittel dürfen grunds. nur die ursprünglichen Finanzierungsmittel und die sich daraus ergebenden Kapitalkosten in der Wb. aufgenommen werden (§ 4 I BV). Das gilt auch dann, wenn inzwischen Fremdmittel planmäßig getilgt und durch Eigenkapital des V. ersetzt wurden. Auch solche Kostenansätze, die schon im Zeitpunkt der Bewilligung der öffentlichen Mittel zulässig waren, können nachträglich nicht mehr berücksichtigt werden (sog. Einfrierungsgrundsatz; vgl. BVerwG ZMR 75, 124).

Deshalb kommt eine Erhöhung der Gesamtkosten nur in Betracht, wenn die Erhöhung auf Umständen beruht, die der Bauherr nicht zu vertreten hat und wenn die Erhöhung erst nach Erlaß des Bewilligungsbescheides eingetreten ist. Änderungen vor Erlaß des Bewilligungsbescheides müssen vom Bauherrn geltend gemacht und von der Behörde vor Erlaß des Bewilligungsbescheides berücksichtigt werden. Für die Frage, ob eine nachträgliche Erhöhung der Gesamtkosten vorliegt, kommt es dabei nicht darauf an, ob der Bauherr zum Zeitpunkt des Erlaß des Bewilligungsbescheides bereits die Handwerkerrechnungen in den Händen hatte.

Es reicht aus, wenn der Bauherr aufgrund der geänderten tatsächlichen Verhältnisse erkennen konnte, daß sich die Gesamtkosten erhöhen (OVG Münster WM 83, 167). Der Einfrierungsgrundsatz hindert es nicht, daß der V. Kostenerhöhungen bei einzelnen Positionen mit Kostenersparnissen bei anderen Positionen ausgleichen darf. Im übrigen gilt der Einfrierungsgrundsatz nur für fehlerfreie Ansätze der früheren Wb; rechtswidrige Ansätze sind i. d. R. zu berichtigen (OVG Münster ZMR 75, 159).

In folgenden Fällen sind aber *Änderungen des Finanzierungsplans* zulässig:

1. *Für Fremdmittel.* a) Wenn an Stelle der bisherigen Fremdmittel neue Fremdmittel mit niedrigeren Kapitalkosten eingesetzt werden, sind nur die geringeren Kapitalkosten in Ansatz zu bringen (§ 12 IV BV). b) Wenn eine Senkung des Zinssatzes eintritt (z. B. für Sparkassendarlehen), dürfen nur die gesunkenen Kapitalkosten ausgewiesen werden (§ 23 I BV). c) Neue Finanzierungsmittel mit höheren Kapitalkosten dürfen nur dann in Ansatz gebracht werden, wenn ihre Aufnahme auf Umständen beruht, die der V. nicht zu vertreten hat (§ 12 IV BV). d) Der gleiche Grundsatz gilt, wenn zwar die Fremdmittel gleich geblieben sind, die Kapitalkosten sich aber auf Grund von Umständen, die der V. nicht zu vertreten hat, erhöht haben (§ 23 I, II BV; LG Hamburg MDR 74, 759; OLG Hamburg MDR 75, 493). Erhöht der Darlehensgeber den für ein Tilgungsdarlehen vereinbarten Zinssatz in der Weise, daß ohne Rücksicht auf die teilweise Tilgung für den höheren Zins der ursprüngliche Betrag des Darlehens maßgebend ist, darf der V. diese Annuitätserhöhung zum Nachteil des M. voll in die veränderte Wirtschaftlichkeitsberechnung einsetzen (OLG Frankfurt (RE) vom 28. 12. 82, NJW 83, 1004 = WM 83, 83 = DWW 83, 48). e) Wenn Zins- und Tilgungshilfen auf Grund vertragl. Vereinbarung oder gesetzl. Vorschriften herabgesetzt oder nicht mehr gewährt werden, sind die entsprechend höheren Kapitalkosten des V. ansetzbar (§ 18d WoBindG).

2. Bei *öffentl. Mitteln.* a) Wenn der Zinssatz des Öffentl. Baudarle-

hens auf Grund der §§ 18a–e WoBindG erhöht wurde, dürfen die höheren Zinsen angesetzt werden (s. Sozialwohnungen III 2). b) Werden vom V. die öffentl. Mittel vorzeitig zurückgezahlt (s. Sozialwohnungen IV), darf er für neue Finanzierungsmittel keine höhere Verzinsung als 4% ansetzen, so lange die Wohnung auf weitere 10 Jahre als öffentl. gefördert gilt (§ 23 V BV). Hat der V. somit Darlehen oder Zuschüsse aus öffentl. Mitteln (Zinszuschüsse) erhalten und *verzichtet* er vor Ablauf des Bewilligungszeitraums auf die Fortgewährung, so hat er eine darüber hinausgehende Erhöhung der laufenden Aufwendungen zu *vertreten* und darf er *keine* M.erhöhung vom M. verlangen (§ 4 IV NMV 70). Das gilt auch im Falle der Entziehung der Aufwendungsbeihilfe wegen schuldhaftem Verstoß des V. gegen die Bindungsvorschriften gem. § 25 II WoBindG. In derartigen Fällen sowie beim freiwilligen Verzicht kann die Erhöhung der Km. erst von dem Zeitpunkt an wirksam werden, in dem die öffentl. Förderungsmittel planmäßig ausgelaufen wären (§ 4 IV NMV 70).

3. Beim *Eigenkapital.* a) Der V. darf die gesetzl. zugelassene Verzinsung auch dann ansetzen, wenn darauf früher verzichtet worden war oder wenn diese Zinsen früher nicht oder nur in geringerer Höhe anerkannt wurden (§§ 8a, 8b WoBindG). b) Wurde ein dem V. gewährtes Aufbaudarlehen nach dem LAG in eine Hauptentschädigung umgewandelt, darf der entsprechende Betrag als Eigenkapital angesetzt werden (§ 12 VI BV). Hat der V. für ein Darlehen bes. Belastungen durch hohe Tilgungen zu tragen, während nur geringe Zinsen zu zahlen sind, darf er einen *Zinsersatz* in Ansatz bringen (§ 22 BV). Dieser bedarf jedoch der Genehmigung der Bewilligungsstelle. Nach der Neufassung des § 22 BV dürfen bei einem einzelnen Darlehen die angesetzten Zinsen oder der Zinssatz nicht mehr als 4 Prozent betragen; ferner dürfen M.darlehen und M.vorauszahlungen beim Zinsersatz nicht mehr berücksichtigt werden. Dadurch sollen die M. in den Genuß ihrer zinslos oder zinsgünstig gewährten Darlehen kommen.

Erbbauzinsen darf der V. in der vereinbarten Höhe, höchstens aber mit dem Betrag ansetzen, welcher für die Verzinsung erststelliger Hypotheken marktüblich ist. Ist der tatsächlich gezahlte Erbbauzins jedoch niedriger, darf nur der niedrigere Betrag angesetzt werden. Wurde der Erbbauzins vertragl. an den jeweiligen Grundstückswert gekoppelt und muß der V. aus diesem Grunde später höhere Kosten erbringen, dürfen diese Wertänderungen nicht berücksichtigt werden (§ 21 IV, 11 II BV).

Werden in einer Wb. *nach der Schlußabrechnung* zulässigerweise höhere Gesamtkosten ausgewiesen, dürfen auch die dafür erforderlichen Finanzierungsmittel und Kapitalkosten eingesetzt werden. Erhöhen sich die Gesamtkosten ohne Aufnahme neuer Fremdmittel oder Baukostenzuschüsse, darf der V. eine entsprechend höhere Eigenleistung in Ansatz bringen. Im Falle der Umschuldung darf der V. neue Finanzierungsmittel mit höheren Kapitalkosten nur dann in Ansatz bringen, wenn er die Umschuldung nicht zu vertreten hat (§ 11 III BV).

IV. Zu den laufenden Aufwendungen des V. gehören neben den Kapitalkosten vor allem die *Bewirtschaftungskosten.* Sie dürfen ohne Rücksicht auf frühere Ansätze in einer vorangegangenen Wb. und ohne Anerkennung durch die Bewilligungsstelle in der nach den §§ 25–30 BV gesetzl. bestimmten jeweiligen Höhe angesetzt werden (§ 24 II BV).

1. Die *Abschreibung* des Gebäudes darf 1% der Baukosten betragen, die zulässigerweise in der Wb. aufgenommen worden sind (§§ 25, 30 II BV). Es dürfen nur die Abschreibungssätze des § 25 BV und der zu seiner Durchführung ergangenen min. Erlasse angesetzt werden; ein Ansatz der demgegenüber höheren Abschreibungssätze der §§ 7, 7b des EinkommensteuerG. ist nicht statthaft (BGH MDR 77, 382).

2. Die *Sonderabschreibungen* für Anlagen und Einrichtungen richten sich nach ihrer mutmaßlichen Lebensdauer (§ 25 III BV). Folgende Abschreibungssätze sind, berechnet von den Anschaffungskosten, als angemessen anzusehen: Für Zentral- oder Etagenheizung zusätzl. 3%, für Fernheizung (mit Umformer und Hauptregeleinrichtung) zusätzl. 0,5%, für die Warmwasserbereitungsanlagen (zentrale Anlage und Einzelgeräte) zusätzl. 4%, für Personen- und Lastenaufzüge zusätzl. 2%, für maschinelle Waschanlagen zusätzl. 9%, für Gemeinschaftsantennen zusätzl. 9% Diese Sonderabschreibung ist aber nur zulässig, wenn die Bewilligungsstelle der Anbringung der Einrichtung zugestimmt hat oder dazu eine öffentl.rechtliche Verpflichtung bestand. War in der Wb., die der Bewilligung der öffentl. Mittel zugrunde lag, eine Sonderabschreibung nicht angesetzt, kann ein unterbliebener Ansatz nur dann nachgeholt werden, wenn die Bewilligungsstelle eine Ausnahme zuläßt (§ 4a I BV).

3. Die *Verwaltungskosten* dürfen jährlich mit 420,– DM für jede Wohnung und 55,– DM jährlich je Garagen- oder Einstellplatz angesetzt werden (§ 26 BV; pro Eigentumswohnung 420,– DM). Die festgesetzten Verwaltungskosten stehen nicht nur Wohnungsunternehmern, sondern auch dem privaten V. in voller Höhe zu. Eine Überschreitung der Höchstsätze ist nicht zulässig, selbst wenn der V. dafür höhere Aufwendungen nachweist.

4. Die *Instandhaltungskosten* dürfen mit *höchstens* 20,– DM für Wohnungen, die bis zum 31. 12. 1952 bezugsfertig wurden, mit höchstens 18,50 DM für solche Wohnungen, die in der Zeit vom

1. 1. 1953 bis 31. 12. 1969 bezugsfertig geworden sind, mit 14,– DM für Wohnungen, die in der Zeit vom 1. 1. 1970 bis zum 31. 12. 1979 bezugsfertig geworden sind und 11,– DM für Wohnungen, die nach dem 31. 12. 1979 bezugsfertig wurden, im Jahr angesetzt werden. Dieser Satz verringert sich, wenn ein eingerichtetes Bad oder eine Dusche nicht vorhanden ist, um 1,15 DM *pro qm Wohnfläche*. Der Grundbetrag erhöht sich beim Vorhandensein einer zentralen Heizungsanlage um 0,80 DM, eines Fahrstuhls um 1,65 DM. Ist im Mv. vereinbart, daß der M. die Kosten für die kleinen Instandhaltungen zu tragen hat (s. Instandhaltung VII), verringert sich der Grundbetrag um 1,30 DM je qm Wohnfläche. Trägt der V. die → Schönheitsreparaturen, so betragen die Zuschläge bei Wohnungen ohne Tapeten, ohne Heizkörper und ohne Doppel- oder Verbundglasfenster 10,80 DM; bei Wohnungen mit Tapeten, ohne Heizkörper und ohne Doppel- oder Verbundglasfenster 12,– DM; bei Wohnungen mit Tapeten, mit Heizkörper aber ohne Doppel- oder Verbundglasfenster 12,95 DM und bei Wohnungen mit Tapeten, mit Heizkörper und mit Doppel- oder Verbundglasfenstern 13,95 DM (§ 28 IV BV). Die Höchstsätze für Instandhaltungen dürfen vom V. nicht überschritten werden (§§ 28, 30 II BV). Für Garagen und überdachte Einstellplätze darf der V. zusätzlich 110,– DM jährlich je Einheit ansetzen.

5. Die *Betriebskosten* darf der V. nach der Neufassung des § 27 III BV nicht in der Wb. in Ansatz bringen (z. Begriff der Betriebskosten s. → Betriebskosten).

6. Als *Mietausfallwagnis* ist der V. berechtigt, 2% der Jahresmiete als Teil der Bewirtschaftungskosten in Ansatz zu bringen (§ 29 BV). Neben dem M.ausfallwagnis darf der V. *keine zusätzliche* → Kaution verlangen, wenn die Sicherheit zur Deckung von Ansprüchen bestimmt ist, die bereits durch das M.ausfallwagnis abgedeckt sind (§ 10 II NMV 70). Das M.ausfallwagnis beinhaltet nach § 29 BV das Wagnis einer Ertragsminderung, die durch uneinbringliche Rückstände des M.zinses oder durch das Leerstehen von Räumen entsteht; es umfaßt auch die uneinbringlichen Kosten einer Rechtsverfolgung auf Zahlung oder Räumung. Die 2% M.ausfallwagnis dürfen sich nur aus dem M.betrag ohne Umlagen und Zuschläge errechnen und sind eine Höchstgrenze.

V. Aus dem *Ergebnis der Wb.* ergibt sich die *Kostenmiete*. Zusammengezählt ergeben die Kapitalkosten und die Bewirtschaftungskosten die maßgebenden laufenden Aufwendungen des V. Diese Aufwendungen sind durch die qm der Wohnfläche des Hauses zu teilen und ergeben dann die *Durchschnittsmiete*. Daraus hat der V. die vom M. geforderte *Einzelmiete* zu bilden (§ 8a I, II, V WoBindG). Bei der Ermittlung der zulässigen Einzelmiete hat der V. die Größe, Lage und Ausstattung der Wohnungen angemessen zu berücksichtigen. Eine *Staffelung der Einzelmiete* nach Stockwerken ist im allgemeinen üblich (Abschläge für Erdgeschoß- und Dachgeschoßwohnungen bis zu 10%, entsprechende Zuschläge für die übrigen Wohnungen). Kleinwohnungen mit gleichwertigen sanitären Einrichtungen in Bad und Küche können wegen ihres erhöhten Bauaufwands höher als Großwohnungen bewertet werden. Die Summe aller Einzelmieten des Hauses darf nicht höher als die laufenden Aufwendungen sein, die der V. berechtigt in der Wb. in Ansatz gebracht hat. Statthaft ist es aber auch im Falle einer → M.erhöhung, daß die Summe der ermittelten laufenden Aufwendungen der Summe gegenübergestellt wird, die sich aus der früheren Wb. ergeben hat; sodann werden aus den beiden Summen die *prozentuale Erhöhung der laufenden Aufwendungen* errechnet und die Einzelmieten im gleichen Verhältnis erhöht. Wenn diese Berechnungsmethode für den M. zu keinem nachteiligen Ergebnis führt, bestehen gegen sie keine Bedenken (Pergande FWW 68, 532). Hat der M. Zweifel an der Richtigkeit der vom V. errechneten Kostenmiete, kann er zumindest Einsicht in die vollständige Wb. verlangen und sich eine Abschrift anfertigen. Nur anhand der vollständigen Wb. kann der M. die Richtigkeit der Einzelansätze überprüfen, während er sonst auf eine rein rechnerische Nachprüfung pauschaler Zwischenergebnisse angewiesen ist. Die Beh. kann für die *gesamte Dauer* der öffentl. *Förderung* vom V. nach § 2 III WoBindG die *Vorlage einer neuen Wb.* sowie der *Belege* für eine M.erhöhung und *Auskünfte* verlangen, wenn sich im Einzelfall nicht anders zu behebende *Zweifel an der Zulässigkeit* der geforderten Kostenmiete ergeben (OVG Münster WM 70, 29). Eine Verringerung der laufenden Aufwendungen führt zu einer Herabsetzung der zulässigen Kostenmiete; der Umfang der Herabsetzung muß vom V. in einer Zusatzberechnung ermittelt werden (§ 5 NMV; 4a 19, 39a BV).

Wohngeld (Wg.) ist ein staatlicher Zuschuß zu den Wohnkosten. Anspruchsberechtigt ist grunds. jedermann, der nicht in der Lage ist, die Aufwendungen für die Wohnungsmiete oder eine von ihm selbst genutzte Eigentumswohnung aus eigener Kraft zu tragen. Die Einzelheiten sind im Wohngeldgesetz (WoGG) geregelt. Das WoGG hat im Jahre 1965 das Ges. über Wohnbeihilfen und zahlreiche andere Bestimmungen abgelöst. In der Folgezeit ist es immer wieder geändert und den sich wechselnden Verhältnissen angepaßt worden. Zur Zeit gilt das WoGG in der Fassung der Bekanntmachung vom 1. 2. 1993 (BGBl. I S. 183). In den *neuen Bundesländern* gilt ab 1. 10. 1991 das *Wohngeldsondergesetz* in der Fassung der Bekanntmachung vom 16. 12. 1992 (BGBl. I S. 2406), das für eine

Übergangszeit (bis 31. 12. 1994) die Bewilligung von Wohngeld nach einem vereinfachten Verfahren vorsieht.

Nachdem bereits am 1. 1. 1976 der Allgemeine Teil des *Sozialgesetzbuches (SGB)* in Kraft getreten ist (Ges. v. 11. 12. 1975 – BGBl. I 3015), gilt das WoGG bis zur Einordnung in das SGB als dessen besonderer Teil (Art. II § 1 Nr. 14). Im übrigen sind im Verfahren über die Wohngeldgewährung nunmehr die §§ 30–67 SGB (Gemeinsame Vorschriften für alle Sozialleistungsbereiche) zu beachten, soweit das WoGG keine speziellen Sonderregelungen enthält.

I. *Zweck des Gesetzes.* Es ist das erklärte Ziel der gegenwärtigen Gesellschafts- und Wohnungspolitik, daß jede Familie und jeder Alleinstehende *angemessenen Wohnraum* zu einer *tragbaren Miete* (oder Belastung) erhält und *frei wählen* kann, und daß der Besitz einer Wohnung nicht nur rechtlich, sondern auch *wirtschaftlich gesichert* ist. Dieses Ziel wird vom Staat neben der Bauförderung im Wege öffentlicher Finanzierungshilfen durch die Wg.leistungen an einkommensschwache Mieter und Hauseigentümer zu erreichen versucht.

II. *Allgemeine Grundsätze.*

1. *Art* und *Umfang* des Wg. Das Wg. ist ein *verlorener* Zuschuß zu den Aufwendungen für Wohnraum; es kann deshalb vom Berechtigten *nicht zurückgefordert* werden. Auf Wg. hat jeder Wohnrauminhaber unter bestimmten Voraussetzungen einen *einklagbaren Rechtsanspruch.* Wg. ist daher kein Almosen! Der Anspruch auf Wg. kann nicht vererbt, nicht übertragen, nicht verpfändet und nicht gepfändet werden. Wg. gibt es für *jeden* Wohnraum: für ganze Wohnungen, aber auch für einzelne Zimmer. Der Wohnraum kann in einem Alt- oder Neubau liegen; er kann öffentlich gefördert, steuerbegünstigt oder frei finanziert sein. Wg. wird als *Miet-* oder *Lastenzuschuß* gewährt.

2. *Anspruchsberechtigung.*

a) Wg. in der Form des *Mietzuschusses* erhalten: der M. (Unterm.) einer Wohnung oder eines Zimmers; der Bewohner eines Wohnheimes i. S. des Heimgesetzes (z. B. Alters- und Pflegeheime, nicht dagegen die Insassen von Nervenheilanstalten und Sanatorien); der Inhaber eines mietähnlichen Dauerwohnrechts; der Bewohner von Wohnraum im eigenen Haus, soweit er keinen Anspruch auf Lastenzuschuß geltend machen kann.

b) Wg. in der Form des *Lastenzuschusses* erhalten: der Eigentümer eines Eigenheimes (auch der Miteigentümer, bezogen auf die von ihm bewohnte Wohnung; OVG Münster DWW 71, 133), einer Eigentumswohnung, einer Kleinsiedlung oder einer landwirtschaftlichen Nebenerwerbsstelle, wenn er darin wohnt und die Belastung dafür aufbringt; der Erbbauberechtigte und derjenige, der Anspruch auf Übereignung oder Einräumung des Erbbaurechts hat (§ 3 II); der

Inhaber eines eigentumsähnlichen Dauerwohnrechts oder derjenige, der Anspruch auf Bestellung oder Übertragung eines solchen Rechtes hat (auch er muß in der Wohnung wohnen und die Belastung dafür aufbringen).

c) *Antragsberechtigt* ist jeweils der *Haushaltsvorstand*. Deutsche und Ausländer (z. B. ausländische Arbeitnehmer und nichtdeutsche Flüchtlinge) haben grunds. den gleichen Anspruch auf Wg. Leben in einem Haushalt *mehrere* Antragsberechtigte (z. B. wenn ein Ehepaar gemeinsam eine Wohnung gemietet hat oder Geschwister Miteigentümer eines Eigenheims sind), so geht das Antragsrecht auf einen von ihnen über; Haushaltsvorstand ist dann das Familienmitglied, das den *größten Teil* der Unterhaltskosten für die zu seinem Haushalt rechnenden Familienmitglieder trägt (§ 3 IV). Die zum Haushalt des Antragsberechtigten gehörenden Familienmitglieder sind selbst nicht anspruchsberechtigt, was durch die Neufassung des WoGG ausdrücklich klargestellt wird.

d) *Zum Haushalt* rechnen nur *Angehörige,* die zum Antragsberechtigten in einem bestimmten familienrechtlichen Verhältnis stehen und mit ihm einen *gemeinsamen Hausstand* führen (§ 4). Nach § 4 II ist dies dann anzunehmen, wenn die Familienmitglieder mit dem Antragsberechtigten eine „Wohn- und Wirtschaftsgemeinschaft" führen, also den Wohnraum gemeinsam bewohnen und sich ganz oder teilweise gemeinsam mit dem täglichen Lebensbedarf versorgen.

Im einzelnen werden folgende Angehörige berücksichtigt: der Ehegatte; Verwandte in gerader Linie sowie Verwandte zweiten und dritten Grades in der Seitenlinie (d. h. Eltern, Großeltern, Kinder, Enkel; Geschwister, Onkel, Tante, Neffen, Nichten); Verschwägerte in gerader Linie sowie Verschwägerte zweiten und dritten Grades in der Seitenlinie (d. h. Schwiegereltern, Schwiegersohn, Schwiegertochter sowie Geschwister, Onkel, Tante, Neffen, Nichten des anderen Ehegatten), Pflegekinder ohne Rücksicht auf ihr Alter und Pflegeeltern (BVerwG MDR 74, 519). Angenommene und nichteheliche Kinder sind gem. §§ 1589, 1757 BGB den ehelichen Kindern gleichgestellt; sie zählen damit zu den Verwandten in gerader Linie. Zur Beurteilung eheähnlicher Gemeinschaften s. III 2.

Zum Haushalt rechnen auch Familienmitglieder, die *vorübergehend abwesend* sind. In § 4 III ist hierzu ausdrücklich bestimmt, daß eine vorübergehende Abwesenheit dann anzunehmen ist, wenn der Familienhaushalt auch während der Abwesenheit der Familienmitglieder Mittelpunkt ihrer Lebensbeziehungen bleibt und daß dies insbesondere dann der Fall ist, wenn die Abwesenden in ihrer Lebensführung überwiegend von anderen zum Haushalt rechnenden Familienmitgliedern unterstützt werden. Als vorübergehend abwesend gelten z. B. Geschäftsreisende, Trennungsentschädigungsempfänger, einberufene Wehrpflichtige, Strafgefangene, Krankenhauspatienten. Einem in *Ausbildung* befindlichen Familienmitglied (z. B. einem Studenten) kann bei auswärtiger Unterbringung für die Wohnkosten am Ausbildungsort kein *Wohngeld* gewährt werden, wenn der Auszubildende vor seinem Wegzug einem Familienhaushalt (z. B. dem seiner Eltern) angehört hat und dieser *weiterhin Mittelpunkt* seiner Lebensverhältnisse ist (z. B. weil er von seinen Eltern unterhalten wird). Die Rspr. sieht ein Familienmitglied während der Ausbildung grundsätzlich nur als „vorübergehend abwesend" an, solange noch nicht *feststeht,* daß er dauernd abwesend ist; eine dauernde Abwesenheit wird erst beim Vorliegen *objektiver Tatsachen* angenommen, aus denen sich ergibt, daß das Familienmitglied *endgültig* aus dem gemeinsamen Hausstand ausgeschieden ist und mit seiner Rückkehr in die Familienwohnung nicht mehr gerechnet werden kann (OVG Münster ZMR 71, 58; BVerwG ZMR 71, 353). Die bloße Absicht des Studenten, bis zur Beendigung des Studiums am auswärtigen Ort zu bleiben und anschließend die Referendarzeit an diesem Ort abzuleisten, reicht für die Annahme einer endgültigen Trennung nicht aus (HessVGH B. v. 28. 1. 1975 – VII TE 49/74). Vielmehr ist eine endgültige Trennung erst dann anzunehmen, wenn der Abwesende den Mittelpunkt seiner Lebensbeziehungen auf Dauer außerhalb des Familienhaushalts verlegt hat oder wenn der Abwesende erkennbar Entscheidungen getroffen hat, die eine Rückkehr in die Familienwohnung als unwahrscheinlich erscheinen lassen (BayVGH WM 84, 250). Läßt sich nicht abschließend klären, ob das Familienmitglied nicht nur vorübergehend abwesend ist, so trägt es dafür die (materielle) Beweislast (BVerwG MDR 74, 517). Einen allgemeinen Erfahrungssatz des Inhalts, daß ein in der Ausbildung befindlicher Student nur vorübergehend abwesend ist, gibt es aber andererseits nicht. Es kommt vielmehr immer auf die Umstände des Einzelfalls an (OVG Hamburg WM 81, 70). Nach der Rechtsprechung ist ein ausländischer Arbeitnehmer ohne Rücksicht auf die Dauer seines Aufenthalts in der Bundesrepublik so lange als nur vorübergehend von dem im Ausland befindlichen Familienhaushalt abwesend anzusehen, wie er sich nicht von seiner Familie gelöst hat. Entscheidend sind dabei die inneren Bindungen an die Familie, nicht die äußere Integration in deren im Ausland geführten Haushalt (OVG Münster WM 82, 221).

3. *Ausschluß des Wg.-Anspruchs.*

Das Ges. schließt den Anspruch auf Wg. aus, soweit seine Gewährung zur Vermeidung sozialer Härten nicht *erforderlich* ist. Deshalb entfällt der Anspruch auf Wg. ganz oder teilweise:

a) wenn ein zum Haushalt rechnendes Familienmitglied in dem Jahr, in dem der Wohngeldantrag gestellt wird, *Vermögensteuer* zu entrichten hat (§ 18 I Nr. 3); ist dies nicht der Fall, so rechtfertigt das Vorhandensein von Vermögenswerten nur in besonderen Fällen die Versagung des Wohngeldes (s. BVerwG ZMR 79, 29).

b) wenn für die wirtschaftliche Sicherung des Wohnraums bereits *andere* Leistungen aus *öffentlichen Kassen* gewährt werden, die mit dem Wohngeld *vergleichbar* sind (z. B. Wohnungszuschuß für Soldaten, dagegen nicht Leistungen nach dem Bundessozialhilfeges. und dem Bundesversorgungsges. über die Kriegsopferfürsorge § 18 I Nr. 1). Im übrigen bestimmt § 41 III, daß das Gesetz auf Haushalte, zu denen ausschließlich Familienmitglieder zählen, denen Leistungen zur Förderung der Ausbildung nach dem Bundesausbildungsförderungsgesetz oder nach § 40 des Arbeitsförderungsgesetzes dem Grunde nach zustehen, nicht anzuwenden sei.

c) wenn für *mehrere* Wohnungen Miete zu bezahlen (Belastung aufzubringen) ist und für eine dieser Wohnungen schon Wg. oder eine vergleichbare Leistung gewährt wird (§ 18 I Nr. 2);

d) wenn der Wohnraum von einem zu einem Familienhaushalt rechnenden Angehörigen außerhalb der Familienwohnung nur *vorübergehend* bewohnt wird (§ 18 II Nr. 1; s. oben 2d);

e) soweit ein Antragsberechtigter, der mit Personen, die keine Familienmitglieder sind eine Wohn- und Wirtschaftsgemeinschaft führt (z. B. Wohngemeinschaft; → *eheähnliche Gemeinschaft*) besser gestellt wäre als im Rahmen eines Familienhaushalts entsprechender Größe (§ 18 II Nr. 2).

f) wenn die Inanspruchnahme von Wohngeld rechtsmißbräuchlich wäre. Ein solcher Fall kann z. B. dann vorliegen, wenn der an sich Berechtigte seine finanzielle Notlage selbst verschuldet hat, etwa weil er sich weigert eine zumutbare Arbeit aufzunehmen (§ 18 III).

g) Alleinstehende Wehrpflichtige haben keinen Wg.-Anspruch. Gleiches gilt für alleinstehende Studenten, es sei denn, daß sie keinen Anspruch auf Förderung nach dem Bundesausbildungsförderungsgesetz haben. Im Unterschied zur früheren Rechtslage ist der Wohngeldanspruch nach der nunmehr geltenden Fassung des Wohngeldgesetzes auch dann ausgeschlossen, wenn der Auszubildende die Leistungen nach dem Bundesausbildungsförderungsgesetz lediglich als Darlehen erhält.

III. *Die Höhe des Wohngeldes.*

Die Höhe des Wg. wird *individuell* ermittelt. Sie ist abhängig von der *Familiengröße,* der Höhe des *Familieneinkommens* und der Höhe der *zuschußfähigen Wohnkosten.* Stehen diese Werte fest, kann das Wg. aus einer von acht Tabellen abgelesen werden, die als Anlagen zum WoGG gehören. Die Nummern der Tabellen entsprechen der Familiengröße (z. B. gilt Tabelle 1 für einen Alleinstehenden, Tabelle 4 für eine vierköpfige Familie).

1. Die *Zahl* der zum Haushalt gehörenden Familienmitglieder. Sie ergibt sich aus den obigen Ausführungen zu II 2d. Hat sich die Zahl der zum Haushalt rechnenden Familienmitglieder durch Tod verringert, so ist dies für die Dauer von 24 Monaten nach dem Sterbemonat ohne Einfluß auf die Haushaltsgröße, es sei denn, daß innerhalb dieses Zeitraums die Wohnung aufgegeben wird oder die Zahl der zum Haushalt rechnenden Familienmitglieder sich wieder auf den Stand vor dem Todesfall erhöht (§ 8 VI).

2. Das *maßgebende Einkommen* und seine *Ermittlung*. Ausschlaggebend für das Wg. ist nicht die Summe auf dem Lohn- oder Gehaltsstreifen oder der ausgezahlte Rentenbetrag, sondern das *Familieneinkommen*. Darunter versteht man den *Gesamtbetrag* der *Jahreseinkommen* der zum Haushalt rechnenden *Familienmitglieder*. Bei Alleinstehenden tritt an die Stelle des Familieneinkommens das *Jahreseinkommen* (§ 9). Die Einkünfte von nichtverheirateten Personen, die in einer *eheähnlichen Gemeinschaft* zusammenleben, zählen nicht als Familieneinkommen, so daß sich in diesen Fällen das Wg. ausschließlich nach dem Einkommen desjenigen richtet, der die Wohnung gemietet hat. Da derartige eheähnliche Gemeinschaften aber im Hinblick auf Art. 6 GG nicht bessergestellt werden dürfen als Eheleute, kommt die Gewährung von Wg. nur im Rahmen des § 18 II Nr. 2 in Betracht (s. oben II 3e).

Zum Jahreseinkommen gehören alle Einnahmen in Geld oder Geldeswert ohne Rücksicht auf ihre Quelle und ohne Rücksicht darauf, ob sie als Einkünfte im Sinne des Einkommensteuergesetzes steuerpflichtig sind, abzüglich bestimmter im Ges. genannter Beiträge. Für Einnahmen aus nichtselbständiger Arbeit, die nicht in Geld bestehen, insbesondere Kost, Waren und andere Sachbezüge, sind die auf Grund der jeweils geltenden Lohnsteuer-Durchführungsverordnung festgesetzten Werte der Sachbezüge maßgebend. Bei der Ermittlung des Jahreseinkommen ist i. d. R. von den Einnahmen der letzten 12 Monate vor der Antragstellung auszugehen. Bei Personen, die zur Einkommensteuer veranlagt werden, können die Einkünfte berücksichtigt werden, die sich aus dem letzten Einkommensteuerbescheid, ergänzenden Vorauszahlungsbescheiden oder der letzten Einkommensteuererklärung ergeben. Ist bei der Entscheidung über den Antrag auf Wg. zu erwarten, daß das Jahreseinkommen im Bewilligungszeitraum niedriger ist, so ist das zu erwartende Jahreseinkommen maßgebend. Einmalige Einnahmen sind nicht unbedingt dem Zeitraum zuzurechnen, in dem sie angefallen, sondern dem, für den sie bestimmt sind (z. B. wird eine im Januar 1991 geleistete, aber für die Monate September bis Dezember 1990 bestimmte Rentennachzahlung dem letzten Vierteljahr 1990 zugerechnet). Kann die Wg.-Behörde das Jahreseinkommen nicht ermitteln, hat sie es zu schätzen;

sie kann hierbei denjenigen Betrag einsetzen, den der Auftragsberechtigte nach ihrer Schätzung im Laufe eines Jahres für seinen Lebensunterhalt aufgewendet hat (BVerwG ZMR 73, 220).

Bei der Einkommensermittlung bleiben zur *Vermeidung unbilliger Härten* jedoch bestimmte Beträge außer Ansatz. Zu den *nicht zu berücksichtigenden* Beträgen gehören insbesondere:

a) die zur Erwerbung, Sicherung und Erhaltung der *Einnahmen notwendigen Aufwendungen*. Ersatzweise wird bei Einnahmen aus nichtselbständiger Arbeit der nach § 9a Nr. 1 des Einkommensteuergesetzes (EStG) vorgeschriebene Pauschbetrag abgesetzt, wenn nicht höhere Werbungskosten im Sinne von § 9 EStG nachgewiesen werden. Bei anderen Einnahmen werden als Aufwendungen die Werbungskosten oder die Betriebsausgaben i. S. von § 4 EStG abgesetzt, jedoch mit Ausnahme von erhöhten Absetzungen und Sonderabschreibungen, soweit sie die normalen Absetzungen für Abnutzung nach § 7 EStG übersteigen (§ 12);

b) Aufwendungen zur Erfüllung gesetzl. Unterhaltsverpflichtungen in Höhe von 2400 DM für ein zum Haushalt zählendes Familienmitglied, das sich in der Berufsausbildung befindet und auswärtig untergebracht ist. In derselben Höhe können Aufwendungen für eine nicht zum Haushalt rechnende Person, für die Kindergeld gezahlt wird, abgesetzt werden (z. B. für ein außerhalb des Haushalts lebendes Kind). Befindet sich diese Person in auswärtiger Berufsausbildung, so erhöht sich der Unterhaltsbetrag auf 4200.– DM. Für den geschiedenen Ehegatten kann ein Betrag von 9000.– DM in Ansatz gebracht werden. Für alle sonstigen nicht zum Haushalt gehörenden Unterhaltsberechtigten beträgt der Aufwendungsbetrag 3600.– DM (§ 12a).

c) Einnahmen aus Miete und Pacht sowie Beiträge Dritter zur Aufbringung der Belastung, wenn sie die Belastung nach der Wg.-Lastenberechnung vermindern (§ 13);

d) bestimmte *steuerfreie* Einnahmen, deren Anrechnung der Gesetzgeber für unbillig hält

e) *vermögenswirksame* Leistungen in einem bestimmten Umfang (§ 14 II) sowie die gesetzlich vorgesehenen Zuschüsse zu den Aufwendungen für die Krankenversicherung (§ 14 III);

f) Freibeträge für die zum Haushalt rechnenden Kinder in Höhe des Kindergeldes (§ 15); Alleinstehende Eltern erhalten für Kinder unter 12 Jahren einen weiteren Freibetrag in Höhe von 1200 DM, wenn sie wegen Berufstätigkeit oder Ausbildung nicht nur vorübergehend vom Haushalt abwesend sind. Sind bei der Ermittlung des Jahreseinkommens die Einnahmen eines Kindes zwischen dem 16. und dem 25. Lebensjahr berücksichtigt worden, so kann ein weiterer Freibetrag von 1200.– DM angesetzt werden. Sind die Einnahmen von Familienmitgliedern berücksichtigt worden, die das 62. Lebensjahr vollendet haben, so wird ein Freibetrag von 2400.– DM gewährt, falls diese Familienmitglieder mit über 25 Jahren alten Kindern oder Pflegekindern einen gemeinsamen Familienhaushalt führen.

g) Freibeträge bis zu einem Jahresbetrag von 1500 DM für Opfer der nationalsozialistischen Verfolgung und ihnen Gleichgestellte i. S. des Bundesentschädigungsgesetzes (§ 16 I);

Für Schwerbehinderte mit einer Minderung der Erwerbsfähigkeit um mindestens 80% und für pflegebedürftige Schwerbehinderte mit einer Minderung der Erwerbsfähigkeit von 50% bis 80% beträgt der Freibetrag 2400.– DM. Einen Freibetrag von 3000.– DM können zu 100% Schwerbehinderte geltend machen, zu 80% Schwerbehinderte dann, wenn sie häuslich pflegebedürftig sind.

h) Ein Freibetrag nach f) und g) wird zugunsten eines zum Haushalt rechnenden Familienmitgliedes nur *einmal* abgesetzt, auch wenn es mehreren der genannten Personengruppen gleichzeitig angehört (§ 16 III);

i) ein *allgemeiner,* nicht an besondere Voraussetzungen gebundener *Freibetrag,* dessen Höhe sich nach der Belastung mit Steuern und Sozialversicherungsbeiträgen richtet. Insoweit sieht das Gesetz Freibeträge von 6% (allgemeiner Freibetrag), 12,5% (Belastung mit Pflichtbeiträgen zur gesetzlichen Krankenversicherung *oder* gesetzlichen Rentenversicherung *oder* Belastung mit Beiträgen zu entsprechenden privaten Versicherungen *oder* Belastung mit Einkommenssteuer), 20% (Belastung mit Pflichtbeiträgen zur gesetzlichen Krankenversicherung oder einer entsprechenden privaten Versicherung *und* Beiträgen zur gesetzlichen Rentenversicherung oder Belastung mit Einkommenssteuer *und* Belastung mit Pflichtbeiträgen zur gesetzlichen Krankenversicherung oder gesetzlichen Rentenversicherung) bzw. 30% (Belastung mit allen 3 Abgabenarten) vor.

Der *verbleibende Restbetrag* ist das sog. *Familieneinkommen.*

3. *Die maßgebenden Wohnkosten.*

a) Zugrunde zu legen sind die *Wohnkosten* (Miete, Mietwert oder Belastung; Einzelheiten dazu regelt die WohngeldVO), soweit sie nicht auf Wohnraum entfallen, der ausschließlich gewerblich oder beruflich benutzt wird oder der einem anderen entgeltlich oder unentgeltlich zum Gebrauch überlassen ist.

Zur Miete i. S. des WoGG gehören grunds. auch die *Umlagen, Zuschläge und Vergütungen* (§ 5) mit Ausnahme der Heizkosten, der Warmwasserkosten, der Untermietzuschläge, der Zuschläge für gewerbliche Benutzung einer Wohnung und der Möblierungszuschläge. In den neuen Bundesländern gelten Sonderregelungen. Hier können Pauschalbeträge für Heizung und Warmwasser berücksichtigt werden. Sie betragen monatlich pro qm vom 1. 10. 1993 bis 30. 9. 1994 für Wohnungen mit Einzelraumheizung DM 0,60; für Wohnungen mit Zentralheizung DM 1,20 und für Wohnungen mit Fernheizung DM 1,70. Ab dem 1. 10. 1994 verringern sich diese Beträge auf DM 0,30; DM 0,60 und DM 0,90. Entrichten Bewohner eines Heimes ein Gesamtentgelt, gelten davon 20% bei der Belegung mit einem Bewohner und 15% bei mehreren Bewohnern als Miete (§ 7 WoGV).

Bei *Eigentümerwohnungen* in Mehrfamilienhäusern und bei den diesen gleichzusetzenden Wohnungen, für die Mietzuschuß in Betracht kommt, tritt anstelle der Miete der *Mietwert* der Wohnung; das ist der Betrag, welcher der Miete für eine *vergleichbare* Wohnung entspricht. Bei Eigenheimen, Eigentumswohnungen und den anderen Eigentumsformen, für die ein *Lastenzuschuß* beansprucht werden kann, kommt es auf die *Belastung* an. Belastung i. S. des WoGG ist die Belastung aus dem Kapitaldienst und aus der Bewirtschaftung.

b) Die zugrunde gelegten Wohnkosten sind monatlich nur bis zu bestimmten, in der Tabelle zu § 8 festgesetzten *Höchstbeträgen zuschußfähig.* Diese Höchstsätze sind unter Berücksichtigung des Mietenniveaus der Wohngemeinde, des Baujahrs und der Ausstattung der Wohnung sowie der Personenzahl der Haushaltsangehörigen bestimmt worden. Das Mietenniveau wird auf Grund statistischer Erhebungen ermittelt. Zu der Mietenstufe I gehören solche Gemeinden, in denen das Mietenniveau besonders niedrig ist (niedriger als 15% der Mieten im Bundesdurchschnitt). Zu der Mietenstufe VI gehören Gemeinden mit besonders hohem Mietzins (25% und höher als der Bundesdurchschnitt). Dazwischen liegen die Gemeinden mit den Mietenstufen II bis V.

Liegen die zugrunde gelegten monatlichen Wohnkosten *unter* den genannten Höchstbeträgen oder decken sie sich mit diesen, sind sie in *voller Höhe* zuschußfähig; liegen sie *darüber,* sind sie in Höhe der *Höchstbeträge* zuschußfähig. Die Bundesregierung hat dem Bundestag alle zwei Jahre über die Entwicklung der Wohnungsmieten einen *Bericht zu erstatten,* um eine *Anpassung* der in der Tabelle festgelegten Höchstbeträge *zu ermöglichen* (§ 8 VII).

IV. *Verfahren.*

1. Das Wg. wird nicht von Amts wegen, sondern nur *auf Antrag* gewährt (Ausnahme s. unten 6.). Der Antrag kann wiederholt werden. Die örtlich zuständigen Verwaltungsbehörden (Gemeinde, Stadt, Amt oder Kreis) halten für Anträge auf Wg. Vordrucke bereit. Dem Antrag müssen die *Unterlagen* beigefügt werden, aus denen die Behörde die Richtigkeit der für die Entscheidung maßgebenden Tatsachen und Verhältnisse ersehen kann. Die Behörde kann auch die Hilfe anderer Amtsstellen (z. B. Finanzamt, Sozialamt) in Anspruch

nehmen und sogar Auskünfte bei Arbeitgebern und Vermietern einholen, wenn und soweit die Entscheidung dies erfordert (§ 25).

Im Regelfall muß der Antrag auf Wg. im Laufe des Monats gestellt werden, von dessen Beginn an der Zuschuß begehrt wird. Von dieser Regel gibt es jedoch zwei *Ausnahmen:*

a) erhöhen sich die monatlichen Wohnkosten rückwirkend um mehr als 15% und haben die zum Haushalt rechnenden Familienmitglieder die Erhöhung nicht zu vertreten, so kann das Wg. noch innerhalb von drei Monaten nach Kenntnis der Wohnkostenerhöhung *rückwirkend* beantragt werden (§ 29 II);

b) wird Wg. für die *Zukunft* begehrt, z. B. vor Bezugsfertigkeit der neuen Wohnung oder des Eigenheimes, so kann der Antrag zwar schon vor dem Einzug gestellt werden, Wg. jedoch frühestens vom Beginn des Monats an gewährt werden, in dem die Wohnung bezogen wird (§ 27).

2. Die Entscheidung ist dem Antragsteller *schriftlich mitzuteilen,* (§ 26 III).

3. Das Wg. wird im allgemeinen für zwölf Monate bewilligt. In Ausnahmefällen kann der Bewilligungszeitraum aber auch kürzer oder länger sein.

Das Wg. wird i. d. R. *im voraus* gezahlt. Es soll monatlich oder für jeweils zwei Monate gezahlt werden. Das Wg. wird i. d. R. an den *Antragsberechtigten* gezahlt. Mit *schriftlicher Einwilligung* des Berechtigten kann es auch direkt an den *Vermieter* gezahlt werden (§ 28).

Im *laufenden Bewilligungszeitraum* bleibt das Wg. *unverändert;* davon gelten folgende Ausnahmen:

Hat sich die Zahl der zum Haushalt rechnenden Familienmitglieder erhöht (z. B. durch Geburt eines Kindes), haben sich die zu berücksichtigenden Wohnkosten um mehr als 15% erhöht oder hat sich das Familieneinkommen um mehr als 15% verringert, so wird Wg. *auf Antrag* neu bewilligt, wenn dies im Ergebnis zu seiner *Erhöhung* führt (§ 29).

Zu Lasten des Wohngeldempfängers kann der Wohngeldbescheid geändert werden, wenn sich die Miete um mehr als 15% verringert oder das Familieneinkommen um 15% erhöht (§ 29); der Wohngeldbezieher hat insoweit eine Mitteilungspflicht, deren Verletzung mit einer Verwarnung oder mit einer Geldbuße zwischen 5,– DM und 1000,– DM geahndet werden kann.

4. Ein Bewilligungsbescheid kann *aufgehoben* werden, wenn

a) der Wohnraum vor Ablauf des Bewilligungszeitraumes nicht mehr von den zum Haushalt rechnenden Familienmitgliedern benutzt oder das Wg. nicht zur Bestreitung der Wohnkosten verwendet wird;

b) ein alleinstehender Antragsberechtigter nach der Antragstellung verstorben ist. In diesem Fall entfällt der Anspruch auf Wohngeld von dem auf den Sterbemonat folgenden Zahlungsabschnitt an. Rechnen zum Haushalt des verstorbenen Antragstellers mehrere Familienmitglieder, so entfällt der Anspruch erst mit Ablauf des Bewilligungszeitraums.

c) Das Wg., das der Empfänger zu Unrecht erhalten hat, ist *zurückzuzahlen,* wenn und soweit er die ungerechtfertigte Gewährung *zu vertreten* hat. Dies ist der Fall, wenn er beim Empfang der Zahlung erkennt oder den Umständen nach erkennen muß, daß sie ihm nicht oder nicht in der erfolgten Höhe zusteht. Hat der Empfänger eine Zahlung ohne ausdrücklichen Bewilligungsbescheid erhalten, so ist i. d. R. nicht davon auszugehen, daß er bereits deshalb die Rechtsgrundlosigkeit der Zahlung hätte erkennen müssen. Der Beweis dafür, daß der Empfänger die ungerechtfertigte Gewährung von Wg. zu vertreten hat, ist von der Behörde zu führen, so daß etwaige Unklarheiten zu deren Lasten gehen (BVerwG a. a. O.). In diesem Fall ist der Empfänger auch nicht nach allgemeinen Grundsätzen über die Rückforderung zu Unrecht gewährter Leistungen verpflichtet, das empfangene Wg. zurückzugewähren (OVG Bremen DÖV 74, 353 = ZMR 75, 123).

d) Von der Rückforderung kann ganz oder teilweise abgesehen werden, wenn sie eine besondere Härte für den Wg.empfänger bedeuten würde oder wenn in unverhältnismäßigem Umfang Kosten oder Verwaltungsaufwendungen entstehen würden. Das Rückforderungsrecht entfällt somit, wenn bereits Überweisung stattfand und der Empfänger in dem Zeitpunkt, in dem er Kenntnis von der Überweisung erhielt, keine ernsthaften Zweifel an der Rechtmäßigkeit der Wg.gewährung hegen mußte (BVerwG DWW 75, 270).

5. Hält ein Antragsteller den ihm erteilten Bescheid für unrichtig, z. B. weil sein Antrag abgelehnt oder sein Bewilligungsbescheid aufgehoben worden ist, kann er zunächst bei der zuständigen Behörde *Widerspruch* einlegen und sodann *Klage* vor dem Verwaltungsgericht erheben. In Eilfällen kann das Gericht die Verwaltungsbehörde auch im Wege der *einstweiligen Anordnung* anweisen, einstweilen Wg. zu bezahlen (OVG Hamburg WM 79, 131). Eine derartige Entscheidung setzt voraus, daß der Antragsteller glaubhaft macht, daß er dringend auf das Wohngeld angewiesen ist. Die Zahlung erfolgt in solchen Fällen unter dem Vorbehalt der Rückforderung, falls das Verfahren für den Antragsteller ungünstig ausgeht.

6. Eine Ausnahme von dem Antragserfordernis gilt nach § 31 für Mieter oder mietähnlich Nutzungsberechtigte, die Sozialhilfe oder Hilfe zum Lebensunterhalt nach dem Bundesversorgungsgesetz beziehen. Diese Personengruppen können das Wohngeld in Form einer Pauschale erhalten; ein besonderer Antrag ist nicht erforderlich.

Wohnungstausch (Wt). Die Besonderheit des Wt. liegt darin, daß jeder der Tauschpartner durch einen *Eintrittsvertrag,* bei dem der *V. mitwirken muß,* in den bisherigen Mv. des anderen eintritt. Jeder Eintrittsvertrag ist dabei von der Gültigkeit des anderen Eintrittsvertrages abhängig. Neben den beiden Eintrittsverträgen mit den beteiligten V. setzt ein wirksamer Wt. den Abschluß des *eigentlichen Tauschvertrags* voraus, den die Tauschpartner *unmittelbar untereinander* zu vereinbaren haben; in ihm tauschen sie ihr Besitzrecht an den M.räumen sowie die damit verbundenen Verpflichtungen gegeneinander aus. Sollen mehr als 2 Wohnungen miteinander getauscht werden *(Ringtausch),* müssen entsprechende Tausch- und Eintrittsverträge abgeschlossen werden. Die Einigung der M. untereinander, ihre Wohnungen austauschen zu wollen, begründet für sie wechselseitig die *einklagbare Verpflichtung,* die *Zustimmung des V.* zum Eintritt des Partners zu beschaffen. Ein Anspruch der Tauschpartner auf den Vollzug des Wt. besteht erst, wenn alle erforderlichen Vereinbarungen zustandegekommen sind. Der Wt.vertrag ist *formlos gültig.* Der Eintrittsvertrag zwischen dem V. und dem neuen M. bedarf jedoch dann der → *Schriftform* nach § 566 BGB, wenn der Mv. in den einer der Tauschpartner eintreten soll, noch *für längere Zeit als 1 Jahr* nach dem Eintrittstermin abgeschlossen worden ist. Die Tauschpartner treten wechselseitig in die bisherigen Mv. und die sich daraus ergebenden Rechte und Pflichten ein, die sie als echte Nachfolgem. fortsetzen. Sollen anläßlich des Wt. bestimmte Vereinbarungen des bisherigen Mv. geändert werden (z. B. Erhöhung des M.zinses, Erlaubnis der Hundehaltung), kann das im Rahmen des Eintrittsvertrages unter Beachtung etwaiger Formerfordernisse erfolgen (s. M.vertrag III, Schriftform). Stellt sich an der eingetauschten Wohnung ein Mangel heraus, kann der Wt. deshalb nicht rückgängig gemacht werden (Wandlung), weil Gegenstand des Wt. nicht Sachen, sondern Rechte sind (§§ 515, 462, 459 BGB).

Wuchermiete. Nach § 302a StGB macht sich wegen Mietwuchers strafbar, wer die Zwangslage, die Unerfahrenheit, den Mangel an Urteilsvermögen oder die erhebliche Willensschwäche eines anderen dadurch ausbeutet, daß er sich oder einem Dritten für die Vermietung von Räumen zum Wohnen oder damit verbundene Nebenleistungen Vermögensvorteile versprechen oder gewähren läßt, die in einem auffälligen Mißverhältnis zu der Leistung oder deren Vermittlung stehen. Ein auffälliges Mißverhältnis zwischen Leistung und Gegenleistung wird in der Regel angenommen, wenn die verlangte Miete die ortsübliche Miete um mehr als 50% übersteigt (s. BGH WM 82, 164; OLG Köln WM 80, 36; LG Mannheim WM 77, 77). Eine Zwangslage liegt vor, wenn der Mieter nach seinen persönlichen und wirtschaftlichen Verhältnissen sowie nach den örtlichen Gegebenheiten zur Beschaffung einer anderen Wohnung als der vom Wucherer vermieteten nicht imstande war. Unerfahrenheit wird von der Rechtsprechung angenommen, wenn der Mieter aufgrund seiner Geschäftsunkenntnis und mangelnden Lebenserfahrung zur richtigen Beurteilung der Marktverhältnisse und Mietpreise nicht in der Lage ist. Mangelndes Urteilsvermögen liegt bei demjenigen vor, der zwar ausreichende geschäftliche Erfahrung besitzt, die am Ort üblichen Mietpreise aber nicht kennt und sich deshalb kein Urteil bilden kann. Eine erhebliche Willensschwäche ist gegeben, wenn der Mieter aufgrund der ihm eigenen psychischen Beschaffenheit außerstande ist, die überhöhte Mietzinsforderung zurückzuweisen.

Mietwucher ist nur bei vorsätzlicher Begehung strafbar. Der Wucherer kann mit Freiheitsstrafe bis zu 3 Jahren oder mit Geldstrafe bestraft werden. In besonders schweren Fällen kann Freiheitsstrafe von 6 Monaten bis zu 10 Jahren verhängt werden. Ein solcher schwerer Fall liegt in der Regel vor, wenn der Täter den Bewucherten durch die Tat in wirtschaftliche Not bringt, wenn der Wucherer die Tat gewerbsmäßig begeht oder wenn er sich durch Wechsel wucherische Vermögensvorteile versprechen läßt.

Strafverfahren wegen Mietwuchers sind außerordentlich selten. Zivilrechtlich hat der Tatbestand des Mietwuchers ebenfalls keine Bedeutung; überhöhte Mietpreise werden in der Regel nach §§ 5 WiStG, 134 BGB zurückverlangt (s. Mietpreisüberhöhung).

Z

Zeitmietvertrag I. Entsprechend dem Grundsatz der Vertragsgestaltungsfreiheit können die Parteien die Dauer der M.zeit frei vereinbaren. Fehlt eine Vereinbarung über die M.zeit, so läuft der Vertrag auf unbestimmte Zeit. Beide Vertragsparteien können ein derartiges Mv. jederzeit im Wege der ordentlichen → *Kündigung* beenden. Bei der Wohnraummiete setzt die Kündigung des Mv. durch den V. allerdings voraus, daß Kündigungsgründe i. S. v. § 564b BGB vorliegen (s. Kündigungsschutz für Wohnräume).

Wird das Mv. befristet, so ist die ordentliche Kündigung während der Laufzeit des Vertrags ausgeschlossen. Mit dem Ablauf der vereinbarten M.zeit endet das Mv. ohne weiteres. Eine Kündigung ist entbehrlich. Für die Wohnraummiete ist in § 564c I BGB allerdings bestimmt, daß der M. eines befristeten Mv. spätestens zwei Monate vor der Beendigung des Mv. durch schriftliche Erklärung gegenüber dem V. die Fortsetzung des Mv. auf unbestimmte Zeit verlangen kann, wenn nicht der V. ein berechtigtes Interesse an der Beendigung des Mv. hat. Das berechtigte Interesse richtet sich dabei ebenso wie bei unbefristeten Mietverträgen nach § 564b BGB. In materiellrechtlicher Hinsicht werden die befristeten und die unbefristeten Mv. also gleichbehandelt. Darin erschöpft sich der Zweck des § 564c I (zu den Einzelheiten s. Kündigungsschutz für Wohnräume V).

Von dieser Rechtslage besteht seit dem 1. 1. 1983 eine wichtige Ausnahme. Nach dem durch das Gesetz zur Erhöhung des Angebots an Mietwohnungen v. 20. 12. 82 (BGBl. I S. 1912) neu eingefügten § 564c II BGB können die Parteien nunmehr auch befristete Mv. ohne Verlängerungsanspruch des M. abschließen (sog. qualifizierter befristeter Mv. oder *Zeitmietvertrag*).

II. Beim *Abschluß* eines Zeitmietvertrags sind folgende *Grundsätze* zu beachten:

1. Die Laufzeit eines qualifizierten befristeten Mv. darf nicht mehr als *fünf Jahre* betragen. Wird das Mv. über eine längere Zeit abgeschlossen, so liegt ein befristetes Mv. *im Sinne* des § 564c I vor, so daß der M. das Verlängerungsrecht geltend machen kann. Eine Mindestfrist besteht nicht. Maßgeblich für die *Berechnung der Frist* ist der vereinbarte Mietbeginn und das vereinbarte Mietende. Ausnahmsweise ist der tatsächliche Mietbeginn maßgeblich, wenn der M. bereits längere Zeit vor dem vertraglich vereinbarten Zeitpunkt eingezogen ist und der V. nur deshalb auf der Vereinbarung eines späteren Mietbeginns bestanden hat, um sich die Vorteile des Zeitmietvertrags zu sichern. In diesem Fall kann die Vertragsregelung als nichtiges Scheingeschäft anzusehen sein (§ 117 BGB). Auf den Zeitpunkt des Vertragsschlusses kommt es dagegen nicht an (Sternel MDR 83, 274; Barthelmess § 564c BGB Rdn 56; Köhler, Neues Mietrecht S. 47; a. A. wohl Palandt/Putzo § 564c BGB Anm. 4a–aa). Eine Ausnahme gilt dann, wenn die Befristung erst nach Abschluß eines zunächst auf unbefristete Zeit abgeschlossenen Mv. vereinbart wird. In diesen Fällen kommt es auf den Zeitpunkt der Änderungsvereinbarung an. Eine solche *nachträgliche Vertragsänderung* ist aber nur dann möglich, wenn die Gesamtwohnzeit von insgesamt fünf Jahren nicht überschritten wird. Anderenfalls verstößt die Änderungsvereinbarung gegen § 564c II S. 1 Ziff. 1 und S. 2 Hs. 2, wonach sichergestellt werden soll, daß der M. nach einer Gesamtwohnzeit von 5 Jahren vollen Kündigungsschutz in Anspruch nehmen kann. Das BayObLG hat diese Frage in dem RE vom 12. 10. 1989 (ZMR 90, 179) allerdings im gegenteiligen Sinn beantwortet. Danach liegt ein wirksamer Zeitmv. dann vor, wenn die Laufzeit der Befristung nicht mehr als 5 Jahre beträgt.

2. Im Unterschied zu § 564c I setzt der qualifizierte, befristete Mv. des § 564c II voraus, daß die Befristung durch ein *besonderes Interesse*

des V. gerechtfertigt ist. Bis zum 31. 8. 1993 war dieses besondere Interesse auf zwei Fallgruppen beschränkt, nämlich auf die Fälle der zukünftigen Eigennutzung und die Fälle einer in Zukunft beabsichtigten Modernisierung. Durch das Vierte Mietrechtsänderungsgesetz wurde der Anwendungsbereich des § 564c Abs. 2 BGB erweitert: Seit dem 1. 9. 1993 kann ein qualifizierter Zeitmietvertrag auch dann abgeschlossen werden, wenn der Vermieter nach Ablauf der Mietzeit „Räume, die mit Rücksicht auf das Bestehen eines Dienstverhältnisses vermietet worden sind, an einen anderen zur Dienstleistung Verpflichteten vermieten will". Der jeweilige Verwendungszweck muß dem M. bei Vertragsschluß schriftlich mitgeteilt werden; außerdem muß der V. drei Monate vor Ablauf der Mietzeit mitteilen, daß die Verwendungsabsicht noch besteht. Es reicht dabei aus, wenn einer der drei Verwendungszwecke vorliegt; eine Kumulation mehrerer Zwecke schadet nicht, so z. B. wenn der V. die Räume erst nach der Modernisierung selbst nutzen will. Eine *alternative* oder *hilfsweise Angabe des Verwendungszwecks* (Eigennutzung oder Modernisierung) kommt im Rahmen des § 564c II BGB aber nicht in Betracht (a. A.: Barthelmess § 564c BGB Rdn. 64).

a) Der *Eigennutzungstatbestand* liegt vor, wenn der V. die Räume als Wohnung für sich, die zu seinem Hausstand gehörenden Personen oder seine Familienangehörigen nutzen will. Der Eigennutzungstatbestand unterscheidet sich von dem Eigenbedarfstatbestand des § 564b II Nr. 2 BGB in einem wesentlichen Punkt. Anders als bei der Kündigung reicht es für die qualifizierte Befristung nämlich aus, daß der V. die Räume nutzen will. Auf die hierfür maßgeblichen Gründe kommt es nicht an: Eine Bedarfsprüfung findet nicht statt.

Auf das Ausmaß der beabsichtigten Nutzung kommt es ebenfalls nicht an. Deshalb reicht es im Rahmen des § 564c I grundsätzlich aus, wenn der V. die Räume nur als Wochenend- oder Zweitwohnung benutzen will (a. A. Sternel MDR 83, 271). Bei *mehreren V.* genügt es, wenn einer von ihnen die Wohnung für sich nutzen will. Die Verwendung der Räume als Geschäftsräume oder als Mischraum rechtfertigt die qualifizierte Befristung nicht. Gleiches gilt, wenn der V. die Absicht hat, die Räume zunächst über längere Zeit leerstehen zu lassen.

Die übrigen Elemente des Eigennutzungstatbestands sind mit denjenigen des Eigenbedarfstatbestands identisch. Für den Begriff des *Familienangehörigen* und des *Hausstandsangehörigen* gelten demnach die selben Grundsätze wie im Rahmen des § 564b II Nr. 2 BGB (s. dazu Kündigungsschutz f. Wohnräume I 1b). Ebenso wie beim Eigenbedarfstatbestand ist es nicht erforderlich, daß der Wohnungsanwärter bereits zum Hausstand gehört; es genügt, wenn ein bislang Außenstehender durch die Überlassung der Wohnung Hausstandsangehöriger wird.

Der privilegierte Personenkreis wird in § 564c II Nr. 2a abschließend aufgezählt. Eine Ausdehnung des Eigennutzungstatbestands auf andere Personen ist ausgeschlossen. Daraus folgt, daß zum Beispiel der Eigennutzungswille des Eigentümers, der nicht zugleich der V. ist, keine qualifizierte Befristung rechtfertigt. Dies ist insbesondere in jenen Fällen von Bedeutung, in denen die Wohnung durch eine Vermietungsgesellschaft oder einen Verwalter vermietet worden ist. Auch die beabsichtigte Überlassung der Wohnung an Betriebsangehörige oder die Absicht zur späteren Einstellung und Unterbringung eines Hausmeisters rechtfertigen die qualifizierte Befristung nicht.

b) Der Modernisierungstatbestand ist gegeben, wenn der V. in zulässiger Weise die Räume beseitigen oder so wesentlich verändern oder instand setzen will, daß die Maßnahmen durch eine Fortsetzung des Mietverhältnisses erheblich erschwert würden. Zulässig i. S. des § 564c II ist eine Modernisierung dann, wenn die hierfür erforderlichen Genehmigungen (Abriß-, Bau-, Zweckentfremdungsgenehmigung) vorliegen. Unter dem Begriff der Beseitigung ist nicht nur der völlige Abriß des Gebäues zu verstehen. Eine Mietsache wird vielmehr immer dann beseitigt, wenn sie nach der Durchführung der Maßnahme nicht mehr in ihrer räumlichen Gestalt vorhanden ist. Dies ist auch dann der Fall, wenn beispielsweise eine große Wohnung in mehrere kleine Appartements aufgeteilt wird oder umgekehrt. Veränderungsmaßnahmen sind demgegenüber solche, durch die die Mietsache verbessert oder umgestaltet wird. Auch bei der Umgestaltung muß indes die Sachsubstanz erhalten bleiben, weil die Maßnahme sonst zu den Beseitigungsmaßnahmen gehört.

Stets ist Voraussetzung, daß die Maßnahmen so weitreichend sind, daß sie *„durch eine Fortsetzung des Mietverhältnisses erheblich erschwert würden“*. Aus dieser Formulierung ergibt sich zunächst, daß die Auflösung der Mv. keine unabdingbare Voraussetzung für die Durchführung der Modernisierungsmaßnahme sein muß. Es ist also nicht erforderlich, daß die Durchführung der Modernisierungsmaßnahmen bei Aufrechterhaltung des Mv. unmöglich wäre. Es genügt, wenn sie erheblich erschwert wird. Aus dem Erheblichkeitskriterium muß andererseits gefolgert werden, daß nicht jede Erschwerung ausreicht; vielmehr kommen nur Maßnahmen von einigem Gewicht in Betracht. Hierunter fallen zunächst diejenigen Maßnahmen, die der M. nach § 541b BGB nicht zu dulden braucht; solche Maßnahmen könnte der V. gegen den Willen des M. nicht durchführen. Umgekehrt wird durch den Umstand, daß der M. zur Duldung verpflichtet wäre, die qualifizierte Befristung nicht in jedem Fall ausgeschlossen (Landfermann, Erläuterungen S. 36), weil sich die Erschwernis auch aus einer besonders großen finanziellen Belastung des V. ergeben kann (vgl. § 541b III BGB; a. A.: Köhler, Neues Mietrecht, S. 51). Die Duldungspflicht ist aber andererseits ein wichtiger Orientierungsmaßstab für die Zulässigkeit des Zeitmietvertrags (Sternel MDR 83, 265, 272). Dies gilt allerdings mit der Einschränkung, daß subjektive Faktoren, von denen die Duldungspflicht ebenfalls abhängt, wie zum Beispiel der Gesundheitszustand oder das Alter des M., im Rahmen des § 564c II unberücksichtigt bleiben müssen; ob solche Umstände vorliegen, steht beim Vertragsschluß nämlich regelmäßig nicht fest.

Vielmehr ist hier allein auf die Art der vorzunehmenden Arbeiten, die baulichen Folgen und die zu erwartende M.erhöhung abzustellen. Maßnahmen, bei denen die Duldungspflicht zweifelhaft ist, werden demnach die qualifizierte Befristung rechtfertigen (Beispiel: Austausch schadhafter Fußböden, weil hierbei in der Regel eine vorübergehende Räumung erforderlich ist; Veränderung des Zuschnitts der Wohnung, weil dies in der Regel nicht zu dulden ist). Kleinere Modernisierungsmaßnahmen, bei denen offensichtlich ist, daß sie vom M. geduldet werden müssen, rechtfertigen die qualifizierte Befristung nicht (Beispiel: Einbau einer Sammelheizung, Austausch alter Fenster gegen Isolierfenster). Der Einbau eines Badezimmers gehört nach der Neufassung des § 541b BGB ebenfalls zu den duldungspflichtigen Maßnahmen; da die Durchsetzung einer solchen Maßnahme regelmäßig auch keine sonstigen Erschwernisse mit sich bringt, rechtfertigt sie allein die Befristung nicht.

c) Die *Befristung eines Mietverhältnisses über eine Werkmietwohnung* ist möglich, wenn der Arbeitgeber die Räume nach Ablauf einer bestimmten Zeit einem anderen Arbeitnehmer zur Verfügung stellen will. Nach der Vorstellung des Gesetzgebers soll diese Regelung dazu beitragen, daß sich die Wirtschaftsunternehmen in verstärktem Maße für die Errichtung von Werkwohnungen engagieren (BT-Drucks. 12/3254 S. 9). Zu den Werkmietwohnungen in diesem Sinne gehören die werkeigenen Wohnungen, ferner diejenigen Wohnungen, die das Werk angemietet und an seine Arbeitnehmer weitervermietet hat und schließlich die werkfremden Wohnungen, die von einem Dritten auf Grund eines dem Unternehmen zustehenden Mieterbenennungsrechts (Belegungsrechts) vermietet werden. Die vom Gesetzgeber gewählte Wortfassung: „vermieten will" entspricht sachlich der in Nr. 2a verwendeten Formulierung „nutzen will". In beiden Fällen kommt zum Ausdruck, daß es für die Befristung genügt, wenn der Vermieter einen entsprechenden Nutzungswillen hat. Auf ein besonderes Nutzungsinteresse – wie es im Falle der Eigenbedarfskündigung nach § 564b Abs. 2 Nr. 2 BGB erforderlich ist – kommt es also nicht an. Damit eignet sich diese Form des qualifizierten Zeitmietvertrags vor allen Dingen für zwei Verwendungszwecke: zum einen für die Unterbringung von solchen Arbeitnehmern, deren Tätigkeit von vorneherein befristet ist: die Dauer des Mietvertrages kann in einem solchen Fall mit der Dauer des Arbeitsvertrages zeitlich abgestimmt werden. Zum anderen kann ein Unternehmen seine Anziehungskraft auf auswärtige (qualifizierte) Arbeitnehmer vergrößern, wenn es den Interessenten für eine Übergangszeit eine Werkwohnung zur Verfügung stellen kann, bis eine andere Wohnung auf dem freien Markt gefunden ist. Die Neuregelung setzt nämlich nicht voraus, daß das Arbeitsverhältnis mit dem Mieter beendet wird oder gleichzeitig mit dem Ablauf des Mietverhältnisses endet.

3. Nach § 564c II Nr. 3 wird der Verlängerungsanspruch nur dann ausgeschlossen, wenn der V. dem M. die für die Befristung sprechenden besonderen Gründe bei Vertragsschluß schriftlich mitgeteilt hat. Für die Form der Mitteilung gilt § 126 BGB (Emmerich Sonnenschein, Miete § 564c BGB Rdn. 23 a. A. Palandt-Putzo § 564c BGB Anm. 4a–cc; Barthelmess § 564c BGB Rdn. 92).

Die Mitteilung ist eine Rechtshandlung, für die die Grundsätze der einseitigen empfangsbedürftigen Willenserklärung entsprechend gelten. Die Mitteilung wird deshalb nur dann wirksam, wenn sie spätestens bei Vertragsschluß dem M. zugegangen ist. Daraus folgt zum einen, daß die Erklärung über das Befristungsinteresse nicht Vertragsbestandteil werden muß, und zum anderen, daß die bloße Kenntnis des M. vom Befristungsinteresse – anders als bei § 556b II BGB – unerheblich ist. Durch eine mündliche Mitteilung des V. wird der Fortsetzungsanspruch des M. ebenfalls nicht ausgeschlossen. Gleiches gilt für eine schriftliche Mitteilung, die erst nach Vertragsschluß dem M. zugeht.

An den Inhalt der Mitteilung müssen strenge Anforderungen gestellt werden, weil anderenfalls der mit dem Gesetz verfolgte Zweck nicht erreicht werden kann. Dieser Zweck ist naheliegend: Der M. soll bereits bei Vertragsschluß über seine Rechte und Pflichten informiert werden; er soll insbesondere wissen, daß der üblicherweise für befristete Mv. geltende Verlängerungsanspruch des § 564c I für ihn nicht gilt und daß er weder die Fortsetzung nach § 556a und b BGB noch eine gerichtliche Räumungsfrist verlangen kann. Diese weitgehende Beschneidung üblicher Mieterrechte, die im Einzelfall tiefgreifende soziale Probleme und finanzielle Belastungen mit sich bringen kann (vgl. Blank WM 83, 36, 42) bedingt, daß jeglicher Zweifel an der Wirksamkeit der qualifizierten Befristung schlechthin ausgeschlossen ist. Allgemeingehaltene Formulierungen wie: „Das Mietverhältnis ist ein Zeitmietvertrag im Sinne von § 564c II BGB" genügen deshalb in keinem Fall. Einer solchen Mitteilung kann nämlich nicht entnommen werden, aufgrund welcher tatsächlichen Umstände die Befristung erfolgt; demgemäß kann der M. nicht überprüfen, ob die Voraussetzungen des § 564c II Ziff. 2 vorliegen. Eine Wiederholung des Gesetzestextes ist nur dann ausreichend, wenn mitgeteilt wird, daß der V. „die Räume als Wohnung für sich ... nutzen will" oder wenn der Vermieter erklärt, daß er die Räume nach Ablauf der Mietzeit „einem anderen Arbeitnehmer" überlassen möchte. In diesen beiden Fällen steht zweifelsfrei fest, daß ein vom Gesetz anerkanntes Befristungsinteresse vorliegt. In den meisten anderen Fällen genügt die Wiedergabe des Gesetzestextes nicht.

Erfolgt die Befristung im Hinblick auf eine künftige Eigennutzung, so muß der V. sein Verwandtschaftsverhältnis zu dem zukünftigen Bewohner so bezeichnen, daß der M. erkennen kann, ob die benannte Person zu der in § 564c II 2a genannten Gruppe gehört. Hierzu reicht es beispielsweise aus, wenn der V. mitteilt, daß er die Wohnung „seinem Sohn" oder „dem ältesten Sohn" überlassen will. Die Formulierung, daß die Wohnung „einem der Kinder" überlassen werden soll, genügt nach der hier vertretenen Ansicht nicht, weil dadurch die Person des Nutzungsberechtigten nicht hinreichend konkretisiert wird (ebenso Sternel MDR 83, 265, 272; a. A.: Landfermann a. a. O.; Barthelmess § 564c Rdn. 78). Die Konkretisierung ist deshalb erforderlich, weil der M. anderenfalls den Nutzungswillen der berechtigten Person nicht überprüfen könnte. Wird lediglich der Name des zukünftigen Bewohners mitgeteilt, so genügt dies nur dann, wenn der M. die verwandtschaftlichen Beziehungen dieser Person zum V. kennt.

Soll die Befristung im Hinblick auf eine beabsichtigte *Modernisierung* erfolgen, so genügt die Wiedergabe des Gesetzestextes nur dann, wenn der V. „die Räume beseitigen ... will".

Diese Formulierung ist eindeutig. Zwar kann eine Beseitigung sowohl in der Form des Abbruchs als auch in der Form des völligen Umbaus vorgenommen werden. Im Ergebnis spielt dies aber keine Rolle, weil beide Formen die Befristung rechtfertigen. Anders ist es bei dem Begriff „wesentlich verändern" und bei dem Begriff „wesentlich instand setzen". Diese Maßnahmen können eine Befristung nur rechtfertigen, wenn sie so umfassend sind, daß dadurch eine Fortsetzung des Mv. „erheblich erschwert" würde. Diese Tatbestandsvoraussetzung kann der M. nur überprüfen, wenn ihm konkrete Informationen vorliegen. Es ist deshalb sachgerecht, wenn an den Inhalt der Information im wesentlichen dieselben Anforderungen gestellt werden wie an die Mitteilung, die nach der Neuregelung des § 541b BGB im Rahmen der Modernisierung erforderlich ist (s. dazu → Verbesserungsmaßnahmen).

Über die mit dem Zeitmietvertrag verbundenen *Rechtsfolgen* braucht der V. nicht aufzuklären (Köhler, Neues Mietrecht, S. 52; Barthelmess § 564c Rdn. 97). Es kommt insoweit auch nicht darauf an, ob der Mieter von den weitreichenden Rechtsfolgen des § 564c II Kenntnis hatte.

III. Der Verlängerungsanspruch des M. wird nur dann ausgeschlossen, wenn der V. dem M. drei Monate vor dem Ablauf der M.zeit schriftlich mitteilt, daß die für die Befristung ursächliche Verwendungsabsicht noch besteht. Auch für diese Erklärung gilt § 126 BGB. Maßgeblich für die Einhaltung der Dreimonatsfrist ist der Zugang beim M. Ein früherer Zugang schadet nicht, jedoch muß die Mitteilung noch in einem zeitlichen Zusammenhang mit dem Vertragsende stehen. Insoweit gilt nichts anderes als im Rahmen des § 568 BGB (s. → stillschweigende Verlängerung). Die Mitteilung ist – aus logischen Gründen – dann entbehrlich, wenn der Mv. für eine kürzere Zeit als 3 Monate abgeschlossen ist (teilw. abw.: Barthelmess § 564c BGB Rdn. 100, wonach die Schlußmitteilung auch noch bei sechsmonatiger Befristung entbehrlich sein soll); in allen anderen Fällen ist aus Gründen der Rechtsklarheit und Rechtssicherheit eine Schlußmitteilung erforderlich.

1. Für die Schlußmitteilung genügt es, wenn der V. insoweit auf die beim Vertragsabschluß abgegebene Erklärung Bezug nimmt und zum Ausdruck bringt, daß die dort beschriebene Verwendungsabsicht noch besteht.

Ein *Auswechseln des Befristungsinteresses* ist stets unzulässig (Sternel, MDR 83, 265, 273; Gramlich NJW 83, 417, 420; Barthelmess § 564c Rdn. 6 a. A.: Köhler, Neues Mietrecht, S. 49, 52, 53). Dies gilt auch dann, wenn das ursprüngliche und das neue Befristungsinteresse an sich gleichwertig sind, so z. B., wenn die Wohnung einem anderen als dem ursprünglich genannten Familienangehörigen überlassen werden soll oder wenn anstelle des ursprünglich geplanten Abbruchs nunmehr eine grundlegende Instandsetzung beabsichtigt ist. Das Gesetz sieht einen derartigen Austausch der Beendigungsinteressen nicht vor.

Aus der Mitteilung muß sich weiter ergeben, zu welchem *Zeitpunkt* die Räume beseitigt, modernisiert oder weitervermietet werden sollen. Diese Angabe ist deshalb erforderlich, damit der M. erkennen kann, ob er den Fortsetzungsanspruch nach § 564c II 2 geltend machen kann (s. unten III 4).

2. Nach der bis zum 31. 8. 1993 geltenden Gesetzesfassung war der Anspruch des Mieters auf Fortsetzung des Mietvertrags nur

dann ausgeschlossen, wenn der Vermieter den Fortbestand der ursprünglichen Verwendungsabsicht drei Monate vor Vertragsschluß schriftlich mitgeteilt hat. Bei unterlassener oder verspäteter Mitteilung konnte der Mieter seinen Verlängerungsanspruch nach § 564c Abs. 1 BGB – wie er für gewöhnliche befristete Mietverhältnisse besteht – geltend machen; in diesem Fall wurde das befristete Mietverhältnis in ein Mietverhältnis auf unbestimmte Zeit umgewandelt, wenn der Vermieter keine Kündigungsgründe i. S. von § 564b BGB geltend machen konnte.

Nach der Neufassung durch das Vierte Mietrechtsänderungsgesetz gilt (ab 1. 9. 1993) folgendes: „teilt der Vermieter dem Mieter nicht drei Monate vor Ablauf der Mietzeit schriftlich mit, daß seine Verwendungsabsicht noch besteht, so kann der Mieter eine Verlängerung des Mietverhältnisses um einen entsprechenden Zeitraum verlangen“. Aus der Neufassung folgt, daß die Mitteilung der Verwendungsabsicht nach wie vor erforderlich ist; ein Verstoß gegen die Mitteilungspflicht hat allerdings nicht zur Folge, daß ein Mietverhältnis auf unbestimmte Zeit entsteht.

a) Wird die Mitteilung nach Beginn der Drei-Monats-Frist aber vor dem regulären Vertragsende abgegeben, so kann der Mieter verlangen, daß das Mietverhältnis um die Zeit der Verspätung verlängert wird. Eine Frist für das Verlängerungsverlangen läßt sich dem Gesetz nicht entnehmen. Auf die Frist des § 564c Abs. 1 BGB (zwei Monate vor Vertragsende) kann nicht zurückgegriffen werden, weil diese Frist nur für das Verlangen auf „Fortsetzung“ des Mietverhältnisses gilt und das Gesetz begrifflich zwischen „Fortsetzung“ und „Verlängerung“ unterscheidet. Ein Rückgriff auf diese Frist wäre auch nicht sachgerecht, weil der Mieter in diesem Fall keinen Verlängerungsanspruch hätte, wenn die Mitteilung kurz vor dem regulären Vertragsende erfolgt. Hieraus ergibt sich, daß das Verlängerungsverlangen noch bis zum Vertragsende abgegeben werden kann.

b) Wird die Mitteilung über den Fortbestand der Verwendungsabsicht bis zu dem regulären Ende des Mietvertrags nicht erklärt, so gilt § 568 BGB: das Mietverhältnis wird auf unbestimmte Zeit verlängert, wenn keine der Parteien gegenüber dem anderen Teil seinen entgegenstehenden Willen binnen einer Frist von zwei Wochen erklärt. Teilt der Vermieter innerhalb dieser Frist den Fortbestand der Verwendungsabsicht mit, so liegt hierin zugleich ein Widerspruch gegen die Gebrauchsfortsetzung. In diesem Fall kann der Mieter eine Verlängerung des Mietverhältnisses um drei Monate verlangen.

c) Fraglich ist, welche Rechtsfolge eintritt, wenn § 568 BGB vertraglich abbedungen ist und das Mietverhältnis über die vereinbarte

Vertragszeit hinaus fortgesetzt wird. Dieser Fall ist im Gesetz nicht geregelt. Im Gegensatz zur früheren Rechtslage hat der Mieter auch keine Möglichkeit durch die Abgabe eines Fortsetzungsverlangens nach § 564a Abs. 1 BGB für rechtliche Klarheit zu sorgen. Man wird in Fällen dieser Art auf den Rechtsgrundsatz der Verwirkung zurückgreifen müssen (vgl. OLG Hamm, WM 81, 257). Der Mieter darf nämlich angemessene Zeit nach dem Ablauf der Befristung darauf vertrauen, daß der Vermieter von dem nach Vertragsablauf entstandenen Herausgabeanspruch keinen Gebrauch machen werde; eine generalisierende, allgemeingültige Aussage über den Beginn des Vertrauensschutzes ist allerdings nicht möglich.

3. *Entfällt die Verwendungsabsicht* nach Abschluß des Mv., so ist der V. verpflichtet, dies dem M. mitzuteilen. Es handelt sich dabei um eine vertragliche Nebenpflicht. Die Mitteilung muß unverzüglich nach Wegfall der Verwendungsabsicht erfolgen, damit sich der M. auf die veränderte Situation einstellen kann. Unterläßt der V. die Mitteilung, so macht er sich schadensersatzpflichtig (ebenso: Landfermann, Erläuterungen S. 37). Davon abweichend wird aber auch die Ansicht vertreten, daß die Verwendungsabsicht nicht während der gesamten Dauer des Mv. ununterbrochen bestehen müsse. Es reiche aus, wenn die Verwendungsabsicht beim Vertragsschluß, bei der Schlußmitteilung und bei Vertragsende vorliege (Barthelmess § 564c BGB Rdn. 66). Nach dieser Ansicht schadet ein zwischenzeitlicher Wegfall der Verwendungsabsicht nicht (s. dazu auch Schmidt-Futterer/Blank, Kommentar Rdn. B 609, 814).

Mit dem Eingang der Mitteilung beim M. steht fest, daß eine der Voraussetzungen der qualifizierten Befristung weggefallen ist. Aus dem qualifizierten befristeten Mv. wird ein einfaches befristetes Mv. nach § 564c I. Im Einzelfall kann sich aber aus dem Inhalt der Mitteilung ergeben, daß der V. von der Befristung schlechthin Abstand nehmen will. In diesem Fall liegt in der Mitteilung zugleich ein Angebot auf eine Änderung des Mv. Nimmt der M. dieses Angebot an, so wird aus dem befristeten Mv. ein Mv. auf unbestimmte Zeit. Entfällt die Verwendungsabsicht nach Abgabe der Schlußerklärung, so kann der M. aus dem Gesichtspunkt des § 242 BGB einen Verlängerungsanspruch auf unbestimmte Zeit geltend machen. Der V. ist auch in diesen Fällen verpflichtet, den M. entsprechend zu informieren.

4. *Verzögert* sich die vom V. beabsichtigte Verwendung der Räume *ohne sein Verschulden,* so muß auch dieser Umstand dem M. spätestens drei Monate vor Vertragsende schriftlich mitgeteilt werden. Unterbleibt diese Mitteilung, so treten die unter III 2b und c dargelegten Rechtsfolgen ein. Erfolgt die Mitteilung rechtzeitig, so kann der M. eine Verlängerung des Mv. um einen entsprechenden

Zeitraum verlangen. Nach der bis zum 31. 8. 1993 geltenden Gesetzesfassung durfte durch die Verzögerung eine maximale Laufzeit des Mietvertrags von 5 Jahren nicht überschritten werden. Anderenfalls konnte der Mieter die Fortsetzung des Mietverhältnisses auf unbestimmte Zeit verlangen. Diese Vorschrift ist ersatzlos gestrichen worden. Dies bedeutet, daß nunmehr die maximale Laufzeit von 5 Jahren überschritten werden kann, wenn die Verzögerung der geplanten Verwendung unverschuldet ist. Ist die Verzögerung der Verwendung vom Vermieter verschuldet, so steht zugleich fest, daß der Vermieter seinen Plan nicht fristgerecht verwirklichen kann. In diesem Fall kann der Mieter seinen Fortsetzungsanspruch nach § 564c Abs. 1 BGB geltend machen. Bei einer sehr langen Überschreitung kann ein Verschulden vermutet werden, weil in solchen Fällen regelmäßig ein Planungsfehler vorliegen wird, für den der Vermieter einstehen muß.

IV. Liegen sämtliche Tatbestandsvoraussetzungen des § 564c II Nr. 1–4 (s. oben II 1–3 u. III 1) *kumulativ* vor, so endet das Mv. zum vereinbarten Zeitpunkt. Die Anwendung des § 556b BGB ist ausgeschlossen. Dem M. kann auch keine gerichtliche Räumungsfrist nach §§ 721, 794a ZPO gewährt werden. Dies gilt auch dann, wenn der V. keine besonderen Interessen an der pünktlichen Rückgabe hat. In Ausnahmefällen kann der M. jedoch Vollstreckungsschutz nach § 765a ZPO erhalten. Die Vorschrift des § 568 BGB (s. stillschweigende Verlängerung) bleibt von § 564c II unberührt. In der Mitteilung über den Fortbestand des Beendigungsinteresses vor Vertragsende kann auch keine Erklärung nach § 568 BGB gesehen werden. Wegen des relativ großen zeitlichen Abstands zwischen der Schlußerklärung und dem Vertragsende kann die Erklärung nach § 568 BGB i. d. R. auch nicht zugleich mit der Schlußmitteilung abgegeben werden.

Zentralheizung (Zh.) I. Eine Zh. in den M.räumen verpflichtet den V., während der gesamten Heizperiode die Heizung in Gang zu halten. Auch wenn im Mv. darüber keine bes. Regelung getroffen wird, hat der M. einen Anspruch auf die ordnungsmäßige, ortsübliche Beheizung der Räume, wenn diese mit Zh. ausgestattet und vermietet sind. Die Beheizung ist vom V. so durchzuführen, daß bei einer Außentemperatur von 12 Grad eine *Wohnzimmertemperatur von 20 Grad* während der *üblichen täglichen Benutzungszeiten* erreicht wird (OLG München WM 59, 74; LG Mannheim ZMR 62, 313; OVG Berlin NJW 81, 414 = WM 81, 68; LG Landshut NJW-RR 86, 640). Im DEMV war für die hauptsächlich benutzten Räume eine Temperatur von mindestens 20 Grad, für die sonstigen Räume eine Temperatur von 18 Grad vorgesehen. Nach der Anweisung für den Betrieb energieverbrauchender Anlagen in staatlichen Gebäuden in Baden-Württemberg (Justiz 81, 459) soll in Büroräumen eine Temperatur von 20 Grad, in Baderäumen eine Temperatur von 24 Grad und in Treppenhaus und Fluren eine Temperatur von 15 Grad erreicht werden. Der M. hat Anspruch auf eine getrennte Regulierbarkeit der Zh. für Wohn- und Schlafräume (LG Hamburg MDR 74, 492). Die *Heizperiode* läuft grunds. während des im Mv. bestimmten Zeitraums. Fehlt eine solche Vereinbarung, läuft die Heizperiode für das Gebiet der Bundesrepublik vom 1. 10. bis zum 30. 4. eines jeden Jahres (ähnl. Pfeilschifter WM 86, 199: 15. 9. bis 15. 5.). Umstritten ist, ob der V. auch außerhalb dieses Zeitraums heizen muß, wenn die Außentemperatur dies erfordert. Die Frage läßt sich nicht generell beantworten. Es kommt vielmehr auf die Umstände des Einzelfalls an. Maßgeblich sind dabei insbesondere die Witterungsverhältnisse, die voraussichtliche Dauer der Kälteperiode und der zur Inbetriebnahme der Heizung erforderliche Zeit- und Kostenaufwand. Sind beispielsweise die Heizkosten von den M. zu tragen und ist die Inbetriebnahme der Heizung ohne weiteres möglich, so ist der V. hierzu verpflichtet, wenn alle oder die Mehrzahl der M. dies wünschen. (ähnl. LG Kaiserslautern MDR 81, 143; AG Hamburg ZMR 81, 330; AG Uelzen WM 86, 212; s. dazu auch Pfeilschifter WM 86, 199). Erfordert die – kurzfristige – Inbetriebnahme der Heizung dagegen einen erheblichen Aufwand (z. B. bei Kokszentralheizung) und ist die mutmaßliche Dauer der Kälteperiode nur kurz, so ist umgekehrt den M. eine weniger temperierte Wohnung zuzumuten (zusammenfassend dazu: Glaser FWW 74, 441; ZMR 78, 33; Lau ZMR 77, 37; Weimar WM 78, 21; Stöver WM 78, 138; Schopp WM 78, 229). Das Steigen des Heizölpreises berechtigt den V. nicht zur Herabsetzung der Heizleistung (LG Mannheim Betr. 74, 2003).

Wenn die Räume ausdrücklich oder erkennbar mit Zh. vermietet sind, ist der M. verpflichtet, die Heizleistung des V. abzunehmen (h. M., LG Kassel ZMR 64, 203; a. A. AG Gummersbach WM 78, 84 für nachträglich eingebaute Heizung). Der M. darf auch dann nicht die Heizleistung ablehnen, wenn er wirtschaftlich zur Bezahlung der Kosten außerstande ist, sondern muß sich dann eine andere Wohnung suchen. Die ständige Weigerung der Abnahme berechtigt den V. zur fristlosen Kündigung (§ 553 BGB) erst dann, wenn er vorher gegen den M. ein Urteil auf Leistung oder Unterlassung erwirkte und der M. weiterhin seine Abnahmepflicht mißachtet. Will der V. nachträglich nach dem Einzug des M. eine Zentralheizung als → Verbesserungsmaßnahme einbauen und hält der M. die dadurch bedingten Folgen für unzumutbar, darf er bis zur rechtskräftigen Verurteilung der Duldung die Abnahme verweigern (§ 541 b BGB).

Für die Betriebssicherheit der Heizungsanlage und die ausreichende Bevorratung mit Brennstoff hat der V. rechtzeitig zu sorgen (s. Instandhaltung I). Sorgt der V. für die Einhaltung der Mindesttemperatur zumindest in der Zeit von morgens 7 Uhr bis abends 23 Uhr, hat er grunds. seine Pflicht erfüllt. Eine bessere Beheizung kann der M. nicht verlangen; er ist auf zusätzliche Beheizung durch Elektroöfen usw. angewiesen. Wird nur in Ausnahmefällen die Mindesttemperatur nicht erreicht, hat der M. deshalb keine Ansprüche gegen den V., soweit nicht Wiederholungen oder bewußte Pflichtverletzungen (Sparmaßnahmen, behebbare Defekte) dafür maßgebend sind. Wird die *Mindesttemperatur* dagegen *längere Zeit nicht* erreicht oder nimmt der V. die Heizung innerhalb der Heizperiode nicht in Betrieb kann der M. auf ordnungsmäßige Beheizung *klagen,* den Mz. *mindern* (s. Mängel II 1; OLG Frankfurt FWW 73, 387) und für darüber hinausgehende Schäden (Krankheitskosten) zusätzl. Ersatz verlangen (s. Mängel II 2). Ein Minderungsrecht steht dem M. auch dann zu, wenn ein erhöhter Brennstoffverbrauch durch behebbare Fehler der Heizanlage entsteht, die der V. nicht beseitigen läßt. Einen Anspruch auf den Einbau einer modernen und sparsamer arbeitenden Heizungsanlage hat der M. gegen den V. jedoch nicht (vgl. dazu: OLG Düsseldorf WM 84, 54; WM 86, 16; LG Darmstadt DWW 87, 18; LG Frankfurt NJW-RR 87, 659; AG Ahrensburg WM 86, 213). Beim Einkauf des Heizöls muß der V. möglichst wirtschaftlich verfahren, so daß die Mehrkosten kleinerer Kontingente trotz größerem Fassungsvermögen des Tanks oder der Einkauf des Vorrats zur Unzeit nicht den M. angelastet werden können (LG Darmstadt WM 77, 96).

II. Ob und in welchem Umfang die Heizkosten auf den M. umgelegt werden dürfen, richtet sich nach den Vereinbarungen im Mv. Fehlt eine derartige Vereinbarung, so sind die Heizkosten vom V. zu tragen (s. Umlagen I).

1. a) Die Auslegung der Klausel: „Der M. hat die Heizkosten zu tragen" ist umstritten. Zum Teil wird die Ansicht vertreten, daß auf Grund einer solchen Klausel nur die zur unmittelbaren Wärmeerzeugung erforderlichen Kosten umgelegt werden können (LG Mannheim MDR 74, 934 = WM 74, 253; LG Kiel ZMR 84, 376; AG Aschaffenburg WM 72, 156). Das sind insbesondere die Kosten der Brennstoffe, die Stromkosten und die Bedienungskosten während die Wartungskosten und die Kosten des Wärmemeßdienstes nicht umlagefähig sind. Nach anderer Ansicht sollen zur Auslegung einer solchen Klausel die Vorschriften des öffentlichen Mietpreisrechts entsprechend angewendet werden (vgl. Korff DWW 78, 86; LG München WM 78, 5). Nach der heute geltenden Rechtslage wird der Begriff der Heizkosten i. S. v. § 7 II HeizkostVO zu verstehen sein. In dieser Vorschrift ist geregelt, über welche Kostenpositionen ver-

brauchsabhängig abzurechnen ist. Da die verbrauchsabhängige Abrechnung gesetzlich vorgeschrieben ist und allgemein praktiziert wird, kann davon ausgegangen werden, daß die Begriffsdefinition in § 7 II HeizkostVO und das allgemeine Begriffsverständnis (§ 157 BGB) übereinstimmt (s. unten c–cc).

b) Haben die Parteien in dem Mv. auf die Anlage 3 zu § 27 I der II BV Bezug genommen, so wird diese Regelung Vertragsbestandteil (s. Betriebskosten). Dies gilt nach dem Rechtsentscheid des BayObLG vom 26. 2. 1984 (WM 84, 104) auch dann, wenn die Regelung in einem → *Formularmv.* enthalten ist (s. → Umlage I). Haben die Parteien eine andere Formulierung gewählt, so gilt das Vereinbarte. Zur Auslegung der in der Praxis verwendeten Formulierungen gibt es eine umfangreiche Rspr. (vgl. z. B. LG Mannheim MDR 78, 317 = WM 78, 209: der V. hat keinen Anspruch auf anteilige Erstattung der von ihm gezahlten Trinkgelder für die Anlieferung von Heizöl; LG München I WM 78, 184: hat der M. „die Kosten für die gesamte Heizung, Unterhaltung Instandhaltung und Pflege“ zu tragen, so gehören hierzu nicht die Reparaturkosten; LG Hannover WM 79, 17: Zu den „Heizkosten“ bzw. „Betriebskosten“ gehören nicht die Reparaturkosten; LG Hamburg WM 78, 242: zu den „Wartungskosten“ gehört auch der Austausch eines Filters und einer Düse; AG Würzburg ZMR 79, 46: zu den „Heizkosten“ gehören auch die Grundkosten der Ferndampfversorgung).

c) Die Art und Weise der Heizkostenerfassung und -verteilung muß entsprechend den Regelungen der HeizkostenV i. d. F. v. 20. 1. 1989 (BGBl. I S. 115) durchgeführt werden. Nach dieser Verordnung ist der V. verpflichtet, die Kosten des Betriebs zentraler Heizungsanlagen und zentraler Warmwasserversorgungsanlagen sowie die Kosten der eigenständigen gewerblichen Lieferung von Wärme und Warmwasser, z. B. Fernwärme und Fernwarmwasser, anteilig nach Verbrauch auf die M. umzulegen. Von den Kosten des Betriebs der zentralen Heizungsanlage sind mindestens 50 vom Hundert, höchstens 70 vom Hundert nach dem erfaßten Wärmeverbrauch der Nutzer zu verteilen. Die übrigen Kosten sind nach der Wohn- oder Nutzfläche oder nach dem umbauten Raum zu verteilen; es kann auch die Wohn- oder Nutzfläche oder der umbaute Raum der beheizten Räume zugrunde gelegt werden. Von den Kosten des Betriebs der zentralen Warmwasserversorgungsanlage sind mindestens 50 vom Hundert, höchstens 70 vom Hundert nach dem erfaßten Warmwasserverbrauch, die übrigen Kosten nach der Wohn- oder Nutzfläche zu verteilen. Bei der Umlage der Grundkosten hat der Vermieter die Wahl, ob er den Festkostenanteil nach der Wohnfläche oder nach dem umbauten Raum verteilt. Dies gilt auch dann, wenn im Haus unterschiedliche Raumhöhen bestehen (LG Hamburg WM 87, 89).

Der Mieter hat keinen Anspruch auf Ausgleich für bestimmte Lagenachteile seiner Wohnung (Dachgeschoßwohnung; Sonneneinstrahlung etc; AG Neuss WM 87, 229; a. A. AG Papenburg GW 88, 347 m. abl. Anm. Riebandt-Korfmacher). Diese Verordnung gilt für alle Wohnungen, in denen bereits geeignete Meßgeräte vorhanden sind. In allen übrigen Wohnungen sind die Vermieter verpflichtet, bis zum 30. 6. 1984 entsprechende Geräte zu installieren und sodann entsprechend der Verordnung abzurechnen.

aa) Die HeizkostVO ist auch in jenen Fällen anwendbar, in denen die Heizkosten nach den Vereinbarungen im Mv. vom V. zu tragen sind. Dies gilt insbesondere bei der Vereinbarung einer *Pauschalmiete* (OLG Hamm RE v. 2. 7. 1986 WM 86, 267; vgl. auch OLG Schleswig WM 86, 330).

Durch die Heizkostenverordnung wird eine Vereinbarung über eine Pauschalmiete zwar nicht unwirksam. Die Vorschriften der Heizkostenverordnung gehen rechtsgeschäftlichen Bestimmungen aber vor (§ 2 der Verordnung). Eine Ausnahme gilt für Wohnungen in Gebäuden mit nicht mehr als zwei Wohnungen, von denen eine der V. selbst bewohnt (Zweifamilienhäuser; vermietete Einliegerwohnung). Davon abgesehen hat der Verordnungsgeber keine Zwangsmittel zur Durchsetzung der verbrauchsabhängigen Umlage vorgesehen. Im Ergebnis bedeutet dies, daß die Parteien solange die Pauschalmietzahlung praktizieren können, solange beide damit einverstanden sind.

Der V. kann verbrauchsabhängig umlegen, wenn er es will; er muß verbrauchsabhängig umlegen, wenn der M. dies will.

Der Wechsel von der Pauschalmiete zur verbrauchsabhängigen Abrechnung ist rechtlich außerordentlich problematisch. Denn dieser Wechsel kann nicht so vollzogen werden, daß der M. nunmehr zusätzlich zur Pauschalmiete auch noch die anteilsmäßigen Kosten für Heizung und Warmwasser zu tragen hat. Durch diese Lösung würde der V. einseitig bevorzugt. Außerdem bliebe unberücksichtigt, daß in der Pauschalmietvereinbarung die genannten Kosten bereits mitenthalten sind. Eine gerechte, die Interessen beider Seiten berücksichtigende und dem Sinn und Zweck der Heizkostenverordnung entsprechende Lösung kann deshalb nur darin gesehen werden, daß die vereinbarte Pauschalmiete um denjenigen Betrag gekürzt wird, der beim Vertragschluß bei vernünftiger Kalkulation für Heizung und Warmwasser rechnerisch in Ansatz gebracht worden ist (so auch Eisenschmidt WM 81, 97; Schmid DWW 82, 226; s. dazu auch Pfeifer DWW 84, 30).

Der M. hat nach dem Wechsel den verbleibenden Betrag als Grundmiete zu zahlen. Den auf Heizung und Warmwasser entfallenden Betrag schuldet der M. als monatlichen Nebenkostenvorschuß.

Der V. ist verpflichtet, die Heiz- und Warmwasserkosten verbrauchsabhängig abzurechnen. Reichen die Vorschüsse nicht aus, so ist der M. zur Nachzahlung verpflichtet; verbleibt ein Überschuß, so muß der V. diesen Betrag an den M. zurückzahlen. Zur Umlage sonstiger Nebenkosten ist der V. auch nach dem Wechsel nicht berechtigt; insoweit verbleibt es bei der ursprünglichen Vereinbarung.

Im praktischen Ergebnis bedeutet dies, daß die Pauschalmietvereinbarung durch die Heizkostenverordnung in eine ganz andere Regelung (Grundmiete mit Nebenkostenvorschuß und jährlicher Abrechnung) umgestaltet wird.

bb) Ganz ähnlich ist zu verfahren, wenn der M. nach den Vereinbarungen im M.v. neben der Grundmiete eine *Nebenkostenpauschale* zu zahlen hat.

Bei der Vereinbarung einer Grundmiete mit Nebenkostenpauschale wird das für die reine Überlassung der Wohnung geschuldete Entgelt und der für die Nebenleistungen (Heizung, Warmwasser, Müllabfuhr etc.) zu zahlende Betrag gesondert ausgewiesen.

Der Wechsel von der Nebenkostenpauschale zur verbrauchsabhängigen Abrechnung bereitet auch hier gewisse Schwierigkeiten. Denn durch die Nebenkostenpauschale werden nicht nur die von der Heizkostenverordnung erfaßten Kosten, sondern sämtliche Nebenkosten abgegolten. Deshalb muß hier derjenige Betrag aus der Pauschale herausgerechnet werden, der bei vernünftiger Kalkulation für Heizung und Warmwasser in Ansatz gebracht werden kann.

Nach dem Wechsel hat der M. – wie zuvor – die Grundmiete zu zahlen. Daneben hat er eine um die Heiz- und Warmwasserkosten reduzierte Nebenkostenpauschale zu entrichten. Den für Heiz- und Warmwasserkosten errechneten Betrag schuldet der M. von nun an als Vorschuß, über den der V. am Ende einer Abrechnungsperiode abzurechnen hat.

cc) Nach der Legaldefinition in § 7 der Heizkostenverordnung gehören zu den Kosten des Betriebs der zentralen Heizungsanlage die Kosten der verbrauchten Brennstoffe und ihrer Lieferung, die Kosten des Betriebsstromes, die Kosten der Bedienung, Überwachung und Pflege der Anlage, der regelmäßigen Prüfung ihrer Betriebsbereitschaft und Betriebssicherheit einschließlich der Einstellung durch einen Fachmann, der Reinigung der Anlage und des Betriebsraumes, die Kosten der Messungen nach dem Bundes-Immissionsschutzgesetz, die Kosten der Anmietung oder anderer Arten der Gebrauchsüberlassung einer Ausstattung zur Verbrauchserfassung sowie die Kosten der Verwendung einer Ausstattung zur Verbrauchserfassung einschließlich der Kosten der Berechnung und Aufteilung.

dd) Ist im M.v. vereinbart, daß der M. außer den in § 7 der Heizkostenverordnung genannten Kosten weitere Kosten zu tragen hat

(z. B. Kosten der Haftpflichtversicherung für den Öltank), so sind auch diese weiteren Kosten als sonstige Nebenkosten umlagefähig. Durch die Heizkostenverordnung wird die Möglichkeit einer erweiterten Kostenumlage nicht ausgeschlossen.

ee) Zum ganzen vgl.: Bertram und andere, ZMR 71, 130; Demmer MDR 81, 529; Eisenschmidt WM 81, 97; Langerhans DWW 81, 302; Schickedanz ZMR 80, 263; Schmid BLFGBWR 81, 105; Schröder JurBüro 81, 817; Jennissen ZMR 82, 228; Otto DWW 82, 84; Schmid DWW 82, 226; Sternel ZfGemWBay 86, 504; Schopp ZMR 86, 301.

d) Die HeizkostenV ist auch dann anwendbar, wenn das Gebäude durch eigenständige gewerbliche Lieferung mit Wärme und Warmwasser versorgt wird. Hierunter fällt zunächst die Fernwärmeversorgung, von der herkömmlicherweise dann gesprochen wird, wenn ein Wärmelieferant durch die von ihm betriebene Heizzentrale Gebäude oder ganze Stadtteile über ein eigenes Versorgungsnetz mit Wärme versorgt. Nichts anderes gilt, wenn eine größere Wirtschaftseinheit durch einen Dritten von einem außerhalb der Wohngebäude befindlichen Heizwerk mit Wärme versorgt wird. Eine eigenständige gewerbliche Lieferung von Wärme liegt schließlich auch dann vor, wenn die Heizanlage integrierter Bestandteil des Gebäudes ist, zu dessen ausschließlicher Wärmeversorgung die Anlage errichtet und nach wie vor bestimmt ist und die Anlage nicht vom V., sondern von einem Dritten im eigenen Namen und auf eigene Rechnung betrieben wird. Die hiervon abweichende Rechtsprechung des BGH (WM 86, 214) ist durch die Änderung der HeizkostenV gegenstandslos.

Besteht der Wärmelieferungsvertrag zwischen dem Wärmeproduzenten und dem V., so kann der Produzent dem V. die Kosten der Wärmelieferung in Rechnung stellen. Der V. kann diese Kosten in voller Höhe auf die M. umlegen. Denkbar ist allerdings auch, daß der Wärmeproduzent unmittelbar mit den Wohnungsnutzern Wärmelieferungsverträge abschließt. In diesem Fall kann der Produzent mit den Nutzern nach der Verordnung über allgemeine Bedingungen für die Versorgung mit Fernwärme abrechnen.

e) In den neuen Bundesländern gilt eine Sonderregelung: Nach § 4 Abs. 3 BetrKostUV sind die Heiz- und Warmwasserkosten nur bis zu einem Betrag von 3,– DM/qm (2,60 DM/qm falls nur die Heizkosten umgelegt werden) umlagefähig. Diese „Deckelung" gilt nach der Gesetzessystematik auch dann, wenn die fraglichen Kosten gem. § 4 Abs. 2 BetrKostUV nach der HeizkostenVO umgelegt werden (so Schubart/Kohlenbach/Wienicke, Wohn- und Mietrecht § 4 BetrKostUV Anm. 5; Sternel, Mietrecht Aktuell 2. Aufl. 1992 Rdn. A 119). Pfeifer (DWW 93, 283) vertritt demgegenüber die Meinung, daß nach § 4 BetrKostUV zwei Abrechnungsmethoden möglich sind, nämlich die Abrechnung nach der HeizkostenV (§ 4 Abs. 2 BetrKostUV) oder die Umlage nach dem umbauten Raum/der Wohnfläche (§ 4 Abs. 1 BetrKostUV) und daß die Deckelung nur für die Abrechnung nach § 4 Abs. 1 BetrKostUV gilt (ebenso: AG Zwickau, DWW 93, 372).

2. Die hier dargestellte Rechtslage gilt auch bei → Sozialwohnungen.

3. Über die Heizkosten ist jährlich abzurechnen (§ 4 I MHG, 259 BGB s. Umlage). Aus der Abrechnung muß ersichtlich sein, welche Beträge für die einzelnen Kostenpositionen (s. oben c–cc) aufgewendet und wie die Gesamtkosten aufgeteilt worden sind. Der auf den M. entfallende Verbrauch, der für die M. untereinander angewandte Verteilungsschlüssel und die in Abzug gebrachten Vorauszahlungen müssen in nachprüfbarer Weise ersichtlich sein. Ein tatsächlich und rechnerisch nicht nachprüfbarer *Auszug* der Gesamtabrechnung ist *unzureichend*. Eine ordnungsgemäße Abrechnung liegt nicht vor, wenn die Abrechnung zu einem erheblichen Teil nicht auf tatsächlichen Werten, sondern auf Schätzungen beruht (LG Köln WM 85, 294). Ist die Abrechnung aus sich heraus nicht verständlich, muß sie zusätzlich erläutert werden (AG Charlottenburg WM 87, 231; AG Kiel WM 86, 346). Bis zum Eingang einer ordnungsmäßigen Heizkostenabrechnung ist der M. berechtigt, die Zahlung des von ihm geforderten Betrages zu verweigern (§ 273 BGB; LG Mannheim NJW 69, 1856 und WM 74, 145; LG Lübeck WM 76, 7); das gilt auch für Vorauszahlungen (OLG Düsseldorf WM 74, 236). Zur konkreten Feststellung des umlagefähigen Brennstoffverbrauches muß der V. den Anfangs- und Endstand der Tankfüllung für den Abrechnungszeitraum angeben (LG Osnabrück WM 76, 204; LG Aachen WM 76, 180; AG Köln ZMR 76, 241 m. zust. Anm. Weimar; AG Lemgo ZMR 82, 185 m. abl. Anm. Schopp). Nur die Einstandspreise des in der Abrechnung verbrauchten Öls sind ansatzfähig. Dabei sind zunächst die jeweils älteren Öleinkäufe mit den günstigsten Preisen zu berücksichtigen (OLG Koblenz MDR 86, 59). Wird der Verbrauch durch Verdunstungsmesser ermittelt, so spielt es für die Fälligkeit der Heizkostenabrechnung keine Rolle, wenn das Ende der Abrechnungsperiode und der Ablesezeitpunkt einige Wochen auseinanderfallen (OLG Schleswig RE v. 4. 10. 1990 WM 91, 333).

Der M. hat daneben Anspruch auf *Einsicht* in die Unterlagen, insbes. die Rechnungen, Wiegekarten und Lieferscheine, nicht aber in die Quittungen. Der Mieter ist auch berechtigt, in die Gesamtabrechnung der Heizkosten Einsicht zu nehmen, weil er anderenfalls die Richtigkeit seiner eigenen Abrechnung nicht überprüfen kann (AG Siegen WM 84, 57; a. A.: AG Neustadt/WStr. ZMR 84, 324).

Die Belege hat der M. grunds. *beim V.* einzusehen. Aus wichtigem Grund (z. B. gespanntes persönliches Verhältnis) kann der M. die Vorlage der Belege an einem dritten Ort verlangen (§ 811 BGB), während er auf eine Übersendung oder Aushändigung *keinen Anspruch* hat (AG Stuttgart ZMR 57, 338). Wohnt der V. nicht am Ort, an dem sich das Mietshaus befindet, so muß er dafür Sorge tragen, daß der M. die Unterlagen am Ort einsehen kann (z. B. bei einem Hausverwalter oder Hauswart). Verweigert der V. die Einsichtnahme, wird seine Forderung nicht fällig und der M. kann die Zahlung vorerst ablehnen. Eine bestimmte Frist für die Vornahme der Abrechnung ist gesetzl. nicht festgelegt (s. aber unten 4).

Der M. kann aber zumindest verlangen, daß der V. grunds. *vor Beginn der neuen Heizperiode* die *Abrechnung* erteilt und nicht Rückstände für mehrere Perioden auflaufen läßt. Im Prozeß trifft den V. die Beweislast für die Höhe der vom M. verlangten Heizungskosten (LG Köln WM 68, 13). Hat der M. einen *Vorschuß* gezahlt, muß der V. jedoch *unverzüglich* nach Beendigung der Heizperiode abrechnen, d. h. bis etwa Juni eines jeden Jahres, falls nicht bes. Hinderungsgründe vorliegen (Schmidt-Futterer BB 71, 943 und WM 71, 69; zum Ganzen vgl. auch Glaser FWW 73, 391 und ZMR 76, 129 sowie Lau ZMR 77, 37). Erhebliche Säumnisse des V. hinsichtlich der Abrechnungspflicht können zur Verwirkung der Forderung führen (s. Verjährung II). Hat während der Abrechnungsperiode ein Mieterwechsel stattgefunden, muß der V. den Verbrauch des bisherigen M. nach dessen Auszug durch *Zwischenablesung* feststellen lassen. Nach dem Ende des Abrechnungszeitraums wird zunächst der auf die betreffende Wohnung entfallende Heizkostenanteil ermittelt; dieser Anteil wird sodann zwischen dem jetzigen und dem bisherigen M. aufgeteilt. Die Aufteilung des Verbrauchsanteils richtet sich nach dem Verhältnis des durch Zwischen- und Endablesung ermittelten jeweiligen Verbrauchs. Der jeweilige Festanteil wird auf der Grundlage der sog. „Gradtagszahl" ermittelt. Bei dieser Methode wird den einzelnen Monaten eines Jahres ein jeweiliger Wärmeverbrauchsanteil zugeordnet. Die Wärmeverbrauchsanteile werden aus Gradtagszahlen abgeleitet, wobei die Gradtagszahl für die Heizperiode die Summe der Differenzen zwischen der mittleren Raumtemperatur von 20 Grad C und den Tagesmitteln der Außentemperatur über die betreffenden Heiztage darstellt. Die Gradtagszahlen können folgender Tabelle entnommen werden:

(Forts. auf S. 699)

Monat	Wärmeverbrauchsanteil in Promille je Monat	je Tag
September	30	30/30 = 1,00
Oktober	80	80/31 = 2,58
November	120	120/30 = 4,00
Dezember	160	160/31 = 5,16
Januar	170	170/31 = 5,48
Februar	150	150/28 = 5,35
März	130	130/31 = 4,19
April	80	80/30 = 2,66
Mai	40	40/31 = 1,29
Juni		
Juli insgesamt	40	40/92 = 0,43
August		

Beispiel: Abrechnungszeitraum 1. 6. bis 30. 5.; Mieterwechsel am 30. 11./1. 12.: der bisherige Mieter zahlt 270 Teile, der jetzige Mieter 730 Teile

Ist eine Zwischenablesung nicht möglich, so sind die gesamten Kosten nach der Gradtagszahlmethode zwischen dem bisherigen und dem jetzigen M. aufzuteilen (§ 9b III HeizkostenV). Gleiches gilt, wenn eine Zwischenablesung wegen des Zeitpunkts des Mieterwechsels zu ungenau wäre (z. B. bei Mieterwechsel im Sommer oder kurz vor oder kurz nach der regulären Ablesung). Wird entgegen § 9b I HeizkostenV keine Zwischenablesung durchgeführt, so haben die davon betroffenen M. das Kürzungsrecht nach § 12 HeizkostenV (Recht zur Kürzung des Heizkostenanteils um 15%), es sei denn, daß die Zwischenablesung wegen eines technischen Defekts der Meßgeräte nicht durchgeführt werden konnte. Ist eine verbrauchsabhängige Abrechnung nicht möglich, weil die Verbrauchsdaten nicht mehr feststellbar sind (Ablesefehler, Meßfehler etc.) so sind die Regelungen in §§ 9a und 12 I HeizkostenV zu beachten. Nach § 9a HeizkostenV kann der V. die gesamten Heizkosten ohne Abzug nach einem Schätzverfahren verbrauchsorientiert auf die M. umlegen, wenn die Verbrauchserfassung „wegen Geräteausfalls oder aus anderen zwingenden Gründen nicht ordnungsgemäß" erfolgen kann und wenn von dem Geräteausfall nicht mehr als 25% der Räume betroffen werden; sind mehr als 25% der Räume vom Geräteausfall betroffen, so kann der V. die gesamten Heizkosten ohne Abzug nach einem festen Maßstab verbrauchsunabhängig (z. B. nach dem Verhältnis der Wohnflächen) auf die M. umlegen. Sind Heizkosten entgegen den Vorschriften der HeizkostenV nicht verbrauchsabhängig abgerechnet worden, so muß der V. ebenfalls nach einem festen Maßstab verbrauchsabhängig abrechnen; die M. haben aber nach § 12 HeizkostenV das Recht, die Abrechnung um 15% zu kürzen. In der Literatur wird teilweise die Ansicht vertreten, daß das Schätz- und Umlageverfahren nach § 9a HeizkostenV immer dann ausscheidet, wenn der V. die Unmöglichkeit der Verbrauchserfassung zu vertreten hat (Müller GrundE 89, 216). Diese Ansicht trägt weder dem Wortlaut noch dem Sinn der Vorschrift hinreichend Rechnung. Vielmehr gilt als Faustregel, daß § 9a HeizkostenV anzuwenden ist, wenn der V. verbrauchsabhängig abrechnen möchte, aber nicht kann; das Kürzungsrecht besteht nur, wenn der V. nicht verbrauchsabhängig abrechnen will, obwohl er könnte.

Für das *Schätzverfahren* gilt folgendes: Die Heizkosten werden wie in den Fällen der regulären, störungsfreien Abrechnung aufgeteilt in einen Festanteil und in einen Verbrauchsanteil. Soweit der Verbrauchsanteil durch Meßgeräte erfaßt worden ist, ist dieser Wert in die Umlageberechnung einzusetzen. Soweit der Verbrauchsanteil nicht erfaßt werden konnte, ist er zu schätzen. Die HeizkostenV. läßt dem V. dabei die Wahl zwischen zwei Schätzmethoden: Der Verbrauch der vom Geräteausfall betroffenen Räume kann entweder unter Rückgriff auf den Verbrauch in vergleichbaren früheren Abrechnungszeiträumen oder unter Rückgriff auf den Verbrauch vergleichbarer Räume im selben Abrechnungszeitraum ermittelt werden. Einen Vorrang zwischen den beiden Methoden gibt es nicht (a. A. Roperz/Wüstefeld NJW 89, 2365).

4. Der V. kann angemessene Vorschüsse in Höhe des voraussichtlichen Umlegungsbetrages vom M. verlangen; über den Überschuß ist jährlich (§ 4 I MHG) bzw. unverzügl. nach Schluß der Heizperiode abzurechnen (§§ 20 IV, 22 V NMV 70). Bei nicht preisgebundenem Wohnraum muß diese Vorschußpflicht aber *vertraglich vereinbart* werden, weil diese Zahlungsweise nicht als selbstverständlich oder üblich anzusehen ist. Eine Erhöhung des Vorschusses setzt das Einverständnis des M. oder ein vertragl. vereinbartes Erhöhungsrecht voraus; a. A.: LG München I ZMR 80, 315, wonach die Vorschüsse auch ohne besondere Vereinbarung einseitig erhöht werden können).

5. Der V. ist *nicht berechtigt,* wegen der Nichtzahlung der Heizkosten dem M. im Wege der Selbsthilfe die *Wärmezufuhr zu drosseln oder zu unterbinden* (AG Landau WM 86, 341). Ein solches Verhalten kann strafbar sein (OLG Hamm NJW 83, 1505 = WM 83, 269). Der V. muß deshalb seinen Zahlungsanspruch gerichtlich geltendmachen, im Eilfall durch Antrag auf Erlaß einer einstweiligen Verfügung; (OLG Hamburg WM 78, 169; LG Heilbronn WM 65, 46; LG Frankfurt Urt. v. 6. 4. 76 – 2/11 S 423/75).

III. Für eine *zentrale Warmwasserversorgungsanlage* gelten grunds. die gleichen Rechte und Pflichten. Die Anlage ist ganzjährig in Betrieb zu halten und muß ständig ausreichende Mengen warmes Wasser mit der üblichen Temperatur liefern, wenn keine näheren Vereinbarungen getroffen sind. Für die *Kosten* der Warmwasserlieferung gelten die Ausführungen oben II entsprechend.

Zubehör der M.sache gilt als *mitvermietet,* wenn darüber keine ausdrückliche Bestimmung getroffen wird (BGH NJW 75, 2103). Als Wohnungsz. sind Nebenräume und Flächen anzusehen, die dem wirtschaftl. Zweck der Wohnung zu dienen bestimmt sind (z. B. Keller- und Bodenräume, Waschküche, Schuppen, Hof, Trockenplatz, Abstellplatz für Fahrzeuge). Der vereinbarte M.zins gilt i. Zw. auch als Entgelt für das mitvermietete Zubehör.

Zwangsversteigerung des Mietgrundstücks (Zv.). Verliert der V. durch den *Zuschlag* im Zv.verfahren sein Eigentum am M.grundstück, tritt der *Ersteher* (E.) in die Rechte und Pflichten aus dem Mv. ein (§§ 571 BGB, 57 ZVG; s. Verkauf). Vom Zeitpunkt des Zuschlags an gebühren dem Ersteher die Nutzungen der M.sache (OLG Celle ZMR 78, 342). Sobald der M. durch die Zustellung des Beschlusses über die Anordnung der Zv. von dieser Maßnahme Kenntnis erlangt, kann er den M.zins oder sonstige Leistungen nicht mehr mit befreiender Wirkung an den V. erbringen (§ 57b ZVG).

I. Der E. ist berechtigt, den Mv. *vorzeitig* mit 3monatiger Frist (§ 565 V BGB) *zu kündigen* (§ 57a ZVG). Ein ber. Interesse an der Mv.-Beendigung i. S. d. § 564b BGB ist erforderlich (LG Hamburg NJW 75, 1873; AG Hamburg ZMR 76, 286). I. d. R. kommt hier der Kündigungsgrund des Eigenbedarfs in Betracht (s. Kündigungsschutz I 1b). Das Vorliegen der Kündigungsvoraussetzungen muß begründet werden; der bloße Hinweis im Kündigungsschreiben, daß der V. das Grundstück im Wege der Zv. erworben habe, reicht insoweit nicht aus (AG Hamburg a. a. O.). Das Kündigungsrecht des E. *erlischt,* wenn die Kündigung nicht zum *ersten Termin* erfolgt, für den sie zulässig und ihm ohne Verschulden möglich ist. Die Kündigung ist kraft Ges. *ausgeschlossen:*

1. wenn die Zv. zum Zwecke der Aufhebung einer Gemeinschaft erfolgt (§ 183 ZVG),

2. wenn und solange der M.zins zur Schaffung oder Instandsetzung des M.raums ganz oder teilweise *vorausentrichtet* oder mit einem Finanzierungsbeitrag zu verrechnen ist, den der M. zur Schaffung und Instandsetzung des Raumes geleistet hat (§ 57c I Ziff. 1 ZVG; s. Aufbauvertrag, Baukostenzuschuß).

3. wenn der M. (oder ein Dritter zu dessen Gunsten) einen verlorenen *Baukostenzuschuß* zur Schaffung oder Instandsetzung des Raumes geleistet hat, der höher als 1 Jahresmiete war und nach § 57c

ZVG durch die Dauer des Vertrags nicht als getilgt anzusehen ist. Die Berechnung des Tilgungszeitraums wird in § 57c II, III ZVG näher geregelt. Der Kündigungsschutz des § 57c ZVG setzt nicht voraus, daß der Baukostenzuschuß oder die M.vorauszahlung *tatsächlich* zur Schaffung oder Instandsetzung des M.raums Verwendung gefunden hat, soweit diese Zweckbestimmung mit dem V. vereinbart wurde (LG Köln, WM 60, 168).

II. Vorausverfügungen über den M.zins und M.vorauszahlung sind dem E. gegenüber in gleicher Weise wirksam, wie sie der Erwerber bei der freiwilligen Veräußerung des Grundstücks gegen sich gelten lassen muß (s. Verkauf des M.grundstücks). Auf die Kenntnis des E. von der Vorausverfügung kommt es nicht an (BGH FWW 63, 388). Hat der M. einen abwohnbaren Baukostenzuschuß oder eine M.vorauszahlung geleistet und ist durch die zweckentsprechende Verwendung dieser Mittel eine Wertverbesserung eingetreten, steht dem M. bei vorzeitiger Beendigung des Mv. ein *Rückzahlungsanspruch* gegen den E. hinsichtlich des nicht abgewohnten Teils zu (BGH NJW 55, 301; 59, 380). Der E. eines Hausgrundstücks muß auch die vom M. geleisteten M.vorauszahlungen und die darauf beruhenden *Abwohnklauseln* gegen sich gelten lassen, wenn diese Geldleistungen unmittelbar oder mittelbar in das Grundstück geflossen sind und dadurch eine Werterhöhung bewirkt wurde (LG Kassel MDR 65, 751); darüber hinaus wird teilweise in Anwendung des § 57c ZVG die Ansicht vertreten, daß *jede* M.vorauszahlung den E. bindet, gleichgültig, wozu sie vom Voreigentümer im einzelnen verwendet worden ist (LG Köln ZMR 61, 86; OLG Stuttgart MDR 54, 621). Eine *Vereinbarung* zwischen V. und M., die das Recht des M. auf die Verrechnung oder Rückerstattung einer M.vorauszahlung zugunsten des E. *ausschließt,* ist bei Mv. über *Wohnraum* nach § 557a I BGB *unwirksam* (BGH DWW 70, 97), bei → *Geschäftsräumen* aber *zulässig* (BGH ZMR 70, 212). Hat der M. einen *verlorenen Baukostenzuschuß* geleistet, hat er im Falle der vorzeitigen Beendigung des Mv. nach der Zv. nur einen *Bereicherungsanspruch gegen den V.,* falls dafür der E. nicht haftet (BGH ZMR 59, 259; 61, 101).

III. Der E. ist berechtigt, aufgrund des Zuschlagsbeschlusses vom bisherigen Eigentümer, soweit dieser das Grundstück selbst bewohnt, die *Räumung* des Grundstücks zu verlangen. Der Zuschlagsbeschluß steht einem Räumungsurteil gleich, so daß der E. damit die Zwangsräumung (s. Gerichtsvollzieher) betreiben darf (§ 93 ZVG). Das AG kann aber dem räumungspflichtigen Eigentümer auf dessen Antrag eine angemessene → Räumungsfrist oder → Vollstreckungsschutz gewähren (LG Münster MDR 65, 212; Schmidt-Futterer NJW 68, 143; a. A. Noack ZMR 70, 97).

Zwangsverwaltung des Mietgrundstücks (Zw.). Die Zw. eines Grundstücks bewirkt, daß der vom Gericht eingesetzte *Zw.verwalter* anstelle des V. in die vor der Beschlagnahme abgeschlossenen und vollzogenen Mv. für die Dauer der Beschlagnahme in vollem Umfang eintritt (§ 152 ZVG). Nur dem Zw.verwalter stehen daher die Rechte aus dem Mv. (z. B. M.zins, Kündigung, Klage) zu. Der M. muß seine Ansprüche aus dem Mv. gegen ihn und nicht gegen den V. richten. Der Zwangsverwalter muß über die Betriebskosten abrechnen; ein Guthaben muß er auch dann an den M. auszahlen, wenn die Vorausleistungen an den V. gezahlt worden sind (OLG Hamburg RE v. 8. 11. 1989 WM 90, 10). Der M. kann gegenüber dem M.zinsanspruch des Zwangsverwalters i. d. R. nicht mit dem Rückzahlungsanspruch aus der Kaution aufrechnen, weil dieser Anspruch zum Zeitpunkt der Beschlagnahme regelmäßig noch nicht fällig ist (§ 392 BGB; BGH WM 79, 101). Ein Mietvertrag, der vom Eigentümer nach der Anordnung der Zwangsverwaltung (Zustellung des Anordnungsbeschlusses an den Schuldner) geschlossen wird, ist gegenüber dem Zwangsverwalter unwirksam. Der „Mieter" schuldet deshalb keinen Mietzins, sondern lediglich eine Nutzungsentschädigung nach § 812 BGB und für den Fall, daß der Zwangsverwalter den Räumungsanspruch geltend macht, auch eine Nutzungsentschädigung nach § 987 Abs. 1 BGB (ab Rechtshängigkeit). Hierauf hat der Zwangsverwalter keinen Anspruch (OLG Hamm, ZMR 93, 568), weil der Bereicherungsanspruch nach § 812 BGB nicht unter § 148 Abs. 2 ZVG fällt: Die Mietzinsansprüche stehen den Gläubigern deshalb zu, weil sie an die Mietverträge gebunden sind. Auf die Ansprüche nach § 812 trifft dies nicht zu, weil der Zwangsverwalter die Räume herausverlangen kann (und bei pflichtgemäßem Verhalten auch herausverlangen muß). Wohnt der V. zur Zeit der Beschlagnahme in seinem eigenen Haus, so müssen ihm die *unentbehrlichen Räume unentgeltlich* überlassen werden (§ 149 ZVG). Auf Antrag des Zw.verwalters oder eines Beteiligten kann das Gericht aber die Räumung anordnen, wenn der Eigentümer oder ein Haushaltsangehöriger schuldhaft die Maßnahmen der Zw. gefährdet (§ 149 III ZVG; Schmidt- Futterer DWW 68, 453); für Maßnahmen gegen den unentgeltlich benutzenden Geschäftsführer vgl. LG Mannheim ZMR 69, 178). Gegenüber den Gläubigern ist der Zwangsverwalter verpflichtet, die M.sache sorgfältig zu verwalten. Bei einer Verletzung dieser Pflicht sind die Gläubiger zum Schadensersatz berechtigt. Zu einer ordnungsgemäßen Verwaltung gehören alle Maßnahmen zur Erhaltung der Mietsache. Steht eine Eigentumswohnung unter Zwangsverwaltung, so muß der Zwangsverwalter die laufenden Hausgeldzahlungen an die Gemeinschaft erbringen; hierbei handelt es sich um vorweg zu bestreitende Ausgaben bei der Nutzung des

Grundstücks (OLG Hamburg, WM 93, 300). Eine frühere Abtretung der Mietzinsansprüche steht dem nicht entgegen (OLG Hamburg, a. a. O.). Ob der Zwangsverwalter in jedem Fall zulässige M.erhöhungen durchsetzen muß (so offenbar KG MDR 78, 586) erscheint zweifelhaft. Man wird auch in diesem Fall darauf abstellen müssen, ob die vom Zwangsverwalter getroffene Entscheidung wirtschaftlich vertretbar ist. Die Zwangsverwaltung endet mit der Erteilung des Zuschlags in der Zwangsversteigerung. Forderungen aus der Zeit vor der Wirksamkeit des Zuschlags bleiben jedoch Zwangsverwaltungsmasse. Der Zwangsverwalter ist berechtigt diese Forderungen einzuziehen. Insoweit ist er auch trotz Beendigung der Zwangsverwaltung aktiv legitimiert (BGH, ZMR 93, 61).

Zweckentfremdung von Wohnraum. Wohnraum ist an vielen Orten der Bundesrepublik knapp. Deshalb ermächtigt Art. 6 § 1 I des *Ges. zur Verbesserung des Mietrechts* vom 4. 11. 1971 (BGBl. I S. 1745) die Landesregierungen, anzuordnen, daß Wohnraum *nur mit Genehmigung der Behörde* anderen als Wohnzwecken zugeführt werden darf. (Nachfolgende Paragraphenangaben ohne Gesetzesbezeichnung beziehen sich auf Art. 6 dieses Gesetzes.) Diese Ermächtigung gilt jedoch nur für *Gemeinden,* in denen die Versorgung der Bevölkerung mit ausreichendem Wohnraum zu angemessenen Bedingungen *besonders gefährdet* ist; diese Gemeinden sind von der jeweiligen Landesregierung durch Rechtsverordnung zu bestimmen, was in den meisten Ländern bereits geschehen ist (s. dazu das Verzeichnis der dem Zweckentfremdungsverbot unterliegenden Gemeinden in Schmidt-Futterer/Blank Komm. Rdn. E 120; dort ist das Zweckentfremdungsgesetz unter Rdn. E 1 ff. ausführlich erörtert). Zur Frage, wann eine besondere Gefährdung der Wohnraumversorgung anzunehmen ist, vgl. VGH Kassel NJW 78, 964; OVG Hamburg ZMR 78, 277; OVG Bremen WM 83, 173 = ZMR 83, 355. Der Art. 6 MVerbG ist nach der Entscheidung des BVerfG vom 4. 2. 1975 verfassungsgemäß; die nachfolgenden Ausführungen stehen mit den Rechtsgrundsätzen dieser Entscheidung im Einklang (NJW 75, 727 = MDR 75, 465 = WM 75, 90 = ZMR 75, 210).

I. Als *Zweckentfremdung* ist es anzusehen, wenn Wohnraum als → *Geschäftsraum* oder zu einer dauernden *Fremdenbeherbung* – insbesondere zur gewerbl. Zimmervermietung – oder der Einrichtung von *Schlafstellen* (z. B. für Gastarbeiter) oder zu einem anderen nicht dem Wohnen dienenden Zweck (z. B. als Bordell; BayVGH BayVBl. 78, 247) verwendet wird. Wird Wohnraum von einer juristischen Person gemietet und ist vereinbart, daß der Mieter die Räume an Mitarbeiter, Geschäftsführer, oder sonstige Dritte weitervermieten darf, so liegt zivilrechtlich ein Geschäftsraummietverhältnis vor (s. → Gerichtliches Verfahren I 1). Gleichwohl liegt keine Zweckentfremdung vor, wenn die Räume vereinbarungsgemäß als Wohnung genutzt werden (KG, GE 92, 925). Wohnraum im Sinne der Zweckentfremdungsgesetze liegt vor, wenn es sich um Räume handelt, die bestimmt und erforderlichenfalls nach Instandsetzung geeignet sind auf Dauer bewohnt zu werden. Die Eignung auf Dauer bewohnt zu werden, fehlt einem Raum dabei erst dann, wenn er einen Mangel oder Mißstand aufweist, der zur Folge hat, daß ein Bewohnen auf Dauer entweder unzulässig oder unzumutbar ist. Wurde der Raum langjährig vermietet, so ist dies ein Indiz gegen die Unzumutbarkeit (BVerwG ZMR 87, 70). Wohnraum im Sinne der Zweckentfremdungsgesetze liegt auch dann vor, wenn die Räumlichkeiten lediglich einen niedrigen Wohnungstandard aufweisen. Anders ist es, wenn entweder die Grenze der Bewohnbarkeit unterschritten wird und sich dieser Mangel mit zumutbaren Mitteln nicht beheben läßt, oder wenn ein Raum aus sonstigen Gründen vom Markt nicht mehr angenommen wird (BVerwG MDR 84, 781; ZMR 85, 423; NJW 87, 970; OVG Berlin ZMR 85, 282). Gleiches gilt, wenn die Räume aus baurechtlichen Gründen nicht als Wohnung benutzt werden dürfen (HessVGH ZMR 90, 236; a. A. Lübbe, ZMR 93, 400). Die Beseitigung eines zur Unbewohnbarkeit führenden Mangels oder Mißstands ist zweckentfremdungsrechtlich nicht zumutbar, wenn die dafür aufzuwendenden Mittel entweder nicht innerhalb eines Zeitraums von zehn Jahren durch eine erzielbare Rendite ausgeglichen werden können oder die Kosten des Abbruchs zuzüglich der Neuerrichtung eines vergleichbaren Gebäudes erreichen (BVerwG NJW-RR 87, 586; NJW-RR 86, 170). Unter dem Begriff der Zweckentfremdung fällt auch die Umwandlung von Appartementwohnungen in ein Hotel (OVG Bremen ZMR 83, 355 = WM 83, 173). Vereinbaren die M.parteien, daß der bisher ausschließlich als Wohnung genutzte Raum in Zukunft auch zu Bürozwecken genutzt werden soll, so fällt diese *Zweckerweiterung* nicht unter das Zweckentfremdungsverbot. Vielmehr greift das Zweckentfremdungsverbot erst ein, wenn ein Raum ausschließlich zu anderen als Wohnzwecken verwendet oder überlassen wird. Es reicht nicht aus, wenn zwar die gewerbliche Nutzung des Raumes dominiert, der Raum aber nach wie vor zum Wohnen dient (BayObLG ZMR 82, 123; vgl. auch BayObLG ZMR 82, 59). Anders ist es dagegen, wenn ein Teil der bisherigen Wohnräume in Zukunft ausschließlich oder nahezu ausschließlich (KG GrundE 90, 755) zu Geschäftszwecken verwendet werden soll. In diesem Fall wird nämlich der vorhandene Wohnraum verkleinert (BayObLG WM 78, 221 = VerwRspr. 78, 671; die Zusammenlegung zweier Kleinwohnungen zu einer größeren Wohnung ist allerdings keine Zweckentfremdungshandlung, weil hier der Wohnzweck insgesamt erhalten bleibt (BVerfG, WM 92, 416). Für den Beginn der Zweckentfremdungshandlung kommt es in allen Fällen auf den Zeitpunkt der Nutzungsänderung an. Bloße Vorbereitungshandlungen, wie z. B. der Abschluß eines Mv. über Geschäftsräume sind noch keine Zweckentfremdung (OVG Münster DWW 78, 289 = ZMR 79, 58; Bay ObLG a. a. O.). Als Zweckentfremdung ist es aber auch anzusehen, wenn Wohnraum *vernichtet, unbrauchbar gemacht* oder längere Zeit *unbenutzt gelassen* wird, um aus Spekulationsabsichten einen erstrebten Abbruch oder Umbau des Hauses zu erleichtern oder zu ermöglichen; diese Auslegung ist durch die erklärte Absicht des Gesetzgebers gerechtfertigt, die Verringerung des vorhandenen Wohnungsbestandes und damit auch eine Vergrößerung der Wohnungsnotlage zu verhindern (Schubarth NJW 72, 1348; Hoppman Bl. GBW 74, 44; BVerfG a. a. O.; NJW 78, 1018 = ZMR 78, 186 = WM 78, 601 = MDR 78, 601; BVerwG WM 80, 151; OLG Düsseldorf NJW 81, 2312 = ZMR 81, 376; OVG Münster ZMR 77, 92; OVG Berlin WM 76, 211; VGH Kassel NJW 78, 444; OLG Düsseldorf MDR 82, 77; a. A. BayVGH DWW 76, 161; BayObLG ZMR 76, 336). Die Nutzung einer Wohnung als Zweitwohnung ist keine Zweckentfremdung. Für die Abgrenzung zum Leerstehenlassen ist darauf abzustellen, ob der Wohnzweck auf Dauer völlig aufgegeben oder ob noch von einer Eigennutzung gesprochen werden kann, die wenigstens in Teilen die Funktionen des Wohnens erfüllt (Schlafen, Einnahme der Mahlzeiten, Pflege der Familiengemeinschaft, Entfaltung der Geselligkeit, Freizeitgestaltung; BayVGH, DWW 93, 24). Das Leerstehenlassen von Wohnraum kann auch dann gegen das Zweckentfremdungsverbot verstoßen, wenn Eigentümerin der Wohnung eine Gesellschaft ist, zu deren Geschäftszweck nicht das Vermieten von Wohnraum gehört und sich der Verkauf der Wohnung schwierig gestaltet (VG Frankfurt NJW-RR 88, 13). Vom Zweckentfremdungsverbot werden jedoch nur diejenigen Wohnräume erfaßt, die zum Zeitpunkt des Inkrafttretens der ZweckentfremdungsVO noch als solche genutzt werden. Gleiches gilt für diejenigen Wohnräume, die zum Zeitpunkt des Inkrafttretens der Zweckentfremdungsverordnung bereits leerstanden oder im Umbau begriffen waren (BVerwG WM 80, 151). Sind die Räume zu diesem Zeitpunkt bereits zu anderen Zwecken vermietet, so können sie auch dann nicht wieder Wohnzwecken zugeführt werden, wenn das betreffende Mv. beendet wird (OVG Berlin NJW 78, 1872 = ZMR 78, 276). Etwas anderes gilt für solche Räume, die im Zeitpunkt des Inkrafttretens der Verordnung Gewerberäume waren, danach aber zeitweise Wohnzwecken dienten. Auf diese Fälle ist das Zweckentfremdungsverbot anwendbar (VGH Mannheim NJW 83, 696).

Die Umwandlung eines Wohnraumes in einen *Nebenraum* (z. B. Badezimmer) ist *nicht genehmigungspflichtig* (§ 1 I).

II. Auf Antrag des Verfügungsberechtigten ist die behördliche Genehmigung zur Zweckentfremdung zu erteilen, wenn ein erheblich überwiegendes anderweitiges Interesse vorliegt (z. B. öffentl. Belange an der Errichtung von Verkehrs-, Sozial- und Versorgungseinrichtungen oder städtebauliche Gesichtspunkte); ausnahmsweise können auch die privaten Interessen des Verfügungsberechtigten die Genehmigung dann rechtfertigen, wenn sie gegenüber dem öffentl. Interesse an der Erhaltung des Wohnraums im Einzelfall erheblich überwiegen (z. B. Existenzgefährdung, unumgängliche Verlegung der Geschäftsräume ins eigene Haus). Gleiches gilt, wenn die Räume nicht mehr als Wohnraum vermietet werden können, sei es wegen ihres Zuschnitts (BVerwG MDR 83, 258 betreffend eine große Altbauvilla), sei es wegen ihres schlechten baulichen Zustands oder wegen nachteiliger Umwelteinflüsse (BVerwG NJW 83, 640).

Ist der schlechte Bauzustand aber deshalb eingetreten, weil der Eigentümer über einen längeren Zeitraum keine Instandhaltungs- und Instandsetzungsarbeiten durchgeführt hat, so wird sein Interesse am Erhalt einer Abrißgenehmigung gegenüber dem öffentlichen Interesse an der Erhaltung des Wohnraums grundsätzlich als nachrangig anzusehen sein (OVG Berlin WM 83, 172). Etwas anderes kann dann gelten, wenn anstelle der bestehenden Wohnungen neue Mietwohnungen geschaffen werden (OVG Münster ZMR 82, 77). Die Zweckentfremdungsgenehmigung kann versagt werden, wenn unbewohnbar gewordene Räume mit zumutbarem Aufwand wiederhergestellt werden können. Maßgeblich für die Bewohnbarkeit ist ein einfacher Standard, der nach dem früheren § 40 WoBauG zu bestimmen ist (Kochraum mit Entlüftungsmöglichkeit; Wasserzapfstelle; Spülbecken und Anschlußmöglichkeit für Herd; Toilette und Bad). Zumutbar ist der finanzielle Aufwand, wenn er innerhalb eines Zeitraums von 10 Jahren durch eine erzielbare Rendite ausgeglichen werden kann. Dabei sind diejenigen Maßnahmen nicht zu berücksichtigen, die deshalb erforderlich sind, weil der Eigentümer (oder sein Rechtsvorgänger) die zur Erhaltung des Wohnzwecks erforderlichen Instandhaltungsmaßnahmen in der Vergangenheit unterlassen hat (BVerwG WM 91, 405). Die Genehmigung kann von der Behörde auch befristet, bedingt oder unter Auflagen (z. B. Bereitstellung von Ersatzwohnraum oder Zahlung eines angemessenen Ausgleichsbetrages für den Wohnraumverlust) erteilt werden. Der Ausgleichsbetrag muß von der Behörde zweckgebunden für die Neuschaffung oder Erhaltung von Wohnraum verwendet werden. Beabsichtigt der Verfügungsberechtigte an Stelle des abgerissenen Hauses einen Neubau zu erstellen, so schließt dies die Auflage zur Zahlung einer Abstandssumme nicht aus (BVerfG NJW 78, 1018; s. aber auch BVerfG ZMR 81, 149 = DWW 81, 45, wonach bei der Auferlegung von Abstandszahlungen der Grundsatz der Verhältnismäßigkeit verletzt sein kann, wenn anstelle veralteten Wohnraums vermehrter neuer, nicht luxuriöser Wohnraum geschaffen wird; ähnl. BVerwG ZMR 87, 70; dagegen zu Recht: Gütter WM 81, 147; WM 85, 207). Dagegen wird ein Ausgleichsbetrag i. d. R. nicht in Betracht kommen wenn die Zweckentfremdungsgenehmigung im öffentlichen Interesse erteilt wird (OVG Münster DWW 78, 289 = ZMR 79, 58; OVG Berlin DWW 84, 312). Die Zahlungsauflage kann isoliert angefochten werden (BVerwG NJW 83, 2893). Ist die Wirksamkeit einer erteilten Genehmigung erloschen, gilt der Raum wieder als Wohnraum und muß diesem Verwendungszweck wieder zugeführt werden (§ 1 II). Die Ablehnung oder eine beschränkte Erteilung der Genehmigung ist im Wege des Widerspruchs (§§ 68ff. VwGO) und der Anfechtungs- oder Verpflichtungsklage beim Verwaltungsgericht (§§ 40, 42 VwGO) anfechtbar. Anfechtungsberechtigt ist auch der betroffene M. (z. Genehmigungsverfahren insgesamt vgl. Böhle BayVerwBl. 87, 324; VG Münster WM 76, 37; WM 76, 107; a. A. OVG Münster ZMR 78, 275; zur Zulässigkeit von Ausgleichsbeträgen vgl. OVG Münster ZMR 77, 92).

Wenn und soweit die Zweckentfremdung auch einer baurechtlichen Zustimmung bedarf (z. B. Abbruch), darf die Verbescheidung dieses Antrags nicht von der vorherigen Erteilung der Genehmigung zur Zweckentfremdung abhängig gemacht werden (OVG Hamburg MDR 76, 1050).

III. Verstößt der V. gegen die Genehmigungspflicht, indem er Wohnraum zu anderen Zwecken vorsätzlich verwendet oder überläßt, stellt das eine *Ordnungswidrigkeit* dar; sie kann mit einer *Geldbuße bis zu 20000 DM* geahndet werden (§ 2 II). Vorsätzlich handelt auch, wer ohne Genehmigung Wohnungen mangelhaft gesichert leer stehen läßt und dabei in Kauf nimmt, daß sie von Unbekannten zerstört werden (OLG Frankfurt NJW 78, 957; WM 78, 220). Der fahrlässige Verstoß gegen das Zweckentfremdungsverbot ist dagegen nicht strafbar. Der Eigentümer kann allerdings nur dann mit einem Bußgeld belegt werden, wenn er die Zweckentfremdungshandlung veranlaßt. Sind beispielsweise die Räume zu Wohnzwecken vermietet worden, so kann der Eigentümer nicht belangt werden, wenn die Mieter die bisherigen Wohnungen eigenmächtig als Büros nutzen. Der Eigentümer ist auch nicht verpflichtet, die Mieter auf Unterlassung des vertragswidrigen Gebrauchs in Anspruch zu nehmen. Vielmehr ist es in diesem Fall Sache der Behörde, selbst gegen die Mieter vorzugehen (BayObLG, WM 92, 631).

IV. Ein Mietvertrag, der gegen das Zweckentfremdungsgesetz verstößt, ist wirksam, weil Art. 6 kein Verbotsgesetz i. S. v. § 134 BGB darstellt (OLG Köln, WM 92, 67). Zu Maßnahmen des Verwaltungszwangs (Zwangsgeld, Ersatzvornahme, Zwangsräumung) ist die Behörde nicht berechtigt, weil das Zweckentfremdungsgesetz hierfür keine Ermächtigungsgrundlage enthält (BVerwG WM 80, 151; OVG Berlin WM 81, 158; Hess. VGH WM 81, 157).

V. Die Vorschriften zur Verhinderung der Zweckentfremdung von → Sozialwohnungen (dort II 9) bleiben unberührt (§ 3).

VI. Durch eine → *Kündigung* des Mv. kann sich der V. dem Verbot der Zweckentfremdung *nicht* mehr entziehen, da die Absicht zur Umwandlung ohne Genehmigung kein berechtigtes Kündigungsinteresse darstellt (→ Kündigungsschutz I 1c). Zur Wirksamkeit der Kündigung ist erforderlich, daß die Zweckentfremdungsgenehmigung vorliegt (OLG Hamburg (RE) NJW 81, 2308 = WM 81, 155). Deshalb ist die Verurteilung des M. zur Räumung seiner Wohnung in Gemeinden mit Zweckentfremdungsverbot nach einer Kündigung wegen beabsichtigter Umwandlung in Geschäftsraum oder Abbruch des Hauses nur dann gerechtfertigt, wenn vorher die Genehmigung der Behörde erteilt worden ist.

Zwischenvermietung. Eine sog. „Zwischenvermietung" liegt vor, wenn der Eigentümer einer Wohnung oder eines Wohnhauses nicht unmittelbar an die Endnutzer vermietet, sondern einen Dritten – den Zwischenvermieter – einschaltet. Eine solche Konstruktion findet sich insbesondere bei Wohnungen, die im „Bauherren-Modell" errichtet worden sind. Rechtlich ist das zwischen dem Eigentümer und dem Zwischenvermieter bestehende Mietverhältnis als Hauptmietverhältnis zu bewerten, während das Mietverhältnis zwischen dem Zwischenvermieter und dem Endnutzer als Untermietverhältnis anzusehen ist. Für das Hauptmietverhältnis gelten die Vorschriften über die gewerbliche Miete; auf das Untermietverhältnis ist demgegenüber Wohnraummietrecht anzuwenden. Wird das Hauptmietverhältnis beendet, so bestimmt § 556 Abs. 3 BGB, daß der Eigentümer die Wohnung auch von dem Endnutzer herausverlangen kann. Diese Rechtsfolge ist nach der Entscheidung des BVerfG vom 11. 6. 1991 (NJW 91, 2272 = WM 91, 422) allerdings bei der Zwischenvermietung nicht anzuwenden, weil anderenfalls der dem Endnutzer zustehende Kündigungsschutz umgangen würde. Das Bundesverfassungsgericht hat in der genannten Entscheidung allerdings nicht dazu Stellung genommen, welche Rechtsbeziehungen zwischen dem Eigentümer und dem Endnutzer nach der Beendigung des Zwischenmietverhältnisses bestehen. Diese Frage wird seit dem 1. 9. 1993 durch § 549a BGB geregelt. Danach „tritt der Vermieter bei der

Beendigung des Mietverhältnisses in die Rechte und Pflichten aus dem Mietverhältnis zwischen dem Mieter und dem Dritten ein".

I. *Anwendungsbereich des § 549a BGB*

1. *Der gewerbliche Zwischenvermieter.* Die Vorschrift gilt für jene Fälle, in denen „der Mieter nach dem Inhalt des Mietvertrags den gemieteten Wohnraum gewerblich einem Dritten weitervermieten" soll. Die Regelung beruht auf einem Vorschlag des Bundesrats. Der hierzu vorgelegten Begründung (BR-Drucks. 396/93, S. 14) kann entnommen werden, daß die Gesetzesfassung den „gewerblichen Zwischenvermieter" im Auge hat, wie er insbesondere bei der Vermietung von Wohnungen eingeschaltet wird, die im sog. „Bauherrenmodell" errichtet worden sind.

2. *Der nichtgewerbliche Zwischenvermieter.* Die Fixierung des Gesetzgebers auf den gewerblichen Zwischenvermieter erklärt auch die Verwendung des Begriffs „gewerblich", der demzufolge beinhaltet, daß der Mieter die Weitervermietung zum Zwecke der Gewinnerzielung oder zumindest geschäftsmäßig betreibt. Die Fälle der Vermietung durch einen nicht gewerblich handelnden Vermieter werden in der Gesetzesbegründung nicht behandelt. Zwei Fallgruppen kommen hier in Betracht, nämlich (1) der gemeinnützige Verein, der Wohnungen anmietet und diese an betreuungsbedürftige Personen weitervermietet und (2) der private Eigentümer, der einen nicht gewerblich handelnden Dritten (z. B. einen Verwandten) einschaltet, etwa um den Kündigungsschutz zu umgehen. Für diese Fälle ist zu prüfen, ob die Neuregelung entsprechend anzuwenden ist. Nach der hier vertretenen Auffassung ist dies zu bejahen. Die für die gewerbliche Zwischenvermietung eigentümliche Regelungslücke im Falle der Beendigung des Hauptmietverhältnisses besteht auch in den hier fraglichen Fällen. Die analoge Anwendung scheitert nicht an der gewählten Gesetzesfassung, weil der Gesetzgeber die Problematik offensichtlich nicht gesehen hat. Auch verfassungsrechtlich ist die analoge Anwendung geboten. Die Entscheidung des BVerfG vom 11. 6. 1991 (a. a. O.) betrifft zwar eine typische gewerbliche Zwischenvermietung; die Entscheidungsgründe sind aber nicht auf das gewerbliche Handeln des Zwischenvermieters, sondern auf die besondere Interessensituation von Hauptvermieter und Untermieter zugeschnitten. Dieselbe Interessensituation besteht in den oben genannten Fällen.

3. *Mietverhältnisse nach § 564b Abs. 7 BGB.* Auf Mietverhältnisse zwischen einem Eigentümer und einer juristischen Person des öffentlichen Rechts, die Wohnungen anmietet und unter Beachtung des § 564b Abs. 7 Nr. 5 BGB weitervermietet ist die Neuregelung nicht entsprechend anwendbar. Die Vorschrift des § 564b Abs. 7 Nr. 5 BGB will gerade sicherstellen, daß der Eigentümer den Wohnraum

nach Ablauf der Mietzeit zurückerhält; nur zu diesem Zweck wird der betreffende Wohnraum vom Kündigungsschutz ausgenommen.

4. Zusammenfassend ist festzuhalten, daß § 549a BGB immer dann zur Anwendung kommt, wenn der Mieter den gesamten Raum nach den Vereinbarungen im (gewerblichen) Hauptmietverhältnis als Wohnraum weitervermieten soll und der Untermieter (der Dritte) im Verhältnis zum Mieter Kündigungsschutz genießt.

II. *Rechtsfolgen*

1. *Eintritt des Vermieters.* Nach § 549a Abs. 1 Satz 1 BGB „tritt der Vermieter bei der Beendigung des Mietverhältnisses in die Rechte und Pflichten aus dem Mietverhältnis zwischen dem Mieter und dem Dritten ein". Nach der Gesetzesbegründung „orientiert" sich die Regelung „am Modell des § 571 BGB". Nach dieser Vorschrift tritt der Erwerber allerdings nicht in den Mietvertrag, sondern lediglich in diejenigen Rechte und Pflichten ein, die sich „während der Dauer seines Eigentums" aus dem Mietverhältnis ergeben. Vereinfacht ausgedrückt: zwischen dem Erwerber und dem Mieter kommt zum Zeitpunkt der Vollendung des Eigentumserwerbs ein neues Mietverhältnis zustande, das denselben Inhalt wie das bisherige Mietverhältnis hat. Dies hat zur Folge, daß die bereits fälligen Ansprüche des Veräußerers (etwa auf restlichen Mietzins für die Zeit vor dem Eigentumsübergang) und dessen Verpflichtungen (etwa auf Aufwendungsersatz nach § 538 Abs. 2 BGB) nicht auf den Erwerber übergehen. Der Gesetzesbegründung und der Regelung in § 549a Abs. 2 BGB wonach die §§ 572 bis 576 BGB „entsprechend" gelten sollen, kann entnommen werden, daß auch im Fall des § 549a BGB die für § 571 BGB eigentümliche Zäsur eintreten soll.

2. *Eintritt eines anderen Zwischenvermieters.* „Schließt der Vermieter erneut einen Mietvertrag zum Zwecke der gewerblichen Weitervermietung ab, so tritt der Mieter anstelle des bisherigen Vertragspartners in die Rechte und Pflichten aus dem Mietverhältnis mit dem Dritten ein" (§ 549a Abs. 1 Satz 2 BGB). Die Vorschrift regelt zunächst den Fall, daß das Mietverhältnis mit dem bisherigen Zwischenvermieter beendet und zugleich ein neues Mietverhältnis mit einem anderen Zwischenvermieter begründet wird. Hier tritt der neue Zwischenvermieter an Stelle des bisherigen kraft Gesetzes in die Rechte und Pflichten aus dem Untermietverhältnis ein. Einer Mitwirkung des Untermieters bedarf es nicht. Ein „Durchgangseintritt" des Hauptvermieters findet nicht statt. Die für § 571 eigentümliche Zäsur und die Rechtsfolgen der §§ 572 bis 576 BGB treten auch in diesem Falle ein. Daneben können die an den jeweiligen Vertragsverhältnissen Beteiligten aber auch vereinbaren, daß das ursprüngliche Untermietverhältnis mit dem neuen anstelle des bisherigen Zwischenvermieters fortgesetzt werden soll (§§ 414, 415 BGB); an die-

sem Vertrag muß der Mieter mitwirken. Bei dieser Vertragsgestaltung tritt keine Zäsur ein. Der neue Zwischenvermieter kann gegenüber dem Untermieter auch solche Ansprüche geltend machen, die bereits vor dem Vertragseintritt fällig geworden sind. Er haftet auch anstelle des bisherigen Zwischenvermieters für die Verbindlichkeiten; für den Rückzahlungsanspruch aus der Kaution gilt dies auch dann, wenn die Voraussetzungen des § 572 BGB nicht vorliegen.

Die Regelung des § 549a Abs. 1 Satz 2 BGB setzt allerdings nicht voraus, daß das Zwischenmietverhältnis nahtlos fortgesetzt wird; sie gilt auch dann, wenn zunächst der Vermieter in den Untermietvertrag eingetreten ist und erst in der Folgezeit ein neues Zwischenmietverhältnis begründet wird. In diesem Fall tritt der neue Zwischenvermieter anstelle des „bisherigen Vertragspartners" – also des Vermieters – in das Mietverhältnis ein. Dies gilt allerdings nicht für diejenigen Mietverhältnisse, die der Hauptvermieter unmittelbar mit einem Mieter abgeschlossen hat.

3. Die Regelung des § 571 BGB kommt nur zur Anwendung, wenn der Mieter zum Zeitpunkt des Eigentumsübergangs bereits im Besitz der Mietsache gewesen ist. Die Vorschrift des § 549a BGB gilt demgegenüber nach ihrem Wortlaut auch dann, wenn das Hauptmietverhältnis vor der Überlassung der Wohnung an den Mieter beendet wird. Diese Regelung ist sachgerecht. Der Kündigungsschutz des Mieters, dessen lückenlose Anwendung durch § 549a BGB sichergestellt werden soll, greift nämlich nicht erst mit der Überlassung der Wohnung, sondern mit dem Abschluß des Mietvertrags.

III. *Beendigung des Mietverhältnisses bei Eigennutzungsabsicht des Hauptvermieters*

1. Nach dem bis 31. 8. 1993 geltenden Recht konnte der Hauptvermieter im Falle der beabsichtigten Eigennutzung das Hauptmietverhältnis kündigen und den Untermieter gem § 556 Abs. 3 BGB auf Räumung in Anspruch nehmen. Darüber hinaus war zur Geltendmachung des Räumungsanspruchs weiter erforderlich, daß der Hauptvermieter ein berechtigtes Interesse im Sinne von § 564b Abs. 2 Nr. 2 BGB an der Eigennutzung hatte. Nach neuem Recht tritt der Hauptvermieter in das bisherige Untermietverhältnis ein. Er kann (und muß) dieses Mietverhältnis unter Beachtung der Fristen nach § 564b Abs. 2 Nr. 2 BGB kündigen; dann kann er den Mieter auf Räumung und Herausgabe in Anspruch nehmen.

2. Nach dem bis 31. 8. 1993 geltenden Recht blieb der Bestand des Untermietverhältnisses durch die Beendigung des Hauptmietverhältnisses unberührt. Dies hatte zur Folge, daß der Zwischenvermieter vom Untermieter auf Schadensersatz wegen Nichterfüllung in Anspruch genommen werden konnte, wenn der Hauptvermieter sei-

nen Herausgabeanspruch gegen den Untermieter geltend gemacht hat. Bei dieser Konstellation stellte sich die Frage, ob der Zwischenvermieter wegen der Beendigung des Hauptmietverhältnisses das Untermietverhältnis nach § 564b Abs. 1 BGB kündigen kann. In Rechtsprechung und Literatur war dies bislang umstritten (vgl. bejahend LG Kiel, WM 82, 194; verneinend Schmidt-Futterer/Blank, Wohnraumschutzgesetze Rdn. B 687). Das OLG Stuttgart hat die Frage in dem Rechtsentscheid vom 7. 5. 1993, GE 93, 745 = WM 93, 386) grundsätzlich verneint, wobei zur Begründung im wesentlichen ausgeführt wird, daß anderenfalls der für den Untermieter geltende Kündigungsschutz tangiert werde. Nach neuem Recht stellt sich dieses Problem nicht mehr, weil der Zwischenvermieter kraft Gesetzes aus dem Mietverhältnis entlassen wird. Der genannte Rechtsentscheid ist damit gegenstandslos. Dies gilt auch für den vom OLG Stuttgart zugelassenen Ausnahmefall, daß der Eigentümer einen echten Eigenbedarf im Sinne von § 564b Abs. 2 Nr. 2 BGB geltend machen kann.

3. Fraglich bleibt, ob der Zwischenvermieter vor der Beendigung des Hauptmietverhältnisses wegen eines Bedarfs zugunsten des Hauptvermieters kündigen kann. Dies ist zu verneinen, weil der Hauptvermieter nicht zu den in § 564b Abs. 2 Nr. 2 BGB genannten Personen gehört. Ein eigenes berechtigtes Interesse des Zwischenvermieters an der Beendigung des Untermietverhältnisses i. S. v. § 564b Abs. 1 BGB ist ebenfalls zu verneinen, da der Zwischenvermieter durch den Zugriff des Hauptvermieters auf die Wohnung infolge der kraft Gesetzes eintretenden Entlassung aus dem Untermietverhältnis keine Nachteile erleidet.

4. Problematisch kann sein, ob ein Mietaufhebungsvertrag zwischen dem Hauptvermieter und dem Zwischenvermieter zum Zwecke der Durchsetzung einer Eigenbedarfskündigung rechtsmißbräuchlich ist. Dies ist zweifellos zu verneinen, wenn der Hauptvermieter zur Kündigung des Hauptmietverhältnisses in der Lage ist. Anders ist es, wenn die Kündigung wegen der Befristung des Hauptmietverhältnisses ausgeschlossen ist. In diesem Fall ist der Zwischenvermieter nach allgemeinen Grundsätzen gehalten, alles zu unterlassen, was den Bestand des Untermietverhältnisses gefährden könnte. Diese Pflicht gilt uneingeschränkt, weil die rechtlich geschützten Interessen des Zwischenvermieters durch den Fortbestand des Untermietverhältnisses nicht tangiert werden. Der Hauptvermieter verdient aus rechtlicher Sicht keinen Schutz: in der Befristung des Hauptmietverhältnisses liegt zugleich ein befristeter Verzicht auf die Eigennutzung.

IV. Die Vorschrift des § 549a BGB kann vertraglich nicht zum Nachteil des Untermieters abbedungen werden (§ 549a Abs. 3

BGB). Sie bringt für beide Teile gewisse Risiken mit sich: Ist der Zwischenvermieter – wie häufig – eine juristische Person, so muß der Mieter während der Dauer des Zwischenmietverhältnisses keine Eigenbedarfskündigung befürchten. Dies kann sich mit dem Eintritt des Hauptvermieters ändern. Will der Mieter sich davor schützen, muß er mit dem Zwischenvermieter den Ausschluß der Eigenbedarfskündigung vereinbaren. Hieran ist auch der Hauptvermieter gebunden. Der Hauptvermieter muß sich seinerseits davor schützen, daß der Zwischenvermieter nachteilige Untermietverträge abschließt. Er muß deshalb im Hauptmietvertrag entsprechende Regelungen treffen; diese Regelungen wirken allerdings nur im Verhältnis zum Zwischenvermieter.

Buchanzeigen